QUANGUO JIAOYU KEXUE
"SHIYIWU" GUIHUA
XUEKE FAZHAN BAOGAO

NOESP

全国教育科学“十一五”规划学科发展报告

全国教育科学规划领导小组办公室◎编

教育科学出版社
·北 京·

编　委　会

田继忠（宁夏回族自治区教育科学规划领导小组办公室主任）
刘国瑞（辽宁省教育科学规划领导小组办公室主任）
周　林（四川省教育科学规划领导小组办公室副主任）
李倡平（湖南省教育科学规划领导小组办公室主任）
王玮虹（重庆市教育科学规划领导小组办公室副主任）
张彩云（全国教育科学规划领导小组办公室学科主管）
丁　杰（全国教育科学规划领导小组办公室学科主管）
王小明（全国教育科学规划领导小组办公室学科主管）
孙世明（全国教育科学规划领导小组办公室学科主管）

目　录

第四编　地方教育学科发展分报告

前言

把提高质量上升为国家战略

教育科学是哲学社会科学的重要组成部分，是教育事业科学发展的重要支撑，是综合国力的重要体现。全国教育科学规划自1983年作为国家社会科学基金单列学科和教育部课题以来，一直是我国教育科研项目的权威品牌，面向和服务教育系统，显示教育科研的发展方向和最高水平。"十一五"期间，在全国教育科学规划领导小组和全国哲学社会科学规划办公室的领导下，进一步增强为国家和人民服务的责任感与使命感，围绕中心，服务大局，面向国家和地区战略需求，以规划为抓手，以课题为平台，以理论为基础，以问题为起点，以质量为核心，凝练方向，积聚队伍，突出特色，突出重点，突出综合，抢抓大项目、构筑大平台、凝聚大团队、培育大成果、作出大贡献，以提高质量为导向创新科研管理模式，解放和发展教育科研生产力，促使精品名家不断涌现，增强科研的解释力和影响力，推动中国特色的教育科研体系建设，为研制和落实《国家中长期教育改革和发展规划纲要（2010—2020年）》（以下简称《教育规划纲要》），促进教育事业科学发展作出了重要贡献，为教育科学"十二五"向更高质量迈进奠定了坚实基础。

一、"十一五"回顾：明确质量导向，教育科研取得重大进展

（一）教育科研取得长足进步

表现为科研经费迅速增长、科研管理逐步完善、科研队伍不断壮大、成果数量稳步上升、研究质量明显提高、社会影响更加显著。

第一，科研经费迅速增长，单项课题资助力度增强。经费是课题研究的物质基础。"十一五"期间财政性科研投入显著增加，全国哲学社会科学规划领导小组和教育部拨款持续增长；经费来源渠道不断扩充，合作专项日益增多，学校支持力度逐步加大。经常性经费从2006年度的810万元逐年上升到2010年度的2 600万元，增长了221%。五年总经费为7 540万元，是"十五"总经费2 820万元的2.67倍。经常性经费的增长加大了对单项课题的资助力度，平均每项经费资助额度达4.21万元，比"十五"的平均水平1.7万元提高2.51万元。国家社会科学基金教育学项目资助标准与统管项目基本相同。合作专项经费从2006年的20万元提高到2010年的334万元，五年累计达770万元，是"十五"时期246万元的3.13倍。

第二，课题规模基本稳定，课题结构更加合理。稳定课题立项规模。"十一五"期间，立项课题总数达 2 841 项，与"十五"时期立项课题总数 2 840 项相比基本持平。在申报数从 2006 年的 6 000 项激增到 2010 年的 10 000 项的情况下，立项课题年度小幅增长，年度立项率在 8% 以下，在同类国家项目资助中立项率最低。

增设专项课题。为增强研究的针对性和实效性，五年来与有关部门合作，设立了 9 类 16 期专项课题，共立项课题 555 项。如新增了职业教育、教育考试、体育卫生艺术教育、德育和校外教育、高中特色学校以及数学教育、科学教育、大学外语教育等研究专项，扩大了教育科学规划课题的覆盖面，进一步凸显了教育科学规划课题理论与实践相结合、研究与工作相结合的特点。

一方面，经费投入的快速增长为采用先进研究方法和深入调查研究提供了支撑，为提高课题研究质量创造了条件。另一方面，实施"计划生育"政策，有效控制立项课题规模，增大单项课题经费资助力度，表明了教育科研的发展战略重点开始从扩大规模转移到注重质量。

第三，创新研究方法，研究质量逐步提高。一是研究问题意识增强。问题是研究的出发点，选准问题是研究质量的前提。综观"十一五"期间的申报课题和立项课题，80% 以上切合课题指南要求，研究者更具全局性、前瞻性和国际性，围绕国家教育改革发展中的重大理论和现实问题，立足实际，提出真问题，研究真问题，为真正解决问题建言献策，为我国教育改革发展起到了不可替代的作用。二是研究方法不断创新。方法创新是学术创新的先导，是研究质量的保障。研究方法创新主要表现为注重定性研究和定量研究相结合、经验研究和实验研究相结合、教育研究和社会研究相结合。研究者理论联系实际，深入调查研究，广泛运用网络、数据库、模型、实验等新研究技术。三是研究组织趋于合理。课题组注重科研、行政、学校三结合，研究源于实践，研究为了实践，实践检验研究。重视理论引领，尊重基层首创精神，总结成功经验；跨学科组合加强综合研究，研究过程更有规范性，研究结论更具客观性，研究成果更富推广性。

第四，研究成果显著，社会影响不断扩大。五年来，强调代表作评价，实施分类要求，论文达到 7 445 篇，著作为 591 部，研究报告为 3 636 份。优秀研究成果不断涌现，并通过综合运用学术、行政和实践三种话语方式发挥不同作用，有的进入领导视野，有的融入基层学校，有的影响学术研究，不仅为《教育规划纲要》的制定提供了可靠依据，对教育实践和学科发展也产生了深远影响。

一是在决策领域的影响逐步扩大。如郝克明的"我国终身学习体系和学习型社会研究"受到国务院领导的重视，得到国际同行的认可，2010 年在联合国教科文组织和上海市政府支持下召开了"上海国际终身学习论坛"；袁振国的"我国重大教育政策转型问题研究"引起中央领导重视，并就"致力于更加公平的教育"专门向中央领导汇报；哈经雄的"民族教育改革与发展研究"得到国家领导人及全国总工会的重视，对于推动解决牧区民族女教师工作待遇问题发挥了重要作用；杨贵仁的

"学生体质健康标准研究"成为制定国务院七号文件的基础，对加强学生体育锻炼发挥了重要作用；吴霓的"当前农民工随迁子女教育问题的新特征及相关对策建议"得到了国务院领导的批示；顾秉林的"一流大学建设的理论与实践研究"受到民盟中央领导的关注。

二是对教育实践的影响更为广泛。如叶澜的"新基础教育研究"创造了教育理论与教育实践交互创生的独特研究方式，走出了一条合作研究的教改之路，催生了本土教育学学派——"生命·实践"教育学派的面世，对基础教育改革起到了引领作用。

三是学界影响日益深远。素质教育、教育公平、教育质量和终身学习等课题研究回答了中国教育改革发展的重大理论问题，研究成果获得省部级多项奖励。如裴娣娜的"现代教学论发展的理论与实验研究"《现代教学论》获首届中国出版政府图书奖、中国高校人文社会科学研究优秀成果一等奖。

四是国际影响逐步显现。何克抗的"基于网络环境的基础教育跨越式创新探索试验研究"在新加坡、日本等国推广实践。

第五，搭建平台，培养优秀科研团队。五年来，通过规划谋划科研大局，通过指南引领全国研究者，通过课题为研究者搭建平台，通过培训提升课题负责人的研究能力，通过管理促进课题组的研究规范，通过交流凝聚质量共识，通过合作形成团队文化，培养了一批青年才俊，促成了许多优秀科研团队。

（二）完善教育科研质量管理体系

科学管理是提高研究质量的保障。五年来，坚持管理、指导和服务并重，选准方向引领质量，基于标准提高质量，着重制度保障质量，抓住重点推动质量，强化评价检验质量。

第一，明确质量导向的科研管理目标。明确了"引领科研方向，促进学术规范，建设精品课题，提高研究质量，加强成果转化，扩大社会影响"的工作目标，逐步完善以质量为导向的管理体系。成立教育科研管理专业委员会，设立科研管理服务中心，完善工作年会制度，加强工作研究，管理、指导、服务相结合，内行管理，专业指导，精心服务，把"我"的课题变成"我们"的课题，资助方与课题组、专家组齐心协力，共同发展。

第二，构建质量至上的科研管理标准体系。边研究边建设，边实施边完善，逐步形成五年规划标准、年度课题指南标准、立项评审标准、开题标准、中期检查标准、结题鉴定标准、成果评优标准、成果传播标准，构成了一整套质量标准体系。

第三，健全注重质量提升的科研管理制度。一是严把入口关，保证立项质量。完善重点课题招标答辩和其他类别课题匿名评审制度，严格实行评审专家回避制度和轮替制度，科学规范评审程序。二是严把过程关，保证研究质量。建立示范开题、集中开题和集中中期检查制度，管理重心下移，分层负责，管理过程后移，全程管理。三是严把出口关，保证结项质量。在重点课题会议评审、通讯评审、委托鉴定、免于鉴定等鉴定方法基础上，首创会议集中鉴定制度，有效杜绝低劣和伪劣成果，初审不合格率为24%，鉴定不合格率为8%，优秀率为5%，充分显示了制度创新的作用。四是严把公示关，保证传播质量。建立结题成果网上成果公示制度，既为学界所利用，也为社会所监督。五是严把奖惩关，保障学风质量。建立奖励优秀专家拒绝学风不正者的制度，建立奖励优秀课题组杜绝学术不端者的制度，建立奖励优秀成果摒弃低质伪作者的制度，建立多渠道的举报制度和严格的课题撤项制度。

第四，加强高质量研究成果推广。一是积极为决策服务，编辑《教育决策参考》，专报全国人大、国务院、全国政协以及教育部、省市区领导；二是认真编发《科研要报》（月刊）和《中国教育科研报告》（季刊），出版《第三届全国教育科学研究优秀成果获奖成果概览》，向学界宣传教育科研成果；三是与《光明日报》、《中国教育报》、《教育研究》、中国教育电视台等核心媒体合作，整体宣传精品成果；四是所有结题成果主要内容全部上网，建成系统权威的教育科研知识信息中心。

通过基于理念的引领，基于标准的管理，基于制度的保障，实现了六个结合，即管理、指导和服务相结合，进口、过程和出口相结合，项目、人才和成果相结合，管理部门和课题组、专家相结合，理论、实践和决策相结合，行政、学校和科研相结合，教育科学规划课题得到领导重视，学界认可，社会关注，在探索规律、科学发展方面迈出了坚实步伐。

二、“十二五”展望：创新教育科研管理体制，促进教育科研向更高质量迈进

在“十二五”期间，要以科学发展为主题，以加快转变教育科研发展方式为主线，以提高质量服务国家和人民为落脚点，以贯彻落实《教育规划纲要》为要务，不断创新教育科研管理体制，使教育科研向更高质量迈进。

第一，面向战略需求，突出战略研究。在项目导向上，注重基础研究的同时，重点转向政策研究，以事关我国教育改革与发展的具有战略性、全局性和前瞻性的理论和现实问题为主攻方向，加强对策性、应用性研究，增强教育科研的针对性。关注教育发展的基本趋势，积极开展前瞻性、预测性研究，引领教育改革和发展方向，为教育事业科学发展提供有力支持。

在项目层级上，提倡做重大项目。对于国家和社会真正关心的问题重点突破，经费重点支持。鼓励集体攻关项目。搭建各部门、各团体、各学校集体合作平台，共同完成重大攻关项目，形成重要成果。提倡做连续项目。鼓励产出精品力作的优秀科研人员，科研成果鉴定成绩优秀者下一年度可以免评直接获得项目支持，实现申请项目和做好项目之间的良性循环。

第二，实行限额申报和网络评审，彰显公平竞争。实行各省和各直属高校教育科学规划课题限额申报制度，充分发挥各教育科研管理部门和教育科学规划办的审核、把关作用。各科研管理单位对上报项目进行选优后，再推荐给全国教育科学规划办，

有效降低管理成本，保证评审质量。

实行立项课题网络评审制度，利用互联网向专家发送电子评审材料并自动接收评审结果。通过技术手段降低评审成本，保证立项课题评审不受时空限制和人为限制，最大程度保证评审工作的公正和效率。

第三，重视教育科研基地建设，注重长远发展。在全国教育科研机构，包括大学科研机构、教科院所机构建设若干基地，凸显各地域、各机构、各学校原有的教育优势，形成完整的教育科研网络。

第四，提倡量化和实证研究，提高课题研究质量。提倡用严谨的科研方法进行教育研究。特别是教育应用研究要强化数据意识，依靠扎实的数据、文献，形成言之有据、行之有效的研究成果，以应用于教育实际。

第五，建立完整科研数据库，为教育科学发展提供支持。建立全国教育专家数据库，全面准确掌握教育科研人才队伍的基本情况，更好地发挥专家队伍在课题立项评审、结题评审、评奖评优、决策服务、促进学术交流等方面的重要作用。完善立项课题数据库，形成国家社科基金（教育学科）与教育部教育科学规划，行业部门和地方教育科学规划立项课题互通互联的数据网络，强化搜索、查询功能，禁止课题负责人重复立项，保障研究者研究时间、研究质量。建立教育科研成果数据库。分学科建设教育科研成果数据库，为教育决策提供理论、数据、信息等方面的依据与服务；为基层学校和广大教师提供教育教学理论、方法等方面的指导，使教育研究成果成为教育改革和实验的有力支撑。

第六，加强职业道德，全面提高教育科研人员专业能力。贯彻落实教育科研管理人员的自律宣言，认真严肃对待学术问题，严格遵守学术规范。完善教育科研课题负责人和科研骨干培训与培养机制，有计划地、多种形式地培养教育科研骨干，提高教育科研人员研究、管理和运作课题能力。

第七，加大成果转化力度，增强服务的针对性和实效性。完善成果转化制度，建立与教育媒体合作的推广平台，整体推出一批在国内外有重大学术影响和社会影响的精品成果；建立决策参考、中国教育科研报告面向社会征稿机制，建立教育科研与决策相衔接的渠道，形成知识创新系统、应用系统、成果推广系统相结合的科研体系。

支持教育科学知识转化为新教材、新模式、新技术、新工艺、新设计、新产品的开发研究，使其在特定教育实践情境中具有可行性与可操作性，进一步扩大教育科学研究的影响力。鼓励教育科学与产业部门的合作，促进教育科学知识的产品化、技术化、实体化和产业化发展。

第八，创建科研管理的交流协作平台，推动教科研战线工作。在全国教育科研管理专业委员会基础上，加快实现教育科研管理资源的有效整合，推进整条战线的整体性协作，促进教育科研管理工作上质量、上水平。

今后，进一步把提高质量作为教育科研工作的核心任务，全力维护全国教育科学规划课题的声誉和权威，发挥先导示范作用，加快优秀成果和优秀人才的涌现，扩大社会影响力，为推动教育事业科学发展和建设人力资源强国作出更大贡献。

（全国教育科学规划领导小组办公室）

第一编

五年规划和年度指南

全国教育科学研究“十一五”规划纲要

“十一五”既是我国经济、社会深刻转变和加速发展的重要时期，也是全面建设小康社会的关键期。站在新的历史起点上，要以科学发展观为指导，在观念、制度和策略上与时俱进，进一步推动教育科学事业的繁荣和发展，发挥教育科学的第一生产力作用，为促进教育改革与发展服务，为办好人民满意的教育服务，为实施科教兴国战略和人才强国战略服务，为建设创新型国家服务，为建设社会主义和谐社会服务。依据《国民经济和社会发展第十一个五年规划纲要》和《全国教育事业发展第十一个五年规划》以及《中国教育发展纲要（2006—2010 年）》的要求，参照《国家哲学社会科学研究“十一五”规划》，继承发展，改革创新，制定《全国教育科学研究“十一五”规划纲要》。

制定全国教育科学研究“十一五”规划的指导思想是：坚持以马列主义、毛泽东思想、邓小平理论和“三个代表”重要思想为指导，全面落实科学发展观，促进科教兴国战略和人才强国战略的实施；坚持党的基本路线和基本纲领，坚持解放思想，实事求是，与时俱进；坚持为人民服务和社会主义现代化建设服务的方向，坚持“百花齐放、百家争鸣”的方针，坚持以我国教育改革与发展的重大理论和现实问题为主攻方向，重视基础研究，推动理论创新，加强应用研究，增强教育研究为教育改革与发展服务的针对性和实效性，促进开发研究，加强研究成果的转化；坚持理论联系实际，引领教育科学发展方向，团结广大教育科学工作者，繁荣和发展教育科学事业，为教育改革与发展服务。

一、形势与任务

（一）“十五”时期的回顾

“十五”期间是我国教育科研体制改革不断深化、科研队伍日益壮大、科研质量明显提升和科研成果影响持续扩大的五年。

教育科学研究在此期间取得了显著成就：第一，党和政府更加重视和发展教育科学事业，社会各界更加接受和支持教育科学研究，中央和地方财政性教育科研投入显著增加，学校、教育科研机构和社会科研投入增强，大多数课题得到了不同渠道的经费资助，单项课题资助经费力度有所增加。第二，教育科学研究规划高度重视基础研究，大力加强应用研究，积极推进开发研究，更加及时反映不同类别教育政策、学科发展和教育实践的需求。各类立项课题数较"九五"规划有明显的增长，目标更加明确，重点更加突出，结构更加合理，并与行业部门、地方和学校形成了相互衔接的教育科学规划体系，基本形成国家级科研机构和重点高校侧重研究教育重大理论与实践问题、地方科研机构与地方高校侧重研究区域和特色教育问题、中小学校侧重研究基础教育教学实践问题的格局。第三，建立健全教育科研质量保障机制，实施项目全程管理，严把立项、开题、中期检查、结题验收、评选奖励及推广等关键环节，使科研管理更加科学民主规范，科研成果质量有了制度性保障。第四，课题研究更加广泛和深入，更加关注教育改革与发展的关键问题、前沿问题以及热点、难点问题，更加注重教育理论与实践研究的结合，促进了科研、行政与学校之间的结合与互动，逐步建立起教育科研工作者与实际工作者相互合作的"伙伴关系"。第五，教育科研人才辈出，成果丰富，影响广泛。教育研究成为教育工作者的共同专业，教育工作者广泛而积极地参与课题研究，并从中得到锻炼和发展，教育科学工作者的专业化水平有所提高，教师成为教育科研的生力军；产生了大量而有影响的研究报告、论文、著作、课件、教具、数据库等多种形式的研究成果，为教育决策、学科发展和教育实践作出了不可替代的重要贡献。在我国教育改革发展和国际教育研究中的地位与影响力明显进步，初步形成了中国特色、中国风格和中国气派的教育科学体系，为今后教育科学事业的持续发展提供了坚实的基础。

与教育改革与发展的要求相比，与国际教育研究先进水平相比，现阶段的教育科学研究在观念、投入、体制、队伍、成果、推广等方面还存在不小的差距，区域间、学校间、学科间教育科研发展不均衡，研究成果精品力作不多，对教育决策和实践的影响力不够，教育决策和实践对教育科学的依赖程度有限。

今后要重视研究教育科学发展的规律和特点，加强教育科学规划工作的科学性，判明形势，引导方向，明确长远规划和年度建设重点，创新科研管理体制机制，健全激励机制，进一步调动教育科研工作者的主动性和创造性；增加教育科研投入，整合研究资源；加强研究队伍和管理队伍的能力建设，促进专业化发展；提升研究质量，共享研究成果；加强行业自律，弘扬学术道德，优化学术环境。

（二）教育科研的基本趋势和重点建设领域

目前的教育科学已经形成科学、技术和艺术的统一体，出现理论联系实践、研学产结合的趋势，形成基础研究、应用研究和开发研究三大领域，分化为学科体系和工作体系，形成为教育决策、学科建设和教育实践服务的教育科研体系，成为国家创新体系中不可或缺的组成部分。

1. 基础研究的发展趋势和任务

教育科学是哲学社会科学的一个重要组成部分。基础研究是教育科学的支柱，它以知识创新为使命，以探求规律为目的。一个重视教育的民族，一刻也不能停止理论思维和研究实践。没有理论指导的研究是盲目的研究，不重视理论研究的教育科学不会有强大的生命力。

要把提高理论创新能力作为繁荣和发展教育科学的战略基点，要以科学发展观作为指导教育科学发展的世界观和方法论，深刻认识教育的本质、价值、功能。坚持“古为今用、洋为中用”的方针，梳理教育理论重要问题，选准关键问题，突出学科融合，瞄准学术前沿，加强文献整理和大型数据库建设，追求长远价值，积极创新，推动学术思想、学科体系和研究方法的创新发展，深化历史和比较的研究，加强理论的解释力，为建设中国化的教育理论体系作贡献。

加强教育普遍规律与中国教育具体实践相结合，深化素质教育、教育现代化、教育创新、教育公平、教育民主、教师专业化、学生全面发展、终身教育、学习型社会等主题的研究。

2. 应用研究的发展趋势和任务

教育科学研究是教育工作的一部分。应用研究是教育科研的重要领域，旨在依据理论解决实际问题，为此要加强决策咨询研究、课程教学研究、德育研究、管理研究、评价研究。

要关注社会主义和谐社会建设对教育提出的新任务和新要求，关注教育改革发展的全局性、战略性、宏观性问题，关注社会变迁和教育体制改革条件下的教育资源配置问题，关注基础教育的均衡发展问题，关注课程改革和教育信息化背景下教育内容与方法的新变化，关注构建终身教育体系和学习型社会对职业教育和成人教育发展的机遇，关注当代学生身心发展的特点和规律，关注教师教育体系的变革，研究培养高素质专业化的教师队伍的方法，探索提高教育教学质量和效益的有效途径。

3. 开发研究的发展趋势和任务

教育科研重在经世致用，形成直接的教育生产力。要加强旨在直接转化教育科学知识为新教材、新模式、新技术、新工艺、新设计、新产品的开发研究，使其在特定教育实践情境中具有可行性与可操作性，进一步扩大教育科学研究的影响力，让更多的学校和师生受益。

今后要鼓励教育科学与产业部门的合作，促进教育科学知识的产品化、技术化、实体化和产业化发展。

4. 科研组织和生产方式的发展趋势与任务

根据课题研究的性质，现代教育科研的组织形式既尊重个人独立思考，又要形成学术团队。在课题组织方式上鼓励跨学科、跨部门、跨地区、跨国别的合作研究，促进资源整合和知识共享。鼓励教育理论工作者针对教育教学实践工作存在的实际问题进行专业引领与智慧共享的“对话”，形成教育理论者与实践者真正协作性的“研究共同体”，促进教育理论与实践者的共同发展。鼓励科研院所—学校—行政部门之间和大中小学校之间开展以推进教育教学和管理工作革新为主要目标的合作研究，支持在先进理论指导下开展扎实有效的教育教学改革实验研究。

现代教育研究方法的革新要求科学主义和人文主义的不断融合，要求研究者掌握定性和定量相结合的复合型研究方法，掌握现代研究技术，要求有历史、有事实、有数据、有比较、有思想、有对策，今后要鼓励研究者学习和运用多种研究方法，进一步增强研究的解释力和说服力。

5. 科研成果形态及其应用的趋势和任务

研究成果的多样化和多种形式的应用转化是现代教育科学的重要特点。要使应用性研究产生更强的实践效果，必须更加关注成果的鉴定、宣传与推广，形成和完善多元化的科研成果评价体系，进行多形式的宣传推广，构筑成果转化的宽阔平台，对教育科研成果进行深度加工，扩大成果的运用，使各类研究基地各有所长，各类研究人才各得其所，各类研究成果各尽其用。

二、目标与原则

（一）基本目标

通过五年的努力，加强教育科学研究的人才建设、学科建设、基地建设和网络建设，基本形成与建设全面小康社会和社会主义和谐社会相适应的教育科学繁荣发展新格局；建设有特色和竞争优势的、与国际教育发展趋势和我国教育事业发展要求相适应的教育科学创新体系，开创教育科学研究工作的新局面。

多渠道筹措资金，加大投入，促进教育科研可持续发展；深化教育科学管理体制改革，完善教育科学管理机制；完善教育科学人才培养机制，创建学术团队，造就一支高水平的教育科学研究队伍；促进一批特色鲜明、结构合理的教育学科建设和发展；在事关我国教育改革与发展的具有战略性、全局性和前瞻性理论和现实问题的研究上取得实质性突破，推出一批在国内外有重大学术影响和社会影响的精品成果；拓展教育研究学术交流领域，构建与教育科学发展相适应的信息网络平台，扩大国际交流与合作，建立长期稳定的国内外教育科学学术交流渠道。

教育科学规划要统筹短线研究和中长线研究，加强学科建设，发挥教育科学“顶天立地”的作用，更好地为教育宏观决策服务，为教育改革发展实践服务，为教育现代化建设服务。

在理论研究领域，主要以文献研究、比较研究和历史研究为基础，借鉴国外教育理论研究的解释范式，关注理论的原创性，关注现实情境中的复杂因果关联，理解、参与、反思现实的教育实践，努力实现理论与实践的深度结合，形成本土化的教育理论。

在政策研究领域，整合全国的研究力量，加强调查研究和比较研究，为政府教育决策提供支持服务。围绕教育改革和发展的中心工作，重点研究战略性、紧迫性、现实性的教育问题，着重考察教育政策的形成、确立与发展趋势，重视国际比较研究，加强历史研究和前瞻性研究，关注由政策引发的制度博弈实践及政策效应，为重大教育决策提供科学依据。

在实践研究领域，采取有效措施扎实推进校本研究和合作研究，关注学校教育改革和教师专业发展的实效，倡导教师以实践者的视角，创造性地解决教育实践中的难点和热点问题，改进学校教育教学和管理工作。

（二）基本原则

1. 统筹规划，突出重点。以服务教育部全局工作为重点，以中国教育改革与发展的重大理论和现实问题为主攻方向，统筹规划国家社科基金（教育学科）与教育部教育科学规划，统筹行业部门和地方教育科学规划，统筹教育科研资源的政府主导和市场机制，统筹国内外教育科研资源，统筹教育科研的区域和学科发展，统筹时代作品和传统资源，坚持效益优先，公平为主，适当倾斜，有所为，有所不为，重点扶持，重在提高，协调发展，促进全国教育科研资源合理布局，发挥更大效益。

2. 控制规模，注重质量。围绕我国教育改革和发展的中心工作，适当控制课题数量，注重内涵发展，鼓励研究积累，强调成果创新。

3. 优化结构、提高效益。优化基础研究、应用研究和开发研究结构，优化决策咨询、理论创新和教育教学实验结构，优化全国教育科学规划所属的十四个学科规划结构，优化课题立项和成果转化的结构，整体提高教育研究效益。

4. 基于理论，突出问题。加强学理研究，重视学科建设，重关系，重过程，重结果，不断增强教育研究的解释力和说服力。以现实教育问题为研究之源，以服务于教育改革科学决策和素质教育发展为方向，以社会应用价值为评判标准。

5. 专业引领，整合力量。加强教育科研工作的专业化建设，促进教育科研工作者的专业化发展，发挥各级各类教育科研资源的作用，引导社会资源参与和支持教育科学事业。

6. 强化服务，顶天立地。提倡研以致用，既要贴近决策，为决策服务，促进科研兴教；又要科研兴校，为教师服务，为学生服务。

三、领域和方向

（一）教育基本理论和教育史研究

加强马列主义教育理论、毛泽东教育思想、邓小平教育理论、“三个代表”重要思想和科学发展观在教育发展中的指导地位和统领作用的研究，加强马克思主义教育思想中国化的理论研究；加强优秀传统教育思想研究；加强西方教育理论流派研究，注意西方教育在中国的引进、应用和创新。加强国别教育史和地方教育史的研究，重视对国内外教育人物、历史名校和教育遗产的研究。注意从历史角度分析教育事件和教育问题，从中探索教育改革和发展的规律。

（二）教育发展战略研究

适应21世纪初期我国全面建设小康社会时期经济社会发展战略和模式的转变，从教育与外部环境相互协调的角度，在国际、国家、区域和学校层面，加强与教育发展战略相关的基本国情、目标选择、体系构建、区域规划、制度创新、法规建设等问题的研究。

从教育体系内部各要素相互协调的角度，侧重研究我国教育改革和发展中带有全局性、战略性、前瞻性的问题，为各级政府和学校教育决策提供参考。

加强国际视野中的中国教育竞争力研究，学习借鉴他国的先进教育发展经验，明确我国教育发展的方向，选择适宜的教育发展战略。

（三）教育经济与管理研究

基于社会主义初级阶段的国情，加强教育供给与需求、投入与产出、成本与效益、条件与结果的研究，探索中国特色的节约型高效能教育发展道路。

根据转型期教育发展的新特点，加强现代教育制度及其法律体系研究，重视教育管理思想和技术方法的研究，重点研究政府教育职能转变的机制和经验，以明确政府、学校和社会在发展教育中的责权利；加强教育公平问题研究；加强教育管理绩效评价研究，推进教育质量评估与保障机制研究。

以促进学校健康发展为核心，加强现代学校制度建设问题研究，重视学校组织转型和效能研究，关注多种办学模式研究、办学效益研究、学校特色发展研究和学校工作激励机制研究。

为造就高素质专业化的教师队伍，要切实推进教师发展研究，着重研究教师的生存状况、生活质量、发展条件、薪酬福利、社会保障、评价机制、资格标准等问题，加强教师职业生涯与规划研究，注重开展教师研修体制创新研究。

着眼于构建政事明晰、学校自主用人、教师自主择业、政府依法监督、教师专业组织参与、配套措施完善的中国特色现代大学制度，加强对高校教师岗位分类管理、聘任、评价、收入分配等制度体系的研究。

（四）基础教育研究

全面推进素质教育研究，重视基础教育多样化目标的研究，深化新课程改革研究，注重开展新课程的开发与实施研究，加强优秀教师成长经验的研究和新入职教师专业成长指导的研究，重视课堂教学体系及模式的创新研究，加强学科教学研究和教学策略研究，注重构建适应素质教育和新课程要求的学校文化研究，注重学生学习兴趣和自学能力的培养研究。

以全面普及学前教育、持续提升学前教育质量为核心，注重开展为每个儿童提供必要而充分的保教条件的研究，加强幼儿发展理论研究，开发儿童发展指标体系，重视幼儿园体制改革研究，注重开发儿童潜能和早期教育研究。

加强因材施教研究，重视处境不利儿童和特殊儿童的教育教学问题，加强农民工子女教育问题研究，加强特殊教育对象的需要分析及其适时施教研究，着重特殊教育的师资培养、课程开发和教育教学模式研究。

（五）高等教育研究

在高等教育大众化的背景下，重视高等学校的分类标准研究，加强各级各类高等学校发展定位、特色及发展战略研究。

加强高校教育教学内容体系改革和课程教材建设、实验室、图书馆等教育资源的研究，关注重点学科建设，重视学生学习质量研究。

加强高等学校多元质量评价体系研究，深化高校内部管理体制改革研究，重视高等学校组织特性和文化建设研究。

加强高校招生与就业制度改革创新研究，关注学校自主招生、学分转换和学历境内外互认制度等问题的研究。

（六）职业教育研究

着眼于人口大国向人力资源强国转化的现实需要，服务于大力发展职业教育的战略重点，职业教育研究要突出综合性和应用性特点，更加重视以政府为主导、教育部门与产业部门形成合作机制的研究，加强职业教育多种办学模式的研究，明确职业学校的办学基准，加强示范性职业学校发展特点和规律的研究。

注重以就业为导向的职业教育课程教学改革创新研究，加强职业教育实践教学体系研究，加强职业教育教师资格制度研究，注意中职与高职之间的衔接研究，推进职业咨询测试方法与指导模式研究。

更加注重职校生的基本素质和能力建设研究，加强职校生的职业道德教育研究，为职校生的就业和创业创造条件。

（七）德育研究

在建设社会主义和谐社会背景下，深化和完善德育基本理论研究，继续探索德育的本质、规律和机制，实现学科基础和方法论等方面的实质性突破。促进传统文化与现代生活的整合，加强人类共同道德准则和价值观研究，增强国际理解教育的研究，重视中华传统美德教育的研究，加强革命传统教育资源的开发研究，逐步构建中国特色社会主义德育理论体系。

注重当代德育面临的重大问题研究，加强全球化背景下的德育与市场经济发展、公民社会建设、信息社会影响、当代生活方式变革等关系的研究。加强不同青少年群体的德育研究，关注弱势群体青少年道德发展研究，重视社会志愿者教育的政策与制度研究。

加强学校德育工作的创新研究，开展当代青少年思想道德状况的追踪调查，关注影响青少年健康成长的环境，注意研究现代化进程中学生价值观与行为特征变化，重视公民教育研究，加强学生价值观、情感、意志的研究，深化学校、家庭、社会相结合的德育工作机制研究，重视德育的有效方法与实践途径研究，强化德育在学校活动和学科教学中的渗透研究，提高德育的针对性、实效性。

（八）教育心理研究

研究不同理论观点的整合与应用；重视学生创造性的发展，培养学生创新意识和创造能力；重视信息化时代新的学习方式及特点，把握新的学习心理及其认知规律，提高学与教的效率；研究教育活动中教师的心理特征，强化教师心理素质的培养；研究社会环境对家长和学生的心理影响；关注学生的智力特点、人格发展、情感培养、社会适应和心理健康。

加强脑与认知科学规律、道德发展特点、教师心理健康、学生入学准备和学业发展研究，关注学习困难和离异家庭学生特点的研究，重视学科心理学研究成果在学校教育中的应用。

（九）体育卫生美育

以“健康第一”为指导思想，关注全体师生的体质健康研究，以研究体育课程和教学方法理论为主攻方向，加强对体育课程设计原理、体育课程教学评价机理与实施方案、运动技术的学习理论等问题的研究，研究新的体育知识和健身方法体系的构建，探索体育促进学生社会性发展和心理健康的机制与干预方案。以有效发挥体育促进素质教育实施的实践创新为研究重点，加强对学校体育实践与实验的技术攻关和经验总结，探索促进学校体育发展的新的有效组织管理方式及推广方案。重视奥林匹克精神在学校教育中的传播研究，扩大综合利用校外教育资源研究。

在卫生和健康教育研究领域，创新学生体质监测和健康管理的技术手段，重点研究学校卫生管理、疾病与安全预警机制和应急预案，研究改善学校卫生条件的技术方案和设备创新，研究学校卫生和健康教育人员的培养与培训，研究学校健康教育内容和评价等问题。

以提高全体师生的审美素养为研究重点，重视美育对构建和谐社会独特功能的研究；研究美育与本土优秀传统艺术的传承，研究新时期学校美育的发展前景；深化美育理论研究，开展美育促进学生创新思维发展与心理健康的理论及有效途径的研究；加强美育课程改革、教学模式创新以及评价体系的研究，开展提高学校美育师资素质的策略研究；开展建设健康向上的校园文化研究。关注开发与优化美育资源的研究，重视提高农村与少数民族地区学校美育质量的研究。

（十）教育信息技术研究

在以信息化带动教育现代化的进程中，推进教育信息化发展的国家战略研究和区域整体推进的策略研究，加强现代教育技术在推进学校教育改革和构建学习型社会中的作用研究。

深化数字化学习环境建设、数字化教育资源建设和共享机制研究，推动网络课程开发研究。

加强教育传统技术和新技术的研究，丰富教育技术资源，完善适应学校教育教学需要的教育技术服务支撑体系。

加强信息技术在教育教学过程中的应用研究，促进信息技术环境下学习型组织建设与培训模式研究，远程教育发展与质量保证研究、农村远程教育可持续发展研究、学习者能力发展研究。

重视教育信息化领导能力建设、教师教育技术能力建设研究和教育信息化评价指标体系研究，加强教育信息化项目管理和投资效益评价研究。

（十一）成人教育研究

成人教育研究以提高劳动者素质和增强人的能力建设为主攻方向，以建设终身教育体系和构建学习型组织为核心，注重成人学习需求、学习风格、学习策略和施教条件的研究。

关注领导干部能力建设研究，深化企业人力资源素质发展与创新能力建设研究，加强农村扫盲教育研究以及社区成人教育研究，重视弱势群体的补偿教育研究。

开展适合成人学习的教学手段与媒体多样化的研究，注重提高成人学习的质量和效率的研究，关注成人教育资源整合的研究，促进满足成人日益增长的教育需求及其学习服务与支持系统的研究。

（十二）民族教育研究

着眼于西部大开发背景下的民族教育发展面临的历史机遇，深化中国特色民族教育理论建构及其实践发展的价值定位问题研究。重视在全球化背景下通过民族教育保持和弘扬民族优秀传统文化的研究。拓展教育人类学、民族心理学等分支学科领域研究。

大力加强社会主义和谐社会进程中民族教育重大实践问题研究，注重新形势下民族地区民族教育立法、“双语”教育、职业教育、师资队伍建设、新课程改革、高层次人才培养等问题。研究少数民族地区普及和巩固九年义务教育的保障措施；结合新课程改革，加强民族地区“双语”教学效果及规律的研究；重视民族地区师资质量的提高研究。

研究加快民族地区教育协调发展的特殊政策与管理体制的改革，探索对口支援民族地区教育发展的有效模式。

（十三）比较教育研究

立足中国教育实际，注重从国际视野研究我国教育面临的现实问题，加强对教育理念、教育政策法律、教育制度、教育内容、教育方法等若干专题的比较研究，促进旨在服务于建设国家教育创新体系、全面实施素质教育、加强农村义务教育、发展职业教育、提高高等教育质量的国际比较教育研究。

重视全球教育改革发展经验的梳理与提升，比较发达国家和发展中国家教育制度生成和发展的历程与差异。

重视研究中国教育走向世界和引进世界先进教育经验的策略，推动教育的跨文化研究，促进教育的国际理解和国际交流，鼓励国际间和国家间教育科研项目的合作研究。

（十四）国防军事教育研究

以信息化军队建设、军事斗争准备和国防军事教育转型的现实需求为牵引，注重理论与实践相结合，突出全局性、应用性、对策性研究，深化中国特色国防军事教育教学问题研究。

以军官教育为龙头，注重军队院校任职教育教学现实问题研究，深化新时期军事院校创新人才培养模式研究。

以士兵教育培训为重点，加强素质教育研究，加强军地两用复合型人才培养研究。

以国防教育为基础，深化新形势下的国防教育体系研究，重点研究军事教育与国民教育有机结合的策略。

加强学校国防教育研究，注重依托国民教育培养各类国防建设人才的研究。

四、组织与实施

实施全国教育科学研究“十一五”规划纲要任重道远，需要更新观念，完善制度，创新体制，增强可操作性，提高质量和效益。

（一）明确发展目标

以引领科研方向、促进学术规范、培养研究队伍、建设精品课题、扩大社会影响力为教育科学规划的发展目标，坚持控制规模、优化结构、提高质量、加强推广的发展方针，实施统筹全局、重点突破的发展战略。

（二）加强领导组织

充分依靠教育部和全国教育科学规划领导小组的领导；充分依靠全国哲学社会科学规划办公室的指导；完善学科规划组建设，充分发挥专家的学术咨询作用；进一步加强与地方教育科学规划领导小组办公室和高校科研处（社科处）及其他科研管理部门的合作。

（三）加大科研投入

形成以国家社科基金和教育部财政性投入为主、行业部门专项经费和地方单位资助经费为辅的多渠道教育科研投入体制，调动社会参与和支持教育科研的积极性，切实保障教育科研的基本经费需求。

（四）完善制度建设

建设现代教育科研管理制度，形成规范化的教育科学规划制度、评审制度、开题制度、中期报告制度、鉴定结题制度、成果奖励和推广制度，促进教育科研体制机制的变革，推进课题管理的科学性、民主性，加强绩效考评，鼓励自主研究，重视后期资助，适当推行对同一重大政策性课题的多方案研究，形成知识创新系统、应用研究系统、成果推广系统相结合的科研体系。

（五）强化能力建设

加强研究者的能力建设，强化教育科研的问题意识、学理意识、方法意识和成果意识；加强管理者的能力建设，加强课题的规划与管理，依据课题特点实行多元化鉴定与评价，提高管理服务的效能；加强使用者的能力建设，增强识别、参与和应用教育科研的能力。

（六）注意循序渐进

五年发展目标，需要分别规划、分类指导、分步实施、循序渐进，要增强规范性和可预见性，每个年度课题指南应围绕和落实五年发展规划有所侧重，形成体系，定期发布，及时反映教育改革发展的新情况和新问题，深化基本问题的研究，拓展新的研究空间，出成果，出人才，出影响。

全国教育科学“十一五”规划课题指南

2006年度全国教育科学规划课题指南

说明：

1. 本课题指南依据《全国教育科学研究“十一五”规划纲要》制定，供教育科研工作者选题论证时参考。

2. 指南中的国家社科基金（教育学科）“国家重大”和“国家重点”课题均为招标课题；其他课题实行会议评审。

3. 招标课题名称即为具体研究题目，提示要点明确了基本的研究内容，申请人可据此进行具体设计；其他会议评审课题仅表明了研究领域和提示要点，申请者可根据自己的研究基础和研究能力从中确定具体的研究课题，也可根据自己的兴趣自选课题研究。

4. 鼓励理论研究者和教育实践者合作开展研究，鼓励跨学科、跨部门、跨地区、跨国别的合作，鼓励提出新问题，发现新材料，运用新方法，形成新认识，创造新成果。

5. 申报招标课题和会议评审课题互不交叉，申请者可从中选一。课题评审坚持评审标准，优中选优，宁缺毋滥。

6. 申报人可依照课题指南所列的学科分组及其研究领域选择相应的课题进行申报，并根据研究课题的内容明确所属的学科规划组。

7. 自选课题请在课题申请·评审书封面上予以标明。在同等条件下，指南所列规划课题优先考虑。在涉及西部教育问题研究时，优先考虑西部地区的课题申请者。

8. 国防军事教育课题由全军教育科学规划办公室负责申报和评审。

一、国家重大和重点招标课题

此类课题事关我国教育改革与发展的全局性、战略性、前瞻性、长远性问题，要围绕全面建设社会主义和谐社会、建设学习型社会和创新型国家主题，以科学发展观为指导，以教育理论重大创新和教育改革发展的重要现实问题为重点，集聚精兵强将，强调跨学科、跨部门、跨地区、跨国别合作进行综合研究，形成标志性成果，体现国家文化力量和教育科学研究最高学术水平。要系统总结已有研究成果，基于调查研究，使用科学的研究方法，完成明确的研究工作任务，形成精品力作，要求出版

40 万字以上的专著和在有影响的刊物上发表系列论文，在学术界和社会上产生积极的影响。

（一）国家重大课题（1 项）

和谐社会视野下的教育公平和效率问题研究

研究要点：(1) 社会主义初级阶段教育基本矛盾阶段性变化的认识；(2) 当前教育发展差距现状调查与成因分析；(3) 我国教育服务业的供求现状调查；(4) 政府、社会和学校教育负担能力的评估、监测与预警机制；(5) 从建设和谐社会立场认识教育公平和效率关系；(6) 我国教育公平和效率协调发展的战略选择和制度设计；(7) 教育公平与缩小收入差距、促进社会公平互动关系的研究。

（二）国家重点课题（11 项）

1. 科学发展观指导下的中国教育现代化研究

(1) 教育现代化基本理论的深化研究；(2) 教育现代化指标体系研究；(3) 世界主要国家推进教育现代化的阶段进程和特点研究；(4) 我国区域推进教育现代化的案例研究；(5) 我国未来十五年教育发展战略的前瞻性研究；(6) 我国推进教育现代化的路径与策略研究；(7) 社会主义新农村教育研究；(8) 教育现代化的政策法律保障体系研究。

2. 建设创新型国家与和谐社会背景下的素质教育研究

(1) 素质教育基本理论的深化研究；(2) 素质教育的实施现状分析和案例研究；(3) 学生科学文化、思想道德和生理心理素质状况综合调查分析；(4) 学生创新精神和实践能力的评价体系研究；(5) 相关国家提高学生综合素质的经验研究；(6) 区域和学校素质教育可持续发展的制度环境、推进目标、发展阶段、实践模式与评价机制研究。

3. 教育提高人口素质和增强民族竞争力研究

(1) 人口变动和教育资源有效配置关系研究；(2) 独生子女教育与民族竞争力研究；(3) 农民工子女教育和城乡社会融合研究；(4) 贫困人口子女教育与社会阶层流动研究；(5) 少数民族教育与民族团结研究；(6) 残障儿童教育与社会文明研究；(7) 老龄人口教育与社会和谐研究；(8) 人力资源强国的建设策略研究。

4. 学校实施社会主义荣辱观教育和公民教育研究

(1) 公民教育的基本理论研究；(2) 公民教育的国际比较研究；(3) 我国学生公民素养的调查分析；(4) 学校实施社会主义荣辱观教育的特点和途径研究；(5) 学生公民素质的有效培养模式研究。

5. 基于脑科学的教与学效能研究

(1) 有效应用脑科学于教育教学实践的基本理论研究；(2) 基于脑科学的学与教方式革新研究；(3) 基于脑科学的提高学生学习效率研究；(4) 基于脑科学的提

高学生非认知因素研究。

6. 中小学生学业成就调查研究

（1）学生学业成就基本理论研究；（2）学生学业成就的国际比较研究；（3）我国学生学业成就的现状调查和影响因素分析；（4）提高我国学生学业成就的案例研究；（5）全面提高我国学生学业成就的路径和策略研究。

7. 高等教育大众化阶段质量保障与评价体系研究

（1）高等教育的质量观研究；（2）高等教育质量保障机制的国际视野；（3）我国各级各类高校教育教学质量的现状调查和成因分析；（4）新建本科院校、独立学院、民办高校教育教学质量的案例研究；（5）高等教育的质量评价体系研究；（6）高等教育的质量保障体系研究。

8. 职业教育大发展战略研究

（1）职业教育基本理论的深化研究；（2）职业教育的国际比较研究；（3）职业教育发展与劳动力市场关系的研究；（4）我国职业教育发展的现状调查与成因分析；（5）我国职业教育先进区域和学校的案例研究；（6）多层次技能人才培养模式研究；（7）政府、行业、企业支持职业学校发展的长效机制研究；（8）以就业为导向的职业教育体系研究。

9. 教育考试评价制度改革与创新研究

（1）教育考试基本理论的深化研究；（2）教育考试制度的国际比较研究；（3）我国现行教育考试制度现状调查研究；（4）我国教育考试制度改革实践经验分析；（5）教育考试评价制度改革方向研究；（6）教育考试法律制度体系构建的理论研究。

10. 中国优秀教育传统的传承和创新研究

（1）教育名区、名校的历史溯源和现状调查；（2）历史名校发展的动力、目标、阶段和途径研究；（3）研究历史名校与其校长、教师的关系；（4）比较历史名校发展模式的共性和个性；（5）历史名校和新兴名校的比较研究；（6）历史名校发展的案例研究；（7）教育名家成长路径和行为特征研究；（8）优秀传统教学模式、教学法、教材教具研究。

11. 军队院校教育发展战略研究

（1）研究适应军事变革需要的人才培养需求状况；（2）研究军队院校教育整体转型问题；（3）研究军队院校专业布局调整问题；（4）研究军队院校管理体制与政策法规问题。

二、会议评审课题

此类课题围绕教育适度超前发展战略、全面推进素质教育、推进新课程改革、均衡发展义务教育、大力发展职业教育、提高高等教育质量、建设学习型社会、培养学生的公民素养和国际理解能力等主题，突出"小、精、实、新"的特点，探索适应地区、民族和学科特点的教育教学观念、运行机制和实践模式。

（一）教育基本理论和教育史

1. 马克思主义教育理论的发展与我国教育实践结合的研究

（1）体现“以人为本”的现代教育本质与功能研究；（2）新时期教育与经济、社会、文化关系的新认识；（3）教育理论与社会意识形态的沟通研究；（4）我国传统教育理论与实践的现代创新研究；（5）学校发展理论研究。

2. 当代国外教育理论研究

（1）当代国外有影响的教育思潮研究；（2）当代国外教育研究的理论框架和方法论研究；（3）当代西方教育思潮对我国教育研究与实践的影响研究。

3. 中国教育史研究

（1）我国近现代教育理论与实践自主创新的历史研究；（2）我国教育学术史研究；（3）教育学科建设与发展的历史分析与评价研究；（4）西方教育理论在我国的引进、应用与创新的历史分析和反思研究。

4. 外国教育史研究

（1）不同类型国家教育发展的历史经验研究；（2）外国教育家思想研究；（3）外国教育学术史研究。

（二）教育战略

1. 促进人力资源能力建设的教育发展战略研究

（1）创新型国家和人力资本强国建设中的教育发展战略研究；（2）拔尖创新人才、高新技术人才和高技能人才培养模式研究。

2. 教育发展战略研究

（1）国家和地区教育体系发展战略研究；（2）区域教育战略规划与区际教育互补协调机制研究；（3）海峡两岸四地教育交流与合作发展战略研究。

3. 全球视野下中国教育发展战略研究

（1）我国教育对外开放战略研究；（2）我国教育走向世界的战略研究；（3）中外教育合作与交流战略研究。

（三）教育经济与管理

1. 教育法律研究

（1）修订教师法、高等教育法、学位条例等相关问题研究；（2）拟订学校法、终身学习法、少数民族教育法、特殊教育法、教育投入法研究；（3）学前教育、普通高中教育立法问题研究；（4）新时期我国教育法律体系改革与完善问题研究。

2. 教育经济研究

（1）我国社会教育消费需求与能力调查研究；（2）学校教育成本与教育收费

问题研究；（3）学校建设标准研究；（4）教师合理薪酬标准问题研究；（5）公共教育经费分配与使用的效益研究；（6）政府专项补助对教育发展影响的绩效评价研究；（7）贫困家庭学生资助问题研究；（8）教师社会保障制度研究；（9）教育利用外资效益研究。

3. 教育行政管理制度研究

（1）政府、市场、社会和学校的关系问题研究，学校办学行为的法律监督机制研究；（2）各级政府在发展教育中的责任、权限和作用研究；（3）地方教育行政管理体制创新研究；（4）教育督导评价研究；（5）国际文凭考试制度研究；（6）应用型院校国际学分互换和学历职业资格互认制度研究；（7）高考录取新生方式和加分制度研究；（8）高考移民问题研究；（9）教育舆情分析研究；（10）教育人事制度改革研究；（11）国家教育基础数据库建设预研究。

4. 学校管理制度研究

（1）学校管理制度创新研究；（2）学校教学和学术组织管理创新研究；（3）学校公共安全和危机管理研究；（4）公办学校和民办学校运行机制案例研究；（5）公立学校有效激励机制研究；（6）学校入学制度改革研究；（7）校长职业准入制度和专业化研究；（8）教师校本教研制度创新研究；（9）学校课程管理研究；（10）学校形象设计、品牌建设和文化建设研究；（11）学校班主任研究。

（四）基础教育

1. 新课程改革深化研究

（1）普通高中新课程教学改革的适应性研究；（2）主干学科教材教学内容的调查分析与国际比较研究；（3）新课改后各类教材特点的比较研究；（4）新课程各类学科标准内容相互支持和衔接关系研究；（5）新课改后学生课业负担的调查分析；（6）新课改后教师工作状况的调查比较研究；（7）提高课堂教学实效性的教学策略研究。

2. 学与教的研究

（1）学生多元学习方式和学习有效性的研究；（2）学业优秀学生学习行为特征分析；（3）学科教学研究；（4）学科教师专业发展途径研究；（5）优秀教师课堂教学案例分析。

3. 幼儿教育研究

（1）幼儿教育机构、办园体制和师资现状的调查研究；（2）幼儿早期教育理论的深化研究；（3）基于幼儿身心发展关键期的适时施教研究；（4）幼儿智力发展能力的追踪研究；（5）幼儿身心发展的指标体系研究。

4. 特殊教育儿童研究

（1）低常儿童的适时教育、早期干预与矫治研究；（2）超常儿童的学习需要研究；（3）残障儿童随班就读和补偿教育研究；（4）学习技能障碍儿童的特殊教育研究。

（五）高等教育

1. 高等教育质量研究

（1）高校定位、特色与发展研究；（2）高校重点学科建设的调查研究；（3）高素质复合型人才培养模式研究；（4）高校发展适度规模效益研究；（5）高校课程教材改革与建设研究；（6）研究生教育质量评价研究；（7）大学排行榜研究。

2. 大学学术制度和文化建设研究

（1）大学组织特性研究；（2）大学学术组织研究；（3）大学学术规范研究；（4）大学学术评价研究；（5）大学文化建设研究。

3. 高校社会服务研究

（1）高校产学研结合机制创新研究；（2）校办产业研究；（3）高校科技园区研究；（4）高校科技公司制研究；（5）高校社会公益服务研究。

4. 高校毕业生就业和创业问题研究

（1）高等教育发展与劳动力市场动态关系研究；（2）高校毕业生就业信息沟通机制研究；（3）大学生就业能力培养研究；（4）大学生企业家特质培养研究；（5）高校毕业生起薪和就业质量调查；（6）高校毕业生就业预警机制研究；（7）高校毕业生工作状况追踪调查。

（六）职业技术教育

1. 职业教育教学质量标准和评价研究

（1）职业教育质量标准多样化及其质量评估体系研究；（2）双师型专业化师资队伍建设研究；（3）实训基地建设与效益评价标准研究。

2. 政校企合作培训后备劳动力的有效机制研究

（1）政校企合作办学理论的深化研究；（2）政校企合作建设实训基地研究；（3）职业教育与普通教育资源共建与共享的长效机制研究；（4）不同区域整体推进职业教育发展实验研究。

3. 就业导向下的学校职业指导服务体系研究

（1）职业院校毕业生就业现状调查；（2）职业院校毕业生就业信息沟通机制研究；（3）职业性向测评方法的应用和创新研究；（4）职业教育与职业资格双证书制度的推进策略研究。

（七）德育

1. 新时期德育现实问题研究

（1）新时期德育理论的观念更新和方法变革研究；（2）社会转型期多元价值观背景下家庭伦理道德、职业道德、社会公德面临的挑战与应对研究；（3）全球化和信息化时代学生品德发展新特点研究；（4）当代社会问题对青少年品德发展的影响研究；（5）社会公益道德实践活动培养青少年道德人格研究；（6）道德高尚学生的基本素质和行为特征分析；（7）教师行为规范标准与师德建设研究。

2. 不同青少年群体思想道德状况调查及教育对策研究

（1）农民工子女和农村留守儿童的德育研究；（2）离异家庭子女的德育研究；（3）不同学业成绩学生的品德发展特点研究；（4）青少年犯罪的归因分析与教育对策研究。

3. 德育课程改革和德育实效性研究

（1）德育课程改革的深化研究；（2）学校德育模式的创新研究；（3）德育环境优化与德育实效性研究；（4）德育校本课程研究；（5）中国优秀传统德育资源的开发与应用研究。

（八）教育心理

1. 学科教学与学习心理研究

（1）学科教学中学生创造性行为及其培养研究；（2）中小学生数学、语言能力的发展与教育研究；（3）学生学习心理评价研究；（4）儿童青少年入学准备及升入不同学段的心理适应研究；（5）学习困难儿童鉴别与干预研究。

2. 教师心理研究

（1）教师工作压力和心理健康状况调查研究；（2）教师课堂教学行为的心理学评价研究；（3）教师素质与胜任力的心理学研究。

3. 心理健康教育与学生心理发展研究

（1）学校心理健康教育评价体系与干预研究；（2）心理健康教育中的伦理问题研究；（3）学生创新思维、创新人格评价系统与培养措施研究；（4）学生的记忆机制与记忆力能力培养研究；（5）青少年社会性发展与教育研究；（6）学生品德发展及评价研究；（7）网络对青少年心理发展的影响研究。

4. 特殊群体学生心理健康调查与干预研究

（1）情绪和行为障碍儿童的矫治研究；（2）离异家庭子女心理与教育研究；（3）超常儿童心理与行为发展的鉴别系统研究；（4）学习处境不利儿童认知发展与改善的研究；（5）突发事件背景下的青少年心理援助研究。

（九）体育、卫生和美育

1. 学校体育整体改革创新研究

（1）学校体育、竞技体育和社会体育相结合的体育教育体系改革创新研究；（2）学校体育课程的实施方案与教学策略研究；（3）高等院校体育专业设置现状与改革研究；（4）信息技术在学校体育中的应用与实效性评价研究；（5）学生体育成绩评价标准的创新研究；（6）学校运动伤害的法律问题研究；（7）奥林匹克精神与人文体育研究。

2. 学生体质健康状况及干预研究

（1）学生体质健康新的影响因素与促进学生运动参与的对策研究；（2）学生体质健康突出问题（超重、近视、高血压等）的干预研究；（3）公共卫生与健康教育的实施与管理研究。

3. 当代学校美育发展研究

（1）学校美育实施状况和学生艺术素养的调查研究；（2）美育人才的社会需求与培养模式研究；（3）优秀传统美育资源的有效利用和传承发展研究；（4）学校建筑风格研究；（5）市场经济和大众传媒背景下的学校美育研究。

（十）教育信息技术

1. 校长、教师和学生信息素养研究

（1）校长教育信息化领导能力调查研究；（2）教师信息素养现状调查研究与教师教育技术能力建设研究；（3）学生信息素养现状调研。

2. 基于网络环境下多元学与教方式变革研究

（1）数字化学习研究；（2）教育信息技术与课程、教学深层次整合研究；（3）信息技术环境下学习方式变革与学习绩效研究；（4）农村中小学远程教育可持续发展研究。

3. 数字化教育资源建设研究

（1）数字化教育资源建设体系框架和共享机制研究；（2）数字化校园（教室）建设研究；（3）网络课程开发研究；（4）传统教育技术的开发与使用研究。

（十一）成人教育

1. 成人教育发展研究

（1）在终身教育体系和学习型社会建设中的成人教育发展战略研究；（2）成人教育机构的转型与创新研究；（3）成人学习有效培训模式研究。

2. 在职劳动者人力资源持续开发与创新能力建设研究

（1）农民群体、妇女群体、失业群体、老年群体的教育诉求与教育服务研究；（2）成人非正规教育研究；（3）成人学习需求、动机、风格、方式与学习支持条件研究；（4）扫盲教育与功能性扫盲研究。

3. 家庭、社区、职场和网络虚拟环境中的成人教育研究

（1）成人文明道德教育调查分析；（2）成人职业技能教育研究；（3）成人闲暇生活教育研究；（4）家庭、社区和学校成人教育资源整合与开发研究；（5）成人网络学习研究。

（十二）民族教育

1. 民族教育跨文化与文化适应研究

（1）民族认同的教育问题研究；（2）民族教育与民族非物质文化遗产的传承研究；（3）民族文化多元性与教育对策研究；（4）国外民族教育的学习借鉴和创新研究。

2. 新形势下民族教育发展和政策创新研究

（1）民族预科和西藏校（班）、新疆班办学模式研究；（2）民族教育管理体制改革研究；（3）少数民族高素质专业化人才培养研究；（4）少数民族教师教育改革与民族地区“双语”师资培养研究；（5）少数民族地区双语（三语）教学模式与实效研究。

3. 民族地区普及基础教育研究

（1）民族地区普及和巩固九年义务教育的保障机制研究；（2）民族地区中小学推进新课程改革研究；（3）民族地区学校提高外语、数学和科学教育质量研究；（4）少数民族学生认知特点和学习风格研究；（5）民族教育和民族地区教育先进典型案例研究。

（十三）比较教育

1. 移民子女和留学生教育研究

（1）跨国移民子女教育的现状研究；（2）外国留学生教育研究；（3）中国留学生教育研究；（4）国外学校的资质研究。

2. 对外教育输出研究

（1）海外汉语、中医和文化、艺术等教育需求研究；（2）海外教育办学模式研究；（3）提高对外教育办学质量研究；（4）发展对外教育增强我国软实力的研究。

3. 境外有影响的教育科研资源研究

（1）境外有影响的教育研究机构研究；（2）境外有影响的教育科研资助机构研究；（3）境外新近出版的教育学、心理学著作和教材研究；（4）境外知名教育学、心理学刊物的评价研究。

（十四）国防军事教育

1. 军队院校人才培养问题研究

（1）军事人才成长规律与军官职业发展研究；（2）新型军队院校任职教育人才培养模式研究；（3）新型士官教育发展培养模式研究；（4）依托国家普通高等教育培养军事人才问题研究；（5）军队院校重点建设工程（“2110 工程”）深化研究。

2. 军队院校任职教育教学质量评价研究

（1）军队院校任职教育教学现状调查研究；（2）提高军队院校任职教育教学质

量的保障机制和监测体系研究。

3. 国防教育研究

（1）深化国防教育、提高全民国防意识的对策研究；（2）国防教育体系及教育教学内容问题研究；（3）军事教育和国民教育融合研究；（4）学校国防教育研究。

2007 年度全国教育科学规划课题指南

一、国家重点招标课题

此类课题事关我国教育改革与发展的全局性、战略性、前瞻性、长远性问题，要以科学发展观为指导，以全面建设社会主义和谐社会为目标，以建设学习型社会和创新型国家为主题，以教育理论重大创新和教育改革发展的重要现实问题为重点，组织跨学科和跨部门的协同攻关，形成标志性成果，代表教育科学研究最高学术水平，为教育实践作出突出贡献。研究者应系统总结已有研究成果，运用适切的研究技术和方法，立论有据，论证有力，结论可信，对策可行，成为精品力作，成果要求出版 40 万字以上的专著，在核心期刊上发表 3 篇以上的学术论文，并在学术界和实践领域产生积极的影响。

（一）当代社会变迁中的中国农村教育发展问题研究

研究要点：（1）社会变迁进程中的农村教育变革溯源；（2）农村教育变革的社会环境分析；（3）教育政策变化对农村家庭教育消费的影响分析；（4）教育变革对农村学校发展的影响分析；（5）城镇化过程中进城农民工子女教育和农村留守儿童教育问题研究；（6）教育变革对农村社会阶层流动的影响分析；（7）当代农村教育（学校）变革的典型案例分析；（8）建设社会主义新农村视野下的农村教育综合改革研究。

（二）教育考试与评价制度创新研究

研究要点：（1）各级各类教育考试与评价制度改革的社会环境研究；（2）各级各类教育考试与评价制度的最新理论和技术研究；（3）我国当前各级各类教育考试和评价制度的现状与改革研究；（4）各级各类教育考试与评价制度改革的公平和质量标准研究；（5）各级各类教育考试与评价的技术支撑和保障条件研究。

（三）高校财务管理与资金使用效益研究

研究要点：（1）高校资产评估与折旧研究；（2）高校预算管理改革研究；（3）高校防范和化解融资风险研究；（4）高校资源配置与使用效益研究；（5）高校校办产业财务管理与效益评价研究；（6）高校资金安全与可持续发展研究。

（四）以教育技术促进学校教育创新研究

研究要点：（1）跟踪研究国内外运用教育技术改进学校教学的发展动态；（2）教育技术支持基础教育新课程改革的成功案例研究；（3）教育技术支持职业学校实践性教学的成功案例研究；（4）高校精品课程建设中教育技术支持的成功案例研究；（5）数字化教学资源的开发研究；（6）远程教育学习者特征分析与学习环境创设研究；（7）教育技术促进教育教学创新的绩效评价研究。

（五）学校体育和健康教育的质量标准与保障机制研究

研究要点：（1）学校体育和健康教育的资源配置与使用现状调查；（2）学校体育与健康教育的师资配备标准研究；（3）学校体育和健康教育设施的配置标准研究；（4）以促进健康为主的多元化体育测评标准研究；（5）学生健康体检标准研究；（6）学生运动伤害和卫生事故应急救济制度研究；（7）学校体育卫生管理综合评价研究。

（六）中西部地区教育发展和人力资源可持续开发研究

研究要点：（1）中西部人力资源存量和分布的现状调查；（2）在中部崛起和西部大开发进程中的人力资源需求分析；（3）中西部应用型人才和农村剩余劳动力转移的职业技能培养研究；（4）西部地区民族双语人才培养研究；（5）中西部农村居民实施文化扫盲和功能性扫盲相结合的实践模式研究；（6）中西部人力资源开发的特色和经验研究；（7）发达国家和我国发达地区人力资源开发的成功经验研究；（8）中西部人力资源可持续开发的支持条件研究。

（七）社会变革时期青少年思想道德发展的新情况与对策研究

研究要点：（1）社会变迁中的青少年价值观调查研究；（2）网络、媒体时代青少年思想道德状况调查；（3）网络、媒体对青少年道德价值观形成的影响研究；（4）多元文化背景下的青少年主流价值观教育研究；（5）适应时代变化的德育工作体制与机制调整与改革研究。

（八）巴西、俄罗斯、印度、中国四国教育发展与国家竞争力比较研究

研究要点：（1）四国教育的生长环境和发展条件分析；（2）四国教育发展战略选择的比较研究；（3）四国教育体系形成的合理性分析；（4）四国教育的重要改革案例和重大事件分析；（5）四国教育创新能力比较研究；（6）四国教育发展特色和经验的比较研究；（7）四国教育发展的竞争力构成要素研究；（8）四国教育发展的竞争力评价研究。

二、会议评审课题

此类课题围绕落实教育优先发展战略、全面推进素质教育、促进教育公平和提高教育质量的主题，以促进学生全面发展为重点，探索适应不同地区、民族和学科特点的教育教学观念、运行机制和实践模式。此类课题突出“小、精、深、实、新”的特点。

（一）教育理论和教育史研究

1. 教育理论问题研究

教育学元研究的新进展；教育学各分支学科前沿问题研究；教育研究的思维方式和技术方法分析；中国原创性教育学术研究；当代教育改革思潮研究；教育的公共属性和个人选择机制研究；全球化对我国教育的影响研究；科学文化进步与教育发展的关系研究；为教育改革作出重要贡献的教育研究项目作用机制研究等。

2. 教育史研究

教育家成长历程研究；教育思想流派形成与传播研究；教育社团史研究；学科教育史研究；院校发展史研究；教育技术发展史研究；流动人口和移民教育史研究；传统教育资源的开发利用研究；传统乡土教材研究；近代新式教育对城乡居民生活状况的影响研究等。

（二）教育发展战略研究

1. 国家发展战略中的教育发展战略研究

和谐社会和创新型国家建设中的教育优先发展战略研究；教育发展战略与经济科技文化社会发展战略相协调的研究；人力资源强国教育发展战略研究等。

2. 国家和地区教育发展战略研究

国家和地区教育发展优先领域和建设重点研究；区域教育战略规划与区际教育互补协调机制研究；港、澳地区教育发展战略研究；经济特区教育可持续发展战略研究；综合配套改革试验区教育发展战略研究；海峡两岸四地教育交流与合作发展战略研究；城乡教育统筹发展研究；区域教育均衡发展研究；教育体系结构研究；学校发展战略研究等。

3. 国际视野下的中国教育发展战略研究

国际教育发展规划和战略的现状与趋势研究；典型国家教育发展战略研究；中外教育合作与交流战略研究；我国教育对外开放战略研究；我国教育发展战略研究趋势等。

（三）教育经济与管理研究

1. 教育经济研究

教育投入研究；教育成本收益研究；教育收费状况调查研究；师资合理薪酬研究；进城农民工子女接受义务教育的经费保障机制研究；研究生资助模式改革研究；普通高中教育投入研究；普通高中贫困生资助体系研究；中等职业教育与普通高中教育成本效益比较分析；教育投资风险对家庭教育选择的影响；学校布局调整的经济学分析；农村中小学的预算管理研究等。

2. 教育政策与法律研究

义务教育“两免一补”财政政策实施效果的跟踪评价研究；公共财政体制建设对教育优先发展的影响研究；受助贫困生资格认定和有效资助模式研究；学生入学政策改革的实施情况分析；国家扶持贫困地区特殊教育政策的成效评估研究；常住外来人口义务教育后的就学问题研究；教育捐赠制度研究；国外来华留学教育政策研究等。

新时期我国教育法律体系改革与完善研究；教育执法检查机制研究；教师教育行为的法律学研究；学生学习权益保障研究；教育研究知识产权保护和共享机制研究等。

3. 教育行政管理研究

政府教育管理绩效评价研究；教育行政、督导和社会在学校管理中的协同作用研究；国家综合配套改革试验区教育制度创新研究；教育体制改革评价研究；教育决策效果评估模型及其应用研究；国家教育信息服务体系建设与管理制度研究；免费政策激励下的教师质量提高研究；教师评价体系创新研究；减少信息不对称现象改进大学招生和就业研究；学校更名升格和布局结构调整标准研究；学校办学标准及其适度规模研究；义务教育均衡发展督导评估研究；普通高中办学体制改革研究；大学科研资助体系研究；幼儿教育从业人员专业标准、资格认证和聘任制度研究；幼儿园办园标准与评估体系研究；民办学校可持续发展与退出机制研究；社会教育和家教市场调查研究；社会教育从业人员专业资格认证和聘任制度研究等。

4. 学校管理研究

学校分层现象及机理研究；高校创新性科研团队行为模式特征研究；东西部高校对口支援模式及效果分析；学校治理结构变革研究；学校内部管理改革的典型案例分析；学生事务管理研究；学校开展社会实践的长效机制研究；学校公共安全教育模式研究等。

（四）基础教育

1. 课程与教材研究

课程改革“三维”教学目标的实践模式研究；义务教育新课改后课程标准与教

学内容的适切性研究；普通高中课程改革深化研究；普通高中选修课研究；高中课改新教材跟踪比较研究；地方特色课程建设研究；学校特色课程建设研究等。

2. 学与教研究

终身教育理念下的基础教育改革研究；学生学习活动研究；学生合作学习的实践研究；寄宿制学校对学生学习和心理的影响研究；新课改后教师教学行为变化研究；优秀教师教学经验研究；教师专业化发展标准研究；有效教学的策略研究；变革教学方式的条件分析研究；小班化组织与教学效果研究；学生综合素质评价研究；学生学习质量研究；“学困生”转化策略研究；语文、数学、外语等学科教学研究；社会、科学等综合学科教学研究；学科教学流派与风格研究；学科教学评价标准研究等。

3. 幼儿教育研究

幼儿园教育特色研究；幼儿入学准备与适应性的调查研究；农村学校幼小衔接问题研究；幼儿双语教育研究；幼儿游戏活动研究；幼儿知识学习策略研究；处境不利家庭幼儿的保教研究；民办幼教机构发展现状调查与可持续发展研究等。

4. 特殊教育研究

特殊儿童多元化教育需求研究；特殊儿童学习状况调查研究；高中段适龄青少年特殊教育需要的就学和学习状况研究；特殊教育课程改革实施研究；特殊教育辅助技术方法研究；普通学校教师的特殊教育技能研究等。

（五）高等教育

1. 办学模式研究

国际化背景下我国高等教育发展模式研究；我国高校应用型人才培养模式研究；高等教育改革中大学本科专业设置研究；通识教育的有效实践模式研究；国际合作办学研究；区域高等教育发展模式研究；民办高校和独立学院办学模式研究；来华留学生教育模式研究；研究生培养新机制研究等。

2. 院校发展与学科专业建设研究

大学组织特性研究；高校专业和学科建设研究；高校弹性学分制研究；高校教师学术生态研究；高校研究成果绩效评价制度研究；与行业职业资格和国际职业资格标准相衔接的应用型人才专业建设研究；学科教学方法研究；学科名师研究；主干课程教学评价标准研究等。

3. 高校教育质量研究

国家精品课程研究；现行高等教育质量标准及评价体系实效性研究；高等教育公平与质量评估标准研究；学生参与高等教育质量的评估研究；独立学院教育教学质量监测与评估研究；高校优质教学资源共享平台建设研究；高校教师专业化发展研究；高校教材审定选用制度研究；大学生实习（实践）教学体系研究；大学生毕业论文（设计）研究；大学生学业质量监控评价研究；大学生介入科研活动研究；高校社会化服务研究；高校国际化发展研究等。

4. 高校毕业生就业和创业指导研究

高校毕业生就业状况和监测体系研究；高校毕业生就业质量跟踪研究；高校毕业生就业指导体系建设研究；高校毕业生创业服务体系建设研究等。

（六）职业技术教育研究

1. 办学模式和运行机制研究

发展职业教育的校企合作机制研究；职业院校学生企业实习制度研究；职业教育半工半读制度研究；农村职业学校教育改革和办学模式的实证研究；农业职业教育模式创新研究；跨区域职业教育办学模式研究；中外合作制职业教育发展研究等。

2. 职业教育教学质量和特色研究

终身教育理念指导下的职业学校“双师型”师资培养模式研究；职业学校专业设置和调整研究；职业教育示范学校扩散效应研究；职业学校教育质量标准研究；职业师资需求预测与有效供给研究；职业教育课程与教材研究；职业教育实践教学体系创新研究；学生职业素养发展研究；职业学校技能培训与社会服务创新实践研究等。

3. 职业教育招生和就业指导服务体系研究

职业教育招生制度改革研究；职业学校毕业生就业调查分析；职业学校毕业生起薪和就业质量调查研究；职业学校学生可持续发展能力研究等。

（七）德育研究

1. 学校道德教育研究

和谐校园建设研究；德育教师的专业素质及队伍建设的研究；课程与教学活动中的德育研究；教师职业道德发展研究；生命意识教育研究；关于教育爱的研究；农村学校道德教育研究；学生公民素养教育研究；学校诚信教育研究；学生国际理解观调查研究等。

2. 家庭美德教育研究

家庭伦理道德教育研究；家庭对儿童良好习惯养成的经验研究；儿童消费和理财教育研究；儿童参与家庭决策培养独立精神研究；家庭民主生活教育研究等。

3. 社会道德教育研究

和谐社会背景下的青少年道德发展研究；大众文化传播中的青少年价值观培养研究；奥运背景下的青少年公民教育研究；多元文化背景下的青少年思想道德发展状况研究；学生参与社会实践活动的实效性研究；青少年社会道德教育基地建设研究；青少年道德教育的社会支持系统研究等。

（八）教育心理研究

1. 心理健康教育研究

教师和学生心理健康标准研究；基于积极心理学原理的学生心理健康实践研究；

学生良好学业情感的培养研究；师生幸福感培养的心理学研究；构建和谐校园的心理学研究；生活化的心理健康教育体系研究；学校心理咨询教师专业化发展研究；学校心理健康教育工作评估研究等。

2. 学与教的心理学研究

教师教学创新能力培养的心理机制研究；母语与外语阅读理解的认知特点及促进机制研究；学生学习潜能开发与提高学习效能研究；优化教育过程减轻学业负担的心理学研究；学生学习倦怠的心理机制与干预策略研究；心理学常用仪器的教学应用研究等。

3. 学生职业生涯发展指导研究

学生能力倾向测评研究；学生职业性向测评研究；大学生职业能力测评与职业生涯教育研究；特殊儿童心理问题诊断与职业指导研究等。

（九）体育、卫生和美育研究

1. 学校体育改革创新研究

落实"阳光体育运动"的长效机制研究；体育艺术"2+1"项目标准研究；学生体育锻炼习惯与健康生活方式培养研究；学校体育课程整体构建与标准研究；学校特色体育发展研究；体育教师专业化发展研究；学校体育竞赛制度的改革与创新研究；奥运对学校体育发展的影响研究；青少年体育传统项目学校建设与发展研究；学校体育工作评价机制研究等。

2. 学生体质健康状况与干预机制研究

《学生体质健康标准》实施的策略与评价研究；学生体质健康状况调查与有效干预研究；学生体质健康教育中的医学问题研究；学校公共卫生预警机制及危机管理制度研究；学生营养状况与膳食行为状况调查研究；健康教育教师的专业化发展研究；学生健康教育的有效模式案例研究等。

3. 学校艺术教育发展研究

学校艺术教育实施状况调查研究；学生艺术素养调查研究；艺术教育师资培养模式改革研究；艺术教育课程整体构建和标准研究；艺术教育的社会资源有效利用研究；学校建筑及其教学设施的标准和特色研究；特殊儿童的艺术学习需求研究；学校艺术教育工作评价机制研究等。

（十）教育技术与传播研究

1. 远程教育和教育技术研究

e-learning（数字化学习）/u-learning（泛在学习）研究；现代远程教育有效提高农村中小学教育质量案例研究；实验教学技术装备研发和学生实践能力培养研究；教学环境优化设计及新技术产品教学应用效果研究；知识工程及其教育应用研究；教育管理办公自动化研究；教育技术应用的规范和管理研究等。

2. 信息技术教育研究

信息技术教育目标与实施研究；网络环境下知识传播和教学模式研究；教师网络教学活动设计研究；学生在线学习模式与效果研究；社会性软件支持师生教与学的研究；教育技术教师专业化发展研究等。

3. 教育资源与产品开发研究

数字教育电视节目的应用创新研究；教育性游戏产品的应用与评价研究；基于 Web 2.0 技术支持的教育资源开发研究；民族教育数字化教学资源建设研究；特色教育网站信息架构调查研究；儿童绘画书研究；教育出版物研究；学习软件的开发研究等。

（十一）成人教育研究

1. 成人学历教育研究

成人教育学校机构现状调查分析；成人学校教育转型与创新研究；成人教育学校教学质量评估研究；成人学历教育考试和自学考试途径研究等。

2. 成人非学历教育研究

教育培训机构现状调查分析；教育管理干部继续学习需求和有效培训模式研究；教师继续学习需求和有效培训模式研究；企业员工继续教育研究；农民工职业素养和技术培训研究；农村扫盲教育有效模式研究；国际劳务人员输出技能培训研究等。

3. 成人学习研究

职场、家庭、社区和网络虚拟环境中的成人学习研究；成人闲暇教育研究；成人技能学习研究；成人发展性教育研究；老年教育研究；社区教育研究；校外教育场所运行状况研究；社会教育组织发展状况研究等。

（十二）民族教育研究

1. 民族教育特殊政策与制度保障研究

民族教育体系的整体构建研究；民族教育持续发展的政策保障机制研究；民族教育对口支援有效模式研究；民族贫困生资助机制研究等。

2. 民族地区教育质量和特色研究

民汉合校办学模式研究；民族学校双语文教育研究；民族地区实施高中新课程改革研究；民族地方特色课程和校本课程建设研究；民族教育教材建设研究；民族学生外语、数学和科学学业成就提高研究；民族学生学业困难及其学习指导研究；运用信息技术分享民族优质教育资源案例研究；民族院校办学特色和提升办学质量研究；我国边境地区教育竞争力研究等。

3. 民族教育文化适应性和跨文化心理研究

民族学生国家认同的教育研究；民族学生族群认同的跨文化教育研究；民族教育

与民族传统文化的继承发展研究；跨境民族的教育比较研究；民族学生学习策略的人种志研究；国外民族教育发展特色与经验借鉴等。

（十三）比较教育和国际教育研究

1. 国际教育研究

国际教育组织在世界教育发展中的影响研究；国际上有重要影响的教育报告研究；欧盟教育一体化趋势研究；中国—非洲国家教育合作发展模式研究；国际组织援助发展中国家教育效益研究等。

2. 国别教育研究

发达国家公共教育政策研究；国外教育涉外监管体系研究；周边国家教育现状研究；中东国家教育现状研究；转型国家教育现状研究；福利国家教育研究等。

3. 专题教育比较研究

发达国家拓展境外教育的政策法律与实施策略研究；菲律宾、土耳其等国培训国际劳务与专业人才模式研究；我国援外教育模式研究；台湾教育政策动向研究；港、澳青少年国情教育研究；国外教材中的中国形象研究；高等职业学校办学经验的国际比较研究；高校教师学术职业发展的国际比较研究；国外企业大学发展模式研究；外籍教师专业标准研究；海外教育（孔子学院）的发展思路和办学模式研究；国际汉语教师标准研究；我国在国际合作教育科研项目中的自主创新研究等。

2008 年度全国教育科学规划课题指南

课题说明：本年度课题依据《全国教育科学“十一五”规划纲要》，与 2006 年度、2007 年度课题相衔接，立足国情，国际视野，全局把握，围绕本年度教育部中心工作，反映当前教育重大理论和实践问题，集中破解当前教育热点、难点问题，关注前沿问题，注意追踪研究，区别不同类型课题要求，注重观点和方法的创新，重在提高研究质量和使用效益。

国家重点招标课题事关我国教育改革与发展的基础性、全局性、战略性、前瞻性、长远性问题，要以科学发展观为指导，以全面建设小康社会为目标，以建设人力资源强国和创新型国家为主旨，以教育理论重大创新和教育改革发展的重要现实问题为重点，组织跨学科和跨部门的协同攻关，形成标志性成果，代表教育科学研究最高学术水平，为推动教育创新作出重要贡献。申报者应有承担省部级课题的经验，熟悉已有研究成果，研究团队合理，运用适切的研究技术和方法，立论有据，论证有力，结论可信，对策可行，成为精品力作，成果要求出版 40 万字以上的专著，在 SSCI（社会科学引文索引）和 CSSCI（中文社会科学引文索引）上发表 3 篇以上的学术论文，并在学术界和实践领域产生重要的影响。

会议评审课题以建设人力资源强国为目标，围绕落实教育优先发展战略、全面推进素质教育、促进教育公平、提高教育质量、建设终身教育体系和学习型社会为主题，以教师专业化发展和促进学生全面发展为重点，探索适应不同地区、民族和学科特点的教育观念、标准条件、体制机制、实践模式和经验案例。此类课题要突出“小、精、深、实、新”的特点，研究要深化、细化、量化，注重学科体系、理论观点和研究方法的创新，成果要求公开发表或产生实际效用。

一、国家重点招标课题（10 项）

（一）改革开放以来教育发展历史性成就和基本经验研究

研究要点：（1）教育改革重要理论建树；（2）教育重大政策；（3）教育体制改革；（4）教育发展重大历史事件；（5）教育发展对经济和社会发展的重要贡献；（6）教育发展的经验总结；（7）教育科学领域的突破和进展；（8）教育事业面向未来科学发展的战略抉择。

（二）教育优先发展的政策和制度保障研究

研究要点：（1）教育优先发展的科学内涵和指标体系；（2）经济和社会发展规划优先安排教育发展的思路与举措；（3）公共资源优先满足教育和人力资源开发需要；（4）公共财政资金优先保障教育投入的政策和机制；（5）公共教育资源向农村、中西部地区、贫困地区、边疆地区、民族地区倾斜政策；（6）政府和社会在教育优先发展中的责任；（7）教育优先发展的国际经验；（8）教育优先发展的地方行动。

（三）当代社会发展中的中国农村教育发展问题研究

研究要点：（1）社会进程中的农村教育变革溯源和发展经验；（2）农村教育变革的社会环境；（3）教育政策变化对农村家庭教育消费的影响；（4）农村学校改革路径及其成功案例；（5）城镇化过程中进城农民工子女和农村留守儿童教育问题；（6）教育变革对农村社会阶层流动的影响；（7）建设社会主义新农村视野下的农村教育综合改革；（8）农村学校生源变化对当前农村教育的影响。

（四）普及高中阶段教育发展战略研究

研究要点：（1）高中阶段教育发展现状分析；（2）普及高中阶段教育发展的阶段性目标；（3）普及高中阶段教育的制度创新；（4）普及高中阶段教育的多样化路径；（5）发达国家普及高中阶段教育的进程和经验；（6）普及高中阶段教育拟突破的重点难题；（7）普及高中阶段教育的战略抉择。

（五）高校财务管理与资金使用效益研究

研究要点：(1) 高校资产评估；(2) 高校预算管理改革；(3) 高校防范和化解投融资风险能力评估；(4) 高校资源配置与使用效益；(5) 高校收入分配制度；(6) 高校教育产业财务管理与效益评价；(7) 高校资金安全与可持续发展。

（六）高等教育应用型创新人才培养研究

研究要点：(1) 创新型国家建设中高校应用型人才培养目标；(2) 一流应用型高校发展方向、培养模式和制度创新；(3) 应用型高校学科和专业建设的国际先进经验；(4) 高校自主创新能力现状、问题分析及对策建议；(5) 高校创新环境和先进文化建设；(6) 国际高校优质教育资源有效利用；(7) 一线工作创新人才继续学习的制度模式和评估机制；(8) 企业参与高校应用型创新人才培养。

（七）研究生教育质量标准及其保障体系研究

研究要点：(1) 研究生教育机构质量标准；(2) 不同类型和层次研究生教育师资质量标准；(3) 研究生（含专业硕士）教育课程质量标准；(4) 不同类型和层次研究生学业成就质量标准；(5) 研究生学位论文质量调查；(6) 研究生教育的社会评价。

（八）建设创新型国家背景下的青少年创新能力认知神经基础及其培养研究

研究要点：(1) 青少年创新人格；(2) 青少年创新思维品质；(3) 青少年创新能力的认知与脑科学机制研究；(4) 青少年创新教育；(5) 青少年科学思想、科学方法和科学实验教育；(6) 青少年创新能力的评价与测量研究；(7) 青少年创新环境与成才机制。

（九）成人学习状况调查及制度保障研究

研究要点：(1) 各类成人学习状况调查；(2) 特殊群体（如农民工）学习途径、时间调查；(3) 成人学习资源调查；(4) 成人教育机构建设标准和服务体系；(5) 成人学习绩效评价；(6) 成人学习可持续发展的制度创新。

（十）民族教育质量保障和特色发展研究

研究要点：(1) 民族教育发展现状；(2) 民族教育办学特色；(3) 跨境民族教育比较；(4) 民族教育发展国际经验；(5) 民族教育质量保障与监测体系；(6) 民族教育融入社会生活；(7) 民族教育与文化保护和国家安全；(8) 民族教育制度创新。

二、会议评审课题

（一）教育理论和教育史研究

1. 教育理论研究

中国特色社会主义教育理论体系；和谐社会视野下的教育基本矛盾；现代教育的民生意义；现代教育对社会分层和流动的影响；工业化、信息化、城镇化、市场化、国际化对现代教育的影响；现代教育国际化与本土化的关系；非义务教育公益性和产业属性；信息社会中的教育文化传承；教育与幸福；特色学校建设；现代师生关系；信息社会中小学生社会性发展问题（情感、集体观念、公众意识、合作与竞争、防范意识等）；当代社会文化对校园文化及学生人文素养影响；教育学科体系建设；教育学名词术语；教育学研究新方法；教育学科发展前沿问题等。

2. 教育史研究

重大教育历史事件；教育思想流派形成与传播；现代教育思潮；古代私学和官学；中国书院；教育争鸣史；传统教育中的“和谐教育思想”；道德教育史；课程教材史；学科教学史；教师教育史；地方教育史志；城市教育史；社会教育史；女子教育史；边疆教育史；民族教育史；教会教育史；留学教育史（庚款留学百年）；教育社团史；近代国学教育；教育督导史；名校校史；学校故事；教育名人传记；诺贝尔奖获得者成才规律追踪；中外教育交流史；国外中国教育史等。

（二）教育发展战略研究

1. 国家总体发展中的教育发展战略

实现全面建设小康社会目标与经济科技文化教育协调发展；教科文卫体事业协调发展；“大部门制”取向的教育发展；2020 年建设教育强国（省、市、县）的战略选择和指标体系；各类学校教育发展规模、速度与途径；教育体制与劳动人事制度协同改革；不同类型学校教育质量状况；区域教育城乡统筹发展；满足终身学习需要的教育培训投入和学习资助体制；非学历教育学习成绩的评估、鉴定和学分互认制度；都市教育发展竞争力；东部教育高质量发展；中部城市圈（武汉、长株潭）“两型社会”综合改革实验区教育发展；西部地区后“两基”攻坚发展等。

2. 国外和境外教育发展战略

美国教育创新和竞争力发展；德国职业教育发展趋势；英国留学教育发展；俄罗斯高等教育发展动向；印度 IT 教育发展经验；芬兰等北欧国家基础教育发展；丹麦等国家成人教育发展；部分国家义务学前教育发展；世界大都市教育竞争力；我国港澳台地区教育发展等。

3. 全球化中的中国教育发展战略

中国与国际组织教育合作；中国与发达国家教育合作；中国与周边国家教育合作；上海合作组织教育发展合作；中国与非洲国家教育合作；全球化进程中的中国教育开放战略等。

（三）教育经济与管理研究

1. 教育政策与法律

免费义务教育政策追踪；非义务教育入学政策改革；普通高中贫困生资助政策；受助贫困生资格认定和有效资助模式；国家扶持贫困地区特殊教育政策的成效评估；常住外来人口义务教育后就学问题；教育捐赠制度；出国和来华留学教育政策；城乡二元背景下教育制度和政策特征等。

教育法律体系改革与完善；教育政策法律伦理；教育执法检查机制；教师教育行为的法学分析；学生权益保障；教育法律常识普及；教育科研成果知识产权的法律保护和共享机制等。

2. 教育经济

学前教育的成本收益；义务教育的家庭支出；非义务教育规范收费；教师合理薪酬标准；研究生资助模式改革；普通高中教育投入体制；中等职业教育与普通高中教育成本效益比较；学校布局调整的经济学分析；学校预算管理等。

3. 教育管理

“大部门制”取向的教育行政部门改革；乡镇合并下的基层公共教育服务体系；新《劳动合同法》对学校用人机制和学生就业的影响；发展性教育指标在政策和管理中的有效运用；政府教育管理服务绩效评价；政府教育信息服务体系创新；学校办学标准与适度规模；义务教育均衡发展督导评估；高中课程改革与高考改革关联；研究生招生考试改革；教育领导力研究；幼教、社教和外教师资准入制度；学前教育办学体制；社会教育的政府职责；幼儿园办园标准与评估体系；学校治理结构变革；教师评价体系创新；学生事务管理；学校社会实践长效机制；学校公共安全教育模式等。

（四）基础教育研究

1. 课程与教材

义务教育课程标准修订；新教材特点比较；教材编审出版选用制度；课程目标的情感、态度、价值观综合评价；高中课改推进与发展；高中课程改革试验等。

2. 学与教

汉语拼音教学有效性；母语、外语、数学、科学等学科教学；教学模式、教学方法改革有效性；教育教学实验；学生综合素质和学生学习活动的分析；学生课业负担和学业成就的关系；师生教学互动模式；提高课堂教学质量；教师专业化发展；教师综合素质的发展；教师培训模式与实效性的调查；农村教师教学质量调查等。

3. 幼儿教育

适龄儿童入园率调查；中西部农村幼教事业发展现状与对策；幼小衔接教育；民办园发展现状与可持续发展调查；幼儿入学准备与适应性的调查与干预；幼儿课程资源开发；幼儿游戏、童谣、卡通、儿童剧等寓教于乐活动；家园合作等。

4. 特殊教育

特殊教育发展思路与对策；特殊教育机构；特殊教育师资；特殊儿童教育资源开发；特殊教育教学模式；特殊儿童学习状况；特殊儿童生存能力、生活能力和职业技能培训；特殊儿童融合教育；义务教育后的特殊教育等。

（五）高等教育研究

1. 办学模式

高校在国家创新体系中的作用；高水平特色型大学发展模式；高校应用型人才培养模式；大学本科专业调整；通识教育的有效实践模式；区域高等教育发展模式；民办高校和独立学院办学模式；来华留学生教育模式；东西部高校对口支援模式及效果；研究生培养新机制等。

2. 院校发展与学科专业建设

大学组织特性；高校专业和学科建设；高校弹性学分制；高校学术生态；高校创新性科研团队行为模式特征；高校科研成果绩效评价制度；与行业职业资格和国际职业资格标准相衔接的应用型人才专业建设；学科教学；大学师生关系；学科名师；教学评价标准等。

3. 教育质量

现行高等教育质量标准及评价体系实效性；“211”和“985”高校质量效益；高等教育质量与公平评估标准；学生参与高等教育质量评估机制；独立学院教育教学质量监测与评估；高校优质教学资源共享平台建设；国家精品课程；高校教师专业化发展；高校教材审定选用制度；教育硕士质量；学科型和应用型研究生教育质量分类评价；大学生实践教学体系；大学生毕业论文（设计）；大学生学业质量监控评价；大学生介入科研活动；高校社会化服务；高校国际化发展等。

4. 毕业生就业与创业

高校毕业生就业状况监测体系；毕业生就业质量跟踪；毕业生就业指导体系建设；毕业生创业服务体系建设等。

（六）职业教育研究

1. 办学模式

现代制造业和服务业急需人才培养；职业院校的定位和办学模式；职业技能大赛选拔机制；职业教育实践性办学模式；行业职业教育办学模式特点；跨区域职业教育

办学模式；新农村建设过程中的职业教育发展等。

2. 课程与教材

职业教育课程项目化、模块化改革；职业院校实践类教材改革；职业教育教学模式创新与学习方式变革；职业院校课程改革的质量标准与评价等。

3. 学与教

职业院校文化课教师和实践课教师专业化发展；职业学校技能培训与社会服务创新实践；工学结合、半工半读、顶岗实习等教学制度创新；职业教育专业课教学模式和实训方法；职业院校实训基地建设与教学管理模式；职业院校各类专业教学指导方案研究与开发；职业院校教师教育；职业院校学生学习质量；职业院校教学方法、学生成绩评分方法和评价方案创新等。

4. 招生和就业指导服务体系

职业院校招生资格；学生职业性向测试；学生职业心理适应性；职业院校校园文化建设和人文素养教育等。

（七）德育研究

1. 学校道德教育

青少年思想道德素质发展状况的实证研究；道德教育的理论创新与实践探索；教师职业道德素养；媒体时代的学校德育；学校德育一体化；德育教材的比较；学校道德环境及其建设；教学活动中的德育；城市化进程中的农村学校道德教育；学校公民道德教育；学生励志教育；学生感恩教育；德育实践模式案例等。

2. 家庭美德教育

新时期的家庭伦理观与家庭道德教育；家庭变革与家庭德育；家校合作的道德教育；家庭生活方式与家庭德育的关系；家庭传统美德教育的案例研究等。

3. 社会公德教育

特殊教育对象（如单亲家庭、弱势群体的子女）德育工作；和谐社会建设中的青少年道德发展与道德教育；大众文化对青少年价值观的影响及教育对策；多元文化背景下的青少年思想道德发展状况；农民工子女的道德发展与道德教育；社区道德教育；教师职业道德；民族精神教育等。

（八）教育心理研究

1. 教学心理与学习心理

学科教学中学生创造力培养及评价；学生学科能力发展和学习潜能；有效学习策略与效能感；发展性评价策略与方法；基于网络环境下的学习心理等。

2. 心理健康教育与教师心理研究

生涯规划与青少年心理健康教育；大学生择业心理及其调适；学校心理健康教育评价体系与干预机制；心理健康教育中的伦理问题；教师工作压力及其应对；教师胜

任力与主观幸福感；教师教学自我效能感；教师教学监控能力等。

3. 儿童青少年心理发展的特点和规律

青少年的情绪调适与学业情绪；青少年的自我认知和社会认知；影响学生身心发育的环境因素；学生的记忆机制与记忆能力培养；超常儿童的心理特征；青少年社会性发展与教育；学生品德发展及评价的心理分析；网络对青少年人格发展的影响等。

4. 弱势群体学生心理发展特点与干预

学习不良儿童心理发展新的特点与教育对策；孤残儿童的心理状况调查及其心理援助；离异家庭子女心理行为问题与教育对策；农村留守儿童的心理发展特点与教育对策；学生网络性心理障碍的分析与干预等。

（九）体育、卫生和美育研究

1. 学校体育改革创新

体育课程改革的反思与推进策略；动作技能学习原理；学生体育成绩考核标准；体育教学的社会学问题；体育教法与体育学法；学校体育促进学生人格与社会性发展；奥运后学校竞技体育发展；学校体育伤害事故的归责；现代社会生活方式与学校体育改革；体育教师职业认同与专业化发展；学校体育工作的保障条件与工作绩效等。

2. 学生体质健康的系统干预

有效推进“阳光体育运动”的原理与方法；“阳光体育运动”的实时监控和实效性评价；学生体质健康突出问题的医学干预；学生体质健康新的影响因素与促进学生运动参与对策；艾滋孤儿健康教育及心理干预；学生体质健康状况的预警机制及综合评价；学校健康教育实施模式与效果评价标准与策略；学校卫生人员队伍现状与培养；中外健康教育比较；中外学校卫生管理比较；学校公共卫生安全管理机制；高等医学教育的课程建设和教学模式等。

3. 学校美育与艺术教育

不同教育阶段的艺术教育规律与价值；艺术教育与本土文化的继承发展；学校艺术教育现状调查（开课率、师资配备、教学条件配置等）；艺术教育促进青少年心理健康；中外艺术教育课程教材比较；艺术教育课程评价体系；学校实施美育的保障机制；大众传媒背景下的审美教育；文化创意产业与当代艺术教育；特殊儿童艺术教育现状及发展对策；民族地区艺术教育特点；课外、校外艺术活动开展与校园文化建设；优秀传统艺术资源开发与利用等。

（十）教育技术与传播研究

1. 教育技术基本问题

教育信息化发展促进国家竞争力；教育信息化与城乡社区发展；信息技术课程发展研究；信息技术教育目标与实施；信息技术教师专业发展；教育信息化发展规划与

政策；教育技术应用的规范和管理等。

2. 信息技术促进教育教学创新

e-learning（数字化学习）/u-learning（泛在学习）；现代远程教育有效提高农村中小学教育质量案例；实验教学技术装备研发和学生实践能力培养；教学环境优化设计及新技术产品教学应用效果；知识工程建设及其教育应用；教育管理办公自动化；信息技术学科教学应用有效性实证研究；高校信息技术课程与教学改革；基于网络的教研活动；教育信息化效能开发与评估等。

3. 远程教育与终身学习

终身教育视野下教育技术促进继续教育方式创新；高校远程教育模式；网络环境下知识传播和教学模式；教师网络教育活动设计；学生在线学习模式与效果；远程教育资源共享机制；社会性软件支持师生教学；农村中小学现代远程教育有效性；中小学教师教育技术能力标准实施；高师院校教育技术课程与教学改革；高校学生网络学习等。

4. 教育信息资源与产品开发

著名教育网站核心竞争力；数字教育电视节目的应用创新；娱教产品的应用与评价；基于 Web 2.0 技术支持的教育资源开发；民族教育数字化教学资源建设；特色教育网站信息构架调查；儿童绘画书；教育出版物；学具软件开发；教育数字化信息资源开发；移动教育技术设备开发与研制等。

（十一）成人教育研究

1. 成人学历教育

成人教育学校机构现状调查分析；成人学校教育转型与创新；成人教育学校教学质量评估；成人学历教育考试和自学考试途径等。

2. 成人非学历教育

教育培训机构现状调查分析；教育管理干部继续学习需求和有效培训模式；教师继续学习需求和有效培训模式；企业员工继续教育；职工继续教育和再就业培训；新型农民培训；农民工职业素养和技术培训；城镇化进程与农村劳动力转移培训；农村扫盲教育有效模式；国际劳务人员输出技能培训等。

3. 成人学习

成人教育与社会流动；学习型社会的区域发展；职场、家庭、社区和网络虚拟环境中的成人学习；成人闲暇教育；成人技能学习；成人发展性教育；老年教育；社区教育；校外教育场所使用状况；社会教育组织发展状况；科普教育与公民科学素质等。

（十二）民族教育研究

1. 民族教育特殊政策与保障制度

民族教育执法及施法效果；民族教育特殊政策保障机制；不同类型民族学校发

展；民族教育目标选择；民族教育投入效益；跨境民族教育比较等。

2. 民族地区教育发展标准和特色

民族地区学校建设标准；民族地区校本特色课程；民族学校信息技术配置标准与有效利用；民族学校评估体系；民族教育国家标准等。

3. 跨文化民族心理与民族文化传承

民族杂居区学生生活方式变迁与心理适应；少数民族大学毕业生跨文化适应能力；民族认同和国家认同教育；少数民族文化传承的教育对策；传统民族宗教文化对教育的影响；民族风俗文化与教育互动；民族非物质文化保护教育策略等。

4. 民族地区教育生态发展

民族地区教育环境与教育发展；民族文化传统生态观及其教育传承；民族环境维护、民族风俗传承的教育策略；民族学校文化生态等。

（十三）国际与比较教育研究

1. 国际教育与区域性组织教育

国际组织在世界教育发展中的影响；国际理解教育；欧盟教育一体化趋势；区域性组织（如八国集团、发展五国、APEC 组织、上海合作组织、GMS 组织）教育，多元文化与国际教育交流问题；国际教育合作和开发问题等。

2. 国别教育

不同国家教育与社会发展模式；发展中国家教育政策发展特征；韩国新村教育运动；国外教育涉外监管体系；亚洲国家教育发展；发展中国家教育移植与创新；福利国家教育改革等。

3. 教育专题比较

国际教育标准分类；国际著名教育报告分析；国际教育合作与援助；学前教育发展的国际比较；基础教育均衡发展中的资源配置政策国际比较；跨境交付的教育质量监管体系；世界大学评价比较；亚洲高等教育改革中的模式移植及其本土化；主要发达国家研究生教育模式比较；发达国家拓展境外教育的政策法律与实施策略；发展中国家青少年文化认同教育；国际高等教育区域合作；国际视野中的中国高等教育质量；高校教师职业模式的国际比较；外籍教师专业标准的国际比较；国际汉语教师标准；海外教育（孔子学院）办学模式；中国在国际合作教育科研项目中的自主性等。

2009 年度全国教育科学规划课题指南

课题指南说明：本年度课题依据《全国教育科学“十一五”规划纲要》，围绕当前国家教育改革与发展中心工作，服务全面建设小康社会大局，以建设人力资源强国和创新型国家为主旨，研究当前教育重大理论和实践问题，集中破解当前教育热点、难点问题，关注前沿问题，重视基础研究，加强应用研究，注重学科体系、理论观点和研究方法创新，强调实证数据，着力提高课题研究质量和使用效益。

国家重点课题采用公开招标方式，此类课题事关我国教育改革与发展的基础性、全局性、战略性、前瞻性、长远性问题，鼓励跨学科和跨部门的协同攻关。申报者应有承担省部级课题的经验，充分了解已有研究成果，研究团队优势互补，研究方法适切，研究技术先进，研究成果要出版30万字左右的专著，在SSCI（社会科学引文索引）和CSSCI（中文社会科学引文索引）上发表3篇以上的学术论文，并在学术界和实践领域产生重要的影响。

其他课题采用匿名评审方式，此类课题围绕落实教育优先发展、推进素质教育、促进教育公平、提高教育质量、建设终身教育体系和学习型社会的主题，探索适应不同地区、不同民族和不同类型教育的思路理念、标准条件、体制机制、实践模式和经验案例，研究带有普遍意义的特殊问题，突出“小、精、实、新”特点，深化、细化、量化，研究成果要公开发表和产生实际效用。

一、国家重点招标课题（10项）

（一）教育改革的理论研究
（二）区域内整体推进素质教育的实验研究
（三）构建城乡一体化的教育体制机制研究
（四）城镇化进程中的教育变迁研究
（五）区域内义务教育均衡发展的实证研究
（六）加快普及高中阶段教育的条件保障研究
（七）学前一年教育纳入义务教育的条件保障研究
（八）高等教育发展性评价研究
（九）创设“以人为本”的学校教育教学制度研究
（十）学生网络生活方式的现状调查与对策研究

二、一般课题

（一）教育基本理论与教育史

1. 教育改革发展中的“中国经验”研究
2. 教育理论前沿问题研究
3. 现代教育思潮和教育流派研究
4. 现代教育对社会分层流动的影响研究
5. 现代教育的民生意义研究
6. 现代师生关系研究

7. 教育家办学的长效机制研究
8. 教育教学改革的成功经验研究
9. 影响中国教育走向的重大历史事件研究

（二）教育发展战略

10. 建设教育强国（省、市、县）的战略研究
11. 城乡教育一体化战略研究
12. 国家和区域性发展战略中的教育要素研究
13. 教育综合改革实验区发展有效模式研究
14. 民办教育可持续发展研究
15. 中国教育走向世界发展战略研究

（三）教育经济与管理

16. 家庭校外教育支出状况调查研究
17. 农民工子女初中后阶段教育政策研究
18. 学生事务分类管理研究
19. 学校公共安全教育模式研究
20. 寄宿制学校管理研究
21. 边境国门学校现状调查研究
22. 义务教育阶段教师流动机制研究
23. 学校和班级适度规模效益研究
24. 高校内部治理结构研究
25. 高中招生考试制度改革方向研究
26. 分省高考招生改革方案特点比较研究
27. 研究生招考制度改革研究
28. 国家学力评价研究
29. 校长和教师能力标准研究
30. 区域教育满意度调查与对策研究
31. 义务教育教师绩效工资制度研究
32. 大众传媒反映的教育舆情研究
33. 教育科研的社会服务研究

（四）基础教育

34. 各学段的有机衔接研究
35. 教学模式改革与学科教学思想创新研究
36. 新课程改革对师生教学方式转变的影响研究

37. 教师发展对转变教师学习方式的影响研究
38. 克服学生厌学对策研究
39. 高中文理分科问题研究
40. 薄弱学校提高办学质量实践模式研究
41. 普通高中教育多样化办学模式研究
42. 城乡学生学业成绩差异调查研究
43. 学前教育成本与收费调查研究
44. 乡镇中心幼儿园建设与发展研究
45. 特殊儿童学习质量状况调查
46. 残疾儿童“随班就读”学习模式改革实践的系统评估

（五）高等教育

47. 高考制度改革对基础教育的影响研究
48. 西部高校重点建设和发展研究
49. 高校优势学科和特色专业培育研究
50. 大学考试、实践教学和毕业论文（设计）有效性研究
51. 高校毕业生就业指导服务体系创新研究
52. 高校科研成果绩效评价制度研究
53. 高校创新性科研团队行为模式特征分析
54. 高校教师工作绩效评价研究
55. 小语种人才培养模式研究
56. 国际性金融危机对高校人才培养模式的影响研究
57. 贯穿教育全过程的创新人才培养的整体设计研究

（六）职业教育

58. 增强职业教育吸引力研究
59. 农村免费中等职业教育政策保障研究
60. 职业技能大赛对职业教育发展的影响力研究
61. 涉农职业教育院校发展模式研究
62. 职业教育课程项目化、模块化改革研究
63. 职业院校课程改革的质量标准与评价研究
64. 职业院校学生学习质量评价研究
65. 学生职业性向测试分析
66. 职业院校“双师型”师资队伍建设研究
67. 行业企业参与职业教育激励机制研究
68. 职业教育人才培养模式研究

69. 职业院校基础能力建设研究

（七）德育

70. 青少年思想道德素质发展状况的实证研究
71. 增强学生积极社会交往能力的研究
72. 教师职业道德素养研究
73. 学校德育工作创新研究
74. 增强学生社会责任感的公民教育实践模式研究
75. 和谐校园建设研究
76. 青少年社会教育基地建设研究
77. 公益型校外学生活动场所的使用效益评估
78. 中小学生参加校外教育活动状况调查

（八）教育心理

79. 学生生涯规划与心理健康教育
80. 有效教学的心理学支持研究
81. 教师胜任力研究
82. 教师心理素养标准和心理干预技能研究
83. 超常儿童潜能开发研究
84. 特殊学生的教育与心理救助研究
85. 校园暴力预防和应急机制研究
86. 影响教学改革的重要心理学成果研究

（九）体育卫生艺术教育

87. 学生体育成绩考核标准研究
88. “阳光体育运动”实时监控和实效性评价
89. 普通学校和体育专门学校的教体结合经验研究
90. 体育教师基本技术技能标准研究
91. 学校体育伤害事故归责研究
92. 学生身体健康管理研究
93. 体育运动促进心理发展研究
94. 学生身心和谐发展健康素质标准研究
95. 学校健康教育实施模式研究
96. 学生营养配餐研究
97. 学生体质健康突出问题的医学干预研究
98. 学校艺术教育有效模式研究

（十）教育技术与传播

99. 数字化教学方式变革研究
100. 校长和教师信息化素养研究
101. 网络教学有效模式研究
102. 网络环境下知识教学模式和学生在线学习模式研究
103. 信息教育有效提高农村学校教育质量的案例分析
104. 数字化教学的公共服务模式、运营机制与监管体系研究
105. 学校教学技术装备使用效益的系统评估

（十一）成人与社会教育

106. 返乡农民工职业技能培训研究
107. 成人适宜学习方式研究
108. 教育管理干部和教师培训模式创新研究
109. 成人教育院校转型发展研究
110. 社会教育培训机构经营模式研究
111. 推进终身学习和学习型社会的典型案例研究
112. 社会家教市场现状调查研究
113. 教育文化产业调查研究
114. 教育社团组织研究

（十二）民族教育

115. 提高少数民族双语教学质量研究
116. 加快民族中等教育发展研究
117. 民族院校建设和发展研究
118. 民族高层次创新人才培养模式研究
119. 学校教育中民族文化的传承与发展研究

（十三）国际与比较教育

120. 世界主要国家近期教育发展规划研究
121. 国际区域性教育一体化发展趋势研究
122. 发达国家城乡一体化发展经验研究
123. 出国留学和来华留学效益研究
124. 国外高校社会捐赠制度研究
125. 教育科研成果知识产权的法律保护和共享机制研究
126. 国际教育统计指标与中国教育统计衔接研究

127. 国外对中国教育理论与实践经验的研究

2010 年度全国教育科学规划课题指南

一、国家重点招标课题（10 项）

（一）义务教育均衡发展标准研究

（二）农民工子女流入地升学问题研究

（三）基础教育未来发展的新特征研究

（四）高素质创新人才培养模式研究

（五）青少年网络生活状况的调查研究

（六）主要国家高中数学教材比较研究

（七）农村教师发展状况和保障机制研究

（八）职业教育校企联合办学的实证研究

（九）大学生学习情况调查研究

（十）主要国家民族教育政策比较研究

二、一般课题（领域和方向）

（一）教育理论和教育史

中国特色教育理论体系研究；当代教育新思潮、新理论、新学派研究；学习型社会特征和条件研究；教育学科建设研究等。

新中国教育史研究；港、澳、台教育史研究；地方教育史研究；民族教育史研究；留学教育史研究；教育制度史研究；校史研究；教育名家研究；学科教学史研究等。

（二）教育发展战略

教育强国的指导思想、战略选择、战略目标与对策研究；中国教育国际地位与竞争力研究；中国教育自主创新能力研究；教育办学体制与管理体制改革研究；经济带和跨行政区教育协作发展战略研究；国家教育综合改革实验区发展研究；国际教育合作中的国家主权和安全战略研究；内地与港、澳、台教育深度合作机制研究；民办教育可持续发展战略研究；中国教育走出去发展战略研究等。

（三）教育经济与管理

政府和市场在提供教育公共服务中的作用研究；政府教育政绩评价指标体系研

究；现代大学制度研究；义务教育均衡发展监测与评价研究；教师任用制度和评价激励机制改革研究；教师流动状况调查研究；农村教师队伍流动和补充机制研究；“特岗计划”实施成效及评价研究；特殊教育学校建设研究；托幼机构教育质量评价与认证制度研究；学校公共安全教育模式研究；国际教育服务模式和途径创新研究等。

国家中长期公共教育投入水平研究；完善税收优惠政策支持教育发展研究；普通教育和职业教育收益率实证比较研究；学前教育成本分担机制研究；学校经费预决算制度研究；学校教育资源利用率研究等。

（四）基础教育

义务教育质量监测研究；课堂有效教学研究；大班额教学研究；小班化教学研究；科学教育研究；实验教学研究；社会实践学习研究；新课程改革研究；流动儿童城市生活和学习适应性研究；特殊儿童随班就读研究；特殊儿童职业教育模式研究；幼儿园教育质量评估指标体系研究；幼儿教师能力标准研究；语言文字教育规范标准研究等。

（五）高等教育

高等教育结构调整研究；高等院校分类方法研究；高校特色办学研究；高校教学质量评估与保障研究；高校教育服务学生满意度调查研究；高校行政和学术权力的运行机制研究；研究生培养模式改革研究；专业学位研究生教育研究；以创业教育提升大学生就业研究；深入推进高等学校产学研结合研究；高校毕业生就业指导研究等。

（六）职业教育

职业教育办学体系和发展模式研究；工学结合、顶岗实习的职业教育人才培养模式研究；职业院校学制改革研究；职业院校基础能力建设研究；职业院校专业教学研究；职业教育实训基地教学模式研究；职业院校学生学习能力评价研究；职业院校“双师型”教师专业化发展研究；职业教育区域合作发展模式研究；中职和高职教育有效衔接研究；农村中等职业教育发展研究等。

（七）德育

学校实施社会主义核心价值观教育研究；学校系统思想政治教育整体构建与有效衔接研究；学校文化建设研究；学生公民教育研究；学生劳动技能教育研究；学生社会实践和志愿服务育人活动研究；学生德育综合素质评价研究；师德建设研究；高校宗教工作研究等。

（八）教育心理

提高学生抗挫折心理能力研究；儿童异常行为调查与干预研究；青少年心理健康行为模式研究；教师心理素养标准和心理辅导技能研究；教师能力素质模型研究；促

进教学改革的重要心理学成果研究；学生心理发育特征研究等。

（九）体育卫生艺术教育

体育课程教材教学研究；阳光体育学校推广模式研究；学校健康体育实施模式研究；学校运动队和运动会竞赛制度改革研究；学校体育伤害事故归责研究等。

卫生课程教材教学研究；学生近视预防和矫正研究；学校营养配餐及卫生状况调查研究；学校突发卫生事件防控体系和工作体制研究；儿童健康相关行为研究等。

音乐课程教材教学研究；美术课程教材教学研究；文教体卫艺结合的长效机制研究等。

（十）教育技术与传播

教育信息化建设与应用现状分析研究；学校信息技术课程教学研究；师生信息化素养调查研究；数字化教学的公共服务模式研究；教育信息化使用效益研究；网络新技术对教学方式的影响研究；网络交互教学成效研究；新技术条件下的启发式教学研究；基于专题学习网站的知识建构研究；高校信息技术课异步教学研究等。

（十一）成人与社会教育

成人在职学习状况调查研究；基于学习共同体的教师研训一体化研究；农村教师培训研究；校长和教育行政领导能力建设研究；继续教育与学校教育学分互认研究；社会教育培训机构经营模式研究；社会家教市场现状调查研究；成人教育机构开放办学机制研究；成人教育培训国家标准与品牌建设研究；老年教育服务研究；校外教育效能评估研究等。

（十二）民族教育

改善少数民族教育环境研究；提高少数民族学生学业成就研究；提高少数民族学生汉语教学质量研究；少数民族人才培养模式创新研究；民族地区地方课程资源开发研究；少数民族流动人口子女教育现状研究；民族工艺专业设置与教学研究；民族地区教师队伍建设研究；学校开展民族团结教育研究；学校教育在预防民族地区群体性突发事件的作用研究；民族地区多元文化理解教育研究等。

（十三）国际与比较教育

主要国家近期教育发展规划研究；国外名校发展规律研究；国外高校内部治理结构研究；国外高校社会捐赠制度研究；海外留学预警机制研究；高校社会服务模式的比较研究；教育统计口径衔接的比较研究；国际教育援助的有效性研究；主要国际教育组织研究；国外移民教育政策研究；国际留学趋势研究；国际教育交流与合作的监管和质保体系研究等。

第二编

教育学科发展总报告

教育学科发展总论

教育科学是哲学社会科学的重要组成部分，是国家综合国力的重要体现。没有教育科学就没有科学的教育，教育改革和发展越是深入，越需要教育科学的支持，繁荣发展教育科学是时代的要求和重要任务。“十一五”期间，以提高质量为导向创新科研管理模式，促进了教育科学事业健康发展，科研机构更加健全，队伍结构趋于合理，专业化水平大幅提高，精品力作不断涌现，解释力和影响力持续增强，具有中国特色的教育科学研究体系基本形成，为研制和落实《教育规划纲要》进而促进教育事业科学发展作出了重要贡献，为教育科学“十二五”又好又快发展奠定了坚实基础。

一、全国教育科学规划课题申报与立项概况

全国教育科学“十一五”规划期间，实施发布了2006年度、2007年度、2008年度、2009年度、2010年度的课题指南，进行了2006年度、2007年度、2008年度、2009年度、2010年度5次课题评审工作。5年立项课题总数达2 841项，与“十五”立项课题总数2 840项相比，立项总数基本持平。投入经费7 540万元，比“十五”期间的2 820万元增加了4 720万元，增长率为167.4%。其中国家社会科学基金项目585项，比“十五”期间的253项增加了332项，增长率为131.2%。投入经费5 520万元，比“十五”期间的1 660万元增加了3 860万元，增长率为232.5%。此外，全国教育科学规划领导小组办公室与教育部基础教育司、体育卫生与艺术教育司、职业教育与成人教育司及教育部考试中心等单位合作，启动了全国教育科学规划九类专项课题研究工作，立项课题763项。同时，各省（自治区、直辖市）相继启动了“十一五”教育科学规划课题。参与课题研究人员近3万人，产生了7 000多篇论文、600多部著作、585份研究报告，还以内参、教材教具、软件数据库等多种形式在服务决策、指导实践、学科建设、影响社会等方面作出了重要贡献。

“十一五”期间以全国教育科学规划各级各类立项课题为载体，形成了功能不同而又相互衔接的全国性教育科学规划体系以及基础研究和应用研究、决策研究和实践研究分工合作的研究体系，更加强化了课题研究的规范性，增强了课题研究的质量。

（一）立项课题项数和经费资助历史比较

“十一五”期间，立项课题数和经费资助额再创历史新高，尤其经费额度远远超

过了自“六五”至“十五”的总和，课题评审实现年度评审，谱写了教育科研蓬勃发展的新篇章。（见表2-1）

表2-1 全国教育科学规划从“六五”到“十一五”的立项课题项数和经费资助一览表

项目	“六五”	“七五”	“八五”	“九五”	“十五”	“十一五”
评审次数（次）	1	1	1	2	4	5
课题项数（项）	36	124	457	864	2 840	2 841
经费资助额（万元）	50	278	670	1 049	2 820	7 540

（二）申报课题项数和立项课题项数比较

申报课题项数反映教育科研的群众基础，立项课题项数反映教育科学规划的容纳能力，课题立项率反映竞争强度。从“十一五”规划情况看，立项课题项数逐年增长，课题立项率在10%左右。（见表2-2）

表2-2 全国教育科学“十一五”规划申报课题项数和立项课题项数一览表

项目	2006年度	2007年度	2008年度	2009年度	2010年度	合计
申报课题项数（项）	5 830	3 980	4 650	7 890	6 760	29 110
立项课题项数（项）	474	492	553	666	666	2 851
立项课题率（%）	8.13	12.36	11.89	8.44	9.85	9.79

（三）立项课题资助经费比较

经费是课题研究必需的物质基础。“十一五”期间研究经费在逐年增加，有经费资助的课题已占立项课题数的62.16%。平均每项课题资助经费2.62万元，有资助课题平均每项4.21万元。（见表2-3）

表2-3 全国教育科学“十一五”规划立项课题有资助项数和无资助项数一览表

项目	2006年度	2007年度	2008年度	2009年度	2010年度	合计
课题资助经费（万元）	810	910	1 460	1 760	2 600	7 540
有资助课题项数（项）	259	278	342	459	453	1 791
无资助课题项数（项）	205	214	211	207	213	1 050

（四）立项重点课题学科分布结构比较

各学科是历史形成的产物，既有学科体系，也有工作体系，还有二者的交叉。（见表2-4）

表 2-4 全国教育科学“十一五”规划立项重点课题学科分布一览表

学科分类	2006 年度	2007 年度	2008 年度	2009 年度	2010 年度	合计
教育基本理论与教育史	11	19	26	31	21	108
教育心理	16	19	30	28	22	115
教育信息技术	14	18	28	30	32	122
比较教育	5	6	5	15	18	49
德育	18	21	18	32	33	122
教育经济与管理	18	26	35	61	55	195
教育发展战略	9	13	15	23	5	65
基础教育	41	37	28	68	64	238
高等教育	55	66	89	85	99	394
职业教育	14	18	21	27	41	121
成人教育	5	9	9	2	13	38
体育卫生美育	15	18	27	36	27	123
民族教育	7	8	11	21	23	70
国防军事教育	31	0	0	0	0	31
合计	259	278	342	459	453	1 791

(五) 立项重点课题所属系统分布结构比较

立项重点课题所属系统分布中高等院校承担课题研究 1 520 项，比例为 84. 87%；中小学校承担课题研究 20 项，比例为 1. 12%，差距悬殊。(见表 2-5)

表 2-5 全国教育科学“十一五”规划立项重点课题所属系统分布一览表

学科分类	2006 年度	2007 年度	2008 年度	2009 年度	2010 年度	合计
教育部直属高等院校	90	89	109	131	120	539
其他高等院校	84	128	190	284	295	981
教育部直属单位	24	21	13	18	12	88
其他科研机构	16	21	19	13	14	83
中小学校	3	3	4	5	5	20
军事机关及院校	31	0	0	0	0	31
教育部各司局	6	4	3	4	2	19
地方教育行政部门	5	12	4	4	5	30
合计	259	278	342	459	453	1 791

（六）立项重点课题所在省（自治区、直辖市）分布结构比较

全国31个省（自治区、直辖市）共立项重点课题1 068项（不含所在地的教育部直属院校和国家级教育科研机构的课题）。其中，江苏省143项，湖南省119项，浙江省113项，位列前三名。（见表2–6）

表2–6　全国教育科学“十一五”规划立项重点课题所在省(自治区、直辖市)分布一览表

所在省（自治区、直辖市）	项数	所在省（自治区、直辖市）	项数	所在省（自治区、直辖市）	项数
北京	52	浙江	113	四川	30
天津	32	安徽	22	贵州	9
上海	60	福建	22	云南	17
重庆	24	江西	35	西藏	5
河北	41	山东	64	陕西	6
山西	9	河南	32	甘肃	15
内蒙古	10	湖北	10	青海	7
辽宁	45	广东	96	宁夏	4
吉林	5	湖南	119	新疆	24
黑龙江	7	海南	2		
江苏	143	广西	8		

（七）课题类型结构比较

在2 841项立项课题中，国家社会科学基金教育学科立项课题项数和教育部立项课题项数的比例大体是1∶4；青年项目和非青年项目的比例为1∶4。（见表2–7）

表2–7　全国教育科学“十一五”规划立项课题类型一览表

课题类别	2006年度	2007年度	2008年度	2009年度	2010年度	合计
国家重大课题	1	0	1	0	0	2
国家重点课题	13	6	7	9	10	45
国家一般课题	50	46	60	83	99	338
国家青年课题	28	29	32	41	76	206
教育部重点课题	126	136	157	232	170	821
教育部青年课题	41	61	85	94	98	379
教育部规划课题	205	214	211	207	213	1 050
合计	464	492	553	666	666	2 841

（八）单项课题资助经费情况

“十一五”期间单项资助经费逐步提高，但国家社会科学基金课题与教育部课题资助经费的差距全面明显拉大，反映国家社会科学基金资助力度越来越大。（见表 2-8）

表 2-8 全国教育科学“十一五”规划单项课题资助经费情况一览表（单位：万元）

课题类别	2006 年度	2007 年度	2008 年度	2009 年度	2010 年度
国家重点课题	12	12	15	15	20
国家一般课题	8	8	8	8	10
国家青年课题	6	6	6	6. 4	8
教育部重点课题	2	2	2	2	3
教育部青年课题	1	1	1	1	2

（九）专项课题情况

“十一五”期间，全国教育科学规划领导小组办公室与职业教育与成人教育司、体育卫生与艺术教育司、教育部基础教育一司、教育部考试中心等单位合作实施了 9 类 16 期专项课题，立项课题 555 项。其中，2006 年度、2007 年度立项课题级别为单位资助教育部规划课题，2008 年度、2009 年度、2010 年度立项课题级别为教育部重点课题。（见表 2-9）

表 2-9 全国教育科学“十一五”规划专项课题情况一览表

专项课题名称	2006 年度	2007 年度	2008 年度	2009 年度	2010 年度
教育考试研究	16	0	0	27	0
学校体育、卫生、艺术和国防教育研究专项	0	67	0	0	92
职业教育研究专项	0	15	30	25	27
成人教育研究专项	0	6	0	11	22
高中特色学校研究专项	0	0	0	100	0
中小学德育和校外教育研究专项	0	0	0	29	0
大学外语教育研究专项	0	0	0	0	52
中小学数学教育研究专项	0	0	0	0	22
科学教育研究专项	0	0	0	0	14

二、教育学科主要研究成果及其重要影响

“十一五”教育科学规划坚持以中国特色社会主义理论为指导，深入贯彻落实科学发展观，充分体现党的十七大和十七届四中全会及中央经济工作会议精神，着眼于推进教育理论创新，着眼于国家中长期教育改革和发展需要，结合全国“十二五”教育事业发展规划要点，以我国现代化建设和中国特色社会主义教育体系建设中全局性、战略性和前瞻性的重大理论和实际问题为研究的主攻方向，同时注重推动传统学科、新兴学科和交叉学科研究，推进学科体系、学术观点、研究方法的创新，准确把握时代特征，增强科学预见性，着力推出代表国家水平的高质量教育科学研究成果。基础研究要力求具有原创性和开拓性，深刻揭示教育的本质和规律，关注学理问题的研究，促进学科建设，形成精品力作；应用研究要具有针对性和实效性，有效解决教育政策和实践问题；开发研究要注重社会效益和使用价值。

（一）重大理论成果

引导广大教育科学研究者以如何实施素质教育为主攻方向，围绕“优先发展、育人为本、改革创新、促进公平、提高质量”的战略目标，深入研究时代提出的一系列重大理论课题，总结了改革开放30多年教育发展的基本经验，形成了丰硕的理论创新成果，丰富了学科体系，对实践起到了重要的指导作用。

1. 育人为本的素质教育研究影响全社会

素质教育是我国教育改革发展的战略主题，是中国特色的重大教育理论建设，是对世界教育理论的重大贡献。

第一，开展中央委托的素质教育大调研活动。2005年，200多位专家学者积极参加受中央委托、教育部等八部委组织的素质教育调研组，共同完成了《共同的关注——素质教育系统调研》（2006年）重大成果，系统总结了素质教育已取得的各项理论成果，分别对义务教育均衡发展、基础教育课程教学改革、招生考试评价制度改革、学校整体改革、素质教育理论与政策、基础教育国际比较等方面进行了专题研究，并在此基础上，系统总结了近年来实施素质教育所取得的主要进展，如政策研究逐渐拓展，区域层面的推进力度加强，学生的综合素质得到大幅度提高，各地更加关注对弱势群体，贫困地区教育的补偿与扶持，深入分析了当前制约推进素质教育的内外突出问题，形成了各方面提出的政策建议，为进一步推进素质教育提供了重要参考，在国家层面和实践中产生了广泛的影响。自2005年10月起，《中国教育报》、《人民日报》和《光明日报》等报纸先后开设了“素质教育大讨论”专栏，邀请党政领导、知名专家、社会人士、教师、学生、家长等对如何推行素质教育进行大讨论，引起了全社会对素质教育的关注，对推动素质教育实践起了导向作用。

第二，理论研究走向深入。“建设创新型国家与和谐社会背景下的素质教育研

究”（华东师范大学叶澜）、“区域内整体推进素质教育的实验研究”（教育部朱慕菊）等课题，从素质教育实施的内容和途径、素质教育的方式和策略等方面对深化素质教育进行了理论探讨。在多年持续研究与实践的基础上，涌现出“新基础教育”（叶澜）、“情境教育”（江苏情境教育研究所李吉林）、“主体教育”（北京师范大学裴娣娜）、“新教育”（民进中央朱永新）等教育流派。特别是“新基础教育”研究得到了教育部领导、学界和社会的高度认可，在2009年召开的全国基础教育研究与实践成果发布暨研讨会上被教育部领导认为“这项坚持十多年的系统、区域性推进的研究，立足于当代中国基础教育改革与发展的实际，面向广大中小学，致力于推进学校整体变革，促进学生和教师发展，提升学校科学管理水平，是一项理论联系实际、具有创新性的教育理论研究与实践探索。”

2. 教育公平研究取得重大突破

教育公平是社会公平的重要基础，也是个人公平的起点。在建设和谐社会的背景下，推进教育公平发展显得尤为重要，教育公平研究成为热点。

第一，理论发展。重点课题“转型期中国教育重大政策案例研究”（中央教育科学研究所袁振国）在“十五”期间取得的成果被认为是“近年来教育科研领域高水平的研究成果之一，对我国教育改革和发展有重要的参考价值”。这项成果所提出的“缩小差距”思想和十大措施对形成把促进教育公平作为国家教育的基本政策产生了重要影响，《人民日报》、《光明日报》、《文汇报》、《中国政协报》、《中国教育报》等中央媒体用大量篇幅对成果进行了报道。“十一五”期间，由教育部社会科学司牵头，中央教育科学研究所和北京师范大学参加的“致力于更加公平的教育”课题组和教育部社会科学司与中央教育科学研究所共同主持的“区域推进教育公平的政策与行动”课题，把促进教育公平的研究和实践推向全国。课题研究成果“高等教育公平理论研究”（北京理工大学杨东平）、“我国教育政策的公平机制研究”（北京师范大学刘复兴）在教育公平的内涵及其实施路径等方面取得重大突破，提出义务教育公平的重点是推进城乡一体化、促进区域教育均衡发展、全面落实政府责任。

第二，义务教育均衡发展研究。“基础教育均衡发展理论与实证研究”（中国教育报刊社翟博）、“中国经济发展二元性背景下义务教育资源均衡化研究”（北京大学丁小浩）、“义务教育均衡发展的制度保障研究”（南京师范大学叶忠）、“苏州无锡常州三市全面建设小康社会中推进教育公平的实践研究”（苏州大学许庆豫）、“推进区域基础教育均衡发展的伙伴协作研究”（东北师范大学刘新城）、“构建学区管理模式 促进基础教育均衡发展”（广州市越秀区教育局蔡定基）、“新时期浙江省基础教育公平与均衡发展中的问题与改进对策研究”（杭州电子科技大学贺武华）、“农民工子女就读城市公办学校的文化冲突与融合研究”（上海教科院汤林春）等，从不同角度对义务教育公平问题进行了深入探讨。“基础教育均衡发展理论与实证研究”立足于基础教育公平，对教育均衡的理论、指标及测算方法进行了研究，通过实证数据分析表明，我国基础教育从整体上趋向均衡。“首都教育公平问题研究”（北京师范大学王善迈）提出了教育公平的分析框架和指标体系，指出应将教育公平置于整个社会环境背景之下进行分析，教育公平具有阶段性、相对性特征，应从教育权和入学机会公平、公共教育资源配置公平、教育质量公平、群体间教育公平等四个方面设计具体评价指标，还应根据官方统计数据和抽样调查数据，选择教育基尼系数作为度量教育公平程度的工具，并用洛伦兹曲线进行直观的图形说明。

第三，高等教育入学机会公平研究。“高等教育大众化与缩小社会阶层高等教育差异的研究”（厦门大学谢作栩）在实证研究的基础上，探讨了当前十大社会阶层子女高等教育的差异状况，得出“改革开放近30年来，伴随着高等教育从精英阶段向大众化阶段发展，各阶层子女高等教育入学机会差异呈现出先扩大后缩小的基本特征”的结论，提出出身于较高阶层的子女拥有较多的入学机会，公办高职院校中各阶层子女入学机会差异最小，拥有较多家庭文化资源的子女获得更多的入学机会。

3. 教育质量研究不断深入

在我国加快实现从人力资源大国向人力资源强国迈进的过程中，教育质量问题日显重要。如何使儿童从有学上到上好学？如何为国家培养拔尖创新人才？这些问题备受社会关注，一些课题研究围绕这些问题进行了深入探索。

第一，教育质量观研究。对于教育质量基本问题的研究是提高教育质量的基础。“大众化时代的高等教育质量观问题”课题（厦门大学潘懋元）从多元教育质量观角度回答了教育质量的基本问题，指出教育质量观在不断发展的过程中历经了“两个转变”，即在主客体层面，从满足某种“质量的原有规定性”到满足“主体需要程度”的转变；在时间维度，从为“已知的社会”培养人才到为“未知的社会”培养人才的转变。以两个转变为标志，高等教育质量观的发展大致经历了三个阶段，即从合规定性质量观阶段、合需要性质量观阶段到合发展性质量观阶段，是由重视外在质量向重视内在质量，由关注客体质量向关注主体质量、由着重现有计划向着重未来规划转变的过程。主张多元质量观，精英教育的质量观是在学术领域中追求“高深学问”的拔尖人才，大众教育的质量观则是面向人才市场培养“适销对路”的多样化人才。

第二，教育质量标准研究。20世纪70年代后，基于标准推动教育质量提高已成为国际教育发展的一个重要趋势，以制定和实施标准来提高教育质量已成为世界各国的基本共识。改革开放以来，我国颁布了一系列法律制度来保障教育质量，但存在标准不完善、监测不到位、保障不得力的问题。“中小学生学业成就调查研究”（中央教育科学研究所田慧生）、“中小学生学科学业评价标准的研究与开发”（教育部课程教材研究所徐岩）、“学校体育与健康教育的质量标准与保障机制研究”（教育部体育卫生与艺术教育司杨贵仁）等课题从不同角度，研究学生身心发展的质量标准。体现出鲜明的“以学生为中心、以结果为导向、以条件保障为支撑、以可测评为要求”的特点。

第三，教育质量监测和评估研究。研究者借鉴先进的评价理念，采用增值评价

(Value-added Assessment)、PISA 学业成就调查等方式，对基础教育的质量进行监测。"国内外大学排名的实证研究指标、权重与影响"（上海交通大学刘念才）等侧重大学排行榜研究，分别进行了绩效评价、增值评价研究，推进了本科教学和研究生教育评估工作。

第四，高等教育质量研究。"中国高等教育规模扩展与劳动力市场的相互作用研究"（北京大学闵维方）、"高等教育大众化阶段质量保障与评价体系研究"（北京师范大学钟秉林、厦门大学史秋衡）、"高等教育质量管理的理论研究"（南京师范大学王建华）、"世界一流大学的形成与发展研究"（北京师范大学王英杰），从高等教育的质量保障、高等教育发展评价、高等教育就业等角度进行了探讨。认为自 1999 年扩招以来，学生数量剧增与教育资源增长不平衡，导致高等教育总体质量下降，其中最重要的是教师的数量不足与质量不高，对策是扩充教育资源，科学定位，分类发展。

第五，创新人才培养研究。建设创新型国家以及"钱学森之问"使创新人才培养问题凸显，成为教育研究的时代课题。在教育全领域和多学科方面开展了一系列研究。"教育与发展——创新人才的心理学整合研究"（北京师范大学林崇德）、"高等教育应用型创新人才培养研究"（潘懋元）、"教师教育发展的国际比较及我国教师教育创新发展的对策研究"（教育部师范教育司管培俊）、"学校文化创新与学生创造力开发研究"（天津教育科学研究院张武升）、"中学超常儿童的创造力培养研究"（中国人民大学附属中学刘彭芝）等课题，从创新教育与素质教育的关系、课程改革与创新人才培养的关系、如何实施创新教育以及培养创新人才的途径和方式等方面进行了有益的探索。提出深化基础教育改革，为创新型人才成长夯实基础；创新高等教育，加快创新型人才培养；注重特殊人才培养，促进拔尖创新人才脱颖而出；建立基础教育、职业教育和高等教育衔接贯通，学校、家长、社会相互配合的人才培养机制；创建民主和谐的育人环境，形成创新人才快速成长的有效机制。

4. 终身教育体系和学习型社会研究具有前瞻性

学有所教，学有所得，学有所用，建设终身教育体系和学习型社会是时代的要求，越来越成为教育研究最有前瞻性的领域。

"我国终身学习体系和学习型社会研究"（国家教育发展研究中心郝克明）从国内外经济社会发展的大环境出发，分析了建设终身学习体系和学习型社会的重要性和紧迫性，重点研究了终身学习体系与学校教育发展与改革、中国社会转型时期重大结构性变化与培训和继续教育的供求、教育信息化发展与建立终身学习体系等问题，认为我国终身教育仍处于初步发展阶段，还不能满足建设终身教育体系的要求，适应社会成员多种需求的非学历、非正规教育还未受到应有的重视；各类教育特别是普通学校和职业学校之间、学校教育与社会教育之间尚未形成有效的沟通与衔接，教育资源共享程度不高，各类人群获得的教育机会不均等，因此提出了 2020 年建设终身教育体系和学习型社会的目标、任务与主要途径，对我国构建终身学习和学习型社会具有重要参考价值。研究成果反映在著作《跨进学习社会——建设终身学习体系和学习型社会的研究》(高等教育出版社),这是我国第一本系统研究建设终身学习体系和学习型社会的专著。

课题“学习型社会建设研究”(中国成人教育协会朱新均)围绕“什么是学习型社会”,“为什么要建设学习型社会和怎样建设学习型社会”等问题展开。课题“基于学习型社会理念的成人工作场所学习机制与推进策略研究”(华东师范大学孙玫璐)调查我国成人工作场所学习的现状,探讨其学习机制和相应的推进策略。“北京市推进终身学习和学习型城市建设案例研究”(北京市教委孙善学)收集、整理典型案例,提出建设学习型社会的主要途径。一是加强和改进学校教育,充分发挥学校教育在建设终身教育体系和学习型社会中的基础性作用。二是大力发展培训和继续教育,满足广大社会成员特别是从业劳动者日益增长的学习和培训需求。三是加强学习型组织和学习型社区建设,推动社会学习化。四是大力推进教育信息化建设,形成覆盖全社会的教育培训网络和满足各种类型学习者需要的学习资源。

终身教育的支撑点在成人教育,成人教育是现代国民教育体系中最具活力的部分。作为教育史上的一场革命,成人教育拓宽了教育服务的路径,催生了社区教育实践,孕育了终身教育理念,对社区教育、终身教育的产生起到了重要的奠基作用。刘义兵著作《成人教育研究》论述了成人教育的对象与研究方法,目的、本质与功能,发展历程与趋势,制度、结构和类型,课程开发与管理等内容,是这一时期成人教育理论著作。

5. 国际教育竞争力研究受到关注

国际竞争力的评价研究在国外已经有 20 多年的历史,教育竞争力是国家综合竞争力的重要组成部分,是一个国家的教育产出在和别国比较时所具有的相对优势与能力。其内涵包括教育发展水平、教育对人力资源的贡献、教育对经济的贡献和教育对知识创新的贡献四个层面。

第一,独生子女素质发展与国际竞争力研究。我国独生子女已超过 1 亿人,独生子女的素质将直接关系到我国未来的综合国力和民族竞争力。“中国独生子女问题研究”课题(郝克明)针对独生子女特殊的成长环境和特点,从教育和社会发展的视角,对 10 万多名独生子女群体的状况、特点和原因进行了深入的调查研究和分析。研究认为,独生子女的“比较优势”和所面对的新情况和新问题并存,针对独生子女群体的特点应进一步深化教育教学改革,促进其全面发展;调整教育结构体系,实现体制机制创新,为包括独生子女在内的受教育者开辟多样化的成才途径;加强学校教育、家庭教育和社会教育的通力协作,为独生子女群体和广大青少年的健康成长提供更加良好的社会环境。

第二,高等教育竞争力研究。“高等学校教育竞争力研究”(中国人民大学赵彦云)首次从国家竞争力层面研究高校教育竞争力问题,提出了一系列加强我国高校竞争力的对策。中央教育科学研究所国际比较教育研究中心课题组通过对我国与不同收入水平国家相关数据、国家竞争力报告的分析后发现，我国教育发展指标从普及程度看高于世界平均值，也明显高于同类国家平均值，但其中的高等教育发展水平与前者比尚有差距；我国教育水平从国际竞争力角度看，明显落后于发达国家。为提高我国教育的国际竞争力，增加公共教育投入和提高教育质量应当成为下一阶段我国教育改革和发展的核心议题。

6. 教育改革理论研究空前重视

2008 年是我国改革开放 30 周年，研究者系统总结了 30 年来教育改革发展的经验和重大理论成果。

第一，30 年来教育改革发展经验和理论研究。“改革开放以来的教育发展历史性成就和基本经验研究”、“中国特色社会主义教育理论体系研究”（教育部袁贵仁）等课题，全面梳理了 30 年来中国教育的重大历史事件，系统总结了 30 年来中国教育的重大理论成果，形成了两项具有重要社会影响的成果：《改革开放 30 年中国教育重大理论成果》和《改革开放 30 年中国教育重大历史事件》（2008 年），提出教学是学校的中心工作；高考是选拔优秀人才的有效途径；尊重知识，尊重人才；培养有理想、有道德、有文化、有纪律的社会主义新人；教育必须为社会主义建设服务，社会主义建设必须依靠教育；教育在现代化建设中具有基础性、先导性、全局性作用；教育要面向现代化、面向世界、面向未来；教育改革要从体制改革入手；实施素质教育是教育工作的主题；立德树人是教育的根本任务；课程改革是实施素质教育的关键环节；教育大计，教师为本；依法治教是教育改革与发展的重要保障；教育创新是教育发展的不竭动力；教育优先发展是实现现代化的战略要求；教育是社会公益事业；教育公平是社会公平的重要基础；贯彻落实科学发展观，实现教育全面、协调、可持续发展。

第二，各级各类教育和区域教育史研究。“中华人民共和国教育史研究”（教育部何东昌）历时 15 年，编辑了总字数达 1 600 万字的《中华人民共和国重要教育文献》（1949—2002），撰写了《中华人民共和国教育专题史丛书》13 部，撰写了两卷本的《中华人民共和国教育史》，为中华人民共和国教育史的深入研究奠定了基础。“十一五”继续“中华人民共和国教育发展模式和经验研究”，撰写了《中华人民共和国教育 60 年》一书，该书被列入国家出版基金资助项目。著作《中国成人教育改革发展 30 年》（中国成人教育协会），从事业发展、理论研究、政策法规和信息资料四大部分系统总结了该领域的研究成果，是该领域第一部比较全面、系统地总结改革开放以来成人教育理论与实践发展的学术专著。著作《中国教育科学 30 年》（教育研究杂志社），选取了 30 年来教育理论研究精品。山东、云南等地纷纷出版教育改革发展 30 年著作，系统总结地方教育发展经验。

（二）重大现实问题研究

问题是教育研究的源泉，关注教育重大现实问题是教育规划课题研究的主要方向，是教育研究为国家和人民服务的主要标志。

1. 基础教育课程与教学改革研究继续深入

第一，高中课程改革研究。按照新课程改革的进程，自 2004 年 9 月始，山东、广东、海南与宁夏 4 省区率先进行普通高中新课程实验，至 2010 年，全国陆续进入普通高中新课程。在此期间直接以高中课程改革为研究主题的课题就有四项，中国期刊网上发表的"高中课程改革"论文，在 2001—2005 年有 177 篇，而在 2006—2010 年 5 月就骤升至 528 篇。研究主要围绕以下几个主题展开：一是面对高中教育如何适应新课改问题，如"基于课程文化转型的普通高中学校课程能力建设研究"、"普通高中课程改革实施的学校文化适应性研究"、"高中体育课程改革的反思与推进策略研究"等课题均以此为切入点。二是新课程背景下优秀教学和优秀教师的标准问题，相关课题有"新课程背景下高中学科教师专业知识发展及优秀教师个案分析研究"等。三是课程的设置尤其是选修课的设置问题。四是文理分科是否可取的问题，有研究者从思维方式的二元对立入手对其进行彻底批判，也有研究者从博弈论的视角讨论取消文理分科的必要性和可行性，还有研究者支持文理分科，并对其立论依据进行详细分析。

第二，"课程领导"研究。"课程领导"这一概念自 2004 年左右开始引入，至"十一五"期间已成为课程领域中一个炙手可热的词汇。从中国期刊网所收录的学术论文和硕博论文来看，"十五"期间所收录的文章分别为 39 篇和 5 篇，至"十一五"期间则分别为 188 篇和 26 篇。"十一五"期间较有代表性的研究视角有三种。一是从对校长课程领导的关注到课程领导共同体的创建。这种理念从过去强调以校长为唯一课程领导者的控制到以校本管理、团队合作、协同决策为主要特点、模式的转变，更强调赋权增能和参与式领导，重视团队的合作，教师、教研组长、年级组长、家长等都可以涉入不同层面的领导。二是课程领导的行动研究、个案研究成为新的研究趋向。三是对课程领导进行了多视角的分析，丰富了对课程领导的理解和认识。有研究者从知识管理的视角，认为课程领导是个体在学校组织中运用知识从事课程实践的行为，通过知识管理促进知识的交流与共享，构建符合学校课程领导的学习型组织，以追求知识的创新，从而提高学校效能。为了克服把存在本质差异的学校课程领导仅仅归结于领导风格不同的肤浅性，有研究者采用"范式"的方式分析我国学校的课程领导，对于理解课程实践的历史，更好地变革学校课程实践的现状，并预测其未来都有重要的意义。

第三，在反思中推进课程改革研究。"十一五"期间是课程改革由实验期向全面推进期的转换阶段，实验期间所遇到的各种矛盾和问题也进一步凸显，理论反思自然成为必然之举。研究者对传统课程存在的问题批判逐渐冷却，转而把关注的焦点放在对课程实施的反思上，进而寻求摆脱课改困境的思路。一是对新课程的理论基础进行深入探讨。自 2005 年 5 月始，《中国教育报》开辟"新课程改革的理论基础是什么"专栏，刊载研究者对于此问题的争鸣，靳玉乐等研究者进行了较为激烈的争论，从而引发了较长时间对新课程理论基础的追问。二是对课程改革的性质进行辨析。如王本陆等对于激进式的课程改革进行了批判；王策三提出了修正课程改革的“方向”的思想；黄济辩证地分析了引进与中国化、学习知识与培养能力、紧张与宽松、师与生、教与学等之间的关系。三是对课程改革推行过程中所遇到的困境进行分析。四是探索课程改革的中国化问题。研究者重在对我国课程本土化研究的反思，这种反思既是对正视课程改革中遇到的困难、问题的体现，又是我国课程本土化研究逐步深入的体现。他们主要从传统课程思想的断裂与流失、课程研究中的文化仆从心态、课程论自己的研究立场和原创意识等方面来谈课程本土化研究缺乏的表现。

另外，“有效教学”、“差异教学”、“对话教学”、“生成性教学”、“生态课堂”等理念受到进一步关注。“十一五”期间以这些热门词汇为关键词的立项课题也较多。如“新课程视野中的‘有效教学’研究”、“我国新课程改革背景下对话教学的理论与实践研究”、“生成性教学的基本理论与实践策略研究”、“我国中小学生态课堂建设与教学方式变革研究”、“课堂的生态学研究”等。

2. 农村教育问题研究成为热点

我国教育的重点和难点都在农村。农村教育的关注重点是农村中小学教育问题，主要表现在农村教师、留守儿童、义务教育经费、学校布局调整和寄宿制学校等问题上。相应的研究课题主要包括“当代社会发展中的中国农村教育发展问题研究”（北京师范大学袁桂林）、“新中国成立以来农村教育政策的回顾与反思”（南京师范大学张乐天）、“西部地区后‘两基’攻坚发展研究——全面提升西部地区农村义务教育质量的对策研究”（上海市教育科学研究院张振助）等。

有研究者认为，农村教师队伍存在的主要问题表现在：教师素质不高、学历普遍偏低、在职培训机会有限、生活与工作面临压力较大、代课教师问题亟待解决、教师参与学校管理不够。建议应完善相应的政策配套措施、保障并落实农村教师应有的福利待遇，提高教师编制的合理性，重视农村中小学教师培训机制的建立与完善，鼓励教师积极参与学校管理。研究者提出，虽然农村义务教育已全面纳入公共财政保障范围，建立了中央和地方分项目、按比例分担的经费保障新机制，但农村义务教育经费中的公用经费的充足性未得到充分重视，拨付的公用经费不能满足学校和学生达到较高学业产出的实际需求。为此，需要改革现有国家公用经费定额标准的制定手段，将公用经费的拨付标准与学生的学业需要相结合，运用成本函数法等科学的手段测算农村中小学公用经费的充足性水平，切实提高农村中小学公用经费的拨款基准。研究者提出，农村中小学布局调整对于优化农村基础教育结构、合理配置农村教育资源取得了明显成效，但布局调整后出现了一些新情况、新问题。应科学规划布局结构，适当保留教学点，建立农村中小学布局调整资金保障体系，加强监管，切实化解布局调整带来的负面影响。研究者提出，农村寄宿制学校学生的补贴实施过程中存在的主要问题是“一补”资金不足和执行不力问题。有研究者发现，总体上，留守儿童与非留守儿童的学习成绩没有显著差异，儿童的学习成绩与父母是否外出打工没有显著关系。由于缺乏亲情、父母的抚爱和关心，农村留守儿童难以形成良好的情感和健康的心理，出现的问题主要是无助、自卑、闭锁、寂寞和逆反、怨恨等心理，权益受损主要表现为受照顾权不到位、生命健康权难有保障、受教育权被打折扣以及发展权受到制约等方面，建议从家庭、学校、社会几方面构建支持服务系统。

3. 高等教育大众化时期大学生就业问题研究持续增多

自1999年以来，我国高等教育由精英教育向大众教育转换，2010年大学毕业生达到630余万人，就业难问题日益凸显。“高校毕业生就业指导体系建设：雇佣能力开发、职业生涯指导、就业质量追踪的职能拓展”（南开大学袁庆宏）、“美、英、中高校创业教育比较研究”（浙江大学徐小洲）、“高校毕业生就业状况监测体系研究”（东北师范大学杨晓慧）等课题，对如何解决高校大学生就业问题进行了探讨。

研究者认为，在雇佣能力导向的人才培养体系中，高校、个人和雇主分别扮演着不同的角色，要着力进行高校毕业生就业指导体系建设，并提出解决大学生就业的途径，即加强高校创业教育，提升当代大学生的创业精神和创业能力。为此，应加强创业教育师资培养，建立创业教育课程体系，以立体创业教育观指引创业教育发展；开设各种类型的创业课程，增加创业实践机会，鼓励和支持学生在学校期间进行自主创业；重视学生自信心的培养，培养大学生的创业精神，形成学生更积极的自我认识；积极调整专业方向，优化专业结构，加强就业的个性化指导，提升学生就业能力。

4. 增强职业教育吸引力研究逐渐兴起

发展职业教育是人力资源开发的战略基石。21世纪以来，中央召开了三次全国职业教育工作会议，把职业教育作为经济社会发展的重要基础和教育工作的战略重点，提出了一系列推进职业教育改革与发展的政策措施，职业教育研究随之兴旺。如“职业教育有效发展研究”（教育部职业教育与成人教育司黄尧，华东师范大学马庆发）、“职业教育与劳动准入制度互动性研究”（北京教育科学研究院马叔平）、“跨区域职业教育办学模式研究”（国家教育行政学院邢晖）等课题，从不同角度研究了发展职业教育的意义、内涵和特征、存在问题及对策建议。

研究者认为，现代职业教育有其职业性、技能性、社会性、终身性和全民性，而其中职业性和技术性是其本质属性。职业教育的目的，不仅仅局限于“为了学生的就业”，而是“实现完美的就业”。当前职业教育存在的主要问题表现在：职业教育发展与师资培养的问题、职业教育与基础教育的关系问题、中职就业状况问题和高职课程评价体系问题等。针对职业教育的现状和问题，应进一步明确和强化职业教育的战略地位，加快构建中国特色的现代职业教育体系，以市场为主导，改革和创新职业教育办学模式，根据市场需求改革课程体系与教学模式。职业院校要积极应对产业升级和变革，对人才培养目标和标准作出战略调整，提升职业教育的整体办学水平，使职业教育适应产业发展而且适度超前发展。应积极创办县域中等职业学校和职业中学，鼓励社会力量参与农村职业教育，推行城市与农村对口支援、合作办学，盘活大中城市的职教资源，推行农村职业教育券制度，通过多种措施加快农村职业发展。同时，基础教育应作出变革：一是中小学教师要树立多样化的人才需求需要多样化教育的观念；二是职业指导和职业生涯教育应从小学抓起，使多数学生了解自己的个性和特长，自愿、主动地选择适合自己的多种教育类型。要从三方面着手管理制度改革：一是建立合理的职业教育教师资格认定制度，提高职教教师的专业化水平；二是完善职业学校教师职务制度，改进职务评审办法，为职教教师提供更为有利的职业发展空间；三是改革中等职业学校教师分配制度，在保障教师基本工资待遇的前提下，将教师收入与学校发展、所聘岗位及个人贡献挂钩，充分发挥收入分配的激励作用。要进一步提高职业教育质量，增强职业教育吸引力，改变传统的以学校和课堂为中心的职业教育人才培养模式，坚持以就业为导向，积极探索试验工学结合、校企合作、半工半读的职业教育人才培养模式。

5. 学前教育发展研究备受重视

学前教育不仅是我国整个教育体系的薄弱环节，也是公共服务体系和满足民生需求中的一个突出的薄弱环节。“十一五”期间，学前教育政策研究得到加强，农村幼儿教育研究受到重视，课程与游戏研究回归生活化、游戏化。“幼儿园教育质量的发展现状与促进研究”（中央教育科学研究所刘占兰）、“学前一年教育纳入义务教育的条件保障研究”（北京师范大学刘焱）等课题，从学前教育的普及问题、政府的责任问题、学前教育的保障体系和学前教育师资等现实问题入手，深入调研，提出了对策。

提高学前教育的普及率，是我国学前教育的重要目标。有研究者提出实施“9+1计划”，普及学前一年义务教育，建议政府应当在我国经济社会发展的整体框架中确定学前教育优先发展的目标，把农村学前教育纳入农村公共服务范畴和新农村建设规划，优先在农村尤其是在中西部和贫困地区农村普及免费的学前一年教育，在发达地区鼓励有条件的城市和地区率先探索把学前教育纳入义务教育系统的方法和途径。为解决上幼儿园难和上幼儿园贵的问题，建议形成以政府为主导、社会广泛参与、公共财政支撑、多渠道投入相结合的学前教育发展机制。进一步加快学前教育立法进程，使学前教育事业的发展和办学行为有法可依，促进学前教育管理更加科学和规范。

学前教育师资是影响学前教育质量的关键。有研究者提出，应明确学前教育教师资格标准，关注培养机构的课程建设和教师资格考试，保证幼儿园教师的质量，并注意与小学教师资格标准及考核保持一致性与连贯性。建议将学前教师统一纳入国家教师资质管理系统，保障其与中小学教师享有同等的权利。切实提高学前教育教师的待遇，保障其工资与义务教育教师相同，同时提高学前师资的学历起点。

6. 民族教育研究不断拓展

发展民族教育是促进教育公平和各民族繁荣的重要标志。党中央、国务院高度重视民族教育的发展，采取了一系列重大措施加快民族教育发展，大大缩小了民族教育与其他地区教育发展的差距，形成了具有中国特色的民族教育发展模式。“十一五”

期间，研究者更多地关注民族教育的质量和特色，不断拓展研究领域。“民族教育质量保障和特色发展研究”（中央民族大学苏德）、“西部大开发与中国少数民族教育改革和发展研究”（中央民族大学哈经雄）、“中国边境农牧区基础教育研究”（内蒙古师范大学陈中永）等课题，从不同角度深入探讨了民族教育发展问题。

在新时期民族教育工作的定位方面，研究者提出，民族教育发展应坚持科学发展观，以各民族学生健全发展为本；在发展目标上，兼顾民族地区各级各类教育发展，重视学习型社会建设；在发展机制上，强化国家的支持，促进对口支援，大力发挥民族地区和各少数民族的能动性和主体性；在实现形式上，民族教育发展不能照搬内地模式，应针对西部民族地区生态文化多样性，因地制宜。在民族教育发展的质量与特色及其保障方面，研究者提出，首先，应正确处理民族教育发展中质量和特色的关系。推进民族文化适切性教育评价的理念，反对传统教育评价模式片面强调达标性、机械量化等局限，反对机械照搬内地模式和内容，强调尊重民族地区特点，因地制宜地考评民族教育，故应着力做好以下工作：一是加快国家层面的民族教育立法，完善地方民族教育条例；二是新出台的政策要适应民族地区的特点；三是在师资培训上要保证一般的通识性和专业性内容，又重视文化能力方面的培训，切实提高民族地区农村教师住房、医保、社保待遇。

7. 德育和心理健康教育研究继续发展

在经济全球化、社会结构深刻变革、社会利益多元化的形势下，学生品德和心理健康问题日益突出。研究者通过系列课题研究，从社会、文化等视角对德育的机制、内容、方法等进行探讨，对学生的心理健康问题及学校心理健康教育模式进行了研究。重要的课题如“社会变革时期青少年思想道德发展的新情况与对策研究”（中央教育科学研究所朱小蔓）、“当代大学生社会心理承受力的现状及教育疏导机制研究”（吉林大学车文博）、“学校实施社会主义荣辱观教育和公民教育研究”（北京师范大学檀传宝）、“积极心理学取向的学校心理健康教育研究”（南京师范大学杨莉萍）等。

第一，德育理论研究。研究者认为，道德教育的时代困境体现在美德是否可教、教什么美德、谁能教和怎么教等方方面面。德育的无效性主要体现为：教授的道德规范过时、教授的道德规范超前和教授的道德规范脱离具体的环境。有研究者指出，社会转型期的道德教育已经陷入了前所未有的“人性论困局”。在道德教育的思想基础上，表现为人性本善与人性本恶的困局；在德育实践的逻辑起点上，表现为“道德人”与“经济人”的困局；在道德教育的目标取向上，表现为现实人性与可能人性、有限人性与无限人性的困局。对转型期中小学德育实效的调查表明，部分教育研究者和大部分教师认为德育实效性不高；学校德育对学生的品德发展只是“主控”而非“主导”；德育在中小学从未占据“首位”；德育工作只是专职德育工作者的工作，且缺乏积极性；德育工作缺乏合理的激励机制和科学的评价标准。有研究者提出，我国当前的德育困境，既有社会根源，也有教育自身的问题。对“灌输”的过分迷信和依赖，是德育工作缺少实效性的重要原因之一。要摆脱道德教育的困境，就必须实现三个统一（现实性与超越性的统一、传承性与创新性的统一、主体性与选择性的统一）和两个转变（从封闭向开放转变、从道德政治化向道德多元化转变）。学校德育不应放弃自己的责任，而应审视社会正义，提倡主体精神，依据“自愿选择，理性判断”的原则，造就自制、理性和负责的个人。研究者系统提出了提高德育实效的教育对策：调动教师实施德育的积极性，要设置既有明显价值又有实现可能性的学科德育目标、尽量消除学校中客观存在的不公平现象、完整理解教师的需要系统、全面看待教师的需要等；消除学科德育实践偏差，要准确认识德育课程与各科的关系、正确理解渗透于教材教法和教师人格中的道德影响、恰当定位学科德育与其他途径德育的关系、树立“全方位教育”的教育价值观；加强学校德育管理，要改革学校的人事管理以消除“职责专有化”的想法、树立学校职能部门共同教育任务理念以弱化“职能部门化”的观念、正确定位学校管理以改变“控制目的化”的做法。

第二，公民教育研究。公民教育对于国家发展具有重大意义，是社会主义民主制度建设的需要，是社会主义市场经济体制建立与完善的需要。研究者认为，全球化时代的公民教育必须体现现代性的深刻内涵，强调权利本位，公民教育不仅要满足社会需要，也要满足个人自我实现的需要；强调独立人格的培养，注重自由、平等、公正等价值观的培养；重视情感教育，关爱生命，关爱他人，关爱自然；强调尊重个性和创造性，让每一个人成为他自己。因此，公民教育的目的应当包括权利意识的生成与品德的培养、世界公民的培养、产生公民社会和公民文化的条件三个层面，公民教育的内容必须考虑人权教育、和平教育、环境教育、生活教育、理解教育等方面。

第三，积极心理健康教育研究。自美国心理学会主席塞里格曼于 2000 年正式提出“积极心理学”以来，倡导积极心理健康教育的思想在我国迅速蔓延，众多研究者进行了积极心理学的本土化研究，包括积极心理健康教育的理论探索、积极心理品质调查工具的开发以及积极心理健康的教育实践。有研究者认为，与传统心理学把重心放在消极、障碍、病态心理方面的探讨不同，积极心理学强调对心理生活中积极因素的研究，它主要包括三方面的研究：一是积极的情感体验，如幸福感、希望、好奇心、谦虚、审慎等，利用各种现有的方法探讨这些积极情感体验的机制和影响；二是积极的人格特征和人格品质，如自尊、创造、坚持、领导能力、合作能力、自制、感恩、虔诚等，探讨这些特征和品质的形成过程；三是积极的社会制度系统，如积极的工作制度怎样促进和谐的工作环境，积极的家庭关心怎样促进个人的成长等。研究者基于积极心理学的理念，提出了积极心理健康教育。它针对以往的心理健康教育把重心放在“诊断和消解痛苦”上，侧重于问题学生和学生的问题，治标不治本等一系列问题，提出对人性要坚持积极的评价取向，加强人自身的积极因素和潜能的开发，以人固有的、实际的、潜在的和具有建设性的力量、美德和善端为出发点，用积极的心态来对人的心理现象（包括心理问题）进行解读，诠释和解决当前的许多社会心理危机、矛盾、冲突和困惑，用积极的内容和方式激发人自身内在的积极品质，让个体学会创造幸福，分享快乐，使自身潜能得到最大限度的发挥，心理免疫力和抵抗力得到大幅度提升，生命最佳状态得以丰富和发展，从而塑造与和谐社会相匹配的充满乐观希望、积极向上的美好心灵。

8. 教师专业发展研究更加关注实践

提高教育质量的关键在教师，教师的专业特性是保证教师教育质量的基本前提。“新课程背景下教师评价的心理学研究”（北京师范大学申继亮）、“教师教学创新能力的结构模型研究”（陕西师范大学游旭群）、“基于专业发展的教师教育病理学研究”（浙江教育学院卢真金）、“教师能力标准研究”（首都师范大学宁虹）等课题，从教师专业发展的理论建构和实证分析两个方面开展研究。

教师专业发展的理论研究的焦点主要集中在四个方面：一是教师专业发展内涵的研究；二是教师专业发展阶段的研究；三是教师专业发展实现途径和机制的研究；四是关于教师专业发展研究的反思。由此可见，教师专业发展研究的实践取向，即更加关注教师专业发展过程中的实际过程、机制和策略。

有研究者认为，教师不仅需要学术理论，更重要的是挖掘和提升自己的实践理论，在教师专业发展中，对生命意义的体察异常重要。在教师专业发展进程中，社会在对教师提出更高专业要求的同时，应该更多地关注教师的生存状态和生存质量。教师在提高自己专业素质的同时，也要提升自身的生命质量，追求生命的幸福。生命化的教师专业发展，不只是强调教师的发展适应外部的要求，更强调“教师职业的内在尊严和欢乐”。

影响教师专业发展的因素包括：个人因素、实践因素、情境因素、制度因素和课程因素。研究者在对北京市 5 255 名教师进行问卷调查的基础上，考察了中小学教师专业发展的结构与现状特点，发现了中小学教师专业发展的五个因素，即专业精神、专业理念、专业能力、专业知识、自主反思与发展意识能够较好地解释教师专业发展的心理结构；不同职业生涯发展阶段教师的专业素质表现出逐渐提高的趋势，其中 11—15 年教龄教师的专业发展水平达到最高；不同教龄、城郊区中小学教师的专业发展表现出差异性，提出更新与提升郊县农村中小学教师的专业理念与专业能力应是教师教育的关注点。

三、“十一五”期间教育科学研究的新进展

与“十五”相比，教育科学研究在“十一五”时期取得了长足的进步，在研究和管理方面成绩斐然。表现为：科研投入增长，研究队伍合理，专业水平提高，成果影响显著，管理规范，标准明确，技术先进，体系基本形成。

（一）教育科学研究发展状况

1. 立足创新，研究质量逐步提高

从数量规模的角度看，“十一五”以来，教育科研迅猛发展。全国教育科研机构

更加健全，从业人员不断增多；科研投入持续稳定增长；科研成果层出不穷。教育科研正在逐步从重数量增长向重质量提升转变。

第一，研究者问题意识增强。综观“十一五”期间的立项课题，大多都能围绕国家教育改革和发展中的重大理论和现实问题，提出真问题，立足于这些问题，产生了众多的学术论文、学术著作、研究报告等多种形态的研究成果，有的转化为教育理念，有的影响政策法规，有的形成教学模式，有的物化为教材、教具、数据库等，对我国教育改革和发展起到了不可替代的作用。

第二，研究方法不断创新。方法创新是学术创新的先导，是学术质量提高的保障。“十一五”期间，研究方法创新主要表现在：在原有方法启发下，使用了前人或他人没有用过的方法；首次将其他学科的研究方法应用到教育学科领域中；综合集成几种方法而形成新的方法。具体表现在从思辨研究向实证研究转变、从经验研究向实验研究转变、从单一研究到多元研究转变。研究者大量采用调查法、田野研究、叙事研究等方法，注重数据的收集和分析，强调量化研究，综合采用多元研究方法，运用多学科和跨学科的新的研究方法，以获取综合性的结论和全面的解决方法，使研究过程更加规范，研究结果更具有客观性和可推广性。

第三，研究技术取得进步。从传统文献分析、人工田野调查，到网络、数据库、模型技术的广泛运用，极大地提高了研究效率和质量。

2. 成果显著，社会影响不断扩大

修改了《全国教育科学规划课题管理办法》，对于不同级别类型的课题分别要求，制定了相应的成果鉴定标准。比如，重大（重点）课题要求在国家级出版社出版40万字以上学术专著1部、在CSSCI期刊上发表3篇以上系列论文；一般课题要求在国家级出版社出版30万字以上专著1部、在CSSCI上发表3篇系列论文；青年基金课题要求在国家级出版社出版20万字以上专著1部、在CSSCI上发表1篇系列论文；教育部重点课题应出版20万字以上学术专著1部，或者在核心期刊（北京大学图书馆版）上发表3篇系列论文；教育部青年专项课题要求出版20万字以上学术专著1部，或者在核心期刊（北京大学图书馆版）上发表1篇系列论文。基础研究要求理论创新，应用研究要求解决实际问题。所有课题研究报告全部在网上公开，接受社会监督，提供资源共享。这些措施使得近些年来课题成果数量上升，质量提高，影响扩大。同时，带动了全国教育科学的整体进步。据统计，目前全国每年设立省级以上课题数达3万多项，投入经费过亿元，发表教育学术论文8万多篇，出版著作2 000多部，研究报告上万篇，越来越多的研究成果，经过研究者及其所在单位的努力以及管理部门的筛选与再加工，编辑成《教育决策参考》，报送全国人大教科文卫委员会、国务院科教领导小组办公室、全国政协教科文卫体委员会、教育部领导、教育部司局和各省（市、自治区）教育厅（委）和直属高校。通过综合运用学术、行政和实践三种话语方式，使研究成果分别为不同用户发挥作用，有的进入领导视野，有的融入基层一线，有的影响学术界，不仅为《教育规划纲要》的制定奠定了坚实基础，而且对教育实践和学科建设也产生了深远的影响。

第一，在决策领域的影响逐步扩大。如郝克明的"我国终身学习体系和学习型社会研究"研究成果受到国务院领导和教育部领导的重视，得到国际同行的认可，并于2010年召开了"上海终身学习论坛"；袁振国的"我国重大教育政策转型问题研究"成果经全国哲学社会科学规划办公室专报有关中央领导，领衔的"致力于更加公平的教育"成果专门向中央领导汇报，"区域推进教育公平的政策和行动"对促进东中西部的教育公平发展发挥了重要作用；哈经雄的"民族教育改革与发展研究"得到国家领导人以及全国总工会的重视，对于推动内蒙古自治区解决民族女教师工作待遇问题发挥了重要作用；杨贵仁的"学生体质健康标准研究"成为制定国务院七号文件的基础，在实践中发挥了重要作用。中央教育科学研究所的"农民工随迁子女教育趋势及对策"课题研究成果经全国哲学社会科学规划办公室编辑的《成果要报》报中央领导，受到中央领导人的重视。顾秉林的"一流大学建设的理论与实践研究"成果受到民盟中央领导的关注。

第二，对教育实践的影响更为广泛深远。研究联系实践，形成了教育教学标准、模式和案例，对促进义务教育均衡发展、大力发展职业教育、提高高等教育质量等效果显著。"新基础教育"研究（叶澜）创造了教育理论与教育实践交互创生的独特研究方式，走出了一条如何在当代中国现实条件下，高等师范院校的教育研究人员与中小学领导、教师合作开展研究的教育改革之路，并催生了中国第一个本土教育学学派——"生命·实践"教育学派的面世。该团队15年如一日，奔波于全国上百所中小学校，指导实验学校教育改革，深入实地，提升理论，形成了一整套"新基础教育"理论，对中国基础教育改革起到了积极的引领作用。

第三，在学界影响日益深远。素质教育、教育公平、教育质量、终身学习和学习科学等研究成果有所创新，获得省部级多项奖励。如"现代教学论发展的理论与实验研究"（裴娣娜），其最终成果《现代教学论》（三卷本）由人民教育出版社出版，荣获首届中国出版政府图书奖，此后该研究成果又荣获中国教育学会第五届优秀教育成果一等奖、中国高校人文社会科学研究优秀成果一等奖。

3. 统筹兼顾，促进教育科研协调发展

针对全国教育科研资源分布不均、发展不平衡的状况，综合运用规划和课题手段统筹不同地区、不同类型的教育研究，坚持竞争为主、保障底线的原则，坚持基础研究和应用研究相结合，积极推进教育科学与自然科学、教育科学不同学科之间的交叉渗透，建设一批有较强原创能力的基础学科、一批有较强对策研究能力的应用学科、一批立足学术前沿的新兴学科和交叉学科。

统筹国内不同区域的教育研究，既促进发达地区教育科研提高质量，也扶持后进地区教育科研发展。从立项课题来看，海南、青海、贵州、西藏、宁夏等经济落后地区中标率逐年增加，2006年立项数为2项，2008年为3项，2009年为10项，2010年为19项。新疆进步尤为显著，少数民族研究者屡次中标。由此，教育研究结构分布趋于合理，研究协调发展。

统筹各级各类教育研究，重视高等教育、基础教育、职业教育等学科研究热点，兼顾民办教育、民族教育、学前教育、特殊教育等薄弱环节。

统筹当前研究和长远研究，既着眼于当前教育问题，也研究未来教育发展的特征和方向。

统筹教育内外部研究，重点研究教育问题，跳出教育看教育，研究教育发展的外部环境和条件。

4. 搭建平台，优秀科研团队日益壮大

目前，全国教育科研机构已达2 000多家，研究队伍不断壮大，海外背景的研究者增加，国外（境外）研究者参与研究，一大批青年才俊脱颖而出，造就了一批学术领军人物、学科带头人和教学科研骨干，专业人员近6万人，教研员达11万多人，广大教师和教育行政管理人员积极参与，掀起了科研兴教、科研兴校的热潮，开展了深入的理论探索和持久的改革实验，提升了我国教育品质。

“十一五”期间，教育科学规划通过招标课题、重大课题为研究者搭建平台，形成了稳定而优秀的科研团队。这些研究团队由学历、专业、年龄和职称等结构合理的学术梯队构成，具有明确的目标和定位，核心突出、层次清晰、衔接紧密，在长期的合作中形成了团队文化，在课题研究中充分发挥团队优势，集体攻关，取得了丰硕的研究成果。

（二）完善教育科研管理体系

全国教育科学规划办公室在全国哲学社会科学规划办公室的指导下，自觉把管理机制、研究方法创新作为增进学科发展活力的重要手段。先后成立了教育科学规划管理服务中心和教育科研管理专业委员会，第一次发布了教育科研管理者自律宣言，采取了一系列措施，着力提高管理科学化水平，为其他单列学科积累了丰富的经验，提供了有益的借鉴。

1. 规范管理

全国教育科学规划办公室完善了管理工作流程，提高了管理的信息化水平，尤其是严肃处理了一些不良学风事件，产生了良好的社会影响。在课题管理中，不徇私情，严把课题入口关和出口关，严把政治关和质量关。不断改进课题评审工作，完善国家社会科学基金教育学重点课题招标答辩和其他类别课题匿名评审制度，特别是明确了招标重点课题的题目、研究要点和具体成果要求，并以合同形式签约。对其他课题预期成果数量、质量要求明确。狠抓鉴定关，形成了重点课题会议评审、通讯评审、会议集中评审、委托鉴定、免于鉴定等五种鉴定方法，在评审和鉴定中都能做到对不同课题分级分类要求，对外公开，提高了社科基金教育学课题的声誉和质量。

2. 健全制度

形成了明确的工作理念。明确了“引领科研方向，促进学术规范，建设精品课题，提高研究质量，加强成果转化，扩大社会影响"的工作目标，建立了以质量为导向的保障监督体系，管理、服务和指导并重。特别重视加强科研指导，把单纯的课题管理变成与研究者、专家组一起研究和实践，共同发展。建立了完备的课题评审、中期报告和成果鉴定制度，尤其是加强了课题的过程指导。通过对部分立项课题主持人进行专业培训制度，分享课题研究经验和方法，坚持课题组、专家组和规划办三方在开题、中期、结题过程中的全程合作，并对外开放，有效地提高了课题研究成功率。

坚持匿名评审、开题报告、中期报告、集中鉴定、公开报告、成果公示制度。课题立项率为8%，一次鉴定不合格率达33%，并严肃处理几起违反学术规范的事例，表明了从严治学的态度，受到学界好评。2009年，成立全国教育科研管理专业委员会，致力于推动教育科研管理体制机制创新，全面提升教育科研质量，发出了《坚持质量导向促进理论创新》的全国教育科研管理工作者自律宣言，引导全行业做正确方向的引导者、科研人员的服务者、提高质量的推动者、规范管理的维护者、良好学风的促进者、社会公益的实践者，对树立教育科研的良好形象发挥了重要作用。

3. 加快成果推广

进一步丰富和完善了在教育部、全国哲学社会科学规划办公室、中央教育科学研究所三个工作网站的信息服务；编发了《科研要报》（月刊）和《中国教育科研报告》（季刊)，出版了《第三届全国教育科学研究优秀成果获奖成果概览》和《2005/2006中国基础教育发展研究报告》；在《人民日报》、《光明日报》、《教育研究》、《中国教育报》、中国教育电视台等核心媒体上进行成果宣传；建成了专用开放的课题成果阅览室，建设了中国教育科学资源网，逐渐成为系统权威的教育科研知识信息中心。通过上述不同形式，将研究成果主动分类及时报送领导参考，为重要决策提供知识咨询和人力服务，向社会公开。

通过以上措施，实现了六个结合：一是管理、指导和服务相结合；二是进口、过程和出口相结合；三是项目、人才和成果相结合；四是专家、管理部门和科研人员相结合；五是理论、实践和决策相结合；六是行政、学校和科研相结合。

四、教育学科发展中存在的问题及改进策略

相对于波澜壮阔的教育改革发展需要，目前的教育科学研究还有许多不适应性。相比于自然科学，相比于经济、管理等社会学科，教育学科还处于相对落后阶段。相比世界教育研究先进水平，我国教育研究还有不小的差距。

（一）主要问题

1. 教育科学研究中存在的问题

第一，低水平重复现象突出。一是重复申报。有的研究者在不同的时间，针对不

同的课题类别一题多报、重复申报。由于信息发布和沟通渠道不畅，每年都会有大量的与以往完全重复的申报选题，造成了人力和物力资源的浪费，给课题评审和管理带来了诸多不便，同时也反映出研究者缺乏学术规范和探究精神。二是重复立项。教育科学规划和高校人文社会科学是国内最权威的两大教育科研项目管理部门。高校人文社会科学项目完全针对高校，而全国教育科学规划项目也有89%覆盖高校。这就造成了科研立项重复群体、重复项目、赢者通吃的局面。如2009年全国教育科学规划立项数量中，高校占了89.76%，其中立项最多的学校分别为西南大学、华中师范大学、北京师范大学、南京师范大学和东北师范大学。而从高校人文社会科学的立项课题数量来看，依然是北京师范大学、华东师范大学、浙江大学、南京师范大学、东北师范大学、西南大学等高校位居前列。2006—2008年人文社科重大课题攻关项目也主要由北京师范大学、华东师范大学等重点大学承担。在课题申请的学科类别中，高等教育数量最多，占到了课题申报总数的27.43%。由此可见，高校是最大的项目研究群体，而高等教育是研究最多的项目，这就不可避免地每年都会出现多起一题两立的现象。三是重复他人。近年来，在教育科研不断吸取国外经验，加强国际交流合作的同时，“移植”成了一个突出问题，在学科各个领域中都有反映。主要表现为：不加分析地照抄照搬国外，尤其是西方发达国家的教育观点、教育思想、教育理论和教育流派，甚至一些具体的教育做法等；所从事的领域以外国教育和比较教育的研究为主，但其研究没有与中国教育的实际有机地结合起来，研究过程中翻译、诠释和简单移植的痕迹与成分比较浓厚；把国外某些教育理论流派的主张直接作为我国基础教育课程与教学改革的主要理论基础，脱离中国国情和教育实际；很多所谓的跨文化研究，仅仅是移植国外的研究工具和研究方法，没有进行本土化。这种“媚外”与“移植”造成了我国科研缺乏自主创新能力。四是重复自己。有些研究者一个课题反复申报，发表文章多个项目署名，在社会重大问题和热点问题面前，“趋同”和“跟风”现象比较普遍。在2007年基础教育课题申报中，与教学有关的357项申报课题中，含有“有效、实效”等关键词的就有130项，含有“提高……实效性（有效性）”句式的课题就有41项。其中直接以“提高课堂教学实效性的教学策略研究”为课题名称的重名课题就达15项。这一方面反映出研究者对重大现实问题的关注，另一方面也说明研究者缺乏开拓冒险精神，不能发现新的研究领域，容易造成低水平重复。

第二，研究主题不系统。一是缺乏研究积累。教育科学研究必须建立在前人研究的基础之上，方能创新发展。有研究者发现，从单篇论文平均引文量来看，1979年至2008年这30年间，平均引文量约4条，远远低于国际期刊20世纪60年代前的水平，即平均12条。这说明我国研究者未能充分吸收既有研究的成果，无法准确把握历史脉络。二是缺乏研究体系。重大创新成果少，工作系统性不强，制订的发展规划和计划往往比较宏观，难以具体引导研究工作。尽管有项目指南，但总体上还是研究者自下而上申报项目，项目之间的关联性不强，执行期又短，缺少中间层次的研究计划。而研究者又经常变换研究主题申报各类项目，不能对某一领域或主题进行长期持续的研究，难以形成全面系统的研究成果。三是缺乏研究梯队。长期以来，教育科研活动方式或是完全个人的自由研究，或是单一学科范围内的群体研究，没有形成有组织的研究与个人自由研究的有机结合、单一学科内的有组织研究与跨学科的有组织研究的结合，加之人才培养不开放，难以形成学术梯队，使得研究缺乏继承性，无法系统深入地持续开展研究。另外，研究者在开展学科研究时，往往缺乏系统的思想观和方法论，将教育问题与社会经济文化背景割裂开来，不能进行系统的分析和归因。

第三，研究内容不深入。一是大题小做。目前许多课题立题空泛，大而无当，偏向于宏观、中观的课题，在实际操作中常常无法深入下去，使得文不对题，不能完成研究任务。二是不能对关键点进行深度挖掘。具有世界影响力的重大研究成果大多都是基于长期深入的研究，而当前教育科学研究中急功近利、浮躁等不良风气时有表现，较少有人能够潜下心来，“十年磨一剑”，坚持开展探索性强、风险高、周期长的研究，无法将研究深入下去，缺乏研究关键点的深入挖掘，基础教育不能深入到学科教学，高等教育不能深入到学科建设，职业教育不能深入到专业建设，经不起细问深究，不能揭示事物的真相。

第四，研究结论缺乏数据支撑。一是实证研究不足。要保证教育研究的科学性和客观性就必须特别关注研究的方法和过程。科学的研究要确保所有的过程是公开的，不因研究者而有差异，实验设计必须是可重复的。国外的一流科学杂志，90%的研究都是实证研究。而我国研究者更重视理论思辨和逻辑演绎，往往忽视那些对事实进行描述的知识和工具性知识，忽视反映事物变化进展的数据和事实。尽管近年来教育研究开始注重微观问题、现实问题和技术问题，定量研究的方法逐渐受到重视，但总体上，我国的教育研究仍然是以宏大叙事作为基本范式，逻辑演绎依然是基本的研究方式，缺乏实证研究。二是研究人员方法素养不高。有些研究者尽管在研究之初设计了实证研究的方法，但却不知如何实施。如“居民家庭教育支出和高效教育成本调查研究”课题性质为“调查研究”，在课题论证设计中提出“将采用实地调查，定性与定量相结合的研究方法”，但课题成果中基本没有呈现课题组是如何进行调查研究的，完全没有研究方法、研究过程和研究工具的讨论。一些核心的作为立论基础的数据来源不详，所引资料陈旧，使得言之无据，立论可疑，根本无法回答所研究的问题。三是对数据管理和有效利用不重视。很多研究者付出大量心血深入实地做调查，收集了很多数据，但往往只是使用一次后就束之高阁或者永远弃之，缺乏对数据的管理和深度挖掘意识。国外研究者对于收集的调查数据资料保存完备，保存时间长，一次调查常常会多次利用，不断产生新问题和新发现。

第五，研究成果理论与实践相互脱离。一是选题脱离实践。研究者远离或回避教育现实问题而进行“应然”问题的研究，或出于自身兴趣开展研究而不问研究成果的实际效用，不研究真问题，不说实话，陷入空洞化、功利化和玄虚化，选题与实践相去甚远。二是理论研究者和实践者缺乏对话。尽管越来越多的研究者开始重视教育教学一线人员的参与，但很多情况下，只是让一线人员帮助收集数据，究竟参与做什么，如何参与却未可知，因此理论和实践仍然是两张皮，自说自话。而另一方面，有的研究者热衷开展教育实验，但疏于对实验现象作深度理性的思考和提升，不能归结出新的理论问题和结论，将之自觉融入先前积累的理论知识之中。在教育研究阵营里出现了“理论学派”与“实践学派”的分野，缺少相互的沟通和交流。缺乏理论素养的实践研究者和没有实践体验的理论学问家都不可能对教育问题给出什么新的思考，于是“照着说”、“接着说”、“自己说”便成为这类研究的典型话语特征。三是成果转化率低。目前，我国科技成果转化率平均仅为20%，实现产业化的不足5%，专利技术的交易率也只有5%，远远低于发达国家。教育科学研究成果转化同样存在问题，科研成果虽然逐年增长，但同发达国家相比，现行的成果管理存在明显差距，大多还停留在重前期研究、轻后期转化的状态，甚至只有前期研究管理，没有后期转化开发。立项是起点，结项是终点，成果如何转化运用基本上是空白。出现了重数量轻质量，重统计轻分析，重内化轻外化等现象，造成投入多、成果多、转化少、效益低等问题。

2. 教育科研管理中存在的问题

第一，导向上的力度不够。质量第一的思想还没有得到各方面的高度认识和充分体现，依然存在重立项轻结项、重经费轻效益、重结果轻过程、重成果轻应用的发展模式。管理部门仍然热衷于以数量和规模为政绩，以做大为目标，在引领、规范、创新的引导上不够。

第二，整体规划不足。缺乏对教育科学研究发展的整体规划和长远布局，各级各类教育科研管理部门定位模糊，特点不清，错位、失位、越位现象严重，局部的改进和整体的滞后并存。

第三，管理部门标准不一。政出多门导致标准不一、要求不同，管理缺乏沟通导致低水平重复立项和研究，标准不明导致质量不齐，奖惩力度无力导致质量低下。

（二）改进策略

目前，全国教育科学规划课题受到社会高度关注，经费持续增长，申报量增长到10 000多项，申报质量和研究质量明显提高，影响力不断增强。立足现实、面向未来，更要看到不足和问题。要在全国教育科学规划领导小组和全国哲学社会科学规划办公室的指导下，以科学发展观为指导，把提高质量作为教育科学规划工作的主要任务，尊重教育规律和科研规律，创新科研管理体系，规范科研评价标准，坚持引领科研方向，建设精品课题，促进成果转化，扩大社会影响。在四个方面提升教育科研水平：一是要提高创新能力；二是加强实证研究；三是增加教改实验；四是研究热点问题。在八个方面进一步创新教育科研管理体制：一是改革项目导向，突出政策研究；二是改革项目评审鉴定方式，彰显公平竞争；三是重视教育科研基地建设，注重长线建设；四是提倡研究方法创新，提高课题研究质量；五是建立完整教育科研数据库，为教育发展提供系统支持；六是加强教育科研工作者职业道德，全面提高教育科研人员专业能力；七是加大成果转化力度，增强针对性和实效性；八是创建教育科研管理的交流协作平台，推动教育科研战线工作。具体来说，教育科学研究要深入学科、专业、课程，体现教育科研特点；要对项目进行分级分类要求和评估，对国家重点课题、一般课题、青年课题的要求和评估应有所不同，对基础研究和应用研究要求不同；管理过程要后移，从重评审转向重鉴定，从重成果数量转向重成果影响；管理重心应下移，要从重立项转向重结项，从宏观管理转向基层管理，从专家评价转向公众监督；要实施统一的标准。对项目成果采取优、良、合格、不合格四级标准，每级标准应界定清晰，规范可操作；公开项目鉴定的程序和结果，接受社会监督；要奖优罚劣。在项目评审中，将项目负责人项目鉴定的成绩带入，作为立项的重要依据。

总之，我们有责任把国家社会科学基金教育学课题这一品牌建设好，促进学术规范，提高科研质量，加快优秀成果和优秀人才的涌现，扩大社会影响力，发挥战线示范作用，为教育改革发展作出更大的贡献。

五、“十二五”规划的重点研究领域和研究方向

“十二五”时期是全面建设小康社会承上启下的关键时期，转变经济发展方式、调整经济结构、保持社会和谐稳定以及深化体制改革等诸多方面的压力会加大，进一步发挥教育的基础性、先导性和全局性作用，把巨大的人口压力转换为人力资源优势，由低层次的人力资源变成高层次的人才，让人的素质和创造潜力转化为先进的生产能力，要求逐步构建具有中国特色的人力资源开发体系和战略。按照党的十七大提出的“促进哲学社会科学学术观点创新、研究方法创新、学科体系创新”的要求，围绕社会热点难点问题，全面贯彻落实《教育规划纲要》，提出教育学科“十二五”规划的重点领域和研究方向。

（一）马克思主义教育思想中国化的理论研究

研究旨在对马克思主义教育思想中国化进行理论研究。研究内容包括马克思主义教育思想的基本内容；马克思主义教育思想中国化的历程；党的领导集体对马克思主义教育学说新贡献的研究；如何以马克思主义教育思想为指导进行教育理论的研究。

（二）建设人力资源强国战略目标研究

研究主要包括以下五个方面。一是“基本实现教育现代化、基本形成学习型社会，进入人力资源强国行列”内涵和关系研究。研究构成人力资源强国的核心要素和关键指标。二是调整和优化教育结构研究。研究如何促使教育适应经济战略性结构调整和发展方式转变的要求，进一步关注教育与劳动力市场的联系，调整优化教育结构，尤其是调整职业教育、高等教育和继续教育与培训之间的关系，解决近年来就业

市场出现的大学生就业难与企业招收技工难的现象，农村剩余劳动力知识过于贫乏和就业能力差而难以转移与安置的问题，主动适应经济发展方式的转变和经济结构的调整，加快调整教育的宏观布局和人才培养结构需要深入研究探索。三是优化配置教育资源机制研究。研究在教育发展战略重点选择上，如何处理大众教育和精英教育的关系，普及和提高的关系，并通过优化配置教育资源，加快建设一批国际知名学校、强势特色学科，使教育能够造就出世界一流科学家和科技领军人才，同时又能培养市场急需、具有专业知识和技术专长的高素质劳动者，全面提升整体国民素质。四是人才类型与培养模式研究。研究创新人才培养方法，人才培养途径和模式的多元化问题，中学和大学分流机制与有机衔接问题，高等学校定位与分类管理问题，以及创新型人才的成长环境和管理制度问题，把教育政策同人才政策联系起来，探索形成人才成长和使用的有效机制等多方面的问题。五是可持续发展教育研究与区域试验。研究可持续发展教育的战略规划、推进策略、课程建设、教育教学模式创新、学生素质培养、校园设施—文化建设与学校发展等多个层面。

（三）建立教育质量国家标准体系和监测机制

研究内容主要包括系统总结我国教育质量标准研究成果和实践经验，全面了解各级各类教育学生学业成就标准、评估标准，深入分析经济社会发展对教育质量的新要求，认真研究影响教育质量提高的核心要素和制约条件，准确把握国际教育质量标准发展趋势，探索符合社会需求、反映教育规律和人才成长规律的教育质量国家标准的共同要求。以提高教育质量、提高人才培养水平为核心，根据我国教育体系特征，分类别、分阶段研究制定教育质量评价指标体系，形成教育质量国家标准框架。依据教育质量国家标准，分地区、分类型、分层级选择相应试点开展试验，在实践中检验和完善，逐步完善教育质量国家标准体系。

（四）教育体制创新政策研究

一是多渠道增加教育投入问题研究。研究随着物价指数及教育成本递增的社会背景下，如何构建多元投资体系以建设高标准教育。二是教育资源均衡化配置问题研究。教育均衡发展是我国教育中长期发展的基本战略，其最为重要的均衡就是教育投入的均衡，因此，如何推进中西部间和城乡之间的教育均衡是当前教育改革的基本问题。三是学校生均经费基本标准体系研究。随着市场经济的深入，非义务教育阶段的学费必然成为教育成本分担的重要形式。如何确立较为科学的教育成本核算，这对于政府部门以及学生家长都是重要的决策参考。

（五）教育发展的中国模式研究

研究内容包括：教育发展的百年经验；教育发展中的中国特色；教育发展模式的国际比较；教育发展中国模式的主要特征；区域教育发展的中国模式。

（六）高等教育去行政化研究

研究内容包括：中国高等教育行政化的历史与现实；高等教育去行政化策略的国际比较；我国高等教育中的行政级别问题；我国高校的行政文化与学术文化；我国高等教育去行政化的路径。

（七）成人教育的质量保障体系研究

研究内容包括四个方面：一是成人教育质量标准体系研究。二是成人教育质量外部保障体系研究。成人教育质量生成于学校内部，构建成人学校内部质量保障系统是必需的，但还必须有政府和社会对成人学校教育质量的外部保障系统，才能达到内外并举，以内为主，以外促内的效果。从发达国家成人教育质量保障体系的发展不难看出，政府应该只做它应该做且可以做好的事情，把那些原本不该由政府管、且管不好的事情下放给社会组织及学校。在市场经济“有限政府”、“有效政府”的理念指导下，政府在成人教育质量保证中的行为模式应作出相应的转变。三是成人学校质量内部保障体系研究（成人学校标准化建设研究）。全面推进标准化建设是成人教育品牌战略的重要保障。成人教育想办出自己的质量和特色，一定要在治学方略、办学观念、办学思路、教学管理制度、运行机制、教育模式、培养方案、课程体系、教师队伍建设、教学方法等方面开展研究。四是成人教育质量评估研究。成人教育要在办学方向、办学水平和教学质量三个基础领域强化质量控制与评估，逐步建立国家、地方和学校三级评估体制，制订科学、可行的评估方案、评估标准和评估方法，充分调动学校的积极性，开展学校自评，促进成人教育改革，保障质量的提高。

（八）德育实践（实证）研究范式的探索与创新研究

德育理论走向实践，德育实践升华为德育理论，形成理论和实践的良性互动，是德育研究长期追求但却未能很好解决的问题。要对德育理论研究如何走向实践的路径问题作出较为深入和系统的研究。其中包括德育实践（实证）研究范式的创新；各种不同社会科学研究方法的运用；对学生已有各种德育实践活动（如学生社团、志愿者活动等）的调查研究；学校德育问题诊断研究等。

（九）公正与道德教育研究

推进社会改革，追求社会公正，建设一个公正和谐的社会，将是道德教育的重大社会背景。要针对新的改革形势研究德育工作如何培养新一代人的相应品质，使他们得以自觉参与社会改革、促进社会公正和公平，成长为积极公民。研究包括：社会公正、公平观的历史演变脉络；当代青年社会公正、公平观的特征与表现（调查与分析）；纳入德育体系的社会公正、公平教育。

（十）青少年自我管理能力的脑成像研究及其干预

大脑前额叶皮层的发育不成熟会导致自我管理能力（包括认知调节能力、情绪调节能力）的缺乏，产生在青春期常见的冒险行为、冲动型决策以及各种成瘾行为（如网络成瘾和毒品成瘾）。通过详细探讨青少年大脑发育状态与其各种冲动、冒险行为以及成瘾行为之间的关系，探索不同类型青少年的行为差异与 PFC 成像差异之间的关联，为家庭、学校以及社会制定预防和干预措施提供理论和实证依据。

（十一）免费师范生的成长特点与专业发展研究

教师教育既要关注在职教师，更要关注如何将职前教师培养成合格教师。对免费师范生的心理特点和成长过程、教育培养规律进行探讨，追踪职前教师到新教师过程中的转变，揭示预测入职后成功与否的职前教师的心理特点，比较职前教师、新教师和专家型教师心理特点，从职业发展角度探讨影响教师职业成长的关键因素，研究一名师范生如何顺利成长为一名合格的教师，为训练未来的教师提供更有针对性的指导，制订更有效的培养计划和训练方案。包括免费师范生的成长过程研究，免费师范生的学习特点研究，免费师范生生涯辅导研究。

（十二）教育管理者应对非常规突发事件的危机决策能力研究

“非常规突发事件”是指前兆不充分、具有明显的复杂性特征和潜在次生衍生危害，破坏性严重，采用常规管理方式难以应对处置的突发事件。面对非常规突发事件，教育管理者的危机决策能力直接影响到危机事件的解决，影响到学校教育的稳定与发展。研究以教育管理者为对象，形成教育管理者应对非常规突发事件危机决策能力的模型，以指导教育管理者在教育实践中如何处理非常规突发事件。

（十三）国家示范性中等职业学校评价体系研究

重点研究建设 1 000 所国家中等职业教育改革发展示范学校，并使其成为全国中等职业学校改革创新、提高质量和办出特色的示范，成为国家和区域产业建设、改善民生的重要支撑力量，在中等职业教育改革发展中发挥引领、骨干和辐射作用，研究国家示范性中等职业学校的改革办学模式、创新教学环境等建设与改革重点，以及遴选条件、评审标准、验收办法、投入方向、资源共享机制等内容。

（十四）优质特色中等职业学校建设与发展模式研究

重点研究建设 1 000 所国家中等职业教育优质特色学校，加强校舍和基础设施建设，添置必要的实训教学仪器设备，建设一批高水平县级职教中心和中等职业学校，使中等职业教育优质资源进一步扩大，覆盖城乡的职业教育网络进一步健全，研究优质特色中等职业学校的内涵、表现方式，学校的区域布局与专业整合，农村学校规模化办学模式，城市学校园区化建设模式，学校办学与区域产业关系等内容。

（十五）职业教育与产业对话、校企一体合作办学模式研究

重点研究搭建对话协作平台，强化部门协调，加强行业指导等重大举措的理论支持，研究教育部会同国资委、工业和信息化部、商务部、交通运输部等部门，联合全国工商联、中华职教社、中国高新技术产业开发区协会、中国职教学会、中国成人教育协会等社团，以及装备制造、电子信息、汽车、物流等行业组织，建立经常性的对话协商机制和工作平台等内容。重点研究加强校企合作，创新多样化的校企一体合作办学模式，改革技能型人才培养模式，普遍实行工学结合，扎实稳妥地开展学生顶岗实习、工学交替和订单培养，学校和企业共同培养技能型人才的途径和办法，研究项目学校和合作企业的遴选标准、合作办学模式、管理措施、评估验收办法、成果展示及推广等内容，着力探索人才培养与行业、区域产业、职业岗位和企业用人实际紧密结合的方式与方法。

（十六）保障艺术教育生存环境和资源均衡性的研究

由于我国各地经济水平存在差异，因此不同地区学校艺术教育的生存环境和资源的分布也很不均衡。这种不均衡性还表现在与其他学科相比，艺术教育的生存环境和资源分布处于弱势地位。鉴于这一现象，在“十二五”规划期间，为使每一个孩子都能接受到优质的艺术教育，应开展保障艺术教育生存环境和资源均衡性的研究，继续关注优化艺术教育生存环境和开发各地艺术教育资源的研究，更为重视提高农村与少数民族地区学校艺术教育质量的研究。

（十七）农村教师专业发展与队伍建设研究

农村教师专业发展与农村教师队伍建设是农村教育发展的关键所在，也关系到我国基础教育与教师专业化的整体水平。以往的农村教师专业发展的研究主题主要集中于农村教师专业发展的现状，揭示农村教师专业发展的困境并探讨应对对策，以及农村教师生存处境与教师专业发展关系研究。今后的研究重点转向教师学历结构、专业技术职称结构和专业能力等指标上，并转向由县域的内在因素分析来探索农村教师专业发展和队伍建设的问题，基于农村教师专业发展的特殊性探讨适合农村教师专业发展的基本模式，调动社会整体的支持力量，为农村教师专业发展提供有实际意义的保障。

（十八）学前教育的普及问题研究

学前教育作为国民教育的基础，是实现教育公平的起点。众多研究表明：学前教育不仅具有很高的回报率，而且对儿童以后接受教育具有重要的引导作用，其效果更具持久性。同时，儿童早期阶段的经历对儿童发展所造成的危害和影响力之持久，比其他任何发展阶段都要大。因此，关于如何将学前教育也纳入义务教育的范围的制

度、文化、师资、经费、所有权等问题都是普及学前教育中值得研究的问题。

（十九）普通高中多样化发展研究

根据新课程改革的推进日程，2010 年全国所有省份的普通高中已经进入新课程。根据《教育规划纲要》要求，未来十年中，我国将普及高中阶段教育，高中教育的改革尤其是普通高中课程改革，势必成为下一个五年规划的重要议题。普及高中在全面满足初中毕业生接受高中阶段教育需求的同时，必然进一步凸显高中生的多元化。因此，推动普通高中多样化发展不失为一个值得探索的出路，而强调多样化也正是新课程改革的重要理念和规划纲要的重要内容。

（二十）教育公共服务体系的构建

研究的主要目标是完善教育信息基础环境建设，加强基于新技术条件下的教育公共服务平台建设、资源体系建设，建立完整均衡的教育信息化基础环境，教育信息化的应用及管理服务模式研究。

（二十一）民族教育研究

着眼于西部大开发背景下的民族教育发展面临的历史机遇，深化中国特色民族教育理论建构及其实践发展的价值定位问题研究。重视在全球化背景下通过民族教育保持和弘扬民族优秀传统文化的研究。拓展教育人类学、民族心理学等分支学科领域研究。大力加强社会主义和谐社会进程中民族教育重大实践问题研究，注重新形势下民族地区民族教育立法、双语教育、职业教育、师资队伍建设、新课程改革、高层次人才培养等问题。研究民族地区普及和巩固九年义务教育的保障措施；结合新课程改革，加强民族地区双语教学效果及规律的研究；重视民族地区师资质量的提高研究。研究加快民族地区教育协调发展的特殊政策与管理体制的改革，探索对口支援民族地区教育发展的有效模式。

（二十二）国防军事教育研究

以信息化军队建设、军事斗争准备和国防军事教育转型的现实需求为牵引，注重理论与实践相结合，突出全局性、应用性、对策性研究，深化中国特色国防军事教育教学问题研究。以军官教育为龙头，注重军队院校任职教师教育教学现实问题研究，深化新时期军事院校创新人才培养模式研究。以士兵教育培训为重点，加强素质教育研究，加强军地两用复合型人才培养研究。以国防教育为基础，深化新形势下的国防教育体系研究，重点研究军事教育与国民教育有机结合的策略。加强学校国防教育研究，注重依托国民教育培养各类国防建设人才的研究。

（撰稿人：曾天山　张彩云）

教育学科发展分论

一、教育基本理论与教育史研究

“十一五”期间，教育基本理论的研究向着更为具体和深入的方向发展，体现出更多的时代特征和科学研究的新趋向。教育史学科在继承传统的基础上，拓展研究领域，更新研究方法，关注教育实践，在宏观、中观和微观研究中都取得了丰硕的成果。

（一）中国特色社会主义教育理论体系

中国特色社会主义教育理论体系研究取得了重要突破。“改革开放以来的教育发展历史性成就和基本经验研究”、“中国特色社会主义教育理论体系研究”（袁贵仁）等课题，全面梳理了30年来中国教育的进程，系统总结了30年来中国教育的重大理论成果，提出教育在现代化建设中具有基础性、先导性、全局性作用；教育优先发展是实现现代化的战略要求；教育改革要从体制改革入手；依法治教是教育改革与发展的重要保障；教育创新是教育发展的不竭动力，为中国特色社会主义教育理论体系的完善奠定了基础。

（二）教育学科体系建设

教育学的学科建设研究呈现出多元性、创新性、实践性的特点。“制度变迁与知识生产：以北京为中心的当代中国教育学口述史研究”（于述胜），采用叙事研究等后现代的人文研究范式，与传统的客观的自然科学范式展开博弈，并逐步体现出其对教育学研究的优势。

同时，教育学史研究的兴起，体现出了研究者对于一个世纪以来教育学学科自身发展的冷静检讨和全面反思，尤其是将教育学史从教育史学中进行了分离，使教育学史具有了具体、规范和明确的研究对象和领域，对教育学在中国的引进、发展以及学科建制等重大问题有了更深入、理性的思考，对于探寻教育学的“历史与逻辑的统一”起着重要的作用。

（三）中国重大教育历史事件

“当代中国重大教育改革事件专题研究”（廖其发）等课题，比较全面地研究了当代中国在历史上有重大影响的一系列教育改革事件。研究通过对近年来所发生的重大教育改革事件进行全面的梳理，使社会对教育发展有了比较全面的了解，以便充分认识我国教育改革与发展的现实，特别是现存问题，有助于人们更理性地思考我国当前和未来的教育改革。著作《改革开放 30 年中国教育重大历史事件》（袁贵仁、袁振国）重点选择了改革开放 30 年来影响中国教育改革和发展的 30 个标志性事件，浓缩了改革开放 30 年中国教育波澜壮阔的发展历程，同时反映教育热点难点问题，总结改革实践的基本经验，探索教育发展的基本规律。

（四）外国教育思想史研究

外国教育思想史的研究作为教育史研究中的传统领域，在“十一五”期间，取得了丰硕的研究成果。“古希腊公民教育思想史论”（李长伟）、“西方道德教育思想史比较研究”（于洪波）、“英国现代教育思想流派的历史演进研究”（朱镜人）等课题，对不同国家、不同教育思想流派、思潮与整体教育思想的历史变迁从点到面有机结合起来，在教育思想的呈现方式上有所创新。

二、教育发展战略研究

教育发展战略研究在国际、国家、区域和学校层面，取得了一系列新成果，在服务决策和指导实践方面发挥了重要作用。

（一）人力资源强国概念范畴指标体系研究

围绕创新型国家和人力资源强国建设中的教育优先发展战略，教育部及相关部门设立了一系列重大战略课题。其中由国家教育发展研究中心牵头，北京大学、北京科技大学、中国青年政治学院等有关单位参与的教育部教育改革和发展战略与政策重大课题——“人力资源强国概念范畴指标体系研究”等课题，组织跨学科和跨部门的协同攻关，对人力资源强国的概念、内涵和指标体系进行了富有创新性的理论探索和实证研究。并提出人力资源开发层次从以义务教育为主要动力的初级开发向以普及高中阶段教育和推进高等教育大众化为主要动力的中等层次提升，高层次人力资源开发规模和质量进一步提升，同时在人力资源开发的能力、体系和制度等方面的建设提出了政策建议。该研究成果为研究和制定《国家中长期教育改革和发展规划纲要》提供了决策依据。

（二）教育公平与社会和谐关系的实证分析

教育不仅在促进经济发展所需要的人力资本形成方面扮演了一个关键性的角色，而且在培育社会网络、行为规范和价值观方面的技能，促进社会公平和增强凝聚力方面扮演着重要的角色。教育公平与和谐社会的关系、教育在社会流动中的作用成为教育战略研究的焦点问题。谢维和主持的课题组针对中国 20 世纪末和 21 世纪初教育公平的状况，提出了一个关于教育公平的新的理论假设：在一个转型的社会和国家中，教育发展在相当长的一个阶段内往往并不会提高教育公平的程度，甚至会引起更大的教育不公平。但是，随着教育的进一步发展，特别是教育扩张与教育机会分配改革的结合，教育公平的状况将逐渐得到改善和提高。因此，在教育公平的发展中，会出现一个类似于库兹涅兹倒 U 曲线的变化过程。根据研究结果，课题组提出改善教育公平的战略选择和政策调整至少应涉及以下几方面：在扩充基础教育阶段优质教育资源的同时，更加关注和改善高等教育的不公平；在不断扩大教育规模、提高整个社会教育水平的同时，更加重视和强调不同社会群体之间在教育上的相对差异，特别是通过多样化的教育供给满足人们对教育服务的不同需求；相应于教育公平领域中复杂和多元化的矛盾和诉求，应用多元化的政策机制和取向。

郭丛斌、闵维方利用北京大学教育经济研究所《中国城镇居民教育与就业情况调查——2004》的数据，引入结构方程模型对中国城镇居民教育与代际流动的关系进行定量实证研究发现：在中国城镇，子女社会地位的获得更多地取决于子女教育这一后致性因素，而非家庭背景这一先赋性因素；教育虽然一定程度上在复制原有的生产关系，但这种复制功能相对较弱，而其作为一种重要的代际流动机制，承载着促进社会流动、保证社会公平和维系社会稳定的功能更强。其隐含的政策含义是，国家在大力发展教育的同时，应该更加重视教育平等化，创造更加平等的就业机会，最终促进社会公平。

（三）国际教育发展竞争力研究

国际竞争力的评价研究在国外已经有 20 多年的历史，教育竞争力是国家综合竞争力的重要组成部分，其内涵包括教育发展水平、教育对人力资源的贡献、教育对经济的贡献和教育对知识创新的贡献四个层面。

“高等学校教育竞争力研究”（赵彦云）首次从国家竞争力层面研究高校教育竞争力问题，提出了一系列加强我国高校竞争力的对策。中央教育科学研究所国际比较教育研究中心课题组通过对我国与不同收入水平国家相关数据、国家竞争力报告的分析后发现，我国教育发展指标从普及程度看高于世界平均值，也明显高于同类国家平均值，但其中的高等教育发展水平与前者比尚有差距；我国教育水平从国际竞争力角度看，明显落后于发达国家。为提高我国教育的国际竞争力，增加公共教育投入和提高教育质量应当成为下一阶段我国教育改革和发展的核心议题。

三、教育经济与管理研究

（一）教育管理基本理论

教育改革的理论研究成为教育管理基本理论研究的热点，其中，“公共教育改革中的新自由主义思想取向研究”（贺武华），“改革开放以来中国教育改革的规律问题研究”（孙绵涛），“改革开放以来的教育发展历史性成就和基本经验研究”（袁贵仁），“教育改革的理论研究”（劳凯声），“教育理论促进教育改革的机制与条件研究”（李润洲），对我国教育改革的宏观理论问题进行了较为深入的探讨。同时，相当一批课题开始逐渐由宏观研究走向微观研究，如政府和市场在提供教育公共服务中的作用研究、政府教育政绩评价指标体系研究、教师任用制度和评价激励机制改革研究、农村教师队伍流动和补充机制研究、高中招生考试制度改革方向研究等，为具体的教育管理方面提出有针对性的意见与建议。

（二）教育政策研究

“十一五”期间，教育政策研究呈现出研究主体更为多元，研究内容更为完善，研究价值上更为理性，研究结论推动教育政策决策与执行的特点。“农民工子女义务教育问题研究”（中央教育科学研究所教育政策研究中心）提出为全面落实“两为主”政策，教育领域率先全面破除户籍壁垒；实施电子学籍制度；明确中央财政和地方财政对农民工子女义务教育的拨付责任；加强流入地政府及教育主管部门的责任，将农民工子女教育纳入常规管理及考核指标；积极引导社会力量资助和参与办学，科学认识和改造打工子弟学校等政策建议，得到中央领导的关注并给以批示。“我国高等教育政策研究模型的突破研究”（卢晓梅），“均衡发展进程下的中部地区免费义务教育政策实施效应追踪——以安徽省为个案”，对不同阶段教育政策研究制定及执行状况进行了分析讨论。

（三）教育行政研究

这一时期教育行政研究内容几乎覆盖教育行政研究的各个领域。“教育行政问责的制度体系研究”（田宝军），对完善问责的制度文化配套，注重发展性问责，逐步形成具有中国特色的教育行政部门问责制体系进行了深入的研究。“新形势下幼儿教育事业发展中教育行政职能的研究——绵阳县域个案”（车明全），对幼儿教育中行政部门的督导、评价、财政投入等问题进行了分析和探讨，并对进一步完善教育行政职能提出了意见与建议。“我国地方教育督导制度创新的研究与实践”（陈志龙）等课题对教育督导问题进行了较为全面的研究。研究指出，针对我国教育督导工作现存的问题，应切实提高对教育督导地位与作用的认识，科学规范教育督导机构的设置形式，明确规定教育督导人员的职责权限是改革完善教育督导制度的有效方式。

（四）教育法学研究

教育法的研究紧密结合教育改革与发展实际，获得了新的进展。教育法的比较研究和历史研究方面继续受到关注，特别是教育法的比较研究成果很多。如“中美教育法规比较研究”（李晓燕）等课题，对美国的教育法规进行分析综述，扩展了比较的视野。“《高等教育法》实施效果评估研究”（汪全胜），“少数民族教育法研究”（陈立鹏）等课题使研究涉及了高等教育、职业教育、少数民族教育等领域中的教育立法、教育司法、教育相关主体的法律地位、性质等问题的研究。

（五）教育经济研究

教育财政研究在这一时期成为研究的重点。“助学贷款回收、风险控制与担保机构研究”（魏建国），“国家助学贷款的可持续性与公平性研究”（袁诚）等课题对我国助学贷款制度进行了研究。研究者提出结合我国目前助学贷款制度的实施现状，助学贷款的基本原则应是政府主导和收益与付费相结合。应建立国家助学贷款政策性担保机构，明确国家助学贷款的信用担保方式，建立国家助学贷款担保体系的风险分散机制和担保基金。另外，国家助学贷款的可持续性不仅有赖于信用体制更加完善，还有赖于大学毕业生的就业机会和收入状况。因此，还款负担逐年递增，则更契合学生还款的承受能力，进而更有利于贷款的回收。建议我国的国家助学贷款的还款计划体现出这样的趋势。

（六）教育效能研究

在有效教学方面，研究多采用实证和理论相结合的方式去分析和研究目前我国有效教学中存在着的问题，并提出相关的举措。“课程资源促进有效教学的研究与实验”（张廷凯），“工学结合有效教学评价的研究”（杨延），“面向生活的有效教学策略研究”（和学新），指出“有效教学”是寻求教学效益的活动，是关注学生成功的活动。有效教学的问题既是技术层面的操作，更是一个价值层面的澄清与选择问题。在学校层面，“校长领导力”成为一个聚焦点，出现了许多有新意的研究。如：“校长领导行为与教师工作绩效之关系研究”（胡中锋），“中小学领导效能研究”（傅树京）等。

（七）教育人力资源开发与管理研究

教育人力资源开发与管理的现状研究居多，实证研究比例呈现上升趋势。“西部地区教育发展和人力资源可持续开发研究”（吴德刚），运用定量分析的方法研究了西部教育和人力资源的现状，并通过建立模型和定性分析的方法对教育发展、人力资源开发与经济发展的关系做了分析，得出教育与人力资源开发对经济发展具有巨大作用的结论，并指出教育是人力资源开发最重要的途径。“高等学校学术人力资源的国际竞争力研究”（李志峰），指出高校学术人力资源受到国家整体实力、资源生态、职业吸引力等因素的影响，因此，提出建立创新的薪酬管理制度，实行弹性的福利政策，营造宽松自由的学术环境，坚持“集约型”职称结构优化方向的对策。

四、基础教育研究

（一）基础教育课程与教学改革研究

“十一五”期间，是课程改革由实验期向全面推进期的转换阶段。研究者把关注的焦点放在对课程实施的反思上，进而寻求摆脱课改困境的思路。“省级普通高中课程改革的理论与实践研究”（宋思洁），“我国基础教育课程改革的社会文化形态取向及其社会支持研究”（周润智），“当代课程改革：方法的检视与超越”（郝德永），“我国基础教育课程改革中课程运作机制研究”（代建军），对新课程的理论基础进行深入探讨。“新课程改革中转变学生学习方式的研究”（王光龙），“新课程改革以来教学方式承继、嬗变与创新研究”（黄伟），“教育实验与课堂教学变革研究”（郝志军），对学生学习方式和教师教学方式的转变进行了研究。

（二）基础教育公平与均衡发展研究

“首都教育公平问题研究”（王善迈）分析了教育公平的分析框架和指标体系，提出应将教育公平置于整个社会环境背景之下进行分析，教育公平具有阶段性、相对性特征，应从教育权和入学机会公平、公共教育资源配置公平、教育质量公平、群体间教育公平等四个方面设计具体评价指标。还应根据官方统计数据和抽样调查数据，选择教育基尼系数作为度量教育公平程度的工具，并用洛伦兹曲线进行直观的图形说明。此外，“基础教育均衡发展理论与实证研究”（翟博）、“中国经济发展二元性背景下义务教育资源均衡化研究”（丁小浩）、“义务教育均衡发展的制度保障研究”（叶忠）、“苏州无锡常州三市全面建设小康社会中推进教育公平的实践研究”（许庆豫）、“推进区域基础教育均衡发展的伙伴协作研究”（刘新城）、“构建学区管理模式促进基础教育均衡发展”（蔡定基）、“新时期浙江省基础教育公平与均衡发展中的问题与改进对策研究”（贺斌华）等，从不同角度对基础教育公平问题进行了深入探讨。指出，从区域、城乡、学校和受教育群体四个方面对于基础教育均衡度进行分析发现，近年来，我国各地区基础教育的差距总体出现缩小态势，同时，地区间财政性教育经费以及初等教育生均教育经费和中等教育生均教育经费的绝对差异仍然在拉大。造成我国基础教育发展不均衡的主要原因是由于基础教育资源配置不均衡。

（三）学前教育研究

学前教育政策研究得到加强，农村幼儿教育研究受到重视，课程与游戏研究回归生活化、游戏化。“幼儿园教育质量的发展现状与促进研究”（刘占兰）、“学前一年教育纳入义务教育的条件保障研究”（刘焱）等课题，从学前教育的普及问题、政府的责任问题、学前教育的保障体系等现实问题入手，深入调研，提出在发达地区，中央政府、教育部应当鼓励有条件的城市和地区率先探索义务教育向下延伸、把学前一年教育纳入义务教育系统的方法和途径。并提出普及免费的学前一年教育或者把学前教育纳入义务教育系统可以由点到面、分区域、分阶段实现等对策建议。

“中部地区农村幼儿教育事业发展的现状及对策研究”（杨莉君）、“新农村建设视野下的农村幼儿教育发展策略与模式研究”（吕苹）等课题，对农村幼儿园的发展问题进行了探讨。提出要加大对农村幼儿教育的财政投入力度，促进乡镇中心幼儿园公立化，加强对农村各类幼儿园的扶持与管理，进一步提高教育质量，加强职后培训与交流，提高农村幼儿教师素质。

学前教育师资是影响学前教育质量的关键。“幼儿教师胜任力模型建构和实践验证”（葛列众）、“幼儿园教师课程决策研究”（陈蓉晖）、“发达地区幼儿园园本研修的理论与实践研究”（张克勤）等课题研究提出，应明确幼儿园教师资格标准，关注培养机构的课程建设和教师资格考试，保证幼儿园教师的质量，并注意与小学教师资格标准及考核保持一致性与连贯性。建议学前教师统一纳入国家教师资质管理系统，保障其与中小学教师享有同等的权利。切实提高学前教师的待遇，保障其工资与义务教育教师相同，同时提高学前师资的学历起点。

五、高等教育研究

（一）人才培养模式研究

建设创新型国家，以及“钱学森之问”使创新人才培养问题凸显，成为教育研究的时代课题，在教育全领域和多学科方面开展了一系列研究。“教育与发展——创新人才的心理学整合研究”（林崇德）、“高等教育应用型创新人才培养研究”（潘懋元）、“学校文化创新与学生创造力开发研究”（张武升）等课题，从创新教育与素质教育的关系、课程改革与创新人才培养的关系、如何实施创新教育以及培养创新人才的途径和方式等方面进行了有益的探索。提出创新高等教育，加快创新型人才培养，注重特殊人才培养，促进拔尖创新人才脱颖而出；建立基础教育、职业教育和高等教育衔接贯通，学校、家长、社会相互配合的人才培养机制，创建民主和谐的育人环境，形成创新人才快速成长的有效机制。

（二）高等教育质量研究

高等教育质量观研究开始进入由重视外在质量向重视内在质量、由关注客体质量向关注主体质量、由着重现有计划向着重未来规划转变的过程。“中国高等教育规模扩展与劳动力市场的相互作用研究”（闵维方）、“高等教育大众化阶段质量保障与评价体系研究”（钟秉林、史秋衡）、“高等教育质量管理的理论研究”（王建华）、“世界一流大学的形成与发展研究”（王英杰），从高等教育的质量保障、高等教育发展评价、高等教育就业等角度进行了探讨。认为学生数量剧增与教育资源增长不平衡，导致高等教育总体质量下降，其中最重要的是教师的数量不足与质量不高，对策是扩充教育资源，各高校科学定位，分类发展。

（三）大学生就业研究

“高校毕业生就业指导体系建设：雇佣能力开发、职业生涯指导、就业质量追踪的职能拓展”（袁庆宏）、“美、英、中高校创业教育比较研究”（徐小洲）、“高校毕业生就业状况监测体系研究”（杨晓慧）等课题，对如何解决高校大学生就业问题进行了探讨。研究者提出加强高校创业教育，提升当代大学生的创业精神和创业能力，是从根源上解决就业难的有效途径。为此应加强创业教育师资培养，建立创业教育课程体系，以立体创业教育观指引创业教育发展；开设各种类型的创业课程，增加创业实践机会，鼓励和支持学生在学校期间进行自主创业；重视学生自信心的培养，培养大学生的创业精神，形成学生更积极的自我认识；积极调整专业方向，优化专业结构，加强就业的个性化指导，提升学生就业能力。

（四）高等教育管理研究

高校管理研究在高等教育管理中占有较大比重。其中，“高等教育标准成本核算体系研究”（郭化林）、“高校财务管理与资金使用效益研究”（王永海）等课题关注高校成本与效率、高校财务管理与资金使用、大学组织资源增值、高校运行成本等问题，在高校成本核算方面提出应改革现行会计制度、建立同等院校成本数据、审计高校运行成本，总结和推广国内外高校教育成本的实践经验。

在加强高校内部管理，提高高校核心竞争力方面，研究有所扩展。如“高等教育中外合作办学战略研究”（黄晖）、“高等院校教师教学与科研水平评价方法研究”（罗毅平）、“高校教学管理执行力体系研究”（屈波）、“地方高校特色学科的发展模式研究”（姚林如）等课题对高校核心能力与特色发展、大学的中外合作办学、高校内部院系评估模式、大学治理组织结构、大学组织文化等问题进行了深入的探讨。

六、职业技术教育研究

（一）职业教育宏观政策与发展战略研究

科学制定和规划职业教育发展，需要制定科学合理的宏观政策与发展战略。“职业教育持续协调发展战略研究”（黄尧）以科学发展观为指导对中国特色的职业教育发展进行了理论研究，提出了职业教育可持续发展战略的总目标和实现职业教育可持续发展战略的对策建议。

职教集团是近几年备受关注的问题。“职业教育集团化办学的理论研究与实践探索”（黄尧）提出了推进职业教育集团化办学中应处理好校企结合、城乡合作、区域合作、中高职之间协调等四大关系，以及政府统筹与市场调节相结合的管理体制，学校和企业合作、资源共享、风险共担、利益共赢的运行机制。

职业教育吸引力是近几年的热门话题，“关于增强职业教育吸引力的问题研究”（余祖光）从学校、社会、政策制定者等多角度对职业教育吸引力问题进行了调研，重点研究了职业教育对青年学生吸引的作用维度、方式、力度和效果。

“区域职业教育均衡发展水平研究”（马树超）从保持职业教育与区域经济社会的协调发展、职业教育基础资源的公平配置，以及数量规模发展与质量效益提高的有机统一三个方面，对区域职业教育均衡发展的内容和路径进行了探索。“区域职业教育发展战略理论与实践研究”（马成荣）通过经济、社会、教育、人口、生态等多学科的综合研究，试图制定、实施应用性理论模型，并构建相应的评价体系。

农村职业教育因为“三农”问题而惹人注意，“基于社会主义新农村建设的农村职业教育改革研究”（胡立和）认为，农村职业教育改革的方向是确定发展目标、设计教育模式、规划教育未来，逐步构建布局合理、结构有序、辐射面广、示范性强、上下贯通、左右衔接、机制灵活开放的农村职业教育体系。“劳动力回流与农村职业教育功能调整问题研究”（孔喜梅）在对回流劳动力教育需求意愿进行广泛调查和分析的基础上，提出农村职业教育在功能定位、专业设置、课程设计、培养模式、师资队伍建设和基础设施改善等方面的建议。

中等职业学校国家助学金政策、中等职业学校农村家庭经济困难学生和涉农专业学生免费政策等是促进教育公平的重要手段，“中等职业学校招生的市场化与政府干预机制研究”（陈胜祥）发现免费政策的经济刺激能够在很大程度上提高农户对中职的投资偏好，但是随着农户收入水平和其子女学业成绩的不断提高，免费政策的刺激作用将随之减弱。这就为进一步改善职业教育资助政策提供了依据。

（二）职业教育人才培养模式研究

工学结合、校企合作是职业教育的一条特殊规律，也是国际职业教育的共同经验。“工学结合、校企合作人才培养模式研究”（吴炳岳）介绍了国外工学结合的主要模式，分析了我国的“订单模式”、“理论实践一体化”、“工学交替教学”和“两段预分配”等模式，提出改革我国工学结合、校企合作人才培养模式的措施。“学做技术工人——从职业技术学校到工厂过渡的实证研究”（庄西真）从研究技术工人的成长规律入手，分析了依靠行业企业办学促进技工成长的重要性，通过地区案例分析，提出了一系列依靠企业办学的建议和方案。

（三）职业教育教学改革研究

“以就业为导向的职业教育教学理论与实践研究”（邓泽民）在调研、分类的基础上提出了服务类、技术类、艺术类技能型人才的职业特质模型，设计了基于职业特质培养职业教育专业教学整体解决方案，进行了实验研究。“以就业为导向的中等职业教育教学改革理论探索”（石伟平）从建立面向人力资源市场的动态专业调节机制、开发富有职业特色的立体化教材体系、建立就业导向的教学评价体系等方面阐述了以就业为导向的中等职业教育教学模式理论框架。“当代世界职业教育发展趋势研究”（姜大源）认为职业教育课程应该从工作岗位、工作任务出发，强调能力本位，为我国职业教育改革和发展提供了国际视野和借鉴意义。“职业教育项目课程的教学实施研究”（徐国庆）认为必须改变课程内容分析的知识与技能、理论与实践的二元框架，引入工作知识的分析视角，促进以工作知识为主体的职业教育课程内容体系的建立。

从职业心理学的视角探讨职业教育教学问题已成为亮点。“我国职业心理学的现状与发展研究”（徐大真）认为技术知识的内隐性等特点是影响职业教育传递的主要因素，提出了基于技术知识传递的抛锚式教学。“中等职业学校创新德育模式研究”（匡瑛）从职业教育的特殊性入手，借鉴国外德育途径分析的框架，从更新颖的视角剖析当前职业院校的德育问题。

教学改革背景下教师专业化发展研究受到普遍重视。“职教师资专业化理论与实践研究”（高瑛）认为职教教师拥有一套专门化的知识体系，要成为职教教师，需要长期的专业教育和持续的专业成长。课题还针对我国职教师资专业化现状，提出了我国职教教师专业化的若干途径。

职业能力是职业教育培养目标的核心内容，“学生职业能力发展研究”（刘培俊）适应国家发展对人才的需求，从职业能力的内涵、培养体系、评价制度、认证体系以及相关行业职业能力等方面研究学生职业能力的提升，并在全国选择十几所院校以及部分行业与知名企业作为试点单位进行了实验研究。

（四）职业教育基本理论研究

“中国特色职业教育理论研究”（黄尧）和“现代职业教育教学论研究”（孟庆国）以及《职业教育学研究新论》（姜大源）一书等成果综合对我国职业教育事业建设与发展进行了系统的总结与梳理，把职业教育的理论、政策研究和实践探索融为一体，反映了世界职业教育发展的最新成果和未来趋势，对推进职业教育的理论研究、学科的发展、政策的完善和实践的探索，对建立现代职业教育理论体系具有较强的指导性和参考价值。

（五）职业教育学科建设研究

近年来，职业教育学科发展开始进入研究者的视野。《职业教育学——原理与应用》（黄尧，2009）、《职业教育学研究新论》（姜大源，2007）、“我国职业教育学科建设：使命与方略”（周明星，2008）、“职业教育学学科建设：问题与策略——学科规训理论视角”（唐智彬等）、“职业教育学学科建设面临的问题及走向分析”（马君等，2007）这些成果通过对其他学科理论进行比较、移植、辐射和聚合，来揭示和反映职业教育的本质与规律，为职业教育理论发展找到了新的生长点，增进了职业教育学与多学科间的关联，加快了职业教育学科建设的速度，表现出了系统性和多学科交叉特征。有的学者从纵向和横向两个维度分析了我国当代职业教育学科发展的历程，从对职业教育学学科建设的探索角度分析，将我国职业教育学的演变划分为五个阶段，并对每个时期职业教育学学科建设的特点作出评价。还有的研究涉及如何建立和完善职业教育学研究范式问题，等等。

当前，职业技术教育学科存在的主要问题表现为：一是职业教育学科课题研究方向分布不均衡。职业教育学方面课题较少，应用研究课题占据主导。研究主要还是简单的经验总结，缺乏系统的、有深度的理论性研究，没有形成具有中国特色的职业教育理论体系。职业教育研究缺乏创新，更多的是借鉴国外经验，有的课题研究内容大同小异，重复设计。二是对职业管理体制机制改革的可行性方案的研究少。我国的中等职业教育有公办、民办、行业办学、企业办学等多种办学形式，学校主管部门的多样化且难以协调，已经影响了职业教育的继续发展。理顺职教管理体制和机制，提高职业教育质量已不容忽视。三是职业教育科研区域间发展不平衡主要体现在北京、上海、天津、江苏、湖南、浙江等职业教育发达地区的课题立项数量远远高于其他地区，中西部经济欠发达地区职业教育研究规划明显处于劣势地位。从科研管理来看，一些地区职业教育科研管理机构建设和制度建设还非常薄弱。四是职业教育研究方法有待改进，研究方法缺乏对职业教育学方法论的反思，研究方法落后，从规范研究的角度来看，质的研究范式如现象学研究、人类学研究、语用学研究尚未在研究中深入广泛地使用；从实证角度看，有关统计学方法的引进不够深入，数据统计处理水平还比较低。研究方法运作不规范，往往是论题前设不清晰，设计不严密，步骤不明确，数据和理论的关系不密切，定量研究有待加强等。

七、德育研究

"十一五"期间，德育立项课题在研究主题上呈现出以下特点：第一，德育内容是德育课题研究的主要方面。主要集中在信仰与价值观教育研究、诚信教育以及理解和感恩教育研究。此外，由于志愿服务在奥运会和"汶川"地震中的突出表现，志愿精神和慈善教育成为 2009 年德育规划课题的新内容。第二，与"十五"期间相比，"十一五"期间公民教育、农村德育、德育改革创新等受到更多的关注。第三，德育课程、德育方法和中华民族优秀传统美德的研究相对减少。

（一）德育模式研究受到重视

课题"欣赏型德育模式建构研究"（檀传宝）对于欣赏型德育模式进行了拓展与深化研究，形成了一套"欣赏型德育模式建构研究"的系列丛书。该项研究在试验学校取得了良好的教育教学效果，并在社会上产生了一定的影响力。“生态体验式德育的案例和问题研究”（刘惊铎）致力于生态体验德育模式的理论和实践研究。该研究在北京、上海、深圳、浙江、黑龙江、湖北、湖南、河南、陕西、贵州、新疆、山西、四川、内蒙古等地的大中小学和幼儿园，进行了持续的德育观察和生态体验式干预实验。课题组基于生态体验德育的基本理论模型，在现场干预性实验案例和调查数据分析的基础上，经过叙事化加工，研制开发了《生态体验例话》，作为校本德育研究的重要成果。

（二）价值教育的理论建构和实践探索成为当前德育研究的重要命题

“社会变革时期青少年思想道德发展的新情况与对策研究”（朱小蔓），对当前青少年思想道德存在的问题和教育对策开展研究。“社会转型时期我国中小学价值教育研究”（石中英）课题在全国选取五所学校作为“中国价值联盟学校”（简称为“SUVEC”），研究者引领各校调研开展学校领导价值教育实施理念、实施细则、学校特色与校园文化建设等研究，编辑出版内部出版物《价值教育通讯》杂志，每年举办年会进行价值教育理论培训和实践方式交流。

（三）公民教育成为研究热点

自 2005 年以来，公民教育在中国取得了快速发展。“十一五”期间，有关公民教育立项的课题有：“学校实施社会主义荣辱观教育和公民教育研究”（檀传宝）、“学生公民责任意识的理论和教育实践”（叶浩生）、“美国中小学公民教育及其启示”（唐克军）、“学生公民素养教育研究”（王啸）等。既有关于公民教育时代定位的研究，也有公民教育与德育之间关系的研究，以及特定类型学校的公民教育研究和公民教育模式研究，这些课题在一定程度上反映了当前中国公民教育研究的基本状况。

（四）德育研究的时代困境

有研究者认为，道德教育的时代困境体现在美德是否可教、教什么美德、谁能教和怎么教等方方面面（余玉花）。德育的无效性主要体现为：教授的道德规范过时、教授的道德规范超前和教授的道德规范脱离具体的环境（王燕晓）。有研究者指出，社会转型期的道德教育已经陷入了前所未有的“人性论困局”：在道德教育的思想基础上，表现为人性本善与人性本恶的困局；在德育实践的逻辑起点上，表现为“道德人”与“经济人”的困局；在道德教育的目标取向上，表现为现实人性与可能人性、有限人性与无限人性的困局（郑航）。对转型期中小学德育实效的调查表明，部分教育研究者和大部分教师认为德育实效性不高；学校德育对学生的品德发展只是“主控”而非“主导”；德育在中小学从未占据“首位”；德育工作只是专职德育工作者的工作，且缺乏积极性；德育工作缺乏合理的激励机制和科学的评价标准（杜时忠等）。

近五年来，德育学科在教材建设、著作发表、理论研究以及实践探索等方面进一步繁荣发展，取得了一些有益的研究成果，也提出了新的研究课题。表现出以下几个方面的特点：一是学科研究的自觉程度不断加强。二是学科研究的专业化水平和科学化程度不断提高。三是交叉研究成为学科发展的重要方向。“十一五”期间，德育学科发展的综合化趋势明显，相关跨学科、多学科研究成果不断涌现。德育交叉学科的发展和繁荣是该时期德育学科建设的重要成果。从交叉学科的类型来看，当前德育对哲学、文化学的学科借鉴比较自觉且取得了系统化的研究成果。四是以问题为取向的德育研究成果丰硕。网络社会、现代传媒、全球化、现代化、价值多元、社会问题等成为当前德育发展不得不面对的新问题、新挑战，近五年来的德育研究在回应这些挑战方面，取得了一大批有益的成果。这些成果的取得，对于我们拓展学科研究领域，增强学科建设的现实性、针对性和时代性等方面，都具有十分重要的意义。五是学科研究的实践取向日益凸显。德育理论研究者将越来越多的时间和精力投入到德育实践领域，取得了一批有影响力的研究成果。如欣赏型德育模式系列丛书，生态体验德育模式以及生命教育的教材等。

八、教育心理研究

“十一五”期间，教育心理学学科共立项129项。其中，关于教学心理的有51项，占39.53%；研究个体认知与社会性发展的项目有50项，占38.76%；研究教师和学生的心理健康的项目有28项，占21.71%。这说明，教育心理学研究者具有很强的学科意识，坚持研究教育心理学的核心问题，即学校教育过程中的教与学的心理问题，而教师和学生的心理健康逐渐得到重视。

（一）教育改革和发展热点问题的心理学研究

“创新人才与教育创新研究”（林崇德）分别从心理和教育领域、理论和实践层面，采用多种研究方法，探讨了教育思想与教育观念的创新、教育管理模式与体制的创新、课程体系和教材内容的创新、教学方法和手段的创新、教育评价的创新、教师教育的创新；探索了创新拔尖人才的思维特征、人格特征、成长历程和创造性成果的获得过程。据此构建了创造性人才的特征模型，科学地揭示了创新人才的心理特征；编制了基于中学生为被试的《创造性思维能力量表》和《创造性人格量表》，为鉴定创新人才提供了科学的方法和工具，同时也为我国建立创新人才测评体系奠定了基础。“青少年心理健康素质调查研究”（沈德立）首次提出并界定了青少年心理健康素质，并编制了《中国青少年心理健康素质调查表》。认为青少年心理健康素质具有内源性和稳定性的特征。其结构包括认知风格、归因风格、应对风格、动力系统、自我、个性素质、人际素质、适应等方面。“6—15岁中国儿童心理发育特征调查”（董奇，林崇德），参与人员包括北京师范大学、华东师范大学、华南师范大学、天津师范大学、浙江大学等全国近 50 所高校、科研院所、医院的百余位专家及其团队，旨在建立科学探讨儿童青少年心理发展的指标体系和标准化工具。该项目已对我国十多万名 6—15 岁儿童青少年的认知能力、学业能力和心理健康三大领域的心理发育状况进行了测查，以建立我国儿童青少年各阶段心理发展的标准与常数，编制我国儿童青少年心理发育手册，建立标准化的心理测查工具与功能完备的数据库，并在此基础上撰写我国儿童青少年心理发展状况分析报告和相关政策建议报告。

（二）重视个体心理发展的研究

“社会性发展迟滞视野下的大学生社会自我发展的实证研究”（连榕），从当前大学生存在的社会性发展迟滞现象出发，以社会自我为研究核心建立大学生社会自我的层级模型，并以此为依据编制大学生社会自我发展状况量表以评定大学生的社会性发展状况，鉴别社会性发展迟滞的个体。既在理论上拓展和丰富了自我及社会自我理论，为社会自我的研究提供了新的视角；又在实践上为大学生的社会性发展迟滞的帮助和干预提供了实证基础。“以人格培养为中心进行儿童、青少年性教育的策略研究”（李力红）提出，青春期性教育应以健全人格的培养为核心。一方面在认知上建立正确的价值体系，另一方面建构积极的自我意识，尤其应注重从自我控制角度入手，培养青少年自我控制能力，建立青春期对性的心理控制机制是青春期性教育的重点。

精神信仰作为个人终极生命价值有关的价值取向和深层、稳定、根本的行为导向体系，其形成是直接建立在中学阶段形成起来的价值取向基础之上的。“当代中学生价值取向与精神信仰形成关系的实验研究”（金盛华），采用“中国民众价值取向问卷”揭示当代中学生潜隐（实际）价值取向状况，并探讨中学生价值取向形成的社会影响途径及个人经历的作用；建立中学生价值取向结构模型；编制中学生价值取向测量工具“中学生价值观问卷”；揭示中学生精神信仰现状及其与价值取向之间的关系；揭示中学生不同价值取向与精神信仰状况与其心理健康、学校生活满意度、学习状况及学校一般适应状况之间的联系；探索对中学生进行有效价值取向教育和精神信仰引导的途径；在对中学生价值取向和精神信仰进行深入研究后，进一步对大学生的价值观及精神信仰情况进行深度挖掘，以拓展结果的适用性。

（三）关注特殊人群和弱势群体教育心理问题研究

在研究对象上，更多地关注弱势群体和特殊人群，开展了不少针对少数民族学生、残疾儿童、超常儿童的心理研究。如“蒙古族初中生汉语学习策略研究”（高兵）、“少数民族青少年韧性素质现状、发展及培养研究”（潘运）、“语言障碍对盲、聋、弱、口吃儿童的语言和认知影响研究”（张积家）、“超重及肥胖与儿童学习成绩和心理健康因果关系的队列研究”（王芳芳）、“新疆随班就读残疾学生心理健康现状、制约因素及心理支持体系构建研究”（沈明泓）等。

“青少年犯罪心理及其对策研究”（罗大华），采用多维度的方式对犯罪青少年、违法青少年和一般青少年在个人心理特征、家庭、学校、同侪及基本人口学特性这五大影响因素上进行比较研究。结果发现，青少年出现违法或犯罪行为的原因是多方面的，并非某单一因素，而是来自家庭、学校、同侪等社会环境，以及其个人心理层面，是多种因素共同作用的结果。因此，在青少年违法、犯罪问题的预防上应强调整合家庭、学校、社区和社会的力量，并以培养青少年良好的个性心理为直接目的；而对于已经出现违法、犯罪行为的青少年应该区别对待，并提倡社区矫治为主的方式。“少数民族青少年韧性心理素质现状、发展及培养研究——以苗族、布依族等为例”（潘运），编制了我国少数民族青少年韧性素质问卷并进行了调查研究。该研究有助于增强少数民族青少年良好应对和适应能力，包括提高其在面对生活逆境、创伤、悲剧、威胁或其他生活重大压力时的应对能力，适应生活和学习的能力及人际交往能力等。

（四）加强对社会热点问题的教育心理研究

在研究选题上，注重和社会实际问题相结合，从心理学角度分析、探讨社会热点、难点问题现状及应对措施，为国家决策提供理论和实证依据。“农村留守儿童的社会化困境及其对策研究”（崔丽娟），对留守儿童所处的整个成长环境加以综合性地考察和分析，并借助生命历程的研究范式对留守儿童的生活进行纵向研究。“高中生考试心理问题及其教育对策研究”（江琦）初步揭示了青少年考试心理问题、考试心理素质的因素结构与发展特征；编制了符合心理测量学规范的《青少年考试心理问题量表》和《青少年考试心理素质量表》，初步解决了青少年考试心理问题、考试心理素质的测量工具问题。“大学生因特网成瘾障碍研究”（顾海根），编制了《大学生因特网成瘾障碍量表》，对全市 8 所高校近4 000名大学生进行因特网成瘾发生率及相关因素的调查，调查结果显示：上海市大学生因特网成瘾发生率为 12.9%，其中轻度为9.02%，中度为3.65%，重度为0.23%。针对大学生因特网成瘾的成因，提出了预防大学生因特网成瘾的若干措施，对已患因特网成瘾的大学生，也提出了许多有效的治疗方法。

教育心理学工作者还在国家重大灾难事件中发挥了重大作用。2008 年汶川地震后，中国心理学会在第一时间为中央决策提供专业建议，编制心理干预手册及书籍，如《〈我们一起度过〉中小学生心理援助手册》、《如何帮助我们的孩子——地震后青少年心理援助教师、家长辅导手册》等，免费提供给灾区，组织抗震应急工作小组深入灾区开展心理救援工作。天津师范大学心理与行为研究院还制作了《地震救援人员心理自助与助人指南》和《汶川地震心理援助指导手册》（DVD 光盘），为灾后心理重建作出了重要贡献。

九、体育卫生美育研究

(一) 体育卫生研究特点

与“十五”相比，“十一五”期间全国学校体育卫生战线发生了一些重要变化。2007 年党中央国务院下发了《加强青少年体育、增强青少年体质》的 7 号文件，其中提出了 70 余项学校体育卫生方面的工作要求；国家推动了以推进《国家学生体质健康标准》为目的，以“达标争优”为形式的“阳光体育运动”；2008 年北京奥运会召开前，奥运教育成为学校体育的重要阶段性内容。在此社会背景下，全国教育科学“十一五”规划学校体育卫生课题的立项分布和研究内容也呈现出一些相应的变化和特点。数量上，体育卫生学科共有 85 项。内容上，呈现出如下特点。

1. 热点问题研究。阳光体育推进研究、体育课程改革研究、健康教育问题、心理健康干预研究成为研究的四大热点，这方面的研究课题占立项总数的 60% 左右。尤其是有关“阳光体育运动推进”的研究成为研究的新热点。这些研究从方法、评价、策略等对阳光体育的推进进行了比较全面的思考，研究内容涉及面广，指向学校体育卫生工作的难点问题。

2. 体育课程研究。“十一五”期间，体育课程改革已进入深入发展和冷静反思的阶段，因此研究在内容上呈现出“研究态度逐渐成熟和冷静，研究内容向深层次发展”的趋向。如“高中体育课程改革的反思与推进策略研究”（邵伟德）、“农村中学体育与健康实施现状分析与推进策略”（王小美）等研究都具有了反思性的研究态度，而“体育课程本质和设计原理研究”（高嵘）、“体育知识观与体育课程改革”（张建华）等研究则触及了体育课程改革的深层次问题，将体育课改的问题引向了体育本质和原理的深度。

3. 健康教育的问题研究内容日益宽泛。由于新的《国家学生体质健康标准》的颁布，学生体质的研究也开始向新的广度前进。如“大学生体质健康预警机制理论、预警参数基准的构建及应用研究”（谢红光）、“学生体质监测若干指标的质疑与重构研究”（汤长发）、“中国学生健康行为与生活质量的调查研究”（吴键）、“新疆农牧区维哈民族 13—15 岁学生体质下降干预对策研究”（武杰）等从新的视角，努力挖掘隐藏在学生体质问题背后的深层次原因，体质和运动干预研究在广度上延伸。

4. 心理健康问题的研究日益关注。“十一五”期间，有关体育促进学生心理健康的研究呈不断上升趋势。鉴于学生群体中心理健康问题的日益严重，许多研究者选择以体育为手段，从促进学生心理健康为目标的角度进行了理论和实践的探讨。如“大学生应对心理压力的运动干预研究”（颜军）、“运动对青少年心理健康干预效果的研究”（杨剑）等研究都强调了运动干预与学生心理问题的关系。

（二）美育研究特点

“十一五”期间，美育与艺术教育研究的持续发展，但也呈现出一些不同的特征。具体而言，有以下几方面的特征。

1. 凸显美育对构建和谐社会作用的研究。美育研究以“充分发挥美育对构建和谐社会的积极作用”为指导思想，以美育促进学生的全面发展、提高全体师生的审美素养为研究重点，重视美育对构建和谐校园独特作用的研究，开辟通过学生生活全面贯彻美育思想的途径。课题“和谐人性与生活艺术——朱光潜‘人生的艺术化’思想的当代性研究”（陈恒），以我国美学家朱光潜的“人生的艺术化”思想为切入点，着眼于这一思想对当代人性与生活的指导意义。课题“大学文化软实力视角下的和谐校园建设研究”（金艳）和“新媒体在和谐校园文化建设中的应用研究”（郁树廷）围绕和谐校园建设，从文化的视角和新媒体应用的角度展开研究，具有鲜明的时代性和应用价值。

2. 构建各类院校艺术教育模式的研究。我国艺术教育研究表现出对公共艺术教育的重视，研究重点转向如何对青少年、大专院校非艺术专业的学生普及艺术教育。与“十五”规划聚焦于我国艺术教育理论的重大问题不同，“十一五”规划中更加重视艺术教育模式的研究。近年来，工科院校、高等职业院校和师范大学等各类院校积极开展艺术教育模式的研究，如课题“我国工科院校艺术教育模式比较研究”（凌继尧）和“高职院校艺术教育模式研究”（石家泉）以及“生成性艺术教育模式研究”（刘迎杰）等立项课题的研究团队，采用比较研究、案例研究等实证研究的方法，力求改革原有的艺术教育模式，构建适合时代发展以及自身院校特征的艺术教育模式，取得了一些具有推广价值的研究成果。

3. 中小学音乐、美术课程与教学改革的研究。在“十一五”规划中，中小学音乐、美术课程与教学改革的研究，有注重课程改革实施情况的研究，如课题“我国基础音乐教育课程改革实施状况实地调查研究”（许洪帅）；有基于课堂教学的研究，如课题“基于学生知觉经验唤起的小学美术课堂有效教学模式研究”（李力加）；有关注开发与优化艺术教育资源的研究，如课题“广东传统非物质文化课程资源开发与利用”（徐燕琳）；也有围绕教材编写开展的研究，如课题“学校音乐教材编写理论研究”（冯亚）。其中，“我国基础音乐教育课程改革实施状况实地调查研究”课题组，采用实地调查的方法对音乐新课程实施情况开展研究，采集大量第一手资料，了解现状，发现问题，并提出具有针对性的改革建议，具有积极的现实意义。

4. 关注农村、少数民族地区艺术教育的研究。“十一五”规划与“十五”规划相同，从农村和少数民族地区的角度出发探索艺术教育的研究课题占有一定的比重。例如，关注农村文化变迁与音乐教育相关性的课题“农村学校音乐教育与农村文化变迁关系研究”（金顺爱），从传承民族民间美术的角度出发的课题“中小学美术课程中进行优秀民族民间美术文化保护与传承教育的实验研究”（兰岗），聚焦于某个少数民族地区艺术教育的课题“拉萨市中小学艺术教育现状与学生艺术素养的调查研究”（洛桑曲尼）等。其中，“拉萨市中小学艺术教育现状与学生艺术素养的调查研究”，采用调查研究的方法，力求探明拉萨市中小学艺术教育现状与中小学生的艺术素养。通过这一研究，揭示西藏地区艺术教育的现状，为少数民族地区艺术教育研究的开展提供强有力的第一手资料，也为我国学校艺术教育的改革提供参照。

5. 艺术教育与心理学的交叉研究。艺术学、教育学和心理学的深入发展推动了艺术教育研究的深化，促进了在艺术教育研究中打破学科界限、综合各学科的理论与实践而开展的交叉研究。继“十五”规划中国家一般课题“美术教育促进青少年心理健康的实验研究”之后，“十一五”规划中出现了书法教育与心理学的交叉研究课题。如课题“书法练习促进儿童积极情绪发展的实验研究”（周斌）以及课题“书法教育对青少年心理发展影响的实证研究”（刘俊升）。这两个课题组力求探明书法活动在促进儿童与青少年心理健康水平与发挥潜能方面的作用、特点和机制，寻求发挥书法教育的上述功能的途径与具体方法，并通过书法教学实践将研究成果运用于预防学生心理问题、调控学生心理状态和消除学生心理障碍等方面，取得了一些研究成果。

6. 培养21世纪艺术创新人才研究。艺术教育被视为是创新人才培养的重要手段，在艺术诸多活动中学生的创造品质得到呈现。近年来，通过艺术教育培养21世纪创新人才的研究出现两种趋势。一方面，课题“文化创意产业与当代学校美术教育的研究”（钱初熹）与课题“文化创意产业与当代艺术教育创新研究”（项仲平），关注国内外文化创意产业发展与通过学校艺术教育培养创新人才之间的相关性，旨在开辟通过学校艺术教育培养创新人才的多种途径。另一方面，课题“中国与美国关于景观设计教育的分析研究”（赵慧宁）以及课题“高校艺术设计专业人才培养模式研究”（聂书法）、“综合大学背景下的艺术设计类人才体系的改革创新研究”（张新宇）、“艺术设计专业的特色教育——创意思维培养的教学研究与实践”（韩然）等课题组采用比较研究、实证研究等方法，旨在发现现行设计专业课程与教学中存在的问题，提出改革设计课程与教学的途径与方法。这一系列研究旨在解决我国创新人才培养匮乏的问题，具有积极的现实意义。

7. 学校艺术教育师资素质研究。以提高中小学音乐、美术师资素质为重点的研究，有围绕教育部颁发的课程指导方案开展的课题“部颁普通高校音乐学（教师教育）本科专业课程指导方案、教学指导纲要的实践与理论研究”（严凤）；有从知识体系及其评估模式出发的课题“构建我国基础教育美术教师专业知识体系及其评估模式研究”（李静）；也有从研究生教育改革切入的课题“普通高校音乐教育专业师资培养模式与研究生教育改革”（王耀华）；还有围绕一门课程与教学实践开展的研究，如课题“中国传统音乐即兴创作教学法的理论与实践研究”（郭小利）、“声谱分析：声乐教学模式创新研究”（吴静）和课题“《中国民族音乐》课程的理论与实践研究”（陈新凤）等。这些课题组力求通过改革高等师范院校的音乐教育课程，为中小学培养高素质的音乐教师。

十、成人教育研究

（一）成人学校教育转型与创新的研究

成人教育改革与发展问题始终是众人关注的问题。“我国成人高等教育办学机构转型与创新研究”（杜以德）主张从理念调整、体制转换、机制创新以及组织结构改造等多方面实现彻底转型。“成人学校生源多元化研究”（焦峰）对成人学校生源多元化的历史变迁进行梳理，调研我国成人生源现状，分析成人学校把潜在生源转化为现实生源的推进举措。“社会转型期我国成人院校‘转型性变革’的路径与机制研究”（乐传永）、“成人教育院校转型发展研究”（李兴仁）等课题也探讨了成人教育转型与创新这一问题。

（二）成人教育教学手段的研究

成人教育教学手段是教学改革的重要内容。“成人网络学习特征及支持环境的研究”（贾卓生）、“数字化学习环境和基层学习型组织建设研究”（丁新）等课题探讨了成人学习利用现代网络的问题。课题“终身学习视野下的微型移动学习资源建设研究”（顾小清）探讨了如何有效利用、开发、集成微型学习资源等问题。课题“信息化助力下的返乡农民工职业技能培训体系研究”（王珺）探讨了利用信息化手段提升农民工培训效益问题。

（三）农民和农民工教育培训的研究

新型农民与农民工教育培训是经济社会发展的必然趋势。“我国新型农民培训模式研究”（赵帮宏）、“中部地区返乡农民工职业技能培训模式、机制及对策研究”（赵正洲）、“西部欠发达地区返乡农民工职业技能培训调查研究”（陈翠玉）等课题从培训模式、政策支持、机制创新、绩效评估等不同角度探索了农民和农民工教育培训问题。

（四）教师继续学习需求和有效培训模式的研究

提高教师综合素质，是提高教学质量的前提。“CEA 混成学习在教师继续教育中的应用研究”（蒋笃运）、“基于教师多元角色的中小学教师继续学习需求和有效培训模式研究”（王卫东）等课题探讨创新培训模式，引领教师专业成长问题。

（五）终身教育体系和学习型组织的研究

课题“学习型社会建设研究”（朱新均）围绕什么是学习型社会、为什么要建设学习型社会和怎样建设学习型社会等问题进行分析研究。课题“基于学习型社会理念的成人工作场所学习机制与推进策略研究”（孙玫璐）了解我国成人工作场所学习的现状，探讨其学习机制和相应的推进策略。课题“北京市推进终身学习和学习型城市建设案例研究”（孙善学）收集、整理典型案例，以推动学习型组织的发展。

其他研究领域还包括社区成人教育的研究，如课题“社区教育与城市民生问题研究”（秦钠）探讨城市居民生存与社区教育的互动模式，研究加快推进以改善民生为重点的社区教育发展的举措。课题“网络学习社区的构建及其教学应用模式研究”（赵建华）研究了网络学习社区的构建问题。还有社会培训与教育方面的研究，如课题“教育培训机构的现状调查及其建设标准研究”（胡东成）通过对全国范围内的不同类型培训机构的现状调查，提出一套既具有国际背景，又具有中国特色的教育培训机构建设标准。课题“非正规就业劳动力教育培训的理论与实践问题研究”（燕晓飞）考察了政府、非正规就业者、用人单位、社会教育培训机构等相关主体在非正规就业劳动力教育培训中的行为模式与特点，探究各种矛盾和问题，提出化解矛盾、解决非正规就业劳动力教育培训难题的制度设计与模式构想。课题“社会转型过程中教育中介组织研究”（唐兴霖）探讨教育中介组织的运行和发展问题。

关于成人教育基本理论和学科建设的研究是成人教育科学发展的基础性工作。课题“成人教育学科体系的批判与重构研究”（高志敏）对我国成人教育学科发展中长期存在的种种迷茫与困惑的深刻反省，对古今中外成人教育学科发展过程进行详细的梳理和考察，并以批判性思维对之进行整体审视，并试图逐步构架起符合时代精神和成人特征的成人教育学科体系。

当前，成人教育学科研究需要在如下三个方面加强。第一，提高全民对成人教育研究重要性的认识。目前成人教育所处的社会位置与其所承担的历史使命和发展实践很不相称。在社会、政府、学校甚至成人教育领域内，还有许多人对成人教育的地位和作用不甚明了，对成人教育的认识还囿守在“补偿教育”或“另类教育”的图圄中，以偏赅全、断章取义地对理解和认识成人教育在改革发展过程中存在的这样或那样的问题或缺欠，对成人教育改革提出种种诘难与质疑，更有人提出所谓“替代论”、“覆盖论”等，对成人教育的可持续发展产生了重大负面影响。第二，成人教育学科立项课题数量明显不足。虽然我国的成人教育实践较为丰富，但成人教育科学研究一直处于弱势，在全国教育科学规划科研课题立项中，和其他 12 个学科相比，成人教育历来都是立项最少的学科之一。第三，成人教育研究队伍素质有待提高，方法有待改进。目前成人教育学科研究队伍总体上专业素质不高制约了成人教育研究质量的提高。一些成人教育研究者热衷于搭建成人教育理论的“空架子”，一些研究者提出的成人教育理论初看起来新颖、创新和独特，然而难以直接指导成人教育教学实践，难以提高成人教学质量和管理水平，成人教育理论“好看不中用”的现象时有存在。

十一、民族教育研究

“十一五”期间，民族教育学学科研究内容丰富，涉及的领域比较宽广，其中关于民族教育政策及法规研究、民族教育均衡发展研究、民族文化传承研究、少数民族双语教育、少数民族高等教育研究、民族教育基本理论研究、少数民族教师教育研究、跨文化心理与教育、教育人类学研究、多元文化教育等均有许多课题立项和论著发表，其研究深度也在不断发展。

（一）民族教育政策及法规研究

“中国少数民族基础教育政策研究”（苏德）一方面通过收集、评估、分析有关少数民族基础教育的政策文件，为这些政策在保障少数民族教育权利和文化敏感性方面提供文本依据，为健全完善现行政策提供理论支持；另一方面通过深入示范省、县（市），基于社区的现场研究，深描政策的实施现状，发现政策实施过程中的成功范例、制约因素和面临的困难。从而分析如何加强政策制定、如何健全政策体系的策略，提出有效实施政策的建议。“少数民族教育法研究”（陈立鹏）站在时代和建立具有中国特色的民族法律法规体系的高度，以科学发展观为指导，以推进我国少数民族教育立法、把民族教育工作纳入法制轨道、实现民族教育的跨越式发展为根本目标、以探讨我国少数民族教育立法理论和民族教育法规体系为核心内容，以确定超常规立法的思想为我国少数民族立法工作的主导思路，对我国民族教育立法的理论、体系和实践进行了比较系统的研究，提出了加强和改进我国地方少数民族教育立法的建议，在国内民族教育立法理论研究、民族教育法律法规体系研究和民族教育立法实践研究等学术领域具有创新意义。“发达国家促进民族教育均衡发展相关政策研究”（万明钢）对发达国家促进民族教育均衡发展的相关政策进行了梳理和回顾，在此基础上提出了我国民族教育均衡发展的基本思路和对策建议。“主要国家民族教育政策比较研究”（顾明远），对世界主要国家的民族教育政策进行比较研究，对我国民族教育政策的革新和发展具有重要的借鉴意义。与此相关的课题还有“美国高等教育发展中少数民族平等权利法律保障研究”（马定武）等。此外，“中国古代民族教育政策及其当代价值问题研究”（张学强）、“新中国成立以来民族教育政策发展与实践研究”（雷召海）从历时性的角度，对中国民族教育政策的发展、成就、经验、问题及借鉴进行了梳理和总结。

（二）民族教育均衡发展研究

目前，我国民族教育发展已经逐渐从促使民族地区少年儿童“有学上”到促进民族地区学生“上好学”的质量观转变，体现出民族教育均衡发展的战略研究转向。“民族教育质量保障和特色发展研究”（苏德）认为，我国民族地区基础教育的质量保障与特色建设问题是制约民族地区教育发展的瓶颈问题，推动少数民族地区基础教育事业的均衡发展，促进少数民族教育的特色建设，是保障少数民族儿童受教育权利的根本途径，是促进人的全面发展、促进我国东西部区域之间、城乡之间经济社会全面协调、缩小贫富差距而最终实现科学发展与社会和谐的基本方式。与此相关的研究还有“少数民族地区普通高中教育与中等职业教育均衡发展的体制机制研究”（张定强）、“内蒙古民族中等教育现状调查及发展对策研究”（张布和）、“西部民族地区基础教育均衡发展与和谐社会构建研究”（马丽君）。

（三）民族文化传承与新课程改革研究

随着新课程改革的推进，少数民族地区学校教育中的乡土知识传承和地方课程、校本课程开发成为“十一五”规划的热点。在少数民族地区课程改革方面，“中国西部少数民族地区经济文化类型与初中地方性校本课程建构”（滕星）以文化人类学的经济文化类型理论为理论基础，通过甘肃省肃南裕固族自治县第二中学和云南省西双版纳傣族自治州景洪市勐罕镇中学地方性校本课程建构的代表性个案研究，在行动研究所获经验的基础上，提出并论证西部少数民族地区初中地方性校本课程建构的一般范式，为少数民族地区基础教育新课程改革提供经验支持和现实参考范例。通过项目实施，在实验学校有效地促进了学校课程和社区文化的适应，提高了入学率和升学率，大大减少了因文化差异给少数民族学生带来的学习困难和心理不适等问题。“民族地区中小学推进新课程改革研究”（王鉴）认为，民族地区的学校课程问题主要表现在升学应试教育和民族文化传承两个方面，前者需要国家制度变革与基础教育课程改革的并行加以解决，后者需要国家实行特殊的政策支持。在新课程改革方面，地方课程与校本课程开发是民族文化传承的主要渠道，国家课程中也要以适当的比例反映少数民族的文化精华。“黎族民间童话与海南地方语文校本课程的开发研究”（杜伟）认为，黎族童话具有丰富的教育学意义。通过分析黎族童话的特征、内容等，挖掘黎族童话中蕴涵的教育意义，结合黎族童话进入中小学课堂的有利条件，说明黎族童话进入中小学课堂、进入校本语文教材的必要性和可能性。与此相关的研究还有“扎根西南民族社会原生和谐培植区域基础教育课程特色研究”（么加利）、“西部地区传统教育资源的开发和利用”（廖冬梅）、“民族地区民族文化地方课程资源开发研究”（赵红）、“布依族地区地方课程资源的开发与利用研究”（何芳）、“基于黎族文化资源的地方课程的开发研究”（文珍）、“地方性知识视域下的西部地方课程资源开发研究”（陈雪英）。

（四）少数民族双语教育研究

少数民族双语教育历来是民族教育研究的重点和难点。“内蒙古地区蒙古族中小学双语教学现状分析与发展对策研究”（苏德）运用多学科的理论和方法，重点抓住影响内蒙古地区性因素，通过综合分析、专题研究和实验探索，研究发展内蒙古地区

“蒙—汉—外”双语教学的不同类型和模式问题，形成多方案的发展“蒙—汉—外”双语教学的科学思路和因地制宜地发展“蒙—汉—外”双语教学的决策理论，为内蒙古地区“蒙—汉—外”双语教学发展制定科学而有效的政策提供科学的理论依据和咨询服务。“文化多样性与壮汉双语教育发展研究”（滕星）以文化人类学、教育学、历史学和民族语言学等多学科相关理论为基础，采用问卷法、访谈法和实地观察法等研究方法，对广西壮族地区民族中小学双语教育实施现状进行调查，针对广西地区壮汉双语教育实施过程中存在的问题，提出有利于保护壮族优秀文化、顺利实现“壮汉兼通”目标，促进壮汉双语教育进一步发展的对策建议。在少数民族双语教育中，新疆民汉双语教育的研究课题立项居首位，表明了双语教育在新疆民族教育问题中的重要性和敏感性。其他课题包括“提高维吾尔族理科双语教师专业素质的共同体行动研究”（尹筱莉）、“新疆维吾尔族中小学双语教师教学能力发展研究”（吐尔地·买买提）等。

（五）少数民族高等教育研究

少数民族高等教育能否在传承民族文化的同时发展多元文化，是关系到少数民族能否得到充分发展的重大实践问题。“民族院校办学特色与特色发展研究”（吕佩臣）分析了民族院校办学特色形成和发展的地区时空环境、制约因素、相关理论基础，认为民族院校只有依照高校自身发展规律，利用好时空环境，在科学定位、确立特色理念、建设特色学科和人才兴校等方面下工夫，才能建设和发展自身的办学特色，发展民族院校办学特色，既是适应新时期新问题的挑战的客观需要，更是民族高等教育事业和民族院校自身发展的必然选择。“我国民族预科教育办学模式与办学效益研究”（乌丽亚）对当代国内外预科教育状况进行了概述和简要分析，对我国少数民族预科办学模式与办学效益的历史性研究和理论研究做了回顾，分析我国少数民族本科预科教育的基本特点、我国少数民族本科预科教育办学模式归类与办学效益分析、我国少数民族本科预科教育的资源配置，在此基础上尝试提出新时期对提高我国少数民族本科预科办学效益的建议；针对影响预科办学效益的预科教学评估和贫困生扶助进行专题研究。相关的研究还有“西部地区民族高等教育发展及特色研究”（陈达云）、“少数民族学生和高校校园文化建设”（余海波）、“西部民族地区新跨入211工程高校发展定位与特色研究”（黄明凤）等。

其他研究内容包括：民族教育基本理论研究、少数民族教师教育研究、跨文化心理与教育研究等。

十二、教育信息技术研究

“十一五”期间，教育信息技术学科的研究进展主要表现在：理论研究多元发展；远程教育基础设施进一步完善，教学模式进一步创新；中小学数字化教育环境初步建立，形成多种信息技术与课程整合模式；教育信息公共服务平台建设进入统一规模建设；数字化资源建设渐成规模，资源分类进一步细化；学科及人才队伍建设快速；提高农村教育信息化取得阶段性成绩；教育技术标准走向规范深入。

（一）教育技术学科基础研究扩大

教育技术学科基础不仅仅局限于理论基础，而且包括哲学基础、技术基础和艺术基础，即普遍认为应该包括哲学、教育学、心理学、传播学、技术科学、艺术学等方面的理论与技术，只是涉及具体内容的广度和深度上有所区别，从而反映了教育技术学科的综合性。从课题研究中不难看到，建构主义、认知主义、人本主义三大流派学习理论的思想已经融入到研究人员和实践工作者的思想中，支撑着他们各方面的探索和努力。即使是以技术开发为主题的研究，也往往会将研究开发的目的和意义同遵循某种学习理论联系起来，显示出教育技术研究和实践领域目前已经基本完成理念、观念的转变，放弃对理论和概念的争议，融合多种学习理论的思想，并在解决实践问题的过程中活学活用，已经成为研究和实践工作的常态。

（二）远程教育研究持续增多

全国教育科学“十一五”规划分布在教育信息技术和成人教育这两个学科分类中的远程教育类课题共23项，占两学科立项总数（130项）的比重为17.69%，其中通过教育信息技术学科类别立项的课题数为18项，同比“十五”规划立项数有所增加；而通过成人教育学科类别立项的课题数为5项，同比“十五”规划立项数均大幅下降。可见，“十一五”期间，教育信息技术学科对远程教育的关注力度逐步加大。从立项课题的内容来看，西部农村远程教育课题总数最多，重视程度最高，“资源与技术”类课题数量也大幅上升。相比较之下，远程教育学自身学科专业建设、学习支持服务以及理念与政策等三个领域的研究又回归到空白；新增的研究子领域是“教师网络教育”和“远程职业教育”。

（三）中小学数字化教育研究成为热点

从立项课题来看，中小学教育技术应用的课题数目逐年增加，越来越多的研究者关注教育技术在中小学的应用研究。这些课题的研究，主要围绕以下几个方面：信息技术与课程整合，包括在学科教学中的技术应用以及教学模式的实践等方面，有代表性的课题有“信息技术环境下多元学与教方式有效融入日常教学的研究”（刘雍潜）、“以教育技术促进学校教育创新研究”（刘志鹏）等。基础教育信息化资源的建设、管理和应用，有代表性的课题有“国家基础教育信息资源服务体系架构与共享机制研究”（祝智庭）、“区域性优质基础教育信息资源的建设机制与推广策略研究”（胡小勇）、“基础教育信息化教育装备的综合效能评估研究”（章苏静）等。教师的信息素养和教育技术能力，有代表性的课题有“中小学教师教育技术能力结构与层次研究”（柯清超）、“中小学教师教育技术能力标准下的农村区域性教师专业化发展模式研究”（乔爱玲）等。学生信息素养及高阶能力的培养，尤其是问题解决能力、探究能力、合作学习能力的关注，有代表性的课题有“中学生问题解决行为模型测量及问题解决策略培养的研究”（杨开城）、“利用教育游戏丰富与深化综合实践活动课程教与学的理论与实践研究”（尚俊杰）等。

从主题来看，直接以“农远工程”为研究对象的课题有6个，根据农远工程的意义或目标延伸出了类似的课题有6个，这6个课题都直接关注欠发达地区、少数民族地区的教育资源建设与共享，或者教学模式的改革，因此可以说，在农远工程的推动下，利用信息技术手段推进教育资源的均衡发展成为“十一五”期间专家和学者十分关注的话题。

“十一五”期间我国中小学教育技术应用成果可归纳为以下四个方面：信息技术与课程整合，基础教育资源与应用，中小学教师教育技术能力建设，教育技术与高阶能力培养。

十三、比较教育研究

“十一五”期间，比较教育学科研究从研究教育阶段来看，国内学者的研究兴趣集中于高等教育与中小学教育，对学前教育的关注比较少；从研究教育类型来看，主要集中研究普通教育，对职业技术教育略有关注，对成人教育、家庭教育、特殊教育等教育类型的关注比较少；从研究主题与方向来看，对比较教育基本理论的研究比较多，在学科比较教育研究上也取得了一定进展，在教育政策、公民与道德教育、教师教育、教育经济、教育管理、教育技术、教育改革与发展等领域均有研究成果出现，研究呈现层次化、多元化的发展；从研究国家来看，我国在美、英、俄、日等国的研究上取得了丰硕成果，研究数量众多而且深入、细致，但是对非洲、南美洲国家的研究依然非常薄弱，还有待进一步的发展。

（一）比较教育课题的研究方向

比较教育课题的研究方向表现在国别研究、国际比较研究以及专题研究。具体包括：世界主要国家近期教育发展规划研究；国际区域性教育一体化发展趋势研究；发达国家城乡一体化发展经验研究；国外高校社会捐赠制度研究；教育科研成果知识产权的法律保护和共享机制研究等。“中外教育现代化的不同模式比较研究”（冯增俊）注重从国内外教育现代化的进程与内容进行比较与分析；“美国教育政策研究机构研究”（黄忠敬）注重对于美国教育政策研究机构的状况进行分析与研究。“巴西、俄罗斯、印度、中国四国教育发展与国家竞争力的比较研究”（项贤明），对金砖四国的教育发展与国家竞争力进行比较与分析，得出有益的结论。“美国高校社会捐赠制度研究”（高晓清），对美国高校的社会捐赠制度进行深入研究与分析；“基于国际比较时域的高校创业教育模式研究”（史达），从国际比较的视角来深入研究创业教育模式，得出有利的经验；“教育博士专业学位教育的国际比较研究”（邓涛），对若干国家的教育博士专业学位教育进行比较与分析；“社会转型时期俄罗斯国家教育发展规划及其政策支持研究”（肖甦），对转型时期的俄罗斯国家教育发展规划及其发展政策进行深入分析与研究；“美俄印三国世纪之初教育发展规划研究”（石隆伟）对于多国的国家教育发展规划进行深入比较与分析等。

（二）比较教育专题研究成果丰富

比较教育研究界在“十一五”期间大概发表了 2 695 篇学术论文，这些论文将世界教育的发展状况与趋势进行了有效概括与总结，从研究区域来看，以对北美洲、欧洲与亚洲的研究为主，其次是对大洋洲、非洲与南美洲的研究。牵涉的国家包括：美国、英国、日本、俄罗斯、德国、澳大利亚、法国、韩国、印度、加拿大、新加坡、南非、新西兰等，涉及的范围非常广。从研究范围来看，研究的教育阶段与教育类型跨度比较大，并且在研究数量上显示出很大的区别。学者们在论文中对学前教育、中小学教育与高等教育都有一定的研究，在论文中阐释了不同的教育研究主题与方向，其中以对课程与教学论、教育理论与思想、教育管理与教师教育的研究最为集中。可以说，在“十一五”期间，学者们从事的比较教育研究所牵涉的范围广，领域很多，涉及教育学科的方方面面，反映了世界教育发展的基本面貌。其中，对美国的研究阶段集中在中小学教育、高等教育、特殊教育与家庭教育方面，尤其以高等教育最为集中；对英国的研究集中于中小学教育、高等教育与成人教育方面；对德国的研究集中在高等教育；对澳大利亚的研究集中于职业技术方面；对日本的研究以高等教育最多；对韩国的研究集中于中小学教育；对印度的研究集中在高等教育阶段；国际比较研究以学前教育居多。

（三）比较教育学科研究

在比较教育原理的研究方面，主要围绕研究对象、研究目的、研究范式、文化基础、可比性、理论框架以及话语体系方面进行详细的分析。在对比较教育研究方法进行的研究方面，主要包含综合的方法论探讨与各种类型研究方法的分析；在比较教育研究方法方面，不仅包括比较教育研究方法进行的综合研究，还包括各种类型的研究方法分析，这些方法主要有文化研究法、比较研究法、人种志研究法、质的研究方法。比较教育研究既可以采取科学方法，也可以采取人文方法。前者一般包括问卷调查、测量和统计分析等，后者一般包括文献分析、人种志方法和描述研究等；在比较教育学者的思想理论研究方面，研究者主要从国内与国际两个维度进行分析。针对国内比较教育学者的研究包括顾明远和杨汉清的思想，针对国外比较教育学者的研究包括朱利安的思想、埃德蒙·金的思想、诺亚和埃克斯坦的思想、霍姆斯的思想、康德尔的思想、汉斯的思想、萨德勒的思想、施耐德的思想、施瑞尔的思想以及世界体系分析理论；在比较教育发展历史的研究方面，研究者主要从国内与国际两个维度进行分析，国际方面主要是比较教育总发展的综述，国内方面是我国比较教育的发展状况；在比较教育学科建设的研究方面，研究者主要从多个方面进行分析，主要包括学科存在的危机、综合方面考量、研究范式转换、研究方法改善、研究对象改变、区域研究的提倡、研究人才培养、理论体系构建等方面；在对国别比较教育发展的研究方面，“十一五”期间，国内研究者对欧盟、美国、日本等的比较教育学科发展进行了回顾与反思，得出了很多有益的经验，可以有效地促进我国比较教育学科的发展与进步。

十四、国防军事教育研究

（一）基础理论和宏观重大现实问题研究新进展

首先在军队院校人才培养、重点建设、规模结构、质量效益、运行机制等重大现实问题方面进行了探索。“联合作战指挥人才培养研究”（陈照海）从研究联合作战指挥人才培养的基本理论入手，借鉴外军联合作战指挥人才培养的有益做法，分析我军联合作战指挥人才培养的现状和需求，着力研究了联合作战指挥人才培养的院校培训、岗位培训和使用管理等现实问题。“‘人才培养+作战实验’发展模式研究”（王治邦）研究了“人才培养+作战实验”发展模式的概念、内涵等基本理论问题；论证了“人才培养+作战实验”发展模式确立的依据；设计了“人才培养+作战实验”发展模式的体系结构；提出了“人才培养+作战实验”发展模式的运行策略。“军队院校信息安全研究”（赵满建）在大量调研和分析的基础上，提出了加速军队内部网络建设和构建统一的军队网络身份认证体系的设想；提出在公开的网络中合理划分安全等级和安全区域，构建不同安全等级的专业应用网络在技术上的可行性，从而构建符合军队院校应用证书“制作”与“认证”系统，实现军队院校全网内的统一身份认证与授权管理的构想，对于推动军队网络安全应用，提高认证效率也具有十分重要的意义。

（二）基础理论的开拓性研究

“军队院校教育转型及教学转变研究”（战玉）通过从宏观层面上探索和揭示军队院校教育整体转型的特点规律，来准确把握军队院校教育发展方向，提出军队院校教育发展目标和转型的思路，架构适应2020年前后军事人才培养需要的院校教育新体系；从微观层面上研究信息化条件下军队院校教学的特点规律，探索信息化条件下教学方式方法、条件保障、教学管理等一系列问题，构建新的教学体系，进一步提高信息化条件下的教学和人才培养质量。“新的历史使命下中国军校文化研究”（汪新林）立足对军校文化内涵与本质的深刻把握，系统探讨了当前历史条件下，中国军校文化精神、发展状况与发展战略等问题，为军校文化建设实践提供了理论依据。“军队研究生教育改革发展问题研究”（王振国），查阅了大量研究我国军队院校研究生教育的相关政策文献资料以及外军和地方院校研究生教育方面的相关资料；采取比较研究法，对我国军队院校、外军院校和国内外地方院校的研究生教育进行比较研究；采取实证研究法，对军队研究生教育体系进行全面深入的调查和剖析。“青年学生国防忧患意识教育研究”（陈胜武）为准确把握青年学生国防忧患意识现状，进行了广泛的问卷调查和深入的访谈调查，第一次明确提出了把国防忧患意识教育作为国防建设的组成部分。

（三）国防军事教育学科存在的问题

1. 组织更新滞后。由于军队特殊的性质，决定了人员的流动性大大超过其他行业。学科专家组的成员也在动态的变化中不断更迭。这种状况直接影响了正常的学科专家组的活动，使经常性的制度实施变得困难，由此牵扯和制约了领导机构的决策与威信。“十二五”应强化专家组构成的科学性，同时，对年龄、职务等要素加以通盘考虑，以确保组织的活力和生命力。

2. 经费增长迟缓。“十一五”期间投入规划课题的经费较以往有了提高（共约450万元），但与现实需求相比仍存在较大差距。如果统计物价上涨等因素，实际投入的净增长更显得微乎其微。军事教育工作者的研究热情与可批准的课题数量及可提供的研究经费之间，仍不可避免地存在反差。这一情况不会在短期内发生根本改变，科学、合理、统筹管理和使用现有经费，就显得更为紧迫。

3. 结题鉴定过宽。借鉴其他学科的经验和依据自身的体会，对课题研究全程实施不间断的管理，收到了良好的效果。但与立项、开题、中期几个环节相比，管理重心明显有前移的倾向，使得结题鉴定环节略显宽松和通畅。

（撰稿人：王小明　孙世明　张彩云　丁杰）

第三编

教育学科发展分报告

教育基本理论研究

教育基本理论的研究，自教育学被人们称为科学并为之极力辩护时，便成为教育研究中不可回避的重要课题。承继着21世纪第一个五年的发展脉络，教育基本理论的研究向着更为具体和深入的方向发展，注重对人、理论、实践及学科建设的关注，体现出更多的时代特征和科学研究的新趋向。结合全国教育科学“十一五”立项课题、中国期刊网以及人大复印资料《教育学》的文献检索，对“十一五”期间的教育基本理论的发展与变革进行了梳理与研究。

一、研究的进展状况

梳理教育基本理论的研究进展，主要通过两种途径：一是各级各类的科研立项课题，二是发表在学术杂志上的研究论文。

从立项课题的研究中，往往可以探寻到一些诉诸实践的、具体的教育问题和教育现象研究。作为一系列独特的、复杂的并相互关联的科研（学术）活动，这些研究更好地凸显出了时代与社会发展中教育领域中的热点问题，也更好地体现了时代特征在教育领域中的痕迹。“十一五”期间，全国教育科学规划立项重点课题已千余项之多，其中，2006年228项，2007年279项，2008年342项，2009年459项。这些课题从纵向看，分布在了不同的教育领域，高等教育与义务教育是两大主体区域，尤其是随着激烈的社会竞争以及对人才的大量需求，高等教育领域的研究比重大大增强；从横向看，各研究领域已形成了相对稳定的研究范围与边界，研究的对象、内容也都涵盖了教学论、课程论以及教育理论中其他分支学科的基本问题。在诸多看似杂乱无章的课题背后，各领域的研究已逐步聚焦，凸显出了教育与社会交织中或生成、或显现、或深化的教育问题。2006年，以教育基本理论对象的科研立项有9项，2007年为12项，而素质教育、教育传统、农村教育、学校教育等成为理论研究的基本指向，教育改革则成为这些研究中的高频词汇，凸显出教育研究在社会转型中不断变革、深化的研究趋势。如在高等教育领域中，高等教育质量已成为核心课题，高等教育的质量管理、质量评价以及质量保障体系的研究等不仅形成了特定的、具有继承性的研究领域，还从中辐射出关于高等教育的课程、教学、科研团队、社会服务等领域的研究。在义务教育研究领域，公平与效率的价值导向下的教育资源、办学体制的研究、素质教育理念下的课程与教学及其改革研究、教育主体研究以及德育研究等已逐步形成了自己的研究核心和逻辑。此外，科研课题的研究也更多地体现出时代特色与时代精神。如网络环境下的教学实验研究、师资培训模式、教学效率等问题的研究；数字化的学习资源的开发，学习过程与评价的研究；信息技术环境下的日常教学研究等。而和谐、继承与创新则成为诸多研究中潜在的精神旨归，如和谐社会视野下的教育公平和效率问题研究、和谐社会背景下的素质教育研究等。微观、多元的研究领域与研究方式也折射出现代社会精神特质与追求。

从发表在学术杂志上的研究论文来看，虽然不少论文主要反映了科研课题的持续性的成果，但也凸显出研究者的研究旨趣和教育基本理论的研究内容与取向。在教育原理方面，教育本质、教育功能、教育目的、教育价值仍然是研究的重点与主题；在课程与教学论方面，课程与教学的改革、教学效能的研究、有效教学以及学生学习能力与业绩评价的研究等成为研究的重点；在教育社会学领域，教育的公平问题、课堂教学的社会学研究备受关注；在教育经济学领域，教育的资源与效率问题始终是研究的重点，尤其是对义务教育资源的配置与均衡发展、农村中小学义务教育的布局调整、高等教育的经费来源、投资办学体制等问题的研究。在教师教育方面，教师的专业化发展是核心话题。德育方面，公民教育、公民素质、公民道德教育等成为和谐社会下的德育主题。

二、研究关注的热点问题

“十一五”期间，教育基本理论的研究亦呈现出了对人的关注、对理论与实践的关注、对教育学学科建设和发展的关注以及对教育改革的关注。

（一）对“人”的关注

教育对人的关怀并不是一个新鲜的话题，已有不少的研究者对人的问题进行了哲学、生物学、社会学、人类学、心理学、宗教学、教育学等多方面的研究。近年来，主体性教育研究的兴起、“新基础教育”的发展，都凸显出对教育的对象“人”的高度关怀。而随着时代的进步和研究的深入，这种对人的关怀更趋向于具体、现实，主要表现在以下四个方面。

第一，关注人的生命。“教育是直面人的生命，通过人的生命，为了人的生命质量的提高而进行的活动”。① 以叶澜教授为代表的“生命·实践教育学派”所倡导的“新基础教育”，正是通过人的生命打开了教育的新视野，并提升了教育学的生命性，并在课程、教材、课堂教学、师资培养、教学方法等方面全面实施了这一理念。生命教育实践的开展，以及生命教育理念的升华，使生命这一概念成为教育研究的出发点。生命的需要和品性、生命的精神和价值、生命的主动与自由、生命的情感以及生命活动的体验性和理解性等已经成为教育理论中对“人”的研究的主要内容。从根

① 叶澜，郑金洲，卜玉华．教育理论与学校实践［M］．北京：高等教育出版社，2000：137-140.

本上看，生命概念的引入，已经从整体上对传统的教育理论进行了颠覆，使研究者对于教育本质、教育功能、教育目的、教育价值、教育过程、教育内容以及教育方法等基本理论问题的思考，回归于原初的起点，并在这一起点上形成了系统、持续的理论整合。

第二，关注人的幸福。如果说人的生命是抽象的、形而上的教育理论的原点，那么人的幸福则是现实的、形而下的对人的现实关怀。正如费尔巴哈所说："一切有生命和爱的动物，一切生存着的和希望生存的生物之最基本和最原始的活动就是对幸福的追求。人也同其他一切有感觉的生物一样，他所进行的任何一种意志活动，他的任何一种追求，也都是对幸福的追求。"① 从这一点看来，幸福可以看做是关怀生命的教育逻辑推演的必然结果，也是生命不可忽视的内在需求。幸福教育的理念已逐步显现，并成为一个亟待重视的研究领域。2007 年召开的中国教育学会教育学分会教育基本理论专业委员会年会以"教育与幸福"为主题，集中探讨了教育与幸福的关系、教育主体（教师与学生）幸福的内涵以及教育如何促进人的幸福等问题。虽然目前对于幸福教育的内涵、外延的定义还不明确，而且幸福是否是教育的终极目的以及普适性的教育追求如何实现主观性、个体性较强的主体幸福等问题还尚无定论，但教育要培养自由、全面、幸福的人已成为教育的时代内涵与追求。

第三，关注人的生活。生活是生命与幸福的现实的物质载体。杜威曾有著名的"教育即生活"的论断，陶行知也在其实践基础上提出了"生活教育"的理论。走出哲学之思与时代局限，生活世界引导着教育对人的现实关怀。有研究者提出，多年来我国的素质教育在对应试教育的矫治中也走向了误区，只有回归生活世界，以生活为中心，才能真正使受教育者成为教育的中心。也有研究者提出，幸福、完满的生活是教育者发展的内在动力。还有研究者则着重探讨了通向生活世界的教育路径，也就是如何重建教育自身的结构，重建教师与学生安身立命的知识基础，回归其在生活世界中所栖居的本位。

第四，关注人性。"人性"概念作为研究人性与教育关系的起点，是长期以来困扰教育理论和实践的核心问题，教育与人性的关系问题，是教育领域的一个理论基础问题，也是教育基本理论的永恒问题。2009 年召开的中国教育学会教育学分会教育基本理论专业委员会年会以"教育与人性"为主题对教育与人性的关系问题进行了全方位、多层次的研究，用复杂性理论来综合地认识人性问题，成为研究者的重要共识之一。研究者从生理学、心理学、伦理学、社会学等方面，分别探究作为自然现象、价值规范和实践活动的人性。教育理论构建、教育制度设计和教育行动选择，都或显或隐地建立在某种人性假设上。有的研究者深入研究了人性假设的性质、方法和意义，认为人性假设对教育实践始终具有至上作用。"教育出于人性"，"教育为了人性"，但教育与人性的关系是以人性自由为中心、以个性发展和社会发展为目的展开

① 唐凯麟. 西方伦理学名著提要［M］. 南昌：江西人民出版社，2000：292.

的。在“应试教育”的深刻影响下，“解放儿童”仍是我国教育变革的重要课题。正确认识学校教育对于人性的刻画，是我们充分利用学校教育制度培养与提升人性的重要前提。我们应积极开展对教育人性化的合理性、教育异化及其改造策略的研究，正视教育中的人性异化问题，即20世纪80年代早期所谓“教育异化”问题。如何在新世纪、新起点，深入研究宏观、中观和微观教育过程中的异化现象，探究其根由以及相应的克服途径，这是教育基本理论的迫切任务之一。克服教育异化的基本策略是一个直接关涉德性与德行的道德教育的问题。

（二）对教育理论与实践的关注

21世纪初，轰轰烈烈的教育实践与变革仍然方兴未艾，从基础教育到高等教育，从课程、教学到学校的变革，教育实践在多元的思想、价值观念的引导下日渐丰富。而一直以“脱离实践”为人所诟病的教育理论及其研究，此时也开始了对自身的反思。

第一，我国教育基本理论研究者对教育理论的基本内涵、品质进行了明确。作为人类认知史的结晶，教育思想中的现实以及教育概念的发展体系、教育理论的内涵恰当地保持着理论与实践的合理间距，也规定着理论的内在品质，因此，有研究者指出了目前普遍存在的平庸教育理论及其危害。

第二，对教育理论研究的思维与方法进行了探究。如有研究者提出，要以多元化、情境性的思维方式来代替教育理论的普适性思想和“形而上”的思维方式；也有研究者提出要以“演绎”、“归纳”、“建构”等科学的思维模式来建立教育理论；还有研究者提出要以类比、推论等方式来建设教育理论，其目的不在于制造实在的知识，而是促进意义的理解、进行有效的对话并扩大经验的范围。

第三，对理论与实践关系进行认知。正如英国教育哲学家迪尔登所指：“理论与实践中的任何一方都不能绝对地优先于另一方”。① 研究者们在探索两者关系的同时，不局限于探讨两者的关系“是什么”，而是更多地转向“如何达成理论与实践的沟通”，力求深度挖掘教育理论对实践的价值，即不在于增加教育知识，而在于给予价值意识与智慧；也力求寻找教育理论与实践在本源上的统一点以及平等共生的合作点。

在具体的研究中，更加体现出教育理论与实践的紧密结合的特征。如我国60年教育基本理论的发展与教育实践结合的研究、义务教育均衡发展的理论与实证研究、学习方式的理论与实践研究、体验教学的理论与实践研究、教学生成的理论研究与实践探索等。还有学者对“理论与实践相统一”这一教育学话语的历史发展及内涵进行了深入的研究。而纯理论的研究，如教育改革的理论研究、教师专业化的理论研

① 迪尔登. 教育领域中的理论与实践［M］//瞿葆奎. 教育学文集·教育与教育学. 北京：人民教育出版社，1993：541.

究、高等教育质量管理的理论研究、教育基本理论的认识论反思等也成为研究的热点。这也体现了教育理论在对自身进行重新的审视和反思之后，力图回归自身“真正的参与事件，真正的出席在场”的实践本性、教化过程和预示功能。

（三）对教育学学科建设和发展的关注

教育学学科建设和发展始终是教育基本理论研究的重点。“十一五”期间，研究者对教育学的学科建设问题也给予了多元性、创新性、实践性的研究。

第一，对教育学的学科基本问题进行了研究。具体对教育学的学科性质、学科地位、学科形象等体现出一种综合性、整体性的反思。教育学的性质是多重的，具有经验性质、哲学性质、科学性质和文化性质，单纯划分为科学与非科学、理论与非理论已经略显不足，要接受一个非体系的教育学研究阶段。教育学也只有把自己定位为“综合学”、“时代学”、“为人学”才能揭示教育学的学科独立性，在多学科性、跨学科的研究中，要保持自主意识，才能改变“次等学科”的地位。

第二，在研究思维与方法上，后现代的哲学思潮以多元化成为教育学研究的基本底色。如批判教育学、现象学教育学以及实践教育学、身体教育学、冲突教育学、女性主义教育学等研究，都体现出多元文化与价值选择对教育学唯科学性追求的现代颠覆。而在方法上，对本质主义方法论的否定、现象学、解释学、人类学、复杂科学、叙事研究、行动研究、体验、理解与建构等后现代的人文研究范式，已经与传统的客观的自然科学范式展开博弈，并逐步体现出其对教育学研究的优势。

第三，在对学科建设的目标，即教育学的“中国化”、“本土化”的追求中，具有了更为深刻的自我反思和时代内涵。一方面是教育学史研究的兴起，体现出了研究者对于一个世纪以来教育学学科自身发展的冷静检讨和全面反思，尤其是将教育学史从教育史学中进行了分离，使教育学史具有了具体、规范和明确的研究对象和领域，对教育学在中国的引进、发展以及学科建制等重大问题上有了更深入、理性的思考，对于探寻教育学的“历史与逻辑的统一”起着重要的作用；另一方面是对于教育学“中国化”、“本土化”有了更深刻的思考。如何处理我国教育学与西方教育学的关系、如何看待中国的传统文化以及探寻全球化背景下教育学本土化的新内涵等，这些话题越来越受到研究者的关注。不少研究者提出了建设中国教育学、建立中国教育学的话语体系、拓展跨文化的视野以及开展原创性研究等重要理念。

（四）对教育改革的关注

随着社会转型动力的不断强化，“十一五”期间，教育的改革亦在不断走向深入，在思想观念、行为模式及实践策略等方面探索适应社会转型发展的教育改革的规律与路径。教育理论的研究自然也给予了教育改革以更多的关注和深刻的思考。从科研课题来看，教育改革的课题可以说占到了较大的比例，如：现代性与大学——基础教育学校变革与区域推进研究、转型期中国大学制度变迁的社会学分析、科学发展观指导下的中国教育现代化研究、中国传统教化的近代变迁与转型研究、中国教育改革的社会学研究、学校制度与文化的变革研究、经济转型时期高技能人才培养问题、社会变革时期青少年思想道德发展研究、民族地区中小学课程改革研究、中国农村教育的变革、面向基础教育课程改革的教师教育培养模式研究等，这些研究内容，体现出改革已逐步渗透到教育的各个阶段、各个领域，从宏观规划到微观教学，从政策体制到文化意识，改革正在不断走向深入化、实质化的阶段。

对于纷繁复杂的改革话题，研究者们开始了理性的思考，对于教育改革中的重要因素给予了更为微观、细致的研究。

第一，明确了学校是教育改革的实体。艾沃·古德森对教育变革的各种模式进行了理论探讨，指出国家的学校体系是世界变革力量的折射镜。因此，他从社会折射的过程中，挖掘出“变革的力量”，并对影响变革的内生与外生因素做出了动态的解释，以保持对学校教育的高度敏感性。也有学者对学校变革的动力机制、路径选择、范式转化、制度建设等问题进行了探讨，他们或从理性的角度对改革中不断显现的矛盾、问题进行关注，探寻变革的逻辑与规律；或从社会学、管理学、组织行为学以及心理学的角度对影响学校变革的一些微观的、精神性的、文化性、心理性的因素进行研究，更加关注变革中的主体以及变革的实质。

第二，理性审视了变革与传统、历史的关系。在全球多元化、科学技术化、信息网络化的现代社会，教育的变革体现出更为鲜明的时代特征，对传统、历史采取了忽略、回避甚至否认的态度。对此，研究者对我国教育发展长期积淀下来的独特而稳定的教育制度、教育思想、教育价值观以及教育行为方式等教育传统进行了现代性的阐释，力图将传统的延续性、发展性融入到教育的变革中，使我国的教育能够具有更多的本土色彩。还有研究者则从历史的角度，对我国教育改革的实践，如学院制、新课改、后勤社会化改革以及改革中的官僚化、行政化现象进行了分析，指出教育改革要遵从历史的求真精神，以高度的现实感和责任感来守望教育的规律。

第三，探讨了教育改革的特性。研究者对于教育改革的现代性则给予了关注，如对教育现代化的特征及实施策略进行了探讨。还对“现代性”进行了时间与空间上的界定，即中国教育的现代性，要在“近代型”的基础上，在中国“现代事件”和教育“现代精神”的耦合中发生。也有研究者则对教育现代性困境进行了分析，提出要将文化与艺术作为拯救困境的途径，从而实现教育对人的终极关怀。

三、研究凸显的新特征

（一）发展性是教育基本理论研究的主要特性

人类社会的历程是发展的历程，教育的历程也是动态的、发展的过程。而所谓的发展，是事物在对立、转化、统一的相互作用过程中，优化自身及与相关事物之间关系的要素与结构，提高自身适应环境、变革事物与促进和谐的功能，提高存在的价值。教育理论的研究，亦是要追求其促进社会、个人和谐的功能与提升自身的价值。"发展研究"，或曰"发展学"，已在多个领域，形成了具体的学科体系。发展教育学，作为研究、反思由于社会发展所引起的社会问题、教育问题以及解决策略的建构，并通过自觉、主动的教育自身的变革去推动社会健康、和谐发展的专门领域，研究正日益兴起。发展的理念也成为研究者的重要思维，发展性也成为教育基本理论研究的主要特性。

中国的社会发展已经成为教育研究不能回避的重要课题。如中国社会改革开放的30年，是社会发展、教育发展的重要时期，也是教育基本理论研究的时代背景。"十一五"期间，很多研究话题的展开，都是以此为背景的。如：30年教育改革的中国经验、我国后现代教育研究近30年的回顾与反思、教育规律研究30年、改革开放30年的教育学研究、我国主体性教育研究30年回顾与展望等。这些研究体现出了发展过程的特征，并不是传统与现代的断裂，而是在传统的合理因素中衍生出现代的特色。同时，教育理论的发展研究已形成了自己的学术话题与研究领域。与西方发达国家关注发展与教育问题的焦点不同，我国主要着眼于发展中社会矛盾的克服、自身的健康发展和社会与教育公平、公正的建立等。以发展为核心，以动态而非静止的眼光来审视社会发展、教育发展及人的发展等问题，成为教育研究的主要取向。如：关于公共教育资源分布及教育公平的研究、高等教育的扩招、就业问题以及体制改革、弱势群体的教育问题、公民道德教育与社会主义和谐社会构建研究、社会发展与教育的进步研究等。从实质来说，这些研究体现出"以人为本"、促进和谐社会构建的发展的实质，也是教育研究的最终诉求。

（二）微观、多元以及多学科的深度研究

从近几年的研究中可以看出，教育基本理论的研究已经不热衷于"宏大叙事"性的研究传统，也不试图追求教育事件、教育活动的自我表现而实现"存在"的永恒意义。后现代的思维观念使研究者认识到，无论人们怎样真诚地追求普遍性（普适性），迄今为止，在社会科学的发展中，对于普遍性的期待从来没有真正实现过。因此，在教育研究中，人们更加聚焦于微观、具体的社会或教育问题，并对之采取多元的思维和研究话语，尤其是采用了多学科的研究方法深度介入，开阔了教育研究的视野。

从研究的选题来看，无论理论还是实践的研究都以"问题研究"为取向。而研究所关注的问题，更加具体、微观。主要表现在以下几方面。

第一，对传统问题的深度挖掘。新课改是教育理论与实践中的重大事件，其研究趋势，也在从普遍性、基础性走向具体和深入。在空间上，从中部汉族地区拓展到西部、民族地区的中小学新课改研究；在时间上，从中小学延伸至普通高中；在宏观上，研究其文化形态与社会支持；而在微观上，则着重探索新课程的标准，校本课

程、校本教材的开发。宏观的教育、教学视角则关注到中小学生的学习与生活状况、学习方式以及厌学情绪等细微的教育现象中来。

第二，对“非主流”群体教育问题的关注。所谓的主流群体，乃是我们教育研究中的主要对象，即中小学生和大学生，地域和身份上，他们都是社会和教育的主流群体。而近五年的研究，研究者也更多地关注社会的边缘群体的教育，如对农村及农民教育的研究。包括对农民教育的培训模式研究，对农民工子女的就学问题、农村中小学布局结构调整、教学模式的变革以及中西部农村代课教师的问题等。还有，就是对职业教育、成人教育等领域的关注。

第三，对特定、突发事件中教育问题的关注。如汶川地震灾后儿童的心理创伤及对策研究、师生的心理援助与应急机制、灾后学校生命教育体系的构建以及灾后学校教育的反思与重建等。这种在重大事件中凸显出来的教育问题，对教育理论与实践的研究有着重要的意义，它们会在现实的层面上衡量着教育理论的价值与实践的走向，在微观的层面上碰触到教育的灵魂与精髓，继而引发教育研究的“蝴蝶效应”。

从研究方法与表现形式来看，多元的研究视角，多学科的研究方法以及多元的教育话语已成为时代的主流。如对课堂教学的研究，有研究者就采取人种志的研究方法；对学校道德教育，则采取了社会学、文化学以及哲学等多学科研究，如学校道德教育的社会学研究、多元文化背景下的青少年道德发展即道德教育规律研究等。而对教师及教师专业化发展的研究，则突破了传统的教育说教，从知识社会学的角度出发，将教师的实践性知识作为其知识分子的属性，并日益关注如何开发和利用教师实践性知识以促进教师的专业发展，而对于教师实践知识的管理这一核心问题，研究者又从管理学、人类学视角提出了具体策略。

此外，政治学与政策学的研究也备受关注，如教育发展趋向的政策分析、全球化背景下高等教育的政策变迁、教育公共政策研究、教育的民主问题研究等都表现出教育研究对政治的高度敏感性。多学科的研究方法已经从简单移植走向了深入的发展研究，在突破了“成为其他学科领地”的局限后，多学科的研究已经真正融入到教育的研究中来，不仅是方法论层面的更新，涉及研究者思维的转变，问题域的拓展与更新或新的研究路径等，还有理论层面的新突破，涉及学科性质的重新定位、学科立场的形成以及基本理论的更新等，逐步实现着对教育理论体系的整体重构。同时，这一时期，一些充满个性色彩的教育表达，如教育苦难、教育关怀、教育的尊严、教育的品性、教育智慧等话语等也引起了人们的关注，体现出教育研究的多元性和丰富性，以及教育研究者的多元思维。

（三）“大教育学”的学科研究与学术研究并行

教育基本理论的研究是以“大教育学”为对象的。“十一五”期间，从中国期刊网上的检索数据可以看出，教育学原理、教学论、课程论、教育哲学、教育社会学、德育原理等分支学科的研究繁花似锦，以教学论为篇名的核心期刊有 148 篇，以教育哲学为篇名的核心期刊有 190 篇，而以德育为篇名的仅核心期刊就有 1 400 多篇。在改革的深入发展之际，教育学中各学科的研究也在不断丰富、深化。而各门学科，在明确自身的发展空间，积聚学科发展力量的基础上，体现出学科研究与学术研究相结合的研究逻辑与时代特征。如同亚里士多德将知识做“形而上”与“形而下”之区分，学科研究注重理性、逻辑、规则与规范的研究。如研究者对于各学科的学科性质、学科概念、学科研究对象及学科理论体系的思考，尤其是人们对于教育学的学科体系建设的研究的热衷，至今方兴未艾，教育学的逻辑起点、概念范畴、体系构建以及话语表述等始终是教育学学科研究的重点。

学术研究是与生活相关的，由实践智慧支持的、泛化于教育、生活过程之中的研究。学术研究的主要特性是实践性，而在教育理论的研究中，学术性主要实现于实践的相互联系与统一性。“对话与交流”已成为各学科理论发展的主要方式，取代了单纯的自我辩护。一方面是个体与社会的互动，如教育社会学，以“如何做到以教育来改造社会”作为其追踪的当代主题，又以“如何促成中国社会独特的教育社会学问题意识和研究视角为目标”来唤醒其学科自觉；另一方面是学科研究内容之间的对话与交流，如教育哲学的研究，不仅研究时代盛行的生命哲学、存在哲学、实践哲学、生活哲学、复杂哲学等，还对教学论、课程论以及德育论等学科提出了哲学指导，如教育的本质观、价值观、课程与教学观、师生观、道德哲学等。

教学论的研究，一条脉络是与具体的学科教学相结合，探寻不同学科的教学设计，课程构建等；另一条脉络则是对教学实践的哲学反思，如个人主义、女性主义、建构主义以及马克思主义哲学对教学论的影响，或是探究教学过程的哲学、学习的哲学、教育的哲学。

正是基于这种学科知识领域的不断交融、渗透，才催生出教育研究的学术主题，保障其深刻性、稳定性及其内涵的文化意识和批判品格，而不是随意的，“昙花一现”似的表面的繁荣。而以学术主题所展开的学术研究，因具有实践性、生活性和整体性，也丰富了各学科的理论内涵和学科构成。学科研究与学术研究共同促成了教育学各学科的“百花齐放”、“百家争鸣”。

（四）研究的主体意识增强

随着教育基本理论研究不断走向深入，人们对研究的主体——研究者给予了更多的关注。在理论上，或从宏观角度对研究者所担负的历史使命以及个人的品质、立场及角色形象等方面提出新的要求；或从微观上，突出强调研究者的某种素质与能力，如学科意识、实践能力、实践智慧等；还有则从学术规范的角度对研究者提出了要求，如建立制度化的学术规范，加强教育研究规范和方法的训练，开展健康、有益的学术批评等。教育学研究的开展与教育学科的进步，是以群体的研究力量为前景动力的，因此，创建中国教育学派的呼声日益高涨，凸显出教育研究的主体意识的增强。在实践中，人们也通过对教育研究中的科研课题、学术论文以及学术专著进行量化分析，考察研究者及其科研成果的影响力。2007 年，由人文社会各学科专家联合撰写了《中国人文社会科学学术影响力报告》，就是以发文和被引数据为统计源，以产生各学科较具学术影响的核心学者群，h 指数，w 指数的提出，正是教育研究领域对研究人员科研绩效进行评价的重要指标。这些量化的指标既体现出研究者进行学术研究的规律性，又凸显出研究者及其成果对于本学科的影响力。不论是理论还是数据，都体现着教育研究者正在从个体性、随意性及无意识的研究活动迈向整体性、规范性、更具主体意识的学术创新研究。

四、研究存在的问题

综观教育基本理论研究取得的丰硕成果，可以看出“十一五”期间，我国教育基本理论研究在深度和广度上进行拓展，同时也存在着以下不容忽视的问题。

（一）马克思主义经典著作引用频率不高

马克思主义应作为我国教育基本理论研究的基本指导思想。但在诸多研究中，马克思主义经典著作引用频率却不高。我们曾把 2006 年和 2008 年发表论文后的注释进行了统计。在 2006 年的 269 篇统计文献中，马克思、恩格斯选集仅被引用 2 次，在 2008 年的 254 篇文献中，被引用 9 次。这种现象很值得我们深思并重视。

（二）国际视野的缺失

从科研课题以及学术论文的研究来看，我国的教育基本理论的研究与时代、与实践结合得较为紧密，更好地把握了社会发展及教育发展的动态。然而，在与国际教育研究的接轨上存在一定的局限。尤其表现在语言上，在对大量的核心期刊和中国人民大学复印资料《教育学》文章的引文研究中，发现外文文献的引用率是比较低的。对于一些源于国外的哲学、思想等，更是缺乏对原文与原著的解读和分析能力。2006 年，在对部分核心期刊文章的检索中发现，在共计 269 篇的参考文献中，外文资料仅有 88 篇，所占比例为 33%。其中，原版外文资料仅有 5 篇，所占比例为 0.2%，其余 83 篇均为译著；2008 年，在 254 篇引文文献中，外文资料 63 篇，所占比例为 25%。其中，原版外文资料仅有 8 篇，所占比例为 0.3%，其余皆为译著；2009 年，在对选取的 101 篇文章的 1 270 篇引文文献中，译著 333 篇，原版外文资料仅有 66 篇，所占比例为 5.2%。

现象学、解释学、文化学、人类学的方法在我们的研究中已经成为主要的方法，可是在参考文献中，多停留于国内学者的译著与文章，而这些译著，也构成了上述外文文献的主体内容。语言是一个民族思维与智慧的表达，如果缺乏对源文本进行解读的能力，那么，必然无法很好地把握其思想的精髓，也就无法打开国际交流的视野。

（三）学术积淀相对薄弱

从“十一五”的科研立项课题来看，教育研究正走向繁荣阶段，千余项的课题从不同层面、不同角度揭示出教育发展中的重要问题，或宏观，或微观，都具有很重要的意义。然而，在对部分立项课题的追踪调查中可以看出，许多立项项目最终都不了了之，没有形成系统的研究成果，更没有对其所属学科的发展作出相应贡献。通过对2006年、2007年、2008年、2009年国家重大课题以及国家青年专项课题的百余位研究者进行调查显示，研究者的研究成果与课题的相关性差异较大。

表3–1 受调查的研究者研究成果与课题相关性

年度	与主题相关文章数（最多）	相关度（最高）	人数比例	相关度（最低）	人数比例
2006	4	100%	4/50	0	15/50
2007	15	83.3%	2/35	0	7/35
2008	15	62.5%	3/39	0	4/39
2009	2	75.0%	6/104	0	53/104

当然，由于数据源的不同，以及课题研究的延续性，上述结果未能完全反映客观情况，但是，我们也能够看出，诸多课题的研究还是流于形式，未形成系统的持续的成果。而在这些申报者中，重大课题研究者至少能够形成1篇以上的与课题相关的学术论文，也往往能够形成较为系统的研究成果，因其申报者主要是一些研究经验较丰富、资历较老的研究者，而青年课题中大多数的研究者没有形成相关的研究成果，零相关的比例较高。这也体现出青年研究者在学术积累、研究能力等方面的匮乏。

另外，从日常的理论研究中，也可看出，还是存在着一些对其他学科领域知识的盲目照搬、简单移植的现象，教育研究还是不免会落入“其他学科领地”的窠臼中，这也从另一角度说明了我国目前的教育研究学术积淀还较为薄弱，缺乏对其他学科的整合能力和深度研究能力。

（四）经验研究存在误区

经验研究是教育研究的重要方式，也是教育研究的起点。当前，教育研究热点的涌现，正是源于我国教育的历史经验与现实经验。然而，对于经验的研究，也是存在着一定的问题的。一方面是热点关怀，是过于关注热点而缺少对经验一般的研究，缺少对经验常规逻辑的研究，使许多的教育研究与报纸新闻几乎没有了区别；另一方面是大词关注，热衷于民主、自由、价值、人权、弱势群体等关乎意识形态的词汇，而不能深入到大词背后的经验逻辑中去，也就难以产生独立的经验返现，容易陷入西方社会科学的强势话语，甚至是意识形态的迷雾之中。

五、对“十二五”研究的建议

21 世纪开创了科学研究的新视野和新方法，而理论作为以概念、判断、推理等方式所表达出来的对事物本质以及规律的知识体系，是对研究的行动与实践的专门化、系统化的理性认识，对于引领和指导实践凸显出愈来愈重要的意义。理论研究的发展，代表着我国教育研究的整体水平，也是教育实践开展的重要起点。

（一）重视理论研究，加强理论反思

无论是作为一门学科的教育学，还是作为一项活动的教育实践，其发展都离不开理论的指导，当教育日益成为关系国家前途命运的战略性事业时，教育理论的指导作用也日益凸显出来。正是在理论的指导下，研究者的教育改革才有了正确的方向，也正是由于理论研究的不断发展、更新，也才逐渐构建出符合我国国情，具有我国特色的教育理论体系，不断促进实践的变革与发展。然而，理论的进步与发展需要不断地进行自我反思。只有通过反思，才能发现发展中的问题，理论上的缺失，没有任何一种理论是绝对完善的，在时代与实践的交织中，理论永远是未完成的、有待发展和完善的，因此，不断地进行理论的反思才能使理论永葆活力，真正实现与实践的对话，对实践的指导作用。

（二）坚持理论研究的本土化与国际化

建设中国教育学，这是我国教育研究的基本指向。然而，教育是一项国际性的事业，在世界各国的丰富的教育实践和活动中，才能显现教育的全部内涵，教育的理论也才能总结出人类教育的全部知识和智慧。片面地追求本土化，缺乏国际意识，缺少对国际教育研究的基本了解，只能使我国的研究话语、问题意识以及研究方法等成为无源之水，无本之木。因此，教育理论研究要具有国际视野，要在国际教育的交流与碰撞中，凸显出中国教育研究的特色。

（三）形成理论研究的核心

随着教育事业的发展和教育研究的深入，我国的教育基本理论研究已经从最初的零散、片面、感性阶段逐步向系统、深入的发展，相对稳定的研究领域和研究方法基本形成。但是，从多项课题及学术论文的研究中可以看出，研究的论域还有待集中，立足于实践的经验研究往往还止于表面，缺乏其逻辑上的深刻认知，这必然会限制理论研究的深度，也难以形成理论研究的核心。因此，教育理论的研究仍要不断地走向深入，挖掘教育研究的核心论域，这样才能在看似繁乱的研究背后，形成系统的理论成果。

（四）重塑教育学的学科文化

学科文化，是学科内部的知识传统和相应的行为准则，是学科发展的内在动力和源泉。学科成员从进入某一领域开始，就受这些学科传统和潜在规范的熏陶，逐渐形成该学科的思维方式、价值评判标准、学科发展理念等。教育学应塑造怎样的学科文化？其成员应具有哪些可以共享的“符号系统”，有哪些可以分享的技术和信念？这些都是教育基本理论亟须关注的，因为学科文化的形成不仅能够增强学科成员的归属感和认同感，形成可操作性的技术和行为规范，更能够将分裂的知识内聚成整体，克服综合性教育研究“浅薄的全面”和专门性教育研究“片面的深刻”的局限，从而使多学科的研究能够系统整合，并逻辑有序，各有所归，更好地服务于理论的研究和实践的开展。

（五）提升研究者的素质

“主义和学派，自身并不互相竞争；思想和观念，自身并不跨时空旅行；而知识和智慧，也不会自主生产或创新。”是知识的行动者，也就是教育理论的研究者，是广大的一线的教育实践者在背后承载着这一切。他们是教育研究领域的核心群体，代表着学术研究的整体能力和水平。因此，我们要建立相应的学术制度和学术规范，提高研究者的准入标准，提升研究者的基本文化素养，加强学术规范和研究能力的训练，从实质上改善教育研究“平民化”的状况。只有建立一支知识、经验丰富，研究能力较强的科研团队，才能保持教育研究的活力，才能促进教育学科的繁荣与发展。

六、“十二五”期间拟重点研究的课题

（一）马克思主义教育思想中国化的理论研究

马克思经典作家们在论述社会发展时总是要论述到人才的培养问题，即教育问题，他们对人与社会发展关系的种种理论今天仍然有着重要的理论意义和指导意义。更重要的是马克思主义的立场、观点和方法仍然是教育研究的方法论基础。特别是邓小平把马克思主义的基本原理和我国当前社会发展阶段的实际相结合，与我国的国情相结合，提出建设有中国特色的社会主义理论，以及“三个代表”思想和科学发展观，不仅是指导我国社会主义现代化建设的指导方针，也是指导教育理论建设的指导方针。

本研究旨在对马克思主义教育思想中国化进行理论研究。研究内容：马克思主义教育思想的基本内容；马克思主义教育思想中国化的历程；党的领导集体对马克思主义教育学说新贡献的研究；如何以马克思主义教育思想为指导进行教育理论的研究。

（二）西方教育学发展问题研究

教育学是"舶来品"，教育学是"从西方引进过来的"，"引进西方教育学是中国教育学发展的起点"，中国教育学是"在不断接受外来教育学冲击的影响下形成和发展起来"，这些都是对中国教育学研究者耳熟能详的话语，但中国研究者对西方教育学的研究很不深入和系统。

本研究旨在对西方教育学发展问题进行研究。研究内容：西方教育学发展阶段及其特点；西方教育学发展的基本逻辑；20世纪，特别是20世纪上半叶中国教育学研究者所形成的西方教育学研究成果的系统梳理；西方教育学在中国的引进、应用和创新研究。

（三）教育学的基本范畴研究

中国教育学至今还缺乏自己的科学范畴和严格的科学定义，没有形成一个科学的体系。中国教育学虽然现在有一些基本范畴，如人的全面发展、德育、智育、体育、美育、课程、教学等，但什么是教育学的基本范畴，其科学定义是什么，至今尚缺乏系统的研究。

本研究旨在对教育学的基本范畴进行研究。研究内容：教育学基本范畴的界定；中国教育学基本范畴的构建。

（四）教育改革发展中的"中国经验"研究

中国教育学需要对改革开放30多年来的经验进行认真而系统的总结。但与经济学、社会学等领域相比，我们做得很不够。我们对改革开放30多年来的中国教育经验缺乏认真而系统的总结。

本研究旨在对教育改革发展中的"中国经验"进行研究。研究内容：教育经验的界定；教育改革发展中"中国经验"界定的标准；教育改革发展中"中国经验"总结的程序；教育改革发展中"中国经验"如何成为中国教育理论发展的有效资源。

（五）教育理论研究成果转化研究

教育理论研究成果是具有一定的学术价值、社会效益或经济效益且带有增值意义的知识产品。通过各种方式将教育理论研究成果转化并推广运用于相关领域的研究管理活动，是研究管理工作的最后环节，也是研究成果管理的重要组成部分。

本研究旨在对教育理论研究成果转化进行研究。研究内容：教育理论研究成果的界定；教育理论研究成果的分类；教育研究成果转化的特征；教育理论研究成果转化的条件；教育研究成果转化的程序；教育研究成果转化的中介与手段；教育理论研究成果转化的机制系统。

（六）劳动技术教育研究

劳动技术教育虽然是全面发展教育的重要组成部分，但近年来对劳动技术教育缺乏系统的研究。

本研究旨在对21世纪初劳动技术教育发展与改革进行研究。研究内容：劳动技术教育的界定；劳动技术教育在21世纪初中国学校教育中的地位和作用；劳动对象和方式的变化对学校劳动技术教育的目标、内容、途径、方法的要求研究；劳动技术教育与学生实践能力培养研究；劳动技术教育与学生创新能力培养研究；劳动技术教育与职业预备教育结合的研究。

（七）教育学的中国资源研究

"教育学原创"是当下教育学领域流行的口号，但在这个口号下，我们不能忽视教育学研究的资源。教育学既需要通过不断引进各种境外学术资源而借鉴"他山之石"，也需要通过不断地扬弃而正确吸收本土学术资源。然而，目前我国教育学在吸收本土资源、特别是在如何才能恰当地吸收本土资源方面所做的研究，却尚处薄弱状态。这直接影响了中国教育学的探索、推进和深化。

本研究旨在对教育学的中国资源进行研究。研究内容：教育学中国资源的界定；教育学中国资源的分类；教育学中国资源的整合。

（八）当代中国社会的教育基础

教育和社会的关系是教育基本理论研究的永恒话题。但多年来我们更多聚焦于社会对教育的制约和影响，而对社会的教育基础却缺乏应有的研究。

本研究旨在对当代中国社会的教育基础进行系统的研究。具体从为社会的发展制定一把教育的尺度，社会的教育机能的梳理分析与研究，以及教育在形成社会的教育基础中的独特价值等三个方面来开展研究。具体研究内容：何谓社会的教育基础；"社会的教育基础"这一命题提出的价值；当今社会教育基础的历史演变形态及其原因；中国社会之教育基础的检测指标，调查研究；社会变革对教育基础的期望；教育对于社会文化心理转型的意义以及改造的可行性办法；社会基础与教育基础的转化机制。

（九）素质教育典型经验总结与理论提升研究

素质教育是我国改革开放实践尤其是教育改革深化和发展的需要在教育理论和思想上的产物，是一个具有鲜明时代特征和重要理论价值的命题，因而也成为近年来研究者们讨论的热点问题。但以素质教育为核心的改革较多地体现在学校物质条件改善、信息技术手段在教学中的推广与运用、课程改革的逐步扩大和系列化、办学体制的多元化和办学经费来源的多渠道，以及对素质教育的广泛宣传上，教师的学历水平和社会地位也在提高等方面。如何在学校教育的核心领域，如课堂教学和班级建设等实现突破，使学校的办学理念与目标、组织与管理方式、运行机制与动力等方面摆脱传统框架，进行突破性的创新与变革，这个问题亟待研究。

本研究旨在对素质教育典型经验总结与理论提升研究。研究内容：素质教育典型经验的界定；素质教育典型经验的分类；素质教育典型经验的总结；素质教育的理论提升。

（十）社会教育学的学科建设研究

以往的社会教育研究，大多是从对社会教育实施指导的角度进行。特别在民国时期，社会教育研究的主要目的在于指导实践，以改变我国当时社会现状，并企图通过对全体民众的教育来改良社会。虽然民国时期出版的社会教育著作和教材在编写体系和内容上体现了社会教育学学科建设的努力，1989 年春秋出版社引进了日本社会教育学家新崛通也著、张惠才译的《社会教育学》，1992 年教育科学出版社出版了王冬桦、王非主编的《社会教育学概论》，但从总体上看，中国社会教育研究者对社会教育的研究尚缺少学科层面的探讨，对于社会教育学学科的建设不够重视。进行社会教育学的学科建设，应该是 21 世纪初我国教育学学科建设的重要任务。社会教育学的研究不仅对于社会教育的整体研究和进展具有重大的推动作用，而且必将给我国教育学学科建设带来新的生机和活力。

本研究旨在从学科层面对社会教育进行探讨。研究内容：社会教育学学科的研究对象、学科性质、研究范畴、学科体系、研究方法、社会教育学的学科群建设。

（撰稿人：教育基本理论与教育史学科组 侯怀银　王霞）

外国教育史研究

作为教育科学领域的传统学科，教育史研究是教育理论研究与实践探索的起点和历史基础，在教育研究体系中具有举足轻重的作用，一直在全国教育科学规划体系中居于基础地位。外国教育史研究在“十一五”期间得到稳步发展，研究队伍进一步壮大、研究主题进一步扩展和深化、研究质量都得到明显提高，取得了一系列可观的研究成果，为21世纪中国教育改革的推进作出了不可替代的贡献，也为未来“十二五”期间的教育科学研究奠定了良好的基础。

一、研究的基本情况

除2010年课题尚未立项之外，“十一五”期间外国教育史学科每年都有课题通过立项，从立项类型来看，既有国家一般课题，也有教育部重点课题、国家青年基金课题、教育部青年专项课题。从立项单位来看，有北京师范大学、华东师范大学、浙江大学、河北大学、福建师范大学、山东师范大学、合肥师范学院等高校。各项目课题组成员的年龄构成呈现年轻化趋势，学科背景也呈现专业化和多样化的特征，立项课题不但有全国各高校教育史的研究人员参与，其他人文社科专业的学者也参与到外国教育史课题的研究中来，充分实现了新时期教育史研究的跨学科特征。具体立项课题包括“20世纪美国大学教师学术专业发展的历史研究”（王保星，2006年）、“外国职业教育史”（贺国庆，2007年）、“美国大学学术自由的历史变迁研究”（李子江，2007年）、“美国教师质量保障体系演进的历史研究”（洪明，2008年）、“美国加州公立高等教育系统化发展研究”（何振海，2008年）、“英国现代教育思想流派的历史演进研究”（朱镜人，2009年），等等。

从“十一五”期间外国教育史立项的课题大致可以看出近5年外国教育史学科研究的基本情况和发展。“十一五”期间是外国教育史学科的转型时期，外国教育史学科学者面对转型期的危机，在继承传统的基础上，不断吸纳其他学科的研究成果而有所超越。虽然多数学者继续从事传统的教育思想和教育制度方面的研究，但在西方大学史研究方面取得重要进展，西方教育史学及其学科体系研究也有重要成果问世，外国教育史教材建设得到加强，新的研究领域得到拓展，在新视角和新方法等方面也有新的尝试。总之，外国教育史研究呈现出职业化和学术化并重和多元化发展的趋势。

二、主要进展和重要成果

(一) 外国教育史教材的更新

教材建设是学科建设的重要组成部分，是衡量学科发展水平的重要标志，是提高教育史学科质量的基础性工作。随着时代与社会观念的发展，教育史专业课程设置和教学实践都发生了巨大变化，原来全国广泛使用的教材如吴式颖教授主编的《外国教育史教程》、戴本博、张法琨教授主编的《外国教育史》（三卷本）等这些教材已经不能完全适应学科改革与发展的需要。在"十一五"期间，教材的更新成为外国教育史学界研究者的自觉意识。催生了多部外国教育史教材的编撰问世，包括张斌贤、王晨主编的《外国教育史》（教育科学出版社，2008 年）、周采主编的《外国教育史》（华东师范大学出版社，2008 年）、王保星主编的《外国教育史》（北京师范大学出版社，2008 年）等。新教材在教育制度史与教育思想史的结合、学校教育史与社会教育史的结合、国别史与整体历史的结合、教育历史阶段性与连续性的结合等方面做了有益的探索。不仅力求使外国教育史这门课程在新时期能够更好地为教师的培训和培养服务，也力求使这门学科成为一门具有精神陶冶功能的教学科目，为 21 世纪的学生更好地理解教育史上的人、思想、文化和传统，形成更广阔的全球和世界视野提供帮助。

除了教材的更新之外，为了更好地适应新时期课程改革和学生学习的需要，"十一五"期间教育史学科的课程教学配套用书的建设也得到了加强。包括《历史上最具影响力的教育学名著 19 种》（张斌贤、刘冬青）、《教育名著评介（外国卷）》（李明德、金锵）、《外国幼儿教育名著选读》（杨汉麟）、《中外教育名著选读》（刘新科、栗洪武）等。

(二) 西方大学史研究取得突破性进展

从京师大学堂建立至今，我国现代大学教育的发展已经经历了 100 多年的历程。21 世纪是我国的大学教育面临新的调整和发展的机遇期，从历史的角度深入思考和探索大学的本质及其发展特征显得尤为重要。"十一五"期间，北京师范大学、河北大学、厦门大学等院校的一批研究者组成研究团队，围绕"西方大学史"这个主题展开研究，取得了突破性进展，出版、翻译和发表了大量研究作品。除了在《教育研究》、《教育学报》、《北京师范大学学报》（人文社会科学版）、《比较教育研究》、《清华大学教育研究》、《北京大学教育评论》、《高等教育研究》、《江苏高教》等学术刊物上发表了近百篇相关论文之外，"京师高等教育论丛"在 2008 年出版了 8 部有关欧美大学发展的专题研究著作，分别是《美国大学自治制度的形成与发展》（和震）、《美术自由在美国的变迁与发展》（李子江）、《知识演化进程中的美国大学》

(黄宇红)、《保守主义的大学理想》(王晨)、《美国联邦政府大学生资助政策》(杨克瑞)、《冷战中的美国大学学术研究》(於荣)、《文化战争中的美国大学》(王璞)、《德国大学与国家的关系》(周丽华)。这8部著作是"十一五"期间关于西方大学史探索的重要系列成果。除了专题研究著作之外,还出版了一批高质量的西方大学史翻译作品,包括《欧洲大学史》(第一、第二、第三卷)、《美国研究型大学探索译丛》(六种)、《中世纪大学》、《巴黎高师史》、《德国大学与大学学习》等。此外,《大学》书系第一、第二辑的出版也为国内的研究者提供了展现中外大学史研究优秀成果的园地。

(三)外国教育思想史的研究成果丰硕

教育思想史的研究作为教育史研究中的传统领域,一直是学者们研究的重点,在"十一五"期间,教育思想史的研究更是取得丰硕的成果。

首先是教材建设得到加强。有两部教育思想史的教材出版,包括张斌贤主编的"十一五"国家级规划教材《外国教育思想史》(高等教育出版社,2007年)和单中惠主编的《外国教育思想史》(高等教育出版社,2007年)。这两部教育思想史的教材将思想家个人的教育思想与教育思想流派、思潮以及整体教育思想的历史变迁从点到面有机结合起来,无论是教材内容的取舍和教育思想的呈现方式上都有所创新。

其次,高等教育思想史的研究也有突破。张斌贤、刘慧珍主编的北京市高等教育精品教材《西方高等教育哲学》(北京师范大学出版社,2007年)较为系统地梳理了18世纪末19世纪初到20世纪80年代之间西方高等教育哲学发展的基本内容和基本线索,填补了国内高等教育思想史整体研究和教学用书缺乏的空白。

"十一五"期间,在外国教育家思想的研究方面,对传统人物教育思想的研究进一步拓展和深入,如《自然·秩序:夸美纽斯教育理论的逻辑起点》(王保星)、《赫尔巴特教育心理学化的理性分析》(贺国庆)等。尤其是对杜威教育思想及其影响的研究迈入了一个新的阶段。2007年人民教育出版社将过去零散翻译的杜威教育著作收集起来编撰成五卷本《杜威教育文集》。为国内的读者,特别是教育科研工作者、师范院校师生和中小学教师更加系统和深入地学习与研究杜威的教育思想提供了资料。此外,作为世界教育大师,杜威教育思想所产生的影响也成为国内学者所关注的研究主题,杜威教育思想不仅对中国,也对世界许多国家的教育都产生了广泛和深刻的影响,2008年由教育科学出版社出版的"杜威与亚洲教育丛书"包括《交流与融合:杜威与日本教育》(关松林)、《走向"对话"——杜威与中国教育》(王彦力),深入研究了杜威教育思想在日本和中国的传播、应用与发展。

除了进一步推进教育思想史上经典名著翻译工作之外,如山东教育出版社的"西方教育史经典名著译丛",翻译了《希腊的学校》(朱镜人)、克雷明《学校的变革》(单中惠)等经典名著。教育史学界的学者们也在不断探讨经典名著的研究价值和如何研究这些经典作品,如《经典阅读与自我精神成长》(于述胜)、《教育经典:

读什么？如何读?》（张斌贤）、《美国名著教育方式之争及其问题》（王晨）。

（四）西方教育史学研究和教育学科史的探索

因为研究领域的独特性，外国教育史学科本身就是外部世界的舶来，研究对象以中国之外的世界为主，所以本学科的发展必须密切关注其他国家教育史学界的发展。尤其是在全球化趋势不断增强的今天，西方教育史学变革对中国的外国教育史研究产生了深远影响，全面分析与探究西方教育史学的动态与趋势对我们的外国教育史研究具有重要意义。"十一五"期间，《美国教育史学：嬗变与超越》（周采）、《布莱恩·西蒙和二战后英国教育史学》（延建林）、《多元化发展的战后西方教育史学》（周采）、《全球化视野下的教育史学新走向》（周洪宇）等著作和文章对西方教育史学的发展模式进行了归纳和总结，将西方教育史学中新文化史和新社会史学的新取向介绍给国内的研究者，极大扩展了中国教育史研究者的研究视野，提供了更多可借鉴的新思路与新方法。有助于中国教育史学界的学者更好地借鉴西方新史学研究范式，拓展教育史的研究视域，积极发挥研究者主体认识的作用，为教育史研究的未来发展提供更为宽泛的生长基点。

此外，近年来在美国引起巨大影响的美国教育史家拉格曼的著作《一门捉摸不定的科学：困扰不断的教育研究的历史》由教育科学出版社翻译出版，为中国的研究者详细展现了一百多年来美国教育研究的历史，揭示了令人困惑的美国当代教育研究的历史背后的复杂多变的社会发展过程，是教育学科史研究的重要成果。

（五）关于外国教育史学科建设的思考

"十一五"期间是外国教育史学科的转型时期，在转型期的危机面前，学者们首先是全面回顾了外国教育史学科的研究，如《外国教育史学科发展的世纪历程》（胡凤阳）、《从艰难恢复到积极革新——外国教育史研究三十年（1978—2008）》（王晨），这些总结和回顾使我们能够更清晰地认识我国外国教育史学研究的发展历程以及认识当前存在的主要问题。同时通过分析当代西方和世界教育史学研究领域的变化，对当代中国教育史学科发展的困境做出思考，探索新时期教育史学科发展的新思维与新方法，拓展教育史学科的功能，从而使我们更有效地推动我国的外国教育史研究工作向纵深发展。如《教育史研究国际学术动态与趋势》（洪明、陈瑶）、《当代教育改革视野中的教育史研究》（杜学元、林靖云）、《教育史学科的双重起源与外国教育史课程教材建设的"新思维"》（张斌贤）、《外国教育史学科的困境与超越——基于我国外国教育史学科功用的历史分析》（王保星），等等。

（六）外国教育史新领域、新视角和新方法

"十一五"期间，虽然思想史和制度史仍然是外国教育史研究的主要框架，但是新时期思想史和制度史的研究都摆脱了传统思路，不断有新的研究领域被开拓出来，

得到深入和细致的探索，主要表现在以下几个方面。

1. 国别史的研究不断拓展。《俄国教育史》（吴式颖）、《英国教育的文化阐释》（易红郡）、《现代澳大利亚教育史》（周心红、蒋欣译）、《美国教育：一部历史档案》（周晟、谢爱磊译）以及“当代俄罗斯教育论著译丛”（4 种）等专著和译著的出版，从各个方面反映了俄国、英国、澳大利亚、美国等国教育发展的历程，有助于中国读者更深刻地了解西方国家教育现代化历程。

2. 院校史的研究得到重视。《办学理念与大学发展：哈佛大学办学理念的历史探析》（陈利民）、《耶鲁大学办学史研究》（张金辉）、《剑桥大学简史》（李自修译）等著作中反映出西方院校在几百年的办学历程中形成了自己的办学理念、传统和经验，为我们国家的高校建设一流大学提供了比较、学习和借鉴的范例。

3. 职业教育史的研究兴起。21 世纪以来，随着我国经济的发展以及职业技术教育学硕士学位授予点的建立，职业教育作为学术研究领域日益受到研究者的关注，对西方国家职业教育历史的引介和研究也非常迫切。《发达国家职业技术教育历史演进》（翟海魂、石伟平）一书从近代职业技术教育的缘起——学徒制讲起，介绍了工业革命与现代职业技术教育的产生、19 世纪末至 20 世纪中叶职业技术教育制度的确立、“二战”后职业技术教育的快速发展、20 世纪 80 年代以来世界职业技术教育的改革等内容，较为全面地反映了西方发达国家职业技术教育的历史发展。

4. 教师教育史成为新的研究热点。随着教师教育成为当代中国教育改革中的热点问题，对于教师教育历史探寻的呼声也越来越高。《20 世纪美国教师教育思想的历史分析》（刘静）、《教师教育的历史、理论与实践》（金忠明）、“当代西方教师教育译丛”（11 种）这些著作的出版，为中国教师教育的开展提供了历史的视角与别国的经验。

5. 其他新研究主题的尝试。《西方领导教育史》（单中惠）、《外国大学教育问题史》（单中惠）这些著作与传统教育史的思路不同，尝试以问题为主线对教育发展的历史、特征及规律作了全面的考察和研究。改变了传统教育史以时间为主线的研究范式，进一步加强了教育历史和教育现实之间的紧密联系，以实现两者的交汇。

此外，值得一提的是，2007 年 11 月 4—5 日，中国教育学会教育史分会在安徽师范大学召开了主题为“探索外国教育史研究的新领域和新方法”的学术年会。提交大会的 70 多篇论文，涉猎了众多前沿主题，将教育口述史、教育叙事研究以及计量史学等新史学的方法运用到外国教育史研究当中，是外国教育史研究领域拓展和研究方法创新的全面总结。其中精选的论文由广西师范大学出版社在 2009 年结集出版。

三、存在的主要问题

虽然在“十一五”期间外国教育史的研究取得了许多重要进展，但面临的问题和困难也不容忽视，主要表现在以下几个方面。

（一）学科危机依然严峻

近年来，虽然外国教育史学科发展迅速，成果卓著，但随着社会主义市场经济的发展与人们价值观念的不断变化，特别是当前时代人们对实用和功利性的普遍追求，外国教育史这样的基础学科研究仍然面临前所未有的严峻形势，虽然"十一五"期间有不少研究者认识到了外国教育史学科面临的危机，也探讨了本学科如何扩展学科生存空间，超越学科生存困境的问题，但学科的生存问题依然严峻。一方面，当前教育改革遇到问题的时候，人们没有自觉从教育史学科的研究中寻找历史的经验，教育史研究中从历史关照现实的思考并没有得到人们的足够重视与尊重。另一方面，教育史工作者自身的现实责任感不强，对于教育改革的关注程度不够，造成研究与现实需要脱节问题严重。如何加强两方面的联系，仍然需要教育史工作者不断努力，开拓研究视野，进一步加强问题与服务意识，为人们更好地理解当前教育问题提供教育历史洞察力和综合认识能力。

（二）理论创新和方法论的探索仍然较为薄弱

"十一五"期间，虽然外国教育史的研究相比过去取得了突破性进展，研究的数量和质量都得到了提升，对于理论创新和方法论的探索也成为教育史工作者的自觉意识。但教育史研究中选题重复的现象仍然存在，大量研究仍然建立在二手甚至三手资料的基础上，所使用的基本理论和方法没有根本性变化和实质性的突破。因此，"十二五"期间的研究应该大力借鉴西方史学新的研究理论和方法，与我国研究的特长与实际结合起来，反映我国的研究者对世界教育历史现象的独到理解和认识。

（三）研究领域有待进一步拓展

受到语言和资料方面的局限，欧美教育史的内容仍然是"十一五"期间研究重点，很难反映世界教育史发展的整体面貌，难以避免出现以偏赅全的情况。因此，以后的研究应当尽量拓展研究范围，将非英语国家以及亚洲国家的教育史学研究也纳入到研究之中，才能够较为全面和准确地描绘出世界教育史研究的全景。

（四）研究与教学队伍水平仍需提高

"十一五"期间，受研究条件的限制，参加外国教育史课题的研究者的学术背景虽然呈现多学科化的趋势，但仍然以教育学专业背景的研究者为主，相比较而言，具有历史学、社会学等学科背景的学者未能有效地吸纳进来，这在一定程度上影响了史学理论和研究范式研究的深度与广度，因此"十二五"期间的研究工作应当积极创造条件，吸引其他人文学科的学者参与到教育史学科的研究中来。

四、“十二五”研究的设想与建议

“十二五”期间，外国教育史学科面临的形势和要解决的问题与“十一五”期间既有共同之处，又呈现出新的变化。因此，“十二五”期间外国教育史的研究既要与“十一五”期间保持一致性、延续性，又要有开拓和创新。要在总结已有研究经验和成果的基础之上，进一步深化“十一五”的研究领域，继续开拓新的研究领域、探索外国教育史学科体系的建设。通过广泛的学科调研，现就“十二五”期间需要进一步深化和拓展研究的重点领域、方向和范围列举如下。

（一）国别教育史、区域教育史和地方教育史的研究

虽然“十一五”期间，对俄国、英国和澳大利亚等国教育史的研究取得了一些重要成果，但是外国教育史中国别众多，对于研究所覆盖的范围和深度还远远不够，“十二五”期间尤其要加强针对非英语国家教育史和我国邻近国家教育发展史的研究。

（二）外国高等教育史的研究

虽然“十一五”期间西方大学史的研究获得了重大进展，但是作为新的研究领域，与其他国家的高等教育史研究相比，我国的高等教育史的研究仍然处于刚起步的阶段。“十二五”期间仍然要进一步加强对世界各国高等教育史的研究，尤其是大学与区域社会发展的关系、研究型大学的历史发展与特征、高等教育学科发展史以及各国高等教育史学的发展，等等。

（三）外国民族教育史的研究

主要研究各个国家民族教育的历史，具体内容包括民族教育的政策、内容、方式、演进背景等，在比较和借鉴的基础上，为我国民族教育提供决策参考和发展思路，同时增进对世界各民族的理解和认同。

（四）外国都市教育发展史

主要以世界一些有代表性的都市的教育发展为研究对象，以此探讨城市的崛起与教育的关系，对于中国来说，目前正在推进城镇化进程，如何解决城市教育中移民的教育、本土居民的教育、城市现代化进程中的教育的作用等都是正在思考的问题。因此，通过此项目研究可以发现世界都市教育的一些发展脉络和规律，为我们提供参考和借鉴。

（五）西方科学教育史或工程技术教育史研究

西方科学教育思想和运动曾经对 19 世纪以后的西方学校教育发展产生过很大的影响。对西方科学教育史或工程技术教育史进行深入的研究对我国科学教育的发

展具有重要的借鉴意义。但在我国的外国教育史研究中，对西方科学教育史或工程技术教育史重视不够，缺乏系统和深入的研究作品。“十二五”期间可以研究西方科学教育思想的发展、科学教育运动以及对学校教育的影响等。

（六）西方课程与教学史研究

对于西方国家课程与教学的历史发展，西方学者有大量深入和细致的研究，但我国学者的研究却较为缺乏。加强对西方课程与教学史的研究有助于外国教育史学科研究的深化，我国的课程与教学改革能从西方课程与教学史的研究中得到启迪和借鉴。

（七）西方教师史研究

对西方国家教师职业兴起、变迁的历史进行系统研究、断代（国别）研究、专题研究或比较研究，探讨不同时期、不同国家教师职业化进程的背景和动力、教师经济社会和职业地位的变化以及教师职业生活、社会生活等。

（八）西方教师教育史研究

对西方国家教师教育的历史发展进行系统研究、断代（国别）研究、专题研究或比较研究，探讨不同时期、不同国家教师教育政策、教师教育机构、教师教育标准、教师教育模式、教师教育课程与方法等的变化。

（九）西方儿童史研究

对西方国家儿童史进行系统研究、断代（国别）研究、专题研究或比较研究，探讨不同时期、不同国家儿童政策、儿童权益保护、儿童养育、儿童教育、儿童游戏等的演变。

（十）西方国家教育之间的交流和合作研究

西方国家教育之间的交流和合作已经有悠久的历史，但我国学者的研究还处于刚刚起步的阶段，在全球化进程日益加快的当代世界，通过对西方国家教育之间的交流和合作的研究，既可以加深我们对西方教育发展的认识，也可以为我国的教育走向世界的过程中提供有益的启示。

（十一）全球史（或新世界史）视野下我国外国教育史学科体系的重建研究

近年来，在新的国际学术形势下，随着历史研究的逐步深入，倡导全球视野的历史分析方法在史学界获得了极大关注，在新的全球史观指导下，我国的世界史学科正在不断重建自己的学科体系。外国教育史学科的步伐也应积极应对这种变化，外国教育史学科的研究者在未来的研究中要探索如何将东方悠久的教育历史编纂传统与西方的历史编纂传统有机结合起来，超越外国教育史学科中的“西方中心论”倾向，揭示人类社会不同教育传统之间的紧密联系，重新建立新的外国教育史学科体系。

（十二）西方教育史和西方教育史学经典名著系列译介

对于西方教育史和教育史学经典名著的翻译和介绍工作虽然一直是外国教育史学科强调的重点，但是对于卷帙浩繁的教育经典著作，外国教育史学科工作者仍然有大量的工作要做，尤其是要在翻译的质量上下工夫。此外，过去的翻译作品仍然以英文的著作为主，非英文类著作的译介是外国教育史研究者在“十二五”期间工作的重点和难点。

（十三）战后西方教育史学思潮和流派研究

自 19 世纪末 20 世纪初西方教育史学传统形成以来，受到国际史学思潮和变革的影响，战后西方教育史学思潮和流派也异彩纷呈。西方主要国家先后出现了各种教育史学思潮和流派，如西方马克思主义教育史学、修正派教育史学、女性主义教育史学和多元文化主义教育史学等，我国的教育史工作者有必要回顾与总结战后各西方教育史学思潮与流派的发展走势，分析各种主要思潮产生的因由，不同思潮在教育史研究各专题领域当中的具体运用，以及各个思潮流派交叉和相互影响的情况，从而启发我国教育改革的思路，促进我国教育史和教育科学研究和发展的进一步深入。

（十四）新社会史和新文化史取向的各种外国教育史专题研究

20 世纪 70 年代以来，在对过去历史研究的“宏大叙事”进行反思和批判的基础之上，西方史学研究对历史哲学及其方法论领域进行理论探索和创新，产生了新社会史和新文化史研究。西方的教育史的研究也受到史学研究的影响，逐渐在历史认识和叙述范式上发生新的变化，产生了大量视角独特、内容新颖的专题研究。“十二五”期间，我国的教育史学者应在教育研究中努力借鉴新社会史和新文化史研究的成果，开拓教育史研究的新领域，以新的视角和方法对教育的历史进行解读和阐释。

（十五）教育思想史体系的创新和国别思想史研究

“十一五”期间虽然教育思想史的研究不断有新成果出现，但整体而言教育思想史的研究一直在传统的框架内进行，教育思想史的研究不仅仅是解读教育思想经典文本，还应在更广阔的范围内探索教育思想产生的历史条件和影响。此外，过去对于教育思想史的研究大都以时间、人物、流派和思潮为线索，按照国别来探索教育思想历史发展的研究十分少见。进一步探索教育思想史呈现方式，以新的方式系统反映外国教育思想史发展轨迹是“十二五”期间教育史工作者的重要任务。

（撰稿人：教育基本理论与教育史学科组 孙益　张斌贤）

中国教育史研究

“十一五”期间，党中央对哲学社会科学及教育科学高度重视，国家加大了对哲学社会科学及教育科学的投入，各级党委政府对哲学社会科学及教育科学重要地位的认识进一步提高，有力地推动了教育科学的建设与发展。中国教育史学科作为教育学科的重要组成部分，近五年来坚持为教育改革与发展服务的方向，通过立项课题，引领和带动了一批科研项目并取得了丰硕的研究成果，在加强学科建设，扩展研究视野和领域，更新研究方法，培养和优化中国教育史人才队伍等方面取得了重大进展。回顾中国教育史研究的发展趋势，分析当前面临的挑战与困难，对制订今后五年中国教育史学科规划具有重要的参考价值。

一、学科研究新进展

根据社会建设的实际需要和国家“十一五”规划的要求，“十一五”期间全国教育科学规划中国教育史学科立项课题共 35 项，其中国家重大课题 1 项，国家重点课题 1 项，国家一般课题 5 项，教育部重点课题 23 项，国家青年基金课题 1 项，教育部青年专项课题 4 项。从立项课题总数目看，相比“十五”期间中国教育史学科立项课题 29 项，“九五”期间 24 项，“八五”期间 24 项，从“八五”到“十一五”期间，中国教育史学科立项课题逐年增加，呈上升趋势。

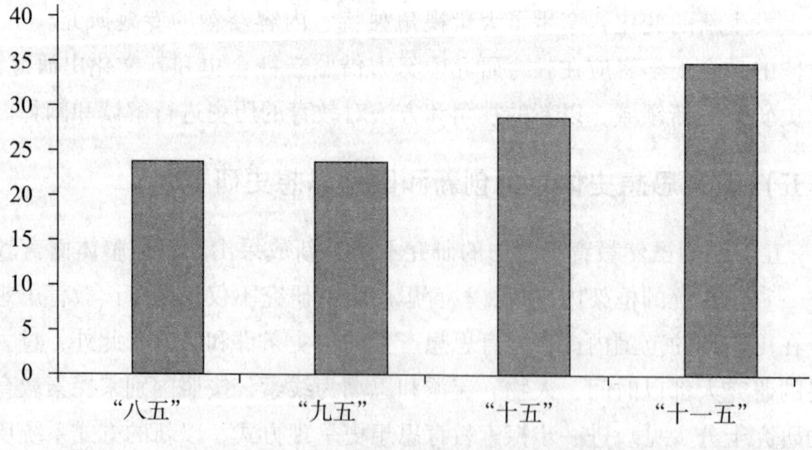

图 3-1　“八五”至“十一五”期间中国教育史学科课题立项趋势

“十一五”期间中国教育史学科立项课题类别的具体情况是：国家重大课题 1 项（改革开放以来的教育发展历史性成就和基本经验研究，袁贵仁），约占立项总课题数的3%；国家重点课题1项（中国优秀教育传统的传承和创新研究，王炳照），约占3%；国家一般课题5项（近代边疆教育研究，田正平；科举学研究，刘海峰；先秦时期原创性教育思想研究，王凌皓；等），约占14%；教育部重点课题23项（中华人民共和国教育发展模式和经验研究，方晓东；中国传统教化的近代变迁与转型研究，黄书光；等），约占66%；国家青年基金课题1项（民国高等教育国际化进程中的校际合作研究，陈滔娜），约占3%；教育部青年专项课题4项（社会转型期城市基础教育制度变迁研究，魏峰；中国私塾史研究，蒋纯焦；等），约占11%。从立项课题类别的分布比例看，教育部重点课题所占比重较大。（见图3-2）

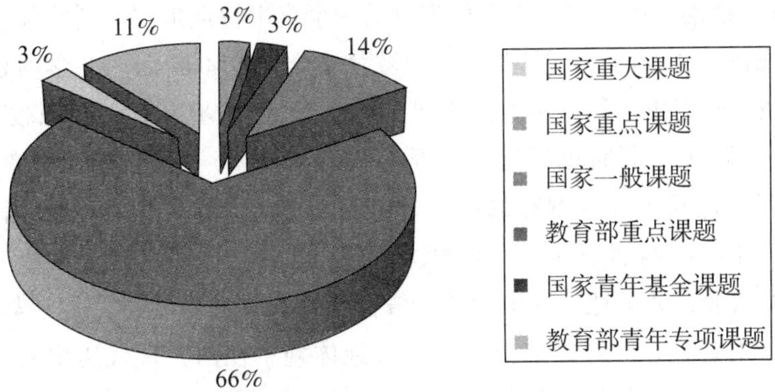

图3-2 "十一五"期间中国教育史学科立项课题类别

"十一五"期间是中国教育学科的转型时期，面对生存与发展的挑战和危机，中国教育史学科在继承传统的基础上，拓展研究领域，扩宽研究思路，更新研究方法，关注教育实践，在宏观、中观和微观研究中都取得了丰硕的成果，呈现出"百花齐放、百家争鸣"的局面，显现出教育史学科服务教育改革与发展的独特作用。

分析"十一五"期间中国教育史学科立项课题和主要研究成果，大致可以看出近5年来中国教育史学科研究的基本情况和发展趋势。一是"学科意识"日益增强，教育史学及教育学术史研究备受关注；二是传统研究领域耕耘不辍，学科体系日趋完善；三是珍视中国教育经验，中华人民共和国教育史研究取得突破性进展；四是关注现实教育问题，中国教育专题史研究不断拓展和深化；五是研究视野下移，中国地方教育史与校史研究百花齐放。

但是，由于各种因素的影响和限制，中国教育史学科发展仍面临着诸多困难；与其他学科的发展相比，还存在一定差距，需要我们认真总结和反思，进一步明确下一个五年学科发展的目标和任务，不断推动中国教育史学科的建设，为我国教育改革与发展作出应有的贡献。

二、学科主要研究成果

"十一五"期间，中国教育史学科取得了丰硕的研究成果。据初步统计，出版著作数百种，发表学术论文上千篇，完成硕博士论文200余篇。其中一些高水平的成果，在充分吸收国内外学术界最新研究成果的基础上，从研究内容、理论、方法和史料等方面丰富了中国教育史的学科体系和理论框架。

（一）"学科意识"日益增强，教育史学及教育学术史研究备受关注

"十一五"期间，中国教育史学科建设的一个突出特点是"学科意识"进一步增强，主要表现在两个方面。一方面，中国教育史学研究不断深入，学科建设步伐加快，标志着我国教育史学科逐步走向成熟。早在20世纪90年代，我国教育史工作者就开始了对中国百年来教育史研究本身历史的反思。2005年出版的《教育史学》（杜成宪、邓明言）是我国学者撰写的第一部教育史学专著。全书由"中国教育史学"和"西方教育史学"两部分构成。对中国部分，作者力求更多地汲取极其丰富的中国传统史学的营养，力求把中国史学的一般特点寓于中国教育史学的特殊性之中，力求体现"学"的特色；对西方部分则"更多地体现了在西方现代历史哲学发展背景下，教育史学的建树，有着更为浓厚的时代与理论气息"。它所创立的编纂体系，提出的诸多理论问题，以及把中西教育史学融为一体的尝试，都具有创新性意义。此后，在一些著作中也把中国教育史学作为其中的一个专题进行探讨。如《中国教育史专题研究》（王炳照）、《中国教育史研究问题的反思与应对》（李忠）等。

对改革开放30年来教育史学科的回顾与反思，是"十一五"期间中国教育史学者共同关注的话题。2008年10月10日至12日，在中国教育学会教育史分会主办的中国教育学会教育史分会第十一届学术年会上发表了一批思想深刻、视野开阔的论文，对30年来教育史学科进行了多领域、多维度的探讨。如《老学科　新气象——改革开放30年教育史学科建设述评》（田正平）全面地回顾和总结了改革开放以来30年教育史学科建设取得的成就，认为改革开放的30年是教育史成为一门学科独立以来，思想活跃、人才辈出、发展最为迅速、成果最为丰硕的30年，经过20世纪八九十年代的恢复、重建和发展，教育史学科不仅重新确立并进一步巩固了自身的基础地位，而且在学科研究观念和方法的创新、研究视野和领域的拓展、学科理论体系的构建与完善等方面也取得了令人鼓舞的成就，教育史学科的发展进入到更为自觉的阶段。步入21世纪后，教育史学科迎来了难得的发展机遇，专业人才培养大幅增长，研究队伍日益年轻化和多元化；学科的自我意识不断加强，学科建设步伐加快；教育史对现实的关注愈加密切，研究领域和方法也得以进一步更新，等等。教育史这门"老学科"在21世纪的第一个10年里呈现出前所未有的"新气象"。但与此同时，与会代表也同样认识到当前教育史学科面临的危机与困境，如教育史学科生存价值遭

到来自高校内部和外部环境的质疑，与其他历史和教育分支学科相比教育史学科的研究水平仍有差距，学科建设缺乏科学、周密的长远规划，教育史研究的现实性及其对当前教育改革的关注和影响有待加强等。对上述问题的回应将成为今后教育史研究者所需努力探讨的重要课题。

在肯定改革开放以来教育史学科发展成就的同时，专家学者还针对学科本身存在的不足，结合当下教育改革实践的需求，探讨了教育史学科的未来走向问题。《全球视野下的教育史学新走向》（申国昌、周洪宇）认为在全球化的背景下，教育史研究应结合自身特点，实现学科的多元化、整体化、群体化、民间化发展。《马克思主义史学理论与教育史研究》（周采）则从教育史研究的理论指导的角度，探讨马克思主义史学理论对于当代教育史研究的重要意义。《中国教育史学科结构方式的历史探究》（于述胜）一文从传统的中国教育史研究入手，阐释了以“教育思想”和“教育制度”为核心的研究范畴是中国现代化教育与发展思路的学术表达，并集中落实于最具“致用”机制的中国教育通史体式中。

对中国教育史研究范式和方法的探讨，也是这一时期的亮点。这标志着在文献分析、逻辑思辨等传统方法的基础上，教育史研究的范式和方法日趋多元化。口述史、个案研究、定量研究等方法受到重视；社会学、人类学、考古学、经济学、语言学等学科的方法也备受研究者青睐。著作如《教育家心理史学范式研究》（胡志坚）采用心理史学方法，对蔡元培、黄炎培和陶行知三位教育家社会心理和行为特点的分析和探讨，构建一种以社会心理学概念、范畴为基础的心理史学研究范式，拓宽中国教育史学研究的视野和思路，扩大中国教育史理解的范围，增强中国教育史研究的生动性。论文如《教育历史研究的知识图景》（丁钢）提出，史学及教育史学的知识特征是学科知识的多元性和交叉性。强调关注理论视野和知识领域拓展，对教育史研究的发展具有促进学科建设和推动前沿发展的双重意义。《我国教育史学科研究范式的反思与转换》（梁淑红、杨汉麟）指出，我国教育史学科的传统研究范式具有遵循直线式进步教育史观、注重宏观的编年体研究、采用思想—制度模式划分研究内容、学术语言追求客观中立等特征。这些特征规范下的教育史研究已经无法满足现实教育改革的需求，时代要求教育史学科应体现研究的现实性、生动性、全面性和生成性，这就需要从以上几方面入手，实现研究范式与时俱进的转换。《教育史研究问题：范式的反思》（阎广芬）以商人、商会、女性与教育关系的研究为例，总结自己在研究过程中借鉴社会学研究方法的经验。《我国当前中国教育史研究近况述评——对六年来〈教育史研究〉相关论文的量化分析》（肖平、洪明）以《教育史研究》杂志6年刊发的中国教育史类论文为研究对象，就这些论文的数量、选题分布、刊载论文作者的单位及地区分布概况等进行分项统计文献分析，是定量研究的有益尝试。此外还有《观念世界的教育变革——现代小说中的教育叙事研究刍议》（田正平）、《关于教育史研究方法的两点思考》（冯建超）、《教育口述史研究初探》（于书娟）、《口述史方法与教育史研究》（王晓慧）、《新方法抑或新教育史学》（林李楠）、《论教育史学跨学科研究的必要性和可能性》（李娅）、《论中国现代教育的萌生——一种基于教育形态范式的教育史学阐释》（黄明喜）、《教育史学科建立时期的中国问题——解读舒新城中国教育史研究的学术理路》（于述胜）等。

“学科意识”增强的另一个方面的突出表现是，教育学术史研究日益受到重视。从20世纪末，各个一级学科如文学、社会学、史学、政治学等都开始撰写百年学术史。这在整个学术界逐渐成为一个大的趋势，并推动了教育学术史研究的兴起。在教育学科内部，如教育理论、教育史学等二级学科，也开始撰写学术史。同时也有一批学者比较重视教育学术史的回顾与梳理。论文如《学术史视野中的近代中国大学教育学科》（肖朗、项建英）深入阐释了近代中国大学学科的发展轨迹，得出中国现代教育学术是在导入和借鉴西方近代学科分类观念和大学教育制度的基础上建立起来的研究结论，并在此基础上全面总结了中国近代大学学科建设的成绩与不足，为当今中国大学教育学科建设提供了值得借鉴的宝贵财富。《中国教育概念史研究刍议》（田正平、章小谦）从重建中国教育学和客观描述不同历史时期教育状况的重要意义入手，强调了研究中国教育概念史的必要性，结合中国教育概念史研究的现状，强调概念史的研究要避免走从概念到概念的老路，必须从概念所反映的历史事实的变化，及表达概念的词语变化两方面探讨概念自身的演变过程及其规律。《从教育学史到教育学术史》（于述胜等）深入剖析了中国现代教育学的传统特征，指出中国教育学在研究上既隔绝于文化历史传统，又隔绝于西方文化历史传统的现实困境，提出要改变中国教育学史研究困境，必须把传统教育学术纳入研究视野，从教育学史拓展到教育学术史研究的建议。《“理论与实践相统一”——六十年来中国的教育学话语史论》（于述胜）以新中国成立60年时代背景为线索，以“理论与实践相统一”的命题为核心，以知识与社会的相互构建为视角，以话语分析为手段，分别考察和呈现了“文革”、“改革开放”、“市场经济”不同时期中国教育学的发展状态和问题。为了把“超越知识的文化追求”落到实处，全面、准确把握“理论与实践统一”的现实内涵及其实践方式，把严谨学理、宽厚知识与人文情怀、人文化探究和表达方式统一起来，以充分展现教育学的人文学特性，应成为我们的可能选择之一。

相关代表性著作，如《中国教育学发展问题研究：以20世纪上半叶为中心》（侯怀银）在考察20世纪上半叶中国教育学发展的基本历程的基础上，就中国教育学者在20世纪上半叶所进行过的教育学中国化探索、教育学的科学化探求、教育学的学科独立性的探讨和教育学学科体系的构建进行了研究与反思，并在对20世纪上半叶中国教育学发展问题进行反思的基础上提出，从植入性到生成性，这是中国教育学发展的未来走向。《中国教育科学30年》（《教育研究》杂志社）全面系统地梳理了改革开放以来我国教育科学的重建与发展，首次收录了教育学、德育理论、比较教育学、教育法学、教育经济学、教育管理学、职业技术教育学、教育史、教学论等各教育学科30年的发展历程，从一个侧面见证了改革开放30年我国教育科学各个领域的深刻变化和长足发展。

（二）传统研究领域耕耘不辍，学科体系日趋完善

"十一五"期间，中国教育史学科在已有研究的基础上，不断深化中国教育通史、教育制度史、教育思想史等传统领域的研究，使中国教育史学科体系不断完善。

1. 深化教育制度研究，加强学科史料建设。中国教育史学科中关于教育制度的研究继续深化。其中科举制度研究独树一帜。"十一五"期间，厦门大学教育研究院教育史学科点出版了《科举学导论》（刘海峰）、《中国科举史》（刘海峰等）、《科举百年祭》（刘海峰）、《科举、高考与社会之关系研究》（郑若玲）、《二十世纪科举观之变迁》（陈兴德）、《二十世纪科举研究论文选编》（刘海峰）、《科举制的终结与科举学的兴起》（刘海峰）、《科举学的形成与发展》（刘海峰）、《中国科举考试与社会影响》等9部著作。其中《科举学导论》（刘海峰）为标志性成果。该书系统地论述了科举学的含义、范畴和内容，提纲挈领地论述科举学的方方面面，重在科举学学理的阐发和学术史的梳理，进行学说的锤炼和理论的锻造，并为科举学构建出一个基本的理论框架和发展平台，将古、今、中、外，文、史、政、教等各方面的科举研究熔于一冶，为科举研究集大成之作。

同时，在书院、民国教育等方面的研究也不断深化。论文如《书院精神的传承与创新》（王炳照）、《利玛窦与白鹿洞书院及其他——以文献整理视角的考察》（肖朗）、《明代安徽书院的数量、分布特征及其原因分析》（李琳琦、张晓婧），《教育决策民主化的最初尝试——民初临时教育会议考察》（田正平、于潇）、《教育独立的困境——国民政府第一次全国教育会议之考察》（方勇、罗彩云）、《民国时期（1912—1937）县教育局长群体构成分析》（田正平、刘崇民），《中英庚款与民国时期的边疆教育》（田正平、张建中）、《民国时期社会课程史论——以小学社会课程标准为核心的考察》（阳光宁）、《民国初年中华职业学校遭遇挫折的原因探析》（张宇）、《民国时期山西高等小学教育研究》（申国昌），等等。

此外，继承中国教育史课程作为高等院校教育类专业基础课的传统，研究者在长期从事中国教育史教学与科研的基础上，对中国教育史进行重新梳理，出版了一批中国教育史教材。如张传燧等教授编著的多个版本的《中国教育史》；《中国教育发展史纲》（曲铁华）、《中国教育史导论》（张彬、周谷平）、《中外教育名著选读》（肖朗）等。

一个学科的史料建设，不仅是研究的前提和基础，而且在一定意义上标志着这个学科当前理论研究的水平和预示着今后研究发展的方向。"十一五"期间，一批教育史学界的前辈学者致力于中国教育史基本史料的发掘、整理、出版和修订工作。2007年，一部近千万字的教育史资料汇编《中国近代教育史资料汇编》（十卷），在出版10年后，又重新修订出版。作为一种资料书，该丛书的作用和影响力主要是通过所收集的材料所具有的权威性、全面性和准确性而形成的。其中新修订、补充了数十万字，在保持原来特点的基础上，弥补和发掘发现的不足，重点是改进性修订。整套丛

书分十卷来编排史料，既涵盖了中国近代教育发展的方方面面，也满足了分类查阅的需要，同时在选编史料时，不仅注重近代教育史料的搜集，更注意相关教育史背景资料的整理，为新时期教育史文献资料书籍编纂方面提供了优秀的范例。

2. 重视教育人物的个案研究。对教育家的个案研究取得显著进展。著作如《张伯苓年谱长编》（梁吉生）突破以往教育家思想史的研究方法，通过大量珍贵的第一手资料全面详尽地反映了张伯苓先生一生的教育历程，许多内容属首次披露，借用谱文和附录的形式再现了张伯苓教育思想的脉络，运用多种史料及媒介方式总结张伯苓先生生平和教育思想研究的成果，为研究者和广大读者呈现了这位近代重要历史人物的“全宗档案”。《蒋南翔传》（方惠坚、郝维谦等）全面系统地介绍了蒋南翔的生平及其教育思想的精髓和理论贡献，特别是反映了他作为革命的教育家那种大无畏的唯实求是精神，为后人了解、学习、研究这位杰出的老教育家提供了翔实、可靠的历史文献。此外还有《叶圣陶年谱长编》（商金林）、《张伯苓的大学理念》（梁吉生）、《教育开发西南——卢作孚的事业与思想》（吴洪成、郭丽平）、《守本与开新——阎锡山与陕西教育》（申国昌）等。

中国教育思想的研究继续走向深入，更加注重对教育思想史的细致考辨、运思阐释，使得这方面的研究，别开生面。著作如《马克思主义教育思想的中国化历程：选择融合发展》（周谷平）对马克思主义教育思想在中国的导入、传播历程进行比较全面的梳理，对马克思主义教育思想在中国教育理论形成发展以及教育实践改革中的实际影响进行比较深入的分析，尤其注重从选择、融合、发展的视角考量马克思主义教育思想与中国国情的调适过程。论文如《试析中国历史上教育家涌现的三个高峰期》（孙孔懿）分析了春秋战国时期、两宋时期和近现代之际三个中国历史上教育家涌现的三个高峰期的时代特征，揭示各个时期大批涌现教育家的历史奥秘，指出其既具有不同时代特征，又具有相同或相关的共同特征，为当今教育家成长提供有益借鉴。此外还有《教育思想史研究的新视角——试论“重新认识”思想史的价值》（宋兵波）、《文本理解的张力：中国古代儒家教育智慧的解释学视角》（周险峰）、《孔子诗教哲学与朱熹诗教哲学的比较》（靳健）、《杨贤江的“全人生指导”思想——“人的全面发展”教育思想本土化的范例》（肖朗、陈家顺）、《试论蔡元培大学理念的哲学基础》（汤广全、金林祥）等。

相关方面的硕博论文有《雷沛鸿德育思想在当今教育中的现实意义》（张少洁），《晏阳初“平民教育”理论与实践研究》（张颖夫），《黄炎培职业教育思想及其对我国当代职业教育的启示》（王勇），《陈鹤琴的“活教育”思想及其现实意义》（高敏），《梁启超国学教育思想研究》（朱俊瑞）等。

3. 日本侵华教育史研究取得重大进展。为纪念中国人民抗日战争暨世界反法西斯战争胜利60周年，“十五”期间中国教育史界就全面展开了日本侵华教育的研究。“十一五”期间持续对日本侵华教育进行全方位的考察和深层次的理论思考，以揭露日本侵略中国教育的罪行、实质，回击日本右翼势力掩盖侵略罪行，美化殖民教育的言论；振奋民族精神，不忘国耻，振兴中华，使中日友好建立在对历史正确反思的稳固基础之上。经过近十年的研究，出版了一批精品力作。

《日本侵华教育全史》（宋恩荣、余子侠）是我国第一套全面系统地研究日本侵华教育历史的大型学术专著。该书从日本侵华教育政策、侵华教育实施、中华民族教育应对三个方面展开，论述了日本帝国主义在中国推行的殖民奴化教育，其根本目的在于泯灭中国人民的民族意识和国家观念，妄图使中国永远沦为日本侵略者的殖民地；把教育侵略放在日本帝国主义军事扩张、政治奴役、经济掠夺的整体战略中进行研究，用大量确凿的证据深刻揭示了日本侵华教育的殖民性和奴化本质，讴歌了中国人民在维护教育主权、反对奴化教育过程中表现出的不屈不挠的斗争精神。

《抹杀不了的罪证——日本侵华教育口述史》和《见证日本侵华殖民教育》（齐红深）大规模运用口述历史的方法，由亲历者通过自己的耳闻目睹和自身遭遇，揭露日本侵略者配合军事占领、经济掠夺进行奴化教育，摧残中国人民的民族意识和国家观念，妄图毁灭中华文化和民族精神的罪行。该书作者搜集整理的口述历史，系口述者的亲历、亲见、亲闻、亲感，包含许多细节，比理论著作显得具体、细腻、生动、鲜活。这是随时都可能逝去并将永远不能再生的文化遗存。因此，这项工程浩大的研究，于国于民，功莫大焉。

《血与火的民族抗争——日本侵华时期沦陷区奴化教育史纲》（吴洪成、张华）揭示了日伪奴化教育的行政制度、奴化教育方针、政策及其实施的基本历史史实，揭露殖民奴化教育的实质，反映爱国的中国人民反抗日伪奴化教育的斗争，热情地讴歌了英雄的中华民族的伟大智慧与忠贞不渝的爱国情操，也无情地鞭挞了少数汉奸、走狗在教育领域所表现的丑恶行径。

4. 革命根据地教育史研究更加注重育人功能。中国革命根据地教育史研究将红色资源转化为新时期教育、教学资源，转化为人才培养资源，成为教育史和中共党史界研究的新方向和新样态。研究力量仍主要集中在江西、福建、陕西、江苏、山东、河北、东北地区等原革命根据地区域教科院所、高等学校的教育史界及中共党史界。研究内容主要反映在思想政治教育、农村教育发展路径、根据地教育模式、干部教育、社会教育、区域教育、教材建设及对当代教育的影响与借鉴等方面；研究既有对历史的考察，又有对现实的观照。亦有打破界域，从文化史、社会学、马克思主义理论专业方法、角度来研究革命根据地教育史，对抗战时期革命根据地教育的研究相对多一些。论文如《“根据地干部教育史”研究旨趣》（陈桂生）考证和辨析了历史变迁中“干部教育”概念。指出，根据地“干部”及“干部教育”一向以党务干部、政府干部和军队干部为主要对象。干部教育以政治、军事为主，兼顾文化教育与业务教育。这种教育传统对现行的干部教育办学取向产生了重要影响。《借鉴、融合与创新——抗日根据地教育模式探析》（周谷平、袁玉华）在考察抗日根据地的革命教育模式的形成后提出，这一模式是中共把马克思主义原理与中国社会实际相结合的产物，是马克思主义教育思想本土化的创造性成果。尽管由于战争环境和历史条件等主客观因素的制约，这一模式不可避免地存在局限和不足，但无疑为建设中国特色社会主义教育体系提供有益的启示。此外还有《延安教育模式与邹平教育模式：近代中国乡村教育的不同路向》（崔玉婷），《社会教育与抗日根据地的政治动员——以陕甘宁边区为中心》（黄正林），《陕甘宁边区“干校教育模式”的基本特点及其意义》（栗洪武），《从晋察冀边区教育到晋察冀精神》（毕诚），《陕甘宁边区的民众教育及其对新中国教育的影响》（曹守亮），《抗战时期陕甘宁边区小学教育经费研究》（尚微），《论抗战时期陕甘宁边区的民办教育》（陈亚锋），《试论革命根据地的教材建设及其现实启示》（赵娟），《革命根据地和解放区的教育方针与高等农业教育的发展演变》（李国杰），《论太行革命根据地冬学运动的显著特征》（白雪枫），《井冈山革命根据地思想政治教育的创新》（肖云岭、刘晓丽），《中央苏区教育巡视制度发展概述》（肖小华），《延安时期成人教育的特点及其现实意义》（张玉斌），《延安时期学校体育的特点》（党挺）等。硕士论文如《山东根据地的社会教育》（李卫华），《试论川陕苏区的普通教育》（廖冲绪）等。

（三）珍视中国教育经验，中华人民共和国教育史研究取得突破性进展

“十一五”期间，正逢新中国成立60周年、改革开放30年，中国现代教育史的研究受到前所未有的关注。研究主题聚焦在全方位、多角度、多层面地展现新中国教育发展历程和举世瞩目的成就，注重总结和反思对中国特色社会主义教育发展道路的认识和实践探索及取得的经验教训。指导思想、教育方针、政策、制度和体制等方面的研究仍是研究主流，同时针对教育现实中的热点问题，研究向实证和个案研究拓展，共和国教育人物的研究也取得新的进展。

著作如《中华人民共和国教育史》（何东昌）客观地描述了共和国教育发展的曲折历程，总结了共和国教育的主要成就与基本经验，并注意从全党及广大教育工作者对中国特色社会主义教育发展道路艰苦探索的角度，客观地反映了新中国成立以来教育工作中出现的失误，以及在探索中产生的问题和不足，并力图正确地分析和总结正反两方面的经验教训。该书反映了中华人民共和国教育史研究的新水平，有力地促进了中华人民共和国教育史的研究，对加快实现我国教育现代化作出自己独特的贡献。《当代中国重大教育改革事件专题研究》（廖其发）比较全面地研究了当代中国在历史上有重大影响的一系列教育改革事件。研究的重点是改革开放以来所发生的重大事件，其目的是想使人们对近年来所发生的重大教育改革事件有比较全面的了解，以便充分认识我国教育改革与发展的现实，特别是现存问题，有助于人们更理性地思考我国当前和未来的教育改革。《中华人民共和国教育60年》（方晓东）选择影响整个中国教育改革发展的标志性的专题，坚持实事求是原则，全面、系统梳理每一教育专题的发展历程、主要成就、基本经验、问题与展望；同时重点突出，着重总结历史经验教训，探索基本规律；并在深入研究的基础上，反思中国教育模式的发展逻辑，提升

教育改革与发展的基本经验。《当代中国重大教育问题史系列研究丛书》（方晓东）从当代中国的教育问题入手，追根寻源，梳理这些问题的历史发展过程，分析其在不同历史时期的特点；研究这些问题的现状及发展趋势；并在上述系统研究的基础上提出解决问题的对策建议，具有较强的历史性、现实性和前瞻性。

共和国教育人物的研究也取得新的进展。如《共和国老一辈教育家传略》（中国高等教育学会）着重介绍中华人民共和国20世纪五六十年代在高等教育领域作出突出贡献的18位教育家的生平事迹及教育实践活动，集中代表和体现了他们所处时代的精神文化和思想道德面貌，成为宏观教育制度史、教育活动史、教育思想史研究的重要依据。《新中国教育人物》（杨东平）试图揭示制度环境和教育家的交互关系，丰富了人们对“教育家”的思考和认识。

共和国教育史的资料建设也取得了新进展。由教育部老部长何东昌同志任总主编、中央教育科学研究所教育理论研究中心科研人员编纂完成的《中华人民共和国重要教育文献》（2003—2008）通过880篇、450余万字的重要教育文献，展现了党的十六大以来，在科学发展观指导下，我国教育观念不断更新，党和政府连续出台教育改革新举措，教育公平和素质教育迈出重大步伐，教育体制、学校管理、课程教材、教学方法等方面的改革不断推进，各项教育事业飞速发展的状况。

关于改革开放30年中国教育史的研究全面系统梳理和总结了30年来中国教育改革与发展的理论与实践。如《改革开放30年中国教育重大理论成果》（袁贵仁、袁振国）把中国特色社会主义教育理论放在探索中国特色教育发展道路的伟大实践中加以阐述；深入研究教育重大事件与教育思想观念转变的关系，梳理和总结中国特色社会主义教育理论的发展脉络、核心思想和基本内涵，揭示了教育理论创新与教育政策变化的互动关系、理论突破和重要意义。《改革开放30年中国教育重大历史事件》（袁贵仁、袁振国）重点选择了改革开放30年来影响中国教育改革和发展的30个标志性事件，浓缩了改革开放30年中国教育波澜壮阔的发展历程，同时反映教育热点难点问题，总结改革实践的基本经验，探索教育发展的基本规律。《改革开放30年中国教育纪实》（顾明远）以专题为主线，以纪实为基础，史论结合，厘清中国教育事业30年来发展演变的脉络，探讨今后发展的方向。此外还有《中国教育三十年：1978—2008》（于述胜）、《中国学校体育30年》（宋尽贤、廖文科）等。

论文如《传承与创新——从新民主主义教育方针到社会主义教育方针》（王炳照）阐述了从新民主主义教育方针到社会主义教育方针传承和创新的过程，指出我国的教育方针是在中国革命和建设过程中逐步形成的。社会主义教育方针是新民主主义教育方针传承和创新的结果，并在实践的检验下不断得以调整和完善。《新中国60年教育发展的历史轨迹》（方晓东、李玉非）从整体上对新中国教育进行全面系统的梳理和总结，较好地反映了新中国在教育现代化进程中经历的四次历史性转折，反映了中国教育现代化进程中的重大变革，而贯穿其中的一条主线就是探索和开辟中国特色社会主义教育的发展道路。《变革与反思：共和国德育的历史走向》（黄书光），回顾和梳理了共和国德育发展历程，指出中国德育已经开始摆脱长期以来的德育政治化遮蔽，逐渐实现德育观念的本体回归和德育实践的转型性变革。此外，许多论文采用问题研究与价值评述有机融合的方法，有所侧重地选取了不同专题，这些专题既关乎共和国教育的宏观与整体，亦关乎微观与局部。如《简论建国60年青年价值观教育的历史发展》（石海兵），《新中国60年教育经费筹措与管理体制与机制的改革与创新》（黄永林），《我国农村教育结构演进60年》（张乐天），《“五·四”制与“六·三”制之争及其启示》（刘远碧、廖其发），《〈共同纲领〉中的教育政策及其现实意义》（王红），《重读五十年代的院系调整——基于教育政策借鉴理论的视角》（张烨），《重读1958年高等教育大跃进》（张烨），《素质教育：改革开放30年中国教育思想一大硕果——纪念中共中央国务院〈关于深化教育改革全面推进素质教育的决定〉颁布十周年》（杨叔子、余东升），《素质教育的历史脉络与未来取向——兼理新中国教育目的之演进》（程天君），《新中国成立以来我国教育财政拨款体制的演变、问题与对策》（李进），《新中国教育方针的历史源流与未来发展探析》（黄正夫），《新中国培养的两院院士成长因素分析》（刘牧），《1958年江苏省农业中学迅速创办原因探析》（赵丽敏）等。

硕博论文在共和国教育史研究方面更是从不同角度切入进行研究，相比以上专著侧重从宏观角度研究的特点，硕博论文更注重从个案层面和微观视角深入研究。如《中华人民共和国高考制度发展研究》（蒋丽珠），《1977年恢复高考制度研究：以江苏省为个案》（石维军），《中华人民共和国美育的命运》（张正江），《共和国农村扫盲教育研究》（马云），《除旧布新：建国初中共对高等教育的接管与改造》（刘颖），《改革开放以来中外合作办学问题研究：以湖南商学院为例》（张漾滨），《建国初期留苏运动的历史考察》（李鹏），《我国研究生教育的历史考察（1949—1966）》（谷秀娟）等。

（四）关注现实教育问题，中国教育专题史研究不断拓展和深化

“十一五”期间，中国教育专题史研究在全国教育科学规划立项课题和研究成果数量上均占绝对优势。其中中国教育史立项课题中有18项属于专题史研究，占总数的51.4%。主要涉及以下九个方面：中国基础教育史研究、中国职业教育史研究、中国高等教育史研究、中国教师教育史研究、中国学科教学及课程教材史研究、中国民办教育史研究、中国民族教育史研究，性别教育史研究和中外教育交流史研究等。

1. 中国基础教育史研究。随着我国普及义务教育步伐的加快，科学地总结一个世纪以来我国在基础教育方面所获得的经验教训，以为新时期的国家重大决策服务，成为教育史学界义不容辞的责任。著作如《中国基础教育60年（1949—2009）》（石鸥）主要研究新中国成立60周年以来，义务教育的普及、中小学教师队伍的建设、基础教育课程与教学改革、基础教育体制改革与发展、中小学教材与教育研究制度建设等方面的发展历程和取得的成就和经验。《中国教育改革30年：基础教育卷》（王

炳照）结合“十一五”期间新一轮课程改革实验及出现的问题，回顾了基础教育改革开放30年的历程，在肯定成就的基础上，总结经验和教训，查找存在的主要问题，厘清未来发展的目标，探索继续改革开放的前进道路。《幼儿教育思想史》（杜成宪、单中惠）立足于中国教育的传统和发展特点，既反映民族的幼儿教育思想的一般内容，也重点表现有代表性教育家的有关胎教、家庭教育和儿童教育的思想主张，并总结提供国内外学前教育的新理念、新方法和新成果。此外还有《中国幼儿教育史》（廖其发）、《中国小学教育史》（吴洪成）、《中国中学教育史》（谢长法）等。

论文如《浙江省宁海县的小学教育（1945—1949）》（丰箫）运用社会学的研究方法，分析了海宁县乡镇小学教育状况，以及小学教员从教过程中的角色定位、意识观念以及与当时乡镇公所的关系。作者提出，在国家建设框架之下，乡镇教育发展的主体——教员——的整体状况才是关乎教育发展的重中之重。此外还有《职业变迁与教育转型——从塾师阶层消失看中国基础教育现代化》（蒋纯焦）、《从意识形态到公共精神——对新中国60年义务教育治理方式的政策考察》（邵泽斌）、《新中国成立以来我国义务教育投入体制的演变》（刘央）等。

2. 中国职业教育史研究。进入21世纪以来，中央连续三次召开全国职业教育工作会议，并颁布《国务院关于大力发展职业教育的决定》，职业教育步入快车道。随着政府对职业教育的重视，职业教育史研究在“十一五”期间也较为繁荣，主要表现为数量增多、研究方法多样、研究范围与视野扩大。历史跨度大，研究者梳理了我国从古至今各个历史时期的职业教育，重点是近现代的职业教育；在多样研究方法的基础上，研究视野扩大，除职业教育通史研究外，还涉及中外的比较研究、人物研究以及对职业教育研究的综述等。

著作如《中国职业教育史研究》（米靖）深入细致地回顾和分析了中国古代至近代职业教育发展的历程，细数从原始社会、春秋战国时期、秦汉时期、三国两晋时期、隋唐时期、宋元时期、明代直到近代鸦片战争时期、清末、民国、国民政府以及革命根据地的职业教育发展，从中探索中国职业教育的发展规律和途径。《中国职业教育史》（谢长法）全面地论述了中国职业教育的渊源、产生、发展和演变情况，以及中华职业教育社等有关教育团体及诸多职业教育家在中国职业教育发展历程中的贡献。《中国职业教育历史报告》（刘海、于志晶、陈衍）从十年兴农富民路、第四次期盼、里程碑记、中华职教社启示录等方面讲述了改革开放以来我国职业教育的发展历程。此外，也出现了行业教育史，如《中国煤炭职工教育史：1949—1999》（《中国煤炭职工教育史》编写组）。

论文如《试论清末重庆的职业教育》（吴洪成）阐述了重庆近代职业教育从教育目标、内容到教育方法都旨在培养实用技术人才，服务于重庆近代农、工、商业的发展需要。重庆职业教育制度的形成，对重庆教育由传统向近代的转型发挥了重要的作用。《论国民政府初期职业教育的发展及启示》（曲铁华）论述了通过多起职业教育的议案，职业教育在国民政府初期得到了长足的发展，对我国当今职业教育的发展具有借鉴价值。《洋务运动时期中国职业技术教育失败的原因探析——与日本明治维新时期比较》（陈利、周谊）从对产业与职业教育关系的认识、办学培训形式等微观的角度，分析了同样是学习西方的技术，为什么中国洋务运动中的职业技术教育失败而明治维新却取得了成功。此外还有《日伪统治时期华北沦陷区的职业教育》（余子侠）、《简述共和国六十年职业教育的发展历程》（刘巧利）、《改革开放以来我国高职人才培养目标发展回顾》（刘松林、马庆发）、《张森楷与四川蚕桑公社——一位历史学家的实业教育探求》（吴洪成）、《基于和谐：职业教育政策的历史变迁与时代审视》（潘建华）等。

硕博士论文如《湖南职业教育发展述论（1927—1937）》（卫静春），《湖南实业教育研究》（蒋望），《中华职业教育社农村改进事业研究》（蔡爱丽），《民初奉天职业教育研究（1912—1929 年）》（徐振），《二十世纪二三十年代乡村建设运动中的职业教育实践研究》（王晓蓉），《清末实业教育制度研究》（吴玉伦），《中国近代职业补习教育发展研究》（汪光华），《中国高等职业教育历史研究》（陈英杰），《近代江浙沪职业教育考察（1866—1937）：工业化进程中职业教育与工业的互动关系研究》（楼世洲）等。

3. 中国高等教育史研究。中国高等教育史研究在“十一五”期间仍旧是专题史研究的一个热点，宏观的研究比较多，具体的微观的高等教育历史问题研究比较少。同时这方面的研究的空白与盲点依然很多，缺乏系统性、专业性、客观性的研究，不少高校和各类高等教育曲折变化的历史未能得到系统梳理。

这方面已出版的著作如《中国高等教育百年史论》（田正平、商丽浩），对发展模式的选择，传统资源的调适，制度的建设，财政的支持与运作，师资队伍的汇聚与流动等这些在中国当代高等教育改革中遇到的重大问题，以专题的形式作了深入的阐述，视野恢弘，史料翔实，论证深入，创见迭出。不仅开拓了中国近代高等教育研究的新领域，丰富了教育史的学科建设，而且对于当代中国高等教育改革也具有重要的现实意义。此外，还有《高等教育历史与理论研究》（刘海峰）、《中国大学教育史》（刘少雪）、《浙江高等师范教育史》（何增光）、《青岛高等教育史》（刘增人）等。

论文如《高等教育史研究中历史真理与历史价值的统一》（王飞、张宝昆）认为：高等教育史研究中，由于对历史真理与历史价值的关系认识模糊和处理不当，以及二者关系本身固有的矛盾和困难，在一定程度上限制了高等教育史研究的深入与拓展。辩证地客观地看待、处理二者的关系，坚持历史真理与历史价值的统一原则是高等教育史研究方法新的突破点，也是未来高等教育史研究的基本走向和价值选择。《延安大学在中国现代高等教育史上的地位和作用》（曾鹿平）认为：延安大学是中国共产党新民主主义革命时期在根据地创办的第一所综合性大学，得到了党的三代领导集体和以胡锦涛为总书记的党中央的重视和关怀，为中国的革命、建设和改革事业作出了卓越贡献，集中反映了新民主主义革命时期，中国共产党普通高等教育的成就与经验，为中国社会主义高等教育的发展奠定了基础，影响了新中国近半个世纪的历史进程；新中国成立后又为陕北老区的经济发展、社会进步作出了独特的贡献。此外还有《近代西北地区高等教育发展探析——以1927至1949年为中心》（田正平），《屈伯川高等教育思想精髓探析——纪念屈伯川先生诞辰100周年》（刘元芳、任增元），《蔡元培与马君武借鉴德国大学理念之比较》（张新科），《现代高等教育思想演变的历程——从20世纪到21世纪初》（潘懋元、肖海涛），《简论中国高等师范教育史上的"美国模式"》（陆道坤），《加强对我国近现代高等教育史研究的现实意义》（刘齐），《中外高等教育史发展沿革的分流与合流》（陆恩静），《新中国建国60年视角下高校学生资助政策沿革研究》（张晓松），《科学发展观视野下的高校思想政治教育60年经验回顾》（左益），《新中国60年高等教育发展观变迁：均等化·省域化·均衡化》（陈上仁），《新中国60年学位与研究生教育流变》（赵军），《制度变迁与中国高等教育发展实证研究》（顾佳峰），《对我国高等教育入学机会分配的历史回顾——基于对1949年以来普通高校招生政策文本的分析》（杜瑞军），《浅析二十世纪五十年代的四川高等学校院系调整》（向东、侯德础），《中国研究生教育制度渐进变迁（1978—2003）》（茶世俊、陈学飞），《改革开放30年中国高等教育思想的转变》（潘懋元、肖海涛），《改革开放30年来大学生价值观变迁的轨迹及其规律研究》（王涛、戴均）等。

硕博论文在这方面的成果也颇为丰富，如《除旧布新：建国初中共对高等教育的接管与改造》（刘颖），《"失落"的十年：中国高等教育可吸取的基本教训》（王智敏），《"文革"时期我国高校组织及制度变迁研究》（高田钦），《1977年恢复高考制度研究：以江苏省为个案》（石维军），《改革开放以来中外合作办学问题研究：以湖南商学院为例》（张漾滨）等。

4. 中国教师教育史研究。教师教育是当前教育界普遍关注的前沿研究领域。"十一五"期间，教师教育史的研究注重史料的发掘、观察视角的选择以及自觉的问题意识，这使不少成果凸显其学术价值和现实意义。著作如《教师教育的历史、理论与实践》（金忠明）从发展的、理论的和现实的维度对教师教育这一丰富的命题展开研究。研究者按照历史的动态生成、理论的逻辑构造和实践的操作程序相结合的原则，力图使历史的厚度、理论的深度和实践的力度交融为一。《中国师范教育史》（崔运武）立足于教育，又注意从政治、经济和文化等多维视角着眼，分析、阐述了从1840年到1949年师范教育在中国的产生、演变和发展。全书既涉及师范教育制度的产生和演变，以及中等师范教育、高等师范教育、女子师范教育、幼儿师范教育和乡村师范教育的发展，还对一些重要的教育家的师范教育思想和实践、师范教育思潮和著名的师范教育机构等作了深入分析，从而全方位地展示了一幅生动多彩的中国师范教育发展的历史画卷。《一个阶层的消失——晚清以降塾师研究》（蒋纯焦）一书考察了晚清以降塾师阶层随中国社会发生转型而经历的变迁，取材宏富，文笔流畅，研究方法上亦有独到之处。《中国古代官学教师制度研究》（姚宏杰）对从秦汉至清前期的官学教师制度，如设置、官阶、俸禄、选用、考评、迁黜等进行了全面梳理，并就其中一些问题加以深入探讨澄清。

论文如《中国教育者概念从传统到现代的演变——从“教官”到“教师”称谓变化的历史考察》（田正平、章小谦）从称谓变迁入手，指出在中国近代教育历史发展的不同阶段，教官、教习、教员、教师都曾用来称谓教育者，进而分析词汇在含义上的细微区别以及称谓变化的原因，从一个侧面深化了对教师历史的认识。《抗战时期国民政府蒙旗小学师资的培养政策及其在绥远地区的实践》（张建军）运用新发现的档案文献史料，以国立绥远蒙旗师范学校建置始末为中心，就抗战时期国民党中央政府蒙旗小学师资的培养政策及其实践进行了深入探讨，对其难以为继的原因进行了剖析。此外论文还有《晚清士子的生活与教育——以塾师王锡彤为例》（蒋纯焦），《明清时期社师的遴选、教学及经济收入》（李良品），《江苏教育总会与清末“单级教授”的导入和推广》（肖朗、杨卫明），《民国时期综合大学参与教师教育的特点》（胡艳），《民国时期社会教育师资的培养方式及其特征》（周慧梅），《建国以来中学教师工资制度的改革》（田正平、杨云兰），《师范专科教育60年：历史轨迹与未来展望》（李均），《新中国农村教师培养制度：历史、现状与未来》（阮成武、李子华），《建国后我国基础教育师资非均衡发展研究》（曲铁华），《新中国中小学教师职后教育内容的历史嬗变》（董江华），《新中国小学教师来源渠道和培养途径的变迁》（樊香兰、孟旭），《中国特色的教师教育专业化之路——十年来师范院校教师教育管理运行模式的探索》（高宝立、刘小强）等。

相关硕博士论文有《1927—1937年河南教师群体研究》（许妍），《改革开放以来教师教育历史发展的研究》（李士萍），《教师专业化的初步尝试：民国后期小学“教师检定”的定制与实践》（张汶军），《百年来中国师生关系思想史研究》（邵晓枫）等。

5. 中国学科教学及课程教材史研究。随着全国基础教育阶段课程改革的展开，中国教育史研究中关于学科教学与课程教材方面的研究显著增多，研究主题的新进展主要表现在或侧重大学、中小学各科课程历史的研究，如数学、语文、英语、体育、德育等学科；或侧重教学理论和课程理论中的历史因素分析。其在“十一五”立项课题中占的比重较大，有10项之多，占立项总数的28.6%。如“中国语文教育史研究”、“我国现代中小学语文教学问题史研究”、“现代性：语文教育的百年价值诉求”、“回顾与反思：中国数学教育研究30年”、“改革开放30年我国德育基本理论发展研究”、“中国课程与教学三十年研究”、“学术史视野下的近代中国大学教育学科研究”、“我国小学思想品德教材的百年变迁与经验研究”、“百年中国教科书启蒙诉求研究”、“文革时期中小学教科书研究”等。

著作如《百年中国教科书图说（1897—1949）》、《百年中国教科书图说（1949—2009）》（石鸥、吴小鸥）展现了清末洋务运动以后，随着新学堂的出现和现代学制的形成，我国百年教科书发展演变的历史，并折射出百年教育演进的历史。《中国近代中小学科学教育史》（王伦信）梳理了中国近代中小学科学教育从萌芽阶段到制度化阶段的理论与实践，有助于发挥普通中小学科学教育在培养创新人才，提高全民科学素养的作用。《中国古代数学教育史》（佟健华等）论述了中国古代数学教育史，包括五个历史时期数学教育的机制、数学教育思想、数学教育的重要人物及其流派，并探讨了中国古代数学教育的规律、经验及教训，既是对前人同类工作的归纳，又有新的研究成果的阐发，是对近百年以来中国数学教育史研究的一次新开拓。此外还有《中国共产党农村思想政治教育史》（李德芳、杨素稳）、《浙江近现代美术教育史》（张道森）、《中国美术教育史》（马克明）、《中国近现代科学教育史》（孙宏安）、《云南高等美术教育史研究》（武俊）、《新中国成立以来高校思想理论教育史研究》（石云霞）等。

论文如《课程理论研究六十年——基于概念史的研究》（田正平、刘徽）从概念名称的更迭和概念内涵的变换，发现我国课程理论研究在每个时期的不同特点。从改革开放前30年课程研究的失语，到20世纪80年代课程语言的工程话语，到90年代课程领域的多重反思，再到21世纪全球化背景下课程文化的重建，我国课程理论研究经历了一个不断深化的过程，为60年来中国课程理论研究提供了一个独特的研究视角。《我国中小学课程设计研究的历史演进综述》（杨晓）明晰了课程设计研究的五个阶段，即发轫期、徘徊期、探索期、发展期和繁荣期。对于课程设计研究领域进行这样的历史性回顾、梳理和透视，便于课程理论研究者用批判性眼光来审视各种课程设计理论和实践方式，并在一定程度上预示了课程设计理论和实践的未来发展趋势。也有的研究突破教育领域的限制，从社会文化的角度研究教材和文化之间的关系，如《论教科书、身份文化与社会分层》（刘丽群）。此外还有《〈诗经〉教本的历史考察》（张蕊、俞启定）、《清末民初教育转型时期我国课堂教学特点分析》（余波、徐仲林）、《我国高中物理课程教学大纲的变革历史回顾》（杨宝山）、《从〈教童子法〉看王筠的读写教学思想》（张维坤）、《新中国三代基础教育课程改革的教学观审视》（孙艳）、《正规化的尝试与迷误——1953—1957年间我国基础教育课程改革的历史考察》（彭泽平）、《十套教材见证新中国教育的改革与发展》（韩绍祥）等。

研究生学位论文如《民国时期初中本国史教科书研究（1920—1936）》（华晨），《清末民初中央教育行政机构对教科书的管理》（周海霞），《清末（1906—1949）小学语文教案研究》（姜丽萍），《1900—1949年湖南初等学校音乐教育研究》（江心），《清末新政时期的历史教育研究》（温晓静），《中小学英语课程教材教法变革研究（1902—2001）》（陈自鹏），《民国小学语文教材研究》（范远波），《民国时期中小学历史教育发展研究》（何成刚），《中国近现代体育教材史的研究》（张庆新），《中国学校音乐课程发展研究（1949—1966）》（张静星），《时代精神的结晶：近代中国中学历史教科书（1902—1937）》（李珂），《共和国大学英语教学研究（1949—2007）》（李箭），《中国古代小学算题研究》（章小亮），《解放前初中语文教材旅外游记的文化内涵与教育价值》（廖先），《清末民国时期历史教学法研究》（张逸红），《论20

世纪上半叶中国普通学校音乐课程标准研究》（沈菡），《论宋代蒙养读物及其对当今小学语文教材编写的启示》（王庆），《中国中学物理教材发展史研究》（祁映宏），《中国古代数学教学方法研究》（肖学平），《西方心理学的传入与中国近现代心理学科的发展》（刘毅玮），《中国音乐基础理论教育发展脉络研究》（刘绵绵），《晚清书报检查与教科书审定研究》（张运君）等。

6. 中国民办教育史研究。民办教育的研究在范围与视角上都呈现了多样化，除了承袭对书院的研究外，更加侧重对近代的研究，注重学校运行机制和宏观政策层面的研究。著作如《传统与再生：中国私立和民办中小学的本土成长》（马镛）总结私立与民办中小学发展的各方面经验，评价其在我国教育事业中的独特地位与作用。《近代上海同乡组织与移民教育》（于珍）在展现近代以来同乡组织兴办上海移民教育的历史、总结其办学特色的同时，对同乡组织这种中国传统的民间社会组织在近代上海的移民教育中所发挥的作用、其办学所存在的问题及原因均作了准确的评判和独到的分析。《福建华侨华人捐资办学史（续）》（福建省教育科学研究所课题组），全面、系统地反映了福建华侨、华人、港澳同胞爱国爱乡，为发展福建教育事业，慷慨解囊，捐资助学的历史面貌与现状。

论文如《古代书院传统及其现代大学借鉴》（张传燧）指出，中国古代书院在长达千余年的发展过程中，积累了丰富的办学经验，形成了优良的办学传统，其涵养心性的办学宗旨、明伦为先的教学内容、自由自主的教育精神、主体互动的教学方法等，不仅在一定程度上反映了高等教育发展的特点和规律，而且至今仍然值得各类大学很好地借鉴和弘扬。此外还有《我国古代私立成人教育的产生与发展及其对当代的启示》（余经天、孙立新）、《论清朝私学教育管理》（张力奎）、《乡绅与地方书院关系的一种观察——以晚清敷阳书院学田经营为例》（张劲松）、《近代中国政府对私立大学的资助及特点》（王彦才）、《私立学校的兴办与苏州教育近代化》（杨丽霞）、《近代中国私立大学教育学科的建立与发展》（项建英）、《从传统文化视角看近代中国私立大学的崛起》（刘爱生）、《试论民国时期成都私立中学教育的办学成效》（吴丽君）、《二十世纪初东北朝鲜族私立学校的反日民族教育》（耿志刚）、《民国时期制约私立大学发展的因素分析》（宋秋蓉）、《民国时期私立高等学校述论》（周楠、李永芳）、《近代中国私立中学的社会政治参与（1903—1936）》（周志刚）、《建国初期我国私立大学的国家策略分析》（顾来红）等。

硕博论文如《山东近现代民办学校教育发展研究》（朱文静）、《民国时期私立高等教育与当代民办高等教育政策比较研究》（欧斌）、《湖南近代私立教育研究（1902—1957 年）》（刘翔）、《近代苏州私立中学的经费探析》（杨丽霞）等。

7. 中国民族教育史研究。中国民族教育史研究的范围较广。著作以民族教育通史为主，论文则主题广泛，多样化特色明显。著作如《水族教育史》（周崇启、韦族安、石国义），阐述了两千多年来水族教育的萌芽、发展、壮大的过程及其原因，将研究的重点放在近现代，以丰富的史料为基础，以历史大背景为舞台，梳理水族教育在近现代的演进历程。《中国朝鲜族教育史》（许青善、姜永德）回顾了朝鲜族教育的发展历史，探索不同历史时期的教育性质、特点及其发展规律；阐述了中国朝鲜族教育作为我国少数民族教育之一，在党和国家民族理论与政策的正确指引下的传承、创新；提出了21世纪民族教育改革与跨越式发展的政策思路。此外还有《民国时期云南民族教育史研究》（马廷中）、《中国少数民族教育史教程》（吴明海）等。

论文如《中国少数民族传统游戏及其文化教育功能》（吴明海）认为，中国少数民族传统游戏是指在中国各少数民族日常生活及节日生活中世代流传的最常见、最普遍、最有趣的嬉戏娱乐活动。它源远流长，寓教于乐，具有美育、体育、智育和德育等多方面的教育功能。《新疆民汉双语教育的由来和发展》（陈世明）论述了秦汉至民国时期新疆民汉双语教育的发展过程，分析了新疆民汉双语教育产生、存在和发展的可能性，客观地反映了中央王朝与新疆地方政权以及汉族与其他民族之间的友好关系。《〈三字经〉满、蒙文本及仿制本述论》（肖朗、王鸣）指出《三字经》不但是文化教育史上的重要文献，而且是文化教育交流史上的重要文献。此外，“十一五”期间恰逢新中国成立60年，总结60年民族教育发展史的文章也比较集中。如《新中国少数民族教育60年》（陈沛照）、《我国少数民族教育60年：回顾与思考》（陈立鹏、李娜），《20世纪50—80年代贵州的少数民族教育》（李浩泉、周洪宇），《试析新中国民族教育政策的价值取向》（毛雪梅），《蒙古族自主创新教育研究的探索历程和发展趋势》（敖木巴斯尔）等。

硕博论文如《清代南方民族地区的义学研究》（于晓燕）、《抗战时期国民政府边疆教育述评：以内蒙古地区为例》（王强）、《20世纪初到30年代中期察哈尔地区的学校教育》（王连英）等。

8. 中国性别教育史研究。对于女子教育的研究，在20世纪90年代教育史研究繁荣发展的阶段，就已经发表了大量的研究成果。“十一五”期间，研究主题更加具体，但大都集中在近代女子教育兴起阶段，涉及传教士与中国女子近代教育，清末女子留学与近代女子教育的发展。也有从女子学校个案入手，探索女子教育的特点和规律，如高等教育创办的非常规个案：北京女子高等师范学校。研究队伍也日渐丰富，从事历史研究的学者开始关注女子教育史。他们的研究视角也和先前的教育史研究有所不同，如以女性本身为研究对象，探讨女子教育对于女性的影响。

著作如《中国女子教育史》（熊贤君）系统勾勒了从远古到20世纪中叶女子教育发生、发展、嬗变的历史过程，分析阐述了各个历史时期女子教育的方针政策以及影响女子教育的历史文化。《教育与女性：近代中国女子教育与知识女性觉醒(1840—1921)》（乔素玲）从教育透视中国女性的近代转型，内容涉及女子教会教育、留学教育、国人自办女学等，进而从女性形象、知识观念、群体形成和社会角色多样化来揭示教育对于女性的特殊意义。此外还有《浙江近代女子教育史》（吴国祥）等。

论文如《中国女子学校教育的发展：认识、视野、使命》（阎广芬）梳理了中国女子学校产生、发展、消亡、复兴的历史，突出地反映了人们对“女子要不要受教育”以及“女子受怎样的教育”这两大焦点问题的探究与实践；同时表明人们对女子学校教育的认识不断加深、完善的过程，凸显出妇女观念从外在的、强调功利的工具性取向转变为内在的、张扬女性主体性的价值性取向，标志着人们正从一个封闭的单向思维模式及中与西、传统与现代二元对立的视域向开放的、多元化、理性化的方向发展。《改革开放三十年中等职业教育发展的性别分析报告》（郭红霞、樊慧英）对改革开放30年女性职业教育发展的历程进行了梳理，提出女性职业教育的本质和最终目的在于通过职业教育与培训，提高女性劳动者的从业能力和综合素质，进而促进女性就业并参与社会经济发展。《中国近代女子教育发展历程中女性参与的特点》（聂会会、徐艳华）展现了女性作为女子教育发展的主体，与同时期男性教育家相比，有着自身鲜明的特点，在一定程度上也揭示了女性参与女子教育的曲折性。此外还有《清末“新政”时期的女子职业学校述论》（谢长法）、《从边缘到中心：重新解读北京女子高等师范学校》（姜丽静）、《中国近代女子教育的缘起和发展》（孙荣）、《清末女子教育发展的困境——以湖北幼稚园附设女学堂为例》（潘崇）、《论晚清女子教育对我国现代教育的贡献》（周庆）、《中国近代女子体育教育思想价值观的嬗变》（孙庆彬）、《近代中国对“自强”之路的探索与新式女子教育的兴起》（张守权）、《论河北女师的文化架构及其文化价值》（邱士刚）、《民国时期女教师的经济地位状况研究（1912—1937）》（马方方）、《民国时期长沙女子职业教育探析》（朱绍英）、《中国近代女性观与女子学校教育的互动影响及现代启示》（谷忠玉）、《民国女子高等教育与女大学生的发展》（朱考金）、《近代中国社会变迁与女子教育的发展》（程利）、《清末民初天津女子教育与妇女解放运动》（刘宏）、《近代教会女校对福州女性的影响》（林洁）等。

硕博论文如《教会女子大学在中国社会的历史演变》（杨兰英）、《社会性别视角下的教育传统与超越》（周小李）、《清末留日女学生与近代中国女子教育》（周萍萍）、《历史的背影：一代女知识分子的教育记忆》（姜丽静）、《清末女子留学探究》（张丹）、《福州近代女子教育论略（1895—1912）》（董维维）、《宋代平民女子教育研究》（张丽晶）、《近代女子教育思潮与女性主体身份建构：以周南女校为个案的考察（1905—1938）》（万琼华）、《上海基督教女子中等教育研究（1843—1952）》（许琼）、《宋代女子教育的内容和成就初探》（赵悦凤）等。

9. 中外教育交流史研究。中外教育交流是加深理解世界教育发展和国家民族教育发展的重要维度。近代社会以来，国家、民族、文化之间的联系日趋密切并走向一体化，在“交流”和“关系”的背景下思考教育，也是教育发展所必须采用的理论视角，因此，中外教育交流史受到广泛的关注。“十一五”期间，留学教育和教会教育依然是该领域研究的两大热点，同时也出现了一些新的主题，一方面，研究者更加关注教育交流与中国教育变革的关系，强调在与国际教育接轨的同时，要注意教育的本土化问题，从本国的国情出发，反对盲目地照搬照抄；另一方面，也关注中国教育对海外的影响，强调交流的双向性。

著作如《教育交流与教育现代化研究丛书》（田正平）从中国近代大学教师流动、中苏教育关系、教育交流视野中的中国教育改革三个不同层面，探讨教育交流与中国教育变迁的关系，从不同角度探讨了教育交流与教育现代化的关系，原创性和学术性都极高；《中国留学教育史》（谢长法）全面考察并深入分析了中国近代留学教育的兴起、发展和演变过程，揭示了留学教育在各个不同时期的不同发展特点，同时，旁及留学生在教育领域的活动，及其对中国教育近代化发展所起的重要作用；《新教育中国化运动》（李海云）再现了新教育中国化运动的全貌，丰富中国教育史学科，并在深入剖析的基础上希望能够找出一些可资借鉴的经验供当今教育改革者参考。还有《日本汉语教育史研究：江户时代唐话五种》（鲁宝元）、《中国近代留英教育史》（刘晓琴）、《中华留学教育史录》（李滔）、《影响新中国教育的外国教育家》（霍力岩）等。

论文如《蒙台梭利教育思想在近代中国》（田正平）澄清了蒙台梭利教育思想在近代中国的传播特点及对中国幼儿教育实践的影响，探讨了蒙台梭利教育思想在近代中国的传播主要时间和特点。科举制度作为中华民族的文化教育遗产，对于整个世界文明的贡献是巨大的，被西方一些学者称之为中国影响世界文明进程的第五大发明。《科举制度的国际影响》（王大磊）指出中国的科举制度对东亚的日本、韩国（朝鲜）、越南等国家的文教政策、考试制度等都产生了深远的影响。此外还有《重新认识王韬在中外文化教育交流中的“置书英国事件”》（田正平、叶哲铭）、《百年大学的世纪之交——教会大学兼及新世纪大学的一个比较角度》（黎军、李文健）、《论近代湖南的教会教育》（周秋光、向常水）、《浅论留日学生与浙江近代教育》（郭剑波、尤云弟、许敏）、《法国耶稣会在华创办高等教育滞后的原因探析——以天津工商大学为个案》（张桂琴）、《困境与出路：民族主义冲击下的教会大学》（孙秀玲、程金良）等。

硕博论文如《二十世纪二十年代留苏教育研究》（许凤霜）、《清末留日教育的发展及其对中国教育近代化的影响》（董军成）、《南京国民政府留学教育管理研究》（冉春）、《邦交正常化以来的中日教育交流研究：以日本政府主导的事业为中心》（赵霞）、《国家、教育与宗教：晚清民国时期的中华基督教教育会研究》（张龙平）、《建国初期留苏运动的历史考察》（李鹏）、《清末中国对外法律教育交流的研究》（杨国雷）、《美国学者的北大史研究》（陈敏）、《民国时期中国教育在国际教育论坛上的展现：基于对国际教育组织及会议的考察》（兰军）、《清末中日教育交流之研究：以教育考察记等相关史料为中心》（吕顺长）、《基督教高等教育合作组织在华活动研究：从中国共和大学中心办公室到中国基督教大学联合董事会（1922—1951）》（肖会平）等。

除了上述研究成果外，2006 年 10 月 13 日至 15 日，中国教育学会教育史分会主办了“中国教育学会教育史分会第十届年会”。中外教育交流是与会代表共同关注的主题。代表们围绕教育交流与中国教育变革展开讨论，将中国教育变革放在中外教育交流的大背景之下，从不同角度来看待中国教育变革出现的种种现象和问题。一是西方教育思想、理论与中国教育的现代化。北京师范大学于述胜教授分析了教育交流视野中的中国教育现代化史研究问题，认为中外教育关系是影响中国教育现代化进程的基本因素，研究中外教育关系或教育交流史，就是从教育交流的维度去透视中国教育的现代化进程。西南大学教育科学研究所张正江教授阐述了西方艺术教育对中国现代美育的影响，认为中国的美育基本上是在西方美育制度和思路的统领下发展的，对中国美育教育思想的发展起了推动作用。二是教会学校、外人办学与中国教育的现代化。浙江大学教育学院的田正平教授认为，在传统封建教育衰落、瓦解直至被废除的历史过程中，教会大学所起的作用是加速而不是延缓这个过程，并且对近代新式教育的发展作出了一定的贡献。山西师范大学申国昌、史降云则将视角放到了外人办学这一方面，重点论述了英国传教士李提摩太创办山西大学堂，用英国的教育模式去建设和管理学堂，对中国高等教育的发展作出了自己的贡献。三是留学生、留学教育与中国教育的现代化。清末留学教育主要分为留日和留美两个层面。西南大学教育学院的杨真珍等认为，留日归国的知识分子为中国教育界传播新的教育理念，促进了清末近代学制的建立；北京师范大学的甘婕从庚款留美这个角度论及了留学教育与近代中国高等教育的关系，认为在中国教育的近代化的进程中，归国的留美学生所发挥的作用是其他任何群体所无法替代的。陕西师范大学杨洁论述了清末陕西留学教育对促进地方新教育的发展情况。四是“西学东渐”的历史进程及其影响。陕西师范大学栗洪武和胡春明教授通过对中国近代“西学东渐”的历史考察，概括出不同性质的文化教育交流与传播的一般特征。北京理工大学王颖、福建师范大学杨齐福、沈阳师范大学林李楠等分别论述了“明中叶至明末‘西艺东渐’及其教育影响”、“西方教育思想动建与近代教育观的生成”、“‘西学东渐’与明末清初实学教育思潮的变革”课题。五是教育交流背景下的中国近代教育社团、机构建设。东北师范大学的曲铁华教授分析了中国科学社和其他教育团体的创办对中国近代科学教育思潮的重大影响。北京师范大学的季鲁玉从中华职业教育社的成立论述其对近代中国职业教育发展的贡献。六是学习苏联与中国教育改革。华东师范大学的李涛从历史的角度考察了新中国成立初期学习苏联教育理论带来的影响，认为借鉴外国教育经验要重视教育的继承性，并结合本国实际。西南大学的彭泽平教授从当代中国课程变革历史性考察苏联经验对我国基础课程改革的启示。

在关注国外教育对中国近代教育影响的时候，也有学者探讨了中国教育对国外的影响。如北京师范大学教育学院俞启定教授的《古代朝鲜教育与中国教育的比较研究》，厦门大学教育研究院刘海峰的《中国对日韩越三国科举的影响》，河南大学教育科学学院牛梦琪的《中国古代教育传播媒介与技术及其对海外的影响》，陕西师范大学教育科学学院王晓鑫的《唐代西安教育与东亚唐文化圈的形成》等论文，着重论述了中国古代文化教育对东亚文化圈国家的影响，认为东亚各国在教育领域，从价值观到教育体系均深受中国传统文化教育的影响，但他们并没有追随中国教育体系的模式，而是采取了适合其国情的体制与特点。也有一些论文涉及了海外有关中国教育的研究，如程朱理学在日本的传播、陶行知教育思想在日本的发展等。

(五) 研究视野下移，中国地方教育史与校史研究百花齐放

1. 中国地方教育史研究。中国是一个历史悠久、人口众多和多民族的大国。自古以来中华文化就存在“多元一体”、发展不平衡的现象。开展地方教育史研究，不仅是了解区域经济社会与文化教育发展特色的一把钥匙，而且可以丰富全国教育史的内容。因此，越是地方特色浓郁的东西，就越具有全国意义。“十一五”期间，中国地方教育史研究的新进展，体现在地方教育通史的百花齐放和原始资料的发掘上。

著作如《徽州教育》(李琳琦) 介绍了从宋朝到鸦片战争之前徽州的教育情况，其中重点介绍了明清时期徽州区域的教育发展史。《西安教育史》(刘新科、刘兰香) 全面地阐述了西安原始时期的教育、西周时期的教育、秦代的教育、汉代的教育、魏晋南北朝时期的教育、唐代的教育，北宋、金、元时期的教育，明清至民国时期的教育。《南京教育史》(徐传德) 论述了历史文化名城南京从先秦一直到当代的教育发展状况，开创了省会城市编写教育史的先河。《安徽教育史》(陈贤忠、程艺) 包括先秦时期的安徽教育、秦汉时期的安徽教育、宋元时期的安徽教育、南京国民政府时期的安徽教育、安徽现代教育家、全面改革开放时期的安徽教育等内容。《河西教育史》(丁铃) 以翔实的史料，撰写了河西教育之特点，谱写古今教育之成就。《四川教育史》(涂文涛) 勾画了四川省教育发展演变的脉络，再现了四川省教育发展的地方特色。《重庆教育史》(李定开、吴洪成) 全面、具体地展示了重庆在各个历史时期的教育状况、发展规律和历史经验。《浙江教育史》(张彬) 再现了浙江省教育发展的地方特色。《湖南教育史》(冯象钦) 全面展示了湖南在各个历史时期的教育状况和地方特色。《海南教育史》(谢越华等) 研究了海南地区古代、近代、现代和当代教育发展的历程及演变规律。《深圳教育史》(熊贤君) 论述了自秦砖汉瓦时代到20世纪末深圳教育产生、嬗变和发展变革的全过程。《沂蒙教育史(古代卷)》(于联凯、韩延明) 对沂蒙先秦时期的教育、秦汉时期的教育、魏晋南北朝时期的教育、隋唐时期的教育、宋金元时期的教育、明清(鸦片战争以前)时期的教育进行了全面的阐述。此外还有《半个世纪风雨——1891—1949 青岛教育大事记述》(翟广顺)、《辉煌三十年——1978—2008 青岛教育大事记述》(青岛市教育局)、《北京教育60年(1949—2009 大事记)》(林业)、《北京教育60年(1949—2009 图集)》(任彧)、《澳门教育史论文集(第一辑)》(张伟保) 等。

随着中国教育史学科研究的不断深入和细化，地方教育史更加注重农村教育史的研究。如《中国农村教育问题研究》(廖其发) 系统地总结了当代中国农村教育综合改革的发展历程与历史经验，深入地分析了我国农村教育综合改革存在的各方面的问题，在此基础上，借鉴历史经验与教训，提出了比较系统地改革和发展我国农村教育

的对策。此外还有《农村教育史》（李水山）、《浙江近代乡村教育史》（李涛）等。

论文如《香港中学商业教育历史回顾及课程探究》（姚伟梅）透过对香港中学商业教育的历史回顾及对课程发展的探讨，分析商业教育在不同社会经济发展阶段所起之性质变化，及其正负面影响，并建议未来之发展方向。历史回顾分三个阶段，包括20世纪五六十年代的萌芽发展期，70年代至90年代的稳步增长期，及2000年后的高速更新期，当中课程的演变经历“职业”、“技术”、“科技”及“专科与职业分家”等不同方向的发展，各有优胜及不足之处，但只要取得发展上的平衡，商业教育在职业预备上、智能发展上即公民教育上的全面性功能可以有所发挥，令经济急速发展下的每一名学子受惠。《澳门现代教育发展三十年》（朱鹏）系统回顾了澳门现代教育近30年发展的历史进程，并解释了将这30年作为一个整体进行研究的原因，透过澳门现代教育30年发展的历史经验，可以充分看到经济、政治和文化因素对于教育发展的某种规定性，这些外部因素的作用，使得澳门教育的发展打上了浓厚的时代发展烙印。

硕博士论文如《湖南教育近代化研究（1894—1929）》（伍春辉），《地缘与学缘：一九二〇年代的安徽教育界（1920—1926）》（周宁），《村落视野中的文化权力更迭：浙江乡村教育近代化变迁问题研究》（李涛），《20世纪初到30年代中期察哈尔地区的学校教育》（王连英），《守土经营与模范治理的双重变奏——阎锡山与山西教育》（申国昌）等。

2. 中国校史研究。“十一五”期间，学校史志研究越来越受到重视。研究侧重于与学校文化建设结合，注重校史研究的现实意义，为校史研究开辟了新的领域。在研究内容上强调研究与校史相关的历史阶段、人物事件，此外还不断挖掘和提炼学校的办学理念、教育思想，探索校风学风在学校传统、精神、文化、制度、人才培养等层面形成的核心价值、学校特质，以及与社会交融的历史。

关于历史名校的著作如《国立西南联合大学校史：一九三七至一九四六年的北大、清华、南开》（西南联合大学北京校友会）呈现了在抗日战争艰苦卓绝的岁月里，由北京大学、清华大学、南开大学合并而成的西南联合大学的漂泊历程。这所战时流亡名校大师云集，人才辈出，创造出了世界一流大学的教育模式，维系着中华民族的文化血脉。这是中国现代教育史和文化史上的骄傲。《雄关漫道：黄埔军校第四期生研究》（陈予欢）对黄埔军校2 686名第四期生的基本概貌、来源、阅历、文化修养，在军校的学习活动、成长，结业后的分布及从事的工作、归宿，以及对第四期生的研究与出版情况作了综合的记述与小结。百年名校史有《百年暨南史（1906—2006）》（吴学谦）、《上海交大百年物理：上海交通大学物理系史》（朱美华）、《上海交通大学纪事：1896—2005》（王宗光）、《兰州大学校史：1909—2008》（张克非）、《漫漫百年路：宁夏银川一中百年校史（1906—2006）》（戴冰青）等。口述史研究方面，如《半个世纪清华情1959—2009》（奚和泉）是清华大学1959级学生50年成长历程的回顾总结，记录了在校六年间教师的热心教诲、精湛的业务传授和校园文化的熏陶为他们的成长打下了基础，在各自工作岗位上作出了杰出的贡献。《在神州大地上崛起：中国人民大学回忆录（1950—2000）》（刘葆观）记录了1950—2000年间中国人民大学在校领导论中国人民大学优良传统、校园生活、学科建设、人才培养、为国家改革和建设事业服务所作出的贡献。关于校史资料选编的如《清华大学史料选编》（田芊、徐振明）涉及领导体制与行政管理、院系设置、办学思想与教育方针、共产党组织、民主党派与群众组织、教学工作、科学研究、校办工厂、实验室建设等史料；《苏州大学校史研究文选》（周建屏、王国平）辑入有关苏州大学校史研究的论文及相关文章，涉及苏州大学及其前身学校与并入学校。

学术论文如《清华学校改版大学过程述评》（金富军），对1916年至1926年间从清华学校到清华大学的发展过程作了系统梳理，分析了其间国内外政治、社会、教育环境的相互作用及影响；《中国科技大学的创办背景与动因浅析》（丁兆君、丁毅信）揭示了中国科学技术大学创办的背景和历史细节，认为它与发展尖端科技，填补空白、薄弱学科，研制、发展“两弹一星”的需求直接相关，也受到科技与教育“大跃进”的促进，其办学模式受苏联大学所系结合的影响。其他相关论文还有：《抗战时期大学生生活的另类书写——〈未央歌〉中的西南联大记事》（田正平、陈桃兰）、《论东南大学的国立化进程及其困境（1919—1927）》（许小青）、《西南联大成就辉煌的教育逻辑》（袁祖望）、《1949—1998中国大学人文学科变革研究》（庞振超、邬大光）、《蔡元培时代的北大“教授治校”制度：困境与变迁》（蔡磊砢）、《四川大学一百一十年来办学理念的形成与发展》（张志军）、《华南女子文理学院的办学理念及其启迪》（黄晓红）、《南京师范大学前五十年的办学理念》（高谦民）、《提升校史研究质量，服务学校长远发展》（朱小蔓）、《北京师范大学与中国乡村教育》（王晓明、周慧梅）、《青岛教会女校的发展历程及特点》（石阳）、《发掘校史资源，开展育人活动》（陈宁宁）、《四十载风雨桃李情——记东营市胜利第二小学建校四十周年》（王爱东）、《返本开新实现学校持续提升》（储朝晖）、《基于高校学生德育的大学校史教育体系建设》（朱大章、江鸿波）、《一条“人的发展”的探索之路——汇文教育思想体系继承与发展》（李仲秋）、《大气成就大器——北京四中教育思想传承与发展》（刘长铭）、《北大校史溯源问题略论》（林淳英、李存晰）等。

硕博论文如《近代女子教育思潮与女性主体身份建构：以周南女校为个案的考察（1905—1938）》（万琼华），《从“五洋学堂”到中国的“永久大学”：华西协合大学本土化过程研究》（张丽萍），《教会女子大学在中国社会的历史演变》（杨兰英），《改革开放以来中外合作办学问题研究：以湖南商学院为例》（张漾滨），《西南联合大学教学管理体制研究》（戚庭跃）等。

除上述研究成果之外，中国地方教育史志研究会也团结广大校史研究工作者，积极开展校史研究。2007年9月14—17日研究会在青岛举办“校史工作暨校史与学校发展研讨会”，来自全国各地大中小学校的150余名学校史志研究工作者参加了研讨会。会议以提升校史研究质量，服务学校长远发展为主，倡导努力提高校史编研工作队伍的专业素质，逐步走上专业化、规范化的道路。研讨会还就成立中国地方教育史志研究会学校史志研究分会的筹备工作做了研究，通过讨论形成了筹备成立学校史志分会的决议。2008 年 1 月 23 日，中华人民共和国教育部和民政部正式批准并予登记成立中国地方教育史志研究会学校史志分会。2008 年 6 月 20—22 日中国地方教育史志研究会学校史志分会成立暨学校发展研讨会在国家教育行政学院召开。会议通过学校史志研究分会章程。学校史志分会以学校史志工作促进学校品质提升为宗旨，长期开展“中国学校优良传统与学校发展研究”。

三、当前学科建设存在的主要问题

回顾“十一五”以来中国教育史学科研究的进展及成果，可以看出，中国教育史学科建设取得了长足的进展。但面对 21 世纪的第二个 10 年，中国教育史研究既充满了机遇，也面临着种种困难和问题，需要我们不断反思和总结，积极探索和行动，推动中国教育史学科建设迈上新的台阶。

（一）中国教育史学科的地位和作用仍需提升

当前我国正在经历着前所未有的社会转型，人们的价值观也正在发生巨大变化。在效率、效益及实用等价值驱动下，那些能使人们获得生存所需一技之长的专业，那些能使地区和部门在短时间内经济迅速发展的学科，都受到教育界内外的重视。相反，中国教育史学科作为一门长线基础性学科，由于其本身的人文性和社会效益的隐藏性，不仅在社会上不被重视，在教育学界内部也远赶不上那些“科学性”、“技术性”和“实用性”强的学科受人重视。即使在师范院校，教育史作为教师教育与培训的基础学科，地位虽然保住了，但课程被不同程度地挤压、裁减，导致教育史学科教学科研质量下滑，优秀研究人才培养困难，硕士、博士生分配有一定难度。中国教育史学在教育科学中的比重和地位不断衰落既是教育史学科在整个教育理论研究上被边缘化的反映，又是基础和理论研究被边缘化的反映，教育史学科正处于这样一个双重边缘化的尴尬境地。

（二）中国教育史学科理论建设有待加强

中国教育史学科自身的理论建设从总体上说水平仍不够高。与史学史、社会史、哲学史、文学史、经济史等学科进行横向比较，教育史学科的理论水平仍然有待提高；即使是与同属教育科学中的某些分支学科相比，也有一定的差距。

在理论建设方面，中国教育史研究大多借用史学理论、教育学观点或借用其他学科理论，基本是其他学科理论在教育史研究中的应用。本学科缺乏自己独到的理论依据和理论基础。因而限制了学科发展的思路和深度，导致中国教育史学科研究成果虽然不少，但学科发展仍显不足，理论水平有待提高。

在研究方法方面，尽管近年来一些学者尝试采用口述史、定量研究等方法并取得了可喜的成果。但在总体上，研究方法还没有取得质的突破与超越，教育史研究方法依据史学、社会学研究方法的套路没有多大改观，从书本到书本、从文字到文字的研究仍占主导地位。

（三）学科体系建设和基础研究仍需关注

一个时期以来教育史学界由于种种原因，大家对中国古代教育史的关注日渐淡薄，这是一种非常值得重视的现象。

（四）理论联系实际有必要进一步加强

中国教育史研究不能仅仅是发掘历史事实，虽然这是研究历史的一个非常重要的任务，也是一项基础性的工作，但不能因此就认为这是研究历史的唯一目的。研究历史的目的，不仅在于准确地认识过去，更重要的是要真正从历史中吸取经验教训，并以此为基础，提高我们对同类问题的理性认识，以便尽可能科学地、准确地洞察现在和未来，从而为我国现在和未来的教育改革与发展提供理论依据和政策建议。虽然在“十一五”期间中国教育史学科出现了一些注重学科研究与实践结合的成果，但学科研究总的情况是单纯作文本研究或单纯进行经验总结的较多，理论与实践相结合的研究较少；单纯做历史研究或单纯做现实研究的较多，将两者结合起来进行研究的较少。如何使历史研究与理论研究、现实研究相结合，是今后需要探索和解决的重要课题。

（五）研究视野和领域尚需不断拓宽

中国教育史通常以教育思想、教育制度的发展为逻辑主线，人物思想研究也仅就教育史上著名的精英人物进行研究，很少涉及基层人物的生活、学习与活动的具体问题与情境研究；教育制度研究重视的是国家教育机构的形成及其演变，重心放在了描述制度的内容及因袭过程，缺乏对决策的生成过程、在基层的实施情况及其对学校教育的影响等问题的深入研究。这样教育历史中真实的人、事、物被模糊化。

（六）学科教材建设必须进一步加强

我国开放性的教师教育体系逐步建立。这种开放性决定了师范院校层次和种类的复杂性，因此，随着《国家中长期教育改革和发展规划纲要》的颁布实施，教育史教材建设必须与之相适应，才能跟上时代前进的步伐。

（七）科研体制改革还需继续推进

从对“十一五”中国教育史学科的调查结果可以看到，中国教育史学科的科研活动中存在协作的现象，但主要是本学科师生、生生之间小规模的协作，这必然影响总体水平的提高。

四、“十二五”研究的设想与建议

基于“十一五”期间中国教育史学科面临的形势和存在的问题，可以看出，中国教育史学科的理论基础需要深化，史学观点需要提升，研究领域需要继续扩大，学科的应用需要加强，研究方法方面需要拓展，研究史料需要补充，研究成果的推广需要顺畅的渠道。具体建议如下。

（一）加强宣传，进一步提升学科地位和作用

加强宣传的力度，提高中国教育史学科的地位，仅依靠本学科的教师科研人员是不够的，必须依靠主管部门和专业团体的力量，通过舆论导向影响政策和制度的制定者，对本学科的人员、设备、经费等方面做出切实的制度保障。另外，作为一门历史悠久的传统学科，中国教育史至今没有一个全国顶尖级的专门公开刊物，不仅是使人轻视中国教育史学科的重要原因，也是相关部门应该迅速解决的问题。

（二）注重学科体系的建设和基础研究

加强对中国古代优秀教育遗产的研究、继承和发扬。一个时期以来教育史学界由于种种原因，大家对中国古代教育史的关注日渐淡薄，这是一种非常值得重视的现象。事实上中华民族在数千年的文明传承和社会发展中，古代教育发挥了无可取代的作用，它所积累的教育智慧、它所形成的教学、教育经验，至今仍然有着重要的借鉴意义。可以说，进入21世纪，随着中国国际地位的提升、综合实力的增强和科学发展观的提出，中国传统文化教育中的优秀遗产愈来愈受到重视，为我们加强中国古代教育史的研究提供了非常好的外部环境。“十二五”期间应有计划地开展这方面的研究。

（三）关注现实，注重理论联系实际

无论是教学还是科研，中国教育史都应该充分发挥自己的学科优势，积极关注现实，重视社会效益。关键是树立问题意识，对我国当前教育改革中面临的重大问题，提供来自历史角度的研究，使中国教育史的研究也能参与到我国当前的教育改革中去，为学科自己存在的合法性和必要性提供证明。

（四）视线下移，重视中、微观层面研究

中国教育史通常的建构以教育制度、教育思想的发展为逻辑主线，忽视了对历史真实场景的关照，这样教育历史中真实的人、事、物被模糊化。

“视线下移”，即由原来国家层面的教育史研究，向区域、学校（机构、组织）、

个体等中、微观层面延伸，是教育史学科发展的一个重要趋势；不仅重视精英的研究，也重视普通人的教育活动和教育生活研究，以鲜活的教育史料还原中国教育的历史现场，让教育史研究见人、见事、见物。顺应这一趋势，能够体现教育发展史的复杂多样性，呈现多元、多层次教育活动主体的不同发展状态，增强研究问题的具体性、针对性，并能更为充分地体现教育史研究的人文学特性，从而更有效地发挥历史研究成果的人文熏陶价值。

应不断丰富教育史研究的内容、转换教育史研究的话语表达，让教育史研究生动、感动、震动，凸显教育史学科研究不可替代的丰富价值。要加强教学史、教育管理史、教学个案，关注教育中关键文本的教育学、社会学分析、教育关键事件的口述史研究、地方教育史的人类学研究。

（五）拓展和创新研究方法

中国教育史研究，特别是当代中国教育史研究，不应该仅仅从书本到书本、从文字到文字，而应加强口述史、田野研究、知识考古研究等新的研究方法。用新的研究理论或方法研究老问题，会得出许多重要的结论，研究视角的不同也会有许多新的发现。完整、系统而有效地呈现现代中国教育发展的历史和现实，是实现中国教育理论创新、科学设计中国教育改革方案的基石。在这方面，最有效的是文化人类学和实证研究方法。

（六）开辟学科科研的新领域

进一步重视专业教育、行业教育、学科教育和教育学科发展史的研究。对我国专业教育（如律师教育）、行业教育（如林业教育）、学科教育（如数学教育）和教育学科（教育学各分支学科）发展史进行全面、系统的专门研究，不仅可以填补教育学和中国教育史研究的学术空白，而且可以促进整个教育史学科在21世纪的大发展，其理论意义和实践意义都是不容忽视的。

进一步提升边疆教育、民族教育和海外华人华侨教育研究水平。中国教育史不能简单地理解为汉族教育史和中原地区教育史，整个中华民族的教育发展史不应该忽视少数民族教育的历史。汉族虽然是中国人数最多的民族，但每个少数民族也都为缔造中华民族大家庭作出了应有的贡献，所以，没有多民族大家庭的不断交流、融合、竞争、对抗和渗透，就不会形成中华民族教育史绚丽多彩的篇章。中国教育史教材应突破以汉族为中心、以经济发达地区为范围的结构，还历史的真实面目。对台、港、澳地区教育发展的历史和海外华侨华人教育的历史也要给予关注，注意它们在教材中应有的地位。另外，还要注意中华民族教育近代化和现代化进程中如何学习借鉴外国教育经验和思想理论的问题。

（七）进一步加强中国教育史学科教材建设的研究

具体说来，教材建设必须根据师范生的特点及在职中小学教师的需要，一方面完善现有教材，另一方面抓紧开发新的教材品种。公共课教材主要应包括：供幼师学生用的《中国幼儿教育史》、供特殊教育师范学生用的《中国特殊教育史》、供职业师范学生用的《中国职业教育史》、供培养小学教师院校学生用的《中国小学教育史》、供培养中学教师院校学生用的《中国中学教育史》、供研究生用的《中国教育史专题研究》、供培养和培训高校教师用的《中国高等教育史》等几种教材。教材内容除了师范生必须掌握的中国教育史的基本知识外，应把重点放在各专业教育史尤其是专业教育家献身教育的精神和事迹的介绍上。高师除了公共课教材外，还有教育学科的专业基础课教材，包括《教育史学基础》和教育通史、断代史、专题史教材。教师职前培养和职后培训，不同的专业，必修和选修要适当安排，教材内容亦应有所侧重，并注意层次性。另外，教材建设还要注意适应教学手段发展的需要，编制电子音像教材。中国教育史学科教材基本建设已粗具规模，当前的任务是要加深教育史教材研究的力度，在一些新的研究领域做文章，如教育史的专题个案研究（流派、制度、重大运动等）、教育家的教育思想研究等。要不断推出一些中国教育史专著型教材，以繁荣教育史研究和教学，为教育学术界提供更新更好的精神食粮，如在中国家庭教育史、中国社会教育史、中外教育交流史等方面，要进行更具体、更深入的研究，适时推出一系列有创见的学术论著丛书，作为师范院校的参考教材。

（八）发挥协作优势，促进科研体制改革

要改变科研体制状况，就必须打破人与人、学科与学科之间的壁垒，发挥协作优势，提高中国教育史学科的科研和教学水平。具体来说，一是学科队伍必须围绕高水平的领头人，形成真正的团队，通过共同培养研究生和协作完成一些重大前沿课题，使团队中的每个成员都获得进步；二是充分利用综合性大学多学科并存的有利条件，不仅与教育学院其他学科，而且与其他院系所的历史、哲学、政治、经济、法律等各学科队伍取得联系，加强合作，发挥各自的比较优势，协作申请和完成一些重大课题。

加强中国教育史学科科研成果的转化与推广工作，建立顺畅的传播渠道，利用现代媒介力量，加强刊物、图书和网络等多种媒体的传播途径。重视科研的文献资料、基地建设工作，积极创造条件，巩固原来效益比较好的教育实验基地的建设工作，同时根据新形势的发展需求，开辟新的具有特色的教育科研实验基地。尽快建立全国中国教育史学科研究基金，改善长期以来我国在教育史方面科研经费欠缺的趋势，努力形成科研经费以国拨为主、多渠道集资的机制，促进科研体制的改革力度。

（九）重点领域问题

1. 中国教育史学理论研究。重点是通过探讨和反思中国教育史学科的性质、功能及其与相关学科的关系，并梳理其自身的发展历史，建立和完善中国教育史学科的理论范式、研究方法及学科体系。

2. 中国教育优良传统、优秀成果的继承、弘扬、应用与创新研究。重点研究经典和经典教育的历史；当代中国开展国学经典教育的实践，等等。增加教育史学科的社会显示度和应用价值。

3. 教育制度史研究。突破学校教育制度框架，重点研究社会教育制度、教化制度、学习化社会制度等大教育制度研究，丰富教育活动史、实践史、实验史等学术内涵。

4. 中国教育家、教育世家、重要教育人物研究。突破以往教育研究的局限，放眼广阔的教育实践领域，侧重各个历史时期教育世家、重要教育人物的个案研究，特别是新中国教育人物的研究。

5. 中国非教育家教育思想的研究。重点关注一些影响深远的政治家、科学家、文学家、文化名人等社会各界精英人物的教育思想与实践。突破以往只在教育史领域研究教育家的局限，为教育史学科提供更为广阔的研究空间和领域，丰富教育史学科内容。

6. 中国共产党教育理论与实践研究。重点研究中国共产党建立90年来，博大深远、与时俱进的教育理论和丰富多彩的教育实践，揭示中国共产党教育思想发展的历史轨迹、核心内容、基本经验，并结合当前教育改革和发展的实际，形成适合时代精神的教育追求和价值取向。

7. 教育者和受教育者心态变化史研究。重点研究近代以来，包括当代，社会急剧变革形势下，从教人员（从传统士绅到近代知识分子再到真正意义上的现代教师）与受教育者的心态受到怎样的冲击，如何调整、适应，这种冲击如何通过影响从教人员和受教育者的心态进而对中国教育的历史进程产生影响等。

8. 教育决策民主化及法制建设进程的研究。重点研究在中国教育现代化进程中，教育界致力于教育决策民主化的努力，总结百年来的历史经验，为当前教育的科学决策提供有益的启示。

9. 中国乡村教育早期现代化研究。重点研究近代以来，中国教育现代化的推进过程中，在乡村遇到的种种问题与矛盾，分析历届政府对乡村教育的政策与中国传统文化教育在广大乡村根深蒂固的影响。研究这一课题有助于我们更好地认识和解决当代农村教育碰到的诸多问题，而且也可以丰富我们对中国教育早期现代化的认识。

10. 外来教育理论、教育思想、教育制度中国化的历史进程研究。研究重点是从历史上系统地梳理我们的先辈是如何借鉴、吸收、改造、融合外来影响的，为当代中国教育借鉴、引进、吸收西方的教育经验和理论提供有益的启示。

11. 中国民族教育史研究。重点研究具有鲜明民族特色的教育历史。抢救、保护具有重要科学价值、历史价值、艺术价值的民族教育文化。通过民族地区的发展促进民族团结和国家安全。

12. 中国地域教育史研究。重点研究具有独特性的区域或地方教育史。特别要加强对有独特文化传承区域及港澳台教育史的研究，展示其与大陆教育传承的历史脉络及其教育交流的历史画面。

13. 中国农村教育史研究。对农村教育现实的关注是当前教育研究的热点问题，但农村教育的历史却鲜有人做过系统的整理。研究重点是从不同角度、用不同方法对新中国成立以来农村教育史做全面、深刻的解读。

14. 学校史志研究。重点是加强学校史志理论研究，为校史研究、学校史志编撰、校史馆建设提供专业指导和技术支持；加强百年名校研究；分层分类系统研究中国学校改革和发展的历史经验，探寻学校发展走向、历史经验、基本规律，促进学校品质提升。

15. 中国教育文物研究。重点研究具有历史价值、科学价值、艺术价值的教育文物，保护利用教育领域物质文化遗产和非物质文化遗产。加强书院旧址、科举旧址、学校旧址、孔庙旧址等重要教育文物的研究。

（撰稿人：教育基本理论与教育史学科组 方晓东 王晓燕）

教育发展战略研究

教育发展战略研究作为教育科学中进行宏观决策研究的专门领域或学科，是对教育发展全局性、长期性、根本性问题的谋划。① "十一五"时期，教育发展战略研究适应21世纪初期我国全面建设小康社会时期经济社会发展战略和模式的转变，特别是服务于《国家中长期教育改革和发展规划纲要》的制定工作，② 从教育与外部环境相互协调以及从教育体系内部各要素相互协调的角度，在国际、国家、区域和学校层面，加强与教育发展战略相关的基本国情、目标选择、体系构建、区域规划、制度创新、法规建设等问题的研究，取得了一系列新成果，在服务决策和指导实践方面发挥了重要作用。本报告全面总结教育发展战略学科"十一五"期间取得的主要进展和重要成果（不限于全国教育科学规划办资助课题成果），梳理研究现状、存在问题和薄弱环节，科学分析"十二五"时期教育发展战略研究的学术前沿和发展趋势，明确需要进一步深化和拓展研究的重点领域、方向和范围，为制定《全国教育科学"十二五"规划要点》提供参考。

一、"十一五"期间教育发展战略研究述评

"十一五"期间是我国经济、社会深刻转变和加速发展的重要时期，教育发展战略研究以科学发展观为指导，以全面建设社会主义和谐社会为目标，以建设学习型社会和创新型国家为主题，以我国教育改革和发展的全局性、战略性、前瞻性的重要现实问题为重点开展研究。

（一）"十一五"期间教育战略研究的主要成果评介

这一期间形成了一批标志性研究成果，为各级政府和学校教育决策提供参考。

1. 从教育与经济社会发展协调和人力资源开发全过程的角度，研究建设创新型国家和人力资源强国目标引领下的教育发展战略。教育发展战略研究的一个显著特点是，把教育发展和改革的重大问题放在历史发展的进程和社会发展的大背景中进行研

① 郝克明，谈松华. 走向21世纪的中国教育——中国教育发展战略研究［M］. 贵阳：贵州教育出版社，1997：2.

② 2005年3月，教育部党组决定全面启动《2020年中国教育发展纲要》的起草工作。2008年8月，温家宝主持召开国家科技教育领导小组会议研究部署《国家中长期教育改革和发展规划纲要》制定工作。

究，深入到社会各个领域、各个部门，考察政治、经济、科技、人口和社会发展对教育发展和改革的影响与要求，进而从战略的角度提出教育改革与发展的建议。2006年2月，全国科技大会及其发布的《国家中长期科学和技术发展规划纲要》提出了走中国特色自主创新之路、建设创新型国家的目标；同年3月，全国人大四次会议通过的《国民经济和社会发展第十一个五年规划纲要》提出，“加快科技教育发展，努力建设创新型国家和人力资本强国。”2007年10月，党的十七大报告提出“优先发展教育，建设人力资源强国”。为确定2020年中国教育发展的战略目标，围绕创新型国家和人力资源强国建设中的教育优先发展战略，教育部及相关部门设立了一系列重大战略课题：如由国家教育发展研究中心牵头，北京大学、北京科技大学、中国青年政治学院等有关单位参与的教育部教育改革和发展战略与政策重大课题“人力资源强国概念范畴指标体系研究”；浙江大学科教发展战略研究中心牵头，清华大学、北京航空航天大学、中国矿业大学和华南理工大学共同完成的教育部科学技术委员会“面向创新型国家的中国工程教育改革研究”等课题，组织跨学科和跨部门的协同攻关，取得了重要成果，为研究和制定《国家中长期教育改革和发展规划纲要》提供了决策依据。

【课题成果案例1】人力资源强国概念范畴指标体系研究

该课题对人力资源强国的概念、内涵和指标体系进行了富有创新性的理论探索和实证研究。课题组认为人力资源强国是指人力资源存量丰富、开发充分、结构合理、利用达到世界先进水平的国家，是全体国民的人力资源实现充分开发、普遍提升、合理配置和有效利用的国家，并建立起由人力资源存量、人力资源能力、人力资源潜力和人力资源贡献与人力资源负债五个维度的人力资源竞争力分析模型和评价指标体系，对可获得数据的58个样本国家和地区以及对中国大陆各省、市、自治区的人力资源竞争力进行总体评价，采用统一的人力资源竞争力的综合指数来反映2008年各国和地区人力资源竞争力的总体水平。中国人力资源综合指数得分为45.66，排名第19位。课题组提出2020年进入世界人力资源强国行列，人力资源综合指数排名达到前15位（即人力资源综合指数至少达到47.29），人力资源开发层次从以义务教育为主要动力的初级开发向以普及高中阶段教育和推进高等教育大众化为主要动力的中等层次提升，高层次人力资源开发规模和质量进一步提升，同时在人力资源开发的能力、体系和制度等方面的建设提出了政策建议。①

2. 基于社会全面进步和为社会提供全方位服务的综合思考，研究教育在建设社会主义和谐社会中的责任和贡献，推进教育公平。“十一五”规划提出必须加强和谐社会建设，党的十七大报告提出“加快推进以改善民生为重点的社会建设”，“推动和谐社会建设”，“教育公平是社会公平的重要基础”。教育不仅在促进经济发展所需

① 该课题于2007年11月立项，2009年年底结题，其研究成果《人力资源强国战略研究》（暂定名）即将由北京师范大学出版社出版。

要的人力资本形成方面扮演了一个关键性的角色，而且在培育社会网络、行为规范和价值观方面的技能，促进社会公平和增强凝聚力方面扮演着重要的角色。教育公平与和谐社会的关系、教育在社会流动中的作用和教育公平与均衡发展成为教育战略研究的焦点问题。代表性的研究成果有：清华大学公共管理学院博士后薛二勇撰写的“教育公平与社会和谐关系的实证分析”；① 教育部人文社会科学重点研究基地北京大学教育经济学研究所郭丛斌、闵维方撰写的“教育：创设合理的代际流动机制”；西北师范大学西北少数民族教育发展研究中心孙百才撰写的“测度中国改革开放30年来的教育平等”；② 清华大学谢维和等著的“中国教育公平与教育发展（1990—2005）”；③ 中央教育科学研究所教育政策分析中心撰写的“义务教育均衡发展是实现教育公平的基石”④ 等。这些研究成果的共同特点是以跨学科的视角，构建理论框架和分析模型，利用调查或统计数据进行实证或定量研究，并对相关的实证研究结果进行原因或因素解释得出相关政策启示或建议。

【课题成果案例2】教育公平与社会和谐关系的实证分析——基于国际报告中的国别比较与数据分析视角

薛二勇利用社会资本理论来对教育公平与社会和谐的关系作出注解。他把“社会资本”定义为能够促进集体行动与社会成员凝聚力的社会网络、信任关系以及互惠机制等，一般而言，社会资本越丰富，社会也就越和谐。利用《国际价值调查》中的信任、合作与犯罪率三个指标的主成分分析构建起社会和谐指数，选用《国际成年人阅读能力调查》的相关调查数据构建教育不公平指数，利用多元回归分析在控制其他影响社会和谐指数的变量（如收入不平等、收入水平以及教育成就等）的情况下，分析教育不公平与社会和谐的关系。通过对15个样本国家的分析发现，教育不公平与社会和谐指数之间存在线性的负相关关系，而且这种线性负相关关系并没有被国民收入水平所调节而发生变化，教育通过结果分配与学习者社会化直接或间接地影响社会和谐，尽管教育成就很重要，但教育结果的分配方式对社会和谐产生了重大影响。

【课题成果案例3】教育：创设合理的代际流动机制

郭丛斌、闵维方利用北京大学教育经济研究所《中国城镇居民教育与就业情况

---

① 中国博士后科学基金会课题“基于教育公平的美国公共政策研究”（20080430416）。研究成果“教育公平与社会和谐关系的实证分析——基于国际报告中的国别比较与数据分析视角”，刊登于《清华大学教育研究》2009年第5期。

② 国家社科基金“十一五”规划课题“基础教育均衡发展理论与实证研究”（课题批准号：BFA060026）。研究成果“测度中国改革开放30年来的教育平等——基于教育基尼系数的实证分析”，刊登于《教育研究》2009年第1期。

③ 谢维和，李乐夫，孙凤，等．中国的教育公平与教育发展——关于教育公平的一种新的理论假设及其初步证明［M］．北京：教育科学出版社，2008．

④ 国家社会科学基金教育学重大课题“和谐社会视野下的教育公平和效率问题研究”（课题批准号：ZFA060001）。研究成果“义务教育均衡发展是实现教育公平的基石”，刊登于《教育研究》2007年第2期。

调查——2004》的数据，引入结构方程模型对中国城镇居民教育与代际流动的关系进行定量实证研究发现：在中国城镇，子女社会地位的获得更多地取决于子女教育这一后致性因素，而非家庭背景这一先赋性因素；教育虽然一定程度上在复制原有的生产关系，但这种复制功能相对较弱，而其促进代际流动的功能更强。教育对社会的贡献不单单体现为它对经济增长的促进作用，同时它还有一个更深层次的作用，即作为一种重要的代际流动机制，承载着促进社会流动、保证社会公平和维系社会稳定的功能。其隐含的政策含义是，国家在大力发展教育的同时，应该更加重视教育平等化，创造更加平等的就业机会，最终促进社会公平。

【课题成果案例4】中国的教育公平与教育发展（1990—2005）——关于教育公平的一种新的理论假设及其初步证明

谢维和主持的课题组针对中国20世纪末和21世纪初教育公平的状况，应用词频统计、理论减法、规范与实证相结合的方法以及教育社会学的各种研究方法，提出了一个关于教育公平的新的理论假设，并且通过背景证明、理论证明、数理证明和拓展证明进行了论证，提出了一个关于中国教育公平与教育发展的理论：在一个转型的社会和国家中，教育发展在相当长的一个阶段内往往并不会提高教育公平的程度，甚至会引起更大的教育不公平。但是，随着教育的进一步发展，特别是教育扩张与教育机会分配改革的结合，教育公平的状况将逐渐得到改善和提高。因此，在教育公平的发展中，也同样会出现一个类似于库兹涅兹倒U曲线的变化过程。他们指出，中国教育在新的历史时期的教育公平已经具有了与过去非常不同的特点，改善教育公平的战略选择和政策调整至少应涉及以下几方面：一是政策重点的变化与调整：上好学与上大学，即解决基础教育领域中的择校问题和大学中的收费等问题，在扩充基础教育阶段优质教育资源的同时，更加关注和改善高等教育的不公平。二是政策思路的变化与调整：合理性与合意性。在改善教育公平的政策取向中，除了理性的目标之外，还必须包含评价性和表意性的目标，即在不断扩大教育规模、提高整个社会的教育水平的同时，更加重视和强调不同社会群体之间在教育上的相对差异，特别是通过多样化的教育供给满足人们对教育服务的不同需求。三是政策机制的变化与调整：政府、市场与公民，相应于教育公平领域中复杂和多元化的矛盾和诉求，应用多元化的政策机制和取向。

3. 关注受教育者特别是儿童和青少年群体的多样性和新特点，研究教育对我国人口控制目标和应对独生子女政策所产生的社会后果及其教育发展战略选择。正确认识人口发展的现状、准确判断人口发展的趋势，以此为基础研究各类人口的教育需求，是教育发展规划和科学决策的基础和前提。自20世纪70年代末实行计划生育政策以来，我国在实现人口转变的过程中，逐渐形成了一个庞大的独生子女家庭群体，正在逐步成为我国受教育者的主体，而且这个群体是在特定的历史条件下形成的，有其特殊的成长环境和特点。由中国教育发展战略学会会长郝克明主持的全国教育科学

“十一五”规划重点课题“独生子女与民族竞争力”,[①] 集中了国家教育发展研究中心、地方科研院所和高校等12个单位的专业研究人员组成综合课题组和专题课题组，从教育和社会发展的视角，对独生子女群体的状况、特点和原因进行认真的调查研究和分析，从家长、教师、社会和政府等各方面提出有利于独生子女群体健康成长的对策建议。

【课题成果案例5】独生子女群体与教育改革

该课题在对国内外已有研究文献分析的基础上，基于经济发展水平、独生子女政策落实状况和教育规模等因素的综合考虑，采用分层整群、随机抽样的方法对我国中小学学生特别是独生子女学生、学生家长和教师进行了较大规模的问卷调查，共发放中小学生问卷、教师问卷和家长问卷总计109 493份，总回收率为98.2%。在进行问卷调查的同时，课题组还与部分省、市教育科研机构合作开展案例研究，从天津、江苏、河北、辽宁等4省市的中学选取了80名优秀的高中独生子女学生，对这些学生及其家长进行了比较深入的访谈，重点研究环境和教育在独生子女成长过程中的影响。调查研究发现，独生子女在成长过程中，所拥有的“比较优势”与所面对的新情况和新问题同时并存，在很多方面具有相似性，他们面对的是今天中小学生所共同遇到的问题，尽管一些独生子女在独立生活能力与自主解决问题能力、集体观念与分享意识、体质与健康状况等方面与非独生子女存在某些差异，而且有些差异还非常显著，但这些差异并非与生俱来，主要源自后天环境（家庭、学校和社会环境）的影响。这就回答了学术界一直存在争议的关于独生子女的问题。独生子女并非问题儿童，独生子女与非独生子女的差异随着年龄的增长和与人群、社会接触的增多而有所减小。在3—18岁这一年龄段中，两者之间的差异大体上呈现出“年龄越小两类儿童之间的差异越大”的特点。独生子女现象对教育包括教育普及、教育结构、教育质量、教育资源、教育管理等方面带来了深远的影响。针对独生子女群体特点，进一步深化教育教学改革，包括有针对性地加强对学生的引导和帮助，促进他们主动的、生动活泼的全面发展；调整教育结构体系，实现体制机制创新，为包括独生子女在内的受教育群体开辟多样化的学习成才途径；加强学校教育、家庭教育和社会教育的通力协作，为独生子女群体和广大青少年的健康成长提供更加良好的社会环境。

4. 以纪念改革开放30周年和新中国成立60周年为契机，总结和概括教育改革与发展的历史经验和发展模式，展望我国教育改革的未来之路。2008年是我国实行改革开放30周年，2009年是新中国成立60周年，教育界基于改革开放30年来教育发展所取得的重大历史性成就，回顾我国教育改革基本历程，总结概括我国教育改革与发展的历史经验，深入理解和积极宣传教育改革的“中国模式”，展望我国教育改革的未来之路。教育战略研究领域的代表性成果主要有：改革开放30年中国教育改

① 课题阶段性成果“独生子女群体与教育改革”，刊登于《教育研究》2009年第2期。全部成果《中国独生子女问题研究》即将由广东教育出版社出版。

革与发展课题组所著的《教育大国的崛起 1978—2008》;[①] 由范文曜、王建撰写的“优先发展　奠基未来”;[②] 由石中英、张夏青撰写的“30 年教育改革的中国经验”;[③] 郝克明、杨银付的“改革开放以来我国教育改革发展的若干启示”,[④] 这批研究成果是对改革开放 30 年教育成果进行了最系统的总结，具有重要的历史意义和理论价值。

【课题成果案例 6】优先发展　奠基未来——改革开放 30 年的中国教育

该文对改革开放以来中国教育改革与发展的历史成就、发展模式和经验进行了深入探讨。指出，改革开放 30 年来，中国教育取得的成就举世瞩目，教育规模迅速扩展，教育普及水平大幅度提升，国民受教育程度明显提高，教育投资取得较高回报。在教育思想、战略规划、教育结构、教育体制、人才培养模式等方面发生了根本性的变革，形成了中国特色教育体系的基本框架和发展模式。30 年来的教育改革开放也积累了宝贵的经验：要正确处理教育发展满足经济社会需要与人民群众需要的关系，正确处理教育发展中政府与市场的关系，正确处理教育改革适应经济社会发展与遵循教育自身规律的关系，正确处理教育的本土化发展与教育国际化的关系。

【课题成果案例 7】30 年教育改革的中国经验

教育改革作为社会改革的重要组成部分，该文基于对我国教育改革 30 年的历史回顾和理论分析，从教育改革的性质定位、背景认知、路径选择、价值诉求等四个方面对教育改革的基本特征进行理论分析和概括，并对未来中国的教育改革进行可前瞻式的思考。研究指出，30 年来我国教育改革从根本上说还是具有社会性和政治性的，是对不同历史时期社会发展需求的政策表达；教育改革的根本动因不在于教育自身，而在于社会经济和科技进步提出的客观需要；教育改革采取的是自上而下的路径；教育改革的价值诉求明显侧重于国家主义和经济主义等。在社会发展和教育发展的新形势下，未来 10 年到 15 年中国教育改革的社会性质会更加突出、教育改革的背景认知更加全面、教育改革的路径选择更加多样、教育改革的价值诉求更加体现以人为本的思想。

5. 引介教育规划理论和方法和提出改进教育决策机制，服务于《国家中长期教育改革与规划纲要》的制定。在我国教育进入新的历史发展阶段之际，国家和各地区普遍启动了中长期教育改革与发展规划的编制工作，有关中长期教育规划编制的特点、技术要求和注意事项以及国际教育规划理论与方法的引介成为教育发展战略研究的重要内容。主要成果有：张民选主编的联合国教科文组织国际教育规划研究所《教育规划基础》，翻译了教育规划丛书的三本册子，即菲利普 · H. 库姆斯的《什么

① 改革开放 30 年中国教育改革与发展课题组. 教育大国的崛起 1978—2008 [M]. 北京：教育科学出版社，2008.

② 范文曜，王建. 优先发展　奠基未来 [J]. 教育研究，2008 (8).

③ 石中英，张夏青. 30 年教育改革的中国经验 [J]. 北京师范大学学报（社会科学版），2008 (5).

④ 郝克明，杨银付. 改革开放以来我国教育改革发展的若干启示 [J]. 教育研究，2010 (3).

是教育规划》、玛琳·伍德豪尔的《教育规划的成本—收益分析》和奥利弗·贝特朗的《人力资源规划：方法、经验与实践》;① 国家教育发展研究中心高书国所著的《教育战略规划》,② 北京师范大学曾晓东撰写的《技术和政治间的取舍：世界教育规划理论的进展》，戚业国撰写的《中长期教育规划的特点与编制技术》③ 等，共同的结论是，教育规划是技术和政治间的取舍，我国在编制中长期教育规划时，需要充分运用各种预测技术及方法，重视教育发展的系统性，注重与不同利益关系人的协商，并应将此纳入教育决策程序。此外，教育研究和咨询作为教育决策的基础和前提，是实现教育决策民主化、科学化的保证，借鉴国外经验，一些学者提出了改进和完善重大教育决策的程序与机制，如华中师范大学周洪宇教授提出建立教育政策咨询委员会，独立地开展研究，提出高质量的咨询报告，包括对教育改革的路径预测、方向指引、力量推动和行动设计等，真正展现出现代社会教育决策咨询的威力。④

（二）教育战略研究内容方法的基本评价

1. 关注经济社会发展以及教育改革发展中的重大理论与现实问题，服务教育决策。教育改革与发展是一项复杂而艰巨的事业，教育发展战略研究尤其关注经济社会发展以及教育改革发展中的重大理论与现实问题，总是与教育政策、教育行政密切联系的，通常通过决策咨询机制向教育实践转化。比如，《国家中长期教育改革与发展规划纲要》作为教育行政的重要决策，在研制过程中非常注重发挥专业力量的作用，通过确立战略研究课题、专家研讨、集体攻关等形式，反映教育研究者的智慧。“十一五”期间许多重大教育发展战略研究课题，如教育现代化发展研究、人力资源强国与教育发展战略研究、终身教育体系和学习型社会建设研究等成果，为确立 2020 年我国教育发展的战略目标——“基本实现教育现代化，基本形成学习型社会，进入人力资源强国行列”提供了重要的决策依据。此外，教育发展战略学科组的专家，并非只是通过专项课题成果为国家决策提供参考，2008 年至今，约有 80% 的本组专家，以不同方式参与了国家中长期教育改革和发展规划纲要的前期调研以及战略专题组调研，担当了主要骨干的任务，发挥了比较重要的咨询参谋作用，为国家教育决策的科学化、民主化作出了应有的贡献，在 21 世纪新阶段教育科研为教育决策服务方面，积累了十分丰富而卓有成效的实践经验。

2. 跨学科视野和研究方法多元化特征明显，实证研究走向勃兴。教育发展战略研究的综合性特征要求关照与教育相关的政治、经济、文化、地理社会的整个体系，需要进行跨学科的研究。同时，作为对未来教育发展的系统设计，教育发展战略研究

---

① 上海市教委“比较教育”重点学科建设项目，成果译著《教育规划基础》，上海教育出版社 2010 年版。

② 高书国．教育战略规划：简单—复杂理论［M］．北京：教育科学出版社，2009．

③ 戚业国．中长期教育规划的特点与编制技术［J］．教育发展研究，2010（1）．

④ 周洪宇．建立更加完善的教育决策咨询机制［J］．教育研究，2009（11）．

的基本方法是预测技术与各种调研。在传统的逻辑分析法、文献法等质性研究方法的基础上，调查法、统计法、实验法等实证方法逐步引入，定量研究的方法逐渐受到重视，为教育发展战略研究注入了活力。

“十一五”期间的教育战略研究，为我国教育发展与改革的某些重大决策提供了重要依据，对教育实践发挥了一定的影响。但总的来说，还处于从初创向成熟转变的阶段，依然存在不少问题。我国对于宏观决策和政策的研究尚缺少理论与实际相结合的高水平的研究成果，研究机构之间、研究机构与决策机构之间、研究机构与基层组织之间缺少沟通与合作的渠道和机制，决策过程也就难以充分发挥政策研究的参与作用，由政府组织支持的教育战略和政策研究机构或课题在研究规模和研究经费上虽处于有利地位，研究成果也容易向决策和政策转化，但往往忽视理论构架的建立和科学理论基础的支撑，或虽有理论但难以保证理论的独立品格，加上一些行政部门对研究成果抱有“拿来就用”的期望，“教育战略或政策的研究”流变为“为预意的研究”、“政策阐释”，同时，缺乏对教育发展战略和政策实施效果的评价研究，没有把握好政策研究的批评性和建设性之间的关系，教育战略和政策的反馈和纠正机制亟待完善。在研究方法上仍然是以宏大叙事作为基本范式，逻辑演绎仍是基本的研究方式，有太多的体验、感悟、直觉、思辨等方式，过于模糊、宽泛、松散、缺乏实证性。

二、国际教育发展战略研究的若干趋势和特点

进入21世纪以来，随着全球化知识经济的发展，各国在构建日益有活力的、以知识为动力、有凝聚力的社会经济发展愿景中实施教育战略，教育发展战略和政策研究正在经历新一轮的变化和提高。

（一）全面认识教育功能和更新教育战略，拓宽教育战略研究领域

教育发展战略制定和选择的基础是教育功能观。自20世纪60年代人力资本理论兴起以来，教育与经济关系的研究，教育作为一项投资，能提高人的技能和能力——人力资本，经过全面的讨论，它所提供的理论依据和统计数据已经得到普遍的认同，促进了教育作为投资理念的传播，并提供了系统的政策框架。进入21世纪，教育在影响个人、社会和国家生活方面，比以往任何时候都更加重要，国际组织和世界各国都正在重新认识教育的功能和作用，传统上一直强调教育经济功能的世界银行和经济合作发展组织，也开始关注教育对社会和个人发展的功用，更新教育理念和教育战略。

世界银行作为最大的全球性发展机构和“知识银行”，在1999年6月发布了《教育领域战略》文件，提出教育是世界银行的“社会议程”（Social Agenda）和

"综合发展框架"（Comprehensive Development Framework）的重要组成部分,① 不仅强调教育在开发人力资本方面的功能和作用，而且强调教育在促进社会发展和建造社会凝聚力方面所作出的贡献，改善健康和营养状况以及直接丰富生活中的重要作用。2005年11月，世界银行发布《教育领域战略更新》文件，立足于国家视角整合教育，不仅扩充教育战略的内容，进一步明确了教育与卫生、社会保障、交通、能源、公共部门管理、私立部门发展、社会发展以及农业、农村、环境等其他部门之间的相互联系，还对如何才能达到所期望的结果进行拓展，关注服务和实施。提出教育战略必须成为国家综合发展途径的一部分，以帮助国家提高经济竞争力和社会凝聚力，教育战略应该有助于培养适应地方市场和全球市场需求的劳动力，促进教育和经济政策之间的补充与协调，利用高等教育建立创新体制，提供社会需求的专业技能人才，帮助贫困学生提高他们的经济地位，为贫困阶层打开机遇之窗。当然，这些战略可能因每个国家所处的发展阶段以及政治、文化和其他特定的因素相异而有所变化。为此，世界银行非常重视有效的教育战略规划与政策的开发和改进，重视数据分析及其教育科研机构能力建设，以提高如何在世界银行内部与国家之间构建关系和提高教育成果的国际理解。世界银行关于2006—2009财年教育研究议程包含的主题为：（一）何种工作？何时？为何？（1）检查成效，包括成本效益、各种情境下相似的教育干预，特别注意服务供给、促进学校参与和最贫困者的学习；（2）比较多部门干预和单一部门干预的影响，并将其作为教育和基础设施领域分析工作中联合计划的一部分；（3）评估数学和科学教学的有效创新方法；（4）加强教育在预防艾滋病毒/艾滋病中的作用；（5）审视什么是构建国家教育发展所需要的能力。（二）在具体领域中应当何为？（1）对于教育和劳动力市场，重点要关注由学校工作向劳动力市场开发的转变；（2）人力资源政策，尤其是关于发展中国家人力资源的规模和公共服务改革等问题；（3）寻求资助中等教育和高等教育的选择性和创新性的方式，关注让更多的私人领域参与到以职位为导向的公共教育的范畴；（4）利用信息技术加强教育成果。总之，教育效果的评价、教育服务质量以及减少贫困和不平等成为世界银行教育政策研究和分析的优先发展领域。

经合组织是一个以推动经济发展为己任的国际组织，传统上更看重教育的经济功能，认为教育在促进经济增长和就业方面具有决定性的作用，但随着知识经济和经济全球化兴盛，越来越关注教育的社会功能和教育平等。"教育不单单是实现其他目标（比如更好的就业前景和收入）的途径，而且要促进经济发展、保障社会和文化参与，进而减除社会分化。"② 经合组织于2000年设立了独立的、功能单一的教育司，其宗旨是："协助成员国和合作伙伴实现全民高质量终身教育，并为个人的发展、可持续的经济增长和社会融合作出贡献。"2003年，成员国部长会议确定了经合组织教

① 王晓辉. 全球教育治理——国际教育改革文献汇编［M］. 北京：教育科学出版社，2008：163.

② OECD. *Education and Equity in OECD Countries*［M］. Paris：OECD，p. 103.

育司的六项战略目标：（1）促进终身学习，改善教育与社会和经济的联系；（2）评价和提升教育结果；（3）促进高质量教学；（4）在全球经济中考虑高等教育的发展；（5）通过教育建设融合社会；（6）建设教育新未来。① 2005 年，经合组织教育研究与创新中心与其教育体系国际指标 B 网络（负责开发教育的效益指标）启动了“教育社会效益”项目，建立教育与社会福利之间的政策分析工具，聚焦于教育对于健康、公民社会参与的影响，特别是引入一系列模型，探索教育与这两个社会领域之间的因果关系，并利用国际资料进行实证分析。所有研究获得的证据都证实教育具有积极作用，在某些方面，有足够的证据确认这一因果关系。教育直接或间接影响人的生活。总体上说，接受更多的教育，有利于改善人们的身体和心理健康，提高他们的能力以及参与公民社会生活的动机。这有助于公共服务中的成本控制政策。也就是说，教育作为投资，使人们更好地照顾自己，并更有效地使用公共服务。更为积极的是，教育有助于增加或保持社会福利，有助于改善生活质量和完善民主等。这一项目的研究，有助于政策制定者使用更全面的社会效益观点，建立覆盖教育和其他政策领域的、更有效的一体化综合性政策。但是评估教育的社会效益是很难的，研究面临的主要挑战来自于研究方法和实证研究领域，以及教育政策和其他领域。（1）教育公共目标的回顾。分析教育的哪些目标可以作为改善健康和公民社会参与的目标，并明确哪些标准可以用于监测进步。（2）加强知识基础。教育社会效益是一个理论和实践基础很弱的领域，其关键领域是分析社会效益的概念框架、政策指标、成本收益分析及其他措施等。（3）积累分析资料。对现有资料的进一步分析迫切需要对一些资料、实验数据、传记分析和学习经历的深度研究。（4）探索教学、评估和资格体系的影响。成人和非正式的学习在社会效益中具有十分重要的作用，但通常不被承认。教育的社会效益项目要求对各种类型的教育效益进行评估和确认。（5）拓展阅读能力标杆的范围。扩大教育成绩测量的范围，将健康和公民素养纳入其中。（6）促进跨部门的对话。一个重要的政策挑战是，如何促进各个政策领域的对话，以便促进部门之间的信息交流和政策协调。②

联合国教科文组织作为“联合国的精神中心”，在其宗旨中宣称，要通过促进教育发展，增进人类和平、发展与进步，深信教育是人权、民主、可持续发展与和平的基本支柱。20 世纪 80 年代以后，促进人类经济与社会发展又有了新内容，世界把消除贫困、防治艾滋病、反毒品、灾后重建、男女平等、文化身份、保护环境和保护资源等世界问题的希望，寄托在教育发展中，教科文组织活动领域不断扩大。国际教育规划研究所作为联合国教科文组织和各成员国的“一个教育思想、方法和知识的实验室”，直接探讨教育规划与社会和经济发展的联系、教育规划理论与方法、教育经

① 张民选．国际组织与教育发展［M］．上海：上海教育出版社，2010：244．

② 经济合作与发展组织教育研究与创新中心．论教育的社会效益［M］．窦现金，译．北京：高等教育出版社，2009：113、6．

济和财政等。2000 年之后，研究出现了一些新的主题，如艾滋病环境中的教育规划、信息技术在教育和教育规划中的运用，自然灾害等紧急状态后的教育规划，全球化与教育规划，为文化多元而规划等研究主题，继续使用“教育规划”这个概念，向教育规划者和教育决策者提供了新的信息。

各种国际组织介入国际教育战略与政策研究，在国际教育政策转移方面发挥着重要作用，很多教育战略和政策在全球层面传播与扩散，直接影响国家教育规划与政策的实施。学者列文（K. Lewin）曾对亚非拉 16 个国家在 1966—1985 年间的国家教育发展计划进行调查，发现这些计划都表达了教育在劳动力发展、社会平等与国家建设方面的重要作用，而这些计划与联合国教科文组织、世界银行的教育战略与政策具有很大的一致性，表明了国际教育组织和国家教育计划之间存在密切的关联。① 一些国际组织和机构把强调发展的国家间普遍性教育原则、政策直至实践转化为国际会议宣言和行动框架，促使和推动各国政府把国际会议决议和国际承诺付诸国家行动，教育政策的制定和改革总是在越来越广泛的国际范围内进行。此外，世界上许多国家通过签订国际公约和达成协定，承认受教育是一项人权。

（二）立足于系统视野看待教育领域的全面发展，扩大教育战略议程

如果把教育领域分为学前教育、初等教育、中等教育、职业教育、高等教育和终身教育（继续教育）等领域，一个国家或地区由于财政收入及其来源的有限性，不可能对所有教育领域都进行投资，而具体侧重在这一体系中的哪个阶段，将取决于一个国家的发展水平。同时，全球化拉近了对基本技能和高级技能需求之间的距离，迫使各国包括发展水平较低的国家，开始重视教育的各个阶段，以跟上先进经济体的脚步，拥有竞争力。②

世界银行作为一个国际金融组织，要求所有国家在接受贷款的过程中，贯彻它所提供的战略框架、建议和政策。20 世纪 60 年代，人力资本理论强调发展国家的中等和高等教育，重视学校中的职业培训，初等教育属于被冷落的部分。随着教育研究的深入，世界银行发现基础教育不仅回报率很高，而且决定了中等教育及高等教育的质量，70 年代中期以来，世界银行对初等教育的投资额度及其比重大幅度上升。90 年代以来，随着世界性“全民教育”的发展，世界银行在世界全民教育大会作出承诺，积极支持基础教育发展。1999 年的《教育领域战略》赋予了基础教育以高度优先地位。20 世纪 90 年代中后期开始，世界银行认识到普及初等教育只是在今天复杂的、快速全球化的世界中生存的第一步，更多国家运用知识和技术可以实现跳跃式的向前发展，由世界银行和联合国教科文组织组成的高等教育与社会特别工作组（2001）

---

① 杨启光. 全球化进程中的国际教育政策转移 [J]. 比较教育研究，2009（12）.

② 世界银行 4KD 项目组. 知识促进发展：指标评测与全球战略 [M]. 闫温乐，等，译. 上海：上海教育出版社，2009：30.

《发展中国家的高等教育：危机与出路》报告中指出，“各级各类教育的平衡发展是必需的，以初等教育为重点是重要的，但是仅追求初等教育的发展会导致有关国家在未来世界中的生存危机”，呼吁“发展中国家要紧急行动起来，扩充高等教育数量和提高质量应该成为一项优先发展战略。”① 世界银行提倡通过发展多样化的高等院校，来加速发展中国家的高等教育发展。在2005年的《教育战略更新》中提出，世界银行的教育战略应集中帮助客户国家：（1）实现全民教育和千年发展目标；（2）通过培养全球竞争所需的高水平技能与知识，促进经济发展与合作来强化面向知识经济的教育，② 教育贷款重点更为明确地指向“全民教育”和“增进知识的教育”两大领域。知识经济发展对教育体系提出了新的挑战，虽然某些主要挑战是教育体系在传统上一直面临的那些问题，如让更多的人能够受教育以及提高教育质量，但更多的则是需要对所提供教育的性质、类型、目的以及模式进行调整。知识经济发展需要一个新的教育与培训模式，即终身学习的模式，世界银行在《全球知识经济中的终身学习——发展中国家的挑战》指出，一个终身学习的框架应涵盖从幼儿期到退休后的整个生命周期中的学习，它包含正规学习（学校、培训机构、大学）、非正规学习（有组织的在岗培训）以及非正式学习（从家庭成员和社区民众学到的技能），终身学习是面向知识经济的教育。③ 其中，基础教育与技能始终是终身学习的基础，是终身学习的脚手架，特别是学龄前及儿童早期教育为今后的学习打下坚实的基础。为了缩小知识差距，社会必须保障全民的基础教育，并为人民提供在其一生中不断学习的机会。④ 中等和高等教育则致力于发展人的核心技能（包括技术能力），进而培养人的创新和批判性思维，高等教育和研究则通常来说是生产新知识，终身教育制度则能够使各国持续地评价、使用和应用新的知识。世界银行逐渐开始全盘考虑教育问题，不只是聚焦于教育的某一层次，而强调一种全局的视角，单独投资教育的某个分支领域不可能提升整个国家乃至全球整体教育质量，只有全面考虑，合理地分领域投入，才能得到预期效果。不过，这也给世界银行带来另一个难题，面对如此之多的投资领域，对各个领域究竟投入多少才最科学、最有效，最能体现出成本—效益，能够得到最大的投资回报。

国际教育目标不仅包括增加受教育机会，获得受教育机会只是一个良好的开端，还要确保受到高质量的教育。国家的教育战略必须认识到参与、平等、质量、效率、可持续财政及治理与管理面临的挑战。20世纪90年代以来，“全民教育”成为教科

---

① 世界银行，联合国教科文组织高等教育与社会特别工作组．发展中国家的高等教育：危机与出路［M］．蒋凯主，译．北京：教育科学出版社，2001：13、7．

② 王晓辉．全球教育治理——国际教育改革文献汇编［M］．北京：教育科学出版社，2008：246．

③ 世界银行．全球知识经济中的终身学习——发展中国家的挑战［M］．国家教育发展研究中心组，译．北京：高等教育出版社，2005：1．

④ 世界银行．1998/99年世界发展报告：知识与发展［M］．蔡秋生，等，译．北京：中国财政经济出版社，1999：8．

文组织在教育领域中的首要目标。全民教育不只是一个数量概念，也关乎质量，教科文组织把优质教育视为一种人权。联合国教科文组织国际教育规划研究所最初的主要研究课题集中于发展中国家各级教育的入学率与流失率、中小学布局、资金筹措方法、教育成本分析、人力资源预测、影响教育规划的因素测算、人口与教育发展、各级各类教育规划以及教育规划和决策研究中的数量分析方法等。2000 年，世界教育论坛要求全民教育的发展从增加参与人数和提高普及率转向测评和提升学习者的学习结果。优质教育规划、教育质量保障、教育质量监测成为国际教育规划研究所研究和推进全民教育进程的一个新的关注和研究重点，如近年出版的《监测教育成就》(2004) 和《全民教育全球监测报告》系列年度报告。2005 年的《全民教育全球监测报告》主题即为“全民教育：质量的紧迫性”，详细分析了影响教育质量的关键因素，包括学校的财政与物质资源、教师数量及培训、核心课程、教法、教学语言、实际学习时间、设备和领导。① 世界银行认为，受教育权仅仅是开始，质量才是关键。起初，世界银行的大部分援助项目都用在建设和装备建筑物上，现在世界银行关注的焦点已有所扩大，最显著的变化是投资方向从“硬件”转向“软件”，关注优质教育的主要因素。软件涵盖教育系统的许多方面，包括：(1) 课程改革；(2) 技术革新；(3) 教学语言；(4) 教师劳动力改革；(5) 管理分权化；(6) 创设有利于学习的环境；(7) 提高学生的学习准备水平；(8) 激励教职员工；(9) 可获得充分的资源。从全球教育发展的角度，世界银行提出至少应该对两类教育项目进行优先投资。一是致力于达到全球目标的项目。在这方面的工作主要集中于基础教育，尤其是基础教育中的女童教育和贫困学生教育。二是致力于提升教育教学质量的项目。主要从四个方面考虑教学质量问题：儿童早期发展和学校健康计划；教学手段革新，包括远程教育、开放教学与新科技的运用；体制改革，包括建立学生学业标准、改革课程与评价手段；治理与分权以及政府之外教育举办者和投资者。② 世界银行的分析表明，良好的教育服务与善治实践的多样性联系在一起：透明性与众所周知的一系列（如在课程、标准、入学政策、学生评价、学校运行和资源配置方面）规则；(包括公民和各级政府) 责任的准确界定；一套强大的公共管理体系；成果的准确界定与结果测量。2004 年的《世界发展报告：让服务惠及穷人》提出教育领域强化公民、政治家、政策制定者和服务提供者之间建立问责关系。教育的政治学尤其是穷人表达的有效性，决定了学校体系的目标和用于教育的公共资源；政策制定者和教育提供者之间的契约关系需要在学校与教师的自主权和业绩评估之间取得平衡；学校（以及学校体系）必须能够对业绩进行管理，尤其是要能找到培训和激励教师的有效措施；让家长和社区直接参与学校事务，采取需求方面的诱导措施以提高入学率，给家长和学校提供选

① 联合国教科文组织. 全民教育全球监测报告 · 2005：全民教育提高质量势在必行 [M]. 联合国教科文组织，2004.

② 王晓辉. 全球教育治理——国际教育改革文献汇编 [M]. 北京：教育科学出版社，2008：188、193.

择——如果选择的设计是正确的——都能够成为全面的教育改进计划的重要组成部分。① 教育质量和教育平等问题一直吸引着经合组织的注意。特别是在 1983 年美国发表《国家在危机中》之后，在美国教育部的影响下，教育质量成为经合组织的一个重大主题。经合组织认为，质量有两种不同的含义：一是质量提高，二是质量保障与问责，质量评估既要考虑学校内部的质量提高，也要考虑学校对外部的问责性，这两种质量观不一定能合而为一。其实，从一开始，经合组织就更看重问责性，强调外部的量化测量。在《教育绩效标准：寻求质量》（1976）中，探讨在教育分权不断加速、各国又要求加强教育问责性的时候，怎样制定、运用和监测学生的成绩指标。20 世纪 90 年代初，通过绩效指标来保障教育质量已经成为经合组织的主流管理理念。进入 21 世纪，经合组织越来越关注教育财政投入的绩效，不仅是各级各类教育的学生数量以及投入的相应资源，各级各类教育的资格证书的颁发以及毕业率，尤其是在学生实际获得的知识、技能和能力方面，开始组织国际性的教育成就测评，影响最大的有"国际学生评估项目"（PISA）、"国际成人识字调查"（IALS）。这些评估项目不仅测试学生的认知发展水平，而且通过配套的问卷，测评社会公平、学习投入和财政保障水平，为各国和地区的教育决策者提供改进教育政策、推动教育改革的国际比较信息。

（三）实施以实证研究或证据为基础的决策，加强教育战略研究与政策和实践的关联度

科研在政策过程的起始阶段发挥着重要的作用，它能帮助确认要解决的问题，更全面地理解预期政策所面临的环境背景和挑战，并帮助确认是否存在有效解决所定问题的干预政策。长期以来，国内外对教育研究现实的主要批评是教育研究与教育实践和政策制定缺乏联系，且教育研究开发体系内部体系零散。例如，1995 年经合组织对成员国教育研发体系的综合评估报告指出，教育研发体系的问题是零散、过于政治化、与实践距离遥远并缺乏国际视野。② 为增强政策制定者对教育研究的信任度，许多教育研究转向以实证为本的政策研究，证据不仅有助于而且来源于对教育改革战略目标和预期结果的明确性，教育改革背后的意图越明确，良好的证据就越可能帮助如何推进改革——或者向何处退却，从而提高研究的影响、效用和持续性，并产生基于研究成果的决策。

2000 年以来，联合国教科文组织、世界银行、经合组织等知识性国际性机构投入教育领域的研究扩大，联结了教育专家与其他领域专家。在发展的主题下，特别是大型国际教育评价研究的发展，当前在全球范围内最有影响的有：国际教育成就评价协会（IEA）举办的"国际数学和科学能力进展研究"（TIMSS），每四年一次的

① 世界银行. 2004 年世界发展报告——让服务惠及穷人［M］. 北京：中国财政经济出版社，2004：111.

② OECD. *Education Research and Development*：*Trends Issues and Challenges*［J］. OECD，1995.

TIMSS 项目研究四年级和八年级数学和科学成就的国际发展趋势，参与的国家已由 1995 年的 41 个增加到 2007 年的 60 多个。经合组织的“国际学生评估项目”（PISA），旨在了解 15 岁学生在义务教育接近尾声时，在多大程度上掌握了充分参与社会生活所必需的阅读、数学和科学领域的知识与技能，评估每三年举行一次，每次都以某一领域为主，其他两个为辅。2000 年，32 个成员国和巴西及中国香港地区的学生参加了阅读测试。2003 年、2006 年、2009 年分别举行以数学、科学、阅读为主的测试，2009 年参加阅读测试的国家和经济体有 68 个，参加测试的学生超过 100 万人。这些国际比较研究以规模大、周期长、综合型、组织严密而著称，产生了丰富的研究成果和深远的政策影响，使各国或地区在国际比较的框架下诊断本国或本地区的教育问题，探索更具针对性的教育改革途径。不管是美国还是欧洲，都不敢无视国际教育评价的结果，相反，许多国家视之为制定教育战略和推进教育改革的重要依据。1983 年，美国高质量教育委员会在《国家在危险中——教育改革势在必行》报告中，提到第一个“危险指标”就是“在 19 项学业考试成就的评价中，与其他工业化国家比较，美国学生从未得过第一或者第二，却有 7 项获倒数第一。”① 1991 年，美国在制定 2000 年教育战略时，因“在国际对比中，美国学生却仍然处于或接近于末尾”而忧心忡忡。2002 年，美国教育部在其 2002—2007 年教育规划中，仍然以美国在国际评价中的地位而担忧，因为它发现，“目前，各种国际比较如第三次国际数学和科学研究显示：美国的初中、高中学生数学成绩和科学成绩处于平均水平或者低于平均水平。”② 2006 年，美国教育部再一次指出，美国四年级和八年级的学生在 2003 年国际数学和科学趋势测评（TIMSS）中，仅有 7% 的学生获得了“高级”水平，而新加坡有 38% 的四年级学生和 44% 的八年级学生获得这一水平；在 2003 年“学生能力国际评价项目”（PISA）测试中，在 29 个发达国家中，美国 15 岁学生的数学素养和问题解决能力排名处于第 24 位。③ 2007 年 5 月，美国联邦教育部公布其 21 世纪的第三个战略规划《2007—2012 年战略规划》，提出了 4 个战略目标：（1）提高学生学业成绩，重点是提高所有学生阅读和数学能力，到 2014 年使其达到年级合格水平；（2）提高所有高中学生学业成绩；（3）增加高等教育入学机会，减轻经济负担，学校为学生学业负责，为学生就业和进一步深造、为成年人终身学习做好准备；（4）卓越的管理。教育部的使命是：“通过加强优质教育和保证教育公平，提升学生学业成就，为全球竞争做好准备。”④ 组织跨国教育评价为国际教育组织的发展提供

① 国家教委教育发展与政策研究中心. 发达国家教育改革的动向和趋势［M］. 北京：人民教育出版社，1986：4.

② 国家教育发展研究中心. 发达国家教育改革的动向和趋势（七）［M］. 北京：人民教育出版社，2004：24.

③ 美国教育部. 回应变革世界之挑战：为 21 世纪而加强教育［M］//赵中建. 创新引领世界——美国创新和竞争力战略［M］. 上海：华东师范大学出版社，2007：259-276.

④ 赵中建. 质量为本——美国基础教育热点问题研究［M］. 合肥：安徽教育出版社，2010：30-35.

了一个新领域，收集、整理、研究和公布的教育信息和研究成果所发挥的国际影响，推动了教育研究与教育战略和政策实践的紧密结合。

20 世纪 90 年代后期，以英国学者哈格里夫斯（Hargreaves）为先锋的英国教育学界已就“何为教育政策制定的实证基础”以及教育政策与研究的联系问题展开激烈讨论。2001 年，美国小布什政府提出的《不让一个孩子掉队——初级和中级教育法案》，该法案共 110 次提到了“科学的研究”（scientific based research），联邦政府集中少数几项大型长期的研究课题来攻坚教育实践中的重大问题，包括早期儿童发展和教育、学生学习和成就、文化和语言多样性、英语语言学习、阅读和识字、超常儿童教育、改善低成就学校、学校改革创新、州和地方教育政策等，使教育转型成为以证据为基础的领域。世界银行认为仔细分析问题并作出选择是形成有效项目和良好政策建议之基础，运作的实用性是其在教育方面选择研究课题的标准，大部分研究目的在于严格评价世界银行所支持的投资和政策变动所产生的影响，以此来决定项目、规划或改革进程取得最大成功所需的前提条件和环境，更多地运用效果评价，如系统效率和教育投资的成本效益，使用评价结果来细化世界银行和各个国家的教育战略。例如，有一项关于教育分权对教育福利影响的跨国研究计划，探求管理责任由中央政府转移到地方团体和学校的结果，以及提供教育券帮助学生择校和激励女童教育的结果；另一项研究是利用各种投入比例进行实验，明确物质激励和教师激励对学生成绩和保持在读学生数量的相关贡献。这些研究对教育的优先发展点及其战略产生过重要的影响。经合组织立足发达国家最关心的宏观教育决策问题，利用坚实信息基础上的大规模比较方法，如教育发展指标体系的研究，围绕成员国共同关心的一些关键性政策问题开展教育系统的国别专家审议，通过定量描述教育发展的水平，由其他国家和专家系统地分析和评估，帮助确定教育发展的合理性和教育管理的有效性，并通过国际比较，确定本国教育发展的位置，及时发现存在的问题，为教育决策提供依据，或帮助本审议的国家改善政策、接纳最佳做法并遵守已建立的标准与原则。

教育发展战略研究作为教育决策研究，是科学化、民主化的政策制定过程的一个必要阶段或必经环节。在多元化社会的美国，教育政策制定与决策流程，包括“出现教育问题→基金会→智囊团或专家委员会→研究报告→媒体→联邦政府、国会、教育部、州政府、教育委员会→教育政策→教育改革”，最大限度地发挥了社会精英、教育专家和公众在政策制定过程中的作用。① 美国的教育战略思路的形成往往是由具有深刻背景的民间政策咨询机构或美国政府智囊团撰写的研究报告来促成的，这些机构对美国政府决策和国家立法起着关键作用。例如，2005 年，由美国国家科学院、国家工程院 66 位专家组成的“在 21 世纪的全球经济中谋求繁荣委员会”提出了《迎接风暴——振兴美国经济，创造就业机会，建设美好未来》的咨询报告，从促进美国繁荣所必需的人力、财力和知识资本的维度出发，分别针对美国政府在基础科学

---

① 吴遵民. 基础教育决策论［M］. 上海：华东师范大学出版社，2006：329.

教育、基础科学研究、创新人才培养和创新投资环境方面应当采取的行动计划。2006年2月，美国总统在国情咨文中提出实施《美国竞争力计划——在创新中领导世界》，2007年8月，签署《美国创造机会增强技术、教育和科学优势法》，将《迎接风暴》所提出的设想转变为联邦计划。正是《迎接风暴》这份报告激起了美国参众两院议会的高度重视，打动了国会绝大多数议员，投票支持大幅度增加对基础研究和教育的投入。世界银行的教育议程包括分析工作、政策对话和实施贷款，良好的分析可以为各国建立教育领域战略的全国共识提供强大的基础，一系列的研究、研讨会、政策解释、专题研究小组、新闻发布会、以此使整个教育体系形成多方受益人的活动，开展决策者、技术专家、外部合作者和多方人员的合作与对话，可以承担和实施有难度的战略调整和政策变革。世界银行还帮助发展中国家和新兴民主国家的智库决定推进社会、政治和经济变革最有效的途径。

三、"十二五"期间教育战略研究延伸拓展的重点领域方向

"十二五"时期是全面建设小康社会承上启下的关键时期。经济增长方式的深刻变革、经济社会发展战略的深刻调整对教育改革发展提出了新要求、新挑战，教育的发展目标、发展重点、发展方式将发生深刻变化。中央即将启动实施的《国家中长期教育改革和发展规划纲要》，是21世纪指导我国教育改革和发展的纲领性文件，将对教育改革发展的方向性、全局性问题做出总体部署，所提出的重大体制机制创新、重点改革试点以及一批工程项目等都要在"十二五"时期启动执行。"十二五"期间，教育发展战略研究要以邓小平理论和"三个代表"重要思想为指导，深入贯彻落实科学发展观，面向"十二五"时期现代化建设和人民群众的要求，把握教育改革发展新阶段的新特征，以方法论突破为重点（加强实证研究），抓住若干关键问题，提出重大现实问题的改革方案和对策措施，提高研究的针对性、实效性和创新性，在为教育改革和发展实践服务的深度和广度上取得显著的进展，为全面实施规划纲要提出的目标任务奠定知识基础和决策依据。

（一）建设创新型国家、人才强国和人力资源强国相关的教育战略研究

面向2020年全面建设小康社会，党和国家根据新世纪新阶段国际国内形势的深刻变化，在经济社会发展战略深刻调整中提出到2020年进入创新型国家、人力资源强国和人才强国行列。"十二五"时期是全面建设小康社会承上启下的关键时期，我国仍处于重要的战略机遇期，经济社会发展的基本面和长期向好的趋势不会发生根本改变，但转变经济发展方式、调整经济结构、保持社会和谐稳定以及深化体制改革等诸多方面的压力会加大，进一步发挥教育的基础性、先导性和全局性作用，把巨大的

人口压力转换为人力资源优势，由低层次的人力资源变成高层次的人才，让人的素质和创造潜力转化为先进的生产能力，要求逐步构建具有中国特色的人力资源开发体系和战略。

1. 调整和优化教育结构研究。我国经济社会的发展，尤其是经济发展方式的转变，不仅为教育改革和发展提供了新的空间，也对教育发展必须与经济发展方式转变相适应提出了更高的要求。教育发展战略与经济结构和发展方式息息相关。如何促使教育适应经济战略性结构调整和发展方式转变的要求，进一步关注教育与劳动力市场的联系，调整优化教育结构，尤其是调整职业教育、高等教育和继续教育与培训之间的关系，解决近年来就业市场出现的大学生就业难与企业招收技工难的现象，农村剩余劳动力知识过于贫乏和就业能力差而难以转移和安置的问题，主动适应经济发展方式的转变和经济结构的调整，加快调整教育的宏观布局和人才培养结构需要深入研究探索。

2. 优化配置教育资源机制研究。我国经济战略性结构调整和发展方式转变对人才的需求，既需要大批一流科学家及科技领军人才通过研发创新去改变和提升我国在国际产业链分工中的地位，也急需更多服务于生产第一线的高素质的专业化劳动者。在教育发展战略重点选择上，如何处理大众教育和精英教育的关系，普及和提高的关系，并通过优化配置教育资源，加快建设一批国际知名学校、强势特色学科，使教育能够造就出世界一流科学家和科技领军人才，同时又能培养市场急需、具有专业知识和技术专长的高素质劳动者，全面提升整体国民素质。

3. 人才类型与培养模式研究。从劳动力市场需求看，人力结构主要包括劳动者、专门人才和拔尖创新人才。从人才培养的供给方面看，主要包括学术型人才的培养、应用型人才的培养以及技能型人才的培养，各级各类教育的人才培养目标和模式是不同的。科学大师钱学森一直非常关心创新型人才培养问题。他去世后，“钱学森之问”成为人们关注的焦点。深化教育改革，培养创新型人才，成为教育研究的时代课题，这涉及更新人才培养观念，进一步创新人才培养方法，研究人才培养途径和模式的多元化问题，中学和大学分流机制与有机衔接问题，高等学校定位与分类管理问题，以及创新型人才的成长环境和管理制度问题，把教育政策同人才政策联系起来，探索形成人才成长和使用的有效机制等多方面的问题。

4. 可持续发展教育研究与区域实验。可持续发展教育，是根据可持续发展需要而推行的教育，其目标是帮助受教育者形成可持续发展需要的学习能力、创新潜质、价值观念与生活方式，进而促进社会、经济、环境与文化的可持续发展。开展可持续发展教育的研究与实验，在联合国教科文组织和北京等部分地区教育部门的倡导和推动下，有了较为丰富的经验，今后应朝着整体设计、综合实施的教育系统工程方向发展。实现教育促进人的可持续发展功能的主渠道是，通过学校教育教学模式创新培养学生形成可持续发展需要的学习能力、创新潜质、价值观念与生活方式；同时通过建设节约型校园推动学校尽快完成从单纯资源消耗单位向低碳社会示范基地转变，以使受教育者在校学习期间就开始承担起促进可持续发展的社会责任。在可持续发展教育的地区战略规划、推进策略、课程建设、教育教学模式创新、学生素质培养、校园设施—文化建设与学校发展等多个层面，力争取得新的实践经验与研究成果，从而为大面积实施可持续发展教育做出有益的探索。

（二）教育在建设和谐社会中的责任和教育公平研究

教育系统不仅在促进经济发展所需要的人力资本形成方面扮演了一个关键性的角色，而且在培育社会网络、行为规范和价值观方面的技能，促进社会公平方面扮演着重要的角色。然而，通过教育的公平分配来追求社会公平和凝聚力却是一个具有挑战性的战略课题。

1. 社会转型时期教育的作用与职能的拓展研究。我国社会目前及未来一个时期面临着两大转变：一是从传统的农业国向工业化国家的过渡，在工业化社会过渡的一极，又处在所谓工业化中期向工业化后期乃至知识化转变的结构变化所引发的矛盾中；二是从农村社会向城市社会过渡，工业化中后期产业结构的急剧变化与农村剩余劳动力从农村向城市的涌入相结合，“十二五”社会总体稳定，但局部矛盾将会比较突出。转型时期教育发展和教育体系构建，需要深入研究在向工业化和城市化进程加快推进的过程中发挥教育在扩大平等方面所具有的潜在贡献，包括赋予人们寻找和利用经济发展机遇的能力，以及在社会分层体系中教育促进不同社会群体地位获得与变动的作用；研究社会在城市化和信息化过程中传统的支持结构受到削弱或破坏的情况下，教育在社区网络和支持体系、社会责任与精神世界建设中的重要作用；研究在融入全球化的进程中，教育在促进对多元化的生活方式、文化和生存环境的理解与宽容，以及对当地文化认同中的重要作用，等等。

2. 教育公平实现中社会弱势群体利益补偿机制研究。在过去数十年里，尽管我国教育的总体水平得到了较大的提高，但教育机会的分配仍然是不均衡的，特别是那些在教育中处于“边缘地位”的群体，包括社会经济地位比较低的群体、少数民族、边远地区和其他处境不利的人，学习有困难的智障和残疾儿童，农村的和城市流动人口群体显然也处于非常不利的地位。公平的策略和行动必须保证关注那些处境不利的人的学习障碍和学习需要；有效的政策不仅要配给额外的资源，使他们能够比过去更大程度地参与更高层次的教育，关注的重点不能仅仅在数量方面，也应该关注质量方面，保证他们能够从新的学习形式中获益。当然，教育不平等进一步反映了更加具有普遍性的社会不平等现象，仅仅由教育政策来应对社会中的公平挑战是不够的。为此，不仅需要研究如何通过教育对国家政策的牺牲者或最小受益者提供集中支援，落实投资于人的战略；而且需要探索制度构建或政策协调机制，补偿支援那些因社会经济性问题未能受到教育优惠的情况和因地区、学校不同而教学质量差别比较大的群体，从而积极实现教育机会的平等。

（三）区域协调发展和城乡一体化发展中的教育发展战略

落实区域发展总体战略，形成东中西优势互补、良性互动的区域协调发展机制；加快城市化进程，进一步提高城乡教育均等化水平，是实现区域和城乡教育协调发展、均衡发展和共同发展的必然要求。

1. 区域教育战略规划与区际教育互补协调机制研究。"十一五"以来，全国十余个区域规划和带有规划性质的综合试验区陆续获批，对于已形成城市群发展格局的京津冀、长江三角洲和珠江三角洲等区域规划已进入国家战略。区域教育发展战略研究，需要在以下方面进行深化：一是在经济区域划分的基础上，研究各类区域教育运动的具体特点与发展变化的规律，进一步研究区域教育的划分及区际教育发展比例的安排，据此进行教育资源的空间调度与组合，为按地域组织教育活动提供科学依据，促进全国教育大系统中各空间子教育系统的协调，区际之间教育发展的调整与协调，区际的均衡发展与全国教育发展总效率的关系；二是探讨区域教育推进战略，在深入分析不同类型地区的差异性的基础上，研究不同区域教育发展的目标、发展模式，强调各地应按照自身实际，加快教育改革与发展，形成各地教育自主发展、相互借鉴发展、竞相发展的态势。

2. 城乡教育一体化发展战略研究。我国现代化进程和城乡一体化进程对城乡教育发展提出了比教育公平更高的要求，城乡教育体系的一体化和教育制度的一体化是城乡教育一体化的主要内容。在城乡一体化框架思维下，城乡教育关系应该有一个新变化、新定位，应该重新认识农村教育的价值和城市教育的责任，需要对城乡教育关系问题的形成机理、发展方向及其构建良性互动的教育体系和机制进行深入研究。城市化的规律决定了教育移民规模，决定了农村教育的城镇化趋势，为此需要使新农村建设的重大决策与城市化发展战略联系起来统筹考虑，调整新农村建设的政策思路，包括对农村教育发展战略的理性调整。将农村教育的主阵地由乡村逐步转移至办学条件相对优越的城镇地区，推进农村教育城镇化；开放现有的城市教育体系，建立适应社会人口流动的接纳性教育；完善现有的农村教育体系，让留守儿童能得到更好的教育。对城乡教育进行统筹管理和一体规划，关键是从制度入手，需要在教育管理制度、教育投入制度、人事制度和教育质量保障制度及教育行政问责制度等方面作出改革和调整。

（四）政府职能转变、教育责任定位与治理制度研究

教育体制改革的基本问题是正确处理政府、社会、学校之间的关系，逐步形成政府宏观管理、社会有效参与、学校自主办学的教育新体制。在现阶段，体制改革是教育改革的关键，"十二五"时期经济社会体制改革能否取得实质性进展，很大程度上取决于公共服务型政府建设能否有重大突破。政府职能转变的核心，是政府在社会管理和公共服务领域中责任的合理定位问题，准确定位政府在教育属性发生新变化后应

担负的责任，已成为教育体制改革十分迫切的问题。为此需要深入研究各级政府在发展义务教育、职业教育、高中教育和高等教育等不同教育领域的职责以及相应的社会参与问题，加快建立从中央到地方的教育事权和财权划分以及与此相联系的问责制，推动政府依法管理教育，推动教育政策尤其是重大教育政策的决策科学性，建立科学的教育决策程序，如建立重大教育决策的实证调研、咨询论证制度，建立重大政策执行过程和执行效果的评估与改进制度等，也将成为进一步转变政府管理教育的职能与模式的重要内容。

（五）教育国际化与国际竞争力研究

考虑中国教育发展不能脱离全球教育体系的宏观背景，充分利用全球教育资源，借鉴国际教育发展的经验教训，在“教育全球化”的历史进程中认识自己所处的位置，既是21世纪中国教育发展的重大理论与实践问题，也是加快中国教育发展步伐的重要机遇，当然也必然会对我们传统的教育观念、理论、政策带来挑战。推进教育国际化，要求我们在更广的范围内和更深的层次中，积极探索教育合作交流的新机制，如何根据实际需要变革教育教学、科研体制、治理机制、管理模式成为我们面临的挑战，特别是高等教育国际化，不仅有合作的一面，而且具有竞争的一面，甚至在更多的领域是竞争大于合作，培养适应在国际环境中学习、工作和发展的人力资本，尤其是服务贸易和教育产业的发展必然涉及和带来教育的竞争力问题，为此需要从现实和未来发展相结合的角度，从本国和相关国家比较的角度来制定教育发展战略规划，提高我国相对于其他国家教育而言的竞争力，并根据我国教育发展的基础与潜力和竞争上的强弱选择最优的战略追赶路径。

（撰稿人：教育发展战略学科组 张力　王建）

教育经济与管理研究

“十一五”期间，教育经济与管理学科作用突出，在教育管理基本理论研究、教育政策研究、教育行政研究、教育法学研究、教育经济研究、教育效能研究、学校管理研究、教育人力资源开发与管理研究八个方面取得突破。

一、研究进展及主要成果

（一）教育管理基本理论研究的进展及取得的主要成果

1. 立项课题情况。“十一五”规划期间，在学科分类上明确说明是归属于教育经济管理学科的课题有44项，占总数的3.3%。被中国期刊网收录的教育管理类“十一五”规划课题成果有5篇。教育部统计的教育经济与管理专业课题的研究成果共有24项。就教育管理基本理论研究方向来看，在“十一五”期间，批准立项的研究课题中大多数是关于教育改革进行的理论研究，如关于教育改革思想取向的研究①，关于教育改革规律问题的研究②，关于教育发展历史性成就和经验总结的研究③，关于教育改革理论的系统研究④，关于教育理论与教育改革机制间关系的研究⑤；其他教育管理基本理论方面的重点课题和一般课题几乎没有。2006、2007、2008、2009、2010年度课题指南中也没有把教育管理基本理论作为一个独立的研究方向进行研究规划：2006年包括教育法律研究、教育经济研究、教育行政管理制度研究、学校管理制度研究4个部分；2007年包括教育经济研究、教育政策与法律研究、教育行政管理研究、学校管理研究4个部分；2008年包括教育政策与法律、教育经济、教育管理3个部分；2009年的研究课题分类开始走向具体，比如家庭校外教育支出状况、

---

① 2007年杭州电子科技大学的贺武华教授获批准的国家青年基金课题《公共教育改革中的新自由主义思想取向研究》，课题批准号为：CAA070212.

② 2008年沈阳师范大学的孙绵涛教授获批准的教育部重点课题《改革开放以来中国教育改革的规律问题研究》，课题批准号为：DFA080157.

③ 教育部长袁贵仁主持的国家重大课题《改革开放以来的教育发展历史性成就和基本经验研究》，课题批准号为：ZAA080001.

④ 2009年首都师范大学劳凯声教授的国家重点课题《教育改革的理论研究》，课题批准号为：AAA090001.

⑤ 2009年浙江师范大学李润洲教授的教育部重点课题《教育理论促进教育改革的机制与条件研究》，课题批准号为：DAA090137.

农民工子女初中后阶段教育政策、学生事务、学校公共安全教育、高中招生考试制度改革方向、大众传媒反映的教育舆情研究、教育科研的社会服务研究等；2010 年的研究课题较 2009 年的课题更为具体，并逐渐由宏观研究走向微观研究，如政府和市场在提供教育公共服务中的作用研究、政府教育政绩评价指标体系研究、现代大学制度研究、义务教育均衡发展监测与评价研究、教师任用制度和评价激励机制改革研究、教师流动状况调查研究、农村教师队伍流动和补充机制研究、"特岗计划"实施成效及评价研究、特殊教育学校建设研究、托幼机构教育质量评价与认证制度研究等。

2. 发表学术论文情况。"十一五"规划期间，在中国期刊网上，自 2006 年 1 月 1 日至今，与教育管理理论有关的硕博士论文和专门的文章共有 2085 条，但其中以教育管理理论为关键词进行搜索得到的文章只有 81 条。这些专门关于教育管理基本理论的研究主要集中在对作为一门学科的教育管理学所进行的理论研究和教育管理研究方法论研究 2 个层次，而对教育管理自身进行的理论探讨仍然比较少。

第一，在对作为一门学科的教育管理学所进行的理论研究层次，人们对于教育管理学科的研究比较多，主要集中在关于教育管理学科的发展、成就、问题的分析、教育管理学理论介绍。如有学者通过对中国教育管理学 30 年来对研究的组织队伍和机构、取得的研究成果进行了系统全面的总结，对教育管理研究在研究目的、方法和内容方面的特点进行了分析，指出了教育管理研究中现存的一些问题；① 有的考察了中国教育管理学科的现状和存在问题②，并对学科发展趋势进行了展望③；有的对教育管理学研究对象进行了反思④；还有的对教育管理学的研究对象、学科性质、学科体系等内容进行总结性⑤和创新性⑥研究。

第二，关于教育管理本身所进行的理论研究中有对教育管理研究进行的反思性研究，包括对教育管理研究对象、教育管理研究方法、教育管理学科体系构建等的研究⑦；关于教育管理史和中外教育管理的比较研究、国外教育管理理论的研究比较多⑧；对教育管理的分支范畴理论的研究，包括横向上的教育行政、教育财政、教育

① 孙绵涛. 中国教育管理学 30 年：成就、特点与问题［J］. 教育研究，2009（2）：21-28.

② 张东娇. 中国教育管理学科发展与学术繁荣［J］. 教育科学，2009（4）：26-30；朱为鸿. 从移植到创新：对我国教育管理学学科建设的审视［J］. 西北第二民族学院学报，2006（2）：96-100.

③ 刘戈，金明浩. 我国教育管理学科的发展、问题与展望［J］. 理论月刊，2006（7）：95-97.

④ 彭虹斌. 对教育管理学研究对象的反思［J］. 宁波大学学报（教育科学版），2008（5）：17-22.

⑤ 张波，陈信存. 教育管理学研究内容述评［J］. 广西教育，2008（12）：32-34.

⑥ 吴庆华. 学科范式与教育管理学创新［J］. 当代教育科学，2008（1）：7-10.

⑦ 王玉丰. 回顾·困惑·前瞻——对教育管理研究的几点思考［J］. 湘南学院学报，2006（3）：102-105.

⑧ 罗建河. 西方科学主义教育如管理理论的观点与启示［J］. 辽宁教育研究，2008（5）：84-87；禹露，魏斌. 从后现代教育管理视角看我国教育管理的发展方向［J］. 绵阳师范学院学报，2008（6）：119-121、145.

人事等研究，纵向上的对学前教育管理的研究、中小学教育管理的研究、高等教育管理研究等各级各类教育的专门性理论研究有待进一步丰富。

第三，在对教育管理的研究方法所进行的理论反思中，人们对国内教育管理研究的方法论反思和对西方教育管理研究的方法论反思的关注度平分秋色、不分伯仲。如有的对西方人文主义教育管理理论的方法论启示与局限进行分析①，有的对我国教育学的发展及其研究范式进行了思考②，还有的对如何创新教育管理研究方法进行了思考③。

3. 教育管理基本理论研究著作。以教育管理、教育管理理论等为关键词，在中国国家图书馆、沈阳师范大学图书馆、清华大学图书馆、北京大学图书馆、复旦大学图书馆、南开大学图书馆，以及当当网、淘宝网等网站上进行搜索，自 2006 年至 2010 年，有关教育管理基本理论研究的著作收集到近 20 部，其中 2006 年出版的有 6 部、2007 年出版的有 3 部、2008 年出版的有 6 部、2009 年出版的有 2 部。在教育管理自身理论研究方面，极具代表性的有孙绵涛教授的著作《教育管理学》④，张新平教授所著的《教育管理学导论》⑤ 和《教育管理学的持续探索》⑥，司晓宏教授所著的《教育管理学论纲》⑦，吴志宏、冯大鸣、魏志春主编的《新编教育管理学（第二版）》⑧、黄崴教授主编的《教育管理学》⑨，陈孝彬，高洪源等教授编写的《教育管理学（第 3 版）》⑩。这些著作从不同的方面对教育管理学的理论问题进行了一些探讨。这里值得一提的是孙绵涛教授的《教育管理学》。该书自 2007 年 3 月由人民教育出版社出版以来已两次重印，该书创立的学科论、活动论、体制论、机制论、观念论及人论这 6 大全新的理论范畴及理论逻辑，开创性地构建起了中国教育管理学全新的理论体系⑪。不少学者和博硕研究生纷纷发表书评，称其为“当今教育管理学界的一颗奇葩”，“当今教育管理学界的问鼎之作”⑫。

---

① 孙锦明，胡平凡. 西方人文主义教育管理理论的方法论启示及批判［J］. 高等教育研究，2007（6）：58-64.

② 肖起清. 我国教育管理学的发展及其研究范式的形成［J］. 国家教育行政学院学报，2007（7）：53-57.

③ 邱心玫. 教育管理研究方法探微［J］. 闽江学院学报，2010（1）：111-113.

④ 孙绵涛. 教育管理学［M］. 北京：人民教育出版社，2007：465.

⑤ 张新平. 教育管理学导论［M］. 上海：上海教育出版社，2006：265.

⑥ 张新平，石中英. 教育管理学的持续探索［M］. 合肥：安徽教育出版社，2007：336.

⑦ 司晓宏. 教育管理学论纲［M］. 北京：高等教育出版社，2009：534.

⑧ 吴志宏，冯大鸣，魏志春. 新编教育管理学（第二版）［M］. 上海：华东师范大学出版社，2008：313.

⑨ 黄崴. 教育管理学［M］. 北京：中国人民大学出版社，2009：403.

⑩ 陈孝彬，高洪源，等. 教育管理学（第 3 版）［M］. 北京：北京师范大学出版社，2008：458.

⑪ 周国华. 建构中国教育管理学体系的新探索——读孙绵涛教授的《教育管理学》［J］. 教育管理研究，2008（3）：93.

⑫ 蔡春燕. 教育管理学的问鼎之作——浅评孙绵涛先生的《教育管理学》［J］. 教育管理研究，2009（6）：93.

有些著作从不同的视角对教育管理基本理论问题进行了研究。比如有关于教育管理理论流派的研究，以孙绵涛教授等著的《西方当代教育管理理论流派》① 为代表；有关于教育管理某方面具体价值的研究，以孙玉丽的《教育管理审美价值论》② 为代表；有以文化观的视角来思考教育管理的一些基本问题，以彭虹斌的《教育管理学的文化路向》③ 为代表；有关于教育管理理论的比较研究，以李春生的《比较教育管理》④ 为代表；有以心理学视角来阐释教育管理问题，从而形成理论的研究，以朱新秤的《教育管理心理学》⑤ 为代表，等等。

（二）教育政策研究的进展及取得的主要成果

从“十一五”期间的“教育政策”研究文献（学术论文、硕博士论文及有关著作）文本分析上看呈现为研究主体更为多元，研究方法较为科学，研究视角日益广阔，研究结论推动了教育政策决策与执行。

第一，从“谁研究”上看，教育政策研究主体更为多元。宏观上教育政策研究主体不仅仅以从事教育政策研究的专家学者为主要主体，随着近几年政府对民生的关注，公民参与意识的提高，社会舆情的广泛展开，使得越来越多的群体参与、关注教育问题和教育政策问题，形成了以专家学者为主体、以公民参与为促进、以媒体网络舆论监督为条件、以政府行政驱动为保障的教育政策直接及间接多元研究主体。微观上，就教育政策直接研究主体来看，一是许多教育政策研究机构、学术组织相继成立，全国教育政策与法律研讨会的年度举办，形成以政府职能机构与专门政策研究部门为主导的专业研究队伍逐渐形成。2006 年以来，我国教育政策与法律研究年会几乎每年都召开，而中国教育学会下属的分会也都将主题不同程度地聚焦在了“教育政策”研究上来。比如中国教育管理学科学术委员会从 2006 年至今的三届年会上，都以“面向实践”，解决具体政策议题为大会主题。二是越来越多的专家学者参与到教育政策研究中来，政府官员重视科学政策的重要性，学者自觉站在战略高度思考政策问题，形成了“学者型官员”与“官员型学者”的良性互动。随着我国 MPA 的扩招，教育管理方向的 MPA 学员也多数参与到高等教育政策，特别是高校办学政策、体制改革政策、招生就业政策的研究上来，形成了庞大的教育政策研究群体。同时，在知名教育政策专家学者引领下，涌现出了一批中青年教育政策研究者。

第二，从“怎样研究”上看，呈现为“研究视角广阔”与“研究方法单一”的现状。首先，从教育政策研究方法来看，研究方法单一。大多数的教育政策研究采用

---

① 孙绵涛，罗建河．西方当代教育管理理论流派［M］．重庆：重庆大学出版社，2008：207.
② 孙玉丽．教育管理审美价值论［M］．天津：天津教育出版社，2006：268.
③ 彭虹斌．教育管理学的文化路向［M］．北京：教育科学出版社，2008：245.
④ 李春生．比较教育管理［M］．南京：江苏教育出版社，2008：483.
⑤ 朱新秤．教育管理心理学［M］．北京：中国人民大学出版社，2008：480.

质性研究方法，量的研究方法少有被采用，而能够把质性研究方法与量的研究方法很好地结合使用的研究论文可谓少之又少，这些直接影响到我国教育政策研究的规范性、科学性、可行性。在收集到的974篇有效文献中，思辨研究932篇，实证研究42篇，仅占总数的4.3%。研究方法上运用最多的主要是文献研究，而调查研究、案例研究、统计分析等方法的运用不仅数量少且研究方法的运用也不规范。其次，从研究视角上看，教育政策研究开始借鉴传统经典学科的研究成果，形成了跨学科研究的态势。政治学视野下的教育政策研究，以新公共管理理论、系统结构理论、组织理论为依托，从权力配置、政策规避、信息公开、自由裁量、政治资源等角度进行分析。经济学中的制度分析、制度分类、博弈论、成本交易、经济人假设等视角研究教育政策是当下的主流范式之一。社会学视角主要是从社会资本、政策网络、社群主义、社区自治四个方面展开的，形成政府、市场与公民社会的良性互动，建立政策的对话机制，构建多元参与的政策网络。

另外，注重对教育政策进行分析也是一个如何对教育政策进行研究的一个很重要的特点。在比较多的对教育政策进行分析的研究中，有学者主张教育政策分析的研究要走向教育政策分析的专业化和规范化的教育政策分析研究，认为所有的教育政策分析都可以看作教育政策研究，但不是所有的教育政策研究都是专业化规范化的教育政策的分析，专业化规范化的教育政策分析有它特定的步骤和方法，并从教育政策的内容分析、过程分析（决策、执行和评价）、环境分析和价值分析4个方面，初步形成了教育政策专业化①和规范分析②所特有的范式。

第三，从“研究了什么”上看。首先，教育政策研究内容议题广泛。从层次上涉及学前教育政策研究、义务教育政策研究、高等教育政策研究、成人教育政策研究。其中围绕教育政策影响因素、某一具体教育政策研究的现状、问题与对策研究，总计40篇，占总研究数量的44.4%；有关教育政策制定、执行的机制、模式、路径等基本理论问题研究，共计21篇，占总数的23%。在剩余的文献中涉及了公民、学校参与问题2篇，研究综述类1篇，职业教育政策研究3篇，区域教育政策研究3篇，教育政策评估指标体系研究1篇，教育政策评估标准研究1篇，教育政策评估方式1篇。其次，从教育政策研究过程上看，2006年至2009年有关教育政策制定的研究论文为21篇，硕博士论文为3篇，而教育政策执行研究的论文达到46篇，硕博士论文达到10篇。说明教育政策研究由教育政策决策研究进一步到教育政策执行研究。

第四，从“研究得如何”上看。教育政策研究一般具有两种不同的时间向度，一是超前性，二是滞后性。从超前性上看，目前我国多数教育政策的出台都是集民主

---

① 孙绵涛. 教育政策学［M］. 北京：中国人民大学出版社，2010：275.

② 孙绵涛. 关于教育政策内容分析的探讨——以中国1978年后教育体制改革政策内容的分析为例［J］. 教育研究与实验，2007（3）：39-45.

协商、科学研究、政策调研、精英咨询于一体的，也就是教育研究及教育政策研究在相当程度上会为教育政策决策提供理论指导。比如起始于2000—2003年对“教育公平”的研究对于“十一五”期间教育政策价值取向转向公平，对于教育政策更加关注民生等起到了理论预期作用；再比如对于教师流动政策的课题研究及相关政策的推介，对于教育人事政策与教育环境的有机结合也起到了前期预研究的作用。从滞后性上看，我国教育政策研究目前多数还属于政策注脚型和政策批评型，政策注脚型教育政策研究对于教育政策执行、宣传等会起到推波助澜的作用，而政策批评对于政策完善、政策评价和新政策的决策会起到匡正作用。比如对免费师范生政策的解读式研究，对义务教育法修订案的解读，对课程改革政策的解读等都属于现行教育政策的脚注，而对考试政策、教师聘任政策、绩效工资政策等的批评式研究，也在一定意义上完善着各级各类政策，使教育政策从过程上更为紧密，从内容上更为完善，从价值上更为理性。特别是始于2008年的《国家中长期教育改革与发展纲要》的政策预研究，可以是迄今为止，教育政策类咨询时间最长，参与人数最多，群众基础最为扎实的教育政策研究，包括中央教育科学研究所集体攻关的《学有所教》的课题在内的各级各类研究及咨询报告就多达千份，而政策建议更以十万计。“教育政策研究取得的一批有影响的研究成果不断促进国家或地方政府教育决策的科学化，无论在宏观层面层次、部门和区域教育领域还是学校发展层次都对教育政策产生了重要影响。”①

（三）教育行政研究的进展及取得的主要成果

作为教育科学的重要组成部分，“十一五”期间的教育行政研究为繁荣教育科学和促进教育与改革发展作出了重要贡献。我们通过图书馆查阅和网络搜索引擎，对2006—2010年我国有关教育行政研究的理论成果进行全方位检索。首先，运用“教育行政”和“教育管理”两个关键词进行检索。运用教育行政内容所包含的子概念，即“教育行政职能”、“教育方针”、“教育政策”、“教育法规”、“教育法律”、“教育预测”、“教育规划”、“教育体制”、“教育制度”、“教育人事”、“教育财政”、“教育行政信息”、“教育行政公关”、“教育督导”、“教育评价”、“教育行政领导”、“教育行政组织”、“教育行政机构”、“教育行政咨询”、“教育行政决策”、“教育行政效能”等21个关键词进行检索。最后，把所检索的文献分为著作（包含教材）、论文（包括期刊论文、会议论文、硕士论文、博士论文和报刊论文）和获奖三类。

从教育行政研究的总体情况来看，这个时期教育行政研究的课题数量逐年增加，课题经费投入力度逐步加大；研究内容几乎覆盖教育行政研究的各个领域；教育科研工作者、教育行政领导、教师，特别是一些博士研究生和硕士研究生广泛参与；产生了一批有价值的科研成果，许多成果在教育决策、教育改革与发展实践和教育理论学科建设中作出了贡献；涌现出一大批青年教育科研人才。问题集中表现在以下几个方

① 袁振国．中国教育政策评论 2001［M］．北京：教育科学出版社，2001：260-267.

面：第一，跟风现象比较突出，重复研究甚至低水平重复研究较多，原创性研究成果较少；第二，有些课题过大而流于空泛，有些则重点不够突出；第三，课题立项评审的间隔时间过长，对新情况新问题反映不及时，滚动课题过少；第四，科研经费的实际含量下降，自筹经费项目的比例过大；第五，《指南》的体现形式相对单一，留给申请者的"自由选择空间"狭小。

表 3-2　教育管理学科研究新进展

项目	著作	期刊论文	会议论文	硕士论文	博士论文	获奖情况	报纸	课题
教育管理学	4	0	4	0	0	0	1	0
教育行政学	12	1	5	0	0	0	0	3
学科建设	16	56	15	12	0	4	0	1
比较研究	14	159	30	38	15	0	9	7
行政职能	0	2	5	1	1	0	0	0
教育方针	0	6	0	7	0	0	0	0
教育政策	60	83	17	82	17	4	9	16
教育法律	6	4	4	10	4	1	2	5
教育预测	1	2	1	2	0	0	0	0
教育规划	3	6	1	5	3	0	39	3
教育体制	10	59	4	8	4	0	10	3
人事行政	12	318	4	37	4	0	16	1
财务行政	10	170	0	133	5	0	33	2
行政信息	16	162	1	93	16	0	71	0
行政公关	4	34	0	4	5	0	34	0
教育督导	1	211	2	13	2	0	91	1
教育评价	10	515	1	18	2	1	21	8
行政领导	10	205	0	99	5	0	34	0
行政咨询	1	23	0	4	1	0	5	0
行政决策	5	75	0	9	12	0	13	0
行政效能	12	12	0	44	2	0	16	2

（四）教育法学研究的进展及取得的主要成果

"十一五"期间，随着我国社会经济的发展、教育法制的进步，教育法的研究紧密结合教育改革与发展实际，从提高全民族素质、促进经济社会发展、保障人民群众享有接受良好教育机会的战略高度，重视和研究解决人民群众关心的教育问题也获得了新的进展。此期间研究的主要特点主要表现为四个方面：其一，全局性、战略性、前瞻性教育法律问题。教育法研究坚决贯彻落实党的十七大精神和党中央、国务院关于教育工作的一系列重大决策，深入贯彻落实“科教兴国”战略和“人才强国”战略，进一步加强宏观政策思考和战略研究，认真研究实施素质教育、提高教育发展质量和效益的法律法规，努力完善中国特色社会主义教育法律法规体系，促进现代国民教育体系和终身教育体系的完善，为发展中国特色社会主义教育提供强大动力和体制保障。其二，进一步完善中国特色社会主义教育法律法规体系。教育法研究紧密结合新一轮教育立法规划，不断为国家的教育立法工作提供支持。在《教育法》修订工作，《教育督导条例》、《考试法》、《学校法》、《学位法》和《终身教育法》、《职业教育法》、《教师法》、《高等教育法》等方面进行了研究。其三，关注教育公平问题。教育法研究紧紧围绕办好人民满意的教育的目标，进一步深入开展人民群众关心的教育热点难点法律问题研究，促进教育公平方面是教育法研究的一个重要方面，研究人民最关心、最直接、最现实的教育法律问题，如教育公益性质，更加关注贫困地区、民族地区的教育法律问题，重视困难家庭、进城务工人员子女等的受教育权，努力保障人民群众享有接受良好教育的机会。其四，围绕全面落实依法治国基本方略，注重依法治教、依法治校。教育法研究注重总结和推广依法治校的经验，如学校章程建设，各级各类学校依法治校、依法行政、教育行政执法、教育行政复议和行政诉讼。以下是对教育法学在此期间的研究成果进行的具体梳理。

第一，在教育法学和法理分析方面。在教育法学基本理论、法理分析等方面出现了一批新的研究成果，如张维平、石连海的《教育法学》①、李晓燕的《教育法学(第二版)》②、李文长的《弱势群体高等教育权益研究——理念、政策与制度》③、袁兆春的《教育改革与发展：我国教育法体系的完善》④、余雅风的《新编教育法》⑤、陈鹏等的《教育法学的理论与实践》⑥、吴荣镇的《当代中国大陆教育法与判例》⑦、张丽的《教育法律问题研究》⑧、蒋超的《学校法通论》⑨、刘旺洪的《教育法教程》⑩ 等著作。这些研究成果涉及了对教育法的基本原理、教育法律关系、教育行政机关、学校、监护人、教育法律责任、教育法律救济、学校安全、重要的教育法规与

① 张维平，石连海．教育法学［M］．北京：人民教育出版社，2008：470.

② 李晓燕．教育法学（第二版）［M］．北京：高等教育出版社，2006：451.

③ 李文长．弱势群体高等教育权益研究——理念、政策与制度［M］．北京：人民教育出版社，2007：347.

④ 袁兆春．教育改革与发展：我国教育法体系的完善［M］．济南：山东人民出版社，2009：344.

⑤ 余雅风．新编教育法［M］．上海：华东师范大学出版社，2008：266.

⑥ 陈鹏，祁占勇．教育法学的理论与实践［M］．北京：中国社会科学出版社，2006：515.

⑦ 吴荣镇．当代中国大陆教育法与判例［M］．台北：心理出版社股份有限公司，2006：421.

⑧ 张丽．教育法律问题研究［M］．北京：法律出版社，2007：341.

⑨ 蒋超．学校法通论［M］．上海：巴蜀书社，2006：586.

⑩ 刘旺洪．教育法教程［M］．南京：南京师范大学出版社，2006：298.

政策解读以及教育经费等基本问题。这些作品以现代法治理念及现代教育理论为指导，既注重教育法学理论知识的阐述，又密切联系教育教学实践，体现学术性、可操作性和针对性的高度统一，反映中外教育法学的研究趋势，运用法学和教育学的最新研究成果，对教育法学的基本概念和基本理论进行分析。

第二，在教育法的历史与比较研究方面。我国在比较研究和历史研究方面继续受到关注。如齐嘉的《美国联邦高等教育立法历史演进及特点分析》①，王为东的《中国近代职业教育法制研究》②，邱连波、张皓的《辽宁教育法制建设的回顾与思考》③，李登贵的《日本学校事故及其赔偿责任研究》④，陈鹏、林玲的《中国义务教育法制百年历程之反思》⑤ 等。特别是教育法的比较研究成果很多，涉及的有美国、俄罗斯、日本、韩国、英国、南非、菲律宾等国家，研究的问题涉及了职业教育、继续教育、特殊教育、高等教育、教育管理、教育经费、教师和学生权利、少数民族教育、环境教育、学前教育等领域中的教育立法、教育司法、教育相关主体的法律地位、性质等问题的研究。

第三，在教育法制建设与依法治教方面。为适应国家普法宣传和义务教育法的贯彻实施，教育法的研究注重为依法治教、依法治校的实际需要服务。主要体现在教育立法、教育行政管理、学校管理方面的依法治校法律问题研究。如张义清的《教育体制改革中的法律问题》⑥，项天然的《关于制定终身教育促进法的思考与建议》⑦，莫负春的《全面推进依法行政实现依法治教》⑧，郑挺、张光圻的《创建上海教育现代化的法制环境》⑨，吴遵民、黄欣、刘雪莲的《建立和完善终身教育体系的法律制度研究》⑩，夏秀蓉、王中和“上海教育现代化法治与社会环境研究”课题组的《上海教育现代化法治与社会环境研究》⑪。

第四，高等教育方面的成果。高等教育研究成为这一期间教育法研究的重点。有关研究主要涉及高校自主权、大学章程的法律分析、独立学院法律地位、政府与公立学校、高校教师聘任制以及高校管理中的学生法律问题，其中学生权利保护问题的研究成为近几年研究的特点。如高校学生管理行为的合法性、高校与学生之间的法律关

---

① 齐嘉．美国联邦高等教育立法历史演进及特点分析［D］．吉林大学，2007：60．

② 王为东．中国近代职业教育法制研究［D］．中国政法大学，2006：170．

③ 邱连波，张皓．辽宁教育法制建设的回顾与思考［J］．沈阳师范大学学报，2010（1）：157-159．

④ 李登贵．日本学校事故及其赔偿责任研究［D］．北京师范大学，2006：189．

⑤ 陈鹏，林玲．中国义务教育法制百年历程之反思［J］．陕西师范大学学报（哲社版），2007（36）：2．

⑥ 张义清．教育体制改革中的法律问题［J］．中国教育学刊，2006（8）：10-12、28．

⑦ 项天然．关于制定终身教育促进法的思考与建议［J］．教育发展研究，2006（21）：81-83．

⑧ 莫负春．全面推进依法行政实现依法治教［J］．教育发展研究，2006（22）：10-12．

⑨ 郑挺，张光圻．创建上海教育现代化的法制环境［J］．教育发展研究，2006（22）：13-16．

⑩ 吴遵民，黄欣，刘雪莲．建立和完善终身教育体系的法律制度研究［J］．继续教育研究，2006（6）：19-23．

⑪ “上海教育现代化法治与社会环境研究”课题组，夏秀蓉，王中．上海教育现代化法治与社会环境研究［J］．教育发展研究，2007（4）：1-7．

系、高校学生处分行为、受教育权法律救济制度等。如丁广宇的博士后报告《高校学生管理行为司法审查研究》①，康猛的博士论文《高等学校与学生之法律关系问题研究》②，范履冰的《受教育权法律救济制度研究》③，蒋后强的博士论文《高等学校自主权研究》④，其他的研究涉及的内容有：我国教育纠纷仲裁制度建构研究、我国学位法制建设的体系化等。

第五，在义务教育方面。随着我国义务教育法的贯彻和实施，义务教育的研究受到重视，并且注重从理论和实际两个方面进行研究。如《义务教育工作法律适用手册》⑤、《中华人民共和国义务教育法实用问答》⑥、《中华人民共和国义务教育法学习与宣传读本》⑦、《新义务教育法实用108问》⑧；尹力的《教育人权及其保障：新〈义务教育法〉何以落实和完善》⑨，曾文婕、黄甫全的《〈义务教育法〉的价值观革新——基于文本的分析》⑩，温辉的《农民工子女义务教育平等权：问题与法律保障》⑪，郭兴利的《农村弱者受义务教育权的法律保护》⑫。关于义务教育的研究内容主要涉及：义务教育基本理论、义务教育中的平等权利保障、义务教育中的财政投入。其中义务教育中的平等权利保障成为研究关注的重点，如农民工子女的教育权问题、弱势群体、残疾儿童的教育等法律问题。

（五）教育经济研究的进展及取得的主要成果

教育经济学是教育学与经济学的交叉学科，它是在研究教育与经济关系过程中逐步从经济学中分化出来的。综合国内外学者的观点，教育经济学研究的范畴主要包括以下五个方面的问题：第一，教育经济原理，具体包括教育与经济的关系、教育的供给与需求、教育与就业等；第二，教育财政问题，具体包括教育经费的来源、结构、比例等；第三，教育成本收益问题，具体包括教育的成本、收益、负担等；第四，学校教育经济问题，具体包括学校财务、教师的薪酬等；第五，教育均衡发展问题，具体包括教育公平、教育均衡等。下面，我们将从这五个方面，对中国“十一五”期

① 丁广宇. 高校学生管理行为司法审查研究［D］. 中国人民大学，2008：139.

② 康猛. 高等学校与学生之法律关系问题研究［D］. 中国人民大学，2008：161.

③ 范履冰. 受教育权法律救济制度研究［M］. 北京：法律出版社，2008：245.

④ 蒋后强. 高等学校自主权研究［D］. 西南大学，2006：169.

⑤ 中国法制出版社. 义务教育工作法律适用手册［M］. 北京：中国法制出版社，2006：400.

⑥ 中国法制出版社. 中华人民共和国义务教育法实用问答［M］. 北京：中国法制出版社，2006：161.

⑦ 全国人大常委会，教科文卫委员会，教育研究室. 中华人民共和国义务教育法学习与宣传读本［M］. 北京：北京师范大学出版社，2006：276.

⑧ 全国人大常委会法工委行政法室. 新义务教育法实用108问［M］. 北京：中国民主法制出版社，2006：298.

⑨ 尹力. 教育人权及其保障：新《义务教育法》何以落实和完善［J］. 教育研究，2007（8）：39-46.

⑩ 曾文婕，黄甫全.《义务教育法》的价值观革新——基于文本的分析［J］. 教育导刊. 2007（9）：14-17.

⑪ 温辉. 农民工子女义务教育平等权：问题与法律保障［J］. 国家行政学院学报，2007（2）：74-77.

⑫ 郭兴利. 农村弱者受义务教育权的法律保护［J］. 江西教育科研，2007（2）：63-66.

间教育经济学研究进行回顾，并作进一步的思考。

1. 基于教育经济原理的分析

（1）全国教科规划课题

“十一五”期间，全国关于教育经济原理的教科规划课题共计 9 项①，占教育经济学课题总量的比重为13%，详见表3-3。其研究视角从教育的供求逐渐转向教育对经济增长的影响，再到教育对收入分配的影响。其中，教育对收入分配的影响成为这一时期研究的主流。基于教育经济原理研究的内容，结合这一期间的全国教科规划课题，我们可以确定下一步研究要搜索的关键词为：教育经济、教育选择、教育收入、教育供求、教育就业、教育劳动力、教育社会阶层。

表 3-3 “十一五”期间关于教育经济原理的全国教科规划课题

年份	数量	总量	课题名称	搜索关键词
2006	1	14	我国社会教育消费需求与能力调查研究（国家一般）	教育经济、教育选择、教育收入、教育供求、教育就业、教育劳动力、教育社会阶层
2007	1	9	高等教育投资风险对家庭教育选择的影响（教育部重点）	
2008	5	20	①高等职业教育与区域经济增长的实证研究（教育部青年专项）②现代教育对农村劳动力流动的影响和作用研究（教育部青年专项）③我国教育对收入代际流动影响的实证研究（教育部青年专项）④教育不平等对收入流动的影响研究（教育部青年专项）⑤二元结构、制度缺陷与大学生就业困境突破（国家青年基金）	
2009	2	19	①当代中国高等教育对社会阶层代际流动的影响研究（国家一般）②现代教育对社会分层流动的影响研究（国家青年基金）	
2010	0	7	无	

注：总量指当年教育经济学课题总量，以下相同。

（2）著作论文

2006—2009 年，全国关于教育经济原理的著作共计 48 部，期刊论文 4 351 篇，硕博论文 231 篇，会议论文 81 篇，详见表 3-4。从关键词来看：著作类“教育经济”研究占有绝对优势，占研究比重的 60%；期刊论文类“教育经济”研究占比为 45%，其次是“教育就业”研究占 20%、“教育选择”研究占 19%；硕博论文类“教育经济”研究占比为53%，其次是“教育劳动力”研究占 14%、“教育收入”研究占 12%；会议论文类“教育经济”研究也占有绝对优势，占研究比重的 46%，其

① 2006—2009 年为当年立项数量，2010 年为申报指南中相关课题的数量，后面的分析相同。

他的都不足10%。具体数量如表3-5所示。

表3-4　2006—2009年教育经济原理方面著作论文各年数量

	2006年	2007年	2008年	2009年	合计
著作	13	7	16	12	48
期刊论文	815	1 075	1 214	1 247	4 351
硕博论文	49	79	59	44	231
会议论文	26	22	28	5	81

表3-5　2006—2009年教育经济原理研究按关键词著作论文总量

	教育经济	教育选择	教育收入	教育供求	教育就业	教育劳动力	教育社会阶层
著作	29	3	4	4	6	1	1
期刊论文	1 944	833	212	223	849	248	42
硕博论文	123	15	27	19	10	32	5
会议论文	46	9	9	6	3	8	0

2. 基于教育财政问题的分析

(1) 全国教科规划课题

"十一五"期间，全国关于教育财政问题的教科规划课题共计17项，占教育经济学课题总量的比重为25%，详见表3-6。其研究内容包括公共教育经费、助学贷款、社会捐赠等，其研究方法有从定性分析为主向定量分析为主的演变趋势。基于教育财政问题研究的内容，结合这一期间的全国教科规划课题，我们可以确定下一步研究要搜索的关键词为：教育财政、学生资助、教育经费、助学贷款、免费教育、高校捐赠、教育税收、教育成本分担。

表3-6　"十一五"期间关于教育财政问题的全国教科规划课题

年份	数量	总量	课题名称	搜索关键词
2006	4	14	①"十一五"期间我国义务教育与职业教育公共经费需求研究（国家一般）②贫困家庭学生资助问题研究（国家一般）③公共教育经费分配优先性鉴别与使用结构优化评估（教育部重点）④国家助学贷款的可持续性与公平性研究（教育部青年专项）	教育财政、学生资助、教育经费、助学贷款、免费教育、高校捐赠、教育税收、教育成本分担
2007	2	9	①义务教育"两免一补"财政政策实施效果的跟踪评价研究（教育部重点）②普通高中教育投入与办学体制改革研究（国家青年基金）	

续表

年份	数量	总量	课题名称	搜索关键词
2008	4	20	①农村义务教育财政转移支付法律问题研究（教育部青年专项）②助学贷款回收、风险控制与担保机构研究（教育部青年专项）③师范生免费教育政策的价值分析——以西南大学为例（国家青年基金）④我国普通高中教育投入体制研究	教育财政、学生资助、教育经费、助学贷款、免费教育、高校捐赠、教育税收、教育成本分担
2009	5	19	①美国高校社会捐赠制度研究（国家一般）②民办高等教育政府公共教育财政资助研究（教育部重点）③省级政府在高等教育大众化进程中的财政责任研究（教育部重点）④我国高等教育经费筹措多元化与高校融资风险的弱化研究（教育部青年专项）⑤公共教育体制改革政策的制度供给研究（教育部青年专项）	
2010	2	7	①国家中长期公共教育投入水平研究②学前教育成本分担机制研究	

（2）著作论文

2006—2009 年，全国关于教育财政问题的著作共计 31 部，期刊论文 2 496 篇，硕博论文 259 篇，会议论文 105 篇，详见表 3-7。从关键词来看：著作类"教育财政"研究占有绝对优势，占研究比重的 61%，其次是"教育经费"占 16%、"学生资助"占 10%；期刊论文类"教育财政"研究占比为 25%，其次是"助学贷款"研究占 20%、"教育经费"研究占 19%、"学生资助"研究占 15%；硕博论文类"教育财政"研究占比为 27%，其次是"教育经费"研究占 23%、"学生资助"研究占 16%、"助学贷款"与"免费教育"研究占 13%；会议论文类"教育财政"研究占研究比重的 44%，"教育经费"研究占 20%、"助学贷款"研究占 17%。具体数量如表 3-8 所示。

表 3-7 2006—2009 年教育财政问题方面著作论文各年数量

	2006 年	2007 年	2008 年	2009 年	合计
著作	4	7	9	11	31
期刊论文	508	628	695	665	2 496
硕博论文	68	76	64	51	259
会议论文	22	34	38	11	105

表 3-8　2006—2009 年教育财政问题研究按关键词著作论文总量

	教育财政	学生资助	教育经费	助学贷款	免费教育	高校捐赠	教育税收	教育成本分担
著作	19	3	5	2	0	0	0	2
期刊论文	65	38	50	52	21	7	3	23
硕博论文	684	406	569	327	312	37	18	143
会议论文	46	9	21	18	5	0	0	6

3. 基于教育成本收益问题的分析

（1）全国教科规划课题

“十一五”期间，全国关于教育成本收益问题的教科规划课题共计 13 项，占教育经济学课题总量的比重为19%，详见表3-9。其研究方法都属于实证分析。基于教育成本收益问题研究的内容，结合这一期间的全国教科规划课题，我们可以确定下一步研究要搜索的关键词为：教育成本、教育收益、教育效益、教育学费、教育支出、教育负担。

表 3-9　“十一五”期间关于教育成本收益问题的全国教科规划课题

年份	数量	总量	课题名称	搜索关键词
2006	3	14	①我国高等学校成本结构与效率研究（国家青年基金）②我国高等教育私人收益问题研究（教育部青年专项）③我国教育利用外资的效益评估（教育部重点）	教育成本、教育收益、教育效益、教育学费、教育支出、教育负担
2007	2	9	①高等教育标准成本核算体系研究（教育部重点）②现代大学制度视野下的高校教育资金使用效益评价研究（教育部青年专项）	
2008	3	20	①中等职业教育与普通高中教育成本效益比较研究（国家青年基金）②构建学生分担高等教育成本的补偿机制（教育部青年专项）③中国高等教育效率损失研究（教育部青年专项）	
2009	4	19	①学前教育学费的成本定价机制研究（教育部青年专项）②家庭校外教育支出状况调查研究（国家青年基金）③城市家庭小学校外教育支出状况调查及中长期演变研究（教育部重点）④义务教育均衡发展进程中农村家庭教育负担的实证研究（教育部青年专项）	
2010	1	7	普通教育和职业教育收益率实证比较研究	

（2）著作论文

2006—2009 年，全国关于教育成本收益问题的著作共计 9 部，期刊论文1 535篇，硕博论文145篇，会议论文52篇，详见表3-10。从关键词来看：著作类“教育成本”研究占研究比重的44%，其次是“教育收益”研究占22%，“教育效益”、“教育学费”、“教育负担”研究占11%，教育支出著作没有；期刊论文类“教育成本”研究占比为38%，其次是“教育效益”和“教育学费”研究分别占18%、“教育效益”研究占17%；硕博论文类“教育成本”研究占比为51%，其次是“教育学费”研究占13%、“教育收益”与“教育学费”研究分别占11%；会议论文类没有明显优势研究，“教育支出”研究占研究比重的27%，“教育学费”研究占23%、“教育成本”占21%、“教育效益”占17%、“教育收益”占10%。具体数量如表3-11所示。

表3-10 2006—2009年教育成本收益问题方面著作论文各年数量

	2006年	2007年	2008年	2009年	合计
著作	1	0	6	2	9
期刊论文	353	370	400	412	1 535
硕博论文	31	49	45	20	145
会议论文	11	15	24	2	52

表3-11 2006—2009年教育成本收益问题研究按关键词著作论文总量

	教育成本	教育收益	教育效益	教育学费	教育支出	教育负担
著作	4	2	1	1	0	1
期刊论文	589	75	266	278	274	53
硕博论文	74	16	13	16	19	7
会议论文	11	5	9	12	14	1

4. 基于学校教育经济问题的分析

（1）全国教科规划课题

“十一五”期间，全国关于学校教育经济问题的教科规划课题共计14项，占教育经济学课题总量的比重为20%，详见表3-12。其研究都属于微观领域，内容较杂，但都没有脱离学校范畴。基于学校教育经济问题研究的内容，结合这一期间的全国教科规划课题，我们可以确定下一步研究要搜索的关键词为：高校预算、教师薪酬、高校负债、学校财务、办学效益、高校治理、联合办学。

表3-12 “十一五”期间关于学校教育经济问题的全国教科规划课题

年份	数量	总量	课题名称	搜索关键词
2006	2	14	①高校预算绩效评价体系研究（教育部重点）②教师合理薪酬标准问题研究（国家青年基金）	

续表

年份	数量	总量	课题名称	搜索关键词
2007	3	9	①普通高校负债办学风险的规避与偿还对策研究（国家一般）②民办学校财务管理与监控（教育部重点）③超大规模高中的办学效益及其适度规模研究（教育部青年专项）	高校预算、教师薪酬、高校负债、学校财务、办学效益、高校治理、联合办学
2008	3	20	①高校财务管理与资金使用效益研究（国家重点）②我国高校闲置无形资产有效转化机制研究③我国高校资源配置模式及绩效研究（教育部重点）	
2009	4	19	①高校内部治理的交易费用及其组织效能研究（教育部重点）②民办高校办学风险防范研究（教育部重点）③布局调整下农村中小学班级适度规模研究（国家青年基金）④大学生考试作弊的经济分析及构建绿色考试制度研究（教育部青年专项）	
2010	2	7	①学校经费预决算制度研究②学校教育资源利用率研究	

（2）著作论文

2006—2009 年，全国关于学校教育经济问题的著作共计 11 部，期刊论文1 409篇，硕博论文 111 篇，会议论文 14 篇，详见表 3-13。从关键词来看：著作类“学校财务”研究较多，占研究比重的 45%，“高校预算”、“办学效益”、“高校治理”研究数量相同，占比均为 18%；期刊论文类“高校预算”研究占比为 30%，其次是“高校治理”研究占 17%、“学校财务”研究占 15%、“高校负债”研究占 12%、“联合办学”研究占 11%；硕博论文类“教师薪酬”研究占比为 32%，其次是“学校财务”研究占 19%、“高校负债”研究占 17%、“高校预算”研究占 14%；会议论文类以“教师薪酬”和“高校负债”为主，均占 29%，“高校预算”、“学校财务”、“联合办学”研究相当，各占研究比重的 14%。具体数量如表 3-14 所示。

表 3-13　2006—2009 年学校教育经济方面著作论文各年数量

	2006 年	2007 年	2008 年	2009 年	合计
著作	4	1	3	3	11
期刊论文	264	330	368	447	1 409
硕博论文	21	27	37	26	111
会议论文	1	1	8	4	14

表 3-14　2006—2009 年学校教育经济问题研究按关键词著作论文总量

	高校预算	教师薪酬	高校负债	学校财务	办学效益	高校治理	联合办学
著作	2	0	0	5	2	2	0
期刊论文	429	129	167	213	87	234	150
硕博论文	16	35	19	21	7	6	7
会议论文	2	4	4	2	0	0	2

5. 基于教育均衡发展问题的分析

（1）全国教科规划课题

“十一五”期间，全国关于教育均衡发展问题的教科规划课题共计 16 项，占教育经济学课题总量的比重为 23%，详见表 3-15。其研究的特点有二：一是都属于宏观领域研究，二是研究视角从“教育公平”向“学校布局”再向“教育均衡”演变。基于教育均衡发展问题研究的内容，结合这一期间的全国教科规划课题，我们可以确定下一步研究要搜索的关键词为：教育公平、教育均衡、教育发展、教育资源、学校布局、教育机会。

表 3-15　“十一五”期间关于教育均衡发展问题的全国教科规划课题

年份	数量	总量	课题名称	搜索关键词
2006	4	14	①和谐社会视野下的教育公平和效率问题研究（国家重大）②基础教育均衡发展理论与实证研究（国家一般）③政府专项补助对教育发展影响的绩效评价研究（教育部重点）④农村人口变动与义务教育资源配置研究（教育部重点）	教育公平、教育均衡、教育发展、教育资源、学校布局、教育机会
2007	1	9	西部农村学校规模布局调整的经济学分析（国家一般）	
2008	5	20	①农村中小学布局调整的经济学分析（国家一般）②教育发展、社会分层与弱势补偿机制构建及政策研究（国家青年基金）③新经济背景下的学校布局调整的经济学分析（教育部重点）④高等学校区域布局的优化调整研究——基于空间计量经济学的实证分析（教育部重点）⑤发达国家促进民族教育均衡发展相关政策研究（国家一般）	
2009	4	19	①区域内义务教育均衡发展的实证研究（国家重大）②教育公平与效率统计测度及其关系的实证研究（国家一般）③高等教育入学机会区域差异的理论与实证研究（教育部青年专项）④西部重点对口支援高校教育资源配置与利用绩效评价研究（教育部重点）	
2010	2	7	①义务教育均衡发展标准研究②完善税收优惠政策支持教育发展研究	

（2）著作论文

2006—2009 年，全国关于教育均衡发展问题的著作共计 43 部，期刊论文4 885 篇，硕博论文406 篇，会议论文 205 篇，详见表 3-16。从关键词来看：著作类“教育发展”研究占研究比重的42%，“教育公平”研究占 28%、“教育均衡”和“教育机会”研究数量相同，占比均为 12%；期刊论文类“教育公平”研究占比为 31%，其次是“教育发展”研究占 30%、“教育均衡”研究占 17%、“教育发展”研究占 15%；硕博论文类以“教育发展”、“教育公平”、“教育均衡”研究为主，合计占 60%，“教育资源”研究占 15%、“教育机会”研究占 11%；会议论文类“教育发展”研究也占绝对优势，为 41%，其次为“教育均衡”研究占 19%、“教育公平”研究占 17%。具体数量如表3-17 所示。

表 3-16　2006—2009 年教育均衡发展问题方面著作论文各年数量

	2006 年	2007 年	2008 年	2009 年	合计
著作	5	7	16	15	43
期刊论文	1 030	1 266	1 347	1 242	4 885
硕博论文	85	109	127	85	406
会议论文	42	54	63	46	205

表 3-17　2006—2009 年教育均衡发展问题研究按关键词著作论文总量

	教育公平	教育均衡	教育发展	教育资源	学校布局	教育机会
著作	12	5	18	3	0	5
期刊论文	1 517	836	1 460	724	99	249
硕博论文	93	95	97	60	18	43
会议论文	35	39	85	19	15	12

6. 综合分析

（1）教科规划课题

根据 2006—2010 年教育经济原理、教育财政问题、教育成本收益问题、学校教育经济问题及教育均衡发展问题课题的数据（2010 年为课题指南数据），可以做出图 3-3。从图中可以看出，教育财政问题、教育成本收益问题、学校教育经济问题的研究处于主流，且均呈现出上升趋势；教育经济原理研究则呈现出先升后降趋势，2010 年全国教科规划课题申报指南中甚至没有，这是在“十二五”期间需要加大研究力度的。教育均衡发展问题的课题各年的分布是不均衡的。

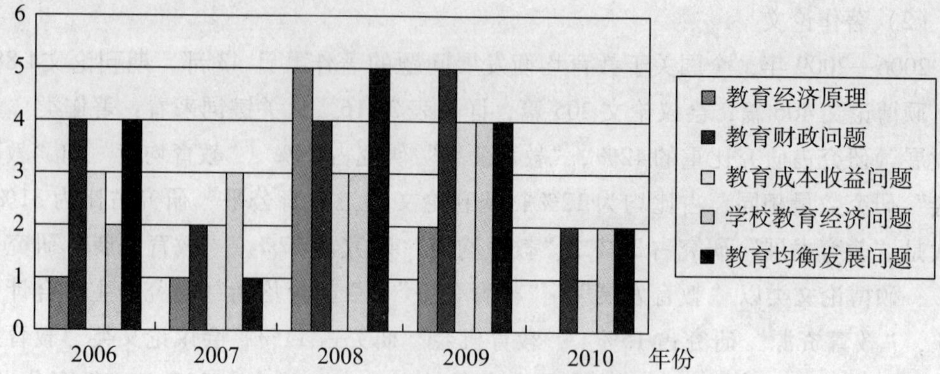

图 3-3　2006—2010 年教科规划课题分布柱形图

根据 2006—2010 年全国教科规划课题的总体数据，还可以绘出图 3-4。从图中可以得出类似的结论：教育财政问题、教育均衡发展问题、学校教育经济问题与教育成本收益问题占总量比重较大，且总量分布均衡，但教育经济原理研究较少，只占总量的 13%。

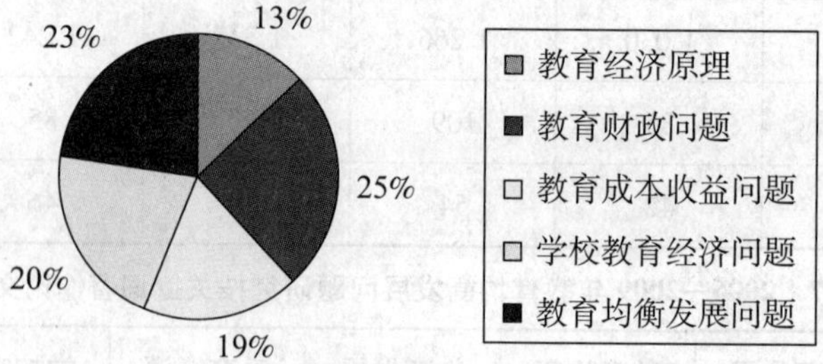

图 3-4　2006—2010 年教科规划课题分布饼图

（2）著作类

根据 2006—2009 年教育经济原理、教育财政问题、教育成本收益问题、学校教育经济问题及教育均衡发展问题的著作类数据，可以做出图 3-5。从图中可以看出，教育经济学各领域的研究各年间的发展是不均衡的。总体来看，在著作中，教育经济原理的研究一直处于主流，教育财政问题和教育均衡发展问题的研究呈现出上升趋势，教育成本收益问题和学校教育经济问题研究还有待于加强。

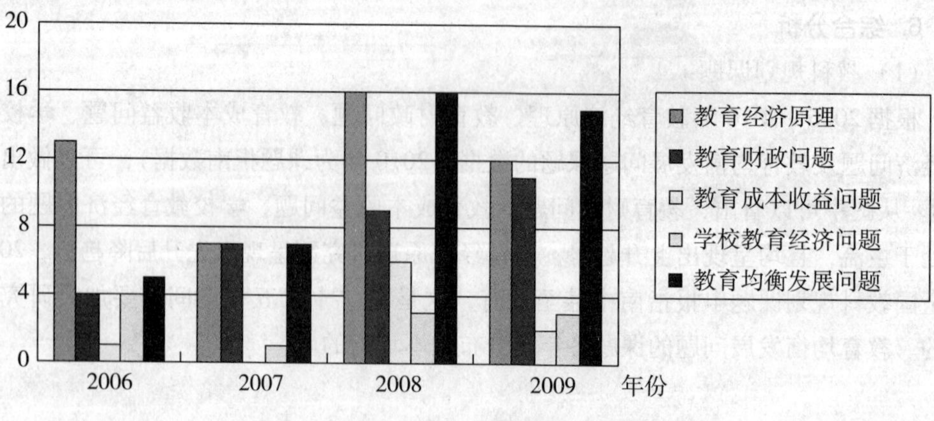

图 3-5　2006—2009 年著作类研究柱形图

根据2006—2009年著作类的总体数据，还可以绘出图3-6。从图中可以得出类似的结论：教育经济原理、教育财政问题及教育均衡发展问题研究较多，占总量的86%；教育成本收益问题和学校教育经济问题研究只占总量的14%。

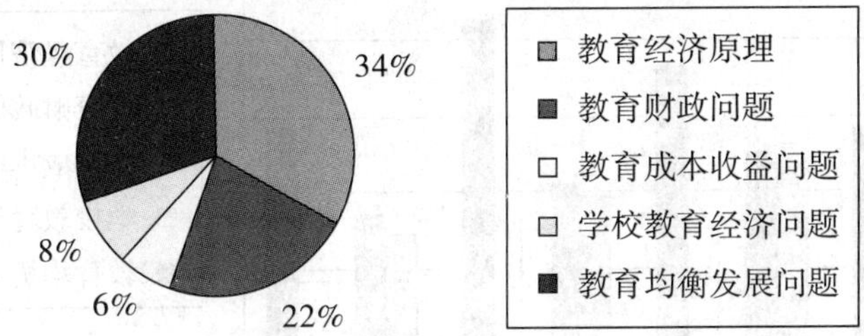

图3-6　2006—2009年著作类研究饼图

（3）期刊论文类

根据2006—2009年的期刊论文类数据，可以做出图3-7。从图中可以看出，教育经济学各领域的研究各年间的变化不大。总体来看，在期刊论文中，教育经济原理、教育财政问题、教育成本收益问题、学校教育经济问题及教育均衡发展问题基本都呈现出上升趋势，教育经济原理、教育财政问题及教育均衡发展问题研究占主流。

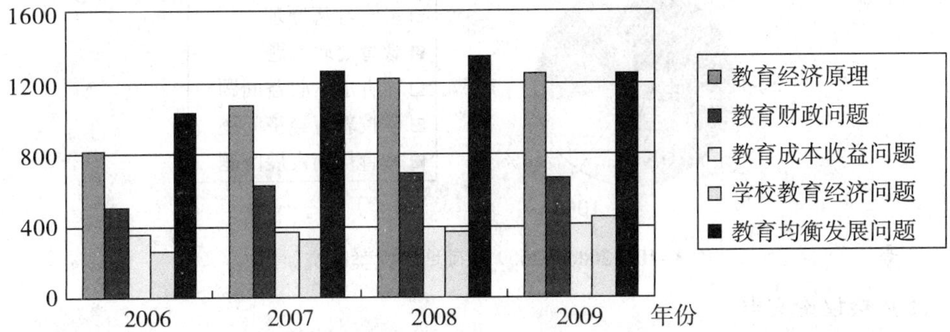

图3-7　2006—2009年期刊论文类研究柱形图

根据2006—2009年期刊论文类的总体数据，还可以绘出图3-8。从图中可以得出类似的结论：教育经济原理、教育财政问题及教育均衡发展问题研究较多，占总量的80%；教育成本收益问题和学校教育经济问题研究只占总量的20%。

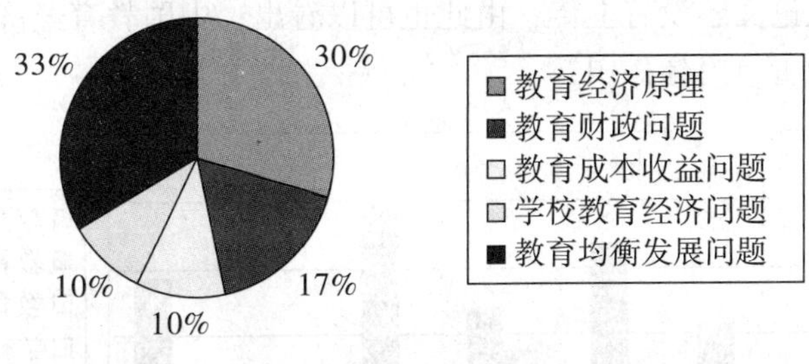

图3-8　2006—2009年期刊论文类研究饼图

（4）硕博论文类

根据2006—2009年的研究生学位论文类数据，可以做出图3-9。从图中可以看出，教育经济原理、教育财政问题及教育成本收益问题基本都呈现出下降趋势，学校教育经济问题和教育均衡发展问题则呈现出上升势头。

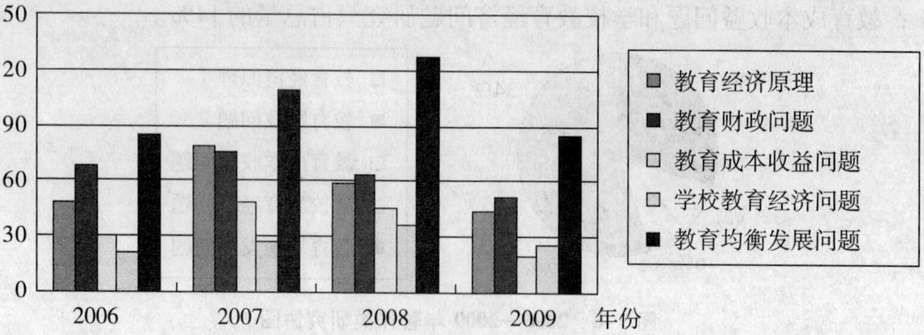

图 3-9　2006—2009 年硕博论文类研究柱形图

根据2006—2009 年硕博论文类的总体数据，还可以绘出图 3-10。从图中可以看出：教育经济原理研究几乎占据这四年教育经济学硕博类研究的一半；其次是教育财政问题研究，占六分之一；其他三类研究差别不大，大约各占十分之一。

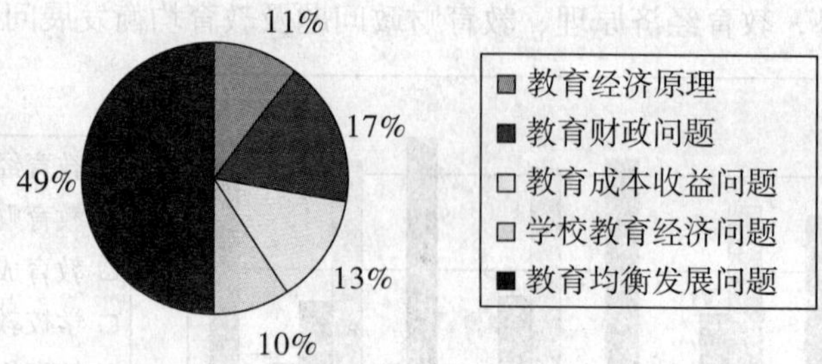

图 3-10　2006—2009 年硕博论文类研究饼图

(5) 会议论文类

根据 2006—2009 年的会议论文类数据，可以做出图 3-11。从图中可以看出，2006—2008 年，教育财政问题、教育成本收益问题、学校教育经济问题及教育均衡发展问题基本都呈现出上升趋势，教育经济原理研究略有起伏。2009 年所有研究都直线下降，究其原因是中国教育经济学会 2009 年年会是 12 月举行，中国重要会议论文全文数据库相关论文还没有上传，由此也可以看出，中国教育经济学会在中国教育经济学研究领域的重要引领作用。

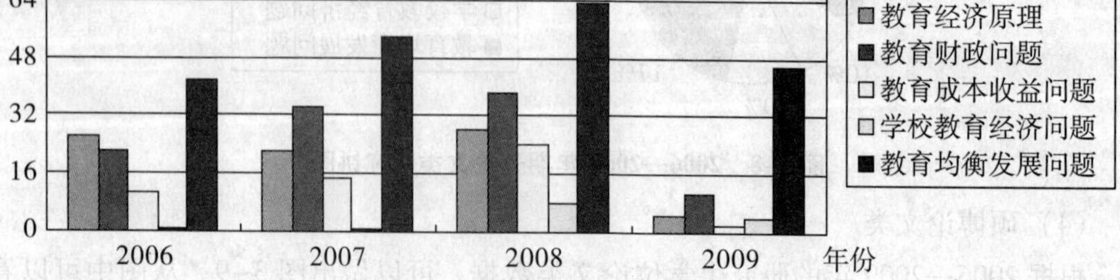

图 3-11　2006—2009 年会议论文类研究柱形图

同理，也可以做出图 3–12。从图中可以看出，教育均衡发展问题在会议论文类中占比最大，学校教育经济问题研究最少，只占 3%。

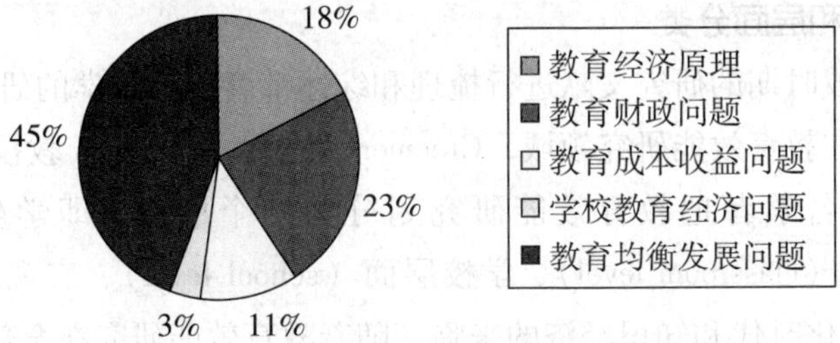

图 3–12 2006—2009 年会议论文类研究饼图

从以上分析中可以看出，我国在“十一五”期间教育经济学研究方面取得了较大的成就。其一，从研究机构来看，全国教育科学规划领导小组办公室和中国教育经济学会在中国教育经济学研究中起着重要的引领作用。其二，从研究成果总量来看，累计出版著作 142 部，年均 35 部；公开发表期刊论文 12 439 篇，年均 3 100 篇；硕博论文 3 389 篇，年均 847 篇；会议论文 457 篇，年均 114 篇。著作类主要侧重于原理性研究，论文类主要侧重于应用研究。其三，从研究领域的分布情况看，教育经济学五大基本问题（教育经济原理、教育财政问题、教育成本收益问题、学校教育经济问题和教育均衡发展问题）的研究是不均衡的，教育成本收益问题和学校教育经济问题的研究成果相对较少，有待于在“十二五”期间增强。其四，从研究方法来看，“十一五”期间各类研究基于定量分析的实证性研究显著增强，特别是教育成本收益问题和教育财政问题研究，计量经济学的应用较为普遍，“十二五”期间应该在巩固的基础上进一步加强。

随着我国市场经济的深入发展，教育经济学进一步得到发展壮大，学科建设及学术研究都出现了一些相应的新情况、新特点，这都为今后 5 年的学科研究提供了重要的现实基础。具体说来，当前我国教育经济学研究的基本特点主要有：一是政策性强，注重现实问题。以近 5 年《教育与经济》杂志论文发表为例，其选题多为与“高校助学贷款”、“大学生毕业”、“农村义务教育转移支付”等国家政策性相关的较为鲜明的问题。二是教育经济研究新理论活跃。随着新制度经济在国际经济学研究中的活跃，其对于教育经济学的思想影响与借鉴也日益得到人们更多的关注与重视，如 2007 年《教育与经济》杂志所发表的“新制度教育经济学刍议”、“教育经济学理论基础的新进展”等文章。三是注重定性与定量研究的结合。作为现实性鲜明的应用学科，教育经济学的定性研究与定量研究方法及其结合也得到进一步的深化。定性分析中更加注重教育公平视野下的教育资源分配问题，定量分析中则从一般性的数据调查研究深入到较为专业的因素分析等现代统计手段。

（六）教育效能研究的进展及取得的主要成果

1. 研究方法和层面分类

对任何阶段或时期的研究文献进行梳理和综述都离不开科学的研究分类范式和科学的研究方法。在教育效能研究领域，Creemers 教授、Scheerens 教授、Teddlie 教授、Bosker 教授等著名学者把教育效能研究划分为四个层面，即学生层面（student level）、课堂层面（classroom level）、学校层面（school level）、宏观层面（contextual level）。随着全球化时代和知识经济的来临，随着教育效能研究在全球的扩展和深入，尤其是自 20 世纪 90 年代大型跨国合作项目的涌现，宏观层面的内容和负荷加重，"国际层面"的出现已成必然。基于此，本文拟将"十一五"期间有关教育效能研究的文献分成以下五个层面进行梳理和综述，并采用自下而上的金字塔顺序。（1）学生层面的教育效能研究；（2）课堂层面的教育效能研究；（3）学校层面的教育效能研究；（4）宏观层面的教育效能研究；（5）国际层面的教育效能研究。在每个层面中，又细分为与一级指标紧密相关的二级指标和三级指标。

2. 数据收集的范围、渠道及筛选过程

收集文献的时间范围：本文需要综述"十一五"期间教育效能领域的研究成果，故查找文献的时间范围设定在 2006 年至 2010 年（2010 年文献的收集日期截止于 5 月 20 日）本领域的所有相关文献。

数据收集渠道：通过在"中国知网"、"万方数据库"、"读秀网"、"百度"、"谷歌"中输入关键词，进行相关文献资料的查找。值得强调的是期刊、报纸、硕士论文、博士论文、会议、年鉴一般是在"中国知网"和"万方数据库"中进行搜索查找，著作是在"读秀网"、"百度"、"谷歌"中进行查找，而文件资源主要是在"百度"和"谷歌"中查找。

确定关键词以及查找数量：通过对教育效能层面、维度、指标的具体划分，确立应查找的关键词。前文提到的五个层面即为五大维度：学生层面、课堂层面、学校层面、宏观层面以及国际层面。学生层面又细分为两个指标："有效学习"和"有效行为改变"。因此，在"有效学习"的查找中输入"有效学习"、"学习有效性"、"学习效能"三个关键词，共查找出 147 篇文献，经过三次整理、交互筛选，共收集到有效文献 101 篇。而"有效行为改变"的查找中输入关键词"有效行为改变"、"教师行为改变"、"学生行为改变"、"行为改变"等进行相关查找，共查找到 9 篇文献，其中 4 篇为有效文献。在学生层面一共查找出 156 篇文献，经过课题组成员的三次交互审核，"学生层面"一共收集到 105 篇有效文献。

"课堂层面"又细分为三个二级指标："教师效能"、"课堂教学大纲"以及"有效设施和设备"。其中"教师效能"再细分为教师素质、有效教学、有效课堂管理、教师领导力这四个三级指标。因此，通过输入"教师效能"、"教师有效性"、"有效教师"、"高效能教师"、"教师素质"、"有效教学"、"教学有效性"、"课堂管理"、

“有效课堂管理”、“教师领导力”进行相关查找，一共查找出“教师效能”文献1 610篇，通过三次整理和交互筛选共收集到1 127篇有效文献。而“课堂教学大纲”又细分为“有效教案”、“课本”、“教学资料、教辅材料”这三个三级指标。在查找相关文献时输入“有效教案”、“教案”、“教案有效性”、“高效能教案”、“有效课本”、“课本”、“课本有效性”、“教学资料”、“教辅材料”、“有效教学资料”、“有效教辅材料”等关键词进行查找，共收集到49篇相关文献，经过三次交互审核，49篇文献均为有效文献。“有效教学设施与设备”在查找中输入关键词“有效教学设备”、“有效教学设施”、“教学设备”、“教学设施”、“教学设备有效性”、“教学设施有效性”后，共查找出相关文献15篇，经三次交互审核筛除，有效文献仅剩4篇。

学校层面细分为“学校效能”和“有效学校改进”两个维度，其中“学校效能”又分为“学校各科平均成绩的提升”以及“有效领导力”这两个三级指标。通过输入“学校效能”、“有效学校”、“高效能学校”、“校长领导力”、“成绩提升”、“学习成绩提升”、“成绩的有效性”、“有效领导力”、“高效能领导力”、“有效学校财务管理”、“学校财务管理”、“有效人力资源管理”、“人力资源管理”等关键词，共收集到相关文献267篇，经过三次交互审核筛除，“学校效能”有效文献仅剩73篇。“有效学校改进”也分为两个三级指标，即“改进过程”和“改进结果”。通过输入“学校改进”、“有效学校改进”这两个关键词，共收集到文献79篇，经过三次交互审核、筛选、整理之后，“有效学校改进”只剩下36篇有效文献。

宏观层面收集的是国家、省、市、地区为提升教育效能所采取的各种举措，包括法令、政策、文件、措施等，也包括部分著作。因此，关键词包括“教育效能法令”、“教育效能政策”、“教育效能文件”、“教育效能措施”、“教育效能举措”，共收集到36篇相关文献，在三次交互审查和筛选后，有效文献共20篇。

国际层面主要收集有关国际教育效能理论的介绍和国际教育效能合作研究。运用关键词“国际教育效能”、“国外教育效能”、“教育效能合作”进行收集，一共收集到21篇相关文献，经过三次交互审核、筛选出有效文献16篇。

筛选过程：为确保数据的效度与信度，筛选过程分为三个阶段。第一阶段，由课题组5位成员，按照统一划分的维度和指标，统一的关键词，分别对每一年的文献进行相关查找，进行第一次文献数据统计，并对所收集的文献进行审核，剔除无效文献。第二阶段，五位成员交叉进行二次查阅，剔除无效文献。例如，负责查找2007年文献的成员对2009年进行二次查找，汇总出文献数据总数。同时，与第一阶段的文献统计总数进行对比，并阅读每一篇文章，查找出无效文献并剔除。然后，对五年文献数据进行第一次汇总。第三阶段，各年数据与文献统计总目，交给专家进行第三次审核，专家进行审核，再次剔除无效文献，之后由三名课题组成员对所有数据进行最后统计，相互之间再次审核。最后，我们共收集到1 430篇有效文献。其中，报纸类130篇，期刊类941篇，硕士论文186篇，博士论文9篇，会议44篇，年鉴25篇，文件7篇，著作60部，课题17个。从文献在各层面的分布状态来看，学生层面

105 篇，课堂层面 1 180 篇，学校层面 109 篇，宏观层面 20 篇，国际层面 16 篇。从这些数据可以看出，这些数据的来源中，以期刊类为最多；从层面分布来看，以课堂层面为最多。图 3–13 展示了所收集到的“十一五”规划期间我国教育效能文献的总数和发展趋势。图 3–14 展示了“十一五”规划期间我国教育效能文献的主要来源。

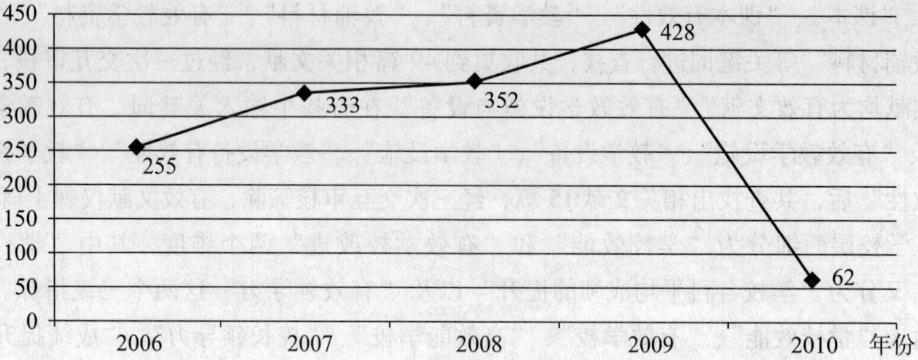

图 3–13 “十一五”规划期间我国教育效能文献总数和发展趋势

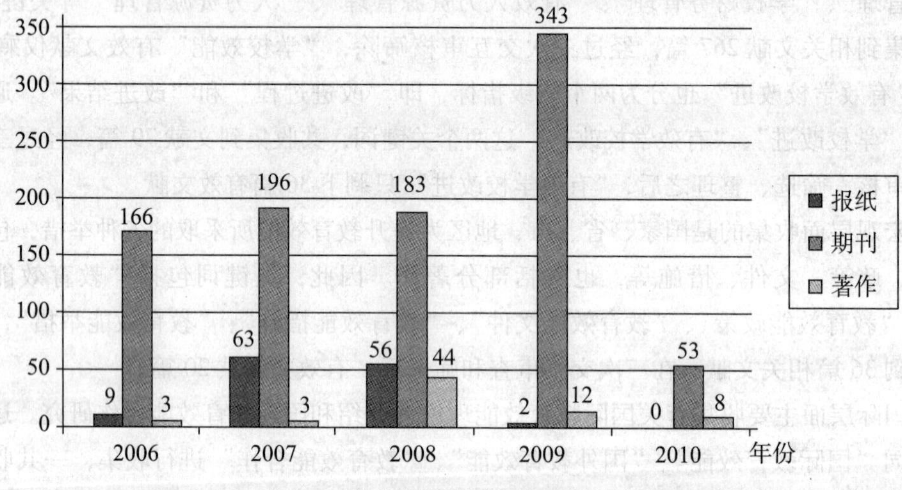

图 3–14 “十一五”规划期间我国教育效能文献主要来源

从图 3–13 中可以看出，我国在“十一五”规划期间，2006 年的教育效能文献只有 255 篇，2007 年达到 333 篇，2008 年 352 篇，2009 年达到最高峰 428 篇。由于 2010 年刚过去 5 个月，最新的数据还没有完全进入到数据库，故 2010 年的数据暂不考虑。文献的发展趋势呈逐年上升态势。

从图 3–14 中可以看到，我国有关教育效能文献的主要来源是期刊、报纸和著作。其中源自期刊的总量达 941 篇，源自报纸的总量是 130 篇，源自著作的总量是 70 部。

为了更直观地查看“十一五”规划期间的各类文献总数，我们在表 3–18 中综合了各类数据的总量和在五个层面上的分布状况。

表 3-18　各类数据统计总量以及在五个层面上的分布状况

		文章							著作	课题	总计
		报纸	期刊	硕论	博论	会议	年鉴	文件			
学生层面	有效学习	12	59	13	2	8	1	0	5	1	101
	有效行为改变	0	4	0	0	0	0	0	0	0	4
课堂层面	教师效能	111	734	162	3	32	23	7	43	12	1 127
	课堂教学大纲	1	45	0	0	0	0	0	3	0	49
	设施和设备	0	4	0	0	0	0	0	0	0	4
学校层面	学校效能	1	54	7	3	1	1	0	4	2	73
	有效学校改进	0	28	4	1	0	0	0	1	2	36
宏观层面	国家省、市、地方提升教育效能所采取的措施（法令、政策、文件、举措、课题）	3	4	0	0	1	0	0	1	11	20
国际层面	对国际教育效能理论的介绍和国际教育效能合作研究	2	9	0	0	2	0	0	3	0	16
总计		130	941	186	9	44	25	7	60	17	1 430

从表 3-18 中可以看到，在学生层面共收集到有效文献 105 篇，其中文章 95 篇，著作 5 部，课题 1 项。在课堂层面，共收集到有效文献 1 180 篇，其中文章 1 122 篇，著作 46 部，课题 12 项。在学校层面，共收集到有效文献 109 篇，其中文章 100 篇，著作 5 部，课题 4 项。在宏观层面，共收集到有效文献 20 篇，其中文章 8 篇，著作 1 部，课题 11 项。在国际层面，共收集到有效文献 16 篇，其中文章 13 篇，著作 3 部，课题 0 项。

3. 学生层面的教育效能研究

学生层面中又分为有效学习和有效行为改变两个维度。在学生层面，我们共收集到关于"有效学习"的文献 101 篇，"有效行为改变"的文献 4 篇。其中关于"有效学习"的期刊文章 59 篇，报纸文章 12 篇，会议 8 篇，年鉴 1 篇，硕士论文 13 篇，博士论文 2 篇，著作 5 部，课题 1 项。而关于"有效行为改变"的文献较少，4 篇都来自期刊（详见表 3-18 和图 3-15）。

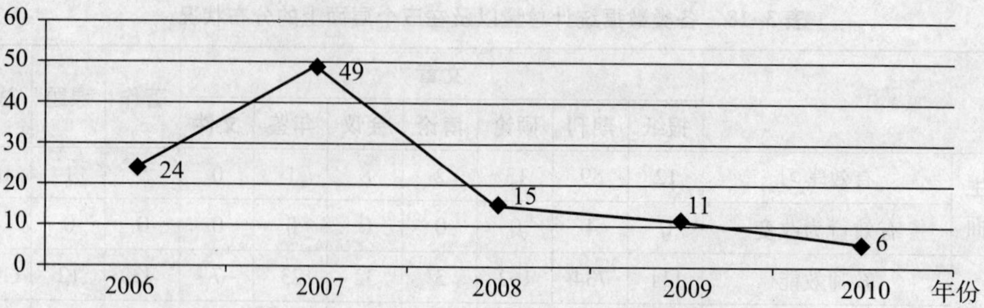

图 3-15 "十一五"规划期间学生层面教育效能研究统计数据

在收集到的关于"有效学习"和"有效行为改变"的文献中可以发现，此领域的研究者大多是来自基层的教师、学校领导和管理人员，他们的研究聚焦于学科教学方法或是管理策略对学生学习效能所产生的影响。同时，对有效学习进行了界定，如王水发的文章提出有效的学习首先得有较好的认知准备与情感准备，进入较好的学习状态。其次是要进行有意义的学习。不管是接受性学习还是研究性学习，只要加强新、旧知识的联系和学习与社会、生活的联系，都将是有意义的学习①。李瑞、马会梅提出有效学习是指学生在教师的指导下，运用有效的学习资源和学习策略对学习内容进行积极、主动加工，以最少的时间投入取得最佳的学习效果，达成学习目标，使学生获得发展的过程。一方面体现在学生在学习过程中的"会学"，另一方面又表现在学习结果具有较高的达成度，即"学会"②。如王慧琪的《中国文化背景下的有效学习特征研究》③。不少教育实践工作者也发表了有特色的论文，如吴春喜的《寻找有效学习的关键》④，吕海波等的《小学生有效学习时间设计探讨》⑤，梁素霞的《促进学生有效学习的教学策略》。

4. 课堂层面的教育效能研究

在课堂层面，我们根据教育效能领域的国际研究成果，将文献的具体内容进一步细分成两个二级指标：教师效能、有效课堂教学大纲。在二级指标"教师效能"中又包含四个三级指标：教师素质、有效教学、有效课堂管理和教师领导力。在"有效课堂教学大纲"这个二级指标中，包括：有效教案、课本、教学和教辅资料三个三级指标。

共收集到有关课堂层面的文献 1 180 篇，其中有关"教师效能"的文献1 127篇，有关"有效课堂教学大纲"的文献 49 篇，有关"设施和设备"的文献 4 篇（详见表 3-19 和图 3-16）。

① 王水发. 怎样进行有效学习［J］. 上海教育科研，2006（6）：67-70.
② 李锐，马会梅. 浅谈促进小学生有效学习的条件［J］. 教育前沿（理论版），2008（3）：93-95.
③ 王慧琪. 中国文化背景下的有效学习特征研究［D］. 浙江大学，2007：1-88.
④ 吴春喜. 寻找有效学习的关键［J］. 教育科研论坛，2006（S1）：93-94.
⑤ 吕海波，李臣之. 小学生有效学习时间设计探讨［J］. 教育科研论坛，2006（4）：12-15.

表 3-19 “十一五”规划期间课堂层面教育效能研究统计数据

			文章							著作	课题	总计
			报纸	期刊	硕论	博论	会议	年鉴	文件			
课堂层面	教师效能	教师素质	17	13	4	0	1	1	0	2	1	39
		有效教学	83	701	143	3	27	22	7	39	11	1 036
		有效课堂管理	11	17	13	0	4	0	0	2	0	47
		教师领导力	0	3	2	0	0	0	0	0	0	5
	有效课堂教学大纲	有效教案	0	21	0	0	0	0	0	1	0	22
		课本	0	0	0	0	0	0	0	0	0	0
		教学和教辅资料	1	24	0	0	0	0	0	2	0	27
	设施和设备	0	0	4	0	0	0	0	0	0	0	4
总计			112	783	162	3	32	23	7	46	12	1 180

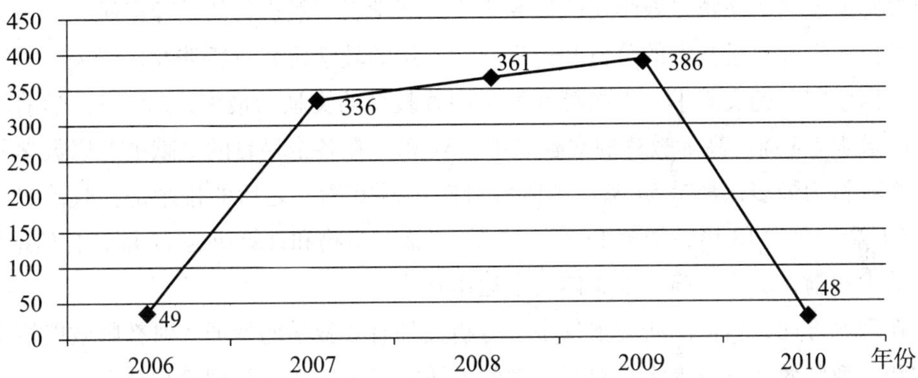

图 3-16 “十一五”规划期间课堂层面教育效能研究统计数据

从位居榜首的“有效教学”的文献来看，在有效教学、有效课堂方面的文章中，包括了教学本质、性质、教学评价、教学效率、教师素质、教学手段、教学路径、课堂氛围、课堂文化、师生互动、有效教学的资源运用等。尤其以中小学学校的各学科“有效课堂教学”为主，作者大多是教育实践工作者。从文献分布的数量上看，在英语、语文、数学三门核心课程中发表的文章数量最多，分别是 46、54、54 篇，三门科目占有效教学科目总数的 55%。而美术、计算机、物理篇数较少，分别为 6、11、17 篇，三门课程约占总数的 6%。从纵向来看，初中等教育所收集的相关文章较多，是 243 篇，占有效教学总文献数的 44%。而学前教育五年内一共只收集到 3 篇文章，约占总文献的 0.5%（见表 3-20）。

表 3-20 “十一五”规划期间课堂层面文献中研究科目分类统计数据

	政治	化学	计算机	历史	美术	生物	数学	体育	物理	多媒体技术运用	音乐	英语	语文	自然地理	总计
学前	0	0	0	0	1	0	0	0	0	0	1	0	1	0	3
初中等	23	17	9	3	4	11	48	20	14	0	10	30	41	9	239
高等	5	1	2	1	1	0	6	1	3	0	3	16	12	0	51
总计	28	18	11	4	6	11	54	21	17	0	14	46	54	9	293

从作者的背景来看，研究课堂效能和学习效能的，实践者较多，并且文章内容多以教学实践研究为主。很多都是一线的教师，如《新课程背景下培养学生有效学习策略的尝试》的作者安媛①，是天津市实验中学历史教师，多年从事高中教学工作。曾先后荣获全国优秀教师、天津市劳动模范、天津市“十佳”教师等多项荣誉称号。基层教师所发表的文章以教学实践研究为主，而学者一般进行的是理论研究，通常是对教学模式以及教学技术的分析和论证，对基层的教学研究有所涉及，但关注不够。

在课堂层面的文献中，以初等教育和中等教育的文献为最多，239 篇，学前教育的文献最少，3 篇。高等教育的文献居中，51 篇。在各个科目的文献中，以数学科目和语文科目为最多，都是 54 篇，英语科目次之，46 篇。之后的排序是：政治 28 篇，体育 21 篇，化学 18 篇，物理 17 篇，音乐 14 篇，生物和计算机各 11 篇，自然地理 9 篇，美术 6 篇，历史 4 篇，多媒体技术运用 0 篇。

在理论方面，目前的研究多集中于分析国外有效教学的特征，对教师效能模型的建构和对教师效能进行界定。对有效教学的研究多采用实证和理论相结合的方式去分析和研究目前我国有效教学中存在着的问题，并提出相关的举措。钟启泉认为，“有效教学”的理论与实践的研究，冲破了旧的教学法研究的束缚，立足于新的教学研究的视点。“有效教学”是寻求教学效益的活动，是转型教学规范的活动，是关注学生成功的活动。② 吴刚平认为，有效教学的问题既是技术层面的操作，更是一个价值层面的澄清与选择问题。技术层面要回答有效教学如何做的途径、方法和步骤等问题。③ 沈黎明撰写的“从‘有效教学’走向‘高效教学’对教师、校长的期望”将教学效能提升至“高效能教学”，与国际的 high effective teaching 接轨。④ 周晓梅进行

① 安媛. 新课程背景下培养学生有效学习策略的尝试［J］. 天津教育，2006（2）：28-29.

② 钟启泉.“有效教学”研究的价值［J］. 教育研究，2007（6）：31.

③ 吴刚平. 价值层面的有效教学观念探析［J］. 全球教育展望，2007（4）：22-24.

④ 沈黎明. 从“有效教学”走向“高效教学”对教师、校长的期望［J］. 基础教育研究，2009（10）：10-11.

了“概念图在促进初中生物有效教学中的实践探索”。① 柏纪荣提出了“有效教学，从候课开始——关于数学课前两分钟候课活动的思考”。② 俞美丹呼吁“让‘问题串’提升高中数学教学的有效性”。③ 梁金福对“农村初中物理课堂教学有效性”进行了研究。④ 杨楠则对“在高师学前专业钢琴课中如何运用有效教学”进行了探索。⑤ 赵庆对特殊教育学校如何“实施聋校语文有效教学的途径”进行了攻关。⑥ 柴蕴梅、朱成科更进一步提出对我国“有效教学研究溯源与本土化问题反思”。⑦

有关有效教学设施、设备相关方面的文章较少，从已收集的文献中看，基本上不会直接谈及教学设施、设备的效能，而是在介绍其基于学校环境中的用途时，间接地谈及设施功能的有效性。

5. 学校层面的教育效能研究

在学校层面，共收集到文献 109 篇。我们将文献的具体内容进一步细分成两个二级指标：学校效能、学校改进。在“学校效能”方面，共收集到文献 73 篇，在“学校改进”方面，共收集到文献 36 篇。在“学校效能”中包括“学校各科平均成绩的提升”、“有效领导力（校长领导力、有效的人、财、物管理）”这两个三级指标。在“学校改进”中，包括“改进过程”、“改进结果”这两个三级指标。我们共收集到“学校各科平均成绩的提升”的文章 27 篇，“有效领导力（校长领导力、有效的人、财、物管理）”的文章 46 篇。有关“改进过程”的文献 22 篇，“改进结果”的文献 14 篇。在“学校改进”这个二级指标上，共收集到 36 篇文献（详见表 3-21 和图 3-17）。

表 3-21 “十一五”规划期间学校层面教育效能研究统计数据

			文章						著作	课题	总计
			报纸	期刊	硕论	博论	会议	年鉴	文件			
学校层面	学校效能	学校各科平均成绩的提升	1	19	5	0	0	0	0	1	1	27
		有效领导力（校长领导力、有效的人、财、物管理）	0	35	2	3	1	1	0	3	1	46

① 周晓梅. 概念图在促进初中生物有效教学中的实践探索［D］. 华东师范大学，2009：1-41.

② 柏纪荣. 有效教学，从候课开始——关于数学课前两分钟候课活动的思考［J］. 教育科研论坛，2006（9）：21.

③ 俞美丹. 让“问题串”提升高中数学教学的有效性［J］. 中国校外教育，2009（4）：122.

④ 梁金福. 农村初中物理课堂教学有效性研究［D］. 贵州师范大学，2009（6）：1-62.

⑤ 杨楠. 论有效教学在高师学前专业钢琴课中的运用［J］. 艺术探索，2009（3）：99-100.

⑥ 赵庆. 实施聋校语文有效教学的途径［J］. 现代特殊教育，2009（2）：23-25.

⑦ 柴蕴梅，朱成科. 有效教学研究溯源与本土化问题反思［J］. 河北师范大学学报（教育科学版），2009（2）：41-44.

续表

			文章							著作	课题	总计
			报纸	期刊	硕论	博论	会议	年鉴	文件			
学校层面	学校改进	改进过程	0	15	4	0	0	0	0	1	1	22
		改进结果	0	13	0	0	0	0	0	1	1	14
总计			1	82	11	3	1	1	0	6	4	109

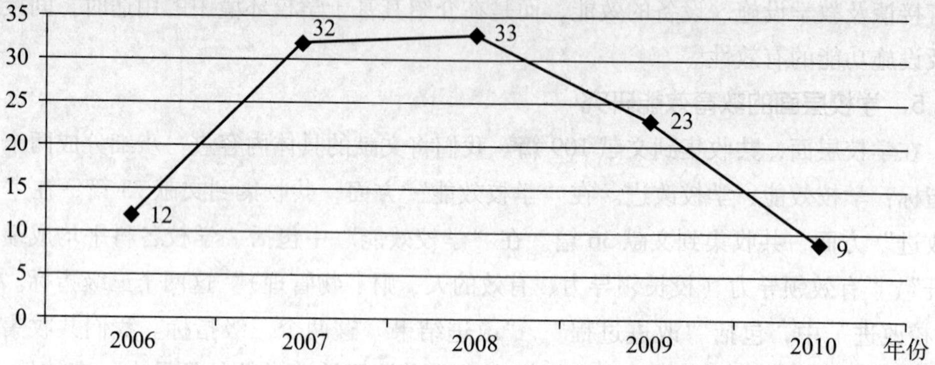

图 3-17 “十一五”规划期间学校层面教育效能研究统计数据

从图 3-17 中，可以看到，学校层面的文献在 2008 年达到最高峰，共有文献 33 篇，大约是最低年份 2006 年的 3 倍。在学校层面的效能研究中，学者们把研究视角指向了发现和抽取影响学校效能因素的研究。如汤林春博士在《学校效能的学校因素研究》一文中，抽取出“管理因子”、“教学因子”与“质量因子”3 类影响因素，他指出各校提高效能的关键因素会随学校所处的学段、地理位置及规模而变化，从而建议学校在改进工作、提高效能时，应针对自身实际寻找关键因素，因校而异，因时而变①。程晋宽教授认为，学校效能的影响因素包括：校长、学生、学校环境、明确而集中的学校使命感，以及对学校进步程度的有效监督等，进而他对这些影响因素做出了进一步的分析②。温恒福在《学校效能的基本理论问题探究》一文中也提出了他的八维学校效能观，这八个维度依次是：方向、质量、效率、内容、方法、增量、自我发展以及基本条件③。孙绵涛在《关于学校效能评价标准和方法的两点认识》一文中从学校人员的发展（包括学生素质的发展、教师素质的发展），学校工作的发展（包括教学工作的发展、德育工作的发展、管理工作的发展），学校事业的发展（包括学校本身的发展、社区事业的发展和社会事业的发展）三大维度建构了学校教育效能评价的全新的标准体系④。

---

① 汤林春．学校效能的学校因素研究［J］．上海教育科研，2006（8）：32.
② 程晋宽．影响学校管理层面的因素分析［J］．上海教育科研，2008（1）：21-23.
③ 温恒福．学校效能的基本理论问题探究［J］．教育研究，2007（2）：56.
④ 孙绵涛．关于学校效能评价标准和方法的两点认识［J］．教育发展研究，2007（10B）：19-22.

在学校层面，“校长领导力”成为一个聚焦点。有关校长领导力的文章多达44篇。出现了许多有新意的文章，如：“校长领导力从各力走向合力”、“巧用‘校长信箱’，提高学校管理效能”、“改善农村中小学校长领导效能的研究”、“有效教学理念下的杜郎口教学模式有效性探析”等。杨子秋《以校本课程领导促进学校改进之研究》①，孙素英《学校改进视角的考察与思考》②，王丽华《薄弱学校改进的个案研究》③等。在高等教育中融入教育效能的元素历来是个薄弱点，而“十一五”期间的不少文章在这方面有所突破，如：“高校行政效能监察研究”、“学校效能理论在高校学生工作中的应用”等。在著作中，2008年教育科学出版社出版了《新课程有效教学疑难问题操作性解读》系列丛书共9部，旨在解决高中各学科教学过程中的疑难问题。光明日报出版社出版了《有效教学和谐课堂》系列丛书共17部。此外，由张卫光、孙鹏著，人民教育出版社出版的《学校领导力建设“学校发展计划”项目的本土化实践》④是学校领导力方面的力著。

此外，大规模的有关教育效能的全国或地区性会议在全国各地陆续召开，在我们收集到的文献中，张肇丰报道了上海“促进课堂有效互动——第三届有效教学理论与实践研讨会及综述”⑤，罗迎春介绍了“杭州市高中音乐新课程有效教学研讨会”⑥。两岸四地的教育效能和学校改进大会也应运而生。第四届“教育家论坛”暨首届“两岸三地有效教学如皋高层论坛”在如皋举行。学校改进方面的研究也进入到两岸四地，卢乃桂教授等以三篇力作更全面更深入地描述了《学校改进中的学生参与问题研究》、《学校效能与学校改进走向结合的理论基础的探讨》、《能动者的思索——香港学校改进协作模式的再造与更新》⑦。孙绵涛教授在2006年在全国教育管理学术年会上的主题报告及其后来发表在《教育管理研究》2006年第5期上的《关于教育效能的探讨》一文，将教育效能分为动态教育效能和静态教育效能两大部分。动态教育效能包括教育管理效能和教育实施效能，教育管理效能主要有教育行政效能和学校管理效能，教育实施效能主要有教学效能和学生学习效能。静态教育效能包括范围层面教育效能、主体层面教育效能和文化层面教育效能。范围层面教育效能主要有社会教育效能、学校教育效能和家庭教育效能等；主体层面教育效能主要有学生效能、教师效能和管理者效能等；文化层面效能主要有物质层面的教育效能（财、物、

---

① 杨子秋．以校本课程领导促进学校改进之研究［D］．华东师范大学，2007：1-219.

② 孙素英．学校改进视角的考察与思考［J］．中国教育学刊，2007（12）：25-30.

③ 王丽华．薄弱学校改进的个案研究［J］．教育发展研究，2007（10）：33-36.

④ 张卫光，孙鹏．学校领导力建设“学校发展计划”项目的本土化实践［M］．北京：人民教育出版社，2008：225.

⑤ 张肇丰．促进课堂有效互动——第三届有效教学理论与实践研讨会及综述［J］．上海教育科研，2009（3）：7-10.

⑥ 罗迎春．杭州市高中音乐新课程有效教学研讨会［J］．音乐天地，2009（2）：1.

⑦ 卢乃桂，张佳伟．学校改进中的学生参与问题研究［J］．教育发展研究，2007（4）：6-8；卢乃桂．能动者的思索——香港学校改进协作模式的再造与更新［J］．教育发展研究，2007（12）：1-8.

时间、信息、空间)、制度层面的教育效能（政策、法规、具体规章）和精神层面的教育效能（思想、观念）等。建构了全新的比较系统的教育效能的理论体系。①

6. 宏观层面的教育效能研究

宏观层面包括国家、省、市、地方提升教育效能所采取的各种措施，包括法令、政策、文件、举措、课题等，也包括部分属于宏观层面的著作等。在宏观层面，我们共收集到20篇文献，其中来自期刊的有4篇，来自报纸的有3篇，会议1篇，著作1部，课题11篇。在宏观层面的文献中，2007年的文献最多（7篇），2006年5篇，2008年和2009年的文献各4篇。有关数据详见表3-22和图3-18。

表3-22 "十一五"规划期间宏观层面教育效能研究统计数据

		文章							著作	课题	总计
		报纸	期刊	硕论	博论	会议	年鉴	文件			
宏观层面	国家、省、市、地方提升教育效能所采取的措施（法令、政策、文件、举措、课题）	3	4	0	0	1	0	0	1	11	20

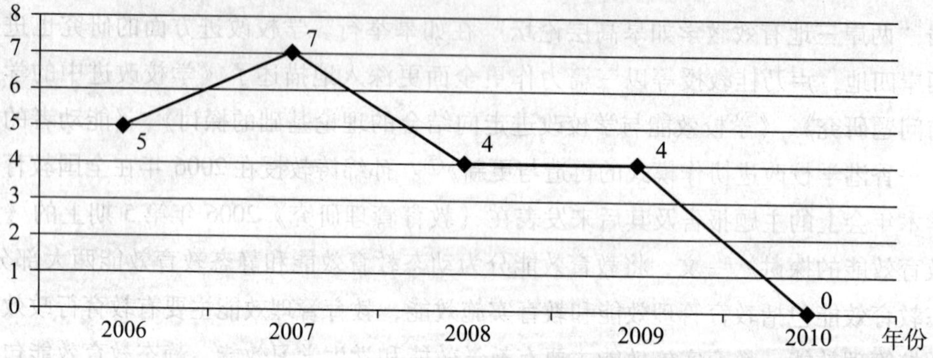

图3-18 "十一五"期间宏观层面教育效能研究文献统计数据

在教育政策方面，2008年度国家出台了一项提升教育效能的政策，即2008年中小学教师国家级培训计划正式发布。教育部投入3 500万元专项经费，组织实施了以农村为重点的"2008年中小学教师国家级培训计划"。据统计，直接培训中小学教师36.9万余名，其中县及县以下农村中小学教师约30万名，占81.3%。② 这项计划为提高学校效能、教师效能提供了有力保障。

各地方政府也在教育效能方面发表了相关的文件，如宿迁市教育局在《关于推进有效教学的意见》中对如何有效推动教学提出了要求，也提出了相关的措施。如东县教育局在《实施有效教学的基本要求》中对学校和教师做出了整体的规划。《温

① 孙绵涛，谢延龙. 关于教育效能的探讨 [J]. 教育管理研究，2006 (5): 17.

② 教育部网站. http://www.moe.edu.cn/.

州日报》专门报道了“鹿城力争学习效能最大化”。从收集到的文献中，有《反思我国大陆十四年来学校效能研究现状及反思》的文献；有《借鉴东庐经验提高教师教学行为的有效性》的文章，还有《近十年来我国有效教学问题研究评析》，著作《聚焦有效教育的十年》，《小学科学教育现状与效果评估研究——基于对北京市十所优质小学的调研》报告，等等。

值得一提的是，孙绵涛教授于2007年出版了国内第一部《教育效能论》①，在这本著作中，他发展了在《关于教育效能的探讨》一文中所提出的教育效能的理论体系，对教育效能这一领域中的学校、家庭、企业和社区效能教育进行了比较全面和系统的探讨，通过梳理国内外教育效能发展的历史，对已有的教育效能理论做出了系统的评述，并对教育效能的评价和教育效能研究进行了比较全面系统的探索。

7. 国际层面的教育效能研究

国际层面包括对国外教育效能理论的介绍和国际教育效能的合作研究项目等。在国际层面，我们共收集到16篇文献，其中来自期刊的有9篇，报纸2篇，会议2篇，著作3部，详见表3-23和图3-19。国际层面的数据，以2006年和2009年为最高，均为5篇，2007年和2008年为最低，均为2篇。在国际层面，梁歆等撰写了《从实施策略的视角简述美国学校改进的发展历程》② 一文，“学校改进”步入视野。王艳会进行了《美国改进低绩效学校的教师策略研究》③，文雁对维果斯基的“最近发展区”理论进行了研究，发现了《最近发展区理论对提高职业院校教学效能的指导作用》④。谌启标在《美国有效教师研究述评》⑤ 中提出，一个有效的教师主要是能够为学生提供长期的影响和发展，使学生成为一个自我负责的独立学习者。学生的最终成就应该是积极的、自信的、竞争的、人道的学习者，能够主动学习、问题解决、设置目标，在变革的社会里持续发展。此外，孙河川⑥教授在《比较教育研究》上撰文评述了教育效能与学校改进研究的异同，并对国际学校效能与学校改进学会的成立、特点、主要学术活动等进行了详尽的介绍和述评。对国际学校效能与学校改进学会在教育效能和学校改进领域所起的核心领导作用和旗舰作用进行了总结和归纳，总结出教育效能与学校改进研究在理论上及实践上的八大重要贡献：发现和验证了提高不同层面教育效能的因素；持续不断地进行理论模式构建；学校效能与学校改进流派的整合；研究层面的扩展；研究方法和统计技术的高速发展；采用增值法评价；实证研究服务于实践；大型跨洲跨国合作研究的兴起。

---

① 孙绵涛. 教育效能论［M］. 北京：人民教育出版社，2007：390.

② 梁歆，黄显华. 从实施策略的视角简述美国学校改进的发展历程［J］. 全球教育展望，2007（8）：38-41.

③ 王艳会. 美国改进低绩效学校的教师策略研究［D］. 华南师范大学，2007：1-60.

④ 文雁. 最近发展区理论对提高职业院校教学效能的指导作用［J］. 职业技术教育，2007（4）：90-91.

⑤ 谌启标. 美国有效教师研究述评［J］. 集美大学学报（教育科学版），2006（2）：42-45.

⑥ 孙河川. 教育效能与学校改进研究的引领者和推动者——国际学校效能与学校改进学会［J］. 比较教育研究，2009（3）：81-84.

表 3-23 “十一五”规划期间国际层面教育效能研究统计数据

		文章							著作	课题	总计
		报纸	期刊	硕论	博论	会议	年鉴	文件			
国际层面	对国外教育效能理论和实践的介绍、国际教育效能合作研究	2	9	0	0	2	0	0	3	0	16

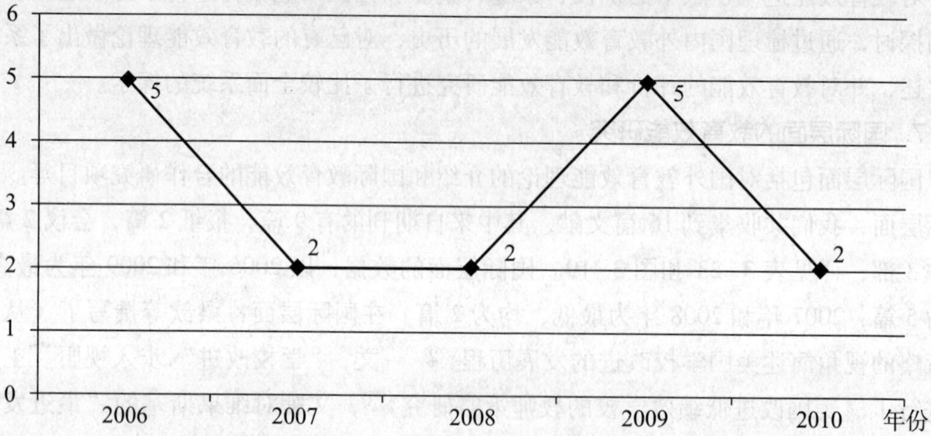

图 3-19 “十一五”规划期间国际层面教育效能研究文献统计数据

在国际层面，比较重要的国际合作项目有中央教育科学研究所与英国布里斯托大学的“学校评价创新和改善学校教育质量的策略”合作研究项目。该项目直接从河北省保定市采集所有数据，其中包括 90 所普通高中 2005 年的高考和 2003 年的中考成绩数据，另外还包括其中 27 所学校的学生问卷和学校背景问卷。学校情况调查的数据包括：学校所在地、大小、类型、级别、经费、办学条件、师资水平和校长情况等共 19 项指标。该项目的最大特色是运用“增值”去评价学校效能。该项目的结果表明：60%—80% 的高考成绩校际差距都不是学校本身所导致的，在提高学生进步幅度方面，不同学校间存在明显差异。增值评价结果与高考分数评价结果存在较大差异；学校效能在不同学科间没有显著差异；学校对不同学生群体的效能无差异。学校效能的“增值评价”对于创新学校评价体系具有重要的参考价值。

（七）学校管理研究的进展及取得的主要成果

1.“学校管理”科研成果的量化统计与现状分析

本研究主要从“研究课题”和“学术论文”两方面的文献统计，具体以“中小学管理”、“大学管理”为关键词，以“学校管理观念、学校管理活动、学校管理体制、学校管理机制”为统计维度和分析框架，全面梳理了“十一五”期间的“学校管理”科研成果的进展和趋势。

(1)“中小学管理”研究的课题、论文统计与现状分析

① 关于“中小学管理”研究的课题、论文统计

第一，关于“中小学管理”研究的课题统计。通过对“十一五”期间的研究课题的梳理，我们发现在“十一五”规划期间有关“中小学管理”的课题共 184 项，其中有关“中小学管理观念”的课题 3 项，有关“中小学管理活动”的课题 119 项，有关“中小学管理体制”的课题 44 项，有关“中小学管理机制”的课题 18 项。具体统计和分析见表 3–24。

表 3–24 “十一五”期间关于“中小学管理”的课题统计

相关主题	2006 年	2007 年	2008 年	2009 年	合计	所占百分比
中小学管理观念	0	1	1	1	3	1.6%
中小学管理活动	22	42	25	30	119	64.7%
中小学管理体制	8	13	12	11	44	23.9%
中小学管理机制	1	4	3	10	18	9.8%

第二，关于“中小学管理”学术论文的统计。我们以“中小学管理”为主题关键词，共检索到相关学术文献 254 篇次。其中，有关“中小学管理观念”的文献共计 39 篇项，占总文献比重的 15.4%；有关“中小学管理活动”的文献共计 121 篇，占总文献的 47.6%；有关“中小学管理体制”的文献共计 51 篇，占 20%；有关“中小学管理机制”的文献共计 43 篇，占总文献的 17%。具体统计与分析见表 3–25。

表 3–25 “十一五”期间关于“中小学管理”的论文统计

相关主题	2006 年	2007 年	2008 年	2009 年	2010 年	合计	所占百分比
中小学管理观念	8	16	12	3	0	39	15.4%
中小学管理活动	39	25	34	22	1	121	47.6%
中小学管理体制	16	16	16	3	0	51	20%
中小学管理机制	15	15	6	7	0	43	17%

② 关于“中小学管理”研究的现状分析

其一，关于“中小学管理”课题的现状分析。“十一五”期间，“中小学管理观念”的课题研究逐步减少，说明研究者们对中小学管理和发展理念的关注度不够。在现有课题中，有些是在当前提倡国学教育背景下，从“孔子教育思想”出发，来进一步深入研究素质教育问题；有些是从“职业价值观”出发，来研究中小学师资培养方略；还有些是从“素质教育理念”出发，来研究中小学学校特色办学策略等。

其二，关于“中小学管理活动”的课题相对较多，从“十一五”期间的课题数量分布来看，国家及学界对此问题的关注程度趋于平稳。研究者们主要对中小学学校

管理中的“校长培养”、“师资建设”、“学生管理”及“课程和教学改革”等问题进行了论证和研究。在“校长培养”方面，研究者多数是从教育学的视角，来分析校长的专业化、领导力、在职培训等方面的问题与对策；在“师资建设”方面，研究者普遍关注教师的职业胜任能力问题，或是从中小学教师的技术能力、结构的角度来探讨师资建设与培养方式，或是运用人力资源理论来研究中小学教师培养问题；在“学生管理”方面，主要涉及了“高中生学习策略形成”、“学生健全人格的养成”、“中国城镇中等职业教育毕业生就业状况”等方面；在“课程和教学改革”方面，课题主要涵盖了“学校综合实践活动课程实施策略”、“交往教学与提高中小学教学质量效率的理论与实践”、“我国新课程改革背景下对话教学的理论与实践”等方面。

其三，有关“中小学管理体制”的课题研究，在“十一五”期间也趋于平稳。研究者主要对“西部农村普通高中学校管理制度与学生学业发展”、“素质教育推进过程中的中小学办学特色”、“基础教育阶段学校办学国家和地方标准的比较与建构”等方面的问题进行了研究，但还几乎无人在全局角度建立中小学教育的学校管理体制的基本体系。并且，课题研究的视角多局限于学校的微观层面，对国家宏观层面和地方中观层面的制度或规范触及不多。

其四，有关“中小学管理机制”的课题研究中，研究者们主要关注了“普通高中综合实践活动课程建设”、“西部学校安全预警与救助”、“学校科研与学校发展”等方面的机制问题。研究者们多数是选取中小学微观管理中的某一方面，对其机制问题进行了研究，而有关中小学整体管理机制的研究相对缺失。从课题数量分布情况来看，此类研究呈现出了小幅上升趋势，可见，管理机制的重要性已逐渐得到了学界的认可。

③ 关于“中小学管理”学术论文的现状分析

“十一五”期间，学界颇为关注管理活动方面的研究；其次是管理体制与机制问题；而对学校管理理念的重要性认识不足，对其在指导中小学学校管理中功能等方面的研究相对缺乏。

其一，在“管理观念”方面，研究者不仅关注了学校自身宏观层面的管理观念的探究，而且也重视了对微观层面的管理者所持有的管理观念的研究。研究者们紧随时代发展的步伐，基于一些富有时代特色的教育理念或教育思想，如“以人为本”、“学习型组织”和“主体性教育”等，来研究中小学的管理和发展战略问题。这是我国教育发展和管理理念研究中的一大进步。

其二，在“管理活动”方面，研究主要趋向于两类：一类是对中小学学校管理活动中的管理主体的能力和条件的研究，这其中又包括对高层管理主体——校长的胜任能力、素质、条件等方面的研究和对学校内部微观层面的管理主体——教师或班主任的职业能力和基本素质要求方面的研究。研究者们不仅关注了管理主体的职位素质、条件和能力等，还注重了对管理主体的非“职位权力”及其影响和作用进行了阐述。另一类是对中小学内部某一局部的管理活动问题的研究，涉及了“教学管理”、“课堂管理”、“教研管理”、“师资建设与管理”、“学生德育与管理”、“校园文化建设”、“校园突发事件或暴力事件的管理”等诸多方面，并且还涵盖了中等职业学校和民办中小学的学校管理问题。相对来说，此类研究的覆盖面较广，几乎涉及了中小学学校管理的各个方面，并且取得了丰硕的成果，为“十二五”期间教育发展规划的制订奠定了良好的基础。

其三，在“管理体制”方面，有些学者主要对中小学学校管理体制中的机构进行考察，针对其中存在的问题和原因来找寻改革良策；有些学者则主要对体制中的制度规范进行研究；还有些学者则把“机构”与“制度规范”二者结合起来，来探讨中小学学校管理的体制问题，这类研究在“中小学管理体制研究”中的比例越来越大。

其四，在“管理机制”方面，“没有明确提出机制问题的研究”在数量上明显高于“明确提出机制问题的研究”；无论是文献总数，还是每年的文献数量，“没有明确提出机制问题的研究”几乎是“明确提出机制问题的研究”的5倍左右。在“明确提出了机制问题的研究”中，研究者一般是对中小学内部管理中的某一具体方面的机制问题进行了探讨，几乎没有人对新形势下我国中小学学校管理整体机制问题进行研究，更没有人借助一定的机制理论来深入地研究我国中小学的学校管理机制问题；在“没有明确提出机制问题的研究”中，学者们虽没明确提及机制或相关理论问题，但也是在研究中小学内部管理中的某一具体方面的管理中，诸多因素之间的联系及其联系方式的问题。这有待于在“十二五”期间的相关教育科学研究中进一步深化。

（2）“大学管理”研究的课题、论文统计与现状分析

① 关于“大学管理”研究的课题、论文统计

首先，关于“大学管理”的课题的统计。通过对“十一五”期间的研究课题的梳理，我们发现在“十一五”规划期间有关“大学管理”的课题共59项，其中有关“大学管理观念”的课题3项，有关“大学管理活动”的课题42项，有关“大学管理体制”的课题9项，有关“大学管理机制”的课题5项。而从年份来看，“十一五”规划初期课题数量比较少，直到2009年课题开始有所增加。具体统计和分析见表3–26。

表3–26　“十一五”期间关于“大学管理”的课题统计

相关主题	2006年	2007年	2008年	2009年	合计	所占百分比
大学管理观念	0	0	2	1	3	5%
大学管理活动	8	15	11	8	42	71.2%
大学管理体制	2	3	2	2	9	15.3%
大学管理机制	0	0	2	1	5	8.5%

其次，关于“大学管理”学术论文的统计。我们以“大学管理”为主题关键词，共检索到相关学术文献65篇次。其中，“大学管理观念”的文献共计28篇项，占总文献比重的43.1%；有关“大学管理活动”的文献共计8篇，占总文献的12.3%；有关“大学管理体制”的文献共计21篇，占32.3%；有关“大学管理机制”的文献共计8篇，占总文献的12.3%；有关具体统计与分析见表3-27。

表3-27 “十一五”期间关于“大学管理”的论文统计

相关主题	2006年	2007年	2008年	2009年	2010年	合计	所占百分比
大学管理观念	6	11	4	6	1	28	43.1%
大学管理活动	1	2	0	5	0	8	12.3%
大学管理体制	3	6	3	9	0	21	32.3%
大学管理机制	2	1	3	2	0	8	12.3%

② 关于“大学管理”研究的现状分析

首先，关于“大学管理”课题的现状分析。从课题定量分析来看，有关“管理活动”和“管理体制”的课题较多，而有关“管理机制”、“管理观念”的课题则相对较少。在“管理观念”方面，课题主要集中在“十一五”的中期，即2008—2009年两年间。在现有的三项课题中，研究者分别基于“现代大学的管理制度”、“校长办学之道”等价值取向，对大学管理中组织特性的彰显、大学发展策略等问题进行了研究。在“管理活动”方面，研究者们主要关注点集中于大学的人员管理活动、教学管理活动，总体质量控制、财务管理活动、科研管理活动；对大学的社会服务管理活动的关注次之；学科建设和大学文化管理活动的关注最少；对科研管理活动研究主要集中于2007年、2009年两年，社会服务管理活动研究数量2006—2008年持续上升，2009年又下降为0。在“管理体制”方面，多数研究者是把大学机构与大学制度割裂开，来研究大学管理体制问题。此类研究在2007年达到了课题研究的高峰阶段；还有些研究者把机构与制度结合起来，对大学管理体制问题进行了论述，这类研究是2009年才出现的，并且相对于前者而言，课题数量也比较少。在“管理机制”方面，从课题数量分布来看，有关大学管理机制的课题研究主要分布于2007—2009年三年间。研究者仍是主要针对大学自身管理中的某一方面，来研究相关的机制问题，并且课题主要集中在对大学学术组织、专业结构、资产运转等方面的研究上。而对大学整体管理或发展机制的研究相对缺失；对大学三大职能的机制，即教学机制、科研机制、服务社会机制，以及师资建设等方面的机制研究更是很少有人涉猎。

其次，关于“大学管理”学术论文的现状分析。目前学界对大学管理活动、体制、观念的关注较多，而对管理机制的研究相对不足。从数据统计来看，研究者们更倾向于对管理观念的研究，管理体制次之。在“管理观念”方面，有些文献是对大学管理观念的具体内容进行研究；有些是对大学传统管理观念的探讨；有些是在分析时代思想向大学管理或发展观念演变问题；还有些是以著名的大学或高等教育管理为切入点，来思考大学的管理与发展问题。但是现有文献中，关于大学管理观念的研究虽然较多，但并不深入。绝大部分都是将时代新思想向大学管理领域进行简单的迁移。在“管理活动”方面，大学文化管理与基于某一文化的大学管理策略研究备受关注。从文献所采用的研究方法来看，多数研究都采用了实证研究的方法，有些还停留在纯思辨和文章梳理层面上。在“管理体制”方面，现有文献主要涵盖了三个方面：一是对大学管理制度的研究，涉及了大学管理制度必要性和缺陷、大学管理制度建设、一层次大学管理的专项制度等。二是对大学管理机构的研究，主要包括大学组织的影响因素、大学组织的性质、大学各个微观组织间横向、纵向关系等。三是对大学机构与制度的集合体的研究，即对大学管理体制的研究，此类研究所占比例不多。此外，从文献中采用的研究方法来看，多数研究是基于文献法的理论思辨研究，也有采用了比较法和个案研究的方法来分析和论述高校管理体制问题。在“管理机制”方面，文献涵盖了大学学科建设、财务管理、师资建设、学生管理等方面的机制问题。研究者主要是对上述某一方面的构成要素、要素之间的相互关系及要素的组合方式等进行了探讨，从而提出了这一方面的管理机制策略。

（八）教育人力资源开发与管理研究的进展及取得的主要成果

“十一五”期间关于人力资源开发与管理科研立项中的理论研究占多数。其中，教育人力资源开发与管理的现状研究居多，实证研究所占比例不高，但呈现上升趋势。按照研究内容取向分，理论探讨与综述研究占绝大多数，而一些研究报告、国家政策的解读等占少数；按照研究的单位来说，高等院校所承担科研项目占了绝大多数，其他的一些行政机构或科研单位则承担项目相对要少得多；从研究对象来说，教育人力资源开发与管理研究重点放在对教师的人力资源开发与管理研究上，对其他人员如教育管理人员或者教育辅助人员的人力资源管理研究较少（但是比“十五”期间有所增加）；从研究的内容来说，以对人力资源管理各环节的研究为重点，基础理论研究很少。具体来说，教育人力资源开发与管理的研究包括人力资源的规划、胜任特征、人才选拔、培训、绩效管理、薪酬管理与激励、劳动关系等内容。研究的状况体现在以下几方面。（以下科研立项数据来自于全国教育科学规划立项课题名单表以及结题鉴定汇总表。论文数据来自于中国学术期刊网络出版总库。）

1. 立项情况

表 3–28 “十一五”期间教育人力资源管理科研立项数量统计

时间	国家重点	国家一般	国家青年基金	教育部重点	教育部青年专项	教育部规划	合计
2006 年	1	7	6	32	9	9	64
2007 年	5	6	15	35	5	19	85

续表

时间	国家重点	国家一般	国家青年基金	教育部重点	教育部青年专项	教育部规划	合计
2008 年	1	12	6	34	14	9	76
2009 年	1	20	6	55	22	8	112
合计	8	45	33	156	50	45	267

从表 3-28 立项数量看，教育人力资源管理研究立项有逐渐上升的趋势。无论是国家级立项还是教育部立项都有逐渐上升趋势，说明教育人力资源开发与管理研究已经引起国家的高度重视。

2. 研究对象

表 3-29 “十一五”期间教育人力资源管理科研立项与发表论文的对象数量统计

研究对象	立项数目	百分比（%）	论文数目	百分比（%）
教师	145	71. 8	59 668	98. 3
政府和教育管理人员	11	5. 4	501	0. 8
教育辅助单位和人员	4	2	226	0. 4
学校	42	20. 8	280	0. 5
合计	202	10	60 675	100

从表 3-29 立项数据可以看出，教育人力资源管理立项中对教师的研究占了绝大部分比例，其次是对于学校的研究立项（如现代学校制度建设；教育人力资源与学校编制管理；学校效益综合评估；发展动力与策略研究；学校竞争力研究；学校的教育变革；教学与劳动预备制研究等方面内容），最后是对于政府和教育管理人员研究立项相对较少，对于教育辅助单位和人员的立项则非常少。从表 3-29 发表论文数量看，研究对象集中在教师的人力资源开发与管理方面。

3. 研究内容

表 3-30 “十一五”期间教育人力资源管理科研立项与发表论文的内容数量统计

研究内容	立项数目	百分比（%）	论文数目	百分比（%）
人力资源规划	22	34. 4	691	14. 6
胜任特征	3	4. 7	73	1. 5
人才选拔	3	4. 7	35	0. 7
培训与开发	17	26. 6	1 981	42
绩效管理	11	17. 2	1 491	31. 6
薪酬管理与激励	7	10. 9	435	9. 2
劳动关系	1	1. 6	15	0. 3
合计	64	100	4 721	100

从表 3-30 可以看出这一阶段对于教育人力资源管理中的人力资源规划、培训和绩效管理的立项是重点，其次是薪酬与激励研究，对于胜任特征、人才选拔和劳动关系的研究处于少数。从发表论文的内容上看，“十一五”期间发表的学术论文集中在教育人力资源培训与开发和绩效管理方面，其次是人力资源规划和薪酬管理与激励，对胜任特征、人才选拔，尤其是对劳动关系的论文更少。

4. 研究类型与方法

表 3-31 “十一五”期间教育人力资源管理研究类型数量统计

研究类型	立项数目	百分比（%）
理论探讨	303	85.8
经验总结	15	4.3
研究报告	35	9.9
合计	353	100

表 3-32 “十一五”期间教育人力资源管理科研立项中采用的研究方法的数量统计

研究方法	立项数目	百分比（%）
思辨研究	197	89.1
调查研究	13	5.9
个案研究	4	1.8
文献研究	0	0
比较研究	7	3.2
实验研究	0	0
合计	221	100

从研究类型方面看，这一阶段的立项研究以理论探讨为主，占了绝大部分，而经验总结和研究报告方面则相对很少。从研究方法来讲的话，思辨研究方法是主导方法，其他的研究方法是绝对少数的。

5. 研究者单位

表 3-33 “十一五”期间教育人力资源管理科研立项者单位数量统计

研究者单位	立项数目	百分比（%）
高等院校	294	79.2
行政机构	23	6.2
学术机构	35	9.4
基层学校	19	5.1
合计	371	100

从表 3-33 中可以看出，这一时期的研究者主要来自高等院校，占了将近八成，而其他的例如学术机构，行政机构的研究成果比例很少，来自于基层学校的研究则更少。

总体来说，“十一五”期间关于教育人力资源管理各环节上的研究居多，而且对于教育人力资源管理的内外部环境或者说是体制机制的研究越来越多，从研究的方法来讲，思索性、探讨性的研究多，其他方法如个案研究、实证研究、比较研究相对来说很少。

二、教育经济与管理学科研究中存在的问题及其分析

（一）教育管理基本理论研究中存在的问题及其分析

1. 从教育管理基本理论的研究重心来看，人们对教育管理学的产生和发展、教育管理研究对象、学科体系、研究方法的研究仍然比较多，对教育管理自身进行的理论探讨比较少，教育管理史研究较多，而教育管理哲学及教育管理心理研究较少。这一问题可以从上文对教育管理研究成果的梳理中清楚地感受到。

2. 教育管理基本理论研究关注的问题不够深入，导致人们对教育管理的理论问题研究深度不够，进而导致人们的研究重心偏重于对教育管理学科本身的研究，而轻视了对教育管理本身的理论的研究。孙绵涛教授早在 2005 年就曾大声疾呼，教育管理基本理论研究有两点非常值得注意，“第一点是要注意用基本理论范畴将这些方面的理论问题加以概括，使之成为一定的理论体系，也可以是用生动活泼的语言去表达这些方面的理论问题。比如用教育管理学科论、教育管理活动论、教育管理体制论、教育管理机制论、教育管理观念论、教育管理人论等基本理论范畴来对教育管理的理论加以概括，从而使教育管理理论形成了一个有一定逻辑的理论体系。另外就是要注意用一种教育管理思想或教育管理观来统帅有范畴逻辑所表达的理论体系，也就是说，对教育管理理论问题的研究要有自己的管理思想或管理观。为此，不仅仅要用管理学、行政学、法学、政策学和组织行为学等学科的理论来研究教育管理现象，更为重要的是要用哲学、社会学、经济学和人类学等学科的理论来重新审视教育管理，比如对教育管理中的哲学问题，就是要追问教育管理的本体论、价值论、认识论基础问题；对教育管理自身的问题，要追问教育管理是什么，作用是什么，怎样发挥作用及作用的结果这些带根本性的理论问题，形成教育管理的本质观、价值观、实践观和质量观。”① 然而，令人感到遗憾的是这 5 年来，人们对于教育管理学科的兴趣依然不减当年，而对教育管理基本范畴的研究，尝试着用哲学、社会学、经济学和人类学的

① 孙绵涛. 提高教育管理研究理论品位、创建教育管理理论新体系——代发刊词［J］. 教育管理研究，2005（1）：9.

视角来研究教育管理基本理论，以及对教育管理本质观、价值观、实践观、质量观的研究却依然鲜有学者问津。

3. 在研究方法方面缺乏活力，呈现出要么以思辨为主，要么以归纳总结、移植演绎为主。思辨、归纳和演绎本身也是教育管理基本理论研究较为偏重的研究方式，它们理应在教育发展史上占据一席之地。但如果过分地或者一味地以这些方法为主，把思辨变成了文字游戏、把演绎变成了单纯的移植加上简单的几句总结，却完全忽视了其他一些必要的科学研究方法的引用，比如说适当的定量分析，那么就会导致出现很多“似曾相识”文章的现象出现。比如说，很多研究教育管理研究对象、教育管理学科、教育管理研究内容等方面的文章都是大同小异的，只不过就是在表达方式或者语言措辞等方面稍加改动；在方法论层面，对于国内教育管理研究方法论的反思和对于国外教育管理研究方法论的反思呈割裂状态，互取所长的研究几乎没有。国内外研究方法论其实都有可取之处，在研究中寻找中西方教育管理研究方法的接轨，才能够促进实现教育管理研究与世界的接轨，才能使我们的教育管理研究既立足于本土，又能够放眼于国际。

（二）教育政策研究中存在的问题及其分析

1. 目前我国教育政策研究过程是不完整的。教育政策研究多以教育政策的价值研究、制定研究、执行研究为主，少有教育政策咨询研究、评估研究、产出研究、环境研究。从 2006 年至 2009 年有关教育政策评估的论文 11 篇，硕博士论文 2 篇，教育政策产出研究 14 篇，咨询研究仅 2 篇，教育政策执行反馈研究只有 1 篇。

2. 缺乏基于本土的教育政策制定、执行理论研究。已有的教育政策制定、执行研究中，一是多以对某一具体的教育政策的问题、现状、对策的研究，少有对我国教育政策体系、方法、结构等整体上的理论整合研究。这种应用取向的教育政策执行研究基于问题，针对性强，具有很强的可操作性。但教育政策理论研究的落后，直接导致对教育实践问题无法获得深刻的理解和分析。因此没有夯实的理论基础的教育政策实践，终归是空中楼阁。正如 Jonathan D. Linton 所言：“现有的政策执行研究主要是对案例的研究，对于如何有效地执行政策，所得的结论只能是告诫或者警告。系统的理论研究是政策执行研究领域进一步研究的方向。”① 二是我国的政策研究是从国外政策理论的移植和引入，多以借鉴和介绍西方公共政策的体系、理论作为研究的基础，少有建构基于我国国情的、符合教育规律的中国特色和中国气派的教育政策研究理论。它虽然对我国教育政策研究提供了某种解释框架，但面对我国的教育实践难免有些“水土不服”。

3. 教育政策评估研究数量少且研究内容不成体系。在仅有的 13 篇“教育政策评

① Jonathan D. Linton. Implementation Research：state of the art and future directions. Technovation 22，2002：65-79.

估"论文中，研究内容主要集中在"对教育政策评估存在问题及对策研究"① 和对教育政策评估的案例研究，教育政策评估体系、标准等基本理论问题研究②，教育政策评估的方法论问题，包括评估的程序、模式和方法等。只有1篇博士论文比较完整地从理论和实践上对教育政策评估进行了研究③。

4. 如何使教育政策分析更专业化和规范化还需要加大研究的力度。人们一般将教育政策分析和教育政策研究混为一谈，其实二者既有联系也有区别，以往人们关注的是二者联系的一面而忽视不同的一面。因此加强教育政策分析的专业化和规范化的研究，有利于提高教育政策分析的水平，更好地为实现教育政策目标服务。

5. 在有关教育政策价值研究方面④。我国教育政策价值研究多关注于教育政策的政治价值、经济价值、文化价值的研究与分析，而没有从教育政策属性角度研究教育政策的引导价值、激励价值、控制价值、协调价值；从教育政策主体角度研究教育政策的社会价值和个体价值；从教育政策活动过程的角度分析和研究教育政策的显性价值和隐性价值、间接价值和直接价值、理想价值和现实价值的辩证统一关系，缺乏用科学的方法论科学、全面、系统对教育政策价值进行研究。从教育政策属性来看，当前我国教育政策价值分析取向重激励、协调、控制，轻引导价值；从教育政策主体需要来看，教育政策价值分析时而强调教育政策的社会价值，时而强调教育政策的个体价值，轻社会价值和个体价值的辩证关系研究；从教育政策活动过程来看，教育政策价值研究重显性价值研究轻隐性价值研究；重教育政策直接价值的研究，轻教育政策间接价值的研究；重理想价值的研究，轻现实价值的研究。

（三）教育行政研究中存在的问题及其分析

从教育行政研究的内容来看，在这个时期的教育行政研究文献中，总体来说期刊论文研究比较多，尤其是硕士学位论文研究的较多，报纸对此也很关注；比较重视教育政策研究，主要是以课题研究为形式；教育行政学科本身问题研究的比较少，而以相关理论研究具体教育行政问题的比较多；在比较研究上，以介绍和评析西方发达国家如美国、英国、法国、日本等教育行政的成果较多。由于教育政策、教育法和教育财政等问题有相关的部分进行分析，以下只从几个方面来对教育行政研究中存在的问题及其原因进行分析。

1. 教育行政比较研究。"十一五"期间关于教育行政研究成果比较丰富。从学科建设上讲，出现了介绍和评析国外教育管理理论的著作和论文，其中孙绵涛和罗建河合著的《西方当代教育管理理论流派》一书最具代表性。从研究内容上讲，许多学者介绍了发达国家和地区的教育行政经验，可以说几乎覆盖了教育行政研究的所有领

① 杨润勇. 区域教育政策行为研究［D］. 北京师范大学，2005：135.
② 王素荣. 教育政策评估指标体系研究［J］. 教育理论与实践，2006（6）：16.
③ 高庆蓬. 教育政策评估研究［D］. 东北师范大学，2008：163.
④ 孙绵涛. 错位与复归——当代中国教育政策价值分析［J］. 教育理论与实践，2002（10）：17-20.

域，但总体来说对于中外教育行政的历史传统、现实环境的比较分析不够，使得一些启示和借鉴缺乏针对性和有效性。

2. 教育规划研究。长期以来我国教育规划缺乏长效性、针对性和时效性。而这一时期，无论是教育规划的形式和内容研究都取得了一定进展。主要表现在三个方面：第一，《国家中长期教育改革与发展规划纲要》的调研和起草研究。规划纲要的制定从一开始首先是由众多专家学者介入，集中了广大教育理论工作者的智慧，规划纲要制定前后的相关研究非常丰富。第二，高等教育结构调整研究。高等教育结构调整是推动高等教育大众化水平的重要路径。随着我国经济结构和产业结构的调整，高等教育结构调整研究成为“十一五”期间高等教育管理研究的重点，既有如中国高等教育学会在全国范围展开的综合性协作研究，也有大量学术论文展现了区域高等教育结构调整的研究成果。问题突出表现在缺乏高等教育结构调整的理论基础研究，还没有形成高等教育结构调整的科学思维方式和系统实践模式；现有研究大多从高等教育系统自身来讨论高等教育结构调整的战略问题，缺乏在经济、科技、教育一体化背景下对高等教育结构调整的系统思考；只是注重高等教育宏观结构的调整研究，普遍忽视了高等教育微观结构的调整研究；缺乏高等教育结构调整的实证研究，尤其是缺乏基于各区域本土的高等教育结构调整的系统研究。第三，中小学布局结构调整研究。我国学者对农村学校布局调整问题进行专题研究，并取得了许多探索性研究成果，主要是对农村学校布局调整动因、策略（具体方式和基本模式）、主要成效、存在问题及其对策进行研究。但综观目前国内研究成果，研究方式和内容等方面存在一定的局限，主要表现在重视宏观层面的研究，忽视微观层面的研究；重视经济学、教育学研究，忽视多学科视角的研究；研究方法单一，研究结论尚不明晰。

3. 教育体制研究。教育体制改革是“十一五”期间讨论得较多的一个热门话题，然而对什么是教育体制却少有研究。人们或简单地把它理解为教育制度的总称；或把它理解为教育机构的设置、管理权限划分的制度；或采取列举的方式，将教育体制分解为办学体制、教育管理体制，以及招生制度和毕业生分配制度等几个组成部分。以上几种理解都未能将教育体制的各种要素及其结合方式，以及各要素之间的相互关系表达清楚，因而就不可能从理论上提供一个改革教育体制的科学思路。这期间孙绵涛教授所著的《教育管理学》对教育体制进行了科学的阐释，认为教育体制是教育机构与教育规范的结合体或统一体，它包括学校教育体制和教育管理体制，其中教育管理体制又包括教育行政体制和学校内部管理体制。孙绵涛教授的阐释廓清了我国教育体制改革的思路。但从现有文献分析来看，教育体制改革特别是教育管理体制改革的具体路径及其所要达成的目标还有待于继续探讨。

4. 教育人事行政研究。教育人事行政的对象主要包括教育行政人员和教职工，行政内容包括对教育行政人员和教职工的选拔、任用、培训、考核、工资、福利、奖惩、退休等。从“十一五”期间的研究成果来看，研究教育人事行政的课题和论文呈现上升趋势，其中应用研究较多，基础理论研究较少；思辨研究较多，比较研究和实证研究较少；教师管理研究较多，教育行政人员和教辅人员研究较少；研究“培训”、“绩效”或“奖惩”较多，研究“选拔”、“任用”较少。

5. 教育督导与评价研究。随着我国教育发展水平的提高、教育法制不断完善，大规模的教育基础性建设工作基本完成，在此过程中，我国行政权本位下的教育督导体制表现出诸多不适应。具体表现为：督导组织泛行政化，缺乏专业权威性；督学队伍官员化，指导不力；评估体系单一化，不利于教育创新。统一的评估指标体系导致教育督导不注意被督导单位的特点。

实现教育评价与督导途径：将督导机构与行政机构相分离，实现督导机构独立化；把监督、检查、评估、指导结合起来，实现教育督导职能一体化；鼓励和支持第三部门参与教育督导，实现对教育的公共治理，实现教育督导业务社会化；制订严格的教育督学人员的资格、职级、标准、任用、培训和发展等制度，推进教育督学人员专业化；坚持督导个性化与标准化的统一。同时要加强：政府和市场在提供教育公共服务中的作用研究；政府教育政绩评价指标体系研究；现代大学制度研究；义务教育均衡发展监测与评价研究；教师任用制度和评价激励机制改革研究；教师流动状况调查研究；农村教师队伍流动和补充机制研究；“特岗计划”实施成效及评价研究；特殊教育学校建设研究；托幼机构教育质量评价与认证制度研究；学校公共安全教育模式研究；国际教育服务模式和途径创新研究。

6. 教育行政咨询与决策研究。我国对于教育决策的研究范围还不够广泛，方法上更多地集中于运用描述统计、主观分析的方式进行。教育决策权利过于集中于教育决策机构，使教育决策机构负担过重，决策就难免出现失误；教育决策内容过细同样会加重教育决策者的负担，甚至会使教育决策方案失去系统性和相互之间的制约性；教育决策目标过高，教育决策目标过高是脱离决策实际，形成非科学的教育决策的表现；教育决策周期过短，而决策周期过短，决策行为盲目与急躁，不可避免地反映了教育决策过程的缺乏科学性。因此，可以借鉴国外对于教育决策的研究方法，从研究的范围、研究的方法上吸取经验，以丰富我国这一方面的研究，为政府决策、社会相关专业人士提供更加完善的研究成果。

7. 教育行政效能研究。从总体上来看国内教育行政效能问题研究还处于起步阶段。目前，国内的相关问题研究多从理论角度展开，绝大部分研究多是集中在对教育行政效能或效率现状、影响因素描述性分析上，缺乏对我国教育行政效能现状的数据分析，因而对影响因素的分析说服力不足。我国教育行政效能研究要学习借鉴国外研究经验，针对我国教育行政的特点，逐步建立起科学规范的教育行政效能评价指标体系；发展实证研究方法，中央和地方教育行政部门效能实践与理论研究相结合，让理论研究指导实践，同时实践反过来检验、完善、丰富理论。

（四）教育法学研究中存在的问题及其分析

1. 注重理论研究，对教育法的实施情况研究得不多，缺乏实际调查研究。从研究的情况看，教育法的研究人员多是来自高等院校的教师、研究生、研究机构人员，研究的课题内容基本是理论研究占据主导，而来自教育行政部门、教育立法系统人员很少；从研究的选题情况看，多数是理论研究，调查和实际研究的比较少；研究的选题重视一般性的全国性的研究，忽视地方教育法的研究。

2. 注重现实的研究，忽视历史和比较研究。已有的研究更多地注重对当代教育法问题的探讨，而从历史和比较的角度研究得不够，反映出我国教育法研究的不均衡性，缺少对教育法问题深刻的历史反思；同时对当代发达国家教育法实际的发展和国外的研究情况关注得不够。比较研究过于集中于美国、日本，而对全球教育法发展的动态关注得不够。

3. 重视高等教育的研究，特殊教育、学前教育关注不够。随着我国高等教育的发展，高等教育原有的法律环境发生了变化，近几年对高等教育法律问题的研究成为一个热点，研究成果在普通高等教育系统方面比较多，并且重复研究多，但相对而言在基础教育、职业教育、学前教育、家庭教育、特殊教育、民办教育等领域的关注不够。

4. 重视学校教育、义务教育，忽视社会教育。我国目前教育法的研究更多的关注教育系统内部的法律问题，而教育系统外部的法律问题，如社会教育问题、环境教育问题等关注得很少。

（五）教育经济研究中存在的问题及其分析

1. 教育经济研究“上下”兼顾不足。所谓的“上下”兼顾，是说在注重进行政策分析论证的同时，更关注教育中的现实需要，增强教育经济学研究的现实关怀，不应一味地进行迎合政策性的研究。如师范生免费政策的推出，一片叫好，但政策的实施效果如何？这更需要深入的现实研究。再如高校贷款风险问题，这都反映出问题研究的滞后性。

2. 教育与经济互动关系需要继续深化。目前对于教育与经济互动关系的研究大多是源于理论讨论和逻辑思辨，仅有少数的实证研究关注二者互动关系和互动作用，缺乏对二者互动发展的实施途径、原理、动力等深层问题的定量研究。目前，在教育发展的速度、规模、结构、质量、效益如何与经济发展的速度、规模、结构等相协调发展这方面有很多需要研究的内容，目前凸显的劳动力市场与就业问题就是一个很明显的例子，需要关注教育自身在解决劳动者就业问题中的作用、教育与劳动力供求的关系。

3. 教育经费管理急需规范。近几年来学校收费资金实行收支两条线管理，编制部门预算，全面实施政府采购，财政国库集中支付，财政收支分类改革，财政资金使用绩效评价等一系列改革层层推进。然而在实际工作中，各部门预算和学校内部预算两张皮，编制预算与执行预算两张皮，高校领导层对经费的开支带有很大的随意性，甚至出现了盲目贷款、贷款攀比现象，造成严重的学校财务风险。教育应主动转变管理理念，提高理财水平。

4. 国际视野中教育经济理论的本土化。不同的国家、不同的民族、不同的地区的教育经济的制度环境、文化传统、经济基础、价值观有着很大的差异。在不同的国家和地区，可能相同的概念，其内涵却是迥异的，比如西方许多国家的学者认为我国的"民办学校"和他们的"非政府学校"是一回事，但是实际上，我国"民办学校"并没有西方国家"非政府学校"那样比较彻底的办学自主权。因此，从这个角度，我们可以说，教育经济学知识是一种地方性的知识。但是目前我们在借鉴、吸收、运用国外教育经济理论的同时，恰恰忘了对本土实践的关照。

5. 教育经济学自身的学科建设问题。教育经济学的学科自身的发展建设，特别是教材体系的建设，还较为滞后，基本内容仍停留在二三十年前的问题讨论，这与教育快速发展的状况也是不适应的。这就要求其继续从经济学及其他优秀社会科学的成果中汲取营养，进一步拓展研究视野与空间，丰富学科内涵，提升解决教育实际问题的能力。除借助于传统的发展经济学来研究教育与经济发展的问题之外，其他诸如市场营销理论、财务管理理论等，都将对教育经济问题的分析带来重要的启发意义。

（六）教育效能研究中存在的问题及分析

"十一五"规划期间的教育效能研究存在"两多五少"的现象。"两多"主要表现在：

1. 课堂层面的研究文献多。"课堂层面"的研究文献是最多的，多达 1 180 篇。仅"课堂层面"的研究文献就占了"十一五"期间教育效能领域研究文献总数量 1 430篇的 82. 5%。这个百分比说明"课堂层面"的效能确实得到了教育实践工作者和理论研究者的高度重视。也印证了教育效能领域领军学者们的观点（Creemers, B. P. M；Teddlie，C；Hoeben，W；Reynolds，D；Bosker，R.）：课堂层面是"刀刃"，是提升教育效能最为关键的层面。但如果过度聚焦于这一层面，而忽略其他层面的效能研究，也容易导致偏差。其他四个层面的研究文献加起来总数才 17. 5%，就可以看到这种偏差已经存在。

2. 教师效能的研究文献多。另一个"多"表现在"课堂层面"的下位概念——"教师效能"的研究文献多，达 1 127 篇，占整个"十一五"规划期间教育效能研究文献总数的 78. 8%。

"五少"主要表现在：

1. 学生层面效能的研究偏少。在"学生层面"上，有关"有效学习"的文献只有 101 篇，有关"有效行为改变"的文献仅 4 篇。它们在"十一五"规划期间有关教育效能研究的 1 430 篇文献中，所占比例不到 8%，而发展趋势是逐年下降，从 2007 年的最高峰 49 篇下降到 2009 年的 11 篇。与我国中小学学生数量位居世界第一的位置极不相称。对"学生层面"的研究也是对国家未来的研究，对教育培养对象的研究，对未来合格公民素质的研究，因此亟待加强，尤其是针对学生如何实现

"有效学习"、"有效时间利用"、"有效减负"、"有效自我管理"的相关研究亟待加强。

2. 宏观层面效能的研究偏少。在"宏观层面"上，收集到的各种文献总数共20篇，平均一年只有4篇。宏观层面包括国家省、市、地方各级政府为提升教育效能所采取的各种措施，包括法令、政策、文件、举措、项目、著作等。从文章的作者角度来看，研究宏观层面的教育效能、学校效能、效能评价等的理论工作者较多，如：孙绵涛、孙河川、马晓强、谌启标、张丰硕、李子健（香港）、陈木金（台湾）、汤林春等。在我们所收集到的"十一五"期间宏观层面的20篇文献中，真正属于中央政府和各级地方政府所颁布的提升教育效能的法令和政策的文献极少，而一半以上是国家和省部级相关课题，这类课题占了宏观层面文献总数的11项。尽管班级层面和学生层面仍然是提高学校效能和教育效能的"刀刃"，但宏观层面的影响不容忽视。在一定的条件下，宏观层面的影响，尤其是国家层面政府的导向、教育目标、政策、举措对一个国家的教育及其质量高低有着至关重要的影响。导向和政策的失误往往是最大的失误①。而近年来，在国外的教育效能研究领域中，对"宏观层面"的研究日益受到重视，追求教育的公平与卓越，提升整个国家的教育效能受到格外关注。教育效能的理论研究和实践也从技术层面转向更深层次的制度层面，通过制度变革、功能性放权、择校、问责、功能性集权等手段和策略加大政府的宏观调控能力，自上而下地发起并推动高效能学校改进运动，优化资源配置，降低成本，提升效能，满足社会和民众对教育的多元需求。因此，在宏观层面，针对如何优化资源配置，切实追求教育的公平与卓越，追求教育效能的最大化和教育增值的最大化，提升国力和国际竞争力是急需研究的课题。

3. 国际层面效能的研究偏少。在"国际层面"，我们只收集到16篇文献。尽管"国际层面"包括对国外教育效能理论的介绍和国际教育效能合作研究等，但收集到的文献平均每年仅3篇多。从数量上可以看出，我国对于国外教育效能理论和实践的介绍偏少。尤其对于国际上教育效能研究的最新进展掌握甚少，对于国际学校效能与学校改进学会组织的学术大会参加甚少，参与国际教育效能和学校改进的项目甚少。介于教育科研应当而且必须瞄准世界教育发展变革的前沿，借鉴世界各国先进的教育理念和教育经验，加强对国际层面的教育效能研究成为必然。国际层面的研究有利于找出跨越各国的共同因素，并使我们以更开阔的视野看待各国和本国的教育。

4. 缺乏最新研究方法的研究。缺乏对于最新研究方法的研究，尤其是缺乏对该领域最前沿研究方法的研究。教育效能和学校改进的研究方法在过去的二十多年中突飞猛进地发展。最初的研究大多是简单的对基本技能的成绩测试，如测量学生阅读和数学两门功课的成绩，在已有的数据基础上，挑选出正面和负面的极端学校进行对比。后来运用新生的统计分析技术，如分层线性模式，进行学校效能的研究。目前大

① Sun，H.．National contexts and effective school improvement. GION：The Netherlands，2003：180.

多运用混合研究方法，即量化分析和质化分析相结合的方法，如：课堂观察、学校实地考察、对学生全天候的在校跟踪观察、多阶模式技术分析（又译：多水平模型技术）等。近年来，它还通过网络化分析来进行学校校内关系模式的研究。如泰德利等探讨了高效能学校与低效能学校教师之间的关系，他们发现高效能学校的社会关系模式图解是“纵横交错”的，而低效能学校却呈“线状”。简言之，由于缺乏对教育效能领域最前沿研究方法的跟踪研究，我国的教育效能研究始终处于低水平状态，在概念的界定和文献的翻译上徘徊不前。

5. 缺乏对增值评价的研究。21 世纪的学校效能研究不以绝对的分数去评价学生的最终成就，也不以校外因素、家庭背景因素等去固化评价学生的发展，而是以学校对学生学习成绩、高阶思维和各种能力的培养、全面发展等诸多方面的最优化“增值”去评价学生的发展和成长。它既可以对学校的总体增值进行评价，也可以对学校内部的不同学科、不同人群进行增值评价。一所成功的学校是对学生的进步有增值作用的学校。任春荣①认为用增值法去评价学校效能是一种更为公平、更有意义地体现学校考试成绩的方法，它考虑了学校依靠自身力量难以控制的因素，如学生入学成绩、学生个人及家庭背景等对学生成绩的影响，能够比较精确地估算出学校的相对进步、学校和教师所付出努力的效果。运用增值评价学校效能意义重大，尤其对于社会。首先，它有利于促进教育公平。学校增值是在学生增值基础上计算的，这样学校就不会过于关注生源，有利于弱化学校抢好生源的行为。同时，为了获得较高的增值，学校会更加关注大多数学生的发展。对学生而言，“后进生”可以发现自己与优等生同样具有创造价值的能力而获得自我肯定和进步的动力，减少了辍学率，还可以引导社会给生源差的学校以公正评价。除此之外，连续年度比较有利于鼓励学校工作的长效行为。这种增值评价法具有科学性、公平性，使被评价的各方心服口服，并将评价转化成进一步改进的动力。

（七）学校管理研究中存在的问题及分析

1. “幼儿园管理”研究中的问题分析

首先，“幼儿园管理”科研课题的问题分析。从数量统计来看，研究者们较为重视“管理活动”，而对幼儿园管理的“体制”、“机制”和“观念”的研究相对较少。在“管理体制”研究中，研究者们的关注点多集中在幼儿园办学体制、机构和管理制度等。在“管理机制”研究中，只有一项课题直接涉及了机制或管理机制的问题，其他的三项研究几乎都是避开了“机制”而在研究幼儿园管理机制的问题。其次，“幼儿园管理”学术论文的问题分析。在“师资”研究中，学者们关注了教师的专业化、男教师数量、教师生存现状、职后培训以及园长的素质、地位及领导艺术等，没

① 任春荣. 增值测量法——公平利用考试成绩评价学校效能的科学途径［J］. 中国考试，2004（4）：12-16.

有涉及职前培养，对幼儿教师流失问题的关注不多，现有研究几乎还没涉及幼儿教师待遇问题。在“教学”研究中，现有文献主要对课程设置、实施方略等进行了分析和探讨。相对而言，学界对幼儿园效益，特别是对物资问题的关注不够。我们对现有的理论文献进行统计分析后，得出：目前此类研究基本呈平稳上升趋势，学者们是从“社会转型期学前教育体制政策”，“民间非正规学前教育组织生存与发展”和“学前教育立法”等角度，来研究幼儿园管理体制问题的。“幼儿园管理机制”问题是目前学界研究的薄弱环节。

2. “中小学管理”研究中的问题分析

（1）“中小学管理”科研课题的问题分析。在“管理观念”研究中，研究者多是基于某种理念，选取学校微观管理中的某一方面来探讨改革策略，而对能够有效指导我国中小学健康和谐发展的教育或管理理念的研究相对缺失。而研究者们在思考“管理活动”问题时，基本上采用实证研究的方法，针对现实问题，提出相应的改革策略，但理论论述相对薄弱，很少有人先从理论层面上构建起一种中小学师资建设的相关理论体系，然后运用理论来分析现实问题。在“管理体制”研究中，几乎无人在全局角度建立中小学教育的学校管理体制的基本体系。并且研究的视角多局限于学校的微观层面，对国家宏观层面和地方中观层面的制度或规范触及不多。通过上述分析，我们认为：“十一五”期间中小学学校管理课题研究，在一定程度上取得了阶段性成效，但在视角、内容和方法方面，仍存在一定问题。在视角方面，多以教育学为起点，忽视其他学科，应扩大研究视野，做到教育学与其他学科的有机结合。在方法方面，主要采用了文献法、问卷调查法、案例法等，很多研究或采用调查法，或采用案例法，并没有在更大范围内去实施研究结论。

（2）“中小学管理”学术论文的问题分析。在“管理观念”研究中，对中小学微观层面的管理主体——人的理念的研究相对薄弱，在数量上明显少于学校自身宏观管理观念的研究。此外，在对人的理念的研究中，目前学界只关注了学校的校长、教师等管理主体在管理活动中所持有的观念研究，而忽视了对主要的管理客体——学生所持有的管理观念的探讨。

在“管理活动”研究中，在“学生管理和教师管理”方面，研究者对学生和教师的自主管理或主体性的研究相对薄弱，现有文献中只有2篇文献属于此类研究。在“中小学校园突发事件或暴力事件的预防与处理”方面，研究也相对不足。随着我国教育体制改革的不断深入，以及在“以人为本”教育理念、“主体性教育观”、“主体性教育管理观”和“科学发展观”倡导下，中小学学生和教师的自我教育和自我管理应纳入学校常规管理的策略研究之中，这方面值得学界进一步深化研究。当前中小学校园安全问题已引起了社会各界的普遍关注，如何预防和处理中小学校园突发或暴力事件等问题也应纳入到“学校管理”的教育研究课题中。随着我国民办教育和中等职业教育的兴起，在“中小学学校管理”研究中，研究者应对民办中小学和中等职业学校的管理问题给予更多的关注。

在“管理体制”研究中，更多是侧重学校内部管理中的一些微观层面管理体制的研究，而对宏观和中观层面上的管理体制问题涉及较少。在学校内部微观层面管理体制研究中，多数都趋向于对教师招聘或评价体制问题的研究，而对学校内部管理的其他方面的管理体制问题几乎没有涉猎。此外，学者们所选取的研究对象基本都是“公立中小学”，民营学校管理体制问题几乎还没有引起学界的重视。

在“管理机制”研究中，主要是侧重对学校内部微观层面管理机制的探讨，几乎没有人对新形势下我国中小学学校管理整体机制问题进行研究。研究者一般是基于某种组织或管理理论，来分析和探讨中小学的学校管理中各个方面之间的联系和相互结合问题；很少有人借助一定的机制理论来深入地研究我国中小学的学校管理机制问题。这有待于在“十二五”期间的相关教育科学研究中进一步深化。

3. “大学管理”研究中的问题分析

（1）“大学管理”科研课题的问题分析。通过课题汇总与分析，我们得出：在“管理观念”研究中，对有效指导大学发展的教育或管理理念的专门性研究相对缺失。关于一些基本问题，如什么是大学管理观念、有哪些基本的大学管理观念、大学管理观念如何发挥作用涉及较少。此外，从文献中所采用的研究方法而言，这些研究几乎都局限于文献法的思辨研究。在“管理活动”和“管理体制”研究中，相对覆盖面较广，几乎囊括了大学管理中的诸多方面。在有关“管理机制”研究中，课题主要侧重微观管理中某一方面的机制研究，但针对大学发展或管理的整体机制研究仍相对缺失。

（2）“大学管理”学术论文的问题分析。“十一五”背景下关于大学管理的研究，呈繁荣之势。但在研究视角、方法和内容方面，仍存在一定问题。从研究视角、方法方面看，虽然大学管理多学科研究视角越来越明显，但仍以管理学、教育学、哲学视角为主，其他学科视角涉及较少；以定性研究为主，定量、实证、个案的研究较少。从内容方面看，大学管理非常重视应用和实务研究，重视对实践层面的观照，原创性、深刻性的理论研究并不多见。文章中数量较多的研究主题，如：大学管理观念、大学管理体制、教学管理活动、人员管理活动都是今年来国家、大学、社会非常重视的问题。另外，大学管理机制的研究数量仍较少，大学文化管理活动的研究尚不深入，大学管理体制的研究将制度与组织结合起来的研究仍不多见。

（八）教育人力资源开发与管理研究中存在的问题及分析

1. 教师人力资源管理方面

（1）教师资源规划。从论文以及科研立项中可以看出，对教师资源规划这一领域主要研究了师资的供给与需求的关系，但没有探讨或者分析如何确保学校拥有相当数量和质量的教师来实现学校的教育目标，或者说没有最终形成一套措施，使得学校对教师的需求量与拥有量之间达到一种匹配或者平衡，如何形成科学的规划措施，根据供需的平衡来制定教师的晋升、补充、退出机制是一个亟待解决的问题。

（2）教师的录用、评价和调配。从论文与科研立项数据中可以看出，在教师的选聘领域的研究主要涉及聘用制度、聘用评价机制的特征分析等问题。但缺少对聘用评价机制的规范性研究、聘用评价与培训、待遇的相关性研究；对教师的录用研究基本没有涉及成本和效益的问题，缺乏对教师的录用与学校整体的人力资源需求之间的研究，或者说当前的研究中很少有教师录用或者聘用的一套标准机制。评价中对教师的能力评价或者胜任力的评价研究很多，但是对于教师评价的相关指标、评价过程、评价内容及方式上的相关研究都没有统一的标准，教师工作的调配方面的理论和实证研究也屈指可数。

（3）教师的培训与开发。培训涉及的内容有职业理论和技能的培训，教师培训的目标、体制、需求、方法和模式等。从论文与科研立项中可以看出，目前该阶段的研究所存在的问题是，对教师人力资源的培训和开发这一领域的研究重点放在某一种能力或者素质上的培养模式，比如说是增强其工作能力或认知能力来促进其个人潜能的发挥，都是一些以工作绩效为导向的研究。对教师资源的开发也主要是一些以成熟课程中显性知识培训为主，而对于一些专业素养的开发，对教学中难以言表的隐性知识的挖掘研究很少；有关管理者如何与教师进行沟通，使教师把培训的成果迁移到实践中去的研究也是未来研究的一个重点。

（4）教师的绩效考核。绩效考核方面的研究主要涉及的问题是指标体系的构建。相关研究只是工作经验教训的总结、积累，到目前为止还没有形成一个系统完善的体系，在理论上和操作方式上还存在着较多的问题，比如在考核的过程中怎样确立科学的量化指标，评价指标的可操作性研究，评价指标与学校的发展目标是否统一，指标体现出的差异性，评价指标能否考虑教师工作的特点等，对考核的另一方面即考核人员来讲，该领域的研究非常少，对考核人员的能力和专业素质研究没有显现出来，并且两者的关系研究也很少。

（5）教师的激励。该领域主要涉及职业特点，薪酬与激励制度，工作动机的研究。存在的问题是在对教师的激励中，对其工作本身、工资、胜任力、工作发展的可能性等内容有很多研究。但是对教师本人的自我实现的需要，或者说怎么样去研究一种方法或者措施使教师在工作中最大可能地发挥自己的能力、体现自身价值的研究很少，教师与管理者相互联系方面也是教师激励的一个重要因素，管理者如何定位自己的角色这个方面研究很少。

2. 学校管理人员与教辅人员的人力资源管理

（1）校长层面。从论文与科研立项中的数据显示出该领域的研究集中在校长人事制度、能力标准及胜任力标准的研究上，且以基层学校校长为主，对其他层面的校长研究很少；对于校长的激励机制研究理论深度不够，大部分都基于组织行为学的激励理论，而且往往是经验上的总结归纳得出激励经验。

（2）学校辅导机构或人员。论文与科研立项数据显示该领域的研究主要在高校辅导员的胜任力研究上，数量非常少，对于学校中的辅助教育机构的相关性研究几乎没有，其在教育人力资源管理的作用是一个研究的空白。

（3）政府层面。该领域统计数据显示，对教育人力资源的开发与管理领域，政府教育职能上的转变是一个新的研究方向，此方向研究得很少，比如政府的教育管理人员如何制定该领域相关的法律法规或者政策，如何实现政府与学校共同管理，优化教育人力资源的配置的实践研究或个案研究很少。

（4）学校的层面。该领域的统计数据中可以看出，对于学校的内部管理体制的研究、学校人事制度的研究居多，而对于学校教育职能的转变、效益的综合性评估、发展动力与策略、学校人力资源法律关系与社会保障等相关性研究开始显现，但还是处于探索性的阶段。

（5）教育中介组织。从以往的研究中可以看出，对教育中介组织内容的研究主要集中在讨论其整体性的作用和功能，从法学的视角中看教育中介组织的发展建设，忽视了一些问题，比如如何具体对教育组织进行分类，教育中介组织的专业化、权威化、市场化进程研究，与政府以及学校的职能关系研究，等等。

三、“十二五”期间学科的发展趋势及研究的主要课题

（一）教育管理基本理论研究发展趋势及研究的主要课题

1. 教育管理基本理论研究的发展趋势

首先，教育管理学研究的未来发展趋势①，一是对教育管理学的产生与发展、研究对象、学科体系、学科性质等的认识上由多元化将逐渐走向趋同。争论本身对于学术发展和进步具有重大推进作用，中国历史上的百家争鸣正是有了各学派不同观点的争论，才出现了学术上的繁荣景象。然而，对于某事物的研究，实际上并不是为了争论，而是为了探寻事物的本质、为了真正地认识它。所以，当争论走到一定程度时，也就是人们越来越接近事物的本质的时候，多元化的声音就会逐渐走向趋同。教育管理学作为一门人文社会科学，当然也具有科学发展的特点。二是对教育管理分支学科的研究上将日渐全面和深入。在上文关于教育管理基本理论研究的界定部分，我们已经明确了教育管理理论研究的对象，并且知道它们是非常丰富而庞杂的，教育管理学的分支学科也包括很多。如何提升这些分支学科的理论性是关系教育管理学科整体发展的重要问题。三是对教育管理学学科论的研究将会更加全面深入地展开，因为提升教育管理学科的理论品位，最后的目的是为了使教育管理学这个学科更加成熟、更加完善。冰冻三尺非一日之寒，教育管理学科的成熟也非一日之功，而是需要研究者们长期不懈的探索和论证才能实现，是一个长期的系统工程。因此，对于教育管理学科

① 孙绵涛．转型时期中国教育管理基本理论研究的回顾与展望［C］．国际教育管理理论高级论坛论文集，2004（6）：5.

理论的研究仍然是未来研究的重要组成部分。

其次，在教育管理本身的理论研究方面的发展趋势①是中外教育管理理论的研究将逐步走向融合，具有中国特色的理论流派将逐渐形成；教育管理分支范畴的理论研究将会更全面更系统。“一方面，教育管理理论反映了人类教育管理过程的本质或规律，它的许多理论和方法都带有客观真理性和普遍性，适用于各个国家；另一方面，教育管理理论也受到每个国家具体国情和文化的影响，它以各国具体的教育管理实践为基础，反映各国具体的教育管理系统、过程与经验，因而各国的教育管理理论应该有自己的特色，即教育管理理论的本土化。”② 所以，具有中国特色的教育管理理论流派必将逐渐形成，并形成多学派并存的局面。

最后，在教育管理的研究方法方面的发展趋势是③西方教育管理的研究方法将对中国教育管理的研究方法的影响越来越大，在对中国教育管理研究方法和西方教育管理研究方法全面系统反思的基础上，研究的着力点将会放在中国传统的教育管理的研究方法怎样与国际教育管理的研究方法接轨上。我国教育管理理论的研究方法目前仍然停留在解释性和经验性的研究水平，虽然这样的研究方法必不可少，但研究方法上难免会显得比较单一，缺乏活力。西方的教育管理研究方法中的实证研究思想和多元化研究的思想，对于我国理论界来说无疑具有很大的启示作用。分析学习当前世界教育管理方法论层面呈现的几个趋势对改善我国教育管理理论研究方法僵化的局面具有一定的促进作用：一是方法论多元化，即运用多种方法，从多个层面和多个视角对教育管理问题进行观照和研究，切忌用单一研究方法④；二是草根研究方法，由于教育管理学的实践性所决定，理论研究需要以实践为基础，抽象概念体系的构建更离不开对现实的全面把握。

2. 教育管理基本理论研究的主要课题

（1）教育管理基本理论前沿问题研究。对于教育管理基本理论前沿问题、热点问题的整体梳理和系统研究，对于教育管理基本理论研究领域中的专家、学者以及同专业的师生和其他研究者从整体上把握教育管理理论研究领域的研究现状和态势、明确研究方向、寻找研究灵感具有重大意义。同时这些研究对于发现已有教育管理基本理论研究中存在的问题、提供解决策略和方法也具有不可估量的作用。

（2）从教育大国到教育强国背景下关于教育管理改革研究。中国正处在从教育大国向教育强国，从人力资源大国向人力资源强国转变的关键时期，教育管理无论是作为一门科学，还是一门学科，在这一重要的历史时期中都将会对能否实现教育强国这一伟大目标产生重要影响。因此对教育管理自身问题的研究是不容忽视的。我们在新的时代和社会背景下，要不断为教育管理注入新的时代元素，使它也能够不断地与

---

①③ 孙绵涛. 转型时期中国教育管理基本理论研究的回顾与展望［C］. 国际教育管理理论高级论坛论文集，2004（6）：5.

②④ 蔡灿新. 教育管理学研究的主题、存在的问题以及未来走向［J］. 四川教育学院学报，2010（1）：7.

时俱进、日益完善。因此怎样在这一改革过程中发挥教育管理的作用，继续推进教育管理自身的改革，对于促进教育强国的早日实现、教育管理理论水平的提升都具有重要意义。

（3）教育管理学科未来发展的新特征研究。科学的特征之一就是阶段性地趋近真理，阶段性地解释和揭示真理，是一个不断挖掘、发现、探索的动态过程。教育管理学科作为一门人文社会类科学也具有科学这一根本的特性。随着社会的变迁，教育管理学科也需要人们通过不断地探索和发现才能够逐渐显露出其本真面目。对教育管理新特征的研究正是为探索、发现教育管理科学本质所做出的努力。

（4）关于教育管理学科论的深入研究。教育管理学科论就是研究教育管理学科的理论。孙绵涛教授的《教育管理学》这部教育管理学术领域的著作的第一论就是教育管理学科论，对教育管理学科论中的若干重要问题如教育管理学的研究对象、研究方法、学科体系、产生与发展等问题进行了系统论述，为人们更清楚、透彻地了解教育管理学奠定了坚实基础。但是从整个教育管理理论研究领域来看，我们希望有更多的像孙教授那样的学者参与到对教育管理学科论的科学研究之中。虽然这是项艰苦卓绝的世纪工程，但却是项惠泽后人的历史伟业。教育管理学科理论品位的提升关键也在于此。因此，在“十二五”中，我们希望有越来越多的学者加入到教育管理学科论的研究队伍中来，使教育管理学科论日臻完美，形成不可替代的教育管理学独有的话语体系。

（5）建设有中国特色社会主义背景下的教育管理理论体系的探讨。教育管理理论以教育管理实践为基础，教育管理实践在不同时期、不同社会背景、国情、文化中会表现出不同的形式和特点。因此，以教育管理实践为基础的教育管理理论体系相应地需要不断地吸收时代新元素，实现深入发展，直至走向成熟。在形成自己的特色的过程中最终实现教育管理理论的本土化。研究建设有中国特色社会主义背景下的教育管理理论体系，就是为了解决在建设有中国特色社会主义的这一特殊时代背景下，教育管理理论体系如何实现这一时期的本土化问题。因为，只有根植于实践的理论才能够真正地对实践起到科学指导作用，否则将会产生难以估量的负面影响。

（6）改革开放以来，中国教育管理学派的生成与发展研究。中国的教育管理学从《学记》的萌芽阶段发展至今已有两千多年历史，西方作为独立形态的教育管理学的产生至今也有两百多年的历史。而在西方教育管理学界却出现了学派林立、观点纷呈的热闹场面，还不乏出现许多影响力广泛的经典之作。相对于西方的学派林立的喧嚣，我国学界显然显得有些风平浪静。改革开放以来，中国的综合国力正在全面上升，教育管理学术界应该抓住现有太平盛世所提供的社会资源和环境，致力于教育管理理论研究，促成教育管理学派的百家争鸣，改变或引用国外思想、或膜拜一家之言的局面。

（7）中外教育管理理论的比较研究。在对比分析中外教育管理思想理论的基础上，发现、体会、感悟中国传统教育管理思想中的精髓和糟粕，考察外国教育管理理论的优点和不足，在对比分析的基础上，吸收国外教育管理思想中科学和先进的成分，来弥补我国教育管理思想中的缺陷和不足，立足本国教育管理实践，为形成具有中国特色的教育管理理论体系打下坚实基础。

（8）中西方文化交融下的教育管理理论走向研究。当今世界是一个开放的世界，地球村时代缩短了国与国的距离。空间上的拉近使得不同地域、不同文化背景的人们从陌生走向熟悉、走向互相学习、最终走向相互融合。在这种中西方文化不断交融的情况下，教育管理理论研究今后会呈现出一种怎样的发展状态、教育管理理论的价值取向会发生怎样的变化、教育管理理论的研究方法又会有哪些特点，等等，都是值得引起人们思考的问题。

（9）多元研究方法下的教育管理基本理论研究。多元研究方法在当代以创新为主题的社会里是科学研究方法论方面必将出现的趋势和潮流。教育管理理论的研究方法不能总停留在解释性和经验性的研究水平上，在西方教育管理研究方法中的实证研究思想和多元化研究思想的影响下，采用新的研究方法和多元视角的中国教育管理基本理论研究会呈现出哪些新特征、产生出哪些新理论、对实践又会具有哪些新的指导作用，是这类研究需要考虑和解决的主要问题。

（二）教育政策研究的趋势及研究的主要课题

1. 教育政策研究的发展趋势

“十二五”期间是我国教育政策进行转型的时期，是建立人力资源强国和教育强国的起始阶段，也是实行《国家中长期教育改革与发展纲要》的初级阶段。这个阶段将实现义务教育区域内初步均衡发展，实现高等教育质量保证与创新，强化职业教育与农村劳动力的成人教育，振兴特殊教育与民族教育，普及学前教育等工作，故教育政策从文本形态到理论形态都将与“十一五”期间有所延续，但又会有明显的区别。

第一，从教育政策文本上看。关注于“农村义务教育实施标准化建设”问题包括推进义务教育阶段学校标准化建设，特别是农村学校设施达到国家规定标准的构建。关注于“农村职业教育和农村劳动力的技能培训”问题。包括认真实施好“县级职教中心建设计划”、“教育部农村劳动力转移培训计划”、“教育部农村实用技术培训计划”。围绕“国家农村劳动力转移培训工程”，大力开展农村劳动力转移培训和农村实用技术培训；进一步完善中等职业教育家庭经济困难学生助学制度建设。进一步建立健全以县级职教中心为核心，以乡村成人学校、普通中小学以及其他培训机构为基础的农村职成教网络，推动建立政府扶助、多元办学、农民受益的教育培训机制，推动农村职业教育和成人教育。关注于“教育督导制度”。“十二五”期间教育督导应把推进实施素质教育和促进教育公平作为教育督导的中心任务。建立起与教育决策、执行相协调的教育监管体系，保证教育的有序运行和权力的正确行使，使之成为一个政府—社会—学校沟通渠道畅通的平台，以便及时指导、解决困难、化解矛盾。"第一，要全面建立科学的评估标准体系。第二，要建立国家、省、市、县四级基础教育监控网络。第三，要改革和创新教育督导工作机制。一是完善督导检查限期整改制度；二是建立督导检查结果公报制度；三是健全教育重大问题报告制度。第四，要提高督导队伍专业化水平，要研究制定督学资格制度和职务职级制度。第五，要尽快全面实现教育督导工作法制化，抓紧制定《教育督导条例》。"①

第二，从课题立项上。从课题变化上看，我国教育政策立项课题也是无论是数量上还是层次上逐年走强，特别是对于政策变迁、政策国别分析与比较、教育政策与教育制度关系、政策创新等问题较为关注，其研究态势明显体现出了改革开放30年和新中国成立60年这两个时间段的政策回顾与反思，具有承前启后的研究价值；在政策价值研究中，明显倾向于基础教育政策，特别是农村义务教育政策，特别眷顾弱势群体的政策保障，明显体现出了教育政策研究的公平价值取向；在政策内容研究中，基本上都是对具体政策进行研究，对于总政策、基本政策研究的并不多，其中对于体制政策、经费政策、学位政策、教育质量政策、考试政策、教师教育政策、教育人事政策等较为关注，而对课程政策、教学政策、就业政策、语言文字政策、学制政策关注不明显。从政策过程上看，对政策绩效评估最为关注，对于政策执行中的传播研究开始重视。

第三，从教育政策研究文献上看。教育政策价值研究应走向重教育政策引导价值研究、社会价值与个体价值辩证关系研究以及教育政策隐性价值、间接价值及现实价值的研究。教育政策研究的内容上，注重教育政策理论体系建构研究和教育政策研究方法的创新，加强政策理论对教育问题的解释力，建设中国化的教育政策理论体系；其次，注重教育政策的评估研究、咨询研究、产出研究、环境研究；在教育政策评估研究中关注教育政策评估标准研究、评估指标体系构建研究等；教育政策咨询研究关注教育政策咨询中介机构（组织）研究，教育政策舆情分析，教育政策公众参与路径等问题研究；教育政策产出问题研究关注教育政策效能研究，教育政策的社会效益和经济效益研究，教育政策投入产出研究；教育政策环境研究关注教育政策的隐性因素研究，特别是文化因素以及一些非正式制度对教育政策影响的分析。

第四，从教育政策研究的视角上看，制度分析视角已成为其中较为繁茂的一个分支。因为我国处于特殊的制度转型期，现实的矛盾、困惑以及未来的制度创新和基于本土的制度建构已经成为无论是决策者、执行者以及研究者无法回避、也不能回避的现实需要。正如美国著名政治学家阿尔蒙德和小鲍威尔所言，"无论新的法规在其制定者看来是多么合理，政府行政机构都会发现，要在短时间内冲破和克服社会的传统

① 建立一支专业化的教育督导队伍——访教育部教育督导团办公室主任郑富芝. 2007年3月2日. http://www.moe.gov.cn/edoas/website18/13/info25513.htm.

规则是很困难的。”① 因此，中国教育政策研究与公共政策研究一样，都无一例外地不可无视中国特有的政策文化和制度框架。

2. 教育政策研究的主要课题

（1）教育体制创新政策研究。教育体制是制约教育发展的重要因素之一，如何进行教育体制创新是教育改革需要解决的前提性问题，有效的改革离不开政策的保障和支持。针对教育体制创新政策的研究有利于从国家强制力层面解决制约我国教育发展的体制性问题，比如办学体制、招生体制、考试体制、经费体制、就业体制、质量评估体制，并使这些体制创新得到具体政策的有力支持。

（2）政府服务学校的政策研究。政府与学校间的关系密不可分，二者间的关系状态将直接影响着我国的教育事业发展的方向和进度。为了保障教育事业的公益性和社会性，政府应当充分发挥其应有的职能，为教育发展创造良好的环境。因此研究政府为学校服务的政策是十分有必要的，从立法、拨款、信息服务、行政指导、政策倾斜等角度对政府服务学校进行探讨，以期建立起现代学校制度的第一链条。

（3）学校服务社区政策研究。学校的功能不仅仅是教书育人，它更有服务社会的巨大作用。寻找学校与社区相连的契合点，从志愿者、文化参与、习俗变迁、培训等角度使学校作为文化影响者发挥出改变区域文化氛围、提升社区居民文化素养的有效途径。因此，关于学校服务社区政策的研究将围绕着学校和社区间的密切联系，在政策层面上使学校服务社会的功能得以实现。

（4）义务教育均衡发展的指标体系建设。义务教育均衡发展是和谐社会主义在教育领域的具体体现。在尚处于社会主义初级阶段中的中国，在区域发展不平衡的社会现实中，如何实现义务教育均衡发展是人们特别关注的重大问题。而在解决这个问题之前，必须明确什么是义务教育均衡发展。也就是需要由一些特定的指标所组成的指标体系来限定或者说对义务教育的发展水平进行衡量。只有建立起科学、完善、合理的义务教育均衡发展的指标体系，才能够对义务教育是否均衡发展提供科学的检测、考核工具。

（5）教育政策咨询中介组织建设。为保证教育决策的科学化、合理化并具有可操作性，必须进行教育政策咨询。可以说教育政策咨询是进行教育决策的前提，是减少政策失误的有效措施。因此建立一些专业的教育政策咨询中介组织是十分必要的。从政策层面对建设教育政策咨询中介组织进行规范，从成立的条件、人员组成到职能范围等都进行科学的研究，制定出科学规范的教育政策咨询中介组织审批、监督、检查、考核政策才能为教育政策的制定加上双保险。

（6）民众参与教育政策的路径研究。在建设和谐社会主义的进程中，以民为本思想备受关注。如何使普通百姓的意见走入政策制定者的视野中，关乎着制定出的教

① 阿尔蒙德，小鲍威尔．比较政治学：体系、过程和政策［M］．曹沛霖，等，译．上海：上海译文出版社，1987：59.

育政策能否满足百姓需要，进而决定着出台的政策的有效性。对民众参与教育政策的路径进行研究，是真正贯彻民本思想的具体体现，同时也是保证教育政策民心所向的必然选择。

（7）师德建设的政策支持与保障。教师在整个教育事业中的地位举足轻重，发挥的作用不可估量。教师的道德素养好坏对于正处于身心发展期的学生的影响是非常深远的。强调教师师德建设是社会主义精神文明建设的重中之重。作为教书育人的灵魂工程师，具有高尚的师德是职业性质对教师群体的必然要求。在鼓励教师个人不断提高思想觉悟的同时，配合必要的师德建设政策的支持和保障，才能保证教师队伍道德水平的整体提高。

（8）义务教育阶段教师绩效工资政策研究。“义务教育阶段教师绩效工资制”在2009年教育部发布《关于做好义务教育学校教师绩效考核工作的指导意见》中正式提出，标志着义务教育学校教师的绩效工资分配将以绩效考核结果为主要依据。因此，为了全面认识绩效工资，建立符合教育教学规律和教师职业特点的教师绩效考核制度，构建标准、科学、完善的教师绩效考核评价制度都是本研究的应有之义。

（9）教师流动政策。虽然教师流动现象在20世纪90年代就曾引起人们的关注和思考，时至今日，这个问题伴随着“推进教育公平、促进均衡发展”时代的到来再次成为备受关注的敏感问题。因此，关于教师流动政策的研究是时代发展的必然选择。

（10）择校的政策监督与保障机制。择校现象已然司空见惯，虽然一些地方政府明确规定不允许择校，事实却屡禁不止。根本原因就是仍然缺乏稳定的、可操作的政策，择校的政策监督和保障机制还不健全。因此，在强调公平与效率兼顾的社会背景下，构建完善的择校政策及政策监督与保障机制对于消除由贫富差距导致的教育不公现象具有重要作用。

（11）校园安全政策及动态监控。校园安全问题一直以来就是人们非常关注的热点问题，尤其是近几年相继发生的校园伤害事件更是把人们对校园安全问题的关心推至了顶峰。从根本上解决校园安全问题的发生需要政府、学校和社会的通力合作的同时，更需要国家制定一系列的政策、法规来对校园安全问题进行有力制约。

（三）教育行政研究趋势及研究的主要课题

1. 教育行政研究的发展趋势

教育行政研究主要呈现三个方面的趋势：一是教育行政研究的本土化。我国教育行政研究在充分吸收公共行政理论和国外教育行政理论研究成果的基础上，现正立足于中国教育行政实践及现实，以增强我国教育行政理论的应用性、现实性和本土化。二是教育行政研究方法的多元化。我国教育行政研究现不仅注重思辨研究，还比较注重实证研究；不仅按照学科发展的自身逻辑对该领域的理论与实践问题进行长期系统地研究，搞好学科建设，而且还走向实践，走进学校，走进课堂，走近教师和学生，对教育行政领域出现的热点和难点问题进行积极及时的回应，为教育行政工作有效推进和政策改进献计献策。三是教育行政研究方式的合作化。我国教育行政研究正在加强区域合作、课题合作，共同开展跨地区的课题合作研究。特别是影响教育行政的重大课题急需要合作和创新，以避免重复研究甚至低水平的重复研究。

2. 教育行政研究的主要课题

（1）教育行政职能研究。教育行政职能是政府在依法管理国家教育事业过程中所体现出来的职责范围及其作用，也是政府教育行政活动方向和实质的体现。世界各国教育行政职能正朝着均权化的方向发展。我国教育行政职能的转变已经取得较大进展和成效，但为了适应深化行政管理体制改革的总体要求，适应教育行政环境的新变化，适应依法行政的不断推进，迎接教育国际化带来的机遇挑战，进一步转变教育行政职能的任务仍很艰巨而迫切。基于此，当今我国教育行政职能的转变面临着三个基本任务：第一，从“教育”的意义上设定教育行政质量的判别标准；第二，重新选择和定位教育行政职能，摒弃“全能主义”观念，树立“有限职能”观；第三，建立科学规范的教育行政人员资格制度，破解“外行领导内行”的难题。

在这方面的研究课题，具体说来包括以下三个方面：第一，教育行政的专业化研究，包括教育行政机构的规范研究、教育行政人员的资格和评估考核研究。第二，教育行政的中介组织研究，包括其建立、准入、运作机制、行为规范、制度保障研究。第三，教育行政的质量标准研究。

（2）教育规划研究。建立教育长效规划要做到以下几个方面：一是要增强教育自身的专业性；二是要加大依法治教的力度；三是要保持教育规划的相对独立性。这要求人们转变观念，并把上述规划意识落实到教育实践中，这样才能体现出教育发展的整体性和传承性，教育的创新才能有源头活水；同时，这也要求人们应对上述问题进行深入研究，探明问题原因之所在，以寻求应对之策。在这方面的研究课题包括两类：一是学校布局调整研究，二是学校分类管理研究。

第一，学校布局调整研究。20世纪90年代中后期开始，我国农村地区特别是中西部农村地区开始了新一轮中小学布局的大调整。这次布局调整是学龄人口减少的客观要求，是农村税费改革的必然选择，是城镇化的必然结果，也是行政区划改变的直接影响。学校布局调整的目的十分明确，即追求教育资源的合理配置和学校规模效益的提高，方便教育管理，实现教育均衡发展和教育质量提高，满足广大人民群众对优质教育资源的迫切需求。但是从目前的情形来看，虽然学校布局调整取得了显著成效，但也出现了许多现实问题。如学生上学路程太远和安全问题的凸显、学校缺乏后续配套资金、增加了教师不少额外负担、加重了家长的经济负担和学生的生活压力、影响了学生的学业成绩等。因此，学校布局调整研究要着重探讨以下这些问题：第一，布局调整的合理性问题。目前各地布局调整重点考虑的是学校规模、服务范围、服务人口等因素，一味地追求撤并的数量和速度，但还缺乏对当地居民的心理感情、经济承受能力、自然条件等因素的考虑。第二，政策保障机制问题。目前政府的资金投入远没有达到学校布局调整的规划要求。如布局调整过程中予以保留的农村中小学的基础设施不足问题、寄宿制学校贫困生的生活负担问题、寄宿制学校建设和管理费用问题等，这些都成为了当前农村学校布局调整过程中各种矛盾的集合点。第三，师资问题。目前师资建设还远远不适应学校布局调整后农村教育发展的需要，突出表现在优秀教师大量减少和流失、教师年龄老化现象严重、教师数量和学科结构不能满足教学需要，以及专职生活教师普遍缺乏等。另外，学校布局调整过程中还有教学点的存废问题、复式教学的改进问题、撤并学校面临的学校资产处置问题、低龄寄宿学生因缺乏家庭关爱而导致的心理问题，以及村落文化的遗失与传承问题等。

第二，学校分类管理研究。从更好地发挥事业单位的社会功能出发，逐步减少政府全额拨款的事业单位，回归学校的社会公益本质，对学校进行分类管理，建立新型法人治理结构、竞争性的劳动人事制度和有效的激励约束机制。

（3）教育管理体制研究。教育管理体制改革是教育体制改革的重要内容，它包括教育行政体制、办学体制和学校内部管理体制三个子体制的改革。教育管理体制改革的重心是重建公共教育权力体制。重建公共教育权力体制应立足于从体制内部的权力下放和体制外部的权力转移两个方面建立一个多主体、均衡的公共教育权力体制。体制内部的权力下放，意味着要改变过去以命令和服从为主要特点的权力关系，在中央与地方、政府与各级各类行政组织之间建立起以指导、监督为特征的权力关系，以最大限度地提高各级各类政府及其人员的积极性；体制外部的权力转移，意味着要改变主要由政府提供公共教育的状况，把过去由政府提供的具有竞争性的、选择性的公共教育交由市场和社会提供，在政府、市场、社会、学校之间建立起以参与、协商、谈判、监管为特征的权力关系。此方面的研究课题包括以下三类。

第一，教育行政体制改革研究。我国教育行政体制改革所遵循的基本原则是“分级办学、分级管理”，其核心问题是中央与地方的职责权限划分。因此，研究的重点在于如何处理好中央与地方政府管理教育的职责权限关系，政府与教育行政部门、教育行政部门与其他部门关系，以及各级各类教育行政体制的关系。

第二，办学体制改革研究。办学体制改革的思路主要是围绕“如何办”、“谁来办”、“以谁办为主”展开的，其核心问题是如何处理好政府与市场之间的关系，改革与发展各级各类民办教育。目前我国经济体制改革正逐步向纵深领域推进，更加强调市场机制在资源配置中的基础性作用。为此，我国要再次围绕政府与市场关系及其存在的问题，从改革与发展民办教育的战略角度去科学合理地规划办学体制改革的目标与策略。因此，研究的重点在于，如何围绕政府与市场关系及其存在的问题科学合理地规划民办教育改革与发展的目标与策略。如办学形态、主体的多样化与法律规范问题；公办学校转制的必要性、正当性、合法性以及价值冲突问题；公共部门与民间部门合作办学问题；民办学校是否要分类管理的问题；合理回报与公益性、减免税的冲突问题；公共财政资助民办学校的必要性和合法性问题等。

第三，学校内部管理体制改革研究。学校内部管理体制改革的目标是处理好政治权力、行政权力和学术权力的关系。因此，研究的重点在于，高校如何改革现行高校内部管理体制，建立现代大学制度。

（4）教育人事行政研究。教育人事制度改革的方向是，加强人才引进的力度，加强资金的投入，充分重视学术团队持续发展的人才建设工作，对新引进人才，积极深化聘用制改革，聘用期满，进行严格考核；加大“外引”、“内培”力度，吸引、培养一批高水平的学科带头人和学术骨干；造就一支数量相当、结构合理、充满活力、可持续发展的学科梯队，全面提高师资队伍的整体水平；改革和完善教师在职培训制度，大力支持在职教师出国进修、攻读博士和硕士学位；支持新学科、新专业、新课程等方面的教师必要的培训，提高教学质量和水平；建立人员退出机制，真正做好把人员退出管理纳入正常的人力资源管理系统的工作；建立人员退出机制的支持系统，建立绩效考核机制和激励约束机制，完善绩效考核方式，客观公正评价教职员工和学院（部门）的工作业绩。同时，开展定期的、公平的、公开的绩效考核，并根据教师的考核结果做好人才退出的缓冲工作；深化学校人事制度和分配制度的改革，人事分配、岗位业绩津贴分配等权限下移至学院（部、中心），建立校、院两级办学的管理体制，优化结构，提高素质，加强师资队伍建设。此方面的研究课题包括三类。

第一，教师绩效工资制研究。对高校教师绩效考核与评估机制的研究目的在于建立一套系统、科学、客观的考核与评估标准，考核的制度上将定量与定性相结合，根据不同学科对考核与评估制度具体分类，使指标更加健全，标准更加明确，使考核评价人员不仅有据可依，使考核与评价工作更加系统公正，而且也能真实反映被考核与评价人员的工作水平和能力，发挥出该制度的激励作用，从而促进高校和教师综合教育水平的提升。研究内容：绩效评估的指标研究；评价过程与方式的研究；评价内容与结果反馈的研究。第二，教师流动研究。教师流动的类型、形式、程序、制度、长效保障机制研究。第三，双师型教师的来源和培养问题研究。

（5）教育评价与督导研究。第一，文理分科研究。文理分科政策的历史条件研究；文理分科的必要性研究；文理分科的风险预测研究。第二，高校本科教学评估研究。五年一轮的高校本科教学评估实质上是一种政府对高校的问责制，它在“以评促建、以评促管、以评促改”方面的作用是显著的，但在运行过程中存在着“过度行政化”、“形式主义”、“弄虚作假”、“虎头蛇尾”等不良现象。因此，研究的重点在于，如何对评估内容实施科学分类，如何加强教学管理的信息化建设，让社会参与评估，如何加强教学评估的国际化交流，以及国内外高等教育质量评估的比较研究。第三，教育督导研究。我国的教育问责制还远未达到专门化、科学化和法制化的水平，既缺乏明确的评价标准，又缺乏专门的评价渠道和来自社会各方面的强有力的监督，使得政策执行过程中出现的偏差和失误很难得到及时纠正。究其原因在于，政府信息不公开、问责主体不明晰、问责客体界限不清晰、问责对象不能以法律的形式加以细化和明确，以及问责制仍没有摆脱“行政问责”的桎梏，还没有突出从“权力问责”到“制度问责”、“同体问责”到“异体问责”创新意义等。因此，研究的重点在于义务教育问责制研究。

（四）教育法学研究趋势及研究的主要课题

1. 教育法学研究的发展趋势

其一，教育法的基础理论研究与应用性研究的结合。教育法的研究在类型、方法等方面呈现出注重基础理论研究的同时，也开始加强应用性的研究。随着我国教育法治的进步，不论是立法机构还是教育行政机构和相关主体，在教育立法、教育政策和学校规章的制定上，对教育法的研究提出了更高的要求，既要注重理论，又要注重实践。其二，研究主体多元化。从我国教育法研究的人员构成来看，将不仅仅局限于以前的单纯由教育研究机构和教育学背景的人员，高等院校教育学科、管理学科的教师和研究生（博士生和硕士生）、博士后工作人员，国家各级立法机关和行政机关人员、高等院校法学专业的教师、科研人员和研究生，都将融入教育法研究的工作中来。其三，教育法学研究既着眼于长期需要，又兼顾近期需要。由于我国教育法治的相对滞后，教育法的研究在我国是个需要长期投入和关注的问题，同时也是国家和教育事业发展的情势需要近期关注的问题，教育法研究应该密切配合国家教育发展的实际需要，处理好近期和长期的关系。

2. 教育法学研究的主要课题

（1）未成年人家庭教育法研究。现在家长普遍重视家庭教育，重视未成年人的全面健康发展。随着中国经济社会发展，家庭教育中不断出现新情况新问题，家长对家庭教育指导服务的需求更为强烈，目前家庭教育的发展状况难以适应家长对家庭教育的需求。应将研究制定中国家庭教育法列入新一届全国人大常委会立法计划，确认家庭教育的立法宗旨和目的，确立家庭教育的法律地位和原则，明确家庭教育的主管部门、机构及职责，规范国家机关、企事业单位、社会团体、家长及其他监护人对未成年人家庭教育的共同责任，加强对家庭教育活动的监管，为家庭教育事业发展创造条件、提供保障。应该关注《中华人民共和国未成年人保护法》等相关法律法规的实施情况的研究，围绕深入普法、严格执法、打击侵害未成年人权益的违法犯罪行为，加强对广告、网吧、游戏软件、图书和影视的管理，切实维护未成年人的合法权益，努力在全社会形成关心重视未成年人健康成长的良好氛围。①

（2）终身教育法研究。终身教育理念已经成为许多国家教育改革发展的指导思想。美、法、德、英、日等发达国家已经对此专门立法。但我国却没有这样的专门法律，只有个别省份（福建省）关注对终身教育法的制定和研究。目前应对一些法律法规进行修订和研究，突出终身教育的内容，甚至把它们修订为以终身教育为主要内

---

① 据中国网文字直播妇联官员：研究制定家庭教育法应列入立法计划，中国网：http://www.ce.cn/xwzx/gnsz/gdxw/200802/27/t20080227_14655851.shtml，2008 年 2 月 27 日.

容的法律法规。借鉴日本1990年制定的《终身学习振兴法》，形成中国终身教育纲领性“母法”，建立起中国特色的社会主义教育法律法规体系。

（3）关注研究生教育方面的法律研究。我国近年来研究生教育发展迅速，但相应的法律法规还是比较滞后，不能适应这种发展需要。目前的教育法、学位法在研究生教育和管理中还有一定的不足和漏洞。

（4）环境教育法律问题研究。我国经济快速发展的同时，环境保护成为我国社会可持续发展的一个重要问题，因环境引起的各种问题日益受到全社会的关注。教育法研究应该关注教育应有的社会责任。

（5）农村城市化过程中的农民职业教育法问题。农民是建设社会主义新农村和发展现代农业的主体，加强对农民的职业技术教育和培训，是一项十分必要的工作任务。我国近年来农村城市化、城乡一体化的发展，导致了很多农民转变为城市居民，对这些新的城市居民的社会教育和职业技术教育对于我国社会的安定和健康发展具有重要意义。当前的经济形势，给农民职业教育培训提出了新的要求和挑战，包括如何使返乡农民工尽快转岗、就业、创业，如何提升农民素质以适应现代农业发展的需要，如何满足农民教育培训日益多元化的需求等，这需要把农民教育培训纳入法制轨道。

（6）教师（包括民办学校教师）聘任制中的法律问题。我国正在进行人事制度改革、教师绩效制评价等，为了更加有效规范地开展，应积极借鉴国内外的教师聘任制的基本经验，加强该问题的研究，切实保障教师的合法权利。在民办教育蓬勃发展的今天，民办学校的教师权利受损及其法律救济受到教育界乃至全社会的普遍关注。由于教师权利救济制度不健全、民办学校不作为、民办学校教师法律救济意识淡薄，导致民办学校教师维权不畅。应该加强对我国民办学校的教师权利及其法律救济的研究。

（7）实际调查研究。我国教育法的研究过多地集中于理论研究，而对实际运行中的情况的研究很少，研究人员、研究成果不多，主要是各级人大相关机构的跟踪调查，而对教育法的总体全面的系统的调查比较少，因此应该鼓励实际的调查研究。

（8）关注中外教育法制史和思想史的研究。我国教育法研究总体水平不高，更多地关注与现实关系重要的教育法律问题的研究，而从历史发展、法制思想等方面探讨得很少，这实际上是限制和制约了我国教育法的研究和教育法制的发展。

（9）教育法普法宣传方面的研究。我国已经制定了多部教育法，但相关人员的法律知识、法律素养不够，使教育法在实际工作中的作用体现得不充分，因此应该继续加大教育法普法宣传方面的研究。

（10）中外办学法律问题研究。随着我国教育国际化程度的增强，中外合作办学等法律问题需要进一步加强。

（11）职业教育法的研究。作为我国职业教育发展史上第一部专门性法律，1996年9月1日起开始施行的职业教育法，至今已实施多年。随着经济社会的快速发展，不少专家呼吁修改这部法律的相关条文以适应当前形势发展的需要。当前，我国职业教育投入主体过窄，职业教育法没有明确规定职业教育的投入，也没有明确规定各级政府、有关部门办职业教育的责任，这方面与国外相差很大，直接制约着职业教育的发展。应当加强职业教育法的研究以解决当前制约职业教育发展的问题。

（12）学前教育法研究。婴幼儿时期是人一生中发展最快、可塑性最强的时期，是人的身心各方面素质发展的奠基阶段，是人的行为习惯、认知风格和个性品质形成的关键时期。因此，美国、英国、日本、韩国、印度、巴西、墨西哥等发达国家和发展中国家政府都把为贫困儿童提供科学的学前教育，作为政府优先发展的领域纷纷加大投入，实施了学前教育的国家行动。我国学前教育发展还相对落后，发展规模和速度也明显落后于其他教育阶段，在9个人口大国中，位于墨西哥和巴西之后。"九五"和"十五"全国幼教事业发展规划目标都没有按期实现，按照现在的发展速度和规模，实现"十一五"全国三年毛入学率55%的规划目标非常困难。当前，我国幼儿园的办园体制、投入体制发生了根本变化，广大父母对学前教育重要性的认识不断提高，让孩子接受学前教育甚至是优质学前教育的需求不断增强。大量的农村留守儿童、进城务工子女期待进入收费低廉、办园规范的幼儿园，广大城市家长对幼儿园的办园形式、服务内容和方式也有了多样化的需求和选择。随着义务教育保障机制的建立和完善，广大家长对提供质优价廉的学前教育的呼声和需求更加高涨。而2007年，全国幼儿园12.9万所，在园儿童2 348.8万人；学前三年毛入园率达到历史最好水平，但也只有44.6%，学前教育事业发展规模和速度已经不能满足群众的需要。从法律法规方面来看，《幼儿园管理条例》、《幼儿园工作规程》等法规，缺乏法律的权威，其内容也无法解决经济体制和社会结构转型带来的一系列新问题。随着《教育法》、《义务教育法》、《职业教育法》、《高等教育法》等教育法律的颁布和实施，《教育法》所规定的4个独立学制阶段中，只有学前教育没有立法，学前教育的法律地位不明确，管理体制和投入体制不顺，政府责任不清，难以建立健康的学前教育管理秩序。因此，学前教育立法研究迫在眉睫，以使幼教事业发展和办学行为有法可依，依法保障学前教育事业的健康、有序发展。

（13）流动人口受教育权问题研究。社会随着发展越来越凸显出人口流动性的特点，人员不再固定于一个城市，户籍关系也在逐渐地淡化，地域间的分割在逐渐模糊。目前中国每年新增的流动人口就达到1 000多万人，比欧洲一个世纪的流动人口还要多，特别是要解决生存问题的农村流动人口越来越多。流动是每个公民争取机会均等的一个途径，随之而来的是他们及其子女受教育权如何得到保障的问题。

（五）教育经济研究的趋势及研究的主要课题

1. 教育经济研究的发展趋势

第一，教育投入与经济发展关系的研究。教育投入与经济发展的关系，是教育经济学的核心问题，也是教育经济学服务教育实践的重要体现。在这一基本理论研究中，有关教育收益率的研究在不同的时代呈现不同的特点，这些都需要学者进行持续的跟踪研究。

第二，教育供给与需求分析。供给与需求是构成市场力量的基本要素，是教育市场对教育决策进行集中和协调进而对教育资源进行优化配置的根本手段。所以，对教育供给与需求的研究有利于促进教育市场完善和成熟。目前我国教育经济学研究者主要从以下几个方面进行了研究：一是对教育供给与需求的影响因素的分析，例如，教育供给面临的问题及解决办法，父母的教育背景、职业以及家庭经济状况，教师的教育水平及教学技能，学生和家长的预期，社会资本等；二是对教育发展规模和结构的研究，例如，教育均衡发展的机制、模式、举措，各种教育在人口地域中的分布等；三是对教育与劳动力市场的研究。劳动力市场是教育供求的媒介，是目前教育经济学研究的一个热点。我国教育经济学学者对此进行了大量研究，既有理论研究，也有实证研究。研究主要集中在几个方面：一是对大学生就业问题的研究；二是对劳动力市场分类的探讨和对我国劳动力市场制度性分割问题的研究；三是对人力资源流动和培训的研究等。

第三，教育资源合理配置问题研究。教育资源配置不仅涉及效率问题，还涉及公平问题。教育资源配置的效率是指如何配置一定数量的教育资源，使教育资源配置的效果达到帕累托最优状态，即若改变这种配置状态，会造成至少一个受教育者的利益受损。教育资源配置的帕累托最优状态不仅使所有学校的利益都达到最大化，而且使每个接受教育者也实现了利益最大化（占绍文等，2008）。具体来说，教育资源配置效率是指教育财政资源的最优分配，主要是政府在对教育资源的不同分配方案中如何进行选择，以杜绝资源闲置和浪费的现象，使投入的资源既符合社会的利益，也符合教育单位和受教育者的利益，使既定的教育财政资源获得最大的教育产出。我国经济社会发展水平不同的地区之间、城乡之间教育发展不平衡是导致教育不公平的一个重要原因。在改革过程中，城乡教育之间、东部地区教育与西部地区教育之间的差距有进一步加大的趋势。因此，建立全国性的、区域性的，乃至校际之间的教育资源配置的平衡机制，逐步缩小经济、社会、教育发展不同水平地区、学校教育水平差异，是促进实现教育公平的一个有效的选择。

第四，教育经济效益问题研究。教育的经济效益，是教育的生产职能给人们带来的经济上的效益。教育即是一种投资，这已成为全社会的共识。从经济学的观点看，投资是为了产生未来的效益，尤其是经济方面的效益。假定投资不能产生经济效益，投资再多也没有多大用处。教育既然是一种投资，无疑也是要讲求经济效益的。教育的经济效益始终是教育经济学领域的核心问题，围绕这一问题，我国教育经济学界进行了较深入的研究，认为教育的经济效益是客观存在的，但理论和实践告诉我们，教育和教育经济效益并非是一种直接的线性关系，也就是说，教育本身并不直接创造物质财富和产生经济效益，它往往需要经过一个中间环节作用于社会经济活动之后，才能产生经济效益。这个中间环节，即是教育经济效益的形成过程。

第五，教育产权与体制改革研究。教育体制改革是中国教育改革的关键所在，其中的重中之重，就在于教育产权这一核心体制。因此，发挥经济学理论的指导作用，积极推动教育产权的研究，进而促进我国教育体制变革，将是中国教育经济学研究所面临的光荣而又神圣的使命。事实上，我国的“教育产业化”与西方国家的“教育市场化”和择校改革貌似而神异，问题、动机、政策取向、操作过程完全不同，有天壤之别。认识这一差异，的确有利于我们认识我国“教育产业化”的问题所在。与我国将择校与高收费、学校改制、产权改革相联系不同，西方国家的放权和择校改革既不涉及高收费、创收和营利，也不涉及产权问题，主要是管理权的改革。在这些发达国家，政府的教育供给十分充足，政府的教育责任并没有减少，公共教育政策保障教育公平，保障弱势群体的受教育机会的基本价值并没有改变。择校改革既不是为了政府和学校创收，也不是为了提高升学率，而是以促进竞争、改善教育品质、增加公立学校的吸引力为主要诉求。

第六，积极推进教育经济学新理论的探索。随着近年来思想的活跃，特别是经济学在社会生活中日益发挥的重要影响力，经济学的各种理论思潮都对教育问题产生了深刻的影响。及时敏锐地捕捉到学科理论的新思维与新动向，积极推进教育经济学理论的研究创新，这将构成教育经济学研究进步的重要路径。除被人们高度关注的新制度经济学理论之外，其还应当与市场营销学、财务管理学，乃至投资学相渗透，甚至可以建立更为微观的“学校经济学”或“学校经营学”。

2. 教育经济研究的主要课题

（1）多渠道增加教育投入问题研究。增加教育投入是教育经济学研究的永恒话题，特别是随着物价指数及教育成本递增的社会背景下，如何构建多元投资体系以建设高标准教育，需要人们集思广益讨论论证。

（2）教育资源均衡化配置问题研究。教育均衡发展是中国教育中长期发展的基本战略，其最为重要的均衡就是教育投入的均衡，因此，如何推进中西部间和城乡之间的教育均衡是当前教育改革的基本问题。

（3）学校生均经费基本标准体系研究。随着市场经济的深入，非义务教育阶段的学费必然成为教育成本分担的重要形式。同样也是在物价指数增长的背景下，学费的发展趋势也将呈现出递增现象，这同时也为其合理性带来更大的解释难度。如何确立较为科学的教育成本核算，这对于政府部门以及学生家长都是重要的决策参考。

（4）学校基金会运作研究。学校基金会是学校未来财务的当家人，这是学校管理变革的基本方向，也是教育经济研究微观化发展的基本趋势，需要理论研究的充分论证发展。

（5）学校财务安全管理问题。中国教育近年来的快速发展中，各级学校不同程度地出现了较为严重的债务负担，这已严重制约了学校的办学能力，甚至引发一些财务风险。这些较为紧迫的现实问题，急需教育经济学加强现实研究与理论分析的力度。

（6）学校国有资产管理研究。以政府投资为主的教育体制已积累了大量的国有资产，但这些资产的管理尚不完善，使用不到位，资产的市场价值不能得到体现，甚至资产外流问题时有发生，这都降低了其应有的教育效能，急需建立较为规范的国有教育资产管理制度，并提升资产的市场价值。

（7）深化办学体制改革研究。办学体制改革是教育改革的核心内容，也是教育经济学制度问题分析的重要领域，借鉴新制度经济学思想来推进引导教育体制的改革，是中国制度改革的重要路径。

（8）学校产权改革问题研究。积极推进学校产权改革是办学体制改革的关键内容，学校产权属性分析及其产权配置的关系将是学校产权改革的核心，这也是盘活学校资产、增进办学实力的重要途径。

（9）教育经济学比较研究。拓展教育经济学的国际视野，积极关注国外教育经济学的研究动向和理论成果，积极参与教育经济学研究的国际合作，增强中国学者的国际声音，这必将是教育经济学研究的重要内容。

（10）引进优质国际教育资源，加强教育国际合作研究。改革开放是中国经济成功的关键，也必将是教育成功的重要途径。如何引进国际优质教育资源，拓展中国教育的资源空间，并通过合作办学来提升中国教育的国际化水平乃至国际教育竞争力，这将是教育经济学所面临的重要问题。

（六）教育效能研究的趋势及研究的主要课题

1. 教育效能研究的发展趋势

第一，在研究队伍上，研究人员不断壮大。在研究人员的构成上既有专门经过教育效能学习和训练的学者，也有一线的教育工作者。在学者中，有海外学成归来的学者，也有在国内土生土长的学者；在教育工作者中，有教育行政人员，也有广大的教师，在教师中，有大学教师，也有中小学教师。第二，在研究内容上，研究内容不断扩大。既有国外教育效能理论的介绍，也有国内教育效能理论的探索。在国外教育效能理论的介绍中，在学校效能上，涉及学习（学生）效能，教学（教师）效能和管理（校长）效能，在宏观层面，涉及教育行政的教育政策等；在国内教育效能的研究中，既有教育效能理论体系建构的研究，也有学校教育效能提升的研究。第三，在研究方法上，研究方法不断多元。中国传统的教育效能研究比较重视哲学思辨式的研究，而西方教育效能的研究比较重视实证研究。近年来，在教育效能的研究中，除了继续发挥哲学思辨式的研究优势以外，实证的研究也开始受到重视。

2. 教育效能研究的主要课题

针对在“十一五”规划期间教育效能研究领域中存在的问题和五个相对薄弱的研究环节，“十二五”规划期间应当重点研究五大课题及其子课题，它们是：（1）学生层面的学习效能研究（“有效学习”，“有效时间利用”，“有效减负”，“有效自我管理”）；（2）宏观层面的教育效能研究（“优化教育资源配置”，“教育公平与卓越”，“教育效能最大化”，“教育增值最大化”）；（3）国际层面的教育效能研究

（“国际教育效能领域研究的最新进展”）；（4）最新研究方法的研究（“多阶模式技术分析”，“对学生全天候在校跟踪观察”）；（5）“增值”研究（“学校总体增值评价”，“学校内各学科增值评价”）。

（七）学校管理研究的趋势及研究的主要课题

1. 学校管理研究的发展趋势

（1）“幼儿园管理”研究的展望。学前教育是基础教育的重要组成部分。近年来，国际上许多国家都将发展学前教育视为“国家最重要最迫切的需要”之一。我国也是如此。根据《中华人民共和国教育法》的有关规定，学前教育和初等教育、中等教育、高等教育一样，是我国学校教育制度的一个不可或缺的阶段。《宪法》和《教育法》也一致指出，发展学前教育是国家的责任。因此，在未来的“十二五”期间，学前教育管理应该得到更多的关注与重视。尤其是对学前教育管理观念、学前教育管理体制、学前教育资源配置以及学前教育管理政策的研究等方面将得到更多的重视，以促进我国学前教育快速稳定的发展。

（2）“中小学管理”研究的展望。在“十一五”基础上，进一步深化“中小学管理”相关研究，加强“十二五”期间的此方面课题规划。第一，应针对《教育规划纲要》所提及的教育问题立项。教育科研应以《教育规划纲要》所提及的中小学学校教育问题为对象，总结经验教训，寻找改革现状良策，以利于《纲要》所提及的发展目标的实现。第二，应针对当前中小学学校教育及其管理存在的问题立项。“十一五”期间，教育科学研究注重了运用理论来分析现实问题；“十二五”期间的教育科学研究应更为与时俱进，更为注重对现实问题或更为紧迫教育问题的研究。第三，应强调课题研究方法的科学性。研究方法选取得当与否或运用得是否科学合理，是决定课题研究成败的关键。我们应该根据所选取的研究对象的特点，来采用恰当的研究方法。教育科学是社会科学中的一类，但仍有别于其他社会科学，如果我们完全运用其他社会科学研究的理论或方法来进行教育科学研究，也是不正确的。第四，应强调课题研究思维的创新性。研究思维方式恰当与否决定了研究路径的正确与否。“十二五”期间的课题立项应提倡：一是拓宽视野，拓展思路，突破思维定式，提倡以新视野谋划发展，提出新思路、找出新办法、推出新举措；二是勇于创新，敢为人先，突破经验模式，突破经验局限。第五，应该强调课题研究要转变以往对教育发展问题认识的偏差。要使教育科学研究真正能对教育发展实践起到引领和指导的作用，就要纠正对教育发展问题的一些片面或错误的认识。这样才能使教育朝着我国政治、经济、文化、科学发展所需要的，以及人民所期盼的方向发展。

（3）“大学管理”研究的展望。“十二五”期间，在大学管理研究内容上，理论研究应更加深入，同时还要注重对大学管理现实问题的研究，而不再应停留于对基本教育或管理观念的空泛宣传、对外国经验的机械介绍或照搬、对其他科研领域相关理论知识的机械移植等，而应是越来越重视对大学管理或发展基本问题的学理分析。在研究视角上，课题应更注重从多学科的视角来展开研究。在研究方法上，根据研究对象的特点和研究需要，应综合采用多种研究方法，更应强调运用问卷调查和访谈调查，对大学管理中的现状与问题进行实际考察研究。

总之，“十一五”已进入了总结阶段，“十二五”即将拉开序幕。“十一五”期间有关“学校管理”的研究取得了较为丰硕的成果，不仅涵盖了管理观念、活动、体制、机制四个教育管理范畴，而且兼顾了学校管理的宏观、中观和微观三个层面；不仅囊括了对幼儿园、普通中小学、大学及职业教育学校的学校管理研究，同时还兼顾了民营学校的学校管理研究；不乏对相关理论的阐述与论证，也有对当前时代性的现实问题的实证研究等。我们在总结已取得的可喜成绩的同时，发现“十一五”期间“学校管理”研究中也存在着一些不足。建立在对“十一五”学校管理研究总结分析基础上的，“十二五”学校管理科研课题规划也必定会开出繁荣之花。

2. 学校管理研究的主要课题

（1）“十二五”期间“幼儿园管理”研究的主要课题

① 幼儿教师专业素养的质量保障机制研究。在“十一五”期间，学界对幼儿教师的研究很多，但现有研究中关于“幼儿园教师职前培养”问题几乎没有涉及。虽然在“教育教学研究”方面，涉及了高校学前教育专业的课程设置，但这些研究很单独，没有相关性。基于此种状况，我们认为应该从机制的层面来加强对幼儿教师专业素养质量的保障的研究。

② 关于学前教育纳入义务教育的研究。学前教育是整个教育过程的起始阶段，在很多国家学前教育都处于义务教育的范围，但我国的学前教育却被置于传统的义务教育之外。由于学前教育这样的地位使得它有许多问题无法解决，比如，幼儿教师地位没有法律保障，工资待遇不高，社会声望较低等，致使幼儿教师流动性大，这不利于幼儿教师专业的发展，更不利于幼儿的教育。这些幼儿园管理问题有待于在“十二五”期间科研课题的相关研究中，找到理论依据和解决对策。

③ 关于学前教育立法的研究。在我国，学前教育的入园率远低于发达国家和中等发达国家62%的水平，导致这一状况的原因很复杂，但我国学前教育缺乏法律法规的支撑是其关键所在。由于学前教育相关的配套法律法规政策的不完善，使得我国政府所确定的“教育先行”战略在起始阶段就面临着诸多障碍。从终身教育和素质教育的长远发展考虑，有关学前教育的政策、法律及法规等方面的研究应被纳入“十二五”学校管理课题的研究之列。

④ 幼儿园安全问题研究。近期，幼儿园暴力事件频频发生。2010 年国家出台了《教育部办公厅关于中小学幼儿园安全工作，2010 年第 1 号预警通知》，在《国家中长期教育改革与发展纲要》中，也提出了“幼儿园加强安全教育；积极落实极端天气安全防范措施；深入开展疏散演练”的要求。这说明：当前幼儿园的安全问题已经引起了社会各界的普遍关注，而幼儿园的安全保障问题和幼儿安全教育问题也逐渐提上了日程。如何多方面保障幼儿园的安全、如何有效对幼儿实施必要的安全教育等

问题，也应被囊括在“十二五”幼儿园管理科研课题范围内。

⑤ 学前教育城乡资源配置问题研究。《教育规划纲要》详细论述了今后学前教育管理中应重点关注的问题，提出了“基本普及学前教育；明确政府职责；重点发展农村学前教育”三个重点发展规划。针对我国城乡经济发展的不平衡性，《纲要》还明确提出了：重点发展农村学前教育，多种形式扩大农村学前教育资源的要求。这样，如何合理配置城乡学前教育资源，达到城乡学前教育融合、互补性发展；国家和地方相关部门应出台怎样的教育政策或法律文件来保障城乡学前教育资源有效配置；学前教育机构应采取哪些具体的实施策略，等等，这些问题有待于在“十二五”课题研究中进一步深化探讨和分析。

(2)“十二五”期间“中小学管理”研究的主要课题

① 农村特岗教师计划的保障政策研究。教育部、财政部、人力资源和社会保障部、中央编办等四部门联合印发了实施农村义务教育阶段学校教师特设岗位计划（以下简称“特岗计划”）文件精神和总体部署。特设岗位教师享受《中共中央办公厅 国务院办公厅印发〈关于引导和鼓励高校毕业生面向基层就业的意见〉的通知》（中办发〔2005〕18 号）和人事部等部门《关于组织开展高校毕业生到农村基层从事支教、支农、支医和扶贫工作的通知》（国人部发〔2006〕16 号）规定的各项优惠政策。相关省（自治区、直辖市）负责制定具体落实政策和措施。“十一五”即将结束，这项保障政策的出台，在“特岗计划”的实施过程中是否真正发挥了作用、目前这项政策在执行过程中是否存在着不足之处以及如何进一步完善等，这有待于在“十二五”期间进行深化研究。

② 中学校长实名制的推选制度的可行性研究。2009 年 11 月 9 日，新华网报道：北京大学 8 日晚正式对外公布了此前流传甚久的“中学校长实名推荐制”的实施方案。北大的举措是继我国有关“高考”改革大谈论热浪之后的又一创举，同济紧跟其后，大有效仿之势。据悉，现在已经有 39 所中学获得了“北大校长实名制推荐”的资格。但是从我国目前的国情来看，此项高考制度是否可行以及具体实施和保障策略如何等，这都有待于学界和人们进一步反思。

③ 中小学实施校长问责制策略研究。校长问责制是在借鉴美国教育问责制和我国行政问责制理论的基础上，对我国校长负责制权责不等根源的探索实践中构建出来的一种范式。它指的是校长以调动教职工潜能为基础、培养高素质的学生为目的、以履行对公众的教育承诺为己任、以追求效能为宗旨、全面接受责任追究的监督体制。如果在我国中小学的管理中，引进“校长问责制”，并且制定出具体翔实的实施策略，以此来衡量和选拔中小学校长、约束校长行为，则是对“校长负责制”的有益补充。由此可见，中小学实施校长问责制的策略研究应被纳入“十二五”期间教育科学的研究课题中。

④ 中小学实施教师问责制策略研究。“十一五”期间学界对教师或班主任的评价问题，学者们针对当前中小学教师或班主任评价的现状进行反思，并且提出了一些改

革建议。在我国，对中小学教师的评价基本局限于学校及相关主管部门，学生对教师的评价或打分一般都流于形式，这在一定程度上形成了当前“中小学教师评价”中的诸多弊端。在我国中小学师资队伍的管理中，切实引进“问责制”，并且制定相应的切实可行的具体实施策略，则有助于进一步提高中小学师资队伍的整体水平。“对中小学实施教师问责制研究”将会为我国中小学提供一定的理论性建议。

⑤ 中小学学生安全、法律意识教育研究。近期，校园安全问题已经引起了社会各界的普遍关注。近年来，由于受到网络、电视等媒体的影响，青少年犯罪率逐渐呈上升趋势；近期一些外来人员入侵校园的事件也频频发生，这也对学校师生的安全问题造成了极大的影响。据心理学相关研究，中小学教育阶段正是青少年“正确的人生观、价值观”的萌芽阶段，并且是良好习惯和法律意识形成的关键阶段。因此，中小学学校加强对学生的安全和法律教育也势在必行。学校是中小学阶段学生教育的主要承担者，学校有义务教会孩子们如何正确处理自己与他人之间的矛盾，如何实施自我保护以及如何应对校园突发事件。加强“中小学学生安全、法律意识教育研究”将会为中小学开展此项教育提供理论性和实践性的指导。

⑥ 我国基础教育阶段民营中小学管理机制研究。从现有文献来看，“十一五”期间学者们对“民营中小学的管理模式或机制问题”的关注程度不够，多数侧重对公立学校管理模式的探讨。然而，随着我国教育体制改革的不断深入以及公立学校的转制，民营中小学逐渐成为了我国基础教育体系的重要组成部分。由于民营中小学与公立同层次学校在办学体制、经费来源、师资选拔、教育模式等都存在着一定的差别，因而民营中小学不宜沿用我国传统中小学的管理机制模式，应根据自身的办学性质、特色探索符合自身发展需求的管理机制体系。进行“基础教育阶段民营中小学管理机制研究”就是为我国此类学校的管理工作提供对策性建议。

⑦ 中小学教师教学与科研活动结合的策略性研究。以往有关中小学学校管理、教学等方面的课题研究一般都由高校的基础教育学科的师生来承担，个别在职深造的中小学教师有可能会参与其中，而在职中小学教师很少从事相关的教育科学研究。中小学教师身处学校教育教学第一线，熟悉学校的教育教学状况，了解学校管理具体情况，具有进行中小学学校管理实证调查研究的优势。此外，教师进行相关的科学研究，有助于教师对自身教育教学的反思，不断总结经验，查找不足，从而提升自身的素质和水平；还有助于教师积极参与到学校的管理工作中，提升学校集体凝聚力，消除教师的涣散状态。“中小学教师教学与科研结合的策略研究”正是探索教师如何把教学与科研结合起来，真正做到“在教学中进行科研，以科研带动教学”；并把教师的科研活动也纳入教师评价指标体系中，这些在“十二五”期间的教育科学课题立项中应予以考虑。

⑧ 基础教育阶段中小学教师职后培训的反思性研究。教师职后培训是教师成长过程中的一个重要环节，这有利于教师根据自己所处的学校层次特点，来把之前所学的教育教学理论与职后的实践有机结合起来，从而更有利于开展目前的教育教学工

作。在“十一五”期间，中小学教师的职后培训问题也引起了学者们的关注，但此方面的研究还有待于进一步深化。“基础教育阶段中小学教师职后培训的反思性研究”正是要对我国当前中小学教师在职培训的现状进行反思，找出其中存在的问题及原因，并且提出完善在职培训的有效策略，使教师培训不再“流于形式”。

⑨ 我国小学阶段国学教育的策略性研究。近年来，国学教育已经走进我国小学学校，甚至走进了小学课堂，国学的重要性已经为社会各界所认可。“我国小学阶段国学教育的策略性研究”是要对我国当前小学阶段国学教育的现状进行实证调查，总结经验，找出存在的弊端，并且提出改革和完善当前小学国学教育的有效策略，以便使国学教育在小学教育阶段有效开展，使我国的国家意识、民族精神、民族意志等能激励一代青少年儿童的成长，成为他们人生观、道德观、价值观的主导力量。

⑩ 我国中等职业学校切实贯彻《中等职业教育免费政策》的策略研究。“十一五”期间，国家出台了一些倾向于扶持中等职业教育的政策，2009 年《政府工作报告》指出，“大力发展职业教育，特别要重点支持农村中等职业教育。逐步实行中等职业教育免费，今年先从农村家庭经济困难学生和涉农专业做起”。这是继 2007 年国家出台了《中等职业学校国家助学金管理暂行办法》（财教〔2007〕84 号）之后的又一重大举措。中等职业学校是贯彻和执行此项政策的始端，如何在这一始端把好关，使政府的这项福利政策真正能落到实处，能在“新农村建设”中发挥作用，应该引起学界的关注。“我国中等职业学校切实贯彻《中等职业教育免费政策》的策略性分析”正是要解决这个问题，因而应被纳入到“十二五”期间的教育科学研究课题之中。

(3)“十二五”期间“大学管理”研究的主要课题

① 符合大学本质的、有特色的大学文化形成机制研究。从相关文献的研究内容上来看，关于大学文化的研究并不深入。大学文化管理活动的核心问题应该包括：什么是好的大学文化，好的大学文化如何形成，文化管理的独特功能及与其他管理的协调性。在这些问题中，符合大学本质的、有特色的大学文化形成机制又是最为根本的问题。

② 大学教学质量的标准与保障体系研究。教学是大学的基本职能之一，也是大学最根本的职能。教学质量直接关系到人才培养质量，自高校扩招以来高校的教学质量也持续受到社会各界的质疑。党和国家提出的高等教育强国战略其核心支柱之一就是教学质量的全面提升。然而，从“十一五”期间相关文献的研究内容上来看，深入探讨大学教学质量的文章并不多，特别是涉及什么是大学教学质量，怎样保证大学教学质量的文章就更少。

③ 基于大学组织特性与组织变革的大学管理制度研究。《教育规划纲要》中提出要建立起有活力的教育体制，其中大学管理体制是非常重要的一环。从学理上讲，大学管理体制应该是大学管理机构与大学管理制度的统一体，应该结合起来配套进行改革，因此基于大学组织特性与组织变革的大学管理制度研究就显得非常迫切。

④ 基本大学理念及其在中国的可行性研究。在教育改革中，观念的变革是先导。当前大学的种种迷茫根源更在于大学理念的缺失，中国的现代大学制度援引自西方，西方大学的基本理念在中国的可行性研究就显得非常重要。“基本大学理念及其在中国的可行性研究”正是要对大学理念进行梳理，对其在我国大学发展中适用性进行研究，以便厘清我国当代大学发展所需要的教育理念。

⑤ 教师评价研究。教师是高校的第一人力资源，教师管理更是人员管理的重点。“十一五”期间相关文章和课题很多，涉及教师聘任、评价、奖励、晋升、道德规范要求、惩罚、工资福利、培训、解聘、退休等各方面，但关于其中的基本问题大学教师评价却未取得突破性进展。这有待于在“十二五”期间深入研究。

（八）教育人力资源开发与管理研究的趋势及研究的主要课题

1. 教育人力资源开发与管理研究的发展趋势

目前关于教育领域人力资源开发与管理的研究有经济学、管理学、心理学三种取向。经济学取向多以政府和教育行政部门为主体，管理学取向以学校为开发主体，而心理学取向则以个人为主要研究对象，研究人力资源开发过程中个人与组织的相互影响和相互作用。

（1）经济学取向的前沿问题。从教育人力资源开发与管理对政治、经济和人口的影响来说，国内研究以2003年教育部推出的第一份《从人口大国迈向人力资源强国——中国教育与人力资源问题报告》为代表，指出人力资源的加速积累是经济追赶的先导；义务教育是历史上重要的制度创新。从教育人力资源的配置和教师的供给来看，人力资源利用率被当成唯一的目标，减少人力总量的投入必定造成教育系统人员工作量的加大，造成教育质量的下降。因此研究并制定科学合理的教育人力资源配置原则是很重要的；教师的供给方面，预期收入、机会成本、受教育成本和生活、工作条件是研究的重点方向。学校的人力资源投资效益研究是一个方向，比如如何确定人力资源的成本和价值，也就是研究出一种科学的核算方法。

（2）管理学取向的前沿问题。首先，教师的培训。在教师培训上，国内主要的校本培训有：经验交流、案例分析、课堂研讨。国外的校本培训主要是高级标杆培训和虚拟组织培训。根据《国家中长期教育改革和发展规划纲要（2010—2020年）》，未来要“完善培养培训体系，做好培养培训规划，优化队伍结构，提高教师专业水平和教学能力。通过研修培训、学术交流、项目资助等方式，培养教育教学骨干、‘双师型’教师、学术带头人和校长，造就一批教学名师和学科领军人才”。未来的发展趋势是：从培训手段上结合现代信息技术的发展，运用远程网络手段对教师进行多重培训；从培训内容上，注重教师教育教学隐性知识的开发与培训，并且在培训中让教师注重参与，提高觉察水平以及沟通能力，使受训教师从观念到操作都有所感受，促进培训效果的迁移，使教师把教学理论运用到实践中去是“十二五”期间研究的重点。

其次，教师的激励与评价。对教师本身来说，个体的动机比外部的压力更有激励作用；并且如果教师获得足够的信息，就有可能达到预期的效果；若工作所需的条件能够满足，教师会有强大的创造力来提高教学与科研水平。未来研究重点在于教师激励机制及有效的激励模式的研究。

从评价上说，未来发展动向偏向于对教师发展的评价，注重效率和过程的评价，评价的方法会由纯量化走向定量与定性相结合，比如对教师个体的工作信息进行实时掌握，对评优比例的调节，走动管理与实时评价相结合。总的来说有突出教师在评价中的主体地位，恰当处理业绩评价和发展性评价的关系，将明确的评价标准和个体化评价相结合，加强评价中与教师的沟通，促进教师对评价的积极参与的倾向。

最后，教师职业生涯发展。《教育规划纲要》中指出，加快发展继续教育，建立健全继续教育体制机制，构建灵活开放的终身教育体系；大力发展教育培训服务，统筹扩大继续教育资源，鼓励学校、科研院所、企业等相关组织开展继续教育。对于教师职业生涯的发展，不再仅仅以职业为导向，而是以教师本身为主体。在职业生涯过程中更加注重主体本身的特点或者优势，并且充分考虑时代、社会和学校的要求；未来的教师职业生涯发展会更加关注教师的继续教育问题，对教师职业生涯发展的前景分析可以从以下几点探讨：在与学校有关的各项因素中，知情权与决策参与权对教师的影响；专业发展机会与教师职业态度的关系；职业发展的社会性支持。

（3）心理学取向的前沿问题。首先，教师素质。从总体素质结构上说，未来研究趋势会偏向于对教师现有知识结构的重组与整合，以及教师知识创新能力的培养。从教师素质基本构成成分来说，偏向于怎样改进教师课堂认知能力、操作能力和知识的实践转化能力。其次，教师薪酬与激励。《教育规划纲要》中指出，提高教师地位待遇，不断改善教师的工作、学习和生活条件，吸引优秀人才长期从教、终身从教。依法保证教师平均工资水平不低于或者高于国家公务员的平均工资水平，并逐步提高。落实教师绩效工资。对长期在农村基层和艰苦边远地区工作的教师，在工资、职务职称等方面实行倾斜政策，完善津补贴标准，改善工作和生活条件；制定教师住房优惠政策；建设农村边远艰苦地区学校教师周转宿舍；落实和完善教师医疗养老等社会保障政策；国家对在农村地区长期从教、贡献突出的教师给予奖励。相关研究的未来发展趋势更注重教师自我实现需要在工作满意度中的影响，关注教师本体决策参与与激励相关性研究，并且学校教育管理者与教师的沟通行为研究也是一个研究取向。再次，校长。该领域发展趋势注重中小学、大学校长的胜任特征及其开发，校长行为模式的研究，更具体地讲，研究如何形成一套科学的校长管理能力模型，如何结合校长本身的独特性与组织的氛围进行管理。最后，教师援助。目前对教师行业的援助计划（EAP）相关性研究很少，是一个新的研究方向。研究的未来发展趋势会进一步对教师行业的工作环境和工作本身的责任导致的压力、人际关系的压力进行相关性探索，以及对教师自身的情绪进行调控，减轻职业压力与身心疲惫感，预防和及时处理身心问题，维护教师的身心健康，提高工作中的满意度。

总之，教育人力资源管理研究的未来发展趋向会不仅重视个体与组织的关系，更注重组织与环境的关系，从研究方法来讲，研究者通过对大量案例进行研究，定性的假设，实证性的论证，研究方法会更加综合化。研究过程中研究人员不再以指导者的身份出现，会跟随教师一起参与，一起体验，从中发现、分析和解决问题。实证研究中明确政府、社会、学校三者的职责关系，重点强调以学校为基础，增强和改进学校的教育人力资源管理，对教育管理者、教师以及教育辅导人员的培养模式研究注重实践效果，对于教育中介组织的研究会偏向怎样使其规范化、市场化，明确其与政府的功能区别，如何建立和健全相关法律制度等。

2. 教育人力资源开发与管理研究的主要课题

（1）校长激励机制研究。本研究的目的是在管理激励的基本保障下，发挥制度激励对校长的长效激励作用，完善国家或其授权的教育行政部门与校长之间的委托代理关系并合理解决校长的代理人问题。通过对校长激励机制的研究，总结出一套校长的制度管理机制，以更加有效的方式使校长这种代理人的利益与国家教育的总体利益一致，通过制度保证校长激励的持久性和稳定性。研究内容也可以侧重在校长胜任力模型研究及基于这种胜任力的激励机制研究。

（2）高校教师胜任力评价体系研究。目前国内的胜任力模型还主要集中于企业组织领域，对教育领域的研究相对缺乏，即使是教育领域的研究，从研究对象来看，也主要集中于对中学教师的研究，对高校教师建立胜任力模型的研究还非常有限。

高校教师胜任力评价体系研究的目的是通过对教师胜任力评价体系的研究，明确胜任力评价的指标，更加注重教师在教学过程中多个方面的评价，为高校教师的选拔、晋级、绩效考核和薪酬体系制定提供依据。研究的内容有建构教师胜任力模型的研究方法、评价指标、影响因素作用机制、胜任力开发等。

（3）高校教师绩效考核与评估问题研究。对高校教师绩效考核与评估机制的研究目的在于建立一套系统、科学、客观的考核与评估标准，在考核的制度上将定量与定性相结合，根据不同学科对考核与评估制度具体分类，使指标更加健全，标准更加明确，使考核评价人员不仅有据可依，使考核与评价工作更加系统公正，而且也能真实反映被考核与评价人员的工作水平和能力，发挥出该制度的激励作用，从而促进高校和教师综合教育水平的提升。研究内容：绩效评估的指标研究；评价过程与方式的研究；评价内容与结果反馈的研究。

（4）特殊教育师资培养问题研究。特殊教育师资培养问题是我国特殊教育发展面临着的一个至今难以成功解决的重要问题，目前我国特殊教育师资培养中存在的问题有：特殊教育师资需求不均衡；特殊教育师资培养模式尚缺；观念陈旧与体系不健全。《国家中长期教育改革和发展规划纲要（2010—2020 年）》指出特殊教育是促进残疾人全面发展、帮助残疾人更好地融入社会的基本途径，因此对特殊教育师资培养是至关重要的，包括加强特殊教育师资队伍建设，采取措施落实特殊教育教师待遇，在优秀教师表彰中提高特教教师比例。

本研究的目的在于通过特殊教育师资建设中的现状研究，加大国家对此领域的投入，对特殊教师的师资培养模式进行创新，健全特殊教育保障机制，加快特殊教育体系的发展。研究内容：特殊教育师资培养的模式；特殊教育的保障机制研究。

（5）现代学校制度建设研究。现行学校制度存在的主要问题有，政府与学校关系不协调问题：教育行政机关对学校管得过多、统得过紧；政府在分配教育资源时，不能做到均衡、协调分配，也不能激励学校提高效能。学校内部关系不协调问题：校长负责制缺乏坚实的民主制基础。任命的校长对教职工、学生、学生家长和社区的服务意识相对较弱；部分校长缺乏民主意识和民主作风，教代会、教育工会形同虚设；一部分有真才实学的人难以走上学校领导岗位；人事制度、学校内部制度存在着一定的缺陷。学校与社区、学生家庭关系：条块分割的体制和发育不全的社区功能，导致大部分社区的人士和学生家长难以有效地参与学校管理。

《教育规划纲要》指出，推进现代学校制度研究要提升到新的高度，具体有政校分开、管办分离，落实和扩大学校办学自主权，完善治理结构。

本研究的目的是通过对我国现有学校制度的研究，特别是对教育人力资源管理制度的研究，探索出一条适合学校自主运行和发展的模式，创造出良性教育人力资源管理的环境，既要让学校自主发展，也要建立教育督导的管理服务模式，督导结合，使学校和政府、社会、家庭有一个系统的互动机制。研究内容：人事制度的研究；学校与政府、社会之间的职能关系研究；学校自主发展模式的评价研究；教育督导管理模式研究等。

（6）政府在教育公平中的职能问题研究。教育公平中存在许多问题，如受教育的起点不公平；受教育的过程不公平；受教育的结果不公平等，而政府在教育中发挥的作用是举足轻重的，如何发挥政府在教育公平中的职能至关重要。《教育规划纲要》指出把促进公平作为国家基本教育政策。教育公平是社会公平的重要基础。教育公平的基本要求是保障公民依法享有受教育的权利，关键是机会公平，重点是促进义务教育均衡发展和扶持困难群体，根本措施是合理配置教育资源，向农村地区、边远贫困地区和民族地区倾斜，加快缩小教育差距。教育公平的主要责任在政府，全社会要共同促进教育公平。

本研究的目的是：通过对教育公平领域中政府职能的研究，转变政府在教育管理领域中的职能或者作用，强化政府的公共服务职能，使教育资源在分配上更加平衡，更加合理，更加优化，适合国家的总体科学规划。研究内容：政府教育职能的转变策略研究；教育资源失衡的原因及对策——从政府层面分析。

（7）高职师资队伍建设研究。目前高职院校师资队伍建设的现状：公办高职院校教师基数庞大，师资整体水平较高，教师素质发展比较全面。民办高职院校大多发展周期比较短，年轻教师的比例明显偏高。行业企业举办的高职院校具有校企合作的天然优势和机制保障，其教师队伍中的“双师型”教师比例明显高于其他类型的高职院校，是各类型高职院校中“双师型”教师结构建设较好的院校。

存在的问题：师资队伍尤其是有实践经验的教师队伍建设有待进一步强化；"理论型"教师较多，"双师型"教师较少，实践动手能力不强；资金投入不足，知识更新不够，教学积极性不高；培训投入不足，培训力度不够，缺乏科学培养体系。

本研究目的是基于我国职业教育发展的需要对职业院校师资队伍建设进行研究，为职业院校师资的引进和培养提供科学的理论依据。研究内容：高职教师数量、结构现状；解决社会需求的变化、专业结构的调整与教师知识结构之间的矛盾的对策研究。

（8）我国各院校心理咨询队伍建设研究。目前我国高校心理咨询机构不是很正规，设置与管理有些混乱，难以将心理咨询工作持续、稳定、有效地开展起来。并且我国高校心理咨询机构没有统一的运作机制，含糊不清，达不成一致的规范，使高校心理咨询成为了摆设。

本研究目的在于通过我国各院校的尤其是高校的心理咨询队伍现状研究，分析我国各院校心理咨询队伍问题与不足，针对这些问题调整策略与方法，将高校的心理咨询切实贯彻于生活中，有效地帮助我们的学生。研究内容：我国高校心理咨询队伍任职资格、目前现状、培养机制及师资队伍建设的研究；心理咨询督导体系研究。

（9）关于建立校企合作的动力机制的研究。职业教育特别是中等职业教育的发展，在促进教育公平中具有不可替代的作用，其中《教育规划纲要》中把职业教育纳入经济社会发展和产业发展规划，促使职业教育规模、专业设置与经济社会发展需求相适应，指出职业教育是推动经济发展、促进就业、改善民生、解决"三农"问题的重要途径，是缓解劳动力供求结构矛盾的关键环节。但是近年来，由于行业企业不能积极参与职业教育，这不仅影响职业教育投入结构，而且影响职业教育培养质量，减弱了毕业生就业竞争力。

本研究的目的在于如何调动行业企业积极地参与职业教育中，建立相关的动力机制，解决目前行业企业对参与职业教育积极性不高的现状，使我国职业教育发挥出应有的作用，促进我国职业教育的持续发展。研究内容：影响行业企业参与职业教育的积极性的因素分析；提升行业企业参与职业教育的积极性的有效干预措施；政府主导、行业指导、企业参与的办学机制研究。

（10）教育中介组织发展研究。目前我国教育中介组织发展中的问题有：中介组织依附于政府，独立性较差；相关法规不健全，中介市场不规范；发展不完善，专业化程度不高；管理不到位，公允性不够；权威性不强。《教育规划纲要》中指出完善教育中介组织的准入、资助、监管和行业自律制度。积极发挥行业协会、专业学会、基金会等各类社会组织在教育公共治理中的作用。

本研究的目的是：在教育蓬勃发展的新时期，在教育中介组织健康发展的重要时期，必须采取措施迅速理顺教育中介组织与多方利益主体之间的关系，积极引导、加强监督，使教育中介组织在健康的轨道上加快发展。研究内容：教育中介组织与政府权力的关系研究；教育中介组织的专业化研究、市场化研究；教育中介组织资助机制研究。

（11）政府教育政绩评价指标体系的研究。目前，对于政府的教育政绩评价往往是总体性的概括，或者说是宏观上的评述，对于政绩评价指标体系的研究刚刚处于一个探索性的阶段。

本研究的目的在于运用科学合理的分析方法得出一套综合的教育政绩评价指标体系，对政府在教育各个环节中的行为和效果有一个科学的、可以衡量的标准，提高政府的教育绩效。研究的内容包括教育政绩评价的方法研究，影响评价的因素分析，评价指标体系的建立等。

（12）农村教师培养制度研究。目前存在的问题：农村教师培养制度中出现了师资供给与需求之间的体制断裂，比如近几年来出现一个怪圈，一方面广大农村中小学缺乏高素质的教师，另一方面却是师范院校大批毕业生不能进入教师岗位，农村教师培养制度面临相关利益主体之间的利益冲突，并且也存在着“去师范化”和“去农村化”的倾向。

《教育规划纲要》指出进一步加大农村、边远贫困地区、民族地区教育投入，以农村教师为重点，提高中小学教师队伍整体素质。创新和完善农村教师补充机制，对长期在农村基层和艰苦边远地区工作的教师，在工资、职务职称等方面实行倾斜政策，完善津补贴标准，改善工作和生活条件。中央财政通过加大转移支付，支持农村欠发达地区和民族地区教育事业发展，加强关键领域和薄弱环节，解决突出问题。

研究目的：通过对农村教师培养制度的研究，从根本上加强农村教师队伍的建设，提高农村教师的素质，促进城乡教育公平的制度保障。研究内容：农村教师培养制度与农村公共服务制度体系的联系；农村教师补充、退出和流动机制研究；农村教师培养制度变迁的实现方式研究。

（13）教师教育教学隐性知识开发与培训。教师隐性知识是指那些蕴涵在教师头脑中的价值、观念、情感、认知等反思实践取向的知识。它存在于教师个体头脑中，是一种隐性的、潜在的，难以明确表达和传播的知识。内容上是教师个体在长期的教育教学过程中对教育教学理论知识的理解、对教育教学实践的反思、对教师这一特殊职业价值观和人生观的诠释。目前对于教师隐性知识的开发处于一个探究阶段，对教师教育领域的专业知识和能力的研究远不止已经被教育专家发现、归纳和格式化的、编码为各分支的教育科学知识，还包括积聚在每一个教师中的教学和教育经验中。

本研究的目的在于为组织识别和开发潜能与素质提供依据，为组织发掘教师隐性知识、促进知识分享和提高培训有效性提供依据。研究的相关内容：教师隐性知识的内涵和内容体系，教师隐性知识的生成机制和专家型教师的成长规律，教师隐性知识显性化的机制和培训模式，隐性知识转化的影响因素与障碍分析，隐性知识传播模型及共享体系研究；建构隐性知识理论指导下的教师培训模式。

（14）教师薪酬与激励研究。《教育规划纲要》中指出，不断改善教师的工作、学习和生活条件，吸引优秀人才长期从教、终身从教，依法保证教师平均工资水平不低于或者高于国家公务员的平均工资水平，并逐步提高，落实教师绩效工资，落实和完善教师医疗养老等社会保障政策。因此教师薪酬与激励的相关性研究逐步展开，目前我国教师的薪酬激励机制的设计主要是缺乏弹性与长期性，无法很好地与绩效挂钩，机制模式单一，存在着平均主义，并且薪酬的增长取决于个人职务的提升，薪酬竞争力不强，体现不出公平与效率。

本研究的目的在于根据人力资本相关理论与教师职业本身的特点，基于“能本管理”的思想，完善和创新出科学合理的教师薪酬激励机制，充分发挥出薪酬的激励功能，充分调动广大教师的工作积极性，提高我国教育教学的质量。研究内容：学校分配的自主权；薪酬的分级与分类管理制度；岗薪结合的薪酬体制。

（15）教师职业生涯发展与管理研究。目前对教师职业生涯发展与管理的探索虽有一些有益的尝试和探索，但无论在管理理念和实现途径上，这方面的研究才刚刚起步。本研究的目的是从教师专业发展角度去探讨教师职业生涯发展与管理问题，拓展了职业生涯管理理论的应用范围，增强职业生涯管理理论的普适性，为高校组织探寻新的师资管理体系提供了理论依据。研究内容：从高校组织和高校教师双重角度对教师职业生涯管理的理论体系进行探讨，包括资源的投入与保障体系；沟通渠道的建立；教师培训体系的完善；绩效评估与反馈制度；以职业生涯为导向的薪酬管理体系；职业信息辅助支撑系统的构建。

（16）教师援助计划（EAP）。EAP 即员工援助计划，是组织为员工设置的一套系统的、长期的福利与支持项目，它通过专业人员为组织、员工提供诊断、评估、培训、专业指导与咨询，帮助员工自身及其家庭成员解决各种心理和行为问题，目的在于提高员工在组织中的工作绩效和身心健康，并改善组织气氛与管理效能。目前我国对于教师行业的援助计划的相关性研究处于探索性阶段。本研究的目的在于对教师行业的工作环境和工作本身的责任导致的压力、人际关系的压力进行相关性探索，对教师自身的情绪进行调控，减轻职业压力与身心疲惫感，预防和及时处理身心问题，维护教师的身心健康，提高工作中的满意度，并且通过教师援助计划，调整个体与组织的相关利益，培育和增强教师的心理资本，提高工作效率，改善组织气氛。研究的内容：设计与改善教师工作环境；心理压力应对机制及干预策略；教师心理健康评估机制；心理危机干预研究。

（撰稿人：教育经济与管理学科组 孙绵涛　邓旭　祁型雨　马立武
杨克瑞　吴云勇　孙河川　康翠萍　张淑华）

基础教育研究[①]

一、"十一五"期间基础教育研究的主要进展

根据"十一五"期间教育科学规划课题的立项情况和对于数据库、部分著作、重要报刊的查询，可将五年期间我国基础教育的主要进展大致梳理如下。

（一）基础教育课程与教学改革研究的推进

1. 高中课程改革备受重视

根据新课程改革的进程，自2004年9月始，山东、广东、海南与宁夏4省、区率先进行普通高中新课程实验，开始初期实验；2006年至2007年，新课程进入中期实验阶段，2008年至2010年则进入全面推进阶段，截至2010年，全国所有省份都在陆续进入普通高中新课程。因此，"十一五"期间的五年，恰好处于高中课程改革的风口浪尖上，高中课程改革一时成为牵动人们神经的敏感问题。在此期间直接以高中课程改革为研究主题的课题就有四项，在中国期刊网中的篇名中输入"高中课程改革"字样，可以发现在2001—2005年有177篇文章，而在2006—2010年5月就骤升至528篇。此外，《中国教育报》在"十一五"期间还以专栏形式对该领域的研究进行了连续十次之多的系列报道，内容涉及高中新课程之"新"、学分管理、体育与健康等多个方面。

整体而言，这五年中有关高中课程改革的研究和争论主要围绕以下几个主题展开：一是面对这种转型高中教育如何适应的问题，如"基于课程文化转型的普通高中学校课程能力建设研究"、"普通高中课程改革实施的学校文化适应性研究"、"高中体育课程改革的反思与推进策略研究"等几项规划课题均以此为切入点。二是新课程背景下什么样的教学和教师才理想的问题，相关课题有"新课程背景下高中学科教师专业知识发展及优秀教师个案分析研究"等。三是课程的设置尤其是选修课的设置问题[②]。四是文理分科是否可取的问题，有学者从思维方式的二元对立入手对其进行彻底批判[③]，也有学者从博弈论的视角讨论取消文理分科的必要性和可行

---

① 本调研由华东师范大学基础教育改革与发展研究所组织力量完成，参加调研的有：杨小微、武云斐、毛齐明、李飞、王晴、杜芳芳、顾彬彬、高金锋、胡东坡、王娟、贝思思等。

② 潘洪建，李志厚，周福盛．高中选修课实施现状与对策的研究［J］．课程教材教法，2008（3）．

③ 蔡宝来，王瑞．高中文理分科：问题实质、利弊分析及改革路向［J］．课程教材教法，2009（9）．

性①，还有学者支持文理分科，并对其立论依据进行详细分析②。

2. 新课程的中考改革成为关注点

随着课程改革的发展，学生的评价问题开始越来越受到重视，尤其是如何对参与新课程的实验区学生进行初中升高中的考试开始成为不得不探索的新问题。

《中国教育报》在2005年4月份，连续六期以系列报道的形式展现了人们在该方面的重要探索。内容涉及实验区毕业生学业考试单独命题、学业考试多样化、尊重学生自评和互评、录取参照学业成绩和综合素质评价结果、实行公示制度、诚信制度、监督制度和评估监控制度、在学校考试中将百分制改为等级制、重综合素质与全面发展的评价、建立关键表现记录等。

另外，中考改革实验从2004年的17个实验区拓展到2005年的500多个实验区，各实验区所制定的考试与招生新方案中，出现了许多新的变化。比如，山东潍坊市每年1月和6月举行两次考试，取两次中的最高成绩作为毕业和升学的依据，对综合实践活动课、地方课和学校课程实行学分管理，学生获得规定的学分，方可取得毕业和升学资格；湖北宜昌中考分为统一考试、考查与学校考查两种；安徽省语文中考允许使用《新华字典》，思想政治与历史（或历史与社会）、物理与化学实行开卷考试，物理、化学、生物实验操作的考试由学生随机选择一项内容，体育、实验操作考查结果体现在初中毕业综合素质评价中；山西临汾市采用多元化评价方法；河南省强调学生档案的建立和管理，等等③。这些变化，都体现了新课程的理念。

3. 对“课程领导”的关注度有所提高

“课程领导”这一概念自2004年左右开始崛起，至“十一五”期间已成为课程领域中一个炙手可热的词汇。从中国期刊网上所收录的学术论文和硕博论文来看，“十五”期间所收录的文章分别为39篇和5篇，至“十一五”期间则分别为188篇和26篇。“十一五”期间较有代表性的研究视角有三：一是从对校长课程领导的关注到课程领导共同体的创建。这种理念从过去强调以校长为唯一课程领导者的控制到以校本管理、团队合作、协同决策为主要特点、模式的转变，更强调赋权增能和参与式领导，重视团队的合作，教师、教研组长、年级组长、家长等都可以涉入不同层面的领导。④ 二是课程领导的行动研究、个案研究成为新的研究趋向。相对于“十五”期间对课程领导的关注点在于理论研究及西方、香港和台湾地区的研究，“十一五”期间我国课程领导开始聚集在行动研究、个案和实验研究，开始研究校本开发过程中

① 刘志军，王振存．取消高中文理分科：必要性与可行性的博弈［J］．课程教材教法，2009（9）．

② 赵志毅，程建坤，等．高中文理分科何错之有——与取消论者商榷［J］．课程教材教法，2009（12）．

③ 李建平．中考改革系列报道（四）2005年中考：试验区方案亮点闪现［N］．中国教育报，2005-4-4．

④ 王廷波，卜庆刚．学年组长课程领导的行动与反思［J］．中国教育学刊，2009（9）；毛利丹．教师的课程领导探析［J］．继续教育研究，2009（8）；李叶峰．教研组长课程领导研究的缺位［J］．教育理论与实践，2010（2）．

的课程领导。① 三是对课程领导进行了多视角的分析，丰富了对课程领导的理解和认识。有论者从知识管理的视角，认为课程领导是个体在学校组织中运用知识从事课程实践的行为，通过知识管理促进知识的交流与共享，构建符合学校课程领导的学习型组织，以追求知识的创新，从而提高学校效能。② 为了克服把存在本质差异的学校课程领导仅仅归结于领导风格不同的肤浅性，有论者采用“范式”的方式分析我国学校的课程领导，对于理解课程实践的历史，更好地变革学校课程实践的现状，并预测其未来都有重要的意义。③

4. 在深度反思中推进课程改革成为新的趋势

“十一五”期间，是课程改革由实验期向全面推进期的转换阶段，反思自然成为必然之举，同时，实验期间所遇到的各种矛盾和问题也进一步凸显。于是，此间呈现的一个重要趋势是，学者们对我国传统课程存在的问题批判逐渐冷却，转而把关注的焦点放在对课程实施的反思之上，进而寻求摆脱课程改革困境的思路。

这一趋势主要体现在以下几个方面：其一，对新课程的理论基础进行深入探讨。自 2005 年 5 月始，《中国教育报》开辟“新课程改革的理论基础是什么”专栏，刊载学者们对于此问题的争鸣，靳玉乐、艾兴、马福迎、高天明等学者进行了较为激烈的争论，从而引发了“十五”到“十一五”期间较长时间的对新课程理论基础的追问。其二，对课程改革的性质进行辨析。如王本陆等对于激进式的课程改革进行了批判；王策三提出了修正课程改革的“方向”的思想；黄济辩证地分析了引进与中国化、学习知识与培养能力、紧张与宽松、师与生、教与学等之间的关系。其三，对课程改革推行过程中所遇到的困境进行分析。其四，探索课程改革的中国化问题。在“十一五”期间，学者们重在对我国课程本土化研究的反思，这种反思既是对正视课程改革中遇到的困难、问题的体现，又是我国课程本土化研究逐步深入的体现。学者们主要从传统课程思想的断裂与流失、课程研究中的文化仆从心态、课程论自己的研究立场和原创意识等方面来谈课程本土化研究缺乏的表现。

5. “有效教学”、“差异教学”、“对话教学”、“生成性教学”、“生态课堂”等理念受到进一步关注

其一，就“有效教学”而言，据不完全统计，“十五”期间，相关的期刊论文数为 178 篇，至“十一五”期间，该数目陡升至 2 426 篇。相应地，硕博论文也由“十五”期间的 12 篇升至 113 篇。在著作方面，“十五”期间的著作共 9 部，其中译著 5 部；“十一五”期间，相关著作达 46 部（译著 6 部），其中仅 2008 年一年之内就产出 25 部相关著作。而且，这些著作不再像“十五”期间一样，只是以翻译国外著作

① 李臣之，帅飞飞．深圳市中小学教师参与校本课程开发行为意向的调查研究［J］．课程教材教法，2010（4）；尹后庆．加强课程领导：现实的挑战与应对的策略［J］．上海教育科研，2010（3）；王廷波，卜庆刚．学年组长课程领导的行动与反思［J］．中国教育学刊，2009（9）．

② 罗生全，靳玉乐．学校课程领导：知识管理的视点［J］．中国教育学刊，2007（8）．

③ 靳玉乐，董小平．论学校课程领导的范式转型［J］．教育理论与实践，2007，27（4）．

为“重头戏”，而是更多地从国内教学实践出发，从理论和实践两方面对各学科及教学的各环节进行有效性探讨，且注重以丛书的形式进行系统研究，如余文森的“有效教学丛书”即属此例。

其二，就“对话教学”、“生成性教学”和“生态课堂”而言，相对于“十五”期间，教学研究在这些方面也有了更多的关注。此种趋势由表3-34可略见一斑。

表3-34 “对话教学”等教学研究的趋势

题名	期刊文章		硕博论文	
	2001—2005年	2006—2010年	2001—2005年	2006—2010年
差异教学	49	156	16	33
对话教学	124	418	11	34
生成性教学	5	133	1	11
生态课堂	19	163	1	7

另外，“十一五”期间以这些热门词汇为关键词的立项课题也较多。如“新课程视野中的‘有效教学’研究”、“我国新课程改革背景下对话教学的理论与实践研究”、“生成性教学的基本理论与实践策略研究”、“我国中小学生态课堂建设与教学方式变革研究”、“课堂的生态学研究”等。

（二）基础教育公平与均衡研究的推进

1. 关于公平与均衡问题研究全面展开，表现为研究数量的增多和研究问题域的扩展

我国学术界对教育公平问题研究的普遍关注和系统理论探究始于20世纪90年代。自2005年始，教育公平的研究进入鼎盛时期。“十一五”期间教育公平与均衡方面的研究全面展开，如表3-35所示，以“教育公平”和“教育均衡”为题名及关键词在“核心期刊”范围进行检索，自2001年始，相关研究文章逐年增加，自2006年始，文章呈激增态势，只是在2009年有所回落。并且在上述搜索结果中以“义务教育”或“基础教育”为题名及关键词搜索，相关的研究文章也同样呈现增长态势。

表3-35 2001—2009年“教育公平与均衡”等研究文章发表数

年度	教育公平与均衡	义务教育+基础教育
2001	30	4
2002	50	22
2003	118	36
2004	86	29
2005	143	32

续表

年度	教育公平与均衡	义务教育+基础教育
2006	213	62
2007	239	53
2008	236	57
2009	170	53

从图 3-20 来看，关于基础教育领域的研究增长趋势不像以"教育公平与均衡"为主题的研究的增长趋势那样剧烈，这也从一个侧面说明了有关教育公平与均衡研究的问题域，从基础教育领域拓展到了高等教育、中等专业及职业教育，当然，也有相当数量的论文是从一般原理角度来探讨这一主题的。

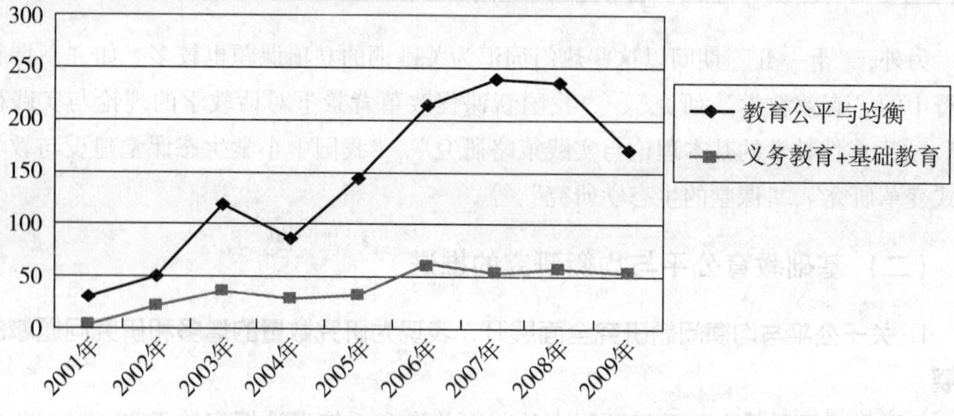

图 3-20　2001—2009 年"教育公平与均衡"等研究文章发表趋势

2. 研究涉及宏观、中观、微观三个层面

宏观层面的研究，从一般原理和制度层面都有立项，如，由翟博主持的国家一般课题"基础教育均衡发展理论与实证研究"；由南京师范大学叶忠主持的"义务教育均衡发展的制度保障研究"等。其他维度的研究则多从市/县域/区域层面展开。较之"十五"期间的同类研究，"十一五"期间关于均衡的研究，从地区层面入手的研究较少，从县域和区域层面切入的研究较多。如"十五"期间有关公平与均衡的课题中"西南少数民族地区基础教育现状调查分析与教育均衡发展战略对策研究"、"西北少数民族地区基础教育均衡发展的问题与对策研究"等，这些研究主要是以地区为研究单位的。而"十一五"期间的研究，则更多地以县域/区域为单位，倾向于回到具体的情境场域、针对具体的实际问题。如"苏州、无锡、常州三市全面建设小康社会中推进教育公平的实践研究"，"推进区域基础教育均衡发展的伙伴协作研究"，"构建学区管理模式促进基础教育均衡发展"，"新时期浙江省基础教育公平与均衡发展中的问题与改进对策研究"，"农民工子女就读城市公办学校的文化冲突与融合研究”，等等。这样的研究趋势，从一个侧面反映了本领域研究得更加深入，关注到了公平与均衡问题的复杂性和具体的境遇性，出现了探索实现“优质均衡”的新的切入点。

3. 研究方法日趋多样与系统、科学

系统多样的研究方法的使用成为“十一五”期间均衡与公平研究的一大特点。由翟博主持的“基础教育均衡发展理论与实证研究”中，从区域、城乡、学校和受教育群体四个方面对基础教育的均衡度进行了实证研究，其分析指标包括各地区间公共教育经费差异系数、各地区生均教育经费差异系数、各地区生均预算内教育经费差异系数、各地区间生均校舍建筑面积差异系数、各地区间学生入学率差异系数、各地区教师合格率差异系数、各地区教育基尼系数及其差异等指标进行分析。其研究成果在《教育均衡论——中国基础教育均衡发展实证分析》一书中呈现，指出各地区基础教育的差距总体出现缩小态势，基础教育特别是义务教育入学率，各地区中小学教师合格率差距不断缩小。

4. 关于公平与均衡的政策执行研究逐渐增多

从研究关注点来看，不仅有制定政策提供参考的各种调研和实践研究，而且呈现出了越来越多的政策执行过程及效果的研究。如许杰主持的 2008 年立项课题“均衡发展进程下的中部地区免费义务教育政策实施效应追踪——以安徽省为个案”，在其阶段性研究成果中指出，农村义务教育保障新机制的实际实施过程中存在着“公平提升，质量旁落”的负效应。

5. 相关问题域的深化与拓展

与“十五”期间的研究相比，各个问题域具有承接和深化的关系。

第一，关于基础教育的公平和效率的讨论向“基础性”聚焦。

公平与效率的问题是教育公平研究的核心问题。学者从多个视角，如政治学、政策学、社会学、教育学进行了辨析。“十一五”期间，越来越多的学者指出，在研究基础教育中的公平与效率时，必须在教育的语境和话语体系中进行，要从基础教育的“基础性”角度来分析二者的关系。① 教育公平与效率的关系实质上就是“教育资源配置的平等原则、差异原则和补偿原则”与“教育对于个人发展与国家发展的贡献率”之间的关系。②

第二，弱势群体问题依然备受关注，相关研究呈现深入或拓展的趋势。

“教育弱势群体”主要指接受基础教育（包括义务教育）的学龄人群，在我国他们不仅包括原有的或传统意义上的弱势群体，如女童、残疾儿童和少数民族儿童，而且包括社会转型后形成的农村贫困地区儿童、进城务工农民子女即“留守

---

① 鲍传友，冯小敏. 徘徊在公平与效率之间——中国基础教育管理体制变迁及其价值向度［J］. 教育科学研究，2009（5）.

② 褚宏启. 教育公平与教育效率——教育改革与发展的双重目标［J］. 教育研究，2008（6）.

儿童”、“流动儿童”以及城市低收入家庭的子女。我国“教育弱势群体”主要是社会转型后由于社会公共政策和制度安排以及教育政策所造成的弱势群体，目前对弱势群体研究集中于转型后的弱势群体的研究。根据中国期刊网上以表3-36中的词语进行题名搜索，随班就读问题依然保持其关注度，而农民工子女、流动人口子女、留守儿童等三个问题则呈现增长的态势，其中尤以“留守儿童”的研究激增最为明显。

表3-36　2001—2010年关于弱势群体研究发表文章的比较

	2001—2005年	2006—2010年
农民工子女	85	524
流动人口子女	83	143
留守儿童	69	1 755
随班就读	107	125
义务教育免费两免一补	7	28
择校（核心期刊）	85	80
择校（全部期刊）	346	605

对农民工子女/流动人口子女的研究，“十五”阶段的重点是农民工子女基础教育问题的现状、问题及原因分析与对策，主要以制度、经费等外部因素为分析切入点。而“十一五”期间的研究除了继续深化上述研究视角外，还进一步从文化的视角来讨论农民工子女的“融合”问题。“十五”期间的课题“关于农民工子女在迁入地接受基础教育的系统研究”、“广东省农民工学龄子女教育问题现状调查和对策研究”，这两个研究都倾向于研究“农民工子女”基础教育问题的现状，及其提出相应的制度对策和建议。由南开大学朱镜德主持的课题“关于农民工子女在迁入地接受基础教育的系统研究”中指出农民工子女在迁入地不能获得完全的义务教育，其根本原因在于相关义务教育资源的供给与配置机制尚未形成。该文在分析我国财政收支结构和特点的基础上构建了农民工子女义务教育经费供给模式，并就其配置模式指出发行教育券是符合中国实际情况的选择。该研究从制度建设的角度来探讨农民工子女的基础教育问题。而“十一五”期间，研究则转向了更为深入的文化问题，如由上海市教育科学研究院普通教育研究所汤林春主持的“农民工子女就读城市公办学校的文化冲突与融合研究”、南京师范大学周宗伟主持的“城市学校中的农民工子弟亚文化研究”。这两个课题的研究切入点则是农民工子女在解决了入学问题即起点公平之后的过程公平问题。

通过期刊网相关文章的检索来看，承接“十五”期间的研究态势，自2006年始，关于农民工子女/流动人口子女的研究逐年上升并保持着高关注的态势。

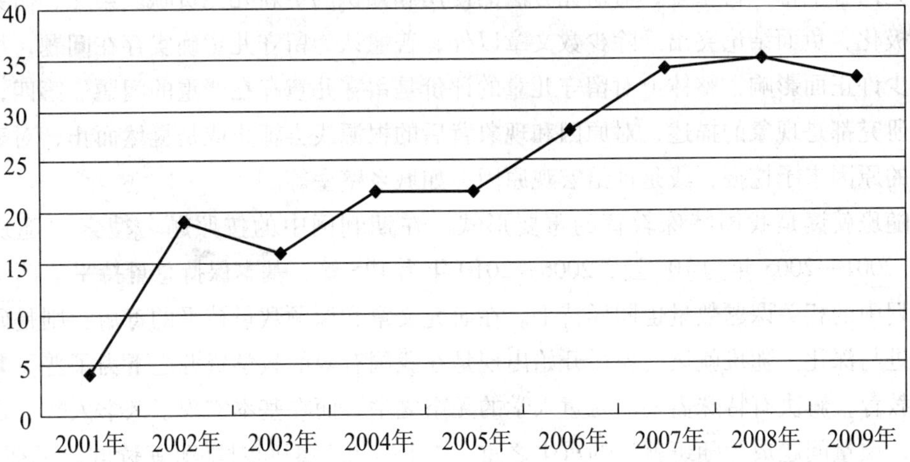

图 3-21　2001—2009 年农民工子女/流动人口子女的研究趋势

从研究角度而言，较之前阶段呈现出学科交叉力度加大的趋势。社会学研究流动人口子女的社会背景及其人格发展问题，心理学探讨流动人口子女与城市子女的心理发展对比，法学则探讨流动人口女子受教育权的宪法保障问题等。研究重点也从讨论规约农民工履行其子女的受教育的义务角度转向依法保证农民工子女受教育权；从强调家长的监护义务向凸显政府的教育责任转变。

留守儿童问题为“十一五”期间公平与均衡领域涌现出的一个研究热点。国家开始介入留守儿童问题，标志是 2004 年 5 月 31 日由教育部基础教育司在京召开的“中国农村留守儿童问题研究”研讨会。此会集中了各方学者以多学科、多视角、多层面的形式展开了对留守儿童问题的讨论。这一热点问题也引起了媒体的关注。如 2004 年《光明日报》曾两次刊载了某些县市的实践经验①。统观期间的调查报告和论文，留守儿童问题的研究数量剧增；研究视角多元化，主要涉及人口学、社会学、教育学以及心理学等角度。有学者以实证研究的方式对留守儿童和流动人口子女的社会化问题进行了对比研究，通过教育社会化、家庭生活社会化、身心健康、人际交往及其社会化结果等方面的比较，得出了流动儿童的社会化状况优于留守儿童的结论，并指出这在一定程度上意味着农民工子女跟随父母流动将会提高我国人力资本的总量。② 总的来说，留守儿童研究的起步，存在着诸多不足：第一，理论研究不足。在维普数据库中以“留守儿童”为题名或主题词检索，“十一五”期间共 1 820 篇，但其中核心期刊的文章仅 213 篇，仅占 11.7%。这从一个侧面说明了此问题的理论研究不足。第二，研究方法多为差异比较法。这导致了对问题的认识、理解只通过差异性方法来表达的刻板模式，对数据权威性的盲目信任导致大批研究无论在研究思路还

① 6 月 22 日，《光明日报》刊出湖南省邵阳市新宁县白沙镇的“代管家长制”。11 月 4 日，《光明日报》头版刊载了《江西于都县实施“留守孩”关爱工程》。

② 刘成斌，吴新慧. 留守与流动——农民工子女的教育选择［M］. 上海：上海交通大学出版社，2008：178.

是研究内容上都一再重复，对研究方法的使用和知识的更新几无贡献。第三，研究结论单极化，负面结论突出。除少数文章以外，普遍认为留守儿童确实存在问题，尽管也有少许正面影响，整体上对留守儿童的评价是留守儿童存在严重的问题。第四，大部分研究都是现象的描述，对原因和现象背后的根源浅尝辄止或是戛然而止，对表象背后的原因未予挖掘，或是推给宏观原因，如城乡壁垒等。①

随班就读是我国特殊教育的重要形式。在期刊网中的按照题名搜索“随班就读”，2001—2005 年为 107 篇，2006—2010 年为 125 篇，基本保持总量持平。两个五年计划中的相关课题数量也同样持平。在研究文章和课题数量持平的背后，则是研究的推进与深化。随班就读现象最开始出现是在我国有限的教学资源之下为了普及九年义务教育，解决有特殊需要的儿童入学的无奈之举。而在基本实现了入学人数的目标之后，质量问题成为随班就读的重中之重。“十一五”期间对随班就读问题的研究，延续了对质量问题的关注，并从政策、课程、教学、教师、学生心理因素、社会支持系统等多个方面分析了质量不高的成因及对策。

2005 年年底，国家决定实施农村义务教育经费保障的新机制。在中西部地区对农村义务教育阶段家庭经济困难学生实行“两免一补”。2006 年 4 月十届全国人大常委会第二十一次会议再次审议义务教育法修订草案。草案规定，义务教育是国家统一实施的所有适龄儿童、少年必须接受的教育，是国家必须予以保障的公益性事业，不收学费、杂费。关于义务教育免费的研究也多集中在“十一五”期间。学者们研究了义务教育免费政策在实行过程中遇到的实践难题——农民工子弟入学、城乡教育资源占有不均及学生择校②，指出在体制不完善的情况下，此政策并没有缩短城乡不均衡间的差距。③ 也有学者具有前瞻性地指出，应对义务教育免费的实施困境，要关注教育过程公平。④

择校是弱势群体研究中的一个热点问题，在全部期刊的检索中，呈上升趋势，而在核心期刊的检索中，则文章的数量持平。似可从一个侧面说明择校问题在现实民生中所具有的高关注度。择校其实是公平与均衡问题的另一个维度——校际均衡问题的体现。“十一五”期间关于择校的研究呈现了多学科的研究角度，如博弈论、公共管理、文化资本、公平与均衡等的角度对择校现象进行了分析，有学者把择校比作制度的顽疾，也有学者认为解决择校的根源在于校际均衡问题，相对来说是个比较遥远的目标，但是可以在大城市先通过教师流动制度来解决校际差距的核心——师资

① 万明钢，毛瑞．当前我国留守儿童研究存在的若干问题［J］．西北师范大学学报（社会科学版），2010（1）；徐阳．农村留守儿童问题研究［D］．上海：华东师范大学，2006．

② 蒋平，王正慧．义务教育免费之后的考验——实践难题与现实出路［J］．河北师范大学学报（教育科学版），2009（8）．

③ 程红艳．义务教育免费政策和基础教育均衡发展［J］．教育与经济，2009（2）．

④ 杨小微．从义务教育免费走向教育过程公平［J］．基础教育，2008（12）．

差距。①

对于盲聋哑儿童的教育问题的研究也是关注弱势群体的重要方面。较前一个五年计划，课题数呈上升趋势。各个研究从教育心理、教育技术、教学、社会学等多个角度探讨盲聋哑儿童的教育问题。由上海第四聋校的代秀琴主持的“医教科研结合优化聋童语言学习策略的研究”，以科研为载体，教育康复为主、医学康复为辅，实施医教科研结合，探索聋童语言学习的有效策略。总结“补偿—发展”的特殊教育观，提炼长期的教学经验，以及对聋童听力和常见语句问题的调查研究基础上，提出了“医教结合，强化口语，学用并举”这一促进聋童语言发展的基本对策。

第三，转移支付问题的研究走向深入。

研究的深入首先表现在数量的增加上，在期刊网以转移支付为题名进行搜索，2001—2005 年 395 篇，2006—2010 年 685 篇。其次，表现在研究层面上，从过去关注中央对地方的转移支付，转而研究市、县一级的转移支付政策。再次，研究呈现多学科交叉的情况，如对转移支付的从经济学、法学、伦理学、公共管理等角度的研究。最后，研究方法更加科学系统。更多地使用系统的实证分析方法或个案研究等方法的研究明显增多。

最后，农村基础教育和民族基础教育的研究走向深入，对于过程公平的研究增多。

针对城乡不均衡及区域不均衡发展的农村基础教育研究和民族基础研究，从“十五”期间始就体现了逐年增多的趋势。较之前一阶段，“十一五”期间的农村基础教育和民族基础教育研究中，基于过程公平研究视角的研究逐渐增多，体现了我国基础教育公平与均衡研究的视角的推进和深化。如“扎根西南民族社会原生和谐培植区域基础教育课程特色研究”，以及“民族地区中小学推进新课程改革研究”、“农村小学生生活经验与学科课程改革的研究”等课题，都是通过追求民族地区基础教育的内涵发展来追求公平与均衡之路的。

（三）基础教育学校变革研究的推进

近五年来，研究者继续把研究的目光聚焦到学校变革上。这五年间关于学校变革的研究，有些是对“十五”期间已经有所研究的问题的进一步深化，有些是新生的研究问题。通过对“十一五”期间的立项课题以及这五年间所发表的文章的分析，总结出“十一五”期间学校变革的研究取得了以下进展。

1. 有关学校文化建设的研究进一步升温

“十一五”期间，从学校文化入手研究学校变革的研究较“十五”期间又有了新的发展。从中国期刊网上相关文章的数量来看，“十五”期间为 248 篇，“十一五”

① 肖舒楠. 择校问题就是政府是否作为的问题——访 21 世纪教育研究院院长杨东平［N］. 中国青年报，2009-12-15.

期间为928篇。从研究的角度来看，“十一五”期间对于学校文化研究更加体现了复杂思维的特点。较典型的研究包括：其一，杨小微在《理解当代学校文化生成的多重视角》（国家社会科学基金“十一五”规划2007年度国家一般课题“终身教育理念下的基础教育学校变革与区域推进研究”阶段性成果）中主张①，学校文化变革要注重“软”“硬”转化、“时”“空”交叠和“显”“隐”相生，从而呈现出了学校文化变革的复杂面相。其二，叶澜研究了文化生态的复杂性与中国学校文化发展的关系，指出学校要帮助学生独立地面对复杂多变的世界，新型的学校文化只能在学校教育改革实践中逐渐创生，在师生的学校日常生存方式的变化中深刻体现。② 其三，吴中平在《冲突与融合：学校文化建设新视角》一书中从文化冲突的动态角度探讨了学校文化的建设问题。

2. 对学校制度建设进行更深入的反思

学校制度建设作为学校变革的重要部分，在“十一五”期间继续受到研究者的关注，而且进入了更加深刻的反思阶段。

比如，有论者对当前学校制度的结构进行了强烈批判，认为科层化、官僚化的教育体制已使学校变成一个毫无生气的、不能激发人的主动性和创造性的组织。因此，当今改革的一条重要途径是让学校成为“自组织”治理体系，让其中的制度社会资本即非正式制度“复活”或“再生”。③ 另有论者主张对学校制度的性质进行反思，认为当下人们探讨“建立现代学校制度”，受双重动机支配：一是主动与国际教育改革接轨，二是与市场经济体系接轨；而且决策者的主观意志也一定程度地左右着制度建设的方向和内容。实际上，建立现代学校制度，不可忽视现代学校的性质及其发展规律，不可忽视制度设计与运行的性质及其规律。只有充分体现“学校性”和“制度性”特征，现代学校制度建设才能有效。④ 还有论者从学校制度的内在假设入手进行反思，认为如任何其他制度一样，学校各种制度的设计都有其潜在假设，从不同假设出发的制度设计有不同的功能。持“恶而能动”的人性假设，会看重制度的限制和控制功能；持“中性而被动”的人性假设，会制定塑造式的制度；持“善而能动”的人性假设，会提出保护的、激励的、适度规范的制度主张。以促进学生主动健康发展的学校制度建设在实践探索中，首先涉及学生在自己的组织运行中自主生成相关制度，然后是建立与学生发展直接相关的制度，最后是校内及校外一切与学生发展间接相关的制度。⑤ 还有研究者基于我国近些年来基础教育学校变革研究实践的新进展，

① 杨小微. 理解当代学校文化生成的多重视角［J］. 教育科学研究，2009（7）.
② 叶澜. 文化生态的复杂化与中国学校文化的发展［R］. 上海：首届中外中学校长论坛，2005.
③ 盛冰. 现代学校制度变革：正式制度与制度社会资本的有效配合［J］. 教育学报，2005（2）.
④ 李兴洲. 反思“建立现代学校制度”［J］. 教育学报，2007（4）.
⑤ 杨小微. 促进学生发展的学校制度建设［J］. 教育发展研究，2010（4）.

对学校制度变革与创新的问题展开了系统的研究。①

3. 校长领导力受到关注

随着校本理念的深入，校长在学校变革中的作用方式受到更多关注，“校长领导力”这一概念也吸引了众多研究者的眼球。从中国期刊网收录的文章来看，“十五”期间有关校长领导力的文章仅2篇，“十一五”期间则陡升至70篇。不过，领导力本身是一个来自于企业界的概念。在引入学校之中的短暂时间里，有研究者对校长领导力兴起的背景、内涵和实践应用等方面进行了分析②。有研究者对校长领导力进行了深入的分析后提出根据影响力的指向和功能把其分为了技术领导力、人际领导力、教育领导力、象征领导力和文化领导力③。也有研究者指出当前教育界对校长领导力的理解存在着误区，即拔高和夸大了校长非权力性影响力，而贬低和忽略了权力性影响力；并明确指出权力影响力是领导力的核心因素，非权力性影响力是其动力因素。并以此为依据，认为校长领导力包含两个层次的四种因素：愿景规划能力、决策能力、执行力和诱导力。④ 还有研究者基于学校变革的背景下系统地阐释了校长所应具备的应对变革的能力，并在此基础上构建了校长领导力的“心脑手”模型。⑤

4. 大中小学合作中合作者之间的关系得到进一步审视

大中小学合作越来越成为推动学校变革的重要力量，而随着这种合作越来越普遍，研究者们对于这种合作关系进行了总结和反思。叶澜在总结了“新基础教育”在过去十五年探索中的经验，指出大学专业人员可以“主动深入介入的方式”与中小学进行伙伴协作研究。专业人员的“深度”介入，并不等于“代替”实践者，而是指其对实践的介入程度、影响力达到的深度以及在变革过程中交互作用的“深度”。⑥ 还有论者认为大学与中小学的合作应从“协同合伙”走向“共同发展”。两者从“协同合伙”走向“共同发展”须着眼于以下几方面：达成思想共识、加强组织建设、拓展合作领域、建设共同的组织文化和加大经费支持力度等。⑦ 也有研究者对院校在学校改进中正向显性、正向隐性、负向显性和负向隐性等功能进行了详细分析。⑧

5. 教师的自觉成长成为重要议题

教师是一个个生活在现实、具体环境中的人，保障教师的生存环境，使之在良好

① 张红霞. 在变动中寻求秩序：转型性变革背景下学校内部制度更新［D］. 上海：华东师范大学博士学位论文，2009.

② 张爽. 校长领导力：背景、内涵及实践［J］. 中国教育学刊，2007（9）.

③ 赵明仁. 论校长领导力［J］. 教育科学研究，2009（1）.

④ 英配昌. 学校发展中的校长领导力——兼谈校长领导力理解的误区［J］. 教育科学研究，2009（12）.

⑤ 张平. 学校变革视野下校长领导力研究［D］. 上海：华东师范大学，2010.

⑥ 叶澜. 大学专业人员在协作开展学校研究中的作用［J］. 中国教育学刊，2009（9）.

⑦ 滕明兰. 从“协同合伙”走向“共同发展”——大学与中小学合作问题研究［J］. 教育发展研究，2008（22）.

⑧ 卢乃桂，张佳伟. 院校协作下学校改进原因与功能探析［J］. 中国教育学刊，2009（1）.

的环境中增强其自觉成长的意识和获得自主成长的机会越来越成为教师成长中颇受关注的主题①，因而，校本研修等促进教师成长的新形式近年来也越来越“热”。在此方面，顾泠沅主持的“有效的学校——课程发展与教师成长”、杨荣昌的“教师学习需求新发展与继续教育课程体系创新研究”、林正范的“基于生态取向教师发展观的教师学习方式变革研究”等课题，均反映了这一趋势。从正式职前教育和职后培训转向对于教师教研、行动研究等的关注，使教师学习正在成为一个使用频率渐高的词汇。在中国期刊网中的篇名中输入“教师学习”实施精确搜索，可以发现在2001—2005年有68篇文章，而在2006—2010年5月就已达221篇。

6. 关注学校变革的区域推进研究

随着以学校变革为基本单位的研究日渐深入，一些研究者开始将目光转向了学校变革的区域推进中。“新基础教育”研究在上海市闵行区、江苏省常州市都有成功的区域推进，闵行区义务教育阶段的“新基础教育”推广学校达到了70%，形成一套有效的区域层面推进基础教育优质研究成果的经验。杨小微主持的教育部人文社会科学重点基地重大项目“基于义务教育阶段学校转型性变革的素质教育区域性推广研究”探索出了学校变革区域推进中合作的三种类型②：大学与地方院校（U–U）之间的项目合作、大学与中小学（U–S）之间的协议合作、中小学校之间（S–S）行政导向和科研导向的合作。

7. 研究学校特色的视角更加多样

“十一五”期间研究者的目光仍然关注着特色学校建设，其论述的角度与“十五”期间相比更加多元化。如有研究者从特色建设的意义出发，认为在学校改革与发展中，“特色”成为一个关键词语，是学校教育发展到今天的一个必然结果。其一，强调学校特色是“校本”的自然产物。其二，注重学校特色是学校内涵发展的题中应有之义。其三，突出学校特色是激发学校办学活力的需要。③ 有论者从多元文化的角度认为随着社会文化由一元到多元的发展，多元文化教育影响的不断深入，学校系统的价值取向也在发生着变化。学校不再满足于千篇一律的文化面孔，它们需要走出一条具有自我特色的道路来。④ 也有论者从教育均衡发展的角度论述了特色学校建设。此外，还有研究者对当前特色学校的建设存在一些问题进行了分析并指出了解决措施。如，有论者指出不少学校在创建特色学校过程中存在盲目模仿、为特色而特色、重物质轻精神、特色建设局部化、“特色建设”与“重点建设”混同等问题。要解决这些问题，学校管理者要端正办学思想，提高自身素养；合理规划特色学校建设，并建立相关制度予以保障；还需要全面发动师生积极参与特色创建。⑤ 也有论者

---

① 叶澜. 改善发展“生境”，提升教师自觉［N］. 中国教育报，2007-10-25.

② 杨小微. 我国学校变革区域推进中合作的三种类型［J］. 中国教育学刊，2009（7）.

③ 郑金洲. 特色强校：学校变革的新取向［J］. 人民教育，2009（3-4）.

④ 万明春. 多元文化背景下的特色学校建设［J］. 人民教育，2009（3-4）.

⑤ 陈翠荣，王治高，邹心胜. 特色学校建设要走出“雾里看花”［J］. 中国教育学刊，2009（11）.

指出当前特色学校建设的过程中对相关概念的混用和简单理解；对实践经验与相关理论的提升与梳理不足，不能有效指导特色学校建设实践；运动式地寻找、发展"特色"，导致特色学校建设模式化等。为有效促进特色学校的发展，需在学校管理体制改革上有实质性突破；落实广大中小学校自主发展的权利；注重学校精神内涵的提升；以实现教育性目标为学校特色化建设的指导思想；深化特色学校建设的理论研究。①

（四）两岸四地间的交流更加密切和深入

近年来，两岸四地（大陆和港澳台地区）在基础教育方面的学术交流活动得到了国家和学者们的普遍关注和积极推动，其中一些会议和论坛已形成了相应的制度，有力地促进了各方之间的联系和共同进步。总体而言，相对于"十五"而言，"十一五"期间在此方面的突出进展可粗略地归纳为以下两个方面。

1. 交流主题得到了进一步拓展

"十五"期间，两岸四地交流似乎主要以"课程"为关键词。比如，从2003年到2005年连续举行的四次相关会议（其中2004年举行两次）的主题分别是："两岸三地校本课程开发与校本化课程实施"、"两岸四地数学课程与教学首届学术研讨会"、"两岸三地教师、课程与人格建构研讨会"、"两岸三地新课程论坛"。相对而言，"十一五"期间，两岸四地在此方面的交流内容更加广泛，除了课程之外，"公民教育"、"教师心理健康"、"小班化教育"、"学校改进与伙伴协作"等也逐步进入了交流者的视野。尤其是学校改革开始成为一个新的热门话题。比如，继2006年6月2—3日在香港举办的两岸四地会议以"学校改进与伙伴协作"为主题以来，2007年10月在上海和2009年5月在澳门相继举行了第二、第三届会议，均以"学校改进与伙伴协作"为题，不仅深化学校变革的相关理论研究，而且对大学与中小学之间在学校改革、教师专业发展等方面的合作研究宗旨、原则、方式及模式等进行了深入探讨。

2. 交流中的共识明显增强

课程改革一直是两岸四地学术交流的主要内容，但由于地域、文化的差异，学者们在学术旨趣和研究路径方面差异较大，从而形成了一定程度的交流障碍。但在"十一五"期间，两岸四地学者们在一些基础教育理念、教育思想方面所达成的共识明显增多。主要表现为：其一，对改革的关注点，基本都集中在考试评价制度、教师专业发展、课程实施与教学等方面，认为改革的方向是正确的，也是势在必行的，需要多方改革主体的合力，特别是地方教育行政部门要勇于承担责任，以改革精神，坚定地推进课程改革的破冰之旅。其二，对课程的研究，都表达出立足实践、理论创新的共同追求，凸显了两岸四地学者们一贯所坚持的对话、交流、共享的优良传统。其

① 李醒东. 对特色学校建设实践的审视［J］. 教育发展研究，2009（18）.

三，在对中小学公民教育的认识上，尽管各地学校的公民教育研究，反映了各地历史变迁与文化背景的巨大差异，但在差异中，学者们对公民教育中突出传统文化的价值、公共精神和公民道德教育却有着共识。其四，在推进小班化的机制上，两岸四地学者几乎形成了一致意见：小班化均是依靠三方面的力量，行政部门从政策机制上着手，学校成为小班化的主体，专家在理论上引领，避免在实践中走弯路。

（五）学前教育研究

“十一五”期间，学前教育依然是基础教育研究的重要领域。以中国期刊全文数据库为例，仅以“学前教育”为关键词的检索结果就有 1 081 篇，以“幼儿教育”为关键词的检索结果有 903 条。“十一五”期间的学前教育研究在充分关注实践问题的基础上，既巩固和发展了“十五”期间的学前教育研究成果，又在一些方面获得了新的突破。

表 3-37 “十五”和“十一五”关于学前教育研究发表文章的比较

	“十五”	“十一五”
教育政策、法规	10	33
办学体制	52	83
农村幼儿教育	180	520
幼儿园管理	178	339
幼儿身心发展与教育	611	862
幼儿园课程与游戏	260	564
家庭、幼儿园、社区协同教育研究	38	46
教师专业发展与教师教育	23（教师健康） 246（专业发展） 77（教师教育）	47（教师健康） 1 343（专业发展） 197（教师教育）

“十一五”期间学前教育的主要进展大致呈现如下状态。

1. 学前教育政策研究得到了进一步发展

“十五”期间，学前教育政策研究被引起重视，“十一五”期间的学前教育政策研究获得进一步发展。这一时期，现有学前教育政策的研究不仅继续受到关注，而且更加注重我国幼儿教育发展现状的考察和研究。同时，教育政策自身的研究也得以加强，既注重反思学前教育政策史的研究，又注意吸收国外和港澳台地区的学前教育政策经验。

2. 农村幼儿教育及其研究受到重视

“十五”期间农村幼儿教育更多关注的是其存在的问题。“十一五”期间，则更多转向农村幼儿教育实践。具体表现在：第一，农村幼儿的心理发展特点及其教育研究开始受到关注；第二，农村学前教育的幼儿园管理、课程开发、教师专业发展及教师教育体制等领域，都有了研究成果；第三，农村留守儿童、贫困地区幼儿教育研究进一步受到重视。

3. 课程与游戏研究回归生活化、游戏化

在课程研究内容上，有学者指出，幼儿园教学的知识应当是有意义的知识、行动性的知识和经验化的知识。知识与儿童的分离只会割断儿童对知识意义的追问，剥夺儿童对知识的情感体验，使儿童丧失思考的能力与探究、质疑的求知精神。① 所以，有学者提出幼儿教学的生活取向。② 在幼儿园教学方面，有学者指出，游戏和教学作为促进幼儿发展的教育途径和手段，二者的整合是当前学前教育改革与发展的基本要求。③

4. 均衡成为学前教育研究新的关注点

均衡和谐发展成为该时期学前教育研究的新追求。具体体现在：第一，在幼儿教育目标上，关注幼儿身心和谐发展；第二，关注幼儿弱势群体，并对其教育政策支持问题进行了具体研究。④ 如对农村“留守幼儿”的研究。有学者从公平视角提出，改善农村幼儿教育是促进我国幼儿教育公平发展、缩小城乡幼儿教育差异的关键。⑤ 也有学者提出了课程方面存在的不公平问题，提出课程不公平与课程本身必然是价值负载的、社会差异的存在及与盲目引入他情境中的课程等有着密切的联系。⑥

（六）引起全民关注的一些基础教育热点问题

1. 生命教育

“生命教育”的兴起，既是近年来我国教育界更加关注人本的结果，也是教育突破应试教育怪圈的重要体现。相对于“十五”期间的研究而言，“十一五”期间研究者们在此领域又取得了新的进展。

第一，生命教育作为一门课程进入中小学课堂的研究更加深入。“十一五”期间，生命教育依然是基础教育研究的一大热点。在中国期刊网中的篇名中输入“生命教育”，在核心期刊中进行搜索，可以发现在2001—2005年有49篇文章，而在2006—2010年5月就已经达到105篇。但是，虽然“十五”期间对此有过一些实践探索，如辽宁于2004年12月23日在全省全面启动中小学生命教育工程，并规定“生命教育”为中小学生必修的重要正规课程，上海市于2005年6月中旬出台《上海市中小学生生命教育指导纲要（试行)》，但是，对于生命教育作为一门课程如何

① 郑三元．儿童与知识：一个值得反思的幼儿园教学哲学问题［J］．学前教育研究，2007（10）．

② 朱德全，皮军功，杨鸿．幼儿生活教学的价值取向［J］．学前教育研究，2009（12）；叶平枝．在幼儿教育课程改革背景下重新审视关键经验的意义、内涵与特征［J］．学前教育研究，2008（11）．

③ 丁海东，等．论游戏与教学的整合［J］．学前教育研究，2007（12）．

④ 谭友坤，等．论幼儿弱势群体的早期教育政策支持［J］．中国特殊教育，2005（5）．

⑤ 李涛．公平视野下的农村幼儿教育发展弱势及其归因［J］．学前教育研究，2006（2）．

⑥ 王晓芬．学前教育公平的理论基础［J］．学前教育研究，2008（1）．

进入中小学课堂实践却缺乏系统研究。“十一五”期间，由侯晓明负责的2006年度教育部规划课题“中小学生命教育的理论与实践研究”在一定程度上填补了这一空白。该课题研究面向基层学校，关注青少年生存实际，开展了系统的探索和研究。如通过资源开发与利用、生命教育进课堂、课题实验与交流、打造教师队伍等活动，真正让生命教育课程成为学生最受欢迎的课程之一。

第二，生命教育课程设置的思路得到了拓展。课程设置是生命教育研究的重要内容，“十一五”期间此研究方面的新视角主要有三：其一，有学者从课程设置的分层出发，认为中小学生命教育需要形成贯穿各学段的有机衔接、循序递进和全面系统的教育内容系列，在小学、初中和高中应有不同的侧重。对于中小学生来说，生命教育课程应该把生活技能训练放在首位，因为青少年正在经历着身体、心理和社会适应三个方面的巨大改变。为了帮助青少年顺利度过危机期，生活技能训练必须成为一门必修课。① 其二，有学者认为生命教育不应该只是学科渗透式的，它有不可替代的独特性，有其固定的内容，应该独立设置课程；生命教育课程不应该以知识逻辑组织，而应该以活动来组织，从学生面临的生命问题切入，让学生从实践活动中获得真知、真情和真感，让生命教育课程成为综合活动课程。② 其三，有学者主张将学科课程、专题课程以及其他日常生活中与生命教育相关的课程资源整合起来，形成一门综合性的人文课程，打造新的中小学《生命教育》教材，使之凸显生命教育为幸福人生奠基的主导价值观、体现内容重构的开放性、呈现出体验与感悟的课程模式等。③

第三，灾难教育成为生命教育领域中新的关注点。汶川地震给生命教育带来了新的思考，比如，有学者认为灾难教育作为人生的必修课，是一门帮助学生认识生命的学问，对学校生命教育有重要的现实意义。学校必须合理而有效地开发灾难教育资源，强化相关的教师培训，以最大限度地减少灾难事故造成的损失。建构学校生命教育场域中的灾难教育，不仅能够突出教育的实践性与仿真体验性，而且可以成为教育与社会结合的有效载体，实现教育力量的整合。作为开展灾难教育的主阵地，学校应将其纳入常规化、系统化的生命教育领域，通过整合与渗透的方式，使生命的尊严和无上价值得到应有的尊重。④ 还有论者从灾后重建学校的文化重建入手展开观察与分析，从校园精神文化更新与重建的视角探讨生命成长的文化环境建设。⑤

2. 校园安全

校园安全问题在“十五”期间曾备受关注，在2001年全国人大九届四次会议期间，关于校园安全的议案多达21份，共有700多名代表要求制定校园安全法。⑥ 在

---

① 侯晓明. 让青少年在生命教育中健康成长［J］. 教育研究与实验，2009（5）.
② 冯建军. 生命教育实践的困境与选择［J］. 中国教育学刊，2010（1）.
③ 侯晓明，胡修金. 整合课程资源，开发生命教育［J］. 学校党建与思想教育，2010（4）.
④ 李高峰. 灾难教育：学校生命教育的重要场域［J］. 教育科学研究，2009（11）.
⑤ 徐冬青，杨小微. 关于灾后基础教育重建的思考［J］. 基础教育，2010（4）.
⑥ 武侠. 700多名代表21件议案共同关注：校园安全有法可依［N］. 人民日报，2002-2-27.

2002 年、2003 年和 2004 年的全国人大会议上，校园安全立法的议案仍是热点议题。但是，校园安全立法的依据在哪里，它究竟应该注意哪些问题，却需要进一步探究。汶川地震等事件的出现再次使这些问题凸显出来，从而构成了“十一五”期间有关校园安全研究的重要内容。

第一，汶川地震引起了人们对于《学校教育法》的再度关注。2008 年 5 月四川汶川地震引起了国人对校园安全的沉痛反思：大量学校建筑在地震中不堪一击，维系学生幼小生命的学校建筑缺乏相应法律机制的约束和监督。有学者通过对先进国家《学校教育法》的制定及内容的分析，认为当前我国《学校教育法》的缺失是造成大量教学楼倒塌的潜在原因，而根本上是缺乏法律来保证学校建筑的强固和学生生命和财产的安全，也是近几年来频频发生于校园内的暴力事件及意外伤害事故无法可依的主要原因。《学校教育法》的缺失已严重地影响到学校的正常教育教学秩序和学生身心的健康发展，制定《学校教育法》目前已经提上了我国教育法制建设的议事日程。制定《学校教育法》时，需要处理好与《教育法》、《教师法》、《义务教育法》、《职业教育法》、《高等教育法》、《民办教育促进法》的内在衔接和统一。同时，结合我国不同地区经济文化教育发展现状，还需出台与之配套的实施细则，应对沿海和内陆、东部与西部、发达与不发达地区的不同情况予以分类规范，从根本上解决《学校教育法》的普适化问题，从而促进我国学校教育健康快速发展。①

第二，从综合治理的角度对校园安全立法进行可行性分析。学校不是单一体，它与社会方方面面均有联系，校园安全自然也不可能是学校一个主体的问题。有学者认为，保护学生的安全，最大限度地避免校园伤害事故的发生，是国家、学校、家庭和社会的共同责任，不能单纯地依靠学校的力量，需要全社会各方面共同参与，相互配合。所以，在校园安全立法的过程中，应注意在明确学校有关管理制度、管理责任的同时，进一步明确各级人民政府及其所属的各级教育行政部门以及公安、文化、交通、卫生等其他各有关职能部门在保护学生安全方面的职责，从而保证各部门做到齐抓共管，建立起稳定、有效的综合治理化的校园安全协作机制和管理体系，确保学生的安全并为学校营造良好的教育教学环境。②

第三，校园安全被纳入到危机管理的范畴。校园危机管理就是学校为了预防危机事件的发生和尽力使已发生的危机事件损害降至最低，而进行的规划决策、动态调整、化解处理、人员训练等活动过程。其主要环节包括危机防范、危机处理、总结反省。为更好地保护师生安全，应树立以人为本的学校管理理念，建设校园安全文化；健全危机管理组织机构，明确管理职责；捕捉危机信息，建立健全校园危机预防机制；及时处理校园危机事件等有效的校园危机管理策略，保护好全校师生员工的生命

---

① 吴遵民，等. 汶川地震拷问我国《学校教育法》的缺失 [J]. 教育理论与实践，2008，28（12）.

② 杨艳，孙晓丛. 校园安全立法探析 [J]. 现代教育科学，2009（5）.

财产安全。①

二、“十一五”期间基础教育研究的重要成果

通过对“十一五”期间的重要著作、课题结题和实践总结等的考察，该期间基础教育研究所取得的重要成果可概括为如下几方面。

（一）素质教育调研及审思在共同关注中取得了重大成果

“共同关注”是“十一五”期间推动素质教育的理论与实践发展的重要力量。主要表现在两个方面：其一，自 2005 年 10 月起，《中国教育报》、《人民日报》和《光明日报》等报纸先后开设了“素质教育大讨论”专栏，邀请一些党政领导、知名专家、社会人士、教师、学生、家长等对于如何切实推行素质教育进行讨论。其中，仅《中国教育报》就陆续在一版刊发了几十篇重要文章，并用 28 个整版刊登了几百篇参与讨论的文章，共有数千名读者通过信函、短信参与讨论。“大讨论”一方面在舆论上引起了全社会对于素质教育的关注，对于推动素质教育实践起了导向作用；另一方面也通过全民讨论使这一问题越辩越明，有利于素质教育实践的理性推进。其二，“十一五”期间，为了全面了解素质教育推进状况，拟定更加合理、高效的推进策略，教育部组织了由二百多位专家组成的素质教育调研组，自 2005 年年初开始，深入全国各地的教育一线开展调查研究。经过一年多的调查、研究、走访、座谈、讨论等，最终形成了数百万字的调研报告，并于 2006 年年底出版了《共同的关注——素质教育系统调研》和《共同的关注——素质教育系统调研（续）》两部著作。

作为“十一五”期间素质教育研究的重大成果，这两部著作系统调研了素质教育已取得的各项成果，分别对义务教育均衡发展、基础教育课程改革、招生考试评价制度改革、实施素质教育与学校的整体改革、中小学学科课程教学改革、素质教育理论与政策、基础教育国际比较等方面进行了专题研究，并在此基础上，认真总结了近年来实施素质教育取得的主要进展，深入分析了当前制约推进素质教育的突出问题，归纳整理了各方面提出的政策建议，为素质教育实施的下一步工作提供了重要的参考和借鉴。

鉴于素质教育已取得的成果及存在的问题，各地教育部门认真领会党中央、国务院的指示精神，在“十一五”期间采取了一些有针对性的措施，素质教育状况出现明显好转。表现为：第一，基础教育领域的政策研究逐渐拓展，教育政策的制定、出台的程序更加合理、科学，执行效果明显改善。第二，素质教育区域层面的推进力度加强，保证素质教育的总要求落实到基层学校的教育教学之中。第三，追求个性全面健康发展的教育理念正逐步取代片面追求升学率的思想观念，学生的综合素质得到大

---

① 杨明，王德清. 危机管理视野下的校园安全问题探讨［J］. 江西教育科研，2007（5）.

幅度提升。第四，在教育公平理念的指导下，各地更加关注对弱势群体、贫困地区教育的补偿与扶持，例如对民族地区的教育、农民工子女、残障学生群体的政策性照顾，体现了社会主义和谐与公平的共同追求。

（二）基础教育的理论与实践在互动中相互创生

基础教育的理论与实践处于相互玉成的状态中，这一点鲜明地体现在“新基础教育”的研究实验中。“十一五”期间正是“新基础教育”的成型阶段，随着一系列实践形态的“成型”，教育理论也得到了相应的发展。其实践和理论成果可见于以下几本相关著作中。

首先，在《“新基础教育”论——关于当代中国学校变革的探究与认识》中，叶澜在“新基础教育”探索性、发展性研究阶段形成的基本认识的基础上提炼出了系统的理论成果，包括当代中国教育变革的社会基础论、当代中国教育宏观变革的理论、当代中国基础教育学校重建论、“新基础教育”变革研究的推进策略与方法论等。接着，在2009年出版的“‘新基础教育’成型性研究丛书”中（该丛书由一本《“新基础教育”成型性研究报告集》和语文教学改革、数学教学改革、外语教学改革、教师发展、学生发展与教育、学校领导与管理等6本分领域的指导纲要组成），“新基础教育”项目组系统总结了15年来的研究历程、成功经验和理论成果，形成了一套教育理论——当代中国学校变革理论；一批转型学校——以10所基地学校为代表的实验学校；一条变革之路——学校整体转型性变革之路。叶澜等人将研究指向中国当代基础教育与教育学理论的交互建构和双重转型，既对基础教育改革进行了宏观研究，也对学校改革进行学理的透析和经验的提升，还在重建相关的前提性认识的基础上，从“生命·实践”教育学学派建设和交叉学科研究立场转换两个角度，做出中国教育学理论重建的尝试。

（三）教育均衡发展以系统研究方式呈现其成果

“十一五”期间，教育均衡发展的研究进一步具体、深入，尤其是在研究方法上有了突破，实证研究成为其重要特点。比如，翟博在《教育均衡论：中国基础教育均衡发展实证研究》中，首次对中国基础教育均衡发展作理论和实证研究，以广阔的理论视野，从宏观、中观、微观三个维度、十五个内涵指标分析入手，对教育均衡发展进行了深入的理论探索和科学阐释，提出了具有独到见解的教育均衡发展理论体系，构建了教育均衡发展的基本体系框架，提出了基础教育均衡发展四个阶段的发展理论，把指数引入教育均衡分析，形成了分析研究教育均衡发展的指数体系和教育均衡发展指数，形成了对我国基础教育的均衡发展的独特研究。栗玉香、郭庆在《义务教育财政均衡：政策与效果基于北京市的实证分析》中，借助《推进北京市义务教育均衡财政政策与均衡化效果评估》等多项已有课题成果及调研数据，运用实证分析方法阐释义务教育财政均衡的测度指标及方法。潘玉君、罗明东在《义务教育发展区域均衡系统研究（共两卷）》中以详尽的实证资料对云南省义务教育发展水平及其区域差距进行研究，并提出了体现义务教育区域均衡的对策。

（四）区域研究进入关注视野并取得重要成果

相对于学校单位来说，区域性基础教育改革更需承担起总体上促进教育均衡发展、实现教育公平、推动教育内涵发展的社会责任，也正因为如此，区域成为基础教育改革中最受关注的基本单位。“十五”期间，区域教育研究者对区域特性分析更具有自觉意识，研究视野也更为开阔，认识到东、中、西部存在差异，所面临的教育问题也各有不同，因此应该有针对性地寻找问题解决的方案。“十一五”期间，围绕区域性基础教育改革的研究与推广进行了大量研究，出现了一批重要的研究成果。总体来说，这一层面的成果主要体现在以下几个方面。

一是东部基础教育区域发展以差异为资源、以变革促均衡，通过各个层面的改革与发展举措，在促进内涵式发展、追求优质教育方面取得重要成果。如上海闵行区通过引进和推广由叶澜教授主持的“新基础教育”的学校转型性变革研究成果，在“十一五”期间加大了“新基础教育”研究在全区义务教育阶段的推进力度。而由7本著作组成的《“新基础教育”成型性研究丛书》系统反映了相关领域“新基础教育”富有原创性的研究成果，在将“新基础教育”15年的研究深化的同时，也使研究迈向了系统化和具体化。由叶澜主持的教育部人文社会科学研究重大攻关项目“基础教育改革与中国教育学理论重建研究”的子项目研究成果“多元文化背景下浦东基础教育的改革与发展”也取得了阶段性成果，加大了对弱势群体子女接受义务教育的政策倾斜力度和对薄弱中小学进行委托管理。委托管理的实行，起到了良好的促进作用。集聚了一批优质的软硬件教育资源，发挥了良好的示范辐射作用。同时导入了新的管理模式，这类做法，不仅为薄弱学校植入了新的学校文化，而且突破了行政界限，实现了跨区域的教育资源配置，同时也促进了政府的职能转变，强化了政府的核心职能，扩大了教育管理的视野，逐步从行政管理深化到了社会化管理。

二是中部地区较多地通过引入优势资源的途径，通过互动来消除校际差异和区域差异，提升区域发展的总体内涵。如陈佑清教授主持的全国教育科学“十一五”规划教育部重点课题《学习方式的类型、功能及其选择的理论与实践研究》，以区域协作的方式展开研究，带动了一些有一定发展潜力、校长有上进心、但尚属发展中的学校的改进和发展。

三是西部地区在提升底线的均衡、追求基础性的成长方面也取得了进展。如由王凌教授主持的全国教育科学规划“十一五”规划2007年度教育部规划课题“以教育促进贫困民族农村社区和谐发展”也取得了阶段性成果。该研究通过多年的实践探索和反思，初步形成了依托学校建立贫困民族农村社区的基本观点和发展思路，创建了集学习培训中心、图书中心、民族文化活动中心和种植养殖基地为一体的农村社区学习中心发展模式，实践并探索了“以基础教育为核心，整合其他教育，经、教、科、文相结合”的贫困民族农村教育发展理念。研究有效地促进了当地教育、经济社会和民族文化的和谐发展，产生了明显的综合效益和积极的社会反应。

此外，由杨小微教授主编的《中国基础教育改革报告：区域研究 2007》与《中国基础教育改革报告：区域研究 2008》覆盖了东、中、西三个梯度，记录了我国区域教育研究者以均衡、公平理念为追求推进素质教育的变革思路和探索历程，呈现了当代中国区域性基础教育改革之独特而丰富的价值。

（五）基础教育研究以反思与前瞻方式呈现的成果

“十一五”期间似乎注定是一个反思的“季节”，促使这种反思契机形成的因素主要有三个：一是新课程改革由实验阶段走向全面推广阶段，总结实验期间的经验和教训以进一步推进改革顺利前行成为必然选择；二是 2008 年恰逢我国改革开放 30 周年；三是 2009 年新中国的教育改革已经走过了 60 年的历程。曾经的历史节点自然成为如今驻足回顾的平台，因此，借此机会，一大批反思性研究如雨后春笋般涌现出来。较典型的研究成果有：（1）改革开放 30 年中国教育改革与发展课题组所著的《教育大国的崛起》（1978—2008），该书以改革开放以来我国改革与发展为宏观大背景，立足我国社会主义初级阶段的基本国情，放眼世界知识经济、经济全球化以及全球教育发展的大趋势，在中国社会深刻变革的波澜壮阔的全景图下思考中国的教育改革，从与世界的比较中看待中国教育发展，集中展示了这一历史时期中国教育改革与发展的艰难历程和辉煌成就，系统总结了这一时期中国教育改革与发展的基本经验、教训和启示。（2）顾明远和刘复兴主编的《改革开放 30 年中国教育纪实》以专题为主线，以纪实为基础，史论结合，厘清中国教育事业 30 年来发展演变的脉络，探讨今后发展的方向。（3）叶澜所著的《中国基础教育改革发展研究》整体呈现了当代中国基础教育 30 年的演化脉络和总体状态；继而进入专题研究，探讨了教育改革过程中重要而有待深化的问题，最后面向未来，指向基础教育的战略选择和改革方法论问题，认为必须在当代中国社会与教育改革相互关系的意义上认识基础教育改革的性质、任务及其在当代实施的艰巨性与复杂性，进一步解放思想，努力提升教育改革中教育科学的含金量。（4）首都师范大学首都基础教育发展研究院所著的《走向优质均衡的 30 年》，对北京基础教育发展的 30 年作了回顾和反思。

同时，近五年来，还涌现了大批反思基础教育 30 年的文章①。有学者总结了 30 年基础教育的发展轨迹，并且指出现阶段中国的基础教育走向了质量提升、均衡发展和制度系统创新，取得了丰硕的成果：（1）西部“两基”攻坚任务如期完成，在解决区域梯度差异问题上迈出了可喜的一步；（2）明确了基础教育尤其是义务教育的

① 王本陆. 中国 30 年课程与教学改革的三大理论主题［J］. 中国教育学刊，2009（2）；王晋汤. 基础教育：30 年的回顾与展望［J］. 人民教育，2008（20）；尹力. 致力于更加公平的教育：义务教育政策三十年——改革开放 30 年义务教育政策与法律［J］. 清华大学教育研究，2008（12）.

公共事业性质、强化了政府对基础教育的责任；（3）新一轮基础教育课程改革取得新的进展、招生和考试评价制度改革深入推进；（4）中小学校德育和体育等工作取得新的成绩、青少年学生身心健康成长。但是，同时也存在着诸多问题：（1）区域内、学校之间的差异仍然巨大，走向真正均衡发展的任务仍十分艰巨；（2）免费政策有待进一步完善，“起点公平”实现之后的“过程公平”更加关键；（3）衡量基础教育质量的科学合理标准欠缺，合格学生、学校的评价标准亟待建立。①

除了反思之外，展望未来也是“十一五”期间教育研究的一个重要特点，自从启动面向2020年的《教育规划纲要》制定工作以来，基础教育领域中的研究者以专家身份参与规划纲要的制定，发挥出十分关键的作用。规划纲要研制活动对于教育发展具有积极的意义。首先，《规划纲要》的制定过程经历了长期的准备工作，包括深入调查，开展战略研究；问计于民，广泛征求意见；起草文本，反复论证修改等。这些工作，不仅有利于集思广益，而且也有助于人们形成展望未来、规划未来的意识，促进教育努力向前看。其次，《教育规划纲要》本身的出台就是一项非常有意义的成果，它面向未来，勾勒出了未来10年教育改革的路线图，强化了改革研究者的前瞻意识。通过制定战略目标、战略主题和相关的重大项目和改革试点等，指出了如何实现教育现代化，形成学习型社会和进入人力资源强国的方向。最后，《教育规划纲要》中，义务教育和高中教育是直接指向基础教育未来发展的内容，它们不仅反映了教育改革和发展到现阶段所面临的主要矛盾，还涉及广大社会民众的真正福祉。在这方面，《教育规划纲要》的制定不仅突出了为民生百计着想的思想宗旨，而且真正将这种关怀落实到了具体合理的策略中，体现了国家教育政策制定过程中的连续性、科学性和民主性。如为了落实优质均衡发展的义务教育基本目标，《教育规划纲要》关注了全国义务教育质量标准和监测制度的建立；教育均衡发展提出率先在县域内的落实；再一次重点提及顽固的素质教育的障碍，即解决中小学生课业负担过重的问题等。而高中教育在普及的基础上，提出了课程改革的深入和多样化发展的思路。

三、存在的问题及薄弱环节

（一）基础教育学校变革自身存在的问题

从20世纪80年代起，中国社会进入了急剧变革的转型时期，教育宏观领域也开始了相应的变革。尽管由于对变革的转型性质缺乏认识和其他诸多原因，教育的宏观变革并未为学校变革提供充分的自主空间，尚未能很好激活学校内部的改革动力。但新时期的学校变革不可避免地同步开始了。中国基础教育改革30年，学校变革基本朝着现代教育的方向推进，“成绩斐然”是处在这个社会中的人们都能感受到的：学

① 杨小微．风雨兼程30年——改革开放以来中国基础教育的改革与发展述评［J］．基础教育，2009（1）．

校物质条件的改善、信息技术手段的推广和加强、学校课程改革的实施、办学体制的多元化和办学经费来源的多渠道已初具形态、学校内部不同领域的改革推进，等等。但“问题丛生”依然是当前学校变革要面对的现实，而这归根结底是体制的问题。行政往往习惯于只关注自己负责的工作，把学校只看做对应的执行机构。“千条万线”都要穿到学校的“针眼”里，学校忙于对付各级各类上级机构的各种检查和要求，教师和学生、甚至包括校外教育专业研究人员在教育问题的话语权上都成为了“弱势群体”。社会上、领导部门往往主要关注数据、关注监督、关注管理，恰恰不关注“服务”，不尊重学校教育的内在规律和自主性。行政部门对学校的尊重服务不仅是认识问题，也是体制问题，其核心是落实学校办学自主权。其实在 1985 年中央有关教育体制改革的决定中就提出这一点。但实际上我国的中小学，到底有多少自主权，有什么意义上的自主权等依然是个问题。①

由于城乡二元结构的经济文化差异、重点校政策的负面影响，我国基础教育的“区域内差异”还实然存在，一些依靠政府力量做大的名牌学校（原先的重点学校和现在的示范校）与依靠名校品牌和社会资源组办的“转制”学校、“校中校”、“名校办民校”等，构成当前学校系统中的“优质教育资源”，成为家长竞争、择校的目标。这些学校在仍享有招生、教育经费、师资等各方面优惠政策的同时，强势地向家长、学生收取高额费用，攫取社会资源，使得名校愈名愈富，差校愈弱愈贫，造成学校的两极分化。正是这一人为地制造和拉大学校差距的没有重点学校的“重点学校制度”，制造、推动着“择校热”，导致基础教育的非正常化。此外，基础教育学校变革由于受到“学段负相关”的影响，也造成了学段间的差异：小学升学压力相对轻，市场侵入的空间相对小，为改革提供了相对宽松的环境；初中阶段相对来说教育力量愈显薄弱；而高中阶段升学竞争的激励、对各种竞赛的迷恋、来自方方面面的巨大升学压力等，都使得高中阶段的学校变革变得异常艰难。②

（二）多元视角的思想和理论缺少必要的整合，从而难以为基础教育改革提供坚实的理论支撑

教育作为社会系统的一部分，决定了教育的改革和发展绝不仅是教育界内部的事情，在更大程度上是社会的系统工程。新中国成立后，中国历次的基础教育改革没有达到预期目标，很大程度上是因为基础教育改革囿于学校教育内部，忽视了社会文化环境和民众的支持。转型与变革时期的新教育制度和体系的建构绝不能依赖于从其他理论和其他国家理论的移植，必须拥有建立在国家和民族文化土壤基础之上的原创性理论和思想。“十一五”期间的关于基础教育的研究呈现了视角纷呈的现象。如公共产品理论的视角讨论农村义务教育经费问题，从文化资本的视角来讨论农村的辍学现

① 叶澜．中国基础教育发展呼唤解放思想的深化［J］．基础教育，2009（3）．

② 杨小微．素质教育区域推进的历史经验、现实问题及未来展望［J］．基础教育，2009（4）．

象；后现代女性主义视角对基础教育的分析；从公民社会理论视角分析学校制度；从公共哲学视角对学校变革的分析；从公共管理视角对农村的基础教育公平问题进行研究；制度分析的视角对农村义务教育发展的研究，等等。首先，这种“视角纷呈”说明了对于基础教育领域研究的深入和多元化。然而同时也存在着隐忧。此类文章大多数是以某种理论来解释基础教育中的某种现象，基础教育其实是作为一个研究领域来出现的。通过其他理论呈现基础教育的某种现象分析其不足之后，能否成为实施基础教育变革的理论支撑则是值得推敲的问题。

（三）基础教育改革的“实践探索—理论研究—政策制定”之间尚未形成顺畅的良性循环

基础教育的实践、理论研究及其政策制定之间的关系，本应成为一个具有生成性质的双向回环。理论研究以实践关怀为取向，为政策制定提供理论和现实依据，对政策执行进行跟踪研究，进而更好地推进实践的发展；实践发展呈现出的丰富性则进一步为理论的生长提供了丰富的沃土，进而催生新的政策，为实践自身的发展提供必要的政策和制度环境。因此，基础教育改革作为复杂的社会系统活动，其顺利运行和良好发展必然有赖于理论研究者、政策制定者和基层实践者等多方改革利益主体的力量参与。然后，在基础教育改革过程中，利益主体之间缺乏深层次的合作与沟通，既存在着理论研究对政策制定者的依附，也存在着政策决策对理论研究及实践研究的忽视，既存在着理论研究缺乏应有的实践关怀，也存在着实践者对理论研究的拒斥和忽视；既存在着政策制定者对实践的权力暴力，也存在着实践者在政策执行过程中的有意怠工和消极反抗。因此，就目前的研究现状来看，并没有形成“实践探索—理论研究—政策制定”的生成回环，三类主体间并未形成合作互动的良性关系。

（四）对基础教育政策制定和执行的动态研究有待提升

“十一五”期间，关于政策的研究有了很大的进展，但同时也存在着不少缺憾。首先，大多的政策研究集中于对政策文本的研究，缺乏政策制定和执行过程中各个实践主体和要素之间的相互关系的研究。实际上，教育政策既具有教育理论的特性，又具有教育实践的特征，它将教育理论通过科学构建并系统地作用于教育实践来实现教育利益分配的政策目标。其次，“十一五”期间的政策执行情况的研究较之前一阶段从数量和质量上都有很大的改进，不足之处在于此类研究多为对某项基础教育政策在某个地区/市/县的执行情况的研究，缺乏大型、系统的教育政策执行情况研究，缺乏不同地区/市/县之间的执行情况的对比研究。

（五）基础教育的国际比较多、国内的区域比较少

柯温（McGinn，N.F.）指出，现今比较教育的世界是一个全球化的世界……在这

样的世界中，以民族国家作为最主要的分析单位已经遭受到了严峻的挑战。① 在全球化时代，比较教育学领域中单纯地以“外国”作为分析单元遭到了质疑。全球化时代比较教育研究的分析单元应当是多元的、多样的，应涉及国内的区域、国家间、国际范围内的地区三个层次。同时，以“发达国家”为研究对象，以“借鉴”为目的的比较研究方式也受到了质疑。基础教育的比较研究在研究单位和研究方式上，就存在着这样的问题。首先，比较研究的分析单位多为“国”，为我国与其他国家的比较研究，较少有基于我国社会文化经济背景之下的区域间的比较研究。其他国家的选择上，美国、英国为最多，而同样文化背景下的日本、韩国等的比较研究较少。其次，研究方式上以文献综述的方式按照“呈现—分析—借鉴”的套路展开的为多，真正以某种特定的研究方法进行比较的研究较少。最后，在少部分的国内的区域比较研究中，大多选用通过统计数据进行差异比较的方法。由于缺乏其他访谈、调查等研究方法的辅助，导致对差异的呈现和解释都屈从于数字权威，远离了问题产生的社会文化情境。

四、“十二五”时期基础教育的发展趋势展望

（一）在多方联动中持续推动和深化课程改革

课程改革自2010年进入全面推广阶段，一方面新课程由初中和小学纵向延伸到普通高中教育，另一方面新课程由少数试点学校横向推进到包括农村学校和西部学校在内的各类学校。因此，“十二五”期间的课程改革所涉及的教育主体将空前广泛。在一定意义上讲，新课程能否顺利推进，在很大程度上取决于这些主体之间能否彼此协调，联手共进。首先，新课程进入高中，意味着这种教育改革必须直面高考，而高考不仅是高中教育的结束，也是大学教育的开端。高考的改革必须与大学教育相对接，因此，大学不可避免地要逐渐参与到基础教育的课程改革之中。其次，新课程的全面推广意味着课程改革将面临更加复杂的矛盾和冲突，如何处理优质学习与薄弱学校之间、城乡学校之间和东、中、西部等不同地区之间的关系都是课程改革不可回避的问题。它要求课程改革充分重视这些复杂的关系，使课程改革的推进成为促进教育公平和均衡发展的良药，而不是继续扩大现有差距的催化剂。

（二）积极推进基础教育内涵发展和外部支持的协调统一

基础教育的发展需要走上内涵发展的道路，同时也更有赖于外部条件的支持，因此，基础教育的发展必然走向依法治校和以德治校的统一。就外部支持而言，尤其是

① 王春光，孙启林．全球化与本土化视野下，对比较教育研究范式的再思考［J］．比较教育研究，2005（3）．

法制和政策、制度等方面的条件。基础教育改革呼唤《学校法》等相关法规及政策，保障学校自主发展的权利和效能，并建立起健全的现代学校制度。这也是《国家中长期教育改革和发展纲要（2010—2020 年）》强调的重要内容。制度和政策的建设为学校形成内涵式的发展提供了外部的政策和制度支持，而如何通过社会舆论、师生内心的信念、责任心以及行为习惯来营造良好的学校变革文化，形成学校自主发展的内生力量，则不能仅仅依靠法律、政策和制度，只有善于将法律、政策和制度的权威性和强制性，与道德的感召力和劝导力提高师生员工的思想认识和道德觉悟，才能保证学校有一个良好的发展环境，也才能保证社会主义建设和社会主义事业后继有人。① 而美国学者萨乔万尼通过对领导权威来源的分析，提出了道德领导的概念，对以德治校有很大的启示。他认为，教育管理者的领导活动以及校内其他人的领导活动的权威来源，是学校共同利益意识及对每个人的良好愿望、承诺与尽责。实现学校共同利益意识及对每个人的良好愿望的承诺与尽责，就是学校组织的理念，也是学校提升的出路。因此，他提出领导学校应当树立以理念为本的观念。当有关的理念和共同的承诺得以分享时，领导已不再是通常意义上的领导，而是一种显著的道德领导了。这样，教师因道德原因而对共同体的价值观做出响应，他们的工作变成集体性的活动，他们的表现舞台得以延展，且是稳固持久的。② 因此，"十二五"期间，大力推进依法治校的外部环境优化和以德治校内生力量提升相结合的治校方略，形成创建现代新型学校的合力，共同促进学校的有序运转和健康发展。

（三）继续关注教师队伍的建设，加强对教师专业发展的领导与管理

加强教师队伍建设，提升教师素质，促进教师的专业发展一直是我国理论界和实践界关注的重点，也成为《国家中长期教育改革和发展纲要（2010—2020 年）》重要内容之一。但我国现有教师专业发展的研究更多聚焦在教师专业发展的内容、途径和反思上，但对教师专业发展的领导与管理还缺乏有针对性的探讨，对教师持续性的专业发展所需要的环境和条件也缺乏必要的调查研究。而建立学习型学校和学习型文化正是我国学校变革的未来发展趋势，因此，加强对教师专业发展的领导与管理，学校领导和管理者也应承担必要的责任，参与到专业发展中来，实现他们自身的专业发展。

（四）加强政策制定和执行后的跟踪和评估

整个"十一五"期间，制定和出台了大量的教育政策，例如，2007 年国家开始

---

① 刘允正，何新生. 依法治校，以德治校，努力构建社会主义和谐校园［J］. 黑龙江高教研究，2007（4）.

② 托马斯·J. 萨乔万尼. 道德领导：抵及学校改善的核心［M］. 冯大鸣，译. 上海：上海教育出版社，2002：39-42.

招收免费师范生，初衷是为了培养一批优秀的教师，但是却面临了一系列的问题。如他们能否胜任生源所在地的教学工作，能否达到预期的目标等，这些都是需要进行政策执行后的跟踪和评估，只有这样才能将政策更好地得到实施。而义务教育免费制度的出台，解决了上学难的问题，但是也存在一些问题。例如，有的少数民族地区的贫困学生因为家庭原因，只能接受完义务教育，他们的高中和大学教育如何保证成为政策制定和实施后需要进行跟踪和监控的重点。

通过文献梳理发现，之前的相关研究更多的是关注政策本身的利弊、利益博弈等，很少关注政策实施过程中的监控和跟踪及评估，这势必会导致政策实施只关注形式，而忽视了政策制定最初的目的。

因此，对教育政策制定和实施过程中的跟踪和评估能够及时发现政策制定过程中存在的问题和困境，以寻求最优的解决方法。而对政策的实施进行跟踪、评估，能够关注到整个实施过程，过程中的每一个环节都能得到关注，能够反馈政策实施中的问题，对完善政策也有重要作用。这也势必会成为"十一五"期间研究的一个重要发展趋势。

(五) 在"过程公平"意义上关注"后普九"阶段的教育公平

经过三十余年的发展，我国基本实现了"两基"，进入"后普九"阶段。如何追求更高层次的普及教育将成为新的关注点。其一，进入"后普九"并不意味着"普九"的结束。普及义务教育不完全等于"有学上"，在当前的条件下，它更意味着"上好学"，因而如何给每个义务教育阶段的学生提供合适的教育和实现教育公平是应有的追求。其二，进入"后普九"意味着教育普及范围将更加广泛，根据《国家中长期教育改革和发展规划纲要（2010—2020 年)》，未来 10 年中，我国普及教育将向两头延伸，基本普及学前教育和高中阶段教育。

五、重点研究课题

(一) 基础教育变革的学生立场及学生参与学校变革的研究

在以关键词"学生"、"学校变革"、"学校改进"在期刊网上进行检索发现在"十一五"期间对学生参与学校变革的研究还比较弱（只有 5 篇文章涉及这一主题，未包含 2010 年的期刊文章）。从学生作为学校的主体之一这一角度来说，学生理应成为学校变革中的一员，参与学校变革。当今学校注重培养学生的创新与实践能力，学生参与学校变革有利于创新与实践能力的培养。学生参与学校变革可以使学生感受到自己是学校的主人翁，有利于培养学生承担责任的意识，也可以增强学生对变革的认同度，有利于减少学校变革过程中的阻力。

（二）教育变革的代价意识及我国中小学校变革的成本研究

学校变革已经成为一种“时尚”，然而，如何知晓变革的利弊、风险和代价，如何理性地权衡变革所涉及的各项因素，即如何对待学校变革的成本，成为我们变革之中不得不冷静思考的问题。学校变革成本是学校变革过程中客观存在的现象，在对学校变革进行研究的过程中不应忽视这一客观存在的现象。对学校变革成本进行研究，有利于学校对变革进行更好的设计与规划。分析学校变革成本形成的原因，可以帮助学校在变革过程中控制人为方面造成的变革成本。另外，对学校变革成本的研究可以帮助学校分析自己的校情，选择适合自己学校的变革模式，也可以减少学校盲目进行学校变革事件的发生。

（三）建立国家义务教育质量标准体系和监测机制

中国地区差异显著，城乡二元社会的基本结构以及重点校等一些历史因素，使得基础教育水平的普遍提高还有很多障碍。进行基础教育质量监测研究，一方面可以为国家制定基础教育政策提供理论上的建议；另一方面为促进基础教育均衡发展提供指导。但是，目前对基础教育质量监测的研究只是处于起步的阶段。在相关的研究中，有研究者从国际比较的角度认为目前世界上存在着三种基础教育质量监测模式：一是组建独立于教育行政部门的专职机构；二是由政府机构以项目的形式委托大学或研究机构来进行；三是由教育部的相关职能部门直接负责。① 也有研究者②提出要构建中国特色的基础教育质量监测体系。在今后的研究中需关注以下问题：（1）构建基础教育质量监测体系的理论基础；（2）进行基础教育质量监测所依据的标准。

（四）农村中小学布局调整及相关问题研究

从整个“十一五”期间的相关研究来看，有关农村中小学布局调整的研究重点是“撤点并校”的问题。这些研究概括起来有以下几个方面：农村中小学布局调整的原因、阶段和措施；这一调整过程中出现的问题及应对策略；后期教师流动情况的研究等。

这些研究最初是从经济学的角度进行的研究，运用博弈理论进行分析。从2008年之后，相关的研究更多的是从教育公平的角度进行分析，这与当时国家倡导教育公平政策相关。尤其在2006年之后相关的研究开始增多，研究的视角也逐步增多，但是有些研究的重点还是在讨论农村中小学布局调整政策的正确与否，忽略了后期出现的一些问题及应对策略的颁布。因此，有关布局调整后出现的教师流动问题以及少数

---

① 辛涛，李峰，李凌艳．基础教育质量监测的国际比较［J］．北京师范大学学报（社会科学版），2007（6）．

② 董奇．构建具有中国特色的基础教育质量监测体系［J］．人民教育，2007（13—14）．

民族地区农村中小学布局调整后的问题及相应的策略研究都是今后研究的重点问题。

（五）农村教师专业发展与队伍建设

农村教师专业发展与农村教师队伍建设是农村教育发展的关键所在，也关系到我国基础教育与教师专业化的整体水平。“十一五”期间，关于农村教师专业发展的研究主题主要分为两类：一类是从农村教师专业发展的现状（农村教师师资队伍状况、教师专业素质状况、教师继续教育状况）出发，揭示农村教师专业发展的困境并探讨对策；另一类是关于农村教师生存处境与教师专业发展关系的研究。就现状看来，城乡之间的差距依然很明显，表现在教师学历结构、专业技术职称结构等指标上。因此，“十二五”期间，农村教师队伍建设的难度很大，任务更重。并应转向由县域或地区的内在因素出发来探索农村教师专业发展和队伍建设的问题，基于农村教师专业发展的特殊性探讨适合农村教师专业发展的基本模式，调动社会整体的支持力量，为农村教师专业发展提供有实际意义的保障。

（六）均衡视野下城乡教师的合理流动问题

“十一五”期间，有关均衡视野下城乡教师的合理流动问题的研究也比较多，研究者从不同的角度对这一问题进行了阐发。主要有从制度层面进行的研究，从区域层面进行的研究，从不同国家比较的视角进行的研究，等等。这些研究的重点倾向于城乡教师流动的现状、存在问题及解决策略，而分析的基点都是从制度层面进行的。因此，这一研究在结合教育均衡政策之后更具有现实意义，但是现有的研究更倾向于理论的阐发，缺少一定的实践操作性。这一研究问题在 2008 年之后才开始得到重视，这也势必会成为以后研究的问题之一。

（七）基础教育改革的区域合作与比较研究

在全球化时代，世界正在变得越来越扁平化，但国家内部的地区、国家、跨国性区域之间的关系却变得越来越复杂化了，它们之间在合力—张力的共同作用下，处在趋近—疏离的动态变化过程之中。这样，基础教育研究就必须要有“全球视野”、“区域视野”和“本土视野”。由于我国地区、城乡、区域内的基础教育发展的不均衡，基础教育改革的区域合作和比较研究显得尤为必要。因为一个区域的特质，只有在与其他区域的比较中才能够更为明晰地呈现，而一个区域的优势，只有在与其他区域的合作中才能真正地得到发展和保持。

（八）学前教育的普及问题及在基础教育体系中的归属问题研究

教育公平是社会公平的基石，包括起点公平、过程公平和结果公平。其中，起点公平是过程公平和结果公平的前提条件。学前教育作为国民教育的基础，是实现教育公平的起点。

众多研究表明：学前教育不仅具有很高的回报率，而且对儿童以后接受教育具有重要的引导作用，其效果更具持久性。同时，儿童早期阶段的经历对儿童发展所造成的危害和影响力之持久，比其他任何发展阶段都要大。因此，关于如何将学前教育也纳入义务教育范围的制度、文化、师资、经费、所有权等问题都是普及学前教育中值得研究的问题。

（九）基础教育的“基础性”及在终身学习体系建构中的地位与作用研究

《国家中长期教育改革和发展纲要（2010—2020年）》中指出，要加快发展继续教育，搭建终身学习的“立交桥”，努力形成人人皆学、处处可学、时时能学的学习型社会，是我国教育事业发展的主要任务。在这个教育理想之下，如何发挥基础教育的“硬件”（校舍、图书、基础设施等）和“软件”（师资、课程、学校的社会地位等）优势，在建立学习型社会的过程中，成为实现人人皆学、处处可学、时时能学的引领力量，有可能会成为“十二五”期间的一个研究热点。

（十）普通高中多样化发展研究

根据新课程改革的推进日程，2010年全国所有省份的普通高中都会进入新课程改革阶段。同时，根据《国家中长期教育改革和发展纲要（2010—2020年）》，在2010年后的十年中，我国将普及高中阶段教育。由此可见，高中教育的改革尤其是普通高中课程改革，势必成为下一个五年规划的重要议题。但是，高中课程改革到底要走向何方？普及高中在全面满足初中毕业生接受高中阶段教育需求的同时，必然进一步凸显高中生的多元化。也就是说，在高中“入口”放宽的情况下，如果不同时拓宽其“出口”，极有可能会导致一系列的后续问题。因此，推动普通高中多样化发展不失为一个值得探索的出路，而强调多样化也正是新课程改革的重要理念和《国家中长期教育改革和发展纲要（2010—2020年）》的重要内容。但就“十一五”期间的研究来看，相关的课题主要关注的是普通高中如何适应课程改革的问题，如教学观念、学校文化、课程设置等，对于如何在新课程背景下实现普通高中的多样化发展却缺乏必要的关注。

（十一）农民工子女义务教育后的升学和受教育问题研究

“十一五”期间，农民工子女受教育的问题一直是基础教育关注的焦点，主要是基于公平的视角、政策的视角对农民工子女义务教育的现状和原因进行探讨，并在此基础上提出了一些可行性策略。总体而言，关注现实的紧迫问题居多，前瞻性研究欠缺。2010年教育部的工作要点中进一步指出，要解决好农民工子女就学问题，落实以全日制公办学校为主、以输入地为主保障农民工子女接受义务教育的政策，全面取消借读费。在逐步解决义务教育阶段农民工子女受教育问题的基础上研究农民工子女义务教育后参加升学考试的办法，逐步实现农民工子女入学与城镇居民享有同等待遇。随着《国家中长期教育改革和发展纲要（2010—2020 年）》的出台，普及高中阶段教育的趋势愈加明显，农民工子女在城市接受九年义务教育后的升学问题、高中阶段受教育问题等将在众多固有问题的基础上进一步凸显为新问题，成为“十二五”期间基础教育的关注点之一。

（十二）农村留守儿童教育问题的深化研究

留守儿童的教育问题近些年来一直都是义务教育阶段关注的热点问题。就“十一五”期间的研究来看，多学科的研究视角使得留守儿童的相关研究百花齐放，其中从教育学角度出发的关于留守儿童的教育问题的研究主要集中在留守儿童的道德品质和行为问题、学习状况、心理健康问题、安全教育问题、日常生活教育问题等方面；研究者们分别从家庭层面、学校层面、政府层面、社会和社区层面都给出了建议。整体而言，农村留守儿童教育问题研究还基本处于起步阶段，对留守儿童问题的深入研究和探讨，还需要更多部门和机构的共同参与，如何整合多方力量将直接影响到留守儿童问题取得实质性的进展。2010 年教育部的工作要点更是提出要“加强农村寄宿制学校建设，优先满足留守儿童住宿需求，推动形成以政府为主、社会共同参与的农村留守儿童关爱和服务体系。采取更加明确和综合的措施构建关注农村留守儿童的体系。”由此进一步可见，“十二五”期间，对留守儿童受教育问题的关注会进一步加强，如何整合各方合力从而形成完整成熟的成果和应对策略，落实农村留守儿童的教育问题将成为另一关注焦点。

（十三）我国中小学校校园安全问题研究

2010 年上半年发生了一系列校园安全事件，给学校和社会及家长一个严重的警示，使我们越来越关注校园安全问题。校园安全问题涉及的不只是学校自身安全隐患的存在，更与社会环境密切相关。

从整个“十一五”期间来看，有关学校方面的研究和相关政策很多，但是大都涉及学校的教学、管理、文化等方面，而很少涉及学校的安全问题。在 2008 年汶川地震之前，有关学校和校园安全的文章和相关研究很少。2008 年汶川地震之后，有关学校建筑安全的相关文章开始增多，而在 2009 年达到一个高峰期，这与当时出现了一系列相关的校园安全事故有关。但是这些研究只是针对当时出现的一些特定的问题而进行的短暂性的研究，缺少对校园安全问题的全面和深度研究，缺少对问题出现原因的相关研究和预防措施的研究。因此，校园安全问题在今后的几年势必会成为研究的热点和重点问题。

（十四）国家基础教育政策实施监控及区域比较研究

政策执行研究是基础教育研究理论与实践之间的必要中介。近五年中基础教育方面出台了一些非常重要的教育政策。在执行时，各地区、省、市有可能会出台一些符合当地情况的政策来加强推进。在政策执行过程中，各个利益主体及利益相关者具有怎样的动态关系，不同区域间具有怎样的共性与个性等问题，均可以为以后的政策修订及新的政策出台提供强有力的理论依据。

（十五）我国中小学教师学习环境研究

“十一五”期间，对教师专业发展进行关注的文章很多，关于中小学教师学习环境的相关研究可以说是刚刚起步。教师学习环境与教师学习、教师专业成长和发展密切相关。有学者基于同一地区不同类型学校间的教师学习环境现状和特点进行过调查，并指出教师学习环境对学习效果的重要影响，物质条件、制度保证、工作压力、教师工作评价体系等都成为教师学习环境中应该考虑到的基本因素，建立教师学习共同体成为改善教师学习环境、提高教师学习效率的关键。整体而言，现有研究中对教师学习环境的研究还比较薄弱。“十二五”期间，在搭建终身学习的“立交桥”，努力创建人人皆学、处处可学、时时能学的学习型社会的背景下，关于中小学教师学习环境的探讨将成为研究者的另一关注焦点。从学习环境理论的四个视角即以学习者为中心的学习环境、以知识为中心的学习环境、以评价为中心的学习环境、以共同体为中心的学习环境出发，设计并实践理想的中小学教师学习环境等相关问题都可能成为“十二五”期间研究者们关注的重要议题。

（撰稿人：基础教育学科组 杨小微 等）

高等教育研究

在已经过去的第十一个五年计划中，我国高等教育的长足发展有目共睹。尤其是在如何保证与提高高等教育质量、如何进一步深化高等教育体制改革、如何科学地实施高等学校分类分层办学、如何建设高水平大学、如何更好地发挥高等教育在人才强国、推动社会经济发展中的作用等方面，政府、高校都做出了积极的努力，取得了显著的成效。实践的发展为理论研究的深入提供了坚实的基础。“十一五”期间，我国的高等教育研究在研究内容、研究水平、研究队伍等方面都显示出一种繁荣多样的景象。下面我们将分别对“十一五”期间全国教育科学规划高等教育立项课题、《高等教育研究》刊载的高等教育研究论文、以高等教育为研究对象的硕、博士论文等作实证分析，以此为基础概括“十一五”期间高等教育研究的进展状况，并对“十一五”期间高等教育研究存在的问题以及“十二五”高等教育研究的若干趋向做一些思考与展望。

一、“十一五”全国教育科学规划高等教育立项课题之分析

近年来对我国高等教育研究发展状况进行实证性分析总结的论文有不少，如有学者以近三年教育类核心期刊论文为对象进行量化分析①，也有学者以 CNKI 中国引文数据库（新）收录的高等教育研究论文为对象进行讨论②。以全国教育科学规划课题为对象分析我国高等教育研究的发展也是一种路径。如果说以论著为对象的研究分析的是研究的结果，那么以课题为对象的研究则探讨的是研究的开端，这两者的结合也许会使我们获得对高等教育研究进展更加全面的认识。

根据全国教育科学规划领导小组办公室在网上公布的资料，在“十一五”期间立项的课题中，可归入高等教育研究的课题共计649项，其中2006年76项，2007年100项，2008年116项，2009年173项，2010年184项。③ 这些数字反映出高等教育研究立项课题几年来在数量上的增长是明显的。随着高等教育改革发展走向纵深处，高等教育系统愈加复杂，许多现实问题需要梳理本原，提出应对办法，探索理论的依

---

① 钟秉林，赵应生，洪煜．我国高等教育研究的现状分析与未来展望——基于近三年教育类核心期刊论文量化分析的研究［J］．教育研究，2009（7）．

② 范围，高耀明．中国高等教育研究主题：1979—2008［J］．高等教育研究，2010（2）．

③ 本文所使用的有关全国教育科学规划课题的资料均来自“全国教育科学规划领导小组办公室”网站，http://onsgep.moe.edu.cn.

据与内在规律，高等教育研究因而受到更多的重视与支持。以下我们着重从构成研究要素的内容、研究人员两个方面对全国教育科学规划“十一五”期间立项的 649 项高等教育研究课题做些分析与讨论，以期归纳出高等教育研究的若干特征。

（一）研究内容分析

从内容的层面对研究进行分析，可以有多种角度。依据高等教育的性质和特点，我们可以从理论研究与应用研究、宏观研究与微观研究、本土研究与国际比较研究以及研究主题四个视角对“十一五”期间全国教育科学规划立项的高等教育课题做些初步的分类分析。

1. 理论研究与应用研究

理论研究（又称基础研究）与应用研究有联系也有区别，理论研究重在揭示规律，具有非功利性的目的指向，而应用研究在理论研究成果基础上、以解决现实问题为指向，因此常常难以区别两类研究，尤其是社会科学领域。但是对于高等教育研究来说，区别两类课题又具有现实意义，高等教育学作为一门年轻的学科，其概念体系、知识体系、方法体系等尚待完善，加强理论研究尤为重要。

表 3-38 按理论研究与应用研究划分的高等教育研究课题数量统计

年份	理论研究	应用研究	合计
2006	8（10.5%）	68（89.5%）	76
2007	11（11.0%）	89（89.0%）	100
2008	20（17.2%）	96（82.8%）	116
2009	16（9.2%）	157（90.8%）	173
2010	20（10.9%）	164（89.1%）	184
合计	75（11.6%）	574（88.4%）	649

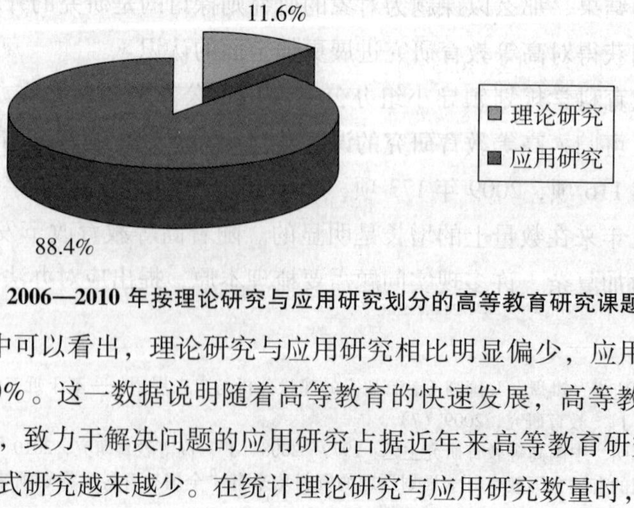

图 3-22 2006—2010 年按理论研究与应用研究划分的高等教育研究课题统计图

从表 3-38 中可以看出，理论研究与应用研究相比明显偏少，应用研究占据 5 年研究总量的近 90%。这一数据说明随着高等教育的快速发展，高等教育领域中的种种问题日益凸显，致力于解决问题的应用研究占据近年来高等教育研究的主体地位，纯理论性的思辨式研究越来越少。在统计理论研究与应用研究数量时，也可以发现理论研究往往与应用研究交融在一起，难以区分。例如“高校办学特色的理论研究与实践探索”（2008 年）、“高校教师专业化的理论与实践研究”（2008 年）等，这类课题虽然开展理论研究，但是其实践应用性指向很明显。

在应用研究类课题中，又以“问题”研究和“地域”研究为代表，这两类研究突出地表现出应用的实践性和针对性。

“问题”研究在 2009 年课题中多有体现，包括“人本理念下大学生自主教育的问题和对策研究”，“我国民办高校家族化管理问题研究”，“高校教师与学校之间的法律关系及其社会保障问题研究”等，这类研究立足于现实中存在的矛盾，从问题出发，分析问题，并最终提出对策。

“地域”研究是指研究者把研究的视野放在某一地区，对该地区的高等教育或高校某一方面进行研究。“西部地区高校外语教师的专业化发展研究”，“区域高等教育差异发展问题研究”，“西部重点对口支援高校教育资源配置与利用绩效评价研究”，“粤港澳高等教育合作机制研究”，“经济欠发达地区高校‘教体结合’培养区域优势项目优秀运动员有效模式实践研究”，“西藏高校大学生思想政治素质发展状况研究”，“中西部地区师范大学生参与农村基础教育的有效模式研究”等，这类研究注意到了实践的多样性与丰富性。

2. 宏观研究与微观研究

按照通常的看法，高等教育的宏观研究一般指关于高等教育体制、高等教育结构、高等教育管理等具有全局意义的研究，高等教育的微观研究一般指关于高等学校内的办学、教育、教学、科研、管理等的研究。以此分类，“十一五”期间全国教育科学规划高等教育立项课题的状况如表 3-39 所示。

表 3-39 按宏观研究与微观研究划分的高等教育研究课题数量统计

年份	宏观研究	微观研究	合计
2006	16（21.1%）	60（78.9%）	76
2007	10（10.0%）	90（90.0%）	100
2008	12（10.3%）	104（89.7%）	116
2009	15（8.7%）	158（91.3%）	173
2010	10（5.4%）	174（94.6%）	184
合计	63（9.7%）	586（90.3%）	649

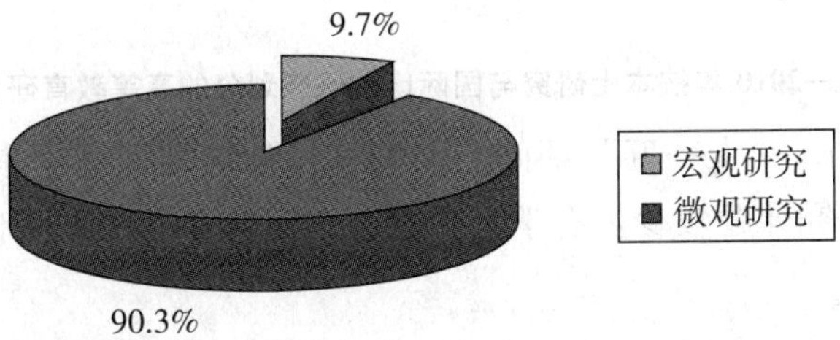

图 3-23 2006—2010 年按宏观研究与微观研究划分的高等教育研究课题统计图

表 3-39 告诉我们，“十一五”期间全国教育科学规划高等教育立项课题中宏观研究偏少，而微观研究明显较多。其中原因可能有两个方面：一是由我国目前的高等教育管理体制带来的，由于实行高度集中的高等教育管理体制，其稳固性与单一性造成高等教育宏观问题单调且较敏感，经过前些年广泛而深入的研究，已经难以在理论研究方面有所突破；二是研究人员的构成发生了一些变化，许多在一线从事管理、教学活动的高校管理人员、教师申报的课题获得立项，而他们的研究课题一般都与所从事的具体工作有着密切的关系，属于微观研究领域。

微观研究呈现出愈加微观的现象。从某类高校某一专业（如“地方高校特色专业的核心竞争力研究”，2008 年课题）、某一群学生（如“转型期工程类本科专业学生知识与能力体系的重构研究”，2007 年课题），直至到某一门课程（如“大学语文课程新体系之构建研究”，2009 年课题），从这些越来越具体、越来越微观的研究课题可以看出高等教育研究走向分化、细化的趋势。

3. 本土研究和国际比较研究

根据研究的视野与研究对象，我们把课题分为本土研究课题与国际比较研究课题。本土研究课题致力于研究国内的高等教育，而国际比较研究则主要把研究的视野定位在境外高等教育。

表 3-40　按本土研究与国际比较研究划分的高等教育研究课题数量统计

年份	本土研究	国际比较研究	合计
2006	70（92.1%）	6（7.9%）	76
2007	88（88.0%）	12（12.0%）	100
2008	107（92.2%）	9（7.8%）	116
2009	162（93.6%）	11（6.4%）	173
2010	173（94.0%）	11（6.0%）	184
合计	600（92.4%）	49（7.6%）	649

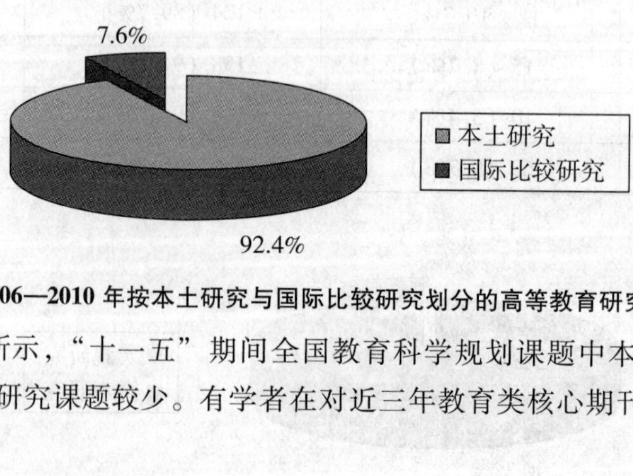

图 3-24　2006—2010 年按本土研究与国际比较研究划分的高等教育研究课题统计图

如表 3-40 所示，“十一五”期间全国教育科学规划课题中本土研究占绝大部分，而国际比较研究课题较少。有学者在对近三年教育类核心期刊论文量化分析的基础上，指出“国际比较研究活跃，针对性和本土化相对不足”①，而全国教育科学规划高等教育立项课题的统计结果并不支持上述观点，“六五”规划到“十五”规划期间全国教育科学规划高等教育立项课题的统计结果也表明国际比较研究并不活跃②。这一方面与《全国教育科学规划课题管理办法》所规定的选题宗旨有关，“全国教育科学规划的选题，要以我国教育改革发展和现代化建设的重大理论与实践问题为主攻方向”；另一方面，我国高等教育已经逐步形成有中国特色的发展模式。实践证明，高等教育发达国家的高等教育理论与实践对我们的借鉴意义也是有限的。

4. 分领域的研究

表 3–41 分领域对“十一五”期间 649 个全国教育科学规划高等教育立项课题做了分类数量统计，从中可以反映出高等教育研究的一些基本特征。

表 3–41　分领域的高等教育研究课题数量统计

研究领域	2006 年	2007 年	2008 年	2009 年	2010 年	合计
高等教育管理与发展	15	4	13	28	30	90
高等学校人才培养	16	29	32	49	54	180
高等学校教学	4	8	10	17	15	54
高等学校科学研究	4	5	4	10	7	30
研究生教育	2	9	6	5	6	28
高等学校管理	11	13	18	16	28	86
高等学校教师	5	8	10	25	15	63
高等职业教育	1	2	4	10	14	31
民办高等教育	5	5	1	6	2	19
高等教育史	3	3	1	2	1	10
其他	10	14	17	5	12	58
合计	76	100	116	173	184	649

① 钟秉林，赵应生，洪煜．我国高等教育研究的现状分析与未来展望——基于近三年教育类核心期刊论文量化分析的研究［J］．教育研究，2009（7）．

② 胡建华．近 20 余年来我国高等教育研究发展的实证分析——基于“六五”至“十五”的全国教育科学规划课题［J］．现代大学研究，2005（2）．

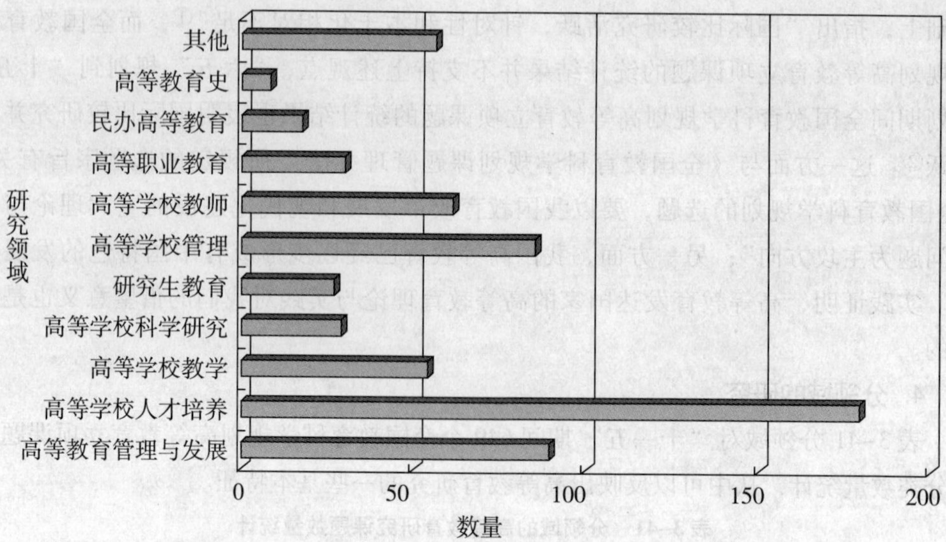

图 3-25　2006—2010 年高等教育研究课题数量分领域统计图

（1）高校人才培养，即大学生研究成为研究重点。5 年间这一类课题达到 180 项，占 5 年高等教育研究课题总量的四分之一强。“教育研究发生了由教学客体向教学主体的重心转移，表现了教育研究的人文关怀趋势。”① 对人才培养与大学生的研究主要从以下几方面进行。第一，关注学生的学业、政治思想、健康等综合培养。对大学生的研究以多视角、发散性全面探索学生成长规律。在学业方面，研究学生的学习权利救济、基于学生感知的大学质量评价，强调学生素质的拓展，培养大学生国际理解能力、媒介素养等。在政治思想方面，关注大学生的社会责任感、公民意识、政治认同培养、学生的信仰、心理健康以及大学生的自我成长、自主教育等。第二，创新人才培养。创新人才培养是近年来高等教育的一个工作重点，这在研究课题方面有明显的体现，如研究美育、体育与创新思维关系，关注高层次创新人才、研究型大学创新人才、财经类创新人才、理工类创新人才等。第三，学生就业。在大学生就业面临困难的时候，高等教育研究开始加大学生就业的研究，如学生的生涯规划，学生的创业及就业能力，大学毕业生起薪，就业能力结构，就业指导体系，毕业生就业预警等。此外对大学生的研究还包括关注大学生的生命意识、学生满意度、学生的压力管理等，充分体现出高等教育研究中的“以学生为本”趋势。

（2）高校管理占有较大比重。5 年间对高校管理进行研究的课题有 86 项（在把课题分为宏观研究与微观研究部分已经涉及高等教育管理，故在此讨论高校管理）。有不少课题关注高校成本与效率、高校财务管理与资金使用、大学组织资源增值、高校运行成本，这类研究既反映了大学自主理财的特点，也是对当前大学财务紧张状况的另一种表达。在高校面临生存与发展危机的时候，大学开始思考如何提高竞争力，

① 杜晓利. 教育研究重心的转移：从“教学客体”到“教学主体”——以《哈佛教育评论》为例 [J]. 教育发展研究，2005（12）.

这在高等教育研究课题方面有所体现，如特色高校建设与高校特色建设、高校核心能力与持续发展、大学的中外合作办学、高校内部院系评估模式、大学质量管理、大学治理组织结构、大学组织文化。这些课题研究关注大学如何利用既有的办学自主权提升自己的实力，反映了大学的自觉与自醒。

（二）研究人员分析

根据“全国教育科学规划领导小组办公室”网站上的课题资料列出的课题负责人姓名和工作单位，在此从其单位的性质与所在地区这两个角度出发对“十一五”期间全国教育科学规划高等教育立项课题进行分析。

1. 研究人员所在单位的性质

研究人员所在单位可分为高等学校、研究机构和政府部门 3 个部分。“十一五”期间全国教育科学规划高等教育课题负责人所在单位的状况如表 3-42 所示。

表 3-42　按负责人所在单位性质划分的高等教育课题数量统计

年份	高等学校	研究机构	政府部门			合计
			中央	地方	小计	
2006	69	5	1	1	2	76
2007	92	4	2	2	4	100
2008	110	4	1	1	2	116
2009	168	4	1	0	1	173
2010	177	5	2	0	2	184
合计	616	22	7	4	11	649

从总体上看，课题负责人大多数在高等学校工作（负责人在高等学校的课题数为 616，占总数的 94.9%），这可以解释为什么以高等学校内的办学、教育、教学、科研、管理为对象的微观研究课题占课题总量的绝大多数。而在政府部门（主要是政府教育主管部门）的课题负责人主要是关注高等教育宏观问题，如高教强国、高等教育管理体制等。

高等教育研究人员的多样性不仅表现在政府部门管理者的参与上，而且还反映在高等学校内承担高等教育研究课题人员的多学科背景中。这可以从全国教育科学规划高等教育课题负责人所在单位为教育学科系、所的数量比例中可以看出。如表 3-43 所示，“十一五”期间负责人所在单位为高等学校的 616 项高等教育研究课题中，负责人在教育学科系、所的课题大约占了 46.8%，另外 53.2% 的课题负责人所在单位为高等学校内其他的院系和管理部门。

表 3–43 负责人所在单位为教育学科院系、所的课题数量统计

	2006 年	2007 年	2008 年	2009 年	2010 年	合计
课题数	33	50	53	69	83	288
占总数的比例	47.8%	54.3%	48.2%	41.1%	46.9%	46.8%
高校课题总数	69	92	110	168	177	616

2. 研究人员所在单位的地区分布

表 3–44 按负责人所在单位省份划分的高等教育课题数量统计

省份	2006 年	2007 年	2008 年	2009 年	2010 年	合计
黑龙江	0	1	2	1	1	5
吉林	0	2	4	3	4	13
辽宁	3	2	4	5	3	17
内蒙古	1	0	0	2	1	4
北京	15	18	18	23	26	100
天津	6	2	0	5	6	19
河北	2	2	2	4	5	15
山西	0	0	0	2	2	4
陕西	1	1	1	1	2	6
宁夏	0	0	1	0	0	1
甘肃	0	1	0	0	0	1
新疆	0	1	1	1	1	4
青海	0	0	0	0	1	1
河南	1	0	1	5	5	12
湖北	6	7	9	13	15	50
安徽	0	2	2	4	4	12
山东	5	6	3	3	5	22
江苏	4	11	6	21	15	57
上海	11	10	10	11	16	58
浙江	0	8	6	10	15	39
福建	2	3	8	6	8	27
江西	2	0	5	5	3	15
湖南	7	10	9	25	23	74
四川	0	1	3	3	4	11
重庆	0	2	2	2	3	9
西藏	0	0	1	1	0	2

续表

省份	2006 年	2007 年	2008 年	2009 年	2010 年	合计
云南	0	1	0	3	0	4
贵州	0	0	0	1	1	2
广西	0	1	0	0	2	3
广东	8	7	12	11	15	53
海南	0	0	0	0	0	0
合计	76	100	116	173	184	649

从表 3-44 中我们可以看出，全国教育科学规划高等教育课题负责人所在单位的地区分布具有明显的相对集中倾向。课题负责人所在单位比较多的地区主要是：北京（100 项），湖南（74 项），上海（58 项），江苏（57 项），广东（53 项），湖北（50 项），浙江（39 项），福建（27 项），山东（22 项）。这 9 个省市的课题数合计为 480 项，占总数的 74.0%，也就是说近 3/4 的课题负责人集中在不到 1/3 的省市里。这一方面说明我国区域之间高等教育研究水平的不平衡，另一方面也与我国高校区域布局有关，因为高等教育研究人员大部分来自于高校。根据统计（截至 2009 年 8 月），高校数量最多的省份是江苏，有 122 所，广东有 108 所，湖南有 100 所，湖北有 89 所，北京有 81 所，更为关键的是，分布在这些省份的高校有较多为“211”或“985”高校，属于高等教育发达省份。

（三）从高等教育立项课题分析看高等教育研究的基本特征

通过对“十一五”期间全国教育科学规划高等教育立项课题的分析，我们可以发现近年来我国高等教育研究发展的若干特征。

1. 高等教育研究主题明显受到社会热点问题的左右，尤其是被政府政策或行政指向所引导，如有关高教强国、一流大学的研究、网络与思政的讨论、教学质量保障、高等教育国际化、办学特色等，而超前的基础理论研究相对稀缺。这既体现了高等教育研究要为高等教育改革与发展服务的基本宗旨，也反映出高等教育学学科本身缺乏独立学科体系的特点。

2. 微观应用研究是当前高等教育研究的主要类别。通过对“十一五”全国教育科学规划高等教育立项课题的分析，我们对我国高等教育研究的“应用”性质有了更确切的认识，649 项课题中属于应用研究的占了近 90%。应该承认，以回答和解决高等教育改革与发展中的实际问题为目标，强调研究的应用性，这是全国教育科学规划课题立项的一个基本原则，或者说促进高等教育研究为高等教育实践发展服务是全国教育科学规划的主要目标。课题负责人绝大部分在高校工作的背景决定了微观研究的盛行，这些微观应用类课题是高校人员关注大学内部各种现实问题的产物，反映出很强的实践精神与当下意识。

3. 人才培养与大学生研究是高等教育研究的重中之重。随着各国高等教育大众化的推进，以及高等教育的国际化，对学生的研究必然成为高等教育研究的重心。学生的权利、学习动机、学习方法、学习质量、学业评价、学生就业等越来越受到研究者的重视。研究的纵向范围也在不断扩大，从刚入学的大一新生到博士研究生，甚至延伸到学生毕业后的可持续发展能力。另外，对学生的道德研究也成为学生研究的一个特点。

4. 高等教育理论研究比较薄弱。作为哲学社会科学规划的一个组成部分，全国教育科学规划还负有促进和繁荣教育学科（包括高等教育学科）发展的任务与功能。从“十一五”期间立项的高等教育课题来看，这一功能似乎发挥得略显不足。理论研究课题这几年仅占10%左右，作为高等教育学科的基础分支之一的“高等教育史”的课题这5年只有10项。长此以往，有可能会导致高等教育学学科发展乏力，甚至可能会演变成学科合法性的危机。全国教育科学规划应该在促进我国高等教育学科的发展、高等教育理论水平的提升方面有更大的作为，在理论层面进一步明确高等教育学的研究对象、学科的内涵和外延，构建科学的学科体系、研究范式和方法论体系。

二、2006—2010年《高等教育研究》刊载的高等教育论文之分析

以有关学术刊物发表的论文为研究对象，分析相关学科研究的发展状况，这是人们经常采用的一种方法。我们在探讨“十一五”期间我国高等教育研究的进展时，同样需要运用这种方法。我国现有有影响的高等教育学术刊物十多种，从本研究的实际情况出发，我们选择了《高等教育研究》（武汉）2006—2010年刊发的高等教育研究论文作为分析的样本。

之所以选择《高等教育研究》，首先，是因为该刊是中国高等教育学会高等教育学专业委员会会刊，由华中科技大学与中国高等教育学会高等教育学专业委员会共同主办；其次，该刊是国内办刊历史最长的高等教育学术期刊（创办于1980年），自1992年以来，历次被评为全国中文核心期刊，中国人文社会科学核心期刊，CSSCI源刊；最后，该刊与高等教育学界建立了广泛、长期、稳定的联系，成为国内最具权威性和影响力的高等教育学术期刊之一。① 因此，我们认为，以该刊所发表学术论文为样本，对于总结高等教育研究的特点，探讨高等教育研究的发展趋向，具有较强的可信度。当然，我们也知道，仅以一份刊物所发表的学术论文来推断高等教育研究的状况，可能存在以偏概全的问题。因此，需要特别指出的是，虽然对于特定期刊研究所得出的结论，只在所选刊物范围内具有充分的效度，难以完整地体现当前高等教育研究的总体

① 华中科技大学教育科学研究院网站. http://www.hust.edu.cn/chinese/departments/clg_edursch/index.htm.

面貌，然“一叶而知秋”，所得结论可以在更大范围内谈论相关问题时作为参考。

2006—2010 年《高等教育研究》共出版了 60 期，剔除“会议综述”、“中国高校巡礼”、“博士论文提要”、“书评”及一些带有“纪念”性质的文章外，共计刊发学术文章 1 056 篇。根据调研目标，我们将与高等教育研究不相关的文章排除在外，这样纳入统计样本中的专门研究高等教育的学术论文共计 906 篇。在统计中，我们将全部论文根据“研究领域”、“研究方法”和“论文作者”进行了分类，并在每一个方面又做了更详细的分类统计。使用的统计和分析工具是 MS-Excet 2002。

（一）研究领域分析

高等教育学是一个复杂的多领域学科，经过近 30 年的发展，各领域的学术积累越来越丰厚，有的已经成为相对独立的子学科。英国学者马尔科姆·泰特在总结前人分类的基础上，将高等教育研究的主题分为八个方面：教与学、课程设计、学生经验、高教质量、高教系统政策、院校管理、学术工作和知识。① 借鉴泰特的分类，并参考期刊自身的栏目，这里选取“高等教育基本理论”、“高等教育体制与结构”、“国际与比较高等教育”、“课程理论与教学改革”、“学生工作与学生事务”等 12 个研究领域展开统计分析，具体统计结果见表 3-45，并以图 3-26 的图示直观各研究领域的比例分布。

表 3-45　按研究领域划分《高等教育研究》2006—2010 年刊发论文统计

研究领域	2006 年	2007 年	2008 年	2009 年	2010 年	合计	所占比例(%)
高等教育基本理论	38	40	40	37	34	189	20.9
高等教育体制与结构	41	38	33	30	36	178	19.6
国际与比较高等教育	22	21	26	27	23	119	13.1
课程理论与教学改革	20	19	21	18	12	90	9.9
学生工作与学生事务	13	16	13	15	14	71	7.8
高等教育史	11	10	12	8	11	52	5.7
民办与职业高等教育	7	8	11	12	10	48	5.3
院校研究	8	11	3	7	8	37	4.1
教师教育与教师发展	7	7	9	8	5	36	4.0
高等教育经济与结构	8	8	6	8	3	33	3.6
学位与研究生教育	2	4	5	12	8	31	3.4
高等教育学科建设	1	4	7	5	5	22	2.4
合计	178	186	186	187	169	906	100

① 马尔科姆·泰特. 高等教育研究的进展与方法［M］. 侯定凯，译. 北京：北京大学出版社，2007.

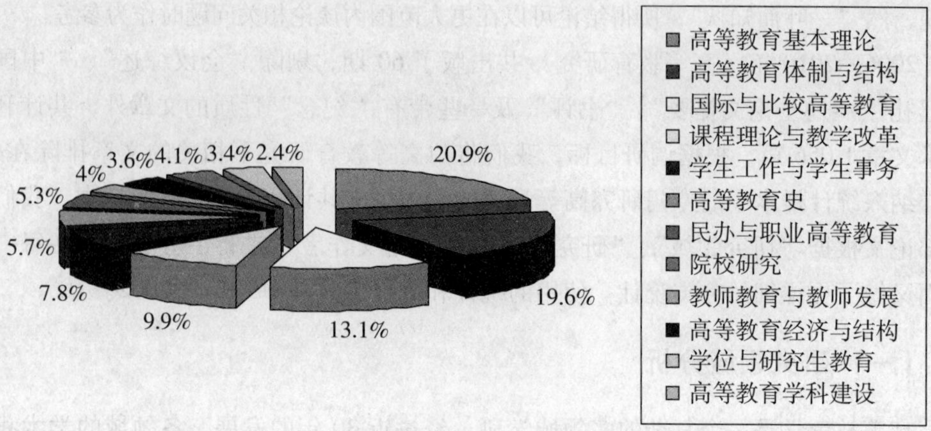

图 3-26 按研究领域划分《高等教育研究》2006—2010 年刊发论文的分布图

从表 3-45 的统计结果来看，“十一五”期间《高等教育研究》刊载的高等教育研究论文有相当数量集中在“高等教育基本理论”、“高等教育体制与结构”、“国际与比较高等教育”、“课程理论与教学改革”等领域，其分布所占比例超过或接近10%，紧随其后的是“学生工作与学生事务”，占总数的 7.8%。上述五个领域发表论文的数量，占到全部论文总数的 71.3%。由此可见，这五个领域既是学者们高度重视的学科领域，又是高等教育研究成果高度集中的领域，足见其在高等教育研究中的重要地位。而从近 20 年的统计结果来看，情况大致也是如此，只是各领域所涉及的问题有较大的变化。① 出现这种情况的原因，一方面可能与办刊选题的原则相关，另一方面在一定程度上也表明各领域所呈现的问题，是我国高等教育研究始终关注，并需要通过研究以期解决或明晰的问题。

关于高等教育基本理论研究的论文所占比例最大，反映出我国高等教育学理论建设受到了学者们的高度重视。在 20 世纪 80 年代中期开始的近 20 年的研究中，学者们主要围绕高等教育培养目标、教育观、人才观、功能观及教育与经济的关系、教育与生产劳动相结合、高等教育如何为社会主义现代化建设服务、教育与政治的关系等基本理论问题进行了比较热烈的讨论；后十年高等教育基本理论研究的重点发生了显著的变化，学者们主要针对人文素质教育、大学理念与大学精神、高等教育大众化、通才教育与专才教育的关系等方面的问题进行了比较充分的研究。近五年来，这一领域的研究仍然十分活跃，发文的比例为 20.9%，研究者关注的问题相对集中于高等教育质量提高与评价、创新型人才培养、高等教育强国等方面。

高等教育研究成果中，高等教育体制与结构研究一直是人们关注的重要领域。随着高等教育体制改革的不断推进，研究者们探讨高等教育系统的结构和体制改革问题的兴趣持续高涨，该领域发表研究论文的比例达到 19.6%。从选题来看，人们对高等教育宏观结构的探讨主要集中在科类结构、层次结构、布局结构和管理结构等问题

① 别敦荣，彭阳红. 近 10 年我国高等教育研究的现状与未来走向 [J]. 高等教育研究，2008 (4).

上；对高等教育体制改革的研究相对集中在高校办学自主权、现代大学制度建设、高校定位等问题上。

对国外先进经验的推介和吸收是我国高等教育研究历来所注重的，这一点在统计上也得到了体现。有关国际与比较高等教育研究的发文比例达到13.1%，成为《高等教育研究》发文量排名前五位的领域之一，这也符合高等教育国际化的发展。越来越多的国际交流对我们了解国外先进的高等教育研究成果和经验是非常有利的。与以前相比，该领域的研究国别范围在逐渐扩大，从欧美日等国家和地区拓展到韩国、以色列、肯尼亚和埃及等国家；研究的问题也在不断拓宽，从高等教育结构的调整到管理权限的探讨，从学科专业建设到收费贷款制度及教学内容和课程改革等，都有涉及，且研究逐步向纵深发展。

课程与教学改革是高等教育改革的核心，因此，课程理论与教学改革研究在高等教育研究中具有十分重要的地位。但客观地讲，针对课程与教学问题的研究难度是相当大的，尽管大部分高校教师长期在教学第一线从事具体工作，但若要其对课程与教学进行理论研究，并不是一件容易的事。而专业研究人员往往又难以根植于教学过程中，因为具体的教学工作总是与各门学科紧密联系在一起，不从事具体学科教学工作的人很难了解其中的奥妙。所以，该领域研究论文的比例达到9.9%实属不易。该领域的研究聚焦于教育教学理念的发展、教育教学模式和方法的转变、专业建设及创新型人才培养、课程设计与评价等方面。

学生工作与学生事务研究的发文比例达到7.8%，说明学者们对高等教育宏观领域问题关注的同时，并没有忽视对微观领域问题的研究。从已发表的论文来看，关于高等学校学生工作与学生事务，已经从20世纪80年代的研究主要集中于如何加强思想政治教育、市场经济与高校道德教育等方面的问题，拓宽到文化与德育、心理健康教育、网络对德育的影响、高校贫困生的关注、毕业生就业及高校与学生的法律关系等方面。

如果我们把上述五个领域作为近年来我国高等教育研究的第一梯级的话，那么，“高等教育史”、“民办与职业高等教育”、“院校研究”、“教师教育与教师发展”以及“高等教育经济与结构”便构成了第二梯级。从统计结果来看，“学位与研究生教育”和“高等教育学科建设”等领域的研究只能列入第三梯级。但我们也注意到，在这些领域的研究中，不仅所涉及的问题有了新变化，而且有些领域的研究工作呈不断增强的趋势。比如，有关高等职业教育相关的研究论文在不断增加；关于民办高等教育也曾有学者进行过探讨，但主要是从政府决策角度阐发发展民办高等教育的必然性和重要性。近年来，该领域的研究论文不断增多，且研究内容渐趋深入，已经涉及基本理论、发展策略、法律保障、课程设置、产权关系、师资管理等诸多方面，并对作为民办高等教育新的发展模式的独立学院开展研究。

（二）研究方法分析

研究方法取决于研究内容，同时任何一项研究都有其方法，每一篇论文所反映的研究结论都与相应的研究方法有着不可分割的联系。当然，关于研究方法也是学术界争议不断的话题，尤其是对高等教育研究是否有特定的研究方法，存在着各种不同的观点。我们无意参与这种争论，但我们相信，严谨、科学的方法是高等教育研究结果的信度和效度的重要保证，也是高等教育学走向繁荣不可或缺的基本条件。① 由于学术界对高等教育研究方法的种类尚未达成共识，在此主要根据论文所反映出来的具体研究方法进行统计分析。在统计过程中，我们选取了"理论思辨"、"经验总结"、"历史研究"、"调查研究"、"数学分析"、"质的研究"、"比较研究"、"个案研究"八种方法，对每篇论文以其使用的最主要的研究方法进行统计。统计结果如表 3–46 和表 3–47 所示。

表 3–46　按研究方法划分《高等教育研究》2006—2010 年刊发论文统计

研究方法	2006 年	2007 年	2008 年	2009 年	2010 年	合计
理论思辨法	128	138	130	138	102	636
经验总结法	12	8	12	10	10	52
历史研究法	12	10	12	8	16	58
调查研究法	15	16	23	13	14	81
数学分析法	2	3	1	8	7	21
质的研究法	0	0	1	1	4	6
比较研究法	4	6	5	5	14	34
个案研究法	5	5	2	4	2	18
合计	178	186	186	187	169	906

表 3–47　按研究方法划分《高等教育研究》2006—2010 年刊发论文比例（%）

研究方法	2006 年	2007 年	2008 年	2009 年	2010 年	平均
理论思辨法	71.9	74.2	69.9	73.8	60.4	70.0
经验总结法	6.7	4.3	6.5	5.3	5.9	5.7
历史研究法	6.7	5.4	6.5	4.3	9.5	6.5
调查研究法	8.4	8.6	12.4	7.0	8.3	8.9
数学分析法	1.1	1.6	0.5	4.3	4.1	2.3

① 高宝立. 中国高等教育研究：进展、问题与前景［J］. 教育研究，2003（7）.

续表

研究方法	2006 年	2007 年	2008 年	2009 年	2010 年	平均
质的研究法	0.0	0.0	0.5	0.5	2.4	0.7
比较研究法	2.2	3.2	2.7	2.7	8.3	3.8
个案研究法	2.8	2.7	1	2.1	1.2	2.0
合计	100	100	100	100	100	—

由表3-47可知，理论思辨法是作者们尤为青睐的研究方法，在各类研究方法中，其平均使用比例为70.0%，有的年份甚至接近3/4。这一现象值得我们重视。为什么学者们如此偏好理论思辨法？究其原因，可能是多方面的。有论者认为在当前的体制下，要求研究者有多少专著、文章、课题才能通过年度考核或晋升，在论文产量急剧增长、学术“泡沫”漫溢的环境中，能够留给实证研究生长的土壤似乎不多。正是实证研究在整个高等教育研究中的比重不足，使得见诸各种学术刊物的教育研究文本显得所谓“重思辨轻实证”。① 当然，也不排除有相当一部分人，已经习惯于理论思辨法来进行高等教育研究。尽管在缺乏调查的情况下，我们不可能真正了解其中的深层原因，但可以明鉴，过于倚重单一的某种研究方法对于高等教育研究的发展并不是十分有利。高等教育是一种复杂的社会现象，是众多学科研究的对象，不同学科的研究方法对高等教育研究都有其适应性。因此，潘懋元教授倡导多学科的高等教育研究。开展多学科的高等教育研究，不仅使高等教育研究具有多学科基础的意义，可能更重要的是，它有助于高等教育研究发展多学科的方法论。

在其他7种研究方法中，调查研究法的使用所占比例较大，年均达到8.9%，调查研究等实证方法的使用有不断上升的趋势。这一变化表明，高等教育研究者已经比较注重使用定量的研究方法。经验总结法的使用次数有所下降，反映学者们正在不断超越经验总结，进入理性研究层面。统计数据还表明，1997—2007年间，经验总结法的使用呈逐渐下降的趋势，所占比例从1997年的16%下降到2007年的4.3%，而2002年仅为2.2%，近5年来的平均比例为5.7%。总体上历史研究法相对平稳，没有陡急的变化幅度。与上述所及的研究方法的使用情况不同的是，其他研究方法，包括“比较研究法”、“个案研究法”、“数学分析法”、“质的研究法”等在统计中所占比例还比较小，说明这些方法的使用尚未引起学者们广泛的重视。

---

① 冯向东. 高等教育研究中的“思辨”与“实证”方法辨［J］. 北京大学教育评论，2010（1）. 此处作者用经验方法代替实证方法，与本文所划分的经验方法不是同一概念，因此引文中把经验换成实证二字。

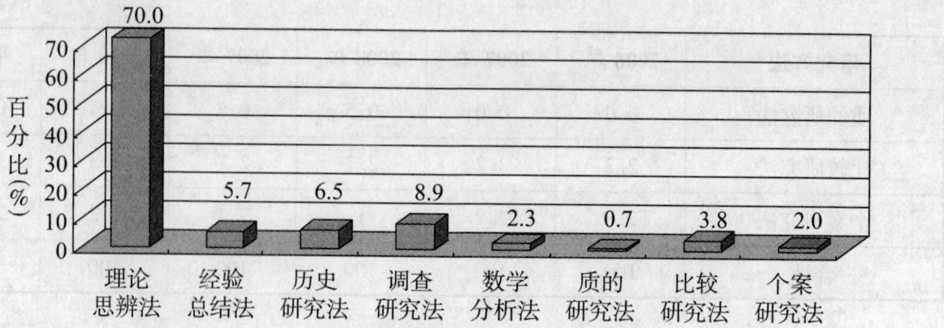

图 3-27　按研究方法划分《高等教育研究》2006—2010 年刊发论文平均比例图

（三）论文作者分析

高等教育研究学术论文的作者往往集高等教育研究者、论文撰写者等身份于一体，是高等教育研究队伍的中坚力量。统计分析作者队伍的状况有助于我们把握高等教育研究的发展情况。在本研究中，我们主要从《高等教育研究》刊发论文作者的专兼职情况、获教育学博士学位情况及作者单位分布情况三个方面进行统计（其中合作的文章均以第一作者计），统计结果如表 3-48、表 3-49 和表 3-50 所示。①

表 3-48　《高等教育研究》2006—2010 年刊发论文中专、兼职作者统计

作者类型		2006 年	2007 年	2008 年	2009 年	2010 年	合计
专职研究人员	人数	130	135	125	132	125	647
	比例(%)	73.0	72.6	67.2	70.6	74.0	71.5*
兼职研究人员	人数	48	51	61	55	44	259
	比例(%)	27.0	27.4	32.8	29.4	26.0	28.5*

注：* 为 2006—2010 年平均比例。

从表 3-48 的统计可以看出，《高等教育研究》刊发论文的作者是一支专兼职相结合的高等教育研究队伍，两类人员都分别占有一定的比例。其中，专职研究人员占绝大多数，年平均比例为 71.5%，兼职研究人员所占比例不到三成，只占 28.5%。与前 10 年相比，专职研究人员有了显著的增加，在一定程度上表明高等教育研究队伍实力增强。从 20 世纪 80 年代开始的 10 年间情况来看，专、兼职研究人员的比例分别为 54.6% 和 45.4%，专职研究人员的数量虽然占多数，但优势并不十分明显。值得注意的是专兼职研究人员的比例关系在近 10 年的变化趋势。自 2000 年专职研究人员的比例超过 70% 以来，总体上仍呈增加趋势，而兼职研究人员自 2000 年下降到

① 为了统计方便，本调研中的专职研究人员指署名为高校高教所（室、中心）、教育学院（系）的教师和研究生，以及高校其他部门中具有教育学博士学位人员和社会其他研究机构的研究人员。其他则为兼职人员。本调研中的获教育学博士学位者包括正在攻读教育学博士学位的研究生。这也是出于如下原因：一是为了统计分类的方便，二是基于我国博士生教育的低淘汰率的现实。

30%以下后，再没有超过这一比例，且总体上呈降低的趋势。这一状况总体上表明我国高等教育研究越来越依靠专职研究人员，也可以说，专职研究人员队伍在不断增强，影响在不断扩大，对高等教育研究的贡献也越来越大。

研究人员拥有学位的学科类和层次在一定程度上反映出研究的专业化水平。从1997年以来，作者队伍中获教育学博士学位者的比例呈不断增加的趋势。如图3-28所示，《高等教育研究》所发论文作者中获教育学博士学位人数由1997年的12.3%增加到2005年的56.2%。①

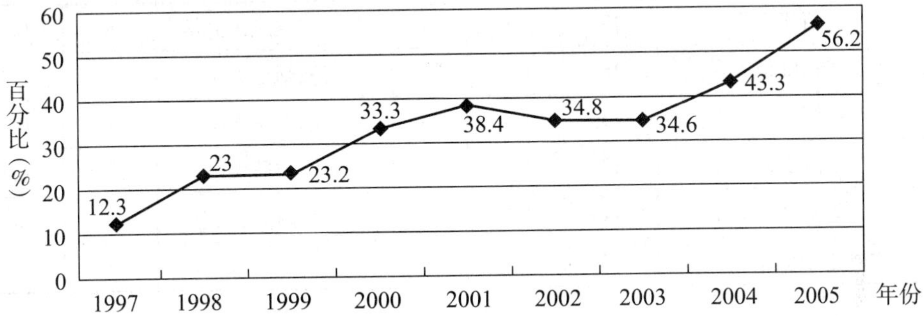

图3-28 《高等教育研究》1997—2005年发文作者获教育学博士学位比例图

表3-49 《高等教育研究》2006—2010年发文作者中获教育学博士学位情况

年份	2006	2007	2008	2009	2010
人数	74	78	75	78	75
比例（%）	41.6	41.9	40.3	41.7	44.4

从表3-49中我们可以明察，最近5年来，作者获教育学博士学位的比例相对比较平均地保持在41%左右。这一状况反映了我国高等教育研究的专业人员队伍已经成长起来，与近年来我国高等教育学博士学位点逐步增加，高等教育学博士生的培养能力不断增强的现状是相吻合的。具有博士学位研究人员数量的增加所带来的必然结果之一就是我国高等教育研究的专业化水平不断提高。尽管他们中的多数人参与高等教育研究队伍的时间还不长，但他们的加入无疑预示着我国高等教育研究将不断走向繁荣。

表3-50 《高等教育研究》2006—2010年发表论文数量居前25位的高校

序号	高校名称	论文篇数	比例（%）	序号	高校名称	论文篇数	比例（%）
1	华中科技大学	133	14.7	4	浙江大学	36	4.0
2	厦门大学	53	5.8	5	西南大学	34	3.8
3	湖南师范大学	38	4.2	6	北京师范大学	32	3.5

① 别敦荣，彭阳红. 近10年我国高等教育研究的现状与未来走向［J］. 高等教育研究，2008（4）.

续表

序号	高校名称	论文篇数	比例（%）	序号	高校名称	论文篇数	比例（%）
7	北京大学	30	3.3	17	武汉大学	9	1.0
8	华中师范大学	22	2.4	18	上海师范大学	9	1.0
9	南京大学	22	2.4	19	浙江师范大学	9	1.0
10	南京师范大学	19	2.1	20	中山大学	9	1.0
11	清华大学	17	1.9	21	北京航空航天大学	8	0.9
12	华东师范大学	16	1.8	22	安徽师范大学	7	0.8
13	湖南大学	15	1.7	23	中国人民大学	7	0.8
14	上海交通大学	12	1.3	24	西安交通大学	7	0.8
15	华南师范大学	11	1.2	25	暨南大学	7	0.8
16	中国地质大学（武汉）	10	1.1				

表3-50统计了《高等教育研究》2006—2010年发表论文数量居前25位的高校（国家教育行政学院没有按普通高校统计在列）。其中华中科技大学、厦门大学、湖南师范大学、浙江大学、西南大学、北京师范大学、北京大学、华中师范大学、南京大学、南京师范大学10所大学作者发文数量居前十名，10所大学作者发文总数占到全部文章数量的近一半（46.2%），如图3-29所示。高产出的单位均是"985"或者"211"高校，这一状况反映了这些高校的高等教育研究工作活跃，研究力量雄厚，在高等教育研究中有着重要地位。同时，这些发文数量靠前的高校，都是具有高等教育学博士学位授予权的单位，其培养的博士研究生也是这些高校主要的论文发表者。

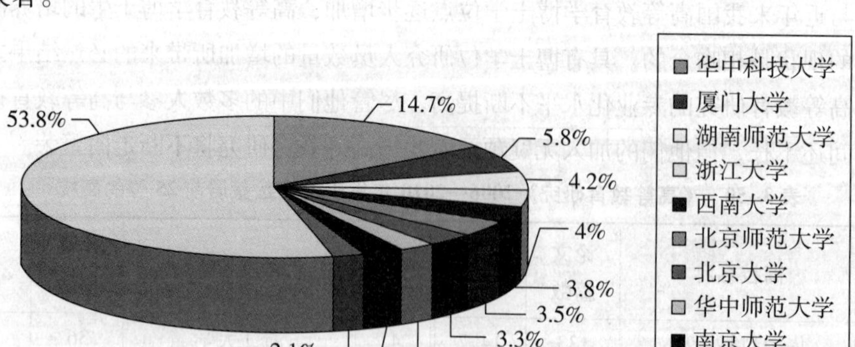

图3-29 《高等教育研究》2006—2010年发表论文数量居前10位的高校比例图

另外，从作者所属单位看，高校作者所发的文章为883篇，占总数的97.5%，非高校作者发表的文章只有23篇，仅占总数的2.5%，这说明绝大多数高等教育研究人员集中在高校，高校是高等教育研究的主要阵地。

三、2006—2009年高等教育研究硕、博士论文之分析

硕、博士学位论文是硕、博士生们在学期间学习研究的主要成果，尤其是博士生的研究在一定程度上反映了某一学科研究发展的方向。高等教育学科同样如此。所以我们在探讨“十一五”高等教育研究的进展时，有必要对以高等教育为研究对象的硕、博士论文做一些分析研究。由于近年来我国高等教育的改革与发展成为全社会关注的热点问题，因此反映在研究上，高等教育就成为包括教育学科在内的诸多学科研究生们研究的问题域。我们根据万方—中国学位论文全文数据库资源，对哲学、经济学、法学、教育学、文学、历史学、理学、工学、农学、医学、军事学和管理学12个学科门类2006—2010年的硕、博士学位论文进行了检索，对教育学科的研究生学位论文逐页搜索，对其他11个学科的学位论文先后输入“高等教育、大学、高等学校、人才培养”四个关键词进行搜索，共收集到有关高等教育研究的学位论文10 467篇（见表3-51）。

表3-51　2006—2010年按学科划分高等教育研究的硕、博士论文统计

学科	数量	学科	数量
哲学	135	工学	233
经济学	226	农学	13
法学	483	医学	66
教育学	5 989	军事学	4
文学	1 413	管理学	1 780
历史学	79	合计	10 467
理学	46		

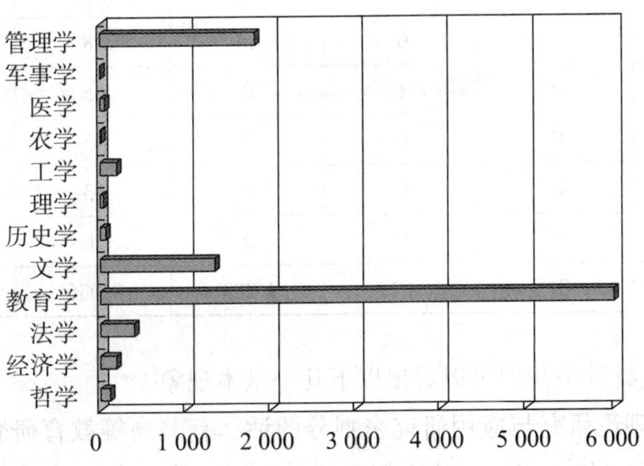

图3-30　2006—2010年按学科划分高等教育研究的硕、博士论文统计图

从表 3-51 的统计中我们至少可以看出这样两个事实：

高等教育确实成为众多学科研究生关注的问题，这也许是其他社会现象（问题）所没有的。由此，高等教育确实成为多学科研究的问题域。根据统计，非教育学科的高等教育研究硕、博士论文数达到 4 478 篇，占总数的 42.8%。

尽管 12 个学科门类都有研究高等教育的硕、博士论文，但是学科的相对集中现象还是比较明显的。即教育学、管理学、文学这 3 类学科的硕、博士论文加起来占了总数的 87.7%。在教育学的 5 989 篇硕、博士论文中，高等教育学专业 2 446 篇，高等教育学专业的硕、博士论文占总数的 23.4%。

下面，我们将从研究内容与论文作者两个方面对 2006—2010 年的高等教育研究硕、博士论文做一初步的分析。

（一）研究内容分析

对高等教育研究硕、博士论文的研究内容我们仍然采取理论研究与应用研究、宏观研究与微观研究、研究领域的框架来进行分析。

1. 理论研究与应用研究，宏观研究与微观研究

表 3-52　高等教育研究硕、博士论文研究内容分类统计

学科	理论研究		应用研究		合计
	宏观研究	微观研究	宏观研究	微观研究	
教育学	63	58	713	5 155	5 989
管理学	6	6	347	1 421	1 780
文学	0	2	8	1 403	1 413
法学	2	0	35	446	483
工学	0	0	0	233	233
经济学	0	0	119	107	226
哲学	9	0	18	108	135
历史学	1	0	40	38	79
医学	0	1	0	65	66
理学	0	0	3	43	46
农学	0	0	0	13	13
军事学	0	0	0	4	4
合计	81	67	1 283	9 036	10 467

从表 3-52 的统计中我们可以看出以下几个基本现象。

（1）若按照理论研究与应用研究来划分的话，有关高等教育研究的硕、博士论文中，应用研究占了绝大多数，其比例高达 98.6%。在为数不多的理论研究中，教

育学学科的硕、博士论文有121篇，占理论研究论文总数148篇的81.8%。

(2) 若按照宏观研究与微观研究来划分的话，有关高等教育研究的硕、博士论文中，微观研究占了绝大多数，其比例高达87.0%。在为数不多的宏观研究中，仍然是教育学学科的硕、博士论文占多数，有776篇，占宏观研究总数1 364篇的56.9%。

(3) 从理论研究与应用研究、宏观研究与微观研究之分的角度来看，高等教育研究的硕、博士论文在学科间是有差别的。如就理论研究与应用研究之分而言，除教育学外，哲学与管理学也有理论研究的硕、博士论文；就宏观研究与微观研究之分而言，经济学与历史学的宏观研究硕、博士论文要多于微观研究论文。这种学科间的差别反映了不同学科在研究性质、研究方法等方面的特点。

2. 分领域的研究

由于高等教育研究的硕、博士论文中理论研究的数量过少，仅有不足2%，因此在这部分的分领域分析中，我们将主要以应用研究的硕、博士论文为对象。

表3–53　宏观、应用研究分领域论文数量统计

序号	研究领域	教育学		其他学科	合计
		高等教育学	其他教育学科		
1	高等教育管理	130	105	140	375
2	高等教育质量	66	30	30	126
3	高等教育国际化	7	8	26	41
4	高等教育财政	14	12	80	106
5	高等教育功能	29	23	13	65
6	高等教育与外部关系	46	18	96	160
7	高等教育公平	21	6	18	45
8	留学生教育	1	3	2	6
9	高等教育结构	19	6	9	34
10	高等教育目的	1	1	10	12
11	高等教育法律	4	1	4	9
12	高等教育制度	57	49	88	194
13	高等教育政策	36	18	30	84
14	高等教育效益	2	0	24	26
合计		433	280	570	1 283

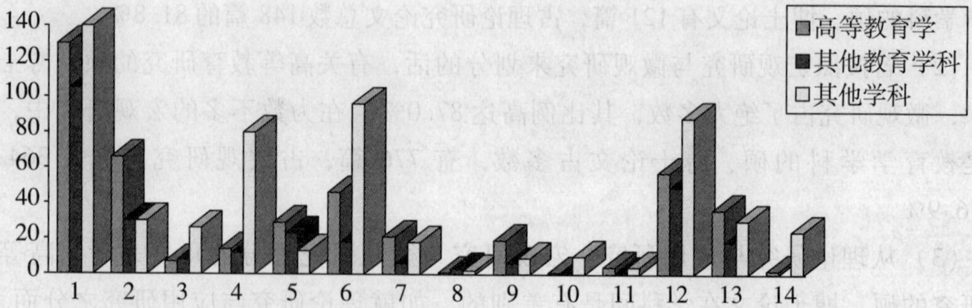

图 3-31　宏观、应用研究分学科论文数量统计图

注：图 3-31 中横坐标的序号与表 3-53 中的序号相同。

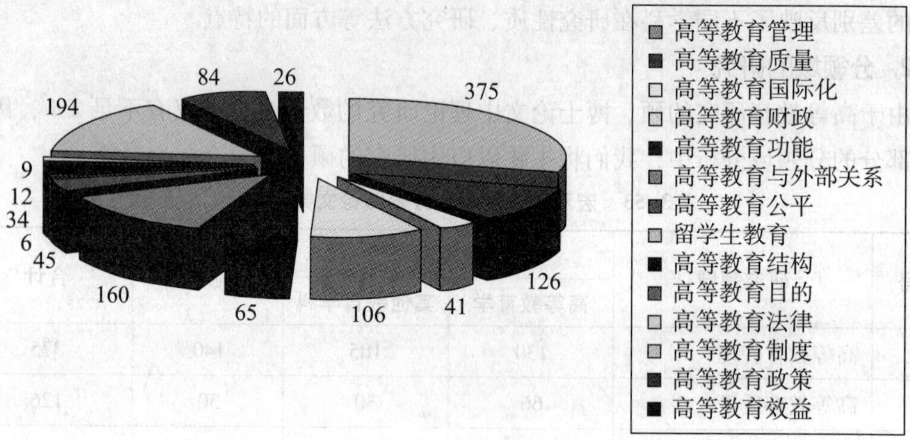

图 3-32　宏观、应用研究分领域论文数量统计图

表 3-53 对属于宏观、应用研究的硕、博士论文做了分领域的统计，其结果可以做以下几点归纳。

（1）在宏观、应用研究的硕、博士论文中，有几个研究领域特别受到关注，论文数量较多，如高等教育管理（375 篇），高等教育制度（194 篇），高等教育与外部关系（160 篇），高等教育质量（126 篇），高等教育财政（106 篇），高等教育政策（84 篇）。这几个领域的硕、博士论文数量加起来，占了宏观、应用研究硕、博士论文总数的 81.4%。一般来说，关注社会实践是社会科学研究的特点之一，研究者关注较多的问题正是社会实践的热点领域。上述硕、博士论文数量较多的领域也正是近年来高等教育改革与发展的重点所在，如高等教育质量问题，高等教育管理问题，高等教育经费问题，高等教育体制改革等。

（2）不同学科的硕、博士论文在研究领域上存在着一定的差别。如在高等教育质量研究领域的 126 篇硕、博士论文中，高等教育学专业的论文占了半数以上。又如，在教育学科以外的其他学科的硕博士论文中，有三个领域的论文数量之多是值得关注的，即在高等教育财政研究领域中，非教育学科的硕、博士论文有 80 篇，占该领域论文总数的 75.5%；在高等教育与外部关系的研究领域中，非教育学科的硕、博士论文有 96 篇，占该领域论文总数的 60.0%；在高等教育制度研究领域中，非教育学科的硕、博士论文有88篇，占该领域论文总数的45.4%。这种差别恰恰反映了高等教育研究的多学科性。高等教育财政问题、高等教育与社会经济、政治、文化等的关系问题，这些是需要不同学科的研究者从多种角度去分析探讨的。

（3）有些领域的硕、博士论文数量过少也应引起必要的关注。如高等教育国际化（41篇），高等教育结构（34篇），高等教育法律（9篇），留学生教育（6篇）等。高等教育国际化、高等教育法律等问题在我国未来高等教育的改革与发展中都是十分重要的课题。

表3-54 微观、应用研究分领域论文数量统计

研究领域	教育学		其他学科	合计
	高等教育学	其他教育学科		
学校管理	263	109	352	724
教学管理	347	363	218	928
科研管理	34	21	98	153
人事管理	180	104	190	474
学生管理	82	65	101	248
财务管理	1	1	59	61
后勤管理	12	3	25	40
图书馆管理	4	4	22	30
教学	100	611	1 309	2 020
科学研究	19	3	9	31
学科建设	47	33	27	107
人才培养	142	212	143	497
德育	91	88	249	428
体育	0	407	0	407
心理健康教育	50	703	87	840
招生	16	7	9	32
就业	82	61	150	293
学生资助	22	7	30	59
教师	58	71	34	163
学生	54	153	162	369
制度	214	61	249	524
组织	42	32	38	112
文化	47	50	47	144
学校筹资	17	6	86	109

续表

研究领域	教育学		其他学科	合计
	高等教育学	其他教育学科		
校园建设	23	23	175	221
其他	2	6	12	20
合计	1 949	3 206	3 881	9 036

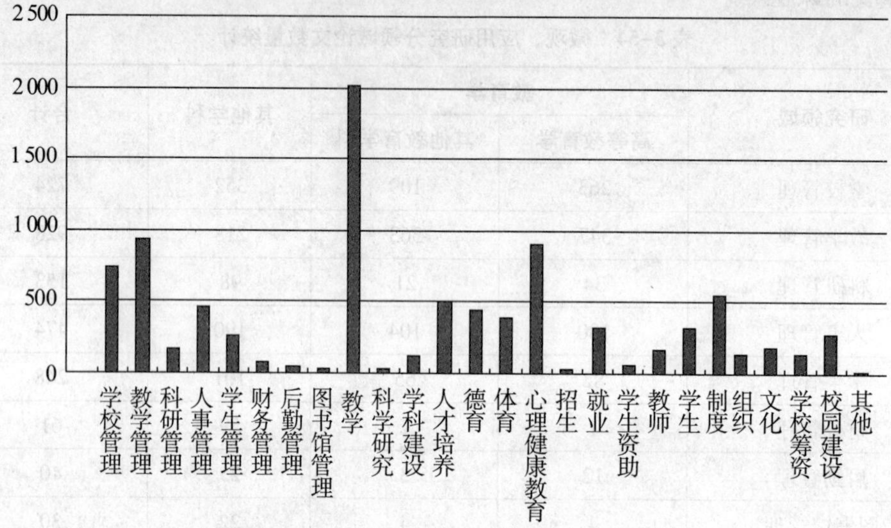

图 3-33　微观、应用研究分领域论文数量统计图

表 3-54 对属于微观、应用研究的硕、博士论文做了分领域的数量统计，其结果可以从以下几个方面加以归纳说明。

（1）从表 3-54 的微观、应用研究所列出的研究领域中，我们可以将与学生直接有关的领域划分出来，加以统计分析。这些领域包括：教学管理、学生管理、教学、人才培养、德育、体育、心理健康教育、招生、就业、学生资助、学生等，这些领域的硕、博士论文加起来共有 6 121 篇，占微观、应用研究硕、博士论文总数的 67.7%。为什么在微观、应用研究中与学生相关的硕、博士论文占有这么高的比例？主要原因或许有两个方面：一是学生既是高等教育的培养对象，更是高校的主体，学生问题成为高等教育研究的主要对象为理所当然；二是硕、博士生们对于大学生的生活、学习等比起其他高等教育的研究领域来可能更为熟悉一些。

（2）在微观、应用研究中，有些领域的硕、博士论文之少是比较突出的，如科学研究（31 篇）、招生（32 篇）、图书馆管理（30 篇）、后勤管理（40 篇）、财务管理（61 篇）等。这些较少论文的研究领域可以有两种原因解释：一是有些领域对于高等教育研究来说本来就是人们关注较少的；二是有些领域对于硕、博生们来说或许离得较远，很难熟知。

（3）不同学科的硕、博士论文在微观、应用研究中的领域差别是比较明显的。

非教育学科的硕、博士论文在下面几个领域的数量明显多于教育学科的硕、博士论文，如科研管理、财务管理、图书馆管理、教学、学校筹资、校园建设等。归入教学领域的硕、博士论文有 2 020 篇，是微观、应用研究中论文数量最多的，其中有关英语教学的论文就有 1 441 篇。财务管理、学校筹资、校园建设、图书馆管理这些领域的研究更多涉及教育学科之外的有关专业知识，因此非教育学科的硕、博士论文比较多也就顺理成章了。此外，体育领域的 407 篇硕、博士论文全部为高等教育学专业之外的其他教育学科研究生所做，心理健康教育的 840 篇硕、博士论文中有 790 篇为高等教育学专业之外的教育学科研究生所为，这也是可以从专业性的角度去加以理解的。

（二）论文作者分析

高等教育研究硕、博士论文作者的多学科性我们在前面已有所述。我们统计的 2006—2010 年的有关高等教育研究的硕、博士论文共有 10 467 篇，其作者涉及全部 12 个学科门类，非教育学科的作者占总数的 42.8%，教育学、管理学、文学 3 个学科的作者加起来占了总数的 87.7%。下面，我们主要就作者的地域分布、高校分布等做些统计分析。

表 3–55 分省份高等教育研究硕、博士论文数量统计

省份	数量	省份	数量
黑龙江	140	山东	742
吉林	589	江苏	1 171
辽宁	530	上海	792
内蒙古	88	浙江	207
北京	628	福建	470
天津	231	江西	244
河北	268	湖南	945
山西	104	四川	276
陕西	250	重庆	743
宁夏	12	西藏	0
甘肃	85	云南	88
新疆	22	贵州	45
青海	3	广西	173
河南	190	广东	163
湖北	1 150	海南	3
安徽	115	合计	10 467

从表 3-55 中可以看出，高等教育研究硕、博士论文的地区分布有相对集中的倾向。论文数量较多的省、市、自治区主要有江苏省（1 171 篇），湖北省（1 150 篇），湖南省（945 篇），上海市（792 篇），重庆市（743 篇），山东省（742 篇），北京市（628 篇），吉林省（589 篇），辽宁省（530 篇），福建省（470 篇）。这 10 个省、市的高等教育研究硕、博士论文数达到 7 760 篇，占全国总数的 74.1%。也就是说，1/3省份的论文数量占了全国的近 3/4。这一现象与前面的全国教育科学规划高等教育课题负责人所在单位的地区分布十分相似，而且硕、博士论文数量较多的省份与高等教育课题负责人所在单位较多的省份有许多是相同的。两者数量都比较多的省、市有北京、上海、江苏、湖北、湖南、福建等。硕、博士论文数量地区分布相对集中的倾向进一步说明了高等教育研究发展与高等教育研究人才培养地区间的不平衡。这种不平衡一方面来自高等教育规模发展的不平衡，因为硕、博生论文出自高校，高校数量与论文数量之间有着一定的关系，如江苏、湖南、湖北、北京、上海等都是高等学校数量较多的地区；另一方面更来自高等教育发展水平的不平衡，因为硕、博士论文出自具有硕、博士学位授予权的高校，因此硕、博士学位授予权高校的多少就与论文数量有着某种直接的联系。

表 3-56　高等教育研究硕、博士论文百篇以上高校统计

高校	数量	高校	数量
东北师范大学	522	南京师范大学	296
大连理工大学	148	苏州大学	328
辽宁师范大学	154	华东师范大学	388
北京师范大学	219	厦门大学	285
天津大学	106	福建师范大学	174
河北师范大学	145	江西师范大学	154
河南大学	133	中南大学	238
华中师范大学	335	湖南大学	154
武汉理工大学	205	湖南师范大学	435
华中科技大学	239	四川师范大学	141
山东大学	138	西南大学	674
山东师范大学	320	广西师范大学	123
东南大学	168	上海师范大学	120
河海大学	110	合计	6 452

高等教育研究硕、博士论文作者的分布不仅在地区间存在着不平衡，高校间的不平衡也是值得关注的。根据表 3-56 的统计，硕、博士论文在百篇以上的高校有 27 所，这 27 所高校的论文数达到了 6 452 篇，占总数的 61.6%。而本次统计的有高等教育研究

硕、博士论文的高校共243所，百篇以上的高校仅占11.1%。

从百篇以上论文的27所高校的类型来看，师范类高校数量最多，有16所（西南大学由西南师范大学与西南农业大学合并成立，且合并时间不长，权且列入师范类），其次为理工科大学，有6所。

表3-57 师范院校高等教育研究硕、博士论文统计

师范院校	教育学		其他学科	合计
	高等教育学	其他教育学科		
北京师范大学	42	108	69	219
首都师范大学	0	53	34	87
重庆师范大学	0	2	2	4
西南大学	144	400	130	674
福建师范大学	3	88	83	174
西北师范大学	14	54	2	70
华南师范大学	0	53	7	60
广西师范大学	33	72	18	123
贵州师范大学	0	15	2	17
河南师范大学	0	10	25	35
河北师范大学	0	111	34	145
湖南师范大学	184	144	107	435
华中师范大学	103	150	82	335
东北师范大学	34	355	133	522
南京师范大学	80	160	56	296
江西师范大学	57	72	25	154
沈阳师范大学	42	23	28	93
辽宁师范大学	4	101	49	154
内蒙古师范大学	0	60	2	62
青海师范大学	0	3	0	3
山东师范大学	0	219	101	320
曲阜师范大学	12	56	16	84
陕西师范大学	0	21	26	47
四川师范大学	3	133	5	141
华东师范大学	132	160	96	388
上海师范大学	29	50	41	120
天津师范大学	0	50	17	67

续表

师范院校	教育学		其他学科	合计
	高等教育学	其他教育学科		
天津工程师范学院	0	1	0	1
云南师范大学	0	10	4	14
浙江师范大学	34	20	22	76
杭州师范大学	0	17	0	17
合计	950	2 771	1 216	4 937

表 3-57 统计了高等教育研究硕、博士论文作者所在高校为师范大学的情况。31 所师范大学的硕、博士论文数为 4 937 篇，占总数的 47.2%。这一比例充分说明师范大学在培养高等教育研究后备力量方面的重要作用。

将师范大学硕、博士论文的学科比例与总体相比，我们可以看到师范大学的特点所在。就总体而言，在 10 467 篇硕、博士论文中，教育学科 5 989 篇，占总数的 57.2%；其中高等教育学专业的论文 2 446 篇，占教育学科总数的 40.8%。而在师范大学的 4 937 篇论文中，教育学科 3 721 篇，占 75.4%；其中高等教育学专业的论文 950 篇，占教育学科总数的 25.5%。师范大学与其他高校相比，高等教育研究的硕、博士论文更多的是出自教育学科的研究生；更进一步说，是出自高等教育学专业以外的其他教育学科的研究生。而这正是师范大学教育学科实力雄厚、学科领域广泛的特征所在。

四、“十一五”期间高等教育研究存在的主要问题

近十年来，尤其是“十一五”期间我国高等教育研究虽然取得了很大的进步，但是仍然存在不少的问题。概括起来主要包括三个方面：一是理论研究中明显夹杂着应用倾向，影响了理论研究的纯粹性；二是应用研究中挥之不去的“理论情结”，直接影响了应用研究的可应用性；三是研究方法使用的规范性及其与研究主题的相匹配性。

（一）理论研究中存在的问题

我国高等教育研究以学科建制为特色，对于理论研究比较偏重。但是近年来，由于高等教育实践问题的凸显，应用研究增多，理论研究的比重有所下降。在有限的理论研究论著中，由于受到传统实用主义思想和高等教育实践需要的影响，高等教育理论研究的深度和广度都存在不足，从而影响了高等教育学作为一门学术性学科的独立性。

1. 学术资源

高等教育研究作为一个新兴的跨学科的研究领域，对其他人文社会科学领域，甚至是自然科学领域的知识不可避免地存在着先天性的依赖。但是其他学科的知识、方法和理论只能是高等教育学的一种“学术资源”，而不可能自动转化成为高等教育学的知识和理论。只有通过相关研究把其他学科领域的知识、方法和理论有效地运用于解决高等教育的问题，并得到预期的成果，这些学科领域的“学术资源”才能成为高等教育学的理论。近年来，我国高等教育领域多学科研究和跨学科研究蓬勃兴起，其他学科的知识、方法与理论快速涌入高等教育研究领域。但是由于人员与制度的诸多问题，我国高等教育研究中多学科或跨学科研究的兴起并没有促进高等教育理论研究的真正进步，而只是造成了学术研究的虚假繁荣，甚至是不必要的混乱。

2. 理论品质

高等教育是一个实践性较强的领域，理论性一直偏弱。但作为一门学科，哪怕只是作为一个跨学科的研究领域，独特理论的解释力也是必须的，我国高等教育学学科建设的一个重要目标就是要发展出具有独特解释力的高等教育理论。当前我国高等教育理论研究由于缺乏边界清晰的概念与范畴，再加之对其他学科领域中相关或不相关话语体系的不适当的借用，高等教育理论研究的纯粹性不够，品质不高，解释力有限。近年来，我国高等教育研究虽然成果很多，但尚未提出真正有价值的独特的高等教育理论。很多所谓的理论研究实际上都没有摆脱实践逻辑或实践需要的影响，抽象程度不够，理论性不强，缺乏解释力。

3. 学科视界

学科建设是我国高等教育理论研究的一个重要内容与目标，但近年来，在我国高等教育研究中关于学科建设的研究逐渐被边缘化。事实上，学科之于我国高等教育研究绝不只是名分与组织建制的问题。学科作为人类高深知识生产与传播的一种有效制度，其根本的价值在于通过一种有效的理论范式的确立来凝聚学科共同体成员之间的相互认同。我国高等教育学的学科建设也不能再局限于学科自身理论体系的建构，而是应关注整个学科共同体对于学科理论范式的认同。我国高等教育学学科建设的首要目标不应是去主观地建构一套学科理论体系，而是要发展出可以作为范式的高等教育理论。只有通过理论研究确立了本学科的独特范式，然后才能从本学科的视界出发建构出有影响力的学科理论体系。

4. 思维方式

“理论与实践相结合”是人文社会科学领域内任何学术研究的最高原则，但这并不意味着任何理论的研究都要与实践活动联系在一起，因为“理论与实践相结合”并不是“理论研究与实践活动相结合”。理论与实践属于不同场域，理论来源于实践，但理论又必须高于实践。在某种意义上，理论研究必须脱离开具体的实践，否则就无法形成理论。我国高等教育研究由于受到中国传统哲学中“实用主义”的影响，理论研究往往以主观经验为基础，其思维方式强调“学以致用”，所谓理论研究其实就是对于高等教育实践活动的理论思考。由于理性思维缺乏应有的深度，加之学术视野的狭隘，我国高等教育研究中的理论研究始终无法真正超越具体的高等教育实践，自然也就无法指导高等教育实践。

（二）应用研究中存在的问题

高等教育学本身就是一个实践性较强，以应用为主的综合性学科。以应用为取向的问题研究一直是世界高等教育研究的主流。我国高等教育研究早期强调以学科建设为中心的理论研究，但是近年来，以应用为取向的问题研究逐渐开始成为主流。但仔细观察我国高等教育研究中的应用研究同样可以发现诸多问题。

1. 研究对象的选择

高等教育实践中存在很多问题，但并不是所有的问题都适合直接作为高等教育研究的对象。作为学术研究的对象，高等教育问题必须经过必要的筛选和建构，以确保该问题是真问题而不是伪问题。当前我国高等教育研究中很多应用研究所指向的问题很难保证问题的真实性和客观性。不少问题可能只是研究者个人的问题，而不是高等教育实践中真实的普遍的问题，更不是学术问题。近年来，由于对“热点”的盲目追逐，我国高等教育应用研究中的“跟风现象”非常明显。媒体制造出的舆论和政府所宣传的政策往往成为我国高等教育应用研究中阶段性的主题。在此背景下，很多真正有学术价值的真问题被抛弃或缺乏持续性的关注。

2. 研究类型的区分

一般来说，应用研究的价值在于应用，问题研究的目标在于问题的解决。在这方面，美国高等教育研究中的院校研究最为典型。与美国的院校研究范式相比，我国高等教育研究中应用研究的价值取向值得怀疑。由于领导和管理体制的根本不同，我国大学缺乏自己研究自己的传统。我国高等教育研究中的院校研究也只是“院校研究”研究，整个高等教育研究的价值主要还是寄托于以学科建设为目标的论文发表和研究生培养上。在这样的制度安排下，我国高等教育研究中的应用研究和理论研究的价值取向基本上是一致的，即出版和发表。为了能够正式出版和发表，所谓的应用研究都不可避免地要部分地抛弃应用性，进而杂糅进可有可无的理论思考。其结果，在我国高等教育研究中理论研究与应用研究的边界实在是难以划分，应用研究作为一种研究类型十分模糊。甚至可以说，当前在我国高等教育研究中既没有纯粹的理论研究，也没有纯粹的应用研究。理论研究都要附会到实践中的对策思考，应用研究则都要上升为一种理论思考。由于缺乏专门性，不符合现代学术分工的一般规律，这种研究类型上的不伦不类十分不利于我国高等教育研究水平的提高。

3. 研究成果的价值

当前我国高等教育研究中应用研究的成果在数量上占绝大多数，但其对于实践的影响甚微。除了体制和机制的原因之外，另外一个重要的原因还在于：很多所谓的应用研究成果严格说来都不能称之为“研究”，更没有“应用”的价值。在我国由于高等教育规模的扩大，高等教育研究的队伍也十分的庞杂，加之职称评定与论文发表相结合，很多高等教育应用研究的论著只是为了职称晋升的缘故而被人为地炮制出来，既缺乏研究的科学性，也缺乏实践的可行性。为了能够克服现有应用研究低水平的不足，满足我国高等教育快速发展的现实需要，近年来我国各级政府部门开始尝试通过规划立项和课题招标的形式开展大规模高水平的高等教育应用研究，但是由于我国现有高等教育决策机制没有根本改变，其成效如何仍然有待观察。

（三）研究方法中存在的问题

与传统的经典学科不同，高等教育研究自身没有独特的研究方法或方法论。作为一个以跨学科研究为主导的新兴的学科领域，高等教育研究普遍采用人文社会科学中各学科的研究方法。当前我国高等教育研究中所使用的研究方法大致可以分为量的研究和质的研究两种。但是吊诡的是，当前无论是量的研究还是质的研究在我国高等教育研究方法中都不占主流，我国绝大多数高等教育研究所使用的文本呈现方式是思辨，而思辨本身并不是一种研究方法。这也就意味着在我国绝大部分高等教育研究成果没有使用明确的方法。从研究方法的角度看，我国高等教育研究缺乏明确的方法以及方法论的意识，在整体上尚处于前科学研究的阶段。

1. 量的研究

由于受到社会科学中实证主义传统的影响，近年来我国高等教育研究中量的研究逐渐增加。但是由于高等教育系统的复杂性，很多问题难以量化。因此目前在高等教育研究领域中对于如何进行量化研究、哪些领域适用量化研究尚缺乏必要的共识。同时，由于我国的高等教育研究人员普遍存在着数学水平偏低的现象，对于相关统计工具的使用有时难免机械，从而导致量化研究的科学性受损，甚至成为一种“伪量化研究”，即为了量化而量化。不过，无论如何未来我国高等教育研究中以实证为取向的量化研究需要加强。

2. 质的研究

质的研究是相对于量的研究而言，有着规范的操作程序。量的研究强调数字，质的研究强调细节。我国高等教育研究领域中虽然一直崇尚定性的研究，但质的研究方法的使用并不普遍。很多研究者对于质的研究方法只知定义，对于如何操作则完全陌生。为了弥补量的研究方法可能造成的不足，未来我国高等教育研究中同样必须加强以质的研究方法为基础的定性研究。

3. 思辨研究

无论使用量的研究方法还是使用质的研究方法，研究结论的得出都必须通过思辨。准确地说，思辨是一种学术成果呈现的方式，而非具体的研究方法。在我国高等教育研究由于学科制度化程度较低，受西方学术传统的影响较小，受中国思辨式的人文传统的影响较多。因此，直到今天我国很多高等教育研究成果仍然没有使用明确的科学研究方法，而只是以相关文献资料为支撑进行思辨式的定性表述。思辨是人的一种高级能力，思辨研究有其固有的学术价值，举凡人文社会科学领域的经典著作大多以思辨的形式呈现。换言之，思辨是学术研究的最高层次，本应是各学科学术精英人物的专利。但是我国的情况几乎相反，少部分的学术精英在以质的或量的研究方法为基础进行科学研究，大量低水平的研究人员在进行思辨。事实上，优秀的思辨研究必须以大量的实证研究为基础。没有扎实的量的研究和质的研究作为基础，单纯的思辨就会有沦为文字游戏的风险或陷于低水平重复的泥淖。当前我国高等教育研究的主要问题就在于绝大多数人只习惯于思辨，只有极少数人在运用量的或质的研究方法进行科学研究。借鉴西方国家学术发展的一般规律，我国高等教育研究真正应该出现的局面是：大多数研究者在运用量的和质的研究方法开展比较基础的科学研究工作，少数的学科精英或学术精英通过高层次的思辨对现有的零碎的研究成果加以提升，融会贯通。或者是，由少数的学科精英或学术精英通过思辨的方式提出本学科的最基础或最前沿的理论命题，然后由本学科大量的普通研究者通过量的或质的科学研究方法加以证实或证伪。唯有如此，我国高等教育研究的水平才能有所提高。

五、“十二五”高等教育研究领域、研究方向和重点研究课题

“十一五”期间我国高等教育研究成果主要集中于“高等教育大众化”、“高等教育质量评估与管理”、“世界一流大学建设”、“大学组织变革与制度创新”、“高校分类与办学定位”、“高校贷款”以及“院校研究”等领域。根据学术研究的累积性与连续性的原则，同时考虑到《国家中长期教育改革与发展规划纲要》出台以后我国高等教育未来五年发展的现实需要，关于“十二五”期间我国高等教育研究需要进一步深化和拓展的研究领域、研究方向以及重点研究课题，我们可以做如下的归纳与思考。

（一）若干需要深化和拓展的研究领域

1. 关于学科、课程、专业等高等教育基本范畴的研究以及高等教育学学科建设的研究

学科、课程与专业既是整个当前高等教育工作的核心组成部分，同时也是高等教育学的核心范畴。从理论上对于学科、课程与专业有了更加深入和客观的认识，高校的科学研究、人才培养与社会服务职能才能够得到更好的发挥，高等教育学的学科建设也才能取得突破性进展。

2. 关于高等教育发展规划与战略管理的理论研究

由于受计划经济的影响和管理体制的制约，我国公立高校对发展规划和战略管理对于学校发展的重要性一直没有给予足够重视，尤其缺乏中长期的发展规划和可持续

的战略管理。伴随着《国家中长期教育改革与发展规划纲要（2010—2020 年）》的出台，我国高校必须重新认识中长期规划，尤其是战略规划对于高校发展的重要性。在建设高教强国和创建世界一流大学的过程中，加强发展规划和战略管理的相关理论研究，借鉴国外一流高校战略规划与管理的成功经验对于我国高等教育的发展十分重要。

3. 关于我国近百年高等教育发展史的理论反思

从清末到现在，我国现代高等教育已走过百余年的历程。这一百多年来我国高等教育的变化可谓是沧海桑田，其成败得失亟待从理论上进行梳理和总结。这种梳理和总结既是当代学术研究者的一种历史责任，也是当代中国高等教育发展的一种现实需要，同时也包含着对于我国未来高等教育发展方向的期许。当今世界高等教育强国无不拥有独特的高等教育发展模式，中国高等教育发展成熟或中国成为世界高等教育强国的一个重要标志，就在于能否创造出高等教育发展的中国模式。高等教育发展的中国模式既是历史经验的凝练和总结，同时也需要实践者的探索，更需要理论界的深入研究。

4. 高等教育道德哲学研究

长期以来我国高等教育研究集中于学科建设和问题研究两大领域，从哲学层面对于高等教育的反思严重不足。由于受到布鲁贝克《高等教育哲学》中认识论与政治论观点的影响，关于高等教育道德哲学的研究几乎空白。事实上，道德是高等教育哲学的灵魂，加强高等教育道德哲学研究具有重大的理论和现实意义。

5. 高等教育质量的理论研究

质量评估和管理是高等教育发展的大趋势。和企业等其他领域相比，高等教育领域关于质量的理论研究存在严重不足。由于质量理论研究的滞后导致高等教育质量评估和管理过程问题重重。只有在借鉴企业质量理论的基础上，加强关于高等教育质量的理论研究，发展出独特的高等教育质量管理理论，才能更好地保障高等教育从数量阶段向质量阶段的转型。

6. 现代大学制度研究

现代大学制度是当代中国高等教育发展过程中的一个创造，就像现代企业制度之于当年的国企改革一样，现代大学制度对于中国公办大学的发展也同样重要。当前有中国特色的现代大学制度已初具雏形，未来如何完善问题重重，亟待加强相关研究。通过相关研究，一是要确立中国特色现代大学制度的科学内涵，二是促进高等教育实践中对于现代大学制度的试点，争取早日完成中国大学的“去行政化”，建成世界一流大学。

7. 高等教育中的道德危机研究

在社会转型的过程中，我国高等教育正面临严峻的道德危机。从学生到教师，包括高校管理者，道德观念淡化、道德认识模糊、道德理性缺乏、道德批判力丧失，这使得中国大学经常要面临舆论和媒体的道德拷问，面临公众和政府的责难。加强相关研究对于化解我国高等教育中的道德危机十分必要。

8. 我国地方大学办学定位研究

当前虽然研究型大学仍然是现代大学发展的黄金典范，但为经济社会发展服务已经成为世界高等教育发展的一个重要理念。我国虽然是世界高等教育大国，但研究型大学不是主流，以服务经济社会发展为办学目标的地方大学才是我国高等教育发展的重中之重。在高等教育逐渐地方化的大背景下，地方大学如何立足地方，服务地方将成为我国高等教育发展的重大问题，必须加强相关理论与实践研究。

9. 高等教育就业问题研究

就业危机在高等教育中的弥漫对中国高等教育的发展具有重大影响。未来能否化解就业危机、如何化解就业危机不仅关乎高等教育的可持续发展，而且关乎中国社会从传统向现代的转型。当前大学生就业已经成为一个十分复杂的社会问题，绝不能完全交给市场和个人。必须加强关于高等教育就业问题的学术研究，为国家就业政策的制定提供参考和依据。

10. 提高高校人才培养质量研究

人才培养是高校所有工作的核心所在，一流的大学必须能够培养出一流的人才而不仅是生产一流的科研成果。改革开放以来，我国大学在人才培养方面取得了一定的成绩，但问题依然不少。面对“钱学森之问”和建设世界一流大学的巨大压力，提高人才培养质量将成为未来我国大学改革的核心所在，因此必须加强相关研究。

（二）若干需要深化和拓展的研究方向

1. 学科建设

学科建设是我国大学对于学术发展和科学研究活动的一种简单化概括。当前我国大学普遍选择以学科建设为龙头，但学科建设的理论研究与学科建设实践却相去甚远。“十二五”期间需要进一步深化和拓展学科建设这一研究方向。当前由政府主导的重点学科建设制度需要反思和重新设计，新兴学科和特色学科的建设以及跨学科研究的兴起必须引起重视。

2. 学术制度

学术制度是大学制度的核心，没有一个健全的学术制度称不上现代大学制度。当前我国大学的行政化导致了学术组织行政化，学术组织的行政化导致基本学术制度的缺失或形式化。未来在高校去行政化的过程中必须重视和加强基层学术组织和学术制度的建设和研究工作。只有建立并健全了大学基层学术组织和基本的学术制度，我国的大学制度才能称为有中国特色的“现代大学制度”。

3. 人才强校

人才是大学的根本，吸引优秀人才并留住他们是大学发展的第一要务。在全球化的背景下，如何通过制度创新吸引全世界各国的优秀学者到中国大学来工作，是中国大学能否成为世界一流的关键所在。当前我国大学对于人才的重要性没有给予足够的重视，大学的好坏主要由政府说了算，未来需要加强相关的研究工作以进一步确立人才强校的办学理念与实践。

4. 创业型大学

创业型大学是一种大学发展的新模式，也是一种新的大学类型。当前我国高等教育发展中逐渐步入了研究型大学的误区，几乎所有大学都非常强调科研，都试图办成研究型大学，至少也是教学研究型大学。事实上，科研虽然是大学不可分割的组成部分和重要职能，但不同大学的科研工作必须有所区别。对于研究型大学而言，它的任务是把“金钱”转化为“知识”，为人类高深知识的生产和传播作出贡献；对创业型大学而言，它的任务则是把“知识”转化为“金钱”，为地方经济社会的发展服务。未来伴随知识生产模式的变化，创业型大学将成为我国大学发展的一种重要选择，必须提早加强相关研究。

5. 应用型本科

长期以来在我国高等教育系统中对于高等职业教育没有给予足够的空间，高职教育始终作为低于高等本科教育的专科教育层次。伴随着经济的发展，高层次的职业教育成为必需，将职业教育作为一种类型而非层次已是大势所趋。当前我国应用型本科院校的兴起就反映了社会对于高层次职业教育人才的强烈需要。未来加强相关研究对于进一步完善我国高等教育职业教育体系具有重要的理论和实践意义。

6. 独立学院

独立学院是我国高等教育大众化过程中的一种创造，但其制度安排一直没有稳定下来，直到目前仍然处于一种不确定状态。未来伴随着我国高等教育大众化的完成，尤其是伴随着高等教育适龄人口的减少，独立学院制度的存废问题或转型问题必须提早进行研究。

7. 高考改革

高考改革一直是我国高等教育改革中最为敏感的问题，也是最为复杂的问题。高考改革如何改，改什么，是统一高考还是自主招生等一直是社会舆论的焦点。进一步加强相关研究对于完善我国高考制度，保障高校人才培养质量都具有重要的理论与实践意义。

8. 民办高校

新近出台的《国家中长期教育改革与发展规划纲要（2010—2020年）》中有关“具备学士、硕士和博士学位授予单位条件的民办学校，按规定程序予以审批”的表述进一步拓展了我国民办高校的发展空间，为我国民办高校向高水平大学发展提供了可能。进一步加强相关研究，对于我国民办高校的发展以及我国竞争性高等教育系统的形成都具有积极的现实意义。

9. 院校研究

随着我国高校办学规模的增大，大学需要研究它自己。今天大学管理不能再凭经验，而必须以相关实证研究为基础。院校研究是大学管理科学化的重要保障，加强院校研究对于推动我国高校管理的科学化具有重要的实践意义。

10. 经费筹措

经费是学校的脊梁。在财政危机的大背景下，如何筹措到更多的经费是大学发展中面临的严峻课题。我国高校经费来源表面多元，实质单一，未来能否建立起真正意义上多元化的经费来源渠道是各项高等教育改革措施能否落到实处的重要保障。进一步加强相关研究工作对于完善我国高等教育投入体制具有积极的理论与实践意义。

（三）若干重点研究课题

1. 高等教育发展的中国模式研究

主要研究内容：中国高等教育发展的百年经验；高等教育发展中的中国特色；高等教育发展模式的国际比较；高等教育发展中国模式的主要特征。

2. 我国高等教育去行政化研究

主要研究内容：中国高等教育行政化的历史与现实；高等教育去行政化策略的国际比较；我国高等教育中的行政级别问题；我国高校的行政文化与学术文化；我国高等教育去行政化的路径与策略。

3. 有中国特色的现代大学制度研究

主要研究内容：现代大学制度的主要类型与特征；现代大学制度之于中国高等教育改革与发展的意义与价值；有中国特色的现代大学制度的主要内涵；建设有中国特色的现代大学制度的路径与举措。

4. 我国地方大学发展研究

主要研究内容：我国高等教育地方化的进程；我国地方大学与地方经济社会发展的关系；我国地方大学的类型与办学定位；促进地方大学服务地方经济社会发展的对策研究。

5. 我国公立高校法人治理结构研究

主要研究内容：大学章程在大学治理中的地位；党委领导与校长负责的关系；我国公立高校党政分工、政校分开、管办分离的路径；我国公立高校党委领导下的法人治理结构问题；教授会在我国公立大学法人治理结构中的地位与作用。

6. 高校发展规划制定过程中的问题研究

主要研究内容：高校发展规划与战略管理的意义与价值；高校制定发展规划和实施战略管理的步骤与方法；战略发展规划与学校办学的关系；我国公立高校制定中长期发展规划的可行性与必要性。

7. 我国高校的学科、专业管理模式与运行机制研究

主要研究内容：学科建设与学科管理的关系；专业建设与专业发展的关系；学科、专业管理模式的国际比较；学科、专业管理在我国高校中的运行机制。

8. 高校科学规范与学术道德教育研究

主要研究内容：我国高校道德危机的现状；我国高校学术道德失范与科学规范、学术道德教育的关系；学术制度建设与高校道德危机的关系；化解我国高校道德危机的对策与建议。

（撰稿人：高等教育学科组 胡建华 王建华 徐波 赵峻岩 蒋惠玲）

职业教育研究

职业教育承担着培养生产、服务、管理一线高素质劳动者和技能型、应用型人才的使命，具有人民性、职业性和社会性，在经济发展、社会变革、科技进步中，在提高劳动者素质、优化人才结构和增强国家竞争力等方面发挥着重要作用。以职业教育作为关注对象的职业教育研究，承载着服务决策、指导实践和繁荣学术的重要使命，在推动职业教育实现科学发展的进程中发挥着举足轻重的作用。随着国家对职业教育的重视，职业教育取得很大发展，职业教育研究在全国教育科学规划中占据越来越重要的地位。

一、"十一五"期间研究的进展情况

（一）学科立项课题概况

"十一五"期间，全国教育科学规划职业教育研究组批准立项课题（不含教育部规划类课题）153 项，其中，国家重点课题 3 项、国家一般课题 17 项、国家青年基金课题 5 项、教育部重点课题 44 项、教育部青年专项课题 14 项。需要特别提到的是，2007 年全国教育科学规划领导小组办公室与教育部职业教育与成人教育司开始合作实施"全国教育科学规划职业教育研究专项课题"，至 2009 年，已合作实施了三期，共评审出职业教育研究专项课题 70 项①。"十一五"期间，承担职业教育研究立项课题的单位主要有科研院所、高校和行政部门，其中，高校承担职业教育课题的比重占据绝对优势，在高校中高职院校的比重又占绝大多数。可见高职院校的科研力度在不断加强，科研水平逐步提升，正成为职业教育科研的一支重要力量。

"十一五"期间，职业教育研究密切关注职业教育改革和发展中出现的热点和难点问题，形成了一些重要的研究主题和研究领域。根据立项课题、专著和发表在学术期刊上的研究论文，"十一五"期间职业教育研究的重点可归纳为三个方面：职业教育宏观政策与发展战略研究；职业教育人才培养模式与教学改革研究；职业教育基本理论与学科建设研究。

---

① 数据来源：全国教育科学规划领导小组办公室网站，http://onsgep.moe.edu.cn/，2010-4-30。数据只包含 2006—2009 年度立项课题，2010 年度立项课题尚未公布。

（二）研究的新进展

1. 职业教育宏观政策与发展战略研究

在党和国家的关心与重视下，“十一五”期间，我国职业教育发展驶入快车道，办学规模迅速扩大。到2008年，中、高等职业院校招生数已分别和普通高中、本科院校大体相当。每年还有上亿人次接受各种形式的职业培训。职业教育发展已站在一个新的历史起点上。面对国际、国内经济社会发展的新形势，如何科学地制定和规划职业教育的宏观政策与发展战略，成为“十一五”期间职业教育研究的一项重要任务。

（1）职业教育可持续发展研究。近年来，我国职业教育虽然取得了规模上的大发展，但它仍然是整个教育中的薄弱环节，还不能满足社会经济发展和学习者个人的需求。在全面建设小康社会的关键时期，构建职业教育可持续发展战略的基本框架，对促进整个社会全面、协调、可持续发展，具有非常重要的现实意义。教育部职业技术教育中心研究所黄尧教授主持的国家重点课题“职业教育持续协调发展战略研究”，在总结我国改革开放30年来职业教育改革发展丰富实践的基础上，面对新时期、新机遇、新挑战，以科学发展观为指导，对中国特色的职业教育发展进行了理论探索，提出了职业教育可持续发展战略的总目标：建立可持续发展的职业教育管理体制、办学体制、保障机制，实现职业教育质量、结构、数量、效益的协调发展，加快培养适应社会主义现代化建设需要的高素质劳动者和技能型、应用型人才，建成体现终身教育要求的中国特色职业教育体系和制度，基本实现职业教育现代化。课题提出了职业教育可持续发展战略的对策：创新职业教育体制，构建可持续发展的多元利益格局；加强职业教育师资建设，拓宽可持续发展的技术途径；完善现代职业教育体系，创设可持续发展的国家资格框架；探索灵活多样的职业教育办学模式，实现办学模式的根本性转变；统筹城乡和区域职业教育发展，促进均衡协调发展；完善职业教育保障机制，加快可持续发展的步伐。

（2）集团化办学研究。为寻求职业教育生存与发展的新空间，一种体现职业教育资源聚合的集团化办学应运而生。作为我国职业教育改革发展中的新生事物，职业教育集团化办学有效地促进了职业院校资源整合、优势互补、规模发展，提高了职业教育的办学效益和质量，增强了职业教育服务经济社会的能力。教育部职教所黄尧同志主持的教育部教育改革和发展战略与政策研究重大课题“职业教育集团化办学的理论研究与实践探索”，立足我国职业教育集团化办学的实践，对职业教育集团化办学进行了深入调研和科学分析，在理论与实践相结合的基础上，阐述了职业教育集团化办学的基本内涵、本质特征和发展规律，提出了职业教育集团化办学的管理体制、运行机制和发展模式，以及相关的政策支持和措施建议。课题论证了在我国职业教育改革发展中推进职业教育集团化办学的重要意义；提出了推进职业教育集团化办学中应处理好的四大关系，即校企结合、城乡合作、区域合作、中高职之间的协调发展关系；归纳总结出了我国职业教育集团化办学的三种典型模式，即城乡联合、以城带乡的“河南模式”，市县合作、三段培养的“海南模式”，校企合作、工学结合的“天津模式”；在政策措施建议中提出了政府统筹与市场调节相结合的管理体制，学校和企业合作、资源共享、风险共担、利益共赢的运行机制。课题研究成果为我国职业教育集团化办学的健康发展提供了理论依据，为各级政府和教育行政部门推动职业教育集团化办学、加快职业教育改革与发展提供了决策参考。

（3）职业教育吸引力研究。职业教育是否具有吸引力，是职业教育自身能否实现可持续发展，能否为经济社会提供高素质技能型人才而实现可持续发展的根本性问题。如何提升职业教育的吸引力，使其在经济社会发展中充分发挥自身应有的作用，成为新形势下职业教育改革和发展过程中关注的焦点。国内专家、学者对影响职业教育吸引力的因素进行了分析，总体来说可归结为外部和内部两个方面。有学者认为职业教育缺乏吸引力的主要原因在于其发展环境的制约，要增强职业教育的吸引力，关键是要为职业教育营造一个良好的发展环境，增进学校与社会的联系，打破封闭的办学体系，形成以社会需要为中心的办学机制，促进校企合作、工学结合。① 有学者通过对我国职业教育制度变迁的梳理，得出历史上我国职业教育吸引力主要是靠“奖励出身”、“统一分配”、“对口升学”等外生因素拉动的，职业教育的本体价值没有得到有效体现。要增强职业教育吸引力须让职业教育回归本体，而回归本体就是使职业教育的发展不是屈从于外在的束缚，而是出自于市场的自觉和受教育者的自愿。②

教育部职业技术教育中心研究所余祖光研究员主持的教育部重点课题“关于增强职业教育吸引力的问题研究”，从学校、社会、政策制定者等多角度对职业教育吸引力问题进行了调研，重点研究了职业教育对青年学生吸引的作用维度、方式、力度和效果。课题建议，从教育内部来构建青年学生终身学习体系，让其有更多的发展空间；从教育外部采取经济、劳动和教育等的政策组合，围绕教育主要对象——青年学生，本着以人为本的精神来关心和实现受教育者的利益最大化。

（4）区域职业教育研究。进入21世纪，我国确立了统筹区域经济协调发展的战略思路。区域职业教育的均衡发展是促进区域协调发展，逐步缩小区域发展差距的一项重要战略任务，是促进我国教育公平与构建社会主义和谐社会的重要组成部分。如何使职业教育在发展中保持整体性与区域性、数量规模与质量效益、投入与产出等的有机统一，使我国职业教育朝着均衡化的方向迈进，是当前职业教育研究的热点。上海市教科院马树超研究员主持的国家一般课题“区域职业教育均衡发展水平研究”认为，区域职业教育均衡包括资源均衡、发展均衡和布局均衡。其中，资源均衡是区域职业教育均衡发展的基础；发展均衡是区域职业教育发展的重心；布局均衡是实现

① 郭扬．论职业教育发展环境的优化［J］．教育发展研究，2010（3）．
② 孟景舟．我国职业教育吸引力的历史透析［J］．教育发展研究，2010（7）．

区域职业教育均衡发展的有力保障。① 针对我国职业教育发展中存在的区域间发展差距拉大、资源跟不上发展规模、经费投入不足等突出问题，课题认为，区域职业教育均衡发展应重点把握协调性和公平性两条主线。课题从保持职业教育与区域经济社会的协调发展、职业教育基础资源的公平配置，以及数量规模发展与质量效益提高的有机统一三个方面，对区域职业教育均衡发展在研究方法和内容上进行了探索，为制定我国职业教育发展的中长期规划、布局调整及宏观政策具有十分重要的现实意义。②

（5）农村职业教育研究。社会主义新农村建设是党中央做出的重大战略部署。提高农民整体素质，培养造就有文化、懂技术、会经营的新型农民，促进农村富余劳动力转移，是建设社会主义新农村和推进城镇化的迫切要求，农村职业教育必将在其中发挥无可替代的作用。如何改革农村职业教育，促进社会主义新农村建设，成为“十一五”期间职业教育研究的热点问题。湖南冶金职业技术学院胡立和教授主持的教育部重点课题“基于社会主义新农村建设的农村职业教育改革研究”认为，新时期农村职业教育改革的方向是，把握农村经济和社会发展的脉搏，从农村剩余劳动力转移和社会主义新农村建设的实际需要出发，确定教育目标，设计教育模式，规划教育未来，逐步构建布局合理、结构有序、辐射面广、示范性强、上下贯通、左右衔接、机制灵活开放的农村职业教育体系。并在培养目标、办学模式、专业设置、课程体系、教学内容和教学方法等方面提出农村职业教育改革的新措施。新农村建设是在统筹城乡发展的背景下推进的，因此，统筹城乡发展下的职业教育研究受到人们的高度关注。北京师范大学俞启定教授主持的教育部哲社重大课题“职业教育与城乡统筹发展研究”认为，统筹城乡职业教育发展，不管是对社会主义新农村建设、和谐社会的构建乃至整个经济社会发展，还是对职业教育本身的改革发展都具有非常重要的意义。政府对统筹城乡职业教育发展负有最主要的责任，体现在制定战略规划、构建管理体制、推动配套改革和加强行政问责等方面。劳动力回流是新形势下我国经济社会发展过程中出现的新现象。郑州大学孔喜梅副教授主持的国家一般课题“劳动力回流与农村职业教育功能调整问题研究”，在对回流劳动力教育需求意愿和农村职业教育进行广泛调查和分析的基础上，提出农村职业教育功能调整的方向，提出农村职业教育在功能定位、专业设置、课程设计、培养模式、师资队伍建设和基础设施改善等方面的建议，对于促进回流劳动力积极效应的发挥具有重要意义。

（6）职业教育助学政策研究。为进一步促进教育公平，“十一五”期间，国家陆续出台了中等职业学校国家助学金政策、中等职业学校农村家庭经济困难学生和涉农专业学生免费政策，资助和免费政策在促进中等职业教育发展、培养中等职业技术人才方面取得了积极成效。国家教育行政学院佛朝晖在对中职国家助学金政策实施情况进行调研后认为，助学金政策能够帮助贫困学生减轻家庭经济负担，促进教育公平。

① 王琴，马树超. 区域职业教育均衡发展的内涵和原则［J］. 职业技术教育，2010（7）.

② 陈嵩，等. 区域职业教育均衡发展初探［J］. 中国职业技术教育，2008（33）.

佛朝晖并就助学政策执行中存在的问题和未来发展提出了自己的观点，助学金政策在执行中存在一些问题，主要表现在助学金管理程序复杂、教育与扶贫效果不佳、监管不力。助学金政策应兼顾公平和效益，采取分区分类指导，向贫弱群体倾斜，并逐步过渡到中职免费政策，应建立多元资助体系，形成一个由中央政府、地方政府、社会组织和企业组成的综合性中职资助体系投入模式。① 江西师范大学陈胜祥主持的教育部青年专项课题“中等职业学校招生的市场化与政府干预机制研究”，就农村中职免费政策对农户教育投资偏好的影响进行了研究，发现免费政策的经济刺激能够在很大程度上提高农户对中职的投资偏好，但是随着农户收入水平和其子女学业成绩的不断提高，免费政策的刺激作用将随之减弱。②

2. 职业教育人才培养模式与教学改革研究

技能型人才的培养是职业教育肩负的基础使命。适应经济社会发展的需求，创新职业教育人才培养模式，积极推进职业教育教学改革，是提高职业教育质量，实现职业教育可持续发展的必然要求。

（1）工学结合、校企合作的人才培养模式研究。工学结合、校企合作是职业教育的一条特殊规律，也是国际职业教育的共同经验。工学结合、校企合作的人才培养模式能够给学生提供丰富的真实情景的学习机会，解决学校资源短缺状况，促进学生从学校到工作的顺利过渡，提高就业率，为企业和社会培养大量符合要求的技能型人才。“十一五”期间，不少研究以具体职业院校为研究对象，结合实践积极探索校企合作的新模式。有学者从互利互惠、共同发展的角度出发，提出“五个共建”的校企合作模式：共建“师资队伍”、共建“实训基地”、共建“人才培养计划”、共建“课程”、共建“课堂”，使校企合作向纵深推进，促进职业院校人才培养工作。③ 有学者从具体专业特点出发，提出“现场嵌入、工学循环”模式，有机地将企业真实工作现场嵌入学生专业技能学习过程中，将学生的专业技能训练嵌入到企业的生产过程，让学生每个阶段都在校内和企业的工作现场进行交叉学习，寻求“技能学习—技能实践—技能再学习—技能再实践……”螺旋式上升，工学一体“全程式”结合的新途径。④ 同时推进教学计划、教学方法、教学过程组织和课程的改革。还有的学者从组织形式角度，提出校企合作发展理事会的运作模式，使校企双方信息交流更为直接，推动合作更为及时有效，利益协调更为便捷。⑤

天津工程师范学院吴炳岳主持的职业教育专项课题“工学结合、校企合作人才培养模式研究”，界定了职业教育“工学结合”的概念，介绍了国外工学结合的主要模式：德国的“双元制”、美国的“合作教育”、英国的“三明治”、俄罗斯的“教

---

① 佛朝晖. 中职国家助学金政策实施情况的调查报告［J］. 中国职业技术教育，2010（5）.
② 陈胜祥，王秋萍. 农村中职免费政策对农户教育投资偏好的影响［J］. 江苏技术师范学院学报，2009（7）.
③ 俞林，许敏. 校企合作助推人才培养和行业进步［J］. 职教论坛，2008（4）.
④ 麻来军. 现场嵌入　工学循环［J］. 职教论坛，2008（8）.
⑤ 李明惠，等. 高职院校校企合作组织的研究与实践［J］. 职教论坛，2008（4）.

学生产联合体”和日本“产学结合”等，分析了我国的主要模式：“订单模式”、“理论实践一体化”、“工学交替教学”和“两段预分配”模式，同时分析了我国工学结合模式存在的主要问题。课题认为推进我国职业教育“工学结合”，应当完善“双赢型”的法规，培育“双元型”平台和培养“双师型”的师资，改进我国职业教育“工学结合”模式。课题研究成果为我国职业教育的办学模式和人才培养模式提供了国际视野和现实参考。

（2）职业教育教学改革理论研究。《国务院关于大力发展职业教育的决定》提出，要“坚持以就业为导向，深化职业教育教学改革”。“十一五”期间，我国在不断推进职业教育教学改革实践的同时，积极进行职业教育教学改革理论探索。教育部职教所邓泽民教授主持的国家一般课题“以就业为导向的职业教育教学理论与实践研究”认为，职业教育的目的是培养一流技能型人才和奠定职业院校学生职业生涯发展的基础，因此，课题首先对从事不同职业活动的技能型人才的特质开展了深入研究，根据不同职业技能型人才所从事的职业活动特点，提出了服务类、技术类、艺术类技能型人才的职业特质模型；在此基础上，针对服务类、技术类、艺术类技能型人才不同的职业特质模型，进行职业教育教学理论研究，提出了情景导向行动教学、过程导向行动教学、效果导向行动教学三大教学原则，形成了基于职业特质培养职业教育教学理论；在基于职业特质培养职业教育教学理论的指导下，设计了基于职业特质培养职业教育专业教学整体解决方案，并在全国不同地区、不同行业的30所国家示范高职院校和50所国家重点中职学校进行了实验。华东师范大学石伟平教授主持的教育部职教专项研究课题“以就业为导向的中等职业教育教学改革理论探索”认为，我国中等职业教育教学体系已进入模式转换的关键时期，转换的基本方向是以就业为导向，打破以抽象的理论知识为主要学习内容、以课堂教学为主要形式的学科化教学模式，打破学习与工作的割裂状态，实施工学结合的教学模式。这是一个系统工程，涉及专业设置、课程体系到实习实验基地、双师型师资队伍建设等方方面面的工作。课题从这些方面阐述了以就业为导向的中等职业教育教学模式理论框架：建立面向人力资源市场的动态专业调节机制；以职业能力标准开发与课程体系重组为核心，开发大类专业教学标准；开发核心普通文化课程和专业课程标准；开发富有职业特色的立体化教材体系；建设网络课程资源，形成资源共享平台；建立就业导向的教学评价体系；加强就业导向教学模式支持体系建设。①

（3）课程改革研究。教学改革是职业教育改革的重点，而课程改革则是教学改革的核心。在对工学结合、校企合作职业教育模式的实践与研究中，除对管理等宏观层面的关注外，微观层面的课程改革研究成为学者重点探讨的话题。姜大源研究员主持的教育部重点课题“当代世界职业教育发展趋势研究”研究认为，职业教育课程

① 教育部职业教育与成人教育司，教育部职业技术教育中心研究所. 中等职业教育教学改革理论与实践研究［M］. 北京：高等教育出版社，2008.

应该从工作岗位、工作任务出发，要强调能力本位；工作过程是实现职业教育实践与理论相结合的路径和手段；模块课程的灵活性对实行弹性学制、学分制很有参考价值。这些启示为我国职业教育改革和发展提供了国际视野和借鉴意义。华东师范大学徐国庆主持的教育部青年专项课题“职业教育项目课程的教学实施研究”认为，职业教育课程内容改革要取得实质性突破，就必须改变课程内容分析的知识与技能、理论与实践的二元框架，引入工作知识的分析视角，克服传统分析框架中的技术与观念困境，有效地促进以工作知识为主体的职业教育课程内容体系的建立。同时以“基于工作知识的中职校长培训方案设计”表明了工作知识作为工作过程所使用的知识、工作行动所表征的知识、工作任务所组织的知识的重要性，工作知识应该作为职业教育课程开发的新视角。北京师范大学的赵志群教授在其著作《职业教育工学结合一体化课程开发指南》一书中阐述了工学结合一体化课程的特征，即“理论学习与实践学习相结合；促进学生认知能力发展和建立职业认同感相结合；科学性与实用性相结合；符合职业能力发展规律与遵循技术、社会规范相结合；学校教育与企业实践相结合”，学生通过对技术（或服务）工作的任务、过程和环境所进行的整体化感悟和反思，实现知识与技能、过程与方法、情感态度与价值观学习的统一。书中提出了建立工学结合一体化课程体系的指导思想和基本流程：确立综合职业能力发展的培养目标；构建学习领域的课程模式；应用科学的职业资格研究方法进行职业分析；通过典型工作任务分析确定课程门类；按照工作过程系统化的原则确立课程结构；依据职业成长的逻辑排列课程序列；采用便于学生自主学习的课业方式组织课程内容；遵循行动导向原则实施教学；建设以专业教室和工学整合式学习岗位为代表的教学环境；建立以过程控制为基本特征的质量控制与评价体系。①

（4）职业心理学研究。从职业心理学的视角深入探讨职业教育教学过程中的问题，成为职业教育教学改革研究的新亮点。教育部职教所邓泽民教授主持的国家一般课题“以就业为导向的职业教育教学理论与实践研究”，关注到我国职业教育教学在学习心理规律的应用方面存在偏差，表现为：调动学习动机时，未能充分利用多种适宜的动机源；培训职业技能时，重外显操作训练，轻内隐心智培养和心理调控方法的有效使用；在迁移能力培养方面，对迁移能力形成的机制缺乏准确认识与把握，回避远迁移。课题认为，协调好外显经验与内隐经验、专项技能与综合素质、个体与共同体、课堂环境与实训环境、短近成效与长远成效等之间的交互关系，是从根本上提升职业教育教学水平与成效的一个有效途径。② 天津工程师范学院徐大真教授主持的教育部规划课题“我国职业心理学的现状与发展研究”，认为技术知识的内隐性等特点是影响职业教育传递的主要因素，提出了基于技术知识传递的抛锚式教学。抛锚式教

① 赵志群．职业教育工学结合一体化课程开发指南［M］．北京：清华大学出版社，2009.
② 姚梅林，等．职业教育中学习心理规律的应用偏差［J］．教育研究，2008（6）.

学的模式是以“锚”来设计，“锚”隐含着问题和任务的某种问题情境，教学围绕着“锚”进行自主学习，学生是中心，教师为“引导者+教练+学习伙伴”，这种合作学习效果评价具有即时性和开放性。①

（5）职业教育教师专业化研究。教学改革背景下教师专业化发展研究受到普遍重视。师资队伍建设是推动职业教育教学改革和提高人才培养质量的重要保障与关键环节，“十一五”期间，职业教育教师专业化发展问题为学界所关注。教育部职教所高瑛主持的职教专项课题“职教师资专业化理论与实践研究”对职教教师属性进行了探讨，认为职教教师这一职业具有不可或缺的社会功能，这种职业将服务置于个人利益之上；执行职教教师职业活动，需要运用高度的理智性技术或心智活动；职教教师职业拥有一套专门化的知识体系；成为职教教师，需要长期的专业教育和持续的专业成长，等等。职教教师作为一种职业，它符合“专业”的主要标准，因此，职教教师职业是一种“专业”。课题针对我国职教师资专业化现状，提出了我国职教教师专业化的若干途径，包括：建立健全职教教师专业化制度，完善培养培训体系；严把职教教师资格准入关；加强职业教师在职培训；强化“双师型”教师队伍建设；完善兼职教师队伍，等等。课题还对职教教师资格进行了探讨：除具有普通教育教师资格内容的要求外，职教教师职业资格内容还应包括与所教专业相关的企业工作经验和具体的职业教育教学能力；在实施职教教师资格制度时，针对不同类别的中职教师，采用新人新办法，老人老办法的做法；进行人事制度改革，面向全社会实施职教教师资格制度；职教教师资格仅为从事职教教师职业的入门资格，能否成为职教教师，在职教教师的何种岗位上工作，还应该与职教教师标准配套使用。

（6）职业能力研究。职业能力是职业教育培养目标的核心内容，也是职业教育区别于其他各类教育的本质特点。提升受教育者的职业能力，是“以服务为宗旨，以就业为导向”的职业教育的核心任务。教育部职成司刘培俊处长主持的教育部重点课题“学生职业能力发展研究”适应国家发展对人才的需求，从职业能力的内涵、培养体系、评价制度、认证体系以及相关行业职业能力等方面研究学生职业能力的提升，并在全国选择十几所院校以及部分行业与知名企业作为试点单位进行实验研究，切实推进职业教育从学科本位向能力本位迈进。研究表明，职业能力建设是人力资源开发的主要内容，是建设人力资源强国的重要途径，学生职业能力培养是职业教育改革与发展的突出重点。

3. 职业教育基本理论与学科建设研究

随着职业教育改革和发展实践的深入，职业教育学科知识不断积累，学科意识不断增强，职业教育理论界对职业教育学科层次的提升和元理论研究悄然升起。职业教育学科发展开始从“自在”期走入“自觉”期和“自卫”期。②

---

① 徐大真，禹平. 职教视野中基于技术知识传递的抛锚式教学［J］. 职教论坛，2010（9）.

② 周明星. 中国职业教育学科发展30年［M］. 上海：华东师范大学出版社，2009：3.

（1）职业教育基本理论研究。教育部职教所黄尧同志主持的教育部职业教育重大课题"中国特色职业教育理论研究"，组织了十几位国内有声望的职业教育专家和上百位学者开展了广泛而深入的研究工作，历时两年多，最后形成专著《职业教育学——原理与应用》。该课题在国内外已有的职业教育研究成果基础上，对职教基本理论问题进行了深入研究，对职业教育的一些重大政策进行了阐释和分析，对近30年以来中国特色职业教育事业建设与发展历程中所取得的经验进行了系统的总结与梳理，将职业教育的理论、政策研究和实践探索融为一体，将职业教育的历史、现状和未来发展结合起来，既立足于我国职业教育发展的伟大实践，又反映世界职业教育发展的最新成果和未来趋势，力求推进职业教育的理论研究、学科的发展、政策的完善和实践的探索，试图建立具有中国特色的现代职业教育理论体系，其研究成果具有较强的指导性和参考价值。姜大源在其著作《职业教育学研究新论》一书中，基于职业教育学的"职业"性质，提出了职业教育学应该具备的特征，即基于多元智能的人才观、基于能力本位的教育观、基于全面发展的能力观、基于职业属性的专业观、基于工作过程的课程观、基于行动导向的教学观、基于学习情境的建设观、基于整体思考的评价观、基于生命发展的基础观、基于技术应用的层次观、基于弹性管理的学制观，并依次对专业论—职教专业建设、课程论—职教课程的特征及其开发、教学论—教学过程的组织等问题展开详尽探讨，为职业教育学科建设从经验范畴向元理论范畴的推进起到了积极的作用。

（2）职业教育学科发展历程研究。学科发展史是学科研究的重要组成部分。近年来，职业教育学科发展历程问题开始进入研究者的视野。有学者从纵向和横向两个维度分析了我国当代职业教育学科发展的历程：从历史经度来看，我国改革开放以来职业教育学科发展经历了三个时期："学科恢复期"（20世纪80年代）、"学科成长期"（20世纪90年代）和"学科反思期"（21世纪初）；从职业教育分支学科的发展，即学科纬度来看，论者梳理了职业教育哲学、职业教育史学、职业教育心理学、职业教育社会学、职业教育经济学以及职业教育管理学等分支学科的发展脉络。① 还有学者从我国学者对职业教育学学科建设的探索角度分析，将我国职业教育学的演变划分为五个阶段：肇始起步期（1916—1948年）、停滞徘徊期（1949—1977年）、复兴重建期（1978—1989年）、成型发展期（1990—2000年）、成熟反思期（2000年至今），并对每个时期职业教育学学科建设的特点做出评价。②

（3）职业教育学研究范式探讨。职业教育学研究范式是职业教育研究共同体所共有的研究传统、理论框架、理论上和方法上的信念，以及对职业教育的根本看法或根本观点。③ 职业教育学研究范式是职业教育走向学科化发展的重要标志，对职业教

① 周明星．中国职业教育学科发展30年［M］．上海：华东师范大学出版社，2009.
② 马君．中国职业教育学学科建设的回顾与反思［J］．江苏技术师范学院学报，2009（8）.
③ 南海．论职业教育研究的基本"范式"［J］．山西大学学报（哲社版），2003（6）.

育学科建设具有重要意义。如何建立和完善职业教育学研究范式正成为研究者关注的问题。目前我国职业教育学研究范式存在三种类型：一是起点范式说。此种观点基于职业教育的研究起点把目前职业教育理论研究范式分为经济学范式、人才学范式和技术学范式。二是方式范式说。此种观点基于职业教育研究的叙述方式，认为现阶段职业教育研究存在有科学主义研究范式和人文主义研究范式两种。三是取向范式说。此种观点从研究取向来探讨职业教育的研究范式，即本土取向研究范式和实践取向研究范式。①

二、“十一五”期间学科研究的特点

（一）突出了职业教育发展战略和政策研究

“十一五”期间，是我国职业教育规模迅速扩大的时期，也是我国职业教育政策和体制发生变化最大的时期。同时，职业教育又面临我国现代化进程加快、经济发展方式转变、产业结构调整升级等经济社会发展的新形势和新要求。无论是政府政策，还是职业院校改革，都面临着许多前所未有的新情况和新问题，需要职业教育研究提供理论指导。全国教育科学规划课题立项工作紧紧围绕这种现实需求，重点确定了许多与职业教育政策规划相关的研究项目。这些项目，有的涉及宏观战略决策管理，如“职业教育持续协调发展战略研究”（教育部职教所黄尧主持的国家重点课题）、“区域职业技术教育均衡发展研究”（上海市教科院马树超主持的国家一般课题）等。这些课题均从职业教育改革实践出发，围绕我国现阶段职业教育发展中的热点问题，提出了重要的研究结论和具体的操作建议，为中央、地方及学校提供了重要的行动参考，为推动我国职业教育发展作出了积极贡献。

除国家课题之外，各省市的科研机构同样承担了很多政策决策研究课题。如北京市职教所承担的北京市教育工委委托课题——“用更加积极的政策措施推进首都职业教育改革与发展——首都职业教育与改革与发展政策调研报告”，在广泛调研基础上研究制定了未来首都职业教育的基本思路，提出了积极发展首都职业教育的八项针对性较强的政策措施，课题成果指导了“十一五”期间北京职业教育宏观政策走向。湖南教科院职教所承担的省规划重点课题——“湖南省职业教育发展战略研究”，为规划湖南省职业教育发展提供了有效的指导。江苏职教科学研究中心承担的江苏省教育科学规划重大课题——“构建现代职业教育制度的政策分析和对策研究”，从现代职业教育制度的内涵、框架及其构建路径进行了全面的分析和论证，为政府的决策提供了咨询。上海职教所承担的上海市教委委托课题——“农民工子女中职毕业后报考高

① 余腕娜，饶异伦．职业教育研究的未来范式：以问题为中心的跨学科研究［J］．教育与职业，2007（3）．

职的政策研究"，为在沪农民工同住子女就读上海中职毕业后在上海报考高职进行可行性分析。这些课题都将职业教育放在了时代发展的背景来研究，所得的结论能够为行政决策提供积极服务。

（二）突出了职业教育中新情况新问题的应用性研究

为配合职业教育政策的制定出台、改革措施的推进，"十一五"期间，职业教育应用研究取得很大进展。从调研情况来看，无论是国家立项课题，还是地方各省市的立项课题，应用性课题都占了绝大多数。如国家立项课题，仅师资队伍培养与建设方面的研究就达到了 18 项之多，江苏职教科研中心承担的 50 多项地方课题中，绝大多数为应用性课题。这些课题对解决职业教育发展过程中遇到的各种新情况、新问题进行了经验总结，并提出了相应的对策，有效发挥了决策咨询功能。如，"工学结合、半工半读"是实现企业、学生和学校三方共赢的职业教育人才培养模式，是新形势下职业教育改革的重要方向，为此，教育部委托青岛市教育局进行了"中等职业学校工学结合半工半读中教学管理研究"课题的研究。该课题通过对中等职业学校工学结合、半工半读办学模式、学生职业道德培养、工学一体化教学方案、教学方法、实习教学管理模式、实习指导教师培养规划等内容的研究，进一步总结工学结合、半工半读人才培养的基本模式，制定系列教学管理方案，探索出推动和深化其发展的基本策略，一方面为教育部领导决策提供参考，另一方面推进青岛市工学结合、半工半读模式的不断深化。湖南省承担的国家一般课题——"基于工作任务的中等职业教育模块式课程研究"，其选题来源于中等职业教育教学改革实践，致力于解决中等职业教育教学改革领域最核心的问题，采取从实践—理论—实践的研究方式。课题以模块式课程开发实践为核心，通过对中等职业教育课程现状研究、基于工作任务的模块式课程开发范式研究、10 个专业模块式课程开发实践、基于工作任务的中等职业教育模块式课程实施保障条件研究、国内外职业教育课程模式比较研究等方面内容，为中等职业教育专业教学改革提供了整体解决方案。

（三）突出了依靠行业企业办学的研究

"十一五"期间，职业教育立项课题更加注重职业院校依靠行业企业办学的研究。江苏技术师范学院庄西真主持的国家青年基金课题"学做技术工人——从职业技术学校到工厂过渡的实证研究"，从研究技术工人的成长规律入手，分析了依靠行业企业办学促进技工成长的重要性，通过地区案例分析，提出一系列依靠企业办学的建议，如：专业设置校企共商、课程方案校企共定、师资培养校企共融、实训基地校企共建、产教结合校企共赢等。天津市教科院杨延主持的"工学结合培养模式下职业教育教学改革的理论与实践研究"，将职业教育活动从封闭的职业学校扩展到企业培训与学校教育紧密相连的联合体的大环境下，对职业教育教学体系进行系统化、整体化的全方位研究，提出了依靠企业办学的教学改革建议，如：行动导向的教学模式应为实践教学的主导方法；课程开发的模式要由学科系统化向工作过程系统化转变；教学改革需要重新构建职业教育评价体系等。金华职业技术学院杜世禄主持的教育部重点课题“五位一体高职教育校企合作模式研究”，着眼于高职教育的特点，通过紧密型校企合作机制，实现基地、教学、科研、招生、就业一体化运作。以拓展多元利益为前提，加强校企糅合，建立双赢的可持续发展的战略伙伴关系；以订单培养、科研合作、师资共享、奖学教学和文化“联姻”为手段，向学生提供全面的教育服务。

（四）突出了为区域经济发展服务的研究

“十一五”期间，职业教育研究对区域职业教育差异化、特色化发展开始关注。如天津市承担的教育部规划课题“天津市实施‘国家示范性高职院校建设项目’的研究与实践”，以天津经济发展特别是滨海新区产业发展对高技能人才需求、天津高职院校人才培养等分析为背景，通过对以天津职业大学为例的天津市高职院校实施国家示范校建设项目的实证研究，进行了滨海新区高技能人才需求与培养的比较分析，探索了工学结合人才培养模式的创新实践，展开了创建专业人才培养的“项目包”——人才培养方案的研究。江苏教科院职教所承担的教育部重点课题“区域职业教育发展战略理论与实践研究”，通过经济、社会、教育、人口、生态等多学科的综合研究，建立区域职业教育发展战略研究，制定、实施应用性理论模型，设计区域职业教育发展的战略路径图，并构建相应的评价体系。此外，还有吉林省承担的职业教育专项课题“职业教育为振兴吉林老工业基地服务的作用与对策研究”和教育部规划课题“区域职业教育发展范式的案例研究”，以及辽宁省承担的教育部规划课题“振兴辽宁老工业基地背景下高等职业院校专业设置与调整研究”等，这些课题针对东北老工业基地经济发展、人才培养的现状，提出了职业教育发展策略。

（五）突出了为基层职业院校改革发展服务研究

直接隶属于教育行政部门的教育科研机构，其本身就应该是政府和教育行政部门的参谋机构、智囊机构；为政府提供决策参考和政策依据，是地方教育科研机构的基本职能。地方教育科研机构要在加强教育理论研究，夯实学术理论的基础上，做到教育科研的“顶天立地”。如果说“顶天”是为教育决策服好务，当好政府的参谋和助手，那么“立地”则是为一线学校服好务，研究、指导教育教学实践，提高教育教学效率和教育质量。只有做到了“顶天立地”，教育科研才谈得上“有为有位”。如湖南省教科院职教所承担的 11 个地方规划课题中，就有 6 个是为院校服务的，如“职业院校教师成长研究”、“基于工作任务的中等职业学校加工制造类专业模块式课程研究”、“中等职业教育教学过程监控的实证研究”等。辽宁职教所 19 项地方课题中，为院校服务的课题就占了半壁江山。这些课题涉及教师教育、学校管理、课程设置、专业建设、质量管理等方方面面的内容，切实发挥了科研机构为院校服务的功能。地方科研院所积极联系院校共同参与课题，院校积极配合研究需要充当课题实验试点的试验田，共同探索本地、本校职业教育的健康发展的良策。

（六）突出了职业院校思想道德教育研究

德育效果低下一直是困扰职业院校的顽症，甚至直接影响到教育教学的质量和效果。"十一五"期间，职业教育德育尤其是校园文化作用得到了重视。如匡瑛主持的"中等职业学校创新德育模式研究"课题，从职业教育的特殊性入手，借鉴国外德育途径分析的框架，从更新颖的视角剖析当前职业院校的德育问题。主持人通过走访十余所职业院校，发现当前职业教育德育存在着"普通化"和"去行业性"的倾向，这同职业教育"职业化"和"行业性"之间的鸿沟导致职业教育德育退至"边缘化"和"累赘化"的地位。要改变当前的尴尬局面，应将职业道德和技术伦理作为职业院校德育的主体内容，行业与职业规范作为道德底线教育，融合与践行作为德育的改革取向，履行职业教育育人的职责。株洲职业技术学院雷久相主持的湖南省教育科学"十一五"规划一般课题"高职学院校园文化与企业文化对接的研究与实践"，运用现代职业教育思想和校园文化建设理论，提出了高职校园文化与企业文化对接的命题，从高职教育与社会经济同步持续快速发展的大背景下，对高职校园文化建设进行理性思考与实践探索，立意新颖且有一定高度，具有较强的时代性和现实性。

（七）突出了职业教育学科建设研究

"十一五"期间，我国职业教育学科研究逐步注重对职业教育学科建设的研究，出版和发表了一系列有代表性的专著和论文，如：《职业教育学—原理与应用》（黄尧，2009）、《职业教育学研究新论》（姜大源，2007）；"我国职业教育学科建设：使命与方略"（周明星，2008）、"职业教育学学科建设：问题与策略——学科规训理论视角"（唐智彬等）、"职业教育学学科建设面临的问题及走向分析"（马君等，2007）。这些成果较以往来说，突出特点是表现出更大的系统性和多学科交叉特征。通过对其他学科理论进行比较、移植、辐射和聚合，来揭示和反映职业教育的本质与规律，为职业教育理论发展找到了新的生长点，增进了职业教育学与多学科间的关联，加快了职业教育学科建设的速度。

三、"十一五"期间学科研究存在的主要问题

（一）职业教育学科研究内容存在的问题

1. 基础理论研究比较少，一些热点方向课题立项重复

在全国教育科学"十一五"立项课题中，职业教育学科课题和职业教育专项课题共立项虽有150余项，但课题研究方向分布不均衡。职业教育学方向立项课题很

少，应用研究占了立项课题的绝对优势。目前我国的职业教育研究主要是简单的经验总结，缺乏系统的、有深度的理论性研究，没有形成具有中国特色的职业教育理论体系。职业教育研究缺乏创新，更多的是借鉴国外经验。比如“职业教育经济学基础”方面，目前这类研究中价值很高的成果几乎为零，但是，职业教育与社会经济发展联系最为紧密，需要对此做细致、深入的研究。

有些方向课题的研究内容大同小异，职业教育心理学方向有赵建华主持的教育部重点课题“学生职业性向测试研究”、郭兆明主持的国家一般课题“高职院校学生职业性向测试分析研究”和刘宣文主持的教育部重点课题“中学生职业性向测评研究”。应用研究仅师资队伍建设一个方向有18项课题，其中“双师型”师资队伍建设的课题有3项。

2. 管理机制体制难以突破

职业教育大发展时期，在政府鼓励下，各行各业开始兴办职业教育，办学主体的不同导致主管部门各异，这种模式在职业教育规模扩张时期起到了很好的作用。21世纪的今天，中等职业教育规模扩张基本到位，内涵发展、提高教学质量成为职业教育发展的重点。目前，中等职业教育有公办、民办、行业办学、企业办学等多种办学形式，学校主管部门的多样化且难以协调，已经影响了职业教育的继续发展。如何理顺职教管理体制，更好地实施职业教育发展战略，提高职业教育质量，在这方面职教科研应该有所作为。

3. 中高职教育沟通衔接研究落后于现实需求

近几年，随着事业的发展以及人们对更高层次更高质量的教育需求，职教自身完整体系的构建显得尤为迫切，与基础教育、高等教育如何有效衔接是其体系构建的基本要义，如何搭建人才发展的“立交桥”更是现实需求。中高职有效衔接有什么社会价值，中高职衔接如何制定纵横上下相通的政策，如何在培养目标、专业、课程、教学、管理等方面建立沟通机制，如何比较借鉴国际经验等问题，“十一五”期间，研究虽然不少，但没有形成比较系统的、权威的、可真正作为政策支撑的研究成果。

4. 农村职业教育研究滞后于现实发展

从“十五”到“十一五”，农村职业教育一直是职教科研的重点和热点，立项课题也很多。但是，随着农村城镇化过程的加快、农业结构的改变、新生代农民的成长，职教科研也应该迅速做出反应，对农村出现的这些新情况、新问题进行研究。如对返乡农民工技能培训模式的全域研究和区域研究，农村职业教育如何借助“新农村”建设增强办学吸引力研究等方向都滞后于现实发展和需要。

（二）职业教育科研区域间发展不平衡

我国职业教育科研发展不平衡的问题比较突出。从“十一五”期间全国教育科学规划职业教育课题的立项情况来看，北京、上海、天津、江苏、湖南、浙江等职业教育发达地区的课题立项数量远远高于其他地区，中西部经济欠发达地区职业教育研究规划明显处于劣势地位。从科研管理来看，一些地区职业教育科研管理机构建设和制度建设还非常薄弱。这一方面需要加大在经费、制度、人员培训等方面的支持力度；另一方面要进一步提高对区域职业教育特殊性的认识，加大对中西部地区职业教育问题的挖掘与研究力度。

（三）职业教育研究方法有待改进提高

职业教育研究在研究方法上存在不少问题。一是缺乏对职业教育学方法论的反思，教条主义和主观经验主义比较严重；二是研究方法落后，从规范研究的角度来看，质的研究范式如现象学研究、人类学研究、语用学研究尚未在研究中深入广泛地使用，从实证角度看，有关统计学方法的引进不够深入，数据统计处理水平还比较低；三是研究方法运作不规范，往往是论题前设不清晰，设计不严密，步骤不明确，数据和理论的关系不密切；四是定量研究有待加强。可见，职业教育的研究方法还有待研究进一步探索、改进和提高。

（四）学科建设研究有待加强

职业教育学作为一门新兴的学科，目前还处在探索阶段，尚未形成比较完整的学科体系。职业教育学科建设是一项十分重要的基础性工作，需要研究者具有开拓创新的精神和能力，并具有广阔的理论知识和抽象思维能力，需要长期坚持不懈的探索。这样才能形成科学的、相对稳定的、具有中国特色的职业教育学科。

四、“十二五”期间学科研究发展趋势及重点研究方向

今后一个时期，是我国全面建设小康社会的关键时期。党中央准确把握经济社会发展趋势和规律，从适应国内外形势新变化和顺应各族人民过上更好生活的新期待出发，就全面建成惠及十几亿人口更高水平的小康社会新目标作出了重大战略部署。随着工业化、信息化、城镇化、市场化、国际化的深入发展，特别是我国社会主义现代化建设步伐进一步加快和更加全面地参与经济全球化，我国职业教育迎来了重要的战略机遇期。

（一）职业教育学科研究发展趋势和特点

《教育规划纲要》确立了到2020年的国家教育发展方针、战略目标和历史任务。规划纲要专章阐述了职业教育，从当前经济社会对职业教育的需求出发，提出“大力发展职业教育”的方针，明确了四个方面任务：一是政府切实履行发展职业教育的职责，把职业教育摆在更加突出的位置，以提高质量为重点，推进职业教育改革创新。二是调动行业企业的积极性，建立健全政府主导、行业指导、企业参与的办学机

制，制定促进校企合作办学法规，促进校企合作制度化。三是加快发展面向农村的职业教育。四是增强职业教育吸引力。这表明了党和国家对职业教育工作的高度重视，也对职业教育服务国家战略、社会需求和产业发展提出了更高要求，为今后一个时期职业教育的改革发展指明了方向，也对职业教育学科研究工作提出了新的更高的要求。

面临新的形势和任务，我国“十二五”期间职业教育学科研究坚持以科学发展观为指导，认真贯彻落实《教育规划纲要》精神和提出的各项要求，紧密联系职业教育改革发展中出现的新情况、新问题，特别是那些具有战略性、全局性的重大问题，深入开展理论和实践研究，加强职业教育的学科建设，要多出成果，快出成果，为我国职业教育的改革发展提供理论支持，并在近期内为贯彻落实教育部提出的《2010—2012年职业教育改革发展行动计划》发挥积极作用，更好地为经济社会发展服务。

职业教育学科研究将呈现以下发展趋势：

1. 将更加注重对职业教育法制建设与宏观政策的研究。针对当前职业教育改革发展实践中面临的诸如《职业教育法》修订、中等职业教育基础制度建设、职业教育宏观管理体制框架等具有战略性、全局性的重大问题，开展研究。

2. 将更加注重职业教育公平的研究。国家建立职业教育学生资助政策体系、对中等职业学校的农村家庭经济困难学生和涉农专业学生实行免费，逐步实现中等职业教育免费，但在实施中也出现了一些需要深入研究和解决的问题，因事关促进教育公平和职业教育发展，增强职业教育的吸引力，乃至改变社会上鄙薄职业教育的观念，职业教育学科研究将更加注重职业教育公平问题。

3. 将更加注重提高职业教育办学质量的研究。提高职业教育办学质量是当前职业教育发展的核心问题，今后一个时期，将更加注重对目前普遍存在的影响职业教育办学质量的问题做深入研究，提出相关的政策建议和具体措施。

4. 将更加注重职业教育办学经费保障机制的研究。针对职业教育投入不足，渠道不稳定等长期存在的问题，深入研究从制度建设上建立起职业教育办学经费的保障机制，成为职业教育学科研究的重要趋势。

5. 将更加注重职业教育“双师型”教师队伍建设的研究。针对当前职业学校“双师型”教师队伍建设的突出问题，以制度建设为基础，加快职业教师补充步伐，提升教师实践教学能力和校长管理能力，是职业教育学科研究中更为普遍注重的重要问题。

6. 将更加注重对职业教育督导评估问题的研究。随着职业教育的发展，加强督导和评估工作，已成为广大学校和教育行政部门面临的重要任务，并给予了更大的关注。以职业教育相关法规为依据，深入研究开展职业教育督导和评估工作的途径和办法，已成为职业教育学科研究的一项重要内容。

(二) 职业教育学科研究的重点领域、方向和范围

1. 提升中等职业教育支撑产业建设能力研究。加快落实《教育规划纲要》提出的"职业教育基础能力建设工程",在"十一五"建设基础上,继续加强中等职业教育实训基地、职教中心和示范学校建设,改善办学条件,形成一批优质资源,使更多的学生接受优质职业教育。

2. 推进教产合作与校企一体合作办学研究。充分发挥行业企业在中等职业教育改革创新中的作用,同步推进教产合作与校企一体合作办学,建立健全教育与行业合作、学校与企业一体共同推进中等职业教育改革创新的机制。促进中等职业学校紧跟产业发展步伐,密切学校与行业和企业的联系,促进教育与产业、学校与企业深度合作。

3. 推进中等职业教育资源整合与东西部合作研究。以调整结构、整合资源、合作办学、对口支援和特殊扶持为抓手,优化资源配置,促进结构调整,实现科学布局,特别是要加大对西部地区、少数民族地区和东北老工业基地等地区的中等职业教育支持力度,使其共享优质资源,促进区域之间职业教育协调发展。

4. 提升中等职业教育支撑现代农业及新农村建设能力研究。坚持学历教育与职业培训并举,大力发展农村和农业职业教育,培养新型农民和农村实用人才,为建设社会主义新农村,实现农业现代化,促进农民增收、改善民生,促进县域经济发展服务。

5. 加强中等职业学校科学管理能力建设研究。以依法办学为基本要求,逐步建设支撑学校科学管理的规章制度、组织机构和执行机制,推动中等职业学校管理的规范化,提高学校依法办学、自主创新和科学发展的能力。

6. 加强校长能力和"双师型"教师队伍建设研究。在继续实施和完成"十一五"期间"中等职业学校教师素质提高计划"基础上,以制度建设为基础,进一步创新队伍建设机制,加快教师补充步伐,着力提升教师实践教学能力、校长管理能力和教育行政部门领导干部科学决策能力,为中等职业教育改革创新和科学发展提供强有力的人才支撑和智力保障。

7. 创新中等职业学校专业与课程体系改革研究。紧贴国家经济社会发展需求,结合产业发展实际,建立规范的专业设置管理机制和专业设置标准。探索课程改革,创新教材建设,改革教学内容、教学方法和教学管理制度,实现学校人才培养与产业,特别是区域产业的紧密对接。

8. 提升中等职业教育信息化能力研究。充分发挥现代信息技术的优势,促进现代信息技术与职业教育的深度结合,提高教育、教学、管理、决策和科研的信息技术应用水平,逐步建成服务决策、服务战线和服务社会的中等职业教育数字化公共信息资源服务体系,以信息化带动中等职业教育现代化。

9. 加强中等职业教育宏观政策与制度建设研究。认真贯彻落实《职业教育法》,

依法加强中等职业教育基础制度建设。基本形成以《教育法》和《劳动法》为依据，以《职业教育法》为基础，以经费投入、队伍建设和办学条件等制度为基础保障，各项规章制度、管理办法和执行机制配套齐全、结构合理、相互衔接的中等职业教育管理制度体系框架，全面提升宏观管理和科学决策水平。

10. 推进成人继续教育体系建设研究。以构建终身教育体系和学习型社会为目标，大力开展多样化的成人继续教育，加快推进成人技能培训，大幅度提高成人继续教育的质量和服务经济社会发展的能力。

（三）职业教育学科研究重点课题

根据《教育规划纲要》以及教育部提出的《2010—2012 年职业教育改革创新行动计划》，通过广泛征求职业战线的意见和职业教育专家们的深入研讨，提出了我国“十二五”职业教育科学研究的 23 项重点课题。

1. 国家示范性中等职业学校评价体系研究。重点研究建设 1 000 所国家中等职业教育改革发展示范学校，并使其成为全国中等职业学校改革创新、提高质量和办出特色的示范，成为国家和区域产业建设、改善民生的重要支撑力量，在中等职业教育改革发展中发挥引领、骨干和辐射作用，研究国家示范性中等职业学校的改革办学模式、创新教学环境等建设与改革重点，以及遴选条件、评审标准、验收办法、投入方向、资源共享机制等内容。

2. 优质特色中等职业学校建设与发展模式研究。重点研究建设 1 000 所国家中等职业教育优质特色学校，加强校舍和基础设施建设，添置必要的实训教学仪器设备，建设一批高水平县级职教中心和中等职业学校，使中等职业教育优质资源进一步扩大，覆盖城乡的职业教育网络进一步健全，研究优质特色中等职业学校的内涵、表现方式，学校的区域布局与专业整合，农村学校规模化办学模式，城市学校园区化建设模式，学校办学与区域产业关系等内容。

3. 中等职业教育实训基地建设与运行的案例研究。重点研究建设 1 000 个装备先进一流、设备对接产业、技术对接企业、管理水平较高，具备教学、培训、鉴定和生产等多种功能的中等职业教育实训基地，研究中等职业教育实训基地的布局和建设重点，共建共享模式，运行管理，使用效益，提升中等职业学校开展实践教学水平和支撑产业结构调整升级能力。

4. 职业教育与产业对话、校企一体合作办学模式研究。重点研究搭建对话协作平台，强化部门协调，加强行业指导等重大举措的理论支持，研究教育部会同国资委、工业和信息化部、商务部、交通运输部等部门，联合全国工商联、中华职教社、中国高新技术产业开发区协会、中国职教学会、中国成人教育协会等社团，以及装备制造、电子信息、汽车、物流等行业组织，建立经常性的对话协商机制和工作平台等内容。

重点研究加强校企合作，创新多样化的校企一体合作办学模式，改革技能型人才培养模式，普遍实行工学结合，扎实稳妥地开展学生顶岗实习、工学交替和订单培养，学校和企业共同培养技能型人才的途径和办法，研究项目学校和合作企业的遴选标准、合作办学模式、管理措施、评估验收办法、成果展示及推广等内容，着力探索人才培养与行业、区域产业、职业岗位和企业用人实际紧密结合的方式与方法。

5. 中等职业学校学生就业服务体系建设研究。重点研究以加强技能型人才供给与需求的衔接为导向，以加强职业指导为重点，以构建全国中等职业学校学生就业信息服务平台为抓手，逐步完善中等职业学校学生就业服务体系，为学生就业创业提供更加有效的指导和服务，研究中等职业学校不同专业学生职业生涯教育和中等职业学校与用人单位的合作交流机制，全国中等职业学校学生就业信息服务平台构建方案等内容。

6. 中等职业学校校际合作办学模式及政策研究。重点研究加强东西部之间有关省、市、县教育部门的合作，加强对民族地区职业教育的支持，以结对子的方式建立工作平台和定期交流制度，积极推动东西部、城乡中等职业学校通过多种形式走合作办学之路，开展学校管理、教学改革、教师培训与交流、联合招生和毕业生就业等方面的合作，共创双赢。形成政府统筹、分工协作、齐抓共管，东部和西部、城市和农村共同发展的新机制，研究中等职业学校校际合作办学的内容、方式、模式、机制及相关政策等内容。

重点研究民族地区中等职业教育跨越式发展模式和机制。大力发展西藏和新疆南疆三地州中等职业教育，扩大初中毕业生升入中等职业学校比例，使高中阶段毛入学率、中等职业学校办学水平和教育质量达到西部地区平均水平，服务区域内产业发展和社会长治久安，研究民族地区中职现状，跨越式发展内涵、模式、扶持政策及成果评估等内容。研究民族特色职业学校建设及扶持政策，促进民族文化艺术人才和民间工艺技能人才培养模式，特色学校的建设标准等内容。

7. 国家职业教育改革试验区主要功能与推进政策研究。重点研究并认真落实党中央、国务院区域经济社会发展战略，围绕职业教育改革发展中的突出问题、重大政策制度建设需求，对若干重大制度、政策、体制和机制进行先试先行，探索具有中国特色、符合区域特点的职业教育发展方式，研究区域职业教育发展的突出问题，试验区的主要功能，发展方式及推进政策，先行先试的内容及成果推广。研究天津滨海新区发展方式转变、产业结构调整对职业教育的新需求，滨海国家职业教育示范区建设的新体制、新机制、新模式。

8. 加快农业职业教育发展的对策研究。重点研究以服务新农村建设和现代农业发展为目标，以加强县级职教中心和涉农专业建设为重点，以创建“农村职业教育和成人教育示范县”活动为抓手，以点带面，注重内涵，扎实推进农村、农业中等职业教育的改革与发展，提高中等职业教育服务新农村建设及现代农业发展的能力和水平的途径和任务。研究农业职业教育的内涵、功能、范畴，农科教结合的方式与途径，涉农专业的机制政策，及农业类院校、科研院所与中等农业职业学校对口帮扶的机制。研究新生代农民工特点及其对职业教育培训的新要求，新生代农民工职业教育培训的新模式、新机制和政策措施等内容。

9. 农村职业教育和成人教育示范县评价指标体系研究。重点研究农村职业教育和成人教育示范县评价指标体系、评估办法、实施方案，以创建示范县活动为抓手，扎实推进农村、农业中等职业教育的建设，改革与发展思路等内容。

10. 县域职业教育培训网络建设与运行案例研究。重点研究广泛开展新型农民培训和农民工培训。以健全县域职业教育培训网络为载体，以创建“农村职业教育和成人教育示范县”活动为抓手，继续实施“教育部农村实用技术培训计划”和“教育部农村劳动力转移培训计划”，大力开展新型农民、农村实用人才和农民工培训，提高农民素质，促进现代农业发展和社会主义新农村建设。研究县域职业教育资源现状，统筹普教、职教、成教协调发展机制，县域职业教育培训网络建设，及运行案例等内容。

11. 中等职业学校管理制度与运行机制研究。重点研究制订和完善中等职业学校管理、经费管理、学生管理、教师管理等领域的规章制度；持续开展国家级重点中等职业学校评估；创新工作载体，建立相应工作机构，健全运行机制，推进中等职业学校管理工作科学化、规范化的办法。

12. 新形势下中等职业学校德育工作创新研究。重点研究并认真贯彻落实全国中等职业学校德育工作会议和教育部等六部门《关于加强和改进中等职业学校学生思想道德教育的意见》，遵循中等职业学校学生身心发展的特点和规律，拓展德育途径，丰富德育内容，创新德育载体，改进德育工作的方式、方法，增强德育工作的针对性、实效性、时代性和吸引力，研究新形势下职业学校德育工作现状、面临的挑战、德育途径与方式、方法创新，职业学校德育工作的评价指标体系等内容。研究职业学校校园文化的现状与问题，校企共建校园文化的形式、内容、途径，校企共建机制等内容。

13. 加强“双师型”教师队伍建设的政策研究。重点研究“双师型”教师的培养培训制度与模式、途径与方法，国家推进“双师型”教师队伍建设的政策，特别是国家购买“双师型”教师培训的政策措施等内容。

研究以建立健全相关管理制度和政策机制为抓手，逐步形成培养与培训并举，理论进修和企业实践并重，编制标准、任职资格与职务评聘相配套，专职与兼职相结合的中等职业学校教师队伍建设机制，为充实教师数量、提高队伍素质、优化队伍结构创设制度环境，研究当前中等职业学校教师配置现状、配置标准、使用管理、激励机制等内容。

重点研究全面完成中等职业学校教师素质提高计划（一期），启动实施中等职业学校教师素质提高计划（二期），以创新“双师型”教师队伍建设机制为突破口，以职教师资培养培训基地建设为保障，以教师补充和培训为重点，全面提高中等职业学校教师队伍整体素质。研究新时期中等职业学校“双师型”教师培训工作的现状及问题，提出提高教师培训有效性的建议等内容。研究行业、企业与高校共同培养中等职业学校教师的途径和方法等内容。

14. 中等职业学校校长执行力研究。重点研究加强校长队伍建设，通过专题研究、高级研修、经验交流和学习考察等多种方式，广泛开展中等职业学校校长培训，提高校长改革创新意识、战略思维素养、决策执行能力和学校管理水平，为职业教育科学发展建设一支高水平的学校管理团队等内容。

15. 地方行政领导者职业教育管理能力提高研究。重点研究通过开展厅长和市长培训，提高对发展职业教育战略意义的认识，增强统筹规划职业教育改革发展的能力，促进《国家中长期教育改革和发展规划纲要》的落实，促进职业教育与经济社会发展紧密结合，为职业教育改革创新提供组织保障和政策环境，研究地方各级行政管理者统筹协调职业教育能力的内涵及开发途径，提升行政领导者统筹规划职业教育与经济社会协调发展的战略意识和执行能力的有效途径等内容。

16. 中等职业教育专业规范化建设机制研究。重点研究按照教育与产业、学校与企业、专业设置与职业岗位相对接的原则，调整专业设置，引导地方和学校根据区域产业需求，优化专业结构和布局，建立中等职业学校人才需求预测与专业设置动态调整的联动机制，促进专业建设规范化和信息化，研究经济社会发展对中等职业教育专业设置的需求，专业设置标准及调整机制，专业设置管理，专业建设质量评价体系等内容。

研究围绕国家产业振兴规划、对接职业岗位和企业用人需求，创新中等职业学校教材管理制度，逐步建立符合我国国情、具有时代特征和职业教育特色的教材管理体系。开发建设覆盖现代农业、先进制造业、现代服务业、战略性新兴产业和地方特色产业，苦、脏、累、险行业，民族传统技艺等相关专业领域的创新示范教材，引领全国中等职业教育教材建设的改革创新，研究中等职业学校课程改革和教材建设的新思路、新方法，更新课程内容，创新教材呈现形式，探索教材建设的新机制等内容。

17. 中等职业教育信息化建设与管理标准研究。重点研究开通面向公众的“中国职业教育信息资源网”，通过开发整合、征集评选等多种方式，汇聚和共享包括“教产对话”、“校企合作”、“成果展示”、“技能大赛”、“教育教学”等方面的信息资源，逐步建成中国职业教育数字化信息资源公共服务体系，提升中等职业教育、教学、管理、科研和决策的信息化水平，研究中等职业教育信息化建设的现状、主要内容、技术标准、管理模式，提高教学、管理、决策和科研的技术应用水平，以信息化带动中等职业教育现代化等内容。

研究以信息技术创新教与学的方式和环境，开发、整合数字化资源，为教师、学生和社会人员方便、快捷地获取优质学习资源、交流信息提供基于互联网的学习平台，服务全民学习、终身学习的学习型社会建设。研究社会人员、学生和教师的网络学习需求，适合互联网教学的技能性课程内容及课件制作方法，探索构建网络环境下的教学新模式、教学支持服务系统和管理运行机制，提出中等职业教育网络学习平台建设方案等内容。构建职业教育数字化资源公共服务体系，优质数字化资源共建共享、向社会开放及权益保护机制等内容。

18. 中国特色职业教育法规体系研究。重点研究并认真贯彻落实《职业教育法》，依法制定和实施相应的规范性文件，督促各地落实《职业教育法》及地方性法规的相关规定，完善中等职业教育基础管理制度，进一步强化中等职业教育依法治教、依法办学和规范管理。研究我国职业教育法制建设的现状，科学界定职业教育的公益性、基础性、全民性和功能定位，职业教育科学发展及经费保障机制，建立健全职业教育的法律制度，提出《职业教育法》的修订思路和重点等内容。

19. 中等职业教育资助政策和免费制度研究。重点研究中等职业教育资助政策的落实情况，效果评价，改进和进一步完善资助政策体系的建议，并针对生源多元化和灵活学制的实施，提出具体解决办法的建议。围绕《行动计划》提出的落实《职业教育法》，制定和实施配套政策的任务，重点研究中等职业教育免费的对象、内容、方式和实施步骤，完善免费工作机制和监管办法，及与免费相关的经费保障机制等内容。

20. 中等职业学校生均经费拨款标准等办学标准研究。重点研究中等职业学校学生培养成本的构成及影响因素，生均经费拨款标准、教师编制标准、高等职业院校生均综合定额拨款标准、职业院校校舍建设和维修以及设备配置标准的制定原则以及动态调整机制等内容。

21. 中等职业教育督导评估制度研究。重点研究针对长期存在的部分法律、法规和政策落实不到位，制约中等职业教育持续发展的突出问题，强化执行机制建设，增强各级政府及其有关部门、职业学校和行业企业依法治教的意识和水平，以有效机制保障各项法律、法规和政策落到实处，依法推动中等职业教育的健康持续发展。研究中等职业教育督导评估的目标任务、指标体系和管理办法，提出构建有中国特色的中等职业教育督导评估制度的建议。

22. 中等职业学校学生继续学习途径与制度保障研究。重点研究坚持以人为本，改革评价考核制度，突出就业创业能力培养；注重学生学习能力的提高，拓宽学生继续学习的途径，为学生职业生涯持续发展提供多种机会和选择。研究我国中等职业学校学生继续学习的现状，毕业生在职继续学习的路径和直接升学的制度，中职与高职、继续教育课程衔接体系，及相关制度保障等内容。

23. 成人继续教育支撑服务体系研究。重点研究以机构和网络建设为抓手，以资源建设为核心，以专题研究、规划制订、标准建设、质量评价等为手段，加强成人继续教育机构和网络建设与管理，积极鼓励职业院校和各类培训机构开展成人继续教育。推进社会培训机构标准化建设，制定成人培训机构国家标准，加强督导及质量评估，规范社会培训市场和培训行为，培育优质培训品牌，提高成人继续教育的服务质量。研究成人继续教育支撑服务体系的内涵范畴、组织框架、建设标准和资源配置，提出建立有中国特色的成人继续教育支撑服务体系及政策措施的建议。

研究加快推进社区教育发展，打造全民终身学习平台，努力满足社会成员提高择业创业能力、提升生活品位以及享受社会发展成果的需要。研究新形势下社区教育发展的体制、机制与模式，社会化、市场化管理社区教育的运行办法，提出推进社区教育改革创新的政策建议。

（四）加强和改进全国教育科学规划管理工作的意见和建议

首先，应加大职业教育的研究力度，增加职业教育学科立项课题的数量、提高立项课题的比例；其次，应提高各类规划课题的经费，以利于课题研究质量的提升；最后，改进职业教育课题结题评估办法，保证课题质量，调动各学科规划小组的积极性，规范职业教育课题审定和公布的程序。

（撰稿人：职业技术教育学科组 黄尧　白汉刚　李一杨　邓泽民
苏敏　周凤华　马燕）

德育研究

“十一五”期间，我国德育研究取得了诸多进展，为总结近年来德育研究所取得的成就，更好地预测和把握未来德育研究新的动向与趋势，本研究对教育学类专业核心期刊所发表或转载的有关德育研究的文章进行了全面的梳理和分析，同时参照近十年来出版的有关德育研究的论著和国家“十一五”课题规划中德育研究课题，初步归纳了五年来德育研究的总体现状和趋势。按照国内德育研究资料的现实状况，同时参考德育理论的内在逻辑，本研究分“十一五”期间德育学科发展、德育基本理论研究、有关中国传统德育思想研究、道德教育时代主题研究、公民教育研究、生活德育研究、高校德育研究七个专题分别进行。

专题一：“十一五”期间德育学科发展的回顾与总结

“十一五”期间，我国德育学科在理论研究、实践探索以及科研成果等方面都继续保持着良好的发展态势。回顾和总结这期间德育学科建设的得失，有利于我们站在新的历史起点更好地建设和发展德育学科，更好地回应时代以及学科自身发展所提出的各种新问题、新挑战。本文从德育学科建设、德育学科的元研究和应用研究三个方面对“十一五”期间德育学科的发展情况做初步的总结和反思。

一、德育学科建设

德育学科建设，主要指在教材、专著、课题规划、学术刊物、相关学术会议以及人才培养方面的进展和所取得的成果。这些是学科发展和繁荣的最直观的表现。

（一）德育教材建设

教材建设是学科发展成熟的重要标志之一，对学科人才的培养具有十分重要的作用，历来是学科建设中十分重要的内容。据不完全统计，“十一五”期间，共出版发行各类德育学科教材 14 本。其中，2007 年教材出版数量最多，达到 5 本。

表 3-58 “十一五”期间德育教材出版情况表

时间	作者	教材名称	出版社	备注
2005 年	王超，等	比较德育学	湖北人民出版社	
	吴安春，许敏峰，沈明阳	小学德育与班主任工作	学苑出版社	当代教师继续教育丛书（小学）
2006 年	檀传宝	德育原理	北京师范大学出版社	普通高等教育“十五”国家级规划教材
2007 年	高岩	德育学原理	宁夏人民出版社	
	郑航	学校德育概论	高等教育出版社	高等院校小学教育专业教材
	檀传宝，等	德育与班级管理	高等教育出版社	普通高等教育“十一五”国家级规划教材
	乔建中	班主任德育理论与操作	南京师范大学出版社	中小学班主任培训教材
	张红	新课程理念下的学校德育及管理	北京出版社	中小学班主任培训教材
2008 年	赵玉英、张典兵	德育原理	山东人民出版社	教育学专业基础综合学习丛书
	孙峰	现代德育原理	陕西人民出版社	
2009 年	韩传信	德育原理教程	安徽大学出版社	
	李萍、林滨	比较德育	中国人民大学出版社	马克思主义理论学科研究生系列教材
2010 年	冯文全	德育原理	四川人民出版社	四川省本科高校《德育原理》精品课程建设资助项目
	檀传宝，等	中外德育思想流派	人民教育出版社	

从表 3-58 中可以看出，近五年德育学科教材建设具有以下特点：

1. 德育学科教材在形态上主要有三种：一是作为高校教育专业基础学科的德育原理的编著，主要有檀传宝的《德育原理》、高岩的《德育学原理》、赵玉英和张典兵的《德育原理》、孙峰的《现代德育原理》、韩传信的《德育原理教程》、冯文全的《德育原理》。二是面向一线德育工作者的各种具有较强操作特征的德育教材，如檀传宝等的《德育与班级管理》、吴安春等的《小学德育与班主任工作》、乔建中的

《班主任德育理论与操作》等。三是比较教育视角中的德育学科教材，如李萍和林滨的《比较德育》、檀传宝等的《中外德育思想流派》等。

2. 德育学科教材建设的专业化程度不断提高。当前德育学科教材类型的增多，一方面意味着德育学科教材建设已经突破了过去德育原理教材一统天下的局面，另一方面也意味着德育学科教材专业化程度的提升。具体表现在教材建设上不同的教育对象区别对待，更加关注对一线德育工作者的实际需要。这从一个角度也表明了德育学科教材建设开始关注实践发展的需要。

3. 德育原理学科教材的编著体系和内容比较固定，学科主要范畴在学界取得基本共识。从近五年的德育原理教材来看，虽然各个版本教材内容和体例上都有各自的特点，但在主要范畴方面没有太大的区别，基本上都围绕德育的性质、德育的目的、德育内容、德育主体、德育对象、德育课程、德育过程、德育模式、德育方法、德育环境等范畴展开。

4. 部分教材编写的理论水平不断提高，对有关问题的认识不断深化，这在德育原理学科教材的编写方面体现得尤为明显。当前带有专著性质的德育原理教材不断增多，如檀传宝的《德育原理》、冯文全的《德育原理》都具有较强的个人专著的特征。

5. 从教材的立项级别来看，“十一五”期间的德育教材既有国家级规划教材，也有地方省级规划教材。

（二）德育著作出版

德育学科的发展不仅体现在教材建设上，也体现在有关德育学科理论的建构上。从德育学科建设的角度来看近五年出版的德育著作，我们可以把这些著作分为四类：德育分支学科研究；德育问题研究；德育交叉学科研究；德育学科译著。

1. 学科不断分化是学科研究不断深入和成熟的重要标志。“十一五”期间，德育分支学科研究得到了很大的发展，取得了一系列重要成果，这些成果主要以丛书的形式呈现。代表性的作品有张澍军教授2008年主编的“德育哲学研究丛书”。这是一套关于哲学思维与德育理论交相融合、试图建构“德育哲学”这一德育学分支学科的探索性、研究性丛书，主要包括：张澍军的《德育哲学引论》、赵志军的《德育管理论》、郭凤志的《德育文化论》、范树成的《德育过程论》。除了丛书形式的成果之外，这方面的著作还有黄富峰的《德育思维论》（2006）等。

2. 学科的发展动力之一是不断回应并解决各种现实问题。近五年来，德育学科的发展在很大程度上得益于对各种现实德育问题的不断研究和探索，其成果表现为一系列丛书的出版与发行。代表性的作品有：

（1）2005年教育部人文社会科学重点研究基地南京师范大学道德教育研究所主编的“德育新路向丛书”（人民出版社），包括鲁洁的《道德教育的当代论域》、高德胜的《生活德育论》、孙彩平的《道德教育的伦理谱系》、汪凤炎的《德化的生活》、郑富兴的《现代性视角下的美国新品格教育》。

（2）檀传宝教授2005年主编的“当代中国德育问题研究丛书”，主要包括：王啸的《全球化时代的中国公民教育》、魏曼华等的《当代社会问题与青少年成长》、刘志山的《移民社区的思想道德教育》、檀传宝等的《网络环境与青少年德育》和《大众传媒的价值影响与青少年德育》。

（3）杨小微、黄向阳2009年主编的“多元文化与学校德育重建研究丛书”。该丛书以全球化、信息化社会发展为背景，以我国当代社会转型期的特殊问题为研究的出发点，以广泛的调查研究和深入的实验研究为理论根据，以我国学校生动丰富的德育改革实践经验和问题为素材，从理论、历史、学校实践（包括班级建设、教师发展、课程教材、课堂教学、德育活动、德育环境）各个方面展现丰硕的研究成果。主要包括：靖国平的《价值多元化背景下学校德育环境建设》、卜玉华的《班级生活与公共精神的养成》、杜时忠和卢旭的《多元化背景下的德育课程建设》、黄书光的《价值观念变迁中的中国德育改革》、黄向阳的《价值多元化背景下的道德教学：课例研究》、杨小微的《价值多元化背景下的课堂重建：课例研究》、王凯的《教学作为德性实践——价值多元背景下的思考》、余维武的《冲突与和谐——价值多元背景下的西方德育改革》和朱晓红的《儿童的成长：另一种记忆——学校道德氛围的改造与重建》。

（4）檀传宝教授2009年主编的“德育新视界理论丛书”。该丛书从新的视角探讨一些中国德育的突出问题，并努力寻找德育最新、最好的出路。丛书所选图书都是优秀的德育研究方面的博士论文或者学术专著，皆反映德育研究领域最前沿的热点、难点问题。主要包括：檀传宝等的《问题与出路：若干德育问题的调查与专题研究》、王小飞的《道德教育文本研究》、徐萍的《校长和他的学校：校长道德领导研究》、苏静的《被关怀者道德品质的培育》、曹辉的《道德教育与人的经济生活》。

相关的著作还有门里牟的《当代中国道德教育研究》、陈桂生的《中国德育问题》(2006)、胡斌武的《社会转型时期学校德育的现代化》(2006)、高德胜的《道德教育的时代遭遇》(2008)、李菲的《学校德育的意义关怀研究》(2009)，等等。

3. 学科的发展还需要广泛借鉴相关学科的理论资源进行多学科、跨学科的研究。“十一五”期间，德育的交叉学科研究取得了较大的成果，主要有：朱小蔓教授2005年主编的“当代德育新理论丛书”，该丛书从不同的学科领域对德育进行了主动的关照和研究，深化了人们对德育交叉研究的认识，丛书主要包括：朱小蔓的《情感德育论》、侯晶晶的《关怀德育论》、刘慧的《生命德育论》、丁锦宏的《品格教育论》。郭本禹、杨韶刚教授2007年主编的“德育心理学丛书”，主要包括：杨韶刚的《道德教育心理学》和《西方道德心理学新进展》(2007)、汪风炎的《中国传统德育心理学思想及其现代意义》(2007)、岑国桢的《青少年主流价值观：心理学的探索》(2007)、万增奎的《道德同一性的心理学研究》(2009)。

除了这些丛书之外，相关的研究成果还有彭未名的《交往德育论》(2005)、刘超良的《制度德育论》(2007)、王仕民的《德育文化论》(2007)、詹万生等的《和谐德育论》(2008) 等。

4. 积极、主动与学科发展的国际与时代潮流相接轨，是学科发展的重要方向。这离不开对国外相应学科成果的引进和介绍。近五年，在学科发展的国际视野方面，国内学者所做的主要工作是翻译了一批国际德育前沿著作，代表性的成果是檀传宝教授主编的“当代德育理论译丛”，该丛书目前已经出版的著作有：内尔·诺丁斯的《始于家庭——关怀与社会政策》(2006)、罗伯特·纳什的《德性的探询：关于品德教育的道德对话》(2007) 和路易·勒格朗的《今日道德教育》(2009)。

从以上著作可以看出，当前德育学科发展的重要特征是：德育学科群日益庞大；德育的交叉学科研究日益增多；德育学科对现实德育问题的关照日益凸显；国外德育学科发展的最新成果不断引入。

(三) 德育课题规划

德育课题规划反映了国家对德育学科的重视和要求，也反映了德育学科建设中的热点和前沿问题。通过对“十一五”期间德育课题规划立项情况进行梳理和分析，有利于我们更好地把握学科研究发展的重点和趋势。

1. “十一五”期间德育课题立项情况

“十一五”期间，全国教育科学规划共立项 1 308 项课题，其中德育立项课题 88 项，占全国教育规划课题的 6.7%，低于“十五”期间 8% 的比例。2006 年至 2009 年期间，德育课题在同期全部教育研究课题中的比例分别为 7.9%、7.5%、5.0% 和 7.0%。除 2008 年以外，德育课题占总课题的比例基本维持在 7% 左右。

表 3-59 “十一五”期间德育研究课题和全国教育科学规划研究课题的数量对比

	2006 年	2007 年	2008 年	2009 年	合计
德育研究课题（项）	18	21	17	32	88
全国教育科学规划研究课题（项）	228	279	342	459	1 308
德育课题占总课题的百分比（%）	7.9	7.5	5.0	7.0	6.7

值得注意的是，2009 年全国教育科学规划办设立了“中小学德育和校外教育研究专项立项课题”，当年有 29 项课题获准立项，使得 2009 年全国德育课题实际立项总数达到 61 项。如果加上德育专项立项课题，则“十一五”期间德育立项课题总数达到 117 项。

2. “十一五”期间德育立项课题的主题分布

“十一五”期间，全国教育科学规划办的德育立项课题在研究主题上主要呈现出这样几个特点：第一，德育内容是德育课题研究的主要方面。第二，与“十五”期间相比，“十一五”期间公民教育、农村德育、德育改革创新等受到更多的关注。第三，德育课程、德育方法和中华民族优秀传统美德的研究相对减少。外部德育环境和德育主体是2009年德育专项研究项目的主要内容。

表 3-60 “十一五”期间德育立项课题的主题分布表

课题主题	2006年	2007年	2008年	2009年	专项	总计
德育基本理论	1	3	1	4	2	11
公民教育	4	2	0	4	0	10
德育课程	0	1	1	1	0	3
德育内容	2	7	5	5	2	21
德育制度与政策研究	0	0	0	1	2	3
德育主体研究	0	1	0	1	4	6
德育对象研究	2	2	0	1	1	6
德育方法	1	1	0	1	0	3
德育外部环境	0	0	2	1	7	10
德育心理	2	1	2	0	2	7
德育经验总结	2	1	0	4	2	9
德育改革与创新	0	0	3	1	3	7
中华民族优秀传统美德	1	0	1	1	0	3
外国德育研究	2	1	0	2	1	6
农村德育	1	1	0	3	0	5
德育实证研究	0	0	2	2	3	7
总计	18	21	17	32	29	117

3. “十一五”期间德育立项课题内容的统计及说明

“十一五”期间德育立项课题内容主要集中在信仰与价值观教育方面，占该时期德育课题内容研究的1/3，尤其是2007年，该类课题占同期德育内容课题的57%。这显著反映了该时期我国德育研究的热点。“十一五”期间德育规划课题内容另外两个重点是诚信教育以及理解和感恩教育。此外，由于志愿服务在奥运会和汶川地震中的突出表现，志愿精神和慈善教育成为2009年德育规划课题的新内容。

表 3-61 “十一五”期间德育规划课题内容的统计

德育内容	2006年	2007年	2008年	2009年	总计
诚信教育	0	2	0	1	3
信仰与价值观教育	0	4	1	2	7
生命教育	0	1	1	0	2
理解与感恩教育	2	0	0	1	3

续表

德育内容	2006 年	2007 年	2008 年	2009 年	总计
志愿精神与慈善教育	0	0	0	2	2
民族精神与责任	0	0	1	1	2
性教育	0	0	2	0	2
总计	2	7	5	7	21

4. "十一五"期间德育规划课题类别的分布统计

"十一五"期间，全国教育科学规划办所立项的德育课题主要以教育部重点课题为主，其次是教育部青年专项课题，国家重点课题仅为 2 项。2009 年设立的"中小学德育和校外教育研究专项立项课题"全部属于教育部重点课题。

表 3–62 "十一五"期间德育规划课题类别的分布统计

年度	国家重点	国家一般	国家青年专项	教育部重点	教育部青年专项	德育专项	合计
2006	1	4	2	8	3	0	18
2007	1	3	2	10	5	0	21
2008	0	2	3	10	2	0	17
2009	0	7	3	13	9	29	61
总计	2	16	10	41	19	29	117

5. "十一五"期间德育课题研究队伍的统计分析

"十一五"期间，德育课题的承担部门主要包括高校、专门研究机构、教育行政部门、中小学等。其中，高校所承担的课题量最多，远远超过了其他研究部门。专门教育机构和教育行政部门所承担的课题量较少，中小学作为新兴的科研力量，开始参与课题研究。其他课题承担部门主要包括一些教育协会组织、少年宫、青少年科技馆等社会组织。

表 3–63 "十一五"期间德育课题研究队伍的分布统计

年度	高校	专门研究机构	教育行政部门	中小学	其他
2006	14	2	0	2	0
2007	18	2	0	0	1
2008	15	1	0	0	1
2009	44	8	3	4	2
总计	91	13	3	6	4

（四）学术刊物发行

2005年6月，经国家新闻出版总署（新出报刊〔2005〕345号）批准，《中国德育》获准国内公开发行。《中国德育》是中华人民共和国教育部主管、中央教育科学研究所主办的国家级学术性德育理论刊物，是全国教育科学规划领导小组办公室制定的课题成果发表刊物。其办刊宗旨是：融汇古今中外德育思想和实践经验；聚焦当前中国德育面临的现实问题。

除了《中国德育》之外，教育科学出版社从2006年开始陆续出版了"道德教育评论"系列丛书。该系列丛书的宗旨是：汇集德育学人、搭建学术平台、聚焦热点难点、探寻德育路向。丛书每年出版一本，主要是道德教育研究的论文集，至今已经出版4本，分别是《道德教育评论2006》（2007）、《道德教育评论2007》（2008）、《道德教育评论2008》（2009）和《静水流深见气象——鲁洁先生的教育思想与教育情怀》（2010）。这套丛书的发行，一方面标志着德育研究共同体学科意识的不断增强，另一方面也提升了德育研究直面现实与时代发展的能力，对于提高德育学科的专业化水平具有重要的意义。

（五）相关学术会议

德育学科建设是近年来德育研究和发展的重要主题。2008年、2009年召开的中国教育学会教育学分会德育论专业委员会学术年会，都把德育学科建设问题列为年会的会议主题之一，由此可见学界对这一主题的关注。

在2008年第17届德育年会上，与会代表在德育学科建设的问题上主要围绕以下四个方面的议题展开：1. 何谓德育学科建设。学科建设不等于教材编著，应当关注教育实践问题。2. 德育学科的知识基础。德育学科的发展不能仅关注工作体系的学科建设，应在政治哲学和道德哲学方面给学生以知识的启迪。3. 德育学科建设的三个维度：元理论研究；交叉领域研究；实践应用研究。4. 德育学科的魅力。

在2009年第18届德育论专业学术年会上，班华教授作了题为《建设中国特色的现代德育学科——从德育原理教材建设看德育学科建设》的主题报告，从德育原理教材建设这一层面审视德育理论的构建，探讨德育学科建设的新进展。他通过对德育原理教材的评析，认为要建设中国特色的现代德育学科，必须紧紧把握"中国特色"和"现代德育"这两条主线，并且贯彻始终。在分组讨论上，有学者通过梳理改革开放30年来学术界对德育本身界定的争论及反思近30年来德育原理教材建设，提出德育原理课程建设的基本框架：基于德育传统道德，确立德育新概念；从德育现实的矛盾出发，坚持"师生共育的德育主体论"和"教是为了不教的德育目的观"；凸显德育中问题意识，彰显以人为本的德育立场；以叙事的手法呈现德育内容，活化普遍性道德知识，使个体性道德知识获得解放。另有学者认为，如何定义德育学科非常重要，将作为学科的德育与作为教育的德育混在一起是难以取得平衡的，因此主张将德育分化为多学科的综合。

（六）德育学科人才培养

人才培养是学科建设的重要方面，尤其是高层次人才培养状况更能反映学科发展的现状。近五年来，德育方向博士点建设稳步发展。截至2010年，招收德育方向博士研究生的学校共有以下10所：北京师范大学（檀传宝、朱小蔓）；华东师范大学（陆有铨）；东北师范大学（王逢贤、孙彩平）；南京师范大学（班华、赵志毅、高德胜）；浙江大学（魏贤超）；西南大学（易连云）；华中师范大学（杜时忠）；陕西师范大学（栗洪武、刘惊铎、刘新科）；山东师范大学（戚万学）；河南大学（刘济良、李申申）。其中，陕西师范大学和河南大学是"十一五"期间新增的德育博士点。从地理分布看，目前德育方向博士点已经涵盖华北、华东、西北、华中、西南地区。从人员的结构看，尽管少数德育点负责人因为退休或工作调动等原因已经不再招生或在其他学校招生，比如东北师范大学的王逢贤（退休）、南京师范大学的赵志毅（工作调动），但一些优秀的中青年德育学者（东北师范大学的孙彩平、南京师范大学的高德胜）已经接起了接力棒，从而保持了德育博士点招生和建设的延续性。华东师范大学在陆有铨教授2007年退休以后，其德育点暂处于停招状态。但总体上来说，德育方向的博士点目前保持着持续、稳定、健康、均衡的发展态势，从而能够为德育领域学术水平的提高和研究人才的培养提供保障。

二、德育学科的元研究

德育学科的发展不仅表现为相应教材、著作、课题、刊物等有形的物质产品的增多，而且也表现为对德育学科自身理论发展的主动反思。实际上，有形的物质产品的增多只是德育学科发展的外在表现形式，学科真正的发展最终是体现在学科体系、性质、地位、历史等方面的自觉探索和不断成熟的基础之上。这对于德育这样一门年轻的学科而言意义尤为重大。

（一）关于德育学科的理论基础

学科的发展离不开坚实的理论基础的支撑。理论基础的建设一直是德育学科建设和发展十分重要的内容，在这方面，学者们也进行了不懈的探索，一个基本的共识是，德育学科必须建立在道德哲学、心理学以及社会学的基础之上。但德育学科理论基础研究方面相对而言比较薄弱，近五年来有关德育学科理论基础的研究，基本上是在哲学、心理学、社会学这样的学科基础分析框架中进行。

代表性的论著有戚万学与唐汉卫编著的《现代道德教育专题研究》。该书用三章的篇幅，分别论述了道德哲学、心理学以及社会学作为德育学科基础的必要性、可能性和现实性，从整体层面较为系统地论述了德育学科的理论基础及其各种理论之间的关系，以及各自的局限①。

在《新时期学校德育热点问题研究》一书中，孙少平等也从心理学、社会学和哲学三方面论述了德育的学科基础问题。② 在心理学基础方面，作者主要介绍道德发生发展的一般心理机制以及国内外对道德发展的研究成果，在此基础上，作者认为德育心理学应该回答两个基本问题：心理学与道德教育的关系；个体品德发展与学校道德教育的关系。在社会学基础方面，作者主要介绍了涂尔干的德育社会学思想，并对我国德育社会学发展的现状做了初步的评价。在哲学基础方面，作者对有关问题的论述与戚万学等的论述基本一致。

在德育的学科基础研究方面，除了以上较为系统的论述之外，一些德育分支学科研究的不断深入，在很大程度上也促进了相关研究的不断深入，特别是德育哲学研究在“十一五”期间的兴起，大大加深了人们对德育哲学基础的认识。2005 年出版的《道德教育的当代论域》一书收录了鲁洁教授长期以来在德育基本问题上的研究成果，该书深入探讨了道德教育的人学基础，道德教育与当代人之生成、个人品德形成的基础，道德教育在改革开放与现代化过程中的境遇等问题，在很大程度上提升了德育哲学的研究水平。张澍军教授 2008 年主编的“德育哲学研究丛书”从管理、文化、过程等角度，运用有关哲学理论对德育进行了较为系统的研究。另外，作为德育交叉学科的德育心理学研究的不断深入，也在很大程度上丰富了德育的心理学基础。这方面的重要成果是郭本禹、杨韶刚教授主编的“德育心理学丛书”。相对而言，德育社会学的学科基础建设在“十一五”期间显得较为薄弱。

（二）关于德育学科的性质

德育是一门怎样的学科是德育学科建设中的重要理论问题。对德育学科性质理解的不同，将会影响德育学科建设的方向、内容，以及影响人们对德育学科的功能、地位等的看法。应该说，在德育学科性质这个问题上，学者从不同的角度进行了新的富有成效的探索。总体来说，“十一五”期间学界关于德育学科性质的讨论主要集中在这样几个问题上：德育是一门规范学科还是科学学科？德育学科的边界在哪儿？德育研究者与德育学科之间是一种怎样的关系？

陈迪英在《德育学科性质的科学取向与规范取向：从教育学到德育学》一文中，从学科的规范取向与科学取向的不同来界定德育的学科性质。在他看来，这两种取向的学科的不同主要表现在③：（1）在研究对象上，规范理论研究“应当做什么和怎样做”，科学理论研究“是什么”。（2）在研究方法上，规范理论采用从目的到手段，从内容到方法逐步演绎的方式，科学理论采用归纳法，从事实中概括出规律。

① 戚万学，唐汉卫. 现代道德教育专题研究［M］. 北京：教育科学出版社，2005：1-71.
② 孙少平，等. 新时期学校德育热点问题研究［M］. 广州：广东教育出版社，2008：27-42.
③ 陈迪英. 德育学科性质的科学取向与规范取向：从教育学到德育学［J］. 湖北社会科学，2006（3）.

(3) 在概念揭示和命题陈述上，规范理论是对事物现象作出如何变革的规定，采用纲领性定义、规范性命题，科学理论旨在对事物现象作出事实的概括，采用描述性定义和命题。(4) 规范理论的成果形式为理性规范，科学理论为反映事物规律的原理。(5) 检验规范理论的标准为指导实践有效与否，检验科学理论的标准是真伪。(6) 立论与检验方法，规范理论是辩护与批判，科学理论是证明与证伪。基于这样的分析框架，他以有关德育学著作的话语陈述方式为例，阐述了德育学科的规范性质。他认为，首先，德育学的陈述采用的是规范理论从目的到手段，从内容到方法的演绎方式，而非科学理论从教育事实中概括出规律的归纳方式。其次，人们对德育概念的界说是采用纲领性、规定性定义，如“德育”常常被定义为将一定社会或阶级的思想观点、政治准则、道德规范转化为个体思想品德的教育活动。定义表述的是“应当”的纲领性要求，以及“应当怎样做”的规范。再次，德育学陈述的是理性规范，而非反映事物规律的原理。最后，对德育理论的检验标准是其实际效用，而非反映客观实际的真伪。基于以上理由，他得出了德育是一门规范学科的结论。

薛晓阳在《德育研究：学科的独立和开放》一文中从德育的实践性与学科性的关系，论述了作为工作的德育与作为学科的德育之间的不同。他认为①，学科建制的最重要的标志就是学科的独立以及相应学科权力的获得，其中，排除外界干扰，以学科逻辑作为评判学科研究效果的唯一标准应该是学科独立的重要方面。基于此，他认为作为学科的德育，应该具有自身的独立性和开放性。独立意味着德育的研究应该有其独立的学科责任、学科权力和学科逻辑，不应受各种外在因素的过多影响和干涉。因此，作为学科的德育不应简单服从和服务于社会工作的需要。在此基础上，薛晓阳从德育的“大”与“小”的角度进一步论述了德育学科的特点和社会责任。在他看来，德育学科与一般学科的最大不同就在于，德育与社会政治生活和意识形态有着比其他学科更为密切的关联，在实际社会政治、文化与道德生活中它承担着比一般学科更多的超越学科领域的社会责任。从这个意义上说，德育学科具有一种比其他学科更为明显而深刻的体制性的痕迹和特点。但是，德育学科的社会责任较之其他学科“大”并不意味着学科边界的无际，就学科边界及其独立性而言，德育学科应该是“小”的。但是，这种“小”不是自我封闭，故步自封，而应是以一种开放性的姿态不断发展。

毕世响在《德育学科的文化人种与道德人种意义》一文中，从德育学科的德性和德育学者的德性两个方面来讨论德育学的意义。他认为②，德育学体系的形成，标志着教育学者努力建设中国特色的教育学，也就是建设基于中国社会性质和中国文化的教育学。德育学的体系与理论，不应是纯粹的学科概念，而是国家、社会和民族的性情。作为具体的教育，德育应该是对民族精神的景仰。他认为，我们的惯常思维是

---

① 薛晓阳．德育研究：学科的独立和开放［J］．教育学报，2009 (1)．

② 毕世响．德育学科的文化人种与道德人种意义［J］．教育评论，2008 (1)．

用学科来理解、解释社会历史精神，把社会历史精神削足适履地塞进某一个学科体系与概念之中，使社会历史精神像某一个学科的问题。实际上，我们要用历史精神来改造学科，使学科像社会历史精神。要用当下中国社会的历史变迁来改造德育学，而不是用德育学改造社会的历史精神。基于这样的判断，他进一步认为，无论什么样的德育学体系，都应该具有文化人种和道德人种的意义，这个意义，最终将表现为德育学者的根本德性。所以，德育学者的人格和道德使命，应该是德育学体系自身的内容，不是德育学体系以外的东西。

冯文全认为①，德育学是理论学科还是应用学科，是一种德育学说还是关于各种德育学说的德育学说，人们的认识并不一致。研究德育现象、揭示德育本质和规律，以及探讨德育与人的品德发展形成与发展的规律性联系，是德育理论学科的范畴。而根据有关德育规律研究如何培养人，以什么样的内容、原则、方法与途径进行培养，则属于德育应用学科的范畴。作者认为，德育学是一门理论学科，也是一门具有很强实践意义的学科。

（三）关于德育学科的研究对象

研究对象的确立是一门学科得以建立的基础。当前，人们对学科的划分，主要根据研究对象的特殊性的角度进行区分。德育学的建立虽然在大体上划定了德育研究的对象和范围，但总体而言，德育学的研究对象至今还是一个理论上尚未得到很好解决的问题。

德育作为一个学科，其形成与发展都与其母学科——教育学科一样，大致经历着从单数教育学到复数教育学的演变过程。因此，对德育学科研究对象的界定，也主要表现为对单数德育学研究对象的界定和复数德育学研究对象的界定这样两种方式。“十一五”期间学者们关于德育学科研究对象的探索，基本上就是沿着这样的分析理路进行的，其研究路径大体有：一是从宏观层面对德育学科群研究对象的探索；二是从德育学科中的德育原理这一学科的研究对象进行研究。

班华在《略论德育论学科对象与任务的几个问题》一文中，主要从德育学科的总体层面，针对德育论研究方面存在的实际问题，从学理和实践层面论述了当前德育学在研究对象方面所应特别关注的几个问题。他认为②，心理教育不属于德育学科对象，将心理教育纳入学校德育体系是工作的需要而并非德育学科自身的逻辑必然，因此要区分教育文件和学理研究的不同。同时，作者强调了本应给予重视但容易被忽视的德育论研究的对象与任务，即对间接道德教育的研究，对学校教育中大量存在的反道德、反教育现象的研究。最后，作者指出，德育学的研究任务应当包括两个方面：一是要发现、强化、运用教育过程中各种正面的、积极的教育影响；二是要避免、弱

---

① 冯文全．现代德育理论与实践研究［M］．成都：四川人民出版社，2005：376.

② 班华．略论德育论学科对象与任务的几个问题［J］．教育科学研究，2007（4）.

化、消除教育活动中可能有的反道德、反教育的消极影响，这样的研究才是全面地实现学科建设的使命。如果只重视研究积极的方面、成功的方面，轻视研究消极的、不成功的一面，那只是做了一半，是片面的，不完整的。

冯文全在《关于德育学的研究对象的考察》一文中，对单数形式的德育学的研究对象做了较为全面的探索①。作者在分析比较我国德育学著作及教材关于德育学研究对象的表述的基础上，从多维学科的视角剖析了这些德育学研究对象的缺点和不足。他认为，当前德育学的科学分类和学科称谓不明确，其称谓大致有德育论、德育学、德育原理等，这些称谓反映了学科建设的概念混乱。其次，他认为德育学研究对象不确定、不明确，有德育规律、德育现象、德育问题等不同的界定。在一一分析当前德育学在研究对象存在问题的基础上，作者从学理层面论述了确定德育学研究对象的理论依据，最后将德育学科的研究对象确定为学校范围和条件下的德育理论和实践（包括实践中产生的德育经验与德育思想）。

张忠华在对我国改革开放后近三十年出版的有关德育原理的书籍和学术论文进行整理的基础上，认为德育原理作为一门学科的主要研究内容集中在这样几个专题上：德育学科问题、德育概念与本质、德育功能与地位、德育目标和内容、德育过程、德育原则、德育途径和方法、德育主体、德育网络、德育管理、德育评价和德育思想史等。

（四）关于德育学科的发展史

学科发展史是学科研究的重要领域。对学科发展历史的研究，有助于学科发展中的自我反思和检省，从中提取出有益的经验和教训，并在对当下以及未来社会发展趋势的把握基础之上，对德育学科的发展提出前瞻性的建设意见和建议。当前，在德育学科发展史方面的研究总体来讲还比较薄弱，“十一五”期间学科发展史研究，主要集中在学科发展形态的变化方面以及改革开放之后我国德育学科建设发展的路径上。

檀传宝在其《德育原理》一书的第一章中，从德育思想、德育论、德育学、德育科学或德育学科四个方面，论述了德育学科发展的主要历程。他认为②，德育思想作为一种关于德育的价值性哲学思考，主要反映的是人们对德育的应然与必需所产生的主观判断和选择，基本上属于前德育理论形态。德育论是一个与德育经验、德育思想相对的范畴，它是在教育学产生之后，作为与教学论、课程论等并列的德育思想的理论化形态。德育学是从教育学科群分化出来的独立的教育理论形态，但是，这只是一种过渡性的德育理论形态。随着人们对学校德育研究的不断分化以及相应交叉学科的发展，德育学演变成了一种“复数”形式和广义性质的“德育科学”，它至少包括：（1）作为分层次与分支学科的研究，德育科学有德育哲学、德育课程论、德育

① 冯文全．关于德育学的研究对象的考察［J］．西南师范大学学报（人文社会科学版），2005（2）．

② 檀传宝．德育原理［M］．北京：北京师范大学出版社，2007：13-16．

方法论和德育工艺学等；（2）作为交叉学科研究，德育科学形态有德育社会学、德育心理学、德育人类学、德育文化学、德育美学等。

孙少平等在《新时期学校德育热点问题研究》一书的第二章中，论述了新中国成立以来德育学科在我国的发展历程。他们认为①，改革开放前的德育学科建设几乎是围绕政治工作展开，在学科建设中突出政治而忽视了个体的基本需要，限制了学校德育内涵的发展以及学科建设的步伐。改革开放后，德育学科得以摆脱被政治钳制的状态，以自身的实践性，不断拓展现代德育领域。20 世纪 80 年代以来，中国教育学界关于教育学学科基础和研究对象的论争，重新开启了中断了几十年的学科分化进程。德育学也在此过程中获得了长足的发展，由学科基础较为单一走向多门学科基础的综合。

张忠华在《我国新时期德育原理学科发展探析》一文中，对新中国成立以来，特别是改革开放以来的德育学科建设情况进行了较为系统、全面的梳理和研究。他在对近代以来德育原理学科发展历史的简单介绍之后，把改革开放之后我国德育学科发展划分为三个阶段②：德育原理学科的恢复和创建阶段（1979—1994 年）；德育原理学科研究全面展开阶段（1995—1999 年）；德育原理学科研究的交叉纵深阶段（2000 至今）。除此之外，他对改革开放后我国德育学科的研究内容也进行了较为全面的梳理，并在此基础上归纳出了这一时期我国德育学科研究的成果、特点以及趋势：1. 德育原理学科地位得以确立。2. 德育理论向纵深发展。3. 德育哲学得到发展。4. 德育理论的反思研究在局部进行。5. 德育学科开始分化，出现一些德育的子学科。6. 德育学科的理论基础研究初步受到学者重视。7. 对社会发展中的一些德育热点问题进行研究。8. 德育原理作为一门学科呈现出交叉、综合研究的发展趋势。作者最后也指出，改革开放以来德育学科研究的不足主要表现为学科体系、学科性质等学科建设的基本问题尚未得到很好研究；问题研究意识强，但学科建树意识差；德育理论思辨研究多，实证研究少；国外理论介绍多，应用研究少；德育本体化、民族化研究不够；德育重大理论问题还有待突破，等等。

叶飞、檀传宝在《改革开放 30 年德育理论发展脉络探析》一文中，从德育理论的角度探讨了新时期德育学科发展变化的阶段及其未来发展趋势。作者认为③，改革开放 30 年来，我国德育理论发展经历了理论研究的复苏期（1978—1983 年）、理论基础的建构期（1984—1989 年）、德育学科的分化与整合（1990—1999 年）、德育理论研究的多元与争鸣（2000—2008 年）这样四个主要阶段。今后德育理论的多元与争鸣趋势将继续发展，主体间性德育理论、生活德育论、情感德育论、德育美学观、公民教育、后现代德育、生命德育论、体验式德育理论、德育专业化理论等研究将成

---

① 孙少平，等. 新时期学校德育热点问题研究［M］. 广州：广东教育出版社，2008：16-26.

② 张忠华. 我国新时期德育原理学科发展探析［J］. 教育科学研究，2008（1）.

③ 叶飞，檀传宝. 改革开放 30 年德育理论发展脉络探析［J］. 教育研究，2009（1）.

为今后德育研究的重点。

三、德育学科的应用研究

学科的发展一方面来源于自身理论研究的不断深化，另一方面也来源于实践的需要。近五年来，德育学科在回应实践的需要和挑战方面，进行了较为主动的探索和研究，取得了一些有益的成果。这里主要选择部分具有一定代表性的研究进行简要的介绍。

（一）中小学德育课程、教材、教学的研究

从“十五”开始，德育课程的研究确立了回归生活的基本理念，并在这一基本理念指导下开发出了新的课程标准。“十一五”期间，德育课程的研究进一步深化，对回归生活的依据、路径、需要注意的问题进行了深入的分析。“十一五”期间，德育教材的开发百花齐放，出版发行了十多套各具特色的教材。与此同时，教学研究也得以深入，对话教学、教学与课外延伸等研究取得了突出的成绩。

（二）欣赏型德育模式的拓展与深化研究

“十五”期间，檀传宝教授主持的国家重点课题“欣赏型德育模式建构研究”在为期 3 年多的实验研究中，取得了较大的成果，形成了一套“欣赏型德育模式建构研究”的系列丛书。“十一五”期间，该研究在原有 5 所实验学校的基础上，扩大了实验研究的范围，形成了包括普通中小学和职业高中在内的 16 所学校，学校的类型和性质更加丰富。每一年课题组与项目学校都会围绕该年度研究实验取得的成绩和存在的问题进行交流和沟通，并通过内部刊物《美丽的德育》供项目校之间相互了解课题研究的总体进展和有关经验分享。目前，该项研究在实验学校取得了良好的教育教学效果，并在社会上产生了一定的影响力。

（三）生态体验德育模式的建构研究

中央教育科学研究所的刘惊铎教授一直致力于生态体验德育模式的理论和实践研究。刘惊铎教授以全国教育科学“十一五”规划教育部重点课题“生态体验式德育的案例和问题研究”为依托，在北京、上海、深圳、浙江、黑龙江、湖北、湖南、河南、陕西、贵州、新疆、山西、四川、内蒙古等地的大中小学和幼儿园，进行了持续的德育观察和生态体验式干预实验。课题组基于生态体验德育的基本理论模型，在现场干预性实验案例和调查数据分析基础上，经过叙事化加工，研制开发了《生态体验例话》，作为校本德育研究的重要成果。

（四）生命教育的理论与实践

生命教育是当前德育学科建设中一个热点问题。在这一问题上，学者们思辨性的理论研究多，实践性的应用研究少。在这方面，北师大的肖川教授做了很好的尝试。"十一五"期间，除了在生命教育的理论研究方面不断探索外，肖川教授深入一线教育现场开展各种形式的生命教育实践研究。主编了一套从小学三年级到高中二年级的生命教育教材。2010 年 4 月，北京师范大学生命教育研究中心的成立，为生命教育的理论和实践研究提供了一个崭新的发展平台。

（五）价值教育的理论建构和实践探索

2007 年开始，石中英教授在全国选取五所学校作为"中国价值联盟学校"（简称为"SUVEC"），开展长江学者特聘教授项目"社会转型时期我国中国小学价值教育"研究。这五所学校分布在北京、天津、安徽寿县、湖北武汉、海南海口，既有小学，也有初中和高中。

自 2007 年该课题立项以来，每年课题组到五所学校分别调研一次，举办一次年会，一次培训会。由北师大课题组派出研究生前往各个学校，调研学校领导价值教育实施理念、实施细则、学校特色与校园文化建设等方面内容，回校后进行总结诊断并提出针对性的价值教育实施建议。年会由五个联盟学校轮流承办，主要是各学校之间进行价值教育信息交流与实施心得，已在海口和武汉分别举行过一次。培训会在北师大举行，由石中英教授及其团队介绍价值教育最新理论成果与成功实践案例。课题组编辑出版内部出版物《价值教育通讯》杂志。

（六）学校德育问题诊断研究的开展

2008 年，在香港田家炳基金会的支持下，北京师范大学公民与道德教育研究中心开展了学校德育问题诊断研究的专项工作。本项研究旨在通过德育专业研究人士与项目学校的协作促进学校德育实效的提升，具体做法为：每年由北京师范大学公民与道德教育研究中心组织、安排若干德育专家小组（每小组由 3—4 名专家组成，可以包括研究生）进驻特定项目学校实地观察、研究 1 周或 10 天左右，全面了解学生、家长、教师对于德育的看法，分析学校德育课程、活动、制度设计等方面的得失，而后向学校（及基金会）提出研究报告，提供专业诊断、咨询与改进的意见，协助学校形成德育工作改革方案。以后可以继续由专家组跟踪项目学校一段时间（如 1 年左右），以便比较具体地促进学校德育工作改革方案的落实。目前，已经开展了重庆和九江两所九年一贯制学校的实地诊断研究，所提交的诊断报告受到了项目学校和田家炳基金会的高度认可。

在对"十一五"期间德育学科建设与发展的分析中不难发现，近五年德育学科在教材建设、著作发表、理论研究以及实践探索等方面进一步繁荣发展，取得了一些有益的研究成果，也提出了新的研究课题。总体而言，这五年的学科发展具有以下几个方面的特点：

1. 学科研究的自觉程度不断加强。不断强化的学科意识是近五年德育学科建设发展的一个十分突出方面，具体表现为：专门学术刊物——《中国德育》的创刊与发行；历届德育年对“德育学科建设”这一主题的持续关注和讨论；关于学科建设基本理论问题（学科基础、学科性质、学科研究对象以及学科发展史）的反思不断深化，等等。

2. 学科研究的专业化水平和科学化程度不断提高。专业化是当前德育学科发展的重要价值取向。在近五年德育学科的发展中，其专业化努力主要表现在：德育教材的原创性、理论性不断增强。教材建设突破了过去《德育原理》一统天下的局面，逐渐分化出《德育与班级管理》、《中外德育思想流派》等更具有针对性和专业性的教材形态。

3. 交叉研究成为学科发展的重要方向。“十一五”期间，德育学科发展的综合化趋势明显，相关跨学科、多学科研究成果不断涌现，德育交叉学科的发展和繁荣是该时期德育学科建设的重要成果。从交叉学科的类型来看，当前德育对哲学、文化学的学科借鉴比较自觉且取得了系统化的研究成果。

4. 以问题为取向的德育研究成果丰硕。随着中国经济社会不断飞速发展，学校德育面临着各种新的问题和挑战。网络社会、现代传媒、全球化、现代化、价值多元、社会问题等成为当前德育发展不得不面对的新问题、新挑战，近五年的德育研究在回应这些挑战方面，取得了一大批有益的成果。应该说，这些成果的取得，对于我们拓展学科研究领域，增强学科建设的现实性、针对性和时代性等方面，都具有十分重要的意义。

5. 学科研究的实践取向日益凸显。实践研究是学科发展的重要动力源泉，近五年德育学科的发展在实践应用和研究方面的努力日益加强。德育理论研究者将越来越多的时间和精力投入到德育实践领域，取得了一批有影响力的研究成果，如欣赏型德育模式系列丛书，生态体验德育模式以及生命教育的教材等。

虽然这五年德育学科的建设和发展总体上取得了长足的进步，但从学科发展的方向和重点来看，还需要在以下几个方面进一步强化：

1. 学科发展的元研究还需加强。总的来说，这五年德育学科的元研究相对于学科其他方面的发展显得较为薄弱。表现在：一方面，有关德育学科元研究的著作和文章都比较少；另一方面，一些基本的德育学科建设问题还没有取得共识性的理论突破。比如，对德育学科的范畴、学科的性质、研究对象、理论基础等问题，还需进一步的研究。在德育学科的理论基础研究方面，对作为德育理论基础之一的社会学的研究最为薄弱。

2. 学科发展的实践研究有待深入。当前虽然有越来越多的理论研究开始关注并投入一线德育现场开展研究，并取得了一定的成绩。但是，从学科发展以及实践需要的角度看，目前这些实践研究远远不能满足社会的需要。表现在：第一，当前实践研究虽然不断增多，但从总体上来看，在德育学科研究中所占的比例还是比较小。第二，虽然目前的实践研究取得了一定的成果，并在理论和实践产生了较大的影响，但是，就研究的专业化程度以及研究的深度而言，还存在着许多的不足。这些都需要更多的人对德育学科的应用研究投入更多的时间和精力，而这也是德育学科自身建设和发展不可或缺的重要向度。

3. 在分化研究的基础上进一步加强德育学科群的整体建设。当前，以问题取向的德育研究方面已经取得了较多的成果，这对于我们深化对有关问题的认识具有很好的参考价值，对于提升德育实践的品质也有很好的指导意义。但从德育发展的现实以及学科建设的角度看，已有的这些研究相对而言还比较分散、独立，综合性、体系化的德育研究相对薄弱。如，当前在德育研究方面，有关社会学的理论知识和概念体系是许多学者研究和分析德育问题的重要工具，但是，这种学科借鉴更多的是一种问题取向的实用主义态度，即为解决和研究某一特定德育问题服务，缺少对整个德育学科发展的整体关照。我们认为，应在目前分化研究的基础上，从学科建设的总体层面对有关研究成果做进一步归纳、整理、提升，为相关德育学科群的建设和发展奠定基础。鉴于社会学理论在当前德育研究中的普遍应用，尤其要加强德育社会学的学科建设。另外，公民教育作为一个新兴的研究领域，也有必要在学科建设上为其发展提供必要的学科支撑。

4. 对国外德育学科最新研究成果的引入和研究还需强化。虽然“十一五”期间也有这方面的研究成果，但相对而言还是比较少，且大多是翻译性质的成果，还缺乏对国外最近德育研究成果的自觉借鉴和本土化研究。

专题二：道德教育基本原理研究成果综述

“十一五”期间道德教育基本原理研究的主要特点表现为：道德教育的问题意识明晰；提升到道德教育哲学、道德哲学层面进行反思；在当代道德危机的背景下讨论道德教育；道德教育的道德感日渐增强。核心成果为道德教育奠定人学基础。本综述依据五年来道德教育原理的研究重点、关注的问题来组织，研究主题主要集中于以下几个问题：道德教育的人学基础；道德教育中的理性主义批判；道德教育的主体性；价值多元与道德教育；道德的可教性；道德教育的道德性。

一、道德教育的人学基础研究

道德教育的人学基础是近五年来得到深入研究的道德教育的基本理论问题。以鲁洁教授为核心形成了一批有深度、有影响力的原理层面的研究成果，这些研究以人、实践、生活为主轴，深度探讨了当代中国道德教育的问题之源与应然走向。

（一）道德教育的问题之源

道德教育的问题之源在于现代化转型中教育的异变，教育从指向人自身的存在、指向人的发展和完善，走向了对外部世界的征服和占有。鲁洁教授分析了当代中国道德教育的“现代综合症”。① 其一，道德教育的境遇边缘化。在寻求征服与占有的现代社会中，旨在完善人的教育已然崩塌，完整的人的教育不复存在，求善、发展德性、使人成为人的道德教育日益被边缘化。其二，道德教育的指向外在化。道德被当做外在的道德规范、规则，道德教育成为道德规范的外在注入，道德教育与人自身的发展毫无关涉，与过有道德的生活毫不相干。其三，道德教育的形态知识化。被看做征服世界的工具的知识取代了主体人格的追求，道德教育成了传输被普遍化和客体化了的规范性的道德知识，道德的实践本性被遗忘。道德教育的“现代综合症”集中体现了人、实践和生活的缺位。

（二）教育的原点

道德教育需要回归人和人的生活，鲁洁教授认为教育回归生活世界的要义当在于回归“育人”这一原点。② 该研究分析了远离了人的“改嫁”了的教育，认为其思想渊源在于社会本位论，因而需要“人的在场”的社会观转型，进而确立教育之人的立场，把促进人的发展和生活的完善作为教育的根本出发点和归宿。以育人为原点的教育需要以“现实的人”做教育的基点，现实的人是承载生命的个体存在，是显示单个的社会存在，因而人不是单子式的个体，而是既作为一个独立的分子，又作为社会共同体中有机的组成而存在。教育要回归的生活世界是自我与他人、个体与社会相统一的世界，社会在人中，人也在社会中。以“人”为核心，有学者探析了教育人学的内涵。③ 在当代人学基础上产生的教育人学，其内涵包括“人是目的”、“人之生成”、“人对人的活动”三个层面，教育学的人学发展路向是一种以人的方式进行的、以人为目的的、以成人为根本宗旨的人的教育。教育人学是由知识论立场向生活论立场的转换，格外强调从一个崭新的角度去理解教育世界与人的世界的关系，即人是他自己命运和生活的创造者。

（三）关系中的人

道德教育的人学主题是“关系中的人”，就人的关系而言，有两种关系，一种是自我与他人的关系，另一种是自我的内在关系。鲁洁教授在其著作《道德教育的当代论域》中为人是关系的存在这一基本论点详查了各种不同的自我与他人的关系样态，分析了三种不同的人学理念。④ 关系中的人历时性地有三种不同的样态，其一是

---

① 鲁洁．边缘化 外在化 知识化——道德教育的现代综合症［J］．教育研究，2005（12）．

② 鲁洁．教育的原点：育人［J］．华东师范大学学报（教育科学版），2008（4）．

③ 王啸．教育人学内涵探析［J］．华东师范大学学报（教育科学版），2006（1）．

④ 鲁洁．道德教育的当代论域［M］．北京：人民出版社，2005：52-64．

传统社会中整体性的存在；其二是现代社会中单子式的存在；其三是当代社会正在形成的共生性的存在。共生性的存在既不是对整体性存在的复归，也不是对单子式存在的接续，处于人学理念转型中的当代道德教育面临着重塑人的观念与形象的重大任务，人的理念之转型是道德教育转型的关键。有学者根据人的三种存在样态详析了道德与道德教育的三种范型及其嬗变。① 与三种人学样态对应，人类社会发展存在三个阶段，对应有三种道德及道德教育范型：其一是群体主体下的规范伦理，道德教育的范型是灌输式的；其二是个人主体下的主体道德，道德教育的范型是个人主体式的；其三是类主体下的商谈伦理，道德教育的范型是交往式的。灌输式的道德教育是"不道德"的，个人主体式的道德教育是"去道德"的。培育人性的道德教育必须确立双重的任务：既要成为个人主体的催生剂，又要成为个人主体的解毒剂。

关于人的自我之内在关系，鲁洁教授从人性的两重性出发，分析了现实的我与可能的我之间的关系，提出了道德教育乃是人的自我超越。② 人的生存本性是自我超越，它存在于人的两重化结构之中，从实然我到应然我，从客体的我到主体的我，从现实的我到可能的我。自我超越的基本含义在于生活意义的超越，引导人的自我超越是教育的根本使命，"我可能是什么"是教育要促使人永远向自己提出的问题，召回良心——主体参与生活实践的自我提升是道德教育应予承当的历史之重。

（四）回归生活与实践

道德教育中的人是生活中的人、实践中的人，在道德教育的人学观念中，实践与生活是互释的。鲁洁教授认为道德教育所回归的生活世界，其基本属性是实践性。③ 生活世界是人存在的基本事实，生活世界的基本属性是实践性，即有意义和价值的世界中之活动。生活是道德存在的根据，也是道德存在的基本形态，整体性、实践性、生成性是生活世界道德的主要特征。回归生活世界的道德教育是要"做"成一个人，④ 区别于人的"神化"与"物化"的道德教育指向，教育要使人成为人，而实践性正是人的本质规定性。"做"才能成人，具有实践本性的人之生成是道德教育之指向。生活论意义中的"成人之道"，是使道德从远离人的存在和生活世界的抽象理性的规范体系重新回归为人类生存的自觉意识，它所关注的是怎样使人活得更像一个人，它所确立的是人的生活原则和根本方向。生活、实践、人的问题，本质上关注的是"什么样的生活才是好生活"的道德哲学问题，在道德教育上即是如何促进人的幸福，金生鈜教授从美善生活与实践中的德性之关系探讨了教育如何促进人的幸福。⑤ 幸福不是快感，而是人在生活中表现出的整体的精神状态，是精神获得卓越发展的美善生活的实

---

① 冯建军．论道德与道德教育范型的嬗变［J］．华东师范大学学报（教育科学版），2005（6）．

② 鲁洁．道德教育的期待：人之自我超越［J］．高等教育研究，2008（9）．

③ 鲁洁．生活·道德·道德教育［J］．教育研究，2006（10）．

④ 鲁洁．做成一个人——道德教育的根本指向［J］．教育研究，2007（11）．

⑤ 金生鈜．教育如何促进人的幸福［J］．华东师范大学学报（教育科学版），2009（3）．

践。教育只有引导人追求和实践美善生活，才能促进人的幸福。教育促进幸福，一方面要培养受教育者获得有益于实现幸福的生活能力和内在品质，另一方面要引导受教育者提升和发展德性，实现人格精神的优秀。唯有德性的教育，才能促进人的幸福。

二、道德教育中的理性主义批判

（一）道德教育中的理性主义批判

道德教育研究者普遍把现代道德教育放在现代道德危机的背景下加以审察，认为科学理性主义带来了现代科学和技术的巨大成就，但同时也侵入到人们的道德生活领域，从而导致了道德危机和道德教育的危机。樊浩教授从伦理学层面区分了认知形态的伦理与冲动形态的伦理，认为在理性主义哲学的影响下，道德哲学和道德教育的研究过于关注认知形态的伦理，对冲动形态的伦理采取冷落甚至蔑视的态度，从而导致伦理道德只是滞留于思维和理性的知识层面，而缺乏走向行为和生活的动力。① 鲁洁教授则从道德哲学的层面论析了科学理性主义侵入现代生活领域并导致了道德教育的现代病症——边缘化、外在化和知识化。道德教育向学生传输的是被普遍化和客体化了的道德知识，追寻有逻辑体系的道德知识，追寻抽象的道德概念、规范、规则，从而根本背离了道德和德育的本性，走向自我放逐、自我消解。② 许敏则认为，西方理性主义道德教育理论突出个体是原子式存在的理性主体，否认实体即伦理客观精神的存在，使个体与实体完全分离，从而从根本上违背了道德教育的伦理解放本质。③

（二）回归生活世界是克服道德教育危机的出路

作为对现代教育危机以及现代道德教育危机的克服，研究者们普遍从道德和道德教育的特性，以及道德与生活的关系角度，在批判理性主义的基础上，主张重建道德教育的形而上学体系，道德教育回归生活世界。

樊浩认为，如果伦理要成为一种真正的精神，如果道德教育要培养具有实践品质和实践能力的人，就必须在道德形而上学体系中通过现象学向法哲学的辩证转换，在道德教育的哲学体系中通过伦理精神由认知向冲动的辩证运动，培育“冲动形态的伦理”。因此，现代道德教育必须实现哲学范式的转换，建立一种融“认知形态的伦理”与“冲动形态的伦理”于一体的、由“认知形态的伦理”走向“冲动形态的伦理”的道德教育形而上学体系。

鲁洁教授认为，“回归生活世界”是当代人走出唯理性世界困境的普遍追寻，对

---

① 樊浩.“冲动形态的伦理”与道德教育的哲学范式［J］. 中国德育，2006（5）.

② 鲁洁. 边缘化 外在化 知识化——道德教育的现代综合症［J］. 教育研究，2005（12）.

③ 许敏. 西方理性主义道德教育理论质疑［J］. 中国德育，2006（10）.

于道德教育来说同样如此。生活世界是人存在的基本事实，其基本属性是实践性，生活世界是一个具有意义和价值的世界。生活是道德存在的根据，也是道德存在的基本形态，整体性、实践性、生成性是生活世界道德的主要特征。"回归生活世界"的道德教育要走进方方面面的生活、生活的方方面面；道德的学习应当是生活的、实践的，而不能简单归结为知识的、思想的；道德教育要培养的是不断去生成新的道德世界，并不断自我超越的生成性的人。① 檀传宝教授认为，道德教育回归生活世界具有应然和实然双重含义，道德教育回归生活世界应该是实然回归与应然回归的辩证统一。② 肖川教授认为，道德教育关注学生的生活世界意味着对学生的需要、独特性、当下生活的尊重，意味着对学生道德主体性发展的关注和强调。③

（三）回归生活世界并不简单拒斥理性

理性主义的道德教育更多地传递和灌输道德规范的知识，回归生活世界的道德教育更多地是意义的引领，但回归生活世界并不意味着简单拒斥理性。道德理性内在于"好生活"并有利于促进"好生活"。在现代社会条件下，和谐社会的"好生活"是基于完整的人的完整生活，是一种追问着、构建着、追求着的自主生活，它内含道德理性并借由道德理性不断得以实现。道德理性是在生活实践中生长的。④ 中国德育既要培育西方语境中的理性精神，又要克服生活世界被宏大的历史叙事、道德理想主义等遮蔽的现象。道德教育回归生活世界的首要诉求就是把个体从道德理想主义和教条化的意识形态当中解脱出来。当下的道德教育要建立和完善现代德育体制，改造中国德育中远未理性化和现代化的弊端和陋习，同时要警惕德育理性化和科学化对人的异化，防止德育现代化进程可能带来的负面效应。⑤ 赵宏义认为，道德教育既以规范性内容，又以意义性内容来影响教育对象。前者是规范约束，后者则是意义引领。规范约束和意义引领是社会道德的本来内涵，道德的本性决定了学校德育不应只注重规范约束，更应注重意义引领，但现实德育却重视前者轻视后者。因此，现实德育的深化发展和有效展开必须在观念上和实践上对规范约束和意义引领问题进行有机的整合。⑥ 卢艳红认为，在道德教育中关注意义是道德及道德教育的本真体现，是青少年道德成长及人性完善的必要元素，是来自学校德育的现实呼唤，是挽救当下青少年意义危机的最有效途径。⑦ 何雪莲认为，规范是一种社会控制技术，道德则关注人的生活意义和幸福。道德教育的返魅，必须建立规范和道德的联盟，并在道德教育中确立怀疑的地位。⑧

---

① 鲁洁．生活·道德·道德教育［J］．教育研究，2006（10）．

② 檀传宝．实然与应然：德育回归生活世界的两个向度［J］．教育研究与实验，2007（2）．

③ 肖川．道德教育必须关照学生的生活世界［J］．教育研究与实验，2003（3）．

④ 郑航．和谐社会的"好生活"与道德理性的生长［J］．华东师范大学学报（教育科学版），2006（6）．

⑤ 徐湘荷．"德育回归生活世界"的本土化反思［J］．中国德育，2008（6）．

⑥ 赵宏义．"规范约束"与"意义引领"——当代德育应予重视的一种整合［J］．中国德育，2006（1）．

⑦ 卢艳红．从哲学的意义世界到道德教育的意义世界［J］．教育理论与实践，2008（11）．

⑧ 何雪莲．规范与道德的联盟：道德教育的返魅之旅［J］．教育科学研究，2008（7）．

三、道德教育的主体性研究

道德教育研究者就道德教育的主体性展开了一系列的研究，使得人们对道德教育的主体性有了更为广泛和深入的认识。关于道德教育的主体性，研究者分别从道德自我、权利主体、生命主体、自治主体和学习主体等方面进行了深入探讨。

（一）自我主体

在自我主体方面，徐赛虎基于对自我结构的分析，讨论了自我道德教育和社会道德教育。徐赛虎认为，自我道德教育包括自我道德意识的教育和自我身体保存的教育，自我执其“灵”与“肉”之两端，在自我互动中实现理性道德与感性道德的全面发展。根据“你—我”的物化关系、弱化关系、对话关系，社会自我的道德教育具有三种形态，即工具性形态、对象性形态和目的性形态。只有基于对话关系的目的性形态的道德教育才是真正的道德教育，它本质上是以人本身为目的的，是“完全的人学”或“纯粹的人学”。① 万增奎也认为，道德自我的建构路径应该是个体建构和社会建构相结合。②

（二）权利主体

在权利主体方面，但昭伟认为，“最低限度的道德”强调让每个人在不侵犯他人基本权利的前提下，享有追求自己人生幸福的权利。道德教育应当教学生知道每个人应享有的基本权利，知道并有能力维护自己的权利，有意愿追求自己认定的幸福生活，能尊重或不侵犯他人的基本权利，能在他人权利遭到侵害时见义勇为，挺身而出。③ 王啸认为，道德教育是关于生命尊严与幸福的言说与实践。从权利的视角把握道德教育，有助于捍卫人的尊严与幸福。权利视野中的道德教育在价值论上把人作为最高目的，在社会与个体关系上真正尊重个体权利，在内容上关注人权与正义主题。④

（三）生命主体

在生命主体方面，刘济良认为，道德教育只有重视学生的生命体验才能真正发挥学生的主动性和主体性。道德教育应该以生命哲学为基础，引导学生在生活世界中体验生命，在道德主体间的相互理解中丰富生命，在真实的生命表达中展现生命，从而使道德教育真正成为与生命共生共融的过程。⑤ 胡金木认为，基于生命立场的道德教育应是：在秩序与自由之间，从规范至上对生命自由的僭越中走出；在个体与群体之间，从群体至上对个体

① 徐赛虎．自我的结构与道德教育［J］．外国教育研究，2005（8）．

② 万增奎．道德同一性及其建构［J］．外国教育研究，2009（12）．

③ 但昭伟．以“权利语言与最低要求道德”为核心的道德教育［J］．中国德育，2006（5）．

④ 王啸．人是目的：权利视野中的道德教育［J］．教育学报，2009（1）．

⑤ 刘济良．生命体验：道德教育的意蕴所在［J］．教育研究，2006（1）．

生命的干涉中走出；在身体与精神之间，从精神至上对生理生命的漠视中走出。①

（四）自治主体

在自治主体方面，王小飞认为，道德主体的自治或自治的“道德人”既是道德的本质内涵，也是现代德育理论的基本“共识”。从自我意义上的道德主体的理性建构，走向主体间性层面的道德主体的生成，是决定现代德育从主体范式向言语范式变革的一条基本理论线索。尽管两种范式的取向不同，但变革并非完全建立在后者对前者的否定之上。连接两者的中介就是道德主体自治的回归与重构，这也成为理解和推动本土变革发展的现实选择。②

（五）学习主体

在学习主体方面，傅维利认为，人的道德成长是在不断解决道德冲突的过程中逐步实现的。真实的道德冲突对人们提出明确的道德行为方面的要求，对他们的切身利益提出明确的挑战，因而蕴涵直接的道德教育价值。在真实道德情境中恰当地设置道德冲突，必须分析其中预设的或生成的道德冲突中所隐含的道德价值取向，并有目的地对它加以利用、引导和控制，既要贴近学生的生活和经验，又要有目的地提升学生对生活的道德理解，要特别注意适合不同学生道德发展的需要，为他们自主参与道德活动留下足够的选择和发展的空间。③ 曹树真认为，学校道德教育应是作为道德主体的学生，在教师的引导下不断建构自己的道德生活，从而不断地自我生成“有道德的人”的实践活动。学校道德教育必须重返现实生活世界，通过学校道德生活的现实构建来促进学生的德性发展，将把学生当做道德主体来培养作为学校道德教育实践的基本原则。④ 朱小蔓等认为，学校道德教育应当关注、尊重和鼓励学习者作为主体的道德生活实践，重视培育和发展人的情感，重视双向沟通、对话、论理和代际交往。⑤

四、价值多元与道德教育研究

价值观与道德教育联系紧密。在价值多元的背景下，如何辩护道德教育的正当性，道德教育与价值观是什么关系，道德教育如何回应和应对价值多元带来的道德相对主义危机，道德教育与价值冲突，道德教育与底线伦理、商谈伦理、承认的伦理的关联，是道德教育研究的重要的原理性问题。

---

① 胡金木．批判与超越：基于生命立场的道德教育［J］．教育理论与实践，2008（3）．
② 王小飞．重构道德主体的自治：德育范式变革的中介［J］．教育研究，2009（6）．
③ 傅维利．真实的道德冲突与学生的道德成长［J］．教育研究，2005（3）．
④ 曹树真．关于学校道德教育重建的思考［J］．教育研究与实验，2007（1）．
⑤ 朱小蔓，其东．面对挑战：学校道德教育的调整与革新［J］．教育研究，2005（3）．

（一）道德教育的正当性

道德教育如何对待互有差异的多元价值观念？有学者分析了多元价值对道德教育的正当性的挑战。① 道德教育的正当性与如何对待价值观念相关，在一元价值社会中，道德教育的主要任务是传播一元的价值观念，多元价值的存在及权利的合理性，解构了以传输特定价值观念为任务的道德教育的正当性，但这并不意味着道德教育无所作为，也不意味着去价值的道德教育，而是要求道德教育实现从传播价值体系到养成道德主体的转变，它要求道德教育以与多元时代底线伦理相一致的方式展开，养成学生的底线伦理，促成道德决断的主体。也有论者从道德哲学的角度系统分析了多元的价值观念与普遍的道德原则的关系。② 道德规范是多元价值观念得以实现的主体间条件，只有通过价值的多元性才能建构道德的同一性，美好生活的多样性在相互承认的共同生活中才能得到实现，道德教育的要点在于培养儿童的普遍性的道德理性意识，在此基础上引导儿童追求实践的内在善、成为有德性的人。

（二）道德相对主义与道德教育

道德教育如何应对价值多元带来的道德相对主义危机？价值多元可能导致道德上的相对主义，有研究分析了在当代价值多元的社会中学校德育如何应对道德相对主义的挑战。③ 该研究认为道德相对主义的价值中立观念与个体自由选择观念都不能成为道德教育的基础，道德教育既要反对道德专制，也要反对道德虚无，追求和维护人类珍视的普遍价值才能促进彼此理解、和平相处，共享人类的文明。文化多元是价值多元中的另一个问题，有学者从文化全球化的角度研究了道德教育。④ 文化全球化同时也是多元文化的共处，是文化间的“和而不同”，它要求在道德教育中形成和树立全球伦理的共同认识、多极主体的共生意识，它是一种基于多元文化的主体间道德教育：既保持民族文化特性、又面向人类整体利益；既尊重价值差异、又不滑入相对主义；既强调全球伦理、又不僵化成绝对主义；既提倡文化平等、又不鼓励单子式的漠不关心。面对道德相对主义的失败，有研究系统论述了多元价值时代需要怎样的道德教育。⑤ 不同于传统社会的一元价值的强制、灌输，也不同于西方道德相对主义的放任，多元社会的道德教育既要坚持价值引导，培养公共理性，形成价值共识；又要激发学生学会思考、判断和选择多种价值，寻求“多元”与“共识”之间的平衡。为此，道德教育要坚持“价值引导和自主选择”的结合，通过开放性的协商与对话，培养具有公共理性和宽容意识的共生型人格。

---

① 孙彩平．多元价值对道德教育正当性的挑战与要求［J］．教育科学研究，2007（4）．
② 严开宏．价值多元与道德教育［J］．教育学术月刊，2008（12）．
③ 余维武．对相对主义道德教育理论基础的批判［J］．教育学报，2009（6）．
④ 冯建军．文化全球化与道德教育［J］．高等教育研究，2007（5）．
⑤ 冯建军．多元价值时代需要怎样的道德教育［J］．人民教育，2009（11）．

（三）价值冲突与道德教育

道德教育如何面对价值冲突？没有冲突也就没有了道德的必要，有学者强调了价值冲突在学生道德学习中的积极作用。① 社会生活以及学生自身的价值冲突是道德教育的重要资源，是个人的自由全面发展和道德人格确立的内在动力。有研究从商谈伦理的视角论证了一种不同于传统道德教育的价值商谈型德育。② 没有价值冲突就没有道德成熟，多元价值冲突孕育着学校道德教育的丰厚资源，面对价值冲突，道德教育应在回归生活中教给学习者应对冲突的智慧，学习者道德的成长不是美德伦理的品质培养过程，也不是规范伦理的治理过程，价值冲突的诱发、商谈与和解是学习者道德生活新境界的开创和提升过程。有学者从学校道德教育的角度提出了价值多元下必须研究的三个重要问题③：如何解决学生价值观多元化与学校价值观一元化的矛盾？作为社会利益代表的学校能在什么意义上肯定价值多元？如何在尊重多元的同时不削弱学校德育对学生公共精神的培育作用？价值多元并不否认主导价值，有学者回应了主导价值的传递问题。④ 学校是主导价值的代言人；教师是以社会立场而非私人价值观影响学生；引导是传递主导价值的重要策略；教师是德行博物馆的“看守人”。

（四）道德教育的价值定位与伦理主张

道德教育如何审视和定位自身的价值？有论者讨论了多元价值背景下道德教育本身的价值定位问题。⑤ 道德教育作为维护心灵价值的一种手段，就是为了捍卫人的价值系统中合理的价值序列，它的实际使命是培养人有一颗健全的心灵，调整人的价值序列，捍卫真善美的价值领空，但不提供真善美的价值标准，道德教育不是一种价值教育，而是一种心灵教育。与此不同的是，有学者从底线伦理的角度提出了以权利语言和最低要求道德为核心的道德教育。⑥ 价值多元不一定意味着道德相对主义，它也意味着底线的普遍伦理主张。“最低限度的道德”强调让每个人在不侵犯他人基本权利的前提下，享有追求自己人生幸福的权利。与之相对应，道德教育的内容包括教学生知道每个人应享有的基本权利；知道并有能力维护自己的权利；有意愿追求自己认定的幸福生活；能尊重或不侵犯他人的基本权利；能在他人权利遭到侵害时见义勇为，挺身而出。价值多元要求尊重每个人实现自身价值的权利和可能，这就反过来对学校道德教育提出了要求，有学者从承认的伦理阐述了“承认的教育”。⑦ 爱、权利

---

① 肖川．道德教育与学生的生活世界［J］．江苏教育，2007（4）．

② 龙宝新．价值商谈与学校道德生活的建构［J］．华东师范大学学报（教育科学版），2005（3）．

③ 杨小微．价值多元背景下学校德育重建的研究及反思［J］．中国德育，2008（5）．

④ 丁锦宏，朱小蔓．教师是“德行博物馆”的“看守人”——关于教师教学中主导价值传递的思考［J］．人民教育，2006（15-16）．

⑤ 吕丽艳．多元价值背景下道德教育的地位与使命［J］．教育研究与实验，2008（3）．

⑥ 但昭伟．以“权利语言与最低要求道德”为核心的道德教育［J］．中国德育，2006（5）．

⑦ 金生鈜．承认的形式以及教育意义［J］．教育研究，2007（9）．

的尊重和社会重视是承认的三种形式，获得承认是人性中的自然倾向，是每个人进行交往的动机。教育中的交往结构是一种相互承认的关系结构，儿童作为完整的人，其精神品格是通过教育对他的“特殊性”的承认获得发展的。教育承认包括了爱与关怀、权利的尊重、社会重视以及完整发展的内涵。在这种承认的教育关系中，不仅儿童形成了独特的、完整的、有尊严的自我，培养了主体间的道德感和共通感，而且教育本身也形成了一种友爱的共同体，平等的承认是道德教育的根本方式。

五、道德的可教性研究

道德（美德）的可教性是一个十分古老而又根本性的问题，它涉及两个层面。道德哲学层面上，什么是道德（美德）？道德教育层面上，什么是有效的道德教育？作为一个理论问题，已有学者做过详细的分析；作为一个实践问题，牵涉德育的实效性讨论。虽然直接针对道德可教性的研究并不多见，但与此问题勾连并深化的研究却有很多，主要有关于实践道德精神的研究，关于直接道德教学的研究，关于专门道德教育的研究，关于道德学习和学校道德共同体的研究。

（一）道德的实践精神

对于道德（美德）是否可教的疑问，苏格拉底的回答是，我甚至根本不知道美德是什么，又怎么会知道美德是否可教呢？有研究对这个根本性的问题进行了基础性的理论思考，[①] 提出了以伦理感和道德感为核心的“实践道德精神”的培育。该问题直接指向道德即知识、而知识可教的偏于道德理性教育的流弊，论者划分了“知”的结构的理论道德精神和“行”的结构的实践道德精神，认为中华民族的精神传统是理性加情感的结构，以情感为实践道德精神的精神哲学基础，进而将伦理感和道德感作为道德教育哲学的基本问题。其中伦理感是以统一感、实体感和精神感为基本规定，以“实践道德精神”为取向的道德教育的着力点，就是培育个体与他人的公共本质的同一感、个别性统一于普遍性的实体感，以及以意义世界作为生命存在确证的精神感。道德感包括得道感、敬重感和义务感，道德感教育的重心，就是使人们因获得“伦理上的造诣”而得“道”；以对道德准则的敬重，培育道德上的“优美灵魂”和源头性的“灵魂驱动力”；培育以自我解放为本质和追求的义务意识。伦理感、道德感是与人的灵魂距离最短、对道德品质和道德生活最具基础性意义的实践道德精神结构。

（二）直接道德教学

道德可教性的疑问体现为对直接道德教学的有效性质疑。有研究对直接道德教学

① 樊浩. 伦理感、道德感与“实践道德精神”的培育［J］. 教育研究，2006（6）.

做了正面辩护并提出了学校直接道德教学的限度,[①] 论者分析了道德可教或不可教的各种观念，从道德知识储备是儿童知善恶的条件、在道德上受过教育的人的理性品质等角度辩护了直接道德教学的意义，同时又从道德教学区别于知识技能的教学的角度讨论了学校道德教育的限度。有论者从教学方式变革的视角论证了直接德育课程的有效性,[②] 在课程改革由灌输到自主、合作、探究教学方式变革的背景下，提出生活性、活动性、交往互动性和创新性是直接德育课程有效性的重要保障。

（三）专门道德教育

道德可教性的疑问还体现在对专门道德教育的有效性质疑。有研究将“专门德育论”作为当前学校德育三大认识误区之一,[③] 论者从儿童品德发展的角度论证了学校道德教育专门化对儿童品德形成与发展并非“福音”。只有源于儿童实际生活的教育活动才能引发他们内心的而非表面的道德情感、真实的而非虚假的道德体验和道德认知，良好品德的形成必须在儿童的生活过程之中，而非在生活之外进行。学校专门道德教育的制度化、知识化、规范化背离了道德的本性，道德无法脱离生活而存在，生活的过程与道德的生成是同一过程。学生在学校中过什么样的道德生活，就会形成什么样的道德。相应于专门德育论的误区，论者提出以“生活德育论”超越之，同时也对学校德育工作人员的“专门化”提出了异议。

（四）学校道德共同体

道德可教性的疑问体现在对直接、专门之教（音“交”）的质疑，相应地要求间接、生活之教（音“较”）。儿童的品德通过共同生活养成，有学者系统检省了当前学校本身作为教育影响力量的合理性、价值性和道德性，提出了作为道德共同体的学校再道德化议题。[④] 学校是儿童道德成长的重要条件，教育本身的性质决定学校作为一个伦理结构的特征，学校必须保证各个方面符合道德价值，学校必须是一个道德学校。学校教育中的各种不道德性是道德教育缺乏实效的根本原因之一，学校中管理主义、行为主义的流行造成学校本身去除道德倾向，学校逐步失去道德精神，尽管学校在进行道德教育，但却遗忘了自身的道德建设，学校必须进行道德改造。对学校进行道德改造，就是形成一种促进教师、学生的道德人格以及组织本身的道德性不断向优秀发展的文化，让道德价值和道德追求成为学校文化的核心，使学校成为一个具有良好的道德氛围的共同体。

（五）道德学习

道德可教性疑问的回答之一是道德虽不可教，但可学。有学者针对传统道德教育

---

① 王囡. 对道德可教的辩护及道德教学的限度［J］. 中国德育，2008（5）.

② 孙智昌. 对道德可教的辩护及道德教学的限度［J］. 中国德育，2009（10）.

③ 杜时忠. 当前学校德育的三大认识误区及其超越［J］. 教育研究，2009（8）.

④ 金生鈜. 为什么要塑造学校的道德文化——学校作为一个道德共同体的再道德化思考［J］. 西北师大学报（社会科学版），2005（7）.

过于倚重教育者及其社会道德价值的流弊，提出有效道德教育必须建立在有意义的道德学习的基础上。[①] 有论者认为当前学校道德教育必须转向以学习和学习者为中心的方向。学校道德教育应当关注、尊重和鼓励学习者作为主体的道德生活实践，儿童具有道德学习的潜能，是自我发展和承担责任的主题。学校道德教育应关注学习者已有的道德经验和学习活动，学习者的独特生活经验在道德学习中具有重要作用。学校教育情境中的道德学习是对儿童日常生活经验的“精雕细刻”，是通过经验的持续性改造形成“有意义经验”的生动过程。有意义的道德学习需要引导学习者进入行动情境，它不仅可以满足儿童、青少年认知、活动和情感的需要，而且在行动中容易产生道德认知和情感上新的不协调，从而促进学生积极的、主动的学习行为的发生。

六、道德教育的道德性

在道德教育的道德性问题上，研究者分别在学校的道德境界、区分德育和反德育的标准、道德教育不道德现象的发生机制等方面进行了研究。

（一）学校德育的道德境界

薛晓阳针对学校教育的工具化，提出学校德育的道德境界问题，[②] 认为学校道德教育必须为自己建构一种精神的境界———站在历史与命运的中心，占有终极性的道德资源，并回到精神生活的内在性上。这样的道德教育才能真正找到自己的道德根基和存在理由。

（二）德育与非德育、反德育

有论者根据德育的概念提出区分德育、非德育和反德育的标准，[③] 认为反德育没有以道德价值为核心，没有指向德性，没有在学生的知情意行方面引起积极的变化以及没有体现学习者的道德主体性。在现实的道德教育中，反德育的主要表现是：强制灌输式德育；庸俗功利主义（或不道德）德育；形式主义（或虚假）德育；价值相对主义德育。

（三）不道德的道德教育的发生机制

高德胜认为在人类的价值系统中道德的价值位阶相对高于偏好与规范，如果偏好或规范不守自己的本分而以道德的名义发挥作用，那就是对道德的僭越。这种僭越带来的严重后果是，直接导致道德教育的“不道德”，这是道德教育的“自杀行为”。

---

① 朱小蔓，其东. 面对挑战：学校道德教育的调整与革新［J］. 教育研究，2005（3）.

② 薛晓阳. 学校德育：道德境界的构成与问题［J］. 教育学报，2005（5）.

③ 郑航. 论德育、非德育和反德育［J］. 中国德育.

这种僭越的背后乃是成人主义的思维方式和道德教育的工具化。①

学校德育所以常常陷入反道德的泥潭，既有在目标、内容、方法上有导致反道德现象发生的微观机制，又有整个社会的文化心理结构的宏观机制。学校德育回归道德性，在目标上要保持与现实生活的适当张力，要坚定地排斥过度的价值权威倾向，重申价值选择的合理性，在方法上要重新树立品德结构的整体性观念，在社会文化层面要与社会的道德放任机制作坚决的斗争，避免陷入唯工具化的迷雾当中。②

也有论者论析了学校道德教育中的制度灌输问题，③ 认为制度灌输是学校道德教育的一种现实形态，在道德教育中具有存在的合理性。由于制度作为规范伦理的局限性以及道德教育的复杂性，制度灌输的局限性也是显而易见的。现实中制度本身存在的伦理缺陷以及制度的泛化和异化，使得制度灌输存在着不可忽视的问题。

专题三：2005—2009 年有关中国传统德育思想研究的综述

一、有关中国传统德育思想的主要研究内容

中国传统德育思想是中华民族世代积累起来的关于做人、育德和培养优秀人才的智慧结晶和经验总结。"十一五"期间，伴随国学热，兴起了一股研究中国传统文化的热潮，作为中国传统文化重要组成部分的中国传统德育思想也得到越来越多的关注，相关研究增多。从文献的搜集和查阅结果看，研究的重心主要集中在以下几个方面。

（一）什么是传统德育或传统德育思想

什么是传统德育或传统德育思想？学术界有不同的看法，主要存在下述四种观点。

第一种观点认为，传统道德教育主要是指从先秦至明清（时间限定），以儒家思想为主导的中国道德教育思想和道德教育实践。

第二种观点认为，所谓传统的道德教育，是指与现代道德教育相对应的概念，主要是指在以农业文明为基础的社会形态之上建立起来的道德教育的基本倾向。中国的传统道德教育思想，主要是指正统儒家的道德教育思想，自从汉代儒学成为官方的正统思想之后，儒家的道德也就成为全社会必须普遍遵循的最基本的道德准则。魏晋南北朝时期，儒家思想受到了玄学、佛教思潮的冲击和影响。宋明理学通过对道家、佛教思想的吸收和改造之后，得到进一步发展。宋代朱熹集理学之大成，重新解释了儒学，使儒家与科举考试相结合，但也由于明代以来的封建官僚政治对儒学的限制和改造，使得儒学和道德逐步衰落。④

---

① 高德胜．析道德教育中的僭越现象——由"不准女生留长发"引发的思考［J］．当代教育科学，2007（7）．

② 叶飞．论道德教育中反道德现象的发生机制［J］．高等教育研究，2008（8）．

③ 蔡辰梅．论学校道德教育中的制度灌输［J］．教育理论与实践，2007（10）．

④ 王丽荣．当代中日道德教育比较研究［M］．广州：广东人民出版社，2007：38．

第三种观点认为，就时限而言，中国传统德育思想里的主体部分主要在“古代”，但也包括近现代中国道德教育里形成的传统德育思想。为了准确把握“传统”的内涵，必须再作四点说明：第一，中国传统德育思想里所讲的“传统”一词，就时限而言，其主体部分主要在“古代”。这样，从很大程度上讲，“中国传统德育思想”和“中国古代德育思想”有较大的相似之处。既然如此，为什么又主要使用“中国传统德育思想”一词呢？这主要是考虑到三点：（1）从一定程度上讲，可用中国传统德育思想来指称中国古代德育思想。中国有五千年的文明史，但其中古代史占了绝大部分时间，中国的近现代史总共加起来还不到200年（一般认为，1840年的鸦片战争是中国近代史的开端），中国传统德育思想主要是在漫长的中国古代社会中形成和发展起来的，从很大程度上讲，中国传统德育思想的主体本就是中国古代的德育思想。（2）为避免让人产生老古董之类的误会。中国传统德育思想尽管其文字载体主要是中国古代的文献典籍，但其精神实由中国古代流传至近代再到现代、对今天中国人的心理与行为仍有重要的影响，就其影响范围而言并不限于古代，若只用“中国古代德育思想”一词，易让人产生此类误会：觉得这只是一种老古董，对今天中国人的心理生活没有什么影响。（3）为彰显民族特色。中国传统德育思想主要是在中国传统文化里产生和发展起来的，带有深深的中国文化烙印。因此，中国传统德育思想主要是指中国特色的德育思想，而不是泛泛地指曾在中华大地上传播过的所有德育思想。至于何谓“中国特色”，既可以经由相关的专家的评判得出（简称“专家评判法”），也可通过将之与公认的具有中国特色的文化相对比而得出（简称“特色比较法”），还可以将之放在中国的历史长河里进行考察，看其是否是在中国本土文化里土生土长的（简称“历史考察法”）。如果一个对中国文化深有研究的专家经过仔细评判以后认为某个主题所涉及的德育心理学思想具有“中国特色”，或者，某个主题所涉及的德育思想与公认的具中国特色的文化具有较高的内在一致性，或者某个主题所涉及的德育思想是在中国文化土壤里土生土长的，那么，就有充分的理由断定此主题所涉及的德育思想具有“中国特色”。第二，“传统”不是静止的，是具有生命力的，处于不断的变迁过程中。第三，“传统”不是一维的而是多维的，传统之内的各子系统之间处于不断互动的过程中，它们之间相互渗透、相互吸收，不断产生新的东西。第四，“传统”在性质上有积极与消极之分，我们主张研究倾向于积极方面的传统，至于消极方面的传统则不是本研究探讨的重点所在。①

第四种观点认为，所谓传统德育，一般可以分为大传统德育和小传统德育。所谓小传统德育，特指新中国成立以后，在我国社会主义制度及计划经济体制下形成的以倡导集体主义为核心，以道德教育为主要内容且偏重意识形态教育的一整套道德、思想与政治教育的原则、模式、方法等。大传统德育的范围则要广得多，它既包括新中国成立后形成的小传统德育的全部内容，也包括以儒家道德规范为核心，融合道家、佛家道德规范和中华民族的传统习俗而形成的一个体系庞大、科目完整的伦理道德教

① 汪凤炎．中国传统德育心理学思想及其现代意义［M］．上海：上海教育出版社，2007：2-5、66-88.

化体系和价值行为标准为主要内容的传统道德文化和道德教育。①

（二）中国传统德育思想的核心德目

有学者认为，但若去除学派之陈见，两相合并，去掉其中重复的部分，先秦儒道两家所倡导的德性共有十种：仁（慈）、义、礼、智、信、忠、恕、勇、谦（让）、俭。大致自汉代起，“五常德性”——仁、义、礼、智、信成为秦汉至清代人们对名词德的普遍看法。②

也有学者认为，儒家德育思想主要包括两大类别：仁（义）和中庸。“仁”是儒家伦理道德思想体系中的基本范畴，其基本含义是“爱人”，它的内涵包容了道德品质的一切主要方面；而“义”是儒家的另一个重要的道德准则。当然，仁较之义显得更根本、更重要，仁是发自内心的，义是仁的表现。所谓中庸，是《中庸序》所说的“不偏之谓中，不易之谓庸”；换句话说，就是“择其两端”和“无过无不及”的思想。事实上，中庸蕴涵权变之意，只有掌握权变之术，才能达到中庸之境界。中国传统道德思想的精华主要在于这两个方面。③

综上所述，第一，仁（慈）、义、礼、智、信、忠、恕、勇、谦（让）、俭等十种德性尽管在不同时期，不同流派的人有不尽相同解释，儒、道、墨、佛四家以及受它们影响的人还为此产生不少争论，但这十达德一直或隐或显地为后世中国人所承继，对后世中国人的心理与行为产生了深远影响。第二，从研究内容看，现有论著多将重点放在探讨儒家的德目，较少关注道家、墨家等其他诸家的德目，这与中国传统道德文化本是多元共生的史实不太符合。第三，从研究方式角度看，多是采用宏大叙事的方式进行探讨，很少有人对中国传统德育思想的核心德目逐一进行深入、细致的整理。

（三）中国传统德育思想的基本特征

有学者认为，中国传统德育思想主要具有合知行基础上的以行为旨归，合内外基础上的以内为根本，同真善基础上的以善为核心，一群己基础上的以群体为最高价值取向四大基本特征。此外，强调学校德育与家庭德育、社会德育的密切联系，持“生活即德育”的大德育观，也是中国德育思想的基本特征。④

有学者认为，中国传统道德教育思想是中国文化教育发展两千多年的历史性沉淀，是对人类道德理性认识的提升和凝练，它具有以下三个基本特征：（1）人性论是中国传统道德教育思想的逻辑出发点；（2）“修身、齐家、治国、平天下”是中国传统道德教育思想的基本模式；（3）重视个体道德自觉与规范教育结合的道德教育方法。这三个

① 刘卓红，钟明华，等．开放德育论　大学生思想政治教育继承借鉴与批判创新研究［M］．北京：人民出版社，2008：75.

② 汪凤炎．中国传统德育心理学思想及其现代意义［M］．上海：上海教育出版社，2007：66-88.

③ 雷钧．中国传统道德思想当今德育的启示［J］．思想政治教育研究，2005（4）.

④ 王泽应．论中国传统德育思想的基本特征［J］．湖南师范大学社会科学学报，2005（3）.

基本特征之间构成了一个有机的价值链条，折射出我国传统道德教育思想的本质属性。①

有学者从道德教育的地位、内容、方法和机制几方面探究传统德育思想的特点，认为中国传统德育的特点是，在教育地位上强调德教为先、修身为本；在道德教育内容上强调“教以人伦”；在道德教育方法上强调身教示范、自求内省；在道德教育机制上紧扣环境因素，强调家庭、学校、社会相互配合、相互促进。②

有学者认为，中国传统德育思想作为一脉相承的体系，在最终目标上追求“天人合一”的和谐境界，在价值导向上强调个体服从整体，在分寸把握上具有中庸性质，在价值取向上，具有“重义轻利”的倾向。③

有学者认为，儒家道德教育思想的显著特征就是教人如何“做人”，如何在现实生活中实现其“治国平天下”理想的人世精神。它强调的是对自身的肯定。具体而言，中国传统道德教育的特色表现如下：（1）强调伦理本位。（2）主张德教至上。（3）追求理想人格。④

有学者则研究中国传统德育的工具性特征，认为中国传统道德思想自从被统治者利用并上升为主流意识形态以后，它的一整套传统道德教育体系便与它一并成为了统治者手中的政治工具，从此逐渐遮蔽了其固有的价值性，具有了鲜明的工具性特征。这种特征主要表现为：经世致用化、政治伦理化和道器分离化。⑤

有学者认为，儒家德育思想的基本特征是：具有强烈的政治性、典型的民族性、一定的可继承性。⑥

（四）中国传统育德方法

有人认为，中国传统育德方法的精义可以概括为：化育法、觉悟法、情育法、修心法和践履法等五大类。同时，假若只用五个字来概括中国传统德育（心理学）思想的精髓所在，那就是“生活即德育”的思想，它犹如一条红线一样贯穿于整个中国传统德育心理学思想的始与终。因为所谓化育美德、觉悟美德、情育美德、修心育德乃至于践履美德，都必须在生活中进行，在先哲眼中，生活既是育德的最重要媒介和手段，也是育德的最终归宿和目的。这一思想既与古人倡导“德者，得也”和德育是培养“做人”的主旨相通，与当代德育强调“学会生活”的思想也相暗合。并且，“培育道德自我是育德关键”的思想是中国传统德育心理学思想的另一个重要观点与显著特色。事实上，就育德方法而言，先哲所讲的诸种方法，如化育法、觉悟法、力行法、内省法，寡欲法、诚敬存心法和慎独法，等等，说到底，实都是培育道

① 杨慧．论我国传统道德教育思想的基本特征［J］．濮阳职业技术学院学报，2009（4）．

② 滕兆玮．中国传统道德教育思想的特点及其对当代学校德育的启示［J］．沙洋师范高等专科学校学报，2005（1）．

③ 董慧．中国传统道德思想的现代意义［J］．中国成人教育，2007（3）．

④ 王丽荣．当代中日道德教育比较研究［M］．广州：广东人民出版社，2007：39-43．

⑤ 曹春梅，董伟武．论中国传统道德教育的工具性［J］．中共济南市委党校学报，2009（2）．

⑥ 张之方．儒家德育思想对我国学校德育工作的启示［J］．安徽电子信息职业技术学院学报，2008（1）．

德自我的方法，这与当代德育强调“学会学习”和“学会选择”的主旨殊途同归。①

（五）中国传统德育心理学思想

翻开中国源远流长的文化历史，在中国传统德育里也孕育着德育心理学思想。综观他们的言论，从现代德育心理学的视角看，中国先哲尽管未明确提出品德心理结构的概念，却蕴涵有丰富的知、情、意、行完整的品德心理结构的思想。②

“和”的字形与含义在中国文化里经历了一个演化与定型的过程。“和”的本义是“调和味道”与“调和声音”之义，由此引申出“和”的其他诸义，并形成和谐伦理精神的精义。当代中国德育从“和”的精义里至少可以得到三点启示：（1）要树立“和谐德育”的新德育理念；（2）追求“真和”，去掉“伪和”；（3）培育新型君子人格是落实和谐伦理精神的一项重要举措。③

“君子——小人”二分式的人格类型说，指主要以德行高低（兼顾才智大小）为标准，将人分为君子和小人两种人格类型的一种观点。它是孔子提出的一种重要人格类型说，对后世中国人做人方式产生了持久而深远的影响。在孔子看来，一个人在做人过程中，假若较好地体现出仁、义、礼、智、信、忠、恕、勇、中庸、文质彬彬、和而不同、谦虚与自强等13种素质，就是君子；反之，如果基本上不具备这13种素质，那就是小人。④

《中国传统德育心理学思想及其现代意义》（修订版）与2002年的初版相比，至少在以下三个方面有了大的提升：一是对书中的许多核心概念作了更加严密的界定；二是对书中的许多观点进行了更加精确的论证；三是补充了一些新的观点与证据，例如，总结出了“君子—小人”二分式的人格类型说，等等；不过，仍存在对道家和佛家德育心理学思想论证的篇幅较少的不足。另外两文也都主要是探讨儒家的德育心理学思想。

二、对待中国传统德育思想的态度

（一）分论中国传统德育思想的现代意义

1. 儒家德育思想的现代意义

有学者认为，在现代视域中考察以“仁”为核心的儒家德育思想，应当将其加以创造性地转化，以正义为前提，将涵养仁爱之心作为德育目标的重要维度，以文化涵养德性，重视引导主体的道德自觉、自省、自律，提供相对道德的小环境，或者帮

①② 汪凤炎. 中国传统德育心理学思想及其现代意义［M］. 上海：上海教育出版社，2007：181-374、111-180.

③ 汪凤炎. “和”的含义及其对当代中国德育的启示［J］. 中国德育，2009（3）.

④ 汪凤炎，郑红. 孔子界定“君子人格”与“小人人格”的十三条标准［J］. 道德与文明，2008（4）：46-51.

助学生以民主协商的方式建构道德共同体，从而造就自愿、自觉的、兼具正义与仁爱之心的道德主体。①

有学者认为，以人为本是儒家德育思想的哲学前提，仁爱是儒家德育思想的出发点，礼义是儒家德育的修身准则。儒家的德育思想就是通过“礼、义”的行为规范，使受教育者对社会的法律、社会伦理和家庭伦理都有自律性，自觉遵守社会的各种规范。②

有学者针对思想政治教育中存在着的缺陷，提出儒家主要的德育思想，是注重道德内在性的培养，注重道德外在性的践履，注重道德环境的熏陶等优良传统。③

有学者认为，首先，传统儒家德育思想以人性理论为逻辑基础，肯定“人皆可以为尧舜”，把追求修养目标的超越性和现实性统一起来，这是一种非常智慧有效的方法。其次，儒家德育思想肯定德育的主体性和内在价值性。儒家德育思想把德育教育的主体性和德育教育的内在价值结合起来，是对人的精神自由和人的价值的肯定。最后，儒家德育思想重视忠恕之道。④

有学者从高校德育视角出发，认为中国传统德育思想以人性论为理论前提，讲究个体道德自觉与规范教育相结合的践行原则，采用“修身、齐家、治国、平天下”的实践模式，最终达到经世致用——“身修、家齐、国治、天下平”的世俗目的。⑤

有学者认为，中国传统道德教育思想主要表现在：道德教育被置于整个传统教育体系的核心；中国传统道德教育以政治思想道德的规范体系为内容，以内省、慎独为方法；中国传统道德教育重视以身作则、为人师表的师德原则、重视环境对人的品德的影响以及德育与美育的和谐统一。⑥

有学者从家训文化入手，研究家训中含有的德育思想，认为家训文化在整个中国传统文化中占有独特而重要的地位，其中的德育思想内容主要涉及家庭道德观教育、立志向学教育、节俭品行教育、勤勉成才教育、护生仁爱教育等。⑦

2. 道家德育思想的现代意义

随着老、庄研究的盛行，近年来对于道家德育思想的关注也多了起来。有研究者认为，在教育目标上，道家德育思想蕴涵着培养“圣人”的思想；在教育内容上，道家德育思想蕴涵着“知足不争”的思想；在教育方法上，道家提出了一些独特的育德方法，如“柔弱胜刚强”的情感教育法，“自知者明”的自我教育法，“道法自然”的疏导教育法等。⑧

也有学者将道家德育思想与儒家德育思想作比较后认为，道家德育思想作为中国

---

① 刘华，杨启亮．现代视域中的儒家德育思想［J］．思想理论教育，2007（9）．
② 孙斌，何细平．论儒家的德育思想及现代意义［J］．学习月刊，2006（18）．
③ 陈红娟．思想政治教育对儒家德育思想的借鉴［J］．思想政治教育研究，2007（1）．
④ 刘淑珍，王淑江．儒家德育思想的现代价值取向［J］．湖北经济学院学报（人文社会科学版），2008（2）．
⑤ 胡艳玲．中国传统道德教育思想之重构：基于高校德育教育的视角［J］，黑龙江高教研究，2009（7）．
⑥ 张典兵．中国传统道德教育思想及其现实启迪［J］．江淮论坛，2006（1）．
⑦ 孙倩，施敏锋，徐惠红．传统家训中的德育观及现实价值［J］．长江大学学报（社会科学版），2009（1）．
⑧ 曹晶晶．论道家思想中蕴涵的德育思想及其现代价值［J］．黑龙江史志，2009（15）．

传统德育思想的重要组成部分，有许多特色精华，包括慈爱万物，崇俭抑尚，柔弱不争，诚信不欺几个部分。①

（二）总论中国传统德育思想的现代意义

有学者认为，在建设有中国特色社会主义先进文化的新时期，中国传统德育思想对于促进当代德育发展具有十分重要的作用和贡献，主要体现在以下几个方面：对确立和谐、科学德育理念的作用与贡献，有助于形成德育现代价值观，促进德育理论的科学化、实证化以及德育发展内容普适化和德育传播途径的多样化。②

有学者从中西方学校道德教育的比较视角下探析，认为中国传统德育思想的目标分层、对话模式以及"知行统一"的修养方法、"德得相通"的德育心理机制都显示出了其愈久弥新的智慧探索品质，是我国现代德育创新的重要思想根基。③

有学者探讨了儒学传统道德教育思想的现代价值，认为儒家传统道德教育内容的现代价值是：（1）有利于个人的自我完善；（2）有利于促进社会主义和谐社会的建构；（3）有利于增强中华民族的凝聚力和爱国主义情感。儒家传统道德教育原则和方法的现代价值为：（1）立志乐道；（2）学思并重；（3）因材施教；（4）内省慎独。④

有学者从高校思想政治工作方面论证了传统德育思想在高校思想政治工作中的意义和价值：（1）有利于培养大学生的爱国主义情感，树立远大的理想。（2）有利于培养大学生勤奋学习，自强不息的高尚情操。（3）有利于培养大学生树立正确的价值观。（4）有利于培养大学生的团结协作精神。⑤

有学者认为，传统道德教育的目标、内容和方法有着诸多科学、合理、先进的方面，具有重要的传承价值和现实意义。首先，从传统道德教育的目标上，中国传统道德追求"内圣外王"之道，崇"天人合一"的境界。其次，在道德教育的内容上，确立了以"修平治齐"为主干的体系，既完整又细致有序。最后，在教育方法上，表现出一系列卓而有效的道德教育方法和经验。在自我修身之法方面，重视胎教、蒙教和家教、自我教育；强调政德、民德、师德和自德；推崇人世忘我、慎独自省、自然陶冶；形成一整套"染化"（潜移默化的熏陶）、"教化"（有意识地将具体的道德内容通过交谈、授课、奖惩、宣传等形式渗透到人们的观念之中，使之形成正确的道德观念，养成良好的道德行为习惯）、"悟化"（自己主动地实践自己的道德理念，加强正确的道德行为）的道德教育方法。⑥

---

① 李艳，冯文全. 孔子与老子的德育思想之比较［J］. 内蒙古师范大学学报（教育科学版），2006（6）.

② 郑淑芬，范秉辉. 浅析中国传统德育思想对当代德育发展的作用与贡献［J］. 教育探索，2008（12）.

③ 白萍. 论中国传统德育思想的现代价值：基于中西方学校道德教育的比较视角［J］. 黑龙江高教研究，2006（5）.

④ 赵阿华. 儒家传统道德教育思想的现代价值研究［J］. 文史博览·理论，2007（4）.

⑤ 曹英，肖中云. 传统德育思想与高校思想政治工作［J］. 船山学刊，2007（3）.

⑥ 吴松. 弘扬传统美德—构建和谐社会［M］//云南省中华传统道德研究会论文集. 昆明：云南大学出版社，2005：88-89.

三、对中国优秀传统德育思想的现代转化

中国传统德育思想作为优秀的精神产品，它们都经历过历史的检验和锤炼，具有跨历史、跨地域的特征，可以为不同时期、不同地域的人们所利用和借鉴，但是，这个利用和借鉴，不是简单的照搬照套，而是一个再创造的有机整合过程。要完成这个创造，必须首先实现传统德育思想的现代转换。因此，以下工作是必须的：要对优秀传统德育资源做出现代诠释，如古人讲的“忠”，是忠于皇帝，而现在则是忠于人民；要切实找准传统德育资源与当代德育思想的结合点，老子的“道”，强调人与自然的融合，万物生长的内在规律和法则，这与今天我们的“可持续发展观”就有共通之处，都体现对自然的态度；要深入挖掘传统德育资源的时代价值，例如，传统道德提倡的节俭、吃苦耐劳，这就能够避免陷入那种无度的纵欲之中，是调剂生活，使人精神充实的有力保障，对今天我们培养学生爱岗敬业的社会公德及清正廉洁、忠于职守的职业道德是十分有益的。①

也有人主张，在中国传统德育思想的现代转化过程中，我们须坚持如下原则，赋予传统德育资源以新的生命，创造出具有民族特色和体现时代精神的社会主义新德育。第一，尊重与发掘。尊重传统德育资源与发掘传统资源紧密相连，尊重传统德育资源主要体现在对传统德育资源的发掘整理上，其关键在于发掘出传统德育资源的当代价值；第二，清源与超越；第三，转化与创造。对于那些属于精华的传统德育资源进行理性的分析，对于那些较为明显的精华与糟粕相交织甚至融合在一起的传统德育资源，更需要谨慎地加以鉴别和认真地加以消化。②

还有学者认为，传统道德教育现代转换必须遵循的一个基本原则是“取其精华而去其糟粕”，具体在进行现代道德教育时，可以从以下几个方面进一步论述道德教育中现代性转换的实现途径。第一，加强对中华民族道德传统的批判继承和创造性转换，并同对世界先进文明成果的借鉴吸收和中国化改造相结合；第二，不断创新道德教育的内容；第三，在具体的活动中弘扬中国道德精神；第四，提高教师自身道德水平；第五，培育家庭、学校、单位、社会的整体道德教育环境。③

四、对进一步加强中国传统德育思想研究的几点建议

（一）研究主题上的建议

1. 要运用教育学、心理学、文化学、哲学等多维视角进一步深入、系统、全面

① 赵公弼. 传统德育思想的汲取与发扬［J］. 龙岩学院学报，2009（6）.
② 王泽应. 中国优秀传统德育思想的开发与现代转化［J］. 教育科学研究，2006（10）.
③ 徐卫民. 中国传统道德教育现代性转换研究［J］. 长春理工大学学报（社会科学版），2008（4）.

地挖掘中国传统德育思想的精义，尤其是深入挖掘道家、佛家德育思想的精义，以便摸清“家底”，做到尽可能全方面地、准确地把握中国传统德育思想的“原生态样式”，弄清其内在的发展规律，以为当代中国德育研究提供一面好的“镜子”。

• 从德目上看，主要是或全是“三纲五常”，还是有一些超越时空的德目（如仁义礼智信等）？

• 从育德场所看，传统德育是全方位的，即学校教育、家庭教育、社会教化和个人心性修养相结合，现代则太重学校德育。

• 从师生关系角度看，是“教师中心”，强调教师的绝对权威，还是强调教师与学生平等相处，视徒如己、反己以教？

• 从德育方式或方法上看，主要是或全是“灌输”，还是“对话”与“规训”并存？

……

2. 要本着“新体新用”的态度，探讨如何将中国传统德育思想的精义与现当代中国德育思想的精义、外国尤其是西方德育思想的精义三者有机结合起来，并将之作现代性诠释与转化，从而生成一套“新体新用”的新德育思想体系，这样才能既促进当代中国德育思想的发展，又能促进当代中国德育学科和道德教育的发展。

3. 妥善汲取中国传统德育培育“君子人格”做法的精义，为培育新型道德人格（新型君子人格）或智慧型人才提供启示。

（二）相关建议

1. 若可能，在“十二五”规划课题指南里列入 2—3 项专门研究中国传统德育思想的课题，以调动学人的研究积极性，并通过课题研究的方式培育相关研究人才；

2. 德育学科的硕士生和博士生培养计划里拿出 2—3 个学分来要求学生修习中国传统经典或中国传统德育思想（既可让学生自学，也可以课程的方式进行），以提高后继人才有关中国传统德育思想的学术功底。

专题四：道德教育的时代主题研究综述

道德教育在时代中发生，必然要回应时代的挑战。近五年来，我国学者对道德教育所遭遇的各种挑战进行了深入思考和探究，形成了许多研究主题。这些主题既包括世界范围性质的多元化、全球化、网络时代、生态危机和大众媒介等问题，也包括中国当下直接面对的德育困境、和谐社会建设、市场经济与城市化等方面。

一、多元化与道德教育

多元化即多元文化/价值时代的到来，给学校道德教育带来了深刻而全面的冲击。

文化/价值的多元不仅使得学校道德教育更具时代性和特殊性，而且向道德教育研究者和工作者提出了全新的机遇和挑战。研究者围绕多元文化/价值背景下道德教育的地位与特征、机遇和挑战、改革及应对等问题进行了深入探讨。

（一）多元文化/价值时代道德教育的使命与特征

有学者认为，多元价值背景下道德教育不是一种价值教育，而是一种心灵教育。它的实际使命是培养人有一颗健全的心灵，调整人的价值序列，捍卫真善美的价值领空（但不提供真善美的价值标准）①。基于多元社会的要求理性地反思我们学校道德教育的现状，可以看出目前学校道德教育实效性低下之根本原因，即教育的目标、内容、过程、方法、形式等均滞后于社会及人的发展，与新时期要求教育对人的个性成长及人性唤醒倍加关注的趋向相背离②。此外，在当前社会多元价值取向的影响下，学校德育环境呈现出开放性、弱控制性、多向度、冲突化等一系列新的特征③。

（二）多元文化/价值时代道德教育面临的机遇和挑战

有学者认为，多元文化既为学校德育工作拓展了新的空间，又对学校德育工作提出了新的要求，如要应对多元价值观冲击导致的道德失范现象、要解决因轻视德育过程而造成的德育低效问题等④。有学者指出，多元文化背景下学校德育工作面临的挑战主要有：社会环境的变化对学校德育的目标、内容提出了严峻的挑战，科学技术的迅猛发展对德育的方法和手段提出了挑战，德育主体的变化使德育面临着复杂性⑤。更有学者提出，在一个价值多元的社会中，基于理性的规范伦理学的普遍化诉求成为一种虚幻，同时在后现代主义者的解构下，价值多元中蕴藏着一种价值虚无的危险⑥。还有学者看到了多元文化与学校德育的互动发展：多元文化推动学校德育的发展，学校德育促进多元文化的繁荣⑦。

（三）多元文化/价值时代道德教育的改革及应对

研究者主要从三个方面分析了多元文化/价值背景下道德教育的改革问题。一是对国外德育改革的借鉴。有学者提出，美国道德教育在多元文化背景中所进行的论争和选择，可为我国的学校道德教育改革提供必要的借鉴和外域文化参照⑧。西方的德育改革

---

① 吕丽艳．多元价值背景下道德教育的地位与使命［J］．教育研究与实验，2008（3）：40-44.

② 刘丙元．多元文化背景下学校道德教育的批判性反思［J］．当代教育科学，2006（2）：37-39.

③ 靖国平．多元价值视野中的学校德育环境变革［J］．教育理论与实践，2008（11）：45-48.

④ 雷云．多元文化背景下学校德育工作探析［J］．教学与管理，2006（10）：38-39.

⑤ 刘敏．多元文化背景下学校德育面临的挑战和应对［J］．教学与管理，2008（8）：14-15.

⑥ 胡金木，冯建军．多元化社会中道德教育的困境及其超越［J］．道德与文明，2009（2）：66-69.

⑦ 王学风．论多元文化与学校德育的互动发展［J］．华南师范大学学报（社会科学版），2005（2）：117-122.

⑧ 唐汉卫．多元文化视景中的美国道德教育［J］．当代教育科学，2005（18）：7-10.

启发我们要对中国传统道德教育的“合法性”进行审视，对道德内容及其达成途径合理性进行审视，对公共领域与私人领域的道德要求进行区分①。当然，学校道德教育也要进行必要的文化自觉：增强文化意识，明确文化立场，提升文化厚度，并彰显文化特色②。

二是对多元文化/价值背景下德育改革的总体构想。有研究者指出，学校道德教育应正视时代要求，改变以往一元、主导文化、价值观的教育，将多元文化、价值观的教育引入课堂；立足生活，重视实践，让学生从生活实际中学习选择；着眼于学生的个体需求，关注个体感受、道德情感体验；培养其自主性、创造性，使其在道德学习中积极建构自身道德体系；创建民主、和谐的环境，为学生形成探究、批判精神提供必需的心理环境③。有学者认为，面对多元文化的挑战，学校道德教育要培养学生的主体道德人格，指导学生树立核心价值观和多元文化的对话意识，倡导民主开放的教育方式④。还有学者建议，多元价值文化激荡下的学校道德教育应关照学生的生命个体，寻求学生心灵秩序的平和，营造学校德育的人文土壤，调适学生主体的价值文化冲突，并要实现德育目的的现代转换⑤。

三是对多元文化/价值背景下德育具体主题的深入研究。（1）德育课程方面：有研究者认为，多元化背景下的德育课程标准要回归生活，德育课程资源要走向开放，德育课程评价要促进发展。他们还依据多元化时代的要求，把这些理念落实到德育教材的编写中，研发出系列德育教材⑥。有研究者认识到，多元文化作为一把“双刃剑”，在为德育课程资源开发带来不可多得的良好发展契机和广阔发展空间的同时，也带来了诸多负面影响；德育工作者应该避免简单移植、陷入道德相对主义和传统道德资源在现代社会中的断裂等误区⑦。（2）德育教学方面：有研究者将当前小学品德课教学改革置于价值多元化背景进行考察，以课例分析与理论研究相结合的方式，重点探讨了品德课教学中公共道德教育、基础道德教育和道德素质教育的内容与方法⑧。有研究者分析了中小学课堂教学中大量存在的价值多元下的课堂德育难题，从教学案例中归纳提炼出了随机型生成、相关型生成和内涵型生成三种德性实践，展开逻辑与行动策略，并要求教师在坚持“德品”养成和“德知”学习的同时加强必要的“德能”修养⑨。还有学者认为，学科的课堂教学仍是促进学生德性成长的关键路径⑩。

---

① 余维武. 冲突与和谐：价值多元背景下的西方德育改革［M］. 南京：江苏教育出版社，2009.

② 唐汉卫. 多元文化视景中的美国道德教育［J］. 当代教育科学，2009（7）：67-71.

③ 张伟，张福建. 对多元价值背景中个体道德理性的检视［J］. 山东师范大学学报（人文社会科学版），2006（6）：119-122.

④ 冯建军，傅淳华. 多元文化时代道德教育的困境与抉择［J］. 西北师范大学学报（社会科学版），2008（1）.

⑤ 黄书光. 价值观念变迁中的中国德育改革［M］. 南京：江苏教育出版社，2008.

⑥ 杜时忠，卢旭. 多元化背景下的德育课程建设［M］. 南京：江苏教育出版社，2009.

⑦ 冯永刚. 多元文化视野下的德育课程资源开发：作用与误解［J］. 外国教育研究，2008（9）：73-78.

⑧ 黄向阳. 价值多元化背景下的道德教学：课例研究［M］. 南京：江苏教育出版社，2009.

⑨ 王凯. 教学作为德性实践——价值多元背景下的思考［M］. 南京：江苏教育出版社，2009.

⑩ 杨小微. 价值多元化背景下的课堂重建：课例研究［M］. 南京：江苏教育出版社，2009.

(3) 德育环境方面：有研究者认为，学校不能忽视现实生活中的价值环境对学生的自发、无序影响，而应通过积极的环境变革和环境培育，在价值冲突中寻求价值和谐，在价值多元中寻求价值共识，在价值传递中寻求价值协商，在价值规约中寻求价值自觉，以培养学生良好的环境能力和价值素养①。在调查分析中小学德育环境现状的基础上，研究者考察了学校生命德育环境建设、生态德育环境建设和生活德育环境建设等②。此外，研究者对价值多元化背景下学校班级建设③、学校道德氛围的改造和重建④等问题进行了探讨。

二、全球化与道德教育

全球化是当代人所面对的重要生存境遇。研究者对全球化的文化内涵和全球化时代的道德教育进行了深入剖析。

（一）全球化的文化内涵

有学者认为，居于强势的西方发达国家是全球化的主要推动者，是全球化意义与文化的主要生产者。他们所制作的全球化文化向人们描绘的是一幅“同质一体”的社会想象与世界图景，但这里所谓的“同质一体”其实就是“美国化”或“西方化”。全球化并非为全人类带来福音的普照之光，它不是必然趋善的，不能够自行成为人类的共同好事⑤。有学者提出不同观点，认为文化全球化不是同质化，又不是西方化。当前的文化全球化应是多元文化的共处，但这又不是文化的自我封闭和文化的民族主义，而是文化间的“和而不同”⑥。

（二）全球化时代的道德教育

有学者认为，全球化时代的道德教育要倡导文化自觉，坚持文化自主。所谓文化自觉，是一种自主建构“世界形象”的自觉，也是一种探索“全球化是什么”、“应当是什么”的自觉，是祛除对全球化诠释盲从的自觉和防止被动地纳入世界“一体化”之中的自觉。中国传统文化中的“和而不同”精神，可能成为建构一个“和能生物，同则不继”世界体系的重要文化资源。坚持文化自主并不是文化封闭，而是包含文化开放。教育要使人学会尊重和欣赏各种不同的文化，学会与不同文化进行沟

---

① 靖国平. 多元价值视野中的学校德育环境变革［J］. 教育理论与实践，2008（11）：45-48.

② 靖国平. 价值多元化背景下学校德育环境建设［M］. 南京：江苏教育出版社，2009.

③ 卜玉华. 班级生活与公共精神的养成［M］. 南京：江苏教育出版社，2008.

④ 朱晓宏. 儿童的成长：另一种记忆——学校道德氛围的改造与重建［M］. 南京：江苏教育出版社，2009.

⑤ 鲁洁. 道德教育的当代论域［M］. 北京：人民出版社，2005.

⑥ 冯建军. 文化全球化与道德教育［J］. 高等教育研究，2007（5）：10-15.

通和对话，学会回到自己的历史经验和生活世界中去，对异质文化做出自主选择，吸取其中一切有益的文化成果，学会文化上的承续嫁接①。有学者认为，全球化背景下道德教育的文化使命是防止文化上的霸权主义和殖民主义、防止陷入文化相对主义、为多元文化对话提供平台和创造全球伦理与本土伦理相结合的新道德文化②。全球化时代道德教育的核心是人们对待文化尤其是对待具有价值指向的道德文化的态度，要形成全球伦理的共同认识，树立多极主体的共生意识③。有研究者对群体德性这一全球化时代道德教育的新课题进行了探讨，指出群体生活是人类的基本存在方式，而自私是群体的本性之一。过去群体自私性的影响基本上是局部的、地方性的，但在全球化的今天，群体尤其是大群体的自私已经具有了全球效应，有导致毁灭人类的巨大风险。为了超越群体的自私，应当通过文化教育激发人类成员的共同命运感，培养本国公民对全球事务的参与意识和能力，培养世界公民意识，并进行普世伦理教育④。有研究者还分析了全球化时代的德育模式，提出建构适应全球化时代要求的平台德育模式。所谓平台德育模式，就是在继承和发展整体德育模式优点的基础上，建构起一种具有全球化新思维，有利于促进德育主体双方在平等的基础上实现互动交流的德育模式。建构这一德育模式必须注重解决德育思维方式的转变问题，解决伦理道德观念的全球化与本土化问题，还要注重培育有利于德育工作顺利开展的良好社会环境⑤。此外，有学者建议全球化的中国道德教育可以从美国德育理论和实践对全球化的积极反应中获得启发⑥，也可在分析提炼后使儒家伦理成为全球化时代道德教育的重要资源⑦。

三、网络时代与道德教育

21世纪是知识经济时代，是信息时代，更是网络时代。网络的飞速发展改变了人类的存在方式，也改变了教育和道德教育的使命与方式。

（一）网络对道德发展和道德教育的影响

网络是一把"双刃剑"，对人的道德发展和道德教育的影响具有双重性。有学者认为，一方面，网络社会为人的发展提供了可能。网络这一新的生产与发展空间可以

① 鲁洁．道德教育的当代论域［M］．北京：人民出版社，2005.

② 张香兰．论全球化背景下道德教育的文化使命［J］．教学与管理，2006（9）：41-44.

③ 冯建军．文化全球化与道德教育［J］．高等教育研究，2007（5）：10-15.

④ 高德胜．超越群体的自私——全球化时代道德教育的新课题［J］．教育研究与实验，2008（1）：32-36.

⑤ 王宏伟．全球化与德育模式的新思维问题探析［J］．河南师范大学学报（哲学社会科学版），2009（3）：256-259.

⑥ 唐汉卫．全球化语境中的美国道德教育［J］．外国教育研究，2007（11）：44-48.

⑦ 闫少华，尉天骄．论全球化背景下儒家伦理的道德教育局限性与现代价值［J］．社会科学家，2009（4）：147-150.

实现信息的共享，可以扩展人的活动范围，也为世界历史性个人的发展创设了条件。另一方面，网络也布下了致恶的陷阱，诸如网络犯罪、网络色情、人性异化、为网络赢利而不择手段和道德主体性的丧失等①。有学者指出，网络空间的非物质性会导致身体的退隐，而其道德后果始料不及：缺乏身体的道德担保，导致网络生活中的伦常松懈和言行粗鲁；无身体的网络相遇之脆弱，导致人际关系的短暂、肤浅和相互间义务的淡漠；网络空间中人与人之间关系的“近中远”与责任的飘零②。还有研究者分析了网络对道德教育的冲击：传统德育面临诸多困境，如主体性缺失、德育内容需要充实与调整、德育方法和途径需要创新；传统道德在网络中的作用被弱化；网络不良影响日益凸显，如网上垃圾信息严重毒害青少年、网上交往对青少年心理健康造成深刻影响、网上西方意识形态文化的渗透与影响日益加剧③。

（二）网络时代道德教育的应对

网络时代教育和道德教育肩负着新的使命：教育要培养学生的认知判断能力，使其能够辨别信息的真伪、产生知识，从而成为信息世界的主体；要使人走进网络的同时能走出网络，防止符号的异化，从而成为符号世界的主体；要促使人充分利用网络作为至善的手段，作为自我道德发展的台阶，从而成为道德世界的主体。为此，首先要转变教育观念，彻底摆脱科技理性和物质主义支配下的纯功利观；要充分发挥网络的优势培养出网络时代的新型人格和道德品质，如具有批判性思考能力的独立人格的发展；要因势利导促进自律道德的发展，促进道德主体的形成；要加强对网络中青少年一代生长发展内在机制和规律的研究；要结合各种网络规范和法律规定，使用各种监控手段，加强网络监管④。有研究者认为，信息时代要求德育不仅培养孩子正确的道德观和原则，还要激发他们的探索精神，发展一种“利他”倾向，为身边的人着想，也尊重网络里的“陌生人”；提倡以“尊重”作为设计和实践德育的首要原则——尊重自己，尊重他人；应把“虚拟世界”看做一个实践德育的新场所，并寻求相应的教育方法以“与时俱进”提倡一种重视探索、信任和多元性的德育取向；在实践德育的同时，要认真探究伦理哲学和道德心理学的关系，以严格的理论和实证的研究去观察和分析人类品格的发展⑤。有研究者提出，青少年网络道德教育必须面向以网络文化为交往媒介的网络交往伦理的重建。网络交往伦理的核心价值取向包括自由、开放与规范、秩序、理性的统一，公共意识与个体文化自觉的统一，对数字的尊重，有限共享与互惠的统一⑥。还有研究者认为，班主任可从五个方面入手开展德育工作：利用班集体网站建设的契机，构建班集体网络阵地，优化学生的网络使用习

①④ 鲁洁. 道德教育的当代论域［M］. 北京：人民出版社，2005.

② 高德胜. 道德教育的时代遭遇［M］. 北京：教育科学出版社，2008.

③ 王健. 网络德育：德育变革的必然选择［J］. 中国教育学刊，2006（3）：32-36.

⑤ 卢乃桂，王芳. 信息时代中的青少年德育［J］. 教育学报，2006（2）：55-59.

⑥ 张茂聪，王培峰. 网络交往伦理：青少年网络道德教育的新视域［J］. 教育研究，2007（7）：66-70.

惯；利用网络聊天室，召开主题班会，提高学生的德育主体意识；利用班集体网上论坛，重塑班集体文化，展示班风班貌；利用网络通讯工具，进行个别指导，解决学生的思想问题；以网络为载体，组织、召开网上家长会，搭设家长—学生—教师三方沟通的平台①。此外，还有研究者探讨了贴吧中的网络德育问题②。

（三）网络德育与网络德育学的提出

有研究者基于网络时代传统德育所面临的挑战，明确提出了网络德育，把它界定为：教育者以网络为载体，以自我教育与隐性教育相结合的方式，面向全体网络受众，施加德育影响，培养具有较强道德判断力与选择力、符合社会发展与道德要求的现代公民的一切活动的总和。网络教育中的教育者已不是传统意义上的教育者，只要能在网络生活中传播、践行着符合社会发展和道德要求的价值观念与行为，对广大网络受众产生正面的积极的教育影响，他就是一个承担着德育任务的“教育者”。网络德育的对象范围（德育客体）是所有网络使用者。网络是人发展的教育环境，也是教育的手段与途径。网络德育关注人的发展，关注人的自主性、能动性的发挥③。有研究者提出，网络的出现不但极大地丰富和拓展了人们的生活方式，而且还带来了德育内容、德育途径和方式方法的革命性变化。为了促使这种新型生活方式健康发展，为了每一个上网者精神人格健全发展，必须重视和加强网络德育研究，创建有中国特色的网络德育学。网络德育学的逻辑起点是学校德育学逻辑起点的一个特定的子概念：网络行为④。

四、生态危机与道德教育

随着生态危机的日益凸显，生态道德和生态道德教育已经成为道德教育必须面对的新课题。有学者提出，生态危机下的道德教育要完成三大任务：树立人与自然关系的新观念，使人善待自然，发展人与自然之间的健康的、理性的关系；树立人与人关系的新观念，着力培养人的共生理念；规范日常生活中人与自然的交往，包括培养热爱大自然、保护自然环境的新品质和形成合理的生活习惯。学校进行的人与自然关系的道德教育具有两个鲜明特点：能使事实认识与价值认识统一起来，能使道德责任与生态责任统一起来⑤。有学者认为，面对严重的生态危机，为了人类的可持续发展，必须传承我国传统道德中“天人合一”的思想，抓住中小学这个关键阶段，通过生态德育目标的纳入、生态德育课程的开发、生态德育意识的强化、生态德育中学生主体性的突出等有效

---

① 王利萍．班主任网络德育工作的尝试．天津教育［J］．2006（9）：21-22.

② 郭凤广．“贴吧”中的网络道德教育审思［J］．中小学信息技术教育，2007（7-8）：111-112.

③ 王健．网络德育：德育变革的必然选择［J］．中国教育学刊，2006（3）：32-36.

④ 赵志毅，万谊．“虚拟环境”中的真教育建构我国“网络德育学”的几点思考［J］．南京师范大学学报（社会科学版），2005（3）：74-78.

⑤ 鲁洁．道德教育的当代论域［M］．北京：人民出版社，2005.

措施，切实加强生态德育工作，提高广大中小学生的生态道德素质①。在生态道德教育的实施中，教育者要真正理解德育的生态性含义，使开展生态性德育成为他们的自觉行为；要通过环境文化建设形成生态伦理意识和情感；要注重实践环节，开展丰富多彩的道德实践活动；还要充分利用各种教育途径，既有规范的“灌输”又要把德育内容渗透到日常活动中②。有学者指出，为了使生态道德在人们心中内化，并在实践中外化为生态行为以培养具有时代特征的生态人，一方面应树立和运用新人类中心论和绿色生态理念，来完善生态道德行为规范，构建生态道德教育理论；另一方面通过对生态道德教育的形式和途径的研究展开生态道德教育的实践探索③。还有研究者从和谐社会的角度论述了生态道德教育和环境道德教育，认为生态道德教育包括生态道德意识教育、生态道德规范教育、生态道德素质教育④，环境道德教育的过程包含环境道德认知、环境道德情感、环境道德信念、环境道德意志和环境道德行为五个基本环节⑤。

五、大众媒介与道德教育

大众媒介对教育的影响力是非常巨大的。有研究者认为，现代大众传媒以其广泛性、开放性、技术性、交互性和商业性影响着人的生存和交往方式，挑战着学校德育在德育系统中的中心地位。这些挑战主要有开放性对封闭性的挑战、多元价值对一元价值的挑战、个体性对整体性的挑战、自主性选择对强制性规范的挑战，进而引发了学校德育中教师角色的重构和受教育者主体性的建构⑥。有研究者提出，教育培养道德行动者的使命在电子媒介时代遇到了前所未有的挑战。电子媒介通过多种机制大量生产旁观者，虽然这种旁观者是与直接旁观者不同的间接旁观者，但却继承了直接旁观者的德性。电子媒介时代是一个“普遍旁观”的时代，而“普遍旁观”的人性和社会后果非常危险。在这一过程中，教育不能旁观，在使自身成为道德行动者的同时，应致力于培养有媒介意识的道德行动者⑦。还有研究者认为，青少年的伦理道德极易因外部环境和社会意识变化，发生文化取向、审美取向和价值定位的偏移和异变。当下的青少年伦理道德教育应该对大众传媒商业化环境下的道德认知多元化、价值观念虚拟化、人格发展真空化等诸多表象进行积极探源，继而树立起“理性评价”、“脱敏防范”、“积极建设”等科学原则并付诸实践，寻求伦理道德教育的创新，

---

① 张春梅. 生态德育——21 世纪学校德育的新课题［J］. 教育探索，2006（10）：103-105.

② 朱家安. 论德育生态性功能的发挥［J］. 教育评论，2006（4）：33-35.

③ 刘振亚. 生态道德教育的理论和实践探索［J］. 教育探索，2007（2）：90-91.

④ 陈寿朋，杨立新. 构建和谐社会的生态道德教育审视［J］. 道德与文明，2007（2）：63-66.

⑤ 蒋国保. 生态和谐与环境道德教育［J］. 河南师范大学学报（哲学社会科学版），2008（2）：209-212.

⑥ 戴怡平. 现代大众传媒对学校德育的挑战［J］. 中山大学学报（社会科学版），2005（3）：116-119.

⑦ 高德胜. 电子媒介与“旁观者”的生产——论道德教育在电子媒介时代的选择［J］. 华东师范大学学报（教育科学版），2007（4）：30-37.

促进青少年的伦理道德向积极方向顺利发展①。

六、中国德育的时代困境

当前，我国正处于多层面、全方位的转型时期，这一时期的学校德育面临种种时代困境。研究者较为全面地解读了这些困境的表现、原因及其出路。

（一）时代困境的表现

有研究者认为，道德教育的时代困境体现在美德是否可教、教什么美德、谁能教和怎么教等方方面面②。德育的无效性主要体现为：教授的道德规范过时、教授的道德规范超前和教授的道德规范脱离具体的环境③。有学者指出，社会转型期的道德教育已经陷入了前所未有的"人性论困局"：在道德教育的思想基础上，表现为人性本善与人性本恶的困局；在德育实践的逻辑起点上，表现为"道德人"与"经济人"的困局；在道德教育的目标取向上，表现为现实人性与可能人性、有限人性与无限人性的困局④。对转型期中小学德育实效的调查表明，部分教育研究者和大部分教师认为德育实效性不高；学校德育对学生的品德发展只是"主控"而非"主导"；德育在中小学从未占据"首位"；德育工作只是专职德育工作者的工作，且缺乏积极性；德育工作缺乏合理的激励机制和科学的评价标准⑤。

（二）产生时代困境的原因

学校道德教育时代困境的形成是社会文化外部因素与学校道德教育内部因素综合作用的产物。有学者深刻剖析了当下道德危机与困境的深层社会根源：唯经济主义的扫荡，唯科学主义的僭越，极端个人主义的张狂，以及价值断裂的震荡⑥。有研究者提出，我国当前的德育困境，既有社会根源，也有教育自身的问题。对"灌输"的过分迷信和依赖，是德育工作缺少实效性的重要原因之一⑦。有研究者从三个方面分析了道德困境的原因：伦理基础规范的断裂，使学校道德教育失去了公共伦理环境支持；物质主义给道德教育带来了冲击，导致道德教育的失落；学校道德教育没有适应社会变革与发展的要求，致使学校道德教育没有建构起相应的道德教育理论和实践运作体系⑧。还

① 黄进．大众传媒商业化下的青少年伦理道德教育探究［J］．道德与文明，2008（5）：44-46.

② 余玉花．解析道德教育的时代困境［J］．伦理学研究，2008（4）：41-46.

③ 王燕晓．中国社会转型期德育无效性问题研究［J］．天津师范大学学报（社会科学版），2008（6）：73-76.

④ 郑航．走出道德教育的"人性论困局"［J］．华南师范大学学报（社会科学版），2009（3）：86-91.

⑤ 杜时忠，杨炎轩，卢旭．社会变迁与德育实效——转型期中小学德育实效报告［M］．北京：教育科学出版社，2009.

⑥ 鲁洁．道德教育的当代论域［M］．北京：人民出版社，2005.

⑦ 刘惠．走出困境："无灌输道德教育"及其现实意义［J］．教育探索，2005（4）：80-81.

⑧ 陈民利．关于学校道德教育困境的反思［J］．教育探索，2006（1）：97-99.

有研究者认为道德困境的原因有五：作为大背景的社会面临着“被标榜的道德”与“被放弃的道德”相背离的困境，学校道德教育中“热情的口号”与“落寞的实践”的悬殊，道德教育自身“政治性”、“教育性”、“道德性”的博弈，教育者诉求“自主的教育者”却遭遇“被规训的工具”的尴尬，受教育者挣扎于“道德主体的我”与“被道德规训的他”之间①。

（三）走出时代困境的出路

有学者认为，要摆脱道德教育的困境，就必须实现三个统一（现实性与超越性的统一、传承性与创新性的统一、主体性与选择性的统一）和两个转变（从封闭向开放转变、从道德政治化向道德多元化转变）②。有学者指出，在存在道德危机的社会中，学校德育面临应不应该培养有道德的人的危机，学校德育不应放弃自己的责任，而应审视社会正义，提倡主体精神，依据“自愿选择，理性判断”的原则，造就自制、理性和负责的个人③。有学者系统提出了提高德育实效的教育对策：调动教师实施德育的积极性，要设置既有明显价值又有实现可能性的学科德育目标、尽量消除学校中客观上存在着的不公平现象、完整理解教师的需要系统、全面看待教师的需要等；消除学科德育实践偏差，要准确认识德育课程与各科的关系、正确理解渗透于教材教法和教师人格中的道德影响、恰当定位学科德育与其他途径德育的关系、彻底树立“全方位教育”的教育价值观；加强学校德育管理，要改革学校的人事管理以消除“职责专有化”的想法、树立学校职能部门共同教育任务理念以弱化“职能部门化”的观念、正确定位学校管理以改变“控制目的化”的做法④。其他学者结合社会主义荣辱观教育⑤、德育现代化⑥和德育转型⑦等角度，探讨了走出社会转型期学校德育困境的出路。

七、和谐社会与道德教育

党的十六届四中全会明确提出了构建社会主义和谐社会的战略任务，和谐社会呼唤和谐文化与和谐教育。德育研究者对道德教育与和谐社会的关系、和谐德育的理论

---

① 赵秀文. 当前我国道德教育的困境分析［J］. 中国教育学刊，2009（8）：51-53.

② 陆红霞，杨峰. 当代道德教育的困境及出路［J］. 教育探索，2005（7）：92-93.

③ 杜时忠，程红艳. “无德而富”与道德教育的根本性危机［J］. 华东师范大学学报（教育科学版），2007（1）：20-27.

④ 杜时忠，杨炎轩，卢旭. 社会变迁与德育实效——转型期中小学德育实效报告［M］. 北京：教育科学出版社，2009.

⑤ 冯建军. 社会主义荣辱观教育是当前德育走出困境的路标［J］. 南京师范大学学报（社会科学版），2006（3）：19-22.

⑥ 冯夏根. 现代化与传统德育的现代重构［J］. 华南师范大学学报（社会科学版），2008（5）：133-135；潘忠宇. 论学校道德教育现代化［J］. 教育探索，2005（10）：69-71.

⑦ 罗石，宋佳. 适应社会转型的德育转型是否可能［J］. 深圳大学学报（人文社会科学版），2008（1）：48-53.

基础和实践探索等问题进行了积极思考。

（一）道德教育与和谐社会的关系

综合看来，对此主要有两类学术观点。一类可称为“积极观”，强调道德教育对于和谐社会建设的积极作用，认为道德教育对于和谐社会建设具有重要的推动作用。如有学者明确提出，道德是和谐社会的内在要求，道德教育在和谐社会建设中起着根本的作用①。有学者认为，德育的个体性功能、社会性功能、生态性功能对构建和谐社会的人与人、人与社会、人与自然的和谐关系不可或缺②。道德教育一方面能协调人与人、人与社会、人与自然的关系，从而为“好生活”的实现提供和谐的社会基础；另一方面，它也能通过提升人的个性品格来使人达致“好生活”③。另一类可称为“谨慎观”，承认道德教育若在和谐社会发展中发挥作用，取决于一些必要条件，而不能概而论之。如有学者认为，道德教育是否有助于和谐社会的构建，取决于我们追求“何种社会和谐”。正确的提问应当是“道德教育如何有助于追求基于自由的和谐社会”。能否实现道德教育与社会和谐的良好互动，取决于我们对“何种社会和谐，谁之道德规范”这一问题的理解④。还有学者认为，道德教育与构建和谐社会的关系，并非简单的促进关系。在学校道德领域，要发挥道德教育的批判性，增强学生对道德问题的敏感度，提高其道德选择能力，方可有利于和谐社会的构建⑤。

（二）和谐德育的理论研究

这些研究主要集中于三个方面：（1）和谐德育的理论基础。有研究者分别探讨了中国古代传统和谐德育思想⑥、毕达哥拉斯的德育思想⑦、池田大作的和谐德育观⑧，以及当代西方社群主义对和谐德育的启示⑨。还有研究者较为系统地梳理了中国文化和西方文化中的和谐德育思想以及马克思主义的和谐德育思想，并探讨了和谐德育的哲学、文化学、伦理学、心理学、教育学和社会学理论基础⑩。（2）和谐德育的含义。有学者认为，和谐德育就是教育者和受教育者根据社会和自身发展需要，优化德育结构中的诸要素，促进受教育者主体自我建构、自我改建，实现受教育者与自然、社会及其自

---

① 冯建军．和谐关系中的道德意蕴与教育［J］．教育理论与实践，2006（10）：40-44．

② 朱家安．和谐社会与德育功能［J］．教育研究与实验，2006（3）：24-27．

③ 叶飞．道德教育与和谐社会的“好生活”［J］．当代教育科学，2006（22）：19-21．

④ 郑富兴．论道德教育与构建和谐社会的关系［J］．教育研究与实验，2007（4）：1-6．

⑤ 李先军．道德教育与构建和谐社会关系的前提性思考——兼与郑富兴先生商榷［J］．教育研究与实验，2007（6）：43-48．

⑥ 金雁．中国传统和谐道德教育思想的现代意义与精神蕴涵［J］．浙江学刊，2008（2）：130-133．

⑦ 王秀成，张茂聪，王夫艳．和谐：道德教育的价值追求、多元地位和路径选择——论毕达哥拉斯的和谐论道德观及其教育启示［J］．中国成人教育，2008（6）：12-13．

⑧ 王丽荣，陈志兴．池田大作和谐德育观初探［J］．比较教育研究，2008（4）：73-77．

⑨ 祝爱武，冯建军．当代西方社群主义与和谐社会道德教育［J］．比较教育研究，2008（4）：31-35．

⑩ 詹万生，等．和谐德育论［M］．北京：教育科学出版社，2008．

身的和谐发展，从而造就其和谐个性为目标的系统活动过程①。有学者把和谐德育界定为：以满足社会发展需要和受教育者发展需要的和谐统一为出发点，在遵循受教育者思想品德和身心发展规律的基础上，构建德育体系诸要素之间的和谐关系，使之协调相应、配合得当，形成合力，以引导教育者掌握德育规律，提高育人能力，从而促进受教育者思想品德及整体素质和谐发展的一种德育模式②。还有研究者指出，区别于传统的农业社会和工业社会，和谐社会的德育之道具有其鲜明的时代特征，化解冲突是其核心思想③。

（三）和谐德育的实践探索

有研究者从观念、内容和过程三个方面阐发了和谐德育的构建问题：在道德教育观念上要立足生活、以人为本、持续发展、兼容并蓄；在道德教育内容上要注意规范与发展的和谐、理性与非理性的和谐；在道德教育过程上要注重教师与学生的和谐、学校家庭与社会的和谐④。有研究者不仅构建了大中小学和谐德育的内容目标体系和途径方法体系，而且展开了和谐德育的积极探索：学校的和谐德育要建设和谐学校文化，构建和谐人际关系，建立和谐德育体系；家庭的和谐德育要建设和谐家庭文化，促进亲子关系和谐，提升和谐家教水平；从和谐文化、人际和谐与和谐德育建设等方面入手加强城市社区与农村地区的和谐德育⑤。有研究者分析了学校与社区和谐互动德育机制的建立，认为学校与社区的德育目标有着内在的一致性，应立足于学校与社区的特点，挖掘学校德育与社区德育各自的优势。在管理方面，达成学校德育与社区德育的协调统筹；在德育资源方面，实现学校德育与社区德育的共享互补，从而建立学校与社区和谐互动的德育机制，促进“学校—社区”合力育人德育机制的形成⑥。

此外，学者们还对和谐德育中的性别和谐⑦、合作道德教育⑧、德育生态⑨、教师人格⑩和网络问题⑪等进行了探讨与思考。

八、市场经济与道德教育

随着社会主义市场经济体制改革及其逐步确立，社会生活的各个层面都发生了系

① 陈志兴. 和谐德育：现代德育发展的新思路［J］. 江西教育科研，2007（3）：24-26.

②⑤ 詹万生，等. 和谐德育论［M］. 北京：教育科学出版社，2008.

③ 赵志毅，刘金睿. 化解冲突：和谐社会的德育之道［J］. 南京师范大学学报（社会科学版），2007（1）：76-80.

④ 牟宏玮，简福平. 构建和谐社会的和谐道德教育［J］. 教育探索，2005（10）：76-78.

⑥ 韩传信，詹万生. 试论学校与社区和谐互动德育机制的建立［J］. 教育研究，2009（8）：108-111.

⑦ 高德胜. 女性主义伦理学视野下道德教育的性别和谐［J］. 教育研究，2006（11）：58-63.

⑧ 闫燕. 和谐社会中合作道德教育的博弈论解读［J］. 教育研究与实验，2008（1）：37-40.

⑨ 朱家安. 和谐社会的德育生态——合理性与有效性的统一［J］. 教育研究与实验，2008（3）：45-48；刘运喜. 德育生态与和谐德育关系探析［J］. 辽宁教育研究，2008（10）：124-126.

⑩ 戴跃侬. 和谐：教师人格的德育意蕴［J］. 教师教育研究，2008（4）：25-28.

⑪ 黄和文，吴丹. 和谐德育的网络构建［J］. 教育评论，2009（4）：89-91.

统性变革。那么，学校德育应如何适应这一变革呢？有学者指出，当前对此问题存在两种不同的观点：一种观点是着眼于使教育对象形成市场经济所需要的各种意识、品质和行动，培养出适应市场经济的人才；另一种观点是使教育对象具备全面、完善的道德品质和人格，德育需要包含对其进行高于现实的理想人格的引导与培养。否定德育对道德理想的倡导与教育，只要求道德简单地、被动地适应现实，只要求道德教育贴近市场经济，把市场意识中那种等价交换、物质利益驱动等普遍存在的现实作为道德教育改革的根本取向，既违反了人类对美好理想的追求，也违反了道德和历史发展自身的内在规律。我们必须要严肃回答学校道德教育如何建构国家、社会和民族的精神这一问题①。有研究者分析了市场经济条件下德育功能的拓展问题，认为市场经济条件下德育领域不断拓展，德育功能全面扩展，重塑德育功能观成为客观必然。市场经济条件下德育功能是对以往德育功能的有机继承，在其体系中仍然存在着德育原有功能的本体要素，这些要素在现代社会中依旧发挥着各自作用，并表现出新特点和规律。随着德育领域的拓宽，德育功能不断扩展，这是德育活力和生机所在。这一扩展表现在德育功能层面、德育功能方式和德育功能力度三个方面②。还有学者提出，在社会主义市场经济体制下，德育既应适应市场经济，根据市场经济的本质特征和内在要求重新构建面向新时代的德育体系，但又必须超越而不能仅囿于市场经济。只有在适应中超越，在超越中适应，螺旋上升，递次发展，德育才能在新的时代发挥其应有的功效③。

九、城市化与道德教育

中国正进入城市化的飞速发展期，这给道德教育带来了许多值得关注的问题。有学者认为，城市是一个陌生的世界，城市里充满着陌生人。陌生的都市人有两副面孔，一副是自由与理性，一副是冷漠与孤独。在一个城市主导人类生活的时代，教育首先要适应城市生活和城市伦理，培养受教者的城市精神，主动将城市生活所内生的权利观念、契约意识、法律观念作为自己的价值追求。同时，教育还应自觉抵御、消解、弥补城市生活的冷漠与孤独。超越陌生人伦理，是道德教育的当代使命之一④。在城市化进程中，出现了城市单亲家庭日益增多等一系列社会问题。有研究者从道德教育视角出发，结合离异单亲家庭子女道德教育现状和生存困境，分析出其子女道德教育存在的问题有：教育方法简单粗暴，缺乏温情；迁就溺爱，加倍娇宠；对子女期望值过高；对心灵沟通重视不够；血缘关系教育优势残缺。解决这些问题的对策有：发挥血缘

---

① 鲁洁. 道德教育的当代论域［M］. 北京：人民出版社，2005.

② 余敬阳. 市场经济与德育功能的拓展［J］. 河南师范大学学报（哲学社会科学版），2005（5）：191-193.

③ 张学武. 论德育对市场经济的理性适应及其超越［J］. 广西社会科学，2008（8）：215-218.

④ 高德胜. 论道德教育的城市遭遇［J］. 南京师范大学学报（社会科学版），2007（3）：69-75；高德胜. 道德教育的时代遭遇［M］. 北京：教育科学出版社，2008.

关系教育优势；培养诚信精神；培养人际交往能力；培养责任感；培养关爱之心①。

专题五：公民教育：中国教育的现代诉求

“十一五”期间，公民教育在中国取得了快速发展。这种快速发展一方面基于中国社会以人为本的现代转型，另一方面基于教育学研究尤其是德育研究的价值自觉——捍卫人之权利与尊严。作为中国教育的现代诉求，公民教育已经成为当下和未来中国教育的实践热点和研究热点。这不仅体现在“十一五”课题规划中的公民教育立项课题方面，也体现在几百篇/部研究公民教育的论文和专著的发表与出版方面。

一、公民教育：时代定位

在公民教育研究中，有相当一部分学者关注到了中国公民教育快速发展的时代背景。尽管不同的研究者对时代背景的定位存在着描述上的细小区别，但在整体上是把公民教育置于中国现代化的历史进程中展开的：公民教育是转型中国对现代化进程的回应，是社会主义民主政治的必然要求，是教育现代化的根本体现，也是人的现代化的必由之路。人们充分认识到，改革开放的伟大成就之一，就是中国人的权利与尊严意识获得了极大的提升，公民教育正是在中华民族人之发现与解放、捍卫人之权利与尊严的历程中应运而生的，具有强烈的时代气息，作为中国教育的现代诉求，公民教育展示了中国教育发展的新方向。② 而以下几个重大事件，则进一步促进了中国公民教育的快速发展：2004 年，“国家尊重和保障人权”被写入《中华人民共和国宪法》。人权入宪意味着对人的尊严和价值的保障上升到了宪法的高度，具有极为重要的意义。2007 年，党的十七大报告明确指出：加强公民意识教育，树立社会主义民主法治、自由平等、公平正义理念；尊重和保障人权，依法保证全体社会成员平等参与、平等发展的权利。这一思想在 2010 年《国家中长期教育改革和发展规划纲要(2010—2020)》中再次得到确认：加强公民意识教育，树立社会主义民主法治、自由平等、公平正义理念，培养社会主义合格公民。

也有一些研究者在公民文化、公民社会的视野中探讨中国公民教育。③ 公民文化

---

① 薛桂英，易连云．论城市离异单亲家庭道德教育问题与对策［J］．教育探索，2006（3）：113-115.

② 高峰．关于公民教育的政治学解读：价值与意义［J］．郑州大学学报（哲学社会科学版），2005（1）；刘鑫淼．中国公民教育的历史复兴及其当代意义［J］．东北师范大学学报（哲学社会科学版），2005（2）；王啸．公民教育：时代与主题［J］．首都师范大学学报（社会科学版），2005（6）；薛传会．论现代化背景下中国公民教育的理性选择［J］．教育学术月刊，2008（10）；苏守波．现代化、民主国家与公民教育［J］．外国教育研究，2008（12）；石勇．现代化视域中的中国公民能力发展研究［D］．上海：华东师范大学，2008.

③ 蓝维，刘智宏．公民教育的社会背景与实践要素分析［J］．首都师范大学学报（社会科学版），2005（2）；李红亚，龙宝新．从现代公民社会理论看公民教育的构成［J］．教育理论与实践，2005（10）；陶建钟．公民身份、公民文化与公民教育［J］．浙江学刊，2009（3）；刘雪松．公民文化与法治秩序［D］．哈尔滨：黑龙江大学，2005；李劲．社会转型视域中的中国公民社会问题［D］．北京：中共中央党校，2008；顾成敏．公民社会与公民教育［M］．北京：知识产权出版社，2008.

是一种主体自由自觉的现代文化，这种公民文化首先表现为自主自律、自由自觉的主体价值取向；其次，表现为平等、开放、横向的权利、利益纽带的有机联结；再次，表现为个性、参与、创造、开拓的行为图式；最后，表现为高度的角色意识、社会责任感和公共精神。文化是历史凝结成的稳定的生存方式，公民社会的文化内涵就是指公民社会所内蕴着的人的理性和自由自觉的生存方式，只有全面实现由传统农业文明生存方式向现代公民社会生存方式的彻底转变，才能使中国真正步入现代化国家的行列。直言之，与现代社会互为表里的正是公民文化，而公民教育在打造公民文化方面发挥着奠基性的作用。

英语 civil society 有多种译法：文明社会、市民社会、民间社会、公民社会等。"文明社会"是相对野蛮社会而言；"市民社会"往往含有贬义；"民间社会"往往是中性的并边缘化；"公民社会"则是褒义的，它强调公民对社会政治生活的参与和对国家权力的监督与制约。从政治权利的层面偏好"公民社会"的用法，从经济生活的层面偏好"市民社会"的用法。公民社会的构成有三个要素：其一，公民社会是国家和家庭之间的一个中介性的社团领域，由经济、宗教、文化、知识、政治活动及其他公共领域中的自主性社团和机构所组成；其二，这些社团组织由社会成员自愿地结合而形成，并在同国家的关系上享有自主权，以保障或增进成员的利益或价值；其三，公民社会有一整套广泛传播的文明的或公民的道德与风范。第一个要素常用于指称狭义的公民社会，广义的公民社会则包含以上三个要素。可见，公民社会既可以被用来指谓社会的一部分，也可以被用来指谓拥有如此部分的整个社会。① 正如公民概念是公民社会的特有概念一样——它界定了公民与公民之间的平等、自由的关系，揭示了公民的权利对国家公共权力的本源性——公民教育也是公民社会的特有概念，它从根本上保障了人的价值和尊严。

二、公民教育：课题定位

从"十一五"课题规划德育立项来看，公民教育研究一共有11项。其中，2006年度4项：北京师范大学檀传宝主持的"学校实施社会主义荣辱观教育和公民教育研究"、浙江大学李长伟主持的"古希腊公民教育思想史论"、国家教育行政学院梁金霞主持的"中国德育向公民教育转型研究"和深圳大学黄月细主持的"公民道德教育与社会主义和谐社会构建研究"；2007 年度3 项：南京师范大学叶浩生主持的"学生公民责任意识的理论和教育实践"、华中师范大学唐克军主持的"美国中小学公民教育及其启示"、北京师范大学王啸主持的"学生公民素养教育研究"；2009 年

① 周国文."公民社会"概念溯源及研究述评［J］. 哲学动态，2006（3）；谢维雁. 公民的历史变迁［J］. 四川师范大学学报（社会科学版），2007（3）；周俊，郁建兴. Civil Society 的近现代演变及其理论转型［J］. 哲学研究，2009（1）.

度4项：中央财经大学冯秀军主持的“增强财经院校学生社会责任感的公民教育实践模式研究”、北京青年政治学院刘世保主持的“增强学生社会责任感的公民教育实践模式研究”、杭州师范大学赵志毅主持的“增强学生社会责任感的公民教育实践模式研究”、东北师范大学付轶男主持的“从博弈到共生：公民教育与道德教育关系研究”。此外，2009年度，中央教育科学研究所王小飞主持的“共同体取向的公民教育实践模式比较研究”尽管在立项上属于比较教育研究，但从其关注的主题来看，也属于公民教育方面。

上述立项，既有关于公民教育时代定位的研究，如“学校实施社会主义荣辱观教育和公民教育研究”、“公民道德教育与社会主义和谐社会构建研究”，也有公民教育与德育之间关系的研究，如“中国德育向公民教育转型研究”、“从博弈到共生：公民教育与道德教育关系研究”；既有国别研究，如“古希腊公民教育思想史论”、“美国中小学公民教育及其启示”，也有若干公民教育重要主题的研究，如“学生公民责任意识的理论和教育实践”、“学生公民素养教育研究”、“增强学生社会责任感的公民教育实践模式研究”；既有特定类型学校的公民教育研究，如“增强财经院校学生社会责任感的公民教育实践模式研究”，也有公民教育模式研究，如“共同体取向的公民教育实践模式比较研究”。这些立项在一定程度上反映了当前中国公民教育研究的基本状况。

三、公民教育：学科定位、目标定位和主题定位

学者们在公民教育与德育的关系研究方面，存在着一些分歧。一些学者认为公民教育是德育的一个分支，另一些学者则强调公民教育不仅是德育的分支，而且是中国教育发展的新取向，如檀传宝认为，公民教育与道德教育不是一个概念：公民教育更多是政治和法律意义上的公民身份的培育。蓝维等学者也持同样的观点。①

多数研究者认为，公民教育是中国教育的现代转型，代表了中国教育发展的新方向。之所以如此，是因为公民教育所要培养的公民是一种新的人之形象。如果和传统的农民形象进行对比，就会发现两者的根本不同。简单地说，公民是现代社会的人之形象，农民是传统社会的人之形象。农民在纵向上表现为臣民，在横向上表现为私民。臣民无我，私民无他。公民与臣民的根本区别是：臣民没有独立的自我人格，只有无条件的义务奉献，而公民则以基本权利为内涵，并承担相应的义务，同时具有自由意识。这里的关键在于，理解公民这一自由人首先要把握它的权利本位内涵。没有这一基础，所谓的义务不仅成为无本之源，更严重的是，它会导致公民内涵的坍塌，

① 檀传宝．研究与开展中国特色的公民教育［J］．人民教育，2008（18）；蓝维，等．公民教育：理论、历史与实践探索［M］．北京：人民教育出版社，2007；姬振旗．公民教育概念辨析［J］．河北法学，2008（1）；邓达．德育与公民教育关系之辨［J］．教育学术月刊，2010（2）．

使得公民和现代社会徒有其名而不具其实。公民与私民的根本区别是：公民具有公共理性，积极参加公共生活，而私民则只有狭小的私人空间，没有他人意识、公共意识特别是公共关怀意识。在这个意义上，把握公民实质上要把握他的参与性。①

这种对公民教育的定位还特别体现在对教育目的的重新理解方面。有些学者主张把"培养社会主义社会的合格公民"作为中国教育的培养目标。杨东平就指出，从培养目标来看，我们现在的提法还是20世纪50年代提出、80年代做了一些改进的"培养社会主义的建设者和接班人"，这样的提法是在阶级斗争年代形成的，已经完全不适应今天全民教育的现实了。"接班人"的表述是比较政治化和针对特定人群的，与中小学教育全民性、基础性的价值不尽一致。"劳动者"、"建设者"的表述则较缺乏科学性，并且隐含了对人力资源价值的偏重和对人的发展的忽视。因此，新的培养目标，可以表达为"培养社会主义社会的合格公民"。其他一些研究者也表达了同样的立场。②

更多的研究是对中国公民教育当前的发展重点进行定位。公民是现代社会的人之形象，完整地理解公民的内涵，至少要同时把握两个基本维度：其一，公民权利意识；其二，公民身份认同。前者主要着眼于个体层面，即公民的诞生取决于公民意识尤其是权利意识的培植；后者主要着眼于群体或族群层面，即公民对于政治共同体的归属感与认同感。两者共同构成了公民的基本内涵，缺少任何一个方面，都无法真正把握公民的现代内涵，当然也就不能很好地开展公民教育。公民意识教育的起点应注重公民权利教育及与公民义务教育相结合，充分体现公民的权利平等原则，同时有效开展公民的义务教育；公民意识教育的重点应注重公民的法治信仰教育与公民伦理教育相结合。总之，中国的公民教育必须体现现代性的追求：在价值取向上，应坚持权利本位；在教育目标上，应强调主体地位；在方法体系上，应注重实践体验。③

中国公民教育的研究还体现在对中外重要人物的研究方面，如对梁启超、洛克、康德、杜威、阿伦特等公民教育思想的研究④，也体现在从历史变迁的视角来把握中

---

① 黄杰．"公民"释义［J］．唯实，2006（12）；王啸．公民教育：意义与取向［J］．教育研究与实验，2010（1）．

② 杨东平．教育专家杨东平解读"总理督学"：让"教育家"来主导教育［N］．新京报，2009-10-24；赵晖．社会转型与公民教育——中国公民教育目标与内容体系的建构［M］．北京：人民教育出版社，2007．

③ 高峰．当前我国推进公民教育有待解决的若干问题探讨［J］．教学与研究，2006（1）；王东虓．关于公民教育基础问题及基本内涵的思考［J］．中州学刊，2006（4）；陶西平．关于青少年学生公民教育的若干思考［J］．教育科学研究，2006（7）；朱小蔓，冯秀军．中国公民教育观发展脉络探析［J］．教育研究，2006（12）；刘志山，李卫英．当代中国公民教育的时代背景和体系建构［J］．华南师范大学学报（社会科学版），2008（2）；龙静云．论我国公民教育中的"四个结合"［J］．思想理论教育，2010（7）．

④ 徐涛．作为公民教育理想类型的"新民"——《新民说》中的公民教育思想研究［D］．北京：北京师范大学，2010；董建莹．洛克的公民教育思想研究［D］．北京：北京师范大学，2009；黄晶晶．公民的诞生与公民教育——康德公民思想的教育学语境［D］．北京：北京师范大学，2007；唐克军，蔡迎旗．杜威的公民教育观［J］．教育研究与实验，2007（6）；李长伟．好人与好公民——古希腊公民教育思想史论［D］．南京：南京师范大学，2005；王宝霞．民主政治与公民参与——论汉娜·阿伦特"公共领域"概念的规范意义［D］．济南：山东大学，2005．

国公民教育的进程①，还体现在路径选择方面②和研究范式方面③，也体现在对一些学科内容的挖掘④和对一些重大时代主题的揭示方面，如全球化⑤、人权教育⑥、志愿服务⑦。当然，公民教育的实践也取得了进步，尤其是北京、上海、江苏等地的公民教育实践更是值得关注。⑧

四、公民教育：国际定位

作为一个后发国家，中国公民教育的开展需要借鉴其他国家公民教育的经验，特别是吸收美国、英国、法国等国家的一些较好做法。

美国是现代公民教育思想与实践的策源地，公民学是美国中小学公民教育的最直接课程，目标在于培养合格的美国公民。基本内容包括公民知识、公民技能和公民品性，实施的方式主要有课堂教学、课外活动、社会环境和大众传媒等。美国公民教育的核心教育理念是：尊重公民个人的价值与追求，一切从“你”——一个具体的人开始。注重培养公民的“自律”和“规则”意识；引导公民正确处理个人与国家、政府的关系；致力于培养公民“清醒的思考能力”；重视隐性课程与仪式教育对公民的影响。美国公民教育的成功，极大地加快了其国家现代化的进程。从现有研究来看，对美国公民教育的着力最多。⑨ 除了美国以外，英国、法国、澳大利亚、加拿

---

① 毕苑．从《修身》到《公民》：近代教科书中的公民塑形［J］．教育学报，2005（1）；代贝，周光稷．价值与模式——历史视野中的我国公民教育及其展望［J］．教育学报，2007（4）；张宁娟．建国以来我国公民教育的发展脉络［J］．思想理论教育，2010（5）．

② 如檀传宝认为公民教育在路径选择上要完成三方面的重构：思想重构、概念重构和生活重构，这样才能解放思想，破除对公民教育的误解，建设中国特色的公民教育，造就有公民社会特质的校园生活。檀传宝．研究与开展中国特色的公民教育［J］．人民教育，2008（18）．

③ 王小飞．公共价值的教养与民主教化的图式——国际公民教育范型比较研究［D］．北京：北京师范大学，2008．

④ 王文岚．社会科课程中的公民教育研究［M］．北京：中国社会科学出版社，2006；王文岚．社会科课程中的公民教育新取向及其教学策略［J］．教育研究，2007（7）；吴爱文．论中学历史教育中的公民教育［D］．武汉：华中师范大学，2007．

⑤ 王啸．全球化时代的中国公民教育［M］．福州：福建教育出版社，2006．

⑥ 郑贤君．国家应为人权教育做些什么［J］．人权，2006（6）；齐延平．论人权教育的功能［J］．人权，2007（1）；李招忠，石玉平．人权入宪与人权教育［J］．江汉论坛，2005（4）；曲相霏．人权需要信仰——对人权教育的一点思考［J］．广州大学学报（社会科学版），2010（1）；湛卫清．人权与教育——人权视野中的教育问题探索［D］．武汉：华中师范大学，2006．

⑦ 杨帆．志愿组织与公民社会的构建［J］．北京青年政治学院学报，2009（1）；牛国卫．在志愿服务中培育现代公民——志愿服务的公民教育功能研究［D］．北京：北京师范大学，2010．

⑧ 刘利民．北京青少年学生公民教育的实践与思考［J］．教育科学研究，2006（7）；谢春风．青少年公民教育的一次新探索——记“北京青少年学生公民教育国际论坛”［J］．教育科学研究，2007（1）；刘国永，张德海．公民教育：新时期学校德育的新选择——上海市嘉定区教育局副局长张德海访谈录［J］．思想理论教育，2008（2）；范云良．公民教育实践活动——提高德育实效的新尝试［J］．江苏教育，2007（22）．

⑨ 高峰．美国公民教育的基本内涵［J］．比较教育研究，2005（5）；张鸿燕，杜红琴．美国公民教育的特点及其发展趋势［J］．首都师范大学学报（社会科学版），2007（1）；于洪卿．美国中小学公民教育课程探析［J］．外国中小学教育，2008（8）；孟宪霞．美国公民教育鉴析［J］．中国成人教育，2010（1）．

大、新加坡和中国香港地区的公民教育也是人们关注的重点。①

也有学者对西方公民教育的自由主义传统或共和主义传统作了有力度的分析：自由主义范式把权利作为公民身份的核心，把公民身份看做实现个人自由的手段。共和主义范式则把共同体置于公民身份的核心，把公民在政治共同体中的活动看做公民自由的表现。范式之间的歧异反映了个人与政治共同体之间的关系，两者实质上是围绕着“国家与社会”这一政治学基本问题展开的，代表了两种不同的自由理念。自由主义范式把个人置于国家之上，侧重于国家对于社会的工具性职能，它所追求的是个人的自由。在它看来，国家的存在之所以合法，关键在于它是保护个人自由的工具。持这一范式的思想家一般都预设了人们持有某些前政治的自然权利，国家正是为保护这些权利而建立起来的。公民可以援引赋予他的权利走上法庭，维护其个人自由，但政治参与本身并非自由，而是实现自由的手段。共和主义范式把政治共同体或者国家置于个人之上，侧重于个人对国家的奉献和美德，所追求的是作为“共同体的自由”。在这种自由观中，公民身份不像自由主义范式那样仅仅是实现自由的手段，而是本身就是自由。与此对应，公民教育的自由主义传统更强调个人权利和消极自由，公民教育的公民共和主义传统则更强调责任和公民的参与。② 还有学者对西方公民教育的未来发展趋势进行了展望。③

五、公民教育：教材定位

公民教育的深化还体现在中小学公民教育教材的开发方面，杨东平主编的《新公民读本》就是此方面的代表。作为1949年新中国成立以来第一套针对中小学生的完整意义上公民教育读本，《新公民读本》的基本立意在于：以世界眼光和历史视野审视中国的现实教育，试图突破和超越传统的德育教材和政治教材，充分突出人类普适的价值观念，充分突出中国优秀的传统道德资源，充分突出公民的权利、责任和参与意识，并以强烈的时代感、高度的前瞻性和全新的教育理念，为中国公民教育探索一条新路。

基于这种定位，《新公民读本》主要关注公民道德、公民价值观、公民知识与公

① 姬振旗．英国中小学公民教育问题探析［J］．外国教育研究，2008（3）；牛国卫，郭卿．《科瑞克报告》与英国公民教育发展［J］．外国中小学教育，2010（4）；高峰．法国学校公民教育浅析［J］．首都师范大学学报（社会科学版），2005（2）；韩芳．“发现民主”计划：澳大利亚公民教育的课程改革［J］．外国中小学教育，2010（4）；谢明辉．加拿大多元文化主义的公民教育观［J］．思想理论教育，2010（6）；张鸿燕．简析回归后香港公民教育的特点［J］．现代教育论丛，2007（8）．

② 刘诚．现代社会中的国家与公民——共和主义为研究范式［D］．武汉：武汉大学，2005；刘训练．公民与共和——当代西方共和主义研究［D］．天津：天津师范大学，2006；郭忠华．公民资格的解释范式与分析走向［J］．浙江学刊，2009（3）；宋建丽．当代自由主义和社群主义之争——以公民资格为焦点［J］．伦理学研究，2008（1）；赵明玉．自由主义公民教育思想探析［J］．外国教育研究，2007（3）；牛国卫．成就责任公民：社群主义向度的公民教育［J］．思想理论教育，2008（23）．

③ 林春逸，刘力．从“权利公民”到“责任公民”——当代西方公民教育理念的嬗变［J］．扬州大学学报（高教研究版），2005（6）；刘丹．国际公民教育的视界：主动公民身份再造［J］．比较教育研究，2010（1）．

民参与技能四个维度。公民道德方面，包括仁爱、宽容、感恩、友谊、尚礼、诚信、责任、尊严、合作等主题；公民价值观方面，包括自由、平等、人权、民主、法治、正义、和平、爱国、追求真理、与自然和谐共处等主题；公民知识方面，包括国家与政府、民主政治、政党制度、司法公正、社会公共生活、公民的权利与责任等主题；公民参与技能，主要是指公民参与公共生活的基本能力，如与人沟通、演讲、讨论、组织活动、参与选举、处理纠纷、维护权益、向责任部门或媒体反映问题和提出建议等能力。从已经出版的《新公民读本·小学卷》来看，它力图完成四个方面的任务：传播公民知识、培育公民意识、弘扬公民权利、呼唤公民责任。①

六、公民教育：未来定位

自 2005 年以来，中国公民教育的发展取得了长足的进步，然而从整体上来看，我国的公民教育研究还只是停留在零散的层次上，缺少对于公民教育的系统研究、理论研究和制度研究，还存在着一些不足：比如公民教育研究缺乏稳固而有力的人学基础；在处理中国特色与人类文明之间的张力即民主主义与民族主义的关系方面还需要提升；公民教育的实践力度还有待加强。要克服中国公民教育的发展所面临的困境，需要重点做好以下工作。

（一）进一步解放思想

公民教育是世界各国一直密切关注的重大教育问题。通过公民教育的实施，可以极大地提高公民的主体意识和对国家的责任感。可以说，一个国家的现代化程度是和它的公民教育水平紧密联系在一起的。具体到中国而言，人们逐渐认识到，公民教育是国家走向现代化的一项基本建设，它与现代国家有着本质的必然联系，并不为某个阶级的国家制度所专有。换言之，以自由、平等为基础的、权利和义务相统一的公民教育是现代国家的必然选择，培养公民已经成为现代中国的一项重要任务，它直接关系到我们现代化大业的成败和中华民族的伟大复兴。只有上升到这个高度，才能破除中国公民教育发展中的思想误区。

（二）有机整合中国公民教育的张力

中国公民教育的开展，是在一种动态的三角张力之中进行的，即马克思主义、中国传统文化和人类普世文明。这三种力量其实都为中国公民教育的健康开展所必需。问题的关键在于，怎样把三者进行有机地整合，形成中国特色的公民教育理论与实践。毫无疑问，这构成了当前和未来中国公民教育发展和研究的重点。特别是随着中国综合国力的增强，在中国公民教育的发展过程中，如何处理好中国特色与人类文明

① 杨东平. 新公民读本·小学卷［M］. 北京：北京大学出版社，2006.

之间的张力，也就是民主主义与民族主义之间的矛盾是我们面临的紧迫任务，恰当的做法应该是，在民主主义的引导下建构具有民族特色的中国公民教育：一方面，我们要积极地把自己定位于全球化历程中的一员，广泛吸收人类文明，按照民主与法治的精神提倡公民教育；另一方面，我们又需要明确自己的特定问题，自觉地按照公民教育的内涵来提升与改进我们的教育与文化，从而完成由传统文明向现代文明的转换。因此，未来中国的公民教育必须恪守一个基本原则：“对生命的尊重，对爱的呼唤，对人的权利的承认和对理性的信念。”我们必须通过公民教育“召唤那在所有文明中都深藏厚积的爱的资源，爱的声音，用以对抗那同样淤积在所有文明中的用文明的名义掩护的、鼓吹的对他人的憎恨和排斥。……所有赞同对生命的尊重、爱、宽容、理智的，不论是以何种语言、在何地、以何种形式、属于哪个族群，都应该被视作文明，反之则是野蛮。”①

（三）权责相配，突出权利

作为一种权责相配的教育，公民教育特别强调权利意识的培养。这是由公民的特质决定的。按照《不列颠百科全书》的定义，公民身份（citizenship，也译为公民资格）指的是“个人同国家之间的关系，这种关系是，个人应对国家保持忠诚，并因而享有受国家保护的权利。公民身份意味着伴随有责任的自由身份”。鉴于中国历史上长期匮乏权利意识和公民意识，有诸多研究在批判臣民意识的基础上大力强调对公民权利意识的培养②，这是值得肯定的。但还需要进一步加强。

首先要意识到，以自由为核心的公民概念，有四个共同的要素：第一是平等。平等确保公民间互不隶属，每个个别公民方有实现自由与自治的可能。第二是权利。尽管各国的公民权利之内容会有所不同，但公民概念及公民地位即蕴涵着面对国家的请求权。第三是民主。不具政治参与权的公民概念或公民地位，不论从古典或是现代的观点来看，都会被视为自我矛盾的概念；因为不参与政治统治，既不能保障自由，也无法落实自治。第四是融合的概念。一种狭隘的、具排他性的公民概念，十分容易异化为激进的民族主义与排外主义。唯有坚持多元价值，尊重差异，才可能建构整合的公民社会。③

其次要意识到，权利源于对人的尊重，是对抗别人侵犯自己的尊严、自由和利益的道德资格和制度手段。从道德意义上讲，权利是对人自身的一种肯定，是从防恶的角度对人的尊严和价值的确认和维护。从社会意义上讲，权利表示一种社会关系，表明个体在社会中的地位。可见，权利的发展意味着权利主体资格的提升、利益的扩大、能力的增长或主张的强化，因此，权利的发展意味着人的地位的提高，人格尊严的强化和个人自由的增进，同时，权利的发展本身也是政治解放和社会和谐得以增进

---

① 张伦. 我们能否共同生存［J］. 读书，2001（12）.

② 褚松燕. 20世纪90年代以来中国公民资格权利的发展［J］. 政法论坛（中国政法大学学报），2007（1）；唐玉. 论公民身份的分歧与整合［J］. 浙江学刊，2007（6）；王元华. 社会公民资格权利研究［D］. 苏州：苏州大学，2006.

③ 许纪霖. 公共性与公民观［M］. 南京：江苏人民出版社，2006：282-283.

的标志。但是，中国传统文化中的权利文化很不发达，特别是中国的封建传统道德更因其维护一种严格的、以服从为特征的身份等级制度而与现代权利观念格格不入。这种封建道德的实质是：在赋予位尊者以绝对权利的同时，却对位卑者施以片面义务。由此，在这种等级序列的人伦关系中，根本不存在个人的独立、自主和意志自由，而只存在"特权"和"服从"，个人权利观念、权利义务平等观念自然无从谈起。这就注定了中国人权利意识的启蒙是一个艰难的过程。然而，没有现代权利意识的觉醒，没有自由民主的奠基，我们就不可能有一个现代化的国家，我们这个民族也不可能有真正的未来。公民教育的首要使命就在于唤醒人们的权利意识，提升人们的权利认知水平，培养人们的权利情感，增强人们的权利信念，使现代权利文化在中华大地扎根结果。

(四) 加强公民教育实践，加大对志愿服务、社团组织等的关注

正如雅克·德洛尔指出的：公民教育"所追求的目的并不是以刻板的规约形式去教授一些戒律，而是使学校成为民主实践的典范，以便使孩子们结合具体问题了解自己有哪些权利和义务，以及自己的自由怎样受到他人行使权利和自由的限制"。① 只有使公民教育真正走入学生的生活，公民教育才能真正扎下根来。例如，2005 年 7 月，江苏省教研室与美国公民教育中心在南京正式签署了开展公民教育实践活动的项目协议，从那以来，在江苏省教研室的组织和指导下，全省在中小学公民教育实践上进行了有意义的探索，取得了一定成果。其他如北京、上海、深圳、成都等地的公民教育实践也各有特色。但从整体而言，中国公民教育的实践还远远不够。此外，志愿服务、社团组织等领域是中国公民社会诞生、扎根和壮大的土壤，未来也应加大对它们的关注和研究。

专题六：生活德育的研究文献汇总（2005—2009）

一、生活德育的基本理论问题研究

(一) 生活与生活世界

"生活世界"的概念最早由胡塞尔对科学主义世界观的反思而提出，他认为"生活世界"含义有三：一是狭义的生活世界概念，指日常的、知觉给予的世界。二是作为特殊世界的生活世界概念，指人们各自的实践活动领域所构成的特殊世界。三是广义的生活世界概念，指与人有关的一切世界。② 目前，学者对生活及生活世界的理解没有一个完全统一的认识，其特征概括起来有以下几个方面。

1. "属人"性

生活是人的生活，它区别于动物的生存，学者一般认同生活的"属人"性。鲁

① 联合国教科文组织. 教育：财富蕴藏其中［M］. 北京：教育科学出版社，1996：47-48.
② 毕红梅. 生活世界：道德教育的生成之域［J］. 教育评论，2007（4）.

洁教授认为，人为了生存和发展必须进行各种活动，这就是生活；各种各样的生活活动共同构成了人的生活世界。之所以将生活、生活世界称之为人存在的"基本"的事实，是因为它是一个本原性的事实，在我们所面对的世界成为我们的认识对象以前，我们已经存在于生活世界之中，与它水乳交融，不分彼此。①

高德胜在其《生活德育论》一书中认为，生活就是生存、活着，又不仅仅是生存、活着，因为生存、活着是为了生活，但生活并不仅仅是为了生存、活着。在本书中，生活是指处在主体间际的人与环境相互作用、满足需要、创造意义的过程。②

唐汉卫概括了马克思哲学对生活的理解：第一，生活是属人的，它表征着人的存在方式。第二，生活包含了人的活动的所有方面，不仅包括日常生活，还包括非日常生活，不仅包括生产过程，也包括生活过程所产生的结果。第三，生活是以物质资料的生产为前提的，是主客体的统一。第四，生活使自然、人、世界得到了统一。③ 他认为，作为道德教育之根基的生活在内涵上基本可以表述为：人与人之间能动而现实的交往实践过程。④

肖川则更明确地指出了生活的"属人"性，他认为，由于我们谈论的生活是人的生活，因此它的含义就远远超出了生物学上"生存、活着"的意义，而有着深厚的文化旨趣与价值内涵。如果说，生活指的是生命的存在状态，那么，生活世界指的便是生活实有与应有的畛域。人在世界中展开人的思想与言行，展开人的生命与人生历程，与个人实际生活发生真实"牵涉"的世界的总和构成人的"生活世界"。⑤

2. 实践性或劳作性

既然生活是人的生活，而人又是实践的存在，所以不少学者认为生活及生活世界的另一个特性是实践性或劳作性。鲁洁教授认为，生活世界的基本属性是实践性。生活是人类特有的改变客观现实的活动。人的生存实践活动构成了生活世界，生存实践和生活世界是同一、同构的。⑥

高德胜认为，生活具有劳作性，即生活具有身体性和主观性。身体性使劳作可以为他人所感知，可以在客观的时空中被记录，具有不可逆转的特性。主观性是指在劳作活动中，主体对自己的行动相当清楚，他完全处在清醒状态。生活的劳作性使人与环境相连接，使沟通成为可能，也是意义建构的基础。⑦

3. 主体间性

高德胜认为生活具有主体间性。因为与他人共在是人存在的基本境遇，生活的关系性在人类和个体的童年生活中就已经奠基，一个人"只站在自己的双脚上"是无法生成自我，无法过人的生活。⑧

---

①⑥ 鲁洁. 生活·道德·道德教育［J］. 教育研究，2006（10）.

②⑦ 高德胜. 生活德育论［M］. 北京：人民出版社，2005：1、1-5.

③④ 唐汉卫. 生活道德教育论［M］. 北京：教育科学出版社，2005：65-68、69.

⑤ 肖川. 道德教育必须关照学生的生活世界［J］. 教育研究与实验，2005（3）.

⑧ 高德胜. 生活德育论［M］. 北京：人民出版社，2005：5-11.

唐汉卫认为，生活不仅是属人的，是人所特有的活动，而且它主要是在主体间的关系维度上进行的。① 他还认为，生活是以交往实践的形式存在的。交往实践，是人与人之间互为主客体的实践模式，凸显的是同样具有主体性和能动性的两个主体间的相互作用。②

毕红梅认为，以实践为基础的交往行动，是“生活世界”的核心之所在。从胡塞尔、海德格尔到哈贝马斯关于“生活世界”概念的嬗变中可以看出，人与人的交往活动越来越成为“生活世界”视角的中心。这是因为生活世界就是人们生活在其中并且不断发生交往行动的场所，没有主体的人的交往实践，何来生活世界呢？人与人的交往活动是“生活世界”的基本内容。人生的意义、价值，同样要在“生活世界”的交往行动中得到说明。③

4. 整体性

海德格尔认为，“生活世界”是指在无限的宇宙中人生活其中并活动所及的那部分世界。这是一种万物一体的世界，是人与自然互相信赖，人能够在自然中宁静安眠，自然也能够得到细心看护的世界，人与世界是不可分割、彼此依赖的整体，即“意义的生活世界”。④

高德胜认为生活具有整体性。这是由生活的“属人”性，生活形式与生活领域人为切割的相对性，生活具有时间统一性所决定的。

5. 意义建构性

鲁洁教授认为，人的生活过程是一个不断发现意义、生成意义、实现意义的过程。人不是简单地按照自然所规定的那样活着，他要按照他所理解的生活意义活着。而意义世界也离不开人的现实生活，它是在现实生活过程中形成的，每个人意义世界的广度和深度总是与他生活的广度和深度相对应的，意义实现的过程也即生活实践的过程。⑤

高德胜认为生活具有意义建构性。这是由于人是一个“有病的动物”，他需要不断地追问生命和生活的意义，死亡意识更激发了人对生活意义的建构，而且生活的意义不是“发现”而是“创造”的，他者是个体意义建构的参照。⑥

唐汉卫从生活的过程性说明了生活的意义建构性。他认为，生活是动态的过程，而不是静态的实体或者某种一次性的活动。由于“生活本质上是不完善的，并且如我们所知，是难以忍受的，因此，它就不断试图以新的形式重建生活秩序”。他还认为，生活的过程性表明每个时期的生活都有自己不可取代的价值，舍弃了任何一部分，生活都是无法延续的。⑦

①② 唐汉卫. 生活道德教育论［M］. 北京：教育科学出版社，2005：69、71.

③④ 毕红梅. 生活世界：道德教育的生成之域［J］. 教育评论，2007（4）.

⑤ 鲁洁. 生活·道德·道德教育［J］. 教育研究，2006（10）.

⑥ 高德胜. 生活德育论［M］. 北京：人民出版社，2005：1-26.

⑦ 唐汉卫. 生活道德教育论［M］. 北京：教育科学出版社，2005：71-72.

6. 生活世界理解的两种取向：应然与实然

唐汉卫认为现代西方哲学对待生活世界的态度主要有两种：一种认为，生活世界实际上是“日常生活”，即处于自在状态的个体性的日常活动。由于其具有重复性、自在性、封闭性等一些消极的方面，因此持这种态度的人对生活世界持批判态度；另一种认为，生活世界比科学世界更具有基础性和本原性，向生活世界回归是救治各种危机的必由之路。①

檀传宝和班建武认为不同的话语体系对生活世界的指认是不一样的。他通过对胡塞尔超验现象学解读认为，生活世界在哲学的话语中，具有一种本体论的意义，它是相对于科学（系统）世界的话语而生发出来的一种价值预设。生活世界本身并不具有自明性，它只是思维对科学世界（现实世界）的一种历史还原的产物。即哲学视域中的生活世界，更多地指向一种超现实的应然存在。他进一步认为，我们日常所指的生活世界，则是一个现实存在的、具体的、可感的、善恶混合的世界。在人们的日常表达中，完整的生活世界既包括我们直观社会所获得的切身体验，也包括我们对这些经验的形而上加工而抽象、概括出来的诸如哲学、艺术、文学等精神领域，以及使社会得以有效运行的经济、政治等制度化领域。②

毕红梅认为，生活世界对每个人来说，首先是一个先在的、已然的、既成的世界。面对所处生活世界的境域，个体人是无法选择、无法拒绝的。现实个体面对既定存在的认同、接受和顺从，不仅影响、塑造着个体的生活习惯、日常情趣，而且形成常识、价值观念，制约着其行为方式，这是既成的生活世界境域对个体潜移默化之使然。另一方面，生活世界具有自在的性质，它缺乏个体人的自觉把握和深思熟虑，缺乏进一步的追问和反思，呈现为一种惯常的、本然的生活形态。日用而不知是日常生活的常态，具体表现为跟从大众，效法常人。③

（二）生活与道德

1. 生活与道德具有本体论上的联系

鲁洁教授认为，生活是道德存在的根据。因为道德就是对于生活方式、生命实践的理解和选择，它是生活的解释系统，它所要破解的是人的生活意义，它的存在就在于使人对生活意义有更合理、更深刻的理解。道德又是生活的目的系统，道德是一种目的行为，它所指向的是生活的展开与提升，是更为合理的生活方式、更为完善的生命实践。生活就是道德存在的依据，只有在生活中道德才会展示。她还认为，道德内在于生活，是“生活族”中的一员，为此它必具有生活的性状。它的存在形态、结构、过程等所遵循的是“生活的逻辑”而不是抽象理性的原则。生活形态的道德具

① 唐汉卫．生活道德教育论［M］．北京：教育科学出版社，2005：50．

② 檀传宝，班建武．实然与应然：德育回归生活世界的两个向度［J］．教育研究与实验，2007（2）．

③ 毕红梅．生活世界：道德教育的生成之域［J］．教育评论，2007（4）．

有以下几方面的特征，即整体性、实践性、生成性。①

高德胜首先从形而上考察生活与道德关系，他认为，“合乎道德的结合”是道德的“原初场景”，也就是说，从终极或根本的意义上说，人是道德的存在。即使从“理性”选择的角度看，人必然、必须选择伦理存在或者作伦理存在的选择。因为在一定意义上，道德是生活和生存的逻辑之一，遵循这种逻辑的根本动因在于能够使人的生活和生存得以保持和展开。他进一步指出，保持、保存自我是伦理和道德生活关系的一面，或者说是消极的一面，伦理道德与生活关系积极的一面在于道德是对人存在和生活的提升。② 其次，从社会生物学考察生活与道德关系，他认为，动物具有“原型道德”，而它是人类道德的雏形，是人类道德的生物遗传基础。在人类作为动物的漫长历史中所形成的“原型道德”与人类发展史中所形成的“群体逻辑”和人类道德通过遗传让人类先天就具有了本能性的情感和道德直觉，这些都成为后天道德学习的基础。③

高德胜还进一步认为，道德是生活的构成性要素。也就是说道德就像行棋规则对于行棋一样是生活不可缺少的一个要素，没有道德，人就无法生活，或者说没有道德的生活就不再是人的生活。他认为，每个人都可以把道德挺立作为建构生活意义的方式之一。反过来，道德是生活中的道德，道德同样离不开生活，生活作为道德的“基础事实”是和道德一体的，脱离生活，道德也就成僵死的条文和抽象的原则。④

唐汉卫认为，道德与生活具有内在的本体意义上的密切联系。他从历史、逻辑、现实以及价值几个不同的角度对生活与道德关系进行了审视。从历史的角度看，人类社会最初的道德教育实践便是和生活融为一体的。从逻辑的层面来看，生活是道德的基础与源泉。所谓生活是道德的基础，主要是指道德源于生活、存在于生活之中且为了生活。从社会生活现实的角度看，现时代的生活已经发生了巨大的变化，而道德教育要想维护其在现时代条件下的合理性，就必须时刻关注生活的变化。从价值的层面来看，道德教育以生活为基础，表明了我们所持有的以人为本的教育价值观。⑤

2. 道德不是生活的全部

高德胜认为，虽然生活离不开道德，但道德并不是生活的全部，道德也并不参与我们所有的行为，道德在生活中有自己特定的功能限域，所以有“道德的”和“非道德的”行为区分。生活中的道德也不能“同质化”。“同质化”包括两个方面：一是对象化或理论化；二是全神贯注于这一对象而忽略其他领域。⑥

王应泽认为，就生活与道德的关系而言，可以说生活需要道德、包含了道德但不等于道德，生活涉及的内容比道德要更为宽泛和复杂，道德只是生活的一个方面，尽管是必须而应该的方面，但却不是一切方面。道德源于生活并充实和提升生活，道德

---

① 鲁洁. 生活·道德·道德教育［J］. 教育研究，2006（10）.

②③④⑥ 高德胜. 生活德育论［M］. 北京：人民出版社，2005：30-33、34-39、40-41、42-44.

⑤ 唐汉卫. 生活道德教育论［M］. 北京：教育科学出版社，2005：73-91.

始终存在于人的整体生活之中，没有脱离生活的道德。①

二、生活德育的基本构想

（一）生活的过程就是道德学习（教育）的过程

鲁洁教授认为，“回归生活世界”的道德教育要走进方方面面的生活、生活的方方面面；道德的学习应当是生活的、实践的，而不能简单归结为知识的、思想的；道德教育要培养的是不断去生成新的道德世界，并不断自我超越的生成性的人。②

高德胜教授明确指出生活的过程也是道德学习的过程。首先，由于生活是无法逃避的，而道德是生活的构成性要素，道德也是无法逃避的。生活不是静态的平面，而是动态的过程，这一过程同时也是道德潜能得到发掘、道德品质得以生成的过程。其次，道德无法脱离生活，因为道德弥散于生活的方方面面和所有层次，不能单独提纯出来。道德不能单独存在，道德生成过程自然也不能单独存在。最后，生活中道德的生成也许会有“滞后”现象，似乎生活的过程与道德学习的过程并不同步。③ 他还进一步分析了生活中的道德学习机制，生活中的道德学习“以我们拥有的道德本能为基础，通过接受暗示、非反思性选择和自主选择的交互作用而实现的”④。此外，接受暗示、非反思性选择和自主选择这一道德学习的基本机制在生活的不同领域有不同的组合表现。⑤

高德胜还认为，生活德育的基本理路就是通过过“有道德的生活”来学习道德。对于何谓“有道德的生活”，他也做了细致的分析，“有道德的生活”不是一种纯粹的道德生活，道德并不一定成为关注的焦点，这种生活可以在道德上做肯定的评价，它是一种整体的、自主的、有意义的生活。对于儿童而言，他们的生活是否有意义，在于他们有没有“生活感觉”。⑥ “有道德的生活”究竟是如何生成德性呢？高德胜认为，首先有道德的生活给生活者一致的道德暗示或明示；其次，在有道德的生活过程中，生活者非反思性的选择和行为因这种生活的惯性而带有正面的道德意义。最后，有道德的生活为生活者进行自主道德选择和道德建构提供动力。⑦他还特别强调，通过过“有道德的生活”来学习道德并不是要主张过纯粹的道德生活，也不主张通过净化学校生活，使之纯之又纯，没有一星半点恶或不道德现象。因为从善恶的辩证关系来看，恶是善的反面，但恶却是善的证明，没有恶的佐证，善也将走向虚空。从恶的德育意义来看，只要恶或不道德现象不超过一定阈限，它们是可以发挥积极的德育作用。因为，错误或亏心事之所以具有自我道德教育意义，在于这种体验能激发羞

① 王泽应. 论道德与生活的关系及道德生活的本质特征［J］. 伦理学研究，2007（6）.
② 鲁洁. 生活·道德·道德教育［J］. 教育研究，2006（10）.
③ 高德胜. 道德教育回归生活的基本问题辨析［J］. 南京师范大学学报（社会科学版），2005（9）.
④⑤⑥⑦ 高德胜. 生活德育论［M］. 北京：人民出版社，2005：58、60、74-78、82.

耻感和复杂的内心活动，促使个体反省自己，主动检验自己的道德品质与修养。①

唐汉卫认为，道德和道德教育就存在于实际的生活之中，道德教育在本质上就是生活的过程。② 他进一步指出，生活道德教育就是要让学生在热爱生活、了解生活、亲自去生活的过程中培养德性，学会过一种道德的生活，而不是在现实生活之外的另外一个世界里去培养一个人的道德。生活道德教育中的生活应主要是指儿童的生活，应以儿童自身的实际生活经验和生活过程为依托来进行道德教育。由于生活本身更接近于一个中性词，它自身并不能表明生活一定就是善的或者生活一定就是恶的。因此，道德教育应立足于客观真实的生活世界，直面现实生活本身，从促进学生道德发展的角度对生活进行审视以充分挖掘不同的生活之教育意义；同时，道德教育也应发挥自身力所能及的作用和体现其自为的特征，通过对生活的积极干预来改善生活，使生活为人的生成和发展服务。③

张忠华认为，生活德育作为一种新的德育理念和德育模式，是相对于知性德育提出的，它立足于现实生活，以现实生活为基础，在生活中教育个体，培育个体的德性，从而使个体养成良好的道德品质，使个体在善的生活世界中追求德性的不断提升。④

赵惜群提出生活德育的依据是道德源于生活，道德为了生活，德性养成经由生活。⑤

毕红梅认为，生活世界与道德教育具有同构性。"所谓同构，就是一种保持信息的交换。"道德教育与生活世界的同构性，不能也不应当被理解为完全等同或可置换意义上的同构性，因为道德教育与生活世界各自具有的内涵，更不能被相互归结和还原。说它们同构，只是说两者在人的对象性活动中，在本质的方面具有相同的结构和性质，对人的本质存在来说具有一种内在相关性。⑥

唐凯麟和刘铁芳认为，德性养成教育必须通过生活发出力量才能成为真正的德性教育，日常生活是个体德性的养成之所。生活养成就是学习者把个人的价值启蒙与道德理性与生活结合起来，在生活中验证、丰富、实践个人的价值理念，并且逐步形成稳定的道德行为习惯，形成个人在日常生活中稳定的道德思考、判断、选择、行动的基本方式。因此，需要加强学生对个人生活世界的体悟；引导学生在复杂多样的价值冲突做出审慎决断；进行行为习惯的指导与训练；注重学生道德行为的自我反思与评价。⑦

---

① 高德胜. 生活德育论［M］. 北京：人民出版社，2005：85-88.

② 唐汉卫. 生活道德教育论［M］. 北京：教育科学出版社，2005：92.

③ 唐汉卫. 对生活道德教育的几点追问［J］. 全球教育展望，2004（8）.

④ 张忠华，耿云云. 对生活德育理论研究的反思［J］. 教育科学研究，2009（10）.

⑤ 赵惜群，邓淦之. 生活：道德教育的重要载体［J］. 湖南科技大学学报（社会科学版），2008（3）.

⑥ 毕红梅. 生活世界：道德教育的生成之域［J］. 教育评论，2007（4）.

⑦ 唐凯麟，刘铁芳. 价值启蒙与生活养成——开放社会中的德性养成教育［J］. 当代青年研究，2005（3）.

（二）生活德育的架构

高德胜认为，生活德育带来了整个德育范式的转变，具体包括：德育目的由培养"伦理学者"到生成"有道德的人"；德育内容由"大德育"、"小德育"到与生活的综合；德育过程由"搬砖式"、失去自我到过"有道德的生活"；德育思维由专门转向整体（德育是有用人员的事情；学校的所有活动都具有德育意义）；教育者和教育对象都成为德育主体和德育对象。①

唐汉卫认为生活道德教育的基本框架是：（1）在性质上凸显生活性。（2）其目的是实践道德生活。也就说生活本身是自成目的性的，道德教育的目的是完整的且没有一个唯一的、终极性的目的。（3）在内容上要求取材于现实生活。首先就意味着对各种"宏伟叙事"的拒斥，不应该向学生传递抽象、生硬、脱离生活的连成人也做不到的"道德理想"，更不应该神秘主义和泛政治化的规训和教条教育学生；其次，意味着在道德教育内容的组织上，应该按照儿童生活的逻辑来组织道德教育的内容，而不是从知识的逻辑或成人的生活经验出发来设计；最后，还应该从儿童的所有生活空间、从儿童人际交往的方方面面选取道德教育的内容，而不应该忽略、回避或抛弃儿童生活中的某些方面。（4）在方式上要求通过实际的生活。从道德哲学角度来看，道德在生活之中；从道德发展心理学的角度看，个体的道德是在生活中发生、发展的；从教育学的角度看，生活具有道德教育的功能；从生活和其他教育方式、途径之间的关系上看，把生活作为道德教育的根本途径具有种种优势。通过生活进行道德教育还应当遵循一些基本原则：生活必须是学生自主的；生活必须是健康向上的；生活必须是开放的；学生的生活还必须是一个整体。（5）在师生关系上强调主体间的对话。②

（三）回归生活就是要关注学生的生活世界

肖川认为，道德教育之所以应该关照学生的生活世界，是因为只有在学生的生活世界中，在学生的现实遭遇中，在学生内心世界的价值冲突中，才真正蕴藏着宝贵的教育时机，才能够真正开掘出学生道德人格生成与确立的源头活水。③

刘铁芳认为，生活德育的内涵一是对传统的无"人"的德育的矫正，使德育转向对生活个体的关注，回到人的世界，凸显儿童在个体道德发展中的主体地位；二是对传统大而空的道德教育目标模式的矫正，使德育回到对普通个体日常生活伦理世界的关注，引导个体提升个体生存的德性品质；三是针对那种脱离生活实际的灌输式的德育方式方法，力求回到生活情景之中，在儿童真实可感的生活场景之中去发现生

---

① 高德胜．生活德育论［M］．北京：人民出版社，2005：89-100．

② 唐汉卫．生活道德教育论［M］．北京：教育科学出版社，2005：129-162．

③ 肖川．道德教育必须关照学生的生活世界［J］．教育研究与实验，2005（3）．

活、感悟生活，领略生活的伦理要求，拓展个体的价值视界。①

张美弟认为，生活德育是指在过程中贴近学生生活，传授给学生与生活相关的道德知识，帮助学生更好地生活的一种道德教育方式②。

（四）回归生活更要超越生活

鲁洁教授认为，“生活世界并不是一个自在自足的纯粹经验领域，它必然趋向于一种自觉的意义探寻，这种意义的探寻和主体在生活中与不断生成的生存需求、自我超越相互关联。生活不仅是‘实是’，同样也是‘应是’；生活不仅是现实的，同样也是可选择的、可超越的；生活总是在不断进行内在的超越（人自身的超越）和外在的超越（对象世界的超越）。因此，生活在本质上是趋善的，它总是趋向于人自身的自由和全面的发展、人与世界的和谐共在。”③ 也就是说，道德教育要让人在生活中不断地超越实然的生活，走向应然的生活。

刘志山认为，道德教育要回归生活，但更要超越生活。道德教育对现实生活的超越性主要体现在两个方面：一是社会性超越；二是个体性超越。社会性超越，是指超越现实生活世界，走向可能生活世界。道德教育引导人们在现实生活世界的基础上，在对真善美的追求中，创造出更有利于人的全面发展的可能生活世界，并不断用可能生活世界去取代现实生活世界。个体性超越，是指超越人的生物性与精神性的实然组合，走向人的生物性与精神性的应然组合。④

祁振伟认为，德育回归生活世界是指回归真实的生活世界，而不是理想的生活世界；回归开放的生活世界而不是自我封闭的生活世界；回归充斥价值冲突的生活世界而不是故意掩盖矛盾冲突的生活世界。⑤

三、生活德育的实践探索

（一）生活德育与德育课程的创新

鲁洁先生认为，在道德存在观上，从知识形态道德转向生活形态道德。新课程认为，道德是人所选择的生活方式，生活是它存在的基本形态，“人应当如何生活”是道德的基本提问。德育课程的根本目的是引导人们建构有道德的生活。在课程观上，从唯知识论转向生活经验论。新课程认为，道德学习的过程是学生们不断丰富、提升、反思他们的生活经验的过程。德育课程就其本质而言不是传授知识的课程，而是

① 刘铁芳．面向生活，引导生活——回归生活的德育内涵与策略［J］．教育科学研究，2004（8）．
② 张美弟，章玲英．生活德育——走向实践生活的道德教育理念［J］．今日南国，2008（3）．
③ 鲁洁．生活·道德·道德教育［J］．教育研究，2006（10）．
④ 刘志山．道德教育向现实生活的回归与超越［J］．北京师范大学学报（社会科学版），2005（4）．
⑤ 祁振伟，杨松峰．道德教育回归何种“生活世界”［J］．中国德育，2007（6）．

经验课程。在学习观上，从单向认知转向多向互动。新课程倡导在互动中进行学习，课程中的互动表现为：师生间、生生间的交往，学习者与教材等的对话，学习者自我经验的反思。①

高德胜教授从分析“直接道德教学”的困局出发，认为在这种品德教育过程中，学生学到的不是沉甸甸的生活与道德智慧，而是枯萎的道德语言符号和知识气泡。要解决“直接道德教学”的困局，就要“重建与其他课程和教育活动的联系”，“重建与儿童生活的联系”②。他认为，课程价值应该由培养“道德研究者”转向有道德的人；课程的逻辑应该由学科逻辑转向生活的“逻辑”；德育课程虽然不能涵盖儿童的整体生活，但是力求反映儿童的整体生活。③此外，德育课程教学应该从问答走向对话。因为问答式教学仍然是封闭的单向交流；学生仍然是教学活动的被动参与者；仍然无法落实新课程所倡导的“促进学生良好品德形成和社会性发展”这一课程目标。④

高德胜还认为德育新课程有这样一些理念上的革新：在目的观上，由“见闻之知”走向“德性之知”；在结构观上，强调“在场”与“不在场”因素的互动；在文化观上，强调教材文化应是青少年文化与成人文化的融合；在功能观上，强调教材是学生探索生活世界和文化世界的平台；在学术观上，目的是引领学生初涉学术殿堂。⑤

唐汉卫教授认为，道德教育回归生活的理念，从根本上源于道德与生活之间存在的本体性关联。⑥他还认为，新课程提倡师生关系由原来的支配与被支配的主客体关系模式走向以对话与协作为主要特征的主体间关系模式，其中孕育着深层意义上的课程、知识、教育等本体论上的转换。这种形式上的转变具体到德育新课程中，最明显的变化莫过于对道德教育本性的理解由科学化、知识化的预设走向了对道德教育生活化的判定，也正是因为对道德教育之生活本性的认可，才使得道德教育中的师生对话关系得以实现。师生之间建立对话关系，既是回归生活后的道德教育之内在要求，也是德育新课程在实施中能否成功的一个重要因素。⑦

檀传宝和班建武认为，在当前的德育改革中，回归生活世界显然应该包含实然和应然两种向度。这主要是因为：第一，回归实然的生活世界，即日常所指的生活世界，德育要做的是实现与社会现实的视域融合，克服学校教育与现实社会的脱节，贴近学生生活实际，赋予学校德育更多的生活趣味，丰富和扩展学校的德育资源。第

---

① 鲁洁，德育课程的生活论转向——小学德育课程在观念上的变革［J］. 华东师范大学学报（教育科学版），2005（9）.

②③④ 高德胜. 生活德育论［M］. 北京：人民出版社，2005：238-239、240-242、249-256.

⑤ 高德胜.《思想品德》教材理念的革新［J］. 课程·教材·教法，2006（6）.

⑥ 唐汉卫. 从道德与生活的关系看生活道德教育的合理性［J］. 教育探索，2004（12）.

⑦ 唐汉卫. 回归生活师生对话关系的建立——品德课新课程中的师生关系研究［J］. 课程·教材·教法，2005（5）.

二，回归应然的生活世界，即现象学话语中的生活世界，德育要做的就不仅仅是对现实生活的简单回归，而是在回归现实的基础上，培养和发挥学生道德成长的主动性和创造性，使之能够对现实进行主动的扬弃，建构生活，使应然的生活世界得以在现实中不断展现和生成。①

邬冬星认为，品德与生活、品德与社会课程的基本理念是回归儿童生活。这一课程理念要通过教学回归儿童生活得以实现。课程回归儿童生活的三个层面的教学策略是：(1) 从儿童的生活实际出发。首先要求教学主题的生成源自儿童实际生活；其次要求教学目标的定位力求切合儿童身心特点和发展需求；最后要求教学内容的选取满足儿童的真实生活需要。(2) 通过儿童的生活进行教学。一方面可以通过儿童的生活经验进行教学，另一方面可以通过真实的生活实践进行教学。(3) 教学以提高儿童的生活能力为依归。②

(二) 学校日常生活细节的审视

这方面的研究主要集中于高德胜教授的《生活德育论》和《道德教育的20个细节》两本专著中。他在《生活德育论》中认为，学校日常生活的点点滴滴对学生道德成长的影响，无论在深度还是在广度，都超过了学校为了学生的道德发展所刻意安排的各种“轰轰烈烈”的活动。因此，他对学校生活中的种种不道德的现象进行了反思。他认为，应然的学校生活首先应该具有儿童生活的特性，即无外在目的性、日常性、游戏性和独立性。然而，实然的学校生活却具有过度的人为性，即强烈的外在目的性和控制性。实然的学校生活粗暴中断、改变了儿童本己的生活，让学生在潜移默化中过上了不道德的生活。③

高德胜在《道德教育的20个细节》一书中又进一步细致地分析了学校生活中20个不道德的细节。例如，从学生敬礼，而教师不敬礼这个细节出发，剖析了教师不礼貌行为的教育效应，他认为，由于教师和学生的权利与利益的不对称、地位的不对称以及人格和品行的不对称，发生了教师对学生的“不礼貌的不关注”，这种行为明显具有“成人主义”的特征，传递了成人对儿童的不尊重，可以不重视处于弱势地位的人的观念，此外还会给学生带来心理上的困扰。④ 从学校发生了事故却不能打“110”这一细节出发，论述了学校作为群体的自私性及其所来的负面道德影响（教学生自私、教学生说谎、教学生老于世故、教学生热爱权力）。⑤从人们常说的“女生学不好理科”出发，剖析了教育中的性别偏见现象，认为性别平等、尊重差异以及自由选择是实现性别公正的三个维度。⑥通过20个细节的分析，高德胜认为我们可

① 檀传宝，班建武. 实然与应然：德育回归生活世界的两个向度［J］. 教育研究与实验，2007 (2).

② 邬冬星. 品德与生活、品德与社会课程回归儿童生活的教学策略［J］. 课程·教材·教法，2006 (9).

③ 高德胜. 生活德育论［M］. 北京：人民出版社，2005：102-149.

④⑤⑥ 高德胜. 道德教育的20个细节［M］. 上海：华东师范大学出版社，2007：1-7、69-78、149-159.

以得出这样几个基本的结论：德育思维由专门转向了整体；德育重点由德育活动转向了“非德育活动”；德育范式是提高学校生活的道德质量。①

（三）教学生态与德性形成

郭思乐研究了教学生态对于德性形成的重要意义，他认为，儿童在良好的教学生态中会自动形成德性。在良好教学生态中生成德性的方式有别于常用的原发于儿童外部世界的晓理教育、制度教育、奖惩教育等外力或刻意方式（尽管这些形式常常是必要的），其本质就是，我们不是主要靠外来力量改造孩子，而是让孩子们在良好的学习生活中“自己成为好孩子”。他还认为，认识素朴的德的存在、特性和生成机制，是认识良好教学生态在德育中的地位的关键；认识教学——学习在整个儿童生活中的核心地位，是认识良好教学生态在德育中的真正基础地位的前提。教学生本化是形成良好教学生态和建立德育真正基础的关键。②

（四）生活德育的实施策略与途径

刘铁芳提出生活德育的实施要“更新德育理念，关注个体生活和德性发展；从学生生活出发，选择切近儿童生活实际的德育主题，创设有意义的教育情境；关注学生的生活体验，关注师生平等对话；引导学生自主思考，积极探究、体验，促进德性品质的内在生成；在突出儿童的自我理解、自我陶冶的过程中，坚持教育者必要的价值引导，在开阔的可选择的价值空间里，提高学生的价值判断、选择能力，倡导积极的价值选择，激发学生在可能的视界中不断超越自我，追求人生更高的价值理想”。③

董伟武提出生活德育实施的途径是：首先，建立以“三德”（社会公德、职业道德和家庭美德）为主导，以“人本”（即以人为本）为主体的多层次的目标体系；其次，以理论学习、生活育成、反躬，修身、情境创设、人造“育德场”等为主要形式，实现德育手段和德育模式多样化发展；最后，实施“六个结合”，即生活德育与学校德育相结合，生活德育与理论德育相结合，生活德育与文明修身相结合，生活德育与主导德育相结合，生活德育与自觉德育相结合，生活德育与情境特设相结合，推动德育生活化的持续发展。④

邵广侠认为，生活德育的实施要注重真实性，增强道德教育的感召力；注重针对性，增强道德教育的吸引力；注重创造性，增强道德教育的生命力；注重实践性，增强道德教育的震撼力。⑤ 他认为，生活德育的现实路径包括：（1）德性培育必须确立

① 高德胜. 道德教育的20个细节［M］. 上海：华东师范大学出版社，2007：196-202.

② 郭思乐. 德育的真正基础：学生的美好学习生活——论教学生态在德育中的地位［J］. 教育研究，2005（10）.

③ 刘铁芳. 面向生活，引导生活——回归生活的德育内涵与策略［J］. 教育科学研究，2004（8）.

④ 董伟武. 生活德育理论及其应用局限简论［J］. 理论与改革，2008（4）.

⑤ 邵广侠. 生活道德教育焕发生机和活力的途径探究［J］. 江西教育科研，2006（9）.

以人为本的生活育德理念（顺应人性）；（2）重建德性培育课程结构，融通德性培育课程与生活世界的关系，密切德性培育课程与其他课程的联系；（3）丰富和创新德性培育模式，凸显德性培育过程的生活性、活动性、情感性和生成性等特点；（4）改革德性培育的评价模式，坚持科学化评价。生活德育的评价要求实行全面评价、多元化评价、后效化评价。①

庄永敏认为，建构生活视界中的学校德育要做到：（1）唤起主体的自我意识；（2）尊重学生的主体地位；（3）发展学生的主体能力；（4）塑造学生的主体性道德人格。②

四、对生活德育的反思

“生活基础论也并不是完美无缺的理论，它同样会遇到一些诘难。”③ 国内有学者对生活德育进行了一定的反思和质疑，焦点主要集中于这样几个方面。

（一）以生活为基础是否意味着对其他“基础”的否定

唐汉卫在其《生活道德教育论》一书中指出，生活德育论可能遇到的一个诘难就是“以生活为基础是否就意味着对其他‘基础’的否定”。他认为，答案是否定的，“提倡道德教育的生活基础，并不意味着完全否弃历史上对道德教育基础的其他认识和探讨的价值，但比较而言，我们认为生活更能全面、真实、贴近地概括道德教育的本性或特质。”④不过，冯文全则认为，针对我国学校德育“课堂化”、“知识化”、“政治化”、“说教化”等弊端而提出德育要面向儿童生活的主张是值得肯定的，但是，其提法本身带有去知识化、去政治化、去学校化乃至否定道德知识的普适性和确定性的形而上学和相对主义的思维色彩，加之缺乏厚实的理论基础和德育实践的检验与支持，在一定程度上造成了德育理论的混乱和德育实践的迷茫。从哲学的角度看，“生活德育”论的提法从一个极端跳到另一个极端，因而具有浓重的形而上学色彩。⑤ 邵广侠认为目前“生活德育”的实施也存在着非此即彼思维方式，即割裂生活德育与传统德育的关系，全盘否定传统德育中的合理因素。⑥张忠华认为，生活德育不是万能的，知性德育是必需的。⑦

（二）回归生活是否意味着生活就是自足的

唐汉卫还指出，生活德育论可能遇到的另一个诘难是“以生活为基础是否就意

---

①⑥ 邵广侠. 生活德育实施中存在的问题及成因分析［J］. 教学与管理，2007（6）.

② 庄永敏. 生活视界的学校德育探讨［J］. 中南民族大学学报（人文社会科学版），2006（3）.

③④ 唐汉卫. 生活道德教育论［M］. 北京：教育科学出版社，2005：93.

⑤ 冯文全. 关于“生活德育”的反思与重构［J］. 教育研究，2009（11）.

⑦ 张忠华，耿云云. 对生活德育理论研究的反思［J］. 教育科学研究，2009（10）.

味着生活就是自足的”。具体地说就是生活对道德教育来说是否是完美无缺的、自足的？所有的生活对道德教育来说是否都具有同等重要的意义？我们提倡学生过一种怎样的生活？[①] 王鲜萍认为，伴随着道德教育强调生活化，生活本身所附着的琐碎、肤浅、低下和庸俗也随之而来。而缺少了震撼性的“宏大叙事”的道德教育，难以展示出一种真正和持久的力量和崇高、神圣的感觉，难以产生感召和激励作用。因此她认为，道德教育在生活叙事与宏大叙事之间保持必要的张力至关重要。[②] 冯文全认为，从教育学的角度看，“生活德育”论否定学校教育在青少年品德形成与发展过程中所起的主导作用，因而严重违背教育规律和青少年品德形成发展规律；从德育社会学的角度看，“生活德育”论企图在幻想中摆脱社会对德育的政治影响和价值引领，因而是一种非理性的德育主张。[③] 张忠华认为，对生活界定得太泛，缺乏价值上的判断。[④] 郑富兴从生活空间的角度思考了这个问题，他认为，人们一旦把眼光转向学生的生活，却又产生了许多问题。学生在哪里生活？如果关注的是学生现在的学校生活和家庭生活，那么学生以后在家庭和学校之外的生活又如何看待呢？这里存在一个学校道德教育的生活空间问题。由于个体的道德发展不仅具有时间上的发展性，也具有空间上的迁移性（情境性）。因此，他认为，学校道德教育应该通过反思性道德学习，帮助学生形成初步的道德智慧，为学生适应在熟悉与陌生、虚拟与现实的空间中穿行的现代生活做准备。[⑤]

（三）其他问题

张忠华通过梳理国内生活德育的相关研究认为，目前的研究还存在这样几个问题：（1）生活德育概念有待提升；（2）生活德育模式研究贫乏；（3）生活德育实施策略空泛且缺乏可操作性。[⑥]邵广侠认为生活德育在实施中也存在一些问题：（1）新瓶装陈酒；（2）教育内容偏离德育目标，一味地标新立异，失去了正确的价值导向；（3）回归生活简单化。此外他还分析了问题的成因：一是对生活道德教育解读有误；二是理论本身存有瑕疵（理论自身还存在模糊的东西，易于使人产生歧义；理论界简单地移植、借用了大量西方生活教育理论的概念术语和僵化呆板的文字，缺少充满着个体体验的真诚的教育实践话语）。[⑦]

专题七：2005 年以来我国高校德育研究的主要进展

本研究资料主要来自于“CNKI 中国期刊全文数据库”和“CNKI 中国优秀博硕

---

① 唐汉卫. 生活道德教育论［M］. 北京：教育科学出版社，2005：94-95.
② 王鲜萍. 道德教育：在生活叙事与宏大叙事之间保持张力［J］. 教育导刊，2010（2）.
③ 冯文全. 关于“生活德育”的反思与重构［J］. 教育研究，2009（11）.
④⑥ 张忠华，耿云云. 对生活德育理论研究的反思［J］. 教育科学研究，2009（10）.
⑤ 郑富兴. 论学校道德教育的生活空间［J］. 教育理论与实践，2005（10）.
⑦ 邵广侠. 生活德育实施中存在的问题及成因分析［J］. 教学与管理，2007（6）.

士学位论文全文数据库”。在“CNKI中国期刊全文数据库”中以篇名“高校”+“道德”为检索词可获得2005年以来的相关文献1 233条；检索“大学”+“道德”可获得相关文献249条；检索“大学”+“德育”可获得相关文献501条；检索“高校”+“德育”可获得相关文献3 144条；检索“大学”+“思想政治教育”可获得相关文献272条；检索“高校”+“思想政治教育”可获得相关文献4 449条。在“CNKI中国优秀博硕士学位论文全文数据库”中以篇名“德育”为检索词进行检索可获得2005年以来的相关博士学位论文9篇；检索“思想政治教育”可获得相关博士学位论文6篇；检索“高校”+“德育”可获得相关硕士学位论文167篇；检索“大学”+“德育”可获得相关硕士学位论文25篇；检索“大学”+“思想政治教育”可获得相关硕士学位论文15篇；检索“高校”+“思想政治教育”可获得相关硕士学位论文238篇。另外，通过图书馆书目检索获得2005年以来出版的与高校德育相关的专著22部。通过对相关可获得文献的初步浏览可以发现，近五年来我国高校德育研究领域虽然公开发表的论文数量十分庞大，相关选题的硕博士论文也非常多，但真正有水平的学术成果并不多见。和德育研究的其他领域相比，高校德育研究可能仍然十分薄弱。为便于综述该领域学术研究的主要进展，笔者主要根据论文（著作）选题的前沿性、相关文献作者的研究水平与专长及论文所发表期刊的学术声誉等，对上述可获得文献进行了有选择的下载和阅读，经文献分析最终选择了58条文献作为对近五年来我国高校德育研究领域学术进展进行综述的知识基础。

高校德育是德育研究与高等教育研究的交叉领域，相关研究成果具有德育和高等教育的双重性质。根据德育研究的一般框架，同时考虑到高校的特殊性，对于2005年以来我国高校德育研究领域的学术进展，本文主要从高校德育理念、高校德育主体、高校德育内容、高校德育模式和大学道德危机五个方面进行综述。

一、高校德育理念

德育理念是开展德育活动的根本指导思想。高校德育理念研究是当前主流德育理念在高校德育研究过程中的运用。

（一）生命德育论

生命教育是一种教育新理念，德育研究中对于生命教育的关注导致了生命德育理念的产生。在近五年关于高校德育理念的研究中，生命教育受到了普遍的关注。有学者认为，意义教育与道德教育的断裂引发了大学德育与生命的摩擦。引领生命教育与道德教育“相遇”是大学应有的职责。基于对生命的关怀，大学德育应依据道德践履与意义世界建构的关系，从大学生的精神需要出发，通过整合德育课程、道德体悟教育，吁请意义和道德与生命的相遇①。还有学者将生命与道德教育纳入文化传承的历史过程中进行审视，围绕个体生命与道德教育在历史发展过程之中的种种交涉，以生命为切入点，深入剖析当前高校德育存在的种种问题，并从文化传承的角度，对传统道德的生命意义进行了多方位的挖掘，探索出了传统道德在现代教育中的意义和价值，以及传统道德的生命意义在现代社会传承和延续中的机理，并从目标、环境、内容与方法等多个方面对于当前我国高校德育变革中存在的问题进行了深入剖析，以探讨高校德育如何触动个体生命的深层结构②。

（二）知识德育论

知性德育虽然受到很多批评，但道德与知识的关联却仍然无法忽视。因为无论如何，道德知识都是实现道德可教性的必要途径。有学者从知识论的视域出发指出：道德作为人对世界的精神把握方式，离不开知识的基础。道德知识源于对道德的精神把握和对客观伦理关系的主观认识，它是承载或表征主体间价值关系的符号。道德知识的价值主要体现为彰显道德理性，为个体道德社会化提供知识基础，塑造人的品格，成为人的道德发展的重要力量。在现代社会中道德知识成为道德资本的资源：一方面，作为知识的一个来源，道德知识使高校德育课程成为可能，道德知识是高校德育课程的认识论的基础；另一方面，道德知识也被高校的德育课程所规训，使德育课程成为人与道德知识相遇的场所，与此同时也成为一种塑造人的空间③。

（三）文化德育论

整个社会系统中，高校是一个重要的文化机构，具有浓厚的文化气息，文化乃大学之所为大学的根本所在。有学者认为，在大学德育研究中引入文化学取向是时代境遇下的理性自觉，关注"基于文化情境的大学德育研究"和"具有深刻的文化关怀意识"是文化取向下的大学德育研究所具有的特定含义和旨趣④。在多元文化背景下，大学德育课程教学目标应表达培养道德新人的文化诉求；大学德育教学模式与策略的选择应取向于建构大学德育课程文化模式。文化取向下的大学德育课程的设计和组织不是在课程文本内部的游弋，而是应基于在课程文本与社会道德文化、道德境域互动的关系上，对德育的全部领域和时空进行比较系统的筹划⑤。德育作为高校文化活动的一种重要的方式，其根本目标在于"成人"。有学者指出，文化是构成大学德育的基本要素，同时它又是经济、政治作用于德育的"中介"，即经济、政治对大学

---

① 韩玉，易连云．道德关怀：让道德和意义与生命相遇［J］．高等教育研究，2010（2）：79.
② 杨洋．生命视域下的传统道德与高校德育变革［D］．西南大学博士论文，2009.
③ 邓达．知识论域下的高校德育课程［D］．西南大学博士论文，2008.
④ 郑忠梅．大学德育研究的文化取向［J］．高等教育研究，2009（12）：58.
⑤ 郑忠梅，张应强．文化取向下的大学德育课程教学设计［J］．教育研究与实验，2009（4）：48.

德育的影响作用一般都要通过文化的耦合来实现和表现①。有学者指出，长期以来我国高校德育施行的是一种文化灌输。针对这种情况，一个符合逻辑的解决方案就是赋予高校德育以文化主体的地位，使其能按自身的文化法则进行自为、自律的运动。我国高校现行德育模式存在着“文化性”、“整体性”以及“联系性”缺失的问题，未来应努力建构一种“文化全息”式的德育模式②。此外，跨文化交流对于高校德育的影响是文化德育论的另一个焦点。有学者指出，随着国际交流日盛，异质、异域文化的冲击已日益为人们关注。在跨文化视野下寻求高校德育的变革是高校德育当下必须回答的问题。跨文化视野下的高校德育应树立“包容”与“扬弃”的目标观，走向跨文化的“公正”与“共生”③。跨文化视野下的高校德育就是要通过在历史、现实与未来的总过程中进行文化定位，以寻求文化差异的内在原因和填补差异的有效途径，并探索不同文化形态之间在深层结构和内在本质方面的共同点、联系点和生长点，最终在对共同性和协调性的世界文化的积极创造中达到对跨文化的真正理解与超越④。

（四）生活德育论

出于对德育意识形态化以及德育智育化和知识化的反思，“回归生活”成为当前我国高校德育的一个重要理念。有学者指出，高校德育的根本任务在于帮助大学生完成其对人生意义的求索和生存质量的提升，构建与学生的生活紧密结合的、生活化的德育格局是高校德育的真谛。根据生活德育理念，生活本身就是德育的源泉。大学生德性的发展和他的生活一脉相承，过什么样的生活，就受什么样的德育，就会有什么样的德性⑤。德育路径生活化就是要紧密结合学习主体的生活实际，以生活为中心进行道德教育。有学者指出，去生活化是造成当前我国大学德育低效的主要原因。其主要表现为德育观念上过度理性化，德育对象缺失主体地位，德育过程脱离学习主体的生活实践，以及德育情境脱离社会实际。回归生活是我国高校德育走出困境的现实选择，回归生活的内核就是要回归实践、回归多样、回归应用和回归交往⑥。我国高校传统的思想政治教育大多凌驾于社会生活之上，脱离了社会生活，这种弊端违背了思想政治教育的本质。要提高大学生思想政治教育的实效性，必须使大学生思想政治教育回归生活世界，回归真实生活。大学生思想政治教育向生活教育的转向是时代与社会发展的要求，也是提高思想政治教育实效性的一种有效途径⑦。

---

① 彭未名. 大学德育：在文化动力中生成［J］. 高教探索，2005（5）：25.

② 朱炜. 文化视域中的高校德育研究［D］. 华东师范大学博士论文，2006.

③④ 邓达，易连云. 跨文化视野下的高校德育变革［J］. 高等教育研究，2006（1）：94、96.

⑤ 李大健. 生活化：高校人本性德育的真谛［J］. 教育研究，2008（9）：76.

⑥ 文艺文. 大学德育路径生活化［J］. 道德与文明，2007（5）：69.

⑦ 赵崇峰. 关于大学生思想政治教育生活化的思考［J］. 教育理论与实践，2009（6）：20.

（五）人本德育论

以人为本是时代发展的必然要求，也是教育发展的必然选择，因此，教育人学就成为当前我国高校德育理念变革的根本指南。有学者指出，当前我国高校德育的人学观是“实体”人学观，它表现为人的精神与身体相分离、“人是单子式存在”和“人是物”的物性人学观。精神与身体分离的预设使大学德育忽视了环境的道德教育意义，造成主—客形式的关系结构，使大学德育走向学科化和知识化，大学德育的研究者与研究对象相互分离；单子式存在的人学观致使大学德育走向灌输、边缘化和相对主义；物性人学观中的大学德育埋没了人性，遮蔽了学生的创造性①。有学者指出，大学德育低效的症结在于大学德育异化成了技术德育。由于受社会发展文化背景的影响，主要是科学主义、实用主义和工具理性的影响，无论是主观定位，还是客观操作都呈现出技术痕迹。其根源在于以技术化操作来解决思想道德的内生性问题，其解决途径就是使德育回归人性②。有学者通过对 1949 年以来我国高校德育政策、理论与制度三个层面发展路径的历史梳理与分析后认为，我国高校德育思想在经历了剧烈的观念变革和实践碰撞后，显现出了一个较为清晰的由“神圣化”向“人本化”回归的路径。不过，对“人”的本真理解的差异和制度变迁中的“路径依赖”，仍不同程度地制约着我国高校德育的理念和制度变革。未来我国高校德育应以培养负责任的合格公民作为发展的基本价值诉求，从而实现从底线层面将“以人为本”的德育理念真正具体化③。总之，“人本回归”已成为当前我国高校德育的基本趋势。真正把向“人本回归”理念落实到大学德育过程中，一是要实现教育个体价值与社会价值的统一，二是要实现德育结构中教育者与受教育者“双主体”价值的统一，三是要实现大学生现阶段需要与可持续发展的统一④。

（六）美德伦理论

底线伦理和美德伦理是两种不同品性的伦理形态。前者强调人们行为的合规则性，以社会调控、他律约束为实现机制；后者着眼于人的品质塑造，以自律与激励为其实现机制。有学者指出，高校德育应坚持美德伦理的价值取向。美德伦理既具有理论上的前瞻性和先导性，在实践上还具有与克服困难相联系的可实现性。以美德伦理为取向的高校德育要确立并强化大学生在美德养成上的动机意识、自爱意识和习惯意识⑤。还有学者指出，与人才培养的理念错位和德育的知识化、课程化倾向相比较，大学德育对于“至善”理念的背弃以及由此造成的伦理精神支撑的软弱更为致命。

---

① 张香兰．当前大学德育的“实体”人学观及其批判［J］．江苏高教，2008（3）：113.
② 王仕杰．大学德育的异化与回归［J］．江苏高教，2006（6）：111.
③ 白萍．回归本体：新中国高校德育思想演进研究［D］．华中科技大学博士论文，2009.
④ 李进．大学道德教育“人本回归”的价值维度解读［J］．中国大学教学，2007（5）：56.
⑤ 马唯杰．底线伦理还是美德伦理——兼论高校德育的价值取向［J］．现代大学教育，2005（3）：18.

只有在理论与现实的双重意义上坚持美德伦理的价值取向，以高尚的人格目标塑造人，以优秀的道德品行吸引人，以澎湃的德性力量激荡人，才能使我们的大学德育真正复归到其应有的层次并取得良好效果。以“至善”为美德伦理的价值取向体现了“止于至善”的大学理念，大学教育“止于至善”的理念决定着大学德育应该在理论与现实双重意义上坚持美德伦理的价值取向①。还有学者指出，如果说小学德育和中学德育分别是以自我为中心的规范约束性教育和以社会为中心的理解性教育为主，那么高校德育则应注重把培养境界道德，即德育主体充满信心地对于他律与自律有机融合的不懈追求，经由学习者经验印证的参与，把一定的社会思想和道德知识转化为主体的道德觉醒的教育。它不仅表现为行为上的道德和谐性，也表现为深刻的道德意义体悟。高校境界德育是学校德育的最高阶段，它是一种指向人与道德、人与社会、人与自我的相互依存和个体道德信仰不断强化的精神追求②。

二、高校德育主体

道德与主体具有不可分割性，没有主体便没有道德，没有道德主体也是不完整的。即使有了主体，如果主体不服膺道德，不信服道德，也没有道德。德育是一个道德诸主体间双向，甚至多向互动的过程。处理好诸主体间的关系，确保德育主体性的实现是高校德育成功的关键。有学者调查发现，目前我国普通高校德育教师队伍专业化程度很低，主要表现为在岗德育教师受过本专业训练的人数少，队伍不稳定，社会声誉不高，准入制度不健全，研究能力不强。普通高校德育教师的专用性差，德育效果不理想，原因在于高校重视德育工作，但不够重视德育教师队伍建设，教师过于偏重课堂教学而不重视与学生的沟通与交流。提高我国高校德育的有效性就需要建立健全德育专业教师准入制度，以提高从业人员接受本专业教育或训练的程度，加强高校德育教师队伍专业化制度研究和试点工作，构建德育教师队伍进入、培养、成长机制，并在德育理论教学中留给教师一定的自由空间③。还有学者以道德“人学空场”、道德伪善、道德权利的遮蔽为例指出了当前我国高校德育过程中的反道德现象，在此基础上提出了实施主体性道德教育的必要性及策略④。也有学者从施教主体和受教主体两条线进行分析，指出了我国高校德育主体当前面临的困境。具体而言，德育主体观念上的矛盾困境主要表现为：自我意识的矛盾困境、价值取向的矛盾困境、人格意识的矛盾困境；高校德育主体交往行为的矛盾困境主要表现为：施教主体与受教主体

① 吴昌政．大学德育的价值取向［J］．道德与文明，2006（1）：48.

② 白勤，易连云．道德信仰：高校境界德育的价值取向［J］．高等教育研究，2009（11）：70.

③ 李军法．普通高校德育教师队伍专业化程度的调查分析——以河南省为例［J］．高等教育研究，2008（8）：67，74.

④ 章迪薇．高校主体性道德教育研究——对当前道德教育中反道德现象的思考［J］．东华大学学报（社科版），2009（2）：96.

之间交往行为的矛盾困境、施教主体间交往行为的矛盾困境和受教主体间交往行为的矛盾困境。高校德育主体的矛盾困境对高校德育主体的人性，对高校德育主客体的关系以及高校德育的实践具有双面价值①。针对我国高校德育实践中德育主体面临的困境、主体间的不和谐现象以及种种反道德现象，还有学者从国家、社会、个体三个层面的主体性角度，围绕"六端"展开了讨论：一是"前端与后端"，着眼于马克思主义理论体系（前端）与中国传统道德思想（后端）的关系，探讨"两个祖宗"问题；二是"上端与下端"，着眼于信仰（上端）与科学（下端）的关系，探讨精神动力与智力支持的"双重价值"问题；三是"顶端与底端"，着眼于上层建筑（顶端）与经济基础（底端）的关系，探讨主流价值和多元取向的"二难选择"问题。以此"六端"为基础，我国高校德育主体和谐建设的三个维度：一是在国家层面构建中华传统与马克思主义的内在和谐，既体现"中国特色"又具有普世意义；二是在社会层面构建私权与公权的内在和谐，既尊重多元选择又弘扬主流价值；三是在个体层面构建信仰与科学的内在和谐，既提供精神支撑又发挥现实功能②。

三、高校德育内容

我国高校德育内容非常宽泛，大致可以分为政治教育、思想教育和道德教育三大类。有学者指出，在功利主义的影响和工具理性的驱使下，我国高校的德育内容过多地承载了意识形态的功能，使德育本体出现了不应有的缺位，其结果德育的意识形态化导致德育内容"鸠占鹊巢"，德育方法"缘木求鱼"，从而使大学德育陷入了价值丧失、基础虚浮、地位滑落的困境③。还有学者通过对改革开放以来我国高校德育在社会变革中的发展进程进行分析后指出，我国高校德育课程设置的理论基础是马克思主义经典作家的德育课程思想。通过对以"社会实践"为核心的活动性德育课程和以"校园文化"为代表的隐性德育课程的阐释，指出了我国高校德育中非专门德育学科课程的德育功效。要实现我国高校德育现代化转型，必须充分吸收、整合中外优秀德育资源，在反思中揭示高校德育的走向，立足"整体教育"的视野，回归本真的德育价值取向，追求德性的可持续发展④。

（一）制度伦理

有学者指出，德育的低效与高校制度伦理的建设有紧密的关系。一方面德育理念、内容、方法等问题与制度伦理的缺失相关，制度伦理的缺失间接导致德育低效；

---

① 李英林. 高校德育主体的矛盾困境及其超越［D］. 东北师范大学博士论文，2008.

② 杨清明. 高校德育主体和谐初论［D］. 西南大学博士论文，2008.

③ 吴俊清. 大学德育：功能嬗变与本体回归——基于意识形态与道德之间张力的认识［J］. 教育理论与实践，2007（1）：54.

④ 许瑞芳. 社会变革中的中国高校德育转型研究（1978—2005）［D］. 华东师范大学博士论文，2006.

另一方面学生个体德行养成与高校制度安排所造就的高校文化环境直接相关，制度伦理缺失成为德育低效的直接诱因。提升德育效果需要高校加强制度伦理建设①。还有学者指出，为了改善德育的效果，高校内部管理必须具有道德内涵。我国高校必须从道德的维度改善内部管理，即必须从高校内部管理理念、师德素养、管理制度和学校整体管理行为的道德性入手，着力创建民主开放、活泼和谐的道德校园②。

（二）德育课程

有学者指出，当前我国高校德育课程建设的困境主要有：德育课程地位的失落；课程内容的失宜；课程实施的失效；课程评价的失实。德育课程建设陷入困境的根源主要有：价值性工具与工具性价值的矛盾；课程目的的一元性与学生需求的多元性的矛盾；显性德育课程内容的认知性与德育内容内化过程的体悟性的矛盾；德育内容的精神性、思辨性与科学方法的实证性、精确性的矛盾。要使我国高校德育课程建设走出困境，课程目的应定位于培养“人”的德性；课程内容建设应更接近学生的生活；课程实施要加强显性与隐性课程的结合；课程评价要注重过程，以评价促发展③。还有学者指出，高校的教学改革必须把道德价值作为改革的重要参照和目标追求，既要做到科学合理性又要做到道德价值合理性。教学必须能够促进人与文化的双向生成，教学必须是师生共享共生的活动，教学必须要尊重人的自主和理解。伦理道德目标应该成为所有课程教学改革和发展的内在变量、内在要素④。

（三）德育新课题

除了传统的政治教育、思想教育和道德教育的内容之外，当前我国高校还面临一些德育的新课题。

1. 网络道德教育。有学者指出，网络道德是指网络活动中网络活动主体能够从尊重人性、社会和谐以及从网络技术特点出发，尊重科学，通过社会舆论、传统习惯和内心维系的、调整人和人、个人和社会之间关系的，并以善恶观念来进行批评的行为规范的总和。它作为一种新型的道德意识和行为规范受一定社会的政治、经济制度和文化传统的制约，具有一定的民族和社会特点⑤。有学者指出，网络道德失范造成的大学生道德人格分离、价值取向扭曲、道德情感淡漠、道德责任感缺失等对大学德育产生了很大的负面影响。纠正网络道德失范对大学德育负面影响的策略是树立和培育正确的网络道德观，减少大学生的逆向选择和道德风险行为，提高他们自觉抵制“网络垃圾”、遵守网络道德的水平。具体制度安排是大力实施规范的网络道德教育

---

① 罗健. 大学德育的低效与制度伦理的缺失［J］. 复旦教育论坛，2007（1）：49.
② 崔欣伟. 论高校内部管理的道德维度［J］. 江苏高教，2006（3）：50.
③ 符文忠. 高校德育课程建设的困境及其成因与出路［J］. 课程·教材·教法，2005（10）：73.
④ 赵欢春. 高校教学的道德追问［J］. 江苏高教，2007（5）：69.
⑤ 唐慧荣. 建立我国大学生网络道德的教育机制［J］. 教育理论与实践，2007（2）：42.

体系，积极开展反"网络垃圾"的道德网站建设和软件研发，组织大学生参与校园网络的维护和管理，健全大学网络德育的考评机制①。还有学者通过问卷调查发现，网络交往对大学生道德认知与道德情感负面影响的程度与大学生孤独量表的得分呈显著相关；网络交往对大学生道德认知与道德情感负面影响的程度与大学生社交焦虑量表的得分呈显著正相关；网络交往对大学生道德认知与道德情感负面影响的程度与大学生社会支持量表的得分呈显著负相关。孤独感和社会支持对网络交往对道德认知和道德情感的负面影响程度有预测作用②。

2. 职业道德教育。随着就业压力的逐渐加大，大学生职业道德教育的重要性得以凸显。有学者指出，将大学职业道德教育等同于一般职业道德教育有悖于大学德育至善价值取向，造成大学职业道德教育应然与实然的矛盾。大学职业道德教育由规范约束向意义引领的教育范式的转换能够使矛盾由冲突走向融合，彰显大学职业道德教育的独特性。大学的职业道德教育不能只停留在规范约束的生存教育，它应该既是"做事"的教育更是"做人"的教育③。

3. 性道德教育。有学者指出，现在部分大学生和社会性道德规范产生对立与冲突的价值观念与行为模式，存在性道德越轨的现象。其原因与社会道德环境和个人的道德修养欠缺有关，同时也是其道德发展不成熟的表现。"情景定界"是其主要触发因素。"同伴互助"是有效的性道德越轨的矫正模式，它具有积极的矫正功能，同伴可一起获得性道德教育④。还有学者指出，性道德素养是大学生成长成才必备的品质。当前大学生性道德表现出诸多错位和缺位现象，比如性道德知识缺乏、性观念偏离、性行为表现出功利性、性交发生率呈上升趋势、漠视爱情的责任性、性爱行为缺乏自律等。大学生性道德教育必须纳入学校素质教育的视野中，培养出一支具有较高素质的教师队伍，找准着力点，增强教育的实效性，构建性生理、性心理、性伦理、性法律教育有机结合的全方位的性道德教育模式⑤。

4. 生态道德教育。有学者指出，在高校道德教育中培养学生的生态道德观有其客观可能，当代中国的生态现状以及高校教育中生态道德的缺失都使得对高校学生进行生态道德观的培养具有现实意义。生态道德观的内涵体现为整体和谐观、动态平衡观以及可持续发展观，对生态道德观的理解有助于在教育的过程中对学生生态道德观的培养⑥。

---

① 唐百友，等. 网络道德失范对大学德育的负面影响及其纠正［J］. 湖南大学教育科学学报，2008（1）：86.

② 郭中然，姜国俊. 网络交往对大学生道德认知与道德情感负面影响的干预对策研究［J］. 教育理论与实践，2008（专刊）：61.

③ 韩玉，易连云. 从规范约束到意义引领——生存论视域下的大学职业道德教育［J］. 高等教育研究，2008（11）：94.

④ 史红. 大学生性道德越轨以及"同伴互助"的矫正［J］. 黑龙江高教研究，2008（9）：100.

⑤ 刘璠. 当前大学生性道德状况及教育对策思考［J］. 理论界，2009（12）：207.

⑥ 刘开森. 生态道德观：高校道德教育的新目标［J］. 教育学术月刊，2009（2）：71.

四、高校德育模式

有学者指出，我国高校现行德育模式以政治教育为核心、以思想教育为基础，这种模式首先满足的是国家的政治需求；而大学生需求的德育模式则是以道德教育为核心、以公民教育为基础，这种模式首先满足的是大学生学习做事和做人的基本需求。现行德育模式因忽视作为德育主体的学生的客观需求，呈现出使德育内容构成比例向国家的政治需求走偏的态势，这种“偏态”是我国高校德育低效性的根本原因。未来我国高校德育模式需要从“以政治教育为塔基，以思想教育为塔身，以道德教育为塔尖的金字塔”模式向“以道德教育为塔基，以公民教育为塔身，以政治教育为塔尖的金字塔”的新模式转变①。还有学者指出，传统的大学德育模式主要是给予性德育模式和选择性德育模式两种。给予性德育模式是极端功能主义，人的道德是被给定的，道德仅仅由程序产生，具有唯一的合法性。选择性德育模式在激发人的创造性与主动精神方面具有进步性，但仍然是一种极端存在哲学，人自己形成其道德。大学德育生活化模式认为，道德既是被给定的，同时又是自我设定的，德育是一个“理解”和“建构”过程。德育生活化模式要求在德育思想、内容与手段三个方面进行根本的变革②。还有学者以哈耶克的“自生自发社会秩序原理”为基础，指出新中国成立初期我国高校德育思想的发展表现出了较为典型的“唯理性主义建构”特征，高校德育在对道德理想国的追寻过程中，由“神圣化”走向了“异化”。21 世纪以来，“以人为本”和公民道德建设逐渐成为我国高校德育的某种共识，但是与高校德育政策以及理论层面的文化进化理路相对应，我国高校德育的制度建构在新时期仍然陷入了一定程度上的“路径依赖”，依然具有较为强烈的“知识灌输”和“政治规训”色彩③。

（一）道德学习

有学者指出，从青少年的认知特点和教育规律来看，基础教育阶段的少年儿童在道德教育方面宜以养成教育为主，而高等教育阶段的大学生在道德教育方面宜以学成教育为主。“养成”注重的是习惯的培养，“学成”注重的是理论的反思。“学成教育”的哲学依据在于大学生作为具体的“人类主体”在道德认识中表现出的“主—客—主”图式；心理学依据在于大学生具有的认知心理学特征和情感心理学特征；教育学依据则是有关教育过程和教育主体的阶段化理论。高等教育阶段不是不要养成教育而是应该强调以学成教育为主，这样的区分反映了大学生德育本身所具有的阶段

① 孙宝云．我国高校德育模式分析［J］．高教探索，2005（6）：4．

② 文艺文．大学道德生活化模式［J］．道德与文明，2006（1）：43．

③ 白萍．回归本体：新中国高校德育思想演进研究［D］．华中科技大学博士论文，2009．

性和具体性。相对于养成教育的"习以养性"，学成教育主要是"学以悟道"①。还有学者指出，人类的学习可以分为知识的学习、技能的学习和道德的学习三种类型。知识学习强调接受、理解和创新；技能学习强调熟练和运用；道德学习强调潜移默化、个体觉悟和生活践履。道德学习又可细分为道德事实知识的学习、道德规范的学习和价值、信念的学习三个层次。对道德事实知识的学习需要运用一定的逻辑—认知的方法，也需要相应的思维判断能力。对道德规范的学习必须以日常情感体验来加以把握，将自己融于其中才可能获得个人的理解，内化为个人的需要。而价值、信念的学习则必须是在认知参与下，通过个体直接或间接的情感和实践体验去领悟和建构。在道德学习的三个层次中前者属于认知性学习，而后两个层次则基本上是情感体验性学习②。

（二）道德理性

有学者指出，道德理性作为道德主体的道德思考与抉择能力是道德主体之道德行为的必要条件。大学生的智力发展与道德发展决定了大学生道德教育更应该侧重道德理性的培育，道德理性能力的培育应遵循道德认识论的思维逻辑。大学生道德教育的起点是道德价值原则的传授，关键是道德推理和判断的训练。道德理性作为道德主体对道德思考、判断、决策并对象化为现实的能力，主要作用于道德主体的道德认识过程，只有在道德理性基础上实践道德行为的人才是真正具有理性的道德人③。关于道德理性还有学者指出，创新教育所代表的精神特质和传统道德教育有不一致的地方。科学的价值中立性以及科学创新对"对/错"观念的颠覆等对高校德育造成了巨大的冲击，今天大学中的创新人才的道德特质及科学的精神特质对于高校德育提出了新的要求。只有充分考虑这些要求，德育才能加快转型，为创新人才培养服务。不过，当前我国高校中道德和创新精神同等缺乏，而不是"过分强调创造力和个性，以至于驱逐了道德"④。

（三）道德批判力

有学者指出，个体对道德规范、道德现象的独立批判对德性的养成具有重要意义。道德批判力的形成是个体提升自我的道德教育水平，将道德要求转化为自我道德品质的自觉性前提。在我国高校德育中，道德批判力的培养经常被忽视，其结果引起大学生道德主体的失落，德育的导向作用被削弱，个体的道德智慧难以生长。文化传统中权威至上的思维模式、泛政治化的德育学科设置、教师责任意识的薄弱和专业化素质不足等因素造成了道德批判力在大学德育中的缺失。从当前我国高等教育发展的

① 张峰．关于高校德育学成教育的几点探讨［J］．高等教育研究，2010（2）：74，75.

② 李戬．大学生道德学习与教育策略探析［J］．高等教育研究（成都），2009（3）：66，67.

③ 洪明．大学生道德教育重在培养道德理性［J］．高等教育研究，2009（12）：72，74.

④ 冯润民．创新教育与高校德育的冲突和契合［J］．高等教育研究，2008（9）：90，93.

实际需要出发，大学德育应该明确道德批判力培养的意义，创设有利于道德批判力形成的育德环境，使大学生逐步形成成熟的道德批判力，从而能够正确地去应对人生道路上所面临的各种道德问题①。

(四) 后现代模式

有学者指出，从后现代教育理念角度反思我国高校德育，高校道德教育目标应追求普适性规范，重视多元价值并存；高校德育课程内容应摆脱封闭模式，构筑理论课程、经验课程与生活课程的共同体；高校德育策略应提倡对话体验；高校师生关系只有"去中心"、"去圣化"才能真正实现师生平等、民主交流，从而建立起完整、开放、自由、高效的高校德育新体系②。

(五) 德育系统工程

高校德育是一个系统工程。有学者以提高德育的实效性，探索德育科学化道路为主线，通过对德育系统的结构梳理和内容剖析，将目标系统、组织管理系统、内容系统、环境系统作为主要框架，研究了系统内德育队伍建设、德育实践体系、德育环境建设以及德育评估等核心内容，揭示出了高校德育过程中各要素之间的相互联系、相互作用，以及高校德育活动与外部环境之间的相互联系、相互作用的关系。除此之外，相关研究还对建设职业化、专业化的德育队伍，探索德育实践内容与形式的整合道路，德育硬环境、软环境的具体建设策略，德育评估系统的标准化构建等问题进行比较详细的阐述③。

五、大学道德危机

大学道德危机是当前我国高校德育研究无法回避的一个大的时代背景，如何化解大学道德危机既是高校德育研究的重要内容，也是高校德育研究的终极目标。

(一) 大学的德性

有学者指出，大学有自己的德性，即独善其身。作为独立从事培养人和发现、传承知识的共同体，大学的德性既在于自身的完满，也在于伦理上的善。如今的大学追名逐利，依附于现代国家，蜕化为官僚机构，权力代替了学术成为机构的核心价值追求，学术部落代替了学术共同体，这些都标志着大学德性的遗失。究其根源既是全球

① 戴岳，易连云. 大学德育中道德批判能力的缺失［J］. 教育学报，2008（1）：41.
② 赵志毅，等. 高校德育研究的后现代语境［J］. 高等教育研究，2005（12）：89.
③ 陈中建. 高校德育系统工程研究［D］. 南京师范大学博士论文，2008.

化的效应，也是物欲时代的结果，更是专业化的代价①。在关于大学道德危机的研究中，有学者指出，今天大学已经日益成为一个不讲道德只讲真理的组织机构，大学教师越来越倾向于放弃道德教育的责任②。正视高等教育中道德危机的存在，保持对于现代大学危机的高度关注，努力矫正现代大学中知性与德性的失衡是未来大学发展必须的选择③。今天我国大学所呈现出的道德危机的状况绝非空穴来风。我国大学所爆发的道德危机在理论上有必然性，在现实中也有客观性；我国大学道德危机的产生既不能忽视现代性道德危机的大背景，更离不开“中国式大学”的小环境④。还有学者指出，现代大学德育在道德相对主义、欲望主义与工具理性主义的合力作用下背离了大学精神和教化本性，持守价值中立、娱乐化和工具化的立场，导致了自身的异化。其结果，以促进大学生德性成长为目标的大学德育却导致了大学生人性的迷失和堕落，这是对大学生的发展不负责，也诱发了大学德育自身的生存危机⑤。还有学者认为，“道德责任”是大学的第四职能。大学的“道德责任”一方面来自大学内部的责任诉求，另一方面来自大学外部的共同愿景，它包括大学自身的“社会良心”的定位和对社会的道德教化，这些都是健全社会的必要保证⑥。但也有学者认为，高等教育虽然应该承担道德责任，但高等教育的首要原则仍然是理智和理性而非道德，高等教育对理性的责任要高于它对道德和价值观的责任。因此，高等教育实践中要处理好高等教育承担道德责任与学术自由的关系，道德教育必须符合理性的原则⑦。

（二）知识与道德

有学者指出，知识包括事实知识和道德知识，前者是人类对于外在客观世界的了解，后者则主要与人类的道德实践相关。价值教育所探究的是道德知识，揭示的是道德真理，寻求的是解放和自由而非控制和强迫，最重要的内容是如何过一个“美好和真诚”的人生。目前大学教育的主要目的是为工业发展提供必要的技术知识及其他相关知识。技术至上论和价值主观主义倾向是当今社会价值教育边缘化的一个重要原因⑧。还有学者指出，当前高等教育中知识与道德的疏离，造成了大学教育目标的偏离。由于知识教育在现代大学中所占的主导地位，从而使道德、道德教育在学校教育中的位置日益淡化和削弱。道德教育逐渐步入困境，产生了道德教育的低效性、边缘性、虚伪性、无根性等情形。知识与道德的整合是大学教育理应追求的目标，实现

---

① 高德胜．大学德性的遗失［J］．全球教育展望，2009（12）：19．
② 王建华．大学道德危机［J］．华东师范大学学报（教科版），2009（1）：23．
③ 王建华．高等教育中的道德危机［J］．教育发展研究，2009（11）：17．
④ 王建华．道德危机中的中国大学［J］．大学教育科学，2010（2）：8．
⑤ 张夫伟．论现代大学德育的异化［J］．江苏高教，2010（1）：109．
⑥ 孙华．论大学的道德责任［J］．现代大学教育，2007（1）：92．
⑦ 马凤歧．高等教育的理性原则与道德责任［J］．江苏高教，2009（1）：14．
⑧ 彭未名．重建价值教育：大学道德知识边缘化反思［J］．华中师范大学学报（人文社会科学版），2009（5）：124．

两者整合必须要守护文化传统，培育民族精神，加强科学精神和人文精神教育①。还有学者指出，只有坚持从学术立场、良知和正义优先的原则出发，才能保证大学社会批判的道德要求。道德是大学社会批判的前提，它给学者以批判的勇气和力量。良知和知识是相互联系的价值体，其中良知无疑具有优先性，没有良知或凌驾于良知之上的知识和理论必然是虚伪的。良知与人的价值本体同质同构，知识和理论必须要通过良知的指令、体系的真诚、实践的检验来获得证明②。

（三）学术道德教育

科学规范和学术道德是近年来我国高校德育研究所要面临的新问题。近五年来，由于学术不端所引发的学术道德失范已经成为我国高校德育研究领域的一个焦点。有学者通过调查发现，当前大学生学术道德缺失现象比较严重，主要表现为大学生学术道德意识普遍薄弱，违反学术道德的现象比较普遍。要扭转大学生学术道德缺失现象，必须规范大学生学术道德教育内容体系，利用各种渠道激活大学生学术道德教育的引导作用③。当前不只是学生，大学教师在学术道德方面的表现同样糟糕。对于高校中学术不端的归因，一种观点认为需要加强学术制度的建设，另一种观点认为需要提高大学人的学术道德水平。在关于学术制度的研究中，有学者指出，高校要摆脱当前所面临的学术失范危机，完善相关的惩治制度固然重要，但最为关键的环节还在于改进学术资源分配和学术评价制度，强化学术规范和诚信教育④。还有学者从失范社会学的角度，对大学领域中存在的学术道德失范的外在行为表现进行了分类，将它们划分为学术研究领域、学术评价领域及学术奖励领域中的越轨行为，并对每一领域的越轨行为依据一定的标准做了进一步的划分⑤。也有学者指出，针对学术失范，在加强学术制度建设的同时，还需要实施并加强科学规范和学术道德教育。通过学术制度建设与学术道德教育的双重途径，最终实现以学术为业的研究者恪守共同的价值观，遵循诚信、精确、效率和客观等原则以及学术履历、注释、引证、署名、数据处理、论文撰写和发表的行为规范，杜绝伪造、剽窃和个人偏见等学术不端行为⑥。

“十二五”德育研究前沿问题

2010年5月29日，德育学科组鲁洁、檀传宝、杜时忠、易连云、郑航，以及德育研究领域有学术成就的部分专家，包括金生鈜、孙彩平、王啸、汪凤炎、高德胜、

① 孙峰．大学教育的追求：知识与道德的整合［J］．西北师范大学学报（社科版），2008（1）：41.
② 刘振天，杨雅文．大学社会批判：知识、政治与道德［J］．高等教育研究，2005（7）：5.
③ 王雯姝，杜晶波．当前大学生学术道德缺失现象及引导［J］．清华大学教育研究，2006（3）：83.
④ 阎光才．高校学术失范现象的动因与防范机制分析［J］．高等教育研究，2009（2）.
⑤ 江新华．学术何以失范——大学学术道德失范的制度分析［M］．北京：社会科学文献出版社，2005.
⑥ 曾天山．高校教育科研中的法律和伦理问题［J］．高等教育研究，2007（6）：11.

王建华、严开宏、王本余、班建武，在南京师范大学道德教育研究所召开会议，分“德育基本理论研究”、“德育学科发展”、“中国传统德育思想研究”、“道德教育时代主题研究”、“公民教育研究”、“生活德育研究”、“高校德育研究”等几个专题总结了“十一五”德育学科研究的成绩和存在的问题。在此基础上，通过充分讨论，梳理出了“十二五”期间需要重点研究的重大课题。

一、学校德育工作状况的调查研究

我国一贯重视学校的德育工作，但由于受到应试教育和其他各种负面因素的影响，学校德育在一定程度上存在被边缘化和虚无化的现实，在不同学校的实践中德育状况也有很大的差异性。系统弄清学校（大、中、小学以及各种不同类型学校）德育工作的真实状态，系统描述出学校德育的日常运行和所存在的问题，会有助于我们找到摆脱德育困境的切实途径，也有利于找到德育理论研究和实践探索的突破口，并为国家制定相关方针政策提供参考。

二、德育实践（实证）研究范式的探索与创新

德育理论走向实践，德育实践升华为德育理论，形成理论和实践的良性互动，是德育研究长期追求但却未能很好解决的问题。“十二五”期间应对德育理论研究如何走向实践的路径问题作出较为深入和系统的研究。其中包括德育实践（实证）研究范式的创新；各种不同社会科学研究方法的运用；对学生已有各种德育实践活动（如学生社团、自愿者活动等）的调查研究；学校德育问题诊断研究等。

三、生活德育的实践探索

生活德育是“十一五”期间最有影响的德育思想之一，是德育理论和实践研究的重大共识，在理论研究上成果较多。虽然通过德育课程和学校生活细节的研究，生活德育初步走向了德育实践，但对生活德育如何全面走向实践，形成相应的实践模式，以期对学校德育产生更大的影响，则是需要进一步探索的问题。

四、中国特色公民教育的理论与实践研究

中国社会的进步有赖于公民的成长，公民教育是我国教育今后一段时间的核心主题。中国社会有自己的传统和现实，有不同于西方的历史与文化背景，如何突破公民教育的困境，找到公民教育的中国特色与人类文明之间的融合点，并奠定其人学基础是“十二五”期间公民教育研究的理论任务，与此同时要加强公民教育的实践研究，

在理论与实践双向互动中逐步建立我国公民教育的完整体系。

五、社会公正与道德教育

改革开放30多年来，我国取得了举世瞩目的经济成就。在这一过程中，社会深层的矛盾开始显露，今后一段时间内，社会改革是不得不做出的选择。“十二五”期间，进行社会改革，追求社会公正，建设一个公正和谐的社会，将是道德教育的重大社会背景。要针对新的改革形势研究德育工作如何培养新一代人的相应品质，使他们得以自觉参与社会改革、促进社会公正和公平，成长为积极公民。本研究包括：社会公正、公平观的历史演变脉络；当代青年社会公正公平观的特征与表现（调查与分析）；纳入德育体系的社会公正、公平教育。

六、全球化时代的中国道德教育与中国人精神基础的重建

全球化时代，中国加入了现代化的进程。在这个进程中，中国社会、中国人既分享了现代化的进步，同时也在遭受作为西方现代化精神基础的个人主义所带来的种种弊端，以及中国优秀文化传统被遮蔽、被遗忘的困境。在这样的大背景下，如何既能在改革开放中不断吸收现代化的营养，又坚守自己的基本价值取向和中国道德文化的基点，建构既体现自身民族身份也体现德育自身逻辑的德育体系。为重塑中国人的精神基础，并为在全球化多元价值的格局中作出中国道德文化应有的贡献，这应是今后德育研究的重大课题。这一课题可包括：德育精神基础的谱系研究；当代中国德育所面对的精神危机；中国德育精神基础的重构等。

七、道德教育如何观照年青一代的心灵

近年来发生的一系列社会事件，充分暴露现代人心灵的困扰。作为“新新人类”的年青一代，有他们独特的生存困境，有他们独特的“亚文化”，有他们对自身和社会的独有观念。要在充分了解新时期、新一代人特点的基础上对德育工作如何以自身的关怀引导、慰藉、涵养年青一代敏感的心灵，使他们既敢于追求自身的生存权利和幸福，也能超越个人的局限去追寻更高的生活目标，自觉担当改造社会的责任作出深入的研究。本课题包括：新一代人所面对的生存困境和他们的亚文化；建构适合新一代人特征的德育模式；学校德育和社会德育如何走进新一代人的生活等。

八、德育与幸福

我们这个时代所暴露出的诸多问题，背后都有幸福观的影子。很多矛盾，表面上看是社会问题，但实质上则是如何看待幸福的问题。现代人，包括青少年的很多心理和行为问题，都与错误的幸福观念有关，德性与幸福有着深层的、内在的联系。在过去的研究中，道德教育更多的是关注道德，对幸福的关注不够，“十二五”期间，幸福问题应该是一个新的研究热点。本研究领域可包括：德性与幸福、改革开放以来中国人幸福观念的变迁、当代青少年的幸福观现状调查、道德教育与新幸福观的重建等。

九、现代生活方式与道德教育

当代社会给人们的生活带来一系列的变化。生活方式的变革既表现在物质层面，同时也表现在精神层面。科学技术的发展，使人类既面临前所未有的机遇，也遭遇亘古未有的危机。现代生活方式的变革给学校德育带来了许多具时代特征的新课题，道德教育研究需要从理论与实践两个层面，对现实中的问题予以回应。本课题研究可包括：网络生活与德育、现代消费与德育、生态危机与德育、当代伦理变迁与德育等。

十、农村德育研究

城市化进程中，农村社会、农村学校和农村儿童遭遇到了前所未有的社会巨变和挑战。置身于这样的现实背景下，要充分研究农村学校的德育工作在引导农村文化价值变化中怎样发挥它的应有作用，主动满足农村文化建设和儿童发展的需要。本研究包括农村所面临的文化和价值观的变革；农村儿童所面对的道德困境、农村学校德育的特殊处境和特殊使命，以及若干实践范例的研究。

十一、德育基本理论的深化研究

改革开放以来，德育基本理论的研究取得了诸多进展，但仍然有许多问题需要进一步的探索。对德育的本质、目的、功能、过程、模式以及德育学的元研究不仅具有重大理论价值，可以从中生成诸多新的德育理念，而且具有现实的实践意义。实际上，很多德育实践的误区都是源于对德育一些基本概念的错误认识。同时，对德育的人学观、人的道德生成、道德学习的基本特性、道德的存在形态等德育基础性研究才刚刚起步，需要进一步的深入。

十二、中国传统德育思想的深化研究

21 世纪以来，随着我国经济地位的不断提高，引发了一股不断升温的研究中国文化的热潮，作为中国传统文化重要组成部分的中国传统德育思想也得到相应的关注。在上两个五年计划中这方面的研究已有了良好的开端，取得不少可喜的成果。由于我国传统德育思想的博大精深，在本领域的研究方面尚有不少有待深化和开发的方面，其中包括传统德育思想的当代诠释和当代转型的研究；运用教育学、心理学、文化学、哲学等多维视角的研究；为全面完整把握我国传统德育思想的精义对传统德育中的道家、佛家等思想的深入开发的研究等。

（撰稿人：德育学科组 汪凤炎　王云强　王啸　高德胜　章乐
王建华　班建武　檀传宝　严开宏　王本余）

教育心理学研究

教育心理学是研究在教育教学过程中各种心理活动现象和发展变化规律的科学，其研究重点是揭示在学校教育教学过程中，学与教的心理学基本规律。

教育心理学的基本任务主要有以下几点：第一，探明在教师的指导下，学生通过积极主动的努力，获得知识与技能、发展智能，促进良好个性品质形成的心理过程和规律。第二，查明影响学生有效学习的各种因素和条件，以提高学生的学习效率。第三，阐明教师应如何依据学生心理发展的特点、规律以及知识习得的规律，合理地、科学地来组织自己的教育教学活动，提高教育教学的成效。第四，不断进行教与学心理的理论创新。一方面教育心理学工作者要广泛地吸收现代认知心理学、学习心理学、记忆心理学、发展心理学、认知神经心理学、社会认知神经心理学、社会认知心理学、智力心理学、健康心理学、管理心理学、人格心理学、情绪心理学等学科的最新研究成果，创新教育心理学的学与教的理论。另一方面要积极对我国当前教育教学实践过程中出现的各种新的教与学的现象与问题进行深入探讨，并系统总结已有研究成果，在此基础上形成和建立具有中国特色的教育心理学的理论与体系。第五，拓展教育心理学研究的领域和服务的对象，特别是在我国提出要建立“终身学习型”社会与“和谐社会”的过程中，教育心理学家要积极拓展研究的领域，突破传统教育心理学研究范围的限制，在终身教育和全面发展的理念指导下，积极开展不同年龄个体教与学心理特点及规律的研究，为实现我国人才强国战略作出应有的贡献。

一、全国教育科学规划“十一五”教育心理学立项情况概况

（一）立项数量

在教育部和全国教育科学规划领导小组的直接领导下，全国教育科学规划教育心理学学科组在“十一五”期间共立项 129 项。其中国家重点课题 3 项，占 2.33%；国家一般课题 28 项，占 21.71%；国家青年基金课题 17 项，占 13.18%；教育部重点课题 53 项，占 41.09%；教育部青年专项课题 28 项，占 21.71%。

从 2006 年到 2010 年分年度立项情况具体见表 3-64 所示。

表 3-64　2006—2010 年全国教育科学规划教育心理学学科立项情况表

年度	国家重点	国家一般	国家青年基金	教育部重点	教育部青年专项
2006	1	3	2	7	3
2007	0	4	2	9	4
2008	1	6	2	13	7
2009	0	7	2	12	3
2010	1	8	9	12	11
合计	3	28	17	53	28

从表 3-64 中可以看出以下几点：

1. 国家青年基金项目在前四年中，每年立项数为 2 项，在 2010 年增至 9 项。教育部青年专项的数量也在逐年增多，表明全国教育科学规划领导小组能够积极响应中央的号召，加大了对我国青年教育心理学工作者的支持力度。这一做法将为我国教育心理学的可持续发展打下很好的基础，因为通过承担项目，可使青年教育心理学工作者得到锻炼与提高。

2. 在五年的时间里，国家重点项目只有 3 项，没有达到一年一项或更多。国家重点课题的数量不多，可能的原因有二：一是全国教育科学规划领导小组和评审专家对国家重点项目立项采用非常谨慎的态度，坚持高标准严要求，做到了宁缺毋滥，确保国家重点课题的质量；二是教育心理学研究工作者需要继续努力，提高自身素质，一方面要有具备承担国家重点项目的实力，特别是要能组织起一个高水平的学术团队；另一方面要能高质量地完成国家重点课题，并能产出一批高水平、有学术影响力的成果。

（二）立项内容

通过分析已有立项课题的题目和研究内容，发现研究学校教与学的心理问题的项目有 51 项，占 39.53%；研究个体认知与社会性发展的项目有 50 项，占 38.76%；研究教师和学生的心理健康项目有 28 项，占 21.71%。

从这一结果可以看出：

1. 在 2006—2010 年教育心理学工作者，坚持研究教育心理学的核心问题，即学校教育过程中的教与学的心理问题。突出了本学科的特点，表明教育心理学工作者有很强的学科意识。

2. 教育心理学工作者能够坚持研究个体认知与社会性发展这一教育教学过程中的基础性问题，因为教育对学生心理发展的作用要得以实现，教育教学的内容、方法必须符合学生心理发展的实际水平，任何超越或落后于学生心理发展实际水平的教育教学，都不利于学生身心发展，而且还会起阻碍作用。随着年龄的增长和社会环境的变化，个体认知与社会性发展会出现新的特征与特点，只有不断开展这方面的研究，揭示不同年龄个体认知与社会性发展的规律，才能搞好教育教学工作。

3. 教师和学生心理健康的项目受到越来越多的重视。近年来，随着国家和教育部一系列关于心理健康教育文件颁布，教师心理健康问题和学生心理健康问题受到教育心理学工作者的普遍重视。他们积极地开展了相关的研究，这些研究必然会对我国素质教育的深入开展和提高教育质量有很大的促进作用。

（三）研究对象

从已立项课题研究对象来看，以教师为主要研究对象的立项课题 17 项，占所有立项课题的 13. 18%；以学生群体为主要研究对象的立项课题 101 项，占 78. 29%。

进一步对学生群体进行分析，结果见图 3-34 所示。

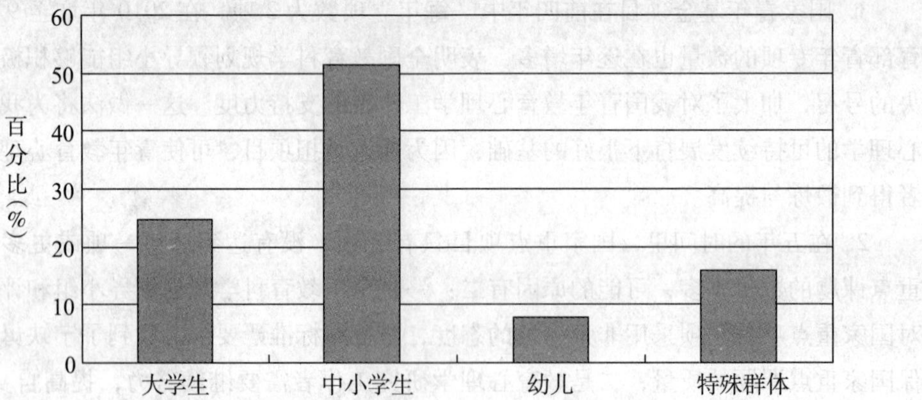

图 3-34　教育心理学立项课题研究对象——学生群体分布

从图 3-34 中可以看出：(1) 基础教育对象是教育心理学工作者关注的重点，有 50% 以上的项目研究对象是中小学生。说明在"十一五"期间，全国教育心理学工作者能够围绕国家和教育部的重点工作开展研究，为基础教育教学的改革与发展提供理论依据；(2) 大学生作为国家未来经济社会发展所需要的高层次人才，也受到教育心理学研究者的关注；(3) 教育心理学工作者也开展了对特殊群体和幼儿的教与学心理学问题的研究。

二、"十一五"教育心理学研究的主要内容

（一）学习心理的研究

1. 学习理论

现代学习理论与人们学习方式之间存在怎么样的关系？北京师范大学伍新春主持的教育部青年课题"现代学习理论与学习方式变革的研究"对此问题进行了探讨。在对学习理论进行系统归纳与梳理的基础上，提出行为学习论重在解释行为习惯和技

能的训练；认知学习论重在解释概念原理和方法的教授；人本学习论着力解释健康人格与个性的养成；建构学习论着力解释创新意识与实践能力培养等的观点。在此基础上，作者提出了要建立辩证学习的理念，关注学习方式的实践应用与落实，同时以系统的学习理论为依托，对学习方式变革进行不断的实验与研究，探索了具有代表性的合作学习理念在语文教学（重点是阅读和写作）和科学教育中的适用性。

2. 学习策略

学习策略是提高学习效率的有效方式和方法。浙江师范大学曹立人主持的教育部重点课题“高中生学习策略特征及优化学习策略的养成实验研究”，以当代认知理论、多元智能理论和归因理论等为指导，开展了重点高中、普通高中、城镇高中、农村高中、职业高中等不同种类的多所高中优化学习策略养成的实验研究。研究包括三部分内容：（1）高中生学习策略的调研。用自编的高中生学习策略调查量表在浙江省进行大样本问卷调查，样本包括重点高中、普通高中和职业高中三类。结果显示，学习策略可以分为主导性策略和辅助性策略两大策略群，主导性策略群包括学习态度、自我管理、学习方法三个策略亚群，辅助性策略群包括学习适应、课外学习两个策略亚群，不同类别的学校，不同的年级、成绩等级、性别的高中学生的学习策略有一定的差异。（2）高中生优化学习策略养成的实验研究。用不等同对照组设计的准实验法进行研究，研究成功地创建了一个可操作的高中生学习策略指导工作模式，同时还有效地提高了参与学校的教学质量，为推进减轻学习负担，提高素质教育质量在方法论上作出了贡献。（3）优化学习策略的课程特色和过程特色研究。经实证研究，成功地提炼出语文、数学、物理、化学等学科特有的学科学习策略，以及从学习计划制订到考试检查等五序列阶段性的特殊学习策略。

暨南大学唐本钰主持教育部规划项目“新旧课程条件下高中生自我调节学习水平及主观幸福感的对比研究”，进行了为期 3 年的追踪研究，通过从普通高中抽取实验组和对照样本组，对新旧课程条件下高中生自主学习水平及主观幸福感进行了对比，发现随着年级递增，学生学习自主性和主观幸福感总体下降；新课程条件下学生依然偏重业绩目标定向。在此基础上研究者提出了树立正确的学习观，加强新课程师资和管理干部培训等意见和建议。

苏州大学刘电芝主持教育部重点课题“学习策略的生成与掌握研究”，该研究采用事件相关电位方法（ERP），通过算式符号判别任务研究大学生序列学习下内隐记忆意识性动态发展的时空分布特征。研究采用算式符号判别任务探讨在不同反应—刺激时间间隔条件下，序列学习过程中伴随的对整个算式刺激的内隐记忆意识性的影响及时空分布特征。实验结果表明：（1）在对序列规则进行内隐学习的过程中同时可以伴随内隐记忆的发生，RSI 的增加导致内隐记忆意识性增加；（2）不同意识性程度的内隐记忆激活脑区的头皮分布存在差异。意识性程度高激活脑区范围更广泛和弥散，意识性程度低激活脑区范围较小和集中。意识性由大到小激活脑区有由后（枕区）向前（额区）连续变化的趋势。

3. 学习动力

学习动机和学习兴趣是学生学习的动力源泉。曲阜师范大学韩仁生主持的教育部规划课题“中小学生归因特点与归因训练的研究”，采用问卷调查法、实验法、观察法、访谈法，以小学三年级至高中三年级的学生为对象，对不同年级学生的归因进行研究，内容包括归因的成就范围和交往范围，同时还采用实验方法进行了归因训练。结果发现：（1）我国中小学生学业成就归因存在明显的年级差异，他们明显地意识到失败的结果可以改变，对学业成败的情感反应敏锐。（2）中小学生归因特点成因源于中国人的“自谦”人格，归因中明显存在着“自利性归因偏差”，虽然他们对凸显刺激有过度反应，但是在失败面前敢于承担责任。（3）中小学生交往归因不存在性别差异。（4）中小学生在交往过程中存在着“自我防御性归因”倾向，在交往成功后的期望明显高于失败后的期望。（5）归因训练可使学生的交往归因向积极方面转化，可提高学生对未来交往成功的期望，可引起学生的情感反应的积极变化，可提高学生的成就动机。（6）针对中小学生交往归因的特点，特别是中小学生错误的归因，可进行集体训练和个别训练两种形式来矫正他们的错误归因。

天津师范大学李洪玉主持的教育部重点课题“中小学生学习兴趣结构及其发展的研究”，根据 Deci 的情境兴趣多维结构理论编制阅读情境兴趣问卷，并以 1 000 多名中小学生为对象，采用问卷法和实验法对阅读情境兴趣的影响因素以及中学生阅读动机水平的发展特点等问题进行研究。结果发现：（1）阅读情境兴趣是一个一阶五因素的模型，五个因素是探索愿望、愉悦感、挑战性、需要注意和时间变更。（2）文本转换处理、性别和年级对阅读情境兴趣都有显著的影响作用。（3）年级在文本转换处理对阅读情境兴趣的影响中起调节作用。（4）阅读情境兴趣在文本转换处理对阅读总成绩、简单问题回答成绩和复杂问题回答成绩的影响中均起中介作用。（5）中学生阅读动机存在显著的年级差异但无显著的性别差异。（6）中学生的阅读兴趣存在显著的年级主效应。

深圳大学李晓东主持的教育部重点课题“动机调节的理论与实证研究”，探讨话务员成就目标与工作倦怠的关系，采用修订的成就目标量表、工作倦怠量表调查 270 名移动一线话务员。结果发现：掌握目标取向与负性的情绪耗竭以及玩世不恭存在显著负相关，而与成就动机存在显著正相关；表现趋向以及表现回避与情绪耗竭、玩世不恭存在显著正相关，与成就动机关系不显著；掌握目标取向负向预测情绪耗竭以及玩世不恭，正向预测成就动机，而表现回避正向预测情绪耗竭和玩世不恭。研究者认识掌握目标取向的个体感受的倦怠程度越低，而表现回避和表现趋向的得分越高的个体感受职业倦怠程度越高。

南京师范大学的叶浩生主持的国家一般项目“学生公民责任意识的理论和教育实践”研究提出，心理理论是指对自己和他人心理状态的认识，并由此对相应行为做出因果性的预测和解释。心理理论的发展不仅是儿童脱离自我中心、建立良好同伴关系的重要条件，而且还通过影响儿童的观点采择等心理机制影响儿童责任意识的形成与发展。这一理论对于当前的责任教育具有重要的启示意义。

4. 入学准备

东北师范大学张向葵主持的教育部重点项目“小学生升学准备及其初中阶段的学校适应研究”，提出学校适应是指学生在学校背景下愉快地参与学校活动并获得学业成功的程度，是学生通过积极的身心调整和学校环境相互作用，顺利完成学业、发展个性、实现学校教育目的的过程。学校适应是一个多维度的概念，学校适应的好坏对中学生成长的影响较为巨大。研究发现，中学生学校适应性总体水平一般，略低于中等，有30%—45%的中学生存在不同程度的学习适应问题。他们在学习适应性方面存在着一般性特点，排在前六位的依次是复习方法、自我监控、应试方法、马虎粗心、预习方法、学习计划，其中，初一年级在预习和应试方法方面问题最多，初二年级在学习计划和复习方法方面问题最多。另外，初一学生在课业、常规、师生关系、同学关系四个方面适应性较差。相对于小学和高中阶段，初中生师生关系亲密程度较低，疏离感较高，冲突较多。升学准备中主要任务是学习习惯、学习方法和人际交往能力与中学阶段的接轨。教师为了促进学生更好地适应中学学习，应该讲授必要的学习方法、帮助学生养成良好的学习习惯和培养正确的交往技能，帮助做好升入中学后的准备。

（二）教师心理的研究

1. 教师的心理健康

教师的心理健康状况是整个社会关心的重要问题之一。忻州师范学院罗小兰主持的教育部重点课题“贫困地区教师心理健康现状、问题、成因及对策研究”，以贫困地区教师为研究对象，通过采用国内权威专家对心理健康标准和贫困地区的界定，使用标准化的精神症状自评量表（SCL-90），自评抑郁量表（SDS）、焦虑自评量表（SAS），对照心理健康常模，从教师的个性、心理表现、心理问题及其症状、客观和主观因素等方面对贫困地区的教师心理健康进行了全面的调查研究，在此基础上积极探索改善山区教师心理健康的有效途径，以便更好地促进贫困山区学校心理健康教育和基础教育的发展。

浙江大学郑全全主持的教育部重点课题“教师问题行为与学生心理健康关系研究”，研究了以下问题：（1）教师集体效能感。（2）从实证角度出发探讨了中学教师问题行为及与人格和心理健康的关系。（3）考察了父母体罚与儿童发展关系，明确了体罚的定义，分析了体罚对儿童发展的影响，总结了影响体罚效果的因素。（4）考察初中生人际关系特点与自我意识关系。（5）建立了高中学生的应激、应对与心理健康关系的模型。（6）研究教师问题行为及对学生心理健康影响，其中编制了中学教师问题行为问卷，探讨了教师自身问题行为的成因、表现及其影响，在此基础上构建了教师问题行为与学生心理健康之间的关系的模型。研究结果有助于教师了解自身问题行为的成因、表现及其影响，促进教师和学生的身心健康，提高教育教学效果。

华中科技大学的陈建文主持的国家一般课题“高校辅导员胜任特征的研究”，提出心理辅导的胜任特征是高校辅导员履行大学生心理健康教育职能的关键因素。当前高校辅导员应具备的心理辅导胜任特征在知识、技能、自我概念、特质和动机五个方面都有其特殊的要求。由于心理辅导胜任特征良莠不齐的缘故，目前高校辅导员履行大学生心理辅导职能的状况并不理想。研究者提出要从完善选聘机制、加大培训力度和强化绩效管理几个方面采取有效措施改善高校辅导员的心理辅导胜任特征。

中央教育科学研究所的金东贤主持的教育部青年基金项目“教师心理健康及其对学生心理行为问题的影响研究”，在理论分析和借鉴前人研究成果的基础上，编制了教师心理健康评价量表。该量表共包括自我、社会、工作和生活四个分量表。通过对 1 819 名教师进行施测，表明其具有较高的效度和信度。同时还发现幼儿教师、小学教师和初中教师不仅存在发展问题，还存在适应问题，而高中教师只存在适应问题。

2. 教师的工作能力

教师是一种对个人综合素质要求很高的职业，教师能否胜任其工作，直接影响到教学的效果。西北师范大学王沛主持的教育部重点课题“中小学教师工作胜任特征模型的建构”，提出了我国教师胜任特征的理论模型包括八个因素：业务知识、认知能力、教学监控能力、职业动机、职业管理、沟通合作、学生观、为人师表。该研究成果在内容上很好地包含了新课改教师素质评价标准体系，同时也包括了更多可以体现现代教学理念的内容，在考察指标的设置上和模型结构上更具合理性。此外，本研究开发的评价工具可以很好地弥补教师评价标准工具的不足。

河南教育学院荆建华主持教育部规划课题“构建和谐教育视野下的高校女教师学术发展状况及对策”，提出学术性是高校教师所从事的学术职业的本质属性，决定着教师在学科领域中的学术话语权及教师群体中的职业层级。高校女教师由于受社会传统观念、学校内部环境等外在因素及自己身心特点等内部因素的影响而在接受高深知识训练的程度、学术成就、学术地位、学术权利、从事学术研究的时间和机遇等方面处于不利地位，陷于学术职业发展的困境之中。要使高校女教师从学术职业发展的困境中走出来，既需要社会和高校内部为她们创设有利于发展的环境，同时也需要女教师自身的不懈努力。

北京师范大学张学民主持的“中美小学教师课堂教学方式及特点的比较研究”项目，通过研究发现，教师教学专长的发展与课堂信息加工能力是教师职业发展研究的重要问题，在近二三十年的时间里，国内外心理学家与教育学家在教师教学专长和课堂信息加工能力发展方面做了大量理论与实验研究，提出了教师教学专长发展与课堂信息加工特点的理论，并发现随着教师专长的发展，教师对各类课堂情境信息的组织和加工速度、准确性、选择注意加工、表征能力以及重要课堂信息的加工能力等方面逐渐提高，这些理论和实证研究对教师教育、制订教师培训方案、教师培训和提高课堂教学效率有重要的指导作用。

3. 教师的人力资源开发

华中师范大学徐富明主持的重点课题“中小学教师人力资源开发的心理学研究”，对中小学教师的职业心理健康、职业心理特点和职业生涯规划进行了探讨。结果发现：（1）中小学教师的工作倦怠与职业压力、被动应对、控制点存在显著的正相关，与主动应对、教学效能感、自尊、社会支持存在显著的负相关；教师的职业承诺现状一般，其中规范承诺的程度较高；职业承诺与工作满意度存在显著相关。（2）教育硕士们对国家出台教师攻读教育硕士专业学位政策的满意程度最高，对就读学校的研修条件和培养质量的满意程度次之；中小学教师攻读教育硕士专业学位的 4 种求学动机依次为专业成长动机、竞争需要的动机、职业规划动机和外因影响的动机。（3）中小学教师具有较高的职业自我概念，而自我职业生涯管理处于一般水平，两者存在显著正相关。

（三）学生认知与社会性研究

1. 注意能力

天津师范大学杨海波主持的国家青年基金项目“注意控制与中小学生学习效率关系的研究”，采用记忆任务与视觉搜索任务相结合的范式，以二维对称图形为材料，探讨视觉工作记忆内容对视觉搜索的影响。结果发现：（1）不同视觉工作记忆内容条件下的反应时存在显著差异，无效信息条件下的反应时显著长于有效信息条件下的反应时。（2）不同搜索序列条件下反应时差异显著，复杂序列条件下的反应时显著长于简单序列条件。结果表明，视觉工作记忆中的信息内容影响视觉搜索效率，其变化趋势不受序列大小的影响，结果支持偏向竞争模型。

河北大学宋耀武主持的教育部重点课题“中小学生注意转换能力的认知机制及提升对策研究”，采用单探测的变化检测范式，探讨注意转移与眼跳的关系及二者对视觉信息保持与整合的影响。结果发现：对于位置信息的保持来说，眼跳比注意转移起到了更大的干扰作用；对于颜色信息的保持来说，不管是否执行长距离眼跳，只要发生注意转移就会对颜色信息的保持产生干扰。对于位置信息或颜色信息的整合来说，指向记忆刺激的外显的注意转移和眼跳都是非常必要的；但长距离眼跳干扰了注意转移过程中对位置信息的整合与存储，对颜色信息的整合与存储却未发现干扰作用。由此可以得出结论：在位置特征和颜色特征的整合与保持过程中，注意转移与眼跳都具有不一致性，但两者仍有一定的交互关系。

2. 记忆

记忆是学习进行的前提条件。学生是如何保持与记忆所学习内容的，是教育心理学研究的一个重要且基本的问题。山东师范大学王益文主持的国家青年基金课题“学生信息保持与记忆机制的研究”，采用心理行为实验和脑电技术探讨信息保持与记忆的机制，将心理学和脑科学的实验研究与教育教学实践相联系，探讨促进学生学习和记忆的方法及途径。结果发现：信息的保持包含被动存贮和主动复述两种加工；信息的短时存贮和复述是记忆形成的基础，短短几秒钟时间的信息保持在脑内产生的激活模式和动态活动反映了知识获取和记忆巩固的过程；操作、监控并调节所保持的信息并对其进行比较、整合加工等在人的智慧活动中起重要的作用；在不同形式的信息中，空间位置和词语文字是极为重要的信息类型；汉字与空间位置的信息整合进行了更深层次的操作，是更高水平的执行控制的使用和加工。该项目的研究促进了脑科学和教育心理研究相结合，对学生学习的教育改革提供基础理论依据。

善于记忆和善于遗忘是学习这个重要问题的两个方面，不能遗忘就无法继续获得新的有用的知识，因此探讨有意遗忘的心理机制成为近年来心理学研究的热点问题之一。河北大学宋耀武主持的教育部规划课题“有意遗忘过程中认知加工机制及能力发展”，采用多因素实验设计，运用字表法实验范式，探讨了不同年龄被试有意遗忘过程的内部机制和发展特点，同时还对特定人群中不同学习成绩学生的有意遗忘过程进行了研究。探讨不同实验材料在有意遗忘条件下认知抑制的变化规律，有利于了解学生的学习过程；而认知抑制能力则是个体对信息控制能力的具体体现，对这一过程的研究有利于促进学生学习效果的改善。研究个体有意遗忘成绩与学习成绩之间的关系以及有意遗忘的认知加工能力发展，可揭示学习成绩差的学生所存在的问题是什么，以此来评价个体心理发展水平。

3. 数学学习

广州大学蔡笑岳主持的国家一般课题“学科领域知识学习的问题表征和知识表征研究”，根据领域知识的结构特点对初中数学学科知识做出改编和重组，形成数学学科领域知识单元进行教学实验，以 215 名普通初中二年级学生为被试，通过自编问卷和深度访谈考察学科领域知识对知识表征的影响，并探讨了知识表征与数学学业成绩之间的关系。研究发现：（1）学科领域知识可以显著提高学生数学陈述性知识表征全面性和总体水平；（2）学科领域知识可以显著提高学生的程序性知识表征全面性、自动化、组织性和总体水平；（3）认知结构三要素、陈述性知识表征及程序性知识表征与数学成绩显著相关；（4）学优生的陈述性知识表征准确性、总体水平和程序性知识表征组织性、总体水平显著高于中等生和学困生。

数学能力是个体的一项重要认知能力，数学能力的高低直接影响个体的智力发展水平和基本素质。青少年阶段是个体数学能力发展的关键时期，估计能力作为数学能力的基础和核心成分在计算工具日益普及的今天发挥着越来越重要的作用。山东师范大学司继伟主持的教育部青年课题“青少年数学估计能力的发展特点研究”，在已有研究的基础上，采用问卷调查、个别访谈、集体测量、实验室实验等多种方法，对我国青少年数学估计能力的发展特点及心理机制进行了一系列探讨。研究结果发现：大学生的估计能力受认知方式的影响，中央执行成分参与估算过程且影响估算的准确率；估计准确性的提高明显受到年龄和材料特点的交互影响；青少年估计内在加工的效率逐步提高，但各年龄段都有其发展的侧重点；数学学业不良儿童的估计能力明显较差；任务材料的呈现方式、数字特点、元认知及数感水平都对估计能力有所影响。这些发现既丰富了青少年估计能力的理论内容，也给如何促进青少年估计能力的发展提供了实践性指导。

4. 阅读理解

华南师范大学何先友主持的国家一般项目“中文阅读中时间信息动态加工特点与心理表征模型的构建研究”，在一项研究中，采用句子—图画验证任务探讨了汉语空间关系简单句命题表征项目顺序特点。包括3个实验。实验1探讨了项目同质条件下的汉语空间关系简单句命题表征项目顺序特点，结果表明，句子两项目均为几何图形、具体物体和生命体时，命题表征项目顺序均为“方位短语中的名词→单独的名词”。实验2探讨了项目异质条件下的汉语空间关系简单句命题表征项目顺序特点，结果表明，两项目为具体物体和几何图形的空间关系简单句命题表征项目顺序为“具体物体→几何图形”；两项目为生命体和非生命体的空间关系简单句命题表征项目顺序为“生命体→非生命体”。实验3探讨了语义内容为经验常识的汉语空间关系简单句命题表征项目顺序特点，结果表明，该类句子的命题表征项目没有一定顺序，表现出随机性。本研究结果表明，读者在阅读空间关系简单句所进行的可能是一个按照“参考物→目标物”的固定方向进行的系列认知加工。在另一项研究中，采用移动窗口阅读技术探讨记叙文中倒叙事件的时间表征模式。实验1检验了实验材料的适宜性，实验2、实验3分别采用照应句范式和探测技术探讨时间顺序假设与背景信息假设的合理性。结果发现：当事件E1和E3间的背景关系模糊时，支持时间顺序假设；事件E1和E3间的背景关系突出时，支持背景信息假设。据此可以得出：倒叙事件与前面事件间的背景关系突出时，其表征为E2-E3-E1-E4模式，背景关系模糊时，则为E1-E2-E3-E4模式。

华南师范大学王瑞明主持的“文本阅读过程中信息加工的具体过程研究”，目的在于用实验方法揭示出文本阅读中信息的加工过程包括激活和整合两个阶段，每个阶段都有自己的特点和发生条件，并且受到一些因素的影响。根据实验的内容，该课题对相关的认知实验心理学的一般行为研究方法和技术进行了认真的梳理，在此基础上形成了该课题的研究方法和技术，包括移动窗口+探测技术（实验1a、3b、5b和6b）、移动窗口、阅读时间记录法（实验1b、3a、5a和6a）、眼动技术（实验2）、自我报告法（实验4）等。该课题的研究成果不仅有助于深化文本阅读的信息加工研究，而且还可以进一步揭示人类认知活动的本质与规律，具有一定的理论意义和学术价值。对指导中小学生的阅读学习与教学也具有一定的实践意义。

山东师范大学李寿欣主持的教育部重点课题“学生阅读过程个体差异的眼动差异研究”，采用眼动追踪技术探讨了当干扰材料的意义性不同和干扰材料位置可预测性不同时，不同认知方式个体在语篇阅读中抑制外来无关干扰的特点。结果表明：不同认知方式个体在语篇阅读中抑制外部干扰的能力存在差异，场独立者好于场依存者，而且这种差异发生在抑制加工的后作用过程。研究表明，不管是场依存者还是场独立者，在语篇阅读中，相对于无意义干扰材料，有意义的外部干扰更能吸引阅读者的注意力，对语篇阅读的干扰作用更明显；相对于可预测位置的干扰，读者在阅读过程中更难避开不可预测位置的干扰材料，其产生的干扰作用更大。

天津师范大学白学军主持的教育部重点课题“提高外国留学生学习汉语效率的眼动心理研究”，以来自四个不同国家的留学生为被试，研究空格在汉语阅读中的作用是否受被试母语文本呈现方式的影响。所有被试的第二语言为汉语，母语分别为英语、韩语、日语和泰语，其中英语和韩语的书写形式中有空格，而日语和泰语的书写形式中没有空格。研究结果表明不管被试母语文本中有无空格，还是属于拼音文字或表意文字，词间空格都会促进留学生阅读汉语文本，同时这种促进作用还不会受被试母语文本呈现方式的影响。研究结果还表明：对于第二语言为汉语的留学生来说，汉语阅读的基本加工单位也是词而不是汉字。

此外，研究者还以美国留学生为研究对象，通过学习—再学习—测试的方式，探讨空格在留学生学习汉语新词中的作用。结果发现，被试对词空格句子的阅读速度快于正常无空格句子，而词空格句子的总注视次数和平均注视时间均小于无空格句子。对目标词进行局部分析结果表明，词空格句子中目标词的阅读效率高于正常无空格句子的目标词，同时还发现仅在目标词的晚期加工和总体加工中表现出词空格文本的训练效应。这表明相比正常无空格文本来说，留学生在词空格文本中学习新词更容易些，对留学生进行阅读词空格文本的训练，可以促进他们对新词的学习。

5. 社会创造性

社会创造性是个体在社会交往活动中所表现出来的创造性，是个体以新颖、独特、适当而有效的方式提出或解决社会问题的一种品质。社会创造性包含了个体对待社会性问题情境时特定人格倾向和认知能力，是在基本适应技能的基础上形成的、更为高级的认知和行动能力以及相应的人格特征的综合。华中师范大学谷传华主持的教育部青年课题“小学儿童社会创造性的发展与培养研究”，采用横断研究设计，结合访谈法、问卷调查法，编制了小学儿童社会创造性倾向问卷，考察了小学3—6年级学生的社会创造性发展特点、影响因素，并采用教育实验法对其社会创造性进行干预实验。结果发现：(1) 小学儿童社会创造性随年龄的增长而提高，小学四年级前后可能是发展的转折期。(2) 小学儿童社会创造性与一般的创造性思维和人格倾向既存在领域一致性，又具有领域特殊性，其中适当性和有效性是其特殊的成分。(3) 小学儿童社会创造性倾向与父母的情感温暖、理解以及偏爱呈显著正相关，与惩罚、严厉呈显著负相关。(4) 教师的民主可正向预测其社会创造性倾向，教师的放任可负向预测儿童社会创造性倾向，民主温暖型的领导方式更有利于小学儿童社会创造性倾向的发展。(5) 社会创造性倾向与神经质呈显著负相关，而与外向水平呈显著正相关，外向水平可正向预测、精神质可负向预测儿童的社会创造性倾向。

6. 个性与社会性

宁波大学陈传峰主持的国家一般课题“中学生学习与生活状况的现状调查研

究”，对个体的自我意识情绪进行了探讨，提出自我意识情绪是个体在具有一定自我认知的基础上，通过自我反思而产生的次级情绪。自我意识情绪有两个重要的模型，一般发展模型和加工模型。自我意识情绪发展模型认为，初级情绪最先产生，而后自我参照的认知能力发展了，才能产生第一级自我意识情绪，包括尴尬、同情和嫉妒，对标准和规则的认知能力出现后，才能产生第二级自我意识情绪，包括自豪、羞愧和内疚。自我意识情绪的加工模型认为，自我意识情绪的产生过程包括生存目标关联性的评估，自我关注和自我表征形成，身份目标关联性的评估，身份目标一致性的判断，场所归因和整体性、稳定性归因的判断等过程。

辽宁师范大学张丽华主持的教育部重点课题“中小学生自尊发展与促进研究”，提出自尊是指个体在社会化过程中所获得的有关自我价值的积极评价与体验。青少年时期是个体个性发展的重要时期，自尊作为重要的个性变量，会影响儿童健康个性以及良好社会适应能力的形成。研究者根据对青少年开放式问卷调查、访谈和理论分析，提出青少年自尊结构的理论模型，在此基础上编制青少年自尊自我评定问卷，并对正式问卷调查结果进行探索性因素分析和验证性因素分析，结果表明：青少年自尊结构由社会认可、自我胜任感、外表感、归属感和重要感五个维度构成。编制的青少年自尊评定问卷具有较高的信度、效度，可作为城市青少年自尊的测评工具。通过研究发现：中小学生自尊发展的总趋势是小学三年级到初一这段时间发展速度最快，初一到初三发展速度相对减慢，初三至高二发展速度又有增加趋势。

7. 情绪

山东师范大学王美芳主持的教育部重点课题“学前儿童焦虑与气质、家庭背景的关系”，采用横断研究设计，以整群抽样法从两所普通幼儿园中抽取306名3—6岁幼儿，以Spence学前儿童焦虑量表（母亲报告）的中文修订版、症状自评量表和父母教养行为问卷为研究工具，对幼儿的母亲进行测查。结果发现：母亲心理健康与幼儿焦虑正相关；母亲的权威教养行为与幼儿焦虑负相关，专制和放任教养行为与幼儿焦虑正相关；母亲心理健康与权威教养行为负相关，与专制和放任教养行为正相关；专制教养行为在母亲心理健康与幼儿焦虑之间起到部分中介作用。通过此研究可以看出母亲心理健康、教养行为对幼儿的焦虑存在影响，并且专制教养行为在母亲心理健康与幼儿焦虑之间起到部分中介作用。

上海师范大学卢家楣主持的教育部重点课题“我国青少年情感素质现状、发展及培养的研究”，提出青少年情感素质是个体在遗传和环境共同作用下，经实践形成的相对稳定的、基本的与青少年阶段的发展相应的、积极的情感心理特征。青少年情感素质的结构是一个由2层次6大类29种情感组成的系统。青少年情感素质具有明确的年龄特点和教育的导向特性。“青少年情感素质”概念的提出，为丰富和完善整个素质概念作出贡献，为推进情感教育心理学的学科发展发挥了积极的作用，有利于促进情感分类体系的建构，也有助于从积极方面研究情感问题。编制了富有原创性的内含6个分问卷、可测查青少年2层次6大类29种情感发展状况的调查工具——

《青少年情感素质问卷》，并以此对我国 3 类地区 9 大城市及其郊县的 117 所学校的 25 485 名青少年学生进行首次大规模情感素质测查。结果发现：我国青少年情感素质整体上处于积极正向状态，但亟待提高；男女生情感素质主要存在结构性差异；情感素质未随学段升高而提高，反有下降趋势，其中乐学感和自信感下降达到显著水平；情感素质与学习成绩的自我评价、父母受教育程度呈正相关；师生关系良好、教师有情施教对青少年学生各方面情感素质发展具有重要而直接的促进作用。

中国人民大学董妍主持的教育部青年基金课题"中学生学业羞愧情绪研究"，提出学业羞愧情绪是很多学生在学习过程中体验到的一种"破坏性"情绪，具有学业羞愧体验的学生会在认知和行为上有一系列的表现。对学业失败的知觉、不可控的归因方式、较低的自我效能感和自我知觉都会影响学业羞愧情绪的产生。学业上的羞愧情绪虽然具有消极作用，但也可以对部分学生的学习起到促进作用，教师要充分认识到羞愧情绪的"双刃剑"作用，并采取具体措施，积极有效地培养学生的羞愧韧性，发挥羞愧情绪的积极作用。

（四）健康心理

1. 情绪调节

学生在学习过程中，是否有积极的情绪，将直接影响他们的心理健康水平，而能否调节自己的情绪又是其中的关键。北京师范大学管益杰主持的教育部青年课题"中学生的情绪和情绪调节策略的发展和促进"，使用中学生日常烦恼问卷和相关的问卷，对中学生的日常烦恼来源及其应对方式进行了调查研究。结果发现：从学龄中期到学龄后期，中学生感受到的压力总体呈上升趋势；对学生压力最大的五个项目中处于前三个项目的都属于学业压力因素；来自与异性交往的压力对男生的影响大于女生；女生在烦恼总分、学业因素、家庭因素、自尊因素、校园因素上感受到的压力均显著高于男生。内部应变资源中控制源倾向和人格因素中的责任感，开放性对问题解决方式有较好的预测，内控倾向、高责任感、高开放性的个体往往倾向于使用问题解决方式；烦恼性质影响应对方式；问题解决这一应对方式还存在性别差异，男生比女生更多地使用问题解决方式。该研究结果为中学心理咨询工作者和广大家长提供中学生情绪调节的科学理论和指导建议，指导中学生用理性来控制情绪，避免负向情绪所产生的消极后果，有助于提高中学生的人际关系技巧和心理健康的水平。

2. 幸福感和生活满意度

学生心理健康水平的一个重要衡量标志就是幸福感。华南师范大学田丽丽主持的教育部青年专项课题"青少年学校幸福感研究"，首先编制了青少年学校幸福感量表，揭示了中学生学校幸福感的特点，丰富了此类研究的技术，为后续研究提供了一定的技术平台。这项成果对于了解当前学生在学校的幸福感现状，探索影响学生在学校的幸福感的主要因素，改进学校工作，提高学生的学校幸福感具有重要的理论价值和实践指导意义。

华南师范大学郑雪主持的国家一般项目“当代青少年幸福干预健康人格发展的关系研究”，比较中国内地、香港和美国大学生的生活满意度差异，采用国际大学调查问卷对中国内地、香港和美国的936名大学生进行测查。结果发现：（1）中国内地、香港和美国大学生一般生活满意度差异具有统计学意义，同时男性和女性在三个地区差异具有统计学意义；（2）具体生活满意度对一般生活满意度有很大贡献；（3）对大学生一般生活满意度贡献最高的具体生活满意度指标在中国内地是经济状况和恋爱关系，在香港是家庭和教师所讲授的课，在美国是家庭、健康水平和教材。在此基础上作者提出：中国内地、香港和美国大学生的一般生活满意度有明显差异，且三地区大学生具体生活满意度均显著影响了其一般生活满意度。

华南师范大学田丽丽主持的“青少年学校幸福感研究”，提出学校幸福感由学校满意度、在校积极情感和在校消极情感三种相对独立但又彼此相关的成分组成。其中，学校满意度指学生基于自定标准对其学校生活的认知评价；在校积极情感指学生基于自定标准在学校生活中感受到的轻松、愉快、幸福等正性情绪体验；在校消极情感指学生基于自定标准在学校生活中感受到的郁闷、沮丧、无聊等负性情绪体验。以此为基础，自行编制了青少年学校幸福感量表。对中学生进行问卷调查的结果进行了探索性因素分析和验证性因素分析，研究发现：在中国青少年学生学校生活背景下，学校幸福感由学校满意度、在校积极情感和在校消极情感三种成分组成；学校满意度是一个由成就感、学校管理、师生关系、同学关系、教学和课业学习组成的六维结构，在校积极和消极情感均为单维结构；本研究所编制的青少年学校幸福感量表具有较好的信度与效度，可供同类研究使用。

3. 心理健康教育

学校的心理健康教育要以发展性和预防性心理教育为主，以矫治性心理教育为辅。东北师范大学张嘉伟主持的教育部重点课题“职业院校学生心理健康及教育对策研究”，一方面通过实证性研究，探讨职业院校学生心理健康状况，并在实验的基础上，理论联系实际地提出提高职校生心理健康水平的教育对策。为提高职业院校学生心理健康水平奠定基础，也为丰富和发展职业教育心理学积累必要的实验资料。另一方面针对职业院校学生出现的心理问题，进行有针对性的分析和探讨，为预防职校生心理问题提供了可操作的系统，为职业院校开展心理健康教育提出有效的教育对策和模式。

中国人民大学俞国良主持的教育部重点课题“中国学校心理健康服务体系”，针对我国目前受情绪障碍和心理行为问题困扰的青少年约3 000万，儿童行为问题的检出率为12.97%，提出要全面重视学校心理健康的真正意义。从认知心理学和发展心理学的角度，将学习促进和心理调整并举；推动学校心理健康工作的重点从“心理咨询与治疗”到“心理健康教育”再到“心理健康服务体系”的转变；扩大学校心理健康的服务范畴，从服务个体角度来说，包括教师、学生和家长；其中学生心理健康的服务范围则包括学习状况、心理发展、人际关系、社会适应等各个方面；全面构建学校心理健康服务体系模型，即以心理健康教育、心理咨询与治疗、学习问题分析与调整、心理疾病预防与危机干预为一体的综合性心理健康服务网络体系。通过采用自编问卷对来自重庆、甘肃、辽宁、福建、湖北以及西藏的661名被试进行调查。结果发现我国中小学心理健康课教学以讲授法运用最多，中小学生心理咨询与治疗服务方法以行为疗法使用最多，使用最多的心理测验是心理健康综合测验和人格测验；各个地区发展存在不均衡的状况，其中辽宁、福建专业水平较高，西藏、甘肃则相对比较落后。

4. 青少年心理危机干预

青少年心理健康水平的发展关系着国家未来人才的培养，引起了全社会的重点关注。而青春期是人生的一个特殊阶段，是心理危机的高发期。对青春期心理危机进行全面系统了解，对青春期心理危机进行及时有效的干预，不仅有利于青少年自身的健康成长，更有利于国家未来人才素质的提高，综合国力的增强。浙江大学边玉芳主持的国家青年课题“青春期心理危机及干预研究”，采用查阅分析报刊资料、问卷调查、个案访谈这种点面结合、定性研究与定量研究相结合的方法，对浙江省青春期心理危机的类型、表现、特征、诱因及干预现状进行了全面系统的研究。研究发现，青春期心理危机的类型主要有人际关系、学习压力、暴力伤害、意外事故、情感挫折、网络成瘾、家庭纠纷、亲友丧失、财物失窃、性侵犯这十种；当青少年陷入心理危机后，主要表现有失败无望感、厌恶不满感、恐慌无助感、躯体性障碍和自杀意向；青春期心理危机在不同的性别、年级、城乡和家庭环境中存在显著差异。根据上述研究所得出的结论，研究者进行个案干预研究发现，尽管不同青春期危机类型的事后干预有其特殊性，但是基本程序相同。因此，结合心理危机干预的方法和青春期个体心理发展特点，提出了青春期心理危机干预的基本方法。同时，还以浙江省为例，尝试建立了学校心理危机预防、预警、应激、维护系统，以及学校心理危机三级预防机制，并在此基础上构建了以政府为主导的青春期心理危机干预系统，在实践层面对青春期心理危机干预进行了系统深入的探索，并收到了良好的成效。

中国人民大学雷雳主持的教育部重点课题“青少年网络偏差行为与网络道德的关系与对策”，提出随着互联网的飞速发展和普及，青少年的发展也不可避免地打上了互联网的烙印，正处于生理成熟和心理转型期的青少年正成为互联网用户中的重要组成部分。互联网成为青少年获取信息、结交朋友和娱乐休闲的重要方式。但是，青少年在享受互联网给自己的生活和学习带来无限乐趣的同时也影响着青少年的行为。由于青少年期同伴群体的支持逐渐超过了父母的影响，青少年期同伴依恋在青少年认知、情感、人格以及行为的健康发展和社会适应中起着重要作用，拥有亲密的同伴关系的青少年出现情感问题和行为问题的可能性更小，并拥有更健康的青少年期适应能力。通过采用同伴依恋量表、互联网服务使用状况量表以及青少年病理性互联网使用量表对405名中学生进行了问卷调查。结果发现：同伴信任与社交和娱乐服务的使用偏好呈负相关，尽管都没有达到统计显著性；同伴沟通可以正向预测青少年对信息、娱乐和社交服务的使用偏好，且都达到显著性水平；还可以通过互联网娱乐服务使用偏好间接预测；青少年与同伴的疏离程度可以正向预测青少年对社交服务的使用偏好，也可以直接正向预测。

三、“十一五”教育心理学研究特点

（一）结合当前教育改革和发展的基础性问题展开大规模的研究

综观“十一五”期间的教育心理学研究，结合当前教育改革和发展的基础性问题展开大规模的研究，取得了一系列重要的成果。

北京师范大学林崇德领衔主持的教育部哲学社会科学重大攻关项目“创新人才与教育创新研究”课题，研究的内容具体包括：（1）在教育创新内容方面，探讨了教育思想与教育观念的创新、教育管理模式与体制的创新、课程体系和教材内容的创新、教学方法和手段的创新、教育评价的创新、教师教育的创新；在教育创新的途径上，探讨了理论的创新与宣传、教育创新方案的实践检验。（2）首次采用效标群体的研究方法，对34位科学家（院士），16位社会科学学者和22位艺术家进行了深入访谈，探索了创新拔尖人才的思维特征、人格特征、成长历程和创造性成果的获得过程，据此构建了创造性人才的特征模型，科学地揭示了创新人才的心理特征。（3）编制了基于中学生为被试的《创造性思维能力量表》和《创造性人格量表》，在全国六个地区进行了全面正式试测，结果表明量表具有很好的信度、效度。该量表的编制为鉴定创新人才提供了科学的方法和工具，同时也为我国建立创新人才测评体系奠定了基础。（4）进行了中国、日本、德国和英国青少年创造性的跨文化研究，发现不同国家青少年创造力的显著差异不在水平的高低，而在创造力的不同类别上。如对中、日、英三国学生的研究发现：中国学生在问题提出和科学想象能力上高于英国和日本学生，但是产品设计和产品改进的能力较低；中国学生的思维流畅性和灵活性水平显著高于英国和日本学生，但中日学生在独特性水平上不存在显著差异，更突出表现在创造性人格类型的差异上。这对我国学校如何培养具有创新精神和创新能力的创造性人才有重要的借鉴意义。（5）在了解中小学生创造力发展的基础上，通过研究学校的主体（学校的管理者、教师、学生）、学校的客体（校园的物理环境、校园的文化氛围等）及其相互作用，分析了学校里影响创造力培养的因素，检验了教育创新的理论，提高了实验学校教师的科研能力和素质。（6）把信息技术与课程改革有机地结合起来，使新课程改革在一个比较高的水准上推进，在小学的语文、英语、信息技术三个学科实现跨越式的发展，使小学生在综合能力、学科知识、创新思维等方面均有显著改善。（7）探讨创造力与心理健康的关系，通过研究表明，大学生的创造力与心理健康存在显著相关，心理健康水平高的大学生，其创造力水平也高，与心理健康水平低的大学生相比有显著差异；对中等程度焦虑和抑郁情绪的大学生的心理咨询和治疗，使个体的焦虑和抑郁情绪恢复到正常状态后，可以提高其创造力的发挥水平。

天津师范大学沈德立主持的教育部哲学社会科学重大攻关项目“青少年心理健康素质调查研究”，首次提出并界定了青少年心理健康素质，并编制了《中国青少年心理健康素质调查表》。研究者从建立社会主义和谐社会、全面贯彻素质教育和心理学理论、心理健康理论以及目前我国青少年心理健康教育实践的角度出发，说明了开展青少年心理健康素质研究的意义。从青少年心理发展的任务和特点出发，分析了研究青少年心理健康素质的作用。从围绕着青少年心理健康素质形成的内外因素，阐释了理论方面影响青少年心理健康素质的因素。在此基础上，提出了青少年心理健康素质这一新概念，并将青少年心理健康素质含义界定为：青少年在遗传和环境的共同作用下形成的某些内在的、相对稳定的心理品质，这些心理品质影响或决定着青少年的心理、生理和社会功能，并进而影响他们的心理健康状态。青少年心理健康素质具有内源性和稳定性的特征。其结构包括认知风格、归因风格、应对风格、动力系统、自我、个性素质、人际素质、适应等方面，作为心理健康素质的每一个方面，都具有其特定的含义。根据青少年心理健康素质的界定，对国内外心理健康概念、青少年心理素质及青少年心理健康素质相关研究进行了较为全面的文献回顾。根据调查结果，分别以认知风格、归因风格、应对风格、动力系统、自我、个性素质、人际素质、适应8个分量表为主题，进行了详细分析。调查研究的取样年龄段是11—17岁的个体，以年龄段最符合青少年界定标准的初中生与高中生为主要取样对象，适当向两头延伸，即包括了小学生和大学生，采用分层抽样的方法，选取华北、华东、华中、东北、西南、西北等行政区域所属的23个省、市、自治区，从小学到大学的51 399名青少年。通过对调查结果的整理，最后获得44 063名被试的数据，有效率占总调查人数的85.7%。结果发现：我国青少年心理健康素质总体状况是好的，各类心理健康素质“低水平”的人数的百分比很低。其发展趋势为：在青少年初期，得分稍高；之后随年龄的增长，得分出现起伏；在青少年晚期，得分又出现了回升。影响青少年心理健康素质的因素包括青少年自身因素（性别和是否是独生子女）和环境因素（学校环境和家庭环境两类，学校环境包括学校类型；家庭环境包括家庭所在地、父亲学历、母亲学历、家庭收入、家庭人员结构等）。

北京师范大学董奇和林崇德主持的国家科技部重点科技基础专项“6—15岁中国儿童心理发育特征调查”，由来自“认知神经科学与学习”国家重点实验室、北京师范大学、华东师范大学、华南师范大学、天津师范大学、浙江大学等全国近50所高校、科研院所、医院的百余位专家及其团队共同攻关。该项目旨在建立科学探讨儿童青少年心理发展的指标体系和标准化工具，已对我国十多万名6—15岁儿童青少年进行认知能力、学业能力和心理健康三大领域的心理发育状况进行了测查，以建立我国儿童青少年各阶段心理发展的标准与常数，编制我国儿童青少年心理发育手册，建立标准化的心理测查工具与功能完备的数据库，并在此基础上撰写我国儿童青少年心理发展状况分析报告和相关政策建议报告。

（二）关注特殊人群教育心理问题研究

在研究对象上，教育心理学工作者较多地关注特殊人群的心理问题研究。

1. 聋童

北京大学苏彦捷主持教育部重点课题“语言环境在聋童心理理论发展中的作用”，提出心理理论能力发展研究集中在了解儿童对他人心理状态的理解及其机制，并且很多研究主要探讨学龄前儿童如何理解他人的情绪、愿望、信念等心理状态。研究者对 92 名 3—5 年级小学生进行失言理解、社会交往技能测试和语言能力测量。结果发现失言理解和社会交往技能以及语言能力存在显著相关；社会交往技能与语言能力存在显著相关。回归分析发现，失言理解和社会交往技能存在双向关系，语言能力是失言理解和社会交往技能之间的完全中介因素。

华南师范大学张积家主持了教育部重点课题“语言障碍对盲、聋、弱、口吃儿童的语言和认知影响研究”。研究者为了考察青少年聋生分类学联系的特点，使用不同类别的基本水平概念，完成了语义归类和错误再认 2 个实验，并同健听生的结果进行比较。结果发现：（1）聋生和健听生有类似的类别意识，但聋生的类别意识较健听生弱。（2）与健听生比，呈现方式对聋生的反应影响较小。聋生的分类学概念有较强的形象化倾向，青少年聋生分类学联系的特点与他们语言能力发展迟缓、使用自然手语有关。因此，应加强聋生的规范手语教学，重视培养聋生的抽象思维能力。

2. 注意缺陷多动障碍儿童

陕西师范大学王勇慧主持的教育部重点课题“情绪、动机对注意缺陷多动障碍儿童执行功能发展的影响及其干预对策的研究”，采用 d2 注意力测验（d2 test of attention），比较注意缺陷多动障碍儿童和正常儿童选择性注意和注意集中能力的差异，探讨该测验各项目与 DSM-IV 中注意涣散和多动冲动症状之间的关系。以 23 例确诊为 ADHD 的患儿和在年龄、受教育程度、性别、智力上相匹配的正常对照组儿童接受 d2 注意力测验。结果发现：ADHD 儿童在 d2 注意力测验的任务完成总量、任务总成绩、集中程度上得分均低于对照组，而遗漏错误率、违规错误率、总错误率均高于对照组。表明 d2 注意力测验可用做筛查注意缺陷多动障碍儿童的工具。

3. 学习不良儿童

河北大学张雅明主持的教育部重点课题“学业不良儿童自我同一性状态、风格及心理救助问题研究”，提出自我同一性是 Erikson 关于人格发展的同一性渐成理论的核心概念，他认为同一性是个体关于“我是谁”以及如何定义自己的思想或观念，是个体在过去、现在和未来时空中对自己内在一致性和连续性的主观感觉和体验，是个体在特定环境中的自我整合。目前有关自我同一性问题的研究由关注同一性状态转向关注同一性风格。同一性风格是指个体在建立与维持同一性时表现出的社会认知策略方面的偏好，包括信息风格、规范风格和扩散/逃避风格。

4. 留守儿童

华东师范大学崔丽娟主持的教育部重点课题“农村留守儿童的社会化困境及其对策研究”，采用参与式自然观察、质性访谈、量表调查等研究方法，对留守儿童所处的整个成长环境加以综合性的考察和分析，并借助生命历程的研究范式对留守儿童的生活进行纵向研究。研究的基本内容包括以下几个方面：第一，农村留守儿童的基本现状调查；第二，农村留守儿童的社会适应性现状；第三，农村留守儿童社会适应性的保护性因素分析，主要考察农村留守儿童的心理品质特点，分析得出何种心理品质会对留守儿童的社会适应性起到保护性作用；第四，根据质性访谈的结果，筛选出具有代表性的农村留守儿童进行生命历程研究，深入他们的生活环境，全面了解他们生命历程中的点点滴滴，刻画出生动形象的个体生命轨迹的变化发展过程。最后通过上述研究，在深入了解农村留守儿童社会适应性特征及心理品质的基础之上，根据相关理论和经验从留守儿童的家庭、学校、农村社区以及制度层面等角度，为留守儿童的顺利社会化提供有价值、可借鉴、具有一定操作性的对策。

5. 违法犯罪青少年

中国政法大学罗大华主持的“青少年犯罪心理及其对策研究”，采用多维度的方式对犯罪青少年、违法青少年和一般青少年三组被试在个人心理特征、家庭、学校、同侪这四大影响因素上进行比较研究。同时还纳入了包括被试的性别、年龄、教育程度、违法犯罪类型以及社会经济地位等“基本人口学特性”因素。最后，研究者将这五大因素进行综合考察，借助回归分析统计方法探讨我国青少年犯罪的各种因素的因果关系以及具体的作用大小。结果基本支持了青少年出现违法或犯罪行为的原因是多方面的，并非某单一因素；青少年出现违法或犯罪行为是来自家庭、学校、同侪等社会环境因素以及其个人心理层面，是多种因素共同作用的结果，但是这些因素之间并不是简单的平行式的影响，而是多层次的。其中，有的因素影响较大，有的影响较小，有的是直接的，有的是间接的。同时，不仅是在违法犯罪青少年与普通青少年之间存在着差异，在违法青少年和犯罪青少年之间也存在差异。在这些发现的基础上，研究者建议在青少年违法、犯罪问题的预防上应强调整合家庭、学校、社区和社会的力量，并以培养青少年良好的个性心理为直接目的；而对于已经出现违法、犯罪行为的青少年应该区别对待，并提倡社区矫治为主的方式。

（三）开展少数民族青少年心理的研究

贵州师范大学潘运主持的“少数民族青少年韧性心理素质现状、发展及培养研究——以苗族、布依族等为例”，编制我国少数民族青少年韧性素质问卷；基于韧性的相关理论和结合其他学者已有的研究，通过访谈法开发适合少数民族青少年群体的韧性素质测量工具；在西部云南、贵州、四川等省中小学校，用分层随机抽样方法，抽取5 000名以上少数民族青少年，采用效度、信度较高的调查问卷和量表采集数据，获取少数民族青少年韧性素质的现状特点，并对现状特点进行分析研究；结合调查结果，分析影响少数民族青少年韧性素质的主要因素，进而提出少数民族青少年韧性素质培养的目标、主要内容、模式以及促进少数民族青少年韧性素质培养提高的基本对策。通过对少数民族青少年韧性素质现状、发展及培养的对策研究，以期为我国少数民族青少年的心理健康素质培养提供进一步的理论依据和具有实际应用价值的对策。该项研究有助于增进少数民族青少年良好应对和适应能力，包括提高其在面对生活逆境、创伤、悲剧、威胁或其他生活重大压力时的应对能力，适应生活和学习的能力及人际交往能力等；研究少数民族青少年韧性素质有助于促进少数民族青少年的身心发展，包括促进其个性的完善、社会性的发展和健全人格的形成等。

（四）加强对社会热点问题的教育心理研究

在研究选题上，注重和社会实际问题相结合，从心理学角度分析、探讨社会热点、难点问题现状及应对措施，为国家重大决策提供理论和实证依据。

1. 考试压力

考试压力是青少年最主要的压力源，是影响青少年心理健康和考试绩效的主要因素之一。考试心理问题已经成为青少年最突出的心理问题之一，解决这一问题既是保证青少年健康成长和提高考试绩效的客观需要，也是学校心理健康教育的重要任务。

西南大学江琦主持的教育部青年课题“高中生考试心理问题及其教育对策研究”，初步揭示了青少年考试心理问题、考试心理素质的因素结构与发展特征；编制了符合心理测量学规范的《青少年考试心理问题量表》和《青少年考试心理素质量表》，初步解决了青少年考试心理问题、考试心理素质的测量工具问题；揭示了在考试压力情境中个体的考试心理素质是考试心理问题影响考试绩效的中介变量；同时还整合性地探讨了青少年考试绩效影响因素及其作用机制；揭示出青少年参加高考时的心理问题以及考试绩效高或低学生所存在的负性考试自我图式，有认知和情绪两方面的特点；整合的研究取向和多种方法、手段的综合运用，为青少年考试心理研究提供了新的思路。运用教育干预实验，验证了考试心理素质教育是解决考试心理问题的有效途径。

2. 网络成瘾

因特网成瘾障碍是伴随现代社会信息技术高度发展而产生的一种对网络过度依赖的行为，这是一种新的心理疾病。

上海师范大学顾海根主持的教育部重点课题“大学生因特网成瘾障碍研究”，研究者在对国内外文献进行系统研究基础上，首先编制了“大学生因特网成瘾障碍量表”作为研究工具，然后对全市8所高校近4 000名大学生进行因特网成瘾发生率及相关因素调查。调查结果表明：上海市大学生因特网成瘾发生率为12.9%，其中轻度为9.02%，中度为3.65%，重度为0.23%。通过编制大学生网络行为偏好问卷，研究不同网络行为偏好个体的自我同一性、应对方式、人际疏离感等社会化状况，探究个体的网络使用情况、社会化状况、网络行为偏好等变量对因特网成瘾障碍的预测性。对大学生的上网行为和自我认同及其微系统各因素之间的关系的研究显示：学习主导上网类型和交往主导上网类型的个体，会拥有较高的自我认同水平且不易成瘾。交际主导上网类型和娱乐主导上网类型的个体自我认同发展水平较低且易成瘾。大学生因特网成瘾障碍的成因研究显示，某些不良的家庭因素、学校因素和大学生自身的不良性格都是导致大学生因特网成瘾的原因。针对大学生因特网成瘾的成因，提出预防大学生因特网成瘾的若干措施，对已患因特网成瘾的大学生，也提出了许多有效的治疗方法。

3. 心理援助

中国心理学会于2007年7月开通中国心理援助网，有效地促进我国心理治疗和心理援助工作的开展，培训和培养更多具备心理援助技能的专业人才。2008年汶川地震后，积极地为中央决策提供专业建议，编制心理干预手册及书籍，如《〈我们一起度过〉中小学生心理援助手册》、《如何帮助我们的孩子——地震后青少年心理援助教师、家长辅导手册》等，免费提供给灾区，组织抗震应急工作小组深入灾区开展心理救援工作。

2008年5月23日，由教育部人文社会科学重点研究基地天津师范大学心理与行为研究院主办了“汶川地震心理健康专家研讨会”，来自复旦大学、北京大学、清华大学、中科院心理研究所、南开大学等的国内著名心理健康专家参加了会议。会议对编制专供灾区群众和救援人员心理自助的两套光盘和手册相关问题进行了研究和探讨。两套心理自助光盘和手册中，有一套是面向灾区群众的心理自助指南，具体内容既有对不同丧失人群分类进行自我心理调节的建议，也有地震灾区群众常见的心理问题及其自我调适，和地震灾区群众寻求专业心理帮助的时机及方式。另一套是针对抗震救灾人员心理救援和自助指南，内容有救援人员常见心理问题与自我心理调节、汶川重大地震救援人员创伤性体验识别及自我调适、救灾医护人员对灾民心理支持要点、新闻工作者宣传报道中的心理学问题以及地震灾区中小学教师的心理问题、心理调适和对学生的心理支持等。中国人民大学音像出版社正式出版了《地震救援人员心理自助与助人指南》和《汶川地震心理援助指导手册》两套DVD光盘，有效地促进了心理学为国家服务的能力。

（五）利用多种方法深化研究

西南大学黄希庭主持的教育部重点课题“学生健全人格的养成教育研究”，对健全人格的标准进行了深入的理论探讨，确定其理论内涵；从人格的综合研究取向以及人格的传统性与现代性的视角探讨自立、自信、自尊、自强的心理结构；并以此为基础建构健全人格养成教育模式。系统地采用适合于健全人格研究的多种研究方法，主要包括调查法、测量法、实验法，运用了模糊聚类分析法、模糊偏序关系矩阵排列法、多特质多方法分析、探索性因素分析和验证法因素分析等多种统计手段，对健全人格的内涵、结构、发展特点及影响因素进行了广泛的实证研究。采用文献分析法、个案法、问卷调查法（包括探索性因素分析和验证性因素分析）等来探讨自立、自信、自尊、自强的心理结构；采用教育实验法、个案法、问卷法来探索健全人格养成教育模式。在重庆、四川、湖北、陕西、贵州、云南等省市的十二所中小学进行学生健全人格养成教育的调查和教育实验。在探索性研究的基础上编制和修订有关健全人格评定量表和中小学生健全人格养成读本。

前面提到的北京师范大学林崇德主持的教育部哲学社会科学重大攻关项目“创新人才与教育创新研究”课题，在研究过程中，也利用了多种方法，包括采用效标群体法、心理量表法和跨文化研究法。

四、“十一五”教育心理学研究的局限

总体来看，在“十一五”研究期间，教育心理学的研究取得了巨大的成绩。但也要清楚地认识到，全国教育科学规划中的教育心理学研究课题还存在一些问题。

（一）中国特色的教育心理学理论体系仍需进一步构建

在我国，教育心理学成为一门独立学科，并受到重视，真正开展科学研究不过30余年的历史。几十年来我国科研工作者在吸收和借鉴西方的教育心理理论知识方面做了大量的研究工作，初步构建起了中国特色的教育心理学理论体系，但仍以国外的理论和方法为主。“十一五”期间，研究者非常重视具有中国特色的教育心理理论和实践问题的研究，但部分研究在理论创新和模式创新上还需要进一步深化。由于中西方的教育制度、教学模式、社会制度、价值观念等存在巨大的差别，所以在借鉴国外研究的过程中，更应该从我国的教育心理实践问题出发，以实际问题为导向，强化中国特色，构建中国民族特色的教育心理学理论体系和实践体系。

（二）研究人员分布不平衡依然明显

“十一五”期间，西部地区的教育科研有了一定的发展，但总体来看教育心理研究发展不平衡问题依然比较突出。从“十一五”全国教育心理科研课题的申请和立项情况来看，发达地区的课题申请和立项数量远远高于西部地区。从科研管理来看，一些地区教育科研管理机构建设和制度建设还比较薄弱。这一方面需要继续在经费、制度、人员培训等方面加大支持力度；另一方面要进一步提高区域教育特殊性的自觉认识，加大教育心理问题的挖掘和研究力度。

（三）科研成果的转化和推广需要加强

近年来教育心理学科研工作者的生态意识在逐步增强，科研成果的生态效度得到显著的提高，理论研究和实践研究能够有效结合起来。但由于种种原因，理论研究的成果转化步伐比较缓慢，科研成果很难有效地指导中小学实际的教育教学实践活动，

对实践教学的影响和干预力度不大。部分研究成果的干预模式比较单一，很难推广使用。

（四）高校与基础教育工作者的合作需要进一步加强

由于教育心理学研究的专业性和复杂性问题，高等学校和教育科研机构在整个科研中发挥着主导性的作用，是教育心理研究的主导性力量，但这并不代表仅靠高校和科研机构中的一部分专业人士就能把教育心理研究搞好，进而完全承担起为新时期的教育实践和教学改革提供理论支持和智力服务的任务。教育心理学是一门实践性很强的学科，很多教学问题、学习问题、学生行为问题等必须深入课堂教学第一线才能有深刻的认知和体验。综观“十一五”期间的科研课题，广大中小学教师和社会其他部门的参与程度远远不够，真正的教育行动研究还比较少，这可能导致了广大中小学教师缺乏必要的科研意识，而现有的科学研究成果又不能有效地指导实践教学和改革的两难境地。

五、教育心理学研究的调研

（一）调研过程

在接到全国教育科学规划领导小组的通知后，向中国心理学理事发出了关于提供全国教育科学规划“十二五”教育心理学研究计划的调查，请相关专家列出在“十二五”期间计划要研究的项目并提供200字左右的内容简介。最后，全国各地高校和科研机构提供了相应的课题，按提供项目数的多少，各单位的情况是：山东师范大学6项，宁夏大学6项，郑州大学6项，海南师范大学5项，华东师范大学4项，西南大学4项，天津师范大学4项，北京师范大学3项，华中师范大学3项，贵州师范大学3项，东北师范大学2项，北京大学2项，南京师范大学2项，江西师范大学2项，辽宁师范大学2项，福建师范大学2项，云南师范大学2项，中科院心理研究所2项，河北大学2项，新疆师范大学1项，湖南科技大学1项。共21个单位，提供了64项。其中有4个项目内容更偏重于教育学的内容。有效项目为60项。

（二）项目涉及内容

根据调研结果，可将60个项目分为以下几个大类：

1. 教师心理

有关教师心理问题的项目有7项，内容分别是中小学教师工作动机对职业压力反应的作用、中小学心理健康教师核心能力、中小学教师职业心态与职业状况、免费师范生的成长特点与专业发展、优秀教师心理素质结构、教师有效教学策略、教师的课堂教学心理等。

2. 教育评价

有关教育评价的项目有 2 项，内容分别是表现型评价在硕士研究生培养中的作用、教育认知诊断评估的理论与应用研究。

3. 学生心理健康

有关学生心理健康的项目有 6 项，内容分别为大学生创新精神、心理健康和思想品德结合、处境不利人群的积极心理学、循证心理健康实践、儿童健康自尊的形成、学生体质健康的突出问题、健全人格的养成。

4. 心理活动的脑机制

有关心理活动脑机制的项目有 4 项，内容分别为文化神经科学关于青少年发展的研究、青少年自我管理能力的脑成像、汉语隐喻理解的认知加工与神经机制、合作共赢中"心理理论"的脑机制。

5. 学习心理

学习心理的项目有 10 项，内容分别为第二语言习得中的内隐学习与协同学习、少数民族儿童学习书面汉语的过程、杰出学习行为的一般发展机制、算术和语言习得的内隐机制与高效率学习、本科生参与科研与其学术认同的发展、参照性交流背景下的类别学习、当前制约我国学生学习效率的主要因素、少数民族学生汉字识别机制、学习动机和学习兴趣的激发。

6. 认知发展和人格社会性发展

认知发展与人格社会性发展的项目有 23 项，内容分别为心理理论发展与情绪调节策略、基于内隐认知的青少年道德教育、多元文化背景下儿童提取诱发遗忘机制、儿童科学概念的认知发展、发展性障碍学生的认知功能特异性、儿童青少年自我意识、学生人格特点、儿童心理加工能力的机制、3—15 岁儿童自我调节发展及干预、3—15 岁儿童健全人格的教育促进、自闭症儿童社会认知的眼动研究、未来取向对青少年积极发展的影响、亲社会行为的发展及影响因素、青年创业成功的影响因素、狱内改造环境与青少年犯未来取向的发展、认知心理学的新进展、概率推理的心理加工机制、青少年社会交往中的社会性思维、信息掩蔽亚成分研究的理论、创造力研究、品德心理研究、创新精神与反思思维促进。

7. 社会心理

社会心理的项目有 5 项，内容分别为突发公共事件的心理干预体系及机制、公民情绪调节策略与和谐心理构建研究、民族心理融合的社会心理结构模型研究、东南亚国家华文教育中的文化心理研究、农民工工作压力量表的编制和压力状况研究及员工援助计划应对。

8. 其他

其他类的项目包括了心理学公共课程改革、农村小学课堂教学质量分析、西部农村中小学教师素质状况与地方高师教师教育。

六、“十二五”规划研究的20项重点项目简介

(一) 青少年自我管理能力的脑成像研究及其干预

大脑前额叶皮层的发育不成熟会导致自我管理能力（包括认知调节能力、情绪调节能力）的缺乏，产生青春期常见的冒险行为、冲动型决策以及各种成瘾行为(如网络成瘾和毒品成瘾)。通过详细探讨青少年大脑发育状态（特别是PFC及其各子区域的发展变化）与其各种冲动、冒险行为以及成瘾行为之间的关系，探索不同类型青少年的行为差异与PFC成像差异之间的关联，为家庭、学校以及社会制定预防和干预措施提供理论和实证依据。

(二) 青少年心理发展的文化神经科学研究

文化神经科学是文化科学与神经科学交叉的新兴学科，主张不仅大脑调控着我们的认知和社会行为，而且文化也塑造着大脑的结构与功能。青少年的经验明显地受到传统文化与外来文化的影响，过去几年间关于青少年发展的行为研究突然增多。因为青少年在大脑和行为上可塑性极大，对他们进行研究在教育与医学上有很大的应用价值。

(三) 儿童青少年心理理论发展及相关因素

“心理理论”是理解自己与他人的愿望、信念、情感和思维等心理活动并据此预测他人行为的能力，这种能力在人际合作中起着重要作用。本项目从毕生发展心理学的视角，采用多种方法和技术，探讨心理理论与情绪调节策略关系，同时还揭示合作共赢中的“心理理论”加工，探讨“单打独斗”和“团结协作”的深层心理机制及其教育启示。

(四) 中小学心理健康教师核心能力的建构与测量

中小学心理健康教育工作在科学性和规范性上存在着诸多问题，尤其是对从事中小学心理健康教育工作的教师缺乏应有的资质上的要求和考核，这一现象可能会妨碍中小学心理健康工作健康、科学的发展。本项目就中小学心理健康教师的核心能力展开研究，首先，建构中小学心理健康教师的核心能力结构，其次，发展测评中小学心理健康教师核心能力的专业测评工具，最后，对现有从事中小学心理健康工作的教师核心能力的水平进行调查，从中发现问题，为今后的培训提供依据。

(五) 科学教育中的心理学问题

当今世界正处在一场科学教育的革命之中。人们很关注如何根据科技进步和社会

发展的需要，充实先进的科技知识，改革教学内容和教学方法，但是，如何根据儿童的认知发展水平来提高科学教育的效果却没有受到应有的重视。当前科学教育的出发点不是看儿童缺乏什么，而是着眼于儿童头脑中本来有什么。认知发展心理学家的研究发现，甚至学前儿童在人类重要的知识领域已经有自己的“朴素理论”。研究儿童对科学的认知及科学概念发展，了解他们的科学认知水平，对儿童的科学教育将起着事半功倍的作用。

（六）转型时期青少年的心理健全素质与社会适应性

探讨社会转型期的学生发展和成长规律，深入考察个体在身体发育、认知与学习、社会性与情绪等领域对社会现实环境的适应，考察学生发展与社会生态系统的相互依存关系，为政府、社区和学校提供有关青少年的学习和健康成长指导。研究中小学生的社会性与人格发展，建设中小学生成长与发展数据库；研究社会处境不利的儿童青少年发展；研究青少年的数字化生活方式，包括数字化和信息化对青少年发展的影响、青少年数字化交往的结构与特点、青少年数字化交往与学习、青少年数字化生活方式的指导等。开展学生发展指导的应用研究。

（七）少数民族儿童青少年认知发展及影响因素

少数民族儿童青少年在成长过程中，其认知发展的特点及规律需要进一步研究。本项目探讨以下几个问题：从文化因素出发综合比较多个不同民族、地区、教育文化背景的儿童在信息提取过程中的遗忘特点；少数民族儿童学习书面汉语的认知加工机制；少数民族学生汉字识别机制。

（八）参照性交流背景下类别学习

类别是认知视为相同的项目集合，类别学习是迅速有效地发现项目维度表征的程序，代表了概念的学习；参照性交流是公共认知的一种形式，代表了知识的合作学习。本项目可以证实交流中形成的参照惯例能最小化共同注意、共同解释的认知努力，以最大限度共享的形式高效率地学习知识，体现了语言决定思想；交流合作环境为学习提供了一种压力，使学习更有效。这对教育教学方式的改善，教学效率效果的提高，教育观念的更新具有重要的启示。

（九）儿童青少年自我意识发展与健全人格养成

用多取向、多方法研究儿童青少年自我概念的特点及发展；儿童青少年自我意识情绪的特点及发展；儿童青少年自我控制的特点及发展；儿童青少年自我调节的特点及发展；儿童青少年身体自我的特点及发展研究；儿童青少年社会自我的特点及发展研究；儿童青少年学业自我的特点及发展研究；儿童青少年自我意识问题（如自卑、自恋等）研究；促进儿童青少年自我和谐的教育对策研究。在此基础上用多种研究方法研究健全人格，使受教育者形成以辩证的观点看待世界、他人与自己、过去现在与将来、顺境与逆境，成为自立、自信、自尊、自强、幸福的进取者。

（十）儿童自我调节、健全人格发展与教育促进

自我调节是个体对自身心理与行为的主动掌控。以促进人的整体发展为目的的健全人格教育是世界性的教育思潮，儿童期是人格形成和发展的重要时期，如何促进儿童人格的健全发展已成为全社会所关注的热点问题。本项目从行为、心理、生理多层面探讨儿童自我调节发展特点；依据不同年龄阶段儿童的不同人格结构，确定培养目标；依据每个年龄段人格的发展特点，确定教育因子；依据人格发展的影响因素，选择相应的教育载体，开展现场教育实验，促进儿童健全人格的发展。

（十一）中小学教师工作动机、职业心态与职业状况关系

教师工作动机是激发与维持教师工作行为、使教学活动朝向教育教学目标的内部动力。中小学教师职业心态如何，其对职业行为产生了哪些性质和怎样的影响，已经成为中国教育迫切需要解决的问题。本项目将从教师表层概念到深层信念的视角系统揭示当今中国中小学教师职业心态的状况及其对从业行为所产生的不同影响，为引导广大中小学教师走向积极心态和职业行为提供系统的科学依据；在工作要求—资源模型的理论框架下，探讨教师职业目标定向（工作动机的激发和导向成分）和教师职业自我效能感（工作动机的调节成分）对工作投入与工作倦怠这两种教师职业压力反应的影响机制。通过考查中小学教师的工作动机在工作要求—资源与工作投入—倦怠关系中的影响机制，为促进教师的身心健康及提高学校教育教学质量提供科学依据。

（十二）发展性障碍学生的认知功能特异性

以发展性阅读障碍、发展性计算障碍、注意发展障碍和自闭症儿童作为主要研究对象，比较考察其与正常儿童的认知功能表现。本项目系统探查不同类型学习发展障碍所表现出来的功能性异常模式及其潜在认知过程基础，在认知行为研究层面上，阐明特定障碍可能源自哪些认知领域一般过程或领域特殊过程的异常，探寻领域一般与领域特殊的学习解释机制。

（十三）亲社会行为的发展及其影响因素

亲社会行为作为个体的一种社会行为，对于个体间及群体间的互动都是非常重要的。在当今强调“合作”的时代背景下，对亲社会行为发展及其影响因素的研究尤其具有现实意义。然而，在心理学领域，关于亲社会行为的发展研究长期以来未受到重视。对儿童青少年亲社会行为发展及其影响因素的揭示，不仅能够阐明亲社会行为的结构、各类亲社会行为的发展特点及影响因素等基本理论课题，而且对促进儿童青

少年积极发展具有重要实际价值。

（十四）免费师范生的成长特点与专业发展

教师教育既要关注在职教师，更要关注如何将职前教师培养成合格教师。对免费师范生教师的心理特点和成长过程、教育培养规律进行探讨，追踪职前教师到新教师过程中的转变，揭示预测入职后成功与否的职前教师的心理特点，比较职前教师、新教师和专家型教师心理特点，从职业发展角度探讨影响教师职业成长的关键因素，研究一名师范生如何顺利成长为一名合格的教师，为训练未来的教师提供更有针对性的指导，制订更有效的培养计划和训练方案。包括免费师范生的成长过程研究，免费师范生的学习特点研究，免费师范生生涯辅导研究。

（十五）高效率学习的相关心理问题研究

本项目将探讨：将内隐学习与协同学习研究范式运用到第二语言习得研究中，探索第二语言内隐学习中遇到的受外显学习的影响问题；借助事件相关电位、脑成像技术等技术，探讨学习者如何从语言和算术学习任务中获取规律知识，如何以有意识和无意识两种方式利用过去经验改变当前学习行为，并结合内隐学习的“三高”特征，进一步探明高效率学习的认知过程及其脑机制。

（十六）教育管理者应对非常规突发事件的危机决策能力

“非常规突发事件”是指前兆不充分、具有明显的复杂性特征和潜在次生衍生危害，破坏性严重，采用常规管理方式难以应对处置的突发事件。面对非常规突发事件，教育管理者的危机决策能力直接影响到危机事件的解决，影响到学校教育的稳定与发展。本项目可以采用文献、个案与实证探索的方式，以教育管理者为对象，形成教育管理者应对非常规突发事件危机决策能力的模型，以指导教育管理者在教育实践中处理非常规突发事件。

（十七）高级认知活动的心理机制

高级认知活动是个体心理发展水平达到高级阶段的具体表现，常见的高级认知活动包括概率推理、阅读理解、社会性思维等方面。本研究内容包括：用心理学实验方法探究概率推理的心理加工机制；从隐喻性质和不同言语水平两个重要方面，分别考察隐喻理解的具体加工内容；青少年的良好社会性思维能力的发展与培养，使青少年在社会交往过程中采取适宜的问题解决方法、执行有效的社会行为，使社会交往产生良好的效果。

（十八）儿童健康自尊心理的形成及培养

健康自尊是以能力感和价值感之间的平衡为基础形成的高自尊，既注重个人独特性的保持和个人能力的提高，又关注个人社会性发展和个人价值的体现，从而肯定自我生存的能力和生存的意义。拥有健康自尊的个体具有积极的和架构良好的自我价值感，很少受具体的评价性事件的影响。本项目探讨儿童健康自尊形成过程受自身能力、社会赞许、社会评价等方面因素的影响。自尊在个体发展过程中，会对其学业成绩、创新精神等各方面发展产生极大影响，是儿童发展不容忽视的心理资源。

（十九）本科生参与科研与其学术认同的发展

针对参与科研的本科生，采用纵向研究设计、多个案研究设计和访谈研究方法，深入探寻本科生学术认同发展过程、关键时刻、状态和相关因素的一般性或特异性；针对本科新生，希望通过学术认同辅导，引导潜在的参与科研的本科生自主管理学术认同发展的过程。为培养高层次人才的教育实践提供基础数据和可能的指导。

（二十）循证心理健康实践：教育与政策

循证心理健康实践隶属于当前席卷了医学、心理学、教育学等学科实践领域的“循证实践运动”，指从事心理健康教育或治疗的工作者在意识到服务对象特征、文化与偏好的基础上，将研究者提供的最好的研究证据与自己的经验与技能整合起来所进行的实践。它迎合了科学、公正、协作、高效、透明、去专业化等时代精神，以极强的可操作性受到了各国从政府到社会大众的极力支持。传播这种理念并建立相应政策，对规范我国心理健康领域的实践、提升人们的心理健康有非常积极的意义。

（撰稿人：教育心理学科组 白学军）

学校体育卫生研究

一、全国教育科学“十一五”规划学校体育卫生课题申报和立项基本情况分析

与“十五”相比，“十一五”期间全国学校体育卫生战线发生了一些重要的变化，如：（1）2007年党中央、国务院下发了《加强青少年体育、增强青少年体质》的7号文件，其中提出了70余项学校体育卫生方面的工作要求；（2）国家推动了以推进《国家学生体质健康标准》为目的，以“达标争优”为形式的“阳光体育运动”；（3）2008年北京奥运会召开前，奥运教育成为学校体育的重要阶段性内容；（4）进入“十一五”后，自2001年开始的体育与健康课程改革也进入了一个冷静反思和深刻总结的阶段；（5）北京奥运会中国运动员获得金牌以后，激发人们对“举国体制”和“体教结合”的深入思考。在这样的情形之下，全国教育科学“十一五”规划学校体育卫生课题的立项分布和研究内容也呈现出一些相应的变化和特点，本报告对2008、2009、2010年的申报课题选题进行了统计与分析。

（一）体育卫生课题选题主要集中在阳光体育推进研究、体育课程改革研究、学生心理健康干预研究、健康教育问题研究、运动伤害问题研究、体育运动训练与竞赛问题研究、体教结合问题研究、民族地区学校体育发展研究、体育的自然科学基础研究、比较体育研究、奥运教育与奥运背景下的学校体育发展研究、体育评价问题研究、区域学校体育发展问题研究、体育教师培养研究、体育法规建设研究以及管理、教材等研究，研究的比例也比较稳定。

（二）从2008年至2010年三年的课题选题来看，阳光体育推进研究、体育课程改革研究、健康教育问题、心理健康干预研究的四类选题达到选题总数的56.85%，成为选题的四大热点。（见表3-65）

表3-65　2008、2009、2010年学校体育卫生申报课题选题统计

申报课题选题类别	2008年		2009年		2010年	
	数量	比例（%）	数量	比例（%）	数量	比例（%）
阳光体育推进	43	14	43	13	55	19
运动损伤	19	6	19	6	21	7
运动训练与竞赛	6	2	8	3	20	7
体教结合	17	5	16	5	5	2

续表

申报课题选题类别	2008 年		2009 年		2010 年	
	数量	比例（%）	数量	比例（%）	数量	比例（%）
民族地区学校体育发展	6	2	4	1	1	0
自然科学基础（生理）	9	3	7	2	12	4
课程改革	44	14	44	14	58	20
心理健康	43	14	48	15	20	7
比较体育	6	2	7	2	3	1
奥运教育与奥运	4	1	6	2	2	1
健康教育	47	15	47	15	35	12
体育评价	20	6	20	6	5	2
区域性学校体育发展	19	6	20	6	6	2
体育教师培养	15	5	16	5	19	6
体育法规建设	2	1	2	1	3	1
其他（管理、教材）	13	4	13	4	29	10
合计	313	—	320	—	294	—

从2006—2010年五年的立项数量来看，体育卫生课题总立项数为85项，其中国家重点课题1项，与“十五”持平；国家一般课题19项，比“十五”多11项；教育部重点课题40项，比“十五”少19项；国家青年基金课题11项，比“十五”多10项；教育部青年专项课题14项，比“十五”少1项。（见表3-66）

表3-66 2006—2010年学校体育卫生立项课题种类分布

立项课题种类	2006 年	2007 年	2008 年	2009 年	2010 年	合计
国家重点课题	0	1	0	0	0	1
国家一般课题	3	3（1）	5（1）	6（1）	7（2）	24（5）
教育部重点课题	8（2）	8（2）	12（3）	20（6）	7（2）	55（15）
国家青年基金课题	2（1）	2	3（1）	3	4（1）	14（3）
教育部青年专项课题	2（1）	3（1）	6（3）	7（3）	7（3）	25（11）
合计	15（4）	17（4）	26（8）	36（13）	21（8）	119（34）

注：括号内为同组评审的艺术类立项数。

从立项的内容分布上看，立项的内容与选题的分布比较相似，阳光体育推进、心理健康、体质研究、体育课程改革与教学理论研究还是主要的内容，但相对立项来说，高校体育与专业教育、学校体育管理的比例也比较大。（见表3-67）

表 3-67　2006—2010 年学校体育卫生立项课题内容分布

立项课题内容	2006 年	2007 年	2008 年	2009 年	2010 年	合计
阳光体育推进	0	1	1	3	2	7
教学研究	0	1	1	2	2	6
体教结合运动训练与竞赛	1	0	0	3	1	5
运动伤害	0	0	1	0	0	1
民族地区学校体育发展	0	0	0	0	1	1
自然科学基础（生理）	1	1	0	0	1	3
课程改革	1	0	2	1	1	5
心理健康	1	1	0	5	2	9
比较体育	0	3	0	1	0	4
奥运教育与奥运	0	1	0	0	1	2
体质健康与健康教育	0	1	4	5	1	11
研究生培养	1	0	1	1	0	3
高校体育改革与专业教育	0	0	2	3	1	6
体育教师培养	1	0	1	2	0	4
课程理论研究	1	1	1	1	2	6
学校体育管理	2	3	1	1	0	7
体育评价	2	0	1	1	0	4
器材研究	0	0	2	0	1	3

二、对“十一五”规划学校体育卫生课题内容的简析

（一）有关“阳光体育运动推进”的研究成为研究的新热点。研究内容涉及面广，指向学校体育卫生工作的难点问题

自 2007 年 7 月党中央、国务院下发了《加强青少年体育、增强青少年体质》的 7 号文件并提出了 70 余项具体的学校体育卫生方面的工作要求后，全国学校体育研究者积极响应，进行了推进阳光体育活动的研究。这些研究从方法、评价、策略等对阳光体育的推进进行了比较全面的思考，研究内容涉及面广，指向学校体育卫生工作的难点问题。但由于反应时间不足，研究的立项也存在表面化和方法论缺乏的现象，相对报项的数量来说，立项的数量也不很多。

（二）体育课程的研究趋向成熟和冷静，研究向深层次发展

“十五”期间，由于新课改刚刚开始，因此有关体育课程的研究成为热点。当时体育课程研究相对宏观，如“建构有机衔接的大中小学体育与健康课程内容体系的研究”、“构建全日制义务教育、普通高级中学国家、地方、学校体育（体育与健康）课程体系的研究”、“中国经济欠发达地区（西部）农村学校体育管理体制、课程结构和资源开发的实验研究”等课题都是规模宏大，立意高远，试图从根本上全面解决体育课程的结构性问题。

但在“十一五”期间，课程改革已经过一个深入发展和冷静反思的阶段，此时的申报课题和立项课题从数量上呈下降趋势，但在内容上出现了“向深层次发展”的趋向。如“高中体育课程改革的反思与推进策略研究”、“农村中学体育与健康实施现状分析与推进策略”等研究都具有了反思性的研究态度，而“体育课程本质和设计原理研究”、“体育知识观与体育课程改革”等研究则触及了体育课程改革的深层次问题，将体育课改的问题引向了体育本质和原理的深度。

（三）研究开始注意并努力挖掘隐藏在学生体质问题背后的深层次原因，健康教育的问题研究内容日益宽泛

如果说，“十五”期间的课题开始特别关注学生体质下降问题并以《学生体质健康标准》为主要研究内容的话，由于新的《国家学生体质健康标准》的颁布，体质的研究也开始向新的广度前进了。如“运动营养干预降低青少年肥胖相关疾病发生和改善身体素质作用的研究”、“大学生体质健康预警机制理论、预警参数基准的构建及应用研究”、“学生体质监测若干指标的质疑与重构研究”、“中国学生健康行为与生活质量的调查研究”、“农民工子女学龄儿童体质健康管理模式研究”、“新疆农牧区维哈民族13—15岁学生体质下降干预对策研究”等都有明显的新视角，体质研究和运动干预的研究出现了广度的延伸。

（四）心理健康问题继续成为学校体育卫生研究报项和立项热点

同“十五”期间的特点一致，关于体育促进学生心理健康的研究仍然呈上升趋势。鉴于学生群体中心理健康问题的日益严重，“十一五”期间，许多课题仍选择以体育为手段，从促进学生心理健康为目标的角度进行了理论和实践的探讨。如“大学生应对心理压力的运动干预研究”、“体育运动促进大学生心理健康发展的素质标准研究”、“运动对青少年心理健康干预研究”、“运动干预对小学生执行功能健康发展影响的研究”等都强调了运动干预与学生心理健康问题的关系。但上述研究的题目范式非常类似，从表面还很难看清楚该研究的方法理论，说明这类研究的方法和策略还不十分清晰。

（五）一些体育教学理论研究立项颇有新意，可望获得新的成果

与体育课程教学改革的发展几乎同步，在多年研究的积淀和体育课程改革的催化下，对体育教学理论的研究颇有新意，体育教学理论研究具有中国特色、本土特点的教学理论初见端倪。比如在“十五”期间的“中国特色体育教学理论体系建设与创新研究”以后，又出现了“体育知识论”、“体育课程排列理论”等立项，这些具有根本意义的探讨，必将打破当前表面化的课程教学改革理论，推动体育课程和教学改革走向深化。

（六）体教结合和高水平运动队建设的研究方兴未艾

近10年来，高等院校举办高水平运动队的尝试取得了巨大的进展，也呈现了特有的一些问题。随着北京奥运会在中国的举办这件大事，对高水平运动队的建设、体教结合，以及对“举国体制”的研究都方兴未艾，如“改革完善高水平运动队员招生、教学培养管理制度的研究”、“经济欠发达地区高校‘体教结合’培养区域优势项目优秀运动员有效模式的研究”、“普通高校高水平运动队建设评估机制的理论与实践研究”、“高校竞技体育人才培养的社会力研究”等都是此类研究不断深化的代表。

（七）有关学校课外体育活动、运动训练与竞赛的研究依然很少

“十一五”期间学校里课外体育活动的时间越来越少，体育课余训练在大多数学校也有名无实。与“十五”期间的情况相同，由于缺少了研究对象，“十一五”期间关于课外体育活动、课余训练的立项依然萎缩。在“十一五”期间，有关课余体育活动和课余训练的报项就不是很多，而在所有立项中，直接指向学校课余体育活动的研究一项都没有，同样直接指向中小学校课余运动训练的研究也一项都没有。

（八）关于学校体育的国际比较研究似有增多趋势

可能是由于中国学校体育卫生领域的视野扩展和工作延伸，通过借鉴国外学校体育发展经验、吸纳世界先进体育文化，促进中国学校体育发展的学校体育理论研究思路似有新的发展。如“中美日英俄德六国体育学科研究生培养体制与教育模式的比较研究”、“中美两国竞技体育的比较研究”、“中美大学体育文化比较研究：组织文化视角”都反映了这样的趋势。

三、对“十一五”规划学校体育卫生课题选题和立项状况的简析

从当前的立项课题来看，一些研究能面对学校体育卫生发展中的真实问题和难点

问题，立足于目前体育教育改革所关注的热点问题，真正发现亟待解决的关键环节，这些研究具有明显的必要性和实用性（见表3-68）。

表3-68 比较优秀的立项课题及分析

课题名称	课题编号	主持人	课题性质	单位	点评
体育课程本质和设计原理研究	BLA060179	高嵘	教育部重点课题	北京师范大学	抓住了体育课程改革的核心问题——缺乏排列原理的审视和逃避课程内容逻辑，是重大的课程基础理论问题研究。
学生体育成绩评价标准的创新研究	BLA060182	于可红	教育部重点课题	浙江大学	敏锐地捕捉了体育课程教学理论中因为体育学业评价特点而造成的难点问题所进行的研究。
农村中学体育与健康实施现状分析与推进策略研究	BLA060178	王小美	教育部重点课题	信阳师范学院	抓住体育课程改革推进和审视的薄弱环节进行研究，是冷静和科学对待体育与健康课程改革的好命题。
学校体育与健康质量标准与保障机制研究	BLA070002	杨贵仁	教育部重点课题	教育部	从国家管理最重要环节——质量标准和保障机制入手，将研究和行政管理很好地结合了起来。
体育知识观与体育课程改革	BLA070077	张建华	教育部重点课题	北京师范大学	针对轻视知识的课改错误，从分析体育知识本质和特性入手，探讨体育课改方向，是理论性和实践性俱强的选题。
国际奥林匹克教育中的“北京模式”研究	BLA070017	耿申	国家一般课题	北京市教科院	是一项时效性、工作性、国际性、国家性很强的题目，很符合“国家规划课题”的选题目的和意义。
学龄前儿童软性健身器材及其多元应用方法研究	BLA080061	王凯珍	国家一般课题	首都体育学院	符合学龄前儿童身心特征的健身器材的开发，不仅能够促进儿童体育活动的开展，也能够促进儿童体育教育的规范性和科学性，具有较强的实用性。
现代大学制度建设与高校体育改革研究	BLA080062	孙麒麟	国家一般课题	上海交通大学	制度化建设是高校体育改革保障，高校体育教学改革的理论和实践又能为高校制度化建设提供依据，两者较好的切合和互动使课题具有重要价值。

续表

课题名称	课题编号	主持人	课题性质	单位	点评
高中体育课程改革的反思与推进策略研究	DLA080200	邵伟德	教育部重点课题	浙江师范大学	高中课程改革经过一个阶段的实践与探索，需要一定的反思性总结，本课题能为课改的正确和稳步推进作出贡献。
普通高校体育专业研究生知识能力结构与就业现状的研究	DLA080206	王培勇	教育部重点课题	清华大学	研究生扩招以后，多种因素使研究生教育脱离了社会需求，原因之一就是研究生应具备的知识能力结构不清晰，因此本课题的研究具有重要理论价值和实用性。
体育教师基本技术技能标准研究	CLA090123	黄爱峰	国家青年基金课题	华中师范大学	体育教师的能力结构对体育教师的修炼提供了理论借鉴，基本技术标准的研究能为体育教师提供具体的发展方向，具有很强的现实意义。
体育硕士专业学位研究生技术技能培养的研究	DLA090314	周建社	教育部重点课题	湖南师范大学	由于学位研究生学习时间、周期、方法的特殊性，以及个体技术技能的不同，其技术技能的学习值得探究。
“阳光体育运动”初始阶段实践探索与未来深度推进策略的研究	DLA090315	陈雁飞	教育部重点课题	北京教育学院	对实践的总结和探索，有利于理论的发展和对实践的指导，因此，对初始阶段实践的探索，有利于向纵深发展，本课题的研究具有实践意义。
“阳光体育运动”实时监控和实效性评价研究	ELA090431	刘华	教育部重点课题	云南师范大学	政策的执行需要有不断实施的监控措施来评估其科学性、合理性、实效性等，以便动态调整、修正其不足。
普通高等学校高水平运动队建设评估机制的理论与实践研究		于振峰	国家一般课题	首都体育学院	普通高等学校高水平运动队是否符合其建立的初衷，本课题的研究解决了“教体结合”要实现的目标不明确、不具体的问题。
民族传统体育资源的开发利用与西部高校阳光体育运动		赵芳	国家青年基金课题	广西师范大学	民族体育文化的传承与“阳光体育运动”相结合，如果研究顺利完成则具有很强的指导意义。

但是，与前述较好的选题相比，大量的选题仍然是视野不宽、焦点不明、立意不清、立论含混、方法不明、手段不当，必然导致研究的分析不可能准确、结论指向不可能或不确切，这些研究立项也带有浮躁盲动、牵强附会、人云亦云、望文生义等明显的研究态度上的错误。（见表 3–69）

表 3–69　有明显问题的报项课题及分析

课题名称	点评
普通高校学生网络成瘾与体质心理健康关系的研究	“网络成瘾与体质心理健康”两者没有必然联系，研究两者关系不具备普遍性，何为“体质心理健康”？缺乏逻辑性，没有研究价值。
现代生活方式与学校体育	“现代生活方式”是社会进步的结果，对“学校体育”一定有影响，这不用研究；而影响的程度因受多种复杂因素共同作用，难以剥离、区分，不易研究。
高职院校体育促进大学生人格发展最佳模式及对策研究	“最佳模式”受人的价值观影响、主观性强，难求统一的客观标准；体育只是促进大学生人格发展的手段之一，和研究结论“最佳模式”的相关性不大。
中国高等院校体育专业家长教育公平观的实证研究	“家长教育公平观的实证研究”与“中国高等院校体育专业”缺乏相关性，研究价值小。
大众化教育进程中高校体育教育生态承载力研究	“生态承载力”不是“大众化教育进程中高校体育教育”核心问题，属于边缘性问题，研究的实用性小、针对性弱。
气排球运动在我国兴起的社会学分析	“气排球运动”兴起的关键不是社会学因素，而且社会学因素极为复杂，寻找两者之间的必然性很难，研究实用价值小。
青少年网络成瘾的瑜伽干预实验研究	“青少年网络成瘾”的机制极为复杂，尤其是“心瘾”涉及复杂多变的中枢神经活动和心理反应，绝非用瑜伽一种方式可以解决的，缺乏研究价值。
学生体质下降趋势下体育教师行为及其推进策略研究	“学生体质下降趋势”的形成是多因素共同影响的结果，在众多的影响因素中，“体育教师行为”因素作用很弱，研究基本没有意义。
21 世纪中小学生体质增强计划	“中小学生体质增强计划”的研究范围太大，研究没有具体可行的目标，空乏而缺少针对性。
全纳体育思想研究	“体育”受人的个体差异影响大、更应遵循因材施教的原则，这是体育教育教学的最基本法则与规律；“全纳体育思想”不适合以上原则，研究没有意义。

可见，在课题申报时存在的问题有：1. 课题题目设计过于繁琐，想囊括研究的所有内容；2. 课题题目设计缺乏逻辑性，不够严密也不够严谨，语言模糊不清；3. 对所研究领域的发展动态了解不够全面、深刻，重复别人研究的较多；4. 课题关注或研究的非热点或焦点问题，使研究缺乏时效性；5. 课题研究本身所持的理论、观点不正确或不准确；6. 研究缺乏理论依据和支撑，不具备科学性；7. 课题研究领域设计的大、小控制不当。

四、全国教育科学“十一五”规划学校体育卫生课题研究的趋向

“十一五”期间学校体育卫生课题的研究，除了上述在内容方面反映出的特点之外，还在研究人员，研究的科学化水平，研究的意向、创新性以及研究设计等方面也体现了新的趋向。

（一）研究人员的构成逐步合理并出现专业化

“十一五”期间学校体育卫生课题中的体育基础理论性的研究，主要是由专业体育科研人员、高校体育专业教师为主来完成的，而学校体育的应用性和推广性研究则多是由教育行政管理人员、体育教研员和体育教师相结合的研究队伍为主来完成的，另外，非体育专业的高校研究人员也越来越多地参与到学校体育卫生的研究中来。

（二）研究的科学化水平继续提高

“十一五”期间学校体育卫生课题研究出现了“从经验式研究和文献综述研究向实证性研究发展”的趋向，很多课题所采用的研究方法、研究手段、研究器材日趋先进，提高了研究成果的可信度，拓宽了研究的视野，使其研究结果更具说服力。

（三）更加关注学校体育卫生领域的热点和难点问题

由于研究者对教育科学研究成果如何为决策服务、为实践服务，如何解决教学实际问题的意识不断增强，使得研究者更加关注学校体育卫生领域的热点和难点问题。这一研究趋向更加增强了“十一五”学校体育卫生课题研究的社会效益。

总之，“十一五”以来，学校体育卫生领域的科学研究取得了很大成绩，积累了重要的经验。“十一五”期间，国家对教育科学的持续投入和方向引领保障了学校体育科研的理论深化和领域拓展；坚持为学校体育决策服务、为学校体育改革和发展的实践服务、为学科建设和体系完善服务的目标提高了学校体育科学研究的可持续性；与时俱进、开拓创新的思想路线，实事求是、理论联系实际的工作原则保证了学校体育科研的实效性；立足和扎根中国学校体育现实，面向世界，理性吸取国外学校体育发展经验的研究视角等推进了中国学校体育学术观点、学科体系的创新；学校体育理

论工作者、行政决策者和实践工作者紧密地结合，构建了中国特色的学校体育科研网络格局。

五、全国教育科学“十一五”规划学校体育课题研究的不足

在学校体育科学研究取得令人瞩目的成绩和经验的同时，我们也看到，与我国学校教育改革与发展的要求相比，与国际体育卫生领域的高水平研究相比，与其他学科领域的规范性研究相比，学校体育卫生研究还存在着以下的不足。

（一）学校体育理论研究依然缺乏本土研究和学科特色

从总体情况来看，学校体育理论在注重国外理论与实践借鉴的同时，明显地缺乏本土性的研究，把国外的理论借鉴与中国体育问题结合的视角明显缺乏。学校体育理论研究的另一不足是缺乏学科的特色，造成的后果是学校体育理论研究既滞后于国外学校体育理论，也滞后于学校教育的其他领域。究其原因，一是我国当前经济社会的发展落后于发达国家，我国学校体育正在经历国外学校体育已经经过的历程；二是我国教育改革和发展历来重视数学、语文、外语等“主流学科”，体育学科研究落后于其他学科，学校体育的许多“新理念”往往只是移植教育领域的成果。成果的发表时间总是在一些教育理论论著的出版之后。

（二）对学校体育重大现实问题和热点难点问题依然研究不足

学校体育领域的研究如果不基于现实或问题，只迎合形势和时势中的空洞概念进行研究就会成为一种虚假的研究。许多研究依然在“牵强附会”和“望文生义”的思维中徘徊。由于缺乏对解决现实问题的追求，使得这样的选题难以立项，持有这样思维的研究即便立项也很难有真正的研究成果。

（三）研究的规模趋向宏大，难以有相应的理论创新性和实证性

一些体育学者习惯于以宏大的理论思维来探讨中国学校体育的发展，但由于缺乏理论的创新性，又没有实证性的研究作为基础，往往只是提出一些常识性的结论和建议，少数“书斋式”的研究还沉浸在概念注释、理论移植的逻辑推理中，个别研究甚至几乎演变成脱离教改实践的学术游戏。这些研究既缺乏理论的创新，也缺乏对理论假说的实证。

（四）研究的视野相对狭窄，成果有时存在明显的局限

一些学校体育的研究往往局限在自身的领域，在对问题的原因进行分析时也往往只在本领域内寻找，这样的研究成果的科学性受到质疑，思路受到限制，研究成果价

值降低。造成这种现象的原因可以归结为一部分科研人员知识狭窄、陈旧，乐于在局部和细节的方面争执不休；另一个原因是研究缺乏学科联合的意识。事实上，由于学校体育面临的问题越来越复杂，不进行跨学科、跨行业的协作研究，许多问题是不能得到有效解决的。

（五）一些研究方法缺乏科学性和规范性

由于学校体育是介于自然科学和社会科学之间的综合性领域，有些研究需要严格的自然科学范式，有些研究又需要规范的社会科学范式。然而，当前的部分学校体育研究不能准确、恰当地选择合理的研究方法。比如在解决学生肥胖问题的研究中不能区分真正的致病原因和影响因素，研究做不到“定因定果”。有的教学实验研究过于强调研究中的因素控制，忘却了教学过程中复杂的社会学特性。事实上，在教学研究中，教学过程中出现的有些变化实际上是不能控制和不可预见的，因此，教学实验研究除了要掌控可控因素的同时，还要解决在研究过程中不断生成的问题，在解决问题的过程中推进实验，进行“教育行动研究”式的研究。

（撰稿人：体卫艺教育学科组 毛振明）

美育研究

一、“十一五”规划美育领域立项概况

（一）美育领域立项概况

全国教育科学“十一五”规划是在我国经济、社会深刻转变和加速发展的重要时期，也是在全面建设小康社会的关键期背景下展开的。站在新的历史起点上，要以科学发展观为指导，在观念、制度和策略上与时俱进，进一步推动教育科学事业的繁荣和发展，发挥教育科学的第一生产力作用，为促进教育改革与发展服务，为办好人民满意的教育服务，为实施科教兴国战略和人才强国战略服务，为建设创新型国家服务，为建设社会主义和谐社会服务。

根据全国教育科学研究“十一五”规划的指导思想，确定了美育的研究方向。即以提高全体师生的审美素养为研究重点，重视美育对构建和谐社会独特功能的研究；研究美育与本土优秀传统艺术的传承，研究新时期学校美育的发展前景；深化美育理论研究，开展美育促进学生创新思维发展与心理健康的理论及有效途径的研究；加强艺术类课程改革、教学模式创新以及评价体系的研究，开展提高学校艺术师资素质的策略研究；开展建设健康向上的校园文化研究；关注开发与优化美育资源的研究，重视提高农村与少数民族地区学校艺术教育质量的研究。

在全国教育科学规划领导小组的领导和部署下，美育领域分五次进行了“十一五”期间全国教育科学规划重点课题立项评审与课题实施的工作。

“十一五”期间①，全国教育科学规划“体育卫生美育”学科组中的美育领域，2006 年第一次评审立项课题共 4 项，其中，国家青年基金课题 1 项；教育部重点课题 2 项；教育部青年专项课题 1 项。2007 年第二次评审立项课题共 4 项，其中，国家一般课题 1 项；教育部重点课题 2 项；教育部青年专项课题 1 项。2008 年第三次评审立项课题共 9 项，国家一般课题 1 项；国家青年基金课题 1 项；教育部重点课题 4 项；教育部青年专项课题 3 项。2009 年第四次评审立项课题共 13 项，其中，国家一般课题 1 项；国家青年基金课题 1 项；教育部重点课题 8 项；教育部青年专项课题 3 项。（见表 3-70、图 3-35 和图 3-36）

① 因为完成本报告时，2010 年第五次立项课题的评审结果尚未公布，所以暂未统计在内。

表 3-70 "十一五"期间全国教育科学规划的美育领域课题立项数量一览表

年度	国家重点	国家一般	国家青年基金	教育部重点	教育部青年专项	合计
2006	0	0	1	2	1	4
2007	0	1	0	2	1	4
2008	0	1	1	4	3	9
2009	0	1	1	8	3	13
合计	0	3	3	16	8	30
占比（%）	00.00	10.00	10.00	53.33	26.67	100

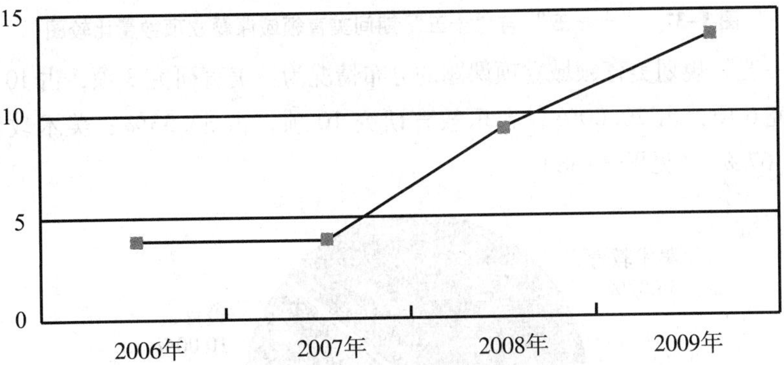

图 3-35 2006—2009 年美育领域课题年度分布图

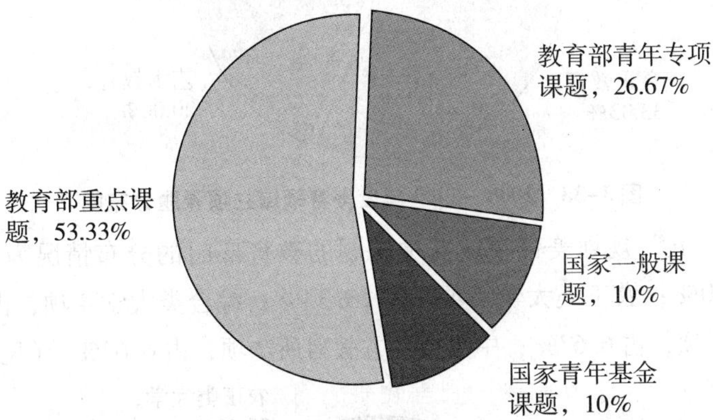

图 3-36 2006—2009 年度美育领域课题类型分布图

"十一五"期间，全国教育科学规划美育领域共有 30 项课题立项，与"十五"期间的 49 项相比，减少了 19 项，立项课题数量呈减少趋势的问题令人深思。（见表 3-71、图 3-37）

表 3-71 "十五"与"十一五"期间美育领域课题立项数量一览表

期间	国家重点	国家一般	国家青年基金	教育部重点	教育部青年专项	合计
2001—2005	1	5	1	34	8	49
2006—2009	0	3	3	16	8	30

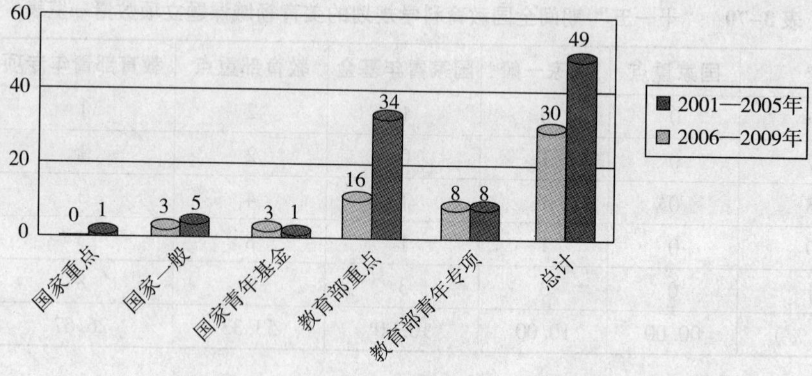

图 3-37 “十一五”与“十五”期间美育领域课题立项数量比较图

“十一五”规划美育领域立项课题的分布情况为：美育研究 3 项，占 10.00%；艺术教育研究 6 项，占 20.00%；音乐教育研究 10 项，占 33.33%；美术教育研究 11 项，占 36.67%。（见图 3-38）

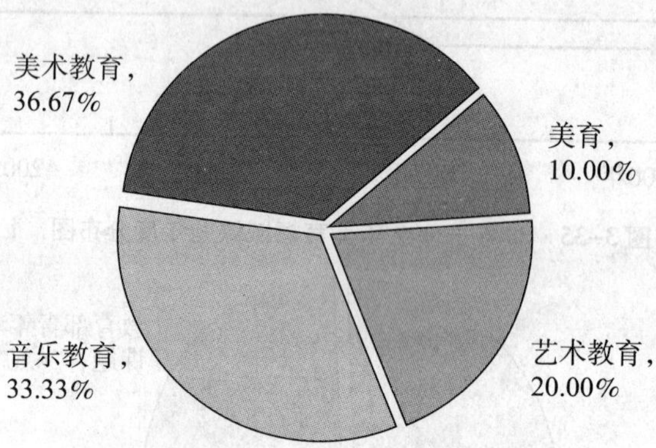

图 3-38 2006—2009 年度美育领域立项课题分布图

承担“十一五”规划美育领域立项课题的教育部门的分布情况为：师范类大学 15 项，占 50.00%；农工类大学 7 项，占 23.33%；综合类大学 4 项，占 13.33%；高等职业类学院 2 项，占 6.67%；中央或地方教科所 2 项，占 6.67%。（见图 3-39）

图 3-39 承担“十一五”规划美育领域立项课题的教育部门的分布图

(二)“专项课题计划”

特别值得一提的是，为贯彻《中共中央关于进一步繁荣和发展哲学社会科学的意见》，落实教育部《教育事业“十一五”发展规划纲要》精神，全国教育科学规划领导小组办公室和教育部体育卫生与艺术教育司联合组织了“全国教育科学‘十一五’规划‘学校体育、卫生、艺术和国防教育科学研究专项课题计划（2006—2010年）’”（以下简称“专项课题计划”）。

“专项课题计划”的宗旨是：通过课题的方式，对我国学校体育、卫生、艺术和国防教育的理论问题和实践问题进行科学研究，围绕全面推进素质教育和“健康第一”的指导思想，为学校体育、卫生、艺术和国防教育的改革和发展的实践服务，为学校体育、卫生、艺术和国防教育的决策服务，为提高学校体育、卫生、艺术和国防教育的质量服务，引领学校体育、卫生、艺术和国防教育的学术方向，发展和繁荣学校体育、卫生、艺术和国防教育科学事业，为全面推进素质教育、全面贯彻党的教育方针，为提高全体学生综合素质作贡献。

2007年，全国教育科学规划领导小组办公室与教育部体育卫生与艺术教育司开始合作实施第一期“全国教育科学规划学校体育、卫生、艺术和国防教育研究专项课题”。经过申报、资格审定和专家会议评审，评审出第一期学校体育、卫生、艺术和国防教育研究的专项课题67项，课题类别为“教育部规划课题”。

在第一期中，美育与艺术教育研究的专项课题20项，占“专项课题计划”课题总数的29.85%。其中，美育4项，占美育与艺术教育研究专项课题总数的20.00%；艺术教育1项，占5.00%；音乐教育8项，占40.00%；美术教育6项，占30.00%；戏剧教育1项，占5.00%。（见图3-40）

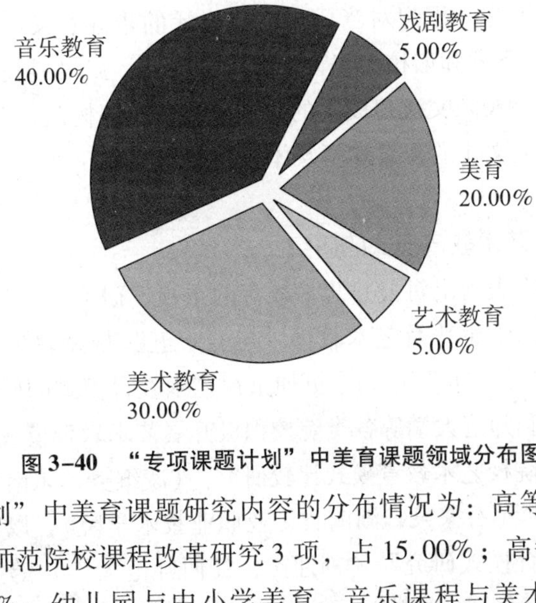

图3-40 “专项课题计划”中美育课题领域分布图

“专项课题计划”中美育课题研究内容的分布情况为：高等院校美育研究5项，占25.00%；高等师范院校课程改革研究3项，占15.00%；高等院校艺术类课程研究3项，占15.00%；幼儿园与中小学美育、音乐课程与美术课程研究9项，占

45.00%。(见图 3-41)

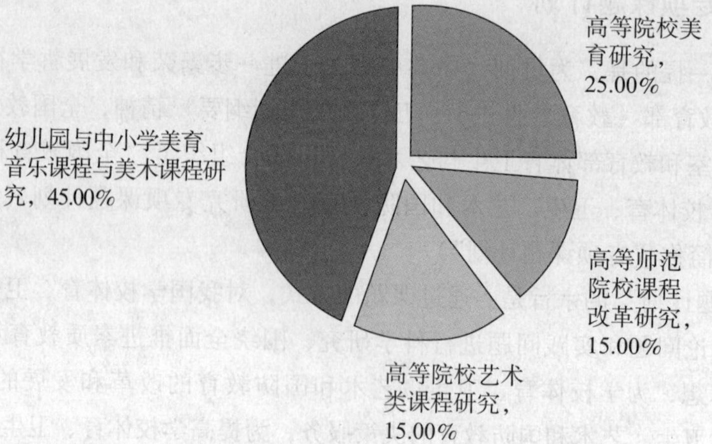

图 3-41 “专项课题计划”中美育课题研究内容的分布图

(三)“十一五”规划美育领域立项课题的特征

“十一五”规划美育领域立项课题研究是“十五”期间美育与艺术教育研究的持续发展，但也呈现出一些不同的特征。具体而言，有以下几方面的特征。

1. 凸显美育对构建和谐社会作用的研究

“十一五”规划中的美育研究，以“充分发挥美育对构建和谐社会的积极作用”为指导思想，以美育促进学生的全面发展、提高全体师生的审美素养为研究重点，重视美育对构建和谐校园独特作用的研究，开辟通过学生生活全面贯彻美育思想的途径。教育部青年专项课题“和谐人性与生活艺术——朱光潜‘人生的艺术化’思想的当代性研究”(陈恒，浙江师范大学)，以我国美学家朱光潜的“人生的艺术化”思想为切入点，着眼于这一思想对当代人性与生活的指导意义。国家青年基金课题“大学文化软实力视角下的和谐校园建设研究”(金艳，武汉科技学院)和教育部重点课题“新媒体在和谐校园文化建设中的应用研究”(郁树廷，北京航空航天大学)围绕和谐校园建设，从文化的视角和新媒体应用的角度展开研究，具有鲜明的时代性和应用价值。

2. 构建各类院校艺术教育模式的研究

我国艺术教育研究表现出对公共艺术教育的重视，研究重点转向如何对青少年、大专院校非艺术专业的学生普及艺术教育。与“十五”规划聚焦于我国艺术教育理论的重大问题不同，“十一五”规划中更加重视艺术教育模式的研究。近年来，工科院校、高等职业院校和师范大学等各类院校积极开展艺术教育模式的研究，如教育部重点课题“我国工科院校艺术教育模式比较研究”(凌继尧，东南大学)和“高职院校艺术教育模式研究”(石家泉，湖南省工业职业技术学院)，以及教育部青年专项课题“生成性艺术教育模式研究”(刘迎杰，江西师范大学)等立项课题的研究团队，采用比较研究、案例研究等实证研究的方法，力求改革原有的艺术教育模式，构建适合时代发展以及自身院校特征的艺术教育模式，取得了一些具有推广价值的研究成果。

3. 中小学音乐、美术课程与教学改革的研究

在“十一五”规划中，中小学音乐、美术课程与教学改革的研究，有注重课程改革实施情况的研究，如教育部青年专项课题“我国基础音乐教育课程改革实施状况实地调查研究”（许洪帅，中央教育科学研究所）；有基于课堂教学的研究，如教育部重点课题“基于学生知觉经验唤起的小学美术课堂有效教学模式研究”（李力加，浙江师范大学）；有关注开发与优化艺术教育资源的研究，如教育部青年专项课题“广东传统非物质文化课程资源开发与利用”（徐燕琳，华南农业大学）；也有围绕教材编写开展的研究，如教育部重点课题“学校音乐教材编写理论研究”（冯亚，河南大学）。其中，“我国基础音乐教育课程改革实施状况实地调查研究”课题组，采用实地调查的方法对音乐新课程实施情况开展研究，采集大量第一手资料，了解现状，发现问题，并提出具有针对性的改革建议，具有积极的现实意义。

4. 关注农村、少数民族地区艺术教育的研究

“十一五”规划与“十五”规划相同，从农村和少数民族地区的角度出发探索艺术教育的研究课题占有一定的比重。例如，关注农村文化变迁与音乐教育相关性的教育部重点课题“农村学校音乐教育与农村文化变迁关系研究”（金顺爱，东北师范大学）；从传承民族民间美术的角度出发的教育部重点课题“中小学美术课程中进行优秀民族民间美术文化保护与传承教育的实验研究”（兰岗，贵州省教育科学研究所）；聚焦于某个少数民族地区艺术教育的教育部重点课题“拉萨市中小学艺术教育现状与学生艺术素养的调查研究”（洛桑曲尼，西藏大学）等。其中，“拉萨市中小学艺术教育现状与学生艺术素养的调查研究”，采用调查研究的方法，力求探明拉萨市中小学艺术教育现状与中小学生的艺术素养，通过这一研究，揭示西藏地区艺术教育的现状，为少数民族地区艺术教育研究的开展提供强有力的第一手资料，也为我国学校艺术教育的改革提供参照。

5. 艺术教育与心理学的交叉研究

艺术学、教育学和心理学的深入发展推动了艺术教育研究的深化，促进了在艺术教育研究中打破学科界限、综合各学科的理论与实践而开展的交叉研究。继“十五”规划中国家一般课题“美术教育促进青少年心理健康的实验研究”之后，“十一五”规划中出现了书法教育与心理学的交叉研究课题。如教育部重点课题“书法练习促进儿童积极情绪发展的实验研究”（周斌，华东师范大学），以及国家青年基金课题“书法教育对青少年心理发展影响的实证研究”（刘俊升，上海师范大学）。这两个课题力求探明书法活动在促进儿童与青少年心理健康水平与发挥潜能方面的作用、特点和机制，寻求发挥书法教育的上述功能的途径与具体方法，并通过书法教学实践将研究成果运用于预防学生心理问题、调控学生心理状态和消除学生心理障碍等方面，取得了一些研究成果。

6. 培养21世纪创新人才的研究

艺术教育被视为是创新人才培养的重要手段，在诸多艺术活动中学生的创造品质得到呈现。近年来，通过艺术教育培养21世纪创新人才的研究出现两种趋势。一方面，国家一般课题“文化创意产业与当代学校美术教育的研究”（钱初熹，华东师范大学）与教育部重点课题“文化创意产业与当代艺术教育创新研究”（项仲平，浙江传媒学院），关注国内外文化创意产业发展与通过学校艺术教育培养创新人才之间的相关性，旨在开辟通过学校艺术教育培养创新人才的多种途径。另一方面，国家一般课题“中国与美国关于景观设计教育的分析研究”（赵慧宁，南京工业大学）以及教育部重点课题“高校艺术设计专业人才培养模式研究”（聂书法，河北经贸大学）、“综合大学背景下的艺术设计类人才体系的改革创新研究”（张新宇，浙江工业大学）、“艺术设计专业的特色教育——创意思维培养的教学研究与实践”（韩然，汕头大学）等课题采用比较研究、实证研究等方法，旨在发现现行设计专业课程与教学中存在的问题，提出改革设计课程与教学的途径与方法。这一系列研究旨在解决我国创新人才培养匮乏的问题，具有积极的现实意义。

7. 提高学校艺术教育师资素质的研究

以提高中小学音乐、美术师资素质为重点的研究，有围绕教育部颁发的课程指导方案开展的教育部重点课题“部颁普通高校音乐学（教师教育）本科专业课程指导方案、教学指导纲要的实践与理论研究”（严凤，福建师范大学）；有从知识体系及其评估模式出发的国家青年基金课题“构建我国基础教育美术教师专业知识体系及其评估模式研究”（李静，中国美术教育编辑部）；也有从研究生教育改革切入的国家一般课题“普通高校音乐教育专业师资培养模式与研究生教育改革”（王耀华，福建师范大学）；还有围绕一门课程与教学实践开展的研究，如教育部青年专项课题“中国传统音乐即兴创作教学法的理论与实践研究”（郭小利，福建师范大学）、“声谱分析：声乐教学模式创新研究”（吴静，湖南师范大学）和教育部重点课题“《中国民族音乐》课程的理论与实践研究”（陈新凤，福建师范大学）等。这些课题力求通过改革高等师范院校的音乐教育课程，为中小学培养高素质的音乐教师。

（四）“十一五”规划美育领域研究方法的特征

与以往相比，“十一五”规划美育领域立项课题的研究，较大幅度地改变了研究方法陈旧、停留在经验总结或单纯文献研究层面的美育领域研究的原貌。

在美育研究方面，有关古今中外美育思想的研究继续深入，研究者们借鉴和引进诸如麻省理工学院、耶鲁大学、普林斯顿大学等世界著名高等院校所开创的艺术教育研究方法，出现了针对中国本土艺术教育现实问题的案例研究，并能够结合时代发展的现实语境和中国教育的现状有针对性地进行阐发。

在艺术教育研究方面，能根据立项课题的实际需要，选用调查研究、实验研究、比较研究、个案研究等研究方法开展研究，研究成果具有客观性和科学性。一些课题能围绕真实问题开展深入、细致的调查研究，深刻地剖析造成问题的原因，提高了研究成果的效度与信度。一些课题能提出凸显艺术教育自身特征的论点，并提供解决现实问题的有效途径与方法，研究成果带有鲜明的创新特征以及较高的学术含量。

综上所述，可以发现“十一五”规划中美育领域的立项课题从美育的作用、艺术教育的模式、21 世纪创新人才培养以及中小学与高等院校艺术类课程改革等方面开展，选题具有时代特征，富有积极的现实意义，具有一定的创新价值，在研究方法上也日趋科学合理。

二、“十一五”规划美育领域研究的贡献与局限

（一）美育与艺术教育研究的贡献

自全国教育科学“九五”规划启动时增设了“体育卫生美育学科评审组”，确立了美育领域研究在教育科学规划体系中的地位之后，在“九五”、“十五”和“十一五”规划中，美育与艺术教育的研究出现了新气象，研究队伍逐渐形成，立项课题数量逐渐增多，并取得了对我国教育决策有贡献、对美育与艺术教育实践起推动作用的研究成果。在此，列举一些具有代表性的研究成果。①

1. “在全面建设小康社会背景下，加快农村学校艺术教育改革和发展”

由教育部体育卫生与艺术教育司万丽君主持的全国教育科学“十五”规划教育部重点课题“在全面建设小康社会背景下，加快农村学校艺术教育改革和发展”，于 2008 年正式结题。该课题组确定了全国 58 个县为全国农村艺术教育实验县，各实验县分别承担了 13 项专题研究项目。通过课题组多年的研究，在理论研究和实践研究两方面均取得了丰硕的研究成果。②

首先是理论上有所创新，初步构建了我国现代农村学校艺术教育的观念体系。这一体系由艺术教育的“素质观”、“基础观”、“公平观”、“普及观”、“特色观”、“科研观”和“开放观”构成。主要观点为：缺失艺术教育的教育是不完整的教育（素质观）；缺乏艺术素养的学生不是全面发展的学生（基础观）；让每一个农村学生都成为艺术教育的受益者（公平观）；消灭农村艺术教育的空白点（普及观）；让每一个农村孩子的眼珠亮起来（审美观）；让艺术教育飘散清新的泥土气息（特色观）；教育科研是推动学校艺术教育的杠杆（科研观）；让学校艺术教育成为社区文化的一道亮色（开放观）。

其次是实践上有所创新，初步推出了农村学校艺术教育实施模式。农村学校艺术

① 1—3 为“十五”立项课题，均已结题；4—6 为“十一五”立项课题，即将结题；7—8 为其他类型的课题。

② 资料来源于全国教育科学规划领导小组办公室编《科研要报》2008 年第 10 期。

教育总体运行模式包括三个维度，第一维度为农村学校艺术教育课程体系；第二维度为农村学校艺术教育保障体系；第三维度为农村学校艺术教育实施体系。这三个维度相互联系、相互促进，组成一个整体。在总体模式框架下，各实验县推出了农村学校艺术教育全面覆盖模式、农村学校艺术教学改革模式、农村学校艺术教师队伍建设模式、农村学校艺术教育课程开发模式、农村学校艺术教育科研模式和农村学校艺术教育的资源配置模式等具体操作模式。

这一课题研究覆盖了我国发达、欠发达和不发达三个不同经济发展水平的农村地区，产生了广泛而深入的影响。

2. “美术教育促进青少年心理健康的实验研究”

由华东师范大学钱初熹主持的国家社会科学基金“十五”规划教育学一般课题“美术教育促进青少年心理健康的实验研究”于2008年正式结题。本课题研究聚焦于“以美术教育促进青少年心理健康”这一途径，从学校美术教育的角度出发开展深入的专题研究，研究对象是所有的青少年，即在普通学校正常教学班级中学习的中小学生。这是一项填补国内美术教育研究领域空白的课题研究。经过5年的研究，这一课题研究在理论与实践两方面取得了突破性进展。

第一，探明了美术教育与艺术治疗之间的交融点，从理论和实践两方面证明了学校美术教育是促进青少年心理健康的有效途径，突破了以往美术教师不该跨越自己的教学专业，担任艺术治疗师角色的观点，对美术教育学和健康心理学的发展具有深远意义。

第二，首次引入了“情感强烈的单一事件也是一种审美经验”的理念，强调重大不幸所引发的审美经验对学生成长的帮助，提出“将创痛的经验转化为深刻的美术学习”的观点，突破了以往将审美经验仅仅限定于引起愉悦反应的主张，对美术教育学与审美心理学的发展具有拓展意义。

第三，开发了针对全体中小学生的、通过抽象绘画创作活动测试心理健康的安全且有效的工具，突破了在心理咨询或艺术治疗过程中针对特殊人群采用绘画方式进行心理测试的局限，这一测试工具具有在我国中小学乃至世界各国推广的应用价值。

第四，汇集了数十个通过美术教育促进青少年心理健康的案例，为解决青少年心理健康问题提供了多种方法，具有应用和推广的价值。特别值得指出的是，其中包含的书法是源于我国的独特的美术门类，通过书法教学促进青少年心理健康的实践经验在国际间具有独特价值。

这一课题研究成果写入2003年教育部颁布的《普通高中美术课程标准（实验）》。《普通高中美术课程标准（实验）》作为教育部颁布的文件，对我国高中美术课程的实施起引领作用。因此，可以认为这一成果产生了广泛的社会影响。

3. “当代城市儿童美术教育与本土文化的传承”

2009年12月，在广州美术馆召开了由北京市东城区少年宫罗珍主持的全国教育科学“十五”规划教育部重点课题“当代城市儿童美术教育与本土文化的传承”的结题会议。这一课题以本土的传统文化及非物质文化遗产为课程设置的背景，结合多元文化及大众文化、流行视觉文化等进行了儿童美术主题课程与教学的研究。其创新之处如下。

首先，课题组提出了“透过儿童美术活动对本土文化进行传承”的美术教学思路和方法。在“本土挖掘→中西比较→吸收融合→结合当代→建构创造”的理念指导下，构建了一种行之有效的课程模式，即以“主题内容”为核心，从“自然资源”、“人文资源”、“材料应用”和“创作空间”四个角度开发当地美术资源，编写美术课程，开展教学活动。

其次，课题组凝聚了一群热心于美术教育研究的教师，组织了包括尤伦斯当代艺术中心、北京市第二中学分校、广东美术馆培训中心、成都市青少年宫、绵阳市少年宫在内的 14 个子课题组，各子课题组积极开展主题课程与教学的研究，均取得了富有地域文化特色的美术教育研究成果。

4. “普通高校音乐教育专业师资培养模式与研究生教育改革”

由福建师范大学王耀华主持的国家社会科学基金“十一五”规划教育学一般课题“普通高校音乐教育专业师资培养模式与研究生教育改革”，以“中小学音乐教育发展与高师音乐教育专业教育教学改革”① 的研究成果为基础，由福建师范大学音乐学院牵头，联合了首都师范大学、北京师范大学、东北师范大学、哈尔滨师范大学、杭州师范大学、湖南师范大学、西南大学、贵州师范大学、河南大学、江西师范大学、广西艺术学院、沈阳音乐学院、浙江师范大学、安徽师范大学、陕西师范大学等近 20 所大学的音乐教育专业的教师组成研究团队，共同开展研究。经过数年的研究，这一课题取得了显著的成效，即将结题。

首先，课题组对以培养音乐教育专业师资为目标的研究生教育进行了较为深入的研究，回顾了我国音乐教育硕士研究生培养的历史，并对现状开展了调查研究，在总结经验的同时也找到了其中存在的问题。其次，课题组对部分国家和地区的音乐学（教师教育）硕士研究生培养的历史与现状进行了研究，归纳了其中值得借鉴的经验。在此基础上，课题组研制了“音乐学（教师教育）硕士研究生培养方案”，并按照新方案开展了课程与教学实践的研究，探索“多重三边合力论”的培养模式：（1）在知识结构方面，提倡学科专业知识、多学科综合性知识和学术研究能力的全面协调发展；（2）在课程结构方面，提倡必修课程、选修课程和学校地方课程的相互补充；（3）在培养方式上，提倡校内外和国际之间的相互结合。②

这一课题研究与“十五”规划立项课题“中小学音乐教育发展与高师音乐教育专业教育教学改革”相链接，凸显出持续发展、研究团队力量强和覆盖面广等特征，有效地促进了音乐教育专业研究生教育质量的提高。

---

① 该课题为国家社会科学基金“十五”规划教育学一般课题，由福建师范大学王耀华主持，已结题。

② 资料来源于福建师范大学王耀华。

5. “我国工科院校艺术教育模式比较研究”①

由东南大学凌继尧主持的全国教育科学“十一五”规划教育部重点课题“我国工科院校艺术教育模式比较研究”，针对由于我国工科大学教育的历史背景所造成的自身学科结构单一、艺术教育大幅滞后于专业教育等特点，提出“作为人文素质教育核心内容之一的非艺术专业学生艺术教育，在提升学生的创造力、回归‘人本教育’、重塑大学人文精神等方面具有独特的意义和价值”的重要观点。

这一课题组将我国近年来艺术教育活动开展得较好的东南大学和清华大学作为实例，开展细致且深入的个案研究，归纳出中国工科大学艺术教育在20年来的实践过程中所形成的具有代表性的和推广价值的两种模式：第一，以东南大学为代表的侧重于“由理入道”的艺术教育实践模式，通过对全体本科生开展美学与艺术学基本理论的教学，配合艺术作品赏析进行“体悟”。该模式带有浓厚的理性色彩，重视艺术鉴赏和课程的结构化、体系化建设。第二，以清华大学为代表的侧重于“由技入道”的艺术教育实践模式，倡导学生积极、广泛地参与形式多样、丰富多彩的各类艺术教育活动，通过亲身实践去感受艺术的魅力。该模式注重艺术实践和艺术社团建设，强调学生参与艺术教育活动的积极性、主动性和广泛性。这两种模式均具有这样的特征，即在工科院校的艺术教育开展过程中要有正确的教育理念和相应的定位，实践和理论并重，处理好“强制”与“自由”的关系，提升艺术体验的品质，并充分发挥艺术“以情动人”的教育特点，在实践中方能取得成效。

课题组通过对两校教育传统、教育资源的论述、对比和分析后，提出了工科院校艺术教育实践的理想模式，即“课程体系—高雅艺术进校园—艺术实践活动”三位一体的实践模式，并指出两校的艺术教育实践模式立足于教育传统、教学资源和教育对象的现实情况，通过合理的课程结构设计和艺术教育活动的广泛开展形成的教育特色较好地完成了艺术教育的任务，达到了艺术教育的目的。这一实践模式对当前我国工科院校艺术教育的开展具有示范和辐射的作用。

6. “构建我国基础教育美术教师专业知识体系及其评估模式研究”

由南京师范大学李静主持的国家社会科学基金“十一五”规划教育学青年专项课题“构建我国基础教育美术教师专业知识体系及其评估模式研究”，将于2010年12月完成结题工作。

这一课题针对身处基础教育课程改革浪潮中的美术教师专业发展的现状，旨在探明美术教师的专业知识现状与需求，寻求优秀美术教师专业发展的规律以及影响其持续发展的因素。课题组运用文献研究法、问卷调查法、个案研究法、比较研究法、特尔菲和层次分析法，重点解决四方面的问题：（1）我国基础教育美术教师专业知识状况如何？（2）优秀美术教师的专业发展是否有规律？（3）美术教师如何才能得以持续发展？（4）美术教师教育培养与培训的对策有哪些？

① 资料来源于东南大学凌继尧。

为了解答上述问题，课题组选取了我国具有代表性的地区，进行美术教师现状的普查、优秀美术教师特征的调查、美术教育专业本科生教学行为的调查、美术教师特征的专家咨询、美术教师课堂教学现场观察以及美术教师个案追踪研究等。在研究过程中，通过学术研讨、发表论文等方式积极推广已获得的研究成果，拓展现有的美术教师教育理论，并以课题研究的形式带动整个研究团队，从而加快参与课题研究的美术教师的专业发展。总之，课题组力求通过对代表性地区的比较研究，突出不同地区美术教师发展的特色与差异，并形成不同地区美术教师专业的知识结构与评估方式。这一课题研究的过程比较严谨合理，成果可以辐射全国所有地区。

除此之外，有关美术教师教育的研究成果，由上海师范大学美术学院王大根主持的"'三位一体'培养研究型美术教师的教学方案"的课题研究，以建构主义理论策划课程方案，有效地整合了师范大学美术教育专业的三门课程（"美术教学论"、"教育实习"和"毕业论文"），并注重营造师生互动的教学情境，提高教学效率，逐步培养本科生的研究意识和能力，从而真正帮助本科生实现从师范生向"研究型美术教师"的跨越式发展。课题组提供了值得在全国范围内予以推广的培养研究型美术教师的教学方案。

又如，宁波市鄞州区教研室主持的课题"美术学科网络教研多元模块的构建与研究"，研究对象覆盖鄞州区全体中小学美术专职教师和兼职教师。这一课题开发了7种美术学科网络教研的方法，具体可行，突破了以往集中式教学研究活动的局限，值得推广。

7. "当代发达国家艺术教育理论与实践研究"

由华东师范大学艺术教育研究中心组织的"当代发达国家艺术教育理论与实践研究"自2007年启动，于2009年完成。这是一项站在艺术教育前沿的研究成果。

课题首先对当代发达国家艺术教育的背景、取向、课程设置情况及其发展趋势开展研究，提出"以构建面向21世纪的创造力为核心的艺术教育"的观点。其次，分别对美国、加拿大、日本、英国、澳大利亚和新西兰等国的美术、音乐、舞蹈、戏剧的教育理论与教学实践进行研究，归纳出其中值得我们借鉴的经验。再则，围绕艺术教育综合实践活动展开研究，从各国的艺术教学实践中，提炼出融诸艺术门类为一体、以社区为取向、以艺术治疗为取向、跨越艺术与理科、新媒体与艺术教育、网络与艺术教育等综合实践活动的教学案例。最后，聚焦于艺术教育的比较研究，归纳出中外艺术教育比较研究的多种方法及案例。

这项研究成果对开阔我国艺术教育者的视野起到了积极的作用，并为开展我国与外国艺术教育的比较研究打下了坚实的基础。此外，华东师范大学艺术教育研究中心组织进行的"中小学美术教材的国际比较研究"将于2010年8月完成，这项研究成果将对中小学美术教材编写及其研究提供值得借鉴的经验。

8. 《学校艺术教育60年（1949—2009）》

由教育部体育卫生与艺术教育司、教育部艺术教育委员会联合组织编写的《学校艺术教育 60 年（1949—2009）》一书于 2009 年正式出版，主要内容为对新中国成立 60 年我国学校艺术教育发展历程的回顾以及对学校艺术教育取得成就的总结。这是一项艺术教育史研究的成果。①

参与本书编写的艺术教育学者们从六个角度对新中国成立以来的艺术教育史进行了梳理：(1) 从美育地位的削弱、回归、确立以及巩固，梳理了美育地位确立的历史过程。(2) 从学校艺术教育管理机构的建立与工作的开展，梳理了学校艺术教育管理机制的完善过程。(3) 从中小学艺术课程的开设、制定、逐步完善到深化改革，梳理了中小学艺术课程建设的推进过程。(4) 从新中国成立初期的艺术师范教育、"文化大革命"时期的艺术师范教育和改革开放以来的艺术教师教育中，反映了艺术师资队伍的不断壮大历程。(5) 通过学校课外艺术活动的发展历程和观念体系，梳理了"文化大革命"以前、改革开放前后的课外艺术活动。(6) 从学校艺术教育科研的发展历程、活动方式、主要成果以及主要经验等展现了艺术教育科研方兴未艾的前景。

这项研究比较全面地反映了从 1949 年至今我国美育与艺术教育的发展轨迹，提供了具有参考价值的史料。

（二）美育领域研究的局限

综上所述，可以认为在"十一五"规划期间，我国的美育与艺术教育研究取得了一定的进展，也取得了一些带有创新特征的突破性研究成果。但是，从整体上来看，无论是研究的广度还是深度都尚未达到预期的成效。究其原因，是因为这一时期的研究还存在以下几方面的局限。②

1. 缺乏有关美育的坚实且广泛的基础理论

从我国已取得的研究成果来看，缺乏有关美育与艺术教育的客观的、坚实且广泛的基础理论，特别缺乏以教育哲学、心理学、艺术学、社会学、人类学、脑科学等为理论依据而进行的不同教育阶段的美育与艺术教育的独特功能与价值的研究成果。由于缺乏基础性研究成果，致使部分应用性研究由于缺乏理论支撑而停留在低水平重复的层面上。上述问题在美育与艺术教育的研究中长期存在，但"十一五"规划期间这一状况并没有得到明显的改善。

目前，娱乐圈内以丑为美的现象十分严重，对青少年产生极其有害的影响，而对此却缺乏批判性的研究。娱乐圈内以丑为美的现象通常有两种类型：一种是容貌并不漂亮，却通过自我夸张来颠覆大众的审美观，从而一举成名。从芙蓉姐姐到凤姐，这种以丑为美的成名方式已经发挥到极致。另一种则是道德上的丑，通过出位的言行甚

---

① 教育部体育卫生与艺术教育司，教育部艺术教育委员会. 学校艺术教育 60 年（1949—2009）[M]. 长沙：湖南师范大学出版社，2009.

② "美育领域研究的局限"这一节在征求了首都师范大学王安国的意见的基础上撰写而成。

至"一脱成名"来颠覆大众的传统道德观，从兽兽到闫凤娇就是明证。网络点击率和媒体曝光率最高的是"雷语"不断的凤姐，深陷不雅照的闫凤娇等人。这股审丑潮流扭曲和腐蚀了青少年的审美观和价值观。① 但这一迫在眉睫的研究在"十一五"规划期间并没有得到充分开展。

2. 缺乏来自美育现场的清晰的问题意识

一方面，在评阅大量的《全国教育科学规划课题申请·评审书》的过程中，笔者发现许多有关美育与艺术教育实践研究的选题大而空，远离美育与艺术教育改革的现场，也缺乏相关理论与经验的支撑。另一方面，即使是已经立项的课题，虽然课题组在申请课题时列举了需要解决的问题，但由于研究过程中并没有将这些具体问题作为研究的焦点，因此缺乏在层层深入地剖析问题及其原因的基础上，真正解决美育与艺术教育实践问题的富有创新特征的研究成果。

究其原因，主要在于缺乏清晰的问题意识，为数众多的课题申请人和课题组成员并没有针对来自教育现场的、真实的值得探究的问题开展研究，致使研究成果停留在泛泛而谈的层面或重复已有的实践研究成果。

3. 美育领域的研究缺少必要的专家咨询和指导

部分课题组或子课题组的主持人及成员在课题立项的起始阶段积极参加研究，之后积极性逐年下降，课题研究长期处于停顿状态中，没有明显的进展，致使最终无法完成各自承担的研究任务。

这些课题组或子课题组的主持人及成员或许对美育与艺术教育研究目的并不明确，或许缺乏组织能力，或许缺乏相应的研究方法，或许缺乏研究者应具备的持久性素质，一旦在研究过程中遇到困难或其他情况，就轻易放弃，致使课题研究半途而废。这是因为，至今尚未形成美育领域专家的咨询、培训和指导机制，缺乏专家团队针对研究的核心问题进行具体细致的规划和指导的机制，课题研究停留在无序的、自发的阶段。

4. 美育领域的研究呈现出萎缩的倾向

由于申报课题数量少，致使美育领域在"十一五"规划期间立项课题数量少。这样循环往复，严重影响了美育与艺术教育研究者申报课题及开展研究的积极性，致使这一领域的研究呈现出萎缩的倾向。而从研究队伍来看，以大专院校的教师为主，部分立项课题由大学教师联合中小学教师共同开展，这支研究队伍的力量也较薄弱。这是因为，我国的美育与艺术教育研究群体至今尚未形成各自专门的研究分野，既不利于研究长期、深入地开展，也不利于各研究分野成果的交流和共享。这一现象在"十一五"规划期间并没有得到改善。

此外，虽然"十一五"规划期间，对西部的美育与艺术教育研究给予了一定的关注，但对西部不同地区的针对性和区别性的研究还远远不够。

---

① 这一段文字由东南大学凌继尧撰写。

以上种种问题严重限制了“十一五”规划美育领域研究的发展，这种状况急需在“十二五”规划期间得到改善。

三、国际美育与艺术教育的研究动向

在提出全国教育科学“十二五”规划美育领域研究设想之际，我们应开阔视野，放眼全球，了解国际美育与艺术教育的研究动向。目前，世界各国的艺术教育研究主要有以下几项。

（一）艺术教育的生理学基础的研究①

当代教育学者对理解学习者如何学习以及为什么学习的研究工作正处在持续的探索过程中。两项学术研究成果引起了人们的注意。一是20世纪80年代发表的加德纳提出的多元智能理论，它作为教育理论和教育实践的课题逐渐发展成熟。

另一项是与多元智能并存的、关于脑与认知神经科学的研究，这是当前科学领域最前沿、最重要和最活跃的研究项目之一。这项研究产生了令人振奋的影响。对大脑研究的结果令人惊奇，改变了我们对幼儿大脑能力的看法。根据神经科学家的理论，大脑急速增长的旺盛期在10岁左右开始减缓，这个时期是突触产生和突触消亡之间的平衡急剧转变的时期。在青春期即将结束，也就是18岁左右的时候，大脑的可塑性降低而其技能却在增加，那些已形成和已强化的能力就会发展起来。根据上述研究成果，美国教育家和作家罗伯特·西尔维斯特（Robert Sylwester）指出：“大脑科学和进化心理学的事实更加强调了艺术（还有语言，数学）在大脑发展和大脑保护中的重要作用，因此，学校如果不给儿童开设艺术课程是个很严重的问题。”②

20世纪后半叶的脑科学研究还发现，艺术是为长期教育服务的。如果我们只关注较高的测试成绩，而测试又只针对数学和语言技巧的话，那艺术就明显地处于劣势。如果我们要求短时间就有结果，那艺术将无能为力，艺术发展的是那些需要长期积累才能发展完善的神经系统。不过，优势一旦显现，将无所不及，从精细的运动技巧到创造能力，乃至情绪平衡能力的提高都将表露出来。③脑科学研究成果帮助我们理解当进行艺术创造时或进行艺术鉴赏时大脑发生了怎样的变化；艺术为学习者提供了同时发展多个脑神经系统并使之成熟的机会，它们所支持的过程是渐进的、积累的过程。④研究者指出，作为主要学科的艺术，基于脑，具有生存的价值、广泛的范围和对象、最小的风险、文化的必要性和可评价性。之所以要教授艺术，正是因为艺术

---

①② 艾尔·赫维茨，迈克尔·戴．儿童与艺术［M］．郭敏，译．长沙：湖南美术出版社，2008：11-15.

③④ Eric Jensen．艺术教育与脑的开发［M］．北京师范大学脑科学与教育应用研究中心，译．北京：中国轻工业出版社，2005：3-4.

本身和其他被广泛接受的学科一样，充满活力并有无限的价值。

目前，这项研究仍在进行中。我们应及时了解这一领域的研究进展与最新成果，结合我国国情，为开展“基于脑、适于脑、促进脑发展的艺术教育”的研究提供强有力的理论依据。

（二）艺术教育与心理学相结合的研究

艺术教育与心理学相结合的研究，主要有两种发展趋势：一方面，个体艺术认知的成长是个体与环境互动、进行审美的思考和推理、建构与传承社会文化意义的历程。目前，就个体在获得艺术信息的种类以及个体做艺术决定时的理论方面已建立了相当的基础。但在未来的研究中，随着研究范围的扩展与深入，将从认知心理与审美心理研究的角度出发，加深在“为何”以及“脉络关系”方面的梳理和分析。例如，针对“学生是如何解读艺术信息的？以何种态度和方法面对这样的信息？为什么会做出如此的对应？个体相关概念的形成与社会文化脉络的关系何在？”等问题开展研究。

另一方面，2002 年在一篇呼吁以绘画帮助贫困残障青少年面对病痛与孤立的文章中，首见艺术教育与艺术治疗（Art Therapy）之间建立起关联。之后，世界各国的一些富有热情的研究者，开始着手通过艺术教育进行艺术治疗这方面的研究，并取得了一些成果，但在有关艺术治疗的成效评估方面仍然留下了许多值得深入探究的问题。

在我国美育与艺术教育研究中，这两方面的研究课题都有所涉及，但均进行得不够深入，有待于进一步拓展。

（三）艺术教育与社会学、经济学相结合的研究

走进 21 世纪，无论东西方都意识到自工业革命后，独尊科技和偏重理性的学习内容与方式已无法应对新时代的多元需求。面对充满竞争的世界，从国家、企业到个人都在询问下一步该如何走？各国都在寻找一把可以开启未来之门的钥匙。除了追求更高深的知识和更先进的科技之外，另一股隐形的力量蓄势待发。换言之，国家、人才的竞争力更深层地蕴藏在每个人的创造力、感受力以及美感的能力之中。这股看不见的竞争力，力量更巨大，影响更深远。

如今，世界先进国家正在开展艺术教育与社会学、经济学相结合的项目研究。通过这些研究进一步论证艺术教育的独特功能与价值，开发以培养创造力为核心目标的艺术教育课程，并进行与此相应的艺术教学实验研究。通过落实于日常生活为基础的艺术教育，培养学生主动学习、善用自己的长处、勇于创新、善于批判思考、解决问题、终身学习以及理解不同文化等未来所需要的能力，让每一位学生找到自己生命的价值与意义，提升社会整体美感与文化活力。

在我国“十一五”规划期间，美育领域的立项课题研究项目中已有这方面的课题，今后将进一步加强艺术教育与社会学、经济学相结合的研究。

（四）新艺术课程与教学的研究

为迎接21世纪的到来，20世纪90年代，许多国家颁布了《中小学课程标准》，其中也包括《音乐课程标准》和《美术课程标准》（《艺术课程标准》）。近年来，面对新的挑战，一些国家先后颁布了新的中小学课程标准。2008年，英国政府颁布了新的中学课程，它被认为是具有独特贡献的国家课程，其中包括《英国国家课程：音乐》和《英国国家课程：美术与设计》。这一中学课程旨在培养成功的学习者、自信的个体和负责任的公民。2009年，英国政府颁布了新的小学课程，这一课程带有鲜明的统整课程的特征，"理解艺术"（Understand Arts）是六大学习领域之一。2008年3月，日本文部科学省公布了《学习指导要领》。这一《学习指导要领》将于2012年全面实施。加拿大等国目前也正在进行艺术课程改革的研讨。围绕着新的课程，艺术教育机构和团体正积极开展相关研究。而伴随着新一轮音乐、美术（艺术）课程的实施，艺术教师团队正在积极开展教学策略、教学方法、评价方法以及科技如何运用于艺术教学现场等方面的研究。

特别值得一提的是，在艺术领域中，新媒体艺术（New Media Art）发展迅猛。新媒体艺术是跨学科领域的艺术，是艺术与科学技术的结合，具有实时性、交互性和体验性等特征。新媒体艺术的发展为学校内外的艺术教育带来了广泛且深刻的影响。有关新媒体艺术与学校艺术教育相结合的研究正在进行中，这类研究具有前瞻性。

（五）以文化为议题的艺术教育研究

近年来，各国艺术教育者努力推广本土与多元文化兼容并蓄的艺术教育，以普及全民的艺术教育为当务之急。从艺术教育视角出发的"文化相关研究"拓展了新的研究范畴。通过这方面的研究，其一是打破了以西方文化为主的民族中心倾向以及以特定族群为主流的文化精英倾向，其二是对所有过去的弱势艺术进行平反与接纳，例如，以生活中的"大众媒体影像"为主的"流行文化"、拉丁美洲的祖先祭品（Ofrendas）、70岁以上妇女的记忆与心像（Mental Images）、美国原住民传统、文化社群与观光消费者、院落艺术（Yard Art）、日本动漫（Dojinshi）现象、非洲传统艺术的保存、主题乐园等。

我国的艺术教育者更强调开展凸显中国传统文化特色、同时又与世界各国多元文化兼容并蓄的艺术教育。这方面的研究中还有许多课题值得探究与拓展。

（六）第二届艺术教育世界大会上提出的研究课题

2010年5月28日落幕的由联合国教科文组织举办的"第二届世界艺术教育大会"①（The 2nd World Conference on Arts Education）的主题为："面向社会的艺术，

① "第二届世界艺术教育大会"于2010年5月25日至28日在韩国首尔举行。

面向创新的教育”（Arts for Society，Education for Creativity）。这次大会包括三个研究议题，其中议题三是“艺术教育与研究能力的实际应用”。在圆桌会议上，来自世界各国的艺术教育学者们提出的议题有：1. 建立艺术教育的评价体系：如何评价和记录艺术教育的成果？2. 艺术教育的决策：我们应该怎样做？3. 多元文化的知识结构；4. 对未来挑战的展望；5. 建立网络：国际合作研究；6. 建立新的艺术教育观；7. 培养创造力的艺术教育。

上述议题值得我们在进行全国教育科学“十二五”规划美育领域研究设想之际深入思考，特别是其中的议题1、2、6和7均是急需研究的课题。

四、全国教育科学“十二五”规划美育领域研究设想

在“十一五”期间，美育与艺术教育的研究取得了各方面的进展，但由于多方面原因，与其他学科组相比，美育领域的研究依然是最为薄弱的。由于教育科学研究的滞后严重制约了学校美育与艺术教育实践改革与发展的步伐，这一局面急需得到改善，进一步提高美育与艺术教育的研究水平的任务迫在眉睫。

因此，在全国教育科学“十二五”规划中，一方面，必须加强美育领域的研究，以凸显美育与艺术教育对构建和谐社会、培养创新人才、促进学生全面发展等方面的独特价值与积极作用。另一方面，各级教育科研机构在美育与艺术教育研究课题的立项、课题经费及其他方面应积极采取多种措施，加大支持和扶持的力度。

（一）指导思想

从构建社会主义和谐社会的高度出发，立足于我国“十二五”规划期间经济、科技、教育、艺术等各方面的发展，认真贯彻执行《国家中长期教育改革和发展规划纲要（2010—2020年）》，全国教育科学“十二五”规划美育领域的研究旨在服务于全面实施素质教育。

（二）目标

全国教育科学“十二五”规划美育领域课题立项，立足于我国教育实际，借鉴各国经验，以凸显不同教育阶段美育与艺术教育的价值、转变美育与艺术教育在学校教育中薄弱地位的机制研究为主攻方向，围绕中小学与高等院校艺术教育的课程与教学改革，加强基础研究、应用研究和学科建设，为教育决策及时提供富有价值的咨询；进一步加强跨学科交流，积极开展国际间的学术交流，推动学术观点、学科体系和科研方法的创新发展，力争取得具有鲜明创新特征的高水平的研究成果，为繁荣美育领域的研究作出贡献。

（三）立项原则

美育对社会发展以及人的全面发展具有独特功能，而艺术教育是一种实践性很强的教育类型。因此，全国教育科学“十二五”规划期间的美育与艺术教育的课题立项应依据自身的特点，遵循以下几项原则。

第一，从我国国情出发，突出美育与艺术教育的独特功能与价值，为构建和谐社会服务，为教育教学改革和全面推进素质教育服务。

第二，坚持科学、正确的研究方向，坚持理论联系实际，加强问题意识，提倡针对真实问题开展研究并提出切实有效的解决方法的研究风气。

第三，积极开展跨学科的综合性研究，充分发挥团队的作用，力争取得具有鲜明创新特征与原创性的研究成果。

第四，加强国际间的合作与交流，善于借鉴各国的研究成果，同时在国际舞台上及时发表我国的研究成果，以促进这一领域研究的加速发展。

（四）研究课题走向

以美育与艺术教育为构建和谐社会服务为指导思想，以切实提高学校美育与艺术教育的质量和水平、提高学生的艺术素养、全面推进素质教育为中心，以解决美育与艺术教育面临的诸多重要理论与实践问题为重点，围绕全国教育科学“十二五”规划中需要进一步深化和拓展的重点研究方向和范围，提出以下几方面的重点课题。①

1. 转变美育与艺术教育在学校教育中薄弱地位的机制研究

目前，美育与艺术教育在学校教育中仍然没有得到应有的重视，具体表现为：基本课时得不到保证、缺乏音乐师资和美术师资以及艺术教育的物质资源等。其主要原因在于学校教育体系中缺乏美育与艺术教育的保障机制。

因此，在“十二五”规划期间，应整合教育机构、大学艺术教育学者和中小学音乐、美术教师的力量，组成研究团队，进一步开展揭示美育与艺术教育在促进学生全面发展方面具有独特价值的研究，重视确立与提高美育与艺术教育在整个学校教育体系中地位的研究，并开展“转变美育与艺术教育在学校教育中薄弱地位的机制研究”，力争取得切实且有效的研究成果，以推动美育与艺术教育的健康向前发展。

2. 保障艺术教育生存环境和资源均衡性的研究

由于我国各地经济水平存在差异，因此不同地区学校艺术教育的生存环境和资源的分布也很不均衡。这种不均衡性还表现在与其他学科相比，艺术教育的生存环境和

① 课题1、课题2、课题3的内容根据首都师范大学王安国的建议撰写；课题4、课题5、课题6的内容主要来源于东南大学凌继尧。

资源分布处于弱势地位，而即使是艺术学科本身也存在资源分布不均衡的现象。

鉴于这一现象，在“十二五”规划期间，为使每一个孩子都能接受到优质的艺术教育，应开展保障艺术教育生存环境和资源均衡性的研究，继续关注优化艺术教育生存环境和开发各地艺术教育资源的研究，更为重视提高农村与少数民族地区学校艺术教育质量的研究。

3. 凸显传统文化特色的艺术教育的实例及其推进途径的研究

“十一五”规划期间，有关凸显中华民族传统文化特色的艺术教育研究在全国各地普遍开展，取得了比较显著的成果，但绝大多数研究停留在相同的水平上，缺乏深入并具有创新特征的研究成果。

在“十二五”规划期间，应站在保护人类非物质文化遗产的角度，结合非物质文化遗产保护政策、中华民族传统文化的继承与创新等研究视角，开展学校与各机构之间互动及相互渗透的研究，并将研究的重点放在应对传统文化所面临的危机与挑战、开发凸显中华民族传统文化特色的艺术教育的实例以及开辟推进途径与方法的研究方面，重点解决中小学、普通高等院校中有关中国艺术的课程内容与教学方法的问题，解决大中小学生在现实生活中的“文化认同”问题，力争取得高水平的研究成果。

4. 建设普通高等院校艺术教育课程与优秀教材的研究

我国普通高等院校艺术教育尚处在探索之中，因此相关选题仍有很大的研究空间。当前所采用的通识类艺术教材往往是不同门类艺术的简介，将相关知识和史料堆砌在一起，不足以说明艺术门类之间的联系、艺术的发展演变历程、艺术与社会生活之间互动的鲜活事实等问题，而艺术研究的理论往往由于课时的限制而被简单地抽象或压缩。

因此，在“十二五”规划期间，应积极开展普通高等院校艺术教育课程与优秀教材建设方面的研究。通过相关课程与教材的建设，将艺术学研究的前沿成果尽快用于普通高等院校艺术教育课程中，为学生提供通过艺术品味生活的视角，找到还原真实生动的艺术世界的捷径，真正达到提高学生艺术素养的目的。

5. 普通高等院校艺术教育课程中“探究式学习”的研究

当前我国普通高等院校的学生艺术基础薄弱，亟待“补课”，然而艺术教育课程的时间却十分有限，因此如何有效地开展教学活动是一个值得深入研究的课题。在“十一五”规划期间，普通高等院校艺术教育课程中有关“探究式学习”的研究取得了一定成效。

“探究式学习”的教学活动，即教师通过艺术类选修课程引导学生针对具体对象和领域开展深入探究，使学生成为教学过程中的主动参与者，逐步掌握艺术学习的方法，促使艺术学习变成一个寻找、获取和应用知识解决问题的过程。这种“探究式学习”尚需在普通高等院校艺术教育课程的教学中深入实践，以总结出切实可行的、成熟的、值得推广的经验。

在“十二五”规划期间，普通高等院校艺术教育课程中“探究式学习”课题研究的重点应放在开辟针对不同专业背景的学生、选择合适的艺术教育内容、引导学生积极开展“探究式学习”的途径上，并将这一途径推广到全国各级各类普通高等院校的艺术课程与教学之中。

6. 建立大中小学校艺术教育评价机制的研究

当前大中小学校艺术教育的评价机制尚未建立，学生在演出和比赛中的成绩往往被作为学校艺术教育的优秀成果用于评价，这不免有以偏赅全之嫌，以此狭隘的成绩代表艺术教育的成果不利于对大中小学生进行普及和深化的艺术教育，难以保障艺术教育有限资源的均衡分布。

因此，在“十二五”规划期间，应对我国大中小学校的艺术教育评价机制开展深入细致的研究，根据不同类型的学校艺术教育的特点提出具体的衡量指标，建立大中小学校艺术教育的评价机制，以保障艺术教育资源分配的公平和效率。

7. 职业院校中艺术教育的生存与发展的研究

在我国，有关职业教育的研究起步较晚，相关选题有很大的研究空间。在“十二五”规划期间，各级各类职业院校中艺术教育的生存与发展的研究，旨在揭示艺术教育在促进职业院校学生全面发展方面的独特价值，开辟开展职业院校艺术教育的多种途径。

这一系列的课题研究中，应包括职业院校艺术类课程改革、教学模式创新以及建立艺术教育评价体系的研究；艺术教育对促进职业院校学生个性发展和创新思维发展的理论及有效途径的研究；职业院校艺术教育对提高全体师生审美素养的理论及有效途径的研究。

8. 多学科相结合的艺术教育途径与策略的研究

在不同学科的交汇处会出现创新点。“十一五”规划期间，艺术教育与心理学、社会学、经济学、工程学、信息技术学相结合，产生了一系列具有创新特征的研究成果。

在“十二五”规划期间，应以培养具有良好心理素质的创新人才为研究目标。一方面，及时运用脑科学、心理学、艺术学、教育学的最新研究成果，继续开展艺术教育促进学生创新思维发展的理论及有效途径的研究；超常儿童的艺术学习需求研究；情绪和行为障碍儿童的艺术治疗研究；提高全体师生审美素养的理论及有效途径的研究。另一方面，继续开展艺术教育与社会学、信息技术学的交叉研究，开展在媒体和网络文化语境中以艺术教育促进学生心理健康的理论及有效途径的研究。通过多学科相结合的研究，催化出具有创新特征的艺术教育研究成果。

9. 学校艺术社团持续发展及对校园文化建设作用的研究

近年来，随着学校艺术社团的建立，有关研究也逐步开展起来。在“十二五”规划期间，这方面的研究具有很大的发展空间。

这一系列的研究课题，应包括揭示各类艺术社团在促进学生特长发挥和全面发展方面的独特价值和积极作用的研究；艺术社团的建立及社团活动指导方法的研究；艺术社团评价机制的研究；艺术社团持续发展的研究；艺术社团对校园文化建设所起作用的研究等。

10. 艺术教育的国际比较研究

“十五”和“十一五”规划期间，已取得了一些艺术教育国际比较研究的成果。但艺术教育国际比较研究的立项课题数量很少，并局限于高等院校艺术类专业的范围。近年来，世界各国的大中小学校艺术教育及其研究取得很大的进展，进一步开展艺术教育的国际比较研究是很有必要的。

在“十二五”规划期间，一方面，应针对先进国家新一轮中小学艺术类课程标准的颁布和实施情况，开展中小学艺术类课程标准、教材、教学与评价的国际比较研究。另一方面，继续拓展高等院校艺术类专业的国际比较研究，同时开展普通高等院校以及职业院校艺术教育的国际比较研究。通过国际比较研究，建立新的艺术教育观，寻找到适合时代发展与我国国情的艺术教育的途径与方法，推动我国艺术教育及其研究的快速发展。

五、结语

（一）建议

全国教育科学“十一五”规划期间，由于各种原因，美育领域课题立项情况不容乐观，初显萎缩倾向。因此，我们强烈呼吁对美育领域的研究予以扶持，不仅希望能给予课题立项数量方面的支持，更希望能建立本领域专家的咨询、培训和指导的机制，组织专家团队针对立项课题研究的核心问题进行具体细致的规划和指导，以促进研究有序进行，在提高研究团队水平的基础上，确保研究成果的质量。

由全国教育科学规划领导小组办公室和教育部体育卫生与艺术教育司联合组织的“全国教育科学‘十一五’规划‘学校体育、卫生、艺术和国防教育科学研究专项课题计划（2006—2010年）’”对美育领域的研究起了极大的推动作用。我们恳切希望在“十二五”规划期间能再度启动“专项课题计划”，以弥补美育领域立项课题数量减少的缺陷，促进美育与艺术教育的研究健康向前发展。

（二）前景

全国教育科学“十二五”规划期间，在《国家中长期教育改革和发展规划纲要(2010—2020年)》的指引下，在全国教育科学规划领导小组办公室的领导下，我国的美育与艺术教育者应在基于本国国情的情况下，充分吸取国外美育与艺术教育研究的经验，根据时代发展以及美育与艺术教育发展的特点，逐步改善研究课题、研究方法以及成果交流等方面的面貌，力争取得多项突破性进展，切实提高这一领域研究的水平与质量，为繁荣我国美育与艺术教育研究，促进世界美育与艺术教育的发展作出应有的贡献。

（撰稿人：体卫艺教育学科组 钱初熹）

教育信息技术研究

教育信息技术学科在“十一五”期间取得了长足发展，同时也存在不少问题。《国家中长期教育改革和发展规划纲要（2010—2020年）》对信息技术的基础设施建设、优质教育资源开发与应用、国家教育管理信息系统的方面提出了发展目标。本研究对国际教育信息技术发展进行了分析，对“十一五”期间我国教育科学规划立项课题的研究成果和我国教育信息化建设进行了总结和问题分析。

一、目标与方法

（一）调研目标

本调研主要为了了解教育信息技术学科的研究现状和发展前景，并根据发展现状与趋势，根据《国家中长期教育改革和发展规划纲要（2010—2020年）》等总体政策要求，提出“十二五”期间教育信息技术研究规划课题建议。

（二）调研方法

调研用问卷、访谈、文献分析等方式对教育技术学科理论研究、远程教育、课程及资源建设、中小学教育技术应用、教育公共服务与技术标准等方面广泛征求了领域内专家的相关意见。主要数据来源：（1）“十一五”期间国家级和部级的教育科研项目申请指南和立项课题，分析研究内容；（2）“十一五”期间主流期刊登载发表的课题成果和阶段成果，在大量的事实和信息分析研究的基础上提出了取得的成果及存在的问题；（3）部分专题采用了专家意见问卷；（4）国际相关国家的教育信息化政策与相关报告。

二、“十一五”期间教育信息技术领域取得的进展和突出成果

（一）理论研究多元发展

我国在教育技术学科及教育信息技术领域展开了多元研究，在以下几个方面取得了研究成果。

1. 教育技术学科基础的研究

教育技术学科基础不仅仅局限于理论基础，而且包括哲学基础、技术基础和艺术基础，普遍认为应该包括哲学、教育学、心理学、传播学、技术科学、艺术学等方面的理论与技术，只是涉及具体内容的广度和深度上有所区别，从而反映了教育技术学科的综合性。在2001—2005年和2006—2009年期间，《电化教育研究》和《中国电化教育》上发表的引用频数最高的300篇文献中，题名中包含某某“主义”或某某“理论”的文献数量在逐步下降，但从这些文献的内容中不难看到，建构主义、认知主义、人本主义三大流派学习理论的思想已经融入到研究人员和实践工作者的思想中，支撑着他们各方面的探索和努力。即使是以技术开发为主题的研究文献，也往往会将研究开发的目的和意义同遵循某种学习理论联系起来，显示出教育技术研究和实践领域目前已经基本完成理念、观念的转变，放弃对理论和概念的争议，融合多种学习理论的思想，并在解决实践问题的过程中活学活用，已经成为研究和实践工作的常态。

2. 教育技术学科逻辑起点的研究

各位专家、学者关于教育技术逻辑起点的表述都没有离开教育（教学、学习）、技术、传播等几个基本概念。而且在每一种表述中，不论是明确提出还是隐含其中，都包含了“教育”和“技术”两个要素，只是由于二者的组合不同而产生了偏向教育还是偏向技术的差别，前述所有的逻辑起点都处于“教育—技术”的连续统中，每个逻辑起点都有自己相对应的位置。因此，“教育—技术”双重结构如实地包含并解释了当前所有的逻辑起点。

3. 教育技术学科理论体系的研究

“十一五”期间对教育技术学科理论体系进一步做了深入研究和反思，对原有的观点进行了充实和更新，主要包括教育技术学定义，教育技术学研究对象，教育技术学的研究范围，教育技术学研究方法，教育技术学科的定位。

教育技术学是教育学门类中与教育学并列的一级学科。由于其逻辑起点的双重结构，教育技术学科自身也具有双重属性：既有教育属性，又有技术属性。

4. 教学设计理论的发展研究

与“十五”期间相比，“十一五”期间教学设计理论研究的重点主要体现在以下几个方面。

（1）在教学设计应用领域方面：更多地关注教学设计在远程教育、企业培训和高职高专教学中的应用；

（2）在教学设计具体应用模式方面：更多地关注任务驱动式教学、探究式学习、研究性学习、自主学习以及合作学习等各种形式灵活的以学生为中心的教学设计；

（3）在教学环境方面：在关注传统学科教学设计的同时，更重视信息化环境下的教学设计；

（4）在教学设计理念方面：继续提倡建构主义的教学思想，同时更加重视新课程教学理念对教学设计的指导作用，也更加重视针对学生“学习”的教学设计；

（5）在教学设计自动化方面：研究开发教学设计的自动化系统和工具；

（6）在国外相关研究介绍方面：较多地关注美国教学设计的发展以及国外专家对于教学设计发展的看法。

出版相关专著25本，论文上百篇。

5. 教育技术应用理论的发展研究

当前，我国教育技术的应用理论研究主要在信息技术与课程整合理论、移动学习理论和绩效技术应用理论三个方面。

发表相关论文几十篇。

6. 教育技术史的研究

“十五”以来，随着教育技术的迅速发展，对教育技术自身的反思意识也在逐渐加强，一些学者开始从历史的视角审视教育技术在我国发展的历程。

从“十一五”开始，教育技术史的研究方式有了根本的改变，从单兵作战转向集团军作战。2005年，内蒙古师范大学在科学技术史博士点内率先建立了“教育技术史”研究方向，同时招收硕士研究生和博士研究生从事教育技术史的研究。2007年，由西北师范大学、华南师范大学、南京大学、南京师范大学和内蒙古师范大学共同发起申报的《中国电化教育（教育技术）发展史研究》项目获得批准，被列为全国教育科学“十一五”规划教育部重点课题，课题批准号为DCA070186。经过几年的准备，现在已有部分中期研究成果陆续发表。

7. 教育技术哲学的研究

随着教育信息化的发展，教育技术对教育的影响越来越明显，但也暴露出许多问题。教育技术界开始对教育技术理论研究和实践应用进行理性的反思，从而拉开教育技术哲学研究的序幕。从CNKI检索结果看到，从20世纪90年代末到2010年，共发表有关教育技术哲学研究的文章18篇，其中，2005年以前10篇，2006—2010年8篇。

（二）远程教育基础设施进一步完善，教学模式进一步创新

从1998年我国首次批准清华大学、湖南大学、浙江大学、北京邮电大学4所高校开展现代远程教育试点工作到2006年，教育部已批准69所试点高校开展现代远程教育试点工作，其中包括68所普通高等学校和中央广播电视大学。2007年，原上海第二医科大学网络学院与上海交通大学网络学院合并。截止到2007年，我国共有68所现代远程教育试点机构。

截止到2007年年底，68所试点高校的现代远程教育机构共计招生667万多人，其中中央广播电视大学招生419万多人，其他普通试点高校招生248万多人。

2007年度共有64所试点高校的现代远程教育试点高校招生，报名总人数为144万多人，录取总人数为135万多人，注册总人数为132万多人，其中电大注册招生人

数为74万人，其他普通试点高校注册招生人数为58万人。2007年毕业生总人数为24万人，其中获得学位的总人数为2万多人。

全国教育科学“十一五”规划分布在教育信息技术和成人教育这两个学科分类中的远程教育类课题为23项，占两学科立项总数（130项）的比例为17.69%，其中通过教育信息技术学科类别立项的课题数为18项，占其比例为20.45%，同比“十五”规划立项数和所占比例均有所增加；而通过成人教育学科类别立项的课题数为5项，占其比例为11.90%，同比“十五”规划立项数和所占比例均大幅下降。可见，“十一五”期间，教育信息技术学科对远程教育的关注力度逐步加大，而成人教育学科对远程教育研究的支持力度则逐步减弱。这些课题的研究主题分布情况如图3-42所示。

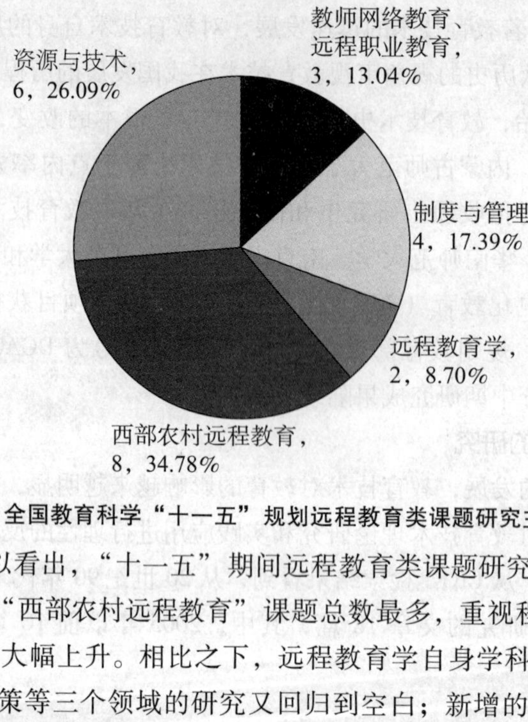

图3-42 全国教育科学“十一五”规划远程教育类课题研究主题分布情况

从图3-42可以看出，“十一五”期间远程教育类课题研究主题的分布明显不同于“十五”课题，“西部农村远程教育”课题总数最多，重视程度最高，“资源与技术”类课题数量也大幅上升。相比之下，远程教育学自身学科专业建设、学习支持服务以及理念与政策等三个领域的研究又回归到空白；新增的研究子领域是“教师网络教育”和“远程职业教育”，有3项；所有23项课题中没有国家重点课题。

2001年1月至2009年10月，在教育技术领域，我国相对专注远程教育研究的七种杂志发布课题成果文章共540篇，其中部级以上课题文章289篇，占总数的53.52%。

表3-72 七种杂志2001年1月—2009年10月课题文章发布情况比较

刊名	课题文章总量	部级以上课题文章数	部级以上课题文章所占比例
中国电化教育	112	70	62.50%
电化教育研究	107	59	55.14%
现代远距离教育	101	54	53.47%

续表

刊名	课题文章总量	部级以上课题文章数	部级以上课题文章所占比例
中国远程教育	62	37	59.68%
开放教育研究	62	39	62.90%
远程教育杂志	57	15	26.32%
现代远程教育研究	39	15	38.46%
合计	540	289	53.52%

从刊登论文所属课题的级别来看，《开放教育研究》比例最高，为62.90%，《中国电化教育》与其接近，为62.50%，算是并列，紧随其后的是《中国远程教育》，比例接近60%，《电化教育研究》、《现代远距离教育》均在55%左右。目前暂时尚未成为CSSCI检索来源、四川广播电视大学主办的《现代远程教育研究》所刊载部级以上的课题文章比例接近40%；浙江广播电视大学主办的《远程教育杂志》比例为26.32%。

1. 教学方式与学习方式不断创新

远程教育的学习方式和教学方式的研究一直是远程教育研究领域的重点。

"十一五"期间，对于远程学与教方式的研究有所深入，开始从理论研究向实证研究转变。研究逐渐细致化，开始针对不同学科和不同类型的学生，研究与之相适应的学习方式和教学方式。例如对于学生自主学习的需求与特点、小组协作学习的流程、操作方法、评价、支持环境、远程学习中师生交互方式和效果等都进行了实证研究，并且总结出了一些学习规律，取得了不少研究成果，丰富了远程教育的理论体系。

对远程教育的学与教方式研究的另一变化是，研究者逐步由关注媒体技术向关注教学设计转变。值得一提的是，"十一五"期间，中央电大开展了"开放教育与人才培养模式改革"项目评估，各级电大在总结和反思开放教育教学经验的基础上，形成了许多新的教学和学习方式，例如"三环互动"教学模式、"三位一体"的教学模式、"导学—促学—助学"的教学模式等。一些远程教育教学模式获得了国家和省级教学成果一、二等奖。

2. 网络学习资源建设从关注数量转向质量的提升

在远程教育从规模扩展到内涵建设的过程中，远程教育的课程资源建设取得了一些突破性的进展，资源日渐丰富，并形成了一些高质量的成果。

目前，高校网院和电大系统建设了2万多门网络教育课程，国家投入建设了300门新世纪网络课程、149门网络教育国家精品课程及网络教育数字化学习资源中心等，很多试点高校已经开始新一轮的课程开发。但是总体上，网络教育资源质量高的还不多，许多网络资源照搬或简单压缩普通高校的教学内容，过分强调知识的理论系统性，缺乏应用性和实用性，缺乏教学活动的设计与组织，缺少学习支持服务和评价手段的设计，有些只是各种媒体资源的堆积，不适应成人自主学习需要，导致学生对资源的使用率不高。有调查发现，网络教育的课程资源（课件）很多学生根本就没有去看，完整学习过一个课件的学生比例不到30%。因此，远程课程建设的理念、内容与机制等方面的诸多课题，也需要进一步研究、探索与创新。目前远程教育业界已意识到这些问题，正在引导网络教育的资源建设逐渐从强化教学内容设计，发展到注重教学活动设计。

在资源共享上，目前远程教育课程资源开发均由各高校网院自行完成，虽然有部分高校参与了校内、校际课程共享和学分互认，但资源重复建设、共享不充分的问题仍然比较突出。目前国家非常重视建设国家数字化学习资源中心，以整合和集成已建和新建的各级各类优质资源，开发或更新社会急需和量大面广的优质、公益性、示范性和标准化的数字化学习资源。如全国教育科学“十一五”规划2007年度立项重点课题“国家现代远程教育资源库节点库资源的共享机制与技术实现”就是其中之一。在建设国家级公益性数字化学习资源库的同时，当前还重视数字化学习资源建设标准的研究，建立市场化共享机制和公共服务平台，开拓优质数字化学习资源向农村和边远地区延伸的渠道。

3. 远程教育教学过程实施与管理更重视学习支持服务的质量

“十一五”期间远程教育教学过程管理的研究，主要集中在教学活动实施、学习支持服务、学生学习过程管理、网上学习监控与评价等几个方面。其中“学习支持服务”的研究最多，是目前远程教育领域研究的热点。相比之下，学习过程管理和学习评价的研究相对较少，不过有研究者已开始进行深入研究。

有关学习支持服务的研究，主要涉及学习支持服务的类型、作用、技术手段及其对学生学习的影响。近几年，我国远程教育机构日益重视对学习支持服务质量的调查研究。最近五年内，许多国外的学习支持服务和学习过程的理论和经验被引入我国，如美国凤凰城大学、西部州长大学、英国开放大学，日本、欧洲、香港等的相关经验。实践上，我国当前偏重提供学术性支持服务，较少提供非学术性的支持服务。此外，提供支持服务的技术手段也有所更新，例如基于Moodle和Sakai等开源学习管理系统、基于3G的移动学习支持服务平台等，结合Web 2.0技术，探索学习支持服务提供的新模式，提高远程学习效率。在理论研究上，在实践逐步推进的过程中，不少研究者开始总结和构建学习支持服务的理论，以指导实践的开展。例如，张伟远总结归纳了目前网上学习支持服务的内容，从课程选择支持服务、学习时间管理支持服务、学习动机激励支持服务、网上交流和合作支持服务、网上学习方式支持服务和作业考试支持服务方面提出了方法和策略。薛伟在其博士论文中提出了5S学习支持模式，包括5个有机运行的要素：学生、支持者、支持内容、支持策略和支持环境。

对于学习过程管理的研究成果主要集中在使用学习管理系统来管理和监控学习者的网络学习。但研究的关注点不同，如有学者重点关注远程学习过程中的交互方式，而有些学者则关注学习过程中的活跃度。

目前的远程学习评价，各级教育机构主要采用的是作业和考试的方式，其中一部分机构还利用网络学习系统来监控和评价学习。目前综合全面的关于远程学习评价的研究还比较少。

在教学管理上，从调研来看，存在的主要问题为：个别试点高校对网络教育办学定位和基本要求认识不到位；缺乏教学管理相关的统一规定与标准；教学环节薄弱或者缺失现象普遍存在；师资队伍建设有待加强；校外学习中心的职责和要求需进一步明确。

4. 数字化学习公共服务体系建设越来越获得广泛的共识

实现支持服务与资源的共享，是远程教育公共服务体系的核心目的，也是我国远程教育发展的关键。在2001年批准中央电大依托全国电大系统开展现代远程教育公共服务体系建设工作之后，2007年教育部又批准了弘成科技发展有限公司、知金教育咨询有限公司分别联合有关高校开展“现代远程教育公共服务体系建设试点”项目，并通过“数字化学习港与终身学习社会的建设与示范”、“数字教育公共服务示范工程”、“数字化学习示范中心建设”等项目联动实施，探索构建基于数字化学习港的数字化学习支持服务创新体系，建立覆盖全国的公共服务平台、数字化学习示范中心和学习支持服务导航系统。

目前，试点高校解决校外教学支持服务分三类：一是部分网院完全依靠自建校外学习中心；二是约半数的网院采用自建校外学习中心和与公共服务体系合作的“双轨制”；三是少数几所网院完全与公共服务体系合作。但是，无论是哪种方式，目前所设立的数千个校外学习中心还是一种相对“松散”的结构，很难实现校际资源共享、课程互选、学分转移与互认，其管理和运行成本较高，甚至存在无序竞争、监管困难等问题，以及支持服务“厚此薄彼”的问题等。远程教育公共服务体系仍然是制约网络教育发展的瓶颈。

5. 内部自律与外部监管的质量保证体系正在逐步形成

质量是远程教育的生命线，唯有重视质量保证，才能闯出远程教育的“质量迷宫”。现阶段远程教育大量用于学历教育，因此质量和管理的任务仍然很重。为了提高网络教育人才培养质量，我国教育部实施了部分公共基础课实行全国统一考试、年报年检、教学工作评估等质量监管措施；建设了高校网络教育质量监管平台；试点高校加强了自律，并有3所高校通过ISO9000质量认证。

但质量问题仍然困扰着我国当前远程教育的发展。质量保证方面存在的主要问题有：我国远程教育质量缺乏统一标准，在质量保证方面当前政府定位不清，相关政策体系不够完善，且存在矛盾，需要引入第三方质量认证尝试。国内不少学者认为，为提高远程教育质量，必须实行内部自律和外部监管结合，研究制定教学规程，开展教学评估工作，引导高校建立专业的教师队伍和专职管理人员队伍，并充分发挥政府宏观调控和引导及市场调节作用，建立和完善由教育行政管理部门、高校、学习中心、公共服务体系、学生、教师、企业和社会各界广泛参与的全方位、立体化和网络化的质量保证体系和社会监督机制。

6. 新技术应用研究热度不减

技术进步及其衍生和推动的新学习方式，是高校网络教育发展的最大优势。目前，我国高校远程教学应用的技术主要有网络平台、电子邮件、BBS/QQ/MSN、会议系统和 Call-Center。随着技术的不断进步，Web 2.0 技术、云计算技术、移动技术、虚拟现实技术、开源软件和资源被引入远程教育，使得更方便快捷的个性化服务及推送、自适应、智能和移动服务正在成为可能。如上海交大网院建设了"移动学习网"，网梯公司提供了 M-Learning 移动学习解决方案。再如全国教育科学"十一五"规划 2007 年度立项重点课题"普适学习资源服务体系及关键技术研究"、"网络学习机制及其在适应性学习支持系统中的应用"也在开展相应的研究。

通过对文献资料的分析，有关远程教育新技术的研究可以分为三类，即技术应用、软件应用和平台开发应用。其中，技术应用类技术包括远程教育系统设计的框架结构（如 Web 2.0、Java、3D、蓝牙技术等）和建构网络教学模式（RSS），远程教育教学中应用的技术，如视频会议和字幕媒体技术。软件应用类的技术，较多关注的是 Blog。平台开发应用技术，如 D-Class、EJB、SOA 体系等。

（三）中小学数字化教育环境初步建立，形成多种信息技术与课程整合模式

从 2006 年到 2009 年全国教育科学规划的课题列表①，对所立项的课题进行了筛选。筛选出关于中小学教育技术应用有关的课题共 51 项，获得立项的负责人来自 36 个单位，主要由教育部直属的 6 所师范大学组成。

从时间上统计，该主题的课题立项分布情况如表 3-73 所示。由此可见，关于中小学教育技术应用的课题数目逐年增加，越来越多的研究者关注教育技术在中小学的应用研究。

表 3-73 "十一五"期间中小学教育技术应用课题分布情况

	2006 年	2007 年	2008 年	2009 年
项目数	7	9	15	20

从课题级别上看，与中小学教育技术应用有关的课题中，国家社科级重点课题 2 项，一般课题 9 项，青年课题 8 项；教育部重点课题 24 项，青年课题 8 项。

从研究内容上看，这些课题的研究，主要围绕以下几个方面。

信息技术与课程整合，包括在学科教学中的技术应用以及教学模式的实践等方面。典型的课题有"信息技术环境下多元学与教方式有效融入日常教学的研究"（刘雍潜，

① 来源于全国教育科学规划领导小组办公室 http://onsgep.moe.edu.cn/edoas2/website7/index.jsp.

2006)、“以教育技术促进学校教育创新研究”(刘志鹏，2007)等。

基础教育信息化资源的建设、管理和应用。典型的课题有“国家基础教育信息资源服务体系架构与共享机制研究”(祝智庭，2006)、“区域性优质基础教育信息资源的建设机制与推广策略研究”(胡小勇，2007)、“基础教育信息化教育装备的综合效能评估研究”(章苏静，2009)等。

教师的信息素养和教育技术能力。典型的课题有“中小学教师教育技术能力结构与层次研究”(柯清超，2006)、“中小学教师教育技术能力标准下的农村区域性教师专业化发展模式研究”(乔爱玲，2008)等。

学生信息素养及高阶能力的培养。尤其是对问题解决能力、探究能力、合作学习能力的关注。典型的课题有“中学生问题解决行为模型测量及问题解决策略培养的研究”(杨开城，2006)、“利用教育游戏丰富与深化综合实践活动课程教与学的理论与实践研究”(尚俊杰，2008)等。

从主题来看，直接以“农远工程”为研究对象的课题有6个，根据“农远工程”的意义或目标延伸出了类似的课题6个，这6个课题都直接关注欠发达地区、少数民族地区的教育资源建设与共享，或者教学模式的改革，因此可以说，在“农远工程”的推动下，利用信息技术手段推进教育资源的均衡发展成为“十一五”期间专家和学者十分关注的话题。

本研究根据课题关注的主要内容，确定了我们总结成果的大致框架。但是由于能够获得国家教育科学规划的课题毕竟是少数，而一些地方资助的课题仍然有一部分关注中小学教育技术的应用，因此，为了避免遗漏，我们根据“教育技术”、“信息技术”、“中小学”、“应用”等关键词进行搜索，最后将“十一五”期间我国中小学教育技术应用成果归纳为以下四个方面。

1. 信息化教学模式与学科教学

信息技术与课程的深层次整合是教育技术理论研究的重要应用成果。“十一五”期间，北师大现代教育技术研究所开展了“运用信息化教学创新理论大幅提升农村中小学教学质量促进教育均衡发展研究”项目，是“基于网络环境的基础教育跨越式发展创新试验研究”的延伸，该项目的具体目标是：在完全不增加课时、不增加学生课业负担的前提下，要使农村中小学校的教学质量与学生综合素质达到或接近大城市中心区一类学校(即优秀学校)的水平，用城区一类学校的试卷考核试验班学生，在成绩上争取达到无显著差异。①

该项目以信息技术与课程深层次整合理论、信息技术环境下的教学设计理论、创造性思维理论和儿童思维发展新论和语觉论为理论基础，形成了一整套别具一格的信息化环境下的小学英语学科教学论和小学语文学科教学论。两套创新的学科教学论都

---

① 何克抗，余胜泉，吴娟，等. 运用信息化教学创新理论大幅提升农村中小学教学质量促进教育均衡发展研究［J］. 电化教育研究，2009 (2)：5-19.

包括全新的教学思想、教学观念、教学设计、教学模式、教学方法与策略。至 2008 年，该项目已经在广东、河北、北京等省市的 30 余所农村中小学开展过试验研究，取得了较多的经验，并积累了相当丰富的教学资源和一批很有价值的优秀教学设计方案和视频课例。该实验表明：通过信息化教学创新理论、模式、方法的有效运用，完全有可能在师资、生源、设施及其他办学条件较差的农村地区，确保农村中小学实现学科教学质量与学生综合素质的较大幅度提升，使农村的孩子也能享受到和城里一样的良好教育，从而在教育起点不太公平的条件下，实现教育结果的相对公平。不仅在国内，而且在国外产生了愈来愈大的影响。

此外，刘瑜等人针对教师缺乏教学理论指导的现状，认为 NTeQ 教学模式（如图 3-43）可以作为信息技术与学科整合的教学指导。NTeQ，即整合技术促进探究（iNtegrating Technology forinQuery），是由埃及孟菲斯大学的 Gary R. Morrison 教授和 Deborah L. Lowther 教授首先提出的。该模式是信息技术与课程整合的实用模式，在美国、加拿大已经被广泛地运用到教学实践中。

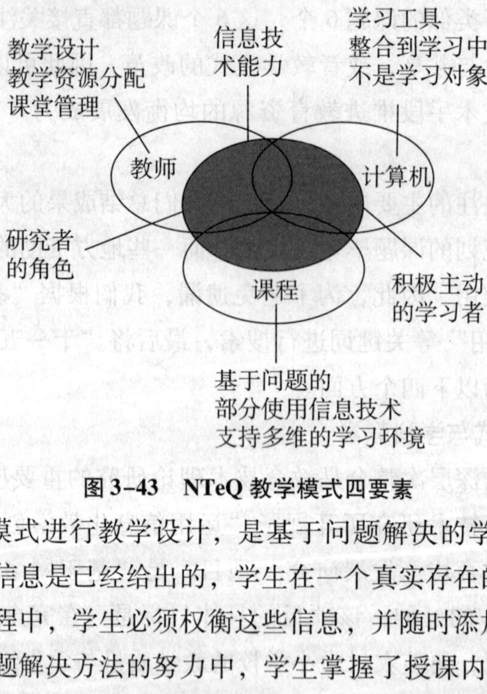

图 3-43 NTeQ 教学模式四要素

采用 NTeQ 教学模式进行教学设计，是基于问题解决的学习活动，在这种模式中，学生需要的部分信息是已经给出的，学生在一个真实存在的问题中来运用这些信息。在解决问题的过程中，学生必须权衡这些信息，并随时添加，从中选择出适当的信息去用。在寻找问题解决方法的努力中，学生掌握了授课内容。NTeQ 教学模式的另外一个基础就是利用计算机实现资料的有机组合，特别适合问题解决的过程，而不仅仅是一个输入输出工具。比起枯燥单调的练习，信息技术在解决问题方面能更好地发挥它在课程整合中的作用。采用 NTeQ 教学模式进行教学，学生既可以提高探究问题的能力，又能在探究问题的过程中掌握学科知识。

李艺等提出“信息活动”和“技术应用”二元形态的课堂教学模式①。认为在

---

① 徐劲梅，李艺. 论“信息活动”和“技术应用”二元形态的课堂教学模式建构［J］. 中国电化教育，2007（1）：83-86.

信息技术课程设计与实施教学的过程中，提出构建“信息活动”和“技术应用”二元形态的课堂教学模式这一观点。希望这个新模式能为信息技术课堂教学中体现“文化素养与技术价值的双重建构”提供一定的实践指导。具体到教学实践当中，“信息活动”与“技术应用”二元形态的动态特性则非常鲜明。这个动态特性一方面表现在信息活动本身的动态性和技术层面发展与习得的动态性上，另一方面表现在二元的相对位置关系上；或者在课堂教学中可以明确分列信息活动和技术应用，以达到不同的教学目的；或者信息活动与技术应用是交互相融的动态整体，无法明确分开。这种情况下，技术的学习与应用本身就是信息活动的一种形式，而信息活动的过程也就是技术学习与应用的过程。文章还提出了“信息活动”与“技术应用”二元形态的整体性教学设计和离散式教学设计，在两种教学设计中，信息活动穿插在课堂教学始终，形式不一，技术应用则作为信息活动中带有操作性质的骨干部分，融于其中。教师在设计教学时，按照信息活动的流程来配合设计“技术”的教学方法（演示或自主探究等），并通过任务驱动落实“技术应用”；或者分解技术的重点难点，再配合以不同信息活动来引领，使得“技术应用”有充分的价值体现；与此同时，刻意设计的非操作性的各种信息能力与素养渗透也为信息活动填充了丰富的内涵。另外，黎加厚等利用魔灯学习管理系统探寻研究性学习的特点，并就以魔灯为中介的师生、生生之间的互助合作，提出了一种基于魔灯的研究性学习模式①。依据研究性学习的四个步骤将基于魔灯的研究性过程分为五个阶段，即提出问题、确定问题、展开研究、分析讨论和得出结论。魔灯学习管理系统为我们进行研究性学习提供了一种自助餐式的学习平台，在这个平台上，我们每个人包括教师和学生都可以提出一个研究性课题并将其发布到BBS、互动评价、Blog、Wiki、聊天室等中，然后，大家可以根据自己的需要像自助餐中选择自己喜爱的食品一样，挑选自己感兴趣的有意义的课题。在我们选择课题后，可以把它提交到魔灯学习管理系统上，供大家集体讨论。在整个讨论过程中，每个学生和教师是平等的，魔灯为我们提供了广泛的平等的交互环境。

2. 信息技术与中小学教学

钟志贤从“用技术学习（Learn with IT）”的角度，阐述了信息技术作为学习工具的角色和功能、认知工具与高阶思维发展、学习者与技术的关系等几大问题，探讨了技术与课程整合的实质和作用，建构了技术应用的框架（如图3-44）。② 从而为信息技术作为学习工具的实践提供了一个应用框架。实践结果表明，要有效发挥信息技术作为学习工具的教学效果，必须认识技术的隐喻和作用，理解用技术学习的内涵，实现技术与课程的整合，并把握技术应用的框架。信息技术作为学习工具的问题研究，是发挥信息技术功能、改善教学方式和转变学习者学习方式的关键，值得从理论和实践层面展开进一步的探索。该技术应用框架综合了客观主义和建构主义的技术利

---

① 刘荣光，黎加厚．基于魔灯（Moodle）的研究性学习模式初探［J］．远程教育杂志，2007（3）：4-7.
② 钟志贤．信息技术作为学习工具的应用框架研究［J］．电化教育研究，2008（5）：5-11.

用观，也强调建构主义倾向。图 3-44 阴影图案部分描述的是建构主义的技术应用框架，即“用技术学习”的应用框架。

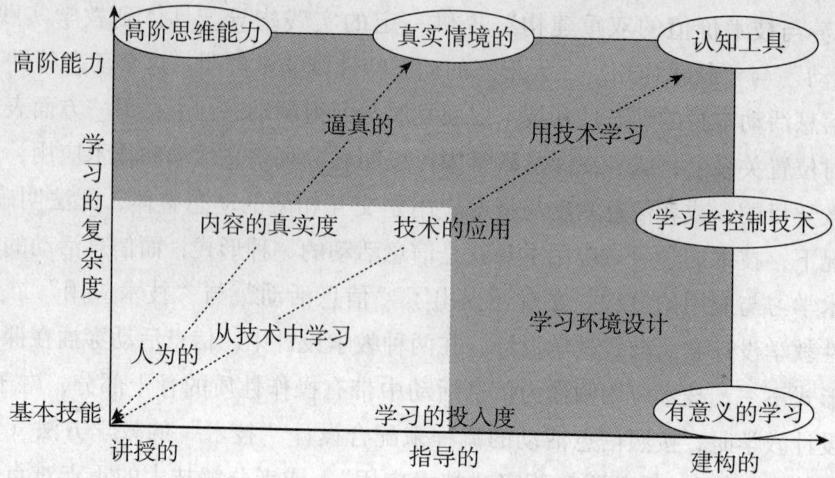

图 3-44 技术应用的框架

专家和一线教师在理论研究和实践的基础上，总结了一系列信息技术教学法。武爱萍和宋天明通过在信息技术课程中的教学实践，进行了新型的“主导—主体型”教学模式的应用实践，将现代信息技术作为意识、内容、方法和手段融于信息技术课程的教学当中，将教学的基本要素——教学内容、教师、学生、现代信息技术融为一个有机的整体，进而优化教学效果，推进信息技术课程的教学改革①。“主导—主体型”教学模式体现了信息技术课堂中的师生角色的变革，以建立有机统一的新型师生关系。在教学法方面，邬彤认为传统教学模式已不能适应高中信息技术新课标的要求，广泛应用于信息技术教学中的“任务驱动”教学法，也不能完全满足培养学生解决实际问题的能力和终身学习能力的需要②。所以，他提出在高中信息技术课堂中应用基于项目的学习方式，以培养学生自己发现问题、自主探究、合作学习，应用信息技术解决实际问题的能力。主要环节如下：选择项目，成立学习小组；制订计划和小组分工；活动探究；作品制作；交流成果；活动评价。此外，一线教师紧扣中学信息技术教材内容中软件的“共性”问题，以建构主义思想引申的支架式教学法为理论指导，总结出了“方法包”教学法，并将该教学法在不同的班进行对比教学实验，在培养学生自主学习能力等方面取得了较为满意的教学效果。并通过对比实验发现，“方法包”教学法通过对软件操作共性的提取，让学生掌握了一种适应不同新软件操作的工具，提高了适应新的应用软件的能力，将学生的被动学习变成了主动学习。

电子白板在中小学教学中的应用也一直是一些学者研究的重点，中国第一本交互式电子白板专著《交互式电子白板与教学创新》，就是大学研究者、中小学教师与教

① 武爱萍，宋天明．“主导—主体型”教学模式在信息技术教学中的应用［J］．中国电化教育，2009（8）：81-85.

② 邬彤．基于项目的学习在信息技术教学中的应用［J］．中国电化教育，2009（6）：95-99.

育信息化企业在形成“三结合”研究共同体的基础上，通过7年系统而深入教学应用实践与反思研究，逐步积累形成的，是“产学研”相结合取得的成果。基于E-learning 2.0的视角，交互式电子白板对教育教学的实质意义是构建信息化教育的基础平台。交互式电子白板作为信息化教育的基础平台，正在引起课堂教学的重大变革。在创新常态课堂教学、提高教学质量、促进优质教学资源流通、全面评价教学质量、以至于提升教师的教学水平，开展教研活动等方面，交互式电子白板都会发挥其独有的作用，展示其作为信息化教育基础平台的作用①。

刘赣洪、张静将概念图作为教学工具，应用到高中信息技术课的教学实践中，并以《计算机病毒》这一章节为例，对概念图在信息技术课中的应用价值进行了探讨②。他们发现，概念图可以作为教学工具贯穿于教学过程始终。一方面，教师应用概念图启动问题，实施任务驱动，把它作为师生之间相互传递信息的桥梁。与纯粹的讲授式教学相比，这个方法显然有效地提高了教师的教学效果，帮助教师跟踪学生认知进展和思维动态，及时发现学生的认知结构问题，适时给予指导。另一方面，在小组协作学习中，概念图又起到了凝聚集体智慧的作用，制作概念图的过程充分发挥了学生的团队意识，分工合作得到了有力的证明。概念图能有效地帮助教师追踪学生认知进展和思维动态，有效提高教学效果。魏小山、袁健将思维导图应用到信息技术课的实践也显示，无论从课程的教学设计、实施过程及反馈来看，思维导图在课程中的应用均能达到课程的目标和初衷，这也说明了协作建构思维导图是兼具形式和效果的教学技术手段，它不仅激发了学生的积极性和探究欲，促进交流与合作，在实质上也促使了个体知识的建构和集体智慧的汇集③。

随着混合学习的大力倡导和非正式学习的兴起，也有学者关注到混合学习在中小学教育中的作用。余胜泉等认为，混合式学习在以课堂教学为主的中学教学中的开展，学校可充分利用多种教学资源的优势，不仅可以发挥传统课堂教学的主导作用，更可充分利用现有条件培养学生多种能力，促进信息技术与课程整合，提高信息化投入的效率，利用信息技术促进新课程改革④。

建构性教学环境包括硬件和软件两个部分，信息技术环境和课堂教学、信息技术与课程深层次整合课和在线学习三种教学形式结合，为中学教学实践提供支持，在学习过程和对学习结果采取混合式评价，信息技术也提供相应的支持。这种混合模式（如图3-45）已经在一些中小学得到使用，学校没有投入更多的资金，但是想办法充分地利用现有的资源，学生在不同的环境、不同的学习活动中综合能力、思维能力得

① 张敏霞，王陆．交互式电子白板构建信息化教育的基础平台［J］．现代远程教育研究，2010（1）：23-29.

② 刘赣洪，张静．概念图作为教学工具的应用探究——以高中信息技术课《计算机病毒》为例［J］．中国电化教育，2008（10）：92-96.

③ 魏小山，袁健．协作构建思维导图在信息技术课堂中的应用［J］．中国电化教育，2007（9）：85-88.

④ 谢非，余胜泉．中学混合式学习的教学实施模式［J］．现代教育技术，2007（11）：79-84.

到了培养，教师明显感觉到学生素质的提高。

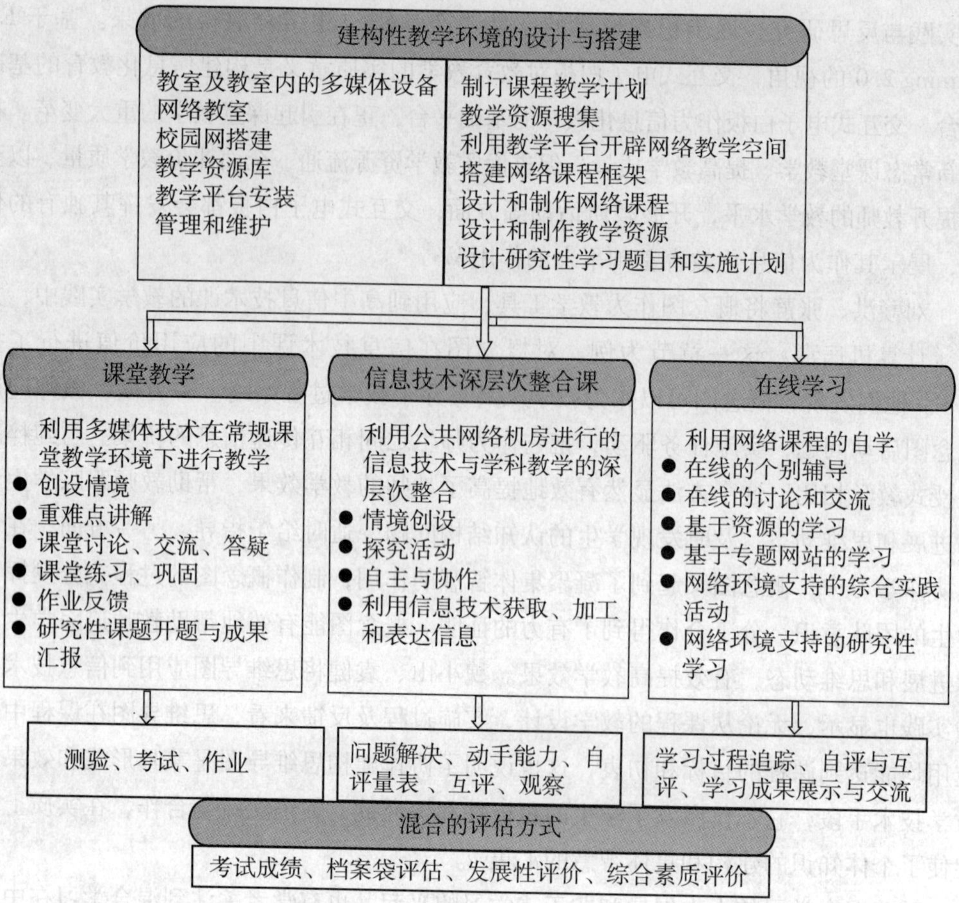

图 3-45　中学混合式学习的模式

3. 中小学教学中新技术的应用

随着信息技术的发展，一些新的技术被作为教学工具应用到中小学教学中，提高了教学效果，增强了学生的积极性。

朱新华在高中信息技术课堂教学中引入“课堂学习博客”这个元素，将教师的教学和学生的学习建立在课堂博客平台上，通过课堂教学的实践，采用实践研究与对比研究相结合的方法，研究、探讨博客在高中信息技术教学中的应用方法和应用途径，以及学生通过博客进行信息技术课程学习，如何更好地提升他们的信息素养①。实践表明，在高中信息技术课堂教学中应用“课堂学习博客”，能够突出学生学习的主体地位，帮助学生养成边学习边反思的习惯，并且有利于实现多种评价评估方式的结合，并为“进一步培养和提升学生信息素养”的信息技术课程目标的实现拓展了空间；实践证明课堂学习博客在信息技术课堂中的应用，能明显锻炼学生综合学习能力与合作交流能力，有利于学生自我管理和自我调适，实现学生个性发展，达到高中

① 朱新华．博客在高中信息技术教学中应用的优势［J］．中国电化教育，2008（8）：85-88.

信息技术课程标准所要求的“提升学生信息素养”的总目标。

Diigo 是一款能够对网络信息、群组和其他材料进行标注、分类的 Web 2.0 工具。黎加厚等通过具体的教学案例，展示了 Diigo 在中小学以及远程教学中的应用①。实践表明，利用 Diigo 可以创建面对面的网络学习环境、营造充满人文色彩的学习氛围，促进学习方式的进一步变革。而且 Diigo 在教育中的应用可以渗透到各个层面，既可以引入已有的网络课堂，促进在线学习的完善，又可以与传统教育相结合，辅助课堂教学的进行。在远程教育中应用 Diigo 可以促进社区协作学习，在中小学教育中运用 Diigo 促进集体认知的发展，教师将 Diigo 应用于教学中，不仅丰富了教学内容，加强了与学生的交流，而且可以提高学生独立思考、自主学习的能力。

随着信息技术的不断发展，移动设备逐渐在性能上迎合了语言学习的需要，在支持语言学习方面逐渐显现出得天独厚的优势，移动语言学习研究也成为近年来移动教育领域内的一个新热点。余胜泉等以手持设备便携性和移动性等优势为突破口，对中学英语新课标和教学内容进行分析，提出了“语言类双环教学目标”，构建了手持设备支持下的中学英语教学模式，旨在解决手持设备在英语课堂教学中运用的关键性问题②。基于手持设备的英语教学模式充分发挥其优势，有机地将输入与输出的信息加工过程相结合，课内时间与课外时间的时间网络相结合，先前知识与当前知识的知识系统相结合，形成一个更加综合、不断循环上升的多维立体系统。手持式学习机提供背景材料、扩展阅读材料、跟读功能、复读功能、角色扮演、录音功能、查单词功能，为学生提供视、听、读、查、仿等作为对学生的输入，在情境中促进他们进行积极的思考，从而转化为自己的认知图式并在课堂中输出——说、写、演、练、评，多样化的输出让学生可以创造性地运用所学知识，灵活地进行语言表达，促进了其英语思维和语言文化意识的培养。另外，手持设备作为促进学生自主学习、协作学习的认知工具和情感激励工具、丰富的教学环境的创设工具，支持学生思维的可视化和知识表征，营造一种理想的教学环境，让学生在这个环境中能够得到充分的情感体验。

4. 教育游戏与虚拟环境在中小学中的应用

教育游戏作为未来游戏与教育的发展趋势之一，正越来越受到人们的关注。曹熙斌、杨方琦通过两个案例来考察教育游戏引入中学信息技术课教学的可能性，实践表明，大部分的学生认为教育游戏与信息技术课程整合能激发他们的学习动机③。教育游戏只是教育信息化时代课堂教学的一种新的手段、方法、途径和形式，最终目的是为学习者创造一个自主学习、自由探索的空间，激发学生的思维和想象，促进学生的全面、全体和个性化发展。衡量教育游戏应用于教学是否成功，其标准就是看是否有

---

① 李莹，黎加厚．Diigo 在教学中的应用初探［J］．远程教育杂志，2007（5）：16-21．

② 孙圆媛，江晓明，余胜泉．基于手持设备的中学英语教学模式研究［J］．现代教育技术，2009（3）：46-50．

③ 曹熙斌，杨方琦．教育游戏在信息技术教学中的应用［J］．中国电化教育，2009（11）：88-92．

利于学生的自主学习。我们要不断提高对教育游戏的认识，公正、客观地评价教育游戏在课堂教学中所起的作用，并不断地总结经验，探索适合教育游戏的新的教学策略和模式。

尚俊杰等在虚拟互动学生为本学习环境（简称 VISOLE）研究项目中，混合使用量化和质化研究方法，以学习者在游戏中的操作为主要研究资料，结合他们撰写的游戏日志（BLOG）、总结报告，并参考访谈记录、课堂观察等数据，对其中的问题解决过程与问题解决策略进行了深入的研究。研究结果显示，在 VISOLE 中，问题解决策略大致包括试误、随意、目的、从简单入手、冒险、全面、重点、指数、BUG、娱乐等策略①。周玉霞等也在实验中，对学生的深加工策略、元认知策略、协作策略方面进行了关注。我国台湾学者 Chinhsieh Lu 等通过实验研究发现，随着游戏经验不断积累，玩家逐渐开始使用目标策略来解决问题，游戏化的学习环境有助于问题解决能力的训练②。正如教育游戏的特征所描述的，它的竞争性和挑战性可以激发学习者的内部需要，转化为玩游戏的过程中促使学生产生的学习动机。

吴姜在探求游戏与综合实践活动课程的关系后，得出设计开发教育游戏支持综合实践活动是可行的、有意义的，接着在教育游戏理论基础和教育游戏设计思想的指导下，从游戏的教学设计、游戏的模型设计、游戏的框架设计三个方面对支持综合实践活动课程的教育游戏设计方案进行了探讨和研究③。香港中文大学资讯科技教育促进中心开展了一系列将教育游戏应用于通识活动课程和研究性学习中的案例研究，分别开发了“农场狂想曲”游戏和“学习村庄”游戏。“农场狂想曲”的基本特点是，将游戏和学习集于一身，学生可以在其中进行社会交往、游戏和学习，目的是通过游戏将学生的外部动机激发起来，并且通过游戏和学习混合在一起的升级机制，将学生玩游戏的外部动机转化成学习的内部动机，让学生在不知不觉中，通过学习农业、地理、环境保护、经济、政治和社会等知识，自主进行合作式探究，并培养游戏者运用综合知识解决问题和协作学习等高级能力。“学习村庄”（Learning Village，简称 LV）创设了很多真实生活中都有的环境，如商店、茶座、音乐厅、森林、家、村庄、图书馆和城堡等，还设计了探究学习元素，增加了 Web Quest，将一个复杂任务作为 LV 的学习起点，给学生提供解难支架，学生在小组活动中扮演不同角色，来完成学习任务④。

研究者除了以实验方法在学科教学中应用教育游戏之外，还对阻碍教育游戏应用

① 尚俊杰，庄绍勇，李芳乐，等. 虚拟互动学生为本学习环境中的问题解决过程与策略［C］. 第十三届全球华人电脑教育应用会议（GCCCE2009）论文集，2009.

② Chin-hsieh Lu，Jon-Chou Hong，Pei-hsiu Huang. The effects of individual characteristics on children's problem solving performances in the context of game-based learning［C］. Proceedings of the Redesigning Pedagogy：Culture，Knowledge and Understanding Conference，Singapore，2007：5.

③ 吴姜. 支持综合实践活动课程的教育游戏设计研究［M］. 南京：南京师范大学硕士学位论文，2008.

④ 周玉霞，李芳乐，李浩文，等. 玩还是学：学习村庄中学生的知、情、意、行［J］. 中国电化教育，2008（1）：57-62.

于学校学科知识教学的因素进行了研究。Gros（2004）认为最大的阻碍就是游戏化教学要花费教师和学生更多的时间①。Prensky 认为，学校课程教学是一个高度结构化和有组织的体系，很少有“多余的”时间足够灵活地去使用一个复杂游戏来进行学习。总结起来，将游戏用到课堂中存在以下障碍②：教师很难快速判断哪些游戏适合教学使用；要想让教育当局认识到游戏具有的教育潜力是比较困难的；教师缺少时间去熟悉游戏，因此不能更好地发挥它的用处；由于游戏中存在大量与学习不相关的内容，因此会浪费课堂时间。

尚俊杰、庄绍勇等认为，目前教育游戏不能普及的原因主要有三层困难：表层困难、深层困难和本质困难③。

表层困难和障碍主要是人的因素，比如说教师是否有足够的时间熟悉游戏，教师是否具备相应的技术能力，教师是否掌握了一定的游戏化教学策略，学生是否掌握了一定的游戏化学习策略，教育当局是否支持等；

深层困难和障碍是指教育游戏本身的因素，比如说它是否真的能激发大部分学生的学习动机，是否真的具有一定的教学成效；

本质困难和障碍是指教育和游戏在本质特性上的差异，因为游戏具有自由和自愿、非实利性等基本特征，而教育游戏显然不完全符合这两个基本特征。教育游戏从严格意义上说就不再是“纯粹”的游戏了。

（四）教育信息公共服务平台建设进入统一规模建设

“数字化学习港”是指以现代信息技术为支撑的公共教育服务体系，它面向社会大众提供数字化的终身学习环境。具体而言，它是以市场化机制通过资源提供方提供学习资源、服务运营商提供学习支持服务、办学组织方进行教学管理、相关行政部门进行指导管理、第三方进行评估监管等模式，为各类学习者提供随时随地可获得的学习资源和学习支持服务的数字化公共教育服务体系。

教育部高教司2007年2月印发的《关于启动“网络教育资源共享平台建设”项目的通知》（教高司函〔2007〕25号），决定先行开展“数字化学习示范中心建设”和“现代远程教育信息管理系统建设”两个子项目的研究与实践，纳入“高等学校本科教学质量与教学改革工程”统一管理。“数字化学习示范中心建设”子项目由承担“数字化学习港与终身学习社会的建设与示范”教改项目的中央广播电视大学牵

---

① Gros. Digital Games in Education：The Design of game - based learning［J］. Journal of Research on Technology in Education，2007，40（1），23-38.

② Kirriemuir，J. &M cFarlane，A L iterature Review in Games and Learning. A Report of NESTA Futurelab［DB/OL］. http://www.futurelab.org.uk/resources/documents/lit_reviews/Games_Review.pdf，2009-7-25.

③ 尚俊杰，庄绍勇．教育游戏的发展现状与面临的困难和障碍［C］；徐福荫，梦乡增．挑战、机遇与发展：应用教育技术促进教育创新［C］//第七届教育技术国际论坛（ETIF2008）论文集．济南：山东人民出版社，2008：119-125.

头组织，与有关现代远程教育试点高校联合开展研究与实践。“数字化学习港与终身学习社会的建设与示范”项目最后想要达到的目标可以用两句话来描述：让构建与运行数字化学习港的每一个参与方按照规则和标准行事；让每一位学习者有保障地享用数字化学习港提供的学习支持服务。该项目要结合“数字化学习港与终身学习社会的建设与示范”教改项目，依托中央电大现代远程教育公共服务体系，扩展建设15个具有示范作用和服务功能的数字化学习中心，整合和共享现代远程教育试点高校的优质数字化学习资源，积极面向乡镇、社区、行业和企业等适合于在职人员继续学习和终身学习的数字化学习支持服务，建立适合中国国情的不同区域、类型、对象和需求的典型应用模式。“现代远程教育信息管理系统建设”子项目由承担中国现代远程与继续教育网和中国网络教育质量监管系统建设工作的北京希普无忧教育科技有限公司牵头组织，与全国高校网络教育考试委员会办公室、有关高校和科研机构的专家联合开展研究与实践。

教育部办公厅2007年2月9日印发同意弘成科技发展有限公司和中国人民大学、东北财经大学、重庆大学等有关高校，知金咨询有限公司和北京理工大学、江南大学、武汉理工大学等有关高校分别联合开展现代远程教育公共服务体系建设试点项目的两个通知（教高厅函〔2007〕12、13号）。为了进一步推进优质数字化学习资源的整合与共享，探索构建基于数字化学习港的数字化学习支持服务创新体系，提高现代远程教育支持服务的质量和水平，探索并实践基于现代信息技术条件下的终身化、网络化和开放式的继续教育发展新模式，促进学习型社会、和谐社会的建设，教育部同意弘成科技发展有限公司和知金教育咨询有限公司分别在北京、上海、江苏、浙江、山东、广东等省（市）新建10个数字化学习示范中心，与有关高校联合开展现代远程教育公共服务体系建设试点项目。项目实施时间为1年至1.5年，成果形式为研究报告和在部分地区试运行的现代远程教育公共服务体系及10个数字化学习示范中心。在项目验收通过后，教育部将根据项目实施情况和有关政策办理正式的资质审批手续。

近期教育部试点建设的数字化学习港项目中，有许多部分不是依靠政府投入建设的，建设和运作具有一定的市场性质。建立数字化学习港确实是一件利国利民的好事情，有利于构建社区学习环境，有利于全民教育体系形成。既然学习港涉及教育，教育是公益事业，当然必须为大众服务，政府就要认真监管，在发挥其公益性特点的同时，促进市场性（服务部分）另一面的发育，使其健康有序发展。在数字化学习港的监管方面，要做好教学质量的监管、内容的监管、把握对办学主体（学校）和经营主体（企业）的监管、对证书的监管（含考试）、对安全性的监管。

在基础教育领域，面对国家多年来对教育信息化，特别是农村教育信息化装备的投入，以及我国基础教育点多面广、发展极不均衡的现状，通过政府引导，市场化运作的方式，探索我国基础教育信息资源公益性开发为目标的良性发展模式和长效发展机制。以第三方公共信息服务平台建构的方式，解决当前我国基础教育领域政府多头投入难以形成合力、公益性信息服务缺乏长效发展机制的主要矛盾，为基础教育覆盖的各级教育机构、广大师生家长、相关企事业单位提供开放、长期、专业的共享服务，提升我国基础教育网络化应用的整体水平，发挥过往国家教育信息化装备投入的教学效益、助力城乡和东西部之间的公平教育与均衡教育，拉动我国基础教育网络化服务的产业化发展。

（五）数字化资源建设渐成规模，资源分类进一步细化

现代远程教育网络基本覆盖了全国大部分城市和乡村，以“校校通”工程为代表的信息化硬件建设在全国经济发达地区的部分学校也已经基本完成，目前现代远程教育工程建设的核心是教学资源建设，它也是教育信息化的基础，是需要长期建设与维护的系统工程。虽然在“十五”期间，我国的基础教育资源建设已经取得了一定的成果，但由于教学资源的复杂性和多样性，使得人们对它的理解各不相同，进而出现大量不同层次、不同属性的教学资源，因而不易管理和利用。这对我国的教育信息化工程和农村远程教育工程的顺利开展产生了一定的影响，因此近年来，许多学者开始关注基础教育资源的建设和应用的研究，并取得了一些成果。

一些学者对中小学基础教育资源建设问题进行研究，以便为中小学基础资源建设提供更好的理论指导和实践建议。刘美凤等通过对我国现有的中小学教学资源库的内容进行分析，提出我国中小学基础资源建设应加强资源库对学生服务的功能，提高师生对资源库的满足度，加快资源库中资源更新的速度，建立合理的教学资源库开发队伍，加大学习者分析的力度，成立专门的调查机构，建立并完善师生对教学资源库需求信息的采集机制①。更新观念，促进教学资源库的更新、完善资源库管理机制。其中英语学习资源是移动英语学习的基础，其质量关乎移动英语学习的效果。刘军、余胜泉在分析现有移动英语学习资源弊端的基础上，提出了一种符合移动学习特点及英语学习规律的，以语言交际运用为核心的主题资源设计框架，以期促进基础教育阶段的学习者在移动英语学习中的主动建构、多维互动以及情境认知。实践结果显示，移动英语学习资源包总体上是成功的，它的成功意味着以交际运用为中心的移动英语双环学习指导理念和由主题资源与学习手册相互结合的设计思路、突出交互活动的设计方向以及强调趣味性、丰富性和情境性合一的内容设计原则是可行而有效的。西北师大的田健、王涛、杨改学则从影响现代远程教育学习效果的因素出发，提出现代远程教育资源建设中要以教学内容为基础，以学习者特点、教学条件为依据，实现技术性与教育性的紧密结合，处理好基础教育资源建设中的质量和数量、科学性与生动性的关系，发挥其最大的实用价值，推动了我国现代远程教育的发展。

何克抗从数字化学习资源的内容、类型、管理、技术标准、资源库管理系统之间

① 徐恩芹，刘美凤，王春蕾. 我国中小学教学资源库建设的内容分析［J］. 教学与管理，2006（9）：6-8.

的互操作以及质量监控六个方面，就其现状及相关的对策，作了比较全面的分析与研究①。他认为，在数字化学习资源的内容方面，应是“以教为主”和“以学为主”这两种数字化学习资源内容的有机结合；在数字化学习资源的类型方面，要关注不同类型资源的应用与开发特点，对已有的资源应采取“拿来主义”；在数字化学习资源的管理方面，要关注两个新的发展趋势：一是从学习资源的数据内容管理为主向资源应用环境的支持与管理为主的转变，另一个趋势则是建立“区域内分布式资源网络管理系统”对分散存储的资源进行有效管理并进行共建、共享；在数字化学习资源的技术标准方面，应当遵循 CELTS-41《教育资源建设技术规范》；在资源库管理系统之间的互操作方面，应该建立和实施互操作框架（IFRM），为不同的数字化学习资源库管理系统之间的互操作和最有效地实现数字化学习资源的共享提供强有力的支持；在数字化学习资源的质量监控方面，应当采用专家评审与群众（用户）评价相结合的方式，以确保数字化学习资源评审的科学性与有效性。以上所得出的结论，对我国当前数字化学习资源的建设具有较大的现实意义及指导作用。

资源建设的最终目标是应用到教学中，如何有效地将基础教育资源应用到课程中去是农远工程实施过程中很重要的一环，也是我国学者非常关注的一个问题。总的来说，目前我国中小学教育资源的应用很不乐观，杨改学等对甘肃省某中等城市进行调查发现，中小学教师对信息技术的应用还只停留在“要我用”的阶段，投入的硬件设备并未发挥出应用的价值②。薛苏琴对陕西、四川、宁夏、西藏、内蒙古等省、自治区农村中小学现代远程教育工程卫星教学收视点 713 名学科教师的信息技术素养、教育教学资源的管理与教学应用进行了调研，发现目前大部分教学收视点不能较好地管理教育教学资源，绝大多数学科教师对学校教学资源了解不够，这严重影响了资源在教学中的有效应用，而且多数教师在教学中不能充分使用媒体资源，即使在使用媒体资源进行教学时，也不能合理安排教学活动。

针对资源不能有效应用的问题，学者们也纷纷给出了对策和建议，并取得了一定的成果。薛苏琴针对教育教学资源的管理和应用中存在的问题，提出开展教学应用校本培训，让所有教师在学习中应用，在应用中学习，逐步提高认识，最终达到沿用结合，并提出开展教学应用校本培训的条件保障、教学模式和评价方法，这对提高卫星教学收视点设备和资源的有效管理及教学应用起到一定的借鉴和参考作用③。培训在一定程度上使中小学教师转变了使用资源的观念，但应用的主体是人，对教学改革来说，观念的转变仅仅是必要条件，并非有了观念，人们就有动力、有决心把这种观念

① 何克抗．我国数字化学习资源建设的现状及其对策［J］．电化教育研究，2009（10）：5-10.

② 杨建军，杨改学．刍议甘肃省中小城市基础教育信息化的激励机制［J］．中国教育信息化：高教职教，2007（9）：84-85.

③ 薛苏琴．农远工程卫星教学收视点设备和资源的管理与应用调查报告［J］．中国电化教育，2008（6）：46-50.

转化成自觉行为。杨建军、杨改学通过实证研究发现，现实中以“分数”衡量教学质量的考核标准阻碍了中小学教师将培训获得的技能和观念应用到现实课堂中，因此他们提出应采用适当的激励机制促使中小学教师将观念转化为现实中的动力，如确立以教育信息化应用为导向的评估机制、引入教师激励机制、鼓励中小学生参与本校的教育信息化建设等激励措施①。

谢文斌认为目前农村中小学现代远程教育工程资源应用中存在的问题主要是：资源存储时分类不清，造成教师检索资源不便；资源没能很好地共享，导致资源的重复整理和加工等问题，提出组织教师研制农远工程资源课时应用包，提高农村学校课堂效率，减轻教师负担。农远工程资源课时应用包的主要内容包括课程分析、教学设计、媒体资源、应用技巧及课时教学反思等②。实践表明，农村中小学现代远程教育资源课时应用包不仅方便了学科教师教学应用，解决了课时教学中的实际问题，提高了课堂教学效率，而且在研制的过程中提高了农村教师的资源意识，运用信息技术解决教学问题的能力，研制资源课时应用包的操作能力与协作能力，促进了农村教师的信息化专业发展。同时，资源课时应用包可以由课时扩充为单元应用包，再由单元扩展为学科资源库，这样对学校资源库及地区基础教育资源中心的建设必将起到积极的推动作用。

随着教育信息化的不断深入，基础教育信息化投资—效益的问题摆在了我们面前：高投资是否带来了高效益？大投入是否带来了大产出？是否高性能的教学媒体会自动提升教学效果与效益？杨改学从教育信息化、教学媒体、媒体技术和媒体效益等方面进行了探究，他认为，任何非人力教学资源要发挥优良的教学效益，必须在人的支配下才能实现，才能发挥作用。教师教育信息化能力的高低，将直接影响到投入的成本收益、成本效用和成功效果③。教学能力高，教学效益将会成正比，教学能力低，投入与效果必将成反比。对于教学媒体和媒体技术，“只有技术的功能超越，没有效益的自动提升”。由此可见，优化基础教育信息化投资—效益对教育信息化工程的实施有着非常重要的意义，左明章、易凌云从影响基础教育信息化投资效益的因素出发，构建了基础教育信息化投资—效益的评判模型，此模型从投资和收益两方面来评判实施后的结果，投资方面包括投资规模、投资的结构、资源的配置等方面；效益方面包括教育信息化设备的应用效益、教育信息化的质量等④。为了对模型进行进一步的量化，他们用模糊数学中的模糊综合评判对评判模型进行了分析，提出模糊综合评判的客观性建立在各个因素的权重客观的基础上。

---

① 杨建军，杨改学．刍议甘肃省中小城市基础教育信息化的激励机制［J］．中国教育信息化：高教职教，2007（9）：84-85.

② 谢文斌．农远资源课时应用包的实践探索［J］．中国电化教育，2007（11）：73-74.

③ 杨改学．资源技术的功能超越，不等于教学效益的自动提升［J］．现代教育技术，2007（6）：8-10.

④ 左明章，易凌云．基础教育信息化投资—效益评判模型的构建与分析［J］．中国电化教育，2006（6）：16-17.

（六）学科及人才队伍建设快速提高

1. 教师教育技术能力建设

一方面，教师教育技术能力建设继续得到重视。教师教育技术能力建设是中小学教学信息化的重要组成部分。近几年来，我国先后制定了《中小学教师教育技术能力标准（初级）》和《中小学教师教育技术能力标准（中级）》，并且根据标准制定了考试大纲，实行了多层级的培训和考试。我国的教师教育技术能力培训是由政府主导，科研教育机构参与和企业支持的，据不完全统计，至2009年年底，已经有400万人次参加了各种教师教育技术能力培训。

另一方面，教师的信息技术能力和信息素养得到关注。黄荣怀等采用网上问卷调查了615名全国各地教师对信息技术应用的态度、信念和信息技术应用现状①。研究发现：（1）目前大多数的计算机教学应用活动是作为传统教育活动的“附属活动”，教师的应用行为在性别、教龄上存在显著差异；（2）教师整体上较为认同信息技术对于学生学习和教师专业能力提升的价值，其应用的意愿水平也较高，但同时教师认为信息技术教学应用需要付出一定的成本代价，教师的态度在性别、教龄和地区上存在显著差异；（3）教师的应用意愿、成本认同、性别、教龄和价值认同对于其应用行为有一定的预测力，其中“应用意愿”最有预测力。并且发现当前教师呈现出6种不同的信息技术教学应用型态，包括感知型、学习准备型、采纳初期型、熟练应用型、角色转换型和初期整合型。人数分布呈正偏态分布，即大多数教师集中于中间型态的学习准备型、采纳初期型、熟练应用型，约25%的教师处于较高的角色转换型和初级整合型。六类教师的不同表现表明，技术的教学整合是一个由浅入深的过程，期间教师可能经历一些变革实施的“凹地”。随着应用水平的上升，教师以学为主的教学理念不断增强，越少地遇到与客观使用条件和本身技能相关的初级困难，越多地遇到与教学策略相关的二级困难，但时间、设备、技能和技术支持是普遍困难的。

而对目前教师的教育技术水平来说，林万新的调查发现，河北省中小学教师对信息技术在教学中的应用持友好积极的态度，教师信息意识和态度达到了较高的水平②。教师已经具备了一定的信息资源获取、整理、加工以及多媒体课件开发制作能力。教师应用信息技术，主要是用于课堂教学和提升自身的专业素质。大部分教师愿意与他人共享自己所掌握的信息资源，但是其信息技术的经济、法律意识还很淡薄，在应用网络信息资源时很少考虑其知识产权，说明在保护知识产权等法律、道德意识方面还有待进一步加强。李梅等针对安徽省的部分教师调查发现，一小部分中小学教师已经掌握了一些基本的软件工具（如Word、Excel）的使用，具备了一定程度的信

---

① 林秀钦，黄荣怀．中小学教师信息技术应用的态度与行为调查［J］．中国电化教育，2009（9）：17-23.

② 林万新，河北省中小学教师信息素养的调查研究［J］．中国电化教育，2008（9）：28-32.

息工具应用技能，但软件编制与课件开发能力普遍较弱①。虽然网络上有丰富的教育资源，但对各种网络服务的应用也不尽如人意。两个研究都发现，教师信息素养水平还很不平衡，城市学校和农村学校之间、重点学校和普通学校之间存在较大的差距。

2. 学生信息技术高阶能力培养

20 世纪 90 年代以来，学生高阶能力培养得到社会各界的关注，以培养学生能力、改变学生学习方式的课程改革运动在世界范围内展开。高阶能力是指以高阶思维（Higher Order Thinking）为核心，解决劣构问题或复杂任务的心理特征，具体说来，是指问题求解、决策制定、批判性思维和创造性思维能力，是综合运用分析性、创造性和实践性思维的能力②，高阶能力是 21 世纪学生学习必备的能力，被誉为 21 世纪的生存技能。针对这一需求，我国的新课程改革中，增设了研究性学习课程，目标就在于培养学生的高阶思维能力、合作学习能力等。

在研究性学习课程中，教育信息技术发挥了巨大的作用。通过调研发现，教育信息技术集中用于研究性学习的以下几个方面：为研究性学习提供资源，丰富学生的学习资源和课题来源；用信息技术为学生学习提供个人探究工具和协作学习工具；为教师提供学习评价工具，是学生制作评价主体的工具；有不少实践研究表明，信息技术的应用能够促进学生自主学习、个性化学习，提高学生的高阶能力。

但是值得指出的是，教育部的课程改革纲要只是规定了研究性学习的学分和课时要求，而没有大纲和具体的实施指南，所以很多中小学校不知道如何实施研究性学习课程。目前网络游戏越来越流行，并且很多学者认为游戏可以应用在教育当中，所以尚俊杰等开展了游戏化研究性学习的研究，开展了“利用教育游戏丰富与深化综合实践活动课程的理论与实践研究”项目。该项目于 2010 年 5 月在四川省一所中学开展了实验研究，具体做法是挑选两个班级开展农业与地理的主题研究性学习。其中，对照组采用网络环境下的研究性学习方法，实验组采用游戏化探究方法（将游戏与研究性学习的阶段进行整合），学生均以小组的方式进行。两个班分别利用了课题组开发的学习网站和教育游戏，包括博客系统和论坛系统，按照研究性学习过程和阶段，分别开展了选题、开题、过程性评价和成果展示等活动。整个活动充分利用了多种信息技术工具，进行合作的研究性学习。

初步研究发现，基于游戏的研究性学习更能够维持和保持学生的学习兴趣，因为游戏给学生提供了体验的环境，所以学生的体验和感悟会更加深刻，情感体验更加真实，有同学撰写博客指出，“原来要种植作物这么辛苦，一定要珍惜粮食”，“这个活动一定要小组合作，一个人根本无法完成”，等等；基于游戏的探究更能够有利于学生提出问题和质疑，并且针对一个问题进行辩论，从网上讨论帖统计得知，实验班回

① 李梅，宋蔚，张新明. 安徽省中小学教师应用信息技术的现状调查与对策思考［J］. 电化教育研究，2006（7）：76-81.

② 钟志贤. 促进学习者高阶思维发展的教学设计假设［J］. 电化教育研究，2004（12）：21-29.

复数与主题帖数的比值大于对照班，即针对同一个问题，实验班小组内发生的质疑比对照班多，对照班更多利用网络来分享信息，即出现主题帖多的情况。

此外，培养学生高阶思维能力，还可以贯穿在学科教学中，以信息技术为依托的建构主义学习环境有利于学生能力的培养。何克抗等提出了“信息技术环境下的数学问题解决教学”①，它是指围绕“主题”组织教学，把主题学习内容分为六个活动过程：即主题内容情境化、情境内容问题化、问题内容数学化、数学内容理论化、理论内容应用化、主题学习反思化，并以一系列精心设计的类型丰富、质量优良的有效数学教学问题（集）来贯穿教学过程，通过基于信息技术的学习环境支持和数学方法论指导，促进学生主动发现、积极探索、实践体验、解决问题，以便深层次理解并掌握和运用基本知识，完成主题知识内容的意义建构，实现从能力到人格的整体发展，成为有效问题解决者的一种教学模式。

（七）教育技术标准走向规范深入

教育部教育信息化技术标准委员会（CELTSC，Chinese E－Learning Technology Standardization Committee）负责组织全国教育技术相关标准的研制、标准符合性测试认证和应用推广工作，以及对应的国际标准化工作。我国现有的标准体系包括了网络教育技术系列标准（指导类标准、学习资源类标准、学习者信息标准、学习环境标准）和教育管理系列标准，以及其他与教育信息化相关的标准。现已建立 36 项标准，其中 3 项标准于 2008 年成为国家标准。目前正准备构建下一代数字化学习服务的标准规范，构建终身教育服务体系的标准规范，并在教育装备终端、服务平台、学习资源等方面完善和发展 CELTS 标准体系。

随着教育信息化的发展，资源的共享与交流成为一个非常关键的问题，世界各国对标准的研究成为热点。国际电气与电子工程师协会专门成立了学习技术委员会（IEEE LTSC），全球学习联合公司（IMS）等专业标准组织都推出了教育信息化领域的行业规范，并得到了广泛应用；国际标准化组织（ISO）也专门成立了一个工作组（JTC1/SC36）负责制订教育领域的国际标准。

IMS 专门从事学习系统技术标准制订和推广工作，现在已在英国、澳大利亚、新加坡设有分公司。IMS 提出的学习系统技术规范，已经成为一个比较有影响的行业标准。目前关注下一代数字化学习服务的标准规范（Digital Learning Services Standards）研制，制订了 IMS Common Cartridge、Learning Information Services 和 Learning Tools Interoperability 等，并积极推进数字化学习服务的标准应用。

国际标准化组织 ISO 成立了一个 JTC1/SC36 委员会，专门从事学习、教育、培训领域信息技术标准的制定。其目标为达成学习资源及工具的可再用性与互操作性，目前有 7 个工作组，涉及词汇与分类、体系、学习内容、学生信息、管理系统、合

① 王光生，何克抗．基于信息技术的数学问题解决教学策略［J］．开放教育研究，2009（4）：37-44.

作、评估等技术领域，并负责一批新标准规范的研制。

美国国防部于 1997 年启动了一个称为“高级分布式学习”（ADL：Advanced Distributed Learning）的研究项目，该研究的主要成果是提出了一个“可共享内容对象参考模型”（SCORM：Shareable Content Object Reference Model），其目的是为了解决如何使课程能够从一个平台迁移到另一个平台，如何创建可供不同课程共享的可重用构件，以及如何快速又准确地寻找课程素材。目前在研制下一代数字化学习资源标准的 SCORM 2.0。

教育信息化技术标准制订与应用方面的不足之处表现在以下几个方面：1. 目前国际上有多个教育信息化标准制订组织，各组织间制订的标准存在差异，客观上阻碍了标准的应用和推广；2. 由于开发力量不足，国内的教育信息化标准缺乏参考实现和标准工具，从而阻碍了标准的应用推广；3. 教育信息化技术标准还在完善和发展，一方面不断吸收相关标准组织有价值的标准规范，另一方面在发展研制新的标准，这需要一个过程。

三、国际现状及发展趋势

1. 专业方法体系初步形成

在方法论方面，教育技术研究范式问题开始进入研究者的视野。蔡建东基于 Fink，EJ 和 W. Gantz 的相关研究，将美国教育技术研究范式概括为实证主义、诠释主义和批判理论①，姚巧红等则将国内外教育技术研究范式概括为实证主义和解释/建构主义两种②。

祝智庭③、张文兰④、焦建利⑤等则介绍了国外“基于设计的研究”的发展情况和研究方法。现象学教育学方法也得到了发展，并越来越显现出对我国教育技术学界的影响。

2. 泛在微型学习等新型学习模式研究兴起

信息技术与课程整合仍然是国际信息技术教育发展和实践中的重要主题。与过去一个阶段对网络学习、“e-learning”的过度关注不同，2005—2010 年，“混合式学习”越来越受到国外学者的关注，并几乎同时在我国产生了广泛的影响。与此同时，基于移动通讯设备的“移动学习”相关理论研究也得到开展，进而拓展为“泛在学

① 蔡建东. 当代美国教育技术学研究范式现存形态研究——一种基于内在结构的分析［J］. 电化教育研究，2007（5）.

② 姚巧红，于晶双，徐冲. 教育技术研究范式述评［J］. 电化教育研究，2009（6）.

③ 祝智庭. 设计研究作为教育技术的创新研究范式［J］. 电化教育研究，2008（10）.

④ 张文兰，刘俊生. 基于设计的研究——教育技术学研究的一种新范式［J］. 电化教育研究，2007（10）.

⑤ 焦建利. 基于设计的研究——教育技术学研究的新取向［J］. 现代教育技术，2008（5）.

习"（u-learning）这一更为宽泛的概念，并以"非正式学习"这一学习形态的研究和描述作为其理论基础。

3. 教育公共服务是未来大规模教育资源、应用、管理的有效解决方案

基于云技术等高新技术的公共服务平台为大规模的教育资源、应用、管理系统提供技术可能性。

4. 未来智能教室等学习系统研究持续深入

基于普适计算、智能终端等技术的未来智能教室的研究将在技术上为未来课堂的信息传输产生革命性的影响。这些技术主要包括：电子阅读技术、虚拟现实技术、智能仪器等。

虚拟现实技术（Virtual Reality，简称 VR）集成了计算机仿真技术、计算机图形技术、传感技术、人工智能、显示技术、声音处理技术、网络并行处理技术等，将数字化信息变为人们所能感受的图像、声音、物体运动等多种表现形式的场景信息，同时提供丰富的交互体验环境，构建一个酷似客观环境又超越客观时空、能沉浸其中又能驾驭其上的人机环境。

运用虚拟现实技术创设的环境具有沉浸性（Immersion）、构想性（Imagination）、交互性（Interaction）、多感知性（Multi-sensation）和自主性（Autonomy）等特征，其优势体现在形象化三维立体环境创设、时域与空域的转换再现（宏观与微观、长时与瞬时）、多感官参与、交互性等，很适合应用于教学场景创设，使学习者在虚拟场景中，身临其境地体会、随心所欲地体验一个与现实世界极其接近的教学情境。

其他国家也开展相关研究，如英国探索用 VR 进行外语和工业安全培训，探索把桌面 VR 系统用于学习上有困难和身体严重残疾孩子的教育上；德国的大学建立了虚拟自动化实验室；西班牙的大学开发了电子仪器虚拟工作平台；意大利的认知心理学实验室证实了利用虚拟现实系统的学习方式极大地提高了学习效率；新加坡国立大学开发了远程示波器实验和压力容器实验，等等。

从电子仪器的发展史看，传统的测量仪器经历了由模拟仪器、智能仪器到虚拟仪器。因为虚拟仪器可与计算机同步发展，与网络及其他周边设备互联，用户只需改变软件程序就可以不断赋予它或扩展增强它的测量功能。也就是说，仪器的设计制造不再只是物化的、靠对实物的加工生产制造出来的。虚拟仪器开创了教学仪器使用者可以成为教学仪器设计者的时代，这将给教师和学生带来无尽的收益。在这个计算机和网络快速发展的时代，利用信息技术对传统的教学仪器进行改造，已是大势所趋，而虚拟仪器系统正是信息技术与传统的教学仪器技术进行融合的产物，因此，在 21 世纪，虚拟仪器在教学仪器中必将大行其道，日渐受宠，将会引发传统的教学仪器产业一场新的革命。

5. 国家及区域层面的教育信息化推进成为主流

各国都通过不同的国家级项目推进教育信息化的发展。如美国提出了教育法案"不让一个孩子掉队（2001—2014）"、第三个教育技术发展计划"迎接美国教育的黄

金时代：因特网、法律与当代学生如何变革着教育的期望”（2005—2010）以及美国竞争力计划（2007—2016）；欧盟提出儿童计划（2008—2020）、Becta 的 e 战略促进计划、欧盟 i2010 计划（2005—2010）；日本提出“为所有儿童提供丰富教育”教育改革计划（2006）、教育振兴基本计划（2007）等各项法案，都专门论述了教育信息化层面推进问题。

四、主要问题及政策分析

总体来看，我国教育信息化已经在各方面取得了不同程度的发展，但仍存在不少挑战：（1）普及方面，缩小地区数字鸿沟、实现教育均衡面临挑战；（2）提升方面，持续提升应用能力与投资效益面临挑战；（3）推进新课程改革深度与广度面临挑战。教育信息化需要努力寻求在投资效益、均衡发展、体制改革、发挥教学创新变革动力等方面的突破。

（一）存在的主要问题

1. 理论上，需要加强本土理论的创新、研究方法和方法论的创新

早期，我国教育技术学的理论基础主要局限于物理学、无线电电子学、影视技术等自然科学与技术学科，后来涉及系统科学、传播学、心理学、教育学。近年来，不少教育技术学者开始较多地关注现代学习理论、复杂科学理论、数字化技术、人文社会理论，由此推动了教育技术基础理论研究的深化发展。但是，教育技术学最深层次的理论基础应该是技术哲学和教育哲学，因为这决定了教育技术理论与实践工作者的技术观和教育观，并由此决定了他们的教育技术观，目前的研究还不够深入。

针对教育技术理论基础的研究范畴目前尚无统一的界定，各位专家、学者从各自的学科背景出发，提出了不同的观点，缺乏共识。很多学者对于教育技术理论基础相关问题的研究往往是探索性的，做持续深入研究的并不多。我国教育技术理论的研究应该在全面继承电化教育优良传统的基础上加以发展，在充分借鉴国外优秀理论的基础上加以创新，博采众长，海纳百川，建立起中国的教育技术理论体系，完成本土化的进程。

在新的理论领域需要更加开阔的视野与创新意识。

2. 实践方面，面临缩小地区数字鸿沟、实现教育均衡的挑战

虽然我国通过农远工程等初步建立了农村教育的信息化基础，但是在硬件条件、应用推进、保障政策等方面都存在较大的差距。

3. 政策及保障方面，存在投入相对不足、保障不力、评估缺失的挑战

我国需要在政策保障等各个方面持续改进。教育信息化需要努力寻求在投资效益、均衡发展、体制改革、发挥教学创新变革动力等方面的突破。

（二）政策分析

根据《国家中长期教育改革和发展规划纲要（2010—2020 年）》的要求，需要加快教育信息化进程，明确指出：

加快教育信息基础设施建设。信息技术对教育发展具有革命性影响，必须予以高度重视。把教育信息化纳入国家信息化发展整体战略，超前部署教育信息网络。到 2020 年，基本建成覆盖城乡各级各类学校的数字化教育服务体系，促进教育内容、教学手段和方法现代化。充分利用优质资源和先进技术，创新运行机制和管理模式，整合现有资源，构建先进、高效、实用的数字化教育基础设施。加快终端设施普及，推进数字化校园建设，实现多种方式接入互联网。重点加强农村学校信息基础建设，缩小城乡数字化差距。加快中国教育和科研计算机网、中国教育卫星宽带传输网升级换代。制定教育信息化基本标准，促进信息系统互联互通。

加强网络教学资源库建设。引进国际优质数字化教学资源。开发网络学习课程。建立数字图书馆和虚拟实验室。建立开放灵活的教育资源公共服务平台，促进优质教育资源普及共享。创新网络教学模式，开展高质量高水平远程学历教育。继续推进农村中小学远程教育，使农村和边远地区师生能够享受优质教育资源。

强化信息技术应用。提高教师应用信息技术水平，更新教学观念，改进教学方法，提高教学效果。鼓励学生利用信息手段主动学习、自主学习，增强运用信息技术分析解决问题的能力。加快全民信息技术的普及和应用。

制定学校基础信息管理要求，加快学校管理信息化进程，促进学校管理标准化、规范化。推进政府教育管理信息化，积累基础资料，掌握总体状况，加强动态监测，提高管理效率。整合各级各类教育管理资源，搭建国家教育管理公共服务平台，为宏观决策提供科学依据，为社会公众提供公共教育信息，不断提高教育管理现代化水平。

五、规划项目建议

（一）"十二五"教育信息技术学科规划目标与原则

1. 规划目标

通过教育信息技术学科的课题研究解决我国教育信息面临的重大现实问题，推动学习方式的变革。培养出一支高素质的研究队伍，建设起科学的研究体系。

2. 规划原则

应用导向：强调解决实践问题为主；

支持创新：以新思路、新方法、新技术解决教育中的相关问题；

公平合理：研究倾向于农村教育问题，解决教育不均衡问题；

重点突破：针对教育中的重点问题，集中资源解决；

科学方法：加强研究的科学性和有效性的引导。

（二）重点研究方向

针对我国现状和国际发展趋势，我国目前教育信息技术学科的研究重点是构建完整的数字化教育设施，强化教育信息化应用推进，提高教育信息化投入与保障。

1. 建议的主要研究方向

（1）完善教育信息基础环境建设，加强基于新技术条件下的教育公共服务平台建设、资源体系建设，建立完整均衡的教育信息化基础环境；

（2）加强教育信息化的整体规划与效益评估研究；以教学绩效为核心的教育信息化评估与规划方法、信息化质量保障与评估体系、教育信息化和现代远程教育项目的管理研究、投资效益研究；

（3）继续完善资源建设，加强合适、优质资源的建设机制、维护方法、共享机制等方面的研究；

（4）探索新技术、新方法在基础教育、职业教育、高等教育等各个教育领域内的应用，建立新型教学方法，加强对新型教育装备、教室环境等方面的研究；

（5）教育信息化领导力与教师教育技术能力建设研究，信息化条件下的教师能力发展，信息化培训模式研究；

（6）信息化终身学习社会、学习型组织、开放大学的研究，能力描述与表征机制，学分交换机制，终身学习模式等研究；

（7）农远地区信息化教育模式研究，基于信息化的教育均衡研究。

2. 建议以下为国家重点课题

（1）教育公共服务体系的构建——资源、应用及管理服务模式研究

（2）采纳电子教科书的教育问题与政策问题研究

（3）新一轮农村远程工程的模式与管理创新研究

3. 建议将以下选题方向列入“十二五”规划课题指南

（1）教育信息化发展战略、系统规划与效益评估研究

（2）教育技术的创新研究范式与方法论研究

（3）教育技术的学科演进与知识创新研究

（4）信息技术在各级各类教育中创新应用、教学模式及效益研究

（5）信息技术环境下终身教育及学分机制研究

（6）信息化环境下教师专业能力持续发展研究

（7）信息化环境下学生学习力培养与21世纪技能发展研究

（8）现代远程教育与教育信息化项目管理研究（质量管理、评估、保障服务机制等）

（9）泛在学习资源、模式的理论与实践研究

（10）教育信息化技术规范研制及应用推广研究
（11）远程教育资源建设、开放与共享机制研究
（12）信息技术环境下课程改革研究
（13）数字化教育装备与教学环境建设规范研究
（14）社会计算环境下 e-learning 教育应用创新研究
（15）面向教育的数字化生态与学习景观研究
（16）数字化教科书与电子图书馆的教育应用研究
（17）非正式学习与正式学习无缝融合研究
（18）悦趣化学习的设计、开发、应用与评价研究
（19）教育信息化与教育创新的社会文化机理研究
（20）教育技术在人力资源开发中的应用理论与实践模式研究

（撰稿人：教育信息技术学科组 祝智庭　王珠珠　王富
黄荣怀　张少刚　余胜泉 等）

成人教育研究

一、"十一五"成人教育科学研究总结回顾

"十一五"期间，我国教育正处在新的历史起点上，党的十七大提出"优先发展教育，促进教育公平"的发展战略，提出"使现代国民教育体系更加完善，终身教育体系基本形成"，"使全体人民学有所教"，"建设全民学习、终身学习的学习型社会"的奋斗目标促进了成人教育科学的改革与发展。成人教育科学研究得到了进一步繁荣和发展，取得了一系列新成果，对推动成人教育改革与发展发挥了重要作用。

（一）"十一五"成人教育科学研究概述

1. 成人教育科研机构和队伍不断壮大。随着成人教育事业的发展，各种成人教育研究机构和组织不断建立，逐步形成了一支由专职人员和兼职人员相结合的三种类型的成人教育研究机构和研究队伍。一是国家教育行政部门建立的成人教育专职研究机构。如中央教育科学研究所成人教育研究中心，各省、直辖市、自治区教育科学院（所）设立的成人教育研究机构。目前全国由行政部门所建立的成人教育研究机构近百个。二是成人高校建立的成人教育研究机构，这些研究机构的研究人员多为兼职。三是与成人教育有关的各级各类学会、协会和研究会。其中规模最大的研究机构是中国成人教育协会，该协会下设扫盲教育、企业教育、农村成人教育、成人中等专业教育、成人教育科研机构、成人教育期刊等 13 个二级专业委员会，共有 250 多个团体会员单位。此外，全国性的成人教育群众性学术团体还有中国职工教育和职业培训研究会、中国继续工程教育协会、中国老年教育协会、中国农学会等专兼职相结合的成人教育研究队伍。专职研究人员大多是政府部门设立的研究机构的人员，而兼职人员大多由教育行政部门的官员、成人学校的教师以及关注和热爱成人教育事业发展的各类人士组成。科研队伍的不断壮大、素质的不断提高，为成人教育科学研究奠定坚实的群众性基础，为成人教育的实践推进、理论研究提供了社会性支持。

2. 成人教育学硕（博）人才培养成绩喜人。成人教育学硕士生和博士生的招生是成人教育学专业发展的又一个重要标志。1993 年，华东师范大学首建"成人教育学"硕士点，至 2008 年 2 月，华东师范大学、河南大学、曲阜师范大学、河南师范大学等 39 所高校有成人教育学硕士授予权。成人教育学硕士专业设置方向有成人教育基本原理，终身教育、终身学习与学习化社会，成人课程论与教学论，成人教育管理，人力资源管理与开发，社区教育与社区发展，成人教育规划与项目开发，成人高

等教育，成人学习心理，比较成人教育等。2004 年华东师范大学首建"成人教育学"博士点，高志敏、黄健教授开招成人教育学博士生，2007 年西南大学刘义兵、靳玉乐、廖其发教授开招成人教育学博士生。至 2008 年 2 月，华东师范大学、西南大学等 9 所高校有成人教育学博士授予权（截止到目前，只有华东师范大学和西南大学开始招生）。成人教育学博士专业设置方向有成人教育基本原理、成人课程论与教学论研究、农村成人教育研究、人力资源开发、国际成人教育比较等。成人教育学学科地位得到国家的承认和成人教育学研究生招生规模的逐年扩大对成人教育学学科的发展起到重要的推动作用。

3. 课题研究有序开展。全国教育科学规划领导小组办公室在 2006—2009 年共批准成人教育学科 36 项立项课题。在 2006—2009 年中获得立项的 36 项课题中，有国家一般课题 10 项，国家青年基金 2 项，教育部重点 18 项，教育部青年专项 6 项。36 项立项课题中，研究成人学校教育转型与创新的有 4 项，研究终身教育体系和学习型组织的有 3 项，研究农民和农民工教育培训的有 11 项，研究教师继续教育的有 2 项，研究成人学习教学手段的有 6 项，研究社会培训与教育的有 5 项，研究社区教育的有 2 项，研究成人素质教育的有 1 项，研究成人教育基本理论和学科建设的有 1 项，研究企业继续教育的有 1 项。2007 年 12 月和 2009 年 6 月，全国教育科学规划领导小组办公室与中国成人教育协会合作实施第一、第二期"全国教育科学规划成人教育研究专项课题"共 17 项。

4. 成人教育研究专著不断出现。"十一五"期间，200 多本有关成人教育科学研究的著作得到出版。其中能代表成人教育科学研究最高水平的著作主要有以下几种：《21 世纪初中国社区教育发展研究》（叶忠海）、《成人教育社会学》（高志敏）、《成人学习理论的新进展》（雪伦 · B. 梅里安编，黄健等译）、《中国成人教育学科体系结构及其分类研究》（杜以德、韩钟文、何爱霞等）、《现代社区教育理论与实验研究》（陈乃林）、《跨进学习社会——建设终身学习体系和学习型社会的研究》（郝克明）、《成人教育研究》（刘义兵）、《和谐社会的构建与成人教育的使命》（谢国东、赖立）、《中国成人教育改革发展 30 年》（董明传、谢国东、叶忠海、高玉斌）、《成人教育教学与研究》（黄瓅、王盛业）、《走向继续教育的深处——成人教育理论与实践的当代研究》（薛勇民）等。

5. 科学研究论文数量逐年增加。"十一五"期间，有关成人教育科学研究的学术期刊呈现出蓬勃发展的态势，一些学术期刊发行量逐年增加，采稿量大量增加。根据 2006—2009 年不完全统计，《中国成人教育》、《成才与就业》、《继续教育研究》、《成人教育》、《继续教育》、《高等函授学报》、《湖北大学成人教育学院学报》、《体育成人教育学刊》、《中国远程教育》、《河北大学成人教育学院学报》、《西北成人教育学报》、《开放教育研究》、《乌鲁木齐成人教育学院学报》、《成人高教学刊》等成人教育学术期刊刊登成人教育方面的论文达 27 870 篇。一些综合性学术期刊，如《河北师范大学学报（教育科学版）》、《江苏技术师范学院学报（职教通讯）》、《中国农村教育》、《中国校外教育》、《湖南师范大学教育科学学报》、《当代教育论坛》等也开辟专栏刊登成人教育科学研究方面的论文。一些大学、学院的学报也比较关注成人教育科学研究方面的学术成果。人大报刊复印资料《成人教育学刊》全文转载成人教育科学研究的论文年均160多篇，所选论文在一定程度上代表了当前我国成人教育理论研究的热点与发展方向。

6. 地区与国际间合作与交流得到深化。我国成人教育界与台湾、香港、澳门的成人教育界有着密切的合作关系，在两岸四地多次组织学术活动。2009年，中国成人教育协会朱新均会长等人出席在台湾新竹举办的两岸四地老龄教育研讨会；2009年8月“2009年海峡两岸终身教育研讨会”在福建省泉州市举行；2010年在中国大陆举办“两岸四地社区教育与老龄教育学术研讨会”；中国成人教育协会还组织大陆成人高校的学者多批次到台湾高校的成人教育机构参观学习。我国成人教育界积极参加国际成人教育组织的活动，与世界各国成人教育界有着密切的往来关系。2006年10月28日至11月4日，来自世界20多个国家的120多名代表齐聚中国北京，共同参加“学习化社会中的成人教育——全球化中亚洲和欧洲的不同视角”2006年国际成人教育研讨会；2007年1月16日至20日，国际成人教育协会第七届全球代表大会在肯尼亚首都内罗毕举行，中国成人教育协会谢国东秘书长等三人受邀代表中国参加了此次会议；由联合国教科文组织和中国联合国教科文组织全委会联合组织的“亚太地区扫盲会议”于2007年7月31日至8月1日在北京召开；2008年9月，中国成人教育协会与中国教科文全委会合作，在山东济南召开《满足乡村多元学习需求促进乡村发展—建设学习型乡村国际研讨会》；2009年10月，由联合国教科文组织国际农村教育研究与培训中心、联合国教科文组织终身学习所联合举办的“九个人口大国农村地区基本文化与成人学习研讨会”在北京师范大学召开；2009年12月，联合国教科文组织在巴西召开第六届世界成人教育大会，中国成人教育协会组团出席本届大会；近年来，我国成人教育界邀请了多批国际知名学者到中国来，宣讲国际成人教育的理念和精神，邀请欧美发达国家研究建设学习型社会卓有成果的专家来中国讲学。

（二）“十一五”成人教育科学研究的突出成果

成人教育具有对象的广泛性、领域的开放性、过程的终身性、内容的丰富性、形式的多样性等特征，“十一五”时期我国成人教育事业发展中遇到的“热点”、“焦点”、“难点”、“疑点”问题将不断增加。成人教育学者对事关我国社会经济发展与成人教育联系紧密的重大实践问题和理论问题进行了系统研究，并取得了一些重要研究成果。这些研究成果集中在成人教育改革与发展研究、成人学校教育转型与创新、终身教育体系和学习型组织、弱势群体的补偿教育、教师继续教育、成人学习的教学手段与媒体多样化、社会培训与教育、社区教育、成人素质教育、成人教育基本理论和学科建设等方面。

1. 成人教育改革与发展研究。进入21世纪，人类社会发生了全面、深刻的变化，我国也确定了崭新的经济社会发展目标。成人教育应该顺应新形势、应对新挑战，尽快采取得力措施，从根本上实现整体转型，为社会主义现代化建设提供有效支持，同时实现自身的科学发展。论文《从生成关系审视成人教育的历史贡献》阐明了成人教育是现代国民教育体系中最具活力的部分。作为教育史上的一场革命，成人教育拓宽了教育服务的路径，催生了社区教育实践，孕育了终身教育理念，对社区教育、终身教育的产生起到了重要的奠基作用。成人教育在促使人们不断学习和接受教育的过程中跟上时代的步伐，同时也促进社会的发展①。论文《成人教育及其邻近范畴的逻辑关系摭论》论述了成人教育与其邻近的终身教育、继续教育、职业教育在内涵、外延及实践特性诸方面既存在着相互牵扯、彼此依存的逻辑关联，又存在着相互区别、不可混同的逻辑差异。从范畴论视域对其分别予以逻辑的考察与梳理，不仅有助于澄清它们之间驳杂的关系，而且对相关范畴的实践运行也具有重要的现实意义②。著作《中国成人教育改革发展30年》由事业发展篇、理论研究篇、政策法规篇和信息资料篇四大部分构成，并以章节形式编写，是我国成人教育领域第一部比较全面、系统地记述和总结改革开放以来我国成人教育理论与实践发展的学术专著，是一部融思想性、学术性、文献资料性为一体的、面向广大成人教育工作者学习使用的权威性历史性文献③。著作《和谐社会的构建与成人教育的使命》重点探讨和谐社会的内涵、和谐社会建设的必要性、和谐社会与成人教育的关系，通过理论概况，论述了成人教育的使命及不可替代的作用，阐明成人教育是实施可持续发展和构建社会主义和谐社会的重要保证④。著作《成人教育研究》论述了成人教育的对象与研究方法；成人教育的目的、本质与功能；成人教育的发展历程与趋势；成人教育的制度、结构和类型；成人教育的课程开发；成人教育的管理等内容⑤。

2. 成人学校教育转型与创新的研究。成人教育遇到了新的挑战，成人教育改革与发展问题始终受到学者的关注。论文《我国成人高等教育的困境与转型》论述了进入21世纪以来，我国成人高等教育发展面临着严峻的挑战，突出表现为地位不明、生源不足、质量不高。当前，我国成人高等教育存在的问题具有整体性、内生性的特点，根本原因是文凭至上、学历导向的价值取向所致。实现成人高等教育从传统学历导向型向现代学习导向型的转型，是解决当前成人高等教育面临的问题、实现成人高等教育健康有序发展的关键⑥。课题《我国成人高等教育办学机构转型与创新研究》

① 桑宁霞. 从生成关系审视成人教育的历史贡献［J］. 教育研究，2008（12）.

② 唐爱民. 成人教育及其邻近范畴的逻辑关系摭论［J］. 教育研究，2007（10）.

③ 董明传，谢国东，叶忠海，高玉斌. 中国成人教育改革发展30年［M］. 北京：高等教育出版社，2008.

④ 谢国东，赖立. 和谐社会的构建与成人教育的使命［M］. 北京：中国人民大学出版社，2008.

⑤ 刘义兵. 成人教育研究［M］. 重庆：重庆出版社，2007.

⑥ 余小波. 我国成人高等教育的困境与转型［J］. 教育研究，2008（12）.

（杜以德）主张从理念调整、体制转换、机制创新以及组织结构改造等多方面实现彻底转型。课题《成人学校生源多元化研究》（焦峰）对成人学校生源多元化的历史变迁进行梳理，调研我国成人生源现状，分析成人学校把潜在生源转化为现实生源的推进举措。《社会转型期我国成人院校“转型性变革”的路径与机制研究》（乐传永）、《成人教育院校转型发展研究》（李兴仁）等课题也探讨了成人教育转型与创新这一问题。

3. 成人教育教学手段的研究。由于传统教学模式的缺陷及学生自身条件的限制，成人教育教学手段的革新是今后教学改革的发展方向。论文《成人转换学习及其教学策略》阐述了成人转换学习在当今社会的作用日益凸显，成人只有不断地质疑、反思和转换自己的世界观、人生观或价值观，才能获得解放和发展，才能适应现实生活世界的各种变化。为此，成人教育的教学策略需要在批判性反思、人生经验的学习、教学氛围和教师角色等方面作出相应的调整和改革，但这种调整和改革要注意防止极端化和片面化①。网络教育已被证明是最适合成人学习的最佳途径，课题《成人网络学习特征及支持环境的研究》（贾卓生）、《数字化学习环境和基层学习型组织建设研究》（丁新）、《泛在学习中数字化学习资源的开发与应用》（杨孝堂）等探讨了成人学习利用现代网络的问题。微型移动学习资源已经成为成人获得信息的重要途径，课题《终身学习视野下的微型移动学习资源建设研究》（顾小清）探讨如何有效利用、开发、集成微型学习资源等问题。课题《信息化助力下的返乡农民工职业技能培训体系研究》（王珺）探讨了利用信息化手段提升农民工培训效益问题。

4. 农民和农民工教育培训的研究。数以亿计的农民工脱离农村，走进城市，成为新一代城市人，是经济社会发展的必然和不可逆转的趋势。著作《新型农民与农民工的教育培训》结合当前我国全面建设社会主义新农村的现实需要，以新型农民与农民工教育培训为视角，探讨农村教育的发展与改革，反思农村教育发展中遇到的新情况和新矛盾，从中发现问题所在并采取有效措施，用科学发展观指导农村教育持续健康发展②。著作《从歧视走向公平——中国农民工及其子女教育问题调查与分析》阐述了农民工流入城市是社会历史发展的必然趋势、农民工教育由放任自流到逐渐重视、农民工进城随迁子女教育历史回顾及发展现状、留守儿童现状及解决办法等内容③。课题《我国新型农民培训模式研究》（赵帮宏）、《我国农村劳动力转移培训的公共政策研究》（刘国永）、《失地农民教育培训体系及政策支持系统研究》（鲍海君）、《中部地区返乡农民工职业技能培训模式、机制及对策研究》（赵正洲）、

① 柳士彬. 成人转换学习及其教学策略［J］. 教育研究，2007（10）.

② 易红郡，谭建平. 新型农民与农民工的教育培训［M］. 长沙：湖南人民出版社，2009.

③ 蒋太岩，等. 从歧视走向公平——中国农民工及其子女教育问题调查与分析［M］. 沈阳：东北大学出版社，2008.

《西部欠发达地区返乡农民工职业技能培训调查研究》(陈翠玉)、《农村劳动力转移就业引导培训与农民工职业技能培训的机制创新研究》(马九杰)、《西部新农村建设中新型农民培训有效模式研究》(夏海鹰)、《新农村建设中政府主导型农民培训模式的绩效评估与优化研究》(徐金海)等从培训模式、政策支持、机制创新、绩效评估等不同视角探索了农民和农民工教育培训问题。

5. 教师继续学习需求和有效培训模式的研究。切实抓好教师继续教育工作，不断提高教师的综合素质，是推进基础教育课程改革、提高教育教学质量的必然要求。著作《高校教师继续教育研究》探讨了高校教师继续教育的概念、意义、原则、目标和模式，讲解了我国的教育法和高等教育法，分析了师德教育问题等①。《中小学教师继续教育模式研究与实践》在界定"协作—探究"培训模式及其流程的同时，介绍了"双导师骨干教师培训"、"与高校联合培训"、"研训一体式培训"等培训实施模式②。著作《让学校成为教师成长的摇篮——研究型教师培养探索》内容包括：研究型教师培养的背景与基础、研究型教师的研究内容、教师如何成为研究者、学校如何打造研究型教师团队等③。《CEA 混成学习在教师继续教育中的应用研究》(蒋笃运)、《基于教师多元角色的中小学教师继续学习需求和有效培训模式研究》(王卫东)等课题探讨创新培训模式，引领教师专业成长问题。

6. 终身教育体系和学习型组织的研究。学习型社会是有相应的机制和手段促进和保障全民学习和终身学习的社会，其基本特征是善于不断学习，形成全民学习、终身学习、积极向上的社会风气。著作《跨进学习社会——建设终身学习体系和学习型社会的研究》是我国第一本系统研究论述建设终身学习体系和学习型社会的专著。该书在深入调查研究的基础上，提出和阐述了在中国建设终身学习体系和学习型社会的指导思想、基本要素、框架、目标、任务和途径，以及与之相关的制度创新和政策措施等方面的建议④。课题"学习型社会建设研究"(朱新均)围绕什么是学习型社会，为什么要建设学习型社会和怎样建设学习型社会等问题展开。课题"基于学习型社会理念的成人工作场所学习机制与推进策略研究"(孙玫璐)了解我国成人工作场所学习的现状，探讨其学习机制和相应的推进策略。课题"北京市推进终身学习和学习型城市建设案例研究"(孙善学)收集、整理典型案例，以推动学习型组织的发展。

7. 社区成人教育的研究。社区教育是在一定的地域范围内，充分利用各类教育资源，旨在提高社区全体成员整体素质和生活质量，促进区域经济建设与社会和

---

① 杨大圣. 高校教师继续教育研究［M］. 长沙：国防科技大学出版社，2008.

② 李树栋. 中小学教师继续教育模式研究与实践［M］. 长春：东北师范大学出版社，2007.

③ 张贝玉，柳叶，张伟峰. 让学校成为教师成长的摇篮——研究型教师培养探索［M］. 上海：学林出版社，2009.

④ 郝克明. 跨进学习社会——建设终身学习体系和学习型社会的研究［M］. 北京：高等教育出版社，2006.

谐发展和教育自身发展的教育活动。著作《21 世纪初中国社区教育发展研究》紧紧围绕“发展”这个主题，内容包括社区教育发展的背景、发展的现实基础、发展的国际参照系、发展的战略构思、发展的途径、发展的思路和模式、发展的基本对策等①。著作《现代社区教育理论与实验研究》系统考察和总结了我国社区教育产生、发展的历史和现状，展望了未来的发展趋势，客观评价了国外学习型组织建设的理论和实践。课题《社区教育与城市民生问题研究》（秦钠）探讨城市居民生存与社区教育的互动模式，研究加快推进以改善民生为重点的社区教育发展的举措②。网络学习社区的构建也就成了当代社会需求和科学技术及其学与教理论相结合的产物，让具有共同兴趣、共同目的的社群借助于一定的技术手段，在网络空间里实现彼此间的相互沟通、交流和合作，从而提高自身学习的能力。课题《网络学习社区的构建及其教学应用模式研究》（赵建华）研究了网络学习社区的构建问题。

8. 社会培训与教育的研究。我国的教育培训机构数量庞大、类型复杂，既有开展学历的也有开展非学历的，既有公办的也有民办的。课题《教育培训机构的现状调查及其建设标准研究》（胡东成）通过对全国范围内的不同类型培训机构的现状调查，提出一套既具有国际背景，又具有中国特色的教育培训机构建设标准。课题《非正规就业劳动力教育培训的理论与实践问题研究》（燕晓飞）以全面剖析非正规就业劳动力教育培训市场的基本要素——供求主体、教育培训产品、教育培训市场自身的性质和特征为逻辑起点，重点考察政府、非正规就业者、用人单位、社会教育培训机构等相关主体在非正规就业劳动力教育培训中的行为模式与特点，在此基础上进一步探究非正规就业劳动力教育培训供求中存在的突出矛盾和问题，分析问题产生的制度与政策根源，提出化解矛盾，解决非正规就业劳动力教育培训难题的制度设计与模式构想。我国要建立健全教育社会中介组织，应当发挥各界参与教育决策和管理的作用，课题《社会转型过程中教育中介组织研究》（唐兴霖）探讨了教育中介组织的运行和发展问题。我国成人教育实践繁杂，成人教育机构繁多难理，而课题《社会成人教育机构的分类和评价研究》（张彦通）则系统梳理了社会成人教育机构的科学分类和有序运行。

9. 成人素质教育的研究。成人素质的持续提升是社会教育的重要课题。18 岁是“成人”的标志，通过“成人仪式”教育的有效开展，有利于加快青少年个体社会化的进程，帮助建立自觉的成人意识，增强其公民意识、责任意识、奉献精神、爱国情怀，从而不断深化素质教育，促进青少年更加全面、健康地成长。论文《18 岁成人仪式教育：进展、问题与对策》就 18 岁成人仪式教育的现状、存在问题、改进建议

① 叶忠海. 21 世纪初中国社区教育发展研究［M］. 青岛：中国海洋大学出版社，2006.

② 陈乃林. 现代社区教育理论与实验研究［M］. 北京：中国人民大学出版社，2006.

等方面进行了较为系统的研究①。课题《18 岁成人仪式教育研究》（王北生）对推动 18 岁成人仪式教育普及化、规范化、系统化和法制化的发展起到推动作用。

10. 成人教育基本理论和学科建设的研究。成人教育基本理论和学科建设方面的研究是成人教育科学发展的基础性工作。论文《成人教育研究的反思与前瞻》为成人教育研究确定了新的研究纲领：回归丰富的成人生活世界、走进缤纷的成人精神家园。无论是对成人教育一般研究活动而言，还是对成人教育学科建设而言，执行这一纲领，是成人教育未来发展应采取的基本态度和首要的方法论选择。执行这一纲领，必须采取新的研究行动：解析成人群体结构、关怀成人生存境遇、解读成人学习行为、构建教育支持系统②。论文《成人教育学科建设的几个问题（笔谈）》：就关于成人教育学科体系的发展脉络、成人教育学科体系的逻辑起点、成人教育学科体系建设的基本原则、成人教育学科体系建设的推进举措等问题进行了探讨③。著作《成人学习理论的新进展》在梳理 20 世纪初期以来成人学习知识体系历史发展脉络的基础上，重点评介了成人教育学、自我导向学习、质变学习、非正式和偶发的学习、女性学习、情境学习、后现代主义等学习理论④。《中国成人教育学科体系结构及其分类研究》论证了中国成人教育学科独立的必要性与可行性，系统梳理了中国和国外成人教育学科发展的历史、现状和发展趋势，论述了中国成人教育学科体系构建应遵循的基本原则等内容⑤。著作《成人教育社会学》分为基础篇和现实篇。基础篇分别论述了成人学习者与社会、成人教育者与社会、学习者与教育者的关系，以及成人教育与内部文化及社会文化相关、与经济相关、与社会流动相关。现实篇分别论述了全球化、文化多元化、网络时代、职业环境嬗变、社区发展、老龄化趋势、弱势群体、农村流动劳动力、失学无业青年问题、闲暇与成人教育之间的关系⑥。课题《成人教育学科体系的批判与重构研究》（高志敏）缘于对我国成人教育学科发展中长期存在的种种迷茫与困惑的深刻反省，通过课题研究的形式，对古今中外成人教育学科发展过程进行详细的梳理和考察，并以批判性思维对之进行整体审视。同时，在与历史的对话中，逐步构架起符合时代精神和成人特征的成人教育学科体系。

11. 成人教育国际比较的研究。吸收和借鉴西方成熟的成人教育理论是我国发展成人教育的重要途径。论文《发达国家成人教育的投资现状和基本政策取向》指出，在经济全球化，终身教育、终身学习蓬勃发展，人力资本开发日益受到重视的今天，发达国家政府、企业以及个人对成人教育的投资明显加大。从政府管理的角度看，成人教育投资呈现出以下五个基本政策取向：投资—效益取向、投资—分担取向、投

---

① 王北生，李中亮．18 岁成人仪式教育：进展、问题与对策［J］．教育研究，2010（5）．

② 高志敏．成人教育研究的反思与前瞻［J］．教育研究，2006（9）．

③ 韩钟文，等．成人教育学科建设的几个问题（笔谈）［J］．教育研究，2006（10）．

④ 雪伦·B．梅里安．成人学习理论的新进展［M］．黄健，等，译．北京：中国人民大学出版社，2006．

⑤ 杜以德，韩钟文，何爱霞，等．中国成人教育学科体系结构及其分类研究［M］．北京：高等教育出版社，2006．

⑥ 高志敏．成人教育社会学［M］．石家庄：河北教育出版社，2006．

资—节约取向、投资—激励取向和投资—公平取向。这些研究对各级各类成人学校的自觉转型与创新提供了重要的理论指导①。著作《当代社区教育新视野——社区教育理论与实践的国际比较》阐述中国社区教育的理论和实践，地区社会教育和终身学习，日本及东亚社区教育、社会教育的发展等内容②。著作《现代终身学习论》对“终身教育向终身学习转化”的国际背景和发展趋势进行了深入的思考；同时以独特的视角批判性地剖析了有关终身学习推进过程中可能出现的问题与弊端。该书还对东亚地区终身学习的理论与实践作了深度考察③。著作《现代国际终身教育论》作者以自己多年的理论学养和教育实践为基础，撷取了国际上众多研究者的精华之处，梳理了终身教育理论的形成与发展过程，剖析了其在各个国家所呈现的不同态势，从而将终身教育理论的风貌完整清晰地呈现在读者面前④。

（三）“十一五”成人教育科学研究存在的问题和薄弱环节

虽然成人教育事业得到较大发展，成人教育科学研究也取得了一定成就。然而，总体而言，目前的成人教育科学研究仍存在着一些不尽如人意的地方。主要表现在以下几个方面。

1. 认识不足，重视不够。具有相应的社会地位是成人教育履行使命的基础与前提，而当前成人教育所处的社会位置与其所承担的历史使命和发展实践极不相称。在社会层面上，迄今为止，社会、政府、学校甚至成人教育领域内，还有许多人对成人教育的地位和作用不甚明了，对成人教育的认识还囿守在“补偿教育”或“另类教育”的囹圄中，以偏赅全、断章取义地理解和认识成人教育在改革发展过程中存在的这样、那样的问题或缺欠，对成人教育改革提出种种诘难与质疑，更有人提出所谓“替代论”、“覆盖论”等，对成人教育的可持续发展产生了重大负面影响。

2. 成人教育学科立项课题数量明显不足。虽然我国的成人教育实践丰富，但成人教育科学研究一直是我们的弱项，在全国教育科学规划科研课题立项中，和其他12个学科相比，成人教育历来都是立项最少的学科之一。

3. 成人教育研究方法有待改进。一些成人教育研究者热衷于搭建成人教育理论的“空架子”，一些研究者提出的成人教育理论初看起来新颖、创新和独特，然而难以直接指导成人教育教学实践，难以提高成人教学质量和管理水平，成人教育理论“好看不中用”的现象时有存在。对于成人教育的问题或现象的研究，喜欢从宏观的、整体的角度出发去考虑问题，而不是从具体而微的、生动的成人教育案例入手去研究。这种把人的问题简单化的大而化之的研究倾向，只会导致“空中楼阁”式的

① 杜以德，姚远峰. 发达国家成人教育的投资现状和基本政策取向［J］. 教育研究，2007（3）.

② 吴遵民，末本诚，小林文人. 当代社区教育新视野——社区教育理论与实践的国际比较［M］. 上海：上海教育出版社，2008.

③ 吴遵民，末本诚，小林文人. 现代终身学习论［M］. 上海：上海教育出版社，2008.

④ 吴遵民. 现代国际终身教育论［M］. 北京：中国人民大学出版社，2007.

研究成果。

成人教育科学研究还存在着以下几个薄弱环节，需要“十二五”期间加以重视。

1. 加大关注弱势群体的研究力度。社会的发展需要精英，但是更需要大众。改革开放以来我国成人教育得到了迅猛的发展，然而全体受教的权利并没有很好的落实。成人教育科学研究也存在着“关注城镇教育多，关注农村教育少；关注从业人员多，关注无业人员（包括退休人员）少；关注定居人口多，关注流动人员少；关注有偿教育多，关注义务教育少”等情况。

2. 加强决策研究。成人教育的发展，需要科学的规划与决策。面对日益深化的成人教育改革，当今的成人教育政策研究尚未能对决策者提供足够的科学的决策咨询依据，滞后于客观实际，决策过程尚未充分发挥政策研究的参与作用。

3. 提高研究者的学术素质。一些研究者对科研工作的观念比较淡薄，对科研项目的敏感性、积极性和能动性不强，存在着诸如“专门知识的薄弱、科学方法的欠缺、理性思维的僵滞和大多停留在实践运作体会感性归整的层面”的现象，只能是“出体会、出经验、出观点”，科研水准停留在较低的档次上，学术性、科学性、系统性不强。

4. 加强研究成果的宣传和推广应用。宣传推广是成果转化必不可少的重要手段，是成果进入应用阶段的重要前提。尽管我们每年在成人教育科学研究方面都有大量的论文、著作和课题得以发表、出版和结项，然而，被社会和政府所认同、接受和实施的研究成果并不是很多。

二、“十二五”时期成人教育科学的学术前沿和发展趋势

成人教育的演变过程表明，作为一定历史条件下的产物，它始终受到社会发展，特别是经济发展的制约，同时又服务于社会发展和经济发展。这是成人教育，也是任何其他教育的一条基本规律。当今，我国经济社会进入重大转型时期，在全面学习贯彻科学发展观、着力构建和谐社会的伟大历史背景下，成人教育尤其受到深刻影响，同时，它也正为中华民族的伟大复兴、中国社会的持续进步而迈出新的脚步，书写新的辉煌。面向“十二五”规划，一方面，挑战严峻，让我们感到任重而道远；另一方面，机遇难求，让我们感到充满新的希望、新的期待。其中，尤为关键的，莫过于必须对我国社会变革的种种走向，以及对成人教育的新一轮发展及其学术前沿阵地、理论突破口与实践关键点作出确切的把握与解读。基于此，我们延颈企踵，以期在理论与实践两个维度上，为我国成人教育的新一轮发展作出新的擘画；在宏观和微观两个层面上，为我国成人教育的新一轮发展作出新的谋划。

（一）瞩目社会发展与转型：需要宏大的成人教育战略谋划，以及完善的成人教育政策探索

为将我国成人教育及其科学研究工作推向纵深，必须首先从国家经济、社会发展战略高度来探索成人教育新一轮的发展问题，用更好的服务社会主义现代化建设、创新型国家建设、和谐社会建设等战略眼光来制定“‘十二五’成人教育发展规划”，提出未来五年我国成人教育发展的指导方针、发展目标和总体部署，以及重点领域、重大课题和优先主题。

当今，世界多极化、经济全球化深入发展，科技进步日新月异，国际金融危机影响深远，世界经济格局发生新变化，国际力量对比出现新态势，全球思想文化交流显现新特点，综合国力竞争和各种力量较量更趋激烈。我国经济建设、政治建设、文化建设、社会建设以及生态文明建设全面推进，工业化、信息化、城镇化、市场化、国际化深入发展。显然，我国社会进步与转型发展过程中所面临的复杂性、多样性、变动性和不确定性是制定成人教育战略及其研究规划的重要依据。全球化在强化统一性和普适性的同时，催生了文化多样性和特殊性；市场经济转型与发展，改变了传统农业和工业文明的资源基础，促使社会进步形态发生战略转移——从致力于物质财富的积累转向创造财富资源与能力的开发；社会成员固定从属于一定社会组织的管理体制已被打破，大量“单位人”转为“社会人”，人员流动性大大增强，城市居民与所在社区的关系越来越密切；城镇化进程中出现的新一轮农村土地改革试验再度强化了村民市民化问题；生产力水平提高，降低了社会必要劳动时间，从而带来了更多的闲暇生活时间；现实与虚拟共同构成的网络社会，产生了虚实和谐问题；在现代化起飞与推进过程中，特别是伴随市场经济的不断推进，出现了不可回避的弱势群体问题以及失业人员问题。

所有这些经济、社会变革走向，都深刻地改变着我们的思维方式、生产方式、交往方式，乃至生存方式与生活方式，进而，又都对面向亿万成人劳动者、成人学习者的成人教育实践和成人教育理论提出了新的挑战，呼唤着它们的创新、提升与突破。换而言之，所有这些变革与变化，都要求成人教育及其科研工作能够以高屋建瓴、全面系统的姿态，站在战略高度、政策高度，来首先关注成人教育新一轮发展的总体擘画，来对它的目标、路向、体系、结构、空间、资源，以及法规法律、内容与手段、方式与方法等作出富有整体意义、创新意义和实效意义的谋划与运思。

（二）创建学习型社会：要求建构终身教育体系，形成全民参与终身学习的体制与机制

党的十六大提出，要把“构建终身教育体系”，“形成全民学习、终身学习的学习型社会”，“促进人的全面发展”作为“全面建设小康社会”的重要目标。党的十七大报告重申“教育是民族振兴的基石，教育公平是社会公平的重要基础”，提出了

"优先发展教育，建设人力资源强国"的重大方针，强调要"确保到2020年实现全面建设小康社会的奋斗目标"，并再次号召"建设全民学习、终身学习的学习型社会"。至此，终身教育、终身学习与学习型社会不仅在观念上深入人心，在实践上也愈加走向深入。在终身教育、终身学习理念的倡导者们看来，在终身教育、终身学习的产生与发展过程中，发挥奠基与"火车头"作用的是成人教育。成人教育通过它的实践活动，把人生的前半段教育和后半段教育联结了起来，恰如桥梁与纽带，构成了人生教育一个具有完整意义的整体，并且贯穿在人类社会生活的方方面面。倘若或缺，教育不完美、生命不完美、社会也必将不完美。半个多世纪发展的事实亦充分说明，成人教育是传统学校教育向终身教育发展的新型的教育制度。构建终身教育体系，建设学习型社会，成人教育不仅是其中不可缺少的一个环节、一个方面，而且是终身教育的战略重点，是建设全民学习、终身学习之学习型社会的基本要求。总之，没有成人教育的充分发展，就不可能有终身教育体系的建立和完善，也不可能有全民学习、终身学习之学习型社会的实现。为此，需要我们进一步探索创新机制，建立完善体制，发挥"成人教育的排头兵"作用，以真正在国家建构终身教育体系，创建学习型社会的伟大进程中发挥应有的作用。

（三）民主政治与法制建设：呼唤公民意识的提升，追求公民人格的健全

党的十七大报告指出，21世纪，我国的政治发展目标是要在市场经济的基础上"把我国建设成为人民享有更加充分民主权利、具有更高文明素质和精神追求的国家。"① 为了实现这一目标，民主和法治是不可或缺的制度保障；而在民主和法治之内，又需要丰厚的公民素质作为支撑。

当前，我国的经济建设和经济转型取得了举世瞩目的成就，但是，就总体而言，国民在社会政治生活、法制生活等方面仍然存在诸多不尽如人意的地方。这表明，我国从传统社会向现代社会的转型之路仍任重道远。社会成年公民通过各种形式的成人教育而成为积极的公民是我们公共社会生活健康发展的关键，同时，公民整体素质的提升也是我们建构良好基础教育环境的必要条件。从这个意义上说，成人教育必须通过多种途径、多种方式，引导广大成年民众成为积极参与社会实践的合格公民。对于这样一种学术前沿，尤其需要指出的是：第一，要提高公民的认知水平，包括对国家宪法、政治体制、民主价值、自我维权等知识的学习和了解；第二，要增强公民理性精神，即在参与社会生活、民主生活中要形成必要的自我调节和自我控制的能力，要形成信任、宽容与理解的态度；第三，要关注完善公民人格，构建良好的身心世界与道德精神风貌。

---

① 胡锦涛. 高举中国特色社会主义伟大旗帜，为夺取全面建设小康社会新胜利而奋斗［M］//中国共产党第十七次全国代表大会文件汇编. 北京：人民出版社，2007.

（四）经济增长与技术更新：需要人力资源提升劳动能力或重组能力结构

根据国际经济合作与发展组织（OECD）的观察，知识经济正在改变全世界各种经济模式对劳动力的市场需求。在技术更新较快的区域，对高技能劳动者的需求在增大，对低技能者的需求在降低。与此同时，我国的劳动力市场也呈现出同样的趋势。随着经济的全球化、知识经济的发展，特别是技术进步与产品更新换代的加快，企业对员工知识和技能的要求不断提高，而目前我国技能劳动者的整体技能水平偏低，高技能人才严重缺乏，这与加快经济增长方式转变、推进产业结构优化升级的要求不相适应。有关统计表明，我国在城镇企业现有职工中，技术工人只占50%。而在技术工人中，高级技工的比例又极低，只占3.5%，中级、初级技工比例分别为36.5%和60%。对照美、日等发达国家，技术工人已接近蓝领员工总数的100%，其中高级、中级技工的比例则分别高达35%和50%以上。① 中国虽然拥有丰富的人力资源，但整体素质与发达国家相比尚存在明显的差距。

企业对人力资源开发有着不可推卸的责任。其中，员工培训则是企业人力资源开发的一种重要手段，也是企业进行人力资本投资的主要形式。

现阶段，企业员工培训与发展中存在的普遍问题是：培训费用投入普遍偏少，对员工的开发深度不够，在用人上存在着较为严重的短视行为；员工培训效果评估方法单一，效度较差，缺乏必要的跟踪与监督；企业员工职业发展通道单一，缺乏制度化的员工职业发展指导机制。因此，如何进一步加大对培训工作的统筹力度与资金投入力度、进一步完善职业技能资格鉴定和培训机构资质认证制度，以及如何逐步建立由国家制定职业技能标准、社会确认劳动者职业技能资格、用人单位决定用人待遇的三结合模式等，将成为我们探索与研究的新课题。

（五）社会分化与阶层重构：要求教育权利的共享，期待教育机会的均等

现实状况表明，中国的社会阶层结构正在从“金字塔形”走向“橄榄球形”，其大致构成自上而下依次表现为：第一，由私营企业主和知识精英组成的富裕阶层；第二，由白领职业者组成的中等收入阶层；第三，由农民和蓝领工人组成的小康大众阶层；第四，由贫困地区农民和城市中的生活困难者组成的贫困阶层。

在这种社会阶层初步形成的格局下，对每一位社会成员而言，教育将发挥十分重要的重新“配置与调节作用”。也就是说，只有通过教育与学习过程，以及相关社会机制的运作，才能帮助各级各类人才通过职业的变动，实现在各社会阶层之间的合理流动。

---

① 李麒，高文书．我国技能型人才短缺求解［J］．职业技术教育，2008（27）．

然而，在这个流动过程中，仍存在着不甚平等的情况。比如：高学历者、高技能者和高收入者获得的机会较多，而低学历者（特别是文盲或半文盲）、低技能者、低收入者、农民工、失业者等弱势群体则处于相对不利的状况。因此，成人教育实践及其研究行动的责任和使命就在于：调动一切可以利用的社会资源与教育资源，保障每一位成年个体——不管他们处于何种社会阶层、处于何种社会地位——均能享有平等的受教育机会和学习机会，充分挖掘自身的天赋、才能与潜力，以达成自己的人生目标、提升自己的生命意义。

（六）社区发展与社区和谐：谋求社区教育的拓展，着力创建学习型社区

社区教育是促进社区建设、社区和谐的重要途径，是构建终身教育体系、创建学习型社会的重要空间，也是新时期成人教育发展的一种新的战略选择。近年来，以成人为主要对象的社区教育迅速发展，成为满足社区居民不断增长的多样化教育需求、创建学习型社区的重要手段。2001 年，教育部在北京召开了全国社区教育工作经验交流会议，明确了开展社区教育实验工作的目标和措施，并在全国范围内确定了首批 28 个社区教育实验区。2003 年 12 月、2006 年 6 月、2007 年 10 月又先后三次，分别确定了 33 个、20 个和 33 个全国社区教育实验区，使全国社区教育实验区总数达到了 114 个。全国众多省、自治区、直辖市也都对社区教育工作进行了动员与部署，创建了 200 多个省或地市一级的社区教育实验区，尤其是东南沿海经济较发达的地区，社区教育得到了普遍的开展。通过社区教育，有效提高了社区居民的教育培训率和社区活动参与率，创办了“终身教育节”、“市民学习周”等一系列体现现代学习型社会特征的教育、学习新模式，由此，较好地满足了广大社区居民不断增长的多样化的学习需求，提高了社区居民的整体素质，为社区的稳定与发展，以及构建终身教育体系、创建学习型社会作出了重要的贡献。为了实现学习型社区创建活动的新突破、新发展，社区教育的未来实践及其研究，还必将要努力致力于实现学习内容多元化和优质化的结合；学习方法多样化与现代化的一致；受众群体重点化与普遍化的平衡。此外，还应紧扣推进社区建设与促进人的发展主题，强化区域特点与区域特色意识，关注“信息社区”、“生态社区”、“健康社区”、“和谐社区”建设，关注弱势群体的教育与学习、生活与发展，探索并着力解决我国广大社区、特别是农村社区，在教育与学习方面尚存在的管理体制不顺、教育资源匮乏、教育投入不足、参与意识、参与动机不强等问题。

（七）新农村建设与城镇化进程：新农民教育不容懈怠、新市民教育不可或缺

我国社会总体上已进入了以工促农、以城带乡的发展阶段，也迎来了加快改造传统农业、走中国特色农业现代化道路的关键时刻。其中，根据“依法、自愿、有偿”

原则，允许农民以转包、出租、互换、转让、股份合作等形式流转土地承包经营权，旨在发展多种形式的适度规模经营这样一种新的农村、农业改革实践正在悄然兴起。对此，我国南方某省采取了“两分两换”的土地使用制度及相关改革举措。所谓“两分两换”，就是按照“土地节约集约有增量，农民安居乐业有保障”的要求，以“农业生产经营集约、农村人口要素集聚，提高农民生活水平和生活质量”为目的，将宅基地与承包地分开，搬迁与土地流转分开；以承包地换股、换租、换保障，推进集约经营，转换生产方式；以宅基地换钱、换房、换地方，推进集中居住，转换生活方式。总之，通过“两分两换”这项举措，必将：其一，推进农业经营规模化，加快发展现代农业；其二，推进建设用地的节约集约化，加快优化城乡土地的空间布局；其三，加快产业转型升级，提高农民的市民化进程；其四，推进居住社区化，改善农民的生产生活条件；其五，推进农民收入的多元化，建立农民增收的长效机制。此外，我国中南地区的一些省市正在推行类似的土地改革尝试。

可以预见，随着传统农业社会向现代农业社会的转变，农村基本经营方式向现代企业制度转化，新农民教育、新市民教育的探索和实践将变得越来越紧迫和重要。其中，不仅要触及新农民的新的角色任务教育与新的生产技能学习，更会涉及新市民的新的生活任务教育与新的生活模式学习。

（八）生活方式嬗变与闲暇生活：谋划教育对生活的回归，对闲暇利用的关注

改革开放以来，随着双休日、春节、“五一”、“十一”，清明、端午、中秋假日制度的实施，目前全国的法定休息日已达 114 天，加之《职工带薪年休假条例》的颁布，以及工作弹性的增强、家庭服务业的发展，使得人们的闲暇时间愈来愈多，我们已有超过 1/3 的时间是在闲暇中度过的。从而，引起了生活结构、生活方式和生活内容的变化。随着时间的推进，当我们步入小康社会之时，我们也将走向全面的“休闲时代”。由于闲暇时光具有较强的自由性、自主性、自决性等特征，如何处理与利用闲暇时间，与社会及公民个体的发展有着很大的关系。闲暇，一方面为人们个性的充分自由发展提供了可能；另一方面也容易带来因无所事事而引发的消极行为的泛滥，甚至还会影响社会稳定，制约社会文明进程。人的一生，成人期占据整个生命历程的时间最长，拥有的闲暇时间最多，特别是进入老年期以后，闲暇时间会骤然大幅增加，因而，在成人的教育、终身教育活动中，成人的闲暇教育将占据非常重要的份额，这就在客观上要求成人教育实践及其今后的研究行动能够关注促使人们生命计划方式的转变，即由原来的直线型生命计划方式——将教育安排在青少年期实施，工作在中年期进行，休闲则发生在老年期的方式，转变为“学习—工作—闲暇”相结合的“循环型生命计划”或“混合型生命计划”方式。期待通过这种转变，真正确立科学的闲暇价值观念，真正使“教育既与工作联系起来，也与闲暇联系起来”，利用闲暇时间获取知识、技能、技巧，提高科学和人文素养，提高生命与生活质量，以

最终实现人的个性的自由、充分而全面的发展。

（九）信息技术创新与网络社会：解读信息技术的力量，打造成人教育新模式

信息化是当今世界的一个重要特征。教育信息化是信息化在教育领域的渗透和拓展，是社会信息化的一个组成部分。教育信息化是一项复杂的系统工程，除了信息化基础设施建设外，它还关涉教育系统内部的各个方面，其中包括教育信息资源的建设、教师信息素养的提高、相关教育政策的制定，以及在此基础上形成的数字化教学模式及其推广等。这些方面相互联系、相互制约，共同促进着包括成人教育在内的各类教育的发展。以1999年到2007年实施的教育部"中央广播电视大学人才培养模式改革和开放教育试点"为例，"八年中，仅开放教育就累计招生458万人，毕业学生238万人，约占同期各类高等教育招生总数的1/8，占成人高等教育招生总数的1/3，占网络教育学院招生总数的75%以上。"① 可以预见到的是，以信息技术、网络技术为支撑的现代远程教育，将不仅持续渗透到成人的学校、学历教育领域，更将拓展到成人的非学校、非学历教育，乃至日常的非正规、非正式的学习过程之中。相信，在难以预设的时间节点里，以信息技术、网络技术为支撑的教育力量、教育方式，将不断地激发出创新各级各类成人教育实践的新的灵感，将不断地开辟出成人教育实践的新的路径。因此，不断深入解读与认知信息技术、网络技术的潜在力量，准确把握它们对于成人教育的意义与价值，趋之其利、避之其弊，开创成人教育的新途径、打造成人教育的新模式，必将成为成人教育未来发展以及研究行动所必须予以持续关注的命题。

（十）其他类型教育的改革与发展：关注新的挑战、迎接新的机遇

站在终身教育理念的角度上看，教育应是一个相互关联的大概念，应是一个相互整合的大整体。成人教育作为整个教育体系中的一个组成部分，必当在教育整体改革的全面规划和总体布局下，在与各类教育的相互关系中得到发展。实践表明，成人教育与其他各类教育，包括基础教育、高等教育和职业教育等具有同等重要的地位，并与各类教育之间应是互相依存、互相沟通、协调发展的关系。

鉴于此，对于成人教育及其未来研究尤其应当注意的是：

在义务教育力求普及、基础教育着力发展的背景下，如何进一步扩展触角，既关注此后的学历提高教育、职业技能培训，又关注此后的素质提升教育，及旨在满足不断增长的文化生活、精神生活、自我成长需求的教育与培训，这必定是摆在我国成人教育及其研究工作面前的一项长期而艰巨的任务。

---

① 吴启迪. 一心一意办好开放教育 齐心协力做强开放教育［EB/OL］. 2008-4-3. http://www.crtvu.edu.cn/readddsx.html? id=7100.

在高等教育毛入学率不断提升的背景下，对我国已经颇具传统意义的成人高等教育而言，在相对短期的时间范围内，它在全国究竟应当呈现怎样一种具有区域需求关照感的发展谋略，在其相对长期的时间范围内，在全国又究竟应当呈现怎样一种既兼顾其一定的发展需求，又另辟蹊径寻求新的生长点的发展思考。

在职业教育，特别是学校职业教育发展方兴未艾的背景下，对我国颇具经验积累的在职人员教育、在职人员培训而言，又将如何把握机遇，富有创新意义地去规划与设计职前与职后教育的沟通、职前与职后教育的衔接，以及职前与职后这两端职业教育与职业培训之综合效应的最大限度发挥。

总之，树立教育大概念、确立教育大整体，坚持学历教育与非学历教育相结合，坚持学校教育和其他各种教育形式相结合，坚持基于物质生活需求的教育和基于精神生活需求的教育相结合等，从而建立多内容、多层次、多样化的成人教育体系，是完善和发展终身教育体系的必然要求。

毫无疑问，我们当下生活的时代，其变化、变革的事实或走向远未仅如上所述，并且在未来五年或者再长一些的时间内，其进步、发展的广度与深度也许更加令人难以预见。另外，还特别需要指出的是，以上所及的社会种种变化，以及与成人教育实践及其研究行动之间的关系也绝非那样的一一对应。也就是说，一种社会变化状况的出现，往往会要求成人教育实践及其研究行动形成多方面的回应，而成人教育实践及其研究行动的某种回应，也完全有可能是多种社会变革影响的结果。之所以形成以上描述和分析，其目的无非在于希望所有关心成人教育实践进步与理论发展的人们，能够对之引发特别的关注，并对之作出更加深入的探讨。

三、“十二五”时期成人教育科学研究的重点领域与方向

（一）社会变革与经济转型进程中成人教育战略、政策与立法研究

目前，中国已进入一个社会发展的转型期，并表现在政治、经济、文化、价值观念等诸多方面。可以说，这是一次结构性的转换，系统性的改变。这种转换与改变对成人教育提出了适应市场经济、适应工农业发展需要、寻求发展的多样性、适应国际竞争等多重要求。因此，首先要求从战略、政策和法规的高度，针对成人教育在目标与路向、体系与结构、空间与资源、内容与手段、方式与方法等方面展开新一轮具有创新与发展、导向与引领、整体与系统、基础与保障意义的研究。

1. 成人教育发展战略研究。成人教育战略分为宏观和微观两个层次：既包括中央和地方政府的宏观规划，也包括企业、社区和学校等领域的微观规划。但是，由于成人教育系统变得越来越复杂，其整体性、开放性、非线性、交叉性、网络性和动态性特点越来越突出，故而，以战略思维对其进行战略规划便显得越来越重要和必要。

根据我国社会、经济变革转型的现实需求，以及成人教育发展本身的需求，未来五年，应当在总结历史经验与教训的基础上，认真、深入地对我国成人教育改革与发展作出新一轮的系统性的战略运思、新一轮的整体性的战略规划。在此过程中，需要坚持以人为本，正确处理成人教育改革和发展之间的关系，正确处理成人教育规模、结构、效益和质量之间的关系，正确处理成人教育与我国经济、社会发展的关系，正确处理自然资源开发与人力资源开发之间的关系，以及正确处理成人教育系统内部各要素之间的关系。统筹兼顾，促进经济与社会、城市与农村、东部地区与中西部地区、人与自然的协调发展，促进教育公平，并实现成人教育本身全面、协调和可持续发展。

2. 成人教育政策研究。当今，成人教育结构呈现出多层次、多形式、多空间、多规格等特点，既有从初等到高等的学历教育，又有适应职业所需的岗位培训与非学历教育；既有脱产教育，又有函授教育以及更具有开放性的远距离教育、自学考试教育、网络教育；既有教育系统中的教育，又有职业生活、社会生活环境中的教育等。从而，在很大程度上适应了不同学习者群体的多样化需求。如此众多形式的成人教育，要取得进一步发展，仍需要相关政策的大力支持为保障。为此，需要对成人教育管理调控政策体系加强研究；需要对企业岗位培训制度加强研究；需要对继续教育制度加强研究；需要对成人教育评估、监督制度加强研究；需要对新时期成人高校的招生制度改革加强研究。

3. 成人教育立法研究。也就是说，我们的研究要致力于通过立法，将发展成人教育、构建终身教育体系和创建学习型社会变为全国人民的意志，变为全社会的行动。1993 年 2 月，中共中央、国务院印发的《中国教育改革和发展纲要》，其第 25 条明确提出：“加快教育法律建设，建立和完善执行监督系统，逐步走上依法治教轨道……争取到本世纪末，初步建立起教育法律法规体系的框架。”随之，继《中华人民共和国教育法》颁布之后，《中华人民共和国职业教育法》、《中华人民共和国高等教育法》等又相继出台。如今，党和国家又明确提出了要“建立和完善终身教育体系”的伟大构想，但专门针对成人教育的立法问题却始终未能得到圆满解决，致使成人教育的地位、功能、作用、意义、权责、义务、机制、经费等一系列基本问题依然处在一种缺乏法律规约的状态之下。因此，在下一个五年规划中，要加大成人教育专项或相关法律的研究工作，促使我国成人教育能够真正迈入一个有法可依、有法可循的发展轨道。

（二）终身教育体系构建与创建学习型社会研究

党的十六大、十七大提出了“构建终身教育体系，形成全民学习、终身学习的学习型社会”的奋斗目标，从而使成人教育改革与发展的起点更高，目标更为明确，同时，任务更加艰巨。显然，在此背景下，要求对构建终身教育体系、创建学习型社会作出更加深入、更加细致，并且更富操作与实践价值的研究。

1. 终身教育、终身学习与学习型社会的理论探索。不仅要进一步厘清终身教育、终身学习与学习型社会理念的原始意蕴，解读它们之间的内在关系，还必须坚持继承性和发展性相结合的原则，在把握时代脉搏的前提下，进一步丰富和拓展它们的内涵与外延，进一步明确和传播它们的价值与意义。与此同时，还必须在观念上和理论上，进一步理顺并阐明成人教育与终身教育之间的关系，成人学习与终身学习之间的关系，成人教育、成人学习与学习型社会之间的关系，从而进一步确立成人教育、成人学习在构建终身教育体系、创建学习型社会中的地位与作用。

2. 终身教育体系构建的研究。不仅要厘清可能被置于终身教育体系框架中的各种元素，还要阐明它们之间的关系，以追求对于它们的有效整合及其整合效益的最大限度发挥。在这当中，要特别注意研究如何将学校以外的教育因素纳入到终身教育体系中来，并充分发挥它们“促进人的全面发展”的重要作用。与此同时，要在运作体制和运作机制方面加强研究，以促使终身教育体系中的每一个元素都能恰如其分地扮演好其自己的教育角色、发挥好其应有的教育作用。

3. 学习动力与学习能力开发，以及学习网络建设的研究。为加快创建学习型社会的步伐，要注意加强对每一名成年公民的学习动力、学习能力的开发，以及整个社会的学习网络建设。要以更为广阔的视野，展开针对成年公民学习意识的培育研究、学习动机的激发研究、学习动力的形成研究、学习能力的发展研究。从而，真正促使每位成人学习者能够乐于终身学习、勤于终身学习、善于终身学习。同时，必须关注社会学习网络、社会学习平台的编织与搭建，认真研究各类社会学习资源、各类学习媒体在创建学习型社会中所应作出的贡献。基于此，努力形成一个“人人皆学、时时能学、处处可学”的学习型社会格局。

4. 构建终身教育体系、创建学习型社会的实证研究。在终身教育、终身学习和学习型社会理念的指导下，积极开展构建终身教育体系，以及创建学习型社会的实证研究。其中，关于构建终身教育体系的研究，可以采取区域试点的方法，以逐渐积累经验，并产生辐射或参照意义。关于创建学习型社会的研究，则可以在创建学习型城市、学习型社区、学习型组织、学习型企业、学习型家庭等已有探索的基础上，进一步设计、进一步推进，并进一步发现成功个案、提取可供参照的元素、归纳可供评价的维度，从而有助于整个国家的学习型社会建设步伐迈得更加广泛、更加坚实。

（三）“三农”问题的解决与成人教育改革发展研究

农业、农村、农民问题始终是关系我国国民经济与社会发展的重大问题。依托成人教育提升广大农民素质，适应农业、农村现代化进程要求是历史发展的必然要求。成人教育要紧密围绕“三农”发展实际，在培育新型农民，提升农民综合素质，做好农村剩余劳动力转移培训，增强农民职业技能和就业竞争力以及满足广大农民日益增长的多样化的教育需求上下工夫。

1. 新型农民培育研究。当前我国农民平均受教育年限较短，整体素质不高，落后观念、封建意识和小农思想仍不同程度地存在着，难以适应新农村建设的需要。培育新型农民是社会主义新农村建设的重要基础，没有农民素质的现代化，就不可能有农业和农村的现代化。这既是新农村建设最本质、最核心的内容，也是农民最为迫切的要求。成人教育要着力培育新型农民，积极引导和教育农民遵纪守法、提高修养、崇尚科学、移风易俗，使之成为“有文化、懂技术、会经营、善管理”的新型农民。这是农村成人教育面临的现实和挑战，迫切需要加以系统研究。

2. 农村剩余劳动力转移培训研究。妥善安置好农村剩余劳动力直接关系到国家发展、社会稳定和民族振兴。目前，我国农村剩余劳动力已达 2.25 亿，已经接近农村总劳动力的 50%，并呈持续增加的趋势。解决这个问题意义重大，任务艰巨，对把我国强大的人力资源转化为人力资本，人口负担转化为人口财富具有极其重要的意义。成人教育必须承担使命，对农村剩余劳动力进行有效培训。成人教育要在增强农村剩余劳动力职业技能，提升农民工就业创业本领上加大研究力度，同时注重构建科学有效的农村剩余劳动力培训的模式和长效机制。

3. 农村成人教育改革发展研究。农村成人教育在建设社会主义新农村中的地位和作用日益凸显和重要，但其自身的现实状况还不能全面适应当前中国农村改革发展的要求。当前农村成人教育面临困境，尤其是在管理体制、运行机制、培训内容、教育方法、投入经费、资源整合、机构设置以及教师培养上存在诸多问题和矛盾。加强对农村成人教育的改革与发展研究，统筹好农村成人教育与基础教育、职业教育的关系，增强服务农村经济和社会发展的活力是成人教育需要进一步研究的课题。

（四）教育信息化与成人教育改革发展研究

当前，以计算机及其网络化为代表的信息技术的飞速发展与普遍运用，将人类带入了一个崭新的世纪。信息技术深刻地影响着人类的学习方式、生产方式和生活方式，已成为推动教育现代化，实现教育跨越式发展的主要动力。成人教育必须主动适应教育信息化的冲击，关注教育信息化背景下成人的教与学，在理念、功能、内容、方式方法上凸显新的变革。同时成人教育还必须关注信息技术发展所带来的“数字鸿沟”，关照技术弱势群体的成人学习以及基于网络平台的建设，实现信息资源的互通、互用、共享。

1. 信息化背景下的成人教与学的研究。伴随着教育信息化的深入开展，以信息技术构建起来的数字化学习环境成为成人教学与学习活动的重要场所，数字化学习（e-learning）成为成人学习的一种重要方式。成人教育需在继承传统教育教学理论的基础上，不断创新，紧紧围绕提升成人在信息社会中的学习能力和生存能力的教育目标，努力从理念、功能、内容、方式方法及其手段等多方面着力加以探讨和研究，更好地服务于信息化背景下的成人教与学。

2. 成人信息弱势群体的教育研究。现代教育技术的发展运用，突破了传统教育的时空限制，增加了学习机会，增强了成人学习的灵活性和自主性。但是，成人对现代教育技术的运用，由于受技术获得、技术成本、基础硬件设施、教育训练，以及对新技术的恐惧和不适等因素的影响，一些成人将会陷入更大的学习不利处境中，出现成人学习的“数字鸿沟”。因此在凸显教育公平的时代，如何发挥技术优势，努力预防和避免新的教育不平等对成人学习带来的伤害，如何对成人学习的不利群体进行帮扶及其教育补偿，彰显教育的人文关怀都是成人教育需着力探讨的课题。

3. 成人教育信息化建设研究。信息化建设是实现成人教育跨越式发展的重大举措，是促进成人教育改革和发展的重要途径，也是成人教育战线一项长期、复杂、艰巨的系统工程。我们要正确把握成人教育信息化建设的方向，确保成人教育信息化的各个方面协调发展，形成整体效益和整体优势，防止重复建设，避免资源浪费。坚持做到网络建设与资源库建设并举，更加重视资源库建设；硬件建设与软件开发并举，更加重视软件开发；管理与技术人员培训并举，更加重视技术人员培训；提高技术水平和管理水平并举，更加注重提高管理水平。

（五）社会弱势群体的成人教育研究

现代社会，成人教育已经成为全体成年公民的需要和共享的权利，教育的全民性和普及性显得更为鲜明充分。成人不应因生物的、生理的、地理的、社会的、经济的、文化的和职业的等因素的差异而被排挤在受教育之外。行政管理人员、专业技术人员、企业员工、下岗工人、社会待业青年、农民、农民工、留守妇女、个体劳动者、成年人、中年人、老年人等是社会的主要群体，也是成人学校的主要生源。关注社会不同群体，特别是社会弱势群体的受教育权是目前成人教育回应和谐社会的重要课题。

1. 城市下岗工人和失业人员再就业培训研究。就业是民生之本，国家实行促进就业的长期战略和政策。我国目前的失业人员总数已达 1 400 万人，下岗失业人员的年龄基本在 35—50 岁，受教育程度低，给予他们以生活救济只是权宜之计，不能使之摆脱被社会淘汰的命运。提高下岗职工的素质是适应经济发展和竞争就业的第一需要，也是下岗职工自强、自立的基本条件。授之以鱼不如授之以渔，给予他们以教育关怀，让其接受新技术培训，接受广泛的信息，提高自身的素质，跟上技术更新的步伐，把握住再就业的机会是成人教育研究的内容之一。

2. 留守妇女的教育问题研究。留守妇女是伴随着农村男性劳动力大规模向城市转移而产生的一个社会弱势群体。我国一些省市是劳务输出大省，如 2008 年湖南省农村外出务工总人数达 1 207.7 万人，占农村人口的 30.50%，其中到外省务工的达 890.6 万人，占外出务工总人数的 73.70%①。这一庞大群体的生存发展状况和教育发展状况是成人教育应该关注的课题。学者应从成人教育的视角研究留守的原因、留守妇女的生存状态、留守妇女的婚姻与家庭、留守对农村妇女发展的影响、留

① 湖南省妇联办公室. 湖南农村留守妇女调研报告［J］. 中国妇运，2010（3）.

守妇女对整个社会的影响、留守妇女的社会支持网络等问题。

3. 老年教育问题研究。2007 年，中国 65 岁及以上老年人口为 10 636 万人，占总人口的比重达到 8.10%①。随着老龄化社会的到来，老年人对老有所用、老有所学、老有所乐、老有所养，提出了更高、更多、更细的要求，成人教育也应反映他们的切身需要和自身特点。对此，我们必须多加分析，消除那些消极因素，抓住老年教育发展的时机，积极探索有效的对策，使我国老年教育事业健康、快速和规范地发展。今后老年教育研究应侧重以下内容的研究：老年教育的现状与问题；老年人的学习需求与心理；老年教育的经费来源；老年教育的管理；老年教育的政策、规划。

4. 残疾人口的教育问题研究。残疾人是中国劳动者队伍中的特殊群体。总的看来，目前残疾人口的受教育水平仍然比较低。15 岁及以上残疾人文盲人口有3 591 万人，文盲率为 43.29%，而全国人口的文盲率为 6.72%②。加大残疾人口的教育投入，提高残疾人口的教育质量，对改善残疾人口的生存境域具有重要意义。今后残疾人口教育研究应侧重以下内容的研究：残疾人口教育的现状与问题；残疾人口的学习需求与心理；残疾人口教育的经费来源；残疾人口教育的管理；残疾人口教育的政策、规划。

5. 社会归正人员的教育问题研究。归正人员安置帮教工作是依靠有关部门和社会力量对归正人员进行的一种非强制性的引导、扶助、教育和管理活动。如何加强和规范归正人员的安置帮教工作，预防和减少归正人员重新违法犯罪，进一步促进和维护社会治安稳定，帮助他们重新走上社会，克服和防止再犯罪的行为，是成人教育研究的一个重要课题。我们如何坚持把"教育、感化、挽救"这一工作方针作为安置帮教工作的一项重要内容，如何实现安置帮教"安其身，暖其心，用其长，育其人，正其本"的回归目的，需要进一步进行理论探索和实践摸索。

（六）大学后继续教育研究

大学后继续教育是成人高等教育的重要组成部分，随着科技的迅猛发展，知识经济的强力推进，大学后继续教育的作用更加突出。目前，大学后继续教育已成为构建我国终身教育体系的必由之路。

1. 管理人员继续教育研究。当前我国正处于社会转型期，转型期复杂的政治经济形势和发展任务对各级各类管理者的素质提出了新要求，管理干部的知识、能力素质能不能跟上形势的发展需要，将直接关系到我国的社会稳定和长治久安，关系到我国社会转型的进度和质量。从现实来看，面对转型期复杂的社会形势，各级管理者的

① 中华人民共和国国家统计局. 中华人民共和国 2007 年国民经济和社会发展统计公报［J］. 中国统计，2008（3）.

② 国家统计局，第二次全国残疾人抽样调查领导小组. 第二次全国残疾人抽样调查主要数据公报（第二号）［J］. 中国残疾人，2007（6）.

素质结构是有所欠缺的。管理人员素质包括政治素质、道德素质、人文素质、科技素质、信息素质等，对管理人员这些素质的培养与提升无疑是当前我国社会转型时期的重要课题。

2. 专业技术人员继续教育研究。专业技术人员是推动我国经济社会发展的重要力量，对专业技术人员进行继续教育是提高我国经济科技创新水平和实力的现实需要。专业技术人员包括国有企、事业单位专业技术人员、非公经济组织专业技术人员、农村专业技术人员等。专业技术人员继续教育的内容主要有：职业道德培训、专业知识与专业能力培训、创新思维与创新能力培训、管理能力培训等。

3. 教师继续教育一体化研究。20 世纪 80 年代以来，世界各国都在加快推进教师继续教育研究，我国近十年来，在中小学教师继续教育研究方面取得了一定的成绩。但是，其他各级各类教师继续教育的研究还很薄弱，“十二五”期间，教师继续教育研究应加强以下课题：成人教育教师继续教育、高等院校教师继续教育、企业培训师继续教育研究，各级教师继续教育一体化研究，教师继续教育目标研究，各级各类教师继续教育的实证研究等。

（七）社区教育的理论与实践研究

现代社会是一个重视个体与社会共同进步发展的社会。这对个体与社会都提出了更高的要求。社区教育将个体学习的主动性与社会需求有机地结合起来，发挥着极其重要的作用。我国的社区教育在 20 世纪 80 年代兴起，至今越来越受到了人们的关注。在对社区教育的研究过程中以下问题将受到进一步的关注。

1. 社区教育的运行体制和机制研究。目前我国对于社区教育运行体制和机制的研究还未规范化、体系化，现有研究成果大都是就社区教育运行机制的某个方面来进行研究的。这些研究远远不能适应社区教育实践发展的需要，社区教育实践的发展需要一个完整的运行体系。我国社区教育学科体系还处于初创阶段，多属于经验介绍和基本理论，还没有形成一套比较完整的、成熟的社区教育运行体制和机制的理论体系。加强社区教育，构建一种符合现代社会发展的社区教育运行体制和机制是当前一个普遍关注的主题。

2. 社区教育的项目开发和信息平台构建研究。传统的社区教育在很多方面已不能满足社区居民的教育需求，信息技术的发展成熟和城市信息基础设施的建设，为社区教育提供了先进的物质条件和全新的发展空间。近几年项目管理开始在社区教育领域应用，从抓实验项目入手，促进社区教育的深入，是项目开发和项目管理在社区教育领域的发端。评选一批社区教育示范街道和示范项目，使项目管理在全国社区教育领域内，逐步得到应用和推广。在实践中我们发现，对于社区教育的项目开发、项目管理和信息平台的构建研究迫在眉睫。

3. 社区教育的民众参与研究。民众参与既是社区教育的一个主要部分，也是社区教育的一种重要途径。广泛的民众参与是我国构建社区教育体系的基础，也是社会发展的必然趋势。在社区民众参与的过程中，社区教育得到了发展和提高。目前，在社区教育理论与实践的发展进程中，民众的社区参与研究应给予重视。

4. 社区教育教师队伍建设与志愿者培训研究。在社会转型的宏观背景之下，社区教育及社区教育工作者被赋予新的含义、并承担起新的责任和义务。然而，当前广大社区教师和志愿者却主要在依靠经验和热情来开展工作，缺乏必要的专业知识和专业品质。社区教育教师和志愿者整体素质不高、专业化水平低下的现状与社区教育的实际需要存在很大的差距，并且已经成为制约社区教育进一步发展的瓶颈。因此，如何加强对社区教师和志愿者的培训工作、促进其专业化发展已成为当前亟待解决的问题。

5. 农村社区教育研究。关注农业现代化发展、关注农村教育、关注农民素质的全面提高是时代的呼唤，充分认识和重视农村社区教育的作用与意义，是一项既迫切又十分重要的工作。从我国推进农村城市化进程的情况看，城市化绝不是简单地把农村变成城市，把农民变成城市居民这般简单，核心是努力提高农村居民的文化素质，使农村的生产生活方式和物质文化生活以及农民的文化教育程度，达到城市的水平。随着我国日益加快的农村城市化进程，社区教育具有不可忽视的积极作用。因此，在城市化和社区教育发展的大背景下，有必要对城中村社区教育进行深入探讨和研究，促进城市化后社区的可持续发展。

6. 社区教育实验区的经验研究。自20世纪80年代以来，我国的社区教育发展走过了20多年的历程，在理论和实践的探索中都积累了很多宝贵的经验，取得了瞩目的成绩。研究并总结及推广现有社区实验区，例如上海等城市的社区教育经验，是我们当前社区教育工作者急需面对的任务。

（八）社会转型中的公民素质教育研究

改革开放的日益深入和现代化进程的不断推进，使我国正在从高度集中的计划经济社会向社会主义市场经济社会转型、从农业社会向工业社会转型、从乡村社会向城镇社会转型、从封闭半封闭社会向开放社会转型、从同质的单一社会向异质的多样社会转型、从伦理社会向法理社会转型。人是社会各项建设的主体，也是我国社会转型的根本依靠力量，全体国民尤其是成人公民的素质状况直接关系到我国社会转型的速度和质量。因而，认真研究当前我国成人公民的素质状况，科学分析我国当前和未来社会转型的实际需要，有针对性地提高我国成人公民的素质，是当前和今后一段时期成人教育回应社会转型的重要课题。

1. 法律素质教育研究。依法治国，建设社会主义法治国家是当前我国社会转型的重要内容，提高公民法律素质是建设社会主义法治国家的群众性基础；同时，由高度集中的计划经济向社会主义市场经济转变也对公民的法律素质提出了新的要求，市场经济从本质上说是法制经济，它以自由、平等、竞争、开放为特征，法律法规成为调节人们利益关系的准绳。这就要求我们加强普法教育，传播法律知识，弘扬法治精神，形成法律面前人人平等、人人自觉守法用法的社会氛围。我国当前的法制宣传教育虽然取得了一定的成就，但总体而言，与我国建设法治国家和发展市场经济的要求还有很大差距，依法办事还没有成为广大民众的一种生活方式。因此，进一步明确法制宣传教育工作的重要性，对我国公民法制宣传教育的现状和存在的问题进行系统研究，对其实施主体、教育内容和教学方式等进行改革，提高法制宣传的实效，是成人教育推动社会主义法治建设的必需。

2. 道德素质教育研究。法律和道德各自属于不同的范畴，前者属于政治文明，后者属于精神文明，但两者都是调节人们行为的准则和规范。依法治国和以德治国是相辅相成、相互促进的，犹如车之两轮、鸟之两翼，不可偏废，忽视其中任何一个方面，都不可能使国家长治久安。因此，要把法制建设与道德建设紧密结合起来，既要提高公民法律素质，又要不断提高全体公民的家庭美德、职业道德和社会公德。开放和多元日益成为当代中国社会的主流，社会利益关系的多样化必然对人们的道德观念产生冲击，使人们面临种种道德冲突。如何植根于我国社会转型期的现实国情，以理性的文化自觉意识传承优秀的民族传统道德，以开放的国际视野吸收和借鉴国外的新思想、新观念，增强公民道德教育的时代性和先进性，是当前我国公民道德教育必须解决的课题之一；同时，我国公民道德教育的实施主体、具体内容、实施途径、方式方法以及长效机制等都需要进行认真、系统的研究。

3. 科学素质教育研究。科学技术是第一生产力，科技创新和应用能力已经成为决定一个国家综合竞争力的主要因素之一，因而，努力提高公民科学素质，对于促进国家经济发展、提高国家自主创新能力具有十分重要的现实意义。根据科技部的有关调查，我国公民科学素质水平与发达国家相比差距甚大，劳动适龄人口科学素质不高，大多数公民对基本科学知识了解程度较低，在科学精神、科学思想和科学方法等方面更为欠缺，一些不科学的观念和行为普遍存在，愚昧迷信在某些地区较为盛行。公民科学素质水平低下，已经成为制约我国经济发展和社会进步的瓶颈之一。当前我国应在以下几个方面特别加强对公民的科学素质教育：科技知识教育、科学方法教育、科学思想教育、科学精神教育以及信息素质教育。公民科普教育研究也应侧重在以下方面展开：如何建立科普教育的长效运行机制；如何强化科普设施、队伍、经费等资源建设；如何充分发挥互联网等大众传媒的科普功能；如何调动公民提升自身科学素质的主动性；如何更好地发挥企业在科技知识普及和科技创新中的作用等。

4. 心理素质研究。心理素质是一个人在长期的生活实践中逐渐形成的相对稳定的心理品质。良好的心理素质能够使人在学习和工作中保持良好的心态，形成健全的人格，调节自己的行为，从而能够充分发挥自己的聪明才智，为我国经济发展和社会进步贡献力量。在我国当前的社会转型期，机遇和挑战并存，生活节奏不断加快，社会竞争日渐激烈，人际关系更为复杂，心理负荷相对增大，情绪障碍、心理疾病的发生日益频繁。所以，在这种情况下，有效开展公民心理素质研究，摸清我国公民心理素质的现实状况，构建我国公民心理素质在共性层面的指标体系，同时观照不同公民个体独特的心理需求和心理特征，探讨提升我国公民心理素质水平的实现路径和保障举措，使全体公民养成健康向上的气质、性格、兴趣和能力，具备适应环境、承受挫折和自我调控的心理素质，毫无疑问应该成为当前乃至今后相当长一个时期我国公民素质建设工程的必要构成和紧迫课题。

（九）闲暇教育研究

在逐步走向“休闲时代”的当下，“教育必须从单纯的职业获得及人才的养成中解脱出来，而向人生真正价值的实现这一目标转换。”①

1. 成人闲暇教育的理论研究。随着社会进步和终身教育、终身学习理念的广泛传播与深入实践，“回归丰富的成人生活世界，走进缤纷的成人精神家园”② 的成人教育研究新理念，正在被越来越多的研究者所认可和接受。其中，有关成人闲暇教育、闲暇学习的探索，已成为能够充分体现这一新理念的重要研究领域之一。为此，亟待开展进一步研究与探索的理论命题可以包括：闲暇教育对社会的意义、闲暇学习对成年个体的意义；闲暇教育与生命之间的关系、闲暇教育与生活的关系、闲暇教育与工作的关系、闲暇教育与其他类型教育之间的关系；以及如何实现“学习—工作—闲暇”之间的相互融合等。

2. 成人闲暇教育的实践研究。在真实的成人生活世界中，对成人闲暇教育的实践研究，可聚焦于如下几个方面：如何进一步确立正确的闲暇生活观、闲暇价值观；如何促成各种社会文化资源在成人闲暇教育领域的共同介入；如何培育和提高成人利用闲暇时间开展学习活动的能力；如何探索和开发积极健康的成人闲暇教育内容；如何挖掘及拓展成人闲暇教育的渠道；如何发现并形成适合成人闲暇教育的方式与方法。从而，有助于还闲暇于成人、还休闲于民众，让广大成人学习者的生活变得更加劳逸结合、张弛有度，甚或是更加健康优雅、绚丽斑斓。

（十）成人高等教育发展与创新研究

经过十余年的高校扩招，我国高等教育已经进入大众化阶段，成人高等教育在高等教育大众化时代将面临着哪些机遇与挑战，又如何迎得自己的发展空间，是一个摆在成人教育研究者面前的紧迫课题。

1. 成人高等教育面临的机遇与挑战研究。为适应中国社会经济的发展要求，中国需要从教育大国发展成为教育强国。高等教育从大众化向普及化阶段的过渡和终身教育体系的构建，为成人高等教育的发展提供了一些机遇，同时也提出了一定的挑战。清晰梳理成人高等教育面临的机遇与挑战，才能使成人高等教育在新形势下，寻找到自己的出路，从而更好地服务于经济建设和社会发展。

---

① 吴遵民．现代国际终身教育论［M］．上海：上海教育出版社，1999：23.

② 高志敏．成人教育研究的反思与前瞻［J］．教育研究，2006（9）．

2. 成人高等学校的生存和发展研究。成人高等学校主要有两大类，一类是独立的成人高等学校，包括广播电视大学、管理干部学院、教育学院等，另一类是普通高等学校中的成人教育学院、函授部和远程教育学院等。这两类成人高校的生存与发展都面临着诸多困境，这些困境既有外部的，也有内部的，既有管理方面的问题，也有教学方面的问题。通过实证的方法，发现当前成人高等学校生存和发展中的问题，探寻出其发展的未来路径，是成人高等教育研究的重要课题。

3. 成人高等教育的招生和办学机制研究。随着高等教育体制改革的深化，现有成人高等教育招生制度和办学机制已不能满足社会经济发展对成人高等教育的需要，这在很大程度上阻碍了成人高等教育的进一步发展。成人高等教育的招生机制研究应当涉及招生理念、计划制订、考试内容及招生管理等方面；成人高等教育的办学机制研究应当涉及人才培养模式、课堂教学质量、学习修习方式、教学管理方式等方面。成人高等教育招生和办学机制研究的关键是要了解成人高等教育的特点和时代需求，加强对成人高等教育社会需求的调查研究和开发，建立相应的办学模式，采取灵活的办学机制来满足社会多元化的需求。

4. 各种成人高等教育形式的整合研究。成人高等教育的函授形式、夜大学形式、普通高校形式和现代远程教育形式，需要在新的形势下进行整合，充分发挥它们的整体优势，共同服务于成人高等教育事业的发展。以上成人高等教育形式的整合，应当着力于形成教材、课件、网络资源一体化的教学支持服务体系，制定出适应成人学习者需求的人才培养模式，构建出适合成人业余学习的混合式教学模式，组建出专兼职相结合的课程教学团队，构建出多元化的质量监控和保障体系。

（十一）成人教育资源整合研究

目前，成人教育资源分散，重复建设严重，办学环境封闭，办学模式刻板，投资效益不高，缺乏与当地社会经济发展相适应的能力和生存发展的自立能力。因此，如何有效整合和利用我国各类成人教育资源，促进成人教育健康稳定地发展，是当前我国成人教育要解决的一个重要命题。

1. 成人教育资源的整合研究。一些学校的现代远程教育、成人学历教育、职业教育、自学考试、继续教育培训和在职研究生教育各有各的管理与服务部门。“麻雀虽小，五脏俱全”，这不符合教育的发展趋势。我们应确立成人教育资源的经济价值观，采用一定的方式集聚资源，打破因管理分工而形成的条块分割和各自为政的局面，最大限度地发挥现有教育资源的效用。在建立终身教育体系的需求下，自考、电大、夜大、职大等将逐渐相互沟通，实现教育资源开放共享，消除学习资源条块分割的局面。现代远程教育以其在教与学方面的优势，将逐步融入其他成人教育发展模式之中，如远程教育与自学考试、社区教育、夜大学等的相互沟通，以及自学考试与网络教育、函授教育的沟通等。

2. 成人教育管理资源的整合研究。当前，成人教育管理涉及方方面面，除了教育主管部门外，各级政府的农业、科技、建设、社会保障等部门，共青团、妇联和工会等有关团体都直接或间接地参与各种社会成人教育培训。由于缺乏统一管理及统筹规划，也就很难形成有效的成人教育培训体系，不可避免地降低了成人教育培训的效能。因此，研究整合成人教育管理资源，加强部门之间的合作和协调，形成合力，促进成人教育资源的共享和优势互补，才能真正提高成人教育办学质量，实现成人教育的办学目标。

3. 成人教育学术资源的整合研究。虽然我国成人教育研究取得了长足进展，但成人教育工作者学历、职称相对来说普遍偏低，科研底蕴不足，较少能有外出培训或参加学术交流及获得科研信息的机会，视野不够开阔。成人教育研究零散、不成系统，研究人员的选题更多地是从自身的兴趣、特长出发，研究活动处于散兵游勇，各自为政的状态。各级研究机构缺乏必要的沟通和交流，不能联手攻关，联合自强，在大范围内有影响的研究成果很少。自立方能自强，我们一定要加强教育科研队伍建设，有计划、有步骤地提高广大教师的教育科研水平，特别是在课题立项之后，要及时地对教师开展“怎样做研究”的培训。有条件的学校可建立成人教育研究所（室）。研究所专职研究人员应不少于 5 人，研究室应不少于 3 人。要集中各省、各地区和各高校的研究力量，形成研究合力，有计划地组织一些学术研讨活动，对一些较大的课题采取联合攻关。学术交流是提高学术水平，促进科研创新，掌握科研动态的重要手段。

4. 成人教育信息资源的整合研究。丰富多样的信息资源是成人教育持续发展的必要条件。当前成人教育信息资源建设的力度在不断加大，但仍存在诸多问题需要解决，如设施建设投入不足；缺乏统一组织，各地各单位自主开发，分割建设，标准各异；地区发展不平衡；应用水平不高、信息资源库不多且互不兼容，更新缓慢等。因此成人教育必须着力对教育信息资源的开发、管理、整合及其共享上进行针对性研究，促进国家教育信息化建设，提高成人教育信息化的水平和效益。我们要运用不同方法将分散存放的传统文献信息资源、不同类型的数字化信息资源及网络信息资源进行组织、加工、整序，重新组织成新的有机整体，形成高效的、更有利于为师生服务的新的成人教育信息资源体系。

（十二）成人教育的质量保证体系研究

质量是成人学校永恒的主题，是培养人才的根本保证。为保证成人教育稳步健康发展，必须有成人教育质量保证体系的支持，我国成人教育质量保证体系在政府的积极推动下已初步确立。目前的成人教育保证体系包括政府的宏观成人教育控制政策，以及以政府作为评估组织主导的成人教育评估、成人学校内部质量控制、监督和评估，社会团体或其他民间教育评估机构或人员的教育评估，初步形成了以政府保证为主导，学校保证为主体，民间评估为辅助的成人教育质量保证体系。

1. 成人教育质量标准体系研究。研究和构建成人教育的质量标准体系，有利于树立新的成人教育办学质量观；有利于规范我国成人教育管理与质量评估；有利于优化资源配置，增强竞争力；有利于维护成人教育消费者的合法权益。成人教育质量作为一个整体的综合概念，在评价过程中，它可以分成一系列具体的质量衡量指标，其中每一个质量指标是评价教育质量的基本单元。教育质量的指标体系，就是由各个具体质量指标构成的单元复合体，单元的优劣将决定复合体的优劣。构建成人教育质量标准体系要体现外适性、内适性、个适性三种价值取向的统一。

2. 成人教育质量外部保证体系研究。成人教育质量生成于学校内部，构建成人学校内部质量保障系统是必需的，但还必须有政府和社会对成人学校教育质量的外部保障系统，才能达到内外并举，以内为主，以外促内的效果。从发达国家成人教育质量保证体系的发展不难看出，政府应该只做它应该做且可以做好的事情，把那些原本不该由政府管、且管不好的事情下放给社会组织及学校。在市场经济"有限政府"、"有效政府"的理念指导下，政府在成人教育质量保证中的行为模式应作出相应的转变，因此我们必须考虑如何使我们的教育体制符合经济发展的需要。只有实行体制的创新，转变政府管理部门的职能，还学校更多的办学自主权，使我们的管理从人治型向法制型转变，才能提高管理的效率，从而确保教育教学改革的顺利进行。

3. 成人学校质量内部保障体系研究（成人学校标准化建设研究）。全面推进标准化建设是成人教育品牌战略的重要保障。成人教育想办出自己的质量和特色，在治学方略、办学观念、办学思路、教学管理制度、运行机制、教育模式、培养方案、课程体系、教师队伍建设、教学方法等方面，必须要有质量意识、标准意识、品牌意识。

4. 成人教育质量评估研究。成人教育要在办学方向、办学水平和教学质量三个基础领域强化质量控制与评估，逐步建立国家、地方和学校三级评估体制，制订科学可行的评估方案、评估标准、评估方法，充分调动学校的积极性，开展学校自评，促进成人教育改革和质量的提高。在我们对成人教育质量的评估过程中，应以国家政策和法规确立成人教育质量的评估制度，应以政府、成人学校与社会中介为评估主体，三者相互结合，共同对成人教育的质量作出评估，这样才能使成人教育质量的评估相对客观，符合成人学校教育丰富多彩的实际情况。

（十三）现代远程教育发展与质量保证研究

随着多媒体信息技术和计算机网络技术的普及，远程教育迅猛发展，并对我国成人教育产生了巨大影响，成为我国成人教育的新型教育模式。它突破传统学校教学方式的时空束缚，与课堂教育、函授教育、自学考试共同构成多元化的教育体系。在丰富传统教育形式的同时，还促进了其他教育结构体系向现代化的发展。

1. 现代远程教育政策研究。政策是现代远程教育发展中的一个重要因素。分析现代远程教育政策的历程和动向，对远程教育明确自身的发展定位、教学资源建设和教育质量的提高具有指导意义。目前远程教育管理体制并不十分畅通，成人教育学院、继续教育学院和网络教育学院一校并存的现象确实存在，对外争生源、对内争资源的现象比较普遍。目前教育部和省级教育行政部门对高校的管理权限和监管职责并不十分明确，招生计划审批、专业设置审批、教学过程、教育质量评价、招生政策宣传、证书发放、年度检查、校外学习中心（点）审批等事项在教育部和省级教育行政部门的分工并不十分合理。远程教育形势发展要求现代远程教育整合资源，理顺成人高等教育的管理体制，实行统一归口管理，依法治教、规范办学，明确教育部和省级教育行政部门在现代远程教育中的各自责任和权限，做到分工明确，责任到位，监督有力。

2. 现代远程教育资源建设研究。远程教育资源是多方合作的结合体，不图所有，但求所用。目前一些部门和地区的远程教育系统资源自成体系，无法实现相互交流和沟通。因此，要保证远程教育健康快速发展，必须坚持资源建设的基础地位，下力气建设真正适合远程教育的资源，并注重资源的整合。必须切实加强校内与校外、内地与港澳台、国内与国外、城市与乡镇等不同地域远程教育间的沟通，教育专业网与大众公用网、经济网等不同应用行业间的沟通，以及计算机信息网与电话网、电视网、寻呼网、报刊网等不同媒体形式间的沟通。采用网线直通、人才交流、资源共享、联合办学、共同开发、协同维护、定期互访等多种形式加强合作。全国电大系统从中央到省、市、县有一个完善的教学管理系统和良好的网络教学环境，应充分发挥此系统在远程教育中的教学组织与管理作用。远程教育覆盖面大，也应充分发挥各地分院、中心的作用，实践性教学活动由分院、中心来组织实施。同时，充分发挥普通高校师资力量强的优势，各试点高校之间要实现资源共享，学分互换，扩大开放。

3. 远程教育质量提升的生成性研究。远程教育作为终身学习的最好实施平台，面临着诸多质量保证方面的空白和尴尬。今后应加强这方面的研究，如举办现代远程教育的资格问题，包括师资要求、师生比、设施规定；现代远程教育中的技术标准与推广；学习支持保障服务的标准，如信息服务标准、资源服务标准、人员服务标准及设施服务标准；远程教育与其他教育联合、融合及学分互换；统一的远程教育合格人才评价标准及远程教育质量认证问题等。远程教育是大众化教育，其独特的运营模式和教学方法与传统教育方法差异较大，不能完全照搬精英教育的模式，切忌完全用传统教育的尺度和标准来衡量。

4. 试点高校现代远程教育经验总结、推广与发展研究。从 1998 年至今，教育部已先后批准 68 所高校进行现代远程教育试点。其中普通高校 67 所，广播电视大学 1 所。试点高校逐渐健全了现代远程教育的教学资源平台、校外学习中心监管措施，规范了现代远程教育的运作程序等，培养了大量的人才。但是，个别试点高校违规招生、违规办学、违规发证、对校外学习中心放松管理的情况屡禁不止。试点工作已经 10 年有余，社会各界有着不同的认识和争论。总结试点高校现代远程教育的发展历程，吸取其教训，推广其成功经验，使现代远程教育走上科学发展的道路，是目前亟待研究的一个课题。此课题要调研试点高校现代远程教育的办学机构、合作办学、招生工作、校外学习中心管理、学生规模、教学质量保障等情况。重点调查试点高校现代远程教育办学机构的治理结构、资金来源、收益分配以及相关监控保障措施，办学机构的管理模式和运行机制，试点高校办学权的保障机制，以及试点高校现代远程教育合作办学的审批、合作模式、管理及运行情况等。

（十四）成人教育理论创新和学科建设研究

在目前我国相当大的范围内，有相当多的人对成人教育的理解还不够清晰，对成人教育的认识还存有误区，对成人教育的前景还感到迷惘。其中的原因显然是多方面的，但最重要的一个原因无疑就是目前我国成人教育还没有为世人展现出它独特的个性化形象。因此，要使成人教育在正处于社会转型期的中国实现自身的价值，发挥应有的作用，就必须着力加强对成人教育自身规律性的研究，就必须着力构建具有中国特色和中国气派的成人教育理论体系和学科体系。同时，也正是由于成人教育理论体系和学科体系在整个成人教育事业中所具有的基础作用、核心作用和引领作用，所以，成人教育理论创新和学科建设必将成为今后一个时期我国成人教育研究的重要领域和紧迫课题。

1. 成人教育本质及其与邻近范畴的关系研究。我国的成人教育研究尽管从 20 世纪二三十年代就已经开始，但对于成人教育的本质内涵到底是什么这一核心问题至今没有达成普遍共识，以至于近些年出现了被诸多邻近范畴所取代、所遮蔽的现象，这些邻近范畴主要包括：继续教育、职业教育、社会教育、终身教育等。因此，要想做好成人教育理论创新和学科建设工作，当下就必须着力加强成人教育本质及其与邻近范畴的关系研究，明确成人教育的本质内涵和价值取向，凸显成人教育的独特地位和重要作用，划清成人教育与继续教育、职业教育、社会教育和终身教育的边界，并处理好与这些邻近范畴之间的关系，这无疑是我国当前成人教育理论创新和学科建设的当务之急。

2. 成人教育理论体系的逻辑起点研究。每一门学科都有特定的理论体系，每一门学科的理论体系都有各自的逻辑起点。不同的逻辑起点决定着一门学科不同的研究方向和学术范围，标志着一门学科区别于其他学科的分界线和操作模式。因此，无论是要辨析以往的理论体系是否符合客观实在，还是要构建一个合规律性、合目的性的学科体系，都不能不从分析逻辑起点开始。成人教育学也不例外。但截至目前，逻辑起点问题研究对成人教育学科来说依然非常薄弱，这恐怕是有人对成人教育学科是否具有独立性至今尚存疑虑的重要原因之一。因此，成人教育学科要想获得完全独立，要想走向真正成熟，就必须认真研究并确立自身的逻辑起点，这也是我国当前成人教育理论创新和学科建设的重要课题。

3. 成人教育学科与相关学科的关系研究。在现代自然科学、社会科学、人文科学与技术科学既高度分化又高度综合的今天，成人教育学科群落的形成其实就是成人教育学科与相关学科交流、互补的过程，成人教育学作为独立学科的诞生以及成人教育学科体系的完善其实就是沿着现代学科不断分化又趋向综合的轨迹发展的，成人教育学科的诸多新理论、新思想和新方法在很大程度上隐含并产生于成人教育学科与其他相关学科的碰撞和融合的过程中，同时也只有在这一相互碰撞和融合的过程中，成人教育学科体系才能得以进一步地丰富和完善。因此，要加强成人教育理论创新和学科建设，就必须扎实开展成人教育学科与相关学科的关系研究，以不断催生出成人教育的诸多分支学科、交叉学科和边缘学科。

4. 成人教育理论与学科的中外比较研究。从世界范围来看，一些西方发达国家在成人教育理论创新和学科建设方面已经远远地走在了我国的前面，其成人教育学科已经初步成熟并正朝着日臻完善的方向发展，而且早已成为供本科生、硕士生和博士生研修的专业课程，特别是在现代教育学（即终身教育学）新理念的观照之下，欧美诸国的成人教育学不仅突破了近代教育学体系的樊篱，确立了具有相对独立性的研究范式，而且以成人教育学为主干的成人教育学科群落也已经基本形成。相比之下，我国的成人教育理论和学科发展依然显得比较缓慢、比较落后、比较混乱，诸多观念问题、理论问题、范式问题以及体系问题都还处于低级的探索阶段。在这种形势下，我国今后一个时期成人教育研究的重点领域之一就是加强成人教育理论与学科的中外比较研究，充分借鉴发达国家成人教育的新思想、新方法和新技术以及在理论创新和学科建设方面的成功经验，同时紧密联系我国的成人教育实践发展需求，努力提高我国成人教育理论创新和学科建设水平。

（十五）企业员工培训研究

科学技术水平的高低已成为决定企业竞争力的重要因素，而员工的素质与活力又是打造企业竞争力的重要基础。企业如何为员工创造一个学习与成长的职业生涯环境，如何为员工提供学习和发展的机会，将成为成人教育研究中一个值得长久而重点关注的问题。

1. 认证和质量保障体系研究。目前，我国成人职业教育与培训实行的是一种倾向于条块分割的管理体制，即：教育部门主要负责学历教育和部分职业培训，劳动和社会保障部门负责职业技能等级证书的颁发、职业资格培训以及部分学历教育。这种管理体制，不仅不利于成人职业教育与培训的统筹和规划，造成培训资源的浪费，而且“证出多门”的现象也往往让人难辨真伪，从而导致其所颁发文凭或证书的公信力大打折扣。由此可见，如何形成一种学校、社会与企业相互贯通，职前与职后相互衔接，规范与灵活相互融合的认证制度和质量保障体系，显得非常重要。这也是成人教育，特别是企业员工培训研究必须予以关注的课题。

2. 企业培训系统研究。相关研究中，需要综合考量政府行政机关、培训机构、企业组织以及员工个人等多种因素的作用与综合作用，分析它们的职责和权利，理顺它们之间的相互关系，规范培训市场，充分发挥各方面的积极性和主观能动性。此外，还要特别关注中小企业向市场购买培训的问题：一方面，要使其真正承担起对员工进行培训的职责；另一方面，又要使之能以合理的投入在市场中购买到优质的培训服务。由此，才能建立起和谐、有序的企业培训市场，才能形成充满活力的、高质量的企业员工队伍。

3. 员工职业生涯发展与职业培训研究。企业员工培训，既要基于企业发展总体战略的需要，又要同时满足员工个人职业生涯发展的需要。对此，一个较为契合的设想是：未来的相关研究行动，要在关注企业改革、企业发展、企业运作的背景下，积极推行“培训休假制度”，探索每一位员工的职业生涯发展需要，为其提供相关的咨询服务、设计职业生涯发展规划，创造能够实现职业生涯发展目标的培训机会。

4. 改进企业员工培训模式与培训方法的研究。对此，首先要进行针对企业员工的培训需求研究。在分析、确定了源于多方面的培训需求以后，要探索合理有效的培训模式。在此过程中，要根据成人学习者的学习特点，探索在职场背景下员工培训与学习的新方式与新方法，其中，尤其要关注现场培训、情境培训等方面的创新研究。

（十六）国外成人教育研究

自20世纪60年代以来，随着终身教育、终身学习思想的广泛传播，各国政府纷纷开展不同形式、不同层次的成人教育活动，并将其作为构建终身教育体系、迈向学习型社会的重要途径和手段，世界范围内的成人教育理论研究也因此呈现更加多元化趋势：成人教育专门领域研究持续深入；成人学习研究范围不断拓展；重视借鉴相关学科理论成果；成人教育学位与研究生教育研究受到关注；成人教育制度、政策法规研究更加全面等。

1. 成人教育“立交桥”建设研究。成人教育的终身化、普遍化和多样化发展，要求全社会调动更多的资源，加强部门协作，构建新型合作伙伴关系，共筑成人教育“立交桥”。为此，许多国家重视终身学习政策的协调性及成人教育机构之间的合作，充分发挥政府职能部门、学校、企业、社区、家庭、民间机构等资源优势，教育制度更加开放和灵活，以增加成人学习机会，方便成人学习。这方面研究内容包括：成人教育学分制研究与弹性学制研究；不同层次和类型学校间学分互认的必要性及可行性研究；“立交桥”建设的支撑性政策研究；部门间合作机制建设；社区教育与高校资源共享等。

2. 国外成人学习成果评价体系研究。成人学习包括学历性学习和非学历性学习，如何对成人非正规、非正式学习成果进行评价，并使之转化为学历教育所要求的学分，进而对其加薪、提升学历层次、职位升迁有较大帮助，这是西方学者一直关注的课题。诸如，学分认定制度研究，允许不同教育机构之间相互承认或置换学分；“学分银行”制度研究，对各种非正规教育的学习成果进行认定并授予学分，当被认定的学分积累到规定数目时，学习者可以获得相应的学历；职业经历与学分转换研究，探索如何将成人学习者的职业经历折合成学分的制度；学习成果评价指标体系研究等。

3. 国外成人学习模式研究。随着“成人学习”、“成人学习者”等概念的发展，以预设课程和说教式教学方式传授系统化知识的传统成人教育模式，已逐渐被新的成人学习模式取代。新模式更侧重根据群体或个人的学习需求灵活地确定学习计划和内容，注重发展以学习者为中心的教学方法和技术。基于此，近年来国外学者积极探索“自我导向学习”、“非正式和偶发学习”、“基于情境的成人学习”、“质变学习”、“女性学习”、“肢体学习”、“叙事学习”、“在线学习”等更具个性化和人性化的学习模式。

4. 国外成人教育政策与立法建设研究。在健全成人学习保障机制，改善终身教育管理体制方面，许多国家制定了比较完善的政策，颁布了专门的法律，如美国的《成人教育法》（1966）、法国的《职业继续教育法》（1984）、日本的《终身学习振兴法》（1990）、韩国的《终身教育法》（1999）等。因此，研究成人教育政策与法规，应关注以下主题：政府在成人学习中应承担的权利与义务；学习者教育与培训保障机制；管理机构设置及责任；教育与培训资金筹措渠道及成人学习费用分担机制；成人教育与培训的质量监控问题；处境不利群体学习权利的维护；各类培训机构的规范化运行，等等。

5. 老龄化社会与终身学习体系构建研究。在后工业社会，许多国家现行制度下一般人的学习机会受制于工作机会，老龄化（工作人口的老龄化和退休人员数量的增加）趋势因此给全民享受终身教育计划的实现设置了巨大障碍。如何既增加处于工作年龄人群的就业率，又要延缓退休，特别是提高老年人群的就业率，是发达国家所面临的当务之急。为应对这些挑战，既需要针对不同年龄段重新分配工作机会，又需要新的资助原则，工作与否不能再成为参与终身学习的决定性因素。从以人才市场为中心的原则转变到真正的全民化的终身学习体系，已成为老龄化社会的一个主要挑战。基于此，本研究需要考虑主要议题包括：老龄化社会与成人教育的使命；老年人心理健康教育；老年人学习障碍及对策；老年人学习权利保障；闲暇教育中的老年人教育；老年人学习与学习型社区构建等。

6. 成人教育监测机制研究。2009 年 12 月在巴西帕拉州首府贝伦举行的联合国教科文组织第六届国际成人教育大会公布的《贝伦行动框架》指出，“必须要以有效和可靠的定量和定性数据来影响我们在成人学习和教育方面的决策。与我们的伙伴合作，在国家和国际层面设计和实施定期记录和跟踪机制，对实现《贝伦行动框架》而言是最重要的。”成人教育跟踪监测机制的任务：一是定期收集和分析有关参与成人教育计划及其发展情况的数据和信息，以评估一段时间内的变化并分享良好的想法；二是建立拥有明确基准和指标的地区检测机制；三是监测在成人教育领域跨学科和跨部门的协作情况，如农业、保健和就业等；四是定期编写各国、地区成人教育进展报告，并针对存在的问题提出指导性建议。本研究应根据这些任务展开。

7. 成人教育国际交流与合作研究。20 世纪 90 年代以来，随着国际经济全球化步伐加快，国家、地区间学术交流、合作办学、互派留学生等现象日趋活跃，形成了一股教育国际化潮流，成人教育领域的跨区域合作与交流也日益频繁。本课题研究主要集中在以下方面：(1) 中外成人教育机构合作办学机制研究。研究合作办学的必要性和可行性，合作办学面临的制度性、政策性、财政性挑战及对策，专业与课程设置，合作办学未来发展走向等；(2) 中外成人学习与教育课题合作研究。成人学习与就业、人口变化与国家成人学习政策制定、成人学习与政府财政资助政策制定、成人学习成果测评、成人学习与社区重建、企业人力资源开发、学习型组织建设、处境不利成人群体学习权利保障、闲暇教育、老年人健康与心理教育等，是各国普遍存在的共性问题，有必要开展国际间项目合作研究。(3) 中外成人教育工作者访学制度研究。我国成人教育科研队伍数量少，学术素养低，研究视域偏窄，缺乏与国外同行沟通交流的渠道与机会。因此，有必要探索中外学者互访或进修学习的有效机制。(4) 中外成人教育学专业学位建设与研究生培养合作机制研究。美国、英国等发达国家早在20世纪二三十年代就在大学设置了成人教育学专业硕士、博士学位，按照学术型和专业型分类培养研究生，发挥导师团队与导师个人双重作用，重视研究生研究能力训练，严格学术标准，淡化急功近利思想等，这些都值得中国同行借鉴。双方开展成人教育学研究生联合培养，探讨学位点建设合作切入点，将有助于提高我国成人教育理论研究水平和成人教育学研究生培养质量。

（十七）教师继续教育研究

教师继续教育是对已取得教师资格的在职教师为提高思想政治和业务素质进行的教育。实施教师继续教育，是提高教师素质乃至教育质量的重要途径，已成为当今国内教育界十分关心的问题之一。因而，研究与探索教师继续教育这一课题具有重大的现实意义。

1. 教师继续教育发展战略研究。近年来，在各级政府和学校的高度重视下，我国教师继续教育工作取得了显著成效。通过继续教育，广大教师的思想政治素质和教育教学能力普遍得到提高。我国教师继续教育在新时期有着良好的发展机遇和优势，但同时也面临一些不利条件和因素。我们要全面审视和深入剖析我国教师继续教育的现状和问题，并针对现在教师继续教育发展存在的一些问题，制定出新时期我国教师继续教育应采取的发展战略和政策。专门的教师继续教育研究机构要与相关的决策部门共同合作，让研究成果与政策相互促进，不断完善，从而有力地推进教师继续教育的改革与发展。

2. 教师继续教育的实证研究。紧密结合我国教师队伍的实际状况，采用以调查为主的研究方法，对各类教师的继续教育现状进行实证性研究，是今后做好教师继续教育的重要前提和必要保证。今后我国教师继续教育的实证研究主要应从三个方面进行：一是各级各类教师继续教育研究，如幼儿教师继续教育研究，基础教育课程改革与中小学教师继续教育研究，高中教师继续教育研究，高职及本科院校教师继续教育研究；二是各科的教师继续教育研究，如中小学的英语、语文、数学、历史、地理、化学、物理、体育等学科的教师继续教育研究；三是各地教师继续教育研究，主要是对一定区域的教师继续教育进行研究，如西部教师继续教育研究。

3. 教师继续教育模式创新研究。选择适当的继续教育模式，是保证教师培训质量的重要环节。对有代表性的各种教师继续教育模式，如学校本位、科研驱动、课程中心、远距离培训等；又如新任教师在职培训、农村教师继续教育培训等。培训模式均各有所长，各有所短。研究者要通过对不同模式的具体分析，最后提出更加完善和高效的教师继续教育培训模式。

4. 网络环境下教师继续教育资源建设研究。伴随着网络技术的快速发展，网络学习以其资源丰富、方便快捷、受众面广、实时交互、自主性强等特点成为当前广大教师首选的继续教育形式。如何最高效率地发挥网络在继续教育方面的作用，关键的问题是网络资源的建设。教师继续教育实践需要以建构主义作为网络资源建设的理论依据，根据教师作为学习者的特殊性，以提高教师素质以适应现代教育要求为目标，建立以现代教育技术的普及和推广为核心的教师继续教育体制，综合网络化教育的优点，探索一种全新的网络环境下中小学教师继续教育模式。

5. 教师生命个体和个性化发展问题研究。教育应当关注生命个体，给人以终极关怀。教师继续教育作为教育的一种，同样也要关注作为受教育者的教师个体。每一个教师都是一个生命个体，都是一个具有丰富人性的完整的人，有着自身独特的气质和性格，因此，教师继续教育应当保护、挖掘以及发扬每一位教师的个性。过去研究者们往往只是对教师整个群体的继续教育进行探讨，只注重了教师的共性，而忽略了其个性。在未来的研究中，研究者需要从教师个体的角度对教师继续教育加以审视，探讨教师个性化发展问题。

6. 国外教师继续教育研究。国外在教师继续教育领域的研究成果相对来说更为丰富与成熟。因此，当我们在探索我国教师继续教育的同时，也要注意广泛吸收国外的先进经验，借鉴国外在继续教育方面进行的有益探索。对国外教师继续教育研究应侧重于以下方面：国外教师继续教育的政策和目标研究，国外各学科教师继续教育研究，国外教师继续教育的校本研究，国外各级各类教师继续教育研究，国外中小学教师的在职培训研究，国外大学教师继续教育研究等。

（撰稿人：成人教育学科组 王北生　高志敏　杜以德　李中亮　秦洁 等）

民族教育研究

一、“十一五”规划民族教育学学科的主要进展

（一）研究现状及重要成果

2006—2010 年“十一五”规划期间，民族教育学学科研究内容丰富，涉及的领域比较宽广，其中关于民族教育政策及法规研究、民族教育均衡发展研究、民族文化传承研究、少数民族双语教育、少数民族高等教育研究、民族教育基本理论研究、少数民族教师教育研究、跨文化心理与教育、教育人类学研究、多元文化教育等均有许多课题立项和论著发表，其研究深度也在不断发展，以下结合全国教育科学“十一五”规划民族教育学学科立项课题、其他民族教育研究相关重要课题及本研究领域代表性学术论著进行评述。

1. 民族教育政策及法规研究

作为一个统一的多民族国家，民族教育是我国教育事业的重要组成部分，要发展民族教育，首先要通过政策倾斜和立法规范来保障和加快民族教育的发展。因此，少数民族教育政策及法规研究是“十一五”规划期间民族教育研究的重中之重。

在课题立项方面，“中国少数民族基础教育政策研究”（苏德，联合国教科文组织西班牙千年发展目标促进基金项目）一方面通过收集、评估、分析有关少数民族基础教育的政策文件，为这些政策在保障少数民族教育权利和文化敏感性方面提供文本依据，为健全和完善现行政策提供理论支持；另一方面通过深入示范省、县（市），基于社区的现场研究，深描政策的实施现状，发现政策实施过程中的成功范例、制约因素和面临的困难，从而分析如何加强政策制定、如何健全政策体系的策略，提出有效实施政策的建议。该项目已实施两年，对青海、贵州、云南等省区发展少数民族基础教育主要政策进行了描述和分析，包括“两基”政策、“两免一补”政策、农村义务教育保障经费政策、农村寄宿制学校政策、农村中小学教师队伍建设政策、双语教育政策、民族基础教育对口支援政策、“双语”教师培训政策，通过实地调查，介绍了调查点在民族基础教育政策实施过程中的成就，分析了目前存在的相关问题，提出了有较强针对性的对策建议。“少数民族教育法研究”（陈立鹏，2007 年全国教育规划教育部青年专项）站在时代和建立具有中国特色的民族法律法规体系的高度，以科学发展观为指导，以推进我国少数民族教育立法、把民族教育工作纳入法制轨道、实现民族教育的跨越式发展为根本目标，以探讨我国少数民族教育立法理

论和民族教育法规体系为核心内容，以确定超常规立法的思想为我国少数民族立法工作的主导思路，对我国民族教育立法的理论、体系和实践进行了比较系统的研究，提出了加强和改进我国地方少数民族教育立法的建议，在国内民族教育立法理论研究、民族教育法律法规体系研究和民族教育立法实践研究等学术领域具有创新意义，发表成果《中国少数民族教育立法新论》（陈立鹏）、《对我国少数民族教育立法几个重要问题的探讨》（陈立鹏）、《改革开放30年来我国民族教育政策回顾与评析》（陈立鹏）受到上级有关部门重视，并应邀参与教育部《国家中长期教育改革和发展规划纲要》、《少数民族教育条例》等国家重要文献的调研起草工作。正确分析和探究国外发达国家民族教育均衡发展政策的成功经验，对实现我国民族教育均衡的健康协调发展具有非常重要的现实启示。“发达国家促进民族教育均衡发展相关政策研究”（万明钢，2008年全国教育规划国家一般课题）对发达国家促进民族教育均衡发展的相关政策进行了梳理和回顾，在此基础上提出了我国民族教育均衡发展的基本思路和对策建议。“主要国家民族教育政策比较研究”（顾明远，2010年全国教育规划国家重点课题）对世界主要国家的民族教育政策进行比较研究，对我国民族教育政策的革新和发展具有重要的借鉴意义。与此相关的课题还有“美国高等教育发展中少数民族平等权利法律保障研究”（马定武，2010年教育部重点课题）等。此外，“中国古代民族教育政策及其当代价值问题研究”（张学强，2009年国家社科基金西部项目）、“新中国成立以来民族教育政策发展与实践研究”（雷召海，2010年国家社科基金重点课题）从历时性的角度，对中国民族教育政策的发展、成就、经验、问题及借鉴进行了梳理和总结。

在代表性论著方面，对我国民族教育政策的历史和现状进行了回顾和总结。《民族教育理论与政策研究》（滕星、王铁志）针对新时期民族教育改革与发展的重大现实和理论问题，在坚实的理论分析的基础上，注重民族教育实践所急需的对策和政策的研究与探讨，运用跨学科的思维和实地调查的严谨方法，并借鉴国外民族教育研究的新成果，重点探讨新时期民族教育的基本理论与政策问题。《新中国民族教育政策的回顾与思考》（海路、滕星）对新中国成立五十多年来的民族教育政策和双语教育政策发展历程进行了回顾和思考，并探讨了“多元文化整合教育”理论对民族教育政策的意义。《中外民族教育政策史纲》（吴明海）以中国、美国、加拿大、印度等多民族国家为个案，以这些国家中央政府为主体，研究民族教育政策史。该书立足于中外相关研究的现有基础，进行比较系统的原创性研究，具有较高的学术价值。《改革开放30年来我国民族教育政策回顾与评析》（陈立鹏）较全面地分析总结了改革开放30年来我国民族教育政策建设的发展状况、取得的成绩、存在的问题，在此基础上，提出了加强我国民族教育政策建设的对策及建议。《民国政府的民族教育政策研究》马廷中、《浅析云南民国时期民族教育政策》马廷中则对民国时期的民族教育政策进行了探讨。

在新的时代环境和条件下，我国民族教育政策关照的重点正在发生着深刻的变化，一些论著适时提出了民族教育政策的“转向”问题。《试论我国少数民族教育政策重心的转移问题》（王鉴）认为，在新的形势下，我国民族教育政策正在经历一个由重视数量向重视质量、由重视优惠政策向重视特殊政策的重心转移过程。《试论我国民族教育政策的时代转向》（张善鑫）对民族教育政策取得的成就及当前民族教育政策环境进行深入分析后认为，民族教育政策正在进行着新的时代转向，政策支持的重点将由“硬件”转到“软件”；政策执行中，将由政策“强制”转到政策“认同”；政策取向上，由“倾斜”政策向“特殊”政策过渡。《实施倾斜政策，促进少数民族教育快速发展》（王嘉毅、祁进玉）也表达了类似的观点。

2. 民族教育均衡发展研究

目前，我国民族教育发展已经逐渐从促使民族地区少年儿童“有学上”到促进民族地区学生“上好学”的质量观转变，体现出民族教育均衡发展的战略研究转向。“民族教育质量保障和特色发展研究”（苏德，2008 年国家重点课题）认为，我国民族地区基础教育的质量保障与特色建设问题是制约民族地区教育发展的瓶颈问题，推动少数民族地区基础教育事业的均衡发展，促进少数民族教育的特色建设，是保障少数民族儿童受教育权利的根本途径，是促进人的全面发展、促进我国东西部区域之间、城乡之间经济社会全面协调、缩小贫富差距从而最终实现科学发展与社会和谐的基本方式。与此相关的研究还有“少数民族地区普通高中教育与中等职业教育均衡发展的体制机制研究”（张定强，2009 年教育部重点课题）、“内蒙古民族中等教育现状调查及发展对策研究”（张布和，2009 年教育部重点课题）、“西部民族地区基础教育均衡发展与和谐社会构建研究”（马丽君，2010 年国家一般课题）。

在代表性论著方面，《西北少数民族地区基础教育均衡发展研究》（杨军）是我国第一部民族地区义务教育均衡发展的学术著作，该书以西北少数民族地区基础教育发展为研究的主线，以西北少数民族地区教育发展水平为研究对象，以西北民族地区普及九年义务教育为研究的重点，以促进基础教育的均衡发展为根本目的，从理论研究、历史追踪、现状调查、案例分析和国际比较的角度，定性结合定量，宏观把握结合微观案例分析，旨在揭示西北民族地区基础教育均衡发展中存在的普遍性和特殊性问题，并通过对这些问题的分析和研究，结合西北民族地区的实际，寻求解决问题的建议和对策，以促进西北民族地区基础教育的均衡发展。《推进教育公平　促进民族教育均衡》（郑克岭）认为，发展教育公平是社会公平的基础，民族教育的均衡发展关系到整个社会的良性运行与和谐发展。该文在对教育公平及教育均衡发展进行阐述的基础上，从民族教育的基础、教育资源供给与配置、经济发展等几个维度对民族教育非均衡发展进行了分析，并提出抓住西部大开发的有利契机，加大民族教育投入力度；推行“民族教育优先发展区”，促进民族教育跨越发展；完善教师培养、流动机制，为民族教育提供师资保障等几项措施，促进民族教育均衡发展。《民族地区基础教育均衡发展的问题与对策思考》（贺新宇）认为，由于经济、历史和政策等方面的原因，民族地区基础教育不仅总体发展水平远远落后于其他地区，区域之内、校际之间更是存在着较大差异，由此导致一系列问题。当前应以政府为主导，建立有利于民族教育均衡发展的政策体系和投入机制，合理配置资源，大力发展现代远程教育，以实现民族地区基础教育的均衡发展。《西部少数民族地区义务教育的差距分析与对策思考》（高庆蓬）认为，西部少数民族地区义务教育应在进行差距分析的基础上，采取如下发展对策：确立公平的义务教育政策；保障每个公民平等的受教育权；强化政府对少数民族教育均衡发展的责任；积极探索促进少数民族教育发展的措施；实现民族地区办学模式的多样化。《西部民族高等教育均衡发展论纲》（许春清）认为，我国西部民族高等教育的发展与全国平均水平相比，存在着较为明显的教育机会不均等问题。改变这一状况，需要在教育领域采用民族均衡策略，促进民族教育与区域经济的协调发展并强化政府的教育主体责任；改革民族高等教育的入学选拔标准；建立少数民族大学生专门的财政资助体系，对少数民族大学生实行倾斜的收费标准。

3. 民族文化传承与新课程改革

随着新课程改革的推进，少数民族地区学校教育中的乡土知识传承和地方课程、校本课程开发成为“十一五”规划的热点。

在少数民族地区课程改革方面，“中国西部少数民族地区经济文化类型与初中地方性校本课程建构”（滕星，美国福特基金会资助项目）以文化人类学的经济文化类型理论为理论基础，通过甘肃省肃南裕固族自治县第二中学和云南省西双版纳傣族自治州景洪市勐罕镇中学地方性校本课程建构的代表性个案研究，在行动研究所获经验的基础上，提出并论证西部少数民族地区初中地方性校本课程建构的一般范式，为少数民族地区基础教育新课程改革提供经验支持和现实参考范例。通过项目实施，在实验学校有效地促进了学校课程和社区文化的适应性，提高了入学率和升学率，大大减少了因文化差异给少数民族学生带来的学习困难和心理不适等问题。“民族地区中小学推进新课程改革研究”（王鉴，2006 年教育部青年专项）认为，民族地区的学校课程问题主要表现在升学应试教育和民族文化传承两个方面，前者需要国家制度变革与基础教育课程改革的并行加以解决，后者需要国家实行特殊的政策支持。在新课程改革方面，地方课程与校本课程开发是民族文化传承的主要渠道，国家课程中也要以适当的比例反映少数民族的文化精华。“黎族民间童话与海南地方语文校本课程的开发研究”（杜伟，2008 年教育部重点课题）认为，黎族童话具有丰富的教育学意义。通过分析黎族童话的特征、内容等，挖掘黎族童话中蕴涵的教育意义，结合黎族童话进入中小学课堂的有利条件，说明黎族童话进入中小学课堂、进入校本语文教材的必要性和可能性。与此相关的研究还有“扎根西南民族社会原生和谐培植区域基础教育课程特色研究”（么加利，2007 年教育部重点课题），“西部地区传统教育资源的开发和利用”（廖冬梅，2007 年教育部青年专项），“民族地区民族文化地方课程资源开发研究”（赵红，2010 年教育部重点课题），“布依族地区地方课程资源的开发与利用研究”（何芳，2010 年教育部重点课题），“基于黎族文化资源的地方课程的开发研究”（文珍，2010 年教育部重点课题），“地方性知识视域下的西部地方课程资源开发研究”（陈雪英，2010 年教育部青年专项课题）。

从多元文化和教育人类学的视角关注民族教育中的民族文化传承问题是近年民族教育研究的一个重要趋势。“民族教育与土家族非物质文化保护与传承研究”（谭志松，2007 年国家一般课题）对土家族非物质文化遗产保护与传承的现状、意义、现阶段取得的效果、经验以及存在的困难和不足等问题进行了具体调查研究，认为土家族非物质文化传承教育具有传承教育形式多样、传承教育对象广泛、传承教育环境复杂、传承教育具有地域性和活态性等主要特征，必须在坚持继承土家族优秀传统文化基因和精华的基础上保护和传承土家族非物质文化，并赋予其时代的气质和精神。“学校教育中的民族文化传承与发展研究”（普丽春，2009 年教育部重点课题）认为，学校教育在少数民族非物质文化遗产保护和传承方面具有独特优势，是我国非物质文化遗产保护工作中不可或缺的重要力量，学校教育应肩负起少数民族非物质文化遗产在现代社会中保存、传承和创新的历史使命，少数民族非物质文化遗产要进入学校教育必须“坚持党和国家的教育方针，遵循教育的基本规律和服务于经济社会的发展”。该课题还以云南省为例，探讨了学校教育中少数民族非物质文化遗产传承的模式、经验以及存在问题和对策建议。“黑龙江世居少数民族文化传承的教育对策研究”（陈云奔，2008 年教育部青年专项课题）以黑龙江省乌拉嘎镇鄂伦春民族小学为研究对象，从民族文化课程资源开发、民族文化课程设置、民族文化课程校本研究等三个方面，对基础教育课程改革之后民族小学利用民族文化校本课程进行民族文化传承的现状进行了调查，指出了民族学校在民族文化传承过程中存在的主要困难与迷茫，并提出了相应的对策。与此相关的研究还有“中国少数民族审美教育教材研究”（邓佑玲，2007 年国家一般课题）、“西南民族教育与民族传统文化的继承发展研究”（倪胜利，2007 年教育部重点课题）、“民族文化的学校传承与教育评价改革研究”（白红梅，2009 年教育部重点课题）、“城市化背景下少数民族乡村文化教育传承机制研究”（于影丽，2010 年国家青年基金项目）、“基于文化再现理论的民族地区多元文化理解教育研究”（李倩，2010 年教育部青年专项课题）。

在代表性论著方面，《民族文化传承与民族基础教育课程改革》（金志远）从民族基础教育课程改革的历史分析、民族基础教育课程改革民族化探索的反思、基于民族文化的民族基础教育课程改革理论建构分析、基于民族文化的民族基础教育课程改革历年分析、基于民族文化的民族基础教育课程改革实践过程分析五个方面系统全面地探讨了民族基础教育课程改革中的若干基本问题，表现了论者具有较强的理论敏感度和实践取向意识。这一研究对于促进民族地区的基础教育课程改革具有重要的借鉴意义。《民族文化传承与教育》（王军、董艳）从理论切入，分析了民族文化传承的教育人类学意义，对人的影响，知识与技能获得的途径以及教育评价等，充分挖掘我国各民族优秀文化中所蕴藏的独特而丰富的教育资源，并探讨如何将这些民族文化逐渐以多种形式引入到我国的学校教育体系中，做到了理论与实践的较好结合，对于我们理解民族传统文化、加强民族认同感和凝聚力都具有积极作用。

4. 少数民族双语教育研究

少数民族双语教育历来是民族教育研究的重点和难点。“内蒙古地区蒙古族中小学双语教学现状分析与发展对策研究”（苏德，2008 年国家社科基金一般项目）运用多学科的理论和方法，重点抓住影响内蒙古地区关键因素，通过综合分析、专题研究和实验探索，研究发展内蒙古地区“蒙—汉—外”双语教学的不同类型和模式问题，形成多方案的发展“蒙—汉—外”双语教学的科学思路和因地制宜地发展“蒙—汉—外”双语教学的决策理论，为内蒙古地区“蒙—汉—外”双语教学发展制定科学而有效的政策提供科学的理论依据和咨询服务。“中国少数民族新创文字在教育教学中应用状况及存在问题调查研究”（滕星，2006 年教育部人文社会科学重点研究基地重大项目）调查组分赴云南、贵州、青海、四川、广西、湖南等 6 省（区），对壮族、苗族、布依族、侗族、哈尼族、纳西族、傈僳族、佤族、景颇族（载瓦支）、土族、羌族、土家族、白族等 13 个少数民族的双语教育现状和问题进行深入调研，对新创文字在扫盲教育和学校教育中的历史和现状、实际效果和经验教训以及面临的问题进行全面的阐述、评估和总结，并针对不同民族或不同地区，提出发展其双语教育和传承民族文化的具体策略和措施，不仅为新创文字的民族制定扫盲教育、学校教育、双语教育和语言文字政策提供科学依据，为少数民族地区“普六”、“普九”并提高教育教学质量奠定基础，也为政府部门制定相关政策提供具有可操作性的对策和建议。“文化多样性与壮汉双语教育发展研究”（滕星，2008 年国家一般课题）以文化人类学、教育学、历史学和民族语言学等多学科相关理论为基础，采用问卷法、访谈法和实地观察法等研究方法，对广西壮族地区民族中小学双语教育实施现状进行调查，针对广西地区壮汉双语教育实施过程中存在的问题，提出有利于保护壮族优秀文化、顺利实现“壮汉兼通”目标，促进壮汉双语教育进一步发展的对策建议。在少数民族双语教育中，新疆民汉双语教育的研究课题立项居首位，表明了双语教育在新疆民族教育问题中的重要性和敏感性。包括“提高维吾尔族理科双语教师专业素质的共同体行动研究”（尹筱莉，2009 年国家一般课题）、“新疆维吾尔族中小学双语教师教学能力发展研究”（吐尔地·买买提，2009 年国家青年基金课题）、“新疆区内初中班学生汉语阅读现状及改进的实践研究”（闻素霞，2009 年教育部重点课题）、“维吾尔族儿童双语能力发展及跨语言研究”（闵兰斌，2009 年教育部青年专项课题）、“新疆少数民族义务教育普通班《汉语》教材编写研究”（王祝斌，2010 年国家一般课题）、“多元文化背景下新疆少数民族大学生语言使用状况与文化适应的问题与对策研究”（龙玉红，2010 年国家青年基金课题）、“维吾尔族学前儿童汉语学习兴趣研究”（汤允凤，2010 年国家青年基金课题）等。其他双语教育研究还有“少数民族双语教师教育改革研究”（方晓华，2006 年国家一般课题）、“青海藏族基础教育藏汉双语教学策略研究”（才让措，2008 年教育部重点课题）、“藏族理科双语教育现状分析及教学模式的创新研究”（赵德先，2009 年教育部重点课题）、“对外汉语教学与边远藏区少数民族汉语教学的比较研究”（雷莉，2009 年国家一般课题)、“蒙古族初中生汉语学习策略研究”（高兵，2010 年教育部青年专项）、“汉语拼音教学有效性调查研究——以云南傣族为例”（蔡荣男，2008 年国家青年基金课题)、“少数民族散杂居地区‘三语’教学改革的创新研究”（佟立，2009 年教育部重点课题）等。

在代表性论著方面，《少数民族双语教育：进展与问题》（滕星、海路）认为，近年来，中国少数民族双语教育取得了重要进展。政府加大了对双语教育的支持力度，北方少数民族双语教育发展迅速，南方少数民族双语教育凸显特色，双语教育引起社会各界广泛关注。中国少数民族双语教育目前存在的主要问题包括思想认识、管理体制、经费投入、教材开发、师资建设、人才就业等。应采取有效措施，促进少数民族双语教育发展。《新疆民族双语发展历史现状与成就》（廖冬梅）从总论、新疆民汉双语现象产生发展的历史回顾、近现代新疆民汉双语现象对新疆社会发展的影响、新中国成立至改革开放时期的双语事业、新疆民族双语教育事业的成就等五章对新疆民族双语教育的历史、现状和成就作了系统的论证。《壮汉双语教学研究论集》（黄永和）从广西各地壮文实验学校的实际出发，结合各自的壮汉双语教学和研究经验，深入地总结和探讨了如何贯彻落实“以壮为主，壮汉结合，以壮促汉，壮汉兼通”的壮汉双语教学方针，内容丰富，见解新颖，具有深刻的实践意义、独特的理念意义和实用的学术价值。《西藏少数民族汉语教学论文选编》（张廷芳）收录了西藏民族教育基本情况及其发展问题、浅谈双语制教学、对双语教学的几点看法、我区双语教学的现状及其思考等藏族民族教育及双语教育相关论文 61 篇。

5. 少数民族高等教育研究

少数民族高等教育能否在传承民族文化的同时，发展多元文化，是关系到少数民族能否得到充分发展的重大实践问题。“少数民族高等教育的二重性——民族高等教育的民族性与多元性发展研究”（苏德，2006 年教育部重点课题）在研究蒙古民族高等教育的二重性发展基础上，以内蒙古师范大学的个案研究为例，探讨少数民族高等教育的民族性与多元性协调发展问题，即如何使少数民族高等教育既传承民族优秀传统文化，又能够在多元社会生存的复合型人才，具体通过内蒙古师范大学的民族性与多元性发展的历史过程与现状调查研究，了解蒙古民族高等教育的二重性发展历史、现状与存在的问题，为改进提供一定的理论依据，从而促进整个少数民族高等教育的健康发展。“民族院校办学特色与特色发展研究”（吕佩臣，2009 年国家一般课题）分析了民族院校办学特色形成和发展的地区时空环境、制约因素、相关理论基础，认为民族院校只有依照高校自身发展规律，利用好时空环境，在科学定位、确立特色理念、建设特色学科和人才兴校等方面下工夫，才能建设和发展自身的办学特色，发展民族院校办学特色，既是适应新时期新问题的挑战的客观需要，更是民族高等教育事业和民族院校自身发展的必然选择。“我国民族预科教育办学模式与办学效益研究”（乌丽亚，2006 年教育部重点课题）对当代国内外预科教育状况进行了概述和简要分析，对我国少数民族预科办学模式与办学效益的历史性研究和理论研究做了回顾，分析我国少数民族本科预科教育的基本特点、我国少数民族本科预科教育办学模式归类与办学效益分析、我国少数民族本科预科教育的资源配置，在此基础上尝试提出新时期对提高我国少数民族本科预科办学效益的建议；针对影响预科办学效益的预科教学评估和贫困生扶助进行专题研究。相关的研究还有“西部地区民族高等教育发展及特色研究”（陈达云，2008 年国家一般课题）、“少数民族学生和高校校园文化建设”（余海波，2009 年教育部重点课题）、“西部民族地区新跨入 211 工程高校发展定位与特色研究”（黄明凤，2009 年教育部重点课题）、“我国高等教育机构实施少数民族考生配额制代替民族身份加分录取制度的法律理论与实践研究”（李成，2010 年教育部青年专项课题）、“民族院校提升学生就业竞争力的制度创新研究”（夏仕武，2010 年国家青年基金课题）、“青海少数民族大学生国家意识研究”（荣司平，2010 年国家一般课题）、“新疆高校民族团结教育有效途径的研究”（李斌，2010 年国家一般课题）、“22 个人口较少民族大学生学业成就及就业问题研究”（白洁，2010 年教育部青年专项课题）。

在代表性论著方面，《守望·自觉·比较：少数民族原住民教育研究》（陈·巴特尔）从 21 世纪社会、经济、文化发展的宏观背景出发，对中国民族高等教育的发展战略、民族院校研究生教育思想的转变、民族学院的组织特性进行了探讨。尤为重要的是对民族教育研究中存在的问题进行了反思，主张在民族教育研究中关照民族教育实践的多民族、多语言、多文化等特性，体现文化公平的原则，该书还以蒙古民族作为个案，把蒙古民族教育的演变置于历史发展、文化变迁和族际交往的时空中进行了梳理。对学术界有所争议的元代书院官学化、科举考试的时断时续等问题进行了文化阐释。此外还对蒙古族贫困大学生的助学贷款、蒙古族学生双语、三语学习态度等问题进行了分析。此外，还把研究视野扩展到国外，对于与中国世居少数民族具有很多共同性的加拿大印第安人和新西兰毛利人的教育自治与语言复兴运动进行了论述，还对中国与加拿大少数民族高等教育发展模式进行了比较，以期为中国少数民族教育研究开辟一个新的领域。《中国民族院校特色研究》（杨胜才）从民族院校为少数民族和民族地区的经济与社会发展服务，解决国内民族问题的办学宗旨出发，围绕民族院校特色这一主线，以马克思主义民族理论和多元文化教育理论为前提，较为全面地回顾了民族院校产生的历史背景、发展成就及民族院校发展中存在的主要问题和面临的各种挑战；着重从民族院校在解决国内民族问题，继承、发掘和弘扬少数民族优秀传统文化的独特文化价值等方面论述民族院校地位和作用的不可替代性；在对特色本身的基本内涵进行探讨的基础上，将民族院校所固有的、不同于一般院校的特色概括为“民族性”和“民族适应性”两个层面。《中国少数民族高等教育发展史研究》（霍文达、许树沛）根据马克思主义唯物史观和民族理论，结合我国民族高等教育的历史与现实，论述了中国古代少数民族高等教育和近代少数民族高等教育，特别是重点论述了新中国成立以来的少数民族高等教育的历史进程、改革与发展成就，总结了新中国发展少数民族高等教育的基本经验，具有较高的学术价值和现实意义。《民族高等教育理论与实践探索》（何龙群）认为，民族高等教育是以服务少数民族和民族地区为宗旨的教育，“高等教育”是其本质，“民族”是它的特色，必须将“两个面向、两个服务”（即面向少数民族和少数民族地区，为少数民族和少数民族地区服务）的办学宗旨和目标切实落实到学校招生、学科建设、师资队伍建设、专业建设、教育教学等各个环节中去。这就要求在办学实践中，把高等教育的普遍规律同民族教育的特殊性结合起来，努力推进富有中国特色的民族高等教育向前发展。

6. 民族教育基本理论研究

新中国民族教育理论是新中国教育理论不可缺少的重要组成部分，是新中国成立以来极具特色的教育实践活动的探索与总结。这对于总结新中国民族教育理论的发展过程和指导民族教育的新的实践，既有着理论意义，又有着实践意义。“十一五”期间，民族教育基本理论研究主要以学术论著的形式呈现，出现了一批较有影响的优秀成果。《教育民族学》（王军）主要从教育民族学的观察视角，教育、民族与文化的关系，教育与民族生态环境，教育与民族传统经济，教育与民族语言，教育与民族习俗，教育与民族宗教信仰，教育与民族游戏，教育与民族体育，教育与民族文学艺术，教育与民族心理，民族道德规范与教育，课程与民族文化，跨文化教育，现代性背景下的民族文化传承与教育等多重视域中审视少数民族教育，在教育学的理论框架下重新解读民族教育问题。《民族教育研究》（宝玉柱）主要从民族教育研究的目的、总的出发点和基本框架，民族教育研究的理论基础、方法论和技术手段，地理环境与民族生态，地理环境类型与民族教育，地理环境与民族文化、心理，经济文化类型的一般分类与民族教育，经济文化类型的变迁与民族教育发展，饮食文化与民族教育等方面探讨了民族教育的相关理论问题。《新中国民族教育理论概论》（孟立军）依据中国共产党领导全国人民进行社会主义革命和建设的伟大实践活动以及各个时期的突出特点，并依据新中国民族教育理论自身发展的整个过程和内在联系，将新中国民族教育理论发展划分为创立期、完善期、发展期和创新期，在对新中国民族教育理论整体、系统地把握以及对新中国民族教育理论不同发展阶段及其相互关系的认识方面提供了重要思路。《民族教育基本理论》（孟立军）主要包括马克思主义经典作家论民族教育、我国民族教育基本理论研究、我国民族教育办学理念研究、民族教育与民族地区发展问题研究、民族院校改革与发展问题研究等方面的内容，从不同角度探讨民族教育基本理论问题。《文化环境与教育选择：文化视野中的少数民族教育发展研究》（胡玉萍）介绍了少数民族教育文化研究的理论背景、理论内涵及其意义，在理解并充分尊重少数民族教育文化多样性的基础上提出了“加强民族间交流，促进民族教育文化的现代转化”等引导少数民族教育文化的现代转化的具体思路。《民族教育与民族文化发展研究新探》（朱俊杰、杨昌江）主要探讨了民族教育与民族文化发展之间相互依存、相互促进的关系，将民族教育和民族文化发展提升到民族现代化的高度加以考察，在分析大量实际数据的基础上，深入研究了我国民族教育与民族文化发展的相互关系，所存在的问题及其发展策略和展望，对提高我国相对落后的少数民族地区教育水平具有一定的指导意义。

7. 少数民族教师教育研究

"民族地区乡村小学教师队伍建设问题研究"（吴明海，2009 年教育部重点课题）以田野调查为基础，以贵州省黎平县的农村教师队伍为例进行分析，并对教师队伍建设进行归类梳理，结合国内学者对教师尤其是农村中小学教师的发展研究，用教育人类学的视角对当今教师队伍建设的方法进行深度挖掘，结合现代教育对教师的要求和行政管理者、家长和学生对教师基本素质和能力的要求，以教育学为指导对教师进行师德教育、教育心理的指导。在此基础上，用教育人类学的方法分析黎平侗族文化特点，将其与教育进行整合研究，探索出一条符合传统民族文化背景下的教师队伍建设的发展道路。相关的研究还有"有效推进民族贫困地区教师专业化发展的研究"（刘芳，2006 年教育部重点课题）、"新疆多民族地区教师信息素养的研究"（蒋新革，2006 年教育部青年专项）、"西部特殊教育师资发展对策研究"（赵斌，2008 年教育部青年专项课题）、"西南少数民族地区教师多元文化教育能力与有效培训研究"（王艳玲，2009 年国家青年基金课题）、"以师资培训行动研究来提高西部少数民族聚居区贫困儿童学业成就的质性研究"（李剑，2010 年国家一般课题）、"新疆中小学教师教育技术能力建设的混合模式研究"（王炜，2010 年国家一般课题）、"新疆初中少数民族物理教师新课程适应性研究"（张冬波，2010 年国家青年基金课题）。

在代表性论著方面，《少数民族地区农村教师培训模式探析》（袁凤琴）分析了少数民族地区学校和教师的特点，认为少数民族一般都生活在山区，人口密度不高，经济比较落后，因此，少数民族地区的农村学校具有自身的特点：学校、教学点分布广；学校规模小，有的学校还是复式教学；学校地处偏远；学校少数民族教师占的比例高；教师学历不高，虽然大部分教师的学历是大专，但是很多都是通过函授、自考或脱产学习获得；教师工作量大，很多学校都是一个教师一个班。因此，与一般农村地区相比，少数民族地区农村中小学教师生存状况所表现出来的问题更为突出。《民族贫困地区义务教育师资问题与对策——以桂林为例》（潘磊）分析了民族贫困地区义务教育师资问题的现状，认为存在的问题主要有高学历高职称的教师分布不均、教师年龄结构不合理、教师队伍不能形成合理的规模等。要解决这些问题就必须改革农村义务教育财政投资体制、完善农村教育的财政转移支付制度、大力实施中小学人事制度改革工程和实施农村薄弱校改造工程。《贵州民族地区中小学教师心理健康与职业压力人格特征的关系》（韦磐石等）表明，在少数民族地区，小学教师和中学教师的心理健康状况并无显著差异，汉族教师心理健康状况优于少数民族教师，可能与少数民族教师的文化认同和民族认同有关。在少数民族地区，城市中小学教师的心理健康状况普遍优于城镇和农村教师。教师职业压力对心理健康有较大影响，在中小学教师职业压力中，学生因素、考试压力、职业发展、工作负荷、家庭人际关系、组织与社会氛围同教师心理健康状况有不同程度的相关性。一般认为，教师职业压力是产生职业倦怠的直接原因，职业压力越大，教师出现倦怠的程度就越严重，而倦怠会影响个体的心理健康。这些研究表明，少数民族地区农村中小学教师的心理健康状况与一般地区有相同的一面，但由于涉及民族认同、民族传统与氛围等问题，因此更为复杂。

8. 跨文化心理与教育研究

"学生所处生态文化场景与其学习指导：对民族地区农村初中生的学习人类学研究"（常永才，2006 年国家青年基金项目）运用跨文化心理学和人类学田野工作深入调查，并从教育内外部文化变迁视角对民族地区初中生的学习状况进行全貌分析，进而对有关决策和实践提供适切性强的心理学支持。研究重点包括：（1）民族文化与学生元认知水平；（2）生态文化环境与认知风格；（3）学生本土文化概念向学校科学概念的发展；（4）民族文化传统与学科学习策略；（5）学生学习投入的影响因素。研究内容紧密结合新课程在民族地区推行这一基础教育重大举措，服务和聚焦于民族地区基础教育发展的现实重大问题。相关研究还有"民族地区高中新课程改革的心理学支持研究"（杨伊生，2010 年国家一般项目）、"少数民族青少年韧性素质现状、发展及培养研究——以苗族、布依族等为例"（潘运，2010 年国家青年基金课题）、"宁夏南部山区回族儿童入学准备状况的动态干预研究"（邱桂平，2010 年国家青年基金课题）等。

在代表性论著方面，《论人类学取向的民族地区教育研究方法论之革新——经典文化概念的局限及其克服》（常永才）认为，加强人类学方法的应用，是民族教育研究体现特色和进一步深化的一个基本途径，但我国民族教育研究者应当注意的是，人类学核心概念——文化的经典观念在今天日益暴露出局限。其一，将文化假设为匀质的疆界分明的铁板，忽视文化内部的多样性和文化间的互动。其二，将文化视为无时间性的静态性实体，忽视其历史流变。其三，暗含着若干二元对立，即文化与自然的对立，社会建构与个体建构的对立，主观与客观的对立。针对这些局限，本研究初步建议有三：其一，推敲文化概念这类方法论的基础知识；其二，及时借鉴国外新近成果，但注意使之在我国本土化，尤其是重视东西方民族问题的差异；其三，要跨学科地走向开放，尤其是向长于个体层次分析的心理学等学科借鉴，以弥补经典人类学偏重群体层次分析的局限。《文化多样性、心理适应与学生指导——对中国少数民族学生的初步研究》（常永才）运用生态文化理论、文化人类学和文化概念新近发展等跨学科理论和知识，通过调查分析不同文化场景民族学生心理适应问题的异同，描述了民族学生心理适应的重要相关因素，探讨了与学校场域和民族学生较为相关的生活事件、学业适应问题和文化适应问题，并从文化角度进行了分析，尤其是通过个案研究，探讨了涵化对心理适应的意义；此外，还探讨了民族学生心理适应问题的解决，侧重分析了族群认同和通俗知识对学生应对方式的影响，最后对完善文化视角的民族心理学研究提出了对策建议。《人类学经典涵化概念的局限及其心理学视角的超越》（常永才）认为，人类学在 20 世纪 30 年代建构的经典涵化概念至今常用，但该概念存在忽视涵化个体心理分析的局限。当代心理学重视文化视角研究，在人类学涵化概念的基础上形成实践操作性较强的心理学涵化概念框架。涵化概念的发展表明，人类学向心理学借鉴，可能推动该学科《西南少数民族心理特征嬗变研究》（潘志清）通过对市场经济条件下的西部开发过程中西南少数民族的心理特征进行科学调查及实证分析，为研究西南少数民族地区社会经济发展问题提供基础性资料和理论指导，提出了改善少数民族心理结构、提高心理素质的有效途径和方法。《中国少数民族心理健康研究30年文献计量分析》（罗鸣春、黄希庭、苏丹）对1978—2008年国内少数民族心理健康研究成果进行了文献计量分析，结果表明：对我国少数民族心理健康的研究文献量虽然逐年有所增加，但对心理健康的研究则属起步阶段。我国少数民族心理健康的研究对象以在校学生为主，主要采用SCL-90对大学生的心理健康进行调查，他们的心理健康水平普遍低于对照组或无显著差异；研究人员主要分布在高校和医学机构，至今尚未形成核心的研究团体。今后我国少数民族心理健康研究任重道远。

9. 教育人类学研究

“十一五”期间，民族教育研究领域中基于教育人类学理论、方法、视角的研究成果明显增多，影响逐渐扩大。这方面的论著主要有中央民族大学滕星教授主编的“教育人类学研究丛书”，该丛书是一套开放性的学术丛书，它肩负着两个主要任务：一是系统介绍与评价国外民族教育学（教育人类学）的理论与实践；二是在批判性继承民族教育学理论与方法的基础上，积累与展示中国本土民族教育学的理论与个案研究的最新和重大研究成果。它提倡走出书斋用文化人类学的田野调查方法去研究当今中国的学校正规教育与社区、家庭的非正规教育，特别关注中国社会少数民族、妇女、残疾人和低社会阶层等弱势群体的教育问题，倡导书斋研究与田野调查相结合，即理论与实践相结合的学风；推崇百花齐放、百家争鸣的学术自由与理论创新的精神。2008—2009年，民族出版社继续推出了“教育人类学研究丛书”第二辑共10部著作，分别为：《多元文化与现代性关系之研究——教育人类学的视野与田野工作》（钱民辉）、《教育人类学的理论与实践——本土经验与学科建构》（滕星）、《多民族文化背景下的教育研究》（滕星、张俊豪）、《多元文化教育——全球多元文化社会的政策与实践》（滕星）、《教育的人类学视野——中国民族教育的田野个案研究》（滕星、张俊豪）、《多元文化社会的女童教育——中国少数民族女童教育导论》（滕星）、《教育与社会发展——贵州苗族社区个案研究》（罗慧燕）、《教育与族群认同——贵州石门坎苗族的个案研究（1900—1949）》（张慧真）、《民族教育理论与政策研究》（滕星、王铁志）、《全球视野：教育领域中的族群、种族与国民性》（N. Ken Shimahara等主编，滕星、马效义等译）。这些著作中既有民族教育学基本理论和方法的探讨，也有深入细致的田野个案研究，较为集中地体现了20世纪90年代以来中国教育人类学的研究水平以及国外相关研究的进展。此外，《风绿山野：黔东南教育人类学考察论文集》（张诗亚）是一部针对黔东南教育人类学进行考察的论文集，共收录论文22篇，主要内容涉及民族传统文化价值变迁的教育人类学思考、西南民族教育的文化生态基础及研究目标、民族文字教材与教育公平等方面，对于促进民族地区教育优先发展有重要的启发作用。《朝鲜族传统游戏传承的教育人类学研究》（崔英锦）在国内首次从教育人类学的视角系统研究和解读了朝鲜族传统游戏，该书对我国朝鲜族目前保存和继承最好、最具有典型民族特征的摔跤、秋千、跳板、象棋、花图、拔河等传统游戏进行了较系统、全面的梳理，并解读了朝鲜族传统游戏具有的文化特质和教育功能。《凉山彝族家支文化传承的教育人类学研究》（刘正发）以教育人类学的视角来系统分析、研究和探索凉山彝族家支文化（包括家支观念、家支意识、父子连名谱系、亲属称谓、组织形态、婚姻缔结、祭祀祖先、神灵信仰、冤家战争、团结互助、立身处世、人伦道德教育以及传递神话故事、格言家训和科技人文知识等）及其传承和教育选择的问题，对少数民族传统教育的人类学考察具有一定的借鉴意义。《“鹰雏虎崽”之教：教育人类学视野下的彝族儿童民间游戏研究》（张新立）从教育人类学的视角对50余种彝族儿童民间游戏考察，讲述了儿童游戏的发生和本质、儿童民间游戏与教育的关系、彝族儿童民间游戏的教育功能及本项研究对当代儿童游戏发展的启示等。

10. 多元文化教育研究

“十一五”期间，我国多元文化教育研究的成果主要集中在中国少数民族教育与西方多元文化教育比较研究、国外多元文化教育比较研究、中国多元文化教育史研究、民族地区多元文化课程问题研究这四个方面。2006年，民族出版社出版了由万明钢、王鉴主编的“多元文化与西北民族教育研究丛书”（7卷本），成为国内多元文化教育与民族教育研究学术前沿的代表作。在重点成果中，《多元文化教育比较研究》（王鉴、万明钢）涉及多元文化教育比较研究的历史、方法及对象，多元文化教育概念论争，西方国家的多元文化教育及其批判，中国多元文化教育史略，中国少数民族教育政策等，通过比较研究，认识我国少数民族教育与西方多元文化教育之间在背景、内涵和性质等方面的差异所在，进而分析我国多元文化教育的特殊性，为发展有中国特色的多元文化教育奠定理论基础。《多元文化教育：全球多元文化社会的政策与实践》（滕星）结合国际社会四十多年多元文化教育的发展成果，首次对美国、英国、法国、日本、澳大利亚等东西方二十个多个民族国家的多元文化教育政策与实践进行了较为系统全面的介绍，对国外多元文化教育的比较研究具有重要启示。《明清多元文化教育研究》（张学强）阐释了明清时期民族文化教育的多元化、宗教文化教育的多元化、学术文化教育的多元化的教育状态，以及西方宗教与科技的传入对明清中国多元教育文化的影响，从教育史、学术史、宗教史、文化史的角度研究中国明清时期多元文化教育的演进及其规律，对于今天更好地理解与实行中华民族多元一体教育有着重要的借鉴意义。《多元文化背景中地方课程开发研究》（孟凡丽）以多元文化背景中地方课程开发的探讨为例，通过比较与分析，提出多元文化背景中地方课程开发机制的现实选择，应以现有多元文化背景中地方课程开发的经验为基础，注意培育多层次、动态开放的课程开发机制系统；关注我国课程文化，使多元文化背景中地方课程开发机制的选择在一体与多元之间保持必要的张力；以理论研究服务课程改革实践，形成多元文化背景中地方课程开发机制多元并存的局面。

（二）存在的问题及不足

1. 学科发展水平不高

西方发达国家早在20世纪70年代就已经完成了民族教育学学科（教育人类学、多元文化教育）的奠基性工作，步入了学术性创新发展阶段，并于20世纪90年代适时地将学科发展与全球化的发展趋势结合起来，产生了一批有国际影响的学术著作，如：*Teaching Strategies for Ethnic Studies*，*Cultural Diversity and Education*：*Foundations*，*Curriculum and Teaching*，*Diversity and Citizenship Education*：*Global Perspectives*，and *Race*，*Culture*，*and Education*：*The Selected Works of James A. Banks*，造就了一批国际知名的学者，如John. U. Ogbu，James Banks。

“十一五”期间，我国的民族教育学研究刚刚进入初步的学科化和学术化阶段，尽管民族教育学学科涉及民族学前教育、民族基础教育、民族高等教育、民族职业教育、民族成人教育、民族教育理论、民族教育心理、民族教育管理、民族教育师资、民族教育史和宗教教育、外国民族教育和少数民族女童教育等各个领域并取得了一定的成果，但与国际民族教育学的发展水平相比，还有相当的差距，主要表现在：（1）至今产生具有国际重大影响的学术著作不多；（2）缺乏对中国少数民族文化变迁与教育发展系统的田野研究；（3）研究成果分布领域集中，研究水平参差不齐，各民族地区基础教育研究分布不均，研究方法滞后，而一些对少数民族社会发展有重大影响的教育领域，例如文化认同与国家安全等领域则无人问津；（4）对我国少数民族地区基础教育发展提供的科学决策和理论指导均还不足。

2. 经费来源渠道少，课题管理欠规范

国际少数民族教育研究经费的来源在20世纪50年代以来已经趋于多元化，从其国内非政府组织、国际组织基金项目获取的研究经费越来越多，有严格的申请程序和执行程序，绝大多数实行项目管理和法人负责制，研究者的职业意识和职业道德水准较高，很少出现用研究经费支出非研究项目的现象，研究经费提供方一般对项目实行过程管理。

我国民族教育研究直到“七五”期间才获得国家的研究经费资助，之后虽然逐年有所增加，但相对其他教育研究领域增长过于缓慢。“十五”和“十一五”期间，我国民族教育研究一些较有学术影响的学者获得了联合国教科文组织、美国福特基金会等国际组织和非政府机构的资助，与国外大学开展了一些合作研究项目，但相对而言，青年学者和研究生获得研究经费的机会不多。

3. 人才培养机制不健全

引导国际民族教育研究潮流的英、美、加、澳等国，普遍有着良好的研究生培养机制，学术人才的引进、遴选和晋升机制，再加上高校极富特色的学术规划、学术资

源的获取机制和相对宽松、自由的学术体制，从总体上讲，这些国家民族教育研究的学术梯队的培育得到高等教育体制和各个高校学术规划、体制的保障，几乎不成为一个“问题”。

中国的高等教育体制“条块分割”，尽管近几年已经有了幅度很大的改革，但是直到目前中国少数民族教育研究的现实是：师范院校的研究普遍缺乏人类学与民族学的支持，民族院校的研究普遍缺乏教育学、心理学的支持，综合型大学或是缺乏人类学与民族学的支持，或是缺乏教育学、心理学的支持。中国少数民族教育研究人才的培养，特别是研究生培养计划和体制各个高校各自为政，课程体系不健全，研究生知识技能体系的结构性失调，培养资源严重不足。

4. 民族教育的特殊性不突出

由于城乡差异、区域差异和文化差异等各种原因，国内东部地区基础教育的发展模式、策略、研究成果和经验并不完全适合少数民族地区基础教育的发展，实际上也没有解决少数民族地区基础教育发展面临的重大问题。国外发展少数民族基础教育的实践经验和研究成果也不完全适合我国少数民族基础教育的实际情况。综观以往课题研究与论文，对于西部少数民族基础教育中的基本问题进行了比较深入的探讨和分析，揭示了我国贫困地区基础教育中存在的一些突出问题，具有一定的实际意义和理论价值。但是，这些研究在研究视角上比较集中，研究内容主要侧重专题研究，并强调教育问题的一般性，忽略地方性和文化性，对西部民族地区基础教育中特有的文化背景和问题分析不够，对西部民族地区基础教育的诸多外部因素缺乏研究。因此，“孤立化”的专题研究成果对于少数民族地区的社会发展和基础教育发展没有很好的适切性，提出的建议涉及面比较窄，针对性不强和实效性较低。

5. 文化研究视角的缺失

心理学是现代教育学科学化的核心基础之一。长期以来，我国心理学总体上对文化视角的分析不重视，因而对具有不同生态文化环境和历史传统下少数民族心理的专门研究极为薄弱。从现有文献来看，少数民族学生心理研究在国内始于20世纪80年代，但多属于综合研究中的附带研究或粗糙描述。“十五”和“十一五”期间，对民族学生心理的专门研究显著增多。目前，本领域现有研究有两大类：心理卫生、心理学、精神科杂志中发表的研究论文具有明显的实证色彩，强调数据、实验和临床，以自然科学研究方法为主，其局限是几乎都忽视民族文化的分析；而民族学、青年研究、教育类研究则多运用人文社科调查方法，多少关注文化因素的影响。对于文化对个体心理影响的机制、群体层面的文化分析如何与个体层面心理学方法的有机结合以及文化概念的可操作化等基础问题，这两类研究都共同存在诸多不足。其一，几乎都以笼统、机械的观点看待一个民族，将其视为一个均质的群体，忽视了群体内部的差异性。其二，研究目标和研究领域较为狭窄。大部分规范的研究关注的是个体心理健康的状况测评，民汉比较较多关注的是焦虑、孤独、自责、过敏等个体心理障碍，对社会性适应，尤其是对学业适应、跨文化适应、民族认同等重大现实课题的研究较少。其三，应用性研究、发展性研究应加强，尤其是从文化视角加强原因分析和对策研究。其四，在研究技术和工具上，现有研究较常用的量表的国内常模主要基于对汉族被试的测试，可能不太适宜边疆民族学生，即存在"文化色盲"的局限。其五，研究取向上，现有研究无论是基于心理测量，还是基于思辨和随意的现状总结，但基本上都是静态的思维，缺乏发展角度的研究，就难以深入有效地探析文化变迁与民族学生心理适应这一较为复杂的课题。

6. 研究力量有待整合

我国民族教育研究的三大基地分别是中央民族大学、西南大学和西北师范大学，后面两所高校分别设有教育部人文社会科学重点研究基地——西南民族教育和心理研究中心和西北少数民族教育发展研究中心，但两个中心的研究都没有突破地域限制，仅是局部性的区域研究，造成这种现状的原因不排除地方性大学研究资源和力量的有限性，迫切需要更多的研究资源的调配和更强有力的组织机构加入，以实现民族教育研究力量的有效整合。中央民族大学作为中国最高等级的综合性民族院校，设有国家"985"高校中唯一的民族教育研究专业机构——中国少数民族基础教育研究中心，其研究力量和专业性资源调配整合能力都是最强的，应在民族教育研究的资源整合方面发挥引领和协调作用。

7. 双语教育研究欠深入

在"十一五"规划期间，每年都有若干民汉双语教育研究的课题立项，但从总体上看，对新时期各民族地区以及各民族的语言使用情况和语言态度描述较为简略，缺乏较为深入的典型研究个案和民族志描述，并且在教育领域中的使用情况缺乏历时的梳理、现状的描述、切实可行的对策以及前景的展望。从国内视野背景来说，国家在"十五"和"十一五"期间，对少数民族地区双语教育有了哪些政策和文件上的新举措和新规划还需要进一步探讨；在"十一五"期间，我国少数民族双语教育的实施状况如何，采用了哪些模式，在教育领域中面临着怎样的处境，少数民族群众的语言态度是否发生了转变，这些都需要做进一步的研究和梳理，而这些仅仅依靠已有的文献是远远不够的。从国际背景来说，多民族多语言多文字国家语言文化多样性的传承和发展应如何应对和平衡全球一体化和经济一体化的格局，少数民族边疆地区的双语教育对民族团结、国家稳定以及民族地区社会的和谐发展起到何种作用，都是需要进一步深入研究的问题。

8. 研究方法较为粗糙

"十一五"期间民族教育研究方法上存在以下不足：(1) 文献研究较多，相当一部分论文基本上是资料的堆砌或文献综述甚至是"低水平的重复"，基于文献基础上的有较高理论水平和学术规范意识的民族教育研究成果寥寥；(2) 在实证研究中，定性研究较多，且不少是描述性研究，定量研究较少；(3) 定量研究者在实施抽样方案时的做法不统一，没能很好做到客观、合理的抽样，实际上采用的是非随机的判断抽样方法；有些抽样甚至带有一定的任意性，这样很难达到准确推断总体的要求；

(4) 访谈不够深入，一些研究没有就重点问题进行深度挖掘，另外，被访谈对象代表性不足，未能涉及各个阶层。

9. 研究立场比较单一

民族教育研究涉及的问题很多都具有敏感性与复杂性，民族教育研究者应注重站在主（研究对象）、客（研究者）位相结合的研究立场上，不带偏见地研究少数民族教育。有些研究者站在主流民族的立场上，带着主流民族的客位文化观点来研究少数民族教育，忽视甚至否定民族教育的价值和意义；还有一些研究者则过度强调和扩大某些民族语言文化的社会功能和族群边界，忽视不同族群彼此交流、共同和谐生活的全球多元化大趋势，这些都是不可取的。

10. 国际化程度较低

在“十一五”期间，中国少数民族教育引起不少国际组织的关注，民族教育研究国际合作项目有明显增多的趋势，联合国教科文组织及其下属的联合国儿童基金会、世界银行、亚洲开发银行、美国福特基金会、香港乐施会等各类境外非政府组织（NGO）对少数民族教育研究课题资助的力度较大，主要集中在少数民族地区新课程改革、少数民族地区师资培训、少数民族基础教育政策、乡土教材研究、少数民族地区双语教育、少数民族女童教育等领域。但从总体上看，民族教育研究的国际化程度还较低，表现在：国外民族教育研究（包括教育人类学、多元文化教育）中文翻译作品较少，大陆学者参与国际民族教育研究领域的层次较低，大陆学者在国外相关领域核心期刊发表的外文作品特别是有影响的学术精品极少，国内外学者在民族教育研究领域的学术合作与交流较少，有国际影响力的中国民族教育研究专家很少。

二、“十二五”民族教育学学术前沿和发展趋势

在“十二五”期间，民族教育学的学术前沿及发展趋势主要体现在以下几个方面。

（一）民族教育研究内容的扩展和深化

在“十一五”期间，随着《教育人类学研究丛书》、《多元文化与西部民族教育研究丛书》、《西南民族文化与教育研究丛书》等民族教育学学科建设力著的出版，民族教育学学科基础理论和学科建设得到了较大发展。

新中国成立60年来，民族地区教育基本实现了“两基”，解决了“有学上”的问题，但“上好学”目前已成为影响民族地区教育发展的突出矛盾。“十二五”期间，随着《国家中长期教育改革和规划发展纲要》的颁布和实施，民族教育研究的重点将从少数民族地区教育平等机会的保障和数量发展，转为机会的成功实现和质量的提升。因此，如何促进民族地区的教育公平是“十二五”期间民族教育研究的学术前沿，少数民族地区义务教育均衡发展、少数民族地区教育质量的有效提升、少数

民族教育政策法规的实施和改进、少数民族人才培养和办学模式调查研究等将是“十二五”期间民族教育研究的战略重点。此外，随着全球经济一体化和民族文化多元化的发展，学校教育中的民族文化传承、民族教育领域的国家认同和民族认同、跨文化心理和教育、民族团结教育、少数民族地区双语教育等问题也备受社会各界关注。对少数民族教育中重大理论和现实问题开展持续、深入的调查研究，为国家和地方政府部门提供行之有效的对策建议，是民族教育学学科“十二五”期间的重要使命，这也意味着民族教育研究在理论研究和宏观研究的基础上，今后更注重加强应用研究和微观研究，为民族地区教育事业的发展和实施西部大开发战略服务。

（二）民族教育研究视角的跨学科性

少数民族教育研究具有显著的复杂性和艰巨性。因此，跨学科的研究视角尤为重要。“十二五”期间，随着民族学（文化人类学）、心理学、社会学、语言学、生态学、历史学和宗教学等相关研究学科的发展，民族教育学研究将更加重视采用跨学科的研究视角，以心理学、人类学、民族学、教育学为主干学科，并恰当地运用社会学、语言学、生态学、历史学和宗教学等相关学科的知识，以形成有新意的优质成果。其中，教育人类学、跨文化心理、多元文化教育成为民族教育研究中三个最重要的交叉研究领域（交叉学科）。

教育人类学（Educational Anthropology or Anthropology of Education）是由人类学与教育学相互交叉并通过科际整合而形成的一门综合性边缘学科，其核心研究领域是多民族国家的少数群体教育，包括少数民族教育、乡村教育、移民教育、多元文化教育等方面的内容。作为一门新兴的边缘学科，教育人类学吸收了包括哲学、人类学、教育学、心理学、生物学、社会学、政治学、历史学、语言学等多学科的研究成果。国外教育人类学学科形成于20世纪中期，经过半个世纪的发展，形成了以德国、奥地利等国为代表的哲学教育人类学和以美国为代表的文化教育人类学两大流派。教育人类学在国外已有长足的发展，其学科地位早已确立，并对许多国家的教育改革、教育政策、教育规划、教育咨询等都产生了重大影响。当人类进入21世纪后，随着国际上对全球一体化与民族文化多样性、文化差异与机会均等、多民族国家中主体民族与少数民族、国家一体化与文化多元化关系的讨论；随着知识经济社会的来临，人们对教育与社会弱势群体倍加关注，教育人类学也随之成为社会与学术界瞩目的一门重要的学术研究领域。在我国，教育人类学的研究特色是以人类学的基本理论、方法研究民族地区的教育问题，通过中国教育人类学研究的经验与成果对西方教育人类学理论展开本土化诠释，为西方教育人类学理论的本土化和中国教育人类学研究经验及成果的国际化提供重要借鉴。

跨文化心理与教育研究尤其重视整合人类学与心理学方法。人类学方法上长于全貌性深度的质性描述，而心理学长于定量统计分析。研究策略是，首先运用人类学方法，深描特定民族地区文化场景，并解决心理学概念的文化等效问题，然后进行心理调查和分析。此外，该研究领域还提倡借鉴心理学思维完善人类学田野工作方法和技术，并对人类学质性材料进行量化处理，以实现精细的跨个案比较。目前，全球化态势凸显，出现前所未有的跨文化互动和共处，因此，文化视角已成为当今国际心理学研究的主要途径之一。本研究领域拟针对我国各民族学生丰富多样的文化背景，借鉴文化心理学等国际前沿成果，并加以本土化，开展民族学生心理调查，因而可望在该领域贡献具有我国特色的成果。

西方少数民族教育又称多元文化教育（Multicultural education），是指在多民族的多种文化共存的社会中，允许和保障各民族的文化共同平等发展，以丰富整个国家的文化教育。多元文化教育产生于20世纪60年代美国的“民权运动（The civil rights movement)”，这一运动的一个主要目标在于消除公众在公共场所、住房、就业和教育等方面存在的偏见。其结果对种族、族群的教育产生了很大的影响——首先是黑人，然后是其他各族群——要求通过学校和其他教育机构的课程重建以反映各少数民族的文化、历史、经验等。在“十五”和“十一五”期间，我国民族教育领域的研究者与西方少数民族教育研究接轨，开展了有关多元文化教育的比较研究。在“十二五”期间，将深化中国少数民族教育与西方多元文化教育比较研究，促进我国民族教育与国际教育接轨，在借鉴西方多元文化教育的优秀成果的同时丰富和扩大我国民族教育的内涵。

（三）民族教育研究方法的多元化

从“十一五”期间民族教育研究的发展历程来看，研究方法的多元化发展趋势已经成为民族教育研究中突出的特点之一。民族教育研究方法从“九五”、“十五”期间主要使用经验的定性的描述方法，逐步转变为采用多种多样的研究方法。如在研究中既有定性的研究，也有定量的研究。在定性的研究中有经验描述法、教育叙事法、历史口述法、调查与理性分析法、理性思辨法等；在定量研究中，有数据描述法、问卷测量法、准实验法、科学实验法、数学模型法等。研究方法的多元化还表现在跨文化的比较研究上。如国内、国外两个具有不同文化背景民族教育的比较或国内不同民族教育的跨文化比较。根据民族教育课题研究的需要，既可以采用人类学、民族学的田野调查法、社区研究法，同时也采用心理学的实验法、教育学的比较法、历史学的文献法等。其中，源于人类学学科的田野工作（Field Work）研究方法目前在民族教育研究中影响日益扩大。基于田野工作的民族志（Ethnography）是人类学的一种研究方法论，通过这种方法论，教育人类学家对解释教育和教育中质的研究的发展作出了重要贡献。参与观察和访谈（包括正式访谈和非正式访谈、口述史研究）是田野工作的主要研究技术，但通常需要其他的质的研究和量的研究的技术来进行补充和完善，这些技术如制图、制表、问卷调查、文献分析和物品分析、生活史分析、叙事和实验。

（四）民族教育研究力量进一步加强

"十一五"期间，中央民族大学建立了国内"985工程"高校中第一所民族教育专门研究机构"中国少数民族地区基础教育研究中心"，教育部人文社会科学重点研究基地西南大学西南民族教育与心理研究中心和西北师范大学少数民族教育发展研究中心在"十一五"期间得到了长足的发展。目前，中央民族大学、西南大学、西北师范大学在教学科研领域已形成了民族教育学学科（研究方向）学士、硕士、博士、博士后完整的教学科研人才体系，承担了民族教育学各主要方向的人才培养任务。此外，北京师范大学多元文化教育研究中心、内蒙古师范大学内蒙古民族教育研究中心、广西师范大学广西民族教育研究中心、凯里学院民族教育研究中心等研究机构也以开展民族教育研究为主要任务，在民族教育学学科的教学、科研、信息交流等方面起到了重要作用，为今后该领域的学科发展奠定了一定的组织和师资基础。可以预计，随着"十二五"期间国家对民族教育研究重视程度的提高，民族教育的研究力量必然得到进一步加强，在科研经费投入、研究队伍建设、人才培养、信息资料收集以及完善组织机构等方面获得快速发展。

（五）民族教育研究国际化程度的提升

"十二五"期间，我国民族教育研究人员与国外民族教育学术研究领域学者（含教育人类学、跨文化心理与教育、多元文化教育研究领域）相互学习、合作与发展的关系将更加密切。西方主要发达国家民族教育研究经多年发展，已有大量优秀研究成果，我国的民族教育研究发展刚走过改革开放30年，正处于初级阶段，为了完善和加快民族教育学学科建设，急需了解国外相关研究领域理论与优秀成果。在"十二五"期间，我们一方面要"引进来"，即组织有关人员编译一批国外民族教育名著，开展多种国际学术交流活动，并邀请海内外一流学者来华讲学、研究，以资借鉴，拓宽学术视野；另一方面要"走出去"，我国民族教育研究者也应将具有中国本土特色的民族教育学精品研究成果翻译成相关外文，通过国际学术会议及相关学术载体介绍到国外，力图使中国民族教育学在国际相关领域占有一席之地，通过与国际民族教育研究领域的学术交流与对话提升本学科领域的国际化程度。

三、"十二五"民族教育学重点研究领域及选题

（一）需要进一步深化和拓展研究的重点领域、范围和方向

在"十一五"规划研究的基础上，我国民族教育研究在"十二五"规划期间预计形成以下重点研究领域及方向。

1. 少数民族地区基础教育均衡发展研究

改革开放以来，民族教育事业尽管实现了历史性的发展，但由于多方面的原因，当前民族教育的整体水平还不高，基础薄弱，结构不合理，质量不高，与全国平均水平和民族地区自身经济和社会发展的需求相比还有较大差距。西部大开发和建设新农村战略的提出为少数民族地区基础教育的发展提供了机会，如何借此东风引进人才和机制、提高入学率和教育质量是新时期少数民族教育研究的亮点。同时，也应当关注市场经济对教育管理体制带来的冲击，劳动力流动对少数民族基础教育师资和入学率的负面影响，以及学校安全管理和留守儿童的教育管理等问题。本研究重点为民族地区基础教育均衡发展的现状调查与评估，并在此基础上提出促进我国民族地区基础教育发展的理论依据和政策建议。研究内容主要包括：（1）民族地区义务教育投入与效益研究；（2）少数民族地区学校管理体制研究；（3）民族地区基础教育特色建设研究。

2. 少数民族地区基础教育政策、法规研究

少数民族地区基础教育政策与法规制定和有效实施是建设有中国特色少数民族地区基础教育体系的根本保障。新中国成立以来，少数民族地区基础教育建立了一系列中央和地方性政策与法规，它们对少数民族地区基础教育实践起着具体的规范与调节作用。本研究在对新中国成立以来少数民族教育政策法规分析的基础上，厘清现有的民族教育政策与法律，并通过理论分析和实证调查，阐明和总结少数民族地区基础教育制定与落实有关政策法规的基本情况、具体实践和经验教训，寻找其中存在的问题，分析产生问题的原因，为充实和完善我国的民族教育政策法律体系提供理论依据和政策建议。

3. 中国少数民族地区课程改革、教材建设与教学研究

本方向是我国少数民族地区基础教育微观领域研究的核心内容，直接关系到少数民族地区素质教育的推进、落实和进一步提高少数民族基础教育教学质量等重大问题。本方向的主要研究内容有：

（1）少数民族地区基础教育新课程改革与教学研究

新一轮课程改革是当前基础教育改革的核心内容，关系到为中国“三步走”战略的实现和21世纪有中国特色社会主义的伟大实践提供有相当素质的人力资源保障。要求对新课程在对少数民族地区文化适应过程中面临的主要问题、教学评估、实施经验教训及进一步改革发展的举措和策略等内容展开研究。

（2）中国少数民族地区基础教育教材研究

要求对少数民族地区基础教育教材，特别是少数民族语言文字教材的编写、出版、发行、评估、修订在市场经济体制下运作及其策略，教材内容的选择与地区和国家的发展及全球化趋势、地方和民族优秀传统文化及当代文化建设成果和当代科学技术的发展之间的关系等内容展开研究。

（3）民族文化传承与乡土教材开发研究

少数民族地区基础教育中的民族文化传承与乡土教材开发研究，是为了弥补我国基础教育中由于国家课程和教材统一带来的种种缺憾，例如不能有效传承地区与民族优秀传统文化和促使学生获得在当地自然生态环境和社会文化环境中的生计知识、态度与技能等。要求在总结少数民族地区基础教育典型校本课程、地方课程和乡土教材开发经验教训的基础上，展开对地方性知识的保护与发展、知识的转型与全球化、文化（文明）多样性的保护和发展，以及国家和全球社会安全等全球性议题展开中国本土研究。

4. 少数民族高等教育研究

新中国成立以来特别是改革开放以来，我国少数民族高等教育取得显著成就。近年来，中国普通高等学校少数民族在校学生超过了80万人。但由于自然条件和历史等原因，除个别民族外，少数民族在接受高等教育方面仍然属于弱势群体。尤其是在社会转型时期，随着我国社会政治经济的发展、民族宗教问题的凸显、西部大开发战略的实施、和谐社会的构建、高等教育大众化的推进对我国少数民族高等教育的发展带来了严峻的挑战与难得的机遇。在此背景下对我国少数民族高等教育加以重新审视、进行深入系统的研究已势在必行。因此需要加强对少数民族高等教育新问题的研究，必须以新的思维、新的视角，重新确定少数民族高等教育发展目标与发展定位，使少数民族高等教育在新的时代背景下充分发挥其应有的功能，在少数民族地区乃至整个国家的发展上起到更大的作用。

5. 跨文化心理与教育研究

文化视角已成为当今心理学主要范式之一。该方向针对心理学长期以来存在的"文化色盲"和文化中心主义等局限，运用新兴学科——跨文化心理学的方法和理论，探讨跨文化教育中的心理问题，对不同少数民族学生的学习心理适应、民族认同与国家认同、学业成就影响因素等问题进行跨文化比较研究。在研究方法与技术上，重视心理学、人类学与教育学方法的整合。将群体层面的文化分析与个体层面心理学方法有机结合，注意研究工具的民族文化适宜化和针对性，深化对不同民族学生民族文化心理中的"学"的视角的比较研究。研究内容与民族地区学校教育改革实践紧密结合，强调运用跨文化心理学视角，调研和分析不同民族地区学生的心理特点，尤其是学习心理、民族关系心理和心理健康的比较研究。

6. 双语教育现状调查与对策研究

双语教育是少数民族地区教育"老生常谈"的问题，但由于国内外形势的变化，民族地区的双语教育目前存在各种新的矛盾，面临一系列新的问题。因此需要研究者以实事求是的态度，深入民族地区，采用严谨、扎实的田野工作方法，用客观公正的眼光了解民族地区双语教育的现状、当地不同人群和不同阶层的语言态度，以及双语教育发展存在的矛盾和问题，掌握详细的第一手资料。在充分了解我国双语教育国情的基础上，总结我国不同地区少数民族的双语教育经验，进而对不同类型的双语教育发展提出切实可行的对策建议。

7. 人口较少民族教育发展研究

2000 年全国人口普查统计表明，中国有 22 个人口在 10 万人以下的民族。这 22 个人口较少的民族分别是：裕固族、赫哲族、京族、高山族、布朗族、撒拉族、毛南族、阿昌族、普米族、塔吉克族、怒族、乌孜别克族、俄罗斯族、鄂温克族、德昂族、保安族、塔塔尔族、独龙族、鄂伦春族、门巴族、珞巴族和基诺族；主要分布在内蒙古、黑龙江、福建、广西、贵州、云南、西藏、甘肃、青海、新疆 10 个省（自治区）。这些民族的发展特点除了人口少、区域小、多聚居外，更重要的是经济发展程度较低，社会文化脆弱程度较高。2005 年，国务院通过了《扶持人口较少民族发展规划（2005—2010 年）》，其中强调要"保护和尊重人口较少民族的语言文字、风俗习惯和宗教信仰自由，抢救和保护人口较少民族的濒危文化遗产，发展少数民族文化"。因此，深入开展人口较少民族教育发展研究有其必要性和紧迫性。

8. 国内外民族教育比较研究

西方发达国家在发展少数民族教育的理论和实践上已经积累了相当丰富的经验，为了打开思路，拓展视野，借鉴经验，应针对我国少数民族教育发展中的重大理论和实践问题与西方国家进行国际比较研究；此外，本方向也关注跨境民族教育研究。主要内容包括：（1）介绍西方发达国家在民族教育方面（含多元文化教育、教育人类学）的理论和经验，探讨其对我国民族教育研究的借鉴或启示；（2）将我国的民族教育与西方国家的民族教育进行横向比较，对民族教育均衡发展，少数民族教育政策、法规，少数民族地区课程、教材与教学问题，少数民族地区教师教育问题、少数民族学生学业评价等问题展开比较研究；（3）与西方少数民族教育研究进行学术交流与对话，加强我国民族教育研究的国际化和开放性；（4）跨境民族教育比较研究。

9. 民族团结教育研究

2009 年 8 月 25 日，中宣部、教育部、国家民委联合发出通知，要求各级各类学校深入开展"民族团结教育"主题活动，进一步加强学校民族团结教育工作。通知指出，在学校全面、深入、持续地开展民族团结教育，引导各族青少年学生牢固树立正确的国家观、民族观，是培养德智体美全面发展的中国特色社会主义合格建设者和可靠接班人的必然要求，是不断增强中华民族凝聚力和向心力的根本保证。本方向针对民族地区学校开展民族团结教育的情况进行实地调查，研究民族团结教育的实施状况及存在问题，探索如何通过有效途径和方法使各民族学生牢固树立中华民族"多元一体"的国家意识。

10. 少数民族地区教师教育研究

建设一支和造就一批结构合理、素质优良、爱岗敬业乐群的教育教师队伍，是 21 世纪我国少数民族教育持续、健康、全面发展的基础，也是我国教师教育研究整体战略中的有机组成部分。本方向将把少数民族地区教师教育分为职前教师教育、入职教师教育和职后教师教育三部分加以研究，要求针对少数民族地区教师的教育模式、师资培训、课程设置与建构以及教学知识、技能和态度的获得与应用，边远边缘贫困少数民族地区教师生存状态等问题展开研究。

（二）重点研究课题及简要说明

1. 学校教育中的民族文化传承

本课题的特色是以人类学的基本理论、方法研究民族地区的教育问题，探讨如何通过民族地区的新课程改革，在学校教育中保护和传承优秀民族文化，促使不同文化背景的少数民族学生既能融入现代主流社会，同时也能了解和继承本民族优秀的传统文化。研究内容关注学校教育领域的乡土知识传承。通过开发少数民族地区地方课程和校本课程开发传承民族文化，在此基础上深入研究民族地区学校课程改革、文化传承与学校教育选择、地方性知识与校本课程建构、经济全球化与多元文化教育发展等重大问题。

2. 民族地区基础教育的特色建设

本课题从人才培养和学生全面发展的角度，主要研究民族地区的办学特色和课程特色，在对民族地区民族校、民族班的调查分析的基础上探索适合我国民族地区教育特色的发展模式。具体包括：(1) 关于民族学校、民族班、省际联校的办学特色研究；(2) 关于民族文化和教学策略族际比较的课程特色研究。前者主要涉及民族学校、民族班、省际联校（如云南省的宁海模式）等，后者主要涉及新课改背景下民族地区教育教学质量的提高与评价、少数民族传统文化学校课程的教育教学，以及小少民族民语（含口语）课程设置的学校制度性安排等涉及国家安全与民族团结的敏感性问题。

3. 少数民族高等教育重大问题研究

主要内容包括：(1) 少数民族地区高等院校办学特色研究；(2) 多元文化背景下少数民族大学生语言、文化适应性研究；(3) 少数民族大学生就业状况调查研究；(4) 少数民族大学生的国家认同与公民教育研究；(5) 少数民族高等教育政策研究；(6)“少数民族高层次人才培养计划”实施情况调查研究；(7) 少数民族大学生心理健康教育研究；(8) 民族高校学生的民族认同与民族团结教育研究。

4. 中国少数民族双语教育典型个案研究

在研究取向上，突出民族地区的双语教育模式和典型个案的研究。全面摸清维吾尔族、藏族、傣族、壮族等某一重点调查对象及典型个案研究对象的双语教育发展现状，充分掌握我国双语教育的基本国情，分析和总结我国不同民族、不同地区双语教育的不同模式、经验以及存在的矛盾和问题，对不同类型的民汉双语教育发展前景提出政策建议。在研究内容上，关注新时期我国少数民族双语教育的理论和实践问题。主要包括：(1) 双语教育的基本理论；(2) 双语教育的分类和实践模式；(3) 双语教育的师资条件；(4) 双语教育的教材建设；(5) 双语教育的管理体制；(6) 双语教育参与者的语言态度；(7) 不同民族双语教育的比较研究；(8) 双语教育与文化传承。

5. 新课程背景下民族学生的认知心理适应现状及其促进

通过心理学测量和人类学田野工作，侧重调查分析：（1）民族文化与学生元认知水平；（2）生态文化环境与认知风格；（3）学生本土文化概念向学校科学概念的发展；（4）民族文化传统与外语学习策略；（5）学生学习投入的影响因素。这些研究内容侧重结合新课程在民族地区推行这一基础教育重大举措开展。

6. 民族团结教育的调查与革新

针对民族地区中小学生（含汉族学生），通过心理学测量和人类学田野工作等研究方法，侧重调查分析：（1）民族团结教育实施现状；（2）社会认知与族际差异感知；（3）生态文化场景与关于公正的道德认知水平；（4）民族认同与族际互动和国家认同。这些内容侧重结合民族团结教育革新的需要。

7. 社会转型与少数民族学生心理适应问题与教育辅导

针对各级各类民族学生，特别关注贫困学生、民族语言授课学生和从边疆到内地上学学生，内容包括：（1）不同文化场景中学生个体的心理健康；（2）不同文化场景大学生职业倾向与就业指导等方面。

8. 少数民族青少年民族认同与国家认同研究

民族地区中小学校是建构少数民族学生国家认同的主体，学校通过教育教学活动内化了学生的国家认同意识。少数民族民族认同建构的主体是家庭和社区。少数民族学生的国家认同要高于民族认同，二者并非相互对立、非此即彼的排斥关系，而是一种主次分明的互补和包容关系。研究内容包括：（1）少数民族学生中华民族认同的意义；（2）少数民族学生民族认同与国家认同的现状与问题；（3）少数民族学生民族认同与国家认同的评估手段和方法；（4）强化少数民族学生国家认同意识的对策和建议。

9. 少数民族农村地区教师生存状态研究

一方面，通过对少数民族农村地区教师生存状况的深入探讨，可以从理论上认识教师生存状况的本质，进而改善少数民族地区农村中小学教师的生存状况；另一方面，通过对民族地区农村中小学教师生存状况的实地调查研究，可以更好地了解民族地区农村中小学教师现实的生存状况，有助于政府有关部门了解民族地区农村中小学教师的生存状况，为政府出台有关的政策、制定相关的制度提供参考，促进少数民族地区农村教育质量的提高。

10. 少数民族地区乡土教材开发

少数民族地区乡土教材开发是为了弥补中国基础教育由于国家课程和教材统一带来的种种缺憾，例如不能有效传承地区与民族优秀传统文化和促使学生获得在当地自然生态环境和社会文化生态环境中的各种知识、态度与技能等。本课题要求在总结少数民族地区基础教育典型地方课程、校本课程和乡土教材开发经验教训的基础上，展开对地方发展中主要的现实问题的研究和探索，把乡土教材开发作为连接学校教育和所在社区的一个有机纽带，在此基础上展开对教育与地方性知识的保护与发展、教育与文化（文明）多样性的保护和发展等内容的研究。

11. 少数民族地区基础教育管理体制研究

西方多元文化教育认为学校教育应当使少数派获得适应本民族文化、主流文化以及全球社会所必需的知识、技能和态度，培养学生既认同主流文化（普通文化），又继承和保持自己民族或种族的文化。我国少数民族地区农村基础教育的目标也应当包括两方面：一方面是让少数民族儿童融入现代化的社会生活和建设中，另一方面是传承原有的民族文化。少数民族地区的行政管理体制和学校管理体制应当与这两方面的目标相对应。通过制度分析的方法，分析现有少数民族教育管理体制存在的问题，特别是教育制度对多元文化的传承和教育有效性、国家和民族认同的影响，找出适合当前社会转型期的少数民族基础教育管理体制。

12. 影响少数民族地区教育政策和法规因素研究

通过调查研究，找出新中国成立以来民族教育政策法规实施的影响因素，着重分析民族经济发展状况和开放程度、民族历史、民族文化宗教与习俗、民族语言文字等对民族基础教育的正负面影响，力图找出少数民族教育政策法规的有效实施途径，为修订、制定相关政策法规提供有效的依据。

13. 少数民族地区女童和留守儿童教育状况研究

少数民族地区特殊教育群体包括两个群体：一个是作为享有受教育权的适龄女童；另一个是父母双方或一方在外打工的留守儿童。本课题通过访谈和调查，找出女童辍学或流失的深层次原因，并从制度的角度提出解决的方式；留守儿童是近几年少数民族地区出现的突出问题，这部分儿童在受教育方面的需求表现出与其他儿童不同的特点，因此需要通过调查分析原因，找出对策，以促进少数民族受教育在机会、条件和结果上的平等。

14. 人口较少民族基础教育现状调查及发展对策研究

本课题将选择某一人口较少民族基础教育实施状况及存在进行典型个案研究，具体内容包括：（1）调查人口较少民族的经济社会和文化教育发展的现实情况和基本特点；（2）调查人口较少民族基础教育的基本情况及存在问题；（3）调查人口较少民族基础教育与民族文化传承的情况；（4）通过个案研究，深度分析人口较少民族文化基础教育课程实施状况、基本模式和发展对策。

15. 少数民族教育的国际比较研究

本课题在借鉴国外民族教育的相关理论、实践和经验的同时，也对不同国家以及我国的民族教育进行横向比较，在此基础上丰富我国民族教育的理论、政策和实践，有助于形成具有中华民族“多元一体”特色的民族教育体系，主要内容包括：（1）中国和国外民族教育政策的横向比较；（2）国外民族教育学、教育人类学、多元文化教育主要理论、方法的评介；（3）跨境民族的教育、宗教、文化的比较；（4）多元文化民族教育与边疆安全。

16. 少数民族教育思想史研究

在挖掘少数民族教育思想精华的基础上，全面系统地研究少数民族教育思想发展的经验教训及内在规律，服务于国家的民族政策和发展战略，维护国家统一和民族团结，为少数民族发展提供智力支持，促进中华民族的伟大复兴。在研究内容上，强调少数民族教育思想史研究，如民族经典文献的教育学和心理学思想，尤其是育儿、成年礼、学徒制、环境保护、敬老感恩等习俗中体现的教育思想智慧，及其在当前民族教育实践中的应用。中国少数民族教育思想史是构成“多元一体”的中华民族教育史不可替代的重要组成部分。收集、整理、研究少数民族教育思想史料，是对少数民族传统智慧与非物质文化遗产的肯定与尊重，在保护民族文化多样性和建构和谐社会方面具有特殊意义。

（撰稿人：民族教育学科组 苏德）

比较教育研究

第1部分 “十一五”期间我国比较教育研究的进展

我国比较教育研究在“十一五”期间取得了丰硕的成果，先后出版了上百本专著，发表了上千篇学术论文，为今后的比较教育研究工作奠定了良好的基础。

一、关于比较教育专题研究的概述

（一）学术论文

比较教育主要研究当前的国际热点与重要的教育问题，具有很强的时效性，因此高质量的学术论文最能代表比较教育研究领域发展的最新趋势。我国比较教育研究在“十一五”期间发表了上千篇学术论文，很难对其一一进行评述，因此，本文选取了国内比较教育研究领域比较权威的3本专业杂志，对其中发表的论文进行梳理。这3本学术期刊分别是北京师范大学出版的《比较教育研究》、华东师范大学出版的《全球教育展望》与东北师范大学出版的《外国教育研究》。

1. 研究方法

研究对象：以《比较教育研究》、《外国教育研究》与《全球教育展望》3本杂志在2006—2010年发表的学术论文作为研究对象，在2010年发表的论文中，《比较教育研究》截止到4月份，《外国教育研究》与《全球教育展望》截止到3月份。本文只对这3本期刊上发表的学术论文进行研究，其中会议综述、国际教育快讯等均未列入研究对象。论文具体分布情况详见表3-74。

表3-74　2006—2010年论文分布情况表

	2006年	2007年	2008年	2009年	2010年	总计
比较教育研究	222	212	197	203	66	900
全球教育展望	202	245	224	215	53	939
外国教育研究	180	183	225	214	54	856
总计	604	640	646	632	173	2 695

研究方法：对论文所研究的国家与地区、教育阶段与类型、研究方向与主题分别进行分类统计，进而分析“十一五”期间所发表论文在所研究的对象国、教育阶段

与类型、研究方向与主题方面所存在的趋势。

数据处理：首先对所有论文进行分类，用数字编码代表所有的研究类型，将其输入 Excel 表格，进而采用 SPSS 13.0 版统计软件进行分析。

2. 研究结果

（1）研究的对象国家与地区

① 关于各大洲研究的论文分布

2 695 篇学术论文对各大洲的教育情况都有所涉及与研究，具体分布情况详见表 3–75。

表 3–75 各大洲研究情况分布表

洲名	数量	百分比
北美洲	644	24.00%
欧洲	397	15.00%
亚洲	224	8.00%
大洋洲	59	2.00%
非洲	48	2.00%
南美洲	17	1.00%

从表 3–75 可以看出，论文以对北美洲、欧洲与亚洲的研究为主，分别占总数的 24.00%、15.00%与 8.00%，相比之下，对大洋洲、非洲与南美洲的研究较少，分别仅占总数的 2.00%、2.00%与 1.00%。其研究情况分布图见图3–46。

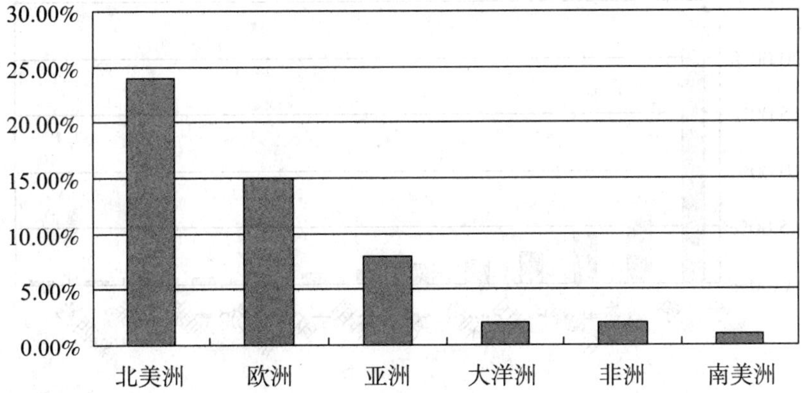

图 3–46 各大洲研究情况分布图

② 关于主要国家研究的论文分布

在 2 695 篇学术论文中，研究对象主要集中于西方发达国家，具体分布情况详见表 3–76。

表 3-76　主要国家研究情况分布表

主要国家	数量	百分比
美国	627	23.30%
英国	148	5.50%
日本	126	4.60%
俄罗斯	75	2.80%
德国	56	2.10%
澳大利亚	49	1.80%
法国	34	1.30%
韩国	28	1.00%
印度	23	0.90%
加拿大	17	0.60%
新加坡	11	0.40%
南非	11	0.40%
新西兰	10	0.40%

从表3-76可以看出，在所有论文中，对美、英、日三国的研究最为集中，分别占到总数的23.30%、5.50%与4.60%，对俄罗斯、德国、澳大利亚、法国、韩国的研究论文也较多，分别占到总数的2.80%、2.10%、1.80%、1.30%与1.00%，对印度、加拿大、新加坡、南非、新西兰的研究论文较少，分别占总数的0.90%、0.60%、0.40%、0.40%与0.40%。其研究情况分布图见图3-47。

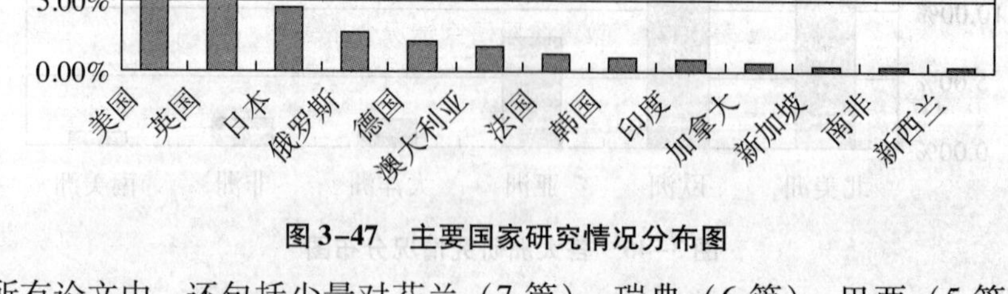

图 3-47　主要国家研究情况分布图

在所有论文中，还包括少量对芬兰（7篇）、瑞典（6篇）、巴西（5篇）、意大利（4篇）、泰国（4篇）、瑞士（3篇）、挪威（3篇）、越南（3篇）、马来西亚（3篇）、西班牙（2篇）、蒙古（2篇）、墨西哥（2篇）的研究。对我国香港地区教育进行研究的论文有9篇，对澳门地区进行研究的论文也有9篇，对我国台湾地区进行研究的论文有4篇。还有其他对丹麦、希腊、奥地利、菲律宾、阿富汗、古巴、肯尼亚等国进行研究的论文，由于数量太少，就不在此一一列举。此外，还有52篇对联合国教科文组织、世界银行等国际组织的教育政策及其发展情况进行了研究，占论文总篇数的1. 90%。

③ 国别研究与国际比较研究

在所有收集到的论文中，国别研究为1 190篇，占总数的44. 70%；国际比较研究为137篇，占总数的5. 10%。具体情况详见表3-77与图3-48。

表3-77 国别研究与国际比较研究分布表

	数量	百分比
国别研究	1 190	44. 70%
国际比较研究	137	5. 10%

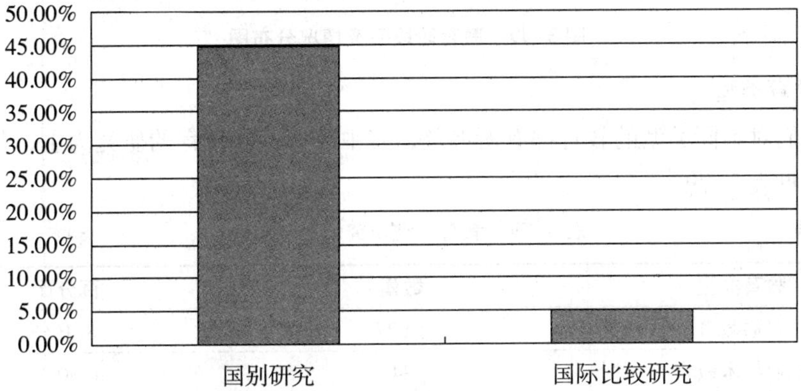

图3-48 国别研究与国际比较研究分布图

（2）研究的教育阶段与类型

在这2 695篇论文中，研究的教育阶段与教育类型跨度比较大，并且在研究数量上显示出很大的差别。

① 教育阶段

学者们在论文中对学前教育、中小学教育与高等教育都有一定的研究，其具体分布情况详见表3-78。

表3-78 教育阶段研究情况分布表

教育阶段	数量	百分比
高等教育	571	21. 20%
中小学教育	420	15. 60%
学前教育	36	1. 30%

从表3-78中可见，对高等教育进行研究的论文有571篇，占总数的21. 20%；对中小学教育研究的论文有420篇，占总数的15. 60%；对学前教育进行研究的论文有36篇，占总数的1. 30%。其研究情况分布图见图3-49。

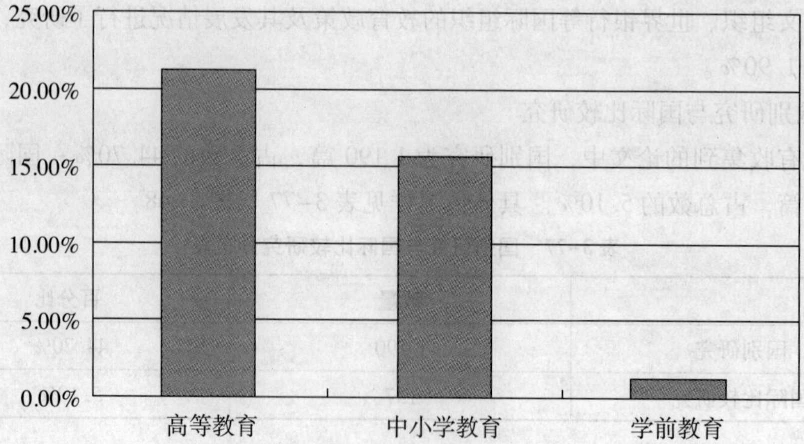

图 3-49　教育阶段研究情况分布图

② 教育类型

学者们对不同类型的教育都有所涉及，其中以对普通教育的研究为主，其具体分布情况详见表 3-79。

表 3-79　教育类型研究情况分布表

教育类型	数量	百分比
普通教育	1 027	38.10%
职业技术教育	34	1.30%
家庭教育	18	0.70%
成人教育	10	0.40%
特殊教育	7	0.30%

从表 3-79 中可以看出，关于普通教育的论文共有 1 027 篇，占总数的 38.10%；关于职业技术教育的论文共有 34 篇，占总数的 1.30%；关于家庭教育的论文共有 18 篇，占总数的 0.70%；关于成人教育的论文共有 10 篇，占总数的 0.40%；关于特殊教育的论文共有 7 篇，占总数的 0.30%。其研究情况分布图见图 3-50。

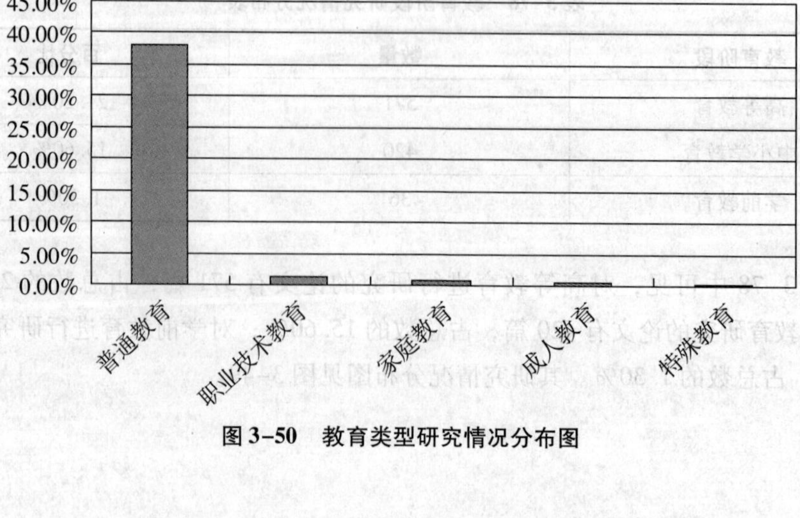

图 3-50　教育类型研究情况分布图

（3）教育研究主题与方向

学者们在论文中阐释了不同的教育研究主题与方向，其中以对课程与教学论、教育理论与思想、教育管理与教师教育的研究最为集中，具体分布情况详见表 3-80。

表 3-80　研究主题与方向的分布表

主题与方向	篇数	百分比
课程与教学论	617	22.90%
教育理论与思想	435	16.10%
教育管理	340	12.60%
教师教育	331	12.30%
教育政策与法律	239	8.90%
教育改革与发展	158	5.90%
教育制度	107	4.00%
比较教育学科建设	104	3.90%
公民与道德教育	104	3.90%
教育经济	93	3.50%
教育心理	37	1.40%
教育技术	28	1.00%
其他	30	1.10%

从表 3-80 中可以看出，关于课程与教学论的文章有 617 篇，占总数的 22.90%；关于教育理论与思想的文章有 435 篇，占总数的 16.10%；关于教育管理的文章有 340 篇，占总数的 12.60%；关于教师教育的文章有 331 篇，占总数的 12.30%；关于教育政策与法律的文章有 239 篇，占总数的 8.90%；关于教育改革与发展的文章有 158 篇，占总数的 5.90%；关于教育制度的文章有 107 篇，占总数的 4.00%；关于比较教育学科建设的文章有 104 篇，占总数的 3.90%；关于公民与道德教育的文章有 104 篇，占总数的 3.90%；关于教育经济的文章有 93 篇，占总数的 3.50%；关于教育心理的文章有 37 篇，占总数的 1.40%；关于教育技术的文章有 28 篇，占总数的 1.00%；关于其他教育方面的文章有 30 篇，占总数的 1.10%。其研究情况见图 3-51。

（4）相关分析

通过对所有收集到的论文在研究国家、研究教育阶段与类型、研究主题与方向进行统计上的相关分析，可以看出我国比较教育研究在“十一五”期间所存在的一些规律。

由于统计结果不呈现正态分布，因此在统计过程中使用斯皮尔曼相关系数进行研究国家与研究教育阶段类型、研究国家与研究主题方向，研究教育阶段类型与研究主题方向的相关分析。

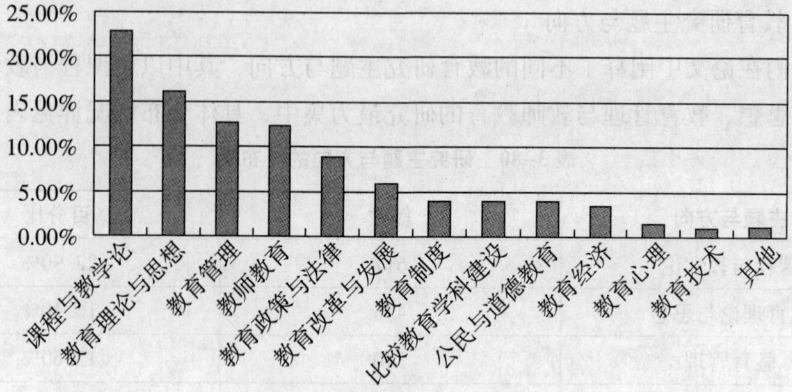

图 3-51　研究主题与方向的分布图

① 研究国家与研究教育阶段类型

对所收集到论文的研究国家与研究的教育阶段、教育类型进行相关分析，可以得出表 3-81 的结果。

表 3-81　研究国家与研究教育阶段类型的相关分析

Correlation Coefficient Sig. (2-tailed) 研究教育阶段类型 / 研究国家	学前教育	中小学教育	高等教育	成人教育	职业技术教育	特殊教育	家庭教育
美国	.035 .066	.047 .015	.245 .000	.010 .614	-.031 .110	.041 .034	.052 .007
加拿大	-.009 .630	.043 .025	.005 .813	-.005 .801	-.009 .640	-.004 .833	-.007 .735
英国	.015 .451	.072 .000	.042 .028	.039 .044	.002 .920	.020 .307	-.020 .305
德国	-.017 .379	-.041 .033	.039 .043	-.009 .645	.030 .118	-.007 .700	-.012 .535
法国	-.013 .495	-.003 .887	.006 .737	-.007 .720	-.013 .507	-.006 .765	.032 .102
俄罗斯	.000 .998	-.004 .824	.039 .042	-.010 .592	.021 .269	-.009 .654	-.014 .472
澳大利亚	-.016 .411	-.005 .800	.018 .356	-.008 .667	.084 .000	-.007 .719	-.011 .563
新西兰	-.007 .713	.007 .700	-.002 .927	-.004 .847	-.007 .720	-.003 .872	-.005 .795

续表

Correlation Coefficient Sig.(2-tailed) 研究国家 \ 研究教育阶段类型	学前教育	中小学教育	高等教育	成人教育	职业技术教育	特殊教育	家庭教育
日本	.005 .792	.012 .525	.054 .005	-.013 .485	-.009 .636	-.011 .559	.004 .853
韩国	-.012 .536	.057 .003	.010 .620	-.006 .746	-.012 .548	-.005 .786	-.008 .663
新加坡	-.007 .699	.005 .812	-.019 .325	-.004 .839	-.007 .707	-.003 .865	-.005 .785
印度	.024 .206	-.018 .361	.080 .000	-.006 .769	-.010 .586	-.005 .806	-.008 .693
国际比较	.061 .001	.031 .108	-.017 .388	-.014 .464	.019 .318	-.012 .540	.002 .927

从表3-81中可以看出，对美国的研究阶段集中在中小学教育、高等教育、特殊教育与家庭教育方面，尤其以高等教育最为集中；对加拿大的研究集中于中小学教育；对英国的研究集中于中小学教育、高等教育与成人教育方面；对德国的研究集中于高等教育；对俄罗斯的研究集中于高等教育；对澳大利亚的研究集中于职业技术教育方面；对日本的研究以高等教育最多；对韩国的研究集中于中小学教育；对印度的研究集中在高等教育阶段；国际比较研究以学前教育居多。其他国家在研究阶段与类型上分布比较平均，没有显示出较为明显的相关性。

② 研究国家与研究主题方向

对所收集到论文的研究国家与研究的主题、方向进行相关分析，可以得出表3-82的结果。

表3-82　研究国家与研究主题方向的相关分析

Correlation Coefficient Sig.(2-tailed) 研究国家 \ 研究主题方向	教师教育	教育管理	教育政策与法律	课程与教学论	公民与道德教育	教育制度	教育改革与发展	教育理论与思想	教育经济	教育技术	教育心理
美国	.000 .999	.135 .000	.078 .000	-.085 .000	.022 .256	.022 .259	.031 .110	-.098 .000	.021 .276	-.013 .496	-.012 .529

续表

Correlation Coefficient Sig.(2-tailed) 研究主题方向 / 研究国家	教师教育	教育管理	教育政策与法律	课程与教学论	公民与道德教育	教育制度	教育改革与发展	教育理论与思想	教育经济	教育技术	教育心理
加拿大	-.016 .420	-.016 .402	-.008 .664	.024 .222	.008 .664	.031 .102	.020 .299	.003 .866	-.015 .434	-.008 .672	-.009 .626
英国	-.011 .575	.021 .271	.062 .001	-.038 .047	.011 .572	.001 .977	.009 .634	-.013 .506	.044* .023	.007 .700	-.014 .454
德国	.001 .960	-.024 .213	-.036 .060	-.030 .121	.011 .557	.010 .603	-.014 .461	.085 .000	.015 .430	-.015 .439	-.017 .372
法国	-.002 .926	-.003 .880	.012 .550	-.022 .253	-.023 .240	.011 .575	-.014 .466	.068 .000	-.021 .267	-.012 .548	-.013 .489
俄罗斯	-.043 .027	.024 .212	-.013 .497	-.044 .023	-.010 .587	.092 .000	.025 .195	.042 .028	-.007 .706	.005 .799	-.001 .976
澳大利亚	.017 .384	-.002 .937	.006 .740	-.021 .270	.030 .114	.001 .979	.025 .192	-.022 .254	.111 .000	.013 .485	-.016 .405
新西兰	.014 .456	.032 .097	.045 .019	-.033 .084	-.012 .526	-.012 .518	-.015 .429	-.027 165	.022 .256	-.006 .746	-.007 .709
日本	-.023 .225	.049 .011	.043 .026	-.019 .314	.002 .933	.045 .019	-.002 .898	-.006 .768	-.022 .246	-.023 .241	-.011 .573
韩国	-.005 .800	-.006 .761	.007 .730	-.012 .524	-.002 .937	.054 .005	.006 .772	.005 .805	.001 .972	.026 .184	-.012 .530
新加坡	-.006 .747	.011 .578	.001 .979	-.035 .070	.078 .000	-.013 .497	.009 .648	-.012 .524	.020 .305	-.007 .734	-.008 .695
印度	.014 .454	.050 .010	-.001 .977	-.031 .104	-.019 .335	.002 .934	.028 .141	-.030 .123	.005 .813	-.010 .622	-.011 .570
国际比较	-.045 .018	.014 .473	.017 .379	.007 .733	-.011 .558	.013 .501	.014 .463	-.065 .001	.104 .000	.060 .002	.016 .399

从表3-81中可以看出，对美国的研究集中于教育管理、教育政策与法律方面；对英国的研究集中于教育政策与法律、教育经济方面；对德国、法国的研究集中于教育理论与思想方面；对俄罗斯的研究集中于教育制度、教育理论与思想方面；对澳大利亚的研究集中于教育经济方面；对新西兰的研究集中于教育政策与法律方面；对日本的研究集中于教育管理、教育政策与法律、教育制度方面；对韩国的研究集中于教育制度方

面；对新加坡的研究集中于公民与道德教育方面；对印度的研究集中于教育管理方面；对国际比较的研究集中于教育经济与教育技术方面。其他国家在研究主题方向上分布比较平均，没有显示出较为明显的相关性。

③ 研究教育阶段类型与研究主题方向

对所收集到论文的研究教育阶段、类型与研究的主题、方向进行相关分析，可以得出表 3-83 的结果。

表 3-83 研究教育阶段类型与研究主题方向的相关分析

Correlation Coefficient Sig.（2-tailed）／研究教育阶段类型／研究主题方向	学前教育	中小学教育	高等教育	成人教育	职业技术教育	特殊教育	家庭教育
教师教育	-.034 .080	-.098 .000	-.128 .000	-.004 .826	-.032 .095	.003 .872	-.003 .879
教育管理	.024 .214	-.037 .055	.254 .000	.014 .481	.007 .712	.003 .894	-.004 .847
教育政策与法律	.032 .098	.010 .607	.039 .040	-.019 .323	.023 .228	.035 .066	.039 .046
课程与教学论	-.025 .196	.326 .000	-.183 .000	-.033 .084	-.006 .748	-.028 .149	-.034 .079
公民与道德教育	-.023 .226	-.022 .246	-.043 .027	-.012 .526	-.023 .240	-.010 .596	-.016 .394
教育制度	-.007 .705	-.025 .191	.167 .000	-.012 .518	.062 .001	-.010 .588	.006 .737
教育改革与发展	-.002 .937	.019 .323	.075 .000	.037 .057	.028 .141	-.013 .509	-.020 .288
比较教育学科建设	-.023 .226	-.070 .000	-.104 .000	-.012 .526	-.023 .240	-.010 .596	-.016 .394
教育经济	.031 .106	-.014 .468	.171 .000	-.012 .549	-.021 .267	-.010 .617	-.016 .421
教育技术	-.012 .536	-.014 .475	.001 .975	-.006 .746	-.012 .548	-.005 .786	-.008 .663
教育心理	.014 .466	-.007 .727	-.022 .250	-.007 .709	-.013 .489	.057 .003	-.010 .616

从表 3-83 中可以看出，对教育管理的研究在高等教育阶段比较集中；对教育政策与法律的研究在高等教育阶段和家庭教育方面比较集中；对课程与教学论的研究集中在中小学阶段；对教育制度的研究集中于高等教育阶段与职业技术教育方面；对教育改革与发展的研究在高等教育阶段比较集中；对教育经济的研究在高等教育阶段比较集中；对教育心理的关注在特殊教育中表现明显。换一个角度来看，对中小学教育的研究集中于课程与教学方面；对高等教育的研究集中于教育管理、教育政策与法律、教育制度、教育改革与发展和教育经济方面；对职业技术教育的研究集中于教育制度方面；对特殊教育的关注集中于教育心理方面。

（二）学术专著

“十一五”期间我国出版了上百本比较教育研究的专著，不仅对比较教育基础理论方面进行了研究，而且对世界许多国家不同教育阶段与类型的教育均进行了研究与分析。本文仅选择学术性著作进行梳理与分析，对国外教育见闻进行简单介绍或者记载个人在国外教育感受等带有过多主观色彩与感情的著作未被列入研究范围之内。

1. 对不同教育阶段与教育类型的研究

（1）基础教育研究

“十一五”期间，我国在基础教育领域出版了许多研究专著。主要有马健生主编的《比较基础教育》，张德伟主编的《国际后期中等教育比较研究》，方彤著的《全球化背景下基础教育改革比较研究》及李其龙、张德伟主编的《普通高中教育发展国际比较研究》，在学前教育阶段，主要有刘存刚主编的《学前比较教育》与曹能秀著的《学前比较教育》。学者们对各国基础教育的历史发展、制度沿革、最新发展等进行了透彻的分析与研究。

（2）高等教育研究

对高等教育的研究一直是我国比较教育研究的一个热点，“十一五”期间，出版的有关高等教育的著作主要有黄建如著的《比较高等教育——国际高等教育体系变革比较研究》、王承绪主编的《发展中国家高等教育模式的国际移植比较研究》、吴坚著的《当代高等教育国际化发展》、胡建华著的《比较视野中的高等教育研究》与赵叶珠著的《美日中三国女子高等教育比较》。学者们从体系变革、教育模式、国际化等不同的研究视角对各国的高等教育进行了研究与分析。

（3）职业技术教育

匡瑛在其所著的《比较高等职业教育——发展与变革》中对各国高等职业教育的最新发展与改革进行了分析与研究。

2. 对不同教育研究方向与主题的研究

（1）比较教育基本理论研究

“十一五”期间，我国在比较教育基本理论建设方面取得了突出的进展。主要有：陈时见主编的《比较教育的学科发展与研究方法》与《比较教育导论》，王鉴、万明钢著的《多元文化教育比较研究》，王长纯著的《和而不同：比较教育的跨文化对话》，常导之编著的《比较教育》与《新中华比较教育》，钟鲁斋编著的《比较教育》，朱旭东著的《民族国家和比较教育研究》与《新比较教育》，冯增俊、陈时见、项贤明主编的《当代比较教育学》，薛理银著的《当代比较教育方法论研究》和张蓉著的《比较教育学》。学者们从比较教育的研究方法、历史沿革、当代发展、跨文化对话等方面对比较教育的基础理论进行了分析与研究。

（2）学科比较教育研究

2006年，顾明远先生主编了一套学科比较教育丛书，主要包括：闫苹编著的《语文比较教育》，綦春霞编著的《数学比较教育》，王民编著的《地理比较教育》，郭玉英编著的《物理比较教育》，王磊编著的《化学比较教育》和马卫东主编的《历史比较教育》。学者们对世界各国在学科教育上取得的最新发展进行了分析与研究，为我国的学科教育提供了很好的借鉴。

（3）教育政策研究

“十一五”期间，有关教育政策方面的专著主要有：周满生著的《教育宏观决策比较研究》，王晓辉主编的《比较教育政策》与吴遵民著的《教育政策国际比较》。学者们从教育政策的制定、实施、国际比较等方面对各国的教育政策进行了分析与研究。

（4）公民与道德教育研究

“十一五”期间，有关公民与道德教育方面的专著主要有：黄长春著的《青年学生思想品性教化的比较研究》，唐克军著的《比较公民教育》与李萍著的《比较德育》。学者们对各国的公民与道德教育进行了比较与分析，为我国的公民与道德教育提供了宝贵的借鉴资源。

（5）教师教育研究

“十一五”期间，有关教师教育方面的专著主要有：陈时见主编的《学校教育变革与教师适应性研究》与谌启标著的《教师教育大学化的国际比较研究》。学者们从学校教育变革与教师教育大学化的角度对教师教育提出了自己的见解与看法。

（6）其他方面的研究

陈永明著的《教育经费的国际比较》从教育经济学的视角对世界各国的教育经费投入进行了比较研究；马健生著的《教育改革论》对教育改革的基本理论以及世界各国的教育改革进行了分析与研究；李春生主编的《比较教育管理》对世界各国的教育管理情况进行了介绍与说明；王运武、陈琳著的《中外教育信息化比较研究》对我国与世界其他国家的教育信息化情况进行了比较研究；卢亮球、招乐辉编著的《体育学研究生教育研究——比较与借鉴》对其他国家与我国的体育学研究生教育情况进行了分析与比较，为我国体育学研究生的培养提供了宝贵的借鉴资料；张民选在其所著的《国际组织与教育发展》中对联合国教科文组织、联合国儿童基金会、世界银行、经济合作与发展组织的发展历程、运作特点、教育理念等进行了介绍与说明，并且研究了其对教育发展的影响；李水山、赵方印主编的《中外农民教育研究》突破了传统的教育研究主题，对美、英、日、韩等国与我国的农民技术教育与培训进行了分析与比较，进而为我国的新农村建设献计献策。

3. 国别研究

（1）美国

“十一五”期间，国内出版了多部关于美国教育的专著，对美国教育的各个方面进行了研究与分析，主要有：马健生著的《公平与效率的抉择：美国教育市场化改革研究》，薛涌著的《精英的阶梯：美国教育考查》，胡庆芳著的《美国教育 360 度》，宫淑红著的《美国教育技术学的历史与范式》，傅林著的《当代美国教育改革的社会机制研究：20 世纪 60 年代美国教育改革运动的形成》，姚云著的《美国教育法治的制度与精神》，王定华主编的《透视美国教育：20 位旅美留美博士的体会》，孙大廷著的《美国教育战略的霸权向度》，周钧著的《美国教师教育认可标准的变革与发展：全美教师教育认可委员会案例研究》，王小丁著的《中美教育关系研究》，梅伟惠著的《美国高校创业教育》与彭小舟著的《近代留美学生与中美教育交流研究》。可以看出国内对美国教育的研究比较全面，从教育改革到中美教育关系研究，涵盖了教育研究的主要方面。

（2）英国

国内对英国教育的关注也比较集中，“十一五”期间出版的关于英国教育的专著主要有：原青林著的《揭示英才教育的秘诀：英国公学研究》，张建新著的《高等教育体制变迁研究：英国高等教育从二元制向一元制转变探析》，周艳著的《英国教育考察手记》，王晓宇著的《英国师范教育机构的转型：历史视野与个案研究》，王立科著的《英国高校招生考试制度研究》，王莉华著的《中英高等教育绩效拨款研究》，赖新元主编的《英国中小学教育特色与借鉴》，易红郡著的《英国教育的文化阐释》与牛长松著的《英国高校创业教育研究》。从中可以看出学者们对英国教育的关注点主要在高等教育和中小学教育领域。

（3）俄罗斯

由于历史传统的影响，国内学者对俄罗斯的研究热情依然不减，“十一五”期间出版的关于俄罗斯教育的专著主要有：安方明著的《社会转型与教育变革：俄罗斯历次重大教育改革研究》，张男星著的《权力·理念·文化：俄罗斯现行课程政策研究》，肖甦著的《俄罗斯教育变革探讨》，赖新元主编的《俄罗斯中小学教育特色与借鉴》，朱小蔓、李铁君主编的《当代俄罗斯教育理论思潮》，孙明娟著的《俄罗斯高等学校评估政策研究》等。学者们对俄罗斯的高等教育、中小学教育、教育改革、课程与教学、理论与思潮等方面均进行了研究，研究比较全面、具体。

（4）德国

“十一五”期间出版的关于德国教育的专著主要有：姜大源著的《当代德国职业教育主流教学思想研究：理论、实践与创新》，周丽华著的《德国大学与国家的关系》，刘丽丽著的《德国移民子女教育研究》，赖新元主编的《德国中小学教育特色与借鉴》与陈洪捷著的《中德之间：大学、学人与交流》。学者们对德国教育的关注主要集中在高等教育阶段，其中也有对德国职业教育的研究。

（5）法国

“十一五”期间出版的关于法国教育的专著主要有：郑崧著的《国家、教会与学校教育：法国教育制度世俗化研究（从旧制度到1905年）》，金姝著的《宽容与超越：法国当代高等美术教育纵横谈》与赖新元主编的《法国中小学教育特色与借鉴》。可见国内学者对法国教育的关注不是很多。

（6）日本

我国与日本是近邻，“十一五”期间对日本教育的研究论著也比较丰富，主要有：唐磊著的《走近日本教科书制度》，曹能秀著的《当代日本中小学道德教育研究》，王慧荣著的《近代日本女子教育研究》，徐国兴著的《日本高等教育评价制度研究》，王丽荣著的《当代中日道德教育比较研究》，田慧生著的《21世纪的日本教育改革：中日学者的视点》，马嘉著的《学术与职业：日本高等新闻教育研究》，秦钠著的《中日都市社区教育比较研究：以上海和大阪为例》与李志永主编的《日本高校创业教育》。国内学者对日本教育的研究比较深入，在日本教育的研究上，由于历史因素，日本的教科书制度、公民与德育教育仍然不断引起学者们的研究兴趣，同时对日本高等教育、教育改革的研究也比较集中。

（7）韩国

相比日本，国内学者对韩国的研究明显较少，“十一五”期间出版的有关韩国教育的专著主要有：袁本涛著的《韩国教育发展研究》，徐小洲著的《当代韩国高等教育研究》与赖新元主编的《韩国中小学教育特色与借鉴》。

（8）新加坡

新加坡虽然是一个小国，但是其国内教育的迅速发展也引起了我国学者的关注，“十一五”期间出版的有关新加坡教育的专著主要有：龚群著的《新加坡公民道德教育研究》，姚寿广著的《新加坡高等职业教育》与赖新元主编的《新加坡中小学教育特色与借鉴》。

（9）澳大利亚

国内学者对澳大利亚教育的关注也比较多，“十一五”期间出版的有关澳大利亚教育的专著主要有：祝怀新著的《面向现代化：澳大利亚高等教育研究》，刘占山著的《需求导向的职业教育探索与实践：中国—澳大利亚（重庆）职业教育与培训项目回顾与展望》。同时，杨婷匀主编出版了一套《澳大利亚教育译丛》，主要有：马金森著的《教育市场论》、《澳大利亚教育与公共政策》、《澳大利亚企业型大学的权力结构、管理模式与再创造方式》等。

（10）非洲

对非洲教育的研究一直是国内比较教育研究的薄弱之处，2008年，浙江师范大学翻译了一套非洲教育译丛，将国外学者与组织机构对非洲教育的研究介绍到国内，如威廉·S. 圣的《非洲的大学：稳定与复兴的策略》、世界银行出版的《撒哈拉以南的非洲教育政策：调整、复兴和扩充政策研究》等。在资料收集范围内，国内学者对非洲教育的专著只查找到一本，陈明昆著的《埃塞俄比亚高等教育研究》。总之，国内对非洲教育的关注还不是很多。

此外，郑晓齐在其主编的《亚太地区高等教育质量保障体系研究》中介绍分析了亚太地区主要国家高等教育质量保障体系的基本政策与结构框架，主要包括日本、印度、澳大利亚、马来西亚、新西兰、韩国等国家高等教育质量监控体系产生背景、质量保障权威机构与组织、评估与认证的原则和目的、标准与规范体系、指标体系及其结构、操作流程与实施方法等全方位的内容，为我国高等教育质量保障体系的完善与发展提供了参考借鉴。孙河川、高鸿源、刘扬云在其编译的《从薄弱走向优质：欧盟国家薄弱学校改进之路》中对欧洲六国（英国、荷兰、芬兰、西班牙、葡萄牙和希腊）的教育改革动态、趋势和现状进行了详细的比较与研究，并从以上六国中精选了25个成功教育改革的案例一一加以介绍，为我国学校改进提供了国外的宝贵经验。

二、关于比较教育学科建设研究的概述

中国比较教育自20世纪70年代末以来已经走过了近30年的发展历程，在这期间，许多学者对各个发展阶段比较教育的进展状况都曾进行过总结。本文拟对21世纪的第二个五年即“十一五”期间的比较教育进展状况进行简要的梳理，对比较教育学科发展的相关研究进行归纳与总结。通过对这一时期我国主要比较教育专业杂志的论文成果进行统计与分析，包括《比较教育研究》、《全球教育展望》、《外国教育研究》、《教育研究》、《教育学报》以及一些涉及比较教育学研究的期刊，对所涉及的比较教育学理论发展、学科建设等相关主题进行研究，对比较教育研究存在的主要问题进行总结。

（一）期刊论文的数量情况分析

为了对比较教育研究的进展有更加明晰的认识，这里对比较教育研究的成果进行定量分析。主要以论文为对象的专题研究的统计是一项非常复杂的工作，其中主观性和随意性很难避免，这是由研究本身的复杂性所决定的，有些研究本身涉及的专题具有多面性，因此很难将它们明确地归于某一类，而有些论文的专题比较冷僻，单独作为一类则使统计过于分散等，以前的若干研究在专题的分类方面也不曾有过统一的标准。这次对于论文的统计也难免存在着这方面的问题，因此其科学性和准确性仍需得到进一步检验。

1. 总体情况

此次文献搜索主要以比较教育、比较教育研究、比较教育学科等为核心词，在《比较教育研究》、《全球教育展望》、《外国教育研究》以及其他期刊上进行搜索，选择比较教育学科方面研究的文章进行概括。时间范围从2006年到2010年，由于2010年的电子期刊录入滞后的问题，只有1月与2月的文章，因此，实际时间范围处于2006年1月到2010年2月。在主题的分辨方面，不包括一些比较教育会议的通知、会议寄语、比较教育机构的成员简介等介绍性文章。从详细数据来看，在“十一五”期间，总共有204篇期刊论文涉及比较教育理论以及比较教育学科建设方面的研究。

2. 各年份分布情况

2006年总共有35篇论文涉及比较教育学科研究；2007年总共有45篇论文涉及比较教育学科研究；2008年总共有52篇论文涉及比较教育学科研究；2009年总共有58篇论文涉及比较教育学科研究；2010年据不完全统计有14篇论文涉及比较教育学科研究。

表3-84　“十一五”期间比较教育学科研究的论文各年份分布情况表

	2006年	2007年	2008年	2009年	2010年	总计
论文数量	35	45	52	58	14	204

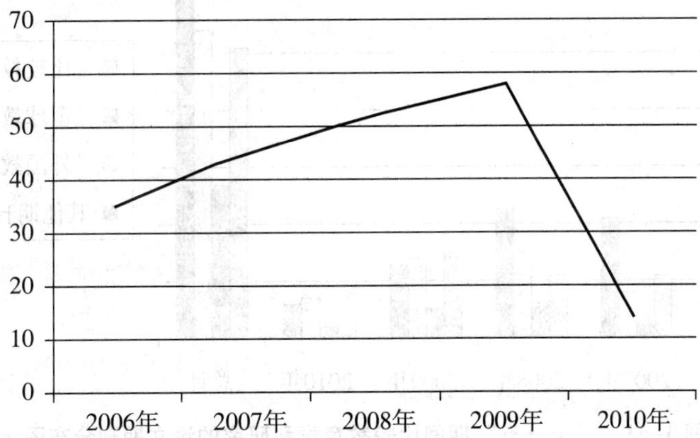

图3-52　“十一五”期间比较教育学科研究的论文各年份分布图

3. 期刊分布情况

在期刊所刊登的论文分布方面，《比较教育研究》在“十一五”期间总共发表了51篇论文，其中2006年有10篇论文；2007年有11篇论文；2008年有11篇论文；2009年有15篇论文；2010年有4篇论文。这些论文都涉及比较教育学科发展方面的内容。

《全球教育展望》在“十一五”期间总共发表了25篇论文，其中2006年有7篇论文；2007年有5篇论文；2008年有6篇论文；2009年有5篇论文；2010年有2篇论文。这些论文都涉及比较教育学科发展方面的内容。

《外国教育研究》在"十一五"期间总共发表了 54 篇论文，其中 2006 年有 10 篇论文；2007 年有 8 篇论文；2008 年有 15 篇论文；2009 年有 14 篇论文；2010 年有 7 篇论文。这些论文都涉及比较教育学科发展方面的内容。

其他期刊，包括《教育研究》、《教育学报》以及一些大学学报等，在"十一五"期间总共发表了 73 篇论文，其中 2006 年有 10 篇论文；2007 年有 21 篇论文；2008 年有 23 篇论文；2009 年有 13 篇论文；2010 年有 6 篇论文。这些论文都涉及比较教育学科发展方面的内容。

表 3-85 "十一五"期间比较教育学科研究的论文期刊分布情况表

	2006 年	2007 年	2008 年	2009 年	2010 年	总计
《比较教育研究》	10	11	11	15	4	51
《全球教育展望》	7	5	6	5	2	25
《外国教育研究》	10	8	15	14	7	54
其他期刊	10	21	23	13	6	73

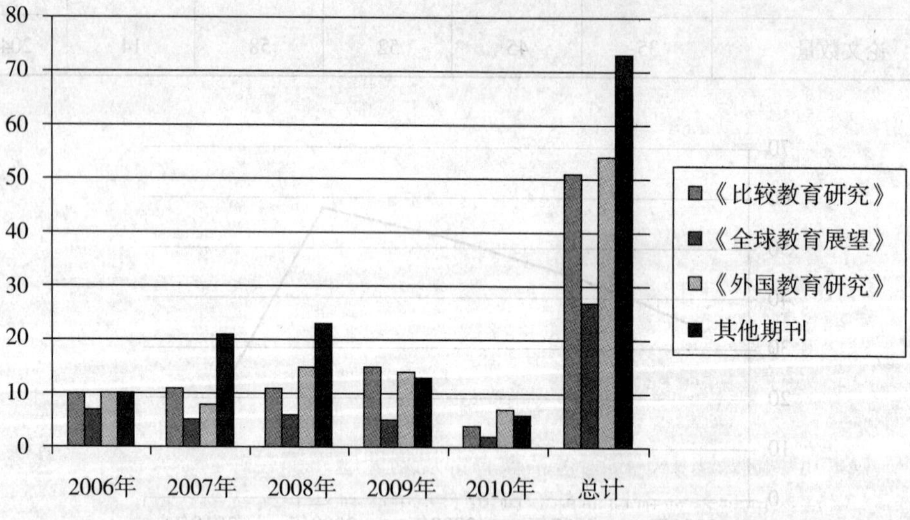

图 3-53 "十一五"期间比较教育学科研究的论文期刊分布图

4. 专题分布情况

对发表论文进行专题研究方面的统计，这也是一种不完全统计，将比较教育理论的研究主要分为比较教育原理、比较教育研究方法、比较教育学科建设、比较教育历史发展、比较教育思想流派五个方面。这种分类存在一些不足，因为有些论文在写作时往往涉及多个方面的研究，因此在分类时只是分在一个种类中，可能难以照顾到全面的要求。

比较教育原理方面的研究论文总共有 67 篇，比较教育思想流派方面的研究论文总共有40篇，比较教育历史发展方面的研究论文总共有17篇，比较教育学科建设方面的研究论文总共有31篇，比较教育研究方法方面的研究论文总共有25篇，其他类型的研究论文涉及国外比较教育研究的发展、比较教育研究概述以及与其他领域关系的探讨等，总共有24篇。

表3-86 "十一五"期间比较教育学科研究的论文内容分布情况表

	比较教育原理	比较教育思想流派	比较教育历史发展	比较教育学科建设	比较教育研究方法	其他类型	总计
数量	67	40	17	31	25	24	204

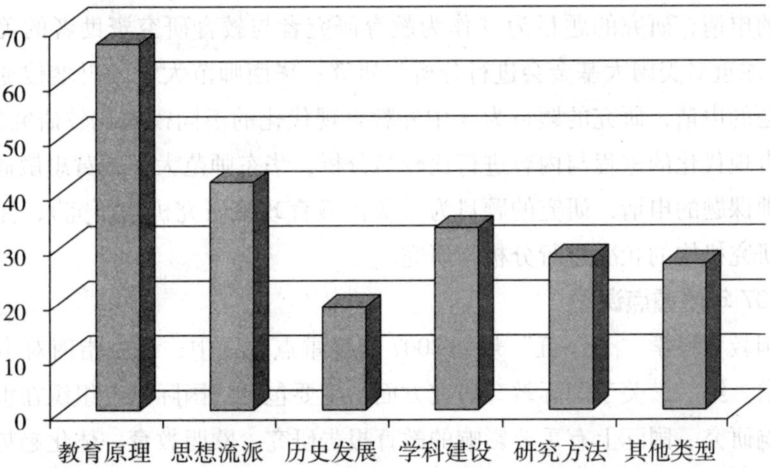

图3-54 "十一五"期间比较教育学科研究的论文期刊分布图

（二）课题的基本情况分析

在"十一五"期间，从收集的材料来看，包括国家重点课题、国家一般课题、国家青年基金课题、教育部重点课题、教育部青年专项课题，主要为2006年度到2009年度申请获得批准的课题。2010年度的课题申请还在继续，没有相应的资料供参考。上述几年的课题中，没有包括教育部规划课题、部委课题、自筹经费教育部规划课题、单位资助教育部规划课题。因此，在进行描述与分析时，是一种不完全的统计，还需要进一步加强完善。在综述时，主要是对全国教育科学"十一五"规划年度重点课题进行分析与研究，选取具有代表性的课题研究，同样能反映比较教育学科在此期间课题研究所取得的成就。

1. 2006年度重点课题

在全国教育科学"十一五"规划2006年度重点课题中，课题指南对申请做出了相应的要求。第一，注重移民子女和留学生教育研究。包括：跨国移民子女教育的现状研究；外国留学生教育研究；中国留学生教育研究；国外学校的资质研究。第二，对外教育输出研究。包括：海外汉语、中医和文化、艺术等教育需求研究；海外教育办学模式研究；提高对外教育办学质量研究；发展对外教育增强我国软实力的研究。第三，境外有影响的教育科研资源研究。包括：境外有影响的教育研究机构研究；境外有影响的教育科研资助机构研究；境外新近出版的教育学、心理学著作和教材研究；境外知名教育学、心理学刊物的评价研究。

在实际的申请中，批准了五个相应的课题，具体包括：沈阳师范大学的孙河川通过国家一般课题的申请，研究的题目为《教师评价指标体系的国际比较研究》，注重对国际领域教师评价指标的比较研究与分析；浙江大学的汪辉通过了国家青年基金课题的申请，研究的题目为《专业学位教育与职业资格匹配的国际比较研究》，注重对国家层面的专业学位教育进行比较研究与分析；北京师范大学的谷贤林通过了教育部重点课题的申请，研究的题目为《作为教育研究者与教育研究资助者的美国大基金会研究》，注重对美国大基金会进行分析与研究；华南师范大学的冯增俊通过了教育部重点课题的申请，研究的题目为《中外教育现代化的不同模式比较研究》，注重从国内外教育现代化的进程与内容进行比较与分析；华东师范大学的黄忠敬通过了教育部青年专项课题的申请，研究的题目为《美国教育政策研究机构研究》，注重对美国教育政策研究机构的状况进行分析与研究。

2. 2007 年度重点课题

在全国教育科学“十一五”规划 2007 年度重点课题中，课题指南对申请做出了相应的要求。第一，关于国际教育研究方面，主要包括：国际教育组织在世界教育发展中的影响研究、国际上有重要影响的教育报告研究、欧盟教育一体化趋势研究、中国—非洲国家教育合作发展模式研究、国际组织援助发展中国家教育效益研究等；第二，关于国别教育研究方面，主要包括：发达国家公共教育政策研究、国外教育涉外监管体系研究、周边国家教育现状研究、中东国家教育现状研究、转型国家教育现状研究、福利国家教育研究等；第三，关于专题教育比较研究方面，主要包括：发达国家拓展境外教育的政策法律与实施策略研究；菲律宾、土耳其等国培训国际劳务与专业人才模式研究；我国援外教育模式研究；国外教材中的中国形象研究；高等职业学校办学经验的国际比较研究；高校教师学术职业发展的国际比较研究；国外企业大学发展模式研究；外籍教师专业标准研究；海外教育（孔子学院）的发展思路和办学模式研究；国际汉语教师标准研究；我国在国际合作教育科研项目中的自主创新研究等。

在实际的申请中，批准了六个相应的课题，具体包括：北京师范大学的项贤明通过了国家重点课题的申请，研究的题目为《巴西、俄罗斯、印度、中国四国教育发展与国家竞争力的比较研究》，对金砖四国的教育发展与国家竞争力进行比较与分析，得出有益的结论；西南大学的徐辉通过了国家一般课题的申请，研究的题目为《中国、印度、美国、日本、俄罗斯五国中等教育考试政策与考试制度研究》，对这五个国家的中等教育考试政策与考试制度进行比较与分析；东北师范大学的饶从满通过了教育部重点课题的申请，研究的题目为《全球化背景下东亚国家教育改革与发展比较研究》，对东亚地区的教育改革与发展进行比较与分析；首都师范大学的王长纯通过了教育部重点课题的申请，研究的题目为《和而不同取向的比较教育方法论探索》，对比较教育研究方法进行建构，在中国特定的文化影响下采用新型研究方法；东北师范大学的陈欣通过了国家青年基金课题，研究的题目为《高等教育问责制度国际比较研究》，对高等教育问责制度进行探讨与分析；河北大学的李文英通过了教育部青年专项课题，研究的题目为《比较教育思想发展研究》，对比较教育各种思想流派的演变与发展进行分析与研究，揭示出比较教育研究思想的演变历程。

3. 2008 年度重点课题

在全国教育科学“十一五”规划 2008 年度重点课题中，课题指南对申请做出了相应的要求。第一，关于国际教育与区域性组织教育方面，主要包括：国际组织在世界教育发展中的影响；国际理解教育；欧盟教育一体化趋势；区域性组织，如八国集团、发展五国、APEC 组织、上海合作组织、GMS 组织教育，多元文化与国际教育交流问题；国际教育合作和开发问题等。第二，关于国别教育方面，主要包括：不同国家教育与社会发展模式；发展中国家教育政策发展特征；韩国新村教育运动；国外教育涉外监管体系；亚洲国家教育发展；发展中国家教育移植与创新；福利国家教育改革等。第三，关于教育专题比较方面，主要包括：国际教育标准分类；国际著名教育报告分析；国际教育合作与援助；学前教育发展的国际比较；基础教育均衡发展中的资源配置政策国际比较；跨境交付的教育质量监管体系；世界大学评价比较；亚洲高等教育改革中的模式移植及其本土化；主要发达国家研究生教育模式比较；发达国家拓展境外教育的政策法律与实施策略；发展中国家青少年文化认同教育；国际高等教育区域合作；国际视野中的中国高等教育质量；高校教师职业模式的国际比较；外籍教师专业标准的国际比较；国际汉语教师标准；海外教育（孔子学院）办学模式；中国在国际合作教育科研项目中的自主性等。

在实际的申请中，批准了八个相应的课题，具体包括：吉林大学的赵俊芳通过教育部重点课题的申请，研究的题目为《欧美大学学术组织及学术权力模式比较研究》，对欧洲与美国大学学术组织和学术权力模式进行比较分析；中国政法大学的卫灵通过了教育部重点课题的申请，研究的题目为《中印人才培养与国际竞争力比较研究》，对中国与印度的人才培养体制以及国际竞争力进行全面对比与分析；北京师范大学的马健生通过了教育部重点课题的申请，研究的题目为《若干发达国家研究生教育模式比较研究》，对若干国家的研究生教育模式进行比较与分析；南京师范大学的张蓉通过了国家青年基金课题的申请，研究的题目为《中美中学生国际理解观比较研究》，对中国与美国的理解教育进行比较与分析，得出有益的结论；沈阳师范大学的杜岩岩通过了教育部青年专项课题的申请，研究的题目为《俄罗斯创新型大学发展战略及其保障机制研究》，对俄罗斯的创新型大学的发展战略以及保障机制进行深入分析与研究；华东师范大学的生兆欣通过了教育部青年专项课题的申请，研究题目为《美国联邦教育政策过程的博弈研究》，主要以《不让一个孩子掉队》为个案，具体分析美国联邦教育政策制定的过程以及博弈；杭州师范大学的温正胞通过了教育部青年专项课题的申请，研究题目为《美国高等教育创新与竞争力发展的政策研究》，对美国高等教育的创新与竞争力发展进行回顾与反思，得出有益的结论。

4. 2009 年度重点课题

在全国教育科学“十一五”规划 2009 年度重点课题中，课题指南对申请做出了相应的要求。第一，立足中国教育实际，注重从国际视野研究我国教育面临的现实问题，加强对教育理念、教育政策法律、教育制度、教育内容、教育方法等若干专题的比较研究，促进旨在服务于建设国家教育创新体系、全面实施素质教育、加强农村义务教育、发展职业教育、提高高等教育质量的国际比较教育研究；第二，重视全球教育改革发展经验的梳理与提升，比较发达国家和发展中国家教育制度生成和发展的历程与差异；第三，重视研究中国教育走向世界和引进世界先进教育经验的策略，推动教育的跨文化研究，促进教育的国际理解和国际交流，鼓励国际间和国家间教育科研项目的合作研究。

在实际的申请中，批准了以下相应的课题，具体包括：湖南师范大学的高晓清通过了国家一般课题的申请，研究题目为《美国高校社会捐赠制度研究》，对美国高校的社会捐赠制度进行深入研究与分析；东北财经大学的史达通过了教育部重点课题的申请，研究题目为《基于国际比较视域的高校创业教育模式研究》，从国际比较的视角来深入研究创业教育模式，得出有益的经验；东北师范大学的邓涛通过了教育部重点课题的申请，研究题目为《教育博士专业学位教育的国际比较研究》，对若干国家的教育博士专业学位教育进行比较与分析；北京师范大学的肖甦通过了教育部重点课题的申请，研究题目为《社会转型时期俄罗斯国家教育发展规划及其政策支持研究》，对转型时期的俄罗斯国家教育发展规划，还有发展政策进行深入分析与研究；西南大学的石隆伟通过了教育部重点课题的申请，研究题目为《美俄印三国世纪之初教育发展规划研究》，对三国的国家教育发展规划进行深入比较与分析；华中师范大学的李晓燕通过了教育部重点课题的申请，研究题目为《中美教育法规比较研究》，对中国和美国的教育法规进行深入比较与分析；北京师范大学的姜英敏通过了教育部青年专项课题的申请，研究题目为《东亚三国国际理解教育的理论问题研究》，对东亚国家的国际理解教育理论问题进行深入比较与分析；北京工业大学的王超通过了教育部青年专项课题的申请，研究题目为《欧洲高等教育一体化趋势研究》，对欧盟的高等教育政策以及一体化发展趋势进行深入研究与分析。

总之，从上述四个年度的课题研究可以看出，“十一五”期间全国教育科学规划重点课题的研究方向表现在国别研究、国际比较研究以及专题研究。具体包括：世界主要国家近期教育发展规划研究；国际区域性教育一体化发展趋势研究；发达国家城乡一体化发展经验研究；国外高校社会捐赠制度研究；教育科研成果知识产权的法律保护和共享机制研究等。关于比较教育学科的课题研究，取得了很多重要的成果与经验，对比较教育学科的发展起到相当重要的作用。

（三）研究的基本概述

在对期刊论文研究的处理上，主要按照研究主题的不同来进行划分，包括比较教育原理、比较教育研究方法、比较教育思想流派、比较教育历史发展、比较教育学科建设、国别比较教育发展六个维度进行分析。时间维度囊括 2006 年到 2010 年，几年的期刊论文电子资源有时间滞后，所以并不是很完整。所以，在“十一五”期间期刊论文的不完全概述中，关于比较教育理论与比较教育学科建设问题得到了相当的关注，相关研究取得了很多成果。

1. 关于比较教育原理的研究

在比较教育原理方面的研究中，这些研究主要围绕研究对象、研究目的、研究范式、文化基础、可比性、理论框架以及话语体系方面进行详细的分析。针对比较教育的研究对象方面的探讨，“十一五”期间的学者做出了很多阐述，生兆欣认为在空间维度上既可以是“民族—国家”，内容维度上则是“全部的教育理论与实践”。朱旭东认为“民族—国家”教育体系是比较教育研究的重要对象之一，也是有效解决比较教育研究边界问题的关键之一。比较教育研究应该表现出体验活动、民族志活动、政策活动和学术活动等多重性。何茜认为，应将国别教育研究的范围不断扩大，把发展中国家也包含在内。可以看出这种对于研究对象的界定越来越扩大，将更多的分析对象包括进来。

针对比较教育的研究目的方面，“十一五”期间的学者做出了很多阐述，生兆欣认为，应该把研究目的观分为“借鉴论”和“交流论”，通过“本土化”来实现“借鉴”的实践性目的，并通过“本土生长”来实现“交流”的实践性目的。容中逵主张，借鉴仍是当代中国比较教育研究的一个基本向度，所要做的是深刻分析其弱化表征及成因，探明如何拓展和完善其实现路径。李磊认为，比较教育作为一个跨地域、跨民族、跨文化的研究领域，“理解”功能理应成为比较教育研究功能体系的一个重要组成部分。周晓琴指出，应该注重比较教育的影响研究，使比较教育在为教育决策和实际教育活动服务中更好地发挥切实性和前瞻性的特点。孔锴主张，比较教育的研究目的是探索规律与教育借鉴。王正青认为，比较教育研究就是对“客教育”的理解与解释。刘宝存、张永军指出，比较教育研究是教育科学赖以产生和发展的基础，它推动了教育科学的产生，丰富了教育科学的内容，促进了教育科学研究方法的多样化，拓展了教育科学的研究领域，促进了教育科学的国际交流。

针对比较教育的研究范式方面，陈时见认为，比较教育研究应用的实证分析范式强调客观性假设、倡导经验性感知、坚持价值中立的原则、主张方法一元论，具有客观性、可操作性、验证性和预测性等优势。梁燕玲指出，实证分析研究范式曾经是比较教育学科中重要的研究范式之一，它以科学哲学为理论基石，把教育过程归结为自然过程，相信教育现象背后必然存在着因果关系，并认为主体可以通过一定的工具操作而获得对客体的认识。周琴指出，新制度主义的分析范式为比较教育研究提供了关于制度分析的更为统一的语言，尤其是在关于“制度建构”与“制度变迁”等问题的描述和研究路径方面。杨素萍主张，比较教育学理论的发展，也突出体现在范式的转换上，利用库恩的范式转换理论来研究比较教育学理论的发展，是一种有别于传统的新思路。李忠双认为，后现代思潮为比较教育研究逻辑思维的转变提供了新的思路，比较教育研究应确立批判性逻辑思维。邓志伟指出，比较教育研究范式在发生变化，主要包括研究志趣与价值追求、研究方法论与路径、研究内容的重点等方面。陈时见认为，实证分析范式在比较教育研究中的运用经历了一个从盲目接受到有批判地选择的过程，其产生深受实证社会学、结构功能主义、经验主义方法论和实验教育学等学术思潮的影响。程晋宽指出，比较教育的研究范式发生了巨大的转换，从实证主义转变为多元主义和后实证主义。

针对比较教育研究的文化基础方面，折延东认为，比较教育研究是文化互动、文化时流、文化较量的重要场域，比较教育研究者承负着守护文化、发展文化、提升文化的艰巨使命。金家新指出，文化研究在比较教育的理论自觉与学科基点建设方面发挥重要作用，倡导以“执两用中”的比较教育文化观来构建“和而不同”的教育理想。王喜娟指出，在“文化研究”范式中，比较教育的研究单元呈现出多样化发展的趋势，这种文化转向给比较教育研究注入了新的发展动力。杨启光认为，文化历史研究在比较教育研究中经历了从强调文化历史的统一性到强调其差异性、从注重文化历史的背景作用到注重研究主角的转变的过程。张慧君指出，全球化时代比较教育应该以本国的民族精神为文化根本与文化立场，又要善于转换立场，进入异文化。胡春光指出，如今在多元文化思潮下，比较教育研究需要我们重新思考“文化”的意义。李顺光认为，实现比较教育研究本土化的一个基本路径是克服西方文化中心主义和自身文化认知结构对认识异域文化教育的影响，结合本国文化的弹性指导教育实践。

针对比较教育研究的比较性方面，王正青在探讨比较教育研究国际视野和民族立场的关系问题上，主张比较教育研究既要以国际视野为其研究的着眼点，强调以国际比较的视角研究和借鉴其他民族国家的教育，又要以民族立场作为其研究的立足点。朱旭东认为，比较教育研究是具有确定身份的比较教育研究者在遵照教育的比较研究的共性下，对两个或两个以上民族国家的教育进行跨国性、跨文化性、跨学科性的学科逻辑的研究。何晓芳指出，如何在比较教育研究中正确地借鉴而不至于走入依附的泥潭，“本土化”“本土生长”是一种有效的解决办法。文化土壤是“本土生长”的根基，对于有益的外来文化，我国博大精深的传统化的“本土化”是对“本土生长”的补充。迟旭、周世厚指出，可比性是比较学科共同面临的问题，是比较研究合理性的前提。可比性是对事物间特定关系的表征，作为学术概念的可比性是同质性与异质性的统一。由于学科结构的复杂性，可比性问题在比较教育学中具有特殊性。

针对比较教育研究的理论基础方面，石隆伟认为，比较教育研究的科学性在很大程度上取决于其方法论理论基础，主要采用实证主义、人文主义、多元文化主义的理论构建及运用。杨丽茹认为，结构功能主义理论作为西方社会学的一个重要的理论流派，对比较教育研究产生了重要的影响，并在比较教育学内部引起了方法论之争。于杨、张贵新指出，后现代主义思潮开始浸入比较教育领域，它以批判性、去本质性、多样性、差异性等特点，深刻影响着比较教育研究。从后现代主义的视角审视现代比较教育研究存在的问题，有利于现代比较教育的重构与发展。周晓琴指出，哈耶克关于知与无知的知识论构成了他的有关扩展秩序的社会理论的基础，也为比较教育学提供了新的研究视角。在哈耶克知识论的观照下，比较教育知识呈现出主观性、默会性和复杂性的特点。王黎云指出，从早期功能主义、现代功能主义与新功能主义三个阶段来展现比较教育学者在不同阶段汲取功能主义理论和方法的努力，并探讨功能主义作为一个多元的社会理论流派对比较教育方法论的启示。乐先莲指出，比较教育研究应用了社会学理论，比较教育在问题域的形成、措辞方式、理论框架的构建、方法论的建立等方面都借用了社会学的话语、理论和方法。

针对比较教育的话语体系而言，苗学杰认为，在比较教育学的发展历程中，作为其独立学科体系表征的话语体系出现了现实的偏向，这成为阻碍比较教育学科发展的瓶颈。需要不断地自我反观，以构建学科自身的话语体系平台。生兆欣指出，权力场中的政治场、经济场是比较教育话语生产的大环境，并以“国家”为集中表现形式，影响比较教育话语生产的方式和内容；权力场中的文化生产场，特别是学术场，是比较教育话语生产的小生态，其总体状况决定了比较教育话语生产的大致水平。秦妍、苗学杰指出，比较教育学在一次次寻根之后依然为外界所诟病，其学术研究开展的僵化模式更是学术同行的众矢之的，其原因在于学科话语体系偏向及外在学术形象的缺失。需要对全球化图像及言语社区两个区域的学科话语体系进行剖析，探寻形塑学科形象不同圈层的不同路径。苗学杰认为，作为比较教育学独立学科体系表征的话语体系存在着现实的偏向，这成为比较教育学学科发展的瓶颈。需要从丰厚多元的本土文化传统架构中汲取知识营养，创造了学科生长和发展的新契机。生兆欣指出，20世纪我国比较教育话语场的自主形构过程，包括比较教育话语场确立过程中特定话语规则的形成、话语流通机制与生产者再生产机制的产生以及话语场发展过程中场域内部行动者的互动策略与场域外部影响的渗透等。

2. 关于比较教育研究方法的研究

在对比较教育研究方法进行的研究方面，主要包含综合的方法论探讨与各种类型研究方法的分析。“十一五”期间，国内学者对研究方法的探讨较多，得出了较多的研究结论。

针对比较教育研究方法进行的综合研究方面，石隆伟认为，从国际政治学、后现代主义和文化哲学的视角提出关于方法论拓展方面的一些设想，旨在提高比较教育研究的科学性，促进比较教育学科的自身发展。袁利平指出，方法论是比较教育学科建设的一个核心问题，也是当代比较教育学科发展所遇到的一个“瓶颈”。科际整合研究是当代较有影响的研究模式，对比较教育研究具有十分重要的方法论意义。文雯认为，方法、方法论以及方法论背后的各种理论学说和文化观点不仅要为我们追求主客观的统一服务，而且当比较教育研究本身跨越了文化边界时，更要为实现不同立足点上的研究者在视域和心灵上的主体间融合与交往服务。赵明玉、李雅君认为，纵观比较教育的发展史，比较教育方法论基本上遵循了实证主义与人文主义此消彼长、相互对立又相互融合的发展轨迹。实证主义方法论与人文主义方法论之间如此的撞击与统整，最终将比较教育带入了当今的方法论多元化时期。蒋凯指出，比较教育研究既可以采取科学方法，也可以采取人文方法。前者一般包括问卷调查、测量和统计分析等，后者一般包括文献分析、人种志方法和描述研究等。

针对文化研究法方面，王长纯指出，和而不同是中国比较教育研究的哲学基础和方法论取向，以宽阔的胸怀和开放的心态承认各种不同研究范式和研究方法存在的价值，以研究能否创造出有意义的“不同”，超越自身，作为评价研究的基本标准。陈时见、刘揖建认为，比较教育是一门进行跨文化比较研究的学科，文化的异质性必然导致研究方法的多元性，也引发了比较教育学科的危机。比较教育学者项贤明所提出的比较教育研究的“和的模式”，以及王长纯提出的比较教育“和而不同”的发展方向，对于解决方法论与学科统一性问题提供了一个新的视野。生兆欣认为，两种由国内学者自觉运用或主动提出的、颇具特色的比较教育方法论，一种是辩证唯物主义与历史唯物主义，这是更高层次上的一般方法论在比较教育领域的运用；另一种是“和而不同”，这是应对比较教育研究的西方中心而由中国传统文化中生发出来的指导思想。

针对各种类型的方法论应用方面，何茜、谢韦韦在研究中对比较法进行了分析，可以把比较法分成四个层次，即作为日常生活的一种思维方式、作为工具意义上的科学方法、作为方法论层面的比较视野和作为学科规范层面的比较范式。蔡宝来、王旭升对人种志研究法进行了论述，人种志与比较教育研究有着原始且稳固的方法论关系，由于受比较教育学科性质的内在规约，人种志以其自身范式的演变绵延于比较教育学科发展的进程之中。李薇在研究中分析了哲学法，哲学需被纳入比较教育的研究范畴；哲学法在比较教育研究中发挥着重要作用；哲学法需要和其他研究方法相互补充，以更好地进行比较教育研究。周成海在研究中提到了质的研究方法，目前质的研究方法已经成为国际范围内比较教育研究的主流方法，我国的比较教育研究仍以文献研究为主，方法论上具有一定的局限性。将质的研究方法应用于我国的比较教育研究，会使比较教育研究呈现出新的特征。刘彦尊在研究中分析了人种志研究法，人种志是文化人类学特有的一种研究方法，主要指研究者深入异文化性质的田野从事调查研究、描述文化或人类行动的过程。人种志方法在比较教育研究中的应用主要体现在其实践性、伦理性和研究过程中的循环性几个方面。

3. 关于比较教育思想流派的研究

在对比较教育学者的思想理论研究方面，研究者主要从国内与国际两个维度进行分析，国内学者明显偏好且主要集中在对国外比较教育学者的研究。“十一五”期间，国内学者对比较教育者的思想进行了多方面的研究，得出了很多有益的结论。

针对国内比较教育学者的研究方面，徐辉、林莉芸探讨了顾明远先生关于比较教育“名”与“实”论的思想，认为在比较教育的“名”方面，即“比较教育是对当代世界不同的国家或不同的地区的教育进行比较分析，找出教育发展的一般规律和特殊规律，为本国或本地区的教育改革作借鉴”。在关于“实”方面，如何开展切实可行的比较教育研究、如何真正做到为本国或本地区的教育改革提供有益的借鉴是比较教育研究的实质。朱旭东对顾明远教授的比较教育研究的文化主义范式进行了分析，在这个范式中着重讨论了文化民族主义和文化主客体认识的文化观，在此基础上研究了他的比较教育研究的文化功能主义范式和文化诠释主义范式。最后认为比较教育研究的文化主义范式用民族国家文化模式作为一种分析框架进一步深入地研究不同的民族国家教育。方彤等对杨汉清教授的思想进行了探讨，主要观点为中国的比较教育研究既要“洋为中用”又要“中为洋用”，建设有中国特色的比较教育学。杨汉清教授为此做了不懈的探索，在推进中国的比较教育研究和学科建设方面作出了有益的贡献。

针对国外比较教育学者的研究方面，王长纯对朱利安的思想进行了回顾，认为他的思想摆脱了当时欧洲的教育学危机，克服陈腐的思维方式，引进科学的方法，适应现代化的需要，建设一个科学的教育学或曰教育科学，是比较教育产生的原初目的。金美福、查英研究了埃德蒙·金的研究方法，对金的比较研究方法论是“现象学的”提出质疑，金的比较教育方法论从其表达、论证、命名和概念来看是典型的波普尔式的，其研究方法论并非是“现象学的”。金美福、查英还对埃德蒙·金的思想原理进行分析，金深受波普尔科学哲学和怀特海机体哲学的影响，其比较研究方法论之“生态学的”原理有二：一是知识的分类、进化与关系原理；二是比较范畴与相互关联性原理。李文英、程绍仁对埃德蒙·金的教育决策观点进行分析，埃德蒙·金在吸收波普尔等人哲学思想的基础上形成著名的教育决策理论，以形象的图解方式详细地描述了影响教育决策的相关要素，并进一步阐述了具体流程。李茂林对诺亚的思想进行了分析，诺亚对比较教育的优势、弱势、功用及滥用等方面提出了独特的见解，用航海中的“牢靠的鱼”和“松动的鱼”来对比较教育的优势和劣势进行论说。钱玲对诺亚和埃克斯坦的比较教育功能理论进行了详细分析，他们对比较教育功能的阐述可以集中概括为教育信息的普及功能、教育认识的标准功能、教育规划的决策功能以及教育规律的推导功能四个方面。

姚琳对霍姆斯的思想进行了梳理，主张霍姆斯的比较教育方法论既非实证主义，也非完全的相对主义，而是改良后的相对主义，即“新相对主义”。孔锴对霍姆斯的思想进行了概述，霍姆斯对以往比较教育研究方法论的反思、问题法的建构、问题法的研究程序和问题法的资料分类体系。肖毅对霍姆斯的思想来源进行回溯，问题法是霍姆斯提出的一套具有折中特色的比较教育研究方法论，在构建这一方法论的过程中，他汲取了社会变迁理论思想，构建了自己的社会变迁理论框架，并将其应用于比较教育研究中。张飞、王凌对霍姆斯和埃德蒙·金进行了全面比较，认为两者的比较教育理论和方法均承袭于波普尔的科学哲学思想，但在各自的发展过程中却起到了不同的作用，霍姆斯提出了问题解决法，金则绘制出了教育决策动态发展流程图。徐辉、王正青对康德尔的思想进行了回顾，康德尔在分析了当时比较教育研究现状的基础上，提出了自己的方法论思想，他认为民族主义、民族特性和国际主义是比较教育研究的基础和核心，因素和力量分析是开展比较教育研究的切入点。赵明玉对汉斯的思想进行了分析，汉斯对萨德勒等比较教育学家的历史法、因素分析法加以继承、整合，提出了“历史—因素分析法”，该方法论代表了密不可分的纵、横两个研究维度，创立了比较教育学自觉发展的开端。

屈书杰对萨德勒的思想进行了回顾，萨德勒对影响教育发展的各种因素很重视，注重比较教育的系统研究，对“民族性”进行强调，认为在一个日益多元的世界，比较教育研究者更要有本土意识、国际视域。高亚杰、饶从满对施耐德的思想进行了分析，施耐德确证了比较教育学作为一门学科包括“外国教育”和严格意义上的“比较教育”，发展、完善了因素分析方法，把影响国民教育制度的诸种因素分为外部因素与内部因素，强调二者之间的辩证作用。梁荣华、孙启林对贝雷迪的思想进行了研究，其比较教育方法论思想中既有对早期历史人文主义的批判性继承，又有在科学实证主义方面的独创性革新。陈瑶对于根·施瑞尔的比较教育方法论进行分析，采用了社会学家尼古拉斯·卢曼的社会系统框架对比较教育方法论进行分析，并运用定量的内容分析法对其理论进行了验证。陈时见对施瑞尔的思想进行分析，其中着重阐述了比较探究的作用、比较探究的类型、比较探究的科学理论与反省理论以及反省的社会—历史分析范式。徐辉对世界体系分析理论进行梳理，其理论来源是现代化理论、马克思主义理论、年鉴学派和依附论等。在全球经济逐渐走向一体化的时代背景下，世界体系分析理论与比较教育研究结合是必然趋势，并指出在比较教育领域内运用世界体系理论分析国际教育现象与问题。

4. 关于比较教育发展历史的研究

在对比较教育发展历史的研究方面，研究者主要从国内与国际两个维度进行分析，国际方面主要是比较教育总发展的综述，国内方面是我国比较教育的发展状况。“十一五”期间，国内学者对比较教育历史发展进行了多方面的研究，得出了很多有益的结论。彭虹斌在研究中指出，自1817年至19世纪末，“借鉴”作为比较教育的重要功能，受到比较教育界的广泛重视。进入20世纪后，因素分析法被广泛运用，借鉴的功能开始式微。20世纪60年代以后，定量的方法受到重视。80年代后，定量与质的研究方法两者呈现出兼容性特征，比较教育解释的功能凸显出来。

针对我国比较教育的发展方面，生兆欣梳理了新中国成立后十七年间我国比较教育状况，比较教育课程不复存在，比较教育研究机构尚属初创，比较教育专业刊物未露头角；在研究成果上表现为，研究对象国的“一边倒”，研究专题的“两个侧重”，研究方法的简化单一。生兆欣还对“文革”期间我国比较教育状况进行分析，把“文革”期间的中国比较教育划分为前后两个阶段，前一阶段是停滞期，后一阶段是恢复期。生兆欣还对改革开放后我国比较教育状况进行分析，比较教育学在学科制度、学术研究两方面都得到了长足发展，恢复开设了比较教育课程，培养了800多名专业研究生，创立了专业学会和会刊，并举办了13次全国性的学术年会。顾明远回顾了我国比较教育的发展历程，大致可分为三个阶段：第一个阶段从20世纪70年代末至80年代中期，处于对外国教育的描述和介绍阶段；第二个阶段从20世纪80年代中期至90年代中期，进入了国别研究和专题研究阶段；第三个阶段从20世纪90年代中期至今，比较教育研究更为广泛和深入。

田小红分析了我国比较教育学学科建设的历史演变，大致经历了缓慢起步期、迅速发展期和危机出现期三个阶段，三个阶段在学科建设重点上各不相同，体现了一个先打制度基础，然后积极翻译引进，继而进入反思批判和寻求在学理上把比较教育建设成一门自成体系的学科的发展历程。胡耿在研究中举出了具体的大学案例，20世纪20年代我国学者已经开始从事比较教育的研究，并出版丛书和论著。国立中山大学在全国率先设置比较教育课程，对比较教育展开系统的探讨，为比较教育学科的发展作出了重要的贡献。冯增俊指出了我国比较教育发展的新阶段，需要积极吸收国际教育改革成果，转变那种单一移植和单纯介绍外国教育的传统比较教育学科概念，创建以理性借鉴为主导的比较教育研究分析框架，从探讨教育发展的规律上来把握当代教育改革，是比较教育学科走出发展危机的关键，也是中国现代教育所必需的。

5. 关于比较教育学科建设的研究

在对比较教育学科建设的研究方面，研究者从多个方面进行分析，主要包括学科存在的危机、综合方面考量、研究方法改善、研究范式转换、研究对象改变、区域研究的提倡、研究人才培养、理论体系构建等方面。“十一五”期间，国内学者对比较教育学科建设进行了多方面的研究，得出了很多有益的结论。

针对比较教育研究存在的危机方面，王英杰认为，要认识和走出比较教育学科危机，就有必要重新认识比较教育学科存在的基本理性：比较教育研究是教育科学知识的源泉；比较教育研究是思想的实验室；比较教育研究是批判的利器；比较教育研究是提供前沿服务的平台；比较教育研究是国际教育交流的论坛。滕珺指出，在“风险景象”日益凸显的今天，比较教育也不可避免地存在着不同程度的“风险”，未来的不确定性是比较教育风险的逻辑起点，自反性使其成为可能，而责任主体的虚位和全球化则进一步强化了比较教育的风险。姜勇指出，比较教育的发展面临着一些困境：一是在学科建设中，我们往往采用“比附”而不是“比较”的方法；二是我们缺乏真正的“他者”眼光，或是以自己的误读研判“他者”，或是贬低“他者”，或是贬抑自己的立场与思想；三是在研究中我们往往缺少比较教育学的学科意识。

针对比较教育学科建设的综合研究方面，李文英、程绍仁主张，比较教育应对社会的转型做出积极的回应，在教育改革的实践中发挥更重要的作用；比较教育应坚持理论联系实际和历史与现实相结合的原则，在方法论上不断创新；研究队伍的专业性与创新性是比较教育持续发展的不竭动力和根本保障。朱旭东认为，应从本体论、认识论、方法论和价值论四个方面对比较教育学科体系进行再思考，认为比较教育是民族国家教育的比较研究。蔡宝来、李磊主张，在未来比较教育学科的建设中，方法论上应重视从单元中心到多元并举，话语体系上注重从单纯移植西方到重视本国教育传统的建构，未来发展方面，当前的研究热点应逐步加强对东盟、拉美国家以及东欧国家的研究。傅松涛认为，比较教育学的健康发展需要真正的学科化和超学科化建设，即依据教育学科体系的视域分层、对象分化和条件分用的规律和原则，以教育社会生态学为学科底版，以教育形态类型学为学科骨架和形象，以多态性教育为研究对象，为自己明确地进行学科定名。温静指出，应从二元对立、非此即彼的思维方式中解脱出来，站在更加开放的平台上来理解比较教育，其身份应具有融合的视野、开放的胸襟、创造的智慧等学术品格。陈时见认为，比较教育学要获得真正长久的可持续发展，就必须进一步明确特定的知识领域，进一步构筑学术共同体，进一步开展方法论研究。冯增俊、周红莉分析，在比较教育学科建设方面，应从因素分析法到多元化研究体系，从微观发展指标数据到重视全局性发展规律思维，从国别教育剖析到世界教育发展战略思维，从描述引介到整体综合研究。钟启泉认为，对于国家或地区的教育改革与创新而言，比较教育是进行政策选择的不可或缺的手段。比较教育的发展应该遵循"全球视野，本土行动"的基本准则。

针对研究方法建设方面，蔡宝来、李磊认为，应重视从单元中心到多元并举，走向定量与定性相结合，宏观与微观分析相结合的多元研究方法。冯增俊、周红莉指出，应从因素分析法到多元化研究体系，从单元一统走向多元下的新教育体系，从单因素分析走向多元化系统研究框架，从微观发展指标数据到重视全局性发展规律思维，从国别教育剖析到世界教育发展战略思维，从描述引入到整体综合研究。

针对研究范式转换方面，陈时见主张，比较教育学的范式转换是比较教育学科发展在当前的任务之一，必须关注于元研究、方法论、学科意识和本体论等方面的研究。陈时见、刘揖建认为，随着社会发展和研究议题的变化、方法论和方法体系的丰富、研究视野的扩展，比较教育研究范式也发生相应的转换。在 21 世纪全球化背景下，多元文化主义研究范式正逐步发展成为比较教育研究的方向。杨素萍、杨茂庆指出，通过修正逻辑主义和历史主义关于合理性的标准，比较教育学更应采取"辩证范式理论"，即以教育价值标准为主导，并与教育真理标准相统一，并借此来判定比较教育学科学划界与研究方法的合理性。姜峰指出，在研究范式上，从单纯的学术探究导向转向实践服务导向。以"国际视野"的审视角度切实地关注本国教育的现实，最终落实于"本土行动"，在遵从本国当前教育改革现实的比较教育研究中，更好地证明比较教育的价值与功用。

针对研究对象建设方面，万秀兰指出，比较教育要加强对一些新领域或薄弱领域的研究，要加大对外国教育的现场研究，进行实地考察，努力成为教育科学当中的一个显学。蔡宝来、杨思帆主张，研究的视野从宏观转向微观，研究的对象从主要关注英美等发达国家转向全球化、多中心研究的领域，从单一、区域研究转向多样、整体研究，研究的层次从描述移植转向深入研究、本土化，研究的方法从传统方法转向多元化。秦德生、朱成科认为，需要重构研究的“问题域”，即从“他者”研究转向“自者”研究，特别是应对地域化形态中的不同教育传统与教育改革深入研究。在国家教育政策的底线要求之上，重新思考和建构区域教育改革的策略，走演化型、生成性的发展道路，稳步推进我国教育改革向纵深发展。孙龙存指出，恰当处理比较教育研究中的天上与地下（理论与实践）、祖先与嗣后（历史与现实）、域内与域外（国内与国际）、宏大与精小（宏观与微观）等几对范畴，实现二者关系的合理超越成为我国比较教育研究的理性追求。陈时见主张，比较教育的研究对象和研究方法都具有明显的层次性，由此可以把比较教育的学科体系具体描述为“三圈层、多交叉结构”，是一门既具有学科独立性又与其他教育学科相交叉的教育学科。

针对区域研究建设方面，庞超、徐辉认为，在当代中国教育改革与发展的区域分步推进中，各地区间在教育发展战略和教育政策上的差异性越来越明显，这对比较教育研究提出了新要求。区域教育改革与发展的比较研究应成为中国比较教育学科重要的研究领域，为中国的教育改革实践服务。金香花、孙启林指出，比较教育区域研究要开拓教育发展的国际视野，跨越传统的、已有的、世界的途径，广泛开展国际教育的理解、交流与合作，提供各国及国际教育发展的相关信息。张德伟指出，随着新的全球化时代的到来，美国、英国、日本等比较教育学者从全球主义或全球意识出发，重新认识到了区域研究对于比较教育研究的必要性和有效性，他们倡导区域研究的动向值得我们高度关注。张德伟还认为，一个完整的比较教育研究，既有教育的区域研究，也有教育的问题研究，研究者可以根据自己的价值取向，或采取“区域研究框架下的问题分析”模式，或采取“问题研究框架下的区域解释”模式，两者均有其效用。

针对研究人才建设方面，孙启林、周世厚认为，比较教育与人才培养之间存在着从分离到结合的演变过程，显现出从疏离到紧密、从非制度化到制度化、从单一到多元等规律，比较教育学在人才培养上直接受制于社会的发展状况与学科自身的发展状况。黎进萍、姜峰指出，教材建设对人才培养也起到很重要的作用，注意教材理论体系与应用体系的结合，注意教材内容的时代性，注意教材风格的多样化，注意教材配套材料的系列化。王承绪教授认为，作为新时期的比较教育工作者，需要打好基础，修好内功，提升自己的学科理论和方法论品质，融入国际化的时代，要积极参与实践研究，要积极参与学科建设。突破在比较教育方法论上总是步人后尘的局面，要多研究和总结我国目前教育发展过程中的经验和专业方面的发展，供国际同行学习和参考。张飞在归纳萨义德的《知识分子论》之后认为，比较教育研究者应该履行自己作为一个知识分子的职责，那就是以双重视角和批判的眼光看待和质疑教育决策和措施，“对权势说真话”，代表弱者、没有话语权、被遗忘的人群，追求知识创造和学术自由。覃云云翻译的文章中认为，在全球化的背景下，对于比较教育学者来说，专门知识分子的提法依然是合适的，但同时也是具有危险性的。专门知识分子需要对专业领域有深入的研究，比较教育学者可以成为来自本土社会群体的专门知识分子。

针对理论体系建设方面，杨素萍认为，在现有的科学文化和哲学（或文学）文化“两种文化”的模式下，比较教育的思维逻辑未能为这一学科的发展提供更好的出路。在全球文化多元的背景下，比较教育研究的对象更为复杂，因而如何运用历史体系的概念来指导我们的进一步研究，需要我们做更多的努力。王红云认为，中国本土的比较教育学理论应该是以中国的传统哲学和传统文化为出发点和根本点，建设中国自己的比较教育理论，走出我国比较教育理论建设的艰难困境。段晓明指出，我国比较教育研究曾经在问题与主义之间存在潜在的争论，究其原因，两者之争是比较教育研究发展中的必经之路，不能论孰对孰错。而对此问题的关注，最终目的是要探讨如何避免取向上的极端与偏差，真正使我国比较教育研究在实践基础上实现两者的统整。陈芳认为，全球化时代的来临，使我国比较教育学者易陷入他者认同还是自我认同的两难困境。开展平等对话，进行“脉络化”的研究才是确立自我身份的正确途径。李现平指出，比较教育学与比较文学两门学科应该结成合作伙伴，引入“比较学科”和“比较科学”研究平台，成立比较科学研究中心，推动跨学科的联合与合作。

6. 关于国别比较教育发展的研究

在对国别比较教育发展的研究方面，“十一五”期间，国内研究者对欧盟、美国、日本等的比较教育学科发展进行了回顾与反思，得出了很多有益的经验，可以有效地促进我国比较教育学科的发展与进步。黄志成指出，欧洲的比较教育开创了世界比较教育研究领域，很早就产生了一批比较教育著名学者，对世界比较教育的发展作出了巨大贡献。在发展过程中也遇到了一些问题，但是欧盟目前这样的多元文化的社会，比较教育对于理解不同文化以及逐渐消除种族主义和排外主义可以作出更大的贡献。刘小娟、丁邦平对西方比较教育发展进行了回顾，研究范围不断扩大，研究领域不断拓展，研究主题不断调整与扩充，研究深度不断提升；研究方法走向多样化与综合化，综合化并不是各种方法的简单集合体，而是各种方法之间有内在联系、分工合作、相辅相成、互相补充的有机整合；研究体系趋向国际化与合作化。蔡婷婷、丁邦平对西方比较教育现状进行了分析，20 世纪 80 年代后期，随着世界政治、经济格局的转变，教育全球化、文化多元化以及后现代主义的理论“合力”汇入比较教育研究，引起了比较教育研究领域中深刻且全方位的变化，也为比较教育研究在方法以及观点上的改变提供了新的思维。

徐辉、王正青梳理了美国比较教育的发展，《比较教育评论》在研究主题上重视宏观教育制度研究，关注各国教育改革与发展；在研究方法上，文献研究仍然是最重要的研究手段，定性与定量研究呈均衡态势；在研究地域上，单一国别研究是主体，对发展中国家的教育尤其关注，大规模的跨国比较研究引人注目，全球趋势和区域研究渐渐增多。于颖对日本的比较教育进行了研究，指出日本比较教育学会作为日本比较教育学研究的重要研究机构已经走过了 40 年的历史，总结了日本比较教育学会发展的阶段性特征。日本比较教育学会出现了边缘化的特征，比较教育学课程出现边缘化，比较教育学者生存状态呈现出边缘化趋势。由此采取的措施包括：将日本比较教育学的教育基础制度化，加强全球视域下的地域研究，促进比较教育学研究整体水平的提高。

三、对于研究的反思与评估

通过对所收集到的 2 695 篇专题研究文章、204 篇学科研究论文以及若干课题与专著教材的分类统计与相关分析，基本能够掌握“十一五”期间我国比较教育研究的发展情况，了解我国学者在比较教育研究领域取得的最新进展与存在的主要问题。

（一）关于比较教育研究所取得的成就

1. 比较教育专题研究获得的成果

比较教育主要研究当前的国际教育问题，具有很强的时效性，因此高质量的学术论文最能代表比较教育研究领域发展的最新趋势。我国比较教育研究在“十一五”期间发表了上千篇学术论文，对各大洲的教育情况都有所涉及与研究。应该说将世界教育的发展状况与趋势进行了有效概括与总结，论文以对北美洲、欧洲与亚洲的研究为主，其次是对大洋洲、非洲与南美洲的研究。涉及的国家包括：美国、英国、日本、俄罗斯、德国、澳大利亚、法国、韩国、印度、加拿大、新加坡、南非、新西兰等，范围非常广。

研究的教育阶段与教育类型跨度比较大，并且在研究数量上显示出很大的区别。学者们在论文中对学前教育、中小学教育与高等教育都有一定的研究。他们在论文中阐释了不同的教育研究主题与方向，其中以对课程与教学论、教育理论与思想、教育管理与教师教育的研究最为集中。可以说，在“十一五”期间，学者们从事的比较教育研究涉及的范围广，领域多，涉及教育学科的方方面面，将世界教育发展的基本面貌反映了出来。比较教育研究成果非常丰富，对于我国教育改革与发展起到重要的促进作用。

2. 比较教育专著研究获得的成果

“十一五”期间我国出版了上百本比较教育研究的专著，不仅对比较教育基础理论方面进行了研究，而且对世界许多国家不同教育阶段与类型的教育均进行了研究与分析。在国别研究上，涉及美国、英国、日本、俄罗斯、德国、澳大利亚、法国、韩国、新加坡等。从研究阶段的划分来看，涉及基础教育研究、高等教育研究、职业技术教育研究等。在研究专题的分布上，包括比较教育基本理论研究、学科比较教育研究、教育政策研究、公民与道德教育研究、教师教育研究以及其他方面的研究。应该说成果相当丰富，通过专著的研究以及教材的编写，将比较教育研究的成果展示给学术界，对于我国教育发展以及比较教育学科成长起到重要作用。

3. 比较教育学科研究获得的成果

关于比较教育学科建设的论文，主要见于《比较教育研究》、《全球教育展望》、《外国教育研究》以及其他期刊上。在“十一五”期间，经过粗略估计大概有204篇论文涉及学科建设方面。研究的主题涉及比较教育原理、比较教育研究方法、比较教育学科建设、比较教育历史发展、比较教育思想流派五个方面。“十一五”期间所批准的课题，包括国家重点课题、国家一般课题、国家青年基金课题、教育部重点课题、教育部青年专项课题，还包括教育部规划课题、部委课题、自筹经费教育部规划课题、单位资助教育部规划课题。这些论文与课题都取得了重要的成果，促进了比较教育学科的建设与发展，有助于引领学科的成长，为未来的学科发展奠定了很好的基础。

（二）对于比较教育研究概述的反思

1. 关于专著研究的反思

通过对我国“十一五”期间出版的比较教育研究专著的梳理与分析，基本可以得出以下结论。

（1）从研究教育阶段来看，国内学者的研究兴趣集中于高等教育与中小学教育，对学前教育的关注比较少；

（2）从研究教育类型来看，“十一五”期间出版的专著主要集中研究普通教育，对职业技术教育略有关注，对成人教育、家庭教育、特殊教育等教育类型的关注比较少；

（3）从研究主题与方向来看，对比较教育基本理论的研究比较多，在比较教育学科研究上也取得了一定进展，在教育政策、公民与道德教育、教师教育、教育经济、教育管理、教育技术、教育改革与发展等领域均有研究成果出现，研究呈现层次化、多元化的发展；

（4）从研究国家来看，我国在美、英、俄、日等国的研究上取得了丰硕成果，研究数量众多而且深入、细致，但是对非洲、南美洲国家的研究依然非常薄弱，还有待进一步的发展。

2. 关于比较教育专题研究的反思

（1）研究的国家与地区

首先，在研究范围方面，通过对所收集到的论文的分析可以看出，我国比较教育研究的研究范围比较广阔，对世界上六个大洲的教育均有所涉猎，可以说具有国际视野，但是对各大洲的研究在广度与深度方面存在较大的区别。对北美洲、欧洲与亚洲的研究居多，而且比较深入，其中，对北美洲国家的研究主要集中于美国；对欧洲国家的研究主要集中于英、俄、德、法四国；对亚洲国家的研究主要集中于日本与韩国；对大洋洲的研究集中于澳大利亚与新西兰两国，其中对澳大利亚的研究占大多数。对非洲与南美洲的研究较少，其中对非洲的研究以南非为主；对南美洲的研究以巴西居多。总之，国内学者对美、英、日、俄、德、澳、法、韩的研究占据了国内比较教育研究的主导地位。同时，对这些国家的研究优势不仅体现在数量上，而且体现在研究深度上，对上述国家的研究几乎囊括了各种不同的教育阶段、教育类型与教育研究方向。与此形成对比的是对非洲与南美洲国家的研究多数停留在对其教育发展情况的介绍上，缺乏细致深入的分析。

形成这种研究局面的原因是多方面的。对美国进行研究的论文有627篇，占总数的23.3%，这与美国在国际上的主导地位是密不可分的。作为超级大国，美国在经济、政治、文化、教育领域均主导着世界的发展潮流，我国学者对美国的研究占到所有论文总数的1/5以上也是可以理解的。学者们对苏联的研究也比较集中，这与新中国成立初期与苏联在教育领域的合作有很大关系，老一辈派去苏联留学的学者们依然是今天比较教育研究领域的中流砥柱。英、德、法作为传统的欧洲强国也在国内学者的关注视线之内。澳大利亚作为大洋洲的大国，也引起了国内学者的注意。日、韩两国与我国是近邻，近几年在经济、教育方面取得了较为出色的成就，并且在文化上与我国有很大的相似性，故而引起学者的研究兴趣也是理所当然。

通过对主要研究国家进行分析，可以发现英语作为国际主流语言与我国现阶段多数学者的第一外语，对我国比较教育研究造成了深刻的影响。其中，美国、英国、澳大利亚、印度、加拿大、新加坡、南非与新西兰以英语为其官方语言，对这些国家进行研究的论文有896篇之多，占总数的1/3以上。日语、俄语、德语、法语在我国各大综合大学与外语学院具有开设传统，同时日、德、法、韩也吸引了我国很多学生前往学习，因此我国学者具有研究这些国家的语言优势。然而这既是一种语言优势，也是一种语言劣势，对英语、日语、俄语、德语、法语与韩语的学习热潮吸引了过多的学者，造成了我国学者对其他国家语言的学习热情与精力减少。例如在比较教育研究领域，我国很少有学者能够熟练使用在国际上很重要的西班牙语与葡萄牙语，这使得我国对南美洲国家的研究裹足不前。

其次，在研究方法方面，进行国别研究的论文共1 190篇，几乎接近总数的1/2，而进行国际比较研究的论文仅有137篇，仅占总数的5.1%。贝雷迪的“比较四步法”将比较教育研究分为描述、解释、并置与比较四个步骤。如果按照这个划分标准，我国多数比较教育研究的文章还仅仅停留在描述、解释这两个比较教育研究的初级阶段，真正进行并置与比较的文章还不多。

(2) 研究的教育阶段与类型

首先，在教育阶段方面，通过对所收集到的论文的分析可以看出，我国比较教育学者的研究兴趣主要集中于高等教育与中小学教育阶段，尤以对高等教育的研究居多，占总数的1/5以上，对学前教育的关注比较少，仅占总数的1.3%。高等教育处于教育阶段的金字塔顶端，一直是研究热点所在，对其研究在教育管理、教育政策与法律、教育制度、教育改革与发展及教育经济方面比较集中。而我国近年来在中小学进行的新课程改革与学校改进也引起了国内学者对国外中小学课程与学校改进的关注，学者们对中小学教育的研究热情也有增无减。而学前教育作为基础教育的一个重要领域，却未能引起国内比较教育学者的较多关注，这一方面与其学科自身的特殊性有关，学前教育与心理学、保育学、营养学等学科的紧密联系使得许多缺少这方面学科背景的比较教育学者望而却步；另一方面也与学前教育在我国的地位有关，学前教育虽然属于基础教育阶段，但未被归入义务教育阶段，与同样不属于义务教育阶段的高中教育相比，学前教育阶段不存在激烈的升学竞争，与在我国万众瞩目的高考没有直接的关系，因此很容易淡出学者的研究视线。但是学前教育阶段作为儿童发展的重要阶段，在这一阶段的习惯养成、能力培养等对一个人今后的发展起着至关重要的作用，应该引起学者的关注。

其次，在教育类型方面，通过对所收集到论文的分析可以得出，我国比较教育学者的研究兴趣主要集中于传统的普通学校教育，对其进行关注的文章占到总数的1/3以上。虽然我国这两年大力提倡职业技术教育与成人教育，但是教育研究依然存在一定的滞后性，对职业技术教育与成人教育的关注依然没有在学术论文中得到太多的显示。尤其在职业技术教育的研究上，通过相关分析可以看出，德国作为职业技术教育的强国，其职业技术教育并没有引起我国比较教育学者的关注，这是非常遗憾的。通过相关分析可以知道，对家庭教育的关注主要集中于美国的家庭学校（home-school）。我国学者对特殊教育的关注非常少，从相关分析可以看出，对其关注主要是从教育心理学方向切入的。

(3) 研究的教育主题与方向

通过对所收集到的论文的分析可以看出，我国比较教育学者的研究兴趣主要集中于课程与教学论、教育理论与思想、教育管理、教师教育、教育政策与法律、教育改革与发展的研究与介绍方面。从相关分析可以看出，对课程与教学论的研究主要集中于中小学教育阶段，这与我国当前中小学新课程改革的实施不无关系，学者们对国外中小学的课程设置、教学方面的最新进展状况都进行了详细的介绍与研究。我国的比较教育学者对国外教育理论与教育思想的最新发展也很关注，其中有多篇论文对全纳教育、终身教育思想进行了介绍；在教育思想的研究上，德国、法国与俄罗斯的教育家与教育理论是研究的热点。对教育管理的研究包括高等教育与中小学教育阶段，许多学者对美国大学的管理运营，尤其是高校学术自由、教授会、教师组织等研究领域显示出浓厚的兴趣，有多篇论文对此进行研究；同时，中小学的学校改进、校长培训等也是学者们关注的热点所在。教师教育在近几年也引起了学者的关注，学者们从教师专业发展、教师资格认证、教师教育课程等方面对此问题进行了研究。对国外最新教育政策与法律的介绍与分析也是比较教育研究的热点之一，学者们对世界主要国家的教育政策均进行了比较详细的介绍与分析，如美国的《不让一个孩子掉队》法案，日本《教育基本法》的修订等，这些为我国的教育政策制定提供了一定的外部参考依据。国外的教育改革与发展状况也是比较教育重点研究的领域之一，许多学者对国外进行的各种教育改革及其发展状况进行了分析与说明，对我国今后的教育发展具有很好的借鉴意义。

相比之下，关于教育制度、比较教育学科建设、公民与道德教育、教育经济方面的文章相对较少；有关教育心理、教育技术的文章更是凤毛麟角。

3. 关于比较教育学科研究的反思

在对期刊论文研究的处理上，主要按照研究主题的不同来进行划分，包括比较教育原理、比较教育研究方法、比较教育思想流派、比较教育历史发展、比较教育学科建设以及国别比较教育发展等六个维度进行分析。

（1）在比较教育原理方面的研究中，这些研究主要围绕研究对象、研究目的、研究范式、文化基础、可比性、理论框架以及话语体系方面进行详细的分析。

（2）在对比较教育研究方法进行的研究方面，主要包含综合的方法论探讨与各种类型研究方法的分析。针对比较教育研究方法进行的综合研究方面，包括各种类型的研究方法分析，这些方法主要有文化研究法、比较研究法、人种志研究法、质的研究方法。比较教育研究既可以采取科学方法，也可以采取人文方法。前者一般包括问卷调查、测量和统计分析等，后者一般包括文献分析、人种志方法和描述研究等。

（3）在对比较教育思想流派研究方面，研究者主要从国内与国际两个维度进行分析。针对国内比较教育学者的研究包括顾明远和杨汉清的思想，针对国外比较教育学者的研究包括朱利安、埃德蒙·金、诺亚和埃克斯坦、霍姆斯、康德尔、汉斯、萨德勒、施耐德、施瑞尔的思想以及世界体系分析理论。

（4）在对比较教育历史发展的研究方面，研究者主要从国内与国际两个维度进行分析，国际方面主要是比较教育总体发展的综述，国内方面是我国比较教育的发展状况。

（5）在对比较教育学科建设的研究方面，研究者主要从多个方面进行分析，主要包括学科存在的危机、综合方面考量、研究范式转换、研究方法改善、研究对象改变、区域研究的提倡、研究人才培养、理论体系构建等方面。

（6）在对国别比较教育发展的研究方面，“十一五”期间，国内研究者对欧盟、美国、日本等国家和地区的比较教育学科发展进行了回顾与反思，得出了很多有益的经验，可以有效地促进我国比较教育学科的发展与进步。

（三）比较教育研究存在的问题

总体而言，目前我国比较教育研究存在的问题主要包括以下几个方面。

1. 宏观研究过多，微观研究较少

从宏观与微观研究的比例来看，“十一五”期间我国的比较教育研究开始从原来的只注重宏观研究转为宏观与微观并重，但总体而言，较为具体的微观研究还很不够。以全国教育科学“十一五”规划中比较教育学科立项的重点课题为例，绝大部分课题仍为宏观研究。随着我国教育实践对了解他国教育的某些具体状况和特殊规律要求的提高，微观领域的问题研究需要进一步加强。

2. 比较研究过多，区域研究不足

从区域研究与比较研究的比例来看，可以发现区域研究为数很少，过分偏重国别研究。目前我国的区域研究并不十分成熟，而且比较研究无法从更高的视角俯瞰对象国教育，不易发现和把握对象国教育的特殊规律，同时也不易从对象国的研究当中抽象出具有普遍意义的一般规律。区域研究与比较研究之间，存在着极为密切的相互关联，从我国的情况来看，两者都需要进一步加强。

3. 基础研究较多，应用研究不足

从基础研究和应用研究的比例来看，虽然“十一五”期间应用研究的比重在加大，但无论就其数量还是就其质量而言都仍然不能满足中国教育现代化的需要，能够敏锐地捕捉当前中国教育改革中的问题并从国际视野加以深入探讨和挖掘的应用研究尚不多见。

4. 研究方法的关注度不够

长期以来研究方法的开发与利用是我国比较教育研究较为薄弱的部分，“十一五”期间对西方比较教育方法论的引入和对比较教育方法论的探讨也在不断增多，但从研究成果来看，这些理论在我国比较教育研究中尚未现实化，方法论的引入并未与方法的真正利用结合起来。目前，文献法仍然占有绝对的统治地位，而新方法的运用还相当之少，有少数学者致力于从我国的传统智慧中汲取比较教育可资借鉴的营养，力图发展出有中国特色的比较教育方法论体系。

5. 研究对象过于集中

从研究的对象来看，我国比较教育界对发展中国家的研究增长很快，但仍对西方主要资本主义国家的研究过于偏重，这一点在论文成果的统计分析当中已经做了具体阐述，这里不再详述。但需要指出的是，在逐渐增长的非主要资本主义国家的研究当中，增长较快的过于集中于东亚，而由于语言、资料等方面的原因，对南亚、中东、非洲、拉丁美洲、大洋洲的研究都缺乏重视，对东欧诸国近年来十分活跃的教育改革也研究甚少。

6. 思想流派的研究过多

“十一五”期间研究者对于比较教育学者的思想流派研究非常多，而且主要集中在对国外比较教育学者的研究，包括朱利安、埃德蒙·金、诺亚和埃克斯坦、霍姆斯、康德尔、汉斯、萨德勒、施耐德、施瑞尔的思想以及世界体系分析理论。对他们的探讨在某种程度上已经过于重复与烦琐，没有做出更多带有新意的研究结果。

7. 人才培养的关注度不够

比较教育学科的建设方面，最重要的一个方面就是对于学科人才的培养，培养比较教育研究的后备力量，如何从事比较教育的教学，如何对学生进行严格的比较教育专业训练。虽然目前的研究开始更多地关注学科人才的培养，而且提出了一些宝贵意见，但这在实际操作过程中还面临着相当大的困难。还缺乏一套较为严谨的比较教育及与其相关的课程体系，以及与此相应的教学方法。

8. 研究成果输出较少

比较教育界在促进我国的对外教育国际交流方面作出了巨大的贡献，但在教育思想与实践经验的输入和中国教育思想与实践经验的输出之间还有失平衡，主要是在输出方面做得还不尽如人意。这既有语言等客观条件的限制，也部分缘于我国研究队伍整体对比较教育的世界性发展还缺乏应有的理解和对其学术话语和学术规范还缺乏必要的掌握，以后在比较教育学科发展上，应该重视对于研究成果的输出与引入的结合。

（四）比较教育学科研究的未来发展趋势

1. 关于专题研究方面

重视发展中国家的教育发展，尤其是转型期的教育改革与发展政策，对其实施效果进行评估，比如东盟、拉美、东欧国家的教育发展进行研究，解决专题研究中过于集中于西方发达大国的研究的问题。

重视欧盟国家教育一体化的研究，尤其是在高等教育与中等教育领域，政府间学历学位互认，各成员国大学间的教师互派、学生互换、学分互认和学位互授联授等。对于这种一体化教育政策以及培养模式进行探究，可以加强我国的一体化教育发展。

重视发达国家国际教育发展的研究，关于教育机构海外办学、教育国际交流、国际合作和教育服务，对其发展政策、管理机制、效果评估机制进行研究，还有对一些配套机制进行深入探讨，揭示该管理机制更深层的经验与内容。

重视国际组织教育发展研究，关于参与双边、多边和全球性、区域性教育合作研究，包括国际组织教育政策、规则、标准的研究和制定，高层次国际教育交流合作与政策对话平台搭建，教育研究领域和教育创新实践活动的国际交流与合作等方面的研究。

重视我国教育推广海外经验的研究，重视研究中国教育走向世界和引进世界先进教育经验的策略，推动教育的跨文化研究。包括海外教育的发展思路和办学模式研究，国际汉语教师标准研究，我国在国际合作教育科研项目中的自主创新研究等。

重视国别比较研究，突破研究的描述与解释的阶段，选择适当的维度对专题研究进行比较研究，突出比较研究方法的应用。对于转型期国家之间、发达国家之间、发展中国家之间、教育发展滞后国家之间的比较研究，突出问题与经验的概括。

重视学前教育方面的研究，对于发达国家如何处理学前教育与基础教育、义务教育的关系，学前教育发展所注重的政策基础、管理基础、条件保障基础、师资条件等，注重构建学前教育发展的前提与制度保障。

重视职业与成人教育的发展，探讨国外在这方面已经达到的阶段、培养模式的建立、政策制定的支持以及政府所采用的配套措施，尤其是重点国家在此方面获得的突出成就，对于德国、日本的研究可以放在首位。

2. 关于比较教育学科研究方面

重视比较教育学科研究方法的开发与应用问题研究，研究方法历来都是学科发展的突出问题，对此进行研究可以为学科发展指明前进的途径。注重方法论在我国比较教育研究中的现实化，将方法论的引入与方法的真正利用结合起来。

重视国别比较教育学科发展的研究，关于欧盟、美国、日本等的比较教育学科发展探讨应该加强，关注其发展趋势、观念更新、方法论应用、组织机构发展等，总结出有益的经验，尤其是比较教育学科式微，存在各种危机的情形下，对于学科发展所做出的努力。

重视比较教育学科的人才建设方面的研究，主要在于比较教育研究的后备力量，如何从事比较教育的教学，如何对学生进行严格的比较教育专业训练。可以从国内与国际两个维度进行探讨，注重比较教育及与其相关的课程体系，以及与此相应的教学方法、研究方法训练。

重视比较教育学科研究范式的转移，找出比较教育发展新的立足点，包括所应用的理论体系、学科话语、研究对象的构建，不再局限于以往比较教育研究范式的束缚，争取能找到学科发展的新增长点。

第2部分　比较教育研究的世界发展趋势

想要了解比较教育研究的世界发展趋势，就有必要了解当前国际比较教育研究机构或主体的研究动向。目前国际上较为重要的涉及比较教育研究的机构或主体主要包括三种类型，即国际组织，如联合国教科文组织（UNESCO）、经济合作与发展组织（OECD）、世界银行（the World Bank）和欧盟（EU）等；比较教育学会，如世界比较教育联合会（WCCES）、欧洲比较教育学会（CESE）、澳大利亚新西兰比较教育学会（ANZCIES）、英国国际与比较教育学会（BAICE）和美国比较教育学会（CIES）等；比较教育学术期刊，如《比较教育评论》（Comparative Education Review）、《比较教育》（Comparative Education）和《比较》（Compare）等。现就这三类比较教育研究主体的比较教育研究动向分别加以综述。

一、国际组织比较教育研究发展情况综述

当今世界，国际组织机构众多，它们均对国际上或区域中教育存在的问题进行关注，并加强沟通与交流，促进问题的解决。其中对比较教育学科具有重大影响的国际组织有联合国教育、科学及文化组织（United Nations Educational，Scientific and Cultural Organization，以下简称 UNESCO）、经济合作与发展组织（Organization for Economic Cooperation and Development，以下简称 OECD）、世界银行（the World Bank）；区域性组织有欧盟（European Union，以下简称 EU）、亚太经合组织（Asia-

Pacific Economic Cooperation，简称 APEC）等。这些组织通过各种教育项目援助、经济资助等方式对世界各国，特别是发展中国家教育进行研究，并通过举办世界教育大会、开展各种学术活动、出版季刊、年刊等方式来把握世界比较教育研究的方向和趋势。本部分将主要通过考察 UNESCO、OECD、世界银行等这类国际性组织发表的相关文章及官方网站上的相关文献进行分析，来把握国际组织的研究动向，以期了解国际组织比较教育研究的世界走向。

通过对 UNESCO、OECD、世界银行等这类国际组织发表的比较教育研究文献资料进行分析发现，国际组织对比较教育学科的直接研究关注较少，OECD 仅在 2004 年发表了《国际比较教育统计手册》（OECD Handbook for Internationally Comparative Education Statistics）一书，该书提供了一个统一的概念、标准和分类框架，这使得研究者有一个相对统一的比较框架，使得人们更容易理解 OECD 的教育统计数据，以更有效地进行数据分析、政策、策略分析。UNESCO 国际教育局主编的《教育展望》作为一个比较教育季刊，对学科建设的研究也几乎没有。因此，以下主要对国际组织比较教育研究的主要问题和关注的重点领域进行综述。

（一）“全民教育”的发展及经验

“全民教育”是由 UNESCO 发起的一项全球运动，旨在到 2015 年前满足所有儿童、年轻人和成年人的学习需要。自 1990 年起，“全民教育”（Education for All，EFA）就成为了世界各国，特别是发展中国家教育发展的主题。进入 21 世纪以来，特别是联合国于 2000 年世界教育论坛颁布《达喀尔行动纲领》（the Dakar Framework for Action）之后，“全民教育”进入了新的发展时期。从 2006 年到 2010 年的文献资料中可以发现，国际组织对“全民教育”的发展保持着长期的关注，可以说它也是未来国际组织关注的焦点之一，其中特别关注贫困的发展中国家的“全民教育”发展。

从 2006 年到现在，国际组织“全民教育”研究主要聚焦于“初中等教育”在落后的发展中国家的普及。如 UNESCO 发表《教育展望》（Prospects：Review of Comparative Education）的文章来看，“全民教育”的研究主要集中在非洲落后地区国家。如 2006 年第 1、第 2 期《教育展望：政策对话与教育：非洲经验》均是对“全民教育”在非洲发展的经验总结，并强调“政策对话”、“磋商、协商”和“合作伙伴关系”在成功实践全民教育运动中的突出作用；如，路易塞尼（Luisoni）在 2004 年就指出，“‘政策对话’对教育政策的制定和形成具有决定性的影响。采用‘政策对话’可能成为世界各国促进教育系统发展，实践全民教育行动的主要趋势之一”①。

① Luisoni，P. Editorial and Introduction to the Open File［J/OL］. Prospects：Quarterly Review of Comparative Education，2006（1）. http://www.springerlink.com/content/7737158243985931/fulltext.pdf.

Saya Kpam-N' Lé Assiah 发表的《在多哥萨凡纳地区的社区学校和中继学校》①、Bouréma Jacques Ki 和 Louis-Honoré Ouedraogo 发表的《与发展伙伴的磋商：布基纳法索基础教育十年发展计划》均指出"磋商"、"协商"等方式在政府与其参与者沟通中的积极作用。

世界银行也参与到全民教育运动中，它主要是通过教育资助及成立相关项目的方式参与其中，如参与到联合国非洲发展行动计划：塞内加尔"教育与培训十年计划"之中，这一计划旨在促进塞内加尔基础教育的普及。这一计划取得了突出进展，并形成了一定的伙伴关系，具体体现在 Mbaye Ndoumbé Gueye 的《教育与培训十年计划：认可与参与》、恩迪耶（Ndiaye，N.）的《塞内加尔教育系统中的伙伴关系》两篇文章中。同时，世界银行也设立了"全民教育快速通道行动"（The Education for All Fast Track Initiative，FTI）项目，以推进普及初等教育、提高教育质量和其他 EFA 目标②。在 2008 年，世界银行发表了《EFA 快速通道行动的中期评估报告》(Mid-Term Evaluation of the EFA Fast Track Initiative)。这篇报告指出，"对贫困国家基础教育的财政资助远没有达到这个国家的需要，在这里，还有很多儿童辍学在家，有的儿童甚至没有上完小学"。③ 不过，"从 2000 年到 2007 年，非洲参与进 FTI 的国家入学率上升了 64%，这比那些非 FTI 非洲国家的入学率上升得更快"。2009 年，世界银行又发表了《全民教育快速通道行动 2009 年度报告》，报告中对参与 FTI 的非洲国家全民教育发展情况进行了总结，并指出需要在以下几个方面更进一步改善：通过合作等方式帮助所有的儿童入学；通过国家援助、国家社区的参与等方式使得教育系统更加有效；根据教育层级采取梯度资源原则；吸取经验制定稳步发展战略。④

近年来，UNESCO 加强了同 OECD 关于教育方面的合作，如特别成立了一个 EFA 全球监控小组。松浦晃一郎曾说："OECD 是我们（UNESCO）极为重要的合作伙伴，它能够在数据和分析方面提供帮助，以更好地监控全民教育的发展及勾画未来的发展蓝图。⑤"如 2002 年，监控小组对"全民教育是否走上了轨道"进行了考察（EFA Global Monitoring Report 2002——"EFA ON TRACK"）；2003 年、2004 年则对全民教育中"性别"差异造成的不平等问题进行了关注（EFA Global Monitoring Report

① Saya Kpam-N' Lé Assiah.

② Education For All（EFA）[EB/OL]. The World Bank，[2010-5-12]. http://web.worldbank.org/WBSITE/EXTERNAL/TOPICS/EXTEDUCATION/0,contentMDK:20374062 ~ menuPK:540090 ~ pagePK:148956 ~ piPK:216618 ~ theSitePK:282386,00.html.

③ Mid-Term Evaluation of the EFA Fast Track Initiative [EB/OL]. The World Bank，[2010-5-12]. http://www.educationfasttrack.org/newsroom/focus-on/mid-term-evaluation-of-the-efa-fast-track-initiative/.

④ 2009 The Education for All Fast Track Initiative Secretariat. Education for All Fast Track Initiative 2009 ANNUAL REPORT [R/OL]. World Bank，2010 [2010-5-13]. http://www.educationfasttrack.org/media/library/Annual-report-2009/annual-report-2009.pdf.

⑤ Director-General holds Information Meeting on development Aid organized with the OECD/DAC [EB/OL]. UNESCO，2009-9 [2010-5-14]. http://portal.unesco.org/en/ev.php-URL_ID=43503&URL_DO=DO_PRINTPAGE&URL_SECTION=201.html.

2003/2004——GENDER)；2005 年对全民教育“质量”进行了监控（EFA Global Monitoring Report 2005——Quality)；2006 年则对影响终身学习关键要素“阅读”能力缺失情况进行了研究（EFA Global Monitoring Report 2006——Literacy)；2007 年则对早期教育的情况进行研究（EFA Global Monitoring Report 2007——Early Childhood)；2008 年进行了中期回顾（EFA Global Monitoring Report 2008——Mid-term Review)；2009 年则将“管理”提到了教育改革的战略高度（EFA Global Monitoring Report 2009——Govence)；2010 年则针对经济危机造成的贫困国家“边缘化”问题进行了研究（EFA Global Monitoring Report 2010——Marginalization)。从监控报告的发展情况来看，“全民教育”的关注焦点从最开始关注的是否走上轨道、性别公平和质量提升发展到了重视全民教育与“管理”和“时代要求”之间的关系，这反映了“全民教育”不仅仅是教育系统内部的发展，同时也是教育同社会的同步发展，需要创造内部协调发展、外部和谐保障的环境。

（二）高等教育的时代发展

进入 21 世纪后，为了应对知识社会和全球化社会所带来的挑战，为了更好地参与国际竞争，很多国家都对高等教育进行了变革。国际组织也对高等教育应对全球化挑战给予了极大的关注。主要进行比较教育研究的主题有：

第一，高等教育的时代要求与未来发展。

在最近十年来，世界各国高等教育体系都不断发展变化，为了应对知识经济的挑战，各国高等教育都必须处理来自经济增长和就业需求方面的矛盾，需要处理高等教育与社会凝聚力之间的关系。2001 年，联合国国际发展署（Department of International Development）就和世界银行合作，成立了“现代经济需要的知识和技能”（Knowledge and Skills for the Mordern Economy）项目。2006 年 6 月，来自 OECD 成员国的教育部长进行了会面，针对“高等教育：质量、公平和效益”主题进行了探讨，并指出，“为了应对挑战，每个国家都需要从以下几个方面进行改革：增加资金投入；创造更加公平的教育体系；集中关注学生的学习；增加高校系统的反应力和多样性；研究与创新”①。

2006 年，世界银行和 OECD 对这一项目进行了评估分析，发表了题为《在发展和经济转型中的知识和技能发展》（Knowledge and Skill Development in Developing and Transitional Economics)，该报告对知识、技能和知识经济、终身学习之间的关系进行了探究，并对“现代经济需要的知识和技能”项目的结果进行总结，指出，要想实现经济社会的成功转型，就需要开发新技术，形成新规则；支持和发展合作关系；整

① Giannakou, M.. Chair's Summary (of Meeting of OECD Education Ministers) [EB/OL]. OECD, 2006 [2010-5-13]. http://www.oecd.org/dataoecd/62/21/37032873.pdf.

合社会各部门资源共同致力于终身学习和培训内容的完善和质量的提升，形成更深的质量文化。① 2007 年，在世界银行的支持下，区域高等教育大会在吉隆坡召开，会议以"高等教育改革的战略选择"为主题。该会议旨在加强亚太地区国家高等教育改革经验交流，共同致力于高等教育质量的提升。同时，高度强调了高等教育的质量、效率与灵活性，以帮助国家更好地应对知识经济社会的挑战。② 2009 年 OECD 发表了《面向知识社会的高等教育》（Tertiary Education for the Knowledge Society）两卷本，该书从许多角度对各国高等教育政策进行了深入调查，包括管理、供资、质量保证、平等性、研究创新、学术生涯、与劳动市场的联系、国际化程度等方面，特别关注能确保高等教育对国家经济、社会目标作出贡献的政策。并且，该书以经合组织 2004—2008 年期间与全球 24 个国家合作进行的一个重大高等教育政策专题评估项目结果为基础，对高教政策进行国际比较分析，提出了一个指导高教政策发展的综合框架；确定国家、区域和国际各级后续工作的重点，及建议政策方向。③

第二，高等教育国际化。

2001 年，世界银行在"构建知识社会：高等教育的新挑战"（Constructing Knowledge Societies：New Challenges for Tertiary Education）报告中就指出了在高等教育不断增加的经济社会转型中高等教育的构建能力。④ 自此，OECD 也开始对高等教育的国际化进行关注，2004 年 OECD 就编著了题为《高等教育质量及认识：跨境挑战》(Quality and Recognition in Higher Education：The Cross-border Challenge)⑤、《高等教育国际化和商业化：机会和挑战》(Internationalisation and Trade in Higher Education：Opportunities and Challenges)⑥ 的书籍，这两本书均对跨境高等教育是什么，在国际化过程的作用及在北美、欧洲和亚太地区的经验及主要发展趋势进行了总结，并指出跨境高等教育在教育国际化过程中的核心促进作用，同时反映了近年来高等教育质量和公平、消耗和投入、质量与能力建构之间的发展要求。2005 年，OECD 还与 UNESCO

---

① Hargreaves, A., Shwa, P. Knowledge and Skill Development in Developing and Transitional Economies [R/OL]. World Bank & Department of International Development, 2006 [2010-5-13]. http://siteresources.worldbank.org/EDUCATION/Resources/278200-1126210664195/1636971-1126210694253/DFID_WB_KS_FinalReport_7-31-06.pdf.

② Regional Higher Education Conference [EB/OL]. The World Bank, 2007 [2010-5-13]. http://web.worldbank.org/WBSITE/EXTERNAL/TOPICS/EXTEDUCATION/0, contentMDK: 21523809 ~ menuPK: 617592 ~ pagePK:148956 ~ piPK:216618 ~ theSitePK:282386,00.html.

③ 面向知识社会的高等教育中文概要 [EB/OL]. OECD, 2008 [2010-5-13]. http://www.oecd.org/dataoecd/59/21/41314515.pdf.

④ The world Band Group. Constructing Knowledge Societies: New Challenges for Tertiary Education [R/OL]. The World Bank, 2002 [2010-5-13]. http://siteresources.worldbank.org/TERTIARYEDUCATION/Resources/Documents/Constructing-Knowledge-Societies/ConstructingKnowledgeSocieties.pdf.

⑤ OECD. Quality and Recognition in Higher Education: The Cross-border Challenge [M]. Published by: OECD Publishing. 2004.

⑥ OECD. Internationalisation and Trade in Higher Education: Opportunities and Challenges [M]. Published by: OECD Publishing. 2004.

合作共同发表了“跨境高等教育质量监控指南”（Guidelines for Quality Provision in Cross-border Tertiary Education in 2005），旨在通过比较教育框架来对国际高等教育的发展进行监控。2007 年，世界银行和 OECD 又共同编著了《跨境高等教育：能力发展之路》（Cross-border Tertiary Education：A Way towards Capacity Development）一书，该书对国际上跨境高等教育发展的经验进行总结，将能力建设作为推进教育尤其是高等教育国际化的目标和发展跨境教育的方法和策略，进而为发展中国家的国际高等教育发展提供经验参考，同时，该书还对通过国际教育进行“能力”构建的概念进行了介绍，重点强调了高等教育质量保障和贸易谈判的核心作用，为政策研究者以及其他利益相关者提供了参考。① 2008 年起，世界银行开始对大学的世界使命进行关注，及构建世界一流大学的挑战进行了分析。如 Helmes 在 2008 年发表了《大学的世界使命》报告，2009 年萨米尔（Salmi，J.）发表了《构建世界一流大学的挑战》一书。这些文章均对大学在当前国际化社会中的重要性进行了分析，在《构建世界一流大学的挑战》一书中，作者还对如何构建具有全球竞争力的大学进行了战略性分析，并对它所面临的挑战、效果及风险进行了探讨。②

（三）“全纳教育”的认识及实践

“全纳教育被看做实现优质全民教育的指导原则——这种得益于多样性（消除学习障碍）的教育体系旨在建设一个更加公正与民主的社会。”③ 近几年来，国际组织对此给予了极大的关注。如 2007 年 OECD 举办了“公平与全纳教育”（Fair and Inclusive Education）国际研讨会。该会议旨在对 OECD 国家近年来教育公平的发展状况及存在的问题进行讨论，并对如何提升处理教育公平问题的国家政策意识，如何更好地制定教育公平政策展开研讨。2008 年 UNESCO 第 48 届教育大会就将“全纳教育：未来之路”作为这次大会的主题。这次会议主要针对全纳教育的范围和内容、实践方法，政策背景，系统及其变革以及学生和教师之间的关系这几个主题展开研究。2009 年 9 月 17 日到 20 日，欧洲教育基金会地区研讨会召开，会议以“社会和文化差异下的全纳教育”为题，旨在将西部巴尔干地区的议员、政策制定者、研究者等召集起来，集思广益，共同致力于全纳教育的开展。国际组织对“全纳教育”的研究主要集中在以下几个方面。

---

① Cross-border Tertiary Education：A Way towards Capacity Development [M/OL]. OECD and The World Bank，2007 [2010-5-13]. http://siteresources. worldbank. org/EDUCATION/Resources/cross_border_tertiary_education_Eng. pdf.

② Salmi，J. The Challenge of Establishing World-Class Universities [M/OL]. The World Bank，Washington DC. 2009 [2010-5-13.] http://siteresources. worldbank. org/EDUCATION/Resources/278200-1099079877269/547664-1099079956815/547670-1237305262556/WCU. pdf.

③ Acedo，C. 全纳教育：跨越边界 [M] //联合国教科文组织国际教育教育局. 教育展望·国际比较教育季刊（第 145 期）——全纳教育. 华东师范大学，译. 上海：上海教育出版社，2008：3.

1. 对“全纳教育”的认识

从国际组织的相关文献中可以看出，UNESCO和世界银行对全纳教育有着自己的定义。UNESCO认为，全纳教育是针对学龄儿童多样性的教育方法。UNESCO总干事松浦晃一郎指出：“全纳教育关注的是如何改革教育系统，及在所有层次和所有情境下增进教育公平的方法，其目的是回应学习者的差异性和促进成功学习。采用全纳教育的方法意味着制定这样的政策：确保所有学习者都能从高质量的和针对性强的教育中获得公平机会，以使他们能开发自己的全部潜力，而不受性别或社会、经济以及身体条件的限制。”① 世界银行将其定义为“学生有特殊需要，或者家庭收入低于贫困线的学生集中的学校进行教育变革和组织变革，同时还倡导私人机构积极参与到全纳教育中来，特别是参加到针对这部分弱势群体的教育中来。”② OECD则希望“全纳教育”成为经济欠发达地区促进知识有效利用的一种措施，目前OECD依然密切关注特殊教育，及其他一些残疾或有学习困难的学生的教育方面，观点还不够明晰。

对其他地区国际组织的文献总结发现，不同国际组织因为其成员国社会文化背景不同，对这一主题的态度各不一样。总体说来，北欧各国和拉美地区对全纳教育基本持首肯态度，并对其进行分析，如英国学者Mel Ainscow、Susie Miles从全纳性需要哪些因素着手来对“全纳教育”进行界定：（1）全纳教育所关注的是所有在校的儿童和年轻人；（2）它的重点是加入、参与和成就；（3）全纳和排斥是相互联系的，全纳就是消除排斥；（4）全纳被看做是一个永无止境的过程。③ 亚洲对全纳教育的关注也越来越多，如成立了“全纳教育”东亚工作小组，并向联合国提交了准备报告积极参与到这一运动中来。④ 撒哈拉以南的非洲国家对此意见不一，但其“国际大环境均赋予了全纳教育以优先权。他们的目标是，不仅要为被排斥在外的有特殊需要的学生群体提供教育，还准备解决更多的难题，如女童的边缘化、艾滋病（HIV/AIDS）的传播、流动人口的需求、战争孤儿、流浪儿童等的受教育问题”⑤。而东欧诸国、独联体和阿拉伯国家的态度则相当勉强，他们将全纳教育理解为针对残疾儿童和难民

① 松浦晃一郎. 前言［M］//联合国教科文组织国际教育教育局. 教育展望·国际比较教育季刊（第145期）——全纳教育. 华东师范大学，译. 上海：上海教育出版社，2008：1.

② World Bank. Education sector strategy update：achieving education for all，Broadening our perspective，maximizing our effectiveness. Washington，DC：World bank. 2006.

③ Ainscow，M.，Miles，S.. 全民教育全纳化［M］//联合国教科文组织国际教育教育局. 教育展望·国际比较教育季刊（第145期）——全纳教育. 华东师范大学，译. 上海：上海教育出版社，2008：17.

④ Hangzhou. IBE-UNESCO Preparatory Report for the 48th ICE on Inclusive Education［R/OL］. UNESCO-IBE，2007［2010－5－12］. http://www.ibe.unesco.org/fileadmin/user_upload/COPs/News_documents/2007/0711Hanghzou/Final_Report_of_ICE_Workshop_East_Asia.pdf.

⑤ Rambla，X.，Ferrer，F.，Tarabini，A.，Verger，A.. 全纳教育和社会不平等：当前问题和地域因素的思考［M］//联合国教科文组织国际教育教育局. 教育展望·国际比较教育季刊（第145期）——全纳教育. 华东师范大学，译. 上海：上海教育出版社，2008：68.

儿童的教育。①

2. “全纳教育”的实践

那么，如何做到“全纳”？通过对国际组织相关文献进行分析发现，统一的全纳性策略不能没有参与者的集体努力，包括：学校与社会之间的紧密联系，各种境脉下的网络联盟，以及与背景相关的证据的收集和使用。如 Mel Ainscow、Susie Miles 认为，“对现有的（教育）安排进行详细的分析”是全纳教育发展的起点。Inés Aguerrondo 在《改变模式：实现全纳面临的挑战》一文中对全球化和信息化时代的情况进行了分析，也对全纳性力量是如何在教育体系内部发展进行了说明。她指出，在拉丁美洲，全纳教育已经走向支离破碎，仍旧再造着社会不平等。要想改变这一状况，就必须进行更为现实细致的分析。她主张将全纳教育作为新教育范式的基础，从体制、认识论、教育学等各个方面和角度关注全纳教育，创造一个更加公正、公平的社会②。Grossman 则试图将全纳教育同其他相关领域联系起来，如公民教育和民主政治理论。这些研究者切入点可能不一致，但他们均认为，对于各类专业团体来说（这些人包括公民教育工作者、特殊需要教育工作者及其他边缘人群的支持者），建立一个共同的全纳教育框架是必不可少的。③ 同时，Halinen 等研究者鉴于芬兰的成功经验提出，为了更好地实现全纳教育，我们可以从以下几个方面来达到全纳：(1) 考虑每一个具体的教育体系的价值观和目标——全纳教育的概念是基于社会作出的价值选择；(2) 要考虑特定学校环境中的文化因素——共同的文化，特别是全体成员的参与文化是全纳教育发展的基础；(3) 为教师提供支持——全纳教育在很大程度上依赖教师的正确教学方法和扎实的专业技能；(4) 加强课程开发——在任何全纳教育的政策中，体现全纳这一教育基本价值观和发展教育共同意愿的课程都对全纳教育目标的达成发挥着举足轻重的作用。④

总之，不管全纳教育针对的对象是谁，我们都需要处理好教育与社会的关系，政府与利益相关者的关系，教师和学生的关系，普及全纳教育理念，构建合理的全纳教育体系。

---

① UNESCO/IBE. Executive summary.（paper prepared for an International workshop on Inclusive Education）Rambla, X., Ferrer, F., Tarabini, A., Verger, A.. 全纳教育和社会不平等：当前问题和地域因素的思考［M］//联合国教科文组织国际教育教育局. 教育展望·国际比较教育季刊（第145期）——全纳教育. 华东师范大学，译. 上海：上海教育出版社，2008：68.

② Aguerrondo, I.. Altering the model: the challenge of achieving inclusion［J/OL］. Prospects: Quarterly Review of Comparative Education, 2008 (1). http://www.springerlink.com/content/jj38231j41015560/fulltext.pdf. pp. 47-63.

③ Acedo, C.. 全纳教育：跨越边界［M］//联合国教科文组织国际教育教育局. 教育展望·国际比较教育季刊（第145期）——全纳教育. 华东师范大学，译. 上海：上海教育出版社，2008：7.

④ Halinen, I., Järvinen, R.. Towards inclusive education: the case of Finland［J/OL］. Prospects: Quarterly Review of Comparative Education, 2008 (1). http://www.springerlink.com/content/h4n4616777127634/fulltext.pdf. pp. 77-97.

（四）“可持续发展教育”的发展

进入21世纪伊始，可持续发展教育开始引起了国际关注。UNESCO在2000年便在加拿大召开了一次国际大会，会议准备的《可持续发展教育导读》小册子中对什么是可持续发展教育进行了解释。UNESCO认为，实施“可持续发展教育”的目的在于帮助人们获得正确的态度、知识和技能，作出合适的决定，以利于他们及其后代现在及将来的发展。①

在最近二十年中，几乎世界上所有区域都参与到可持续发展教育战略规划之中，不同的地区对促进可持续发展的不同因素予以关注，如亚太地区重视知识系统和文化背景；拉美地区对文盲率和生物多样性（biodiversity）进行研究；阿拉伯地区则对沙漠化和可持续消费（desertification，sustainable consumption）予以强调；南非地区则对扶贫和合作关系（poverty alleviation，partnerships）进行探讨。2005年联合国欧洲经济委员会（the United Nations Economic Commission for Europe，UNECE）通过了“维尔纽斯战略”（Vilnius Strategy for ESD），极大地推进了欧洲地区可持续发展教育的发展，欧盟在参照“维尔纽斯战略”基础上制定了自己的可持续发展战略（Sustainable Development Strategy，SDS），更加强调制定国家可持续发展教育策略，强调教师培训在可持续发展议题中的重要作用。同时，欧盟可持续发展战略也对“里斯本战略”（Lisbon Strategy）进行整合，正确设立教育和培训系统的目标，以及制定研究和创新的战略性目标。② 2008年，OECD在“环境变化、增长、稳定性”峰会中（Climate Change，Growth，Stability）就将教育和可持续发展视为一个不断发展的不容忽视的全球课题。它既成立OECD可持续发展项目，同时还成立平行项目，如成立《促进可持续发展学校的发展》（Promoting sustainable schools），该项目旨在探索不同国家和地区如何分享创立和管理可持续发展学校的经验，探寻可持续发展学校是如何来培养学生的可持续发展观念及能力，以及OECD项目是如何发挥其作用的。③ 在2009年，OECD即召开了“可持续发展学校的构建：从理论到实践”国际大会，对这一促进可持续发展教育的机构进行实践推广。

从近年来国际组织发表的系列文章、书籍的主题来看，UNESCO在和其他组织的合作下进行了多项研究，我们可以将其分为以下几类：第一，指导性文章。这类文章在于探讨不同教育与可持续发展的关系问题。如2005年《高等教育实施可持续发展教育的动力及障碍》（Drivers and barriers for implementing sustainable development in

---

① Education for sustainable development（ESD）［EB/OL］. UNESCO，［2010-5-13］. http://www.unesco.org/en/esd.

② The Workshop Summary（Education for Sustainable Development）［EB/OL］. OECD，2008［2010-5-13］. http://www.oecd.org/dataoecd/52/1/41372200.pdf. p. 2.

③ Education for Sustainable Development［EB/OL］. OECD，［2010-5-13］. http://www.oecd.org/document/26/0,3343,en_2649_35961311_41523482_1_1_1_1,00.html.

higher education)① 一书收集了多篇关于高等教育与可持续发展之间关系的文章，如《“十年”（1996—2005）可持续发展教育的经验》[Lessons Learned from our Particular “Decade” of Education for Sustainable Development（1996—2005）]、《中国大学中促进“可持续发展教育”的有效方法探索》（Exploring Effective Approaches For “Education for Sustainable Development” in Universities of China）等，均对高等教育如何实践可持续发展教育进行了方法、经验总结。再如2008年发表的《全民教育与可持续发展教育的对话：构建一个可持续发展世界》（EFA-ESD Dialogue：Educating for a sustainable world）政策百姓报告，这一报告对将全民教育和可持续发展教育的对接是否可能，有何意义以及如何对话进行了探讨研究，并尝试着为我们提供了一个促进其整合的机制。② 第二，实践总结文章。这类文章主要对好的实践案例进行研究总结。如2007年发表的《欧洲经济委员会辖区的优秀实践》（Good Practices in the UNECE Region）③，2008年9月在巴黎召开可持续发展教育研讨会中发表的《联合国可持续发展教育十年》（The UN Decade of Education for Sustainable Development）报告④、《2009年可持续发展教育的背景及框架回顾》（Review of Contexts and Structures for Education for Sustainable Development 2009）。⑤ 从上面“可持续发展教育”的发展状况来看，它作为时代要求的产物，将在未来几年中成为国际组织研究的核心主题之一。

（五）结论

国际组织是指三个或三个以上国家（或其他国际法主体）为实现共同的政治经济目的，依据其缔结的条约或其他正式法律文件建立的常设性机构。因此，教育对其来说通常是为了实现经济政治目的的手段。从2006年到现在的文献资料来看，国际组织进行比较教育研究的主题主要是其长期性辅助项目的数据统计及分析，并针对不同国家、区域进行重点研究，如全民教育主要针对非洲国家；同时，国际组织比较教育研究也在一定程度上反映了时代主题，如对“全纳教育”的研究反映了知识经济社会对“教育权利”的重新认识，对“可持续发展教育”的重视则反映了当前世界问题，如气候变化、资源缺乏所面临的压力。总体来说，进行比较教育研究，需要结

---

① Holmberg，J.，Samuelsson，B. E. Drivers and barriers for implementing sustainable development in higher education［R/OL］. UNESCO，2005［2010-5-13］. http://unesdoc.unesco.org/images/0014/001484/148466E.pdf.

② Wade，R.，Parker，J. EFA-ESD Dialogue：Educating for a sustainable world［R/OL］. UNESCO，2008［2010-5-13］. http://unesdoc.unesco.org/images/0017/001780/178044e.pdf.

③ Good Practices in the UNECE region［R/OL］. UNESCO，2007［2010-5-13］. http://unesdoc.unesco.org/images/0015/001533/153319e.pdf.

④ The Workshop Summary（Education for Sustainable Development）［EB/OL］. OECD，2008［2010-5-13］. http://www.oecd.org/dataoecd/52/1/41372200.pdf. p. 1.

⑤ Wals，A. Review of Contexts and Structures for Education for Sustainable Development 2009［R/OL］. UNESCO，2009［2010-5-13］. http://unesdoc.unesco.org/images/0018/001849/184944e.pdf.

合国际、地区的社会背景，同时还要结合时代主题。

二、国外比较教育学会的比较教育研究动向

在比较教育学科领域，比较教育学会也是一类重要的研究机构，这种学会主要分为三种类型：第一种是国际性的比较教育学会，即世界比较教育联合会（The World Council of Comparative Education Societies，WCCES）；第二种是区域性的比较教育学会，如欧洲比较教育学会（The European Comparative Educational Association，ECEA）、澳大利亚新西兰比较教育学会（The Australian and New Zealand Comparative and International Education Society，ANZCIES）和地中海地区比较教育学会（Mediterranean Society of Comparative Education，MESCE）等；第三种是各个国家的比较教育学会，比较著名的有英国国际与比较教育学会（The British Association for International&Comparative Education，BAICE）和美国比较教育学会（Comparative&International Education Society，CIES）等。这些比较教育学会相互之间的联系都非常紧密，经常通过举办比较教育会议、开展学术活动、公开和出版相关的图书资料来引领世界比较教育研究的潮流和趋势，因此，本部分将通过考察这些学会近几年的活动及其网站上的相关文献，分析归纳出它们当前的最新研究动向，以期对于了解比较教育学科的世界发展趋势有所裨益。

（一）教育的跨文化交流与合作

教育的跨文化交流与合作几乎是近些年来世界上所有比较教育学会的共同研究主题，以世界比较教育联合会为例，该组织是世界上唯一一个国际性的比较教育学会，其他所有的比较教育学会几乎都是它的成员组织。该组织每三年举办一次世界比较教育大会，距今最近的一次大会，即2007年9月3—7日在波斯尼亚—黑塞哥维那的萨拉热窝举办的第13届世界比较教育大会，其主题就与教育的跨文化交流与合作有关，即"生活在一起：教育与跨文化对话"。① 这次会议的核心精神就是将教育视为促进不同文化之间相互交流与理解的重要工具，旨在通过教育使来自不同文化背景和社会中的人们能够和谐共处、互相尊重，并最终实现人类的可持续发展，增进人们的创造性以及各方面的能力和素养。大会呼吁与教育有关的国际组织、各国政府和非政府组织都要积极合作并达成共识，如博洛尼亚进程和《世界全民教育宣言》等，并且要努力在全球范围内建立文化和学术联系，鼓励学者发展自己的跨文化交流能力，推进不同文化之间的交流与对话。② 这次会议顺应了世界发展的潮流，并引起了人们的强

① WCCES. Word Congress［EB/OL］. http://www. wcces. net/worldcongress/index. html.

② WCCES. Sarajevo Congress Declaration［EB/OL］. http://www. wcces. net/news/Sarajevo% 20 Congress% 20Declaration. pdf. 2007.

烈反响，鉴于此，在2010年6月14—18日在土耳其的伊斯坦布尔举办的第14届世界比较教育大会，将继续围绕这一问题展开研究和讨论。第14届比较教育大会的主题被确定为“划界、重新划界以及教育和社会中新的可能性”，其主旨是要求人们通过教育打破文化界限以及其他的各种偏见和疆界，① 增进交流与合作，消除社会和教育上的不平等，以促进人们知识、能力等各方面的自由、全面发展。

世界比较教育联合会提出了这个有关教育的跨文化交流与合作的主题之后，其他比较教育学会也纷纷响应，如地中海地区比较教育学会于2008年5月11—13日在马耳他卡瓦市的新石墓酒店举办的第3届比较教育会议，就将两个主题中的一个定为“国内与国际的跨文化对话”，旨在讨论不同国家以及同一国家不同民族之间的关系，期待通过增进教育合作，消除文化冲突，最终促进地中海地区乃至全球社区的可持续发展。② 而澳大利亚新西兰比较教育学会则把将于2010年11月24—27日在澳大利亚的墨尔本皇家理工大学（RMIT University）举办的第38届比较教育年会的主题定为“教育无疆界”，③ 紧扣世界比较教育联合会2010年大会的主题，旨在通过消除边界，加强教育合作，增进不同文化间的交流与对话。

除了以上国际性和地区性的比较教育学会，一些国家性的比较教育学会也对教育的跨文化交流与合作问题十分关注，如英国国际与比较教育学会于2008年9月4—6日在格拉斯哥大学举办的比较教育会议，将主题定为“教育的国际化：文化、社会情境与差别”，④ 主要是从文化的角度考察教育中的各种差别，通过加强教育交流与合作，更好地推动教育的国际化进程。美国比较教育学会则在其网站2009年9月的简讯上发表了一篇学术论文，题为“增加留学教育的多样性：单一民族社会的有力工具”，⑤ 其内容主要是通过加强学生的国际流动，促进文化的交流，以使不同的文化能够在相互碰撞中产生新思想的火花，促进国际性人才的培养。

（二）教育民主、公平与社会正义

教育民主、公平与社会正义是比较教育研究界的另一个热门话题，以世界比较教育联合会为例，该组织除了定期召开世界比较教育大会以外，还经常会编著或推荐一些书籍，来丰富和引领比较教育领域的研究。2006年，世界比较教育联合会编著了《教育与社会正义》一书，该书在比较教育研究的视野下探讨了教育与社会正义的关系，指出实现社会的平等、相互尊重和公平正义是任何具有进步意义的教育学的梦

---

① WCCES. BORDERING，RE-BORDERING AND NEW POSSIBILITIES IN EDUCATION AND SOCIETY［EB/OL］. http://www.wcces2010.org/.

② Mediterranean Society of Comparative Education. III MESCE Conference［EB/OL］. http://www.mesce.org/html/Conferences.html.

③ ANZCIES. ABOUT ANZCIES［EB/OL］. http://www.anzcies.org/about.php.

④ BAICE. Previous BAICE events［EB/OL］. http://www.baice.ac.uk/events/previous_events.shtml.

⑤ Katrina R. Hutchison. Increasing diversity in education abroad：A purposive tool for ethnically homogenous societies［EB/OL］. http://cies.us/newsletter/sept%2009/index_sept09.html.

想。然而在当前的教育实践中，学校教育往往存在许多不公平之处，特别在西方文化驱动的社会背景下，教育分层、不同学校的质量差异、来自不同社会—经济背景的学生的成绩差异、不同国家学生的成绩差异、择校政策等所导致或隐含的不公平和争议尤其值得人们深思。①

《教育与社会正义》一书的出版一下子切中了当今世界各国思想的脉搏。2009 年 11 月 9—10 日，地中海地区比较教育学会在摩洛哥的拉巴特举办了第 4 届比较教育会议，主题也是围绕教育民主、公平与社会正义，即“教育民主、公平与社会正义——课程、教育学与教育政策的意义”。教育民主、公平与社会正义是一个范围广阔的议题，因此与会者主要根据地中海地区的社会和教育现实来进行相关问题的讨论，具体包括移民、后殖民时代的教育、组织文化、青年文化、语言政策、殖民地史、教育中的性别问题、高等教育、职业教育、博洛尼亚进程、教育评价政策、中东政策、全纳教育政策、母亲教育、人权教育、教育公平与学校领导和全球化背景中的科学知识等诸多问题。②

国家性的比较教育学会也不甘落后，如英国国际与比较教育学会（the British Association for International&Comparative Education，BAICE）将于 2010 年 9 月 10—12 日在诺维奇的东安格利亚大学举办的比较教育会议，就把主题确定为“时代挑战中的教育与社会正义”。之所以选择这个主题，一方面自然是因为这是当今世界教育发展中的热门话题，另一方面是因为金融危机的冲击使教育在实现社会和谐、正义和有效运转中的作用更加凸显。因此，英国国际与比较教育学会 2010 年的会议将使人们有机会从多学科视角审视各级各类教育的过程，以及它们对社会正义的影响。③

美国比较教育学会对教育公平问题的关注则更早，2008 年 3 月 17—21 日，美国比较教育学会于纽约举办的比较教育年会，其主题就是“在世界范围内实现教育公平”。会议的主要内容就是讨论不同地区、不同国家的教育公平问题，并探讨教育公平的影响因素，如性别、种族、民族、经济条件、身心的残障情况和城市化等，以及实现教育公平的途径和策略。④

（三）教育的全球化与国际教育

在当今世界，全球化的浪潮席卷了人类生活的每一个角落，因此各门学科的探讨都难以离开全球化的大背景，教育也概莫能外。教育的全球化与国际教育问题成为当

---

① WCCES. Education and Social Justice [EB/OL]. http://www.hku.hk/cerc/WCCES-books/social-justice.htm. 2006.

② Mediterranean Society of Comparative Education. IVth MESCE Conference [EB/OL]. http://www.mesce.org/html/Conferences.html.

③ BAICE. Education and Social Justice in Challenging Times [EB/OL]. http://www.baice.ac.uk/events/BAICE_Conference_2010.shtml.

④ Comparative&International Education Society. Theme: GAINING EDUCATIONAL EQUITY AROUND THE WORLD [EB/OL]. http://www.tc.edu/academic/ITS/CIES/about.htm.

前教育界的热点问题，作为与全球和国际教育问题有着不解之缘的比较教育自然是不会放过这样一个重要议题。在国外各类比较教育学会的研究中，教育的全球化与国际教育问题是一个显赫的领域，许多比较教育会议和比较教育专著都对其广为探讨。如英国国际与比较教育学会从2006年到2010年的推荐书目中，总共有11本书都是关于这个问题的，其中2006年出版的有1本，即《新千年的国际教育》；2007年出版的有2本，即《教育、全球化与新时代》和《全球化时代中的教授身份》；2008年出版的有5本，即《大学的国际化》、《教育的国际观点》、《全球化时代中的教育和发展："成功全球化"的战略》、《择校的全球化》和《识字、全球和地方》；2009年出版的有3本，即《高等教育和国际能力建设：高等教育国际联系25年》、《全球化、政策和全球化的比较研究》和《推进全球化》。①

美国比较教育学会更是在多次比较教育会议上将教育的全球化和国际教育问题作为讨论的主题，如在2009年10月8—9日，美国比较教育学会把在宾夕法尼亚州伯利恒市的利哈伊大学举办的东北部地区比较教育会议的主题确定为"超越援助：重新思考教育的国际发展方式"，主要探讨了在全球化背景下，采取何种方式促进教育的国际发展的问题。会议的缘起是，许多人质疑美国以及各种国际组织为发展中国家提供的上亿美元教育援助是否真正促进了教育的发展和教育公平，与此同时，一些通过商业捐助、个人捐助以及其他市场驱动的方式促进教育的国际发展的现象越来越多地出现在人们的视野中。鉴于此，这次会议要求人们对这一问题进行反思，并探讨未来可能的教育援助方式。会议的结果是富有建设性的，基于这一问题争议的各方在观点上达成了一致，即将来提供教育援助时要更加"聪明"，要通过考察证据来检测援助的效果，并且应更加倾向于为那些较为成功的项目和政策提供援助。②

2009年11月12—14日，美国比较教育学会在加利福尼亚大学洛杉矶分校举办了西部地区比较教育会议，主题为"教育与国际行动"。这次会议主要探讨国内的不同地区以及国际间的教育实践，重点讨论教育与全球化、国家发展、城市化、社会公平与包容等具有国际性的因素之间的关系。③ 此外，美国比较教育学会还将于2010年10月29—30日在密歇根州伊普西兰蒂的东密歇根大学举办中西部地区比较教育会议，主题为"大学各专业中的全球化课程"，主要探讨在全球化的背景下，大学如何变革自己的课程以适应这个日益相互联系、相互依存的世界对知识的新的要求和

① BAICE. Publications, Books Under Review/Recently Reviewed [EB/OL]. http://www.baice.ac.uk/publications/under-resently-reviewed.shtml. 2010-04-07.

② Comparative&International Education Society. NORTHEAST REGIONAL CIES CONFERENCE [EB/OL]. http://www.lehigh.edu/education/cie/conference/. 2009.

③ Comparative&International Education Society. Education and International Engagement [EB/OL]. http://cies.us/Bulletins/2009 _ May/CIES% 20western% 20regional% 20FIRST% 20CALL% 20FOR% 20PROPOSAL% 20ABSTRACTS.doc. 2009.

理解。①

（四）教育的区域一体化

作为教育全球化的组成部分，教育的区域一体化进程正进行得如火如荼。作为当今世界上综合实力最强，一体化程度最高的区域，欧洲及其比较教育界为了应对一体化的现实对教育的要求，对欧洲教育的一体化的问题尤为重视，而欧洲作为全球发达国家的集中之地，它们的比较教育研究动向也值得我们关注。欧洲比较教育学会是欧洲比较教育界的最高代表，它的研究一方面注重紧跟世界教育研究的趋势，一方面也更侧重于根据欧洲的区域一体化的实际，探讨教育方面的应对策略。欧洲比较教育学会于2006年在西班牙的格拉纳达举办了第22届欧洲比较教育大会，主题是“变化中的知识与教育：社区、信息社会和人员流动——欧洲的世界，世界中的欧洲”。这次会议主要探讨如何在欧洲区域一体化和知识经济的背景下，改变知识的内容和传授方式，促进人员流动，更好地推动欧洲教育的发展。2008年，欧洲比较教育学会在希腊的雅典举办了第23届欧洲比较教育大会，主题是“变化中的景观、地形与社会风貌：教育政策、学校系统与高等教育——欧洲的世界，世界中的欧洲”。② 这次会议延续了欧洲教育一体化的议题，尤其侧重于如何制定新的教育政策，改革教育制度，推动高等教育的一体化进程。2010年8月16—19日，欧洲比较教育学会将在瑞典的乌普萨拉举办第24届欧洲比较教育大会，主题是“启示、创新与教育：政策、政治与绩效”。③ 这次会议将延续前两次会议的思路，讨论如何制定有效的政策，促进教育的改革和创新，以使欧洲的教育在一体化的道路上大步前行。

英国作为欧洲的重要国家，它对欧洲教育一体化也是非常重视的。2009年9月22日，英国国际与比较教育学会在布里斯托大学举办了一次学术活动，主题为“在国际高等教育社区中发展跨文化能力：开启欧洲对话”。这次活动一方面体现了世界比较教育联合会在世界比较教育大会上所确定的主题——促进教育的跨文化交流与合作；另一方面又强调了促进教育跨文化交流的欧洲场域，将目光投在欧洲教育一体化进程中，着重探讨如何提高学生、教师的跨文化能力，使他们能够更好地与欧洲其他国家的相关人员展开交流与合作，从而能够顺应一体化潮流，提高欧洲高等教育在国际高等教育社区中的竞争力。活动的主要环节就是让英国的学者与来自欧洲大陆的同行展开对话，共同探讨在高等教育的教学和评价等活动中所涉及的跨文化问题，以弥补长期以来英国学者与欧洲大陆学者交流的不足。活动邀请了来自英国、荷兰和德国的3位著名学者与来自英国、荷兰和瑞典的42名学术人员展开对话，讨论的问题涉

---

① Comparative&International Education Society. Globalizing Curriculum across University Disciplines [EB/OL]. http://www.cies.us/Call%20for%20Proposals_MW%20CIES%202010.pdf. 2010.

② CESE. Conferences. http://www.cese-europe.org/conferences.htm. 2008-10.

③ WCCES. Future Events [EB/OL]. http://www.wcces.net/events/index.html. 2010-01-19.

及在不同文化背景中教学方式的不同，以及如何开发有效的课程发展学生跨文化能力的问题。①

（五）全民教育以及在发展中国家的问题

自从1990年联合国教科文组织召开的世界全民教育大会通过了《世界全民教育宣言》以后，世界各国都在朝着《世界全民教育宣言》提出的普及教育的目标努力。② 到21世纪的最初十年，西方发达国家已基本完成了普及教育的目标，而许多发展中国家离这个目标还有很大差距，因此最近几年，比较教育界对全民教育的关注主要侧重于发展中国家，如在2008年，世界比较教育联合会在推荐书目中列出了一本由香港比较教育研究中心（CERC）和南部非洲比较教育学会（SACHES）联合出版的著作——《教育、增长、援助和发展：走向全民教育》。该书由教育发展领域的著名学者共同编著，集中了他们几十年来在全民教育方面的经验和研究成果，并具体考察了国际力量和地方力量在促进非洲教育变革中的作用。该书以批判的视角探讨了《世界全民教育宣言》中提出的目标，指出该目标的制定和表述有诸多不合理之处，国际发展援助过程没有帮助实现目标，而且许多发展中国家也没有能力保持教育改革的成果。③

除了世界比较教育联合会，其他比较教育学会也在其网站上公布一些有关全民教育的书目和论文，如英国国际与比较教育学会在其网站的推荐书目中推出了两本有关全民教育的书，即2006年出版的《全民教育与多样化的教学：挑战与机会》和2008年出版的《全民识字：让情况有所不同》。④ 美国比较教育学会网站在2008年9月份的简讯上也发表了一篇有关全民教育的学术论文《全民教育战略的失败》。该文是一篇提交给美国比较教育学会2008年年会的文章，与《教育、增长、援助和发展：走向全民教育》类似，该文主要论述了世界银行以及其他发达国家的全民教育援助政策在发展中国家的失败，指出到2005年，依然有17%的小学适龄儿童和42%的中学适龄儿童没有接受学校教育。失学儿童主要存在于发展中国家，造成这些国家全民教育推进不力的部分原因是国外针对发展中国家的经济援助只有6.5%流入了发展中国家，而这些国家所要偿还的外债数量是国外经济援助总量的3倍。不仅如此，随着发达国家人口老龄化的加剧，以及经济援助机构各部门的配合不力，对发展中国家全民教育的经济援助数量日益减少，而且往往把最贫穷、失学儿童最多

① BAICE. Developing Intercultural Competancies in Internatioal Higher Education Communities: Initiating European Conversations ［EB/OL］. http://www.baice.ac.uk/documents/Bristol_Report.pdf. 2009.

② 袁振国. 当代教育学［M］. 北京：教育科学出版社，2004：38.

③ Chisholm, Linda, Bloch, Graeme & Fleisch, Brahm (eds.). Education, Growth, Aid and Development: Towards Education For All ［M/OL］. http://www.hku.hk/cerc/Publications/monograph_no_5.htm. 2008.

④ BAICE. Publications, Books Under Review/Recently Reviewed ［EB/OL］. http://www.baice.ac.uk/publications/under-resently-reviewed.shtml. 2010.

的发展中国家排斥在外。①

（六）教育的可持续发展与可持续发展教育

比较教育研究领域的另一个重要问题是教育的可持续发展与可持续发展教育的问题，许多比较教育学会都对它展开了研究。如英国国际与比较教育学会在2007年的推荐书目中推出了一本题为《高等教育与可持续发展：矛盾与可能性》，该书将可持续发展的概念和方法，与高等教育在经济全球化时代的目的、地位和结果联系起来，探讨了可持续发展对于高等教育的重要意义。该书指出，大学是一个开放的系统，它是一个结构松散的整体，能够规划自己的行动，协调内部的各组成部分，同时它与外部社会的边界具有流变性和可渗透性，这使它可以与外部机构和组织展开大规模的互动。在这一互动过程中，大学与外部社会会形成各种各样的紧张关系，而可持续发展在处理这种紧张关系的过程中可以发挥积极的作用。可持续发展并不是某一个学科领域，如经济学、环境科学、社会学或政治学的专属品，而是一种渗透在各门学科的新的思维方式，② 这种思维方式可以为高等教育的发展指出一条新的路径。

随着人们对教育的可持续发展与可持续发展教育研究的热忱不断高涨，一些比较教育学会加强了对这个问题的研究。如美国比较教育学会在2010年春天增加了一个“可持续发展教育特别兴趣小组”（ESD SIG），该小组由40个官方和非官方成员组成，他们分别来自不同的地区，主要目的是关注、研究、推进和传播有关可持续发展的信息。该小组建立了一个教育领域从事可持续发展工作的多学科教师和学者网络，③ 讨论的问题十分广泛和多样，主要包括：在课堂中加强对可持续发展的批判性思考与创新；伦理与生态消费主义；教育促进未来经济发展与提高环境意识的途径；对企业部门采取的志愿活动的批判；支持贫困社区/国家/地区发展的外部援助；外部援助对接受国或地区经济增长的影响；企业的社会责任；危险废物/核废料/环境污染物贸易过程中的不平等问题；经济类非政府组织的作用；教育在“成功全球化”中的作用，以及其与可持续发展议程的联系。

此外，可持续发展特别兴趣小组还会组织一些活动以推进可持续发展教育，及与其相关事业的发展，这些活动包括④：申请资助开发网上短期课程，将人们教育成未来的可持续发展领导者；进行市场调查，分析农村和边远地区的可持续发展需要，从

① Stephen P. Heyneman. The Failure of Education-for-All as Political Strategy [EB/OL]. http://cies.us/newsletter/sept%2008/EFA_Heyneman.htm. 2008.

② Stephen Gough and William Scott. Higher Education and Sustainable Development: Paradox and Possibility [M]. London and New York: Routlege, 2007: 194.

③ Comparative&International Education Society. Our Mission [EB/OL]. http://educationsustainable.weebly.com/our-mission.html.

④ Comparative&International Education Society. Topics may include but are not limited to. [EB/OL] http://educationsustainable.weebly.com/topics.html.

而制定一般性的可持续发展政策；考察现存的可持续发展教育战略，咨询利益相关者以确定现有可持续发展知识、技能和价值观教育与理想状态的差距，并设计出可持续发展教育的教学大纲。

（七）教育管理体制的去中心化

随着教育全球化进程的深入，世界各国文化交流的频繁，“多样化”推翻“同质化”成为备受人们推崇的信条，在这种情况下，教育不应该再是中央政府垄断的事业，地方政府以及社会的各方利益相关者都需要参与到学校的开办和管理过程中去。因此，一股“去中心化”的趋势在国际教育界悄然兴起，如何改变教育管理体制，重新安排中央与地方各级行政部门、学校以及社会上其他办学主体的关系成为当今教育界的一个重要话题，并很快进入了许多地区和国家比较教育界的研究视野。以地中海沿岸国家为例，这一地区的许多国家都长期奉行着中央集权的教育管理体制，随着国际社会教育“去中心化”趋势的加强，这一地区的国家也纷纷意识到教育管理体制去中心化改革的重要性，因此在2006年2月4—6日，地中海地区比较教育学会在埃及亚历山大市的亚历山大图书馆举办了第2届比较教育会议，主题定为“地中海地区/国家的社区参与、去中心化和民主教育”。① 会上，许多学者在借鉴世界其他国家教育去中心化的实践的基础上，讨论了教育的去中心化问题，分析了去中心化的动因和条件，以及实现去中心化时的注意事项等，提高了人们对这一问题的认识，对这一地区国家的教育改革作出了理论贡献。

英国国际与比较教育学会也非常重视教育的“去中心化”问题。从2006年到2010年，该学会在推荐书目中列出了4本有关教育管理体制去中心化的书，它们是《教育的去中心化与私人化：国家的作用》（2006年）、《去中心化、校本管理和学校质量》（2009年）《捐赠者的行为：支持动荡国家中的教育》（2009年）和《加强参与：社区在动荡社会中的贡献》（2009年）。② 总的来说，英国国际与比较教育学会对教育去中心化的关注主要侧重于两个方面，其一是探讨教育行政部门与学校的关系，以及加强学校办学自主权，实现去中心化的具体形式。在这方面人们已经进行了很多尝试，如磁石学校计划、学校咨询委员会制度和校本管理等，而其中的校本管理一直是众多改革形式中较为突出的一个。③ 其二是研究政府教育权力与市场、社会的关系，以及社会力量参与对于教育发展的积极作用，尤其是在一些社会动荡不安的国

① Mediterranean Society of Comparative Education. II MESCE Conference ［EB/OL］. http://www.mesce.org/html/Conferences.html.

② BAICE. Publications, Books Under Review/Recently Reviewed ［EB/OL］. http://www.baice.ac.uk/publications/under-resently-reviewed.shtml. 2010.

③ Zajda, Joseph, Gamage, David T. （Eds）. Decentralisation, School-Based Management, and Quality. Series: Globalisation, Comparative Education and Policy Research, Vol. 8. 2009, XXV, 238 P. ISBN: 978-90-481-2702-3. Springer.

家，社区不但可以直接提供教育，而且对于国家在危急时刻以及战乱破坏后的重建时期的教育发展，都有巨大的贡献。

美国本来就是一个地方分权的国家，教育管理权掌握在地方各级政府的手里，学校已经有较大的办学自主权，不用像一些中央集权的国家那样进行大幅度的教育管理体制改革，因此它对这一问题的研究主要体现在政府与市场、社会的教育权利分配，以及公立和私立教育的关系上。美国比较教育学会在其网站2007年9月的简讯上发表了一篇学术论文，题目为《公立与私立教育的关系》。文章指出，随着时代的发展，在世界范围内政府虽然依然是教育投资的主体，但由于学校系统竞争的加剧，私立学校发挥着越来越重要的作用。许多经济学家都认为，学校的竞争可以提高学校的办学效率和质量，这是因为尽管政府和国际组织极力维护人们的受教育权，但在许多国家，少数民族、土著居民、贫困学生和女性学生依然难以得到平等的受教育机会和高质量的教育，而私立教育则恰恰可以弥补公立教育的不足，并可以促使整个教育系统教育质量的提高。现在，私立教育所发挥的作用虽然还比较有限，但它已经被世界银行等机构认定为改善失败学校系统的潜在途径。为了进一步实现私立学校的价值，世界银行倡议开发评价各类私立教育的方法和工具，以促进私立教育的良性发展。然而，工具的开发也是非常困难的，例如，我们如何定义“教育质量”呢？此外，许多学者采用不同的方法和手段对私立教育质量问题进行研究，结果得到了不同的结论，[①] 这也是一个问题。

（八）教育教学方式与学术生活的变革

教育全球化、国际化的趋势必然会引发学校的教育教学方式以及大学学术生活的变革，而这些变革问题也是当前国际比较教育学界的一个重要研究主题。2009年，世界比较教育联合会在2009年的推荐书目中推出了一本新书——《教师作为学习者：论挑战与机会》。该书论述了在当前世界范围的教育改革的背景中，教师的角色、身份以及在教学过程中师生关系的变化。在新的师生关系中，教师作为领导者的身份固然重要，但这种身份确有必要根植于教师的学习能力。这种角色转变的过程必然会引起一些紧张和矛盾，而这些紧张和矛盾在孤立的社会情境中是难以发生的。在这本书中，作者着力强调了可持续发展教师的理念，要求教师要努力将挑战变成机会，并积极寻求有效的专业发展。为了实现有效的专业发展，教师要与同事着力建设一种新型的合作关系，打破壁垒与隔阂，[②] 共同为教育事业的发展努力奋斗。

英国国际与比较教育学会也非常重视对全球化背景下教育教学方式的变革问题的

---

① Comparative&International Education Society. Public—Private Partnerships in Education [EB/OL]. http://cies. us/newsletter/sept%2007/partnerships_Lochrie. htm.

② WCCES. Teachers as Learners: Critical Discourse on Challenges and Opportunities [EB/OL]. http://www. hku. hk/cerc/Publications/CERC-26. htm. 2009.

研究。从2006年到2010年，该学会在推荐书目中共推出了4本有关教育教学变革的书，它们是《比较与历史视野中的学校知识：初等与中等教育的课程改革》（2006年）、《变革学校，赋权儿童》（2007年）、《继续教育中的教学：多样性与变革》（2007年）和《全球范围的教学改革》（2007年）。[①] 这几本书都非常关注如何在新的时代背景下，改革传统的课程与教学方式，发挥儿童学习的主动性，使儿童所具备的素养和能力更好地适应全球化时代的要求。

美国比较教育学会对教育教学方式以及学术生活的变革的研究主要体现在其网站的一篇学术论文上，该文是2009年9月的简讯上的一篇文章，题目为《中国大学生活的变革》。文章指出，随着中国“985”和“211”工程的推进，中国的大学经历了一场学术上的革命。由于中国的名牌大学都想挺进世界一流大学之列，因此中国许多著名大学纷纷提高对教师的学术要求，并且要求教师具有国际经验，或者要获取国外的博士学位，或者要作为访问学者在国外大学从事一学期或一年的学习。事实上，中国的很多大学都与国外知名大学建立了国际联系，加之这些学校的许多青年教师都有较好的英语水平，国际联系的建立就变得更加容易。然而，在这一变革过程中也出现了一些值得担忧的现象，那就是许多学者更加关注国际话题，而忽视了国家的利益和本土话题。一些教授对西方国家的一些理论趋之若鹜，而忽略了这些理论在中国的实用价值，[②] 从而对中国学术的发展造成了不利影响。

（九）公民教育与课程

随着世界上许多国家公民社会的崛起，公民教育也成了当今比较教育界的一个热门话题。2008年，世界比较教育联合会在推荐书目中推出了一本有关公民教育的书，题为《亚洲和环太平洋地区的公民课程》。该书的撰写是基于对亚洲和环太平洋地区的11个国家和地区的案例研究，从而为公民教育的研究开辟了一个新的方向。该书的研究超越了对公民教育课程教学方面的微观研究，着力考察了影响公民课程形成的社会现实、张力和压力问题，主要涉及两个问题：(1) 从政策背景和价值观的角度来考虑，在当前的课程改革过程中，公民教育表现为什么特点？(2) 公民教育改革如何反映了社会上人们争论的问题？通过对11个国家和地区的比较教育研究，作者构建了一幅课程改革的复杂图景，从中反映了全球化进程和地方议程之间的张力。一方面，人们在公民教育问题上达成了越来越多的政策共识；另一方面，人们往往不是根据这些政策共识来构建公民课程，而是更多根据当地特殊的社会、政策和文化

① BAICE. Publications, Books Under Review/Recently Reviewed [EB/OL]. http://www. baice. ac. uk/publications/under-resently-reviewed. shtml. 2010.

② Comparative&International Education Society. The Transformation of University Life in China [EB/OL]. http://cies. us/newsletter/sept%2009/Rhoads. html. 2009.

环境。①

英国国际与比较教育学会也于2008年在推荐书目中推出了一本有关公民教育的书，题为《人权与全球公民教育》。该书讨论了人权和公民教育问题，批判了历史上和现实中公民教育实践中存在的问题，强调了教育在实现全球公民身份和保障人权中的作用，并提出了一些务实的解决问题的策略，从而丰富了公民教育的研究。②

（十）比较教育的学科发展及其理论和方法

在比较教育的研究中，除了各种具体的教育问题广泛得到了人们的关注，有关比较教育学科的自身发展以及其理论和方法问题也是人们研究的重要对象。从2006年到2010年，世界比较教育联合会在推荐书目中共列出了2本有关比较教育学科发展的书，它们是2007年出版的《共同的兴趣、共同的目标：世界比较教育联合会及其成员的历史》和2008年出版的《国际比较教育手册》。此外，在2008年世界比较教育联合会还自行编著了一本有关比较教育学科的历史发展的书，即《世界大学中的比较教育》。该书指出，比较教育学科在大学中的发展已经有110年的历史了，如果我们对这一历史以及它在当前世界范围内的实践进行考察，就会了解比较教育学科的本质。在这本书中，作者描绘了欧洲、北美洲、拉丁美洲、亚洲和非洲多所大学比较教育学科的历史和现状，并对各大学比较教育学科的发展情况进行了比较，③ 从而勾勒出了比较教育学在世界范围内的发展脉络和不同地区的发展特点。

区域性的比较教育学会也非常注重比较教育学科发展的研究。如澳大利亚新西兰比较教育学会于2008年在澳大利亚珀斯市的柯廷大学举办了第36届比较教育年会，主题为"比较思想的碰撞：各种形式的教育"。会议指出，国际与比较教育的研究对象是全球范围的各级各类教育，研究范围虽然包括从单一国家的案例研究到大型的跨国研究等广大领域，但它们在研究的途径、方法和概念框架方面都有许多共性。由于世界各国的教育环境、结构和实践越来越具有全球性，比较研究将成为发现和解释不同教育模式的潜在工具，④ 因此它将在新的时代在教育事业中发挥更大的作用。

英国国际与比较教育学会也非常重视比较教育的理论和方法的研究，组织了许多相关活动来促进相关研究以及比较教育专业研究生的培养。在众多活动中，学生的学术会议是其中的重要方面，如2008年举办的主题为"挺进方法论、伦理学和田野研究：研究生的经验与超越"的比较教育研究生会议，和2010年1月15日在苏塞克斯大学举办的主题为"由实践到理论，由理论到实践：研究生国际与比较教育研究中

---

① David L. Grossman, Wing On Lee & Kerry J. Kennedy (eds.). Citizenship Curriculum in Asia and the Pacific [EB/OL]. http://www.hku.hk/cerc/Publications/CERC-22.htm.2008.

② Abdi, A. A. and Shultz, L. (eds). Education for Human Rights and Global Citizenship [EB/OL]. http://www.ebookee.net/Educating-for-Human-Rights-and-Global-Citizenship_243777.html.2008.

③ Wolhuter, C., Popov, N., Manzon, M. & Leutwyler, B. (eds.). Comparative Education at Universities World Wide (2nd Ed.). [EB/OL]. http://www.hku.hk/cerc/Publications/CERC-22.htm.2008.

④ ANZCIES. ABOUT ANZCIES [EB/OL]. http://www.anzcies.org/about.php.2010-08.

的方法论、方法和问题"的学生会议等。除了学术会议，英国国际与比较教育学会还经常举办一些论坛，促进人们探讨比较教育领域的问题，如学会于2009年5月14日在布莱顿大学教学中心资助了一个地区论坛，主题为"博士生导师指导活动的文化关系：探索英国大学博士生导师与国际博士生的经验"，旨在使博士生导师与国际博士生讨论文化因素对跨文化导师指导活动的影响。出席这次活动的有8位博士生导师和11位来自不同国家的博士生，分别来自英国东南部地区的7所大学，即布莱顿大学、奇切斯特大学、坎特伯雷的坎特大学、朴次茅斯大学、南安普顿大学、苏瑞大学和苏塞克斯大学。另外，开办讲习班也是促使人们探讨相关问题的重要形式。如2009年5月和6月，英国国际与比较教育学会资助了两个讲习班，主题为"教育研究文化与研究生培养的国际化：建立英国国际与比较教育学会东英格兰合作伙伴关系"，旨在促进从事教育工作和教育研究的教师和学生之间的交流与合作。2009年5月28日，学会在伯明翰大学国际教育中心与教育研究院资助了一个学位论文写作讲习班，旨在促进伯明翰大学和布里斯托大学攻读国际与比较教育专业硕士学位的研究生的学术互动。2010年1月14日，学会在苏塞克斯大学举办了研究生专业发展讲习班，该活动为英国国际与比较教育学会的学生成员提供机会，使他们和国际与比较教育领域的专业人员共同反思和讨论比较教育的职业发展问题。①

美国比较教育学会在比较教育会议上也涉及了比较教育理论的讨论，如其于2009年10月23—24日在俄亥俄州的坎特州立大学举办的中西部地区比较教育会议，主题便为"当前的比较教育研究与激进主义：丰富杰拉德·H. 李德的遗产"。此外，美国比较教育学会在2006年到2010年的网上简讯上也发表了许多有关比较教育学科发展及其理论和方法的学术文章，具体包括《再议比较教育的理论、方法和实践》、《反思比较教育的理论、方法和实践》、《新古典经济学与穿刺范式：对罗伯逊的回应》、《史蒂芬·克莱斯论"范式穿刺的艺术"》、《我们是谁？国际与比较教育的机构联系与专业化》、《国际与比较教育的未来》、《范式观点——混合方法之我见》和《再思国际与比较教育的未来》等。②

（十一）结论

国际上各种类型的比较教育学会可以说是当前比较教育研究的集大成者与方向引领者，通过对2006年到2010年这些学会的会议主题以及其他学术资源的考察，可以大致看出世界比较教育研究的最新动向。从研究内容上看，上文归纳出的十个研究问题除了有一个是关于比较教育的学科发展及其理论和方法的以外，其余都是教育发展

① BAICE. BAICE Research Student Workshop on Professional Development [EB/OL]. http://www.baice.ac.uk/documents/BAICE%202010%20Research%20Student%20Workshop%20Advert.pdf. 2010.

② Comparative&International Education Society. Newsletters [EB/OL]. http://cies.us/newsletter/Index%20page.htm.

中的一些具体问题。一方面这些问题的提出和阐述都或多或少地受“全球化”这个共同时代背景的影响；另一方面不同地区和国家在对这些共同主题进行研究时，都会相应地结合本地区和本国的实际，探讨面对世界潮流本地区或本国的最佳应对方式。

从研究范围来看，人们在对上述问题进行探讨的过程中虽然是立足于国际，要求世界各国的学者就共同问题进行交流与对话，但通过对近几年文献记录的分析，国际上似乎更加热衷于探讨这些问题在发展中国家的表现。如英国国际与比较教育学会网站从2006年到2010年的推荐书目中，专门研究发展中国家教育状况的著作有29本，而专门研究发达国家教育状况的著作只有10本，前者几乎是后者的3倍。而美国比较教育学网站从2006年到2010年的简讯中专门研究发展中国家教育状况的文章有18篇，专门研究发达国家教育状况的文章只有5篇，前者是后者的3倍多，可见当前国际比较教育界对发展中国家的教育是十分关注的。

三、比较教育学术期刊的研究情况综述

除了国际组织和比较教育学会，国际上的比较教育学术期刊也是比较教育研究的重要主体，较有影响的是美国芝加哥大学的《比较教育评论》(Comparative Education Review)、英国卡法克斯出版公司的《比较教育》(Comparative Education) 和英国国际与比较教育学会会刊《比较》(Compare)。现就这三本期刊所收录的文章进行综述。

（一）美国的《比较教育评论》

从2006年到2010年，《比较教育评论》共出版了19期，收录了上百篇文章及评论，纵观所有文章，我们可以发现它们对比较教育学科的发展研究较少，主要是在比较教育问题的研究中穿插着比较教育方法的发展研究。比较教育问题的研究可以分为以下两大部分：第一部分是从教育阶段来划分所进行的比较教育研究；第二部分主要是教育同社会之间的关系研究，这是该刊物研究的重要部分，本部分将主要从这几个方面进行总结。

1. 教育阶段研究

（1）初中等教育研究

初中等教育的发展一直是全世界各国教育的核心主题。从2006年到2010年的文献来看，初中等教育领域的研究大多关注的是教育公平、教育与社会民主化进程和国际化进程与教育等问题，主要体现在教育政策、管理与教育发展研究之中。在这类主题的研究中，研究者主要通过对政府政策的把握，对领导类型、教师声音及学校管理的探讨，来把握初中等教育的时代发展特征。

乌里韦的《通过资助私立学校来扩大学生入学：来自波哥大的经验》(Expanding School Enrollment by Subsidizing Private Schools: Lessons from Bogotá) 对公立、私立学校

政策所带来的影响进行了研究，探索政府如何更好地调配资源，更好地促进教育的公平发展。文章指出，学校教师的质量对学生学业成就的影响是巨大的，公立学校因为有较好的教师来源而优于私立学校。同伴群体对学生学业成绩也有着极大的影响，因此政府必须考虑到这些因素，制定合适的教育政策。①

布朗和康拉德发表的《特立尼达和多巴哥的学校领导研究：来自环境的挑战》(School Leadership in Trinidad and Tobago：The Challenge of Context）对特立尼达和多巴哥的领导类型和有效性及其如何发挥作用进行了实证性调查，并就这一问题同西方国家，特别是那些工业化国家进行了对比研究。文章指出，要想促进学校的成功发展，学校领导者必须对学校的人员及其复杂的环境进行深入了解。知识社会影响着领导类型和行为。同时研究还表明，社会差距和领导类型、有效性领导的程度有关，这在跨国背景下的差距更为明显。②

迪普里耶等在发表的《学校系统如何促进儿童均衡性发展?》(How Do School Systems Manage Pupils' Heterogeneity?）一文中指出，学校系统（制度、管理等）对学生学业成就的不均衡性具有重要影响，这些国家均采用不同的策略来平衡这种不均衡性。学校的规则、环境、成就水平和学校系统的社会地位也对学生不均衡性发展产生影响。③

卡尼、比斯塔在《尼泊尔的社区教育》一文中对尼泊尔 1990 年教育改革的发展进行总结，指出社区参与学校管理对提升教育质量，促进教育均衡发展有着重要的影响，关键在于如何促进社会积极参与到学校管理中来。④

奥赛在《加纳高中课程分权的实施及影响》（The Implementation and Impact of Curriculum Decentralization in Ghana's Junior High Schools）一文中强调了地方分权对教育公平发展的重要性。文章指出，在加纳，所有的高中都积极开发地方课程，以“帮助学生理解本地文化、获得基本的生活技能和发展技能”，促进教育结果的公平发展。⑤

从上面的研究发展看来，要想促进初中等教育的快速发展，我们不仅要从国家层面对教育政策进行关注，而且需要强调教育系统自身的效能，优化教育系统，提升管理水平，改革课程设置，聆听教师声音。并且，随着时代的发展，对该问题的研究已

① Uribe, C., Murnane, R. J., Willett, J. B. et al. Expanding School Enrollment by Subsidizing Private Schools: Lessons from Bogotá [J]. Comparative Education Review, 2006 (2): 241-277.

② Brown, L., Conrad, D. A.. School Leadership in Trinidad and Tobago: The Challenge of Context [J]. Comparative Education Review, 2007 (2): 181-202.

③ Dupriez, V., Dumay, X., Vause, A.. How Do School Systems Manage Pupils' Heterogeneity? [J]. Comparative Education Review, 2008 (2): 245-274.

④ Carney, S., Bista, M. B.. Community Schooling in Nepal: A Genealogy of Education Reform Since 1990 [J]. Comparative Education Review, 2009 (2): 189-212.

⑤ Osei, G.. The Implementation and Impact of Curriculum Decentralization in Ghana's Junior High Schools [J]. Comparative Education Review, 2010 (2): 271-294.

经不再是强调自上而下，或者自下而上，而是强调这两者的结合。因此，在今后的研究中，对提升学校内部效能的改革研究和促进教育政策科学性的研究将共同成为研究的重心。

（2）高等教育研究

高等教育的发展受到历史、现实和未来发展需求的影响、制约。比较教育学者一直对高等教育的时代反映、社会作用等方面给予了较高关注。

Paritchard 在 2006 年发表的《德国高校转型趋势》(Trends in the Restructuring of German Universities) 一文中指出，随着全球化社会的形成，国际化趋势的加强，德国高等教育模式的不合时代性缺陷逐步显现出来，受到了各方批评。德国高等教育转型的需求越来越迫切，而德国高等教育的转型将代表一个新的学术世界的重新建构。① Prokou 在《比较教育评论》第 2 期跟着发表了《法国、德国和希腊专科院校高等教育改革》一文，文中对德国、法国和希腊高等教育改革的异同点进行了比较分析，指出这些改革均旨在追求“公平”与“效率”的协调发展。② 利维则对全球化背景下“私立高等教育”的迅速发展予以了关注，并指出，私立高等教育的迅速发展是出乎教育政策者、研究者的预料之外的，它没有规律可循，但却不断发展，私立学校入学率在欧洲、中东和北非、东亚和南亚以及拉丁美洲地区甚至比普通公立高等教育机构的入学率还要高，值得研究者们关注。③ 2007 年，泽兰西和罗兹发表了《全球背景下的公民教育：基于美国高校国际毕业生的视角分析》一文，文中指出：国际化背景影响了世界“公民”的工作导向。文章对来自巴西、中国、意大利的就读于美国大学的毕业生进行了调查研究，重点探讨他们对个人发展及社会权利和责任的地缘认识。文中指出，这些学生作为具有国际化背景的社会人才，他们在进行职业选择的时候必然会受到国内国际的影响，在毕业后必然面临着职业选择：是作为本专业领域未来的领导者，还是回国作为政府官员、选民、纳税人、活动家；作为地方、国家以及全球经济的重要参与者，他们必须对他们的工作类型做出选择，也必须了解他们对此给予的社会影响类型。④

高等教育反映了时代要求，同时高等教育也受到历史的影响。如贝克等对东欧德国高等教育的收缩与社会主义意识形态之间的关系进行了研究。文中指出，东欧德国高等教育的收缩是由社会主义意识形态（Socialist Ideology）复杂变化引起的，是由社会政治结构的构成部分的重要变化所引起的，以及由社会主义发展教育无力的现实

① Pritchard, R.. Trends in the Restructuring of German Universities [J]. Comparative Education Review, 2006 (1): 90-114.

② Eleni Prokou. Nonuniversity Higher Education Reform in France, Germany, and Greece: A Comparison of Core and Semiperiphery Societies [J]. Comparative Education Review, 2006 (2): 196-216.

③ Levy, D. C.. The Unanticipated Explosion: Private Higher Education's Global Surge [J]. Comparative Education Review, 2006 (2): 217-240.

④ Szelényi, K. & Rhoads, R. A.. Citizenship in a Global Context: The Perspectives of International Graduate Students in the United States [J]. Comparative Education Review, 2007 (1): 25-47.

引起的。这些因素造成了高等教育和社会之间联系的破裂。① 权力的过度集中和教育的统一规划这些历史遗留问题都使得东欧德国高等教育发展缓慢。②海尼曼进一步对原社会主义国家的高等教育进行调查研究，并发表了《高等教育中腐败的成本》一文。③

总体说来，高等教育有别于初中等教育，其发展更多地受到市场化、国际化的影响，因此，高等教育的研究需要同时代需求结合起来。同时，高等教育同样受到历史文化的影响。要提高高等教育的效力，需要从历史着手，寻找问题的根源。

2. 教育与社会

教育同社会是怎样的一种关系，教育如何对社会产生作用？等问题一直是学者们研究的重要领域之一。

（1）教育与“民主”社会

纵观所有文献发现，教育同社会之间是相互的，教育反映着社会思想，促进社会民主化建设；“民主”社会又对教育提出了新的要求。如肯德尔在《全民教育与政治民主化需求的满足》一文中指出，最近几年来，南非国家，包括马拉维都参与到联合国关于“全民教育”行动中来。全民教育发展一般和教育权利、公正的程序、政治系统扩展和稳定性有关。在南非国家，全民教育已经和普及初等教育与“民主”政治有着紧密的联系。在官方文件中，普及免费初等教育和殖民地的精英化的、有入学限制的教育系统相比更加民主化，它逐渐成为促进政治民主环境形成的主要因素。作者还指出，全球化的“全民教育”及其政治民主化要求对国家和地方政治、社会规则、资源和全民教育发展的结果有着重要的影响。不过，马拉维的免费初等教育和政治民主化都是严重依赖外部援助，这使得国家和公共教育系统的合法性丧失。因此，必须重新思考国家、社会和国际市场之间关系。④ 这几年来比较重要的几个研究领域是：

第一，“公民教育”研究。

在过去的二十年间，公民及公民教育一直成为很多国家研究的主要领域。全球化社会和知识经济社会均对“公民教育”提出了新的要求。那么，世界范围内初中等教育中公民教育的状况如何呢？哪些因素对公民教育的进程有着促进或阻碍作用呢？2007 年，迈尔斯在《巴西阿雷格里港和加拿大多伦多的公民教育实践》一文中就对中等教育教师对“公民教育”的影响进行了实证性研究。他指出，教师，既作为公民，又作为公民教育的教育者，他们的政治态度、政治行为、政治哲学理念对学生

①② Baker, D., Köhler, H., Stock, M.. Socialist Ideology and the Contraction of Higher Education: Institutional Consequences of State Manpower and Education Planning in the Former East Germany [J]. Comparative Education Review, 2007 (3): 353-378.

③ Heyneman, S. P., Anderson, K. H., Nuraliyeva, N.. The Cost of Corruption in Higher Education [J]. Comparative Education Review, 2008 (1): 1-26.

④ Kendall, N.. Education for All Meets Political Democratization: Free Primary Education and the Neoliberalization of the Malawian School and State [J]. Comparative Education Review, 2007 (3): 281-306.

"公民"态度的形成和发展有着重要作用，并且地方政治和教育环境对公民教育实践也有着形塑作用。①

肯尼迪、哈恩等在《公民关系建构》（Constructing Citizenship: Comparing the Views of Students in Australia，Hong Kong，and the United States）一文中指出，生活在不同国家的年轻公民因为生活环境的不同而导致了其社会政治生活的不一样。文章对来自澳大利亚、中国香港和美国的中学生进行了实证调查，主要涉及的问题有："好的"公民是指怎样的公民，你在将来如何参与到你的政治生活中来，对社会不同阶层团体的态度如何等。文章结果显示，在这三个有着不同历史和文化的国家和地区，中学生对他们作为良好公民的权利和责任的认识同样受到全球化的影响，但是却因地缘、文化政治环境的不同而有所差别。②

Dejaeghere 在《作为特权和权力的公民身份》（Citizenship as Privilege and Power: Australian Educators' Lived Experiences as Citizens）一文中指出，近年来学者们对多元文化社会和全球化背景下的公民内涵和实践也给予了较大关注，美国及其他国家的政策制定者则对公民的权利及不断增长的移民现象引起的"公民"变化予以关注，并引发了21世纪什么是"公民"及"公民教育"的积极论战。这篇文章从教育者对教育系统中的"公民"的权利及义务进行探讨，以促进学生更好地参与到社会中来③。菲尔布拉泽则对中国大陆和香港政治教育进行比较，来重新思考"公民教育"。④ 总体说来，随着全球化的深入发展，"公民"及"公民教育"的发展体现了时代要求。

第二，"人权教育"研究。

"人权教育"（Human Rights Education）是一个新兴起的教育模式。自1953年产生之后，一直处于较低发展状态。进入80年代后获得了较大发展。1993年，世界人权大会后，人权教育逐渐成为国际社会共同关注的核心主题之一。1995年，联合国"教育十年计划"甚至将其纳入规划之中，之后，人权教育得到较大发展。人权教育最先体现在课程运动及非政府组织和跨政府组织的教育项目之中。如美国，在定义课程改革时，就将目的定位于"通过分享知识、熟练技能、端庄态度而进行的教育、培训和信息传递旨在形成一个普遍的人权文化社会"。⑤ 2007年，Suárez 的《教育专

① John P. Myers. Citizenship Education Practices of Politically Active Teachers in Porto Alegre，Brazil and Toronto，Canada [J]. Comparative Education Review，2007 (1): 1-24.

② Kennedy，K. J.，Hahn，C. L.，Wing - on Lee. Constructing Citizenship: Comparing the Views of Students in Australia，Hong Kong，and the United States [J]. Comparative Education Review，2008 (1): 53-92.

③ Dejaeghere，J. G.. Citizenship as Privilege and Power: Australian Educators' Lived Experiences as Citizens [J]. Comparative Education Review，2008 (3): 357-380.

④ Fairbrother，G. P.. Rethinking Hegemony and Resistance to Political Education in Mainland China and Hong Kong [J]. Comparative Education Review，2008 (3): 381-412.

⑤ David Suárez. Education Professionals and the Construction of Human Rights Education [J]. Comparative Education Review，2007 (1): 51.

业化和人权教育》就建立在前面“人权教育”的政策对话的分析基础之上。这篇文章既对正规教育中的人权教育的历史进行了回顾，又对该主题的国际改革进行了文献综述，重点强调对全球扩散和国家或地方多样化的分析研究，讨论了以上各点的联系，旨在构建新的人权教育模式的相关程序；最后重心放在了对“人权教育”现状的探讨，这部分还重点讨论了社会为什么要进行人权教育，怎样教育和怎样评估这几个问题。① Suárez 在另一篇文章《拉美和加勒比地区人权和课程政策》（Human Rights and Curricular Policy in Latin America and the Caribbean）一文中还对拉丁美洲和加勒比地区的人权教育实践进行探讨。文中指出，在拉丁美洲，一些国家已经将“人权”整合进课程之中。文章开篇先对这一地区的人权教育现状进行了论述，然后从三个理论视角展开分析：（1）世界政治理论（world-polity theory）；（2）政策借鉴理论（policy borrowing）；（3）历史制度主义（historical institutionalism）。随后，作者又针对1980—1990年、1990—2005年拉美国家的人权教育的政府数据进行纵向对比分析。根据上面分析，作者指出：第一，人权教育的出现是全球化在教育领域的体现；第二，课程改革促进了拉美国家人权教育的发展。② 总体来说，“人权教育”逐渐成为全球中心话语之一。

第三，“性别平等”教育的相关研究。

教育中“性别不平等”现象由来已久，2000年，联合国就发表声明要缩小性别之间的教育不平等状态。教育中性别不平等现象是如何产生的，为什么在很多国家，特别是发展中国家家长更愿意让自己的儿子而不是女儿接受教育，这是否是社会文化的反映，很多学者对此进行了研究。

Eloundou-Enyegue 和 Calvès 在《Till Marriage Do Us Part：Education and Remittances from Married Women in Africa》一文中对“女儿一旦结婚，父母就失去了来自女儿的教育回报”这一观点进行了探讨，并对南非国家进行了实证调查。文章结论指出，不管女儿对家庭财政的控制权有多少，她在婚后也同样对父母有所回报。并且，受教育程度越高的妇女，对原来家庭的回报会更多。但是要促进性别平等教育，父母对教育“回报”的差别态度仅是影响性别不平等教育的原因之一。社会经济、政策也影响着这一状况的产生③。

张玉平在《中国农村地区母亲在对孩子的教育期望中实践了“性别平等”么?》（Do Mothers in Rural China Practice Gender Equality in Educational Aspirations for Their Children?）一文中则对中国西北贫困农村地区的教育进行了调查，重点探讨了母亲对

---

① Suárez, D. F.. Education Professionals and the Construction of Human Rights Education [J]. Comparative Education Review, 2007 (1): 48-70.

② Suárez, D. F.. Human Rights and Curricular Policy in Latin America and the Caribbean [J]. Comparative Education Review, 2007 (3): 329-352.

③ Eloundou - Enyegue, P. M., Calvès, A. E.. Till Marriage Do Us Part: Education and Remittances from Married Women in Africa [J]. Comparative Education Review, 2006 (1): 1-20.

子女性别的态度对儿童受教育情况的影响。文章以甘肃省儿童与家庭纵向调查（the Gansu Survey of Children and Families，GSCF）数据为参照，对 9 到 12 岁农村地区的儿童、家庭和学校状况进行了分析，重点回答了母亲对于性别态度、未来期望、儿童继续学习的认识和儿童实际的学业成就表现同母亲对儿童教育期望之间的关系，重点强调家庭特征对儿童的影响。文章结论指出，母亲性别态度和她对孩子的教育期望呈正相关。母亲期望、家庭特征对儿童学业成绩有着强烈的影响。

Kemppainen 等在《爱沙尼亚讲俄语父母对子女教学语言选择的社会文化分析》（Sociocultural Aspects of Russian-Speaking Parents' Choice of Language of Instruction for Their Children in Estonia）一文中对爱沙尼亚的具有双语能力的父母对儿童学校的选择进行了因素分析。文章对爱沙尼亚的三个城镇的 346 名父母进行了调查，结果显示，熟练掌握双语的父母也愿意将孩子送入双语学校，促进孩子双语能力的整合发展，而熟练掌握爱沙尼亚语的父母则更愿意将孩子送入爱沙尼亚语授课学校，而不是俄语授课学校。这说明了父母语言熟练程度对儿童语言的学习有着一定的影响。①

麦克丹尼尔在《从教育期望来看跨国界性别差距》（Cross-National Gender Gaps in Educational Expectations：The Influence of National-Level Gender Ideology and Educational Systems）一文中则主要针对德国、日本、韩国、瑞士和土耳其这些国家的女性教育社会回报等方面进行调查。文中指出，虽然现在这些国家的妇女接受高等教育的人数已经远远超过男性，但是这并不代表着性别之间就已经达到了教育平等。一些高等教育机构的某些领域依然还存在性别歧视，并且女性接受教育的回报力度、市场参与度和政策的代表度都相对较低，不平等依然存在。因此，研究某个男女已经取得平等或者女性超过男性的领域就至关重要，因为女性在第三级教育中的不断成功会影响到未来教育领域或其他领域的性别公平。文章指出，教育系统的结构与年轻人的教育期望存在着相关性，性别间教育期望的高低对学生学业发展有着重要影响。②

总体说来，性别平等教育基于家庭文化对教育的选择，受到父母期望及对教育态度的影响，同时也受到个人期望的影响。要想促进教育中性别的公平发展，必须从这几个方面进行持续研究，特别是现在国际化社会的形成使得性别公平教育的研究更要探讨国际化社会背景所带来的挑战。

（2）教育与"冲突"社会

教育同冲突（Conflict）之间的关系研究领域是近年来发展最快的研究领域之一，这一研究主题不断出现在一些研究、出版物、会议及杂志中。在过去十年间，高质量教育在冲突、紧急事件（emergencies）和早期重建（early reconstruction）中发挥出的

① Kemppainen, R. P., Ferrin, S. E., Hite, S. J., Hilton, S. C.. Sociocultural Aspects of Russian-Speaking Parents' Choice of Language of Instruction for Their Children in Estonia [J]. Comparative Education Review, 2008 (1): 93-120.

② McDaniel, A.. Cross-National Gender Gaps in Educational Expectations: The Influence of National-Level Gender Ideology and Educational Systems [J]. Comparative Education Review, 2010 (1): 27-50.

重要作用得到了全球认同。在2000年4月的达喀尔会议中，与会者均同意：要想实现全民教育的目标，解决冲突和灾难就是其必然选择之一。与会国政府也同意共同致力于解决这一问题。①

从第一篇关于“教育与冲突”的文章发表到目前已经有十年，这段时间又逐渐出现了大量的比较教育研究。最近的研究主要对“学校或教育系统的效力”进行研究，重点研究武装冲突、变革、冲突后重建及国家力量薄弱背景下的教育系统效力。

温斯洛普和科克（Winthrop，R. & Kirk，J.）在《为美好的明天而学习：学习，武装冲突和儿童的幸福》（Learning for a Bright Future：Schooling，Armed Conflict，and Children’s Well-Being）一文中，将埃塞俄比亚、阿富汗和利比里亚作为对象国，针对处在避难环境和冲突后重建环境中小学儿童的“幸福”概念进行调查，并指出：在特定的环境下，采用合适的方法，学校教育是能够促进儿童幸福感的提升的。调查结果还显示：即使是在冲突的环境中，儿童在学校中也最看重学习，他们在学校里的表现不是无知、脆弱和无助，而是积极地参与到学习中来，自己做出决定。教育能够很好地处理冲突带来的不利影响。②

Dicum在《学习、战争和紧急事件：学习者视角的研究》（Learning，War，and Emergencies：A Study of the Learner’s Perspective）一文中则从不同的视角展开了研究。文中通过比较两个特殊案例（来自“二战”后欧洲或德国的幸存者的调查和来自1979年阿富汗战争后的幸存者的调查）来探究战争中“教育”留给人们怎样的回忆。在这两个案例中，作者发现这些战争幸存者均对以下一些重要的教育因素记忆犹新：师生关系、教学方法、可用资源、学校政策及同伴关系，特别需要指出的是，课程也是影响他们人生的重要因素。③

Su-Ann Oh和Marc van der Stouwe在《泰国缅甸难民的教育、多样性及全纳》（Education，Diversity，and Inclusion in Burmese Refugee Camps in Thailand）一文中指出，民族问题往往带来一系列敏感问题的探讨，诸如语言和课程、青少年怀孕和辍学、特殊教育等。现在需要解决的问题就是教育的融入机制和排斥机制如何和社会态度、逃难经验和对国家社会的认同之间形成联系。

戴维斯和塔尔伯特（Davies，L. & Talbot，C.）对以上文章进行了主题概括，主要集中在以下五个方面：（1）学习的重要性和教育的重点问题；（2）学习者的身份认同；（3）教学法（pedagogy）；（4）规则及陋习；（5）同伴及朋友。他们认为学习者是积极的有判断能力的行动者。在这方面比较薄弱的国家，学习者想要和需要的仅

① Davies，L.，Talbot，C.. Learning in Conflict and Post conflict Contexts [J]. Comparative Education Review，2008（4）：509.

② Winthrop，R.，Kirk，J.. Learning for a Bright Future：Schooling，Armed Conflict，and Children’s Well-Being [J]. Comparative Education Review，2008（4）：639-662.

③ Dicum，J.. Learning，War，and Emergencies：A Study of the Learner’s Perspective [J]. Comparative Education Review，2008（4）：619-638.

仅是能够控制他们自己的生活，也即，他们关注的是他们什么时候能够学习，什么时候不能够学习。教育不能直接解决武装冲突，但是教育能够促进人们一起学习，共同致力于发展。①

总体来说，“冲突”、“矛盾”现象不断增多，教育处理冲突和矛盾的需求也越来越大。教育如何做到更好地适应、影响这个“冲突社会”的相关研究将成为未来研究的重要组成部分。

3. 比较教育学科发展研究

进入21世纪以来，比较教育学科随着时代的发展也在不断地与时俱进，特别是全球化进程的加快，知识社会的形成均对比较教育研究者思想、意识及行为方面提出了新的要求。

第一，研究方法的发展。

进入21世纪以来，很多学者认识到比较教育应该随着时代的发展而进行重新调整。2001年，马金森和莫里斯（Marginson, S. & Mollis, M.）提倡在全球课题、新出现的地理政治学关系研究和其他主题间采用更广泛的分析框架（broader analytical frameworks）。我们如何来理解社会的去地方化，如何来协调国家和全球化的关系，如何从比较的视角来对政策进行全球和地方层面的整合呢？2006年，Vavrus 和 Bartlett 提出了“纵向案例研究”（vertical case study）方法。2009年，卡尼（Carney, S.）在《全球化时代的谈判策略》一文中指出尝试采用了新的比较教育研究方法——“policyscape”进行分析。不过作者同样指出一研究方法还存在问题，需要不断调整改善。②

第二，研究主题的更新——全球化与比较教育。

2006年，国际与比较教育协会（The Comparative and International Education Society, CIES）举办了50周年大会，这次大会以“重新思考比较教育”为主题，对比较教育学科的发展同时代紧密结合起来。在《比较教育评论》2006年第1期中的“适度探讨”（moderated discussion）栏目中，比较教育学者们就针对“比较教育、区域研究及规则”进行了讨论。Sutton 和 Post（Margaret Sutton & David Post）在讨论中首先提出了两个问题：第一，致力于社会发展和变革的比较教育的研究者和参与者在区域或国别研究中是否需要特殊的背景？第二，在比较教育研究中，区域研究中心的培训有多重要？一些研究者对此问题提出了自己的看法，如 Sutton 和 Post 认为，在现代社会，比较教育领域的研究也需要将各种知识整合起来。因此，所有研究者都必须

① Davies, L., Talbot, C. Learning in Conflict and Post conflict Contexts [J]. Comparative Education Review, 2008 (4): 513.

② Carney, S. Negotiating Policy in an Age of Globalization: Exploring Educational "Policyscapes" in Denmark, Nepal, and China [J]. Comparative Education Review, 2009 (1): 66-67.

深入到社会中去，提升社会潜在价值和社会结构在自己比较教育研究意识层面的反映。① Ruth Hayhoe 对第一个问题进行了回答，他指出，具有一定社会文化背景对于比较教育研究来说是至关重要的，这从我们对多种语言的学习中可见一斑。来自不同的文明社会，有着不同的文化基础。对于比较教育研究者来说，具有跨国界的文化理解能力及背景就显得至关重要。②Gilbert W. Merkx 对第二个问题进行了回答，他认为，“对于比较教育研究者或参与者来说，培训的高价值是毋庸置疑的。一旦这些研究者进入到国外研究领域，熟练的语言、多方面多学科的知识及国际视野将使得研究者能更好地理解当地社会，使得研究或调查更为有效”。③

卡诺依在《比较教育评论》2006 年第 4 期发表了《重新思考比较和国际化》（Rethinking the Comparative—and the International）一文对此做出了回应。首先他对“什么是比较教育”提出了自己的见解。他指出，“国际（International）研究并不一定是比较研究，但比较研究却离不开国际研究”④，“要做到比较教育研究，我们可以从以下几个方面入手：首先，我们应该在广泛的时间和空间范畴内努力开展一个国家或地区的研究项目；其次，我们可以进行同一主题的国际研究，以建立一个更大的比较教育框架；再次，我们可以采用同样的数据收集方法和分析手段来对不同国家或地区的资料进行分析；最后，我们可以通过大型的国际数据调查资料进行比较分析”。⑤在这篇文章中，作者还指出，比较教育研究最好和“国家理论”（State Theory）、全球化（Globalization）结合起来，并对现代主义、后现代主义、建构主义等方法进行探讨，作者倾向于采用“建构主义”和“结构主义”分析方法，将定性和定量的方法结合起来致力于比较教育研究。⑥

2007 年，阿诺夫和托里斯编著了《比较教育：全球与地方的辩证关系》（Comparative Education：the Dialectic of the Global and the Local）一书。本书收录了大量的著名比较教育学者的观点，以求为不断发展的全球、国家和地区提供新的分析视角。这本书的主要内容有：（1）比较教育研究基本单位的重新思考：把“国家—州”作为分析“学校—社会”关系的基本单位；（2）比较教育研究方法的发展：提供新的方法来定义教育机会公平和教育结果公平；（3）社会运动和教育改革的相关研究；（4）比较教育男女平等主义、后殖民主义、文化视角研究及教育系统的个人发展和社会变革功能研究；等等。⑦

2008 年，克莱斯（Steven J. Klees）在《比较教育评论》第 3 期中对比较和国际教育的理论、方法和实践进行了总结介绍。克莱斯认为比较和国际教育领域的研究者

①②③ Gilbert W. Merkx，Ruth Hayhoe，Bernard H. K. Luk，et al. Comparative Education，Area Studies，and the Disciplines［J］. Comparative Education Review，2006（1）：125、127、126-127.

④⑤⑥ Carnoy，M.. Rethinking the Comparative—and the International［J］. Comparative Education Review，2006（4）：553、555、555-567.

⑦ Arnove，R. F.，Torres，C. A.. Comparative education：the dialectic of the global and the local［M］. Rowman& Littlefield Publisher，Inc.，2007.

对知识的要求比其他领域要宽泛得多，比较教育学者及学生都必须具有人类学、经济学、政治学和社会学等多学科知识，并且需要积极吸收各种理论和实践方法，明确时代主题和现代教育发展问题等。并对一些影响了他的比较教育研究方法进行了介绍，如回归分析方法在比较教育学科中的运用，他甚至认为回归分析是研究教育和社会政策与实践的主要方法。①

总体说来，比较教育学科的发展同样需要随着时代不断进步，研究方法也需要适应全球化社会和知识经济社会的需要。在今后的比较教育学科发展研究中，如何更好地进行国际化研究，如何更好地形成国际分析视角，如何更好地整合地方和全球的关系将是其探讨的核心领域。

（二）英国的《比较教育》与《比较》

从 2006 年到 2010 年，《比较教育》共出版了 15 期，收录了 121 篇文章；《比较》共出版了 23 期，收录了 284 篇文章。由于这两者都是英国的期刊，对许多问题的研究具有共通性，因此在这里将把两者放在一起综述。通过对这些文章的考察，我们可以发现所有研究可分为两大部分：第一部分是从比较教育的视角研究世界范围以及各国、各地区的具体教育问题，是该两种刊物研究的主要部分；第二部分主要是研究比较教育的学科发展及其理论和方法，涉及的文章相对较少。为此，本部分将以研究主题进行分类，对这两种期刊研究的问题进行介绍，以期对了解英国比较教育的研究动向有所助益。

1. 教育的全球化与国际教育

全球化是当前重要的时代背景，教育在全球化背景中的发展问题，以及国际教育的问题成为比较教育领域的研究热点，无论是国际组织还是比较教育学会都将这个问题摆在了重要位置，比较教育学术期刊也不例外。

通过对上述比较教育期刊 2006 年到 2010 年的文章进行分析，在这个时间段研究教育全球化与国际教育的文章，在《比较教育》上有 14 篇，《比较》上有 25 篇。

（1）全球化教育问题研究

第一，教育作用的发挥。

全球化时代背景中世界经济、政治和社会发展形势都发生了巨大的变化，为了应对这种变化，并在国际竞争中保持不败地位，各国纷纷意识到有必要通过教育来促进全球化带来的一些经济、政治和社会问题的解决，因此有关全球化背景中各种教育问题的研究首先就涉及如何在这种背景中发挥教育的作用，以及怎样促使教育适应时代变化的问题。具体来说，有关这个问题的研究除了 2010 年外每一年的期刊都有所涉猎，如 2006 年《比较教育》中的《教育、全球化和恐怖主义时代的国家》主要探讨

---

① Klees, S. J.. Reflections on Theory, Method, and Practice in Comparative and International Education [J]. Comparative Education Review, 2008 (3): 301-328.

如何通过教育来帮助解决全球恐怖主义带来的危机问题；2007年《比较教育》中的《在效率、能力和信任之间：全球治理改革中的不同认识论》主要探讨在全球化背景中，教育在世界权力分配过程中的重要文化意义；① 2008年的《比较教育》中有关这个问题的研究有3篇，分别是《小国在21世纪日益激烈的全球经济竞争中所面临的教育挑战》、《教育、全球化和社会变革》和《全球化与高等教育如何互动？持续不断的分歧》；2009年的《比较》中对这个问题的研究也有3篇，分别是《教育、全球化和新时代》、《变革中的教育：亚洲—太平洋地区在全球化过程中的领导、创新和发展》和《全球时代中的教育和发展："成功全球化"战略》。

第二，全球化与本土文化的冲突。

在这方面的研究中，另一个研究重点是关注教育全球化过程中与本土文化的冲突，如2006年《比较教育》中的《日本多元文化政策中全球与本土的遭遇》和《比较》中的《巴厘岛的甘地主义教育：原教旨主义时代的全球化和文化多样性》；2007年《比较》中的《香港和上海初中历史课程中的国家主义与全球主义》；2008年《比较》中的《南部非洲的大学和社会变革：全球话语与地方冲突》；2009年《比较》中的《本土声音，全球问题：美国、英国和阿联酋师范生职前教育观的比较研究》；2010年《比较》中的《全球化背景中的教育：改变身份，变革文化》和《全球变革与本土解释》。

第三，对教育研究的反思。

除了对全球化背景中具体教育问题的研究，《比较教育》在这方面还涉及全球化背景中对教育的元研究，如它在2007年发表的《全球化与分权化时代入职教师教育政策与实践的研究趋势：一项盎格鲁—苏格兰国内比较研究的理论基础和方法论》，主要研究了一项由英国佩斯利大学资助的两年期比较教育研究项目的概念和方法框架，探讨其研究设计以及研究执行中出现的问题，并进而对现存的有关方法的文献进行了分析。②

《比较教育》2008年发表的《小国家教育研究的发展》，批判地分析了全球化进程对小国家教育发展的性质和方向的影响，探讨了小国家西方教育研究传统的国际转向、教育政策途径及其研究模式和战略意义，并进一步研究了在这种背景下促进教育研究发展的可能方式。最后，作者把关注点放在了合作研究项目上，并强调了发展本土研究战略的重要性。③

---

① Jennifer Chan. Between efficiency, capability and recognition: competing epistemes in global governance reforms [J]. Comparative Education, 2007 (43): 359-376.

② Estelle Brisard, Ian Menter, Ian Smith. Researching trends in initial teacher education policy and practice in an era of globalization and devolution: a rationale and a methodology for an Anglo-Scottish "home international" study [J]. Comparative Education, 2007 (43): 207-229.

③ Michael Crossley. The advancement of educational research in small states [J]. Comparative Education, Volume 44, Issue 2 May 2008, pp. 247-254.

(2) 国际教育研究

国际教育也是这方面的一个研究重点。所谓“国际教育”，它是比较教育的一个分支领域，“主要是指超越民族国家界限的国际性教育发展及其相关问题为研究对象的比较教育研究，包括对世界各国共同的教育问题的研究、国际性教育组织机构的工作研究、对以促进国际理解为目的的教育的研究、关于世界和平教育的研究、国际人口与生态环境的研究、世界教育未来发展研究、国际教育交流研究”① 等。具体来说，从 2006 年到 2010 年上述比较教育期刊有关国际教育的研究则主要围绕着 4 个主题，即人员流动、教育制度的移植、国际教育组织的工作和国际教育援助等。

第一，人员流动。

上述期刊关于国际教育的研究中，主要涉及人员流动的为最多，有 14 篇，占国际教育研究文章总数（24 篇）的 58%。这 14 篇文章主要从三个角度进行研究。

从留学生或移民学生的经验来谈文化差异与适应的问题，主要体现在《比较》收录的文章中。如 2007 年的《留学生跨文化学习中的文化适应：一个过渡教育框架》；2008 年的《“外国的月亮比中国的圆”——一个中国移民妇女在英国的叙事》；2009 年的《存在主义的国际化和中国学生在英国的经验》；2010 年的《回归：中国研究生留学经历对他们回国后工作和生活的影响研究》、《“待在英国真难”：计划、路线和结束期限：护士的跨国就业研究》、《海外学习：中国大陆学生在新加坡》、《在国外学习和成长：国际学生的跨文化经验》和《国际化城市中的教育：来自伦敦的文章》。

有关国际教育中人员流动问题的研究的另一个视角是从教育服务贸易的角度来考察教育的出口问题，以及人才的吸收和引进问题，具体表现在 2008 年《比较教育》中的《小国家，大产业：作为教育出口国的新西兰》和《小国家的创业力：评估全球人才》，以及《比较》中的《教育中的跨国吸引力：英国和德国的情况》。此外，2010 年《比较》中的《教师流动、人才流失、劳动力市场和英联邦的教育资源》也是这方面的学术文章，主要考察教师流动对四个国家——牙买加、南非、博茨瓦纳和英国教育系统的影响，② 以及教师流出国和教师流入国应对教师流动的不同方式。

除了学生和教师流动，国际学校也是国际教育中人员流动问题的一个重要研究方面，在这里主要有 2 篇文章，即《比较》中 2008 年的《国际教育及其“第二阶段”：性质界定和未来效果评价》和 2009 年的《日本回归儿童教育政策》，分别对国际学校的性质，以及政府对回归儿童的教育政策进行了分析和研究。

第二，教育制度的移植。

国际教育中对教育制度移植问题的研究主要体现在 4 篇文章中，即 2007 年《比

① 王英杰．比较教育［M］．广州：广东高等教育出版社，1999：100．

② Yusef Waghid, Joseph Divala. Teacher mobility, “brain drain”, labour markets and educational resources in the Commonwealth［J］. Compare, 2010 (40): 257-258.

较教育》中的《西欧对后苏联时代俄罗斯教育的影响：变革与反变革》、《西方对中国教育测验的影响》和《比较》中的《文化适应问题：我们在借鉴德国双元制职业教育模式时能够学到什么》，以及 2009 年《比较》中的《有计划的政策改革：德国模式对中国职业教育的影响》，可见教育制度的移植主要体现在西欧发达国家的教育模式向其他国家的移植，而像我国这样的发展中国家，由于对西方国家教育经验的学习和借鉴很多，对教育移植过程中的诸多问题也应该有所注意。

第三，国际教育组织的工作。

对国际教育组织及其工作的研究也是国际教育研究的一部分，这方面的期刊文章主要体现在 2007 年《比较教育》中的《改革世界银行：从社会自由主义到新自由主义》、《全球教育议程制定过程中的多维机构》和《儿童的权利与全球公民社会》；2009 年《比较》中的《国际组织与跨国教育政策》；2010 年《比较》中的《新千年的国际教育：走向包容、公平和质量》。

第四，国际教育援助。

国际教育援助也是国家教育研究的一项内容，主要体现在《比较教育》中的一篇文章——《全球教育议程与对太平洋地区的教育援助》。该文指出，国际上有许多旨在在世界范围消除贫困与加强安全的项目，这些项目的结果就是使人重新考虑教育援助问题。太平洋群岛地区包括广大的海域，这里小国林立，人口以土著居民为主。这些国家的偏远与狭小使国际社会认为，它们对于在世界范围内消除贫困的目标提出了特别的挑战，而教育无论是对这个地区来说还是对具体国家来说，都是解决贫困和安全问题的重要机制。为此这篇文章着重考虑了针对太平洋群岛地区的教育援助项目，以及全球教育议程与这些国家教育现实之间的紧张与冲突问题，尤其强调基础教育项目的制定，并探讨教育问题得到人们重视或未得到人们重视的原因。①

2. 欧洲教育一体化

欧洲教育一体化进程是教育全球化进程的重要组成部分，《比较教育》和《比较》作为欧洲的重要国家——英国的比较教育学术期刊自然是对欧洲教育一体化问题格外关注，然而对于这个问题，两种刊物的侧重点却有所不同，主要体现在以下两方面。

（1）欧洲教育一体化进程

《比较教育》比较关注欧洲教育一体化进程问题，其在 2006 年到 2010 年的相关文章中，除了 1 篇是比较欧洲国家不同的学校模式外，其余的 11 篇文章都是论述欧盟及其各成员国在促成欧洲教育一体化进程中所做出的努力与产生的问题。在这 11 篇文章中，除了有 2 篇文章是对欧洲观念问题的讨论，其他 9 篇都是关于欧盟或欧洲国家为促进欧洲教育一体化而制定的教育政策，这其中有 6 篇是欧盟的教育政策，如

① Eve Coxon, Karen Munce. The global education agenda and the delivery of aid to Pacific education [J]. Comparative Education, 2008 (44): 147-165.

2006年的《欧洲宪法与其他国际政策文件中的教育问题比较：进步还是退步》、《欧盟教育与培训政策：作为转折点的里斯本议程》、《欧洲终身学习区能实现吗——对欧盟终身学习政策的批评》、《通过学生流动使高等教育更加欧洲化——重新审视博洛尼亚进程中的欧盟项目》和《欧盟教育与培训政策的标准化：欧洲研究合作网络的一项研究成果》，以及2010年的《论语言和一体化：欧洲语言考试制度批判》；另外3篇是有关各成员国教育政策的，如2006年的《欧盟政策背景中希腊教育的欧洲维度》、2009年的《英格兰、瑞典、芬兰和苏格兰的国家政策与欧洲教育区的构建》和2010年的《中东欧的语言、教育政策与变革》。

（2）欧洲一体化背景中的教育问题

《比较》较多关注的是欧洲一体化背景中各国的教育问题，而不是直接关注欧洲教育一体化的进程问题。在《比较》中所涉及的7篇相关文章中，除了1篇是关于欧洲身份认同的，其余6篇都是关于在一体化背景下教育领域的具体问题，如2006年的《承诺还是现实——欧洲学校中的物理教育》；2007年的《欧洲家庭教育中的识字教育：各自为政》；2008年的《柏林墙倒塌之后（1989年后）欧洲的历史教学》；2009年的《欧洲的失业青年和社会排斥：学会包容》和《竞技场和学校行动的逻辑：欧洲比较研究》；2010年的《国家、欧洲和世界：教科书和课程的变迁》。

3. 教育中的文化差异和跨文化合作

在教育全球化的背景下，世界各国的教育交流日益频繁，文化的联系日益紧密，这使得人们对文化差异和文化冲突的问题逐渐重视，并意识到有必要实现不同文化的相互尊重，推动跨文化的交流与合作，来促进社会的和谐和教育的良性发展。为此，教育中的文化差异和跨文化合作的问题成为人们关注的重点，比较教育学术期刊也对此进行了大量的研究。具体来说，对这个问题的研究主要分为三个方面。

（1）一国教育中的文化差异与多元文化问题

一个国家或一国某地区的文化往往不是同质的，由于存在着不同的民族、阶层和宗教信仰等，来自不同群体或社会背景的人往往具有不同的文化，这就造成了一国教育中的文化差异和多元文化问题，从而引发了许多学者对这个问题的研究。这方面的研究包含着不同的视角，一些学者从观念和学生经验的角度对其进行研究，如2007年《比较教育》中的《文化、教学与评价》；2008年《比较教育》中的《世界范围的争议：学校中的宗教还是宗教学校》，以及《比较》中的《通过多元文化和跨文化叙事研究理解香港移民学生的教育经历》；2009年《比较》中的《教育与文化融合：应该传授给肯尼亚学生哪种文化价值观》和《三个城市中师范生的跨文化敏感性》；2010年《比较》中的《多元文化课堂中的语言差异与身份认同：法国和英国小学中具有移民背景学生的观点》。

一些学者从国家的文化教育政策的角度来研究教育中的多元文化问题，如2007年《比较》中的《同化和多元文化主义：概念框架的演变》；2008年《比较教育》中的《多元主义、认同与国家：日本和加拿大针对当地少数民族的国家教育政策》；

2009 年的《教育和发展中的文化：原则、实践和政策》。

还有一些学者从教育的实施方面来论述教育对文化差异的应对问题，如 2006 年《比较教育》中的《接触、文化和背景：以北爱尔兰和以色列混合宗教学校为例》，以及《比较》中的《澳大利亚和尼德兰的多元文化/跨文化教育》；2008 年《比较教育》中的《恐怖主义时代的教育：肯特州立大学中的一门课程》；2009 年《比较》中的《超越差别：亚洲—太平洋地区的课程、课本和教学法》和《论台湾多元文化艺术教育中的问题》。

（2）不同国家间教育中的文化差异和跨文化合作问题

同一个国家内部尚且存在不同的文化，不同的国家之间文化的差异则更大，因此在发展教育的过程中，不同国家需要互相尊重文化差异，致力于跨文化的交流与合作。上述比较教育学术期刊中对这个问题的研究也不少，主要体现在 2007 年《比较教育》中的《教育中的传统观念、文化兼容与普遍性》、《讨论数学教学跨国研究的意义：通过亲吻青蛙来发现王子》和《跨文化项目中的质性数据分析》；2008 年《比较教育》中的《跨越墨西哥和美国的边境：两所大学的不安与合作企盼》；2009 年的《比较》中的《教育与发展中的南南合作》。

（3）多元文化背景中的语言教育问题

语言是重要的文化现象，因此人们在对文化差异和多元文化的讨论中非常重视对语言教育问题的研究。比较教育学术期刊对这个问题的探讨集中在三个方面。

第一是关于双语或多语教育政策和措施的，相关的文章有 2008 年《比较》中的《跨文化教育和课程多样性：厄瓜多尔跨文化双语教育模式（MOSEIB）的案例研究》；2009 年《比较》中的《中国少数民族三语教育政策比较研究》和《成人识字、语言和计算学习情况的变化：英国识字教育政策及其实施》；2010 年的《斯洛文尼亚和意大利民族混合区的双语教育政策》。

第二是关于外语教学的，如 2009 年《比较》中的《多语言教育政策和学校语言实践：全球化与印度、新加坡和南非的英语教学》；2010 年《比较教育》中的《在波罗的海沿岸国家引入早期外语教育》。

第三是关于在全球化时代保护民族语言的问题。上述比较教育学术期刊对这个问题是最近才开始关注的，相关文章都是 2010 年的，即《比较教育》中的《日本的语言教育：在双语主义面前的不平等》和《学校能够挽救当地语言吗——四个国家或地区的政策和实践》。

4. 教育公平与弱势群体的受教育问题

教育公平问题也是比较教育学术期刊较为关注的问题。从 2006 年到 2010 年，《比较教育》和《比较》关于教育公平的文章共有 27 篇，其中 4 篇是关注教育不公平的成因、学生的教育公平观、教育公平的评价工具和社会正义教育等问题的，其余 23 篇都是有关弱势群体受教育问题的。这 23 篇文章所关注的弱势群体的类型不尽相同，其中有 1 篇是关注残障儿童受教育问题的，1 篇是关注难民接受高等教育的机会的，2 篇是关注贫困儿童接受教育的机会的，2 篇是关注吉普赛人等少数民族儿童受教育问题的，其余 17 篇都是关注女性在教育中的平等地位的，可见英国比较教育期刊在教育公平这个问题上更注重性别平等的问题。

在 17 篇关注性别教育平等的文章当中，有 7 篇是探讨理论问题的，其余 10 篇文章都是研究具体国家或地区的教育公平问题的，这其中关注发展中国家的有 8 篇，即 2008 年《比较》中的《教育其他人：巴基斯坦课本中的性别代表性与国家认同》、《学校和伊斯兰教育：性别与北印度农村穆斯林青年教育战略》、《后冲突地区女童教育中的张力》、《超越入学：改革教育中性别平等的政策和实践》、《不可饶恕的缺席：为何 6 千万女童依然失学，而我们又能做什么》和《理想与现实：尼日尔农村地区女童教育权利探析》；2009 年《比较教育》中的《再议性别：南非农村地区“0 到 20 岁”追踪研究中的入学、升学与平等》；2010 年《比较》中的《渴望卓越：印度农村性别化的教育选择》。关注发达国家教育公平问题的只有两篇文章，一篇是 2007 年《比较》中的《隐形的障碍：希腊女中学校长职业发展》，主要讨论了希腊女中学校长在职业发展中遭受的不平等，以及女性在教育管理岗位中比例偏小的问题。该文通过对雅典的 6 位女校长的深度访谈，探讨了影响女性参与教育管理的因素，主要包括个人因素、隐形歧视、性别刻板印象以及女性社会角色为她们带来的限制等。① 另一篇文章也是 2007 年《比较》中的文章，题为《英国和德国大学中的性别不平等》，主要探讨了大学教授性别比例不平衡的问题，指出在 2003 年，英国只有 15.3% 的大学教授是女性，而在德国只有 8.3% 的最高级别的教授是女性。该文研究了这两个国家有关性别的立法，以及引起女性学者在工作环境中性别化行为的社会和认知因素，② 从而进一步分析了造成大学中女教授少的原因。

通过对以上文章的分析，我们可以发现，在研究的范围上，英国的比较教育学术期刊在对教育公平这个问题的研究上更侧重于发展中国家；在研究问题上，关于发展中国家的文章主要考察基础教育中女童受教育的基本权利，关注的是教育普及问题，而关于发达国家的文章主要考察教育管理者和大学教授女性比例偏少的问题，关注的是教师的职业发展。形成这种情况的原因一方面是因为关注发展中国家教育是当今国际比较教育界的趋势；另一方面则是因为发展中国家教育公平问题表现得更严重，一些贫困地区的女童连受教育的基本权利都难以保障，而在发达国家这个问题基本解决，女性已经有机会获得管理者和大学教授的职位，所要关注的是减少女性职业发展的障碍，进一步实现性别平等的问题。

5. 教育的去中心化

教育的去中心化也是当今比较教育研究中的热点。去中心化趋势的核心就是教育

① Maria Kaparou, Tony Bush. Invisible barriers: the career progress of women secondary school principals in Greece [J]. Compare, 2007 (37): 221-237.

② Rosalind Pritchard. Gender inequality in British and German universities [J]. Compare, 2007 (37): 651-669.

权力的重新分配，主要体现在两方面。

（1）宏观教育管理体制改革

从宏观层面来讲，教育的去中心化体现为教育管理体制改革，涉及两方面的内容，其一是中央政府和地方政府以及学校之间的权力划分，主要表现为中央的放权和地方、学校教育权力的增大；其二是政府和市场以及社会教育权力的划分，主要体现为政府把一部分教育权力让渡给市场和社会，吸引企业或社会组织来参与学校的办学和管理。

在比较教育期刊中，有关教育管理体制去中心化的文章有 28 篇，其中的 5 篇主要从政府教育政策和教育体制改革的角度来阐述中央政府放权和地方、学校权力扩大的问题；其余的 23 篇则着重考察政府与市场、社会的教育权力划分问题，侧重研究私立教育和非政府组织参与办学的问题。在这 23 篇文章中，学者分别从不同的角度来对这一问题进行考察，其中对这一问题进行理论探讨的有 4 篇，进行政策探讨的也有 4 篇，剩下的 15 篇都是考察不同国家或地区发展私立教育的做法的，其对我国当前的教育管理体制改革也有借鉴意义。

（2）学校教学和内部管理改革

从微观层面来讲，教育的去中心化体现为学校内部教学和管理方式的变革，即将权力从学校行政部门手中下放到教师和学生手中，让教师对自己的工作和学生对自己的学习有更大的自主权，以促进教师的专业发展和学生学习效果的改善。具体来说，比较教育学术期刊有关这方面的文章有 7 篇，即 2008 年《比较教育》中的《西藏以学生为中心的教学：地方场域中的国际教育改革》，以及《比较》中的《改革全球教学》；2009 年《比较教育》中的《改革肯尼亚小学的教学实践：校本培训的影响》和《日本整合研究改革在地方的实施及其对课程去中心化的影响初探》，以及《比较》中的《印度农村小学中的“快乐学习”：儿童中心背景中的社会控制研究》；2010 年《比较》中的《重塑英国和西班牙教师的职业生活与知识》和《秘鲁农村中学的课程改革和知识更新：探索全球教育政策对地方意料之外的影响》。

6. 公民教育问题

英国的比较教育学术期刊也非常重视对公民教育的研究，有关这方面的文章共有 13 篇，其中从宏观层面来研究公民教育的理念及意义的文章共有 3 篇，其余 10 篇都是微观层面的研究，主要考察不同国家或地区实施公民教育的情况。这 10 篇文章所采用的研究视角有所不同，有 2 篇是从国际的视角探讨公民教育的发展，及其与其他相关教育问题的关系；有 1 篇是从区域的角度探讨原来为社会主义阵营的中东欧地区的公民教育；剩下的 7 篇主要是对公民教育进行国别研究，又分为对不发达国家的研究和对发达国家的研究两部分。

对于不发达国家来说，公民教育往往是一个新生事物，出现的时间不久，因此对这些国家的研究一般侧重于公民教育的总体实施情况，如 2007 年《比较教育》中的《乌克兰和俄罗斯的公民教育：国家建设携手积极公民》，主要探讨东欧社会主义阵营解体后，乌克兰和俄罗斯公民教育的实施，以及实施过程中欧洲理事会的作用。文章指出，以欧洲理事会为代表的国际机构所倡导的公民理念与乌克兰和俄罗斯本国倡导的公民理念有所不同，在俄罗斯，由于政府强调了和谐社会的建设，公民教育导向了爱国主义教育。在乌克兰，由于政府强调与国际标准接轨以提高国家的竞争力，公民教育的实施更趋近于国际做法。可见，这两个国家公民教育的性质更多反映的是国内政治发展情况，而不是国际的政策议程；2007 年《比较》中的《“他们是传教士”：摩尔多瓦的历史学家及其对公民教育的影响》探讨了摩尔多瓦的历史学家对该国公民教育的影响，由于这些历史学家在学术领域和教科书编写方面居于主导地位，而他们又认为公民教育的内容与社会的主流价值观相违背，从而阻碍了对学生的民主社会公民技能和品质的培养；① 2008 年《比较教育》中的《重塑公民身份：哥斯达黎加和阿根廷的公民教育》主要讨论了哥斯达黎加和阿根廷公民教育的内容，指出随着时代的发展，两个国家的公民教育都更加关注个人的权利，并高扬全球公民的理念，然而就这个概念的重视程度，两个国家还是有所不同，这在很大程度上是由两国历史上出现的政府不同的暴力统治方式所导致的。②

对于发达国家来说，公民教育已经经历了较长的发展历程，因此相关文章主要关注教育主体的教学方法或课程设计，如 2007 年《比较》中的《创造批判性民主公民教育：荷兰教育中加强人文与民主教育》主要介绍了公民教育在荷兰的发展，以及该国所实施的民主教学方法；③ 该年的另一篇文章《非政府组织的公民教育：英国与韩国的案例研究》主要介绍了英国和韩国的非政府组织所进行的公民教育实践，并对它们所实施的正规教育和不太正规的教育进行了比较；④ 2010 年《比较》中的《课程能力和公民教育：四个民主国家的比较分析》主要研究了四个西方国家——澳大利亚、加拿大、英国和美国的公民课程的设计、执行和发展，并对影响公民教育的因素进行了分析。⑤

7. 比较教育的学科发展及其理论和方法

在比较教育研究界，比较教育的学科发展及其理论和方法是一个重要研究领域，比较教育学术期刊对这个问题也非常重视。《比较教育》和《比较》涉及比较教育学科发展及其理论和方法的文章有 21 篇，主要涉及两个问题。

---

① Elizabeth A. Anderson. “They are the priests”: the role of the Moldovan historian and its implications for civic education [J]. Compare, 2007, 37 (3): 277-290.

② David F. Suárez. Rewriting citizenship? Civic education in Costa Rica and Argentina [J]. Compare, 2008, 44 (4): 485-503.

③ Veuqelers, Wiel. Creating criticaldemocratic citizenship education: empowering humanity and democracy in Dutch education [J]. Compare: A Journal of Comparative Education, 2007, 37 (1): 105-119.

④ Sun Young Park, Jurij Senegačnik, Geoffrey Mbugua Wango. The provision of citizenship education through NGOs: Case studies from England and South Korea [J]. Compare: A Journal of Comparative Education, 2007, 37 (3): 417-420.

⑤ Andrew S. Hughes, Murray Print, Alan Sears. Curriculum capacity and citizenship education: a comparative analysis of four democracies [J]. Compare: A Journal of Comparative Education, 2010, 40 (3): 293-309.

(1) 比较教育的学科发展

涉及比较教育学科发展的文章共有 10 篇，具体研究的问题包括：比较教育的概念、比较教育研究的历史发展、比较教育对世界教育和社会发展的意义、世界比较教育联合会的历史发展、中国教育家对比较教育作出的贡献、比较教育在当代发展中遇到的困境、比较教育的分支学科——比较教育社会学和比较教育史等的发展情况等。

(2) 比较教育的理论和方法

上述比较教育学术期刊在比较教育的理论和方法方面的研究共有 11 篇，通过对这 11 篇文章的分析，我们可以发现近年来国际比较教育研究在方法取向上侧重于质性研究，主要表现在方法论和具体方法两个层面。在方法论上，共有 5 篇文章，其中《比较教育》有 4 篇，《比较》有 1 篇。《比较教育》中的研究较为推崇马克斯·韦伯的解释学理论，认为自然现象和文化现象有着本质的区别，自然现象只受因果规律的制约，而文化现象除了受因果规律的制约外，还受到价值观念的影响，因此它表现出一定的特殊性和个别性，成为一次性发生的事件。人们无法用研究自然科学的方法来研究文化科学或社会科学，不能通过建立某种精确的自然规律公式来解释人类历史上的一切文化事件。为此，马克斯 ·韦伯提出了“特殊性因果解释”的概念，指出这种因果解释并不是要揭示具有普遍意义的因果联系，而是只针对特定的事件，试图领会事件中人们的精神活动赋予行动的意义。那么，既然文化事件具有特殊性，任何一个事件都与另外一个事件不同，我们又怎么来理解各种社会现象呢？为了解决这个问题，马克斯·韦伯又提出了“理想类型”的概念，所谓“理想类型”就是对某一文化事件过程的描述，这一文化事件并不是真实发生的，而是设想出来的一种与自身无矛盾的联系结构，[①] 目的是为人们理解各种真实的文化事件提供参照。在上述比较教育学术期刊中，许多学者都重视使用“理想类型”的概念来解释教育问题，如 2007 年《比较教育》中的《在比较教育中使用理想类型：个人的反思》就强调用理想类型进行文化和价值的比较分析，通过探索深层的文化结构来提升人们对教育问题的理解，并推动对未来发展趋势的预测。[②] 除了马克斯·韦伯的解释学理论，比较教育研究的方法论还比较重视批判教育学的相关理论，如 2008 年《比较》中的《“社会背景很重要”：我们在讨论谁的发展概念》就讨论了不同课本中所揭示的文化观念，探讨了后殖民时代教育发展过程中人们不同行为模式之间的张力和冲突，并批评了一些国家或组织在制定发展政策时不加批判地移植西方模式的做法。

在具体方法上，上述比较教育学术期刊的相关文章有 6 篇，其中《比较教育》中有 1 篇，《比较》中有 5 篇。这些文章所介绍的具体研究方法都是质性研究的常用方法，其中有关叙事研究的为最多，有 3 篇，即 2008 年《比较》中的《以叙事研究

---

① 马克斯·韦伯. 社会科学方法论 [M]. 韩水法，莫西，译. 北京：中央编译出版社，1999：1-32.

② Hayhoe, Ruth. The use of ideal types in comparative education: a personal reflection [J]. Comparative Education, 2007, 43 (2): 189-205.

作为研究方法：教学研究中批判叙事研究导论》、《后记：比较教育中的叙事研究》和《叙事研究在后殖民时代的困境》。此外，还有1篇是关于人种志方法的，即2007年《比较教育》中的《关于识字教育的结果：人种志研究可以告诉我们什么》；1篇是关于视觉分析法的，即《确定女童的形象：视觉方法和女童教育文献》；1篇是关于社会网络分析法的，即2006年《比较教育》中的《比较社会科学中的社会网络分析》。

四、比较教育研究的世界发展趋势

通过对国际组织、比较教育学会和影响较大的比较教育期刊的研究动向进行综述，我们可以总结出近些年比较教育研究的世界发展趋势。

（一）侧重于基础教育和高等教育

在所研究的教育的层次方面，基础教育和高等教育是两块重要的内容。当前联合国教科文组织、世界银行、经济合作与发展组织以及各比较教育学会所重视的全民教育问题实际上主要关注的就是发展中国家基础教育的普及问题，而比较教育学会和比较教育学术期刊除了关注基础教育的普及问题，还非常关注基础教育质量的问题。除了基础教育，高等教育也是国际比较教育研究界的重点关注领域，除了国际组织在高等教育方面花了巨大的精力外，比较教育学会和比较教育学术期刊也广泛涉猎高等教育的问题，且关注的领域涉及高等教育的各个方面。

（二）注重对发展中国家的研究

国际比较与研究界对发展中国家的教育更加重视，公开发表的有关比较教育的专著和论文也是关注发展中国家大大多于关注发达国家。以英国的《比较教育》和《比较》为例，两种期刊从2006年到2010年共发表专门研究发展中国家的文章有130篇，而专门研究发达国家的文章为73篇，前者是后者的将近2倍。

（三）全球化背景中的教育发展

全球化是当前最重要的时代背景，教育也必然在这种时代背景中发展，因此当今的好多教育现象或问题都直接或间接受全球化背景的影响，如教育的跨文化合作和国际教育等问题。此外世界上许多国家经历的教育改革进程也是由全球化进程所推动，或在改革时不得不考虑全球化的作用。

（四）研究重视结合当地实际

国际组织、比较教育学会和比较教育学术期刊的比较教育研究虽然有许多共同的主题，但许多区域性的或国家性的组织或期刊的研究却体现了各自不同的侧重点。例如，同是区域性的比较教育学会，欧洲比较教育学会更加关注欧洲教育一体化问题，地中海地区比较教育学会则更加关注他们当前正面临的教育管理体制改革问题；同是比较教育学术期刊，英国由于地处欧洲，它的两个期刊——《比较教育》和《比较》有大量文章都是关于欧洲教育一体化的；而美国的比较教育期刊——《比较教育评论》对这个问题的关注则较少。可见世界各地的比较教育研究组织或主体，除了关注全球共同的问题，还注重将教育研究与当地实际结合起来。

（五）倾向于质性研究方法

通过对比较教育学术期刊的综述，我们可以发现虽然国际比较教育界量化研究和质性研究都在使用，但更倾向于质性研究，表现为在方法论上较为热衷于建构主义、解释学和批判教育学等人文主义的方法论；在具体方法和技术上较为热衷于叙事研究、人种志等偏质性的方法，这与我国崇尚量化研究的风尚是不同的。

（六）教育公平与全纳教育

全世界教育界的一个重要研究主题就是教育公平的问题，我国的《国家中长期教育改革和发展纲要》也“把促进公平作为国家基本教育政策”，因此国际各种比较教育研究组织和主体都把教育公平作为重要的研究问题，尤其侧重于教育中的性别平等问题。与教育公平紧密相连的是全纳教育，全纳教育是实现教育公平和社会正义的一个重要手段，同时也把公平和质量联系在了一起。

（七）教育改革的去中心化

与教育质量联系更为紧密的是教育改革的去中心化问题，旨在通过教育权力的重新分配，打破僵化的教育管理体制，调动地方、市场、社会、教师和学生各方办学、教学和学习的积极性和自主性，以促进教育质量的提高和教育公平状况的改善。教育改革的去中心化表现在宏观和微观两个层面，宏观层面是改革教育行政管理体制，赋予地方、学校、市场和社会更大的教育权力；微观层面是改革学校内的教学方式和内部管理方式，赋予教师和学生更大的权利，以调动他们工作和学习的主动性。

（八）其他热门教育话题

与上述几个问题相联系的还有其他几个热门话题，如公民教育、人权教育、文化冲突、可持续发展教育和终身学习等，这些问题由于切中时代发展的主题和人们的现实需要，因此也得到了国际组织、各种层次的比较教育学会以及比较教育学术期刊不同程度的重视。

第3部分 “十一五”期间教育领域热点问题报告

一、热点问题一：推进教育公平与均衡发展

对优质教育资源的追求是人们共同的目标，随着对优质教育资源的激烈竞争，弱势群体的受教育权利难以得到保证；城乡之间以及不同的地域之间的教育水平差距正逐步拉大。在构建和谐社会的宏大背景下，推进教育公平与均衡发展在教育领域中便显得尤为重要。追求教育公平与均衡发展也成为我国教育政策的目标。“十一五”期间，我国基础教育领域对促进教育公平与均衡发展在理论探索及实践中均取得了一定的成就。

（一）基础教育公平发展

1. 教育公平的原则及政策含义

在对教育公平的原则及政策含义的研究中，褚宏启教授界定了公平与平等概念，明确两者的区别与联系，认为公平与平等是两个相互联系但又有所不同的概念。平等并不必然意味着公平，公平也不完全等于平等。教育公平包含教育资源配置的三种合理性原则，即平等原则、差异原则和补偿原则。在教育平等原则方面，褚宏启教授进一步指出其应包括受教育权平等和教育机会平等两个方面，受教育权平等是社会公平和正义的内在要求；机会平等是在权利平等的基础上所设立的制度，保证社会成员有平等的参与机遇，要求社会提供的生存、发展和享受机会对每一个社会成员都始终均等。在制定实施教育公共政策，落实教育公平的平等原则时，既要避免过分强调起点意义上的教育机会均等，忽视教育过程中的机会均等及教育质量的提升和均衡；又要避免过分强调教育结果平等，对教育发展目标提出不切实际的要求。针对当前教育对同质性的追求，褚宏启教授提出差异性原则，即根据受教育者个人的具体情况区别对待，表现为资源配置的差异性，反映的是不同情况不同对待的原则，即不是平均或平等分配教育资源的份额。并指出在制定教育公共政策时，应摒弃整齐划一的同质性的教育才是教育公平的认识，承认受教育者存在的禀赋和能力差异，尊重学生的兴趣爱好和选择自由，通过完善教育体系结构，提供多样化的教育资源，以满足学生个性充分发展的需要。基于对受教育者的社会经济地位存在差距的这一认识，褚宏启教授进一步提出补偿性原则，对社会经济地位处境不利的受教育者在教育资源配置上予以补偿，进而促进教育公平。此外，褚宏启教授指出，教育补偿政策应成为发展中国家新的反贫穷战略的重要组成部分。通过教育机会的再分配，教育补偿政策的实施有助于改变贫困家庭的生活境遇，有助于促进贫困阶层向上流动。在教育补偿制度的实施中，应明确其目的是缩小社会经济地位差距导致的结果差距；并应建立全国性和地区性的教育条件和标准，为补偿政策的有效实施奠定基础；此外，还应丰富补偿方式，

建立间接补偿和直接补偿、有偿补偿和无偿补偿相结合的教育补偿体系，健全相应的实体性规则和程序性规则。① 此外，也有学者指出实现教育公平应坚持基本教育权利完全平等、非基本教育权利比例平等以及教育利益补偿三个原则。②

2. 教育公平的分析框架和评价指标

在推进教育公平发展的研究进程中，王善迈教授提出，作为社会公平和社会和谐的重要组成部分，必须将教育公平置于整个社会环境背景之下进行分析，而不能就教育论教育，尤其在分析教育公平的影响因素时必须将其置于社会经济、政治环境背景下进行分析。教育公平具有阶段性、相对性特征，从我国所处社会主义初级阶段的基本国情出发，并考虑数据的可能性，应当从教育权和入学机会公平、公共教育资源配置公平、教育质量公平、群体间教育公平四个方面设计正规三级教育公平的具体评价指标。在具体的评价指标的设计中，王善迈教授指出，中国作为一个发展中的、处于社会主义初级阶段的大国，受教育权和受教育机会公平应作为首要指标；通过对基础教育生均预算内教育事业费和公用经费、生均校舍建筑面积、危房比、生均教学仪器设备、生师比、专业教师学历结构、办学条件等指标的考察来评价公共教育资源的配置公平；通过对基础教育的巩固率、完成率和升学率等指标进行考察以评价教育质量公平；通过对不同群体间义务教育入学机会公平这一有限指标来评价群体间的教育公平。同时，王善迈教授还指出，在明确了教育公平评价指标后，还应根据官方统计数据和抽样调查数据采用一定的方法，对特定国家的教育公平状况做出描述判断和分析，可选择教育基尼系数作为度量教育公平程度的工具，并用洛伦兹曲线进行直观的图形说明③。

3. 推进教育公平中的政府责任

“十一五”期间，教育研究者从教育公平所应坚持的原则和分析框架方面对教育公平进行分析，指出了推进教育公平过程中的政府职责。刘复兴教授指出，教育政策是现代政府发展与管理教育的基本手段，现代政府的基本教育职能是供给教育政策和做出教育制度安排；供给公平的教育政策是现代政府的基本教育责任。在对现实情况的分析中，刘复兴教授进一步提出，在公关教育政策活动中存在的教育政策的城市偏向、高等教育偏向、公办教育偏向，以及精英教育偏向严重影响着教育公平的实现。同时，由于行政中心与生产者导向而非消费者中心与客户导向、利益相关者缺席、重大政策环节缺失、对教育公共性理解偏差及教育政策的调整往往以突变为特征，致使教育政策决策缺乏自下而上的参与机制。此外，由于经费保障者责任不到位、市场规划者职能缺位、教育公平推进者职能错位和政府的教育职能不能很好地定位等现象的存在，导致教育政策与制度的不良与缺失，阻碍了政府教育公平责任的落实。在分析

① 褚宏启，杨海燕．教育公平的原则及其政策含义［J］．教育研究，2008（1）：10-16.

② 王雪君，田汉族．刍议基础教育领域中的教育公平问题［J］．当代教育论坛，2008（1）：56-59.

③ 王善迈．教育公平的分析框架和评价指标［J］．北京师范大学教育学报，2008（3）：93-97.

当前推进教育公平中存在的问题后，刘复兴教授指出政府应直面突破政策与制度性障碍，而不是绕过或漠视现有的政策与制度性障碍。应明确界定政府的教育公平职责；推进教育决策与政策实施的科学化与民主化，改变教育政策的城市偏向，建立科学合理的教育决策与政策实施制度，完善现有的教育信息统计管理系统，把教育公平状况作为教育信息统计调查的一个基本维度。此外，还应建立政府主导下市场与社会力量充分参与的教育公共治理模式，以更加有力地推进教育公平①。此外有学者指出，为实现教育公平，政府应使免费义务教育真正完全普及，使基础教育均衡发展，并保证非义务教育阶段的教育机会公平②。

4. 公平而差异

在如何实现教育公平的讨论中，顾明远教授指出，实现教育公平不仅在办学条件上要均衡发展，还应特别扶持弱势群体子女的教育，因此，公平而差异是基础教育的必然选择。顾教授提出，实现教育公平不仅应该允许差异，而且要承认差异、重视差异、培养差异，并提出公平而差异的原则，认为要有灵活的办学机制，提倡学校办出特色；学校要有灵活多样的课程和评价机制；教育管理工作者要有一种开放、民主、先进的教育理念，认识到人人都能成才，但才有不同③。

5. 农村教育公平问题

针对农村地区教育公平问题相对突出、矛盾相对集中这一特点，研究者指出造成农村教育不公平现象应归因于教育投入不公、教育资源配置上的不公、教育政策不公、教育社会结构的不公。针对农村地区教育不公的具体问题，研究者提出应强化政府责任，加强政府间财政转移支付力度；实现区域内教育资源的共享；建立平等接受义务教育的观念；并建立起制度化、规范化的教师流动机制以及城乡之间的利益平衡机制，以此来推进城乡之间的教育公平④。

此外，还有教育管理者提出在实现教育公平的过程中应保证基础教育的质量，在推进教育公平过程中关注外来务工人员子女、特殊学生以及学前儿童⑤。

“十一五”期间，在一批资深的教育研究者的影响下，我国教育领域的学者以及教育工作者围绕教育公平进行了诸多探讨并取得了一定成就。但纵观“十一五”期间的研究成果，体现出宏观理论探讨丰富而缺乏实证性的考察这一特点，提出的观点缺少客观数据分析的支持。我国幅员辽阔，地区差异较大，如何结合不同地区的特点，围绕教育公平问题进行探讨值得思考。

---

① 刘复兴. 政府的基本教育责任：供给公平的教育政策［J］. 北京师范大学学报（社会科学版），2008（4）：5-10.

② 文东茅. 促进教育公平是政府的职责［J］. 理论视野，2008（7）：26-29.

③ 顾明远. 公平而差异：基础教育的必然选择［J］. 教育发展研究，2007（11A）：7-8.

④ 肖月. 农村教育公平问题及对策研究［J］. 教育革新，2008（8）：3-5.

⑤ 徐健. 围绕公平与优质目标推进基础教育发展［J］. 人民教育，2009（8）：23-24.

（二）基础教育均衡发展

我国基础教育领域关注均衡发展已有很长一段时间，自2009年后，对均衡发展更加强调，并取得了一定的研究成果。

1. 教育均衡发展的内涵

关于教育均衡发展的内涵，有学者指出教育均衡发展既是一种理想追求，也是现实的阶段性目标。其应实现为更多的人提供更多的教育机会；为更多的人提供基本平等的教育；为尽可能多的人提供尽可能好的教育。从个体看，教育均衡指受教育者权利和机会的均等；从学校看，教育均衡指区域间、城乡间、学校间以及各类教育间教育资源配置均衡；从社会看，教育均衡指教育所培养的劳动力在总量和结构上与经济、社会的发展需求达到相对的均衡①。此外，也有学者指出，推进义务教育均衡发展，不是限制原先的义务教育发展优势地区和优势学校的发展，而是推进各地学校共同发展、整体发展；推进义务教育均衡发展，不是各地各校平均发展，而是分类指导、分类发展；推进义务教育均衡发展，不是各地城乡学校同一化发展、整齐划一发展，而是各地各校因地制宜个性化发展、特色化发展；推进义务教育均衡发展，不是追求短期某一时点的教育均衡，而是着眼义务教育长期、科学、可持续发展；推进义务教育均衡发展，不是各地各校孤立发展、单一发展，而是着力于整体发展、协调发展②。

2. 和谐社会与教育均衡发展

有学者在构建和谐社会的背景下对教育均衡发展进行讨论，认为和谐社会乃基础教育均衡发展的目标；以人为本乃基础教育均衡发展的理论依据，应关注人人接受教育机会的公平性，坚持尊重个性和承认差别的原则，坚持以满足人民群众的基本需要为本；教育公平乃基础教育均衡发展的主导价值③。

3. 教育非均衡发展的历史渊源及实现均衡的障碍

在对教育非均衡发展的原因的分析中，北京师范大学张东娇教授指出，不同时期不同的生产方式、政策选择和制度安排是形成义务教育区域之间、城乡之间和校际之间差异的历史原因和现实原因。义务教育非均衡发展的直接后果是导致非规范性择校行为的发生。在择校过程中，家庭和学校社会资本的力量日益突出，其负向功能被诱发，破坏了就近入学政策，加剧了家庭与家庭之间、学校与学校之间社会资本的分化，损害了教育公平。针对这一分析，张教授提出政府对于消除社会资本障碍的方向性建议，即通过合理的政策选择和制度安排，在义务教育学校资源配置均衡的基础上，降低家庭社会资本在教育选择中的作用，建设学校社会资本发挥作用的良性竞争

---

① 翟博．教育均衡发展：理论、指标及测算方法［J］．教育研究，2006（3）：16-28.

② 任忠花．试论义务教育均衡发展［J］．教学月刊（中学版），2009（3）：15-16.

③ 许华琼．和谐社会构建与基础教育均衡发展［J］．现代中小学教育，2009（1）：1-3.

环境，从而治理目前部分家庭、学校社会资本参与择校所引发的社会问题①。

4. 教育均衡发展的理论、指标

对于教育均衡发展的理论体系，有学者将对其从宏观、中观、微观三个层面上进行分析。在宏观层面上，教育均衡发展包括教育权利的公平和教育机会的均等，以及教育发展与经济社会相互协调发展等；在中观层次上，教育均衡发展包括区域均衡、城乡均衡、校际（包括各类教育之间）均衡、群体均衡；在微观层面上，教育均衡包括课程、教学和教育评价的均衡，它是教育均衡的具体化，是实质性的、内在的，更深层次的教育均衡，在整个教育均衡体系中体现了教育学的特点，反映了实质的、内在的教育质量和教育效果。教育均衡发展的理论包括：教育均衡发展首先是政府责任；教育均衡发展既是发展目标，更是教育发展过程，既是教育发展的目的，更是促进教育发展的途径；教育均衡发展是人们相对于目前现实存在的教育需求与供给不均衡而提出的教育发展的美好理想；教育均衡是经济均衡和社会均衡发展的基础；教育发展是一个长期的、动态的、辩证的历史发展过程；教育均衡发展是一个平衡——不平衡——平衡不断地螺旋式上升的循环发展的动态过程。此外，将教育均衡发展分为低水平阶段、初级水平阶段、高级均衡阶段和高水平均衡阶段是对教育均衡的又一认识②。在对教育均衡发展进行深入分析的基础上，我国学者翟博还对教育均衡发展的指标体系和测算方法进行构建，为我国评估当前教育均衡的现状及提出解决策略奠定基础。

5. 实现教育均衡发展的策略

针对如何实现教育均衡发展，我国学者在“十一五”期间通过不断研究提出了一定的方式方法，主要包括：推进学校标准化建设工程，是实现办学条件的均衡；推行教师参照公务员管理机制，促进师资均衡发展；实行教育经费垂直投入机制，促进教育经费均衡投入；建立基础教育教学资源网站，实现优秀教育教学资源全国共享③。此外，亦有学者从政府、学校和学生三个层面上对教育均衡发展进行探讨。在政府层面，基础教育均衡发展有赖于政府支持，政府要为每一个学生提供一种公平的教育机会，并应调整策略，由过去的非均衡发展转移到均衡发展上来，努力处理好教育的效益与教育公平之间的关系，还应建立起新的基础教育尤其是义务教育财政责任体制。在学校层面，学校应积极创造条件满足学生基本学习需要，加强改造，努力实现硬件和软件方面的均衡。在学生层面，应认识到学生的主体性，由教育部门制定相关政策保证均衡④。中央教育科学研究所教育政策分析中心的学者在对我国教育均衡发展进行分析中指出，义务教育均衡发展是实现教育公平的基石，并提出了一定的政

---

① 张东娇. 义务教育均衡发展的社会资本障碍及其政府治理［J］. 北京师范大学学报（社会科学版），2008（2）：24-31.

② 翟博. 教育均衡发展：理论、指标及测算方法［J］. 教育研究，2006（3）：16-28.

③ 汤策程. 实施“填谷”工程促进教育均衡发展［J］. 当代教育论坛，2009（3）：113-114.

④ 张红玲. 论基础教育的均衡发展［J］. 现代教育科学，2009（3）：3-4.

策建议，即明确政府是义务教育均衡发展的全部责任方，把地方促发展和中央给补偿有机结合起来；建立以“有质量的公平增长”为导向的义务教育资源配置机制；建立国家义务教育质量标准，发挥义务教育质量监测对教育公平发展的作用，并实行相应的问责制度；建立全国通用的义务教育卡，取消义务教育学校借读费，完善异地接受义务教育的保障机制；资助承担义务教育责任的民办学校①。

二、热点问题二：基础教育课程改革

（一）对课程改革的认识

对于课程改革的方向，王策三教授指出，课程改革方向问题不能一概而论，要具体分析。要进行理论思考，研究具体事实和实际问题，梳理我国新时期课程改革发展的基本脉络，注意其一贯性、阶段性和曲折性，总结经验教训，修正、调整一些提法、做法，保护和发展课程改革的积极成果②。

此外，有学者对当代课程哲学中两种知识观进行评析，认为知识观分歧的日益尖锐化，客观上要求今天对课程改革的任何一种判断必须给出其知识论根据。并从“王钟之争”为切入点，在梳理传统派和改革派知识观分歧的基础上，详析客观主义与主观主义的基本主张及其认识论根据，指出知识的客观性与主观性问题背后的核心问题是真理问题；从剖析互动的知识观之由来及其与传统知识观的分歧入手，将分歧的关键定位于知识的独立自在性问题方面。并以波普尔的“世界3”为根据，给出消解分歧的建议③。

关于课程改革的认识，不同的研究者之间既有共同的认识，亦有不同的观点，其不仅体现为“王钟之争”，也体现在对课程改革不同认识的争论中。如，有学者指出新课程改革需要“软着陆”，即课改的进程要减慢速度，课改的实施要稳步成功。针对钟启泉教授对新课程改革的总结性《对话》提出的一系列观点，有研究者认为其都不利于课程改革的“软着陆”，是对课程改革的误导。包括教育基本价值的转向，这就是从精英教育转型为大众教育，从强调对少数有学术才能学生的培养，转到强调对全体学生的全面素质教育；新课程改革针对应试教育背景下过于彰显教育的筛选、选拔功能，注重少数精英学生的培养，转到素质教育模式下凸显教育的发展功能。当前我国正在进行的课程改革既然是一种从应试教育向素质教育的制度转型过程，那么遭到种种的干扰和重重的阻力是必然的；把过程与方法、情感态度与价值观作为知识

---

① 中央教育科学研究所教育政策分析中心．义务教育均衡发展是实现教育公平的基石［J］．教育研究，2007（2）：3-11.

② 王策三．关于课程改革“方向”的争议［J］．教育学报，2006（2）：3-10.

③ 江峰．客观与主观：当代课程哲学的两种知识观评析［J］．北京大学教育评论，2006（4）：54-75.

与技能同等重要的目标维度，真正使每一个课堂都成为落实三维目标和学生学习、生活与发展的场所等。研究者认为这些误导表现出了西方后现代理论在中国课程改革中的一种思潮。新课程改革如何"软着陆"需要以"科学发展观"为指导①。

此外，有学者对学校知识的性质进行了分析，基于对基础教育学校教学什么知识、如何教学知识、如何实现学生的全面发展等问题的思考，提出我国"新课程理念"受后现代主义等"当代西方新理论"的影响，在学校知识的性质、学校知识教学的方式以及实现学生全面发展的途径等问题上存在诸多模糊认识，体现了其在基础教育改革思路上有原则性失误。进而指出应以马克思主义教育原理为指导，超越后现代主义等"当代西方新理论"的知识观和教学观，坚持"教学以传授书本知识为主"和"教育同生产劳动相结合"的原则，保证我国基础教育改革的正确方向②。

（二）基础教育课程改革存在的问题分析

自 1999 年课程改革以来，我国学者对课程改革已有诸多的探讨。"十一五"期间，众多教育研究者围绕课程改革在实践中存在的问题进行探讨，为课程改革的发展扫清道路。

针对课程改革中存在的问题，有学者指出，基础教育课程改革对学生就业分流数量大、教育经费不足、办学条件较差、教师素质整体偏低、教育人员习惯于刚性规定等国情考虑不充分，没有认真汲取国内以往课改在教育目标制定、教材多样化建设、教学实践等方面的经验教训，没有细致总结美国、加拿大、英国等国在确立教育目标、制定课程结构、教材市场化建设、教学实践改革、教学评价改革等方面的经验教训。课改理论研究不成熟，实验方案化，实践研究滞后③。

有研究者着重对课程改革中教师问题进行了深入探讨，认为教师在课程改革中存在着抗拒，并指出教师在课程改革中的抗拒形式多样。教师抗拒课程改革的原因在于课程改革本身存在不足，抗拒满足了教师内在的心理需求并成为各方利益的契合点。教师对课程改革的抗拒受多种因素的影响，是策略性的。教师在抗拒课程改革中会寻求抗拒的合理性，但是无论抗拒具有怎样的合理性，都会给课程改革和教师发展带来消极影响。研究者需要正确地认识教师在课程改革中的抗拒行为，并与教师通力协作解决课程改革中的现实问题④。

针对基础教育课程改革要不要从中国国情出发的问题，有学者提出当前学术界存在着适应国情论和不问国情论两种针锋相对的观点。其中，不问国情论是新课改理论专家所坚持的，它承认新课改脱离国情，认为适应国情论是过时的观念，国情是可以

---

① 查有梁．论新课程改革的"软着陆"［J］．教育学报，2007（2）：16-23.
② 孙振东．学校知识的性质与基础教育改革的方向［J］．教育学报，2006（2）：11-24.
③ 杨爱玲．基础教育课程改革存在缺憾的原因反思［J］．教育学报，2007（1）：24-30.
④ 刘义国．教师在课程改革中的抗拒［J］．教育学报，2008（1）：32-36.

改变的，课程改革不必适应国情而贵在适应潮流和真理。基于这些认识，研究者进一步提出，关于要不要适应国情的论争，贯穿于20世纪的中国历史进程，历史发展的基本结论是只有适应国情才能获得成功。基础教育课程改革要适应真理，这个真理就是教育的一般规律、现代教育的基本规律和中国现代教育的特殊规律。适应真理最核心的工作不是脱离国情去宣扬空洞的理念，而是要深入研究中国基础教育实际，全面把握中国教育的国情。国情是一种动态的社会历史存在，人创造历史又为历史所创造。国情不能随心所欲地改造，只有深刻地洞察国情，积极利用国情资源，具有历史责任感和主体能力，才有可能积极改善国情。因此，不问国情论是站不住脚的，我国基础教育课程改革必须坚持从国情出发的思想原则。为了健康地推进我国基础教育课程改革，必须深入揭示课程改革的国情制约性规律，努力全面地、辩证地、理性地认识中国国情，能动地适应中国国情①。对于国情与课程改革问题，也有学者提出类似观点，认为教育改革不问国情是不可能的，但是以怎样的思想方法全面而辩证地看待国情以及基础教育的国情，怎样理解能动地适应国情是至关重要的。教育改革如果忽视邓小平关于教育要“三个面向”和江泽民同志“三个代表”重要思想理论的指导，如果忽视中共中央、国务院关于教育改革多个决定的精神，如果不从现实和外来两个维度结合的层面并以“现代、世界、未来”的国际视野来思考教育改革和课程改革，那么我国的教育改革就不能能动地适应国情，就会始终被动地落后于国家经济与社会改革与发展的进程，就注定会步入歧途，就不能代表国家和人民的最根本利益。非此即彼的片面思维方式和论风应该停止，因为它对学术讨论和教育事业的发展不利②。

有学者对课程改革中知识的地位进行了分析，认为知识本身的重要性决定了知识在课堂教学中应当居于核心地位。然而由于对真正的“知识”和考试中的“符号”两个概念的混淆，导致了新课改对知识教育的激烈批判。“三维目标”的提法未认清“知识”、“过程”与“情感”三者之间的关系，造成了客观上知识地位的下降，因此无法解决课堂教学中的种种问题。并提出基础教育改革只有保证了知识的核心地位才能够取得成效③。

此外，还有学者对学科和课程分化与综合进行了辩证的分析，认为科学和学科是课程的基础，科学和学科内容的发展趋势必然影响课程教学内容的发展走势。科学、学科和课程的分化与综合是辩证的。分化是综合的基础，综合是分化的结果。没有分化就没有综合，只是混沌。在分化基础上的综合和在综合基础上的分化既是近现代科学、学科和课程发展的基本趋势和规律，也应该是未来科学发展、学科建设和课程改革的基本依据④。

---

① 王本陆. 论中国国情与课程改革［J］. 北京师范大学学报（社会科学版），2006（4）：18-27.

② 应学俊. 也论“中国国情与课程改革”——兼与王本陆同志商榷［J］. 全球教育展望，2007（1）：40-46.

③ 周序，管浏斯. 评新课程改革中知识的地位之争［J］. 教育学报，2007（5）：39-45.

④ 郝文武. 学科和课程分化与综合的辩证法［J］. 教育学报，2006（6）：3-8.

三、热点问题三：基础教育质量监测

近年来，我国各地学校纷纷掀起课程改革的浪潮。但是，对比之下，落后的评价制度却阻碍了素质教育的实施和新课程改革的深化。基础教育质量的提高不仅在于其本身，相关的评价制度也很重要，因此，不少学者都对目前现存基础教育评价制度的优缺点进行了分析，同时还对其改进提出了意见和建议。

（一）基础教育评价改革的举措和成就

李妮和王志华等学者总结了自 1985 年以来我国教育评价的各项举措和改革。从 1985 年开始，就已经有诸如好学校的标准、办学水平评价、教育质量综合评价等评价内容。1986 年，增加了学生评价、教师评价和校长评价等活动，除此之外还加大了全面提高教育质量的督导和检查的力度。到了 1993 年，我国转向了全面提高国民素质的轨道，此时的基础教育评价主要为促进素质教育的全面实施服务。1999 年，《中共中央国务院关于深化教育改革　全面推进素质教育的决定》提出："要加快改革招生考试和评价制度……建立符合素质教育要求的对学校、教师和学生的评价机制。"这就更加细化了对我国基础教育评价改革的要求。2001 年教育部颁布的《基础教育课程改革纲要》中，将"课程评价"列入九项内容之一，进一步完善了基础教育评价的内容。进入 21 世纪以来，为适应实施素质教育和基础教育课程改革的需要，基础教育评价不失时机地开展了素质教育和基础教育课程改革评价活动。在这二十多年里，基础教育评价的确对促进基础教育改革的发展和提高教育质量发挥了积极作用。从宏观上看，基础教育评价促进了基础教育的优先发展，使得教育投入明显增加，在一定程度上改善了办学条件。同时，办学行为也更为规范，教育质量稳步提高。从微观上看，这一阶段的发展使基础教育评价在教育活动体系中的地位和作用更加明确，并初步建立了相关的理论体系和方法体系，最后基本形成了适合我国国情的教育评价的实践模式①。

（二）基础教育评价的问题分析

汪翠琴认为，基础教育的评价包括教师和学生两方面的评价，但是目前还存在许多问题。比如，对教师的评价上，主要有评价主体单一、评价指标单一、评价教师专业发展过于功利等方面的问题。比如，对教师的评价上，许多指标形同虚设，真正起决定性作用的往往只是成绩这一项，教师的发展是反映在各个方面的，如果仅以成绩论英雄，难免过于片面。在对学生的评价上，主要问题有评价目标与教育目标严重脱节、过分强调评价的选拔功能而未能充分发挥其评价的功能、过分追求评价的定量化

---

① 李妮，王志华. 我国基础教育评价改革的冲突与协调问题研究［J］. 理论观察，2009（3）：115-116.

而导致评价内容及方式单一等。比如，饱受诟病的应试教育在某种程度上遏制了素质教育的发展，由于它用单纯的一纸定终身的方式，让许多老师、学生甚至是家长不得不屈服在这种生硬的教育体制下①。正如杨启亮在其文章中指出的，目前我国基础教育评价中的选拔性评价几乎替代了合格性评价，这是基础教育走向均衡发展过程中的一个根本症结。这种取向异化了现代基础教育的性质，限制了青少年儿童的个性，也使高等教育和精英教育迷失了真正意义上的公平起点。因此，从这个角度来看基础教育评价的目标仍然存在不足②。

（三）应对基础教育评价问题的对策

针对目前的评价机制存在的问题，汪翠琴提出了几点建议：（1）对教师评价方面的改进：通过转变评价主体，完善评价指标体系，增强评价表的有效性；实施动态评价，反馈评价信息，促进教师发展；完善对教师专业发展的评价，保证教师专业发展的长期性和系统性。（2）对学生评价方面的改进：丰富评价内容；改变单一的评价形式和手段。（3）对试卷命题的改进：命题的改革是评价制度改革的重要方面，命题的改革可以进一步保证评价的科学性与导向性③。有学者针对目前单一评价模式的不足，提出了增值评价的模式。"增值评价以学校教育活动对学生预期成绩的增值为教育评价标准，用来判定学校对学生发展的影响，是一种绿色升学率理念下的发展性学校评价模式。"这种模式与传统的学校评价模式相比，能够更综合地考察学生的发展，注重过程而不是只关注结果。而且已有实证研究证明了增值评价能够更客观地分析和评价学校的作用和效能，促进学生的全面发展，从而为社会和谐发挥其应有作用④。而刘尧则认为，关键在于建立既符合我国国情，又符合教育规律的国家教育质量监测系统，在这样一个科学的评价体系和有效的监测网络下，才有助于更好地摸清我国基础教育质量的状况。当然，质量监测还要遵循依法监测、科学评价以及探究规律准确诊断等原则，主要在于监测中小学生德智体等方面的发展，突出培养他们的创新和独立思考的能力。而政府也要为基础教育评价的实施创设有利的环境。最后，还要加强对学校的督导与评价，规范其办学行为，提高办学效益，从而健全基础教育评价体系⑤。

四、热点问题四：农村地区基础教育

发展农村地区教育虽有新农村建设这一契机，但在实践中仍然存在一定问题。

---

① 汪翠琴. 基础教育评价机制的现状与改进［J］. 教学与管理，2009（7）：9-10.

② 杨启亮. 合格性评价：基础教育评价的应然选择［J］. 教育研究，2006（11）：11-17.

③ 汪翠琴. 基础教育评价机制的现状与改进［J］. 教学与管理，2009（7）：9-10.

④ 边玉芳，林志红. 增值评价：一种绿色升学率理念下的学校评价模式［J］. 北京师范大学学报（社会科学版），2007（6）：11-18.

⑤ 刘尧. 我国基础教育评价改革的反思与展望［J］. 教育科学研究，2008（10）：21-23.

"十一五"期间，围绕农村义务教育问题，我国学者也有着诸多探讨。

（一）当前农村基础教育现状及存在的问题

当前我国农村地区义务教育发展存在着诸多问题，例如农村税费改革呼唤农村义务教育保障新机制，农村教师工资发放更加困难，中小学运转公用经费更加短缺，危房改造更加无法完成，教育负债无力偿还，农村义务教育保障机制存在结构性缺陷①。此外，有学者指出当前我国农村地区基础教育存在财政投入不均、教育质量不均、家庭经济负担不均及家庭教育观念落后等问题②。

（二）农村地区基础教育发展着力点

针对农村地区的特点，我国学者指出我国农村地区义务教育阶段应以均衡发展为目标，以提高质量为重点。指出提高质量是发展农村义务教育的重点，义务教育均衡发展不能与非义务教育协调发展等同或对立。农村地区高中阶段教育以加快普及为目标，以发展职业教育为重点，使普及高中阶段教育成为优化教育结构的突破口，中等职业教育成为普及农村高中阶段教育的重点，并且普及农村高中阶段教育不能与施行高中阶段义务教育等同或对立。教师队伍建设方面应以提升素质为目标，以健全培养培训制度为重点，使改变教师队伍结构成为提高农村基础教育教师素质的前提，健全培养培训制度成为加强农村教师队伍建设的重点，与改善农村教师待遇相辅相成③。除从整体上对我国农村地区教育现状进行分析并提出解决策略外，"十一五"期间我国学者还针对地区特点进行深入分析，并有针对性地提出解决当地教育落后现状的方法。如针对西南地区农村基础教育中存在的问题，我国学者提出实施双正式教育，提高学生整体素质；实施顶岗实习，提高师资质量。在顶岗实习的实施过程中，促进义务教育质量的提高，缓解西南农村地区师资短缺现状，提高农村中小学在职教师素质，为西南农村义务教育可持续发展奠定坚实基础。此外，还可以通过顶岗实习推动高师院校探索教师培养新模式④。

五、热点问题五：教师队伍建设

近些年来，教师素质、师德、有偿家教等问题拷问着我国教师的整体素质，而教师队伍的整体素质决定着一个国家教育质量的高低，建立一支高质量的教师队伍是我

① 全国教育科学规划领导小组办公室. 教育部重点课题"西部和农村地区义务教育保障机制研究"研究成果述评［J］. 当代教育论坛，2006（9）：7-10.

② 陈静. 社会公正视野下的中国农村义务教育现状初探［J］. 职业，2010（5）：119.

③ 杨颖秀. 农村基础教育发展新战略的着力点［J］. 东北师大学报（哲学社会科学版），2009（4）：72-76.

④ 徐兆祥，廖晓衡，宋乃庆. 提高西南农村地区义务教育质量研究［J］. 中国教育学刊，2010（1）：1-4.

国课程改革顺利进行和实施的当务之急。"十一五"期间，学者们从各个角度、多种层面讨论如何提升和改善教师素质。

（一）促进教师的专业发展

促进教师专业发展已经是提升教师教学素养、加强教师队伍建设的有效途径。有学者从专业伦理建构的角度出发，提出引导传统的师德规范向教师专业化时代的专业伦理过渡是当前我国教师队伍建设不可忽视的一个问题①。

关于教师专业发展的途径，有学者提出生活体验写作是一种存在的表达，是一种能从深层次上促进教师专业内生式发展的重要方式。生活体验写作建立起的是一种深刻的自我认同与自我意向，是一种对生命及其意义的体认，它将促成教师在专业生活实践中更富有洞察力与敏感性的教育学实践②。有学者指出，建立工作坊在发展教师专业意识和建构专业知识等方面效果明显。工作坊能够让教师有充分的机会参与，能够在活动中体验新的学习方式，在实践中感知教育改革的理念。

大学与中小学合作的双方就某一课堂的教学情况进行讨论和分析的研究课，也是达到改进教学和促进教师专业发展的一个手段③。大学与中小学合作的另一种形式是建立专业发展学校。专业发展学校模式希望创造一个真正的教师教育环境，为教师教育提供临床性的实践训练，以提高教师职前培养水平，促进教师在职专业发展，促进中小学和大学双方的改革与发展④。有学者指出，教师发展学校是在现行中小学建制内进行的功能性建设，其工作理念是集教育、教学、研究和学习于一体的专业工作方式，以此来促进教师素质的全面提高⑤。

有学者认为，反思对教师的专业成长起着举足轻重的作用，是教师专业发展的应有之举。教师是否具有反思的理念、能否进行有效的反思是影响教师专业发展和自我成长的关键因素⑥。还有学者指出，教学诊断能力及其提高是教师专业发展的客观要求⑦。

（二）制度保障和模式探索

教师专业自主权是教师作为专业工作者应该享有的权利，需要相应的条件来保障。有学者指出，教师专业自主权需要外在和内在的保障条件。外在保障条件包括营造自由、民主的文化氛围，健全法律体系，加强法律保护，采取有针对性的管理策

---

① 徐廷福．论我国教师专业伦理的建构［J］．教育研究，2006（7）：48-51．

② 蔡春，易凌云．论教师的生活体验写作与教师专业发展［J］．教育研究，2006（9）：54-59．

③ 操太圣，卢乃桂．挑战、支持与发展：伙伴协作模式下的教师成长［J］．教育研究，2006（10）：27-31．

④ 袁东，靳希斌．国外教师教育模式变革分析［J］．教育研究，2006（10）：32-35．

⑤ 康丽颖．学校的责任与教师专业发展［J］．教育研究，2006：（12）：34-39．

⑥ 宋明钧．反思：教师专业发展的应有之举［J］．课程·教材·教法，2006（7）：74-78．

⑦ 张伟民．教师专业发展的客观要求：教学诊断能力及其提高［J］．教师教育研究，2006（1）：12-15．

略。对教师自身要求的内在保障条件要求教师要树立清醒的专业自主意识，养成较强的执行专业自主权的能力，要有规划自己专业发展目标的能力和自我管理的能力，要有对自己教育教学行为进行系统反思的能力和自我评价的能力①。

有学者提出了教师专业化制度建设的基本策略：第一，理念变革先行，加强制度变革的思想建设。第二，促进教师专业管理低重心发展。第三，加大资源整合力度，提高制度效能。第四，加大制度创新力度，构建教师专业化制度体系②。

此外，还有一些学者从实践层面提出了教师教育的发展，有学者指出教师教育模式的建构应充分体现"教师本位"的教师专业发展观，凸显教师的主体地位。在建构教师教育模式时应该考虑到"教师本位"的教师专业化发展观，调动教师的积极性，将教师的工具价值与教师的本位价值相结合③。有学者提出我国教师教育的模式应是开放的和动态的，教师教育应致力于连续的教师专业发展，建立大学、教育学院和中小学校相联系的教师教育方式。教师教育的参与者应包括教师教育工作者、教师、政治家、学校管理者、教育督导人员等，以使社会的变化、学校的发展和管理、教学改革和教育研究成果等方面的信息对教师素质的提高产生影响④。

六、热点问题六：办学体制改革

2009 年 9 月 4 日上午，温家宝总理在北京三十五中初二（5）班听了 5 堂课，对 5 堂课进行了精彩点评后，温总理指出："为什么社会上还有那么多人对教育有许多担心和意见？说明我们的教育还不适应经济社会发展的要求，不适应国家对人才培养的需要。"

"十一五"期间，我国学者围绕办学体制改革展开探讨并取得了一定成果，为我国办学体制改革提出了诸多建议。

（一）办学体制改革中两大伦理问题的探讨

公平和效率、公益性和营利性如何取舍是办学体制改革中遇到的两大伦理问题。在公平与效率方面，学校的竞争力以及基于学校的竞争力而产生的社会评价、受教育者的择校倾向等方面成为学校最为关注的问题；市场的介入使教育具有了私人产品与准私人产品的某些特征，价格机制成为确定教育消费价格和付费标准的重要手段，对投资回报率的追求是基本的市场伦理，按市场价格付费和分担教育成本成为社会成员在接受教育时经常要面对的问题。在教育公益性和营利性方面，教育的公益性决定了

① 吴小贻．教师专业自主权的解读及实现［J］．教育研究，2006（7）：52-55.
② 叶文梓．教师专业化制度建设的进展、问题与策略［J］．教育研究，2006（8）：76-80.
③ 蔡宝来，王慧霞．论教师教育研究的发展趋势［J］．教师教育研究，2006（5）：17-20.
④ 袁东，靳希斌．国外教师教育模式变革分析［J］．教育研究，2006（10）：32-35.

它不可能像商品一样完全通过市场来提供，而必须通过市场外的资源配置机制来提供，尽管教育也可以通过市场向社会提供，但一旦使用市场机制来运行，教育这种公共物品就会转化为私人物品或准私人物品，就必然在某种程度上具有了可分性和竞争性。在对办学体制改革两大伦理问题进行探讨中，有学者指出，两大伦理问题体现的是教育属性和市场机制的对抗，两大伦理问题争论的实质也是要平衡二者之间的价值冲突。办学体制改革的两大伦理问题实质上是教育制度的价值取向问题，即在教育改革中，关于举办学校的制度是倾向于正义还是倾向于功利的问题。针对这一问题，我国学者指出，在正义和功利之间，正义应该作为教育资源分配制度的首要价值。教育制度的设计和安排必须符合正义的标准，办学体制改革也必须以正义作为第一重要的价值①。

（二）办学体制改革的核心问题及基本原则

办学体制改革是一个系统问题，要整体变革基础教育办学体制，必将面临一系列的问题，包括：政府在教育整体发展中的定位问题；教育均衡发展与优质教育资源不足的矛盾；公办学校与民办学校的定位及转换问题，以及国有资产的保值与教师人事变革的问题。针对这些问题，在办学体制改革中应遵循确保义务教育质与量的同时，推进教育优质工程；教育存量保均衡，教育增量扩优质；公办学校与民办学校相对独立、平等竞争，以及确保国有资产不流失与教师利益不因改革而受损等原则②。此外，亦有学者指出当前办学体制改革中存在改革指导思想偏位，政府监管失范，学校产权归属不清，以及国有教育资源流失、教育不公平问题突出等问题。教育法制精神不足，教育价值观念偏位，教育行政部门责任缺失是我国基础教育办学体制改革问题的症结所在③。

（三）改制实验失败原因分析及深化体制改革的建议

“十一五”期间，我国学者通过对改制校失败的原因进行分析，提出了深化办学体制改革的政策建议。前事不忘，后事之师。针对改制校实验削弱国家履行义务教育的责任，违背义务教育公平优先原则，扰乱民办学校发展秩序，钳制公办薄弱学校改造，及弱化学校内部改革动力这一现状，我国学者指出在深化办学体制改革中应落实政府的义务教育责任，推进现代学校制度建设，并应建立和完善第三方评估机制，以此来推进我国办学体制改革的发展④。此外，亦有学者指出，我国办学体制改革中存在社会力量办学营利问题上的认识与实践有偏差；对社会力量办学的审批不够规范；

① 谢白芍．办学体制改革中的两大伦理问题探究［J］．教育科研，2009（16）：15-16.

② 周彬．论基础教育办学体制改革中的政策选择［J］．国家教育行政学院学报，2008（3）：3-8.

③ 廖丽丽．我国基础教育办学体制改革问题及其症结剖析［J］．四川教育学院学报，2009（11）：4-6.

④ 方铭琳．从改制学校的强制规范透视办学体制改革［J］．人民教育，2007（23）：21-23.

民办学校内部管理体制不够完善；对转制学校的审批和监管失范等问题。围绕这一问题，应严格完善教育法制，巩固办学主体多元化格局；区分义务教育和非义务教育，采取不同的教育投入政策和办学管理政策；规范、引导民办学校的健康发展；谨慎对待转制学校①。还有学者指出，在办学体制改革中应逐步推进全免费的义务教育，鼓励与支持民办学校的发展，规范非义务教育阶段公办学校向民办学校的转换，并通过多元办学模式整合并扩展基础教育办学资源②。

七、热点问题七：高校招生制度改革

从高校自主招生的实施，到北大校长实名制推荐，高校招生政策几经变动，以高考为唯一途径进入大学的招生政策正悄然改变。

有学者指出，尽管高校自主招生这一政策体现了人性化，但是我国自主招生的改革措施在具体实施中还是受到了来自社会各界的质疑，主要包括：自主招生必须以高考成绩作为硬指标；目前自主招生的高等院校大多限定了招生范围；把综合素质测评纳入高考招生政策的依据；面试和校长推荐成为学生进入高校的另一种衡量标准。对于这些问题，有学者指出，高校自主确定招考的方式和依据，选择招考的对象和范围，是对高校办学自主权的充分肯定与落实；高校参照综合素质评测，把面试和中学校长推荐结合起来，是依据教育规律，在赋予高校自主选拔权力的同时赋予中学校长推荐学生的权力，有助于真正实现教与考的分离③。

也有学者提出，当前高考招生制度中存在社会公众对教育公平性的呼唤，以及大众化教育对高考形式和录取方式提出新要求等问题。针对这一问题，应加快进行高考科目设置和高考内容改革；注重对学生的全面考核；采用多种招生录取途径，并在一些高校试行单独招生和宽进严出④。

有学者通过对高等教育各发展阶段的高校招生制度特点进行分析，提出高等教育招生制度变革对我们的启示。通过对精英化阶段、大众化阶段，以及普及化阶段高校招生制度特点的分析，提出应扩大高校招生自主权，改革高等学校入学考试制度，使录取标准多元化，实行分层次录取的建议⑤。

此外，还有学者从经济学市场角度分析了教育机会市场与教育产品市场的相互作用，指出我国目前所采取的统一高考制度实际上起到了控制接受高等教育机会最高限价的作用。如果取消这一高考选拔制度而完全代之以市场机制，在我国目前法制不健全、经济发展不均衡、权钱交易不能得到有效控制的形势下，势必导致接受高等教育

① 李宜江．基础教育办学体制改革的问题与对策［J］．现代教育科学，2007（3）：1-2.

② 周彬．论基础教育办学体制改革中的政策选择［J］．国家教育行政学院学报，2008（3）：3-8.

③ 常保成，王千红．对我国高校自主招生制度改革的思考［J］．教育理论与实践，2010（1）：13-15.

④ 韩奇生．高考招生制度的改革策略研究［J］．教学与管理，2007（7）：52-53.

⑤ 杨清溪．关于高校招生制度变革的若干思考［J］．现代教育科学，2010（1）：99-101.

机会成本的提高、不利于低收入家庭和弱势群体的发展，进而影响到整个社会的公平、公正体系。同时，对于高等教育招生制度的改革过程也应该是在完善就业市场，提高教育供给等前提下，才可能得到真正的完善①。

也有学者通过对招生制度和考试制度进行分析，进而指出招生制度改革比考试制度改革更重要。认为招生制度是选拔制度，考试制度是测量人力资本含量制度。招生制度有以考代招制、综合招生制和“非考试制”等类型。考试制度与招生制度的关系是测量工具与被测量体的关系，出现在“高考”中的问题大多是招生制度设计不合理，而不是考试制度不合理。因此，当前我国招生制度改革比考试制度改革更为重要②。

此外，还有学者通过对高校自主招生运行的制约因素分析，提出当前我国政治经济体制改革不够完善；文化传统观念和统一高考的“强势干扰”；高校办学自主权没有真正得到落实；科学合理的评价手段、选拔标准和社会诚信机制缺失，以及高昂的自主招生成本，都制约着我国高等教育自主招生政策的发展。因此，应合理协调政府、高校与社会三者之间的关系；正确处理统一高考与高校自主招生的关系；科学规划高校自主招生的运行轨迹；研究、制定科学合理的评价手段和选拔标准；并建立健全高校自主招生的相关配套机制，以保障高校自主招生政策的发展③。

还有学者在对当前招生制度进行反思的基础上提出了解决当前招生制度中存在问题的方法，提出高考招生制度是教育制度的重要组成部分，对教育社会功能的有效发挥起着重要的导向和影响作用。近年来，我国高考招生改革的成效十分显著，但随着基础教育改革和高等教育大众化特点的出现，我国现有高考招生制度的体制性弊端凸显出来，尤其是考试法制不健全，分省制订招生来源计划、分省划定录取控制分数线造成教育机会不均衡等矛盾日益突出，深化我国高考招生制度的改革迫在眉睫。高考招生制度的改革必须以科学发展观为指导，把建立创新型社会与构建和谐社会等重要思想作为方向，以进一步促进素质教育的实施与“公平公正”的原则作为价值取向，同时顺应当今国际上高考招生制度改革发展的趋势，并充分考虑我国的国情，促进我国高考招生制度改革朝着民主化、科学化、专业化、均权化方向发展④。

八、热点问题八：培养创新型人才

“我们的基础教育世界第一，为什么我们到现在还培养不出杰出人才？”这不仅

① 蒲金凤．制约我国高等教育招生制度改革外部因素的经济学分析［J］．复旦教育论坛，2007（5）：51-55.

② 童宏保．招生制度改革比考试制度改革更重要［J］．上海教育科研，2009（8）：18-21.

③ 樊本富．我国高校自主招生的制度选择［J］．教育科学，2009（2）：50-53.

④ 谢名春，郭英，荀丽城．我国高考招生制度改革的几点思考［J］．四川师范大学学报（社会科学版），2009（2）：13-22.

是钱老的疑问，更是我国众多教育研究者和管理、实践者的疑问。培养创新型人才日益得到人们的重视。

（一）创新型人才的内涵

对于创新型人才的内涵，有学者指出创新型人才是指具有创新性思维、能够创造性地解决问题的人才，要有创新意识、创新思维和创造性能力。创新思维即对事物间的联系进行前所未有的思考，从而创造出新事物的思维方法，是一切具有崭新内容的思维形式的总和；创新能力是指一个人产生新思维、创造新事物的能力①。

（二）对培养创新型人才的认识

关于创新型人才培养问题，有学者指出，培养创新型人才必须彻底放弃科考情结和状元情结；比聪明和知识更重要的是兴趣、价值观和人生态度。培养创新型人才，需要转变传统的以考试为导向的教育价值观；要广泛宣传科学的人才观，树立多样化的人才观念，鼓励青少年通过不同的途径成才；要广泛借鉴当代脑神经科学研究成果，借鉴国内外的经验，坚持开展创新型人才培养的实践研究；要正确引导青少年的课余学习生活，积极稳妥地推进升学考试的改革②。

有研究者指出，随着教育改革的不断深入以及素质教育的进一步推进，青少年科技创新活动日渐受到社会各界的关注与重视。通过科技创新活动能够开发青少年的潜能，培养他们的学习能力，鼓励他们去实践、去探索、去创新。研究者提出科学教育是提高青少年科学素质的重要途径；公众科学素质的提高是创新型人才不断涌现的土壤；培养创新型人才是建设创新型国家的关键；青少年科技创新活动促进创新型人才的培养等四点认识，阐述并探讨青少年科技创新活动与创新型人才培养的关系与意义③。有学者指出，在培养创新型人才中应加强深层次的目标管理，加强激励式的教学管理，并应加强新型的学术型管理，以此来促进创新型人才的培养④。

九、热点问题九：职业教育的转型与发展取向

大力发展职业教育，是全面提高国民素质，把我国巨大的人口压力转化为人力资源优势，加快人力资源开发，落实科教兴国战略和人才强国战略，提升我国综合国力，构建和谐社会的重要途径。但我国职业教育现状与社会发展需要还不相适应，因而，从职业教育的观念、目标、功能和作用等不同角度对职业教育的发展目标、发展

---

① 于桂芳．浅议创新型人才的培养［J］．管理者经营，2010（2）：164．

② 刘长铭．培养创新型人才是一场深刻的教育变革［J］．教育科研，2010（6）：27-28．

③ 甘海鸥．论青少年科技创新活动与创新型人才的培养［J］．广西师范学院学报（哲学社会科学版），2008（7）：102-104．

④ 杨凤影．浅谈创新教育与创新型人才培养［J］．中国科教创新导刊，2009（7）：13．

取向、制度保障等进行探讨，具有重要的意义。

（一）职业教育发展目标

根据我国城乡差距显著、人口众多、劳动力素质整体偏低的特征，走中国特色的职业教育发展路子，一是实现传统职业教育向现代职业教育转变，二是实现预期功能向实际功能转化，三是实现全球化与本土化相统一，做到既要尊重传统职业教育又要根据现代发展要求进行改造，把学习、借鉴国外职业教育思想、观念、制度与本国国情相结合，并在资源引进、模式推广、课程改革、师资培养等方面进行创新。实现这种转变，需进一步健全劳动力市场，完善信息传递、监督与评价机制，加大政府的资金支持，强化政府部门的宏观统筹与充分利用市场机制的结合①。

有学者指出职业教育在目标规划上，从重满足考生上学向重毕业生就业的转变；在办学机制上，从重课堂教学法向课堂教学和实践操作并重转变；在教学模式上，从重知识传授向重技能培养转变；在师资队伍建设上，从重理论型教师向重“双师型”教师转变②。

高等职业教育作为具有就业教育或生存教育职能的平民化教育，虽然在实现“全民”教育（强调入学的机会均等）上取得了长足进步，但在走向“全纳”教育（特别强调教育与教学法过程的机会均等）上仍然有很大差距，而集科学、人文、创新于一体的，可持续发展的、较高级的技术应用性教育，旨在实现人与人、人与社会、人与自然和谐共处，以及促进理想的个体生存与发展的“全人”教育则应是高等职业教育发展的更高境界和追求的崇高目标③。

（二）职业教育发展取向

从职业教育的本质内涵出发，有学者认为，职业教育应该成为全民的教育，伴随着每个人的生涯发展，对职业教育的功能和作用的认识应从单纯的经济视角转变为包括经济社会和人的发展在内的全面视角④。有学者指出，在未来终身学习体系中应体现职业教育的三个特征：一是职业教育对象的全面性，二是职业教育内容的全程性，三是职业教育功能的全效性⑤。有学者指出，高职教育应加强人文教育，高职教育不能将人文教育排斥在外而蜕变异化为职业培训或训练。高职教育不应单纯针对职业岗位，还要着眼于劳动者的职业生涯，应建立通识教育与专业教育相结合、科学与人文

① 刘春生，马振华．职业教育的“中国特色”问题［J］．教育研究，2006（5）：72-75.

② 辜胜阻，洪群联．新型工业化与我国高等职业教育的转型［J］．教育研究，2006（11）：18-23.

③ 熊惠平．全民—全纳—全人：“穷人经济学”的中国高职教育新语境［J］．职业技术教育，2006（13）：16-18.

④ 和震，耿洁．2005 年中国职业教育发展述评［J］．教育发展研究，2006（2）：1-7.

⑤ 郭扬，张家寰．现代职业教育在未来终身学习体系中的几个特征［J］．教育发展研究，2006（12B）：17-21.

相融合、学习做人和学习做事相结合的新的高职教育人才培养模式，培养全面发展的高职人才①。

有学者指出，在开展职业本位的高等职业教育人才培养模式探索中，应以学生的职业发展为中心，以职业岗位对学生职业素质和能力的需求为标准，对学生进行职业理想教育、指导学生进行职业生涯规划。强调以职业素质和职业能力为核心建设课程体系、教学体系、考核体系以及保障体系②。“以就业为导向”的职业教育办学方向，需要在课程目标、课程门类、课程结构展开的逻辑起点、课程内容及其组织、课程实施方式以及课程评价等诸多方面进行重构，展开课程文化、课程理论与实践、课程开发的研究与探索③。

十、热点问题十：职业教育办学模式及人才培养模式改革

面对经济社会发展的需求，我国职业教育以服务为宗旨，以就业为导向，以提高质量为重点，开展了办学模式改革和人才培养模式的改革实践。在推进职业教育集团化发展、走工学结合的人才培养之路、注重职业教育中的人文教育等方面，学者们进行了研究和思考。

（一）职业教育的集团化发展

推进职业教育发展，组建职业教育集团是新形势下整合职业教育资源、实现优势互补、谋求多赢的新举措，也是实现职业教育为经济服务、实现校企合作、走产学研结合之路、推动职业教育向规模化方向发展的新模式。有学者认为，职业教育集团适合职业教育改革和发展的需求，在功能上发挥资源的整合和重组，节约交易费用，抵御风险，形成较有影响力的品牌，实现了中等、高等职业教育在专业设置、办学层次、课程内容、人才培养目标等多方面的衔接沟通等优势。从另一角度来认识，它是市场失效带来的有组织的市场解决方式和学校组织失效带来的有市场的学校组织解决方式④。

组建职业教育集团，借鉴企业组织形式，实行集团化办学模式，是一种范围更广、办学主体更多元、内容更复杂的办学模式。因此，需建立与市场经济体制相适应、确保职业教育集团健康运行的动力机制、政策机制、保障机制，以求得机制上的依存、资源上的互补、利益上的双赢，按照互惠互利的原则统筹教育资源，形成教育

① 何锐连．加强人文教育促进高职院校发展［J］．教育研究，2006（5）：82-85.

② 周朝霞，周晓敏．职业本位的高等职业教育人才培养模式探索——以市场营销专业为例［J］．教育研究，2006（6）：90-93.

③ 马成荣．职业教育课程改革中的现实问题及理性抉择［J］．教育发展研究，2006（9B）：64-69.

④ 白汉刚．试论职业教育集团的形成机制与特征［J］．中国职业技术教育，2007（8）：45-47.

规模和办学效益的最优化①。

针对职业教育集团化发展中存在的一些问题和障碍，有学者提出，应抓紧研究制定关乎集团发展中稳定性和紧密度、权力和责任的局限性问题的集团身份（法人身份）的认定政策，以及集团的企业鼓励政策、集团的教育管理政策、集团的后续发展政策等②。完善职业教育的供给模式，特别是解决教育供给上的制度错位，保障职业教育的制度供给，应该成为职业教育改革和发展的重要议题③。有学者建议，政府应给予职业教育集团以政策引导、法律保障、资金支持；而职业教育集团自身应从内外结构维度、动态维度、价值创造维度实现高职教育集团整体组织的协同效应，以提高职业教育人才培养质量，提升职业教育的竞争力④。

（二）校企合作与工学结合

职业教育承担着为我国现代化建设培养劳动者和高技能人才的任务。校企合作、工学结合成为我国职业学校人才培养的基本模式。职业教育不仅要使学生掌握理论知识，更要培养学生的实际操作技能和综合职业能力。有学者提出，立足专业建设，以校企合作作为突破口，以实习实训基地建设作为生长点，以高技能实践型教师队伍建设作为有力推手。同时，努力探索以订单培养为目标、以产业项目为载体、以开门办学为重要手段、以就业指导为中心的工学结合运行模式⑤。

有学者提出，需通过建立健全政策激励机制，提高企业持续参与工学结合人才培养的积极性；建立与教学和就业指导有机联系的工学结合模式运作机制；建立多渠道资金投入体系和职业教育学生资助制度等工学结合的制度保障体系⑥。

（三）加强职业人文教育

随着经济社会的发展，人们对职业教育目的的认识不断深化，职业教育本位观经历了“知识本位→能力本位→人格本位→素质本位”的转变。有学者分析指出，素质本位的目标取向提倡通过对学生全面职业素质的提高，完善其个人品格，培养新型的适应知识社会需要的具有综合职业素质的人才，因此，应加强高职院校的人文教育⑦。

有调查显示，现代企业尤其是高新技术企业选拔人才的标准在重视专业知识的同时，更看重被招聘者实现企业工作目标的愿望和动机，看重他们的思想道德和非智力

① 孙琳. 职业教育集团化办学实践的思考［J］. 教育研究，2007（10）.

② 郭苏华. 职业教育集团发展的政策问题研究［J］. 职业技术教育，2007（10）.

③ 谈松华. 职业技术教育的发展：从模式选择到制度创新［J］. 中等职业教育，2007（35）.

④ 陈邦国，邓俊芳. 我国高等职业教育集团化的对策建议［J］. 职教论坛，2007（7）.

⑤ 余苏宁. 职校构建工学结合办学特色的实践与探究［J］. 中等职业教育，2007（26）.

⑥ 王霞. 职业教育推进工学结合的制度保障［J］. 职业技术教育，2007（31）.

⑦ 高宝立. 高等职业院校的人文教育：理想与现实［J］. 教育研究，2007（11）：34-39.

因素，包括情感、意志和各种能力①。职业教育兼具职业性与人文性的双重属性，应该确立科学教育与人文教育融合的办学理念，从人生发展的角度注重学生多种能力的培养，重视技能训练中的人文价值，加大校园文化的陶冶教育②。有学者提出，高职院校人文素质教育应通过其设计的显性课程和隐性课程得以实现③。职业院校人文教育的实施，应在办学理念和课程设置方面有所创新，根据职业院校的特点，探索职业人文教育的新途径和新方法。有学者提出，应在专业教学和技能实训中渗透人文教育，并以校园文化建设为基础，构建人文教育与科学教育相融合的校园文化环境，提高教师的职业人文教育能力④。

十一、热点问题十一：构建学习型社会

"十一五"期间我国学者围绕学习型社会构建进行大量的讨论，从对学生学习观的探讨到学习型社会的体系框架和基本制度等，对学习型社会进行了多角度的讨论并取得了丰硕的成果。

（一）对学生学习观的结构的探讨

学生的学习观是学生个体对学习现象和经验的直观认识，对学习动机和行为具有重要作用。针对大量研究者侧重于学习观的因素和层次两个角度这一现状，有学者指出学生的学习观是一种内隐的直觉，学生未必能够明确而全面地描述出来。并指出为了更好地揭示个体学习观的内涵，最好基于调查归纳研究的结果，参照学习理论家们对学习现象和经验的分析，同时从因素和层次两个方面来刻画学生个体的学习观⑤。

（二）学习型社会的内涵

在对学习型社会内涵的探讨中，顾明远和石中英两位教授在"学习型社会"这一概念的提出及发展，以及分析其对西方国家产生的影响的基础上指出，20 世纪 60 年代末到 70 年代早期，西方社会进入一个比较大的结构转型时期，人口、资源、发展和环境的矛盾日益突出。"学习型社会"概念的提出是解决传统发展危机的一个选项，孕育着新的发展观。20 世纪 80 年代末以来，"学习型社会"及其相关概念构成"新增长理论"的重要组成部分，逐步进入到各国政府和国际组织的政策文件中去，是为了应对新的挑战和危机。21 世纪初，"学习型社会"在中国的提出和实践，也是

① 郝克明，马陆亭．关于培养高素质创新人才的探讨［J］．教育研究，2007（6）：3-12.

② 高宝立．高等职业院校的人文教育：理想与现实［J］．教育研究，2007（11）：34-39.

③ 伍育琦，等．高职院校人文教育课程设置的研究［J］．职业教育研究，2007（3）：24-25.

④ 高宝立．职业人文教育论［J］．高等教育研究，2007（5）：54-60.

⑤ 刘儒德，宗敏，刘治刚．论学生学习观的结构［J］．北京师范大学学报（社会科学版），2006（1）：15-20.

为了应对经济社会发展遇到的新形势、新挑战、新问题。所以学习型社会的实质就是"以学习求发展"，其具体内涵包括：以个体的学习来追求个体的发展，以组织的学习来追求组织的发展，以国家的学习来促进国家的发展；以终身的学习来追求终身的发展，以灵活的学习来追求多样的发展，以自主的学习来追求内在的发展。学习型社会建设的基本目的在于满足全体人民基本学习需求，促进全民学习、终身学习，以实践科学发展观，全面建设小康社会①。

也有学者从微观层面对构建学习型社会进行探讨——建设学习型社区。认为学习型社区是以社区为依托，以社区终身教育为基础，有效整合社区资源，努力创设各具特色的学习氛围，保证和满足社区成员基本学习权利和需求，在社区内形成全员、全程、全面的学习局面，从而促进社区成员全面发展和社区可持续发展的新型社区。同时也指出学习型社区现存的问题，如缺乏全面科学的理论指导、地方政府重视程度不够、财政资助力度有限、社区资源共享程度不高、社区教育对象范围不全面、社区教育工作者水平较低等。在学习型社区的构建中应当遵循人本原则、社区本位原则、可持续发展原则、标准动态化原则、网络化原则、政府起主导作用的原则②。

针对学习型社区构建中存在的问题，有学者指出，学校教育、家庭教育和社会教育在学习型社区建设中各具独特的地位和作用。正确认识这一问题，并形成学校教育、家庭教育、社会教育之合力，有利于促进学习型社区的建设。目前学习型社区建设过程中三教合作方面存在着教育对象单一、三教地位不合理、教育资源匮乏、教育实效性差等问题。针对这些问题，有研究者提出扩大教育对象、协调三教力量、增加教育投入、提高教育实效等改进策略，从而推进学习型社区的构建③。

（三）学习型社会的体系框架和基本制度

在对学习型社会的体系框架和基本制度的探讨中有学者指出，从后工业社会进入知识经济社会是学习型社会建设的经济基础；从普及教育时代进入后普及教育时代是学习型社会建设的教育基础；从正规教育体系到终身教育体系框架是学习型社会建设的体制保障；从推进普及教育的法律体系到促进终身学习的法律体系是学习型社会建设的法律保障；从面向学生的教育服务体系到面向公民的公共教育服务体系是学习型社会建设的组织保障。并且指出，政府、学校、社会和公民个人是学习型社会的共同构建者。政府是学习型社会的组织者和设计者；学校是终身学习的重要提供者和服务者；社会特别是社区是学习型社会的重要载体；公民个人是学习型社会的直接参与者

① 顾明远，石中英．学习型社会：以学习求发展［J］．北京师范大学学报（社会科学版），2006（1）：5-14.

② 王卫东．学习型社区建设的现状与改进策略：以广州市为个案［J］．北京师范大学学报（社会科学版），2006（1）：21-27.

③ 王卫东，陈敏坚，余少华．学习型社区建设中三教合作问题初探［J］．教育学报，2006（1）：77-83.

和受益者①。

（四）学习型社会构建与观念转变

在对学习型社会构建的探讨中有学者指出，在学习型社会创建过程中，教育肩负着重大使命。这种新使命决定了要建设学习型社会必须首先转变教育观念，重建教育是人与社会可持续发展的智慧源泉的教育价值观，重建教育公平是确保社会公平的重要基石的教育公平观，重建为每个公民创造更多更好的学习机会的教育时空观，从而保证学习型社会的有效构建②。

也有学者指出，学习型社会是一个全民学习、终身学习，通过学习发现和发展人的潜能，实现人的全面发展和社会和谐的社会。它是一个不断变化的社会，也是一个需要对学习与教育进行改革与创新的社会。学习型社会教育的变革不仅是某个原理或某种方法的改变，也不是一种原有范式的修修补补，而需要在教育主体、教育重心和教育价值取向等方面系统的范式转变。学习创新是学习型社会教育主体转换的内在要求和教育重心转移的必然选择。范式的转换，要求教育主体的转换、教育重心的转移以及教育价值取向的转变。同时，学习创新是学习型社会教育主体转换的内在要求，学习创新也是学习型社会教育中心转移的必然选择，学习型社会还是一个教育价值取向发生重大转变的社会③。

第4部分　全国教育科学“十二五”规划之比较教育研究

一、比较教育课题设计的原则

（一）准确进行自身的价值定位

在设计比较教育研究课题之前，首先要思考和回答，在新的时代背景下，比较教育的功能是什么？社会对比较教育研究有何需求？比较教育研究与国家政策之间的关系是什么？回答这些问题需要对比较教育学科本身进行准确的价值定位。

比较教育研究从未脱离本国的发展或政策制定需要，不管在发达国家还是发展中国家都是如此，中国的比较教育研究理应加强对中国教育问题的关怀。

（二）需求性原则

所谓需求性原则即比较教育研究必须要从中国当前教育的热点问题出发，尤其是

---

① 高书国．建立学习型社会的体系框架和基本制度［J］．教育科学研究，2008（12）：13-16.
② 徐鸿钧．建设学习型社会需转变教育观念［J］．教育探索，2009（4）：3-4.
③ 屈林岩．学习型社会教育范式的转变与学习创新［J］．教育研究，2009（5）：94-98.

一些尚没有解决策略和经验的新问题，通过国际比较的研究来寻求启发。同时，比较教育的研究也需要与国家发展的水平阶段相一致，因为在不同的发展阶段，国家对于比较教育的需求是不同的。例如发达国家的比较教育往往重视对于发展中国家的研究，这主要是服从于发达国家对于发展中国家的控制的战略需要，而我国则主要是借鉴世界的成功经验，少走弯路，更有效地发展自己的教育事业，以促进国家社会的发展和进步。

（三）国际性原则

比较教育研究固然要心怀本土问题，但在全球化背景下，它应该及时介绍、研究国际最新的教育发展趋势和各国新近的教育发展态势，从而提高本国教育发展的国际化视野，为本国教育发展战略提供一个前瞻性的视角。

（四）宽广性原则

从对“十一五”期间比较教育研究现状的分析，比较教育研究主要集中在基础教育和高等教育领域，对学前教育、特殊教育以及职业教育的关注度不够。这一现象需要引起反思，教育事业的健康发展需要各级各类教育事业的共同进步和改进，因此在设计比较教育研究问题的时候要考虑问题的覆盖面。

二、比较教育研究之问题设计

（一）全球化背景下比较教育研究的理论、方法与实践

研究要点：（1）知识经济与全球化时代比较教育研究价值定位与反思；（2）比较教育研究方法的新趋势；（3）全球化背景下中国比较教育研究的理论、方法与实践新进展；（4）中国比较教育研究在世界中的声音、影响与对策研究；（5）比较教育研究与国家教育发展。

（二）当前世界主要国家教育发展规划的比较研究

研究要点：（1）世界主要国家近期教育发展的总体发展趋势研究；（2）教育发展与国家安全问题的比较研究；（3）当前世界主要国家教育发展规划出台的背景与制定过程；（4）世界主要国家教育发展规划的内容与影响；（5）教育发展规划评估的比较研究。

（三）现代学校制度的比较研究

研究要点：（1）国家与学校之间关系的国际比较；（2）学校内部制度问题的比较研究；（3）现代学校制度中的“去中心化”与“去行政化”的比较研究；（4）现

代大学制度的比较研究；（5）中小学校长管理模式与风格的比较研究；（6）基础教育阶段升学升级制度的比较研究。

（四）学校公共安全问题的比较研究

研究要点：（1）世界主要国家的学校公共安全现状；（2）世界主要国家学校公共安全危机的应对机制与策略研究；（3）中小学突发安全事件应对能力的评价研究；（4）世界主要国家学校安全教育的现状；（5）学校公共安全问题产生的根源与公共影响。

（五）学前教育发展的国家战略比较研究

研究要点：（1）国际学前教育改革的新进展；（2）学前教育发展的国家战略与政策的比较研究；（3）学前教育发展的国家战略项目的比较研究。

（六）义务教育质量监测体系的比较研究

研究要点：（1）建立国家义务教育质量监测体系价值的比较研究；（2）国外义务教育质量监测的指导原则和基本标准研究；（3）国外义务教育质量监测的实践研究。

（七）基础教育公平与均衡发展研究

研究要点：（1）教育非均衡发展的历史渊源及实现均衡的障碍的比较研究；（2）教育均衡发展的理论、指标的比较研究；（3）实现教育均衡发展策略的比较研究；（4）择校问题的比较研究。

（八）全纳教育的比较研究

研究要点：（1）全纳教育的发展历程；（2）全纳学校的主要特征；（3）全纳学校的课程与教学；（4）全纳学校的评价研究；（5）国外全纳学校的案例研究。

（九）世界基础教育改革的新趋势

研究要点：（1）世界主要国家基础教育改革的政策；（2）世界主要国家基础教育改革的理念与理论；（3）世界主要国家基础教育改革的具体实践；（4）世界基础教育改革与教育思潮和实践的演变。

（十）世界主要国家高等教育国际化发展战略研究

研究要点：（1）世界主要国家高等教育国际化的背景与目标研究；（2）世界主要国家高等教育国际化的战略选择研究；（3）世界主要国家高等教育国际化的趋势研究。

（十一）高校创业教育的比较研究

研究要点：（1）国外高校创业教育的理论研究；（2）国外高校创业教育的案例研究；（3）国际高校创业教育的效果与影响研究；（4）高校创业教育的支持措施及其效果的比较研究。

（十二）高校大学生生涯规划与就业指导模式的比较研究

研究要点：（1）大学生生涯规划的比较研究；（2）大学生就业指导模式与效果的比较研究；（3）就业指导模式与大学生就业之间关系的比较研究；（4）构建适合我国大学生的就业指导模式研究。

（十三）知识经济背景下拔尖创新型人才培养战略的比较研究

研究要点：（1）拔尖创新型人才培养模式的比较研究；（2）拔尖创新型人才培养的资助模式比较研究；（3）拔尖创新型人才的国际吸引战略比较研究。

（十四）教育区域化发展的比较研究

研究要点：（1）超国家层面的教育发展与教育政策的比较研究；（2）欧盟的教育政策与教育发展演变；（3）经济危机下的博洛尼亚进程；（4）东南亚教育区域发展研究；（5）东亚教育区域化问题研究；（6）区域性组织与教育区域化发展的比较研究。

（十五）多元化发展时代高等教育质量保障的比较研究

研究要点：（1）多元化时代的高等教育质量观比较研究；（2）不同类型高等教育质量保障模式的比较研究；（3）多元化高等教育发展的质量保障机制比较研究；（4）多元化时代高等教育质量保障评价的比较研究。

（十六）职业教育吸引力的比较研究

研究要点：（1）职业教育发展趋势的比较研究；（2）国际职业教育吸引力理论的研究；（3）职业教育吸引力制度保障的比较研究；（4）职业教育与地方经济发展的比较研究；（5）职业教育与就业准入制度的比较研究。

（十七）学习化社会国家资格体系构建的比较研究

研究要点：（1）若干国家构建国家资格体系的历程与经验；（2）国家资格体系构建的效果与影响的比较研究；（3）终身教育学习成果认证的比较研究；（4）国际终身教育学习成果认证的发展趋势研究；（5）终身教育学分互认机制的比较研究。

（十八）国际组织的教育政策与实践研究

研究要点：（1）主要国际组织的教育政策研究；（2）国际组织实施的比较教育研究议题；（3）国际组织与世界教育思潮；（4）中国在国际组织中的地位和对策研究；（5）教育援助问题的比较研究。

（十九）高等学校特色发展的比较研究

研究要点：（1）高等学校分类标准的比较研究；（2）高等学校分类的国际比较研究；（3）高等学校发展定位的比较研究；（4）高等学校办学特色的比较研究。

（撰稿人：比较教育学科组 王英杰 等）

第四编

地方教育学科发展分报告

北京市教育学科发展报告

“十一五”期间，党的十七大在十六大确立的全面建设小康社会目标的基础上，对我国发展提出了新的更高要求，对教育事业也提出了“优先发展，建设人力资源强国”的战略目标，使我们的奋斗目标更加明确，行动方向更加具体，发展蓝图更加清晰。

教育科研是教育改革与发展的先导，教育科研水平的提高，将成为整个教育事业繁荣发展的重要推动力。北京市作为全国政治、文化中心，是我国科学、文化、教育事业最为发达的地区之一，其教育科学规划的发展状况，不仅代表了本市教育科学研究的水平，更在全国教育科学研究界产生重要影响。“十一五”期间，在全面贯彻党的教育方针，坚持教育为社会主义现代化建设服务，为人民服务，与生产劳动和社会实践相结合，培养德智体美全面发展的社会主义建设者和接班人的基础上，北京市教育科学研究空前活跃，发展迅速，利用较为丰富的科研资源，深入研究了北京市教育改革与发展的基础问题、前沿问题，以及热点与难点问题，促使教学理论与实践的良性互动，基本实现了教育科研为北京市的教育改革与发展服务、为“新北京、新奥运”的战略构想服务、为首都精神文明建设和经济社会和谐发展服务的目标，使教育科研又上一个新台阶，推动了地方乃至全国教育事业的发展。

一、“十一五”时期教育科研概况

“十一五”期间，北京市立项课题设置了重大课题、重点课题、校本研究专项课题、青年专项课题、一般课题和特别委托课题六大类，研究主体覆盖了全市各行政区域所有教育领域的工作人员，研究内容涉及综合问题、基础教育、高等教育等十大领域，研究成果以研究报告和论文为主，辅以专著、教材、电脑软件、工具书等。

（一）立项课题分布情况

“十一五”立项课题分别设置了重大课题、重点课题、校本研究专项课题、青年专项课题、一般课题和特别委托课题几类，共立项课题968项，较“十五”规划有所增长。

从各年度立项课题数量看，2006年立项178项，占18%；2007年立项279项（含校本推进课题130项），占29%；2008年立项114项，占12%；2009年立项142项，占15%；2010年立项255项，占26%（见图4-1）。

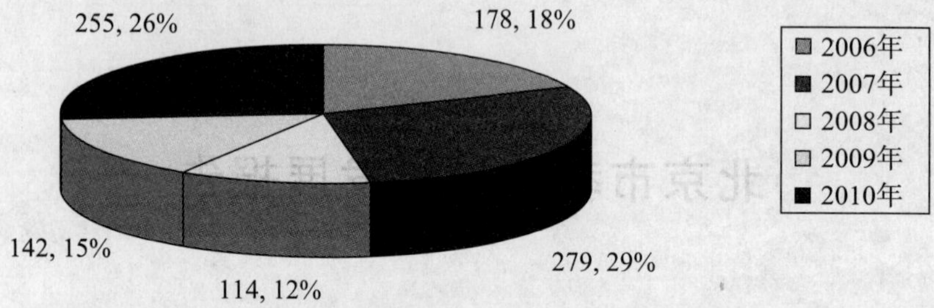

图4-1 北京市教育科学"十一五"课题数量及分布

从课题类别来看，重点课题总数为347项，占35.8%；重大课题总数为6项，占0.6%；校本研究专项课题总数为217项（含2007年校本推进课题130项），占22.4%；青年专项课题总数为160项，占16.5%，一般课题总数为236项，占24.3%；特别委托课题2项，占0.2%（见图4-2）。

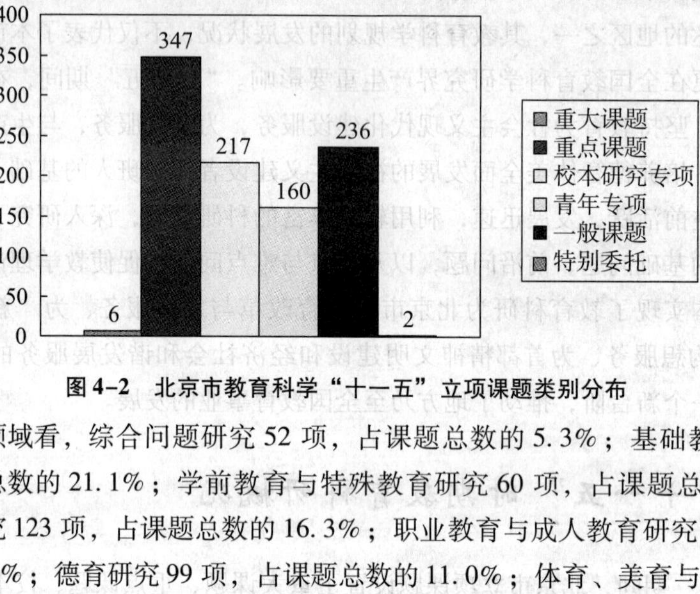

图4-2 北京市教育科学"十一五"立项课题类别分布

从研究领域看，综合问题研究52项，占课题总数的5.3%；基础教育研究252项，占课题总数的21.1%；学前教育与特殊教育研究60项，占课题总数的6.4%；高等教育研究123项，占课题总数的16.3%；职业教育与成人教育研究67项，占课题总数的6.7%；德育研究99项，占课题总数的11.0%；体育、美育与校外研究63项，占课题总数的7.2%；教育管理与评价研究73项，占课题总数的8.1%；教师教育与专业发展110项，占规划课题的10.5%；教育信息化发展研究58项，占规划课题的6.2%；奥林匹克教育研究9项，占规划课题的1.2%（见图4-3）。（不含2010年1个重点课题和1个特别委托课题）

从研究机构的所属系统看，中小学399项，占课题总数的41.2%；高校322项，占课题总数的33.3%；市研究机构51项，占课题总数的5.3%；市教委直属单位47项，占课题总数的4.9%；区（县）研究机构28项，占课题总数的2.9%；幼儿园34项，占课题总数的3.5%；区（县）教育行政部门11项，占课题总数的1.1%；市教委和教工委4项，占课题总数的0.4%；职业学校28项，占课题总数的2.9%；其他44项，占课题总数的4.5%（见图4-4）。

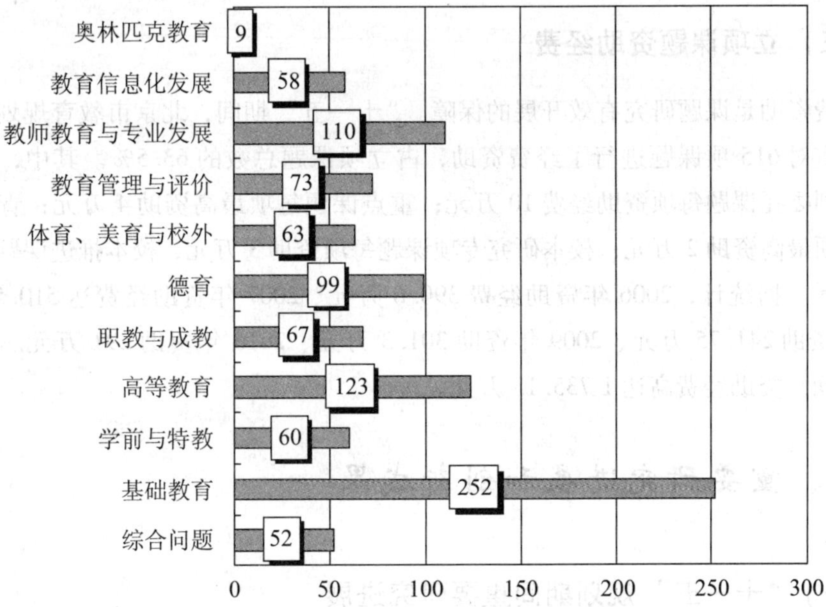

图 4–3 北京市教育科学“十一五”立项课题研究领域分布

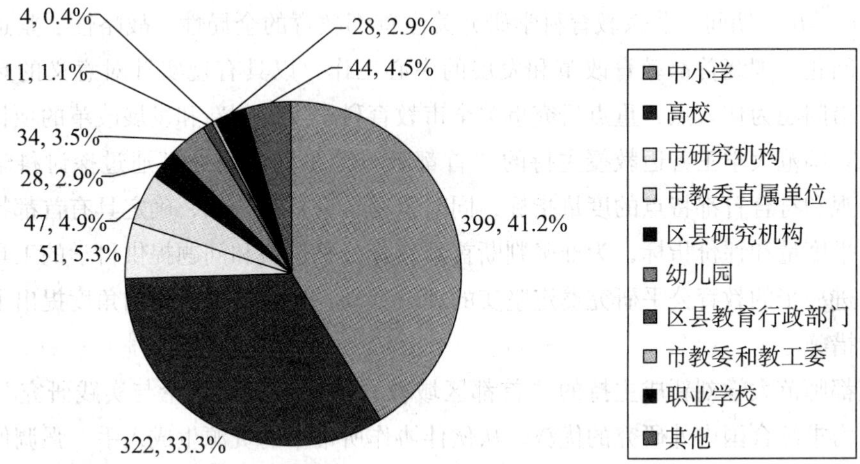

图 4–4 北京市教育科学“十一五”立项课题研究机构所属系统分布

（二）委托课题

为解决首都教育改革与发展中全局性、战略性和前瞻性的重大问题，提高教育决策的科学化、民主化水平，中共北京教育工委、北京市教育委员会（简称两委）面向社会，通过委托课题的形式，开展教育决策咨询与决策评估研究。

“十一五”期间，北京市两委委托课题共 112 项（2006 年 14 项，2007 年 22 项，2008 年 27 项，2009 年 20 项，2010 年 29 项），这些课题大多由各高校院系承担，市级研究机构也负责了部分课题的研究，个别民办教育集团也参与了这些课题的研究工作。

（三）立项课题资助经费

经费资助是课题研究有效开展的保障。“十一五”期间，北京市教育规划领导小组办公室对615项课题进行了经费资助，占立项课题总数的63.5%。其中，重大课题与特别委托课题每项资助经费10万元；重点课题每项最高资助4万元；青年专项课题每项最高资助2万元；校本研究专项课题每项资助3万元，校本推进课题每项资助2万元。据统计，2006年资助经费390.6万元、2007年资助经费达510.5万元、2008年资助241.75万元、2009年资助301.3万元、2010年资助291万元。“十一五”期间总资助经费高达1 735.15万元。

二、重要研究进展和创新成果

（一）“十一五”规划期间重要研究进展

1. 理论与政策研究凸显全局意识，兼具战略性与时代性

“十一五”期间，北京教育科学研究关注首都教育的全局性、战略性、紧迫性和现实性问题，围绕首都教育改革和发展的中心工作，以具有现实针对意义的热点问题、前沿问题为切入点，重点研究事关全市教育科学发展创新和发展改革的项目。

北京师范大学王善迈教授主持的“首都教育公平问题研究”通过探讨科学的教育公平观和符合首都特点的度量指标，同时紧密结合首都特点，确定具有首都特色的教育公平度量和评价指标，为准确判断首都教育公平进展和问题提供科学的工具与方法，为进一步的教育公平研究奠定坚实的理论基础，还从制度安排的角度提出了切实可行的措施。

首都师范大学刘新成主持的“首都区域教育均衡发展的理论与实践研究”着眼全局，力求综合国内外研究的优势，从伙伴协作所带来的资源生成入手，强调伙伴协作对区域教育均衡发展的持续动力作用，为研究区域教育均衡发展提供了新的视角。该研究以大学与区域教育部门合作为路径，通过促进教师发展、学校发展、资源合理配置，探索北京市区域教育均衡发展的推进策略，形成适合不同区域、不同阶段特征的有效模式。

中国人民大学李立国主持的“构建高校战略联盟、促进北京地区高校校际资源共享”以建立北京地区高校战略联盟为切入点，探讨北京地区高校校际资源共享问题。论证了北京地区高校校际资源共享的可行性，资源共享的原因和影响因素，资源共享的模式、机制、途径与原则，最终提出了以构建高校战略联盟为切入点，促进北京地区高校校际资源共享的对策。

除了立足于北京市教育发展现状进行的全局性、战略性研究之外，研究者们还将研究聚焦到了一些具有时代意义的热点问题，把握教育科学研究的时代脉搏。

北京大学李红主持的“科学发展观与首都环境教育发展研究”是国内首例以科学发展观为指导，从国家战略的高度对环境教育进行的系统研究。该研究提出通过多种形式、多种途径和多种内容的环境教育，走出长期以来人类开展环境教育的误区，以达到实施环境教育、树立科学发展观的目的。

首都经济贸易大学边文霞主持的“首都高校大学生就业问题调查与对策”从当前大学生就业难的问题入手，深入分析大学生就业困境问题的根源，构建大学生就业问题各类量化模型，为政府制定有关大学就业政策提供理论支持和数量依据，使决策更具体、更有操作性，从而增强政策的执行力。

还有一些研究者借助北京承办 2008 年奥运会之际，展开了一系列奥林匹克教育研究，如“奥林匹克教育模式的研究”、“依托北京世界文化遗产，进行人文奥运精神教育的研究与实践”、“奥运背景下国际意识教育的行动研究”等。

2. 注重各领域、各层次之间的协作，为实践与行动研究开辟新思路

“十一五”期间，越来越多的教育研究者注重各领域、各层次之间的协作在实践与行动研究中的作用。突破单一研究人员、研究单位的传统，加强校本合作、部门合作、各区县之间的合作，强调优势互补和资源共享。

北京市教委黄侃主持的“首都高校优质课程教学资源共享研究”是北京市教委高教处与首都师范大学教务处合作进行的，该研究立足于首都高校目前优质课程教学资源的现状，提出了统筹建设高校优质课程资源共享的创新举措，构建既灵活多样又一体化的教育平台，促进不同高校通识课程、精品课程、特色课程等优质课程的推广与普及。

在基础教育领域，高校的教育研究者与基础教育工作者的合作已经成为一种重要的合作模式，许多教育科研工作者进行的研究工作，在中小学教师改进教学实践、提高教育质量的过程中发挥了越来越重要的作用。

北京师范大学刘儒德教授主持的“1—9 年级学生数学概念转变的调查研究”是代表课题之一，该研究由北京师范大学的教育科研工作者主持负责，联合北京若干所中小学的一线教师，采用聚合交差研究，对六所学校的学生进行 1—9 年级数学错误概念及其转变过程的普遍调查研究，全面描述 1—9 年级学生数学错误概念及其转变的整体面貌、刻画其发展变化历程并分析其深层成因机制，以及开发学生数学错误概念的诊断框架与测查方法。不仅能够为深入开展数学观念转变研究奠定理论基础，更重要的是促进了数学教学活动的改进，还能充实教师培训的内容。

北京师范大学吴国珍主持的“引发新教师心灵智慧的叙事研究”通过合作学校组织的“叙事探究”活动，营造有利于新教师成长的开放学习氛围，促进合作学校中教师学习文化的整体改进，引发新教师心灵智慧，把适应挑战转化为成长契机，从理念更新、智慧对话、深层理解、行为改变等方面，深入研究新教师心灵智慧良好发挥的内外条件，形成鼓励新教师成长为心灵导师的内在激励机制，帮助新教师成长，提高新教师的教育教学实践智慧。

与此相呼应的是越来越多的中小学校长与一线教师也同样意识到与教育科研工作者合作的重要性，因此在开展研究过程中，加强与后者的联系，逐步将教育科研内化为专业发展的内在需求和自觉行为。

果淑兰主持的“教育信息化环境下教师共同学习的实践研究”，正是在北京师范大学相关教育科研专家的指导下，以校本研究为主轴，以实践为导向，对学校教师学习共同体建构情况、教育教学信息流情况进行诊断与评价、研究与分析，开发出能够有效促进教师共同学习的有形工具，搭建起实现学校教师实践性知识有效管理的信息化载体，从而促进学习型学校整体建构持续深入。

杨奕主持的“以小课题研究活动为载体，提高教师科研能力的实践与研究”，利用小课题研究活动这种载体，让教育科研与校本教研有机地融合在一起，引领教师用教育科研的方法去解决自已在实际教学工作中遇到的“小”的具有“研究价值”和“实际意义”的问题。

通过教育科研工作者与中小学教学工作者的合作与协作，使教育科研与教学实践有机结合，既提高了教师的课堂教学实效性，又提高了教师自身的科研能力。

3. 研究方法走向多元化，力求实证研究与理论研究的均衡发展

与“十五”相比，“十一五”期间的课题研究更加重视采用调查法、实验法等方法，弥补单纯理论研究的不足。在探求研究的理论深度的同时，更增强研究的科学性、准确性。

中国农业大学傅泽田主持的课题“高等教育网上学习者心智模式变化与学习绩效研究”，从心理学的视角，研究高等教育网上学习者心智模式变化与学习绩效的互动机制。首先，研究者以认知学习理论为依托，以调查问卷的形式测试认知学习理论的网上学习是否能够有效影响学习者的心智模式和学习效果。第二，运用多目标决策（multi-criteria decision making，MCDM）方法，按照不同的影响要素和评价标准构建一个网上学习评价模型，基于各种标准间相互关系和综合效应来评价网上学习课程效果。研究的结论就我国网上学习实际教学提出政策建议，指导我国网上学习健康快速地发展。

4. 研究成果多样化，关注成果的宣传与推广

根据不同的研究类型，研究成果呈现多样化趋势。除了论文、专著等常规形式之外，更有许多研究的成果以工具书、校本教材、科研网站、电脑软件等形式呈现，以产生更强的实践效果。同时，重视科研成果的宣传和推广，让优秀的成果都能充分发挥对于教育改革和发展的指导作用，让广大的教育工作者，尤其是一线的教师、科研人员，能够充分吸收和运用这些优秀的教育资源，让教育科研成果惠及更多的教育理论和实践工作者。

北京教育学院孟宪凯教授主持的课题“教师课堂基本教学技能标准、训练及其评价的研究”明确教学技能的标准，提供一种与标准相配套的训练模式，开发课堂师生相互作用分析软件和教学技能评价软件，供教师客观、方便地进行他评与自评。

该研究将教学技能细化、量化和可操作化，教育管理部门可根据标准来判断教师是否具备了基本的教学能力，教师可根据标准来查找自己在教学技能上的不足，并明确自己的努力方向，为教师实现教学技能达标提供了方法和途径。

北京语言大学徐燕负责的课题“基于网络的汉语教育国际推广研究”，提出汉语教学中要充分利用现代信息技术、多媒体网络教学手段，利用已经取得汉语教学所得到的信息资源，运用计算机数据分析的方法，从大量信息资源中挖掘出有用的知识，最终搭建一个基于网络的汉语国际推广原型系统。该课题利用现代信息技术为推广汉语搭建网络平台，把网络技术、数据挖掘技术和信息查询推荐技术运用到汉语国际推广领域。

(二)“十一五”规划期间重要创新成果

教育科学规划中重大课题的研究质量往往代表了一个地区某一阶段教育科研的发展水平。重大课题所取得的高质量的研究成果，在创新价值、科学价值和应用价值层面均有较高的成就，既是教育科研领域的先锋，又是其他教育科研工作的模范。“十一五”期间，北京市教育科研规划共有 6 项重大课题，分别为：昌平区教育委员会李永生主持的“新农村建设背景下，区域可持续发展教育综合实践与推进策略的研究”；北京市教育委员会线联平主持的“新时期北京市教育预算制度改革研究”；中国农业大学瞿振元主持的“首都高校大学生就业状况与专业设置调整状况研究”；北京教育科学研究院吴晓川主持的“首都学习型城市建设评价指标体系研究”；北京师范大学褚宏启主持的“城市化进程中的教育发展问题研究”；北京师范大学黄荣怀主持的“学生网络生活方式的现状调查与对策研究”。

中国农业大学瞿振元教授主持的“首都高校大学生就业状况与专业设置调整状况”研究建立人才需求的监测预报制度，主张定期发布人才培养与经济社会需求状况，密切与社会用人单位的联系，以社会需求为导向，科学、合理地设置和调整学科专业。该研究建立起就业状况与专业设置调整的互动机制，在设置新的专业时要进行科学论证，充分考虑职业岗位和人才需求。此外，新专业还要具备成熟的学科支撑，符合学校办学目标和定位，拥有配套的师资条件、教学条件和图书资料等。提出建立特殊群体、特殊地区、特殊行业、特殊需要的政策保障机制，采取订单制的招生、培养和就业方式，密切高校与产业和行业的联系，实现按需招生、按需培养、按需就业。

北京师范大学褚宏启教授主持的“城市化进程中的教育发展问题研究”关注到城市化进程中教育发展的种种问题，致力于如何使得城乡间教育得到均衡、健康发展。该研究以城市化进程中的教育发展问题为主题开展跨学科研究，丰富和发展相关研究领域如教育发展理论、教育规划理论、教育管理理论等，争取在若干领域实现理论突破。研究者不仅在全国范围收集数据，注重质、量方法结合，而且采用案例法，以北京市城市化进程中的教育发展问题为个案，分析北京市城市化进程中教育发展的经验和教训，探求促进教育发展的有效路径与方式。本研究进行了深入的理论研究，旨在厘清城市化的内涵、本质、价值取向，建构城乡教育一体化发展的理论框架。从城乡教育发展存在的现实问题入手，分析问题产生的原因，充分借鉴吸收国外城市化进程中教育发展的先进经验和成功做法，结合我国国情，提出构建城乡一体化的教育体系体制建构的政策建议。

三、各研究领域基本进展

“十一五”规划期间，立项课题数量多、范围广、内容全。研究主要分为十大领域，分别为：综合问题研究；基础教育研究；学前与特殊教育研究；高等教育研究；职业教育与成人教育研究；德育研究；体育、美育与校外教育研究；教育管理与评价研究；教师教育与教师专业发展研究；教育信息化发展研究。整体而言，“十一五”是教育科研成果丰硕的时期，在研究者的努力下，各研究领域都取得了长足的发展，形成了大批具有理论价值、实践价值、推广价值的研究成果。

（一）综合问题研究

综合问题研究在“十一五”期间取得了较大的进展，在研究方法和研究视角上均有所创新。研究内容上，紧密结合首都北京特点，考虑北京地区教育要求解决的问题，进行特色研究。此外，首都基础教育均衡发展问题，教育公平问题，流动人口子女受教育问题均成为研究的聚焦点。

1. 研究的科学性和准确性得到提高

以往研究更多的是从宏观的角度对教育现状进行调查，较为概括。在“十一五”规划中，研究者做了细致的个案研究，利用一系列研究方法，从个案发现问题、解决问题，从而从微观的角度提供更翔实、更准确的信息。例如在中国人民大学罗云主持的“北京公立学校中流动人口子女的学校生活：一项对流动人口子女身份建构与社会融入的研究”课题中，从微观社会学角度，找准研究路向，以人种志的方法展开不同情境下的调查，但同时辅以叙事的研究方法，选取个案，扎根田野进行研究，利用参与式观察收集了丰富的图片、文本、影像资料。

2. 首都基础教育的均衡发展问题成为研究重点

如何促进首都地区教育的均衡发展是“十一五”规划中众多研究者关心的问题。研究者认为，城乡义务教育均衡发展是确保人人享有公平教育权利的重要基础，从某种意义上说，没有城乡教育的均衡发展就没有教育的现代化。因此，一些课题力求综合国内外研究的优势，从伙伴协作所带来的资源生成入手，强调伙伴协作对区域教育均衡发展的持续动力作用，为研究区域教育均衡发展提供了新的视角。还有一些研究者将视角拓展到国际领域，在对国外推进基础教育均衡发展的措施上进行评析，借鉴国外在对薄弱学校改进，以及推进学校均衡发展上取得的经验，有针对地提出了促进北京市基础教育区域均衡发展的政策性建议。还有一些研究关注的是城乡义务教育的均衡发展问题，把研究的重点放在对北京市城乡义务教育均衡发展的现状调查、改进措施等方面。

3. 流动人口子女教育问题

许多研究者针对北京市流动人口子女教育问题展开研究，将重点放在义务教育阶段，研究了如何通过公共服务和政府职能解决流动人口子女的教育问题。如北京理工大学杨东平教授主持的“北京市流动人口子女教育政策研究”以北京市流动儿童义务教育的提供为对象，探讨了如何通过制度创新来构建一种过渡性的公共产品提供机制。首都师范大学徐玲主持的“北京市流动儿童的社会排斥现象研究”也关注了流动儿童的教育问题，但是更多的是从社会学的视角来研究。

（二）基础教育研究

“十一五”期间，北京市基础教育研究立足于北京基础教育发展的现状，研究人员立足本地、本校的实际状况，理论结合实际，力求研究具有针对性、实效性，同时坚持创新与实践，在课堂教学和教育活动中大胆引入一些新兴教学理论和教学策略，推进了基础教育优质、高效发展。

1. 中小学校本课程研究

校本课程作为一种与国家课程相对应的课程形态，是我国基础教育新课程体系的有机组成部分。“十一五”期间，校本课程的开发更注重了校与校、生与生之间的差异，通过采用相应的课程对策，以利于其多样化、个性化的发展。有的研究在对北京市高中校本课程现状调查的基础上，通过对北京市的部分高中学校校本课程开发的过程、发展情况、结果及其经验与问题等调查研究，借鉴国内外校本课程开发的成功经验，提出北京市在新的课程改革中校本课程开发的策略及课程管理的新模式。此外，还有一些研究的重点放在了学科课程内的整合问题，旨在把握学科本质，依据学科总目标进行整合，培养学生的自主学习能力。

2. 学校特色建设研究

该领域研究重点在于利用研究者所在高校或中小学为研究基地，立足客观实际，进行针对性研究。研究者通过了解学校特色课程、学校特色文化建设的现状，结合现代教育对于特色办学的需求，立足于学校的教学实际，从学生的学习特色、教师的教学特色、学校的办学特色等三方面入手，进行学校特色建设研究。例如北京市教育科学研究院钟作慈主持的“北京市示范性普通高中学校特色课程建设”，北京玉渊潭中学陈岩主持的“以优势教育为特色的学校文化建设研究”等，都是这方面的代表课题。

3. 改进课堂教学、学习效果研究

研究者从教学实践入手，考察课堂教学的各个环节，分析当前课堂教学实情，找出影响课堂教学、学习效果的因素，借鉴已有经验，提出了有针对性地研究课堂教学持续改进的策略，并且以实践为基础，在实践中不断调整方案，力求能够有针对性地改善教学。

学生的学习能力普遍受到研究者的关注，在提高学生学习效果的研究中，研究者注重学生自主学习能力的培养。如中关村第一小学刘畅主持的“促进小学生自主学习的策略研究”认为，学校教育环境对学生学习兴趣的影响是学生自主学习动机系统形成的基础，教师对学生自主学习策略的有效指导是提高学生自主学习能力的关键。该研究以课堂教学为侧重点，以教师为切入点，梳理出一线教师可以分享的促进小学生自主学习能力提高的具有实操价值的策略。此外，一些研究针对北京城区及周边薄弱学校、农村学校的课堂教学问题以及学生学习能力提高的问题展开。

（三）学前教育与特殊教育研究

相较于“十五”，学前教育与特殊教育的研究在“十一五”期间也有了较大发展，不仅研究数量有所增长，研究水平也有了一定的提高。

1.“五大领域”是学前教育研究的重点与热点

幼儿园“五大领域”活动包括：健康、语言、艺术、数学和科学。在“十一五”期间对这五大领域的研究都有所涉及，并且对这五方面的研究总数高居学前教育领域研究数量之首。从特色方面看，开展幼儿民族体育活动颇为新颖，值得学前教育研究者予以关注。

在健康领域，“科学指导幼儿民族体育活动，促进幼儿体能协调发展”旨在弘扬中国民族体育文化，使幼儿园体育文化更加丰富多彩。在科学领域，“3—6 岁幼儿科学探究活动的特点及指导策略”中进行了实践研究。在数学领域，“以玩具和游戏材料为中介促进幼儿数学学习”为提高教师对幼儿操作玩具和游戏材料的过程进行指导的能力、提高幼儿园数学教育质量拓展了途径。

2. 关注农村地区弱势群体的学前教育问题

这类研究包括两方面：关于农村的幼儿教师和关于农村儿童的研究。关于农村幼儿的研究主要涵盖了农村学前一年义务教育可行性研究；促进农村幼儿社会性发展的研究。关于农村幼儿教师的研究则包括：北京市农村幼儿园转岗教师培训项目实施研究；以记录为手段提高郊区幼儿教师自主反思能力的研究。

3. 注重学前教师队伍的成长与专业发展

该领域的研究包括关于教师与知识的研究——知识管理与幼儿教师专业发展关系的探讨；关于师幼互动的研究——师幼互动中教师应答的策略；以及针对高级管理人员的研究——幼儿园园长专业发展标准等问题的研究。而针对“优秀幼儿教师的教学风格”进行的研究无论在国内还是国外都是一个具有重要意义的研究课题，本课题对幼儿教师专业发展的重视也在促进幼儿教师队伍的成长与发展方面作出了突出的贡献。

中央教育科学研究所的陈琴老师对“优秀幼儿教师的教学风格”的研究以优秀

教师为切入点，综合运用观察、访谈和问卷等多种方法对优秀幼儿教师的教学活动进行了深入、系统的探讨，揭示了当前优秀幼儿教师教学风格的类型、特点、分布、影响因素等，为更好地促进教师的专业成长提供了科学依据。

4. 学习障碍与干预矫正是特殊教育研究的重点和热点

在特殊教育领域的研究中，对特殊学生由于不同原因产生的学习障碍一直就是该领域所关注的核心议题。而干预与矫正的研究更是对于这一关键问题所必须提及的解决对策。两者在特殊教育研究中的比重较高。北京师范大学的刘翔平教授对“两种亚型 ADHD 儿童认知机制及其干预”进行研究。该课题探讨了混合型 ADHD 儿童和注意缺陷型 ADHD 儿童在认知机制上的差异问题，根据差异设计出不同的、有针对性的干预方案，并且探索出适合不同亚类型 ADHD 儿童的有效的干预方法。

5. 全纳与融合教育是特殊教育领域的热点问题

全纳与融合教育试图让有特殊需要的儿童与正常儿童在普通学校拥有同样的受教育机会。其中，“随班就读”问题得到了最为广泛的关注——从学前教育阶段直到义务教育阶段都为研究者所重视。

6. 特殊教育教师的成长与发展亦受到关注

特殊教育教师的成长与专业发展同样受到研究者的关注。从特殊教育学校教师职业倦怠研究，到普通小学资源教师团队建设，囊括了特殊教育学校教师以及可能接触到特殊学生的普通学校教师在专业发展与成长方面的诸多问题。其中，北京联合大学钟经华教授的“普通学校教师特殊教育培训支持体系建设研究”为普通学校教师特殊教育知识技能培训建立起了有效的支持体系，将特殊教育知识技能培训纳入教师继续教育。

（四）高等教育研究

“十一五”时期是我国高等教育的又一个繁荣发展阶段。由于具备了“十五”研究的基础，再加上积极的外部环境，高等教育研究的数量呈现出稳步上升的趋势。创造国际化大学成为高等教育研究者不懈追求的目标。其中，高校的人才培养、课程与教学、就业问题以及高校财政和资源问题受到研究者的青睐。此外，高教研究者也试图通过对自身领域的研究来为政府的教育改革与决策提供深刻而翔实的数据支撑与理论支持。高等教育研究站在了学术前沿，带动了相关学科的发展。

1. 创造国际化大学成为我国高等教育的迫切需求

根据北京“国际城市”发展定位的需要，众多研究者纷纷提出首都高校国际化发展战略，并就其发展模式展开一定的理论及实证性探索，为未来首都高校改革与发展提供了可供参考和借鉴的思路。研究者试图通过高校国际化发展战略的实施，增强首都高等教育的国际竞争力和影响力，从而为率先实现首都教育现代化，大力培养首都国际化进程中经济社会发展亟需的国际型人才起到一定的推动作用。目前，创造国际化大学已成为北京高等教育研究领域的共同追求。

中国政法大学许兰教授就以首都高校国际化发展现状调查与分析为研究切入点，通过对首都高校国际化发展现状进行调研，对“首都高校国际化发展战略及模式”进行研究，找出了目前存在的问题与不足，树立典型个案与成功范例。并结合国内外高等教育国际化的理论与实践成果，梳理总结出可供参考的首都高等教育国际化发展模式。

2. 人才培养问题备受研究者关注

在人才培养方面，已从“提高人才的综合素质”、“人才结构优化”等问题转向“关注社会需求”等切实提高高校人才竞争能力上来。对于当前高等教育体系培养出的人才必须体现出人才的专业特色和应用价值等问题，研究者已达成初步共识。

北京信息工程学院的杜林教授从社会需求的角度，对市属高校应用型人才培养进行研究；北京第二外国语大学的白远教授通过对“国际贸易专业跨文化特色人才培养模式”的研究提出，经济全球化带来的文化融合对于人才培养模式的创新，具有重要推动作用。

3. 课程与教学问题得以深化

在课程与教学方面，“十一五”沿袭了“十五”期间的研究方向，对北京各类高校通识教育与专业教育、大学学科组织创新、高校实践教学状况与对策等问题进行了深入研究。其中“课程建设”和“提升教学质量”则是研究的重中之重。特别是在一些专业课程的设置方面取得了较为新颖的研究成果。在教学质量方面，值得一提的是，研究者对高校教学质量预警评价理论进行了创设与论证。

4. 就业问题成为研究的热点

“十一五”期间，对高校毕业生的研究力度较“十五”期间大为提升，这包括对现实大学生就业问题基本情况的调研，与就业相对应的专业设置以及人才需求的预测和就业指导体系的建设等一系列问题。

中国人民大学刘尔铎的课题侧重于“北京市大学生就业指导体系”的研究。认为就业指导涉及学校、学生、家长、教育主管部门、职业中介机构、用人单位六个主体的行为，需研究各自功能角色，解决薄弱环节。提出就业指导的“入、培、出、馈”模式，即以就业指导流程为脉络、包括学生入（招收）、培（培养）、出（毕业）、馈（反馈）四个模块的就业指导新模式。注重协调好就业指导与德育课程、专业课程学习的关系。

5. 高校财政、资源问题成为高教研究的新内容

较“十五”期间研究只涉及“高等学校教职员绩效与薪资”的研究，“十一五”的课题在财政分配机制、高校债务、高校资源共享等财政与资源问题的研究中选题范围更为广泛。研究者们试图对北京高校内部和外部的财政情况进行专业的分析与论述，意在为相关部门的行政对策提供可靠依据。此外，学者们还提出高等学校的资源与设备应当流动于校际之间，以便提高北京高校整体教学质量；同时，高等学校的资源也应为百姓服务、为社区服务、为社会服务。

中国传媒大学张蕊教授对“大学内部财政分配机制”的研究、清华大学王守军教授对“我国高校举债行为的外部性及治理”的研究以及中国人民大学李立国教授对“构建高校战略联盟，促进北京地区高校校际资源共享”的研究等都是此类研究的代表。

（五）职业教育与成人教育研究

“十一五”期间，职业教育与成人教育研究不仅在数量上有所增多，而且研究的广度、深度也超过了以往，整体研究质量有了较大提高。

1. 研究紧密联系时代背景与国内教育现状，致力于解决国内教育面临的实际问题

例如“北京市都市型农业人力资源开发、配置模式与途径研究”便是在“三农”背景下，基于对农村、农民对当今社会经济发展和生产率提高的重要性的充分认识，试图将散落在农村成人教育基层单位有关人力资源开发配置的成功模式及有效途径进行采集、梳理、宣传和推广，该研究为促进都市型农业现代化的实施提出政策和制度方面的建议，促进了职业教育与农业农村的繁荣、农民的劳动就业之间更紧密的结合。“北京市中小企业培训服务体系研究”则旨在解决北京市中小企业存在的人员素质、管理技能等问题，以北京市中小企业培训现状与需求的调研分析为基础，针对企业业务流程和瓶颈问题，并结合学术研究成果，建构中小企业的员工培训服务体系，并涉及人力资源培训与开发方案。

2. 继承与创新相结合，宏观研究和微观研究相结合

在传统的讨论主题外融入了新的元素，比如，除了有针对课程开发进行的研究（“基于国家职业标准的中职课程开发研究”、“高职院校网络安全实务课程开发与课程设计——以药物制剂工为例”）以外，还涉及职业教育与中小企业发展以及农业发展的关系、高职教育评价、学习型社区建设等内容。

综观所有的相关研究，研究者们既从宏观层面进行了选题研究，也从微观层面着手探索，如“适应我区两新建设进程的区职业教育新模式研究”便从微观经济学的供求理论和制度经济学层面，对区域职业教育进行系统深入的研究，对研究者所在区的职业教育模式做了宏观的指导。而“诚信教育与构建和谐校园研究”则对在京大学生的诚信现状进行调查，对存在问题的原因从大学生个体、家庭、社会、学校四个方面进行了分析。

（六）德育研究

德育研究在“十一五”期间取得了较大的进展，探索了一系列新的理论与实际问题，在研究内容、研究视角等方面均有所突破。

1. 选题范围广，研究视角独特

不仅有对其他国家或地区的教育经验介绍（港澳台地区公民教育经验研究），还有关于对学生进行心理援助和心理支持的研究。除选题范围广外，研究的视角也十分独特。以"北京市不同类型学生群体心理需求层次性研究"为例，该研究扩展了对"层次性"的理解，不同层次的中小学生，不仅包括不同学段的学生，也包括不同群体的学生；站在一个与众不同的视角考察问题，根据中小学生心理发展特点和心理需求设置思想道德教育的分目标，以及相应的内容和方法手段。

2. 研究方法多样综合

除了常见的文献分析、数据分析、问卷调查以外，研究者们还利用先进的数字技术进行网页设计与系统开发，为研究的顺利进行奠定了基础。研究方法和手段的多样化，不但拓宽了研究者的思路，而且深化了研究过程。如，"青少年网络成瘾的在线心理援助系统的开发及应用研究"这一项目便基于数字信息技术的发展，尝试着对网络成瘾的青少年进行在线心理援助，建立在线心理援助系统。拓展了教育范围，突破了传统心理健康教育工作在时间、空间和服务范围等方面的限制，可以充分满足大中小学生对心理健康教育的需求。

(七) 体育、美育与校外教育研究

"十一五"期间，体育、美育与校外教育研究聚焦在教学实践的发展与改革上，做到突出问题，点面结合。研究主要集中在教学体系建构、课程模块、学生的探究能力、课程资源的充分开发和利用以及如何提高学生的美学鉴赏能力和体能等方面。同时，一些研究将体育、美育有机结合，把美育与创新型人才的培养密切联系，具有启发性和时代性。此外，诸多课题尝试将新的教育教学理论运用于教学实践。如，"在音乐教学中运用多元智能理论完善小学生的个体差异"，在音乐教育中引入了多元智能理论；"农村高中美术新课程选修模块校本课程开发研究"，将研究角度落在了农村高中教育阶段以及美术课程设置选修模块的问题等。

(八) 教育管理与评价研究

教育管理与评价研究在"十一五"期间突出了研究的重点和难点问题，主要涉及了教育体制、管理体制、考试评价制度等方面。

教育管理将研究的重点放在了学校的教育、管理体制方面，包括学校均衡发展机制、学校发展策略，以及中小学办学体制的发展和完善、课程设置管理等。另外，还有研究涉及教育教学评价。主要集中在学校教育质量评价、学生以及教师自我评价、考试评价等方面。中央教育科学研究所曾天山主持的课题"京津沪基层教育领导专业化发展水平研究"，北京师范大学钟秉林教授主持的"国外优质教育资源的特点及分布研究"，中共北京市委教育工作委员会张建明负责的"北京市中小学党建工作创新实践研究"，北京航空航天大学马喜亭的"高校大学生心理危机干预体系与工作机制研究"等都是较为典型的代表。

教育评价研究始终围绕教育质量评价、考试评价机制等热点问题展开。其中关于教育质量评价理论的研究，对于学校的招生、升学，以及各类别、级别的考试形式和内容是如何有助于体现出学生全面综合素质有一定的启示。例如北京教育科学研究院杜文平负责的“小学生数学素养评价研究”，北京教育考试院徐宝力主持的“首都社会考试面临的问题与对策研究”，北京师范大学赵德成负责的“新课程实施中的中学生综合素质评价研究”等。

（九）教师教育与教师专业发展研究

“十一五”期间，教师专业发展研究在提高教师教育能力、科研能力、业务水平、心理素质和自我发展能力方面取得了较大进展。同时，积极改进教师培训模式，创新教师研修体制；农村地区的教师发展也得到了广泛关注，研究涉及了农村教师的整体素质和管理体制等方面。

1. 研究者致力于提高教师的综合素质

首先，研究注重提升教师的教育能力，总结优秀教师、专家型教师的个体经验，以及新入职教师的专业成长和指导研究；相关课题有“教育常态下专家、经验、新手型教师自主专业发展能力的对比与促进研究”、“北京市教研组长职责与素质研究、骨干教师教学艺术及其风格的研究”、“小学新教师入职适应与指导的研究”、“经验型和新手型教师课堂提问技能对比个案研究”、“优秀中小学教师成长历程个案研究及规律探索”。

第二，通过校本科研等多种途径提高教师专业素养和业务水平，培养教师的实践反思能力，促进一批专家型中小学校长和教师的成长。此类研究中，越来越多的中小学一线教师以行动研究的模式加入，并成为研究主力。例如李红主持的“以教育案例研究、行动反思促进班主任队伍建设的研究”、王军主持的“以行动研究促进骨干教师专业发展”等，都是研究者在教育教学实践中基于实际问题解决的需要，与专家合作，将问题发展成研究主题进行系统的研究。

北京师范大学伍新春教授主持的“中小学教师动机激发风格及其对学生自主型学习动机的影响”课题，重点研究了新课程改革背景下教师专业发展的问题。认为教师的行为能够合理、有效地激发学生的学习动机，从而促进学生进入教学情境的积极状态。

第三，许多研究关注教师的心理健康成长，重视教师精神家园的建构。例如“北京市中小学教师幸福指数现状研究”、“师生关系紧张的现状与和谐师生关系的构建研究”；北京大学甘怡群主持的课题“中学教师的工作压力应对干预”，对中学教师职业倦怠影响因素和干预进行实证探讨，对教师职业倦怠的情境应对特征进行详细描述，为教育部门和社会增加对教师工作岗位的认识，采取有效措施进行教师队伍建设，提高教师健康水平以及工作满意度等提供了重要的参考信息。

第四，教师的自我发展意识和自我发展能力受到研究者的重视。例如，“基于‘自主诊断’平台的教师专业化发展模式”利用本校已经搭建的“自主诊断”平台，帮助教师自己找到发展的着力点，摆脱以往行政命令规定教师行为的弊端，解决校本研究中存在的形式主义问题，提高教师自主发展的意识和能力。

2. 改进教师培养模式，推进教师研修体制创新

首先，高校与中小学相结合，有效指导教学实践，如大学与中小学合作，促进教师专业发展。在首都师范大学朱晓宏主持的"大学与中小学合作探索学士后教师培养新模式"课题中，尝试突破现有的学士后教师教育培养模式，将已有"教师发展学校"建设与师范大学的教育硕士培养方案相结合，实现中小学教师在文化上和精神上向大学的真正回归。

第二，将网络等信息技术运用到教师培训中，提高教师培训的信息化水平。林春腾主持的"网络环境下区域教师学习共同体的建立与应用研究"中，将研究者所在区县的教育研修网作为研究平台，以"现代信息技术"和"区域性"为切入点，为教师学习共同体的研究做理论建构，为教师学习共同体的研究提供一种新的视角。

第三，创新教师培训模式和途径，拓展思路，拓宽路径。如在朝阳区中小学干部教师培训中创建开放的学习环境的研究、教师研修中心"研修一体"制度体系与运行机制的研究；田树林负责的"中学青年骨干名师校本培养工程实施策略的行动研究"中，提出校本培养是教师培养的重要途径，有着其他培养方式不可替代的作用，并研究出一整套校本培养的方案。

3. 农村教师发展受到研究者关注

研究涉及农村教师的教育观念、教育素质、管理体制等方面。如"促进农村中学教师发展的管理策略研究"、"促进农村地区中小学教师向研究型教师发展的质性研究"、"构建教研、科研、培训合作教育模式，促进农村中学数学青年教师专业发展的实践研究"、"提高农村小学教研组活动实效性的研究"等。

（十）教育信息化发展研究

"十一五"期间，在全面推进首都教育现代化进程的背景下，广大教育科学工作者围绕着教育信息化建设、信息技术和网络平台与课程、教学的有机整合、校园网络环境的建设等问题，理论联系实际，展开了广泛而深入的研究，涌现出了一批有影响力的课题，在教育改革和发展实践中发挥了重要作用。

1. 教育信息技术基本理论和政策研究取得了较大突破

随着教育信息化步伐的大力推进，许多研究者将目光放到了教育信息技术基本理论和政策研究层面。他们的研究多从大局出发，具有前瞻性和指导性。

宏观层面，研究者通过横向比较的方法，拓宽研究视角。如，李志涛主持的"北京市教育信息化与其他国家教育信息化的比较研究"，以当前首都教育信息化发展中的关键问题为着眼点，通过对部分发达国家教育信息化发展的研究，借鉴其典型经验和行之有效的举措，为化解首都教育信息化发展中的突出矛盾和"瓶颈"问题提供深度的对策建议。

中观层面，研究者对北京市某些区县的教育信息化进行了研究。如，北京师范大学刘志波负责的“密云县基础教育信息化研究”，将研究视点投放到京郊，利用现代教育技术理论与手段，研发总结一套区域特色的农村教育信息化整体推进解决方案，使得密云县的学校接近城区学校的教学水平和办学水平，从而带动北京更多农村地区教育信息化实现跨越式发展。

此外，有些研究基于某一教育理念或教育理论，试图构建一个全套的发展模式或发展体系。如，北京大学侯建军教授主持的课题“首都学习型城市构建教育信息资源建设和应用研究”，从北京市学习型城市构建及教育信息资源建设现状入手，通过分析首都学习型城市构建教育信息资源建设需求，提出研究首都学习型城市构建教育信息资源建设对策措施建议。

2. 实践研究中的问题意识有所提高，使研究有了较强的针对性

研究者针对教育信息技术推广和使用过程中出现的问题，分析问题、解决问题，使研究具备现实针对性。如某中学从学校自身在信息化过程中遇到的诸多问题出发，所做的“学校信息化应用现状、危机与对策的研究”；又如“基于因特网的北京市民办高校大学生心理素质测评咨询系统”的研究；针对高校课堂上信息技术泛滥而影响教学效果的问题，北京航空航天大学任秀华主持开展了“高校课堂教学中教师信息技术接受行为研究”，帮助教师提高信息技术在课堂应用的有效性。

3. 信息技术与课程、教学的有机整合被广泛关注

在众多课题中，研究者往往把信息技术与课程、具体的学科教学有机结合在一起。许多中小学一线教师更多关注到了信息技术在课堂中的应用问题，加强了信息技术与学科教学的深层次整合与联系。如，张丽娟负责的“理科教学中电子交互白板的课堂应用研究”课题，探索出在电子白板环境下，互动课堂的教学模式，开发出适合各学科使用的基于交互式电子白板的资源，构建基于交互白板的学习模式。此外，还有英语模拟对话语境教学整合与绩效评估、信息技术与职业高中专业课教学的整合——职业高中专业课教学资源库的建设和应用、多媒体环境下作文序列训练实验研究等。

4. 现代远程教育、网络多媒体技术与教育依然是重要的研究内容

研究者关注现代远程教育的发展，开展诸如“成人远程学习者学习风格测量和在线制导系统的设计与开发”、“现代远程教育个性化教学模式的实践研究”以及“成人高校远程即时交互课堂建设方案研究”等。同时，如何将网络多媒体技术运用到教育教学当中，也是研究者们共同关心的，特别是搭建网络教育平台，实现网络教育资源共享的研究，促进教师学习共同体的构建以及学生利用互联网自主学习能力的提高等问题。有的研究还旨在推广对教育科研网的利用、开展数字校本教研的研究、数字化学习型教研中心建设的实践研究、网络教学环境下教师共同体的建立与教育资源共建、共享和开放机制研究等。

（十一）奥林匹克教育研究

2006 年和 2007 年，北京市教育科学年度规划中单列了"奥林匹克教育"领域，两次立项 8 个课题，其中 2 项课题由高校教师承担，6 项课题由中小学校承担。同期，北京各区县教委和学校也以立项课题、编写校本课程、组织研究性学习等形式确定了若干带有研究性质的项目。

表 4-1　北京市教育科学"十一五"规划立项课题奥林匹克教育研究课题

批准号	课题名称	负责人	工作单位
AKA06171	奥运背景下国际意识教育的行动研究	余新	北京教育学院
AKA06172	依托北京世界文化遗产，进行人文奥运精神教育的研究与实践	李辂	北京市第六十五中学
AKB06173	奥林匹克教育模式的研究	唐杰	中国人民大学社会与人口学院社会学系
AKB06174	构建小学阶段奥林匹克教育培养目标模式研究	魏俐	朝阳区花家地实验小学
AKB06175	小学奥林匹克教育模式的探索与开发	郑云宏	海淀区羊坊店中心小学
DKB06176	通过参与"绿色奥运"研究小学生综合实践能力的行动研究	李红卫	东城区史家胡同小学
DKB06177	依托学校奥林匹克教育，提高学生基本道德素质的途径研究	贾洪波	北京市八大处中学
DGB07117	在学校体育工作中开展奥林匹克教育的研究	陶淑莲	顺义区杨镇第一中学

表 4-1 的 8 项奥林匹克教育研究课题，按其研究内容可划分为四类主题：一是关于教育模式的研究，包括中国人民大学的"奥林匹克教育模式的研究"、朝阳区花家地实验小学的"构建小学阶段奥林匹克教育培养目标模式研究"和海淀区羊坊店中心小学的"小学奥林匹克教育模式的探索与开发"3 项。二是关于国际意识教育的研究，有北京教育学院的"奥运背景下国际意识教育的行动研究"。三是关于教育途径和方法的研究，有东城区史家胡同小学的"通过参与'绿色奥运'研究培养小学生综合实践能力的行动研究"、北京市八大处中学的"依托学校奥林匹克教育，提高学生基本道德素质的途径研究"和顺义区杨镇第一中学的"在学校体育工作中开展奥林匹克教育的研究"3 项。四是关于人文奥运精神的研究，是北京市第六十五中学的"依托北京世界文化遗产，进行人文奥运精神教育的研究与实践"。"模式"和"遗产"课题的选择，直接贴合了《北京市学校奥林匹克教育行动计划》中提出的"主要目标"之一"探索发展中国家奥林匹克教育的特殊规律和实践模式，为奥运会留下具有北京特色的教育遗产"的要求。而对奥林匹克教育培养目标的探索、模式

的开发利用，以及学生实践能力和道德素质的提高，是实践中需要关注的具体问题，其研究结果对实践具有较强的指导意义。在研究方法上，以行动研究为主，这是与研究问题的选择和研究主体的实际相一致的。因此，这类课题总体上呈现出三大特征：关注教育实践问题、注重行动研究策略、重视奥运理念和价值的传播。

四、研究中存在的问题与不足

“十一五”期间北京市教育科研领域取得了前所未有的成绩，有效地推动了北京市地方教育的发展，有力地服务于北京市的教育改革和发展，为北京市的精神文明建设和社会的和谐发展贡献了力量。但不可否认的是，面对日新月异、繁荣发展的首都建设，与北京市的教育改革和发展的要求相比，“十一五”期间的教育科学研究还存在一些有待进一步解决的问题。

（一）重大现实问题研究的力度不够

“十一五”是北京市全面建设小康社会的第一个五年，在这期间，随着北京市经济社会的飞速发展，教育科学领域不断涌现出一些重大的现实问题，例如基础教育均衡发展问题、城市化进程中的教育问题、北京市大学毕业生就业问题等，这些问题不仅关系到全市教育科学的改革与发展，更与北京市的物质文明、精神文明建设和全市的稳定快速发展息息相关。因此，要求教育科研工作者在进行研究的过程中，围绕教育改革发展战略目标，提高现实敏感度和责任意识，深入研究北京市教育改革与发展过程中的现实问题。

（二）研究创新水平不够，精品课题数量不足

“十一五”期间教育科研的各个领域都取得了突出成就，然而仔细研究不难发现，部分课题的选题论证不够充分，重复率较高，创新水平明显不足。此外，从研究者提交的研究成果看，不少研究者只是简单的罗列获奖成果，成果的水平有待于进一步概括、提升，具有重大影响力的精品课题、精品成果较少。

五、“十二五”时期重点研究领域和方向

“十二五”是教育发展的黄金期，《国家中长期教育改革和发展规划纲要（2010—2020年）》的颁布，为“十二五”教育科研规划提供了方向性指引。积极贯彻落实《国家中长期教育改革和发展规划纲要（2010—2020年）》的精神，促进北京市教育科研水平的提高，尽快实现人力资源强国的目标，北京市教育科学规划办紧密结合北京市教育事业发展的实际，拟在“十二五”规划期间重点加强以下研究。

（一）加强重大现实教育问题的研究

当前，我国教育事业发展中涌现出许多现实问题、热点问题。对这些问题的认识可谓见仁见智，有些认识较为粗浅，甚至存在较大争议。对这些问题的研究不仅能深化人们的认识，而且能为政府部门的教育决策提供依据。“十二五”规划期间，根据《国家中长期教育改革和发展规划纲要（2010—2020年）》的要求，结合北京市教育实际，应重点加强以下研究：(1) 如何发挥教育在北京城市发展中的作用问题；(2) 如何采取有力措施促进教育均衡发展问题；(3) 如何认识教育公平与精英人才培养的关系问题；(4) 如何保障教师待遇、提升教师专业素养问题；(5) 如何减轻中小学生过重课业负担，促进学生全面发展问题；(6) 如何促进高中学校多样化发展问题；(7) 如何促进教育化改革发展问题；(8) 如何促进高等教育人才培养质量和科技创新能力问题；(9) 如何构建首都现代职业教育体系问题；(10) 如何建设数字化教育服务体系问题等。

（二）继续深化教育常规领域问题的研究

“十一五”规划期间，研究者根据自身特点，对某些重要领域、重要问题进行了较为深入的研究，为“十二五”规划奠定了坚实的基础。由于教育的发展有较强的连续性，在新的历史条件下，继续深入开展教育常规领域的研究，仍是北京市教育科学规划的重点任务之一。借鉴“十一五”时期研究的经验，“十二五”应继续深化“基础教育研究”、“学前教育与特殊教育”、“高等教育”、“职业与成人教育”、“德育”、“体育、美育与校外教育”、“教育管理与评价”、“教师教育与教师专业发展”、“教育信息化”等常规领域内有较高价值问题的研究；继续设置“重点课题”、“青年专项课题”、“校本研究专项课题”以及“一般课题”，有效推动首都各级各类教育科研事业的蓬勃发展。

（三）着重加强提高教育质量的研究

“人才强国”战略目标的实现最终要落实到教育质量上。以往的发展中，无论是基础教育、职业教育还是高等教育，都偏重规模的发展，对教育质量问题的重视程度有待进一步加强。今后一个时期，我国教育事业发展的重点必然要落到提高教育质量这一主题上。为此，“十二五”时期要着重加强教育质量方面的研究，要坚持“高标准、高质量”的研究原则，着重加强教育观、学习观、学生观的研究；加强教育质量评价、考试招生制度、学生评价、教师评价的研究；加强学生思想道德建设、身心发展规律的研究；加强课程教材改革，教学内容、教学方法、教学手段、教学策略改革等方面的研究。

（北京市教育科学规划领导小组办公室）

天津市教育学科发展报告

根据全国教育科学规划领导小组办公室《关于组织开展地方教育科学“十二五”规划学科调研工作的通知》要求，天津市教育科学研究领导小组办公室组织了全市教育科学“十一五”规划研究状况的调查，其目的在于总结天津市教育科学“十一五”规划研究工作，了解掌握天津市整体教育科研状况，以促进天津市教育科研事业的进一步发展，更好地为教育改革和发展服务，为全市经济发展与社会进步服务。

一、教育科学“十一五”规划研究的基本情况

（一）规划的制定情况

“十一五”是天津经济和社会发展重要的战略机遇期，是滨海新区开发开放纳入国家整体发展战略的第一个五年，也是我市全面加快教育现代化建设的关键阶段。为促进我市教育科研事业的发展与繁荣，更好地发挥其先导作用和服务功能，依据《天津市国民经济和社会发展第十一个五年规划》和《天津市教育事业发展第十一个五年规划》，制定天津市教育科学“十一五”规划及课题指南，这是指导全市教育科研工作的重要文件，因此，天津市教育科学规划领导小组办公室高度重视此项工作。2005 年下发的《关于征询天津市教育科学“十一五”规划课题指南建议的函》，是集思广益，依靠学校、科研单位和行政部门等各方学者、专家和领导的集体智慧制定出的一个适合市情，具有前瞻性、科学性、实效性、可行性的教育科学“十一五”规划课题指南。在征求多方意见的基础上，天津市教育科学规划领导小组依据国家、市“十一五”期间经济社会发展和教育事业发展规划及我市“十五”教育科研发展实际情况，对全市教育科学“十一五”期间的基本目标和根本任务做出了规划，制定了《天津市教育科学“十一五”规划纲要》和《天津市教育科学“十一五”规划课题指南》。确定“十一五”期间，我市教育科研要坚持以马列主义、毛泽东思想和邓小平理论为指导，落实党中央关于教育的一系列方针政策，坚持理论联系实际原则，积极探索教育发展规律，注重基础研究，加强综合研究，突出应用研究，尤其要加强对我市教育改革和发展有直接关系的一些重大理论问题和实践问题的研究，提高教育科研的整体水平和效益，为教育决策服务，为教育改革和发展服务，为繁荣教育科学服务，为全面推进素质教育和促进我市经济社会发展服务。

（二）课题立项情况

为了宣传、组织好课题的申报工作，天津市教育科学规划领导小组办公室于2006年4月，在全市分三部分、三个专题进行申报培训。2007年在个人申报、区（县）或高等学校教育科研管理部门初审、市教育科学专家组评审的基础上，市教育科学规划领导小组批准确立了“十一五”规划课题687项，其中，重点资助课题124项，重点规划课题200项；高等教育262项，职成教105项，基础教育241项，综合单位53项，教委委托课题26项。这次立项在申报程序、审批方法和立项规模上都有新的突破。2007年至2010年期间，天津市教育科学规划领导小组为了适应教育发展的实际需要或受天津市教委的委托累计滚动审批立项课题106项。这样，“十一五”期间全市共确立教育科学规划课题793项，立项数量远远超出了“十五”期间立项课题。

（三）课题研究学科分布情况

我市的“十一五”教育规划课题研究内容几乎辐射到了各个学科，高等教育学科课题仍占多数，其次是基础教育课题，再次是职业教育。学科的分布也反映了我市学科教研的发展情况，除高等教育、基础教育学科和职业教育有较为成熟的研究队伍外，其他学科也在逐渐形成自己的课题研究队伍。老年教育和闲暇学科课题的申报和立项相对薄弱。

（四）课题结项情况和成果获奖情况

天津市教育科学规划领导小组办公室注重课题的过程管理，努力在课题管理过程中实现从重数量向重质量管理体系的转化和落实。由于“十一五”期间我市立项课题数量较多，为确保课题完成质量，我们在抓好课题开题、中期检查、课题鉴定等关键环节的基础上，坚持课题年度检查制度，请课题负责人年末书面报告课题研究情况及阶段性成果情况。还组织召开课题负责人培训会议，加强课题的自我管理工作；并与课题负责人签署课题承诺书，增强课题负责人的责任意识和诚信观念。市规划办还从实际出发，改善课题结题鉴定方法，即除了采取现场会议鉴定、通讯鉴定等常规形式外，还采取了组织多项课题同时进行集中鉴定的方式。这既提高了效率，又节省了费用，减轻了课题组的经济负担。截至2010年9月，我市“十一五”期间立项的793项课题中已有552项课题通过鉴定验收和办理结题手续，约占立项课题的70%，课题的结题率和完成质量鉴定等级均好于“十五”。

成果获奖方面，原定五年一次的天津市优秀科研成果评奖，现改为两年一次，且增加了优秀科研管理单位及个人的评选奖项。2010年为了提高我市教育科研水平、发挥科研管理对教育科研工作和教育科学事业发展的助推作用，充分调动广大教师、科研管理工作者的积极性和创造性，天津市教育科学规划领导小组组织天津市教育科研优秀成果、科研管理先进单位及先进工作者评选活动。共评出优秀成果一等奖13项，优秀成果二等奖34项，优秀成果三等奖73项，科研进步奖23项；天津市教育科研管理先进单位28个，先进工作者57名。并召开表彰会，组织经验交流，天津市教育委员会靳润成主任做了重要讲话，表示要进一步加大对教育科研工作支持的力度，特别是对于一些好项目、重要项目，给予配套资金支持，进一步提升天津地区的教育科研水平。

（五）经费情况

“十一五”期间，为了进一步加强教育科学规划研究工作，市教委向市财政争取，将市教育科学研究经费列入财政专项拨款。“十一五”期间市财政固定列支投入了150万元，市教育科学研究领导小组及其办公室对重点课题给予了经费资助，市教委另给予个别重大课题专项拨款和对“优秀成果”奖励的资金支持。各区（县）、各相关部门、各学校也采取了多种措施对立项课题进行资助约200余万，弥补了市教育科研经费投入的不足。

二、教育科学“十一五”规划研究的主要进展

“十一五”期间，是我市经济社会发展的关键时期。五年来，我市按照国家的战略部署，全面加快滨海新区建设，实现“三步走”战略目标，建成现代化港口城市和我国北方重要经济中心，建立起比较完善的社会主义市场经济体制，成为率先基本实现现代化的地区之一。教育在推进现代化进程中肩负着重要的历史使命，为了保证教育能够更好地服务于经济快速发展和社会全面进步，必须坚持教育优先发展。根据《天津市国民经济和社会发展第十一个五年规划》及《全国教育事业发展第十一个五年规划》，在天津市教委的正确领导下，“十一五”期间，天津市教育科研事业呈现出了繁荣发展的良好趋势，教育科研工作取得了丰硕的成果，有效地促进了教育决策的科学化和教育教学改革。在教育科学的基础理论研究、应用对策研究等方面都取得了重要进展；形成了一支结构合理、学术水平较高的教育科研骨干队伍；建设了一批示范作用突出的教育科研示范基地；集中优势力量，进行协作研究，为教育决策部门提供了一些有学术价值和应用价值的咨询报告，充分发挥了教育科研在理论研究和实践探索方面不可替代的重要作用。

（一）发挥教育科研的职能作用，积极为教育决策服务

近年来，随着教育改革的不断深入，教育决策科学化的需求也越来越高，天津市各级教育行政部门也更加重视教育研究对教育决策的影响和作用。天津市教育科学规划领导小组办公室始终把为教育决策服务作为重要任务。

将教育科研过程与教育决策结合起来，直接为教育决策而研究，是发挥教育科研

人员的智力优势，让他们直接参与到为教育决策服务的研究中去。“十一五”期间天津市的教育科研人员直接参与教育决策过程。天津市委、市政府召开教育工作会议，教育科研人员参加了市委教育调研组，在广泛调查研究的基础上，作为会议文件主要撰稿人，参与起草市委、市政府教育类文件。教育科研人员将研究过程与制定天津市教育改革与发展、教育事业“十一五”规划结合起来，通过研究，发现天津市教育改革与发展所需要解决的问题，在明确天津市教育现状的基础上，制定出天津市教育事业发展规划。“十一五”期间天津市教育领域的若干重大决策与活动都有教育科研人员的参与，有教育科研人员进行调查研究成果的支撑。

教育行政部门的管理人员参与教育科研是将研究过程与教育决策结合起来的另一形式。在“十一五”期间，天津市教育科研的实践效益日益显现，天津市教育行政部门的管理人员大兴教育科研之风，用教育科研提高教育决策的科学性，取得很好的效果，这一点在天津市教育科学“十一五”规划实施过程中体现得十分明显。按照天津市教育科学“十一五”规划课题立项的规定，教育行政部门的管理人员除正常参与课题竞标外，市教育科学规划领导小组专门留出课题指标供教育行政部门的管理人员，尤其是领导干部根据自己在工作中发现的问题来申报科研课题，从而使工作中的棘手问题转变为研究的课题，通过研究开拓工作思路。“十一五”期间，天津市教委连续几年把加强教育科学研究写入年度工作计划，不仅仅是天津市教育行政部门依靠教育科研人员的智力支持的需要，也是他们亲自参与教育科学研究教育决策的需要。

（二）正确的科研导向——为地方教育改革和发展服务

“十一五”期间，我市始终把围绕地方实际问题确立研究课题，以解决地方教育改革和发展中的重大理论与实践问题作为教育科研的主攻方向。为了开展教育发展宏观战略研究和教育政策研究，为教育创新和教育决策服务，组建了市教育发展研究中心，面向社会公开招标教育政策咨询课题，加强教育政策的前瞻性、系统性研究。为了创新政策研究机制，加强对我市教育重点、热点、难点问题的研究，成立教育政策专家咨询委员会，建立了重大教育决策听证制度，推进教育决策科学化、民主化。

加强了教育科研领导，理顺管理体制，整合教研和科研资源，完善教育科研管理制度和教育科研网络。充分发挥教育科研的先导作用，广泛开展群众性教育科研活动，不断提高全面实施素质教育的水平。重视结合教改实践进行教育实验研究，重视优秀教育科研成果的转化工作。实施“十一五”教育科研规划课题项目，推出了一批具有创新性、应用性、推广性的教育教学研究成果。

（三）有的放矢，突出重点，取得了一批高质量的研究成果

1. 素质教育研究

以加强学生思想道德建设，培养学生创新精神和实践能力为重点，我市积极开展

了德育创新、教学改革、艺术教育、体育教育、劳动技术教育和素质教育模式与保障体系等方面问题的研究。

在德育研究中，研究者认为学生是德育的主体，德育源于生活又归于生活。刘冰认为让学生也成为德育主体，从德育和智育、体育、美育以及劳动教育的关系来看，德育为先指的是应把德育工作放在一切教育工作的首位；从个体发展的层面来看，德育为先指的是应把育德放在发展、完善个体的基础性地位。在学校的德育实践中，实施主体道德教育活动，承认和尊重学生的主体地位，塑造和培养学生主体性道德人格。刘雪梅在全国教育科学“十一五”规划教育部重点课题“面向生活的有效教学策略研究”得出结论：道德源于生活，又归于生活。道德教育回归生活，这是品德课程与教学改革所秉持的基本理念。面向生活的教学策略与这门课程的设计理念是一脉相承的。面向生活的教学策略要求，要把教学内容与学生生活相结合，让学生感悟道德；要创设生活化的教学情境，让学生在生活中体验道德；要在生活化的合作与探究中，让学生理解道德。

艺术教育研究。艺术教育是素质教育的重要环节和组成部分。王娟在其论文《舞蹈艺术教育是素质教育的重要环节》中指出，舞蹈艺术的作用已超越了艺术本身，成为一个政党、一个民族、一个国家意志的代表或反映，从某种意义上讲，舞蹈艺术具有超越国界、人种、信仰、语言的表现能力，既可以表达人们的喜、怒、哀、乐，也可以表达人们对真、善、美的追求和向往，还可以表达对正义的歌颂。宁薇分析了民族艺术教育与个性完善的关联性，阐明民族艺术教育对于学生个性完善的促进作用，加强民族艺术教育是学生个性完善的内在要求，也是学校深化素质教育的有效途径。赵洪恩认为艺术教育在创造能力的培养中具有特别重要的作用，艺术教育有助于创造能力发展的生理机制在于通过开发右脑使大脑两半球得到协调发展，使它们各自的功能得到互补和充分发挥；其心理机制在于艺术教育引发和伴随的美感作为自由感受具有自由直观的因素，这种因素培育着直觉思维能力，而这种能力正是开启创造能力的钥匙。

创新教育教学模式的研究，即培养学生创新精神和实践能力的研究。如张武升等承担的课题《创新精神的本质特点与结构构成》的成果中提出创新精神在本质上是指一个人从事创新活动、产生创新成果、成为创新之人所具备的综合素质；具有综合性、关联性和发展性特点；在结构上涉及创新意识、创新情意、创新思维、创新个性、创新品德、创新美感、创新技法等，这些因素在人的创新精神中只能扮演不同的角色起到不同作用。

素质教育典型经验总结与理论提升研究。如和学新主持的课题《走向校本的素质教育——天津市中小学实施素质教育的研究》中指出走向“校本”是素质教育深化发展的必然趋向，探讨出素质教育实施的“校本”之路。张武升在《实践能力的本质特点与结构构成》中认为实践能力在本质上是学生通过实践获取知识和将知识运用于实践的能力；具有社会性、实效性和手脑并用性特点；在结构上涉及动手操作能力、交往能力、设计能力、分析和解决问题的能力，这些因素相互影响，构成一个整体。

2. 基础教育研究

以促进基础教育均衡发展为重点，积极开展教育均衡发展保障机制、新课程的实施、育人模式的优化、教师专业化发展、学生的全面健康发展等方面问题的研究。

教育均衡发展保障机制的研究。陈雨亭在《天津市基础教育均衡化发展的新态势》中认为：在基础教育均衡发展方面，天津市已经开始走向内涵式均衡发展，表现在创设联合发展学区，缩小校际差距；通过支援农村教师队伍建设的方式来缩小城乡差距；把新课程改革作为基础教育均衡发展的契机。天津市基础教育在走向均衡发展的过程中，用逐步提升农村学校硬件水平和通过支援农村教师队伍建设来填补软实力差距的方法努力缩小城乡差距，用清理整顿改制校和实施就近入学政策保证入学机会的公平，用联合发展学区的方式努力缩小校际差距。在这个过程中，天津市把刚性的制度与柔性的引导相结合，采取动态均衡发展的价值取向，不断创新人才培养的机制。天津市应该继续探索有效的基础教育均衡发展保障体系；推广与深化片区教研；加强教育研究，提升基础教育均衡发展的层次。张芹芹从杠杆原理出发，阐述当前城乡教育均衡发展过程中存在的问题。此视角下，这一杠杆的主体为具有自身逻辑的基础教育，城乡基础教育的现代化是其重要支点，而政府投入的教育资源则是外加于这个杠杆的力，它的大小方向以及与各方的适切程度对教育均衡发展的实现和教育资源的利用程度都起着重要的作用。

在课程改革方面，理论研究侧重课程基本理论问题以及新课程改革的理论研究。和学新在《科学把握新课程改革的理论基础的两个方法论问题》中指出，新课改必须在坚持马克思主义认识论和人的全面发展学说指导思想的基础上，广开学术资源，兼收并蓄，同时又要有所分析，有所取舍；要从解决问题出发，利用好各种学术资源。在实践研究方面，侧重课堂教学体系及模式的创新研究、各学科教学策略研究、高中新课程的实施与教学创新研究以及减轻过重课业负担的对策研究，如张广军在其文章中指出我们要把教学作为人类特定生活的意义，对教学进行理解和构建，要通过教学对生活世界的亲近、融通与超越来进行，使教学活动进化为形式上相对稳定、内容上紧密围绕学生的个体发展的相对活跃的科学生活。又如王君红在《创造教育课堂教学模式初探》中认为创造教育课堂教学的基本模式有"发现—探究式"、"自主—建构式"、"体验—反思式"、"拓展—开放式"等几种。其基本结构是教师的教学行为和学生的学习方式，构成教与学的和谐统一。

中小学教师专业化发展方面的研究。汪耀进和赵嘉平在《教师专业化发展策略》中认为教师专业化发展要适应教师学历向更高层次变化的趋势，职前职后一体化的教师教育是实现教师专业化发展的重要途径。和平区中小学教师专业发展的实践研究课题组进行了中小学教师专业发展的实践研究，认为教师专业发展是提高教师和谐素养和能力的重要途径。他们通过对天津市和平区教师专业发展的实证研究，试图在教育实践中找到适合和平区自身特点的教师专业发展模式和应用性策略，为和平区教育的科学和谐发展提供具有可操作性的专业发展手段和对策。

学生的全面健康发展方面的研究。张宝贵在《学校文化建设：教育本体论的视界》中提出必须从教育本体的角度审视学校文化的形成与发展问题。因为学校文化是先进的社会组织文化，学校文化建设是社会先进文化在学校组织的提炼整合、引导强化、自觉内化和实践外化过程，这对学校文化建设具有重要的指导意义。天津教科院的杨彬认为校长是先进学校文化的引领者，必须重视校长队伍建设与教育。朱君梅和胡贵禄提出要以人文关怀为切入点来加强对学生的思想政治教育，在尊重学生、理解学生的氛围中促进学生全面健康地发展。人文关怀的教育模式以情感为依托，在教育方式上实现了从灌输式向对话式的根本转变；在教育内容上不断创新升级，通过传统文化、先进文化和校园文化的综合熏陶感染功能来教育引导学生。在教育教学过程中真正贯彻人性化的人文关怀的教育理念，帮助学生形成科学的世界观、人生观和价值观。

3. 职业教育研究

以共建国家职业教育改革试验区为重点，积极开展技能型紧缺人才培养、职业教育课程结构、“工学结合”育人模式、职业技能训练、“订单式”人才培养等方面问题的研究。

共建国家职业教育改革试验区方面的研究。天津职业教育研究者对此展开了大量研究，天津教科院杨延的《立足天津服务全国走向世界——充分发挥国家职业教育改革实验区功能的研究》，针对如何充分发挥国家职业教育改革实验区的功能提出了颇有建设性的建议，职教示范区的发展定位是建立一个与国际融合、中外合作办学的示范区，一个高素质、国际型的职业人才培养基地。加快职教示范区的开发开放，迫切要求积极引进国外优质的职教资源，同时要进行管理体制、保障机制的创新，力争新区在国际化办学等方面有实质性突破，形成富有特色、优质高效、充满活力、对外开放的职业教育体系。通过职业教育机制创新支持滨海新区开发开放，一方面建立应用性知识、技术研发、转化机制，提高职业教育服务能力，另一方面建立校企合作一体化发展新机制，为滨海新区建设培养高素质人才。

高标准职业教育体系建设、职业教育多种办学模式、职业教育课程理论与教学理论的研究。周明星、唐宏伟在《职业教育学科论初探》中指出：理论意义上的职业教育学科包括科学性质、对象、范式、体系和学派；实践意义上的职业教育学科包括学科分类、研究项目和科学平台；当代职业教育学科经历了恢复、成才和反思三个时期；转型期的职业教育学科的发展需要明确研究的基本问题，丰富研究的范式，构建职业教育学科理论体系。在政策研究方面，侧重实验区的政策保障措施、以就业为导向的职业教育体制改革、“双师型”教师队伍建设研究。祝士明的“现代职业教育办学模式的构建”研究结论认为：现代职业教育发展需要科学合理的办学模式与之适应，依据现代社会经济发展提出构建现代职业教育办学模式，主要包括三位一体的运行保障模式、双师和双证相结合的培养模式、灵活多样的学习模式、订单培养的就业模式、多种教育与培训形式并存的在职培训模式以及适应职业教育发展的管理模式。

职业教育课程结构的研究。杨丽的课题"国际贸易实务专业基于工作过程课程体系开发与实践"研究成果表明，课程结构是影响学生职业能力形成的重要变量，认为构建现代职业技术教育课程体系的关键在于对被整合的实际工作过程知识合理解构。

人才培养模式的研究。张焱在《高职教育的人才培养目标及模式运用》中提出人才培养目标决定着人才培养模式，要实现高职人才培养目标，提高教育教学质量，必须创新人才培养模式：在专业设置上，以市场为主导；在教学设计上，以职业岗位能力培养为宗旨；在课程模式上，采用工学结合，任务教学法；在师资建设上，努力建设双师型队伍。丁桂芝等在论文《高等职业教育专业课程体系开发方法的研究与实践》中阐明高等职业教育专业课程体系是人才培养方案实施的主要载体，其形成是建立在一系列分析基础之上，第一步要对专业面向的职业岗位进行分析，第二步结合生源情况确定专业培养目标，第三步对专业课程学习进行分析与设计，第四步形成专业学习课程体系。这是一个开发的过程，每一环节和步骤都要贯穿工学结合教育思想。杨璐铨提出中等职业教育"双证书"制课程体系的构建，认为建立双证书制理论与实践合一的完备课程体系是中职教育教学改革的核心所在。陈慰萍在《浅析高等职业教育实训课程评价的原则》中简要讨论了影响高等职业教育实训课程评价活动的因素，并基于这些因素讨论了高等职业教育实训课程评价体系建立与实施过程中应遵守的科学性、导向性、可操作性等原则

4. 高等教育研究

以全面提高教育质量为重点，积极开展教育质量保障体系建设、课程与教学改革、创业教育理论与实践、产学研结合机制建设等方面问题的研究。

在理论研究方面，侧重高校发展定位研究、多元质量评价体系研究。宋彦军分别从"符合性质量"评价和"适用性质量"评价两个方面研究高职教育服务质量的评价方法。易金生认为提高高等职业教育教学质量要加大政府投入，调节经费分配使用状况；要开展多种形式的教师培训，提高教育教学水平；要建立教师竞争机制，提高教学质量；要确立校企合作制度，提高教育教学质量；要建立跨校合作，实行资源共享，改善教学条件。董晓红在《高校创业教育管理模式与质量评价研究》中创新性地提出了"内部完善—外部支持—综合激励"的高校创业教育管理模式，构建了高校创业教育评价指标体系和高校创业教育质量评价的模糊数学模型。

高等学校课程的改革研究。王梅在《生态学视角下的天津市高等学校学科协同进化的理论与实证研究》课题研究中提出了学科生态系统的概念，明确了它所蕴含的隐性的本体层面和显性的社会层面两层含义，分析了学科生态系统的特征、构成要素、层次、结构与环境，建构了学科生态系统的理论体系。并通过 Matlab 对天津市两个远缘学科群——教育学和工学的协同问题进行了仿真，又用系统动力学的方法，

对天津市整个学科生态系统进行了仿真，证明了学科协同进化对于促进天津市学科的发展具有重大的作用。最后，结合环境因子分析，提出了基于学科生态系统协同进化的对策建议。

汤国明认为高等学校扩招，使高等教育正由精英教育向大众化教育转变，创业教育是实现高等教育大众化的基本保证，实施创业教育必然要变革高等教育课程体系，就必须调整课程体系，增加创业课程，调整专业结构和课程内容，培养大学生的创业能力。陈学军在"食品科学与工程专业本科生课程体系的构建与定量评价"的研究成果中，阐述了如何发挥高校的资源优势，构建科学合理的课程体系，使所培养的人才与社会需求相适应。

创业教育理论与实践的研究。李树茂认为创业教育是素质教育的重要内容，是培养学生创业精神和创业能力的教育，是当前缓解大学生就业压力的有效途径，是高等教育改革的新亮点。孙伟业在"天津市高校创业教育模式研究"中剖析了高校创业教育欠缺的成因和已形成的模式类型，较系统地阐述了创业型人才的主要特征和创业教育模式及相关对策，具有很强的操作性和应用、借鉴价值。

大学文化建设研究。何致瑜认为为了使高等教育适应和谐文化建设的需要，必须进一步重视和加强高等学校的文化建设。建设大学文化，必须调浓人文色彩，加强人文关怀，促进人文教育和科学教育的融合；同时要注重优秀文化的熏陶，加强先进文化建设；坚持科学发展，加强和谐文化建设。云萌等提出，校园和谐文化是社会主义先进文化的重要组成部分，它以和谐校园为思想内涵，以文化为表现方式，将核心价值、大学精神、制度建设、校园文化、舆论宣传融为一体，包含着对和谐社会的认知和感受，反映的是一所大学的文化精神和文化境界。赵军认为大学文化是在大学长期办学过程中经历历史积淀而逐渐形成的办学理念、精神追求、学术氛围、规章制度、价值标准、学校环境等精神成果和物质成果的总和，是大学生命力、凝聚力、感召力之所在，它包括精神文化、学术文化、制度文化、环境文化四个层面的基本内容。精神文化是大学文化的核心，中国大学理念的萌芽融合了西方大学文化、中国传统教育思想的精髓，走出了自己探索、发展的道路；学术文化是大学文化建设的基本内容，直接影响学校的综合实力和办学水平，是学校生命力的所在；制度文化是不断发展演进的，加强制度建设是进行大学文化建设的重要保证。新世纪中国大学面临的形势，要求大学制度文化必须进一步创新和完善，发挥环境文化的载体作用。大学环境文化有丰富的表现形式，在新形势下，要充分利用文化环境的手段，努力营造不同层次的文化环境。

创新教学模式研究、高校学术梯队建设的策略研究等。龚克在《建设创新型国家与大学人才培养模式的改革》中指出大学人才培养的改革亟待加强以社会与历史责任感为重点的思想素质教育，为创新提供坚实的内生动力；加强全面的知识基础教育并实施宽口径专业教育，为创新提供广博的知识基础和加强自主学习、科学精神与实践能力的培养，为创新提供必需的能力基础。刘书翰认为办学理念是办学者在长期教育实践中对教育规律、教育功能的理性认识和思想观念的凝练，是具有相对稳定性和实践性的办学指导思想，是引领大学改革与发展的“灵魂”。

安蓉在课题《高等工程院校学生自适应学习机制的研究》中认为，学习是指由经验引起的行为、能力和心理倾向的比较持久的变化。所谓自适应产生式系统就是一种计算机程序，这种程序能够在问题解决的过程中建构新的产生式规则并把这些规则添加到它的记忆中去，从而能更加有效地解决问题。自适应学习既强调继承性与适应性，又强调创造性与发展性，是创新目标生态观下的一种更高水平的、更有价值的学习活动。该研究对自适应学习的生态化和可持续发展性、自适应学习的学习者主体化及和谐性、自适应学习的终身性和个性化及自适应学习的主动性和创造性进行了具体的研究和阐释。

在高校权利方面的研究。赵学昌承担的课题《天津市高校法律风险评估及其防范机制研究》，借鉴“风险管理理论”的基本理念，从法律的角度研究高校经营管理过程中产生的法律风险及其防范机制，对高校加强法律风险评估和防范必要性、天津市高校法律风险的突出表现进行论证分析，提出高校法律风险防范机制建设的建议和原则。

陈士俊在《论高校学生处分制度的完善》中指出从法律角度，在实体和程序两方面重构学生处分制度，以期达到公平正义，实现依法治教、依法治校的目标。赵学昌针对我国现行的司法制度和高等教育发展的现状和趋势对高等学校的权利进行法律评析，论述了我国高校在主体性质和享有权利上的二重性。李红燕也针对我国高校学生权利保护制度的立法现状，通过对高校学生权利保护制度的法理分析，提出了构建高校学生权利保护制度的设想。

产学研合作的研究。陈士俊认为产学研合作已经成为学术界的研究难点，各国学者虽然试图从多种层面和角度探讨产学研的合作机制，但并没有达成广泛共识。按产学研合作中各方所处的地位、关系，将产学研合作的模式分为父母之命型、媒妁之言型和自由恋爱型等类型；通过指出三类模型的不足，提出产学研合作的钻石琥珀模型，并给出了若干政策建议。

5. 终身教育

以建设学习型城市为重点，积极开展构建终身教育体系、完善社区教育网络、建设学习型组织、整合各类教育资源，实现区域共享等方面问题的研究。

在理论研究方面，侧重终身教育体系与学习型城市建设标准研究。杨春芳对天津终身教育体系：现状、问题及构建重点作了分析，认为天津基本建立了各级各类教育相互衔接的终身教育体系，终身学习的观念和需求逐步深入人心，社区教育逐渐显现出不同的发展特色。但是仍存在组织机构不健全、专业性不强，终身教育的经济效益、社会效益、个人效益甚微等问题。应完善终身教育体系，构建有针对性的组织机构，实现终身教育体系组织一体化；变革传统教育制度，完善终身教育体系的实现机制；实现学校教育的开放，转变学校教育功能；建立终身学习的质量保障和认证机制。张宝贵在《关于建设终身教育体系评价指标体系的基本框架研究》中认为终身教育体系是在传统教育体系基础上演化而来的，目的是建设学习型社会，根据教育体系发展的内在逻辑以及各个阶段教育体系组织系统特征和突出问题，建立终身教育体系演化模型，并按照终身教育体系建设过程评价的基本内容，构建终身教育体系评价指标体系的基本框架。

张海涛的课题《智能教育测试系统的开发与研究》，引入人工智能的算法以实现全自动教学测评，课题主要成果是一套“天津市成人计算机能力考试系统”，对于推动我市成人教育，充分利用各学校的网络资源，形成高效、客观、全面的教育测评体系，具有应用价值。对于探索先进的考试模式，也起着一定的作用。本项目研究的内容主要可以划分为：文字类主观题的自动阅卷技术的研究、智能组卷的理论研究与实践、计算机操作技能的评价方法、数据挖掘技术的应用、计算机技术实践操作的考核等五大部分。

在实践研究方面，侧重学习型组织的构建研究、社区教育网络建设的对策研究等。张华认为天津市已基本形成了“政府统筹领导，教育部门主管，有关部门配合，社会积极支持，社区自主管理，群众广泛参与”的社区教育管理体制和运行机制。胡桂华、陈汝明和陆春来分别提出社区教育、开放与远程教育、加快发展继续教育是建立和完善终身教育体系的重要途径和环节。赵学丽在《大力发展远程教育是构建天津终身教育体系和学习型城市的重要举措》的研究成果中，提出科学的整体设计与有效的实践方式是推进学习型城市建设的基石。发展社区教育、构建学习型社区是构建学习型城市目标的重要工作，应以终身教育为切入点，建设学习型社区、建立各种学习型组织，以点带面，构建有序、科学的管理体制，完善建设学习型城市的规划，整合全社会的教育资源，充分调动社会各界力量，使构建学习型城市成为可能。

（四）科研管理制度逐步完善，科研管理水平不断提高

教育科研的发展对教育科研管理提出了越来越高的要求。“十一五”期间，为了适应教育科研发展形势和变化的要求，天津市教育科学规划领导小组办公室结合本市教育科研发展实际，不断加强管理工作的规范化、制度化、科学化建设。首先，在建立健全教育科研组织网络的基础上，加强制度建设。“十一五”期间重新修订了《天津市教育科学“十一五”规划课题管理办法》，制定了《天津市教育科学“十一五”规划课题鉴定结题实施细则》、《教育科研成果评审细则》等管理文件，建立完善奖励制度、简报交流制度（多期以简报形式公告重点课题成果，效果良好）、精品成果激励制度、优秀成果转化推广制度及拟建立的联谊制度等，推进我市教育科研管理“三化”进程，使教育科研管理有章可循，逐步规范。如“十一五”规划实施以来，落实培训制度，已组织各级各类培训 4 次。其次，细化管理环节，加大课题管理力度。每个规划期及每年度，分别设有专门项目和重点培育项目，在人员和经费上予以重点扶持和资助，现重点资助 124 项，委托项目 26 项。并有针对性地推广转化一批

“十五”期间优秀科研成果，从实践结果来看取得了很好的成效。在课题研究过程中注重课题开题、过程研究、验收、推广的每一环节，提高课题研究质量。同时，我办还重点抓了课题的档案建设，做到每项课题独立建档，材料齐备。材料包括：立项评审书、开题报告书、主要过程性资料、结题审批书、结题报告、成果公报、年度检查表、成果原件（或复印件）、成果获奖证明等。各高校、区（县）也相应制定了规划课题的管理制度，建立了课题研究档案。这些逐步完善的科研基础性管理工作为我市教育科研工作的稳步发展奠定了基础。

（五）科研活动蓬勃开展，科研氛围浓厚

为了促进我市教育科研工作的开展，我市定期召开全市性的教育科研会议和积极组织各种学术研讨活动。“十一五”期间，天津市教育科学院和市教育科学规划领导小组办公室协助天津市教委召开了两次全市教育科研工作会议，即 2006 年 6 月召开的全市第三次教育科研工作会议和 2009 年 12 月召开的全市第四次教育科研工作会议。这两次教育科研工作会议分别总结了全市“十五”、“十一五”期间教育科研工作取得的成绩，分析了存在的主要问题，部署了新一个五年规划期间的基本任务，表彰了教育科研的先进单位和先进个人，奖励了教育科学优秀成果，对于推动我市教育科研工作的健康发展起到了重要的推动作用。为了营造良好的科研氛围，交流科研成果，全市还广泛开展了各种学术研讨活动。天津市教育科学院每年分别组织召开一次小学和中学实验学校协作会议，组织召开了市教育科研示范基地（市教科院分院）协作会议。各区县也纷纷组织科研活动，不仅组织本县（区）科研工作者开展各种形式的交流研讨活动，而且还广泛开展市内、市外的交流研讨活动。通过专题研讨、现场观摩、课题阶段汇报、会议鉴定等形式，沟通信息，推广自身的研究成果。这些科研活动的开展，不仅促进了组织者教育科研水平的提高，而且促进了校际间的交流与合作，提高了科研成果应用率，推动了教育科研的发展。

（六）教育科研服务水平和能力显著增强，影响力进一步提升

努力拓宽了办学途径，鼓励相关学校与国外高水平的教育机构进行多层次和多形式的合作，重点发展了高等教育和职业教育的中外合作办学，在滨海新区建立了与世界名校合办的高水平大学。吸引了国外专家来我市高校开展科研攻关、开设新兴学科、指导研究生、培训教师和参与学校管理。探索了职业院校与世界跨国公司合作建立实训、实习基地和区域性的技术培训中心。把职业教育研究与我国职业教育界的职业技能大赛结合起来，立项课题就此进行专题研究，探索把竞赛作为促进职业院校学生职业技能训练的重要途径，受到教育部领导好评。有的课题研究，取得的成果促进了教育质量评估，使课题研究单位的教育质量评价与国际接轨，建立了与主要国际教育组织、重要外国教育机构、外国驻华机构教育部门的合作与交流机制，与国际相衔接的教育质量评估和认证体系正在形成。举办了高层次国际性教育会议、教育国际论

坛和国际教育博览会。

发挥学科优势，改善服务设施，加强招生宣传，扩大了外国留学生规模，不断提高了留学生教育的层次和质量。实施政府留学生奖学金项目，建立留学生勤工俭学和医疗保险等制度，吸引更多的优秀留学生。为外籍人员子女来津就学提供优良的教育服务。引进了国际职业资格认证体系，大量培养国际化通用人才，提高赴海外从业人员的整体素质。支持了高等学校和示范性高中赴境外办学，扩大教育的对外影响。

（七）促进研究队伍发展，形成全市教育科研网络

本着为科研服务的宗旨，规范了教育科研管理服务体系，建立并强化我市由基础教育、高等教育、职业教育和综合部门四大系统和市、区、校、课题负责人四级组成的教育科研“双四”管理体制及运行系统，为我市形成一支专、兼、群结合的教育科研队伍，提供了组织上的保证。系统运行实证：根据整分合原理，各司其职，行之有效，提高了管理效率和效益，成为课题研究良好稳定的支持系统。

“十一五”期间，我市教育科研培养与造就了一支素质更高的研究人员队伍，在全市形成了教育科研网络，研究人员队伍更加强大。天津市教育科学研究院已经发展成为综合性的教育科研机构，集基础教育、高等教育、职业与成人教育、教育理论、教育决策与发展、教育心理、教育法制等研究于一体，成为天津市教育科学研究的中心。各级各类教育建立了相应的教育科研机构，各高校设立专门编制，建立了高等教育研究所和高等职业教育研究所，研究高等教育的理论和实践，重点研究高校发展的战略问题。市教育行政部门依靠教育科研，强化政策研究为决策服务的职能，设立专门编制，确立研究室的教育科研机构地位，重点研究天津市教育发展的战略问题；各区（县）教育局专门设立编制成立教育科学研究室，它们既是专门的教育科研单位，又是区县教育科研的管理机构，主要承担基础教育研究与科研管理；各职业学校、成人高等学校大多数建立了教科室，采取专职或兼职的形式承担职业教育与成人教育的教育科研。

三、“十一五”期间教育科研工作的主要经验

（一）坚持以马克思主义、毛泽东思想、邓小平理论、“三个代表”重要思想和科学发展观为指导

教育科学是哲学社会科学的重要组成部分。中共中央《关于进一步繁荣发展哲学社会科学的意见》，不仅为我国哲学社会科学的发展开辟了前进的道路，同时也为教育科学指明了努力的方向。五年多来，天津市教育科学研究始终坚持马克思主义的指导地位，坚持以马克思列宁主义、毛泽东思想、邓小平理论、“三个代表”重要思想和科学发展观为指导，坚持教育科学研究为教育决策服务、为教育改革实践服务的

方向，坚持以创新教育理论和推动教育改革实践，努力建设面向现代化、面向世界、面向未来，具有天津特色的教育科学研究体系为目标。也正是在这一正确的思想指导下，在课题评审立项、课题研究过程、课题成果的推广与转化，以及课题的管理等各方面，我们始终坚持教育科学研究的社会主义政治方向，在大力提倡“百花齐放、百家争鸣”的同时，严把课题研究的政治关，在事关政治方向和根本原则上的问题上，注意区分学术问题和政治问题的界限，坚持“不把学术探讨中出现的问题当做政治问题，也不把政治倾向性问题当做一般学术问题”，“坚持学术问题研究和讨论没有禁区，理论宣传和教学要有纪律”。在涉及政治、民族、宗教、外事等方面的问题时，采取认真慎重的态度，从而保证了教育科学始终沿着中国特色社会主义方向健康向前发展。

（二）坚持理论联系实际的原则，突出教育科学的应用性和对策性

教育科学是一门理论性和实践性很强的学科，重在理论的创新，贵在实践的管用。“十一五”期间，在实施市级教育科学规划课题中，广大教育科研工作者，十分重视调查研究，注意实证分析与研究，许多重点课题把广泛深入的调查作为研究的起点，撰写出一大批内容丰富、分析透彻深入、对策建议鲜明的研究报告。如“天津市职业教育发展调查”、“天津市高校毕业生就业工作调查”、“天津市实施新课程改革情况调查”、“天津市中小学师资队伍现状和专题调查”等。这些调查，对掌握我市教育发展的情况，有针对性地提出问题、研究问题、解决问题发挥了重要的作用。据统计分析，“十一五”期间，我市教育科学规划课题中应用性研究比例达到90%以上。在这些应用性和对策性很强的研究中，一些新产生的教育热点、难点问题，如“农村留守儿童教育问题”、“进城务工农民工子女的教育问题”等引起了社会的关注，并产生了一批优秀成果。

（三）领导重视、认识到位、措施得力是教育科研富有生命力的关键

在目前我国国情条件下，与其他工作一样，教育科研要发展、要提高，必须要得到领导的重视和支持，特别是主要领导的重视和支持，才能确保工作的顺利开展。天津市领导，特别是主管教育的市领导一直重视教育科研，经常给教育科研机构下达课题研究项目，而且一再强调，要将已有成熟的研究成果，转化为教育决策和教改行为。我市教委主要领导还亲自承担课题研究，从而为取得高水平的教育科研成果，发挥了很好的带头示范作用。

（四）建设一支讲科研诚信、素质精良、富于创新的科研队伍

开展教育科研，仅有好的科研平台、良好的科研环境和条件是远远不够的，还必须有一支高素质的科研队伍。这支队伍首先要有良好的科研诚信，科研诚信是科研的根本，是科研的道德核心。其次必须具有较强的科研能力和较高的科研水平，这是科

研的基础。再次是要具有勇于创新的精神，这既是科研追求的最高目标，又是科研素质的最高境界。“十一五”期间，我市在实施教育科学规划项目的过程中，十分重视科研队伍的建设，采取了一系列措施。如课题立项后及时举办课题主持人高级研修班，对课题主持人进行教育科研理论、教育科研方法、教育科研发展趋势、教育科研管理的基本要求等方面的培训，这种带着课题和问题来学习培训的做法，针对性和实用性都很强，对普及推广教育理论、提高科研能力和水平、加强课题的管理产生了良好的效果。尤其是对那些非师范院校毕业、缺乏教育专业背景的从事教育科学研究的理工科院校的教师，是一个很大的提高。此外，我们还建立了科研诚信和激励机制，对课题实行动态管理：通过抓课题开题论证，督促课题研究按时启动；抓中期检查，促进阶段性成果的形成；抓成果鉴定结题，保证科研的质量和水平。对讲诚信、有成效、影响大的课题采取追加科研经费、通报表扬、下轮课题申报优先立项等措施进行激励，同时对部分进展缓慢、成效低劣的课题及时撤项，这对促进研究者的科研诚信，提高其科研能力和水平无疑是一个很大的促进。

（五）坚持以科学发展观作指导，统筹兼顾、分类指导、科学管理

市级教育科学规划课题面向所在地的普通高校、职业院校、中小学、幼儿园和其他教育科研机构。学校与科研单位的层次、课题所涉及的学科，加之课题承担人所在工作单位、工作性质及自身的条件都千差万别，不能用一个标准衡量，一种眼光对待。如普通高校和专门的科研机构的教育科研主要在推动学科建设发展和解决实践问题的同时，追求理论的建树与发展，看重的是成果的学术贡献与社会影响，而中小学、幼儿园的教育科研一般都是围绕提高课堂教学质量、提高教育效益来开展，研究目的是为了解决实际问题，忌讳的是大而空的纯理论研究，一般具有普及性、群众性、经验性和应用性。因此，在实施市级教育科学规划课题当中，对不同层次、不同学校、不同学科的课题实施管理，要照顾到它们的共性和差异，分类指导、科学管理。

（六）以高水平管理与显著的工作成效赢得地位

教育科研是教育事业的重要组成部分，在教育改革与发展中有着不可替代的作用。教育科研在一些地方和学校得不到应有的重视，其中一个很重要的原因是管理跟不上，作用没有得到很好发挥，价值没有得到充分体现与展示。近年来天津市教育科学规划课题实施之所以势头较好、发展较快、领导支持力度大、能得到全市高校和地方中小学及科研机构的普遍认同，一条很重要的经验是，在积极实施教育科学规划课题中，我们不是被动地去要求领导如何重视支持，而是以卓有成效的工作和一流的管理来赢得领导的重视、社会的认可。在几年的实践中，我们借鉴国家自然科学基金管理方式，运用全面质量管理理念，对市级教育科学规划课题实施规范化、精细化管理。从课题申报前的指导开始，到课题立项评审、主持人培训、开题论证、中期检

查、成果鉴定，以及成果推广应用等各个管理环节，一个一个落实，产生了很好的效果。

（七）加强校际间的科研合作交流

对教科研工作积极性高、规模较小或基础较薄弱的学校给予了更多的帮助和扶持，使其尽快进入正轨，缩小与优类学校的差距。建立了强弱校间的互帮互助，发挥科研先进校的引领作用。组织校际间的教育科研交流活动，搭建交流研究的平台，实现学校间的资源共享，使不同水平的学校教师间能够相互学习、交流，共同提高。打破学科教研活动的界限和教师间的壁垒，创设相互学习和交流的平台，相互吸取先进经验，提高天津学校科研的整体实力。

四、我市教育科学研究存在的问题和薄弱环节

（一）“科研兴教，科研强校”的战略意识有待进一步提高

教育科学作为所有学校“共同的学科、共同的专业”尚未达成共识。一些教育行政部门和学校领导的思想中，存在着“理论研究不如解决实际问题重要”的错误认识。一些学校领导仍认为教育科学研究是师范院校的事，是教育科研机构的事，没有相应的机构和人员，教育科研发展缓慢。尤其是一些学科专业性很强的理、工、农、林、医等院校，还未深刻认识教育科学对促进学校的办学定位、特色的形成、学校的管理、教师队伍建设、学科的发展的巨大作用，把教育科学简单地作为一般的文科对待。这导致这些学校教师的教育科研意识不强，学校科研氛围不浓，从事教育科研的积极性不高，课题立项很少，成果不多，既阻碍了学校教育科研本身的发展，也影响了教育决策科学化和民主化，影响了教育改革与发展的深入推进，对教师个人的成长和发展也十分不利。

为了做好将来的教育科研工作，各类学校领导首先要牢固树立“科研兴教”、“科研强校”的信念，把教育科研工作列入重要议事日程，与学校发展规划、新课程实施和教师专业发展紧密结合起来，切实加强教育科研工作，确保教育科研工作的实效性。二要加强教育科研机构。各学校要安排专人分管教育科研，管理者要真正懂得教育科研，成为教育科研的内行，决不能把教务处、教科室的职能虚化、淡化、弱化。三要加强教育科研管理，健全教育科研工作管理制度，积极探索教育科研的有效运行机制，不断提高教育科研的质量和水平，使教育科研工作有章可循，规范发展。要坚持教育科研的严肃性，促进学术规范，建设健康的科研文化，保障科研精品的生产创造和科研人才的健康成长。

广大教师也需要进一步端正教育科研的位置，不能仅仅让“教育科研为评职称服务”，而应该立足本职工作开展教育科研，依靠教育科研来探索教学规律，改进教

学方法，提高教学效率，使“教育科研为提高教育教学质量服务”、“教育科研为促进学生发展服务”。

（二）理论研究与实践的联系有待进一步加强

搞好教育科研是教育事业发展与改革的需要，也是各级教育行政部门科学决策的需要。教育科研实践性强，教育与社会现象、经济建设、科技发展、社会文化密切联系，有效的教育科研应当是超越了就教育论教育的对“大教育”的探索。天津市教育科学研究应当是为了解决教育改革与发展中的理论和实践问题。天津市教育科学规划工作始终把理论与实践相结合作为做好天津市教育科研的方法论原则。天津市教育科学规划的基本立意在于解决天津市教育改革与发展的理论与实践问题，作为地方教育科研的基本使命是为当地教育发展服务，将本地区教育发展中的棘手问题通过教育科研加以解决，而这些问题总是在实践中出现的，以实践为中心。教育改革实践中出现的问题一般有两种情况：一是实践中已经出现的教育现象或教育行为，现有的教育理论没有现成答案对之进行解释。在这种情况下，需要通过研究探索该教育现象或教育行为产生与存在合理性的条件，即研究制约该教育现象或教育行为的因素，探讨这些教育现象和教育行为与这些因素的关系，这时的研究离不开教育理论与教育实践的结合。

回顾在天津市“十一五”规划相关课题的研究，部分研究者对围绕现实亟待解决的一些重点难点问题开展对策性、实证性研究不够，精品力作不多，品牌项目有待形成；教育科研对教育决策和教育改革发展的贡献率有待进一步提高。在已有的成果中，一些科研工作者还没有完全从学院式、书斋式的研究中解脱出来，热衷于关起门来著书立说、空谈理论，真正深入教育教学改革第一线、贴近实际、贴近学校、贴近师生、解决实际问题的少。一些课题主持人热衷于从理论到理论，就教育论教育，找不到研究的热点、难点和突破口，实际价值不大的一般性理论研究，这种现象较为普遍。究其原因，一是对教育科学的实践性和应用性认识不够，简单地照搬社会科学的研究思路和研究方法，一味地追求学理性，忽视实践性和应用性；二是科研导向评价机制不利于高校教师深入教育教学实践，晋职晋级考核、科研津贴看重的是课题数量多少，级别高低、论文与著作产出多少；三是高校教师繁重的教学科研任务，在客观上制约了教师深入教学第一线、深入基层中小学接触实践，而中小学校的教育科研则往往停留在一般工作性、经验性研究上，丰富的教育实践缺乏强有力的理论支撑，往往容易以工作代替研究，较普遍地存在“有课题无问题，有行动无研究，有研究无成果，有成果无转化，有叙事无提炼”的毛病，这与中小学教师的科研能力和素养，以及所处的工作位置、工作环境有关。教育科研与实践相脱节还反映在，一些教育行政部门在进行宏观决策时，还不能把依靠教育科研、运用成熟的教育理论来制定政策和指导工作变为自觉行动，习惯于凭主观经验和判断发号施令，认为教育科研“少、慢、差、费”，这在一定程度上削弱了教育科学理论研究为决策服务的影响力。

从天津市教育科学“十一五”规划实施的整体情况来看，理论与实践相结合不仅是研究方法问题，而且是教育科学的方法论问题。在“十二五”规划中应当继续坚持这一点，就能使天津市教育科学规划强调为本地区教育改革实践服务的指导思想变为主流的具有天津特点的教育科研实践；就能助推教育科学研究为滨海新区的教育事业发展服务。

（三）课题管理有待于进一步完善

重立项、轻管理；重结果，轻过程；重评奖，轻推广的问题尚未完全解决。“十一五”期间，我市在课题管理上积极推行全面质量管理，取得了一定的成效，但毕竟教育科研管理与企业的生产管理有很大的区别，存在许多不可预计，或可预计但不可控的因素，加之管理者素质和管理环境的优劣不一，使全面质量管理的许多关键要素在理论和实践上没有完全得以落实。主要表现在：一些课题主持人和单位一味追求课题立项数量，忽视课题研究质量，课题一旦立项就认为万事大吉，缺乏必要的跟踪管理和检查督促措施，课题不按时开题，开题后不做进一步的论证，随便应付马虎了事。中期检查不认真对待，阶段性成果随便凑数侥幸过关。结题时仓促上阵，临时突击，草草收场，严重影响了课题的质量和效益。目前“十一五”规划还有部分课题不能如期结题，直接影响到课题的规划性、时效性和权威性。另外，在教育科研成果的推广与转化上也缺乏足够的重视，存在渠道不畅通、形式不新颖、措施不得力等问题，其后果是课题研究轰轰烈烈，成果推广冷冷清清。课题一旦结题，成果就锁进抽屉，藏进书柜，等于送进了“坟墓”。这种成果严重“边缘化”的问题必须引起高度的关注，采取积极务实的措施加以克服。

（四）经费来源渠道比较单一，政策性投入有待增加

总的来看，在天津这样一个经济相对发达的直辖市，政府和教育行政部门一直对教育科研相当重视和一贯的支持，但仍与我市教育的规模及发展的速度，特别是建设教育强市的要求不相适应。由于受经费的限制，致使“十一五”期间许多涉及教育领域的重大、深层次问题得不到全面、系统、深入的研究。一些选题很好，有重要研究价值的课题虽然立了项，但实质上也无法保证全面实现预期的目标。由此而言，无论是从教育事业发展与改革的迫切需要来看，还是从学科发展、科研队伍建设来看，教育科研经费的投入都很不够。这种状况很大程度上妨碍了教育科学研究的繁荣与发展。

（五）科研队伍的整体素质有待于进一步提高

从总体来讲，天津教育科研队伍的基本素质是比较高的。但从发展的眼光来看，仍需要加强科研队伍的建设，提升综合整体素质。一是教育科研机构的地位尚待进一

步落实，职责和工作权限有待进一步明确；二是存在教育科研队伍的素质参差不齐、科研意识不强、基础较差、能力较弱等问题。整体提高教师的学科研究能力，增强科研队伍素养是当前各类学校一项十分紧迫的任务。

如何提高教师教育科研素质呢？应当进一步做好如下几个方面工作：一是要加强组织领导，领导带头搞教科研，确保教科研工作的地位。一所成功的学校应该有成熟的领导班子，班子成员应富有时代意识、科研意识、协作意识和改革意识，善于审时度势，做出科学决策，以明确的办学理念为学校发展定位，并带领学校群体执著地追求教育的理想。二是要以教科研为先导，提高教师队伍整体素质。要建设一支政治方向坚定，业务素质精良，年龄结构合理，乐于奉献吃苦，勇于开拓进取的观念新、学历高、能力强、科研型、学者型、复合型的教师队伍。让青年教师能在有针对性的“传、帮、带”下很快成长。三是要重视教育科研成果的推广和应用。教育科研成果是否运用到学校实践中去，是教育改革成败的关键，事实上，只有借助科学，学校才能改造教育与教学工作，不断提高教育质量。总之，教育科研工作的有效开展，才能提高教师整体素质，推动课堂教学改革的进程，才能使教师由“传授型”、“经验型”逐渐向“科研型”、“学者型”转变。

五、“十二五”期间的重点研究领域和方向

（一）学前教育

如何提高学前优质教育程度研究；如何加大政府在学前教育的职责研究；强化政府对学前教育的规划和管理研究；提高农村学前教育普及程度研究。

（二）义务教育

促进义务教育高位均衡发展研究；深化义务教育课程和教学改革研究；提高义务教育质量研究；减轻中小学学生课业负担研究。

（三）高中阶段教育

发展优质高中研究；实现高中阶段教育结构优质研究；实现高中阶段教育质量优质研究；办好特色高中研究；加强普通高中特色建设研究；深化推进课程改革研究；促进学生全面发展研究。

（四）职业教育

提高职业教育质量研究；培养高素质的技能人才研究；创新体制机制和培养模式研究；职业教育课程及教学改革研究；为全国职业教育改革探索典型经验研究；优化职业教育资源配置研究；加强职业教育统筹规划、宏观管理研究；完善职业教育支持

政策研究；增强职业教育吸引力研究。

（五）高等教育

加快建设高水平大学研究；推动高校特色办学研究；提高学生的综合素质水平研究；培养创新人才研究；提高高校自我创新能力研究；全方位开展社会服务研究。

（六）继续教育

统筹建设开放性远程教育教学平台研究；管理平台和学习支持服务平台研究；落实弹性学习制度和市民学习成果认证制度研究；建立完善的终身教育体系研究。

（七）特殊教育

提高残疾学生综合素质研究；完善特殊教育体系研究；健全特殊教育保障机制研究。

（八）老年教育和闲暇教育

天津市老年人生活质量及其受教育背景研究；老有所养的教育意蕴研究。

（九）综合性研究

教育体制的改革探索；各类教育的评价机制；地区教育综合布局、评价；德育专项；部队院校相关研究项目等。

（天津市教育科学规划领导小组办公室）

上海市教育学科发展报告

一、基本情况

“十一五”期间是上海教育科学研究空前活跃和快速发展的五年，通过完善科研管理，引导科研方向，加大科研投入，成果评奖激励等多种方法推进了本市教育科研工作的健康发展。2006 年，市教委制订并颁发了《上海市教育科学“十一五”规划课题指南》，确定了本市“十一五”期间重点攻关项目和研究指南项目。五年中，围绕着课题指南确定的研究领域与范围，本市共组织了五次市级项目评审，共确立市级项目 971 项，其中重点项目 93 项，一般项目 543 项，规划项目 335 项。五年中共投入专项经费 1 300 万元以上，且每年以 30% 的增幅提升。相关高校和各区县都对教育科学研究有了专项研究经费的投入，保证了研究的正常开展。这些课题引导了本市的研究方向与重点，使教育科学研究围绕教育改革与发展的主旋律。“十一五”期间市教委又增设了《上海市教育决策咨询项目》，围绕本市以至全国宏观和中观层面上的教育难点和热点问题进行探索，拟订出“上海教育新一轮发展研究”决策咨询招标课题目录，使上海教育科研工作得到了全社会的关注与支持。特别是通过“上海教育中长期发展与改革纲要”的制定、“上海教育现代化指标体系研究”、“创新人才培养研究”、“和谐上海的教育”等大型课题的组织，使全市各方力量共同参与，取得了很好的研究成效，直接推进了教育决策。为了引导广大基础教育第一线教师开展教育科研活动，本市还通过设立“上海市普教系统‘名校长、名教师后备人选培养工程’专项课题”，投入专项资金等多种方法促进全市广大中小幼教师提高科研能力。据不完全统计，目前本市中小学、幼儿、特殊教育等基层单位的学校领导和老师独立承担或作为主要研究人员参与到全国、教育部、上海市或本地区重点课题和项目的研究的人员达 10 000 人次以上。

“十一五”期间，本市分别于 2007 年、2010 年举行了上海市第九届、上海市第十届两次全市性的教育科学研究优秀成果评奖活动。共评出教育决策咨询奖 33 项、教育理论创新奖 54 项、教育改革实验奖 407 项，很好地发挥了激励引导作用。在全国第三届教育科学研究优秀成果奖评审中，上海共有 51 项成果获奖，占全国获奖总数（除国防军事教育科学外）255 项的 20%，获奖数位列全国第一。在全国首届基础教育课程改革教学研究成果评审中上海共获奖 25 项，占全国获奖总数 343 项的 7.3%，来自基础教育单位和第一线教育工作者的成果达 20 项，获奖总数和一等奖奖项位列全国第一。再次显示了上海教育科学研究在全国的前沿地位。“十一五”期间，本市还表彰了一批教育科研工作的先进集体与个人，形成了上海教育科学研究的繁荣局面。

二、"十一五"期间教育科学研究的主要进展

（一）坚持理论创新，引领改革潮流

科学研究的生命力就是创新，"十一五"期间上海的教育科研理论工作者自觉担负起理论观照、价值判断和发展科学的使命，把握历史机遇，关注教改风云，围绕这一历史阶段教育改革与发展中的重大理论问题与实践问题加强研究。并从学校、家庭、社会、政府等各个角度聚焦教育问题，使教育科学理论研究发挥了基础性、战略性和先导性的重要作用。

华东师范大学叶澜教授在中国社会很重要的转型时期清晰地认识到：目前教育的缺失就是关注个体不够，只教书，不育人，只有注重个体生命活力的释放才能真正实现素质教育。于是从1994年开始至今，实施"新基础教育"实验改革，围绕"精神生命"和"主动发展"两个核心内容，深入课堂，深入学校，改革教学，改变教师，改善管理。取得了丰硕的实验成效。她的代表作《"新基础教育"论——关于当代中国学校变革的探究与认识》2009年荣获教育部高等学校科学研究优秀成果奖（人文社科类）教育学一等奖。

目前，教育已由一门学科发展成为一个庞大的学科群，形成了教育学、教育心理学、教育哲学、教育经济学、教育社会学、教育传播学、教育管理学等几十门学科或相关学科，研究也由此延伸。"十一五"期间，本市涌现出一批开创性的成果，填补了学科或研究领域的空白。

重视价值关怀是建设和谐社会的重任，关注价值取向是素质教育应有的理念，两者均以建构核心价值观体系为基础和关键。而核心价值观体系，是根据时代特征和社会经济发展的现实需求，又结合我国的历史传统、民族精神、文化特质而提出的，它是特定社会价值观的标杆、准绳及导向的反映。研究青少年主流价值观，既有学术价值，更有重要现实意义，成为当前教育和教育研究的热点问题。上海师大岑国桢承担的《青少年的主流价值观研究》独辟蹊径，从心理学视角切入，运用文献研究、历史比较、文化比较、理论思辨等多种方法，探究当今我国青少年主流价值观的客观现状和特点。该研究全面回顾了国内、国外在价值观领域中心理学研究的历史和现状，从心理学角度对价值观内涵界定、结构内容、测量评价、关联因素、价值观之变迁以及若干单一领域价值观的研究历史、现状及动态做了分析比较和梳理概括。同时为切实把握青少年内心的真实想法，开展了对象涉及我国东、中、西部8个省、市的3 800多名大、中学生的大样本调查。开展了主流价值观的心理学实证研究，其中，有两项分项目还分别探究了模拟情境下的行为特点。由于该项研究视角独特，研究方法

科学，多层次地揭示了当代我国青少年在主流价值观方面的真情实貌，成果被评为上海市第九届教育理论创新成果一等奖。

华东师范大学陈玉琨主持的《发展性教育质量保障的理论与操作》研究，在学界首次提出发展性教育质量保障的概念，并在我国中小学首先进行实验研究。通过学校质量文化建设、学校制度建设和学校教育教学与管理工作的诊断与评价等为中小学教育发展提供质量保障。由于该项成果很好地发挥理论引导实践的作用，又为相关研究奠定了坚实的基础，受到专家和领导的好评，被评为上海市第九届教育理论创新成果一等奖。而他的另一项成果《教育经济与管理》也在全国第三届教育科学研究优秀成果奖评审中荣获一等奖。

钟启泉的专著《对话教育——国际视野与本土行动》，针对我国日益深入的教育改革及其凸显的诸多问题，本着“通过国际间教育的对话，可以促进我国教育学术思想的新陈代谢”的初衷，把与20多位日本知名教育学者之间关于教育问题的对话归纳为四个主题：终身学习与学校教育、课程重建与教学范式、新素养论与学历论争、教育评价与教师教育。向读者展示了世界教育改革热点问题，使得对话最终都落在了对我国教育问题和危机出路的探讨上。使更多教育工作者共享了教育智慧，了解了知识的前沿、创生了新的教育意义。而他的另一部著作《课程的逻辑》则是对长期坚守的学术方向——现代课程的演进做了系统归纳，受到学界的一致好评，被评为上海市第十届教育理论创新成果一等奖。

上海教育科学研究院主编的《办学体制改革：多元化的教育诉求》一书也被评为上海市第十届教育理论创新成果一等奖。本书是国内首部系统阐述20世纪80年代以来我国办学体制改革理论与政策问题的专著，对为什么要进行办学体制改革，什么是办学体制改革，有哪些体制创新与困难，以及更为根本的——办学体制改革的理论依据、价值导向与政策趋势等问题进行了深入的理论探究。全书共分四章，分别是理论与政策研究、模式与类型研究、专题与案例研究、地方经验研究。

同样被列为教育理论创新成果一等奖的还有：上海财经大学完成的《外国留学生习得不同标记汉语句子的实验研究》。这是针对外国留学生学习中国语言的一项教学研究成果，横跨教育学、心理学、语言学等多个学科。研究团队在完成过程中共发表论文或研究报告多篇。其中包括国外语言学期刊1篇、国内《心理学报》、《心理科学》等核心期刊6篇。据2008年3月检索，负责人相关成果在“中国知识资源总库”的中国期刊、博士学位论文和硕士学位论文3个全文数据库里被大量他引，本研究引起学术界一定程度的关注。

另外如《现代职业教育研究丛书》、《教育文化学》、《日本教育——中日比较与展望》、《反思性教学》、《现代高等教育思想探索》、《现代国际终身教育论》、《当代教育学》等许多理论著作从多侧面反映了教育理论研究前沿，在全国产生了一定的影响。

（二）围绕高校发展，研究关注改革

面对高等院校教育改革与发展中的热点难点问题，广大高校的教育管理工作者和教师们自觉拿起教育科研的武器，剖析问题，探索规律，坚持改革探索。

针对高校如何培养创新人才这一时代命题，第二军医大学曹雪涛开展了《免疫学研究生创新人才培养模式的探索实践》。以培养免疫学基础研究骨干力量为目标，以培养创新人才为中心任务，重点塑造研究生的创造型思维和实践开拓能力。通过建立研究生培养的长期规划，确立以依托重大课题研究为导向、以实验新发现为基础的创新实践工作目标，探索研究生层次的创新人才培养模式。在建设过程中着力培育浓厚的学术氛围；为研究生发展提供相适应的研究环境；实行"序贯整流"式的教学方法，在研究生创新人才培养上取得了显著成效。十年中研究生入围全国百篇优秀博士论文达九篇，位列全国第一。

为培养高层次临床医学专业人才，1998 年国务院学位委员会正式颁布《临床医学专业学位试行办法》，在我国实行临床医学专业学位研究生教育。培养临床医学专业学位研究生，其核心是强化临床能力培养，其难点是如何实现客观有效、公正全面的评价。二军大长征医院承担的《临床医学专业学位研究生质量评价体系的研究》正是针对国内尚无临床医学专业学位研究生考核的统一规范的质量评价体系，欧美、日本等发达国家同类专业人才的培养中也没有相应的经验可以参照这样的现实，开始了长达几年的合作攻关，最终取得了富有价值的研究成果——临床医学专业学位研究生多维度综合评价模型。该评价体系在使用中受到医科院校的广泛好评。

围绕自身碰到的热点和难点问题，进行深入研究，再用研究成果去指导工作，这样的研究才能持续、才有生命力。上海工程技术大学在校领导的组织下，开展了《依托支柱产业，服务地区经济，创建特色地方工科大学的研究与实践》，探索我国地方工科院校如何根据学校的发展定位，创建特色大学的有效模式和长效机制。研究不但促进了本校主动融入国家和地区经济社会发展战略之中，推动了院校的内涵建设，提升了学校的科技创新力、核心竞争力和社会贡献力，也为同类院校提供了发展构想与建设路径。

公安院校如何面向公安实战，深化教育改革，提升训练质量，体现公安特色，是公安院校实现教学模式创新的必然选择。2003 年 9 月开始，上海公安高等专科学校正是本着这样的现实需求，在校领导的统一部署下开始了《职业化的公安教育训练体系研究》。经过几年持久的探索和努力，走出一条"社会培养打基础、行业挑选再加工"的警务人才培养新路。除了学术贡献，拓展和丰富了职业教育与警察教育理论，为警察训练提供了"教、学、战"一体化的学习理论和训练模型。更重要的是：初步构建了警种岗位能力模型；积累了一大批实践改革的分析资料和研究报告；形成了五种警种岗位的教学训练课程方案，直接提升了学校办学和教育能力。该研究也为公安教育行动研究提供了样式。得到了中央政法委和公安部的高度肯定与推广。

上海中医药大学研究团队针对原有本科教学水平评估指标体系中忽视中医药学科与人才培养及评估特点的突出问题，中医药专业人才培养过程中的基本矛盾，开展了《高等中医药教育人才培养评价体系及质量预警信息系统研究》。课题组通过对照《中国·中医学本科教育标准》，分析本专业人才培养要素，梳理出反映中医药教育质量的核心指标。首先建立质量信息采集汇总系统和模型。使影响人才培养质量的全部因素在教学全过程中始终处于受控状态。然后组合中医药教育专家（业务专家）、计算机数据研究专家合作攻关。通过多年的努力，最终形成中医药教育质量评价模型和数据信息分析系统及管理系统。研究过程中，课题组除了发表相关学术论文，专门递交了两万字的《中医药教育人才培养和质量保障的对策建议》。从中医药发展对人才培养的总体要求，目前中医药高等教育存在的机遇和挑战，解决问题的途径和思路等方面展开论述，提出了许多针对性、有价值的建议。目前，这一成果已被卫生部和国家中医药局采纳。

另外，上海大学《志愿精神培养研究》，以 2010 年上海世博会大学生志愿服务为重点，着重了解大学生参与世博志愿服务的动机现状，通过实施一定的激励措施和培养方式，考察大学生参与世博志愿服务后的德性建构成效。上海海洋大学为了适应新形势，更好地利用网络平台加强大学生政治思想教育，开展了《“易班”——网络思想政治教育创新研究与实践》，研究、实践“易班”网上互动社区项目工作，建设大学生期望的校园生活专网，立体化传播优秀文化、弘扬先进思想，推进校园民主建设。都从不同侧面研究提高思想政治工作的针对性和有效性，都取得了相当的成效。

（三）聚焦教育难点，科研引导教改

针对所在地区的主要问题，开展区域层面的研究，需要地区政府和教育行政部门统筹力量与资源，组织合作攻关。初中教育是全国与本市各级各类教育中的软肋，也是基础教育的薄弱环节。初中教育学校间发展不平衡；学校整体办学水平不高；教育投入不足；师资水平偏低，与其承担的提高国民素质的重要任务不相适应。对杨浦区这样的人口众多，优质教育资源相对紧缺的教育大区来说，矛盾更加突出。带着这样的问题，杨浦区教育局党政领导从 2002 年起开始了为期四年的《地区初中教育均衡发展的研究与实践》，组织政府教育及其他相关行政部门、广大校长教师、教育业务指导部门、教育研究机构、社会与学生家长资源，进行大兵团合作攻关研究。由于问题明确，研究方法得当，干预措施有力，目前已基本达到研究预设的目标：政府对初级中学教育经费投入、物质资源配置等相对均衡；初级中学校长、教师等教育人力资源相对均衡；学生就近入学，初级中学生源相对均衡；初级中学学校注重自主、内涵发展；初级中学学校的社会认可程度与群众满意程度不断提高，等等，收到了很好的效果，也为全市解决办学困难初中提供了区域的经验。

我国目前正面临着深刻的社会转型，多元社会阶层与多种利益群体的涌现导致社会公共需求急剧增加，基本教育需求和多元教育需求之间的矛盾日益彰显，这给教育公共事务管理带来一系列的问题与挑战。加强教育治理成为目前地方政府教育改革所面临的重要任务，浦东新区作为中国改革开放的象征和现代化建设的缩影，又是教育部允许先行先试的地区。针对教育改革中的突出矛盾，浦东新区社发局、教育局领导亲自挂帅，组织团队先后开展了《浦东新区社区、家庭参与中小学管理、监督及评估的实践研究》、《中国教育改革前沿报告——浦东新区教育公共治理结构与服务体系》等研究。由于问题针对性强、研究扎实、获得的成果受到教育部相关部门的高度重视，也先后被评为上海市第九届、第十届教育改革实验一等奖。

徐汇区教育局承担了《创建区域性现代化基础教育新体系教改实验研究》。该项教改实验根据本地区实际状况，遴选出培养目标、学制、教学内容、教学组织形式、德育、学校管理、教育评价、特殊教育、教师队伍建设和教育信息化等方面急需改革的内容，形成了十五个二级项目，组织了合作研究，至今已取得了较好成效。

虹口区《新时期中小学德育有效途径与方法的实践研究》、静安区《区域推进学校效能提升的研究》、闵行区《现代学校制度背景下区域学校文化建设研究》等一些中观层面，以改善整个地区工作状态的研究，由于行政部门领导亲自组织队伍，带头参与探索，都取得了较好的研究成效。

作为广大中小学幼儿园第一线的教师开展的教育科研活动，其出发点和归宿更多的不是提出新的理论观点，也不是把一些尚未消化的理论胡乱拼装拿来唬人，而是运用或引用科学的教育理论与方法去解决日常工作中的实际问题，同时通过研究获得自我成长与提高。

21 世纪处于社会转型期的公办学校面临着诸多发展“瓶颈”，如社会主义市场经济背景下公办学校内部管理机制怎样变革、办学体制如何突破、整体实力怎样提升等，只有解决这些“瓶颈”，公办学校的活力才能得到激发。《公办学校活力激发的行动方案研究》正是针对广大中小学面临的真实问题，开展针对性研究，最终形成办学体制、内部管理机制、高绩效组织、教育人力资源开发、数字化学校构建、创新人才早期培育等六大改革行动方案。该项研究也为学校教育改革提供了范例。

《现代学校教研活动功能与形态的实践研究》针对的是一个微观层面但又是中小学共同面临的问题。学校教研活动作为一种教师同伴间的教学研究和教学相长的特色活动，在很长的时期内曾经发挥了较大的作用，但是，传统的学校教研活动不管是形式还是内容，迫切需要进行调适更新。一师附小的研究正是通过分析学校教师的教研需求，立足构建具有新特点的现代学校教研活动运作机制，引导教师群体去探索学校教研活动的基本流程与运作方式。几年来，学校通过课例教研、案例教研、专题教研、项目教研、课题教研与课程教研等一系列活动，不但提高了教研活动的质量，为全市提供了工作范例，教师也在游泳中学会游泳，在实践过程中提高了学术素养与研究能力。

《有效学习设计：问题化、图式化、信息化》是以新一轮基础教育课程改革为背景，以基层教师实施新课程的困惑与障碍为出发点，以提高学与教的有效性为目标的探索研究。课题组在大量总结相关的课程改革成果、课题研究成果，归纳大量学科教学的案例的基础上，运用多种方法，研究课堂、研究教学、研究学生。通过几年的努力，得到了很好的研究成效。不仅归纳出“基于问题系统优化的学科教学模式”、“基于思维导图运用的知识图式化建构方法”和“基于信息化支撑的教学资源开发与运用策略”，还为第一线教师提供了大量实践案例。更重要的是在这一过程中教师尝到了教育科研的甜头，自发的研究队伍从最早的5个人扩大到100多人的群体。

教师教育的研究是当前研究的重点。长宁区教育学院《基于“关键教育事件”的教师教育的行动研究》，是在继续教育和终身教育思想指引下，以提升教师专业判断力为宗旨，借助“关键教育事件”开展的有载体、重聚焦、重参与、重开放的新型教师教育方式。由于这一引导教师走向专业化的研究，具有独特的组织形态、实施流程和操作范式，实际效果好，易模仿，易推广，成为一种有效的教师教育方式。

为了更好地研究国家课程、地方课程、学校课程的科学配置与实施，卢湾区海华小学坚持多年的努力，开展了《为了学生的学：“海华特色”校本课程新路径探索》。围绕“生命”、“阳光”、“活力”、“成长”的办学理念，积极探索一种符合小学生认知规律和身心发展规律，三类课程组合合理，教学实践和学校管理易操作的新型课程模式。这一来自第一线教师之手的成果也在上海市第十届教育科研成果奖评选中获一等奖。

上海中学承担了《资优生教育——乐育菁英的追求》的研究。本成果的创新价值主要体现在两个方面：一是对具有中国特色的资优生教育在长期实践的基础上进行了比较系统的归纳，为同类学校提供了学生资质发展、潜能开发、创新素养提升可资借鉴的思路。二是直接推进了上海市学生创新素养培育实验项目的开展，在全国范围内也产生了一定的影响。主要成果成为上海教育委员会制定“上海市普通高中学生创新素养培育实验项目”的重要依据。该研究成果的许多观点与做法被整理成十余篇论文发表在《课程·教材·教法》、《中国教育学刊》、《中小学管理》等全国核心刊物上，并通过国内国际论坛，在北京、天津、南京、无锡、杭州、宁波、深圳等10多个地区教育行政部门、校长中引起了广泛的共鸣，引发了教育界对当前资优生教育与创新人才早期培育的进一步深入思考。

（四）探索特教规律，关注特殊儿童

显示教育现代化水平的标志之一就是教育的全民性、“教育零拒绝”：即社会群体中每一个需要接受教育的对象都能接受到相适应的教育。为了让每一个特殊群体的学生都能得到有效关注，本市特教战线的教育工作者，结合着本职工作，努力进行教育科研活动，在聋童教育、盲童教育、智力残障儿童、多重残疾儿童和品德缺陷学生等广阔的研究领域进行着科学研究和探索，力图用科研引领教育改革走向深入。

闵行启音学校《听障学生多元化任务驱动学习方式的设计与实践研究》的创新之处在于将多元智能理论引入并移植到聋童教育中，通过探索听障学生在学科教学、

主题活动、社会实践三大领域智能训练建构过程，寻求聋童学生潜能开发、智能提高的有效策略。几年来的努力，初步形成对听障学生进行智能训练的内容、途径、方法运用模式与多元的评价的系统认识，为研究同类学生今后顺利融入主流社会，培养终身受用的发展能力提供了实践借鉴和可操作的范例。三年中，海内外的同行来校访问、学习络绎不绝，达四十多批次 1 500 多人，《解放日报》、《文汇报》、《中国新闻》、中央电视台、上海电视台、东方电视台等十余家中央和地方的新闻媒体多次报道学校的研究与办学成果。三年里共编写了 16 项 30 多万字校本教材，示范实例 160 个。有六个典型实例获得全国优秀奖，有三节实践课入选上海教学资源库。典型实例《耳朵的功能》获得全国二等奖，是全国特殊教育系统唯一获得的奖项。除了实践成效，理论归纳也日益提高，研究期间发表文章 48 篇，其中全国核心刊物 28 篇。这一成果被评为上海市第九届教育改革实验一等奖。

培智学校《义务教育阶段自闭症儿童补偿性课程研发实践》，把自闭症儿童放在学校这样一个开放的生态环境中进行研究，在梳理和借鉴国内外最新的自闭症研究成果的基础上设计研究方案，对自闭症儿童进行补偿性教学，以改善固有症状，让其更好地回归社会、家庭。通过三年的探索，除了自闭症儿童补偿性课程填补国内辅读学校教育空白，还建构了自闭症学生自入学开始，就从类型识别介入、确立个别课程目标、选择课程内容、通过课程实施进行教育干预、通过个体评价继续进行类型识别分析，这样一个循环往复的补偿性课程结构框架，为自闭症儿童的教育康复研究提供了新思路。学校开展的自闭症儿童教育康复活动方案设计，确立了义务教育阶段自闭症儿童补偿性课程的课程性质、课程特点和框架结构，已被政府部门采纳，成为指导性文件。

上海市卢湾区辅读学校何金娣继承担的研究成果《中度弱智儿童生存教育的课程与教学》荣获全国第三届教育科学研究优秀成果三等奖后，“十一五”期间又开始了《中重度智障儿童生存教育社会化课堂的实践研究》。研究目标定位在最大限度地提高中重度智障学生生存能力、促进其成为独立或半独立社会人的学校生存教育及其支持系统构建。该课题不仅在理念层面上具有时代特征，而且在实践操作过程中具有极大的示范性。研究成果提供了智障学生社会化进程的学校教育教学模式与建立社会支持系统的可操作性方案。为弱智学校和其他类似学校的改革和研究提供参考和借鉴。该校的课题研究还彰显了基层学校搞科研逐步深入、相互承接的特点。十多年来的研究历程从最初着眼于简单的学校生存教育教材的编写到学校课程体系建设，直至后期放眼于学校教育系统的外部资源整合，建立生存教育的社会支持系统。基层学校的研究坚持围绕工作，聚焦问题，层层推进的做法给人以启迪。

上海市浦东新区特殊教育学校承担了《浦东新区脑瘫学生康复与教育的实证研究》。作为国内第一所招收脑瘫学生集中入学的特殊学校，经过几年的探索与实践，学校形成了一套适合脑瘫学生的安置形式和教育模式。率先在脑瘫教育中实践了“医教结合”的理念，建立“医生进驻学校”制度，学校创立的康复与课堂教学、康复与校内外活动组合、康复与家庭教育三结合的教育定位，为脑瘫学生开辟了全方位、立体化的康复模式。研究中为脑瘫学生构建了基础性课程、潜能性课程、技能性课程、补偿性课程相结合的课程体系；制定了脑瘫学生康复与教育的两大目标、四类课程、五项内容、五种形式、六条策略、三类方法和五套评价手册；开发编写了以突出“生活适应”为核心的五套课程共计 90 种教材，并结合教材开创性地自制或改制了适合脑瘫学生使用的多种教具、学具。这一医教结合的脑瘫学生学校教育模式，引领了国内外“脑瘫学生学校教育”的发展，为探索多种形式的脑瘫学生康复与教育提供了宝贵经验，得到世界同行的肯定。另外《中国聋人手语脑功能成像的研究》、《脑瘫儿童躯体形态功能的康复训练》、《中重度弱智学生言语康复训练研究》、《盲高中课程设计》等成果都在全国或上海的教育科研成果评选中获得殊荣，得到国内外同行的认同。

（五）组织合作攻关，直面重大问题

“十一五”期间本市研究的一个显著特点就是一些政府部门和高校的领导带头组织队伍，通过跨部门、跨院校的合作，共同研究问题、破解难题。上海市科教党委和市教委高度重视上海教育现代化的进程，2006 年 4 月设立了“上海教育现代化内涵及指标体系研究”重大攻关课题，市科教党委书记、市教委主任两位领导亲自担任课题组组长，全面领导和推进课题的研究，组织开展了跨部门、跨领域研究的有益尝试。研究中，充分发挥立法和参政议政机构、民主党派、高等院校、科研院所等各方作用。参加该研究的主要有：上海市人大教科文卫委员会，上海市政协教科文卫委员会，民革、民盟、民进、农工民主党、致公党、九三学社、台盟等民主党派及华东师大、上海市教科院高等教育研究所等单位的领导、专家、学者。课题研究力求从上海教育实际出发，紧紧围绕 2004 年上海教育工作会议提出的“教育现代化”的目标，站在社会主义现代化国际大都市教育的高度，以全球视野来研究上海教育现代化问题。主要研究内容包括：国内外教育现代化指标体系的比较研究，教育现代化理论研究，教育现代化指标体系框架、结构、标准的研究。最终形成了《教育现代化：跨世纪的使命与选择——上海教育现代化内涵及指标体系研究》研究报告及 8 个分报告。

人类进入 21 世纪，婴幼儿早期教育受到国际社会的广泛关注，越来越多的国家认识到婴儿从出生的那一刻起，就已经是有能力的学习者，从 3 岁抓起，为时已晚，而长期以来我国的学前教育，均主要局限在 3—6 岁幼儿教育阶段。不论是管理体制、服务机构、师资培养，还是课程设置、教养活动等都存在着诸多矛盾和问题。针对这一现状，时任上海市教委副主任的张民生牵头承担了《0—3 岁婴幼儿早期关心与发展的研究》，率领十几个区县，数百位同志集体攻关。市教委除了组织上海市级教育研究机构、复旦大学、华东师大、上海师大、市妇联、市儿童医学中心等单位众多儿童教育、儿童医学专家学者开展多学科的基础理论研究，更关注行动研究。在上海

市、郊7个区和江苏省无锡市建立了8个实验区，由政府主管领导牵头，协调教育、妇联、文化、社区、卫生、民政、儿保等部门的人员成立了分课题组，结合区域特点，开展了各具特点、各有侧重的分课题实验和研究。经过5年的探索，除了在理论方面取得了丰硕成果，还将研究成果转化成《上海市学前教育条例》等十余项相关配套的政策法规；建立了教育部门牵头、政府协调、多部门合作的学前教育管理体制；为建立育婴员、育婴师、高级育婴师和特级育婴师职业岗位制定了职业规范；在本市19个区县全部建立了早教指导服务中心，形成多样化的早教指导服务方式，使25万多名婴幼儿直接受益，在全国发挥了引领作用。

上海市教育评估院承担的研究项目《教育评估文库》是关于教育评估理论与应用的系列研究丛书，为国内首创。2007年起，上海市教育评估院启动了“教育评估科学研究工程”，就当前迫切需要解决的教育评估基础理论与实践应用课题，面向全市和全国实施招标。2007—2009年，先后发布了“中国教育评估史研究、教育评估的可靠性研究、教育评估的质量控制研究、教育评估规程研究、跨境教育质量保障研究、高校内部质量保障研究、当代国外教育评估机构及其运作的比较研究、学校教育评估标准研究”等30多项重大课题。在上海市教育评估院、上海市教育科学研究院、上海乃至全国有关高校科研人员的共同努力和攻关下，2009—2010年，部分招标课题的研究成果相继出炉，并形成了《教育评估文库》的第一批著作，即《教育评估的可靠性研究》、《中国教育评估史稿》、《上海教育评估工作规程》、《教育评估标准汇编》、《教育评估案例精选与评述》、《中外合作办学认证体系的构建与运作》等，《文库》后续科研成果也将在2011年陆续出版。成果能为各级教育行政部门提供决策依据和参考；填补我国教育评估理论体系原有空白；为创建与发展教育评估学这门学科提供支撑，同时为提升上海市教育评估在国内外的专业地位和扩大社会影响作出贡献。该成果被评为上海市教育科学研究理论创新成果一等奖。

随着上海高等教育发展由规模扩张向内涵建设转型，高校教学运行成本相应上升，公用经费支出产生新的压力，为给高等教育健康发展提供可靠的制度性保障，市教委财务处会同市发改委、市财政局等单位承担了《普通高校公用经费拨款及增长机制研究》。通过对21所高校教学培养计划的研究分析与实地调研，发现了高校公用经费紧张的主要原因和原有拨款方式存在的基本问题。经过长达两年的研究，终于形成了“保证高校正常运转基本需求、阶段性需求与发展要求相结合；以学科需求为核心，实行分类指导；保持2008年高校财政预算总量不变，优化人员、公用、专项三项经费结构；保证教学业务发展的需求，严格控制行政成本增长”的高校生均公用经费定额标准调整的基本思路与方法，形成了整套的工作方案。为出台新一轮普通高校公用经费拨款及增长方案提供了事实依据和科学测算方法。

上海教育科学研究院承担的《积极有效师幼互动促进教育行为优化的探索》，是由上海市、江苏省、浙江省和宁夏回族自治区41所幼儿园参加，26位科研员和教研员、大学教授和110位幼儿教师共同参与完成的研究成果。通过四年多不懈努力、精心研究，最终很好地完成了本研究的研究目标：构建师幼互动的行为要素和分类指标；建构积极有效的师幼互动范型；验证积极有效的师幼互动促进教师教育行为优化的理论假设。

（六）引导建言献策，研究服务决策

紧扣本市及全国教育改革与发展的主旋律，教育研究主动为教育规划制订、教育政策出台和领导决策提供服务，提高了决策咨询研究的意识和水平。“十一五”期间，本市围绕上海教育发展的宏观问题与重大政策出台，引导开展了“上海中长期教育改革发展规划纲要编制”、“上海教育支撑城市的新一轮发展研究”、“深化教育综合改革，完善创新人才培养体系研究”、“2010 年上海教育现代化内涵指标体系研究”、“上海高校学科建设与结构调整的研究”、“部市合作共建国家教育综合改革试验区”、“现代职业教育体系建设”、“教育信息化国际化”、“高校 085 工程建设”、“上海教育综合改革试验区建设”等重大课题研究，通过加强对教育工作中全局性、根本性、基础性问题的深入研究，进一步为本市教育创新服务。

《上海中长期教育改革与发展规划纲要编制》从核心理念提出到各项改革、发展任务的细化都体现了办让人民满意的教育以及回应群众的期盼的工作宗旨。研究中，采用多管齐下、平行起草的研制方法，策划招标了 46 个课题。组织编制过程中，始终关注听取各方意见，从目标确立、人员选择到文本起草、公开征求意见等各个步骤都进行认真设计。最终形成的规划纲要文本不但在本市基本达到“社会共识、各方满意”的目标，也被教育部认可。

上海教科院职教所承担的《职业教育改革与发展问题研究》，针对我国高等职业教育规模迅速增长，中等职业教育规模发展缓慢，职业教育结构不合理；职业教育区域发展不平衡，农村职业教育发展滞后；职业学校学制单一，师资队伍难以适应发展要求；职业教育投入不足，职业学校办学条件较差等职业教育改革与发展面临的主要问题，提出了“十一五”期间职业教育改革与发展的具体思路，并提出了八方面针对性的对策和建议。由于该项研究为本市和全国“十一五”职业教育发展特别是规划制订作出了基础性的工作，最终被评为教育决策咨询成果一等奖。同样被评为教育决策咨询成果一等奖的是市教育评估院承担的《中外合作办学认证体系研究》，开展中外合作办学认证探索，在中国具有重大的改革、创新意义。自 1991 年上海诞生第一家中外合作办学机构，其数量一直居于全国之首，然而进一步规范行政审批，更需要在加强规范管理和质量保障方面想方设法。特别是在市教委积极推行“管、办、评三分离”背景下，应建立什么样的教育质量保障有效机制？政府如何简政放权而又不放松过程监督？怎样利用行业组织或者中介机构进行自律管理？为此，课题组在市教委领导的直接指导下，始终坚持“借鉴国际的有益经验，立足上海教育评估事业发展现状和现实问题，充分发挥社会中介组织在教育宏观管理与社会监督中的作用，努力形成一种‘管、办、评’三分离的有效运行机制”的研究思路，开展了持续探索。三年来，课题组不仅在理论研究上取得了一批学术成果，还在评估组织、制度、程序、标准、方法等方面进行了大胆创新和实践探索，研制出一套有中国特色的教育认证文件。上海中外合作办学管理体制改革的若干建议被市教委采纳，有力推动了相关工作。这项研究也得到国家教育部有关领导的重视，鼓励上海为全国范围推广积累试点经验。

为了更好地促进上海教育的和谐发展，上海市教委决定充分发挥本市八大民主党派的人才和知识优势，围绕“和谐上海的教育”这个主题，就目前上海教育改革和发展中的重点、热点和难点问题，向八大民主党派进行决策咨询。各民主党派接受课题研究任务后，分别由党派主要领导牵头，集中所在党派的集体智慧，就“教育信息均等性研究”、“教育行政部门与政府其他部门的协同性研究”、“学生过重学业负担的综合分析与研究”、“上海义务教育深化探索”、“境外（港澳台侨）学生在沪就学情况与政策研究”、“上海企业职工教育发展研究”、“学生考核与选拔研究”、“上海教育均衡化发展研究”等重要问题，展开深入研究。各课题组首先对上海教育的现状进行了深入的调查研究，收集相关的案例，在调研的基础上摸清与课题研究相关的教育发展现状，并从中寻找问题，又从社会学、政治学、法律学、教育学、管理学等相关学科领域出发，通过国内外的比较，找出上海教育的目标定位、差距与问题，并就构建和谐的上海教育提出了一系列的政策建议和对策，显示出社会各界关注上海教育发展的一片热忱。研究成果通过了由上海市委研究室、市府研究室、市社科院、市府发展研究中心等单位的领导和专家组成的专家组的评审，得到了较高的评价。完成了 30 多万字的《上海教育新一轮发展决策咨询研究成果汇编》。

《上海高校资源服务全国研究》主要从宏观视角着手，从理论政策分析和实证分析角度出发，对 2007—2010 年上海高校普通本专科外省市招生进行方案模拟，并提出上海高校外省市招生的可行性制度安排或政策建议。该项研究对上海高等教育供求分析具体，模型建构合理，为上海市三类高校发展格局作出了预见性的判断，并就上海市高校资源服务全国提出了三套具体的方案。

上海市教科院分别承担的《上海教育综合改革实验研究》、《上海现代国民教育体系及发展规划研究》等都从上海教育的区位优势和特点，上海教育发展的趋势走向等角度对上海构建现代国民教育体系面临的挑战，对各级各类教育发展目标与任务，对政府如何统筹规划教育资源提出了建设性的意见。更多的研究如《上海各类教育招生考试制度改革研究》、《上海二期课程教材改革研究》、《产学研结合政策研究》、《高校知识创新和成果转化现状分析》、《政府与学校职责关系研究》、《长三角教育合作机制研究》、《国际化大都市教育功能研究》等都关注着上海及全国教育改革与发展的热点问题，提出了相应的对策建议。如《上海各类教育招生考试制度改革研究》在分析了当下教育现状、考试状况和世界上经济、文化发达国家招考制度的基本特点后切中时弊地提出目前考试制度存在着学生应试负担太重；政府包揽责任太沉；学生选择高校太难；高校选人思路太窄等问题，并有针对性地提出考试制度改革建议方案。如《上海二期课程教材改革研究》课题组为了认真完成该项研究，进行了周密的设计，开展了深度访谈、座谈会和问卷三种调查。调查范围覆盖全市大部分区域。调查对象包括市、区教育行政部门领导、校长、教师，共达700余人次。由于取样广泛，对基本事实与问题的把握比较准确，提出的改革策略与措施非常到位，得到了有关方面的好评。《产学研结合政策研究》这一课题首次采用A、B两组分别研究的方式展开，由于承担者分别来自高校理论工作者和大型企业的科技工作者队伍，所以从不同的角度为上海产学研工作的推进提出了很好的建议与意见。

另有《中国教育发展战略与教育体制改革》、《普通高校公用经费拨款及增长机制研究》、《上海老年教育发展研究》、《农民工子女义务教育后的去向调查及对策研究》、《大学生因特网成瘾障碍研究》、《学生调整作息时间研究》等一批成果，无论是宏观还是中观抑或微观层面，都能直面问题，力争通过扎实研究为政府和社会建言献策。

通过有组织的决策咨询研究，既使一些事关全局、事关上海教育改革发展走向的研究命题在短期内基本得到了研究结果，为上海教育新一轮发展提供理论参考与实践依据，又达到了让全社会了解教育、关心教育、支持教育的目的。

三、本市“十二五”期间教育科学发展的几点思考

（一）妥善处理教育科研需求与实施研究可行性的矛盾

由于当前教育事业迅速发展与改革的需求，我们必须对教育工作中出现的一系列新问题作出合理的揭示与科学的回答，需要对不适应社会主义建设需要的、阻碍教育健康发展的教育体制、教育结构、办学思想、课程设置、教育内容、教学方法、教育评价、师资培养和学校管理等诸多方面进行研究。特别在社会主义市场经济发展的新形势下，在21世纪的今天，还必须走出以往传统的教育科学研究的狭小天地，把教育与社会发展联系起来，把教育与经济建设联系起来，把教育与世界范围的科学技术的发展联系起来，这些内容既有宏观层面上的决策研究，更有解决具体问题的中微观研究；既有深刻揭示教育规律的属于基础理论性质的研究内容，更有大量的解决教育教学实际问题的应用研究与开发研究的内容。从研究的范围来看，高等教育、普通教育、职业教育、终身教育、特殊教育、学前教育等各类教育，从校内到社会、到家庭，都已成为教育和教育研究的热点。再加上学科的发展，教育已从一门学科发展成一个庞大的学科群，形成了教育法学、教育哲学、教育经济学、教育传播学、教育社会学等几十门学科，这些崭新的学科领域也都需要投入研究力量。因此如何兼顾好基础理论研究、应用研究、开发研究三种类型，正确引导宏观、中观和微观三个层面的研究，是一项十分重要的工作。作为省市教育科研管理部门在规划引导上既要突出重

点，体现地方研究特色，在资源配置上又要促使各类研究均衡发展，这将是管理部门规划引导工作中的难点。其次还有如何通过合理的安排，调动专业科研人员、教育行政人员和广大第一线教育工作者等各方力量的积极性问题。从参与研究的对象来看，本市六十余所高等院校中有很多研究教育问题的专门机构，同时还有研究门类齐全的市级教育科学研究院及所属的五大研究所，在本市 18 个区县也有着相当数量的从事教育教学研究的专门人员，这就构成了专业研究人员的群体。但更不可忽视的是第一线从事教育教学和教育管理活动，又直接参与教育科学研究的教育行政人员与广大教师这一业余研究群体。据不完全统计，单是上海普教战线中能独立承担研究项目，已参与到国家级、部委级及所在地区重点项目中去的教师已超过一万余人。另外，教育系统外部的社会各界都在积极投入教育科学研究。如何使课题规划既体现系统与综合的目标，较好地解决课题规划的总任务，又能发挥较好的导向作用，指导和引导各级研究机构和各类研究者都能依据自己的优势，选择合适课题，这就需要管理部门合理安排，统筹兼顾。在这一总目标下，按主次、轻重、缓急，按研究类型、研究领域、学科门类组成结构合理的研究队伍去落实并实施。

（二）努力抓好成果的应用与推广，促使产生实际效果

这些年来本市已经形成了数以千计的教育科研成果，有些甚至在全国范围内产生了较大的影响。然而相当一部分成果，甚至一些相当优秀的成果被束之高阁，没有得到及时的应用、推广和辐射。这里既有认识问题，也有方法和技术问题，当然也包括科研管理上的问题。如何采取各种措施，推广应用本市、全国及世界上多年来形成的优秀成果，特别是一些被实践证明了的确有成效的科研成果，推进本市各类教育的改革与发展，使决策咨询研究能够直接影响决策，使基础理论研究能为教育科学发展奠定基础，使应用性研究在第一线真正派上用处，这是教育科学的价值取向，也是教育科学研究存在的意义。“十二五”期间如何使教育科学更加具有针对性和有效性将是很重要的工作，是教育科学发展必须面对的一篇大文章。

（三）崇尚科研道德，搞好学风建设，促使教育科研健康发展

科学研究是一种极其高尚的理性和精神追求，是探索性创造性的智力劳动和实践活动，也是每一位研究人员发挥自身才能、贡献社会的精神活动。如何倡导科学、求真、探索、创新的学术风气与氛围，大力弘扬是非鲜明的学术道德，理直气壮地反对为“虚名”做“应景”之作，反对为“金钱”做“商品”之作，反对借学问谋“私利”之作，提高教育科研的针对性和实效性，真正使教育科学研究能完成它所肩负的理论观照、价值判断和发展科学的崇高使命，也将是我们需要面对与重点解决的问题。

（上海市教育科学规划领导小组办公室）

重庆市教育学科发展报告

“十一五”期间是重庆市为建设长江上游教育中心和西部教育高地打基础、建框架的重要五年。全市教育科研工作紧紧围绕“为全面建设小康社会服务”的目标，认真贯彻落实党的十七大会议精神，积极践行科学发展观，组织开展课题研究，健全完善管理制度和网络，普及教育科研方法，培育教育科研骨干队伍，推广应用优秀教育科研成果，深入推进教育教学改革，为不断提高教育教学质量，全面实施素质教育，促进教育科学繁荣和发展作出了新的贡献。

一、基本情况

（一）课题立项

“十一五”期间，全市立项课题总数 7 893 项。其中，全国教育科学规划课题 80 项，由全市中小学校（含幼儿园、中职学校、特教学校）、市属高校（含高职、高专）、教研机构、教育行政部门获得；重庆市教育科学规划课题 1 521 项，由重庆市教育科学规划办审批下达；区县级和高校校级教育科研课题 6 292 项，由区县（自治县）或有关高校（含高职、高专）审批立项。全市教育科研课题立项总数与“十五”期间相比有较大幅度增长。“十一五”全市教育科研课题立项情况见表 4-2。

表 4-2 “十一五”重庆市教育科研课题立项情况统计表

年度 类别	2006	2007	2008	2009	2010	合计
全国教育科学规划课题	18	24	9	10	19	80
重庆市教育科学规划课题	452	163	536	25	345	1 521
区县级/高校校级教育科研课题	6 292					
总计	7 893					

（二）经费投入

“十一五”期间，全市共投入教育科研经费 1. 353 94 亿元。其中，获得全国教育科学规划课题资助经费 44 万元，课题承担单位配套资助全国教育科学规划课题经费 180 万元（按平均每项 5 万元计算）；重庆市教育科学规划课题资助经费 98. 4 万元

（“国培计划”专项重点课题每项资助 1.2 万元，其余每项重点课题资助 3 000 元），课题承担单位配套资助重庆市教育科学规划课题经费 633 万元（按重点课题配套 1 万元、规划课题配套 5 000 元计算）；区县级和高校校级课题 12 584 万元（按平均每项 2 万元计算）。“十一五”全市教育科研经费投入情况见表 4-3。

表 4-3 “十一五”重庆市教育科研课题经费情况统计表 （单位：万元）

类别 \ 年度		2006	2007	2008	2009	2010	合计
全国教育科学规划课题	资助	6	14	3	4	17	44
	自筹	60	50	30	30	10	180
重庆市教育科学规划课题	资助	27	0	27.3	6.9	37.2	98.4
	自筹	181	81.5	222.5	24	124	633
区县级/校级教育科研课题		12 584					
总计		13 539.4					

二、工作进展

（一）研究工作进展与特点

1. 跟踪热点，增强教育决策咨询能力

“十一五”期间，全市教育科研积极跟踪教育热点、难点问题和学术前沿，加强教育决策咨询研究，为教育决策咨询提供有效服务。主要开展了“教育对重庆经济发展贡献的研究”、“教育均衡发展问题研究”、“规范学校办学行为研究”、“特色学校发展战略研究”、“重庆市教育督导评估改革研究”、“名师成长途径的研究”、“大力发展促进三峡库区劳动力转移的职业教育研究”、“联合国儿童基金会‘爱生学校管理’项目重庆市调查研究”、“适应社会主义新农村建设的重庆农村教育机制研究”、“西部教育发展数据库建设研究”、“教育在重庆社会主义新农村建设中作用的研究”、“教育与和谐重庆建设关系的研究”等。项目研究成果逐步成为全市教育决策咨询的重要依据，间接地促进了全市经济社会发展。

2. 研究的地域特色凸显

重庆是一个典型的大城市带大农村的二元经济社会格局，农村学校占有相当大的比重。重庆教育重点在农村，关键在农村，农村教育重点成为重庆市教育的特点。“十一五”期间，全市教育科学研究的重点任务也主要集中在农村教育。如“三峡库区移民教育可持续发展战略研究”、“农村基础教育课程改革研究”、“重庆市统筹城乡教育综合改革研究”、“农村留守儿童教育培养研究”等都已经初步形成了重庆特色和品牌。

（二）管理工作进展

1. 积极做好课题立项工作

“十一五”期间，重庆市教育科学规划办组织开展了5次全国教育科学规划年度课题、3次重庆市教育科学规划年度课题申报、评审和立项工作，根据重庆市教育事业发展需要，与市级相关业务管理部门合作，组织开展了2次专项课题申报、评审和立项工作，设置了教育技术、教师继续教育、职业教育、高中新课改等专项课题432项。

2. 健全和完善教育科研管理规章制度

为提高全市教育科研管理效益和质量，建立和完善“以质量为导向”的教育科研管理制度，根据全市教育科研实际情况，重庆市教委先后制定并出台了《重庆市教育科学规划管理办法》、《重庆市教育科研成果评奖办法》、《重庆市教育科研成果推广应用办法》，组建了《重庆市教育科学规划学科规划专家库》、《重庆市教育学人库》，并根据形势发展需要，不断修改和调整，建立、完善了全市教育科研管理规章制度。

3. 加强教育科研过程督导管理

为做实教育科研，保证教育科研成果质量，重庆市教育科学规划办制定了课题管理细则，对教育科研课题的开题、中期报告、结题报告等过程环节、程序、文本等进行了规范；开发完善了课题管理电子系统，加强了教育科研过程管理。

4. 开展教育科研成果评奖、评优和评先，发挥引领示范作用

“十一五”期间，全市组织市级教育科研成果表彰奖励2次，表彰奖励优秀教育科研成果共计261项。其中，市教委表彰奖励“重庆市第四届中小学优秀教育科研成果”133项，“重庆市职业教育优秀教育科研成果”14项，“重庆市高等院校优秀教育科研成果”26项，重庆市人民政府表彰奖励首届“重庆市中小学教学成果奖”88项。

“十一五”期间，全市组织开展重庆市中小学教育科研先进集体、先进个人评选1次，由重庆市教委表彰中小学教育科研先进集体105个、先进个人102名。

“重庆市中小学教学成果奖”的设置进一步调动了广大中小学教师的教育科研热情、士气和积极性，促进了中小学教育科研质量和水平的提高。中小学教学成果奖是为中小学教育工作者设立的政府级教学成果奖项，开展中小学教学成果奖励工作，既是加强中小学教学工作、深化教学改革、提高教育质量，尊重和鼓励广大中小学教师和教育工作者创造性、创新性劳动的重要措施，也是市政府为教师办实事的重要内容。

通过对教育科研的评奖、评优和评先工作，把优秀成果奖励更多地导向到那些真正有学术价值、真正有实践意义、真正有创新成果的研究课题上，更多地导向到有深度、有分量、有社会影响的研究成果上，从而引导教育科研工作者始终关注和直面现

实，积极在教育教学实践中发现、分析和解决问题，总结成功的经验、失败的教训，使教育科研在研究与回答教育改革与发展的现实问题中发挥积极作用；树立典型，发挥教育科研示范作用，引导一线学校和教师积极将优秀成果运用于教育教学实践中，做好成果的应用、推广与转化工作，为优秀教育科研成果的交流推广搭建了平台。

5. 积极宣传教育科研成果

编印《重庆市教育科研要报》、《重庆市优秀教育科研成果集》和《重庆市教育科研手册》等，为教育科学研究提供相互交流的平台，积极宣传推广对全市教育教学改革发展有重要影响的教育科研成果，并充分利用这些平台，凝聚整体实力，共同促进教育科研管理工作上质量、上水平。

三、薄弱环节与存在的问题

“十一五”期间，全市教育科研工作虽然进展顺利，但也仍然存在一些薄弱环节和问题。

（一）认识不足

一种倾向是将教育科研神秘化，另一种倾向是将教育科研工作简单化，表现出对教育科研认识的严重不足。还有一些错误观点是把对教育科研的重视与抓教育教学质量割裂开来，不能把教育科研与教育教学改革发展和质量提高有机结合，把教育科研当成高不可攀的神圣工作或者简单地认为教育科研只是“门面”和“摆设”，教育科研被赋予明显的功利性质。

（二）成果影响不大

由于急功近利思想作祟，教育科研工作过于注重形式而轻内涵，教育科研缺乏足够的专业培训，研究方法单一。同时由于对教育科研骨干的培训锻炼和管理不够到位，教育科研缺乏针对性的技术支撑。科研、教学严重脱节，教育科研的实效性、针对性、科学性不足。一些课题研究缺乏有效定位和明确界定，研究方法选用缺乏周密安排，中期检查乏力，成果意识不强，教育科研成果影响力还比较欠缺。

（三）发展不平衡

教育科研发展不平衡主要表现为城乡之间、学校之间、学科之间发展不均衡，不利于教育科研的整体推进。

（四）研究队伍整体素质不高

研究队伍的研究视野仍需进一步扩大，科研素质和理论水平仍需进一步提高。教育科研队伍整体素质还不能很好地适应教育改革与发展的要求；教育科研工作创新缺乏深度和宽度。

（五）教育科研投入不足

教育科研必要的资料费、调研费、学习培训费等严重不足，在一定程度上既影响了教育科研的积极性，不能保证教育科研工作的顺利开展，也影响了教育科研的水平和成果质量。

（六）宣传推广不力

教育科研成果的运用和推广不力。不少课题虽结了题，其科研成果随即束之高阁，为科研而科研，为结题、评奖而研究的现象还普遍存在，部分课题通过研究得出的创新理论缺乏有效的实验支撑，部分结论缺乏理论的提升，没有可操作性，不能推而广之。科研与教学“两张皮”，研究成果与成果的转化、推广脱节，使教育科研工作效益大打折扣。一些课题结题后就没有了后续研究，优秀课题成果缺少必要的推广平台。

（七）科研管理存在问题

管理目标有待进一步落到实处；支持力度有待进一步提升；创新程度有待进一步加强。原因主要是人员配备不足，难以形成工作合力。主要表现制度不够健全，特别是操作层面的制度还欠缺和不全，教育科研要更上一层楼，需首先从制度建设入手，目前而言，下列制度尚存在空白或不完善：科研机构设置制度、学校教师科研职责、中小学教师教育科研培训制度等。同时，课题管理人员对课题管理指导不够具体；过程管理指导监管力度不大；对课题的按期完成研究任务督察办法不多。

四、取得的重要研究成果

（一）中国进城务工农民工子女教育研究

农民工子女教育是我国义务教育阶段的难点和薄弱环节，是教育均衡发展中最受关注的问题之一。近年来，中央特别重视进城务工人员子女接受义务教育问题，并出台了一系列关于解决好农民工及其有关问题的文件。但是，随着城市化进程的不断加快，政策环境的不断变化以及进城的农民工子女数量的剧增，农民工子女教育问题突出。

由重庆市教科院承担的中央教科所委托研究项目“中国进城务工农民工子女教育研究”针对这些问题，积极开展实证研究。课题研究提出要通过多种措施，解决进城务工农民工子女教育问题：通过立法规范，制定专门的《进城务工农民工子女教育平等促进法》，保障进城务工农民工子女平等接受义务教育的权利；通过统筹规划，正确引导进城务工农民工子女有序进城；明确政府责任，有力监督相关政策的贯彻执行；通过建立教育补偿制度，有效保证农民工子女教育公平；通过促进公民办教育共同发展，既扩大公办学校招生容量，又补充公办资源的不足；通过实时统计，建立统一的流动信息管理制度；灵活学校管理，加强师资培训，建立农民工子女教育研究机制；转变家长观念，营造积极健康的家庭教育环境；联合社区，构建多元化互助合作教育模式，为进城务工农民工子女创造良好的教育环境。

（二）义务教育均衡发展督导评估研究

由重庆市人民政府教育督导室和重庆市教科院教育发展研究所主持的"义务教育均衡发展督导评估研究"，依据《重庆市人民政府办公厅关于建立区县（自治县、市）人民政府教育工作督导评估制度的通知》（渝办发〔2005〕145号）和《重庆市人民政府关于进一步推进义务教育均衡发展的意见》（渝府发〔2007〕68号）以及《重庆市人民政府办公厅转发市教委市政府教育督导室关于开展高水平高质量普及九年义务教育工作意见的通知》（渝办发〔2005〕239号）等文件精神，以建设重庆市国家级统筹城乡教育综合配套改革试验区为主线，坚持督学与督政相结合、重点专项督导与综合督导相结合和分区规划、分类指导、分步实施的原则，督促各级人民政府及其相关职能部门依法履行职责，积极推进区域内义务教育均衡发展和各类教育协调发展，统筹城乡，努力缩小区域、城乡、学校之间教育发展的差距，全面提高教育质量和办学水平，确保全市2012年基本实现"双高普九"目标如期实现。课题组研制的《义务教育均衡发展督导评估指标体系》已开始运用于重庆市义务教育均衡发展合格区县督导评估工作中。

（三）重庆市中小学特级教师作用发挥的研究

特级教师是国家为了表彰特别优秀的中小学教师而特设的一种既具先进性、又有专业性的最高荣誉称号。他们是"师德的表率、育人的模范、教学的专家"。特级教师，不仅是教育事业的宝贵财富，也是全社会的宝贵财富。为充分发挥特级教师在教书育人、教育改革中的带头作用，在扶持新秀中的示范作用和教育管理中的咨询参谋作用，重庆市教委人事处和重庆市教科院联合承担了重庆市教育科学规划课题"重庆市中小学特级教师作用发挥的研究"。课题通过问卷调查、访谈和个案研究，探索了特级教师作用发挥的机制；运用文献研究方法，结合重庆实际，研制了《重庆市中小学特级教师评选与管理办法》，被有关人事部门采纳；两次组织特级教师共计30余人次分赴云阳、巫溪、潼南、铜梁、忠县、石柱、彭水、酉阳等重庆市偏远农村区县（自治县）送教，示范优秀课堂教学，有力地促进了农村教师的专业发展和城乡教育的统筹发展。

（四）提高农村中小学教师队伍质量的研究

由重庆市教委、西南大学、重庆市教科院、重庆师范大学、重庆教育学院、重庆求精中学等单位联合承担的教育部重点项目“提高农村中小学教师队伍质量的研究”，通过对重庆市31个农村区县、2万多名中小学教师的调查研究，发现农村中小学教师队伍存在管理体制、编制、队伍结构、专业素质和待遇等方面的问题。研究提出，要建立落实教育管理，兑现教师待遇的督查机制；加大教育执法检查力度；尽快兑现教师绩效工资，确保教师待遇不低于公务员的平均水平；确保以县为主的教育管理体制落到实处，确保县级以上教育行政部门依法履行中小学教师的资格认定、招聘录用、职务评聘、培养培训和考核管理职能等教育管理新机制；制定《农村义务教育阶段学校投入保障法》，建立农村中小学投入保障机制；提高中央财政和省级政府投入比例；切实建立健全保障继续教育经费的长效机制；设立农村地区中小学教师培训专项经费；设立农村地区中小学教研和科研专项经费；扩大“特设岗位教师”计划实施范围，创新农村中小学新教师补充机制；建立中小学教师表彰激励机制；建立“中小学教学名师奖”制度；修订《特级教师评选规定》；实施“贫困地区农村中小学教师安居工程”，建立教师住房保障机制；建立提高农村中小学教师专业素质培训机制；提高农村中小学教师职前培训质量；努力实现边远贫困地区教师培养“本土化”；建立多元化的继续教育模式；完善教育管理制度；建立农村中小学教师津贴制度；建立农村中小学“特聘教师”制度；深化教育人事改革；提高农村中小学校编制标准；深化用人制度改革；大力推进岗位设置改革；提高农村中小学中、高级岗位设置比例；深化中小学职称制度改革；制定《义务教育阶段学校教师职务试行条例》；专业技术职务适度向农村中小学教师倾斜。

（五）重庆市中等职业教育战略发展研究

为进一步推动全市中等职业教育在短期内突破阻碍、获得长足发展，在市教委领导下，成立了“重庆市中等职业教育战略发展研究”课题组，整合市教科院、有关高校、部分区县和中等职业学校的研究力量，组建了10个重点子课题研究团队，从不同方面探索全市中等职业教育发展的战略问题。根据全市教育改革发展实际，组织开展了一批重大项目的研究工作，充分发挥了教育研究推动教育改革发展的重要作用。

（六）高校思想政治教育创新研究

“高校思想政治教育创新研究”是重庆市教育科学“十一五”规划重点课题。该课题在党的十六届四中全会、十七大精神指引下，以科学发展观为指导，紧紧围绕以构建社会主义和谐社会为中心，以构建和谐校园为视野，在对高校思想政治教育工作的现状进行深入调查研究的基础上，运用教育学、心理学、管理学等多门学科理论，采用科学的研究方法，对高校思想政治教育工作的对象、内容、方法、课程、队伍、环境、管理机制等方面进行了全面系统的研究，并根据构建和谐校园的要素要求，以创新的精神提出了一系列改进高校思想政治教育工作的措施与建议，形成了成果专著

《高校思想政治教育创新研究——以构建和谐校园为视角》。该项研究立意高远、视野开阔、观点新颖、内容丰富、注重创新，具有针对性、前瞻性、科学性、客观性、实践性、可行性特点，在当前高校思想政治教育研究领域中视觉独特，具有重要实践价值和较高的创新性。教育部思想政治工作司司长杨振斌评价认为：该项成果以科学发展观为指导，时代气息浓郁，贴近高校实际，理论阐述有力，对于推进高校思想政治教育创新，加快构建和谐校园步伐，具有重要的理论价值和现实意义。

（七）中小学特色学校发展战略研究

开展特色学校建设是打造优质教育资源和推进教育均衡发展的一项重要举措。"中小学特色学校发展战略研究"是教育部"十一五"规划重点项，2006 年立项。在深入分析、明确特色学校内涵的基础上，课题研究立足于我市教育的实际，积极探索以教育行政部门为主导、教育研究机构为支撑、以学校发展为主体的"三位一体"的特色学校发展模式，培育一批特色学校，力争实现我市基础教育的"百花齐放"、"百家争鸣"。2007 年、2008 年课题组分别与中国教育学会、中国教育报刊社联合举办了两届"全国中小学特色学校发展高峰论坛"。课题研究成果《义务教育均衡发展视野下的特色学校建设研究——兼论重庆市特色学校发展战略》、《以特色教育科研推进特色学校建设》、《特色学校建设：学校文化的选择与建构》等文章在《人民教育》、《中国教育学刊》等期刊发表，出版研究专著《学校变革之特色学校发展战略论》。2009 年《人民教育》3—4 期合刊隆重推出我市"特色学校建设专辑"，以 30 余篇文章、10 万字的篇幅全面介绍了重庆市特色学校建设的经验和成果，引起国内教育界的广泛关注。目前，已有 20 多个省市的 300 多个学习考察团来重庆实地考察。

（八）重庆市农村中小学教师素质状况与地方高校教师教育研究

农村教育发展的关键在教师队伍，培养农村教师的主要阵地是地方师范院校，地方高校教师教育是农村基础教育的工作母机。但长期以来，为农村基础教育培养师资的地方高校并没有完全形成为农村基础教育服务的强烈意识，处在一种封闭运行、脱离实际需要的状态。地方高校的教师教育如何紧密结合基础教育课程改革的需要和农村中小学教师专业发展，从人才培养目标定位、课程体系与教学内容改革、实践教学环节等方面增强教育教学改革的针对性，将"最有价值的知识"真正纳入课程体系和培养环节，解决人才培养的针对性与适应性问题，是地方高校当前必须直面且亟待解决的现实课题。

"重庆市农村中小学教师素质状况与地方高校教师教育研究"是重庆市教育科学规划重点课题，由长江师范学院承担。课题组对重庆市农村中小学教师素质现状与地方高校教师教育改革问题进行了较为深入的研究，从农村教师适应基础教育课程改革新要求的"应然标准"与现有农村基础教育师资的"实然状况"对比出发，探索培养高质量的农村中小学师资的地方高师院校教师教育改革之路。通过对农村中小学教师的基本状况进行了大量的抽样调查和分析，发现重庆农村中小学教师在学科知识、教学技能等传统素质方面表现出较高的水准，而在新课程改革所强调的新理念、新方法、新手段上存在明显不足，整体提高农村中小学教师的综合素质，增强对新课程改革的适应能力势在必行。在此基础上，课题组从改革地方高校教师教育的课程设置入手，探讨了教师专业化语境下、以促进教师专业发展为核心的教师教育课程设置的理论基础，据此构建了具有地方高师院校特色的课程体系，并以此作为学校教育教学改革的依据，在长江师范学院实行了“以教师专业成长中的核心教育元素整体联动和系统整合为抓手，以内部结构、培养体制、培养机制调整为核心，以教师教育课程体系的变革为主导”的教师教育改革。该项研究的成果之一《引领基础教育课程改革的教师教育培养的体系创新与实践》荣获2009年重庆市教学成果一等奖。

（九）重庆市统筹城乡教育综合改革试验研究

为落实贯彻《国务院关于推进重庆市统筹城乡改革和发展的若干意见》（国发〔2009〕3号）、《教育部重庆市人民政府建设国家统筹城乡教育综合改革试验区战略合作协议》精神，根据《重庆市统筹城乡教育综合改革试验实施方案》部署，市教委组织开展了重庆市教育委员会重大软科学研究项目“重庆市统筹城乡教育综合改革试验研究”工作。研究工作开展之前，委托市教育科学规划办、市教科院组织专家进行了充分的先期论证和设计，成立了总课题组，下设八大子课题。总课题由市委教育工委书记、市教委主任彭智勇同志亲自主持。下设的八大子课题分别是：“国内外统筹城乡教育发展研究”、“推进城乡教育统筹发展的体制机制研究”、“统筹城乡教育发展的模式研究”、“统筹城乡基础教育发展的资源配置与学校布局结构调整研究”、“高等教育服务城乡经济社会发展研究”、“职业教育城乡统筹发展研究”、“城乡教师继续教育有效模式研究”、“推进城乡教育统筹发展的招生考试评价制度改革研究”，由三医大、西南大学、重庆教育学院和市教科院承担。其中西南大学承担了5项，三医大、重庆教育学院和市教科院各承担了1项课题。

“重庆市统筹城乡教育综合改革试验研究”的主要目的是通过对国内外统筹城乡教育改革的有关理论成果和实践经验的借鉴，总结、提炼、分析我市统筹城乡教育发展的典型经验、背景及成因，从而探索构建和设计重庆市统筹城乡教育综合改革试验的制度、模式、途径和方法，促进全市城乡教育统筹发展，为全市乃至全国统筹城乡教育发展提供经验和参考。

“重庆市统筹城乡教育综合改革试验研究”总课题组委托专业机构——市教育科学规划办和市教科院对八大子课题实施专业管理。课题管理部门成立了总课题秘书处，制作了“重庆市统筹城乡教育综合改革试验研究”专题网站，设置了“文献资料”“互动交流”“成果公报”等栏目，为促进课题间的交流互动提供了专门平台，实现了研究资源、研究成果的共享，加强了课题研究过程管理。在实施管理的过程中，总课题秘书处共印发8期课题研究工作简报，给各课题研究及时提供相关信息，向有关领导及时报告课题研究工作进展情况，汇报课题研究阶段成果，为有关行政决策咨询提供参考。

市教委拨出 85 万元专款支持"重庆市统筹城乡教育综合改革试验研究"工作，其中，八大子课题每项分别资助 8 万元，同时要求课题承担单位至少按不低于 1∶1 的比例给予配套；21 万元用于课题管理工作。八大子课题于 2010 年 1 月 9 日统一举行了开题仪式，邀请市委研究室、市政府研究室、市发展改革委、重庆大学、西南大学、重庆工商大学等专家进行了论证指导。开题会后，各子课题组根据专家点评、指导的意见建议，结合总课题组要求，及时组建研究团队，认真落实研究责任，积极开展研究工作，很快取得了阶段性成果。2010 年 7 月 29 日，八大子课题举行了中期报告会，各课题组对前期研究工作开展情况、取得的阶段性成果、后期研究的打算和安排等都作了详细汇报，总课题组邀请了市委研究室、市政府研究室、重庆大学、西南大学、重庆工商大学、市教委等单位专家对各课题研究进展情况进行了认真的检查、督导和评估。中期检查报告会后，各子课题按照专家的意见、建议，对照项目合同书，及时调整研究目标、方向和内容，进一步突出研究重点，突破研究难点，于 2010 年 11 月 30 日前全部按时完成了课题研究任务，取得了可喜的研究成果。目前，各课题组已进入结题准备阶段。总课题组印发了结题准备工作通知，正积极筹备结题验收工作。

各课题取得的主要成果有：

1. "国内外统筹城乡教育发展研究"课题组收集了国外城乡教育统筹发展的文献资料，开展了实地调查研究，收集了川、浙、苏、渝等省市关于统筹城乡发展的政策文件和经验做法，进行了细致的整理和分析，充实完善了课题研究内容。研究发现：我国东部地区农村教育体制配置教育资源的能力较强，相比之下，西部地区在灵活调整教育发展规模方面表现较佳。研究提出："要确保城乡教育的统筹发展，需要进一步加强城乡教育统筹发展政策的法制化建设；明确各级政府分级管理财政的责任；强化地方政府的责任；严格贯彻执行统筹城乡教育发展政策等。"

2. "推进城乡教育统筹发展的体制机制研究"课题组进行了大量的调研。该课题从推进城乡教育统筹发展的体制机制研究文献综述和数据库建设及推进城乡教育统筹发展的管理体制、办学体制、帮扶机制及监察机制等方面入手，分设了六个专题研究组。研究认为：在学前教育统筹发展的体制机制建设方面，需要完善政府主导、社会参与、公办为主、公办民办并举的多元办园体制；建立学前教育多元投入、成本分担机制；建立城乡学前教育教师专业发展机制、保教质量监控及督导评估机制。在义务教育城乡统筹发展的体制机制建设方面，需要理顺部门间的权力关系，深化义务教育城乡统筹发展的管理体制改革；要建立分级负担的投入体制；倡导一主多元的办学体制；建立以城带乡、资源共享、互助合作的联动帮扶机制。建设普通高中教育统筹发展的体制机制，需要在普通高中学校布局、招生制度、经费投入、教师发展、办学体制、帮扶机制及保障机制等方面进行改革创新。建设城乡职业教育统筹发展的体制机制，需要形成政府主导、企业、社会力量积极参与的多元办学格局；理顺各级政府部门的职责；建立职业技术教育管理委员会；坚持财政为主，社会资本参与的多元投入体制，多渠道筹措经费。高等教育城乡统筹发展的体制机制建设，需要设立高校城乡统筹专项资金，进一步扩宽资金来源渠道；扩大高校的办学自主权，建立以服务为导向的高等教育管理模式；科学设置整合专业，大力发展职业教育，创新人才培养模式；扶持民办高等教育。在城乡教师继续教育统筹发展的体制机制建设方面，需要健全教师继续教育领导体制、落实各级政府职责，形成以政府为主体、社会广泛参与办学的格局；建立继续教育社会服务机构；建立继续教育协调机制、城乡联动发展机制、城市对农村的反哺机制及继续教育教学资源开放共享机制等。

3. “统筹城乡教育的发展模式研究”课题组开展了两次实地调研，采集了北京、成都、河南、上海、天津、湖北等地相关数据资料，并对调查数据进行了统计分析，从整体上把握了上述调研地城乡教育统筹发展的情况。初步完成了统筹城乡教育发展的资源使用效果评价体系及城乡教育统筹发展的投融资体制模型的设计。

4. “统筹城乡基础教育发展的资源配置与学校布局结构调整研究”课题组紧扣研究任务，设置了六大专题研究。采用问卷调查及访谈法，以成都市教育局、重庆市相关部门为调查对象，深入教育行政机关以及学校调查有关情况。其中，重庆市的调研范围涵盖了市教委的相关处室、渝中区3所学校、北碚区、黔江区、万州区、彭水县、铜梁县各6所学校，发放学校领导问卷、教师问卷、学生问卷、家长问卷共计6 765份。课题组完成了“基础教育资源配置的伦理思考”、“论教育制度的伦理诉求及其实现”两篇学术论文的撰写工作。

5. “高等教育服务城乡经济社会发展研究”课题组精心组建了一个具有多学科背景、多行业人员参与的研究团队。课题研究人员从多种渠道收集文献资料，多次召开课题研讨会议，开展市内外调研。完成了“统筹城乡发展背景下高等教育与经济社会发展的相关性分析”、“高等教育对经济社会发展的作用”、“国内外高等教育服务城乡经济社会发展对重庆统筹城乡教育发展的启示”、“近10年来重庆高校布局结构变化——基于经济发展的视角”4篇学术论文的撰写工作。

6. “职业教育城乡统筹发展研究”课题组到陕西等地进行了实地调研。研究团队完成了12篇研究论文的撰写工作，其中“职业教育城乡统筹下学生媒介素养教育的现实与路径”及“职业教育城乡统筹发展研究多维理论视角探索”两篇论文分别在《职教论坛》和《职业技术教育》杂志上发表。

7. “城乡教师继续教育有效模式研究”课题组收集了有关文献资料，在充分听取专家意见的基础上，确立了课题研究的七大核心问题。赴潼南县、云阳县及成都、江苏、北京等地开展了专题调研活动，撰写了10万余字的研究报告。

8. “推进城乡教育统筹发展的招生考试评价制度改革研究”课题组收集并分析了国内外招生考试制度的相关文献，选取渝北区、沙坪坝区、北碚区和綦江县作为调研、改革试点区县，在对现有招生考试制度综合分析比较的基础上，形成了4个试点区县相应的招生考试改革方案并进行了试点。课题组总结了国外11个国家的招生考试制度特点，并从中考招生制度改革、增值性学校评价、评价过程监督机制、高考改革等4个方面提出了推进城乡教育统筹发展的招生考试制度改革的基本思路和初步方案。

（十）农村留守儿童教育培养模式研究

随着我国工业化、城镇化建设的推进，农村留守儿童教育问题的严重性、紧迫性日益凸显。培养照顾好农村留守儿童，切实解除外出务工群众的后顾之忧，成为具有时代意义的民生工程。

从2010年春季学期开始，由重庆市委研究室牵头，联合顶新国际集团、市教科院、市妇幼保健院、西南大学、市武警总队，在石柱土家族自治县冷水小学、丰都县北京青年希望小学开展了"重庆市农村留守儿童教育实验"，探索农村留守儿童教育培养模式。把农村留守儿童培养成为感恩社会、品行端正、身心健康的共产主义红色接班人。

课题组经过近一年的实践探索，总结出了农村留守儿童教育培养的"4+1"模式，即"思想政治教育"、"人格品质教育"、"心理情感教育"、"行为养成教育"加"营养与健康"。市教科院牵头组织编撰出版了在国内尚属首创的《我们是共产主义接班人》、《红歌嘹亮》等农村留守儿童专用读物和《情景教案》、《教师培训教材》等农村留守儿童学校教师教育用书。

为了深入贯彻落实市委三届七次全委会精神，进一步推进农村留守儿童教育培养工作，推动农村教育改革，促进重庆城乡教育均衡发展，从2010年秋季学期开始，由市教委主导，开展了农村留守儿童教育模式推广实验工作。项目推广实验工作在全市30个农村区县的32所学校展开。截至2010年10月下旬，市教委已组织召开了2次项目推广实验学校培训工作会，联系西南大学、重庆师范大学选派了近百名志愿者奔赴32所项目推广实验学校，按照"4+1"模式要求开展留守儿童教育活动。

为保障留守儿童教育模式推广实验工作的顺利进行，相关部门出台政策，在改善项目学校硬件设施、教师福利待遇等方面给予倾斜。市教委牵头成立了留守儿童教育领导小组、留守儿童教育专家指导小组、留守儿童教育工作组和留守儿童教育志愿者服务组，建立了"留守儿童档案数字化管理系统"和"留守儿童教育资源网络共享平台"。

（十一）重庆教育对经济社会发展贡献的研究

由重庆市教委牵头，重庆大学、西南大学、重庆市属高校、市教科院等单位联合承担的重庆市教委重大软科学研究项目"重庆教育对经济社会发展贡献的研究"，经过130多人在全市范围开展近一年的实证调查研究，形成了基于翔实资料的定性定量分析和130万字的研究报告。主要得出了以下六个方面的研究结果。

1. 教育对增加经济总量的贡献突出

"十五"期间，教育对经济增长的总体贡献率达到36.83%。其中，基础教育和高等教育产生的贡献率达28.97%，基础教育在校生人数变动1个百分点，带动人均GDP同向变动0.261个百分点；普通高校在校生人数变动1个百分点，带动人均GDP同向变动0.029个百分点。职业教育产生的贡献率达6.81%，其中，职业技术培训与农业科技推广对GDP增长的贡献率达3.92%，中等职业教育对GDP增长的贡献率达2.14%，高等职业教育对GDP增长的贡献率为0.75%。成人教育产生的贡献率达1.05%，贡献的绝对量有限，但相对量可观，比如2005年成人教育投入存量增长额1 820万元，直接拉动经济总量增加9 690万元，通过提高人力资本间接促进经济总量增加11 850万元。

2. 教育对转变经济发展方式的贡献显著

教育对经济发展发挥了重要的技术支撑和人才支持作用。高校科技创新能力和成果转化能力日益增强，在渝高校承担各类科研项目1.9万余项，完成技术转让近900项，获得国家科学技术奖占全市的70%，获得市级科技奖励占全市的60%，特别是家蚕基因框架图、3G手机芯片、工业CT、高强度聚焦超声肿瘤治疗系统等拥有自主知识产权的重大项目取得突破性进展。高校科技创新在推动新型工业化、推进新农村建设、服务社会公益事业等三个方面取得了突出的成绩，如在汽车摩托车设计开发平台、汽车电子、镁合金开发与应用等方面取得了一批突出成果；高校研发的"渝黄1号"、"富优1号"以及魔芋产业关键技术等一批农业科技成果在全国10多个省市得到广泛应用，推广面积近2 000万亩，新增产值超过100亿元；积极推广"石柱模式"，16所高校与13个区县积极开展校地合作，为统筹城乡科技的协调发展和新农村建设作出了积极贡献等。"十五"期间，全市累计培养中等职业以上各类毕业生85万人，其中研究生1.3万人、普通本专科学生21.1万人、成人本专科学生16.3万人、中等职业教育学生46.3万人。抽样调查结果表明重庆的农村劳动力接受过各类职业技术培训的占比达到51.5%，说明了重庆对农村劳动力或农民工开展职业技术培训的范围较广，有利于各类人才的培养。

3. 教育对优化经济结构的贡献显现

"十五"期间，各类教育协同发展对全市产业结构优化升级的贡献率达到16.04%。产业结构方面：普通高校在校生人数增加1万人，带动服务业增加值占GDP比重提高0.587个百分点，如2005年高等教育规模的扩大带动周边服务市场规模增加达2.4亿元；成人教育投入存量增加1%，第三产业增加值占GDP比重提高0.003个百分点。就业结构方面：普通高校在校生人数变动1个百分点，带动城镇人口比例同向变动0.006个百分点；高等职业教育毕业生就业率约89%，比普通高等教育平均高出10—15个百分点；渝东南地区各类学校数提高1个百分点，第二、三产业就业人口比重提高0.19个百分点；劳动力转移培训对农村劳动力就业的整体贡献率达51.7%。

4. 教育对推进城乡区域协调发展的贡献开始有效发挥

教育有力地加速了新农村建设进程，教育对促进库区产业发展和移民就业发挥了基础性作用。数据包络分析模型显示，近年来重庆农村教育体制运行效率呈优化趋势，在中西部地区处于领先地位。时间序列分析显示，农民受教育年限增加 1 年，带动收入增加 19.8%。面板模型分析表明，各区县教育资金投入对农业生产发展具有强烈的正向促进作用。劳动简化法分析显示，2001—2005 年，库区教育对经济总量的贡献率达 5.82%，产出接近投入的 3 倍。库区经济增量的 52.67% 与教育有关，该比例位居全国第 11 位。库区需完成基础教育和职业教育培训后实现就业的移民动态累计 70 万人，移民教育得到优先保障，新增适龄人口义务教育普及率达 99.97%，高中阶段教育移民升学率高于库区平均水平 5—10 个百分点。库区大中专学校毕业的移民学生直接就业率（含继续升学）平均达 90% 以上，各类移民短期培训实现就业率达 50% 左右。通过职业教育和职业培训直接实现就业的移民数累计超过 42 万人，其中户口与就业同步外迁 20 万人，超过政府直接组织外迁移民的人口规模。

5. 教育对提升劳动力素质的贡献日益明显

学校教育是提升市民素质的主渠道，教育对公民素质的影响表现为直接的正相关，公民受教育的年限越长，公民的综合素质均值越高。课题组对酉阳、巴南、忠县、北碚的抽样调查表明，基础教育对市民素质的影响表现为直接的正相关，尤其是对与经济发展密切相关的劳动技能素质的提高具有积极促进作用。另外，“十五”期间，全市累计培养中等职业以上毕业生 85 万人，为经济社会发展提供了有力的人才支撑。高校毕业生留渝工作的比例由 2001 年的 36.2% 提高到 2006 年的 60.6%，高等教育成为重庆高素质人才最重要的来源渠道。职业教育在降低劳动者文盲、半文盲比例方面的贡献率达 37.1%，在提高劳动者高中、大专、本科及以上文化程度比例方面的贡献率达 33.9%。

6. 教育对增加居民收入的贡献高度凸显

农村教育发展对农民收入增长的贡献率接近 25%。从横向角度看，1997—2005 年间，农村“普九”教育、高中及职业教育、高等农业教育对农村居民人均纯收入增长贡献率分别达到 17.59%、6.15% 和 1.26%；从纵向角度看，1997—2001 年、2001—2005 年两个阶段，教育对农村居民人均纯收入增长的贡献率为 23.34%、24.69%。可以看出教育对农民收入的贡献作用越来越大，呈上升趋势。基本农业实用技能培训对农民增收的贡献率达 53%，江津等区县的典型调查显示，经基本农业实用技能培训后农户家庭年收入平均增加 1 200—2 000 元，核心农户的培训带动周边农户每户平均增收约 800 元，产出是投入的 6 倍以上。教育程度与劳动力转移就业收入总体呈正相关关系，从学校、培训机构提供的情况看：初中以下未经职业技能培训的月工资 400—600 元，经技能培训的 700—1 200 元，经中高职业教育的1 500—2 500 元。

本课题研究获得了重庆市第六次社会科学优秀科研成果一等奖。课题研究成果被教育部采纳,《国家中长期教育改革和发展规划纲要(2010—2020年)》中明确了教育要服务经济社会发展,这一重要思想来自重庆。这是重庆教育对国家教育事业的一大贡献。

五、"十二五"时期的工作思路

(一)进一步转变教育科研管理方式,提高教育科研效益

进一步规范教育科研立项渠道管理,加大规划统筹管理力度。市级课题立项,全部归口规划办,电教、教仪、继续教育等专项课题,由有关业务部门组织申报,报送规划办评审后,立项为市级教育科研课题。

加强教育科研过程管理,完善市级立项课题开、结题制度。中小学教育科研重在"做",重在过程,要进一步使中小学教育科研真正落到实处,而不是走过场、装门面,要努力提高中小学教育科研质量和水平。继续坚持课题研究中期检查与汇报制度,完善课题研究环节规范管理。本年度我们将开展对市级立项教育科研课题全面清理和检查工作,目前有关通知已经发出。

进一步加强教育科研信息化建设,完善全市教育科研课题电子管理系统,积极推动无纸化教育科研管理。分层分类开展用户使用培训活动,发挥课题管理电子系统的功能和作用,提高对课题研究监控和管理的效率。加强重庆教研网的建设和维护,开展网络办公和管理,保障安全、畅通。

(二)积极培育教育科学规划专家和中小学教育科研骨干队伍,提高队伍整体素质

进一步建设好重庆市教育科学规划学科专家库,充分发挥教育科学规划专家对教育科研的指导作用。做好市级教育科研骨干教师的培训工作,培养一支高水平的市级教育科研骨干教师队伍。

(三)成果推广与评奖、评优工作。做好由市教委表彰奖励的第四届中小学优秀教改科研成果的评奖工作

编撰直辖十年全市教育科研成绩,积极向重庆直辖十周年献礼。开展全市第三次中小学教育科研先进集体、先进个人的评选活动。大力支持和弘扬农村教育研究,举办好首次全市农村教育科研成果展示与交流会,推广全市农村教育科研成果。整合优势、力量资源,促进合作研究,发展特色研究,打造品牌研究。

(四)增加国家级教育科研项目比重

组织好全国教育科学"十二五"规划年度课题的申报、评审工作,提高立项比

例；组织力量开展与各级教育决策有关的中、宏观课题研究，鼓励联合攻关。

（五）进一步增加投入，保障教育科研工作顺利开展

积极主动做好有关方面的工作，努力实现全市各级教育科研经费投入纳入公共财政保障机制；积极促进教育科研工作成果认定与评价的标准化和制度化建设，促进我市教育科学研究的持续繁荣和发展。

（六）加大教育决策研究

紧密联系重庆经济社会发展实际，加强重大课题的研究，特别是一些热点、难点问题的研究，从而进一步增强教育科研服务教育决策、服务教育教学改革和发展的能力。“十一五”期间，胡总书记在参加重庆代表团审议时，为重庆发展“导航定向”，提出把重庆加快建成西部的重要增长极、长江上游经济中心、城乡统筹发展的直辖市，率先实现全面建设小康社会的目标。总书记为重庆发展提出的“一个加快、一个率先”的目标，汪洋书记提出的“1 小时经济圈”的发展战略，都给我市教育研究提出了重要的任务。现在全市上下都在认真学习，教育科研战线必须认真学习，组织力量深入研究。

六、对全国教育科学研究“十二五”规划的意见、建议

（一）教育理论研究与实践研究并重

“十二五”时期，全国层面的教育科学研究在注重理论基础研究的同时，应要更加关注教育实践领域问题解决的研究，做到理论研究与实践研究并重，并力图通过更加丰富的实践研究，促进教育理论创新，实现教育理论研究与教育实践问题解决的良性互动。

（二）促进国家中长期教育改革和发展目标的实现

《国家中长期教育改革和发展规划纲要》提出了我国教育的宏伟目标。“十二五”时期的全国教育科学研究应紧紧围绕纲要提出的战略目标、战略主题和发展任务而展开，提高质量，促进纲要目标的实现。

（三）统筹规划、发展特色

全国教育科学研究“十二五”规划在坚持统筹规划的原则基础上，应该更加注重鼓励、发展和促进西部教育特色研究、地方教育特色和品牌的研究，促进教育科学研究的多样化、特色化发展，共同促进和繁荣教育科学。

（四）重点研究领域和方向建议

1. 重大招标课题

（1）统筹城乡教育综合改革试验研究

（2）建设“五个校园”的理论与实践问题研究

（3）中小学“唱读讲传”教育研究

（4）区域教育特色发展路径研究

（5）县（区）域促进义务教育均衡发展模式研究

（6）农村留守儿童教育培养模式研究

（7）高中课程改革实验推进策略研究

（8）高等教育人才培养模式研究

（9）区域教育科研管理特色和品牌创新研究

2. 一般课题

高等教育统筹发展战略研究；地方高校特色办学与发展对策研究；高等教育优化学科专业结构、创新人才培养体系研究；高校产学研合作的新模式、新机制及对策研究；高校大学生学习状况调查研究；高校跨系跨校游学机制的建立与对策研究；高等学校去行政化的制度保障研究；民办学校营利性与非营利性分类管理的制度保障研究；民办学校风险保障制度研究；民办学校监事制度研究；民办学校内部控制制度研究；多层次多维度知识产权普及教育研究；国家重大需求和区域经济发展战略对高等教育学科专业结构、布局、建设的影响与需求的分析研究；巩固、发展、提高与拓展现有学科内涵和水平、促进新兴、交叉、边缘学科产生的新思路、新机制研究；整合实践教学资源、构建跨院校实验室体系创新研究；创新学科建设的思路及模式研究；与国家和地区经济发展相适应的研究生培养体系研究（含专业学位研究生教育创新研究）；与国家和重庆经济发展相适应的本科教育专业结构调整及人才培养方案优化的研究；地方院校高等教育质量评估与保障机制研究；高校内部教育管理体制改革与现代大学制度建设创新研究；以创业教育提升大学生就业研究；高等职业院校办学定位与人才培养模式研究；高等学校对口支援模式及帮扶机制研究；高校毕业生就业指导体系建设与创新研究；学生综合素质评价与高校招生有机结合研究；大学生知识产权素质教育的内容与方法研究；学生综合素质教育评价体系建立研究；新课程改革与招生、科目设置、命题的关系研究；自主、推荐、定向、破格等多元录取体制研究；招生考试数据挖掘及综合评价研究；教育考试诚信机制建设研究；教育考试机构文化软实力建设研究；教育考试科研合作机制研究；区域教育科研管理创新研究。

（重庆市教育科学规划领导小组办公室）

山西省教育学科发展报告

“十一五”是我省教育科研体制改革不断深化、科研队伍日益壮大、科研质量明显提升和科研成果影响持续扩大的五年。在这五年期间，在山西省教育厅的领导下，在全国教育科学规划领导小组办公室的指导下，以教育科研课题的规划与统筹、指导与管理为主要工作内容，通过制定和研究山西省教育科学“十一五”规划课题，为繁荣山西教育科学研究，促进山西教育科学事业的发展作出了贡献。

一、“十一五”教育科学课题研究的基本情况

（一）编制课题指南，确定教育科学研究重点领域和范围

全国教育科学“十一五”规划课题指南下发后，山西省教育科学规划领导小组办公室根据规划课题立项的三个原则：应用原则、创新原则和价值原则，确定了“十一五”期间山西省教育科学研究重点领域和范围，强调研究者根据指南所示重点范围，结合本单位和个人研究特长，提出具体研究课题。“十一五”期间，我省教育科学规划研究更加突出了教育科研为教育决策服务、教育科研为教育实践服务，重视了研究的针对性和实效性。

（二）加强过程管理，提高课题研究水平和质量

“十一五”期间，根据我省制定的《山西省教育科学规划课题管理办法》，结合《全国教育科学规划课题管理办法》，对立项课题严格实行年报制和中期检查制，加强了对课题研究的过程管理，树立了研究人员的规范意识，培养了中小学教学研究人员的课题研究能力和水平，逐步提高了我省课题研究的质量。

（三）组织专项课题评审，突出重点课题研究

“十一五”期间，我省共立项省级规划课题 1 024 项，其中重点课题 45 项，规划课题 482 项，指令课题 39 项。在上述立项课题中，我们重点进行了专项课题的立项评审，共 458 项，其中职教专项课题 154 项，普通高中课程改革专项 193 项，幼教专项 57 项，青年专项课题 54 项。同时，承担了全国教育科学规划课题 32 项。所有立项课题的归属主要集中在高校、高职院校和中小学，其中高校占 50%，高职院校占 20%，中小学占 15%，其他教科研部门占 15%。与“十五”相比，我省教育科学研

究在研究内容、人员结构、研究经费、数量、质量等方面都有了突破性进展。

在研究人员结构上，针对高等院校及高职院校一些有研究能力、没有职称的教师，规划办增设了青年教师专项课题，为青年教师搭建了课题研究的平台。教授、副教授、讲师在所有立项课题中占有2/3的比例。山西省普通高中课程改革专项课题调动了我省广大普通高中教师投身教育科研的积极性，基本上做到了校校有课题。广大青年教师和高职高专院校及中学一线教师研究热情的空前高涨，为我省形成良好的教科研氛围奠定了良好的基础。

在课题内容上，根据我省教育发展和实践的需要，增设了职业教育专项课题、高中课改专项课题、幼教专项课题、青年专项课题。专项课题在立项数量和内容方面均远远超出了“十五”期间，“十五”期间只设置了德育专项，共93项。除上述专项课题外，“十一五”期间立项课题还涉及教育基本理论研究15项，如《山西省推行12年义务教育的理论研究》、《中国近代教育界关于和谐社会认识的理论研究》等；教育经济管理研究10项，如“山西省教育投资效益问题研究”、“山西教育发展调控法律问题研究”等；教育战略研究9项，如“山西省中外合作办学发展状况研究”等；基础教育研究310项，如“中小学生行为习惯养成的教育策略和方法研究”、“中学生生涯发展教育研究”、“基于数学思考的小学生数学能力培养研究”等；高等教育研究180项，如“高等学校院（系）教学质量保障体系的研究”、“独立学院发展问题研究”等；农村教育研究55项，如“新农村视野中加强贫困老区教育建设的途径研究”，“新农村建设中山西省城郊农民教育问题研究”等；幼儿教育研究57项，如“（幼儿）园所文化建构研究”，“通过评价促进幼儿园教育质量提高的研究”等；教育心理研究45项，如“农村留守儿童的心理健康问题及教育策略的研究”、“中小学生家庭教育问题研究”；德育研究26项，如“当代大学生精神文化消费状况及其影响研究”、“小学生道德品质与行为习惯的评价研究”等；职业技术教育研究154项，如“高职教育中产学研结合运行机制研究”，“工学结合实践教学导控机制研究”，“高职高专学生心理健康教育工作机制研究”等；体育、卫生、美育研究78项，如“构建山西省学校户外运动安全保障体系的调查研究”、“农村中小学美术教育与地方资源开发利用研究”等；教育信息技术研究62项，如“山西省中小学信息技术教育研究的现状分析与对策研究”、“信息技术环境下的学习方式的变革与学习绩效研究”等；其他23项，如成人教育、比较教育等。

在研究经费方面，经过多方筹措，立项课题的总经费数额较“十五”期间课题经费增加了8万元，立项的指令性课题由原来15项增加到39项，课题研究经费由原来的3 000元增加到5 000元，与其他经济发达地区相比，虽然少之又少，但也表明我省教育科研事业的发展在经费保障措施方面有了良好的开端。为了保证课题研究的顺利开展，省规划办经过多方努力，制定了相应的政策，要求承担课题负责人所在单位对课题给予积极的支持，根据规划办所下课题经费，申请单位按1∶1的比例进行配套，据我们调查，大部分单位按照此要求，保证了课题研究工作的顺利开展。这一点充分说明了我省各级政府和相关部门更加重视和支持我省的教育科学事业，通过多种渠道和多项措施，充分发挥了各部门在教育事业发展中的重要作用，科研兴教、科研兴校已蔚然成风。

（四）认真鉴定课题，促进科研成果的转化

“十一五”以来，我们先后以通讯和会议的方式对“十五”、“十一五”期间的立项课题进行了集中结题鉴定，截至目前，通过结题鉴定课题有300余项。在结题鉴定的课题当中，有些课题研究成果填补了国内同研究领域的空白；有些研究成果达到国内同研究领域先进水平，如“工学结合实践教学导控机制研究”、“高职高专‘工学结合’人才培养模式”、“山西省师范学校文化建设研究”等；有些研究成果居省内同研究领域领先水平，如“促进山西省农村学校教师信息化教学能力发展的研究”、“语篇分析理论与英文写作教学”、“基于数学思考的小学生数学能力培养研究”等。

为了使研究成果进一步得到推广、转化应用，省规划办在2006年初创办了内部资料《教科研要报》，就课题研究中的优秀研究成果进行公布，并呈报上级领导和有关决策机构，为上级领导的决策和一些方针政策的制定提供了一定参考作用。

总之，“十一五”期间，立项的课题在一定程度上为地方政府和教育行政部门的决策提供了理论支持，在教育改革和发展中发挥了先导作用，促进了我省各级各类教育事业的发展。

二、“十一五”教育科学主要研究成果

（一）在基础教育研究方面，在“十一五”期间共立项300余项，主要有“山西省示范学校文化建设研究”、“贫困地区义务教育新课程实施问题研究”、“综合课程的实施——综合课教师观念、教师课程决策的研究”等。具体表现在如下方面：

1. 在学校文化建设方面，“山西省示范学校文化建设研究”课题通过对学校文化的各种亚文化，包括物质文化、制度文化、精神文化、行为文化、教师文化、学生文化等的研究，深入山西各个名校，在了解学校情况的基础上，挖掘名校特色亚文化，和师生们一起形成和建设学校文化。之后，把各种亚文化有机组成学校文化的整体，挖掘各亚文化之间的联系，使学校文化发挥出大于部分之和的整体效果。该课题采取社会研究、心理研究、比较研究和综合研究等方法，一方面对学校文化的概念、类型、功能、学校文化建设应遵循的原则及建设路径等多个方面系统的研究，为学校文化基本理论的梳理和系统研究起到了很大的推动作用，对山西省示范学校文化建设研究，从学术上丰富了学校文化的个案研究和特色研究。另一方面，山西省示范学校文化建设研究的过程就是各示范学校挖掘学校发展历史和经验，形成学校特色的过程。该课题的研究为山西省示范学校文化建设具有一定的指导意义。把对一般学校文化建

设研究特化到对山西学校的研究，初步构建了山西示范学校文化建设模式。

2. 在课程改革深化研究方面，“贫困地区义务教育新课程实施问题研究”的课题通过问卷调查、访谈和统计分析的方法，从教师对新课程的态度、教师行为与教学方式的转变、教材观上、教师素质及培训、学生的学习方式五个方面进行调查分析，在发现问题的基础上，提出了改进措施。该课题全面了解了山西省经济落后、偏远地区中小学新课程实施过程中遇到的问题及影响新课程实施的因素与课改后教师教学行为和学生学习活动的变化。课题组将调查情况反馈给相关教育行政部门和学校，引起了教育行政部门的高度重视，不仅对当地教育局从宏观把握基础教育教学实际情况，为当地学校的教学改革和教育行政部门的决策提供事实依据与理论基础，而且为全省贫困地区的基础教育提供了翔实的研究资料，对基础教育改革具有重大的理论和现实意义，进一步推进了义务教育新课程实施的进程。

“综合课程的实施——综合课教师观念、教师课程决策的研究”课题针对当前教育改革中如何有效地实施综合课程这一难点问题，运用理论分析与实证研究相结合的方式，从理论方面厘清了综合课程的背景、含义、理念与模式；从现实状况方面，通过问卷调查、访谈、观察等方法，了解和掌握了当前综合课程实施中的问题与经验，全面探讨了在学校与教师层面促进综合课程有效实施的策略。该课题对综合课程在分科教学占优势的背景下，从分科到综合的平稳过渡具有重要的现实意义；对教师综合课程实施的教学实践具有指导意义；对综合课程实施的研究，研究成果丰富了综合课程本土化理论。

3. 在学科教学研究方面，“基于数学思考的小学生数学能力培养研究”课题以培养小学生的数学能力，促进学生的全面发展，提高学生的综合素质为目标，采用行动研究的方式，边实验、边研究、边总结、边推广的方式，对小学数学教学中培养学生实践能力的途径和方法进行了细致深入的研究。在教学策略、培养方法、检测评价等方面积累了一定的经验，总结了具有较强操作性和一定推广价值的模式，有效地促进了广大小学数学一线教师的专业成长，对山西省小学数学教学的发展起到了积极推动作用。

“初中物理新课程实施情况调查报告”的课题通过质化和量化研究，针对物理新课程改革的5个核心方面（初中物理新课程实施保障系统、教师教学方式、学生学习方式、科学探究、课程评价制度）的9个环节（初中物理新课程实施环境、课程资源开发和利用、教师教学观念、教师教学行为、学生学习兴趣、学生与他人的交往、自主学习、科学探究、课程评价制度）进行了深入细致的分析，全面了解、客观分析了初中物理新课程实施情况，发现和总结了教学改革中形成的好经验、好做法；发现和研究了教学实践中出现的新问题、新情况；研究和探讨了新课程教学中的新特点、新规律，为山西省进一步调整、修订课程改革方案提供理论依据，为一线教师提供具体的指导，进一步提高了初中物理新课程改革的成效，确保改革达到预期的目的。

（二）在学前教育研究方面，有“山西省城市幼儿园园本课程开发模式研究”、“中大班幼儿探究性学习策略研究”等课题。

“山西省城市幼儿园园本课程开发模式研究”课题针对我省幼儿园园本课程研究与开发的匮乏，探索园本课程开发的经验，构建适合山西省城市幼儿园园本课程开发模式。课题研究通过问卷调查、访谈、个案研究等方法，全面掌握了我省幼儿园园本课题开发的现状，通过我省与国内外园本课程开发的比较，重点分析我省幼儿园园本课程开发存在的问题，如课程形式单一、理论基础薄弱、利用资源不足和评价机制缺位等问题，提出了能反映山西地方特色、突出幼儿园特点的三大园本课程开发模式，即以开发课程资源为主导的园本课程开发模式、以园本教研为主导的园本课程开发模式、以教学实践为主导的园本课程开发模式。为山西的幼儿园，尤其是城市幼儿园的园本课程开发提供了实际的、可操作的、可借鉴的参考框架。

“中大班幼儿探究性学习策略研究”课题通过调查研究、行动研究、实践研究和理论研究等，对幼儿探究性学习环境创设、内容选择、组织指导、评价等一系列活动探索总结，一方面转变幼儿教师的观念，提升幼儿教师的教育理念，促进幼儿教师的专业化发展；另一方面，激发幼儿探究性学习兴趣，提高幼儿的动手操作能力，开发和训练幼儿的智力，最终构建以探究性学习活动为主要方式的园本课程体系。

（三）在高等教育研究方面，有“独立学院的定位问题研究”、“大学生创造力开发制度分析与政策研究”、“山西省大学生乡土教育与文化素质研究”等课题。

“独立学院的定位问题研究”针对国内独立学院产生的背景、独立学院定位的内涵、影响因素及其独立学院定位的现状，及构建科学的独立学院定位理论进行深入的研究。课题研究主要采用文献分析、数据分析、比较分析、案例分析和调查研究，提出了独立学院办学科学定位应遵循的三个基本原则和科学合理的独立学院定位。三个基本原则：服务面向原则、比较优势原则、持续性原则；科学合理的独立学院定位：在办学层次上，以应用本科型为主；在人才培养规格定位上，以培养宽口径复合型人才为主；在服务面向定位上，以服务所在地方经济社会发展为主。科学合理的定位对独立学院的发展具有一定的现实指导作用。

“大学生创造力开发制度分析与政策研究”课题针对加强大学生创造力的培养和促进大学生创造力的转化，从大学生创造力开发概念的提出、制度资源解释、制度系统论分析大纲、制度配置理论支点进行深入研究。通过系统科学和制度分析研究，总结出阻碍大学生创造力开发实施的因素主要有对大学生创造力开发的冷漠无知、新素质的匮乏和评价制度、方式的单一化。在此基础上，提供对大学生创造力开发问题研究的制度分析框架及提出了具有可操作性的制度配置政策建议。第一，积极进行“五转变五重视”探索实践。“五转变五重视”：适应教育教学思想由“应试教育观”向“素质教育观”的转变，重视对学生进行创造能力的培养；适应人才培养模式由单一化向多样化的转变，重视教学与科研全程式结合；适应课程内容由陈旧落后向整体现代化的转变，重视课程内容的基础性、前沿性、综合性和实用性；适应教学方法由满堂灌向创新启发式的转变，重视对教学方法的研究；适应教育教学过程由课堂内向课堂外的转变，重视对学生全程式创造教育。第二，加强教学硬件、师资队伍和校园文化环境三个基本建设。第三，实施人才培养模式、教学内容与教学方法、学生个体发展、实践教学和管理机制五方面的创新。

（四）在职业技术教育方面，有“工学结合实践教学导控机制研究”，“当前农村职业教育问题研究”等课题。

“工学结合实践教学导控机制研究”以工学结合实践教学导控机制为主题，从山西以及全国高等职业教育实践出发，总结了国内外职业教育教学实践经验，归纳出专业实践教学的基本理论。课题组在理论研究和实践研究相结合上，形成了一些如何从实质上提高职业教育的教学质量，从实效上保障职业教育教学质量的长效机制和优秀模式。该课题的研究价值表现在两个方面，理论方面：构建了与理论教学体系并行的职业教育实践教学的系统；有效地指导了高等职业教育体系和机制的构建；丰富了我国高等职业教育研究，促进了山西高等职业教育体系形成，对山西省高等职业教育的发展具有重要的指导意义。实践价值：提出了高等职业教育实践教学体系运行的工作模式和质量管理模式，具有较强的操作性；提出的实践教学操作实务通用模式可供职业院校和普通工科本科院校师生与教育管理者在教学和办学中参考。同时对我省职业教育由规模扩张到内涵式发展的过渡和推进，具有直接的现实指导价值和长远的建设发展意义。

“当前农村职业教育问题研究”从新农村人力资源开发的战略高度明晰了发展农村职业教育现实意义、历史使命与作为，重新界定和扩充了农村职业教育内涵、外延及农村职业教育发展的基本特征及必须遵守的四大基本规律，并对国内及省内农村职业教育的相关案例进行分析，针对农村职业教育存在的末流地位、错位办学等难题，提出建立主动适应新农村市场经济发展的教育管理机制、树立现代大职业教育观、加强农村职业教育与社会的联系、扩展和深化社会参与、实现职业教育发展的产业化与集团化发展思路等。指出了农村职业教育的对象主体是农民，重点为提升农民文化、科技素质，为农民提供多样化的菜单式教育和培训，促进农民就地转化或为城市需要的技能型、素质型劳动力。该课题提出的教育超市式等农民职业教育办学的新样例，对促进我省农民职业教育的发展提供了具有很好的借鉴意义的范例。该课题以文献研究法、历史研究法、实地调查研究、比较研究法等方法，以铺陈式散论的方式对当前农村职业教育系列问题点进行了研究。提出了农村职业教育政策上缺位、制度上障碍、对象的错位等现实难题，以新的视角，对农村教育办学与管理体制、对农村职业教育政策、农民素质提升、农村职业教育集团化、农村职业教育内容与形式的超市化发展，对当前的农村职业教育改革与发展提供理论支持与决策依据。

（五）在德育研究方面，有“小学生艰苦奋斗精神的现状调查与对策研究”、“中小学生行为习惯养成的教育策略和方法研究”等课题。

“小学生艰苦奋斗精神的现状调查与对策研究”根据胡锦涛总书记提出的以“八

荣八耻”为核心的社会主义荣辱观，针对我省小学生艰苦奋斗的积极因素和消极因素，及小学生对艰苦奋斗的理解和认识进行深入研究，采用问卷调查、座谈和统计分析，对我省青少年对艰苦奋斗的认识和行为实践有了全面的了解和掌握，提出了培养小学生艰苦奋斗精神的对策和建议。首先，要大力营造艰苦奋斗的良好社会氛围；其次，发挥学校的教育主阵地作用，培养小学生艰苦奋斗的精神；最后，争得家庭教育的支持，让勤俭节约成为学生自觉的日常行为。

（六）在教育心理研究方面，有“独生子女行为教育”、“中学心理健康课程内容及方法研究”等课题。

“独生子女行为教育”课题针对独生子女这一特殊群体和当前家庭教育存在的诸多问题，从教育学、心理学、社会学等学科理论出发，立足于“适合的才是最好的”的观点，深入浅出地引导家长们懂得人的潜能是多元的，社会对人才的需求也是多元的，使每个孩子都学会做成功的自己，并通过家庭教育教会孩子十个学会：学会生存、学会自立、学会自知、学会自爱、学会自持、学会自尊、学会自强、学会自制、学会自觉、学会学习，使每一个孩子的潜能都能得到最大限度的开发，使孩子成长的每一步都是快乐的，最终使我们的新一代成为独立自主、热爱生活、热爱事业的快乐健康的一代新人。课题研究成果《独生子女行为教育（家庭教育）》一书，为当前独生子女家庭教育提供实实在在的咨询服务，对当代独生子女家庭教育理论的丰富与发展具有推动作用。

（七）在教育评价研究方面有“农村理科教师科学本质观及其教学行为发展性评价研究”、“高等学校自我约束型教学质量监控与保障体系研究”等课题。

“农村理科教师科学本质观及其教学行为发展性评价研究”以校本教研为基本活动方式，以科学本质观教育价值理解为基本前提，以科学本质教学行为自我监控系统为基本指导，以发展性评价为基本策略，探索农村理科教师科学本质观及其教学行为发展的基本途径。课题通过调查研究，描述了农村理科教师的科学本质教学行为，构建了发展性评价体系，形成了自我监控系统。从理论上阐述了教师具有科学本质观及其教学意向是教学行为发展的前提条件，对教师教育理论的发展起到完善的作用，同时对我省农村理科教育硕士培养等方面，具有一定的推广和实用价值。

“高等学校自我约束型教学质量监控与保障体系研究”课题根据国家加强高等学校教学工作评估，完善教学质量保障体系，逐步建立政府、高校和社会有机结合的高等教育质量保障体系文件精神，在吸取前人研究成果精华的基础上，从建立、健全高等学校自我约束型教学质量监控与保障体系的必要性、系统构成、构建原则、构建途径和长效运行机制五方面，构建了一个普通高等学校比较适用的教学质量监控与保障方案。它对于高等教育质量研究的理论建设，提供了一些基本的理论元素，另外，课题所提出的成熟的教学质量监控与保障体系实践方案，对目前中国高等学校来说，具有一定的参考使用价值。

三、"十一五"教育科学研究存在的问题和薄弱环节

目前，我省教育科学研究与我省教育改革和发展实践的要求，与国内教育研究的发展形势相比，在思想观念、管理体制、资金投入、队伍建设、成果推广等方面还存在着较大的差距，区域间、校际间、学科间教育科研发展不均衡，研究成果精品力作少，对教育决策和实践的影响力不够，教育决策和实践对教育科学的依赖程度有限。主要表现为：

（一）"十一五"期间，研究成果具有一定价值的课题研究主体主要集中在高校，中小学教师的参与面较小，效果不明显。这主要是因为他们自身研究水平的限制，对课题缺乏相应的认识，对于自己现实教育教学中出现的问题不能及时进行研究解决，即使能承担一定的课题任务，也因为不能得到有效指导进行深入研究而流于形式。

（二）学科分布主要集中在高教、职教、基教等几个研究领域，其他领域涉及很少。"十五"期间，高等教育占总立项数的70%，中小学（包括幼儿园）、职业教育仅占10%—15%，鉴于此，制定"十一五"规划课题时，省规划办在这几方面做了很多工作，通过专项课题的立项评审，使我省职业教育和基础教育研究走向深入。但由于我省高等教育学科发展不均衡，教育科研人员队伍整体素质不高，我省的课题研究在教育理论与教育史、教育经济管理、教育战略研究、比较教育、成人教育等方面的研究非常薄弱。

（三）立项课题中对重大现实问题的研究力度不够大，创新性成果少；面向实际的，具有一定可操作性的课题虽然占一定比例，但大部分研究进行得不够深入，研究成果对于政策决策的参考和实际教育教学指导方面相对较弱。

（四）研究方法比较单一，量性研究、行动研究所占比例较大，研究成果往往主要集中在现状的描述和数据的统计上，对如何促进教育教学的进一步发展前瞻的比较少，改进措施比较少。

（五）政策保障和经费投入不足，研究成果的推广渠道不畅等。由于我省比较落后的发展现状和经济现状，对于一些重大、现实的课题经费不能到位，影响了课题的深入开展，即使一些有价值的研究成果，由于经费的短缺也不能得到有效的推广。

四、"十二五"时期教育科学研究的重点研究领域和方向

"十二五"时期是全面建设小康社会承上启下的关键时期，也是我省经济和社会发展的重要时期。经济增长方式的深刻变革、经济社会发展战略的深刻调整对教育改革发展提出了新要求、新挑战，教育的发展目标、发展重点、发展方式将发生深刻变化。在"十二五"期间，为了全面实现我省经济社会的转型发展和跨越发展，为

把我省建设成为中部地区经济强省和文化强省，开创富民强省新局面，我们要在充分调研的基础上，认真贯彻落实《国家中长期教育改革发展规划纲要》文件精神，准确把握我省教育改革发展新阶段的新特征，抓住我省在教育发展中的若干关键问题，进行有针对性的研究，为我省教育改革发展提供理论基础和现实依据。

山西省教育科学“十二五”期间教育科学的重点研究领域和方向：

（一）以科学发展观为指导做好山西教育改革发展战略研究

要高举中国特色社会主义伟大旗帜，以邓小平理论和“三个代表”重要思想为指导，全面落实科学发展观，大力实施科教兴国和人才强国战略，按照优先发展、改革创新、促进公平、提高质量的方针，面向我省“十二五”时期现代化建设和人民群众的要求，明确重点、突破难点，为我省全面实施规划纲要提出的目标任务奠定基础，为实现全面建设小康社会目标和构建社会主义和谐社会提供有力的人力资源支撑和创新贡献与服务。

（二）认真贯彻落实《国家中长期教育改革和发展规划纲要（2010—2020 年）》，对重大问题进行系统研究

在“十二五”期间，我省教育发展面临的重大问题是农村教育问题、中等职业教育问题、义务教育和高等教育质量提高问题、学前教育问题、教育经费保障问题。对此，我们要针对以上问题，确定重大专题，进行深入调研，找准症结，提出思路，为我省教育发展提供具有战略性、前瞻性、针对性、操作性的建议和策略。

（三）注重山西现代化教育发展，加强教育改革创新研究

“十二五”期间，要深入总结改革开放 30 年以来山西教育改革的经验，对经过实践检验确实行之有效的改革举措，坚定不移地予以坚持和深化。抓住教育改革进入攻坚阶段的新特征，紧紧围绕消除不利于教育事业科学发展、不利于培养创新人才的体制机制障碍，深入研究人才培养体制、投入体制、管理体制、办学体制、招生考试和评价制度等方面的改革。注重吸收基层的改革创新经验，每个地方都要有针对性地挖掘一批基层通过改革创新推进教育科学发展的成功案例，在此基础上形成科学合理、统筹协调、符合我省经济和社会发展阶段和教育规律的改革思路，力争在重点领域和关键环节尽快取得突破。

（四）立足山西实际，加强区域教育协调发展与农村教育问题研究

教育的均衡发展和协调发展，是构建和谐社会的重要内容。如何促进区域教育实现均衡发展，是当前教育改革和发展中遇到的主要问题。尤其是农村教育，需要得到重点关注。“十二五”期间要根据《国家中长期教育改革与发展规划纲要》提出的需要着重研究的重大问题与我省农村社会发展的实际需要，关注以下问题的研究：建立

城乡一体化的农村基础教育投资与管理体制；农村剩余劳动力向非农业转移的教育问题；农村中小学布局调整与教育均衡发展；基本普九目标实现后，农村义务教育质量提升问题；流动人口农村子女的入学教育问题的深入推进与有效实施等问题研究。

（五）全面提高高等教育质量，全面提升科研水平的研究

"十二五"期间要进行深化教学改革，支持学生参与科学研究，强化实践教学环节，严格教学管理，健全教学质量保障体系，改进高校教学评估，加强对学生的就业指导服务研究；大力推进人才培养机制改革，推行产学研联合培养人才机制，提高科学研究水平，完善以创新和质量为导向的科研评价机制，积极参与决策咨询，优化学科专业和层次、类型结构，重点扩大应用型、复合型、技能型人才培养规模的研究。

（六）加快发展面向农村的职业教育，提高职业教育教学质量的研究

"十二五"期间在职业教育研究中，重点进行以服务为宗旨，以就业为导向，探索工学结合、校企合作、顶岗实习的人才培养模式研究；进行建立健全政府主导、行业指导、企业参与的办学机制的研究；进行职业教育资源的统筹协调和综合利用，推进城乡区域合作，增强服务"三农"能力的研究；进行涉农专业建设，加大培养适应农业和农村发展需要的专业人才力度研究；进行职业教育教学改革，提升职业教育实践教学水平，进一步提高职业教育教学质量的研究。

（七）加强教师队伍建设、加快教育教学改革和教育评价制度改革

"十二五"期间在提高教师队伍整体素质方面，要进行转变教育发展方式、教育管理方式和教育教学方式，切实在提高质量上下工夫，通过推进素质教育、加强教师队伍建设、加快教育教学改革和教育评价制度改革，提高各级各类教育质量的研究。加强农村中小学教师队伍建设政策举措，提高教师社会地位和经济待遇的重要举措，教师培养、培训与终身学习制度，完善中小学教师资格制度研究。

（八）深化课程改革，推进素质教育的研究

在推进素质教育过程中，要进行深入推进课程改革，全面落实课程方案，进行全面提高普通高中学生综合素质的研究。要进行注重开设丰富多彩的选修课，积极开展研究型学习和社区服务和社会实践，建立科学的教育评价体系，进行全面实施高中学业评价水平考试和综合素质评价，加强对学生的心理、理想、学业等方面的指导研究；进行进一步推动普通高中多样化发展，探索发现和培养创新人才的途径，探索综合高中发展的模式研究。

此外，还要重视德育实效性研究。"十二五"期间，要从学生、教师，以学校为本的学校德育工作体系和学校德育途径方面进行研究；要从实践中探索行之有效的教育活动操作方案，增强德育工作的有效性方面进行研究。

（九）高度重视基础教育研究，大力加强应用研究，积极推进开发研究，更加及时反映不同类别教育政策、学科发展和教育实践的需求

“十二五”期间要在各类立项课题数量、科研研究力量、研究方向、研究成果等方面使研究的目标更加明确，重点更加突出，结构更加合理，并与高校、各地教科研部门和各中小学形成相互衔接、相互带动的教育规划研究体系，进一步扩大教育科学研究的影响力。

（山西省教育科学规划领导小组办公室）

云南省教育学科发展报告

“十一五”规划期间，是云南省教育科研事业发展较为重要的一个阶段，教育科研人员群体不断扩大，科研水平有序提高。云南省共获得立项国家级课题 261 项，教育部课题 10 项，云南省教育科学规划办共立项省级教育科研课题 949 项。通过课题的研究，一批一线教育科研人员得到锻炼，取得了一系列标志性成果。

“十一五”期间，云南省教科规划办根据学科发展规划，不断加强和省内外、国内外的学术交流与科研合作，精心组织和策划，积极申报国家级等高层次纵向科研项目，不断申报各类国际横向科研项目。积极创造条件鼓励教师出版高水平科研成果；积极支持教师多出成果、出高层次成果；加大出版专著、在 CSSCI 以上期刊发表论文的资助力度；加强科研考评，进一步提高科研成果奖励的力度。明确以立足云南，服务云南为目标，为西部边疆少数民族农村基础教育和社会经济建设献力献策。

一、课题研究基本情况

云南地处西南边疆，与全国相比，教育科研起步较晚、整体科研水平相对落后。为避免各级各类学校的立项指标相互挤占，云南省教育科学规划办采取高等学校①与中等及以下学校②分开评审的管理办法，以加强课题申报的科学性和规范性，提高各级教育工作者的教育科研积极性。“十一五”期间，我省教育科学规划办共接受课题申报 2 602 项，立项 949 项，2006 年至 2009 年课题的立项率平均为 38. 2% 。

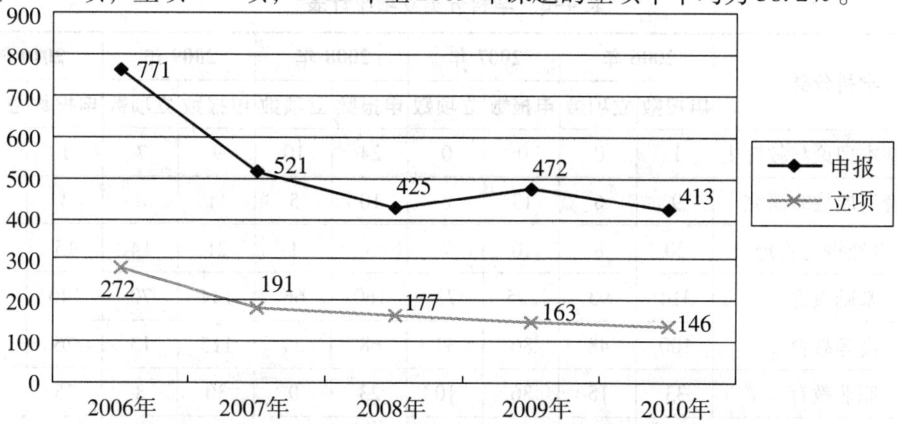

图 4–5　云南省教育科学“十一五”规划课题立项综合统计图

① 此处指的高等学校包括我省的本、专科学校，省级教育行政、科研或其他部门。

② 此处指的中等及以下学校包括我省的普通中学、中专、中等职业学校、小学、幼儿园。

（一）高等学校、中等及以下学校课题立项情况

云南省高等学校每年的课题申报总量较为平均，基本恒定在 200 到 300 项之间，平均立项率为 38.40%，较之中等及以下学校，大部分高等学校的课题设计及申报书的填写比较规范。我省中等及以下学校的课题申报数波动较大，且呈现下滑趋势，平均立项率为 34.80%，略低于高等学校。“十一五”期间我省课题申报的基本情况详见表 4–4。

表 4–4　高等学校、中等及以下学校课题立项表

年度	高等学校			中等及以下学校		
	申报数	立项数	立项率	申报数	立项数	立项率
2006	271	120	44.28%	500	152	30.40%
2007	224	89	39.73%	297	102	34.34%
2008	200	82	41.00%	225	95	42.22%
2009	286	94	33.01%	186	69	37.10%
2010	230	80	34.78%	183	66	36.07%
合计	1 211	465	38.40%	1 391	484	34.80%

（二）学科分布情况

云南省教育科学规划办共设立了 13 个学科分类，从 2006 年至 2010 年，学科分类立项数由高到低排序为：基础教育、高等教育、德育、民族教育、职业教育、教育心理、体育卫生艺术教育、教育技术与传播、教育经济与管理、教育发展战略研究、教育基本理论与教育史、国际与比较教育、成人与社会教育。

表 4–5　学科分类立项统计表

学科分类	2006 年		2007 年		2008 年		2009 年		2010 年	
	申报数	立项数	申报数	立项数	申报数	立项数	申报数	立项数	申报数	立项数
教育基本理论与教育史	1	0	0	0	24	10	9	7	1	1
教育发展战略研究	9	6	13	8	10	5	11	8	4	2
教育经济与管理	20	8	10	7	3	1	21	14	15	8
基础教育	314	93	225	73	160	66	144	70	140	55
高等教育	100	48	86	37	68	24	115	13	76	27
职业教育	33	15	36	10	23	9	30	8	25	8
德育	66	17	46	20	32	17	37	14	26	8
教育心理	58	16	17	1	26	13	31	10	25	6
体育卫生艺术教育	37	15	26	8	25	10	19	6	27	7

续表

学科分类	2006 年		2007 年		2008 年		2009 年		2010 年	
	申报数	立项数	申报数	立项数	申报数	立项数	申报数	立项数	申报数	立项数
教育技术与传播	43	11	16	11	29	11	16	3	27	8
成人与社会教育	5	2	3	3	3	1	4	0	11	5
民族教育	78	38	38	11	22	10	26	7	33	9
国际与比较教育	7	3	5	2	0	0	9	3	3	2
合计	771	272	521	191	425	177	472	163	413	146

（三）经费投入情况

1. 省级科研经费投入情况

从 2007 年起，云南省财政每年安排 1 000 万元①用于教育科研经费，其中 900 万通过省教育厅科技处直接分解到省内高校用于课题研究②；其余 100 万作为云南省教育科学课题研究的科研经费，由云南省教科规划办统一管理。

2. 州（市）教育科学规划办经费投入情况

截至 2009 年 9 月，云南省 16 个州市基本设立了教育科学规划课题，但大部分地区没有专门的课题研究经费，课题经费主要由申请单位或个人自筹。

表 4-6 分州（市）立项及经费投入统计表

州（市）	课题立项情况			经费投入		
	是否设立课题	年平均立项数	总立项数	有无固定投入	年平均（万元）	总计（万元）
昆明市	是	75.6	378	无	6	30
昭通市	无	0	0	无	0	0
曲靖市	是	49.3	148	无	4	12
玉溪市	是	22.3	89	无	0	0
保山市	是	14.8	74	无	2	10
楚雄市	是	74	222	无	1	5
红河州	是	59	295	无	0	0
文山州	是	50.8	254	无	0	0
普洱市	是	13	65	无	0	0

① 2006 年为 600 万。
② 此经费不由规划办管理。

续表

州（市）	课题立项情况			经费投入		
	是否设立课题	年平均立项数	总立项数	有无固定投入	年平均（万元）	总计（万元）
西双版纳州	是	1	5	无	0	0
大理州	是	3.2	16	无	0	0
德宏州	是	18.6	93	无	0	0
丽江市	是	10	50	无	0	0
怒江州	是	5	25	无	0	0
迪庆州	是	0.8	4	无	0	0
临沧市	是	80	400	无	0	0

二、学科进展和重要成果

按照学科进行分类，近年来云南省也取得了诸多重要成果，特别是在边疆少数民族教育问题的研究上，成功申报了国家社科及教育科学规划类多项课题，提供了很多翔实的数据和切实可行的建议。

（一）承担国家级课题的主要项目情况

1. 国家社科基金项目

“十一五”期间，我省共获得国家社科规划办批准的社科基金项目254项。其中，重点项目1项；一般项目90项；青年项目46项；西部项目117项。我省成功申报此类课题的负责人97%以上是高校教师。

2. 国家社科基金教育学单列课题

“十一五”期间，云南省共获得全国教育科学规划办批准立项27项课题（不含教育部规划课题），其中国家一般4项；国家青年基金3项；教育部重点7项；教育部青年专项课题3项；其他专项课题10项。

（二）学科重要成果

1. “教育基本理论与教育史研究”学科方向

（1）在国内率先开展教育目标分类理论研究，为我国教育评价研究提供关键性的基础理论，对分项测评理论进行系统研究；在教育的第二类评价参照系、社会评价系统研究、高等教育入学考试改革几个方面进行研究，从新的视角对教育考试与评价等问题进行深入研究；结合基础教育改革，从评价功能变革视角进行教育评价价值论分析、教育评价史、推进性评价等领域展开深入研究并提出新见解，处于国内研究前沿。

(2) 在我国开创新兴边缘学科“教育地理学”，出版和发表了系列学术专著和论文，在全国教育理论界引起了广泛的关注和热烈的学术反响，取得了该领域研究全国领先地位。

(3) 在国内首次对中国和日本的幼儿教育顾问日本中小学道德教育进行系统的比较研究，在国内形成一定影响；在幼儿数学教育方面有较深研究，其研究成果达到国内先进水平；在云南省首次以省幼儿教育发展战略为题进行研究，具有开创性意义；结合云南区位优势，加强了对东南亚国家和不同民族地区跨文化教育的比较研究，其研究成果在国内处于先进行列。

(4) 探索课堂教学理论与实践创新有机结合的新途径。从理论上对课堂教学的理念、方法、途径、策略等进行梳理；注重研究教师课堂教学能力培养，提升教师专业化水平；探索民族农村地区中小学教师培训理论、模式和方法的创新之路，形成《教师专业化的问题与出路》、《教学技能培养与训练》等系列论著，具有理论与实践相结合的特色。

(5) 科学系统地梳理了课堂教学理论。目前，在我国存在的问题是课堂教学研究起点的定位迷失。应该说，大多数的研究者对课堂教学研究是比较重视的。但共性问题是大部分学者为研究而研究，太过急功近利，过分追求教学研究在解决某一具体问题时的时效性。这使得教学研究既远离教学理论，又远离真正意义上的教学实际，模糊乃至迷失了教学研究的真正起点。基于此，我们首先将研究的起点定位于理论的梳理，以期从中找到支撑现代课堂教学改革的最新理论。我们首先从理论上对课堂教学的理念、方法、途径、策略等做了一次梳理，形成了一系列的研究论文和学术专著，《课堂教学的变革》和《课堂教学有效性标准研究》，这两部著作都在出版中。《现代中小学教学论》、《学科教学与学生素质发展研究》、《语文教材与教学案例》、《语文教学论》等都是这一领域的研究成果。

(6) 创新性地构建教师教育课程教材体系。尝试“以问题为突破口、以活动为载体、以师范生动手、动脑、实践为基本的学习方式，活用教育学及学科教学基本理论，将教育心理学理论与学生生活实际相结合”建立了新的教师教育课程体系，彻底摆脱了以往“学科化、理论化、应试化”的倾向，已形成系列教材，现已进行两轮实验，具有明显的创新性和实用性特色。

2.“教育经济与管理”学科方向

开展了“贫困民族边疆地区农村义务教育经费预算与管理体制改革研究”（2007年国家社会科学基金一般项目），此课题以《国务院关于深化农村义务教育经费保障机制改革的通知》（国发〔2005〕43号）文件精神为背景，在2006年世界银行贷款/英国政府赠款“西部地区基础教育发展项目”“中国云南省河口县农村地区义务教育经费预算与管理行动研究”调研数据的基础上，对农村中小学预算制度及资金使用效益等方面存在的问题进行了深入分析，提出了具体的改革方案。其研究成果对云南省乃至西部地区顺利推进“切实减轻农民教育负担”的政策措施、从制度上保障农村孩子接受义务教育的机会、促进依法治教、强化政府对义务教育的责任、解决农村义务教育的经费保障、建立健全规范的农村中小学预算制度等一系列问题具有重要的理论价值及现实意义。

3. “高等教育”学科方向

（1）开展了《云南省与GMS[①]五国高等教育国际竞争力比较研究》。研究在分析云南省与GMS五国基本国情的基础上指出了五国高等教育、远程教育以及交流合作现状，着重研究了高等教育需求的共性和差异性，提出了云南高等教育国际化的科学发展思路。

（2）开展了《中国与GMS各国教育合作及数据库建设研究》。此课题收集和整理GMS各国教育的基本信息，并对信息进行分类，对收集的数据进行规范。因各国教育类数据统计口径和指标体系不一样，通过分析，对数据进行规划和转换，提取有效信息。根据提取的规范和指标建立基础数据库，设计表结构和关联关系，以存储各国教育基础数据，同时建立有关文献库，在数据库的基础上开发出了管理系统，提供数据库的输入、编辑、查询、统计、分析和发布等功能，并通过网络等形式对数据进行定期更新。

（3）实现了西南联大与现代高等教育研究的有机结合的范例。在国内相关研究中具有不可替代性并得到社会的肯定和重视。2007年成功申报云南省首批社科研究基地“云南教育发展与西南联大研究基地”，取得了很好的社会影响和学术声誉。

（4）在多项国家社科基金项目研究项目基础之上，成果“云南面向东盟高等教育国际化发展的对策建议”得到省委主管领导批示并得到政府有关职能部门的部分采纳。

4. “基础教育”学科方向

（1）开展了《县域内义务教育均衡发展对策研究》(世行项目)

2004年9月，云南省“西发”项目[②]正式启动。2005年11月，云南省项目办正式将课题项目研究的任务下达给富民县，针对富民县人口少、校点分散、山区和半山区面积大、财政收入单一等实际情况，最终确定课题题目为《县域内义务教育均衡发展研究》。通过对富民县域内校舍资源、教师资源、管理资源、教育经费投入等问题进行探索和研究，通过实现义务教育资源相对均衡配置，以投资体制改革和教育信息化建设为推动力，以督政和督学相结合的方式促进富民县义务教育均衡发展，其研究成果对于县级教育均衡发展决策具有较强的指导意义和推广价值。

① GMS的全称为大湄公河次区域经济合作，是1992年，在亚洲开发银行倡议下由大湄公河次区域六国共同发起。2005年，GMS第二次领导人会议在昆明召开。

② 西部地区基础教育发展项目。

（2）开展了《河口县农村地区义务教育经费保障机制建设研究》（世行项目）

该项目是一个由地方政府、地方教育行政部门及义务教育阶段学校共同参与的农村义务教育经费预算能力建设的研究项目，是一个从经费预算到经费使用与经费使用过程监管的系统性研究。通过本研究找到农村义务教育经费从教育经费的筹措与投入、经费的预算与使用、经费的划拨运转与监控的过程中，找出可能出现的问题和盲点；向政府提出建议，出台确保农村义务教育经费从筹措到投入、经费的预算与使用、经费的划拨运转与监控相关制度；建立确保农村义务教育经费新机制实施的机构；建立对农村义务教育经费划拨、预算、使用和监控的有效机制建议。

5. “教育发展战略”学科方向

（1）云南省中长期教育改革与发展思路研究

云南省教科院精心策划，认真研究，整合资源，组织力量，采用文献资料查阅、数据统计分析、访谈调查和实地调查等方法对云南省“十一五”期间教育事业发展状况进行了调研。为积极推进云南省教育事业发展“十二五”规划的制定工作，切实推进云南现代教育的发展，解决好云南省教育事业发展过程中存在的特殊困难，提出切实有效的解决策略。

（2）昆明市农村中小学标准化建设与校点布局调整研究

课题以可持续发展理论、教育现代化理论、教育发展战略理论、政治经济学和建设有中国特色的社会主义理论为指导，从农村中小学标准化建设标准、区域校点布局规划、校园内的布局设计及实施农村中小学标准化建设投资模式、建设制度、管理模式等几个方面展开研究，建立了昆明市农村中小学标准化建设项目数据库；形成昆明市农村中小学布局布点调整规划方案；确立了农村中小学标准化建设组织管理体系及农村中小学标准化建设项目操作流程。通过研究，确立进行校点布局调整规划，优化农村中小学教育资源配置，推进农村中小学标准化学校建设的思路和对策。取得了认识性成果与操作性成果，有一定突破和创新。

该研究对逐步消除城乡教育二元结构，促进城乡义务教育均衡发展，加快城乡一体化进程，构建和谐社会有着重要的理论和现实意义。研究能够填补云南省农村中小学校点布局调整规划和标准化建设专题研究的空白，也可以立足昆明、面向全国，对国内相关研究进行借鉴、补充、深化和超越，从而较快推出昆明本土化的研究成果，为昆明市全面推进农村中小学标准化建设奠定坚实的理论基础和科学依据。

该研究的创新价值有以下几点：

• 探索经济欠发达，少数民族居多，农村人口比例较大，地貌类型多样复杂，山地、高原、丘陵居多，城乡二元结构突出的地区实施农村中小学标准化建设的方法途径。

• 结合实际，研究编制了《昆明市农村普通中小学校建设标准》。

• 在实施农村中小学标准化学校建设的同时，配套实施“七大工程”。即“农村教师队伍建设工程”、“农村中小学教育教学质量提高工程”、“农村中小学现代远程教育工程”、“帮困助学工程”、“校园文化建设工程”、“农村寄宿制学校勤工俭学工程”、“农民职业技术培训工程”，进一步丰富农村中小学标准化建设的内涵。

课题成果被昆明市政府采纳，形成《昆明市人民政府关于印发昆明市农村中小学标准化建设实施意见的通知》（昆政发〔2007〕29 号），发各县（市）区执行；被昆明市教育局、昆明市发展和改革委员会、昆明市财政局采纳，联合下发《昆明市 2007 年农村中小学标准化建设实施意见》（昆教〔2007〕5 号）；被云南省教育科学研究院采纳，写入云南省教育厅《2007 年云南教育发展报告》。

6. “民族教育”学科方向

（1）凸显了民族农村非正规教育研究处于国内领先地位。“全民教育”的相关研究成果得到联合国教科文组织和教育部有关领导、专家的高度评价，《农村实用学习读本》丛书在亚太地区发展中国家推广使用。

（2）强化了民族农村教育研究理论与实践学术在国内的影响力。多次举办非正规教育国际学术研讨会和人员培训会，在亚太地区产生了广泛的社会影响。民族农村基础教育的实践与理论研究，以多元文化视角和长期植根于贫困民族农村地区的深入实践探索，取得了较大的社会效益，在国内具有较大学术影响力，并在国际上产生了一定的影响。

（3）达到了研究成果为政府有关部门的政策提供了咨询服务的目的。跨境民族教育研究为我省和谐社会的构建，国家处理边境民族稳定问题提供理论支持，具备了较好的发展基础和较大的发展前景。

7.“国际与比较教育”学科方向

（1）“中国教育国际比较研究与数据库建设”课题从国际比较的视角，将定性研究和定量研究相结合，对中国教育在全球化背景下的教育竞争力和相对质量做出较为科学的评估，对中国从一个人口大国向人力资源强国过渡的进程按国际标准和核心指标进行以数据库为基础的测评；通过国际比较研究，对中国教育的目标、政策、结构、内容、评价方法等形成新的国际视角，从而把对中国教育的认识提高到新的高度；将中国教育的国际竞争力用翔实的数据勾画出现状，理清研究中国教育的国际竞争力的数据空白；通过跨所、跨国的合作团队，为中央教育科学研究所重建在国际比较教育领域的优势；为我国教育在“入世”后《关贸服务总协定》（GAST）的框架下，开发国内国际两种教育资源，通过教育实力发展增强国家整体竞争力；通过中国教育的国际比较研究，促进教育的国际化和跨国教育质量保障体系的建立，提升国家教育竞争实力。

该课题团队集聚国际教育比较研究领域知名的国内外研究人员及学者，从各国不同的角度探讨教育制度、教师专业标准、课程标准、职业技术教育模式、高等教育质量保障体系等问题，提出专业的阐释与解读，为用户提供相关主题的权威信息。同时，本课题针对相关主题做自身研究的同时还挑选了与主题相关的优秀资源，作为数据库的组成部分，优秀资源的挑选依赖于研究者在该领域的专业知识与研究背景，由此，建立起关于该主题的专业信息网络，为其他学者做后续研究搭建专业、全面、权威的信息平台以及关于该主题研究的专业资源库。同时，研究者在互动的过程中闪现的新的理解与观念将成为数据库更新的推动力量和新的元素。

(2) 以“中国教育国际比较研究与数据库建设”课题研究成果数据为基础，就“教育竞争力”的内涵架构评估指标体系；就云南教育竞争力在东南亚和南亚的相对位次——量的“排名”和质的因素等方面开展了“云南与东南亚和南亚教育合作研究”。

三、存在问题和薄弱环节

在云南省委省政府的高度重视和正确领导下，全省教育科研系统坚持以科学教育发展观为指导，紧紧围绕全省教育现代化建设的奋斗目标，进一步解放思想，突出重点，负重奋进，统筹协调，改革创新，攻坚克难，全省教育科研事业在规范、平稳、安全、有序中实现新发展，再上新台阶。成绩的取得是全省教育科研工作者共同努力的结果，但我们丝毫不敢松懈，问题及困难的存在是鞭策我们前进的动力。当前云南省教育科研工作存在的问题集中表现在以下几个方面。

（一）科研经费不足，课题的立项率不高

云南省科研经费不足的现象严重，特别是对中等以下学校的科研经费支持力度不够，每年 100 万由规划办统一管理的课题经费，还有很大一部分被划拨到高校的课题中，这直接带来了中等以下学校立项率不高，教师的申报热情降低等问题。以 2009 年为例，共立项普通课题 163 项，有 65 项课题获得资助，除去管理费外，平均每个课题能够获得 5 000 余元，获资助课题仅为 39.88%，其余课题研究经费都需要课题负责人自筹。在经费这个问题上，为了更好地推动云南教育科研事业的大力发展，给予更多的一线教师有申报课题和批准立项的机会，建议给予更多的经费支持。

（二）选题方面相对集中，各地区和学校的科研水平参差不齐

近年来国家级的教育科研课题多集中于云南师范大学，其他高校获准立项的极少。而就省级课题而言，2002 年以来，云南师范大学、云南财经大学、大理学院、昆明医学院、云南中医学院获准立项省级课题的总数在 20 个以上，其他多数高校，特别是分布在州市的高校、高职高专申报教育科研课题者不多。州、市中，昆明、红河、大理、文山、玉溪的省级教育科研课题立项数较多，丽江、曲靖两地申报的积极性虽高，但由于老师们的科研能力相对较弱，立项率不高。有的州市十年内申报的省级课题未超过 5 个，说明这些边远地区对开展教育科研工作存在一定的困难。从选题方面来看，立项的课题大多集中于应用研究，基础研究、理论研究明显不足。

（三）科研团队力量薄弱，科研成果的转化率不高

云南省的科研水平在全国都处于中下游水平，缺乏具有代表性的领军人物，组建一个知识结构合理、学历和职称分布均衡的科研团队，是申报课题的重要环节，今后云南的各级教育部门应该加强对科研人员的素质培养，造就更多的能够主持承担各级各类课题的优秀研究者。此外，科研成果的转化率也有待提升，据不完全统计，每年除了有部分课题未能按时结题，还有一些课题即使顺利结题，成果转化的速度和效率也相当低，立项者大多是为研究而研究，课题结题后没能很好地应用于教育教学实践中，浪费了很多有参考价值的研究结果和建议。在科研成果的成功转化这个问题上，今后还有待进一步加强。

（四）学科分类与当前的教育热点、难点问题未能充分衔接

当前，由云南省教科规划办参照国家的学科分类提出的课题指南，在一定程度上未能与当前的教育热点、难点衔接起来，两者之间存在很大的信息鸿沟。这将直接导致科研与教学脱节的问题，所以建议今后在制定课题申报指南的时候能够多从基层收集意见，与当前教育中的重点、难点形成良好的互动机制，建立有效的衔接。

（五）云南本土的特色研究资源未能很好地开发出来

云南具有集边疆、少数民族于一体的多元文化特色，为教育科研研究提供了独具特色的素材，从近年来申报的情况来看，能在国家规划课题立项的也大多是与此相关的内容，但总体上还有很大的研究空间尚待开发，还有很多教育的问题和盲点需要深入细致的研究。

（六）科研信息滞后，与国际国内的学术交流和沟通不够

云南地处西南边陲，在信息沟通上较发达地区略显滞后，很多国际、国内顶尖的教育科研人才都不愿到云南来发展，更缺少高端的教育科研培训和交流，云南本土的教育科研人员出外进修学习的机会也较少，这就直接带来了信息上的巨大鸿沟。今后云南应加强与外界的学术交流与合作，与国际国内接轨，有效提升教育科研的现代化和国际化水平。

四、“十二五”时期的重点研究领域和方向

回顾云南省“十一五”期间教育科研事业的发展情况，不难看出，我省的教育科研事业近年来取得了丰硕的成果。虽然还存在一些问题，但我们相信在国家及省级领导的高度重视和政策支持下，云南的教育科研事业还有很大的发展空间。

（一）制定“十二五”教育科学规划的指导思想

《国家中长期教育改革和发展规划纲要（2010—2020年）》对我国教育存在的问题做了科学的分析。就云南的情况来看，云南教育总体上还不适应经济社会发展对各级各类人才的需要，未能满足人民群众对享受良好教育的需求；教育投入明显不足，优先发展教育的地位尚未完全落实；各级各类教育与全国教育发展水平相比，差距依然很大；城乡之间、区域之内教育发展不平衡，民族、边境和贫困地区教育发展明显滞后；教育内部结构和布局不合理，教育质量、水平不高，教师队伍建设相对滞后；教育的设施条件与教育发展的要求不相适应，教育管理相对滞后；学生适应社会和就业创业能力不强，缺乏创新型、应用型人才；教育现代管理体制还未建成，学校体制机制不活，办学活力不足。应找准教育发展与经济社会发展不相适应的内因和外因，对症下药，深化教育体制改革，全面落实素质教育的战略目标，促进受教育者终身发展的需要，创新人才培养模式，健全充满活力的中国特色社会主义教育体系；实现更高水平的普及教育，整体提高人民群众受教育年限；教育率先突破城乡二元化的桎梏，促进区域内教育均衡发展，形成惠及全民的公平教育；提供更加丰富的优质教育，人民群众接受高质量教育的需求得到较大满足；构建体系完备的终身教育，基本形成学习型社会；深化基础教育课程改革理念，全面落实“三维”培养目标，改革现有的教学内容，优化教学方法。

（二）“十二五”期间云南教育科学研究的重点

紧扣《国家中长期教育改革和发展规划纲要（2010—2020年）》和《云南省中长期教育改革发展和规划纲要（2010—2020年）》的相关要求，现将“十二五”期间我省的重点研究领域和亟待解决的重大问题归纳如下：

1. 突出特点，加强边境地区民族教育研究

云南地处西南边陲，有着得天独厚的民族教育研究的土壤，今后进一步加强边疆少数民族教育研究是我省教育科研的重头戏。“十二五”期间，重点研究的领域包括：民族地区教育发展的特殊条件和存在的困难；探究少数民族教育发展的特殊规律、提出发展少数民族教育的特殊政策和措施，特别要研究少数民族地区教育如何为促进地方经济发展和脱贫致富服务，探索国家课程与民族地区文化适应性问题；优化“双语教学”①，将“双语教学”作为民族地区学前教育的重点，在义务教育阶段有计划地渗透“双语教学”，试点设置专门的“双语教师”编制和岗位；加大通晓少数民族语言师资培养，积极培养“民汉兼通”人才，加大投入建立省级、州（市）级双语教师培训基地，加快双语教师培养力度，建立适应云南多民族、多语言、多文字的双语教育体制和课程体系，编译、出版符合国家教育方针和不同民族中小学特点的

① “双语教学”即共同用汉语和少数民族学生的本民族语言进行教学。

双语教材；关注云南边境地区、藏区、直过区、7 个人口较少民族人群教育问题；紧抓少数民族学生自我意识、民族精神和国家意识的和谐共生问题。大力提升边境地区教育水平。

将国门学校建设纳入“桥头堡”① 建设工程，增加投入，全面改善边境地区民族教育办学条件。完成边境口岸中小学、幼儿园的标准化建设，优先支持 25 个边境县的 117 个边境沿线乡镇中小学校标准化建设。

希望全国教育科学规划办加大对民族地区基层教育工作者申报国家课题的扶持力度，课题规划的重心适当下移，关注具体问题和实践问题，在“民族教育”专项课题中划出一定比例专门用于鼓励此类研究。

2. 抓住“桥头堡”建设机遇，强化高等教育国际化的研究

在国家实施西部大开发和“桥头堡”建设实施之际，国家已经开始把云南“桥头堡”建设纳入国家战略层面考虑，而作为区域战略的具体构建者，拥有优越的地缘优势的云南，也迫切希望抓住这次难得的发展机遇，推动云南的教育事业发展。在推进“桥头堡”战略过程中，云南教育如何改革发展？云南教育能够为“桥头堡”建设做些什么？怎样在国际教育贸易中赢得先机，这是今后一段时期内云南教育需要思考和面对的问题。教育科研的先导性作用在于提出符合时代背景的云南教育发展模式，构建适合云南发展需求的专业人才培养模式，实现教育科研服务社会的现实目标。

因此，应该加强对云南与周边国家的教育交流与辐射研究，开辟教育（特别是高等教育）的国际市场，以及中国与周边国家的教育政策、教育发展、教育规律和现状、教育特色等问题的比较研究；探索各级各类学校在面向东南亚、南亚等周边地区教育服务贸易中的功能与定位，特别是高等教育合作办学、招收留学生、远程培训、跨境办学等模式的实证研究；重点研究云南与周边地区人文交流平台建设及其对促进区域经济一体化，增强中国软实力在东南亚、南亚的辐射力和影响力。希望全国教育科学规划办关注教育国际化研究中对中国与南亚、东南亚教育合作的问题。

3. 巩固“两基”攻坚成果，提高义务教育阶段的研究水平

今年年底，我省即将接受国家的“两基”检查验收，随着“两基”工作的基本完成，如何巩固“两基”成果，顺利地通过国家检查验收？如何借助“两基”国检的发展契机，改善办学条件，推动云南教育事业的发展？如何全面贯彻国家基本普及九年义务教育，基本扫除青壮年文盲的教育发展方针，全面推进素质教育的改革和发展，提高我省的教育质量和办学水平？这些都是“十二五”期间我省教育科研工作

① “桥头堡”战略是推进我国向西南开放、实现睦邻友好的战略需要，也是云南推进“兴边富民”工程、实现边疆少数民族脱贫致富奔小康的现实需要，对促进云南经济社会又好又快发展具有重大意义。2009 年 7 月，国家主席胡锦涛考察云南后提出把云南建成中国面向西南开放的重要“桥头堡”。此后，加快“桥头堡”建设，把云南建成中国沿边开放经济区已成为云南发展的重要目标之一。

亟待深入研究和探讨的问题。此外，通过此次国检，分析云南“两基”工作中存在的问题与不足，总结和归纳云南“两基”工作中的亮点和经验，谋求进一步发展，对进一步提高“两基”的普及质量提出相应的对策建议，在此基础上形成理论性强，具有可推广性的教育发展模式，也是未来几年紧扣“两基”问题开展教育科学研究的方向。

4. 保障各民族受教育权利，开展义务教育均衡发展研究

坚持教育的公益性和普惠性，保障全省各族人民享有接受平等教育的机会，开展教育均衡发展理论研究；重点研究城乡义务教育均衡化发展标准；研究“区域差异”、“城乡差异”、“校际差异”和“人群差异”造成的教育均衡发展的现状与问题；试点县域内义务教育均衡化发展研究；完善教育互助模式研究，试点区域、学校间协作发展模式；研究贫困地区教育经费分担模式，合理分配各级财政所承担的比例；探索对边境地区、藏区、直过区①、7个人口较少民族地区②义务教育均衡发展的思路；探索推进“两免一补”③ 和“三免费”④ 覆盖范围的可行性研究；借鉴其他地区推进义务教育均衡发展的经验和研究成果，对其是否适切进行检验。

同时，希望全国教育科学规划办加大对云南进行此类研究的扶持力度，设立“义务教育均衡发展”研究专项课题，对贫困地区、民族地区、边境地区实施义务教育均衡发展在立项数、经费资助额度等方面给予一定倾斜。

5. 重视学前教育研究，加强对学前教育发展规划研究

根据区域特点，加强对学前教育发展的规划，特别是要探索贫困地区学前教育的发展之路；根据我省多民族、多元文化交融的特点，完善对少数民族儿童身心特点的研究。建立政府主导、社会参与、公办民办并举的办园体制。加快学前教育立法工作，规范办园行为。加强学前教育管理，提高幼儿园办园质量。加大政府投入，制定学前教育办园标准和收费标准，完善成本合理分担机制，制定幼儿教师配备标准，依法落实幼儿教师地位和待遇，建立幼儿园办园准入和督导制度。大力发展县办幼儿园，积极扶持民办幼儿园。

重点发展农村学前教育。支持贫困地区发展学前教育。每个乡镇至少设立一所公办乡镇中心幼儿园，将乡镇幼儿园纳入当地教育体系进行管理和建设。到2020年，省、州（市）、县（区、市）级示范幼儿园比例达到30%。充分利用中小学区域布

---

① 20世纪50年代初，中央政府对云南边疆还处在原始社会末期的13个少数民族聚居区，采取特殊的“直接过渡”方式，直接、逐步地过渡到社会主义，主要包含景颇、傈僳、独龙、怒、德昂、佤、布朗、基诺族和部分拉祜、哈尼、瑶等民族，居住的区域涉及现在的怒江、德宏、西双版纳、普洱、临沧、红河、丽江、保山等地。

② 云南众多少数民族中，有7个不到10万人的人口较少的民族，分别是怒、独龙、德昂、阿昌、基诺、拉祜和普米族，截至2008年年底，这7个民族总人口仅约23万。

③ “两免一补”政策是指近年来我国政府对农村义务教育阶段贫困家庭学生就学实施的一项资助政策。主要内容是对农村义务教育阶段贫困家庭学生“免杂费、免书本费、逐步补助寄宿生生活费”。

④ 农村初中、小学生全面免除“杂费、课本费、文具费”的“三免费”义务教育。

局调整富余的校舍和教师资源，逐年增加有条件和人口较多乡镇村的幼儿园数量。充分体现兴趣培养、行为引导、智力启发、思维训练的幼儿教育特性。完善农村优质和示范幼儿园评估奖励机制。

6. 完善现代职业教育体系，加强对职业教育的社会服务能力研究

围绕建设职业教育人才成长"立交桥"的理念，以促进就业为目标，加强对社会需求的预测与分析，进而调整和优化职业教育的学科调整、专业设置和教学改革，凸显职业教育的社会服务功能，特别是结合云南实际，以服务"三农"和转移农村剩余劳动力为重点，研究职业教育在边境、民族、山区对经济的带动作用。厘清职业教育和普通教育的区别和发展重点，促进各级各类教育的衔接。从云南实际出发，统筹推进中等职业教育与高等职业教育的发展研究，做大做强与云南支柱产业、低碳经济、特色产业、高新技术产业等密切相关的职业院校和专业群，建立技术产业职业教育联盟。积极构建职业教育多元化的投资模式研究，加大对职业教育的多渠道投入方式研究。

7. 深化普通高中课程改革研究，推动普通高中多样化发展

要紧扣云南实际深化普通高中新课程改革的成果，充分考虑各州市教育事业发展的区域和水平差距，分区规划，分层次推进，不断提高普通高中办学规模，逐步消除大班额现象。特别是要加大对发展民族贫困地区高中教育的研究，结合区域特点，积极开展研究性学习、社区服务和社会实践。试行导师制，建立学生发展指导制度，加强对学生的理想、心理、学业等多方面的指导。建立科学的教育质量评价体系，全面实施高中学业水平考试和综合素质评价。建立高中阶段学生在普通高中和职业高中之间自由流动学习的机制。

8. 关注特殊教育研究，健全特殊教育保障机制

探索提高残疾儿童少年义务教育普及水平，加快发展残疾人高中阶段教育，大力推进残疾人职业教育，重视发展残疾儿童学前教育、残疾人高等教育的发展思路；试点残疾人随班就读和在普通学校设立特教班的模式；健全特殊教育保障机制。

9. 推进区域性终身教育研究

针对云南省不同地区经济发展状况，分层次构建云南终身教育的发展目标、组织形式和结构体系，积极推进学习型社会建设；探索开展终身教育"教"与"学"的多元化模式；在教育信息化背景下，探寻发展终身教育的灵活途径；探索终身教育与地方经济发展的内在联系和相互作用；探索由职前教育向职后教育乃至整个职业生涯教育转变的发展模式；构建社区教育的发展规划、实施步骤和管理办法，探索不同地区的发展模式；推进教育基地建设，使之真正成为实施青少年素质教育的基地。

10. 探索具有云南特色的学校素质教育研究

教育科学研究要着重分析推进素质教育的关键问题，结合云南特点，探讨边境、民族、山区实施素质教育的有效途径；研究在整个教育活动中如何面向全体学生、促进学生全面发展、重视学生的创新精神、注重学生个性发展、着眼学生的终身可持

续发展等素质教育中的理论和实际问题，研究创新型人才的培养目标、培养方式、评价方式等相关内容；进行减轻中小学生课业负担与提高教育质量双向并举的实证研究。

11. 探索适应新课程改革的有效教学方法和课程内容

按照基础教育课程改革相关要求，结合云南教育基础薄弱的客观现实，总结云南省实施新课程过程中富有成效的做法，并提炼成为具有推广价值的教育教学研究成果；找出新课程推进过程中，我省教育教学工作面临的困难和问题，提出具有针对性的对策和建议；针对我省不同地区、不同族群、不同社会发展水平对课程的多元化需要，创造性地构建地方课程、校本课程开发体系；以学生的终身发展需要为基础，推动素质教育课程内容、教学方法、教学手段、教材建设、课程资源开发、学生专业建设的研究。

12. 加强教师队伍建设研究

着眼新课程背景下教师适应能力研究，对教师的专业化、现代化、综合化培养进行有益探索；加强师资队伍结构研究，重点对边境地区、民族地区、贫困地区的教师准入制度、流通机制、学缘结构、工资待遇等突出问题进行研究；加强师德建设，探索提高教师思想道德水平的有效途径；完善培训体系，围绕提高教师的培训质量，对相关问题进行研究；抓住职业教育中“双师型”教师构建模式研究；特岗教师招聘机制，完善教师评聘体系。

13. 推进农村中小学校点合理化布局研究

根据人口和经济发展趋势，合理构建农村中小学校点布局，对实施校点收缩的合理性和可行性进行研究；通过对校点布局研究，延伸对师资配置、优质教育资源配置等相关问题的研究；探索农村地区标准化学校建设的策略与实施办法研究；云南25个边境县建设“国门学校”实施方案研究。

14. 加强德育工作研究

实施以“三生教育”为重点的德育研究，重点研究学校如何将社会主义核心价值观融入日常教学和管理中；学校落实德育目标的具体方法和措施；各级各类学校德育教育的内涵、改革德育工作的方法、德育工作未来发展趋势等理论和实践问题，注重德育的实效性，从而创造符合现代教育规律的德育工作新模式；掌握各学段学生心理健康状况，研究调节和改善学生心理状况的有效方法和途径。

15. 校园安全保卫的策略研究

构建校园暴力的预警机制；强化对大、中、小、幼学生心理健康教育，及时化解不稳定因素；健全学校、家庭和社区的联系，构建校园安全全面防控体系。

16. 推动音乐、体育、美术等科目及各类专项课题的研究

通过教育科研，进一步阐明音乐、体育、美术、通用技术等科目的育人作用，体现其在素质教育中的不可替代作用。支持各类专项课题研究，进一步优化各学科的教学方法，深化教育教学评价改革，针对“小”、“实”、“精”、“细”的问题提出操作

性强、具有可推广性的对策建议。

17. 探索教育体制改革研究

云南教育科学研究要对教育体制改革进行前期探索，保障教育的优先发展，找出切实有效的改革途径。重点研究以下几个方面的体制改革内容：

（1）管理体制改革：政府在教育中的统筹协调作用；健全现代教育决策机制；现代人才培养体系建设；教师准入和考核机制建设。

（2）办学体制改革：健全政府主导、社会参与、办学主体多元、办学形式多样、充满生机和活力的办学体制；打破壁垒，加强各学段及不同类型教育的沟通衔接；促进民办教育发展。

（3）学校现代管理体制改革：加强学校现代管理制度建设、全面推进学校现代管理。

（4）现代教育评价制度改革：建立现代教育评价体系；推进考试招生制度改革；探索弹性学制培养方式。

18. 加强社会主义特色教育思想及教育基本理论研究

云南教育科学研究要以邓小平理论和“三个代表”重要思想为指导，贯彻落实科学发展观，全面贯彻党和国家的教育方针，坚持教育优先发展，遵循教育发展规律，推进教育现代化，努力培养德智体美全面发展的社会主义建设者和接班人。以办人民满意的教育为宗旨，以改革开放为动力，紧密结合云南经济和社会发展的需求，立足省情，把握教育发展的阶段性特征，坚持依法治教，尊重教育规律，突出研究教育发展促进社会、经济、文化发展的理论和实践。

加强对教育思想、教育观念、教育基本理论的研究，用现代教育的思想、观点分析教育现实，寻求教育基本规律，深入认识教育本质及发展趋势，为全面推进云南教育发展提供理论支撑。

五、后记

教育科研作为教育改革与发展的科学依据和先导，必须始终立足实际，着眼未来。教育科研工作是推动教育事业的发展动力，云南省教育科学规划领导小组办公室多年来也一直以此为己任，为云南的教育科研事业做好服务工作，带动全省广大教育工作者投入到这一项工作中来，多出成果，出好成果。我们时常被基层教育工作者，特别是边、老、少、山区的教育工作者感动着，他们在那样恶劣的环境中仍然坚持对教育问题的探索和研究，虽然这些问题缺乏宏观性，理论高度也不够，但向世人展示了教育工作者对科研事业的执著与信念。我们将不断地加油和学习，努力缩小和全国及各兄弟省份的差距，在全国教育科研领域中发出我们的声音。

（云南省教育科学规划领导小组办公室）

浙江省教育学科发展报告

随着全国教育事业的进一步改革与推进，“十一五”期间，浙江省“教育强省”战略初见成效，广大教育理论工作者和教育实践工作者紧紧围绕全省教育改革和发展的重大理论和实际问题，在提高教育决策民主化和科学化水平，提高教育质量和效益，促进教育公平，推动城乡教育均衡，加强教育学科建设，提高教育科研水平，寻求教育教学改革发展新思路、新理念等方面进行了卓有成效的研究和实践，并取得了大量有价值、有现实意义的研究成果，为浙江省教育教学以及教育决策提供了重要的理论依据，起到了决策参考作用，增强了全省教育综合实力和竞争力。

一、基本情况

（一）“十一五”规划期间，在省教育厅领导的大力支持下，省教科研管理部门深入基层，认真开展了教育科学课题规划和研究等调研工作，不断完善各级教育科研管理网络，积极组织申报全国教育科学规划各级各类课题，大力推动各市、高校和科研单位的教育科研管理工作。纵观全省，浙江省教育科研、活动总体上是以全国、省、市、县（高校）各级教育科研管理部门的规划为蓝本展开，课题管理的组织、方式、手段等方面都更趋完善和科学。教育科研在各级教育行政部门决策中的作用明显增强。其教育理念、教育思想、思维方式、工作思路、决策程序在明显转变。在这些转变的过程中，一个非常明显的变化，就是能够自觉接受新知识、了解新信息、把握新趋势，主动研究新问题、树立新观念、探索新途径，积极依靠教育科研推动教育工作的改革和发展。

（二）基层一线教师的科研意识明显增强。他们通过多种途径提高自身素质，尤其是自觉投入教育科学研究，并在实践中得到了锻炼。仅从各市申报的课题研究方案看，许多方案既有理论深度，又有实践价值，充溢着教改第一线探索研究的鲜活气息。随着广大基层一线教师科研意识的增强，省、市教育科学规划立项的教育教学改革研究实验课题逐年增多。尤其在2008年，为提高农村学校的教育教学水平，促进教育均衡，设立了“农村青年教师专项课题”的研究，筹建“农村青年教师成长网上工作室”。每个网上工作室在浙江教育资源网平台上建立有个人信息、导师信息、课题信息、课题研究（分开题报告、读书心得、研究随笔、案例与分析、调研报告、活动记录等）、研究报告、课题资源、导师指导、网上交流等模块。旨在通过培养，使参加该项目的农村青年教师拓宽视野、锤炼素质、提高教学研究能力和课堂教学水平，提升个人综合素质，成为农村学校教师队伍中的教学骨干。同时找到适合农村教师素质提升的新方法。2010 年将通过建立 100 个对全省教育系统公开的农村青年教师网上工作室，吸引广大农村教师关注课题研究人员的成长与变化，学习与分享他们的成果，这将对广大农村教师的研修与培训起很好的示范作用。

（三）省教育科学规划立项课题数逐年增加。2006—2010 年，全省申报各类课题 9 376 项，课题立项总数达 4 803 项，立项率 51. 23%，其中，2006 年 734 项，2007 年 781 项，2008 年 837 项，2009 年 1 218 项，2010 年 1 233 项；在所有立项课题中，年度规划课题 4 252 项、重点课题 285 项、体卫艺专项课题 166 项、农村青年教师专项课题 100 项。

据统计，这期间我省承担国家教育部规划以上课题 233 项，其中 2010 年各类课题立项数达 69 项，创历史新高。课题研究成果丰富，成效显著。初步统计，“十一五”期间形成的课题研究报告 2 000 余篇，出版专著 500 多部，公开发表和在各种科研会议上交流的教育科研论文上千篇。这些成果对推进我省教育教学改革，促进教育事业的发展起到了积极作用。

从我省规划课题立项学科分布看，基础教育研究 2 191 项，占规划课题总数的 45. 62%；德体卫美与校外教育研究 387 项，占 8. 06%；综合问题研究 305 项，占 6. 35%；高等职业教育研究 669 项，占 13. 93%；教师教育发展研究 447 项，占 9. 31%；教育管理与教育评价研究 223 项，占 4. 64%；学前教育研究与特殊教育研究 181 项，占 3. 77%；教育信息化发展研究 198 项，占 4. 12%；职业教育与成人教育研究 202 项，占 4. 21%（见图 4-6）。

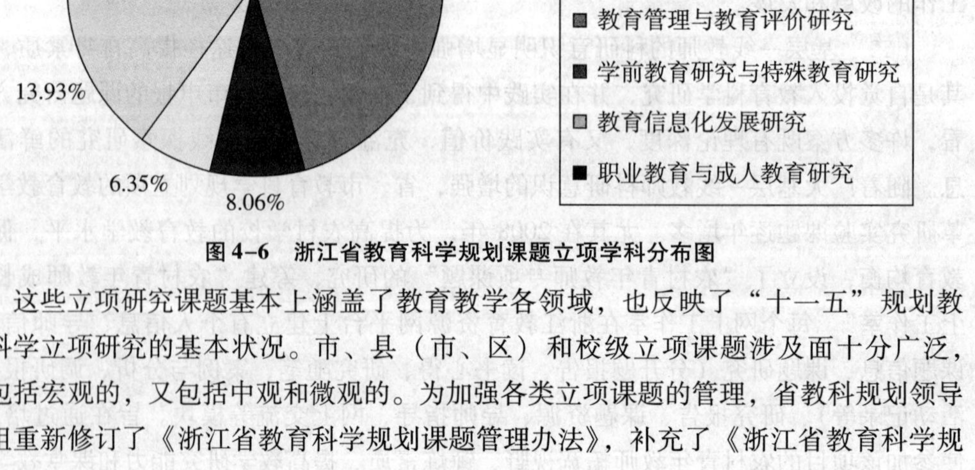

图 4-6　浙江省教育科学规划课题立项学科分布图

这些立项研究课题基本上涵盖了教育教学各领域，也反映了“十一五”规划教育科学立项研究的基本状况。市、县（市、区）和校级立项课题涉及面十分广泛，既包括宏观的，又包括中观和微观的。为加强各类立项课题的管理，省教科规划领导小组重新修订了《浙江省教育科学规划课题管理办法》，补充了《浙江省教育科学规划课题管理办法细则》，采取不同形式对一线教师和教育科研人员进行研前培训达2万多人次，还相继为立项课题研究人员提供课题资料服务等。目前，浙江省县以上（含省属高校）教育科学研究所（院、室、处）近300个。据不完全统计，2006年以来全省承担和参与教育科学课题研究的人数达10多万。课题研究结题率在95%以上，部分课题研究成果取得了较好的社会效益。在这期间，全省组织评选教育科学优秀成果8次，获奖优秀成果573项；评选优秀科研论文5次，2 149篇论文获奖；共有381个单位被评为“重视教科研先进集体”、542名教科研人员和一线教师被评为“教科研先进个人”、118所学校被评为“科研创新型100强学校”。通过评优评先活动，调动了广大教育工作者和教育科研工作者的积极性和创造性，有力地促进了教育科学研究事业的繁荣和发展。

二、学科进展和相关成果

向教育科研要质量，靠教育科研上台阶，发展科研先导，提升教育品质已成为教育领域的共识；在各级教育科研机构研究和实验中，取得了一大批具有理论和实践价值的科研成果，促进了教育宏观决策的科学化、民主化，推动了我省教育教学改革的健康发展。教育科研在教育决策咨询方面发挥了作用，为教育行政部门决策提供了科学依据。尤其在为全省教育改革发展大局服务方面取得进展。

由天台中学郑志湖承担的教育部规划课题《新课程背景下普通高中教学质量评价的研究》，将“以学论教”作为一切评价的出发点，构建由标准、测量、评价、反馈四环节组成的“以学论教”教学过程发展性评价体系，形成学生个性化评价方案；开发具有很强科学性和可操作性的评价应用软件；创建教学质量评价和教学过程整合的策略和方法，以评促教，以评促学，从而促进师生最优发展。

该课题成果的推广应用在社会上引起了很好的反响。《光明日报》、《中国新闻报》等媒体报道了该研究成果。由浙江科学技术出版社出版了32万字专著《新课程背景下普通高中教学质量评价》。在《人民教育》等报刊上发表了12篇论文。制作了评价操作软件，研究成果在全县各中学和市内大部分普通高中推广，全国各地有400多家单位4 100多人到各校学习或索要资料，网上下载30 000多次，点击量达56 000人次。派出课题组成员46人次去实验学校指导应用成果。同时学生的个性特长得到充分发挥，学生的可持续发展能力得到提高。较2004年，青少年科技创新大赛获县级以上奖的作品翻了3番。学生的实验能力显著提高，学生参加全国中学生物理竞赛浙江赛区的实验考试曾获省第1名、第3名，全国决赛第3名。学生社团活动成效显著，学生社团26个，学生参与率达85%，学校体、音、美的教学取得了显著成绩，体育达标率达100%，被评为“全国群众体育先进单位”，被中国教育学会授予“艺术教育特色学校”，被授予浙江省中学生素质培养“曙光计划”示范学校。一大批名师脱颖而出。

杭州市淳安县教育局承担《区域推进小课题研究，促进山区教师专业成长》课题。区域推进小课题研究是指以小课题研究为抓手，通过较为完善的区域推进小课题研究的组织机制与制度安排，建立区域推进小课题研究的操作策略和管理程序，推进区域内教师积极参与小课题研究的实践运作，促进教师专业成长。区域推进总体上包括行政层面的走动管理和学校层面的情感管理，充分发挥其引领、交流、合作、激励等作用，通过政策引领、技术服务，盘活理念、驱动行为，树立信心付诸行动，促进区域内教师积极以研究者的眼光去审视教育教学活动，学会用理论去解决实际问题，改进教育教学行为，实现自身专业成长。

该研究基于淳安县教师专业成长瓶颈和主要原因，提出以推进小课题研究为载体，来促进区域教师专业发展的基本思路。在区域推进研究过程中，课题组总结出了小课题的“随动性、自我性、即时性、弱规范性”等四大主要特点和对教师专业成长的“引领、交流、合作、激励”的四大作用；并据此形成了区域推动小课题研究的运作模式，该模式以小课题研究为推进内容，以组织架构和制度安排为保障，以博客跟进的微观管理和行政驱动的宏观管理为操作策略，在保障先行的基础上，抓实和凸显运行过程，最终实现教师专业自主成长的目标。建构了较为完善的县、片、校三级的小课题研究领导小组、小课题研究指导小组、小课题研究评审小组、小课题研究协作团体等区域推进的组织体系，并设计了区域推进小课题研究的引领制度、合作制度、组织制度、交流制度和评价制度，实施了区域推进小课题研究的“行政导引、强力驱动，激活内需、滚动行进，畅通人脉、上下互动，基地示范、点面结合”四大策略；确立了区域推进小课题研究的五大管理步骤：课题申报与方案发布、课题论证与通知立项、实施研究与博客随访、现场鉴定与博客公示、推广应用与网刊发行，在此过程中需要处理好“个人研究与团队协作、灵活性与规范性、阶段性研究与持续性推进”三大关系。在学校实践的具体运作中，总结出了基于教育现场、教学现场、阅读交流、帮扶结对、课程开发和学校课题的六种小课题研究运作具体样式，梳理出了小课题研究的基本步骤：发现问题（反思意识、反思方法），分析问题（问题甄选、归因分析），解决问题（对策预设、方案撰写、行为跟进、总结归纳、成果呈现）。三大步骤中可以有大循环，解决问题过程中可以有小循环，以此作为区域推进小课题研究具体运作的技术保障。

通过研究实践，形成了具有本县特色的区域推进小课题研究的管理与运作模式，有效促进了山区教师专业成长。本课题对于类似地区开展教育科研，特别是区域推进小课题研究，促进教师专业发展具有直接的借鉴意义。

义乌市教育局金延风主持的浙江省教育科学“十五”规划重点课题《构建实践性学习和研究的多元平台——义乌市区域推进教师专业发展的理论与实践》，以促进教师专业发展为抓手，在深入剖析教师队伍现状和存在问题的基础上，构建了多元化的实践性学习和研究平台。在实践中采取八项主要措施：（一）筛选出义乌市教育改革的重点、难点问题，组织教育行政部门、学校及教科研机构“三结合”的“团队研究”联合攻关，找到解决问题的策略、途径和方法；（二）及时跟踪课改实验中的即时性问题，以“区域专题研讨”的形式寻求“对策”，在对话和互动中提升教师的个人实践性理论；（三）构建纵向的“市、片、校”三级联动和横向的“教研、科研、师训、技管”四部整合的培训机制，着力提升教师的课程、研究和现代教育技术能力；（四）抓住课堂教学中的问题，以“任务型课例研究”为主要形式，催生融教学、学习、研究于一体的学习型学校和教师专业生活方式；（五）搭建骨干教师、城乡教师互动发展的立交桥，关注农村弱势教师群体的成长；（六）建立有效的教师专业发展的动力、保障机制，形成有利于激励教师专业发展的良好氛围；（七）现实论坛和虚拟论坛相辅相成，为教师搭建自由民主参与、思想智慧碰撞的交流平台；（八）开展多种形式的读书活动，使教师在文本、大师对话中了解教育理论，在接受、感悟、实践过程中丰富、修正、更新个人实践理论。

该成果以理性探求和行动实践相结合，正确认识了当今时代和新课改背景下中小学教师专业角色的变化，反思了教师专业素质的内涵和专业能力的内涵，认为学习与研究是教师专业成长的两翼，而结合教育教学工作的实践性学习与研究是教师专业发展的有效途径。教师专业发展需要“个人—学校—区域”三个因素共同努力，教师个人努力是发展的内部动力，学校和区域则为其创建合适的环境和平台。我国以县为主的基础教育管理体制决定了区域推进教师专业发展具有重大责任和作用，构建科研引领式的教师专业发展模式，构建多元化的实践性学习和研究的平台。促进教师专业发展已成为我市学校内涵发展的首要目标。一批参与研究实施的学校逐渐成为专业发展的窗口学校。该研究为骨干教师的培育构建了一个良好平台，一大批研究型教师脱颖而出，先进的教育理念和行为得到广泛的辐射。课堂教学模式也有了一定的变革，正向多元、自主、互动的良好趋势发展。

金华市江滨小学吕华莹主持的浙江省教育科学规划课题《小学校园足球文化建设的实践研究》，立足学校学生发展现状调查，基于学校校园足球的努力践行，结合校园文化的物质、活动、制度和精神四个要素，开展一系列有益于学生健康成长的实践活动，旨在练球练人练精神，从而形成一种以足球为核心和特色的校园文化。课题研究的特色之一是围绕以物质和活动为载体的学校表层文化建设、以课程和制度为载体的学校中层文化建设和以精神和理念为载体的学校深层文化建设三个层面进行了积极有效的探索，使全体师生养成遵守行为规范、积极向上、团结合作的良好品质，初步形成了团结、拼搏、开拓、创新的校风。其校园文化四个要素的实践包括：

（一）校园足球文化氛围的营造。学校物质文化是学校足球文化的外在形式，时刻反映出学校文化的内涵，是校内外人员认识和感受学校足球文化的窗口，其隐性的教育作用不可替代。主要包括标志文化（校徽、校旗）、环境文化（足球墙、足球文化长廊）和设施文化（标准足球场和室内三人制足球场）。这些都是不经意间从校园的角角落落凝聚成的校园足球文化，折射出学校内在的底蕴和非物质的气质。

（二）系列足球活动的开展。校园足球活动是校园足球文化必不可少的要素和载体。它集康乐性、群众性、创新性、教育性为一体，为广大青少年所喜闻乐见。主要包括竞技类的颠球大王擂台赛、带球绕桩接力赛、足球联赛，艺术类的足球想象画、足球韵律操、班徽班旗设计，还包括集创造性和趣味性的斗鸡足球、易拉罐足球等课间足球活动。通过足球活动，孩子们释放了手脚，激发了灵感，产生了团结、拼搏、快乐和自信。

（三）足球校本课程的建设。课程所承载的学校中层文化建设在每一堂课里进行，教师的文化意识、价值观念、行为方式随时随地影响着学生。学校不仅由体育教师在边学习边实践中开发校本课程《我们的足球》，而且将足球知识与其他学科进行整合、呈现，开发了《足球数学》、《足球美术》。校园足球校本课程的建设是一个系统而复杂的工作，主要包括足球知识和技能的专题培训、足球校本课程纲要的制定、足球相关读本的编写和相关课程的开设等。

（四）校园足球精神的提炼。学校足球精神文化是学校在长期的足球实践中所创造和积淀下来的，并为师生员工所认同和遵循的价值观念、思维习惯等方面的一种整合和结晶。主要通过多层次、全方位的探讨、交流、总结，使全校师生深入感悟奋力拼搏、团结协作的足球精神，并内化为大家共同的价值追求，使校园足球文化有了强大精神引导力，从而朝着更健康的方向发展。

校园足球文化通过环境、活动、课程等外显形式，发挥了不可替代的媒介和催化作用，让大家看到一种来自全校师生的精神默契。从活动到文化，整个学校成为一个“文化磁场”，使校园足球文化有了强大精神引导力，从而朝着更健康的方向发展。从主体到载体，校园的每一堂课、每一项活动、每一个角落都融入着校园足球文化的气息，使足球精神成为全体师生的共同追求，逐步形成以“团结锻造非凡，拼搏成就梦想”为内涵的校园足球文化。

综上所述，浙江省教育科学“十一五”规划各学科的课题研究，选题富于创新，科研成果丰富，许多课题在研究中有所突破和创新，对教育改革与发展中的理论和实践问题的应用性研究受到重视，这充分反映了教育改革与发展的现实对教育各学科研究的需要。五年来，在研究成果方面，据不完全统计，课题研究人员根据问卷的制定、量表的修订或编制、研究内容的理论综述和调查材料的分析等撰写专著 1 500 多部，论文、调研报告等 5 000 多篇，编写教材、教参、专辑、专刊等 700 多部。这些研究成果绝大部分有较高的学术价值，代表着浙江省教育科研发展水平，为教育决策咨询提供了强有力的理论依据。其次是以研究促改革，科研成效明显，课题的研究有效推动地区性教育的改革和发展。在杭州、宁波、温州、金华等市教育行政部门坚持走“科研兴校、科研兴师”的改革发展之路，扶持建设一批科研创新型学校，以教育科学理论为指导，以教育科研和教改实验为基本途径，依靠并组织广大教师开展多种形式的研究和实验，全面提高教育教学质量和办学水平，推动区域性教育教学的发展。

三、存在问题和薄弱环节

“十一五”期间，我省教育科学研究工作取得了突出成绩，积累了不少成功经验，但仍然存在一些问题。

（一）地区和学校间发展还不平衡。尽管在课题申报、立项过程中，教科研管理部门对欠发达地区作了一些扶持，但地区、校际间发展仍不平衡，各类教育间的教育科研工作也有较大差距，影响区域教育的均衡发展和学校教育教学质量和水平。

（二）低水平重复研究依然存在。教育科学研究经过“十五”、“十一五”规划的快速发展，立项数量不断增加，课题研究质量明显提升，但重立项、轻研究，低水平重复研究的不良现象依然存在，主要表现在课题选题和研究思路基本雷同，造成人力、财力等教育资源的浪费。

（三）特色精品成果不多。具有原创性、实效性和推广价值的精品成果少，课题研究的实效性有待于加强，一些成果应用性和规律性相对较弱，转化、推广的价值不高，有的课题没能真正同学校的教育教学有机地结合起来，推进教育改革和发展的作用不够明显。

四、“十二五”规划教科研工作主要思路

浙江省教育科研经过近几年来的快速发展，不仅在理论上有所发展和突破，而且在实际应用领域日益发挥重要作用。在总结已有研究经验和成果的基础上，更应重点考虑社会发展、科学进步、教育体制改革等方面的因素，不断促进研究成果向教育决策咨询、教育技术、教师行为的转化，顺应社会经济和教育改革发展的趋势。

（一）完善教科研管理机构

继续推进和完善教育科研机构建设，建立健全各级教科研独立机构。省、市、县（市、区）、校教育科研机构建设都应从需要和实际出发，以有利于加强和促进教育科研管理运作为原则，进一步落实教育科研机构资源优化和人员调配，确定教科研专职人员的比例。

（二）推动城乡教育协调发展

要继续深化和完善城乡一体化的农村基础教育研究；调整农村学校的合理布局和师资队伍建设，做好“农村学校青年教师专项课题”研究成果的总结和提炼。

（三）加强规划导向作用，继续加大科研投入

教育科研工作要紧密围绕教育改革和发展的中心工作，引领教育研究方向，凝聚

各方面研究力量，优先扶持带有全局性、战略性、前瞻性的重大课题研究，为科学决策提供理论依据。加强课题研究过程管理和成果推广力度，切实发挥教育科研的社会效益。继续加大对教育科研工作经费和课题研究经费的投入，建立完善的教育科研经费拨付、自筹合作等制度，不断提高教科研管理能力和水平。

（四）加强服务意识，拓宽研究视野

切实当好教育行政决策部门的参谋，服务基层学校；要继续加强对与教育改革发展有密切联系的相关教育问题的研究，如：促进教育公平、素质教育、教育均衡化等问题的研究，认真探讨现实教育改革与发展中的重大理论与实际问题。充分展示教育科学研究工作的科学性、现实性、时代性和未来性特点，推动符合当代教育科学研究的多视角、多层次、宽范围的研究与发展。

（浙江省教育科学规划领导小组办公室）

安徽省教育学科发展报告

根据全国教育科学规划领导小组办公室关于组织地方教育科学“十一五”规划学科调查的要求，采用文献分析、座谈讨论等方式，对我省近年来教育科研工作进展、“十一五”教育科学规划实施情况及规划课题所取得的主要成果等做了比较全面的检视和总结。现分以下几个方面报告。

一、全省教育科学规划工作的主要进展

（一）规划工作的基本情况

根据《安徽省教育科学研究省级课题管理办法》的规定，安徽省教育科学规划领导小组办公室受省教育厅委托，负责对全省除高等教育研究外各级各类教育研究进行规划、组织、协调，对立项课题进行审批、管理、评价，对研究成果进行宣传、推广、奖励。

“十一五”是安徽省教育科学规划工作开展以来实施的第三个五年规划。其间，省教育科学规划领导小组共组织了五次年度规划课题的申报和立项评审工作，共有1 925项研究课题获准立项；进行了两届全省优秀教育科研成果的评选，共有105项研究成果获得表彰、奖励。

我省教育科学规划课题没有省级专项经费资助，全部由课题承担单位自筹，单位自筹经费总投入每年约300万元。两届全省教育科研成果评选奖励的总金额约为7万元。

（二）规划工作的主要进展

“十一五”期间，得益于省级教育行政部门的重视、基层学校的支持、一线教育工作者的积极参与，我省教育科学规划工作在“十一五”期间取得了多方面的新进展，具体体现在以下几个方面。

1. 省级教育科学规划工作的地方性、实践性、群众性的定位得到加强。作为地方教育科学规划要着眼于地方，研究本地区教育改革和发展所面临的重大现实问题，为当地政府和教育行政部门的宏观决策服务，为当地广大学校的教育教学改革实践和提高教育质量服务。地方教育科研必须针对当地政府、教育行政和广大学校急需的教育理论与实践问题开展研究工作，密切关注并研究本地区教育改革和发展中出现的新

情况和新问题；研究活动着力于实践，注意处理三个层面研究领域的关系；必要的基本理论和重大实践问题的综合性研究，各级各类教育改革和发展中的具体理论与实践问题的研究，教育理论、理念、成果实践转化的应用性研究和具体实践问题的对策性研究。因此，省级教育科学规划要把发动工作在第一线的广大教育实践工作者的研究力量作为组织工作基础，以教育工作第一线的广大教育实践工作者群众性教育科研活动的组织、指导、服务为管理工作的重点，以学校发展、教师发展、教育教学行为的改进为重要的工作目标。基于上述工作定位，“十一五”期间，我省教育科学规划在研究重点的确定、研究力量的组织、项目管理措施等方面着手，努力强化这一特点。

根据对《安徽省教育科学研究“十五”规划》执行情况和《安徽省教育科学研究“十五”规划课题指南》实施效果的分析，结合“十一五”期间安徽教育改革和发展形势和任务，科学规划研究领域和研究重点。

“十一五”期间，安徽省教育科学规划的研究领域确定为三个层面：必要的基本理论和重大实践问题的综合性研究，各级各类教育改革和发展中的具体理论与实践问题的研究，教育理论、理念、成果实践转化的应用性研究和具体实践问题的对策性研究。

综合研究主要包括必要的基本理论和重大实践问题的研究。具体包括：基础理论研究；国内外先进教育思想与新理论的研究；基础教育、农村教育改革和发展重要理论问题研究；教育改革与发展战略研究；教育改革和发展中重大实践问题的综合研究；教育方针、政策的研究；基础教育课程改革研究等。

分类研究为规划范围内的各级各类教育改革和发展中的具体理论与实践问题的研究。具体包括：基础教育研究、中等教育研究、学前教育研究、家庭教育研究、社区教育研究、民办教育研究等。

专题研究主要包括理论、理念、成果在教育教学过程实践转化的应用性研究和具体、实践问题解决的对策性研究。具体包括：增强德育工作针对性与实效性的研究；新课程理念下的课堂教学改革研究；新课程目标体系下学科教学方法研究；校本教研制度建设研究；课程资源开发研究；学校心理健康教育研究；学校建设和管理研究；现代教育技术和远程教育研究等。

“十一五”期间，安徽省教育科学规划的研究重点为三个方面。我省教育改革发展中重大理论和实践问题的研究，重点研究解决“十一五”期间全省教育改革发展中出现的新矛盾、新问题，研究教育改革发展中的前瞻性、方向性问题等。完善我省教育体系结构和科学构建和谐教育环境等的重大政策和实践问题：（1）“以县为主”农村义务教育管理体制改革与完善问题；（2）教育公平问题；（3）义务教育均衡发展问题；（4）中小学新课程、新课标、新教材实施和使用过程中教学方法创新问题；（5）普通高中与职业高中协调发展问题；（6）整合教育资源，加快区域中等教育结构改革；（7）德育和心理健康相关问题。各类教育的改革试点、多渠道投资融资办学、基础教育课程改革等问题的政策研究和经验总结。

在规划工作的组织实施方面，突出选题的具体化、微型化、实证性，强化课题指南对选题方向、研究方式的引领作用，引导科研工作在方式上注重对教育现实问题的深入调查和科学分析，注重对教育改革成功经验的及时总结和推广，注重落实新课程标准框架下的教学任务，注重创新教育方法的试验研究，注重学生学习策略设计的个案研究。

在教育科研立项的评审、审定方面，对基础教育、职业技术教育和社区教育课题，对一线教育工作者申报的课题，对高校、专业研究机构与基层学校的合作研究的课题，予以倾斜，强化规划对研究力量的组织作用。如立项评审时，中小学教师与高校人员申报的课题，采用统一立项比例、分别评审的形式进行。从“十一五”期间教育科学规划立项课题实际分布来看，1 925 项教育科学规划省级立项课题，涵盖学前教育、义务教育、高中教育、职业教育、特殊教育、社区教育、家庭教育等各个层次和领域。从项目分布来看，70% 为中小学教育教学实践问题的研究，体现了以基础教育为重点、适当兼顾其他各级各类教育研究，以实践问题的研究为重点、适当兼顾相关理论研究的特点；从项目承担单位和研究人员的构成来看，承担研究任务的既有大专院校，又有中小学校，但 80% 以上为中小学校，累计参与研究的近 6 万人次中，90% 为一线教师和管理人员，体现了专业性研究与群众性研究相结合的多元化、多层次的特色。

2. 教育科研成果转化工作有所加强。教育科研成果必须进行及时、广泛的宣传和推广，才能使之形成促进教育发展的新型资源。“十一五”期间，我们加大了教育科研成果的宣传、推广的力度。一是适度扩大了每两年一届的优秀教育科研成果评选额度，提高了奖励标准；二是选编了教育科研成果专辑，并在《安徽教育科研》期刊中开设“成果展台”栏目，对优秀教育科研成果进行宣传；三是遴选一部分优秀成果，与地市和课题承担单位合作，将研究成果报告会与成果鉴定会合并进行，邀请更多学校和教师参加，使成果鉴定会成为成果宣传、推广的平台。“十一五”期间，省规划办先后与合肥市、安庆市、马鞍山市等共举行了十次、包括三十多个项目的报告会，收到较好的效果。

3. 教育科学研究参与热情和课题研究质量得到了进一步提高。“十一五”期间，每年申报省教育科学规划年度立项课题的数量增速很快，由过去的 1 600 多项增加到近 2 000 项；为此年度立项课题数量也有相应的增加，五年规划期的项目总量也由“十五”期间的 1 000 多项扩大为 1 925 项。立项课题的完成率（结题比例）由“十五”期间的不足 40% 提高到 65%，研究质量也有明显的提高。

4. 教育科学规划工作网络得到了进一步完善。各级教育部门十分重视教育科研工作，加强了对教育科研工作的规划与组织领导。一是重视加强教育科学规划工作机构建设。全省 17 个地级市全部成立了由教育局主要领导任组长的教育科学规划领导小组，在教科所（教研室）设立教育科学规划办公室，并由专人负责规划办的日常事务。一些县区也建立了相应工作组织。二是加强了对本地区教育科研工作的组织。

各地级市结合本地区教育改革与发展的实际，制定了五年教育科学研究规划，发挥教育科学规划对本地区教育科研活动的组织、引导作用。三是指导学校教科室完善教育科研规章制度建设。省、市、县（区）、校四级教育科研工作网络得到了进一步完善。

二、"十一五"期间教育科学研究主要成果

"十一五"期间，我省教育工作围绕进一步推进素质教育和完善基础教育管理体制改革两大主题展开。一是巩固和普及九年义务教育，完善义务教育经费保障机制改革；二是稳定普通高中规模，大力发展职业教育，提高高中阶段毛入学率与教育质量；三是深化基础教育课程改革，全面实施素质教育。

根据我省教育工作，特别是基础教育发展的形式需要和我省教育科研实际情况，我省教育科学研究以服务于全省教育改革与发展的大局为目标，以用服务求支持、用贡献求发展为思路，组织开展教育科研，努力为教育改革和发展提供智力支持和知识贡献，也取得了一些好成果。

（一）关于学校德育和心理健康教育研究。"十一五"期间，围绕如何提高学校德育的针对性和实效性，就学校文化建设、德育课程建设、班主任工作与团队建设、心理健康教育等，组织开展了大量的实践研究，对在新形势下加强和改进学校德育工作，起到较强的推动作用。如由安徽师范大学叶松庆同志主持开展的"安徽省青少年价值观的实证研究"，基于安徽省8个城市（含农村）18所中学2 426名青少年的价值观调查和部分个案研究，概括了青少年价值观的六个主要特征、七个主要发展趋向，并提出改进青少年价值观教育的对策。该研究所形成的11篇论文公开发表后引起广泛关注，并获得了安徽省第七届优秀教育科研成果一等奖。

（二）关于"留守儿童"等特殊学生群体的教育。安徽是农业人口大省和劳务输出大省，农村流动人口量大，外出务工人员众多，随之而来的是农村留守儿童问题，其中留守儿童的教育问题又是问题之首。农村留守儿童因为亲情、教育、管理的缺乏，特别是监护人的缺位，成长成才中已出现诸多问题。如何充分发挥学校教育主渠道作用，也是我省农村教育亟待解决的问题。有鉴于此，"十一五"期间，"留守儿童"教育问题研究，作为农村教育的突出问题备受关注，从研究选题设置、立项评审等方面，对此类课题研究给予高度重视。"农村留守儿童教育权利保障措施研究"、"安徽省农村留守儿童教育及社会支持系统建构的研究"、"留守孩子的教育管理研究"、"农村留守儿童的学校关怀系统研究"、"农村留守儿童养成教育研究"、"农村留守儿童心理健康状况调查研究"、"促进留守儿童心理健康的家庭与学校合作机制研究"等50多项相关课题获得立项。这些课题分别从现状分析、法律与政策研究、制度建设与工作创新等方面，对留守儿童教育问题进行了多层次、多样化、多元化的研究，特别是基于留守儿童教育工作创新，对留守儿童教育的工作实践产生很大的推

动作用。如肥西县江夏中心学校承担的“留守孩子的教育管理研究”课题，在对留守儿童教育中存在问题调研、梳理的基础上，对留守儿童的学校教育管理、父母教育责任与教育策略、其他监护人的教育责任与教育策略等进行了较为全面、具体的研究。作为该项研究的主要成果的《留守儿童教育管理》正式出版后，其内容的针对性、具体化、通俗性，引起较大的反响，《安徽青年报》以“以解读中国打工父母家教‘第一书’”为题作了报道。该项课题也因此获得了安徽省第七届优秀教育科研成果一等奖。

（三）关于新课程理念下的教育教学。随着基础教育新课程深入推进，进一步完善与理念相适应的教育教学评价管理与评价制度，在新课程理念下深化课堂教学改革，以及在新课程目标体系下创新学科教学方法等，仍是我省教育科学规划的重点研究领域之一。以基础教育课程实施的障碍及保障机制研究、高中新课程背景下的学业成绩监测研究、初中毕业生综合素质评价与中考制度改革研究、普通高中新课程背景下高考改革研究、新课程背景下课堂教学有效性研究、基础教育课程资源的开发与利用研究、课改背景下知识教学的理论与实践研究、信息技术与课程整合的研究、新课标新教材中学科教学方法、学习方法的实验与推广研究等主题的研究项目占整个规划期立项课题总数65%。这些项目的研究成果在深入推进基础教育课程改革中发挥积极的作用。如由铜陵市教育局方兴同志主持的“实施新课程方案教育质量监控问题的研究”，基于基础教育新课程理念、目标的全面落实，在深入研究影响教育质量宏观与微观因素的基础上，构建了新课程教学质量监控体系。该监控体系涵盖了从对新课程标准把握、教学实施、教学评价等课程实施全过程的监控，就学校教学常规管理、教师教育教学行为规范、教学绩效及学业评价等方面提出了具体的规范要求，试验效果显著。该研究的基本经验和具体建议，得到了教育行政部门的重视，转化为区域性的教育管理政策、制度，如铜陵市即以该研究为基础，制定了《铜陵市基础教育学生学业质量监控体系实施方案》、《铜陵市新课程教学评价参考标准》、《铜陵市中小学教学常规》、《铜陵市学校办学目标考核标准》等，产生了较好的社会影响。由合肥市瑶海区教育局王兴桥同志主持的“关于‘科学探究’教学策略的研究”，在大量课例（案例）研究的基础上，就“科学探究”教学实施中问题情境创设、活动组织、活动指导等“科学探究”实施的各环节、各方面提出了一系列具体的教学策略。

三、教育科学规划工作存在的主要问题与薄弱环节及主要工作思路

（一）地方教育科学规划工作的主要问题与薄弱环节

“十一五”期间，我省教育科研工作虽然取得了一些新的进展和好的研究成果，

但也存在一些问题和不足。

1. 由于缺少省级专项资助经费，对研究方向、研究重点的调控缺少经济手段，项目组织方式单一，仅限于自由申报方式，难以突出急需、重点、重大问题的研究，大大降低了规划对研究力量的组织能力、对研究方向及研究重点的调控能力，削弱规划的执行力，使得规划实施存在较大随意性。

2. 科研的项目上，微观课题多，宏观课题少，决策研究参与度不够。

3. 高品质的研究成果还不多，项目研究水平与成果质量还有待进一步提升。

4. 研究成果的宣传、推广的方式和力度还不够，教育科研成果转化和应用水平不高。

5. 教育科学规划工作中还存在一些薄弱环节。（1）教育科学规划工作队伍数量不足，水平不高。教育科学规划工作网络虽已建立，但各级工作人员数量不足，多为兼职，且缺少专业训练，因此，分级分工管理职责履行不力。（2）对项目研究人员的培训不够，对项目研究过程及时、有效指导不够。（3）对地市规划办、学校教科室等项目委托管理单位的工作督促不够。

（二）改善地方教育科学规划工作的基本思路

基于我省教育科学规划工作存在突出问题和工作实际，我们认为应从强化教育科学规划工作基础与教育科学规划自身工作改进两方面着手。

1. 努力争取经费投入。教育科研经费匮乏，是长期制约我省教育科学规划工作和教育研究的瓶颈。“十二五”期间，积极争取经费管理部门的支持，从经费预算项目、经费支出项目的设置力争获得确认，使教育科学规划工作有一个基本稳定的经费保障。同时，积极争取专项经费中的科研投入及有关教育基金、社团的科研经费。

2. 积极争取政策支持。教育科研工作在绩效考核、职务晋升、表彰奖励，学校评估等政策方面已有体现，但仍不够充分、明确、具体，还需要进一步争取政府及人事、教育等有关行政管理部门的重视，建立、健全、细化有关个人晋职、评先评优，办学水平评估、示范评选等相关政策、制度，扩大教育科研的政策支持，形成更加有力、有效的教育科研激励机制。

3. 扩大项目组织方式。在取得基本的项目专项资助经费的基础上，实行重大课题公开招标、一般课题自主申报的项目组织方式。同时，密切与相关部门的合作，争取专项研究项目。力争形成项目组织方式的多样化、委托主体的多元化、项目类别多层化，进一步扩大项目来源和经费渠道。

4. 加强工作队伍建设。一是加强对项目研究者的专项培训，特别是创新培训方式，增强培训效果；二是加强对各级教育科学规划工作人员的业务培训，提高项目管理、研究指导的能力。

5. 强化关键环节管理。在继续完善分工分级管理体制、细化精化管理措施，加强项目的全过程管理的基础上，强化四个关键环节的管理。一是细化年度课题指南，强化研究选题引导；二是严格立项评审标准，把好项目的“入口”；三是规范研究成果鉴定工作，把好项目的“出口”；四是项目管理工作位置前移，抓好课题开题的组织管理工作。

四、“十二五”期间教育科学研究方向与研究重点

（一）“十二五”期间教育科学研究方向

“十二五”时期是深入贯彻落实科学发展观、构建社会主义和谐社会的重要时期，也是我省实现全面建设小康社会奋斗目标承上启下的关键时期。

安徽发展，关键靠人才，基础在教育。“十二五”规划期，是我国实施科教兴国战略，全面建设创新型国家，建设人力资源强国的战略机遇期，是落实《国家中长期教育改革和发展规划纲要（2010—2020年)》的关键时期，是实现教育优质均衡发展和教育公平，实现人才培养模式根本转变的关键时期。安徽教育改革与发展，必须高举中国特色社会主义伟大旗帜，以邓小平理论和“三个代表”重要思想为指导，深入贯彻落实科学发展观，全面贯彻党的教育方针，紧紧围绕“坚持以人为本、全面实施素质教育”的战略主题，以培养德智体美全面发展的社会主义建设者和接班人为目标，深化教育体制机制和教育教学方式改革，提高教育质量，推进教育公平，提高对经济社会发展的支撑度、对人力资源强省建设的贡献度和人民群众的满意度，初步建成适应我省经济社会发展的现代教育体系，办人民满意教育。

教育科学研究是推动教育改革与发展的第一生产力，是繁荣教育理论的必要手段，是产生教育知识和教育观念的重要方式，是促进教育决策科学化和教育实践理性化的重要基础和依据。落实教育发展规划，实现教育发展目标，有许多理论与实践问题需要解决，我们只有在逐步探索的基础上解放思想、大胆创新，才有可能把握教育改革和发展的规律，实现我省教育的又好又快发展。教育发展面临的形势和挑战，正是教育科研应该也必须要研究和回答的重大问题。加强教育科学研究工作，充分发挥教育科学研究对宏观教育决策和具体教育实践改善的作用，促进教育理论与实践创新，是教育发展的现实需要与迫切要求。

根据我省教育发展的形势需要和我省教育科研实际情况，我省教育科研工作的目标和任务，就是要以“三个代表”重要思想为指导，全面落实科学发展观，服务于全省教育改革与发展的大局，以服务求支持，以贡献求发展，为教育改革和发展提供智力支持和知识贡献。我省教育科学规划工作必须继续坚持“三个面向”、“四个坚持”的工作方向。

面向地方。作为地方教育科学规划要着眼于地方，研究本地区教育改革和发展所面临的重大现实问题，为当地政府和教育行政部门的宏观决策服务，为当地广大学校的教育教学改革实践和提高教育质量服务。地方教育科研必须针对当地政府、教育行

政和广大学校急需的教育理论与实践问题开展研究工作，密切关注并研究本地区教育改革和发展中出现的新情况和新问题。

面向实践。研究活动着力于实践，处理好三个层面研究领域的关系：必要的基本理论和重大实践问题的综合性研究，突出各级各类教育改革和发展中的具体理论与实践问题的研究，教育理论、理念、成果实践转化的应用性研究和具体实践问题的对策性研究。

面向基层。以教育工作第一线的广大教育实践工作者的研究力量发动为组织工作基础，以教育工作第一线的广大教育实践工作者群众性教育科研活动的组织、指导、服务为管理工作的重点，以学校发展、教师发展、教育教学行为的改进为重要的工作目标。

坚持服务中心工作，突出教育改革与发展中的重大现实问题研究，服务大局和中心工作，在解决实际问题和为社会服务的过程中不断推动理论和实践的发展，充分发挥教育科研在教育发展中的决策咨询、理论指导和实践探索的作用。

坚持理论和实践创新，发挥教育理论对教育实践的引导作用，促进实践创新。注意研究教育改革与发展实践中的新情况、新问题、新经验，提出新思路、新理论和新方法。

坚持产、学、研相结合，加快教育科研成果转化。通过教育科研规划和工作指导，引导教育教学研究工作者和广大教师，开展教育教学理论与实践问题的研究，对教育科研成果进行及时、广泛的宣传和推广，对科研成果的科学内涵进行有效的整合，使之形成促进教育改革的新型资源。

坚持把课题成果的推广规模和实效，作为教育科学规划工作的重要内容；要把已经取得阶段性成果的重大研究项目作为新的研究平台，重点支持，进一步深入研究，为培育高水平的教育科学成果提供良好的条件，奠定扎实的基础。

（二）“十二五”期间教育科学研究的重点领域

地方教育科学规划工作和教育研究既要遵守尊重教育科研工作规律，又要服从地方教育改革发展全局，突出工作重点和研究重点，才能确保教育科研工作的效益。因此，地方教育科学规划工作必须服从、服务于地方教育改革与发展需要。

“十二五”期间我省教育工作将以“坚持以人为本、全面实施素质教育”为战略主题，紧密围绕三个重点展开。一是基础教育以普及、均衡、质量为中心，大力发展学前教育，均衡发展义务教育，推进普通高中多样化发展；二是以培养高素质劳动者和技能型人才为中心，进一步推进职教大省建设，形成以高等职教为龙头、中等职教为重点的现代职业教育体系；三是以培养学生创新精神和实践能力为中心，着力提高高等教育质量，推进高教强省建设。

基于上述发展形势和任务及安徽省教育科学规划工作范围，“十二五”教育科学规划应以我省教育改革发展中的重要理论问题和实践问题为主攻方向，突出重点和难点问题，注重基础研究，突出应用研究。加强对策性、实证性研究。具体应突出以下三个重点领域研究：

一是加强对教育发展中体制机制改革问题的研究。根据建设社会主义和谐社会的要求，围绕全省教育改革发展中带全局性、战略性和综合性的重大问题开展对策性研究，对教育与和谐社会建设、教育服务于安徽崛起、教育为社会主义新农村建设服务、教育体制、教育结构、各类教育发展预测、质量监控与分析评价、教育投入保障机制等重大现实问题进行重点研究，力争为我省教育宏观决策提供重要参考。

二是加强对素质教育、教育公平等基础理论与教育实践问题的研究。积极开展以提高学校德育的针对性实效性、学生创新能力与实践能力的培养为主题的基本理论与实践创新研究，积极开展以促进教育公平发展为主题的资源配置均等化机制建设及政策措施、区域推进教育均衡发展策略研究，为全面实施素质教育，全面推进教育公平提供理论支持、实践经验、政策基础。

三是深化课程改革与课堂教学理论与实践问题的研究。加强以全面落实新课程理念与目标为主题的教育教学管理制度、评价考试制度的研究，加强以提高教育教学质量为主题的教育教学方式、方法、手段创新的实践研究，使素质教育和新课程理念的落实在课堂教学层面取得真正突破。

（安徽省教育科学规划领导小组办公室）

宁夏回族自治区教育学科发展报告

“十一五”期间，在自治区党委、政府的正确领导下，宁夏教育事业以科学发展观为指导，经全区广大教育工作者不懈努力，取得了巨大的成绩。现阶段是历史上发展最好最快的时期，也是各项教育事业不断向纵深发展，由规模数量型向质量效益型转变的重要时期。宁夏教育科研立足教育发展前沿，注重解决实际问题，勇于探索开拓创新，坚持理论与实践相结合，普及与提高相结合的原则，在为教育行政决策服务、为基层教育教学服务，促进全区教育事业改革与发展等方面发挥了积极作用。

一、课题研究的基本情况

（一）课题立项数

“十一五”期间，宁夏教育科学规划领导小组办公室引领教师参与世界银行贷款/英国政府赠款“学校发展规划（SDP）”、“参与式教师培训（PTT）”、“提高民族贫困地区农村教育质量与效益研究”、宁夏百标学校“提高教育质量与效益内涵式发展行动研究”等项目研究，促进了项目学校教育教学质量的提高，提升了教师教育研究的能力（具体情况见表4-7）。

表4-7 “十一五”期间参与重大研究项目一览表

项目名称	项目县及学校	启动时间
世界银行贷款/英国政府赠款“学校发展规划（SDP）”	第一批：中卫市15所学校、西吉县38所学校	2005.12
	第二批：利通区8所、灵武市40所、中宁县20所、平罗县38所学校	2006.8
	第三批：全区其余县（市、区）启动	2007.12
世界银行贷款/英国政府赠款“参与式教师培训和教学（PTT）”	第一批：中卫市15所学校、西吉县38所学校	2005.12
	第二批：利通区8所、灵武市40所、中宁县20所、平罗县38所学校	2006.8
	第三批：全区其余县（市、区）启动	2007.12

续表

项目名称	项目县及学校	启动时间
世界银行贷款/英国政府赠款“提高民族贫困地区农村教育质量与效益研究”	盐池县7所、红寺堡开发区5所和泾源县5所实验学校	2006.6
宁夏百标学校“提高教育质量与效益内涵式发展行动研究”	银川市兴庆区十八小、银川六中、平罗县灵沙九年制学校、青铜峡仁桥小学、红寺堡一小、中宁大战场小学、海原李旺中学、固原六中、固原同仁回民小学	2008.7

2007年，宁夏教育科学规划办公室立项了199项课题，其中，教育厅重点课题35项，教育厅青年课题30项，教育厅规划课题134项；自治区教学研究室立项了基础教育教学研究课题340项；“百所回民中小学标准化建设工程”办公室立项了49项课题，其中，2005年立项10项，2006年14项，2007年25项（具体情况见表4-8）。

表4-8 全区主要组织机构立项教育科学课题情况统计表

部门	“十一五”期间立项课题	备注
宁夏教育科学规划办公室	共199项（其中：教育厅重点35项、教育厅青年30项、教育厅规划134项）	侧重教育理论、教育管理、课程教学等不同领域教育科研课题
自治区教学研究室	340项	基础教育教学研究课题
“百所回民中小学标准化建设工程”办公室	49项（从2005年起分别为10、14和25项）	百标学校内涵式发展行动研究课题

（二）学科分布

“十一五”期间，宁夏教育科学规划领导小组办公室立项的200项课题主要分布在基础教育、职业教育、德育、教育心理、高等教育等学科，具体学科分布为：基础教育学科的课题147项，职业教育学科的8项，德育26项，高等教育5项，教育心理13项，体育1项。35项教育厅重点课题中基础教育课题23项，职业教育4项，德育6项，高等教育1项，体育1项；30项教育厅青年课题中基础教育课题22项，职业教育学科的4项，德育2项，高等教育1项，教育心理1项；134项教育厅规划课题中基础教育课题102项，职业教育8项，德育18项，高等教育3项，教育心理12项（具体见图4-7）。

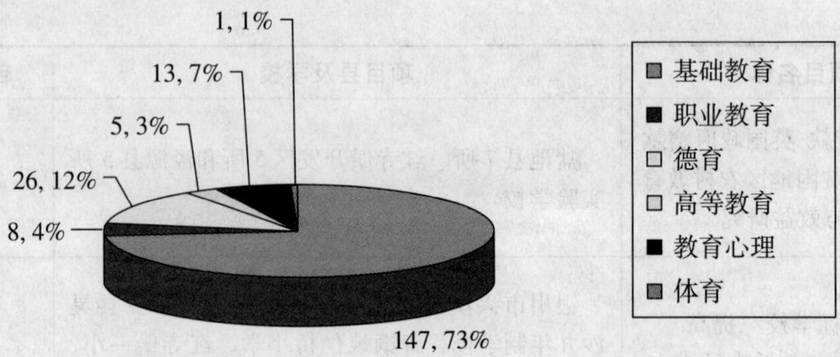

图 4–7 “十一五”期间立项的 200 项课题学科分布图

（三）经费投入

教育科研经费投入不足一直是困扰和制约宁夏教育科研事业发展的“瓶颈”，长期以来，我区无专项科研经费，规划办立项的 200 项课题都没有经费支持，严重影响了教育科研的质量和教师参与研究的积极性。

二、取得的成效

（一）围绕宁夏教育事业发展重大问题，不断探索教育事业发展规律，积极为教育事业科学发展服务

进入 21 世纪以来，宁夏教育科学研究围绕全区教育事业发展问题，先后参与宁夏教育事业“十一五”发展规划编制、2007 年宁夏教育振兴行动计划、全区各级各类教育战略发展、民生计划等重大问题的研究，努力为教育行政决策服务。除此之外，还积极吸收、组织和带领全区教育科研骨干，承担全区一些重大教育项目研究，保证了项目实施中的科学性和有效性，极大地提高了项目实施的效益，特别是为全区“两基”迎接国家级检查验收发挥了积极的作用。

（二）引领教师开展群体性教育科研

宁夏教育科学规划领导小组办公室结合全区教育发展热、难点问题，积极组织开展群体性教育科研活动，努力为广大教育工作者搭建科研平台，为基层教育教学改革服务。为了更好地推动群体性教育科研活动的有效开展，宁夏教育科学规划领导小组办公室、各相应教研及行政组织部门，积极为广大教育工作者搭建科研平台。宁夏教育科学规划领导小组办公室在“十一五”期间立项了 200 项教育科研课题，立项数量创历史新高。自治区教研室和宁夏百所回民中小学标准化建设工程办公室也分别立项课题。

为了提高研究的科学性、实效性和规范性，宁夏教育科学规划领导小组办公室，

对课题申报与审批、过程与管理、成果与推广等方面进行科学规范的管理，对全区群体性教育科研起到很好的引领和指导作用，对进一步规范课题管理、提高研究质量与水平发挥了重要作用。

（三）广大教育工作者的科研意识不断增强，在一些地区形成了浓厚的教育科研氛围

随着全区群体性教育科研活动的进一步开展，在一些地区和学校广大教育工作者的科研意识明显增强，一方面是由于各级教育行政部门的重视和观念的转变，另一方面是广大教育工作者能主动地将教育科研纳入到自己的教育教学行为。不少地区的中小学已出现校校有课题，人人搞科研的兴旺局面。通过研究进一步提高了广大教师的科研意识，激发了广大教育工作者的科研热情。

（四）培育了一批科研团队，锻炼壮大成长了一批科研骨干，取得一批科研成果

通过大量学校教育科研活动的开展，广大教师不仅开阔了视野，而且把零散的教育教学经验进行总结提炼成观点，指导教育教学实践。特别是宁夏教育科学研究所主持的世界银行贷款/英国政府赠款“学校发展规划（SDP）”、“参与式教师培训（PTT）”项目，有效地培养锻炼成长了一批校长和科研骨干。越来越多的教师投入到教育改革与实践，锻炼了一批批科研队伍，成长了一批批科研骨干，产生了一批批科研成果，对本地区、学校和全区教育事业发展发挥了重要的作用。

三、存在的主要问题和薄弱环节

在各级教育行政部门的重视和支持下，经广大教育工作者的不断努力，当前全区教育科研发展形势良好，群体性教育科研已有燎原之势。但也存在以下主要问题。

（一）各级教育科研组织机构还不健全，缺乏高水平的科研团队，科研课题立项和管理制度尚待完善

1. 各市、县（区）教育科研机构不健全。目前，自治区、银川市和石嘴山市都相继成立了教育科学研究所，其余各市、县（市、区）都没有成立教科所。2002 年，成立了宁夏教育科学规划领导小组及办公室，负责全区教育科研的规划、立项及管理等项工作，但至今没有编制，没有专职人员，只有一位兼职的工作人员；大多数市县还没有成立科研组织管理机构，或在教学研究室增加此项职能。大多数学校没有设立教科室，专门负责指导学校教师的教育教学研究工作。不能很好地形成自治区、市、县三级教育科研网络系统，不能适应时代和教育事业纵深发展对教育科研的需求。

2. 各级教育科研缺乏高水平科研团队，力量不强，不能很好地参与、承担重

大教育问题决策研究。宁夏教育科学研究所已发展了 26 年，还是成立之初的人员编制和人数，随着全区教育事业的不断深入，对教育科研的需求比过去任何时期都显得更加需要和迫切，研究人员的紧缺导致不能更好地服务于教育决策对教育科研的需求。银川市、石嘴山市成立了教育科学研究所，与教研室两块牌子一套人马，较好地拓展和增强了教育科研功能，但力量有限。其余各市、县（区）只有教研室，主要承担教学研究，对当地重大教育问题决策研究还体现不够。

3. 全区教育科研课题缺乏统一管理，课题规划、评审立项、评奖等政出多门，不能很好地形成合力，更好地服务于教育事业科学发展。宁夏回族自治区没有建立教育科研的统管和归口部门，使课题立项、成果评奖等政出多门，标准要求的不统一，加之缺乏严格的过程管理，造成研究重立项、轻过程、低质量。成果评奖的层次标准不一，质量不能保证，不仅不利于激发广大教师参与教育科研的积极性，还会带来很多不积极的影响。

（二）群体性教育科研热情高涨，但区域、学校间的发展很不平衡

1. 各地教育科研基础与条件的不同，市、县区域间的发展不平衡。21 世纪以来，随着“科研兴教”、“科研兴校”作用的日益显现，在自治区教育科学规划领导小组及有关部门的领导和组织下，各级教育部门及广大学校都能普遍重视和关心教育科研发展，部分市、县组织学校广大教师积极申报教育科研课题，并在研究过程中，相应部门能给予较好的管理与指导，对进一步提高研究者的科研水平与成果质量起到了积极作用。但部分地区由于信息不畅、经费困难等诸多因素，使教育科研工作还滞后于当地教育事业发展。根据宁夏“十一五”各市教育科研立项课题数与教师数之比分析，石嘴山市和银川市课题立项比例较高（详见表4-9）。

表 4-9　宁夏“十一五”期间各市教育科研立项课题情况表

课题	宁夏教育科学“十一五”规划 2007 年立项课题			全区第二届基础教育教学研究 2006 年立项课题		
项目	专任教师	课题立项数	课题数：教师数	专任教师	课题立项数	课题数：教师数
合计	66 649	199	1：335	65 887	340	1：194
银川市	14 851	63	1：236	15 405	126	1：122
石嘴山市	7 458	41	1：182	7 569	81	1：93
吴忠市	12 891	19	1：678	12 749	44	1：290
固原市	15 925	12	1：1 327	15 614	37	1：422
中卫市	9 963	32	1：311	9 783	52	1：188
其他	5 561	32	1：174	4 767	0	

注：宁夏教育科学“十一五”规划立项课题，是全区教育科学规划领导小组办公室 2007 年的立项课题；全区第二届基础教育教学研究立项课题，是自治区教研室 2006 年的立项课题。

2. 学校重视程度不一，教师认识程度不同，同一地区校际间教育科研发展水平也存在着差距。有的学校领导重视教育科研，学校成立教科室，专人负责教育科研工作，校长带头申报课题，承担课题研究任务，投入大量资金支持和鼓励教师开展课题研究活动，在评优、评聘职称中有政策倾斜；有的学校对教育科研尚未充分重视，没有相应的机构和人员负责，没有一定的措施和手段激励教师参与教育科研，形成校际间的不平衡。

（三）缺乏良好的教育科研激励机制和经费保障体系，不能充分调动广大教育工作者教育科研的积极性

1. 缺乏教育科研激励机制。虽然各地及学校都表现出前所未有的科研积极性，形成了群体性教育科研的良好氛围，但是由于各级政府大部分还没有将教育科研纳入到当地整体教育事业发展中，不能建立激励机制，将教育科研作为该地或学校进一步推动教育改革与发展的有力杠杆和第一生产力。在学校层面有些教师认为教育科研是一项软任务，与本校或个人关系不大，可做可不做。还有一些地区，即使对做得好的学校或个人，由于认识和经费问题，不能对他们进行相应的鼓励和奖励，也影响到他们教育科研的主动性。另有部分教师参与教育科研，是迫于学校的压力或是作为职称评定、晋升的阶梯，不能真正成为教师的自觉行动。不能充分调动广大教育工作者科研的积极性。

2. 缺乏教育科研经费保障体系。教育科学研究工作必须有一定的经费保证，才能有效开展研究活动，形成较高质量的研究成果。全国各省（市、区）级教育科学规划立项课题，每年划拨有专项经费保障。“十一五”期间，宁夏回族自治区教育科学规划立项课题200项，教育科学研究经费为0，所有立项课题研究所需经费多由学校自筹或教师解决，在一定程度上影响了全区广大教育工作者的科研积极性和质量。

（四）中小学教师普遍缺乏必备的教育科研知识和方法，教育科研科学化水平、研究质量有待进一步提高

1. 各地区学校教师科研知识和方法普遍缺乏。由于受传统教育教学思想影响，部分教师只做“教书匠”，不注重教育科研知识与方法的学习和积累，不会正确地做教育科研，不能用教育科研成果提升自己。

2. 部分地区或学校教育科研的科学性、规范性欠佳。从全区教育科研的整体现状来看，教师主要是凭经验进行课题研究，大多数研究者仅限于“实践经验总结”的层面，在研究中缺乏科学化和规范化，使研究信度、效度不高。有些只追求成果，不求实效，导致研究成果难以推广。在一定程度上还处于研究的初级阶段。

四、"十二五"教育科研规划建议

根据当前全区教育科研存在的主要问题，树立教育科研为教育决策和基层教育教学改革服务的思想，坚持从实际出发，提出以下对策与建议。

（一）进一步提高各级行政对教育科研的重视，提高广大教育工作者的科研意识

1. 增强各级教育行政对教育科研的认识，不断加大其工作力度。各级领导要认识到教育科研是教育事业的重要组成部分，尤其在当今教育事业不断向纵深发展的新时期，面对错综复杂的教育发展矛盾与问题，教育科研具有探索、预测和先导的重要功能与作用，是教育事业科学、稳步发展的助推器。教育改革与发展必须依靠教育科研，教育科研能有效地促进教育事业科学发展。因此，各级教育行政应把教育科研纳入到各地教育工作的议事日程，实施"科研兴教"、"科研兴校"工程带动战略，形成良好的教育科研氛围，使教育科研真正成为促进教育事业科学健康发展，促进学校内涵建设，创办学校特色，提高教育教学质量的有力杠杆。

2. 广大教育工作者要认识到教育科研是推进教育改革与发展的强大动力，是推动课程改革、提高教育教学质量的重要保证。要认识到教育科研是探索教育教学规律，提高教育教学质量，促进学生全面发展，促进教师专业发展的有效途径。广大教育工作者要主动积极开展教育科研活动，把教育科研与提高教育教学质量紧密结合，与教师专业发展紧密结合，与自身的教育教学工作紧密结合，不断提高其教育科研质量与水平，探索教育教学规律，提高教育教学质量。

（二）加强组织机构建设，理顺教育科研管理体制，提升管理水平

1. 加强教育科研组织机构建设，发挥各级组织机构职能。自治区、各市县教育部门都应设立相应的教育科研组织机构，建立自治区、市、县三级教育科学研究所（室），或赋予教研室科研管理职能，做到各级组织机构既可组织相应科研骨干开展教育科研活动，主动积极为教育行政决策服务，也可负责本地区的学校教育科研选题规划、评审立项、成果推广等项工作。使各级教育科研组织纵向衔接，横向有序、规范、科学地发展。各级教育科研组织机构，在承担相应重大教育问题研究任务，在人员紧缺力量不足情况下，可采取专兼职相结合组合形式，发展一批兼职研究人员，充分挖掘调动科研骨干力量，组建教育科研团队，针对教育重大问题，进行前期调研对策研究，努力为教育决策提供服务。

2. 加强科研课题管理，不断规范提升教育科研质量水平。为了提高全区教育科研的质量水平，避免教育科研管理分散、立项课题成果评奖政出多门、不规范的现象，宁夏教育科学规划领导小组，应负责自治区级教育科学课题及成果评奖统一管

理。除承担全区教育科学规划课题评审立项、过程管理外，还应承担对相应组织或部门的自治区级教育科研课题成果评奖进行管理。如相应组织或部门立项自治区级教育科研课题，应该纳入全区教育科学规划，通过宁夏教育科学规划领导小组审核批准，并纳入全区统一管理。防止课题立项可能存在的大量交叉重复，减少不必要的人力物力浪费。

3. 加强制度建设，编制宁夏教育科研“十二五”发展规划，建立全区教育科研立项评审、评估验收、经费保障等制度，不断规范教育科研管理，提高教育科研质量水平，使全区教育科研规范化、制度化，不断走向可持续发展的轨道。

4. 定期开展全区教育科研成果评奖活动，把教师科研绩效与评模选优、职称晋升挂钩，并使之制度化，发挥评价激励、奖励激励的作用。开展教科研先进集体和先进个人评奖活动，树立一批教育科研先进集体或学校，努力营造教育科研氛围，激发调动广大教育工作者教育科研的积极性。

（三）采取教育科研经费多方筹措机制，不断加大教育科研经费的投入，更好地推动全区教育科研发展

教育科研需要有一定的经费投入作支撑。目前全区各地和学校教育科研经费短缺，已成为制约全区中小学教育科研发展的重要“瓶颈”，应采取各级教育行政部门和学校分担机制，不断拓宽，形成多渠道教育科研经费保障体系。

1. 各级教育行政部门应设立教育科研专项经费，将其纳入教育经费年度预算，专款专用，并逐年增长。对该项经费的使用，一方面可考虑为当地一些教育重大问题，以课题立项的形式提供资助，为教育行政决策研究服务。另一方面为广大教师，针对教育教学中的实际问题，设立课题进行研究，探索教育规律，为顺利解决教育教学问题研究提供保障。

2. 鼓励教育科研机构及组织，通过建立教育科研基金，吸引课题赞助、开发研究成果的经济效益等渠道，努力争取更多的教育科研经费，保证研究活动的正常开展，不断提高研究质量。

（四）加强教师教育科研知识、方法的学习，不断提升广大教师的科研素养和水平

1. 在全区各级各类中小学教师培训中，要根据时限安排必要的教育科研知识及方法的讲座。还可以校本培训为主，进行教育科研知识学习与积累。提倡终身教育思想，给教师提供必要的教育科研资料，供教师自学提高。

2. 成立自治区中小学教育科研专家指导团，在各市、县定期巡回举办科研知识和方法的讲座，对当地教师进行教育科研知识、方法咨询与指导，不断提高其科研素养与水平。

3. 对自治区高等院校的教育专业师范生，要开设教育科研知识、方法的课程，

培养符合时代发展的科研型教师，当他们毕业进入学校担任教师时，就已经具备必需的教育科研知识与方法，使其顺利成长为一名研究型教师。

（宁夏回族自治区教育科学规划领导小组办公室）

辽宁省教育学科发展报告

"十一五"期间，在继承和发扬前五个规划期工作优良传统基础上，在全国教育科学规划领导小组办公室领导和指导下，在辽宁省教育厅的高度重视和大力支持下，辽宁教育科学规划工作以科学发展观为统领，以规范管理、提高质量为核心，以改革和完善教育科学规划管理制度为重点，紧紧围绕辽宁教育改革和发展需要，积极进取，扎实工作，为开创辽宁教育科研的新局面，为辽宁教育的科学协调发展，为辽宁教育强省建设，作出了重要贡献。

一、"十一五"期间省教育科学规划工作的主要工作与经验

"十一五"期间，特别是2008年以来，在现任省教育厅厅长、省教育科学规划领导小组组长魏小鹏同志的领导和支持下，辽宁的教育科学规划工作针对教育实践提出的新要求，积极推进教育科学规划工作机制与制度改革创新，主要做了以下工作：

（一）以课题评审制度改革为突破口，强化辽宁省教育科学规划规范化、制度化管理，促进教育科研工作质量与效率提高

1. 完善省教育科学规划立项课题评审制度，实行立项年度化制度。（1）根据教育改革和发展实践实际需要，按照突出重点、保证质量、规范评审、公平公正、总量控制的原则，将原来的每五年规划期内仅开展二次集中立项活动，改为在总规划指导下的每年开展一次立项活动，即年度立项制，并实行总量控制，大幅度地压缩了立项比例数量，尽可能地防止重复立项、盲目立项现象发生。（2）将立项课题划分为重大课题、重点课题、一般课题等三个类别，并对立项课题研究周期进行了限定。立项课题的研究周期一般控制在1—2年，少数实验性的研究可适当延长研究周期，以促进立项课题研究效率与效益的提高。重大课题主要是面向省委省政府和省教育厅战略性或重大决策开展的研究，实行招标制；重点课题主要是面向教育改革和发展实践中具有全局性的热点、难点的实践与理论问题研究。（3）立项程序规范化，即辽宁省教育科学规划立项课题，必须经过初审、中审、公示、终审等四道评审程序并完全合格通过后，方给予批准立项，以保证立项质量。"中审"由"辽宁省教育科学规划评审专家库"专家组成学科评审组负责，实行关系人回避制度与封闭式评审，根据统一标准对课题匿名申请材料进行评审，以保证公平公正。（4）"公示"，这是辽宁教育科学

规划立项评审制度改革所采取的重要措施之一，就是将拟批准立项课题通过“辽宁教育科研网”等平台面向全社会公布，在规定的时限内征求意见与建议，以求得社会广泛的监督与检验，促进相应工作的科学性。“公示”环节，已经成为辽宁教育科学规划立项课题、结题鉴定、评优评奖等各项工作中规范的程序环节，使得辽宁教育科学规划相关工作更加公开透明，以利用于监督，也为宣传辽宁教育科学规划工作、提高其影响力创造了条件。(5) 为充分发挥省教育科学规划立项课题研究工作的效益并保证其质量与权威性，除对研究周期进行限定外，还对立项课题组成员最低数量及其来源单位数量、成果形式与数量等进行了限定，以保证立项课题的研究质量和推广价值。立项年度化制度的实施，使得教育科学规划课题研究工作能够对教育实践需要变化作出及时的反应，也极大地提高了广大教育工作者参与教育科学规划工作、主动承担教育科学规划立项课题研究任务的积极性。

2. 完善省教育科学规划立项课题结题鉴定评审制度，实行结题经常化制度。根据辽宁省教育科学规划立项课题管理实践要求，在总结辽宁省教育科学“十一五”规划中期集中结题鉴定工作，并广泛征求各市教育科学规划办以及部分高等学校、中等职业学校和中小学课题主持人、科研管理者意见基础上，从 2008 年 5 月起实行结题鉴定工作经常化制度，即将原来的每五年规划期内仅开展二次集中式的结题鉴定申请受理和评审活动，并与科研成果奖励结合在一起的方式，改进为按照季度受理结题鉴定申请（每季度第一个月的 1—15 日）和组织相关评审工作，并与科研成果奖励评审相分离的方式，开展结题鉴定工作。结题鉴定经常化，多采用通讯鉴定的方式进行，即由省教育科学规划办负责将经审核符合验收条件的结题鉴定申请材料，分别邮寄给三位相关领域的学科专家进行评审，并综合各评审专家的书面鉴定意见，以简单多数为原则，确定结题鉴定结论。而对实践性或现场呈现性较强的教改、课改实验以及体育、艺术、美育等方面的课题，由省教育科学规划办组织评审专家，通过现场观摩、成果现场展示、课题主持人现场答辩、专家现场评议等综合形式，对课题进行鉴定评审，即以现场鉴定的方式进行。这既是参考了全国教育科学规划办等方面结题鉴定工作通行做法，也是在总结以往五年规划期集中式结题鉴定工作实施中因周期过长所带来的许多困扰等情况，为提高教育科学规划立项课题研究质量并及时发挥其作用与效益，所做的新尝试、采取的新措施。贯彻结题鉴定工作经常化制度中，对存在严重抄袭等问题的课题，实行一票否决。截止到 2010 年 12 月有 100 余项未能通过专家的鉴定评审，被退回重做，在战线引起较大的震动，促进质量意识的提升，使人们对教育科学规划工作及其研究成果的质量更加重视。贯彻结题鉴定工作经常化制度，近三年来，已经组织实施了十次“季度结题”活动，对于调动广大教育工作者、特别是规划立项课题主持人的积极性，促进教育科学规划立项课题研究质量与效益提升，发挥了重要作用。

3. 完善省教育科学规划证书发放制度，实行证书规范化制度。根据各市教育科学规划办、部分高等学校、中等职业学校和中小学教育科研管理者的意见与建议，以及促进省教育科学规划工作改革和发展的需要，经省教育厅、省教育科学规划领导小组领导批准，省教育科学规划办改进和完善了证书发放制度，取消了原来的二级证书，建立了教育科学规划立项课题的立项证书和结题证书、省教育科研优秀成果奖励证书等三证实名制度，并且明确规范了证书格式文本、明确规定了证书发放数量。在规范辽宁省教育科学规划课题立项与结题评审基础上，通过辽宁省教育科学规划证书规范化及其发放制度的完善，进一步提高了辽宁省教育科学规划立项课题的严肃性、权威性与影响力，促使各部门更加重视和尊重教育科学规划及其立项课题，也有利于激励广大教育工作者积极承担或参与教育科学规划立项课题的研究工作。

4. 努力开拓辽宁省教育科学规划资助经费筹措渠道与途径，积极促使研究资助经费投入的增加。在省教育厅支持下，经省教育科学规划领导小组领导批准，其一是为推动招生考试制度改革等专项方面的研究，省教育科学规划办与有关职能部门合作，通过设置教育科学规划专项课题的方式，联合开展专项课题立项工作，争取到一定的课题经费资助；其二是通过积极争取，在教育厅有关职能处室配合下，在高校人文哲学社科专项研究中，以教育科学规划名义划拨出一定数量的经费专门用于教育科学研究工作；其三是通过设置一定量的重大课题、重点课题的方式，争取省教育厅等上级经费资助；其四是加大监督检查力度，督促辽宁省教育科学规划立项课题主持人所在单位履行和兑现承诺，增加对课题主持人的经费支持。通过上述努力，在“十一五”期间，使辽宁省教育科学规划工作初步改变了经费零运转状态。在刚刚公布的《辽宁省中长期教育改革和发展规划纲要（2010—2020年）》中进一步提出“加强教育宏观政策和发展战略研究。加强教育决策咨询机构和队伍建设，建立完善的教育决策支持体系。加强省级教育科学规划工作，完善教育科研成果奖励制度，繁荣教育科学研究”。并提出了“教育决策支持体系建设工程。建设教育决策支撑数据库平台；建设省级教育科研骨干培训基地；建设一批覆盖教育重大领域的决策咨询研究基地；建设高水平决策咨询研究团队；破解一批重大关键性问题；构建分工有序、布局合理的教育决策支撑体系”。相信在“十二五”期间，辽宁省教育科学规划在经费资助方面，会取得更大的突破。

5. 制订和发布了一系列有关省教育科学规划立项课题管理的规章制度文件，为辽宁省教育科学规划工作规范化、制度化提供了保障。为保障辽宁省教育科学规划立项课题立项与结题专家组评审制、证书发放实名规范制、实施结题鉴定工作经常化、结题鉴定与评优表奖分离制、课题资助经费筹措等在辽宁具有开创性的措施、制度与机制的贯彻实施，在广泛征求意见的基础上，经省教育科学规划领导小组领导批准，先后出台了《辽宁省教育科学规划课题管理办法（试行）》、《辽宁省教育科学规划立项课题结题鉴定工作实施细则》、《关于辽宁省教育科学规划课题结题鉴定经常化工作的通知》等一系列管理文件。通过这些管理文件发布执行，使教育科学规划工作、特别是其立项课题管理工作有“法”可依，并对教育科学规划立项课题实施了全程的规范管理，通过严把立项评审、开题组织、中期检查、结题验收、评选奖励及推广等关键环节，促进了教育科学规划立项课题研究质量、研究规范性、研究科学性及权威性的提升，使得以省教育科学规划为主体的辽宁教育科研工作更加科学规范，更加贴近教育改革和发展实际，更加贴近广大教育工作者的实际。

（二）以培育和建设辽宁省教育科学规划重点研究基地为龙头，加强教育科研团队和教育科研人员队伍建设，促进广大教育工作者整体素质提升

根据辽宁教育科研工作的需要，从2008年起在全省开展辽宁省教育科学规划重点研究基地遴选工作，将一批研究方向特色突出、研究领域辐射面宽、研究基础好、研究能力强、研究成果显著的教育科研机构、教育科研团队或教育行政部门、办学单位，培育和建设成为辽宁省教育科学规划重点研究基地，纳入到辽宁省教育科学规划的组织构架中，凝聚到教育科研所急需要的领域并充分发挥其作用，为提高教育科研质量与水平创造条件。到目前为止，已经批准建立了42个“辽宁省教育科学规划重点研究基地”，涵盖了26所高等院校（含高职院校）、5所中小学、1所市级教育学院、2所县区教师进修学校和2个县区教育局、42个教育科研方向，稳定的专兼职科研人员有200余人，为进一步凝练学术方向，汇聚研究队伍，打造学术品牌，提升辽宁教育科研的学术质量和学术影响力，创造了有利条件。三年来，这些基地在承担省教育科学规划重点课题、申报全国教育科学规划立项课题、宣传特色教育科研领域研究成果、参与或承担教育科研培训任务、配合辽宁教育研究院承担重大决策咨询课题研究等方面发挥了重要作用。

同时，“十一五”期间，在认真组织开展了全国教育科学“十一五”规划五个年度（2006—2010年）课题立项申报工作基础上，仅省教育科学规划就组织了四次常规立项及三次专项课题立项申报与评审活动，有超过1.1万人次的教育工作者参与了课题申报活动，超过4.6万人次参与了教育科学规划立项课题的研究活动；组织了两次辽宁省教育科学“十一五”优秀成果评选活动，对2006年1月—2010年6月间的优秀教育科研成果进行表奖，有包括省教育科学规划立项课题研究成果在内的980多项教育科研学术专著、课题研究报告、教育科研学术论文等成果参加了评选，涉及成果主持者和参与者超过0.6万人次；组织了六次大规模的课题主持人和教育科研管理者培训活动、十次跨市县的省教育科学规划立项课题研究成果推广会议，有近万人次参与了有关培训活动。不但交流、宣传和推广了通过省教育科学规划立项课题研究所取得的成果和成功经验，进一步扩大了教育科学规划工作的影响力，也对普及新的教育科研理论知识与方法、促进教育科研观念意识转变等发挥了重要作用。同时，省教育厅等省市教育行政部门，以及各市教育科学规划办、各级各类院校内部，还设立了大量的调研性课题、市区级教育规划课题、校本研究课题，并以立项课题为平台，结合工作需要，组织开展了大量教育教学研究工作。这些，不但增强了教育科学规划工作运行活力，大幅度提高了广大教育工作者参与教育科学规划工作或承担教育科学规

划立项课题的积极性，而且使教育科学规划立项课题研究与院校的“校本研究”等活动紧密结合，使之成为广大教育工作者日常教育教学工作的重要组成部分，使广大基层教师成为教育科学规划立项课题研究的主力军。通过参与教育科学规划立项课题研究活动，使大批教育工作者进一步加深了对教育教学规律的认识，掌握了教育科学理论知识与研究方法，提高了在教育实践中开展研究的积极性与主动性，激发了创造性，促进了全省教育工作者能力与素质的全面提升，对教育科研工作、特别是教育科学规划工作的开展发挥了重要的动员与宣传作用。

（三）以健全和完善教育科学规划管理组织网络体系为着力点，密切与战线的联系与合作，促进教育科学规划组织与管理能力、成果宣传与推广能力提升

在省教育厅的领导下，省教育科学规划领导小组及其办公室，作为辽宁教育科研工作的重要组织者与管理者，在“十一五”辽宁省教育科研的组织与管理工作中发挥了重要作用。同时，各地也加强了市、县区、校的教育科学规划管理机构（包括教育科研管理机构）及其网络体系建设，完善了14个市级教育科学规划领导小组及其办公室、106个县区教育科学规划领导小组及其办公室（教育科研室），沈阳、铁岭、丹东等市部分中职学校与中小学还成立了科研室，使教育科学规划工作组织管理网络深入到了基层学校，与广大基层教育工作者日常教育教学工作的联系更加紧密。在省教育厅领导下，由辽宁省教育科学规划领导小组及其办公室、市县（区）教育科学规划领导小组及其办公室、院校教育科研管理机构，共同构成了省、市、县、校四个层次的教育科学规划组织管理、工作实施网络体系，为全省教育科研、特别是教育科学规划工作的开展奠定了坚实的组织基础，也为提高教育科学规划工作的效率与效益创造了良好条件。

同时，省教育科学规划办还建立了决策民主化机制和年度例会制，就有关教育科学规划重大决策、拟出台的文件及年度工作计划安排等，广泛征求高校和市县教育科研管理部门、研究机构等各方面的意见与建议，仅2008年以来就先后召开了九次教育科学规划工作研讨（座谈）会议。决策民主化机制和年度例会制的实施，既使规划管理工作越来越贴近实际，也密切了省教育科学规划办与实际的联系，有力地调动了战线的积极性与创造性，对推进全省教育科学规划工作的改革与创新，提高教育科学规划管理与服务工作质量，发挥了重要作用。

改革开放以来，特别是“十一五”以来，全省教育战线认真贯彻执行党的教育方针，紧密结合教育改革实践需要开展教育科研活动，涌现了一大批深入探索教育教学规律、自觉按规律办教育的典型。2010年，经省教育厅省和教育科学规划领导小组领导批准，省教育科学规划办组织开展了“首届教育科研兴教十强县（区）和科研兴校百强校”评选活动，有25个县区、219所中小学和职业学校参与了此次评选活动。通过这项活动，既总结和宣传“十一五”期间科研兴教、科研兴校等方面所

取得的成绩与经验，促使各地区和各类院校更加重视教育科研工作，也扩大教育科学规划工作影响力，为今后更好地开展工作创造了有利条件。

（四）以教育科学规划信息化和基础数据库建设为平台，加强教育科学规划管理与服务工作基础能力建设，促进辽宁省教育科学规划工作质量与效率的提高

“十一五”期间，特别是2008年以来，根据管理和服务工作的需要，辽宁省教育科学规划办大力推进了“辽宁教育科研网”建设，完善了由“辽宁教育科研网”、“辽宁教育科学规划 QQ 工作群”和中文核心期刊《现代教育管理》教育科学规划专栏等构成的辽宁教育科学规划信息交流平台。同时依托“辽宁教育科研网”，建立了由辽宁省教育科学规划评审专家库、辽宁省教育科研机构和管理机构数据库、辽宁省教育科学规划项目库与成果库、辽宁省教育科研典型案例库、辽宁省教育科学规划重点基地展示库等方面所构成的辽宁教育科研基础性数据库。通过充分发挥“辽宁教育科研网”这一现代化信息技术与网络传输平台的作用，将涉及教育科学规划工作的机构网络体系、管理规章制度、工作计划安排与进度、通知公告、科研立项与成果、教育战略政策与科研理论方法、科研典型经验与案例、重点科研基地建设等进行展示和宣传，同时使之便捷快速地传输到各个地方，为进一步提升教育科研管理与服务水平与效率，为扩大教育科研成果推广应用管道与途径，创造了有利条件。

“十一五”期间，是辽宁省教育科学规划工作受到高度重视、教育科学规划工作改革不断深入、教育科学规划管理日益规范、教育科学规划管理网络体系不断健全、教育科学规划及其成果影响力持续扩大、教育科学规划研究队伍素质明显提升的五年，通过积极推进教育科学规划工作的机制与制度改革创新，在前五个规划期坚实工作基础上，初步构建成了一个目标更加明确、重点更加突出，并与市县（区）、各类院校和行业部门形成了相互衔接的教育科学规划体系。“十一五”期间辽宁省教育科学规划工作之所以取得如此大的进展与成绩，一是在全国教育科学规划领导小组办公室领导、指导和关心下，认真学习和落实《中共中央关于进一步繁荣发展哲学社会科学的意见》精神，认真学习和贯彻全国教育科学规划领导小组办公室有关管理规定与工作要求，落实全国教育科学规划领导小组办公室《坚持质量导向 促进理论创新——全国教育科研管理工作者自律宣言》要求的结果；二是前五个规划期的辽宁省教育科学规划工作，为“十一五”辽宁省教育科学规划工作开展奠定了非常坚实的基础，同时重视发挥省教育科学规划办作用及其管理能力提升和决策民主化，坚持在继承基础上，立足现实需要，锐意进取，不断创新和发展的结果；三是坚持与时俱进，以辽宁教育改革与发展中热点、难点问题破解为着力点，组织开展教育科学规划工作，并高度重视发挥教育科学规划立项课题的龙头牵引作用，促进专业教育科研工作与群众性教育科研活动相结合，为辽宁教育科学规划工作增添巨大活力的结果。

二、"十一五"期间省教育科学规划学科进展和重要研究成果

（一）"十一五"期间省级教育科学规划立项课题研究基本情况

"十一五"期间，辽宁省教育科学规划各类立项项目数量较"十五"稳中有升。辽宁省教育科学"十一五"规划各类立项近 2 500 项，几乎涵盖了高教、基教、职教、终身教育（继续教育）、民办教育等各个教育领域；争取到的国家级教育科学规划项目大幅增加到 133 项，较"十五"增加了 68%，其中重点课题达 45 项，且国家教育科学规划课题的申报与获批数量、涉及院校数量，均有明显提高。截止到 2010 年 12 月，仅省级教育科学规划立项课题就有近 2 000 项课题通过结题鉴定。辽宁省教育科学规划立项课题研究，基本形成省级科研机构和重点高校侧重研究重大教育实践与理论问题、市级科研机构与市属高校侧重研究区域和特色教育问题、职业学校和中小学校侧重研究职业/基础教育教学实践问题的格局。

"十一五"期间，在继续坚持和完善了教育科研成果表彰制度，并扩大了参评范围、严格和规范了评审程序与评审方式的基础上，省教育厅、省教育科学规划进一步加大了教育科研成果表奖力度，表奖优秀教育科研成果多达 314 项。

"十一五"期间，通过设置教育科学规划的专项研究课题、重大和重点课题等措施，实现了省教育科学规划省级资助经费重大突破，初步改变了省教育科学规划课题经费零运转状态，并通过加强立项承诺落实情况的督促检查等措施，为相关课题主持人争取到超过 140 万元的配套资助经费支持。另外，据不完全统计，"十一五"期间，各地、特别是各高校（包括高等职业院校）用于教育科学规划及其立项课题研究、成果奖励等工作的经费年均超过 150 万元。

表 4-10　辽宁省教育科学规划省级和全国教育科学规划立项课题数量统计表

年份	省级常规课题	省级滚动课题	省级领域专项课题	省级重大课题	省级规划课题总计	全国规划课题
2006	585	0	0	0	585	13
2007	0	103	13（考试）	0	116	17
2008	455	0	45（就业）	5	505	22
2009	509	0	0	3	512	46
2010	698	0	74（思政）	3	775	35
总计	2 247	103	132	11	2 493	133

表 4-11 “十一五”期间省教育科学规划省级优秀科研成果数量统计表

时间	一等奖	二等奖	三等奖	合计
中期（2008 年）	15	33	64	112
末期（2010 年）	26	49	127	202
合计	41	82	191	314

“十一五”期间，辽宁省教育科学规划立项课题受重视程度不断提高，其影响力持续提升。近年来涉及全省性的教育战略与规划设计等重大教育决策，以及围绕着教育管理体制改革、教育结构与院校布局调整、全面推进素质教育提高人才综合素质等涉及全局性的问题，教育科学规划、特别是规划立项课题的研究发挥了重要的基础性与先导性作用。在辽宁省教育改革发展政策制定与完善方面，以及出台的涉及单个教育领域改革的重要政策文件，多数是在通过教育科学规划重点课题等形式组织教育科研工作者开展大量的调查研究、科学论证工作基础上完成的。为推进人才培养模式改革、课程设置与教学改革、招生考试制度改革、毕业就业制度改革及加强院校思想政治教育工作等专项工作，省教育厅、省教育科学规划办通过设置相应专项课题的形式，动员和发挥教育科研的力量，促进相关工作。同时教育科学规划工作的组织与实施，与各类学校的“校本研究”工作密切结合，紧密配合院校自身工作，成为院校日常工作中不可或缺的重要组成部分，承担教育科学规划项目数量与质量已成为教师工作量考核和院校评估的重要指标之一，也为院校发展、师资队伍素质提高、教育教学质量提升创造条件。

（二）“十一五”期间省教育科学规划重要学科进展与研究成果

1. 教育宏观决策咨询研究取得新的进展

（1）辽宁省中长期教育改革和发展规划纲要（2010—2020 年）研究

此项研究历时 2 年多，其成果已经为省政府采纳并下发文件。该项研究在对辽宁省“十一五”期间教育事业改革和发展取得的成就及其发展中所面临的问题、未来五到十年辽宁教育改革和发展面临的形势和挑战等进行深入分析的基础上，对未来五年、乃至十年辽宁省教育改革和发展的指导思想、发展思路、战略重点和发展目标进行了规划，确定了到 2020 年“构建规模适当、结构合理、质量优良、效益显著、人民满意的现代教育体系，把辽宁建设成为教育强省，全面实现教育现代化，基本建成学习型社会”总体战略发展目标；规定了全面普及学前教育、推进义务教育均衡发展、推进高中阶段教育协调发展、大力发展职业教育、加强高水平大学和重点学科建设、构建灵活开放的终身教育体系、重视和支持民族教育事业、重视特殊教育工作等八大项发展任务。提出在“十二五”期间，通过加快落实人才培养体制、考试招生制度、现代学校制度建设、管理体制改革、扩大教育开放等体制与机制改革，加强教师队伍建设、增加财政性教育投入、完善投入机制、加快教育信息化进程、推进依法治教等保障性措施，并组织实施基础教育强县（区、市）建设工程、义务教育均衡发展推进工程、中小学校长和名教师培训工程、基础教育信息化建设工程、职业教育专业群建设工程、高等职业教育特色发展与建设工程、高等学校本科教学改革与质量提高工程、教育决策支持体系建设工程等十五项重大工程，为实现规划纲要所规定的发展目标与发展任务创造条件。在规划纲要中，特别明确提出了“加强教育宏观政策和发展战略研究。加强教育决策咨询机构和队伍建设，建立完善的教育决策支持体系。加强省级教育科学规划工作，完善教育科研成果奖励制度，繁荣教育科学研究”，并规划设计了“建设教育决策支撑数据库平台、省级教育科研骨干培训基地、决策咨询研究基地与研究团队，构建分工有序、布局合理的教育决策支撑体系的建设工程”建设任务。这些都为“十二五”辽宁省教育科研、特别是教育科学规划工作的改革和发展规定了具体任务、指明了发展方向，为教育科研、教育科学规划工作发挥应有作用创造了重要条件。

（2）教育为辽宁社会主义新农村建设服务研究

为了适应社会主义新农村建设对辽宁教育的新要求，进一步明确服务重点，制定切实可行的服务策略，组成了以省教育厅厅长为组长的《教育为社会主义新农村建设服务》课题组，并于2006年4月下发了《关于开展“教育为社会主义新农村建设服务”课题研究的通知》（辽教办〔2006〕056号）文件，全面启动了研究工作。该课题研究的基本思路是在借鉴国际国内发展经验，紧密结合辽宁省情，对教育与社会主义新农村建设的关系、社会主义新农村建设对教育提出的需求、教育为社会主义新农村建设服务的制约因素等方面进行系统深入的研究基础上，提出适合辽宁省省情的可操作的工作思路和政策建议。研究内容主要包括四个方面：一是辽宁农民素质现状和农村教育状况分析；二是社会主义新农村建设对教育提出的要求；三是教育为辽宁社会主义新农村建设服务的能力分析；四是关于教育为社会主义新农村建设服务的建议。通过对教育为社会主义新农村建设服务问题进行的专题调查，获取了第一手资料，经过对有关资料和个案的反复研究，形成了课题总报告及高等教育为社会主义新农村建设服务行动计划、基础教育为社会主义新农村建设服务行动计划、职业教育为社会主义新农村建设服务行动计划、终身教育为社会主义新农村建设服务行动计划等四个分报告，并编辑出版了《教育与新农村建设》专著。研究所形成的《教育为辽宁社会主义新农村建设服务计划与服务方案》，经过省政府批准，成为指导教育为辽宁社会主义新农村建设服务的行动纲领和政策性文件下发执行。

（3）辽宁省教育强省建设研究

根据省政府和省教育厅领导的指示，于2007年年初集中优势力量展开了辽宁建设教育强省问题研究。通过对建设教育强省与教育现代化的关系、各级各类教育在建设教育强省中的定位与策略选择、建设教育强省的政策保障等问题的研究，结合未来辽宁经济社会发展和人民群众生活水平提高的需要，对教育强省的内涵界定与指标体系设计；研究辽宁建设教育强省的战略意义与现实基础，及建设教育强省的必要性和可行性，辽宁与东部沿海8省市教育发展现状与发展思路的比较；在建设教育强省的指导思想、目标与标准、基本原则、战略选择、保障措施；高等教育、基础教育、职业教育等各类教育在教育强省建设中的战略定位与策略选择等方面，进行了深入探讨并提出了切实可行的实施对策，为辽宁省委、省政府的有关决策提供了科学依据，并发表了《辽宁建设教育强省的新探索》等系列研究成果。

（4）2006—2020年辽宁教育发展战略研究

运用比较研究和实证研究等方法，通过对未来15年（2006—2020年）辽宁教育发展面临的形势与任务，和“十五”以来辽宁教育改革和发展成就与经验，进行全面总结和深入分析，对未来15年辽宁教育改革和发展的指导思想、战略重点、主要目标及实现辽宁教育科学发展的保障措施等方面，进行了深入的探讨并提出了可操作的对策建议，发表了《2006—2020年辽宁教育发展战略研究》、《2008—2012年辽宁省教育改革与发展研究报告》等研究成果，为《辽宁中长期教育改革和发展规划纲要（2010—2020年）》文件等的制定奠定了基础。以“2006—2020年辽宁教育发展战略研究”为代表的辽宁教育发展战略研究，始终坚持在回顾总结前15—20年、展望预测后15—20年的基础上，确定最近5—10年的战略目标与思路；始终注重立足世界和全国看辽宁，立足经济社会发展全局看教育；始终重视总结过去的战略规划的经验与教训，努力在继承的基础上实现超越，为省委、省政府、省教育行政部门的相关决策，提供了科学依据与有价值的咨询建议。

（5）辽宁改革开放30年研究

改革开放30年来，辽宁教育综合实力显著提高，主要指标已位居全国前列，在实现教育公平、办人民满意的教育上迈出了重大步伐；对经济社会发展的贡献力不断增强，在“科教兴省”和“人才兴省”中发挥了重要作用。同时，全省教育事业自身的改革和发展，也是改革开放30年辽宁所取得巨大成就的重要组成部分。通过总结30年来辽宁教育改革和发展所取得的成绩、经验与教训，分析其发展的得与失及存在的问题与不足，为未来辽宁教育进一步深化改革创造条件。通过本研究，对改革开放30年来辽宁教育改革开放重大历史史实进行了全面的回顾，对影响辽宁教育改革和发展的重大政策方针研制与落实实施进行了全面的分析，对辽宁教育所取得的成绩进行全面的梳理总结，进一步明确了经过30年建设的辽宁教育事业发展的基本状况，进一步明确了教育改革和发展必须遵循坚持思想解放和党的领导、坚持落实教育优先发展战略地位、坚持为经济建设与社会发展服务、坚持科学发展观并按照教育规律办事、坚持改革开放和一切从实际出发、坚持依法治教等规律与原则。本项研究还发表了《改革开放30年的辽宁教育》等系列研究成果。这些既有利于充分肯定改革开放30年来辽宁教育事业所取得的成绩，肯定广大教育战线工作者为辽宁经济社会发展、国民素质提高和人才培养所作出的巨大贡献，也为科学设计和规划未来辽宁教育事业改革和发展创造了必要条件。

另外，在涉及基础教育、职业教育、高等教育等各类别教育，以及学校办学、教育教学、考核评估、招生考试、学校内部管理体制改革与后勤社会化、基础教育课程改革、大力发展职业教育、普及义务教育等方面，开展了大量的专项政策研究或对策性研究，促进和保证了涉及辽宁各教育类别领域、教学专项改革领域等方面专项教育政策的科学性。如《辽宁高考科目设置改革实施方案》、《关于深化高等学校改革若干政策的通知》、《辽宁省农村教育跨越式发展计划》、《辽宁职业教育振兴计划》、《辽宁省城区基础教育高质量、高水平推进计划》等省委、省政府、省教育厅制定的政策，都凝聚着教育科研工作者的智慧和汗水。

2. 高等教育领域研究取得新的突破

（1）区域高等教育可持续发展研究

根据高等教育国际发展历程、中国高等教育发展需要、中国教育适龄人口变化等背景与形势，在借鉴国际高等教育发展经验的基础上，围绕实现区域高等教育可持续发展，通过理论研究和实证研究，对区域高等教育可持续发展的意义与内涵、标志与标准、影响因素与保证措施等，进行了深入分析和高度概括，并对区域高等教育结构布局优化、高等教育制度建设与完善、高等学校竞争与竞争规则规范、高等教育财务风险及其防范等进行了深入研究，提出了许多具有创新性与实际应用价值的思路与建议，并发表了《区域高等教育可持续发展论纲》等系列研究成果，对于推动区域高等教育可持续发展，促进相关的研究与探讨，具有重要的参考价值与实用价值。

（2）区域高等教育机构布局优化研究

立足于我国高等教育大众化发展过程中存在的结构性矛盾，以辽宁为研究视阈，全面分析了对高等教育宏观结构布局的影响因素，对辽宁高等院校的合理层次划分及相应定位，典型高等教育科类与省域经济产业结构布局、人才与劳动力需要的适应性，及如何实现高等教育科类结构、层次结构、类型结构及地域结构的合理匹配，以配合未来辽宁区域经济与产业规划与发展等问题进行了深入研究，在提出了优化辽宁省高等教育宏观结构布局基本构想的同时，对区域高等教育结构布局内涵、标准及实现的途径与方式等进行理论上的探讨并提出了特点鲜明的观点，并发表了《区域高等教育机构布局优化的新思路》等一系列研究成果。

（3）大学生职业生涯教育与就业创业促进研究

根据辽宁经济社会发展、产业结构调整、人力资源合理开发的需要及高等院校学生就业、创业实践需求，以辽宁省教育科学规划专项课题研究的形式，对改进学校职业生涯教育实施模式、提高学生职业能力与自主创业择业能力、促进学生就业与创业政策措施等方面进行了深入研究，对提高和促进学生、特别是大学生就业创业能力的教育与指导方式方法、课程安排与相应教育机构设置、理论指导与实践实习及政策支持等进行了广泛探讨，形成了多部具有创新性、实用性、可操作性的对策与政策研究报告，出版了《辽宁省高校毕业生就业创业指导系列教材》、《职业院校职业生涯教育实施模式改革与创新研究》等一系列成果，并在教育实践中进行实际的运用和推广，对学生、特别是高校学生树立职业生涯设计观念、切实提高就业与创业能力发挥了重要作用。

(4) 高等职业院校专业设置与调整研究

本研究立足振兴辽宁老工业基地大背景下，围绕高等职业院校专业及专业建设问题，从推进高等职业院校的专业设置与调整并充分发挥政府、办学单位积极性与创造性等角度出发，对高等职业院校专业设置与调整的依据及调整的对策、区域社会经济发展与国民素质提高在专业设置与调整中的作用、政府与办学单位作用发挥等问题进行了有益的研究与探索。其研究成果既有利于指导区域高职院校对接产业群、产业链优化专业结构，调整布局，又有利于高职院校以重点专业为龙头、相关专业为支撑的专业群建设，从而增强高职教育主动服务区域经济建设和社会发展的能力，对全面提高高职教育人才培养质量有促进作用。不仅为全省高职院校的专业建设提供了参考依据，而且还为省级教育行政部门在高职专业设置与调整决策上提供了参考依据。另外本课题研究取得了系列的研究成果，出版《高等职业院校专业设置与调整研究》专著并有部分研究论文在国家及省级刊物发表，为教育决策所采纳，对高等职业教育专业设置与调整的理论研究与实践改革具有重要的参考与指导作用。

(5) 高职院校战略发展规划研究

本项研究以践行科学发展观和高职教育理论为基础，结合中国高职院校战略规划与管理的实际，在对中国高职院校战略发展管理进行实证研究基础上，系统地介绍高职院校战略发展规划设计与实施方法，提供了高职院校战略发展规划设计与实施的依据条件与相关案例，并发表了《高职院校战略发展规划设计与实施》等研究成果。为解决高职院校战略发展规划设计与实施中的问题，对实现高职院校战略管理与战略设计的理论创新，促进高职院校建设发展，提供了一种新视角与新思维的分析与研究成果和参考意见。

3. 其他教育领域研究取得新的成果

(1) 国际基础教育课程与教学改革研究

基础教育课程改革是目前世界各国教育改革关注的焦点，并且日益成为当代比较教育研究的主要领域之一。本项研究的主要目的正是立足于国际基础教育课程与教学改革的视野，选择代表当代世界课程与教学改革发展主流的美国、英国、法国、德国、日本、韩国作专门介绍，特别是以日本为个案，试图通过分析日本教师专业发展特征演变的历史事实，为人们展示教师教育课程改革、基础教育课程与教学改革和教师专业发展之间存在的客观的必然的联系及发展态势，并且力图把握世界基础教育课程政策、课程结构、课程实施、课程评价、课程管理的新进展与新趋势，归纳和概括了目前世界主要发达国家当代基础教育课程与教学改革的基本思路、政策、价值追求以及具体举措，出版了《国际基础教育课程与教学改革研究》理论专著，为推进我国新课程与教学改革提供理论参考，为创造性地实施新课程改革提供实践支撑。

（2）民办教育管理改革研究

本项研究从营造民办教育发展环境、推进政府转变职能和规范民办学校办学行为出发，围绕民办教育中存在的关键问题，以党的十六大关于推进政府职能转变的精神为指导，以政策法规为依据，运用多种相关理论，分析了国内外民办教育管理改革的基本做法与发展趋势等宏观背景，从政府对民办教育管理、中介组织参与民办教育管理、民办学校内部管理现状多个角度，从已经取得的成绩、当前存在的问题及原因等多个层面，进行了系统、深入的分析；对国内外民办教育管理经验进行了比较和概括。在此基础上，对政府转变职能、民办教育管理体系构筑等进行了深入的研究，提出了健全职责体系、加强民办教育法制与组织建设，实施依法监督、运用市场机制，促进民办教育竞争发展等相应的措施。同时，该项研究还对发展社会中介组织在管理与服务体系中的作用；完善民办学校法人治理结构，实行校本管理，构筑民办学校内部管理体系；民办高校、中小学、幼儿园、教育集团及财务风险等方面，也进行了深入的探讨。本项研究还出版了《民办教育管理改革》专著。这些都为民办教育发展及其管理改革，提供了理论参考和实践依据。

（3）当代学校美育发展研究

该项研究初步探索形成了"立足学校教学主渠道，贯彻落实'立美导学'实现美育与各学科教学的融合"的途径和方法，总结了"立美导学"的教学原则，建构了"立美导学"的教学体系，其教学体系具有空间覆盖全面的特点；研究中还对美育与智育等方面的重视程度、教师运用程度、在学校工作布局中的占位程度、社会美育资源的开发利用等问题展开了相对深入的探讨，在"加强美育工作，实现高品位办学"、"建设与改善整体校园文化环境，实施大美育"方面形成了深刻系统的认识与思路，从硬件环境建设、精神文化中美育、学校制度文化建设、校园人际关系审美化问题等多种角度，对加强学校整体文化建设，开拓了充分发挥美育功能的新视角。本项研究取得了系列的研究成果，出版《学校美育》专著、地方性教材并有部分研究论文在国家和省级刊物发表，对于营造有利于学生发展的美育环境，提高学校美育教育的针对性与效率效益，推动学校美育教育的改革与创新等都将发挥重要的影响。

（4）心理学研究——儿童人格发展与教育研究

本研究历时多年，从全国取样，先后动员 17 个省 19 个城市的 22 所大学、90 所幼儿园和 83 所中学教师及新加坡、澳大利亚教师参加，研究人员之多，研究对象之广泛，研究内容之全面性、整体性、系列性，取得的成果之丰富，都是我国 3—12 岁儿童人格发展与教育研究前所未有的。通过对我国儿童人格结构、类型、发展特点、影响因素、评价系统和培养途径进行全方位系列研究，深入探索儿童人格发展与教育的规律，完善儿童人格发展与教育的理论，构建出一套培养儿童健康人格发展的有效可行的教育途径与方法，对培养我国儿童良好人格特征具有重要作用。本研究立足我国实际，编制出中国城市幼儿人格发展教师评定量表、中国城市小学生人格发展教师评定量表，儿童好奇心、独立性、自尊、自信心、自我控制和同情心发展教师评定问卷，形成八个系统评估儿童人格发展的工具，并进行追踪观察、培养实验，成果直接应用于我国十多个省市，是将幼儿心理与幼儿教育有机结合研究的一大创新，将心理专业工作者和幼儿园、中小学实际工作者相结合，既发挥专业工作者的科研能力，又吸收实际工作者的宝贵经验，使研究既有理论的力度，又具有广泛的推广价值和应用前景。该研究于2008 年 12 月出版了《儿童人格发展与教育的研究（2008 年修订版)》专著，对研究儿童人格发展与教育的理论意义及实践意义、前期的研究成果及存在的问题，儿童人格的结构、类型与评估，儿童人格发展的特点规律及影响因素，儿童人格发展的促进对策等问题进行了深入的探讨和全面阐述，概括出儿童人格发展的规律，构建出儿童健康人格发展的最佳有效载体和可行的教育途径与方法，提出了教育的建议和未来的设想，并吸纳了来自教育第一线的实际工作者实验研究报告、调查报告、经验总结等研究成果，为研究儿童人格发展与开展相关的教育培养工作，提供了实践案例。

4. 实验与试验研究取得新的成效

近年来，围绕推进素质教育、基础教育新课程改革、“九年一贯制”学校建设、扶困助学与留守儿童教育、义务教育均衡发展、高教特色化人才培养模式改革、职业教育集团化等方面，开展了许多实验研究与校本研究活动，取得了很好的效果，推动了教育教学改革的不断深化。

（1）素质教育实验研究

通过“十一五”规划立项课题形式，在35 所中小学、10 个县区、15 所大学开展实验研究，并取得了各具特色的实验成果，出版了《辽宁省素质教育实验研究》一书，不仅促进了试点院校与试点县区素质教育的开展，而且为辽宁省各级各类学校深化人才培养模式改革、全面推进素质教育提供了有价值的经验。

（2）基础教育新课改跟踪性试验研究

伴随基础教育新课程改革进程，选择了涵盖城区、县镇、乡村等区域类别的50 余所中小学进行跟踪性试验研究。通过教育科学规划立项等形式，动员省市区各级教育科研与教学研究部门、高等院校基础教育理论研究单位人员和试点校领导与教师，采取边实施边试验边研究边改进的方式，围绕新课程实施的教学组织安排、教学方式方法、教学研究活动组织、教学评估手段方式、教学效率提高、现代技术手段应用、教师授课准备、学生引导与主体性发挥等方面，结合“校本研究”组织，开展了专项试验跟踪式研究，为及时总结新课程改革经验、创新新课改实施方式方法、提高新课改实施效率与质量、提高教师新课改适应能力等创造了有利条件。

（3）九年一贯制学校改革实验

在“十五”研究基础上，继续进行了九年一贯制学校改革实验。在全省14 个市、39 个县，特别是在农村地区开展的九年一贯制寄宿式学校建设工作，实验涉及到259所农村学校，对提高农村地区义务教育质量、减轻农民负担发挥了重要作用。九年一贯制学校是义务教育阶段小学和初中整合为一，以学校管理一体化为基本特征、以九年义务教育课程整体设置为核心的学校，在农村义务教育阶段中实行九年一贯制的寄宿制集中办学是一种新的办学方式，这首先在辽宁省桓仁县全县城乡全面推行，开创了全省乃至全国的先河。为解决农村中小学布局分散、规模小、效益低、质量差和学生上学路途远等问题，许多新建九年一贯制学校采取寄宿制的形式来集中办学、"全封闭"管理，学生住宿率为58%以上。在农村建设九年一贯制（寄宿制）学校，实行集中办学、统一管理，打破了辽宁省农村过去一直沿用的"乡乡办初中，村村办小学，居民组附设教学点"的办学体制和学校设置结构，逐步解决了学额迅速递减所造成的农村办学规模小、效益低、教学质量差、教育成本高、教育资源浪费等问题，缩小了校际间在设备设施上的差距，优化了教育资源配置，改善了办学条件，学校环境明显改善，各项设施达标率明显提高；在安排教学活动时，学校能做到有分有合，如打破年级界限、以学科为单位开展教研活动，保证各学科教学的顺利进行，既能按学生的年龄发展特点设计不同的教学计划，又能注重加强各年级之间的有机衔接。与普通义务教育学校的不同之处还在于：九年一贯制（寄宿制）学校在组织管理方面实行以一套领导班子为核心的学部管理制，一般设有初中部和小学部，采取集中管理、分工负责的管理模式，基本实现了领导班子一体、教师队伍一体、教学安排一体、设施设备一体和财务管理一体，现任管理者和专任教师更加年轻化，专业素质、业务能力和学历层次明显提高，为学校整体教育教学水平的提高奠定了良好的基础。目前，根据实验项目的推进需要，正着手制定《辽宁省农村九年一贯制（寄宿制）学校建设标准》，从办学基础条件、办学经费、师资配备、学生教育等方面促进学校的标准化建设。

（4）学校体育促进学生健康素质发展实验研究

结合当今时代的热点问题，基于对学校体育和学生健康素质的理解，立足于素质教育，核心是促进学生健康素质的全面发展这一基本命题，开展了"学校体育促进学生健康素质发展的研究与实践"实验研究，对以学校体育为基本途径促进学生健康素质发展进行了探索。实验紧紧围绕学生健康素质发展这一目标，密切结合素质教育的要求和教育教学工作实际，用三年的时间，进行了较为深入的研究。实验以行动研究法为主，寻求深入挖掘利用学校体育教育过程中的资源与优势，来全面提高广大学生的健康素质，达成改善学生身体现状与自身机能、遏制学生身体机能和体能继续下降，改善学生生理健康、心理健康、社会健康、道德健康中存在的突出问题的理论与实践的途径、手段、方法，形成了一套新的体育教学应用模式。实验将生理健康、心理健康、社会健康和道德健康进行整体的统一研究，对大中小学不同类型学校、城市与农村体育教育进行了比较研究，将学生体质健康、体育教学和课外体育活动有机地结合起来。本实验研究有多篇论文在各级刊物发表、获奖，出版了《深化学校体育改革促进学生健康素质发展的研究与实践》科研专著。这些都对学校体育的研究与改革，具有重要理论学术价值和实践借鉴作用，实验研究过程及其产生的效益，对学校体育教育的发展、对学生健康素质的发展都具有积极的促进作用。

三、"十二五"期间省教育科学规划工作的主要思路

"十二五"期间，伴随深入贯彻科学发展观，辽宁省的社会政治经济发展将进入一个新的时期。未来五年，是辽宁省经济发展方式和增长方式转变关键时期，要求通过教育强省建设为辽宁省经济社会发展提供新的发展动力和人力资源保障；是辽宁省小康社会、和谐社会建设的关键时期，作为社会事业重要组成部分的教育，在促进民生、促进社会公平和谐等方面越来越凸显重要，也越来越受到重视；是辽宁省经济结构、产业布局和人民教育需求变化关键时期，未来5年辽宁省的城镇化进程，以及人口变化，特别是就学适龄人口逐步减少和流动人口、中老年人口持续增加的总体趋势，人民群众对教育、特别是优质教育的需求越来越高。同时，伴随改革开放的逐步深入，教育改革和发展已经进入深水区，各种深层次矛盾逐渐显现，利益纠葛越来越复杂，解决问题的难度越来越大。因此，落实国家和辽宁省的中长期教育改革和发展规划纲要，保障教育优先发展，加快教育强省建设；更好地实现以人为本教育，努力实现教育公平，办人民满意的教育，为辽宁省社会的和谐稳定发挥更重要作用；努力实践科学发展观，加快教育机制与体制改革创新，保证辽宁省教育内外部协调均衡发展，使辽宁省教育实现又好又快的科学发展，并更好地促进和服务于辽宁省经济社会发展和人民群众素质提高；努力实现科学管理，保证辽宁省教育自身的规范、安全、高效运行等方面的任务更加艰巨。这些，都对教育科研、特别是教育科学规划工作提出了新的更高的要求与挑战。作为教育科研工作的统筹规划与组织者的教育科学规划工作，如何促进教育科研质量与效率、效益进一步提高，如何促进教育科研工作者整体素质进一步提升，使之为教育的科学发展贡献出更大的力量，需要继续开阔思路、继续深化改革、继续开拓创新，促进教育科学规划水平与质量的提高，任务仍然是艰巨的。

在全国教育科学规划领导小组办公室的有力领导和大力支持下，"十二五"期间的辽宁省教育科学规划工作，将以践行科学发展观为动力，以进一步提升管理水平、进一步扩大影响力（上水平、上层次）为重点，以教育决策支撑平台体系建设为载体，以整合和开拓教育科研资源为主要手段，以提高教育科学规划管理基础能力、破解辽宁教育改革和发展中的热点难点等重大问题为中心工作，通过培育一批教育科研优秀团队、培养一批教育科研骨干、开展一批有效服务于教育科学发展的项目研究、建设一个高效通畅的教育科研服务平台等，把教育科研、教育科研培训和服务教育科学发展三者有机地结合起来，引导和支持辽宁的教育科研力量、教育科研工作及教育科研成果向更有效地服务于教育的科学发展方向转化，为实现教育的优先发展、科学发展贡献更大的力量。"十二五"期间，为开创工作新局面，

辽宁省教育科学规划将重点推进以下几项工作：

（一）继续优化课题结构与层次布局，充分发挥教育科学规划的引领与支撑作用，促进教育科学决策和科研兴教，促进辽宁教育的科学发展和教育强省建设

针对教育科学决策及教育改革和发展实践的需要，科学地设置相应的研究项目——研究课题，可以发挥研究方向引导与研究力量凝聚作用，是科学有效组织教育科研资源集中攻关、调动科研人员积极性与创造性的重要手段。因此，通过科学合理设置教育科学规划立项课题，将有限的教育科研资源、高水平的教育科研人员引导和凝聚到教育事业科学发展所需要的领域，提高教育科学规划立项课题的针对性和和应用性，是教育科学规划的重要工作任务之一，也有助于教育科学规划工作的效率与效益提高。“十二五”期间，针对千军万马争省级课题以及省教育科学规划课题存在的同级不同质等现象，要按照省、市、县（区）三级课题科学布局，合理确定各级别课题的研究重点、目标追求和资格要求，引导广大教育科研人员根据能力与基础，科学地选择课题，合理利用教育科研资源，保证课题研究的针对性，保证课题运行的质量。

根据教育改革和发展实践、教育科学决策及教育科研工作的需要，在“十二五”期间，辽宁省教育科学规划工作重点是要发挥其计划性、组织性、协调性等方面的优势，围绕省级教育行政部门中心工作，围绕着贯彻第四次全国教育工作会议精神和《国家中长期教育改革和发展规划纲要（2010—2020 年)》，落实省教育工作会议要求和《辽宁省中长期教育改革和发展规划纲要（2010—2020 年)》，继续通过辽宁省教育科学“十二五”规划与统筹工作，通过设置规划立项课题的形式，发挥组织与协调的优势，集中力量，对涉及辽宁教育改革和发展实践中急需解决的热点、难点问题，进行实践对策性、应用性的研究和理论概括性、提升性的研究，实现有重点的突破，及时地为各级各类教育改革和发展决策的科学化发挥作用。

在立项课题选择、立项课题实施、立项课题承担队伍组织、立项课题成果宣传与转化、立项课题管理与评估制度，以及教育科研机构管理等方面，要以提高质量为核心，加快观念转变，深入探索与改革教育科学规划工作的体制与机制，实现规范管理、规范评审。“十二五”期间，继续认真做好年度立项工作，进一步改进和实行匿名评审制度，实施总量控制，并进一步改进教育科学规划立项课题结题鉴定经常化政策，以增强规划立项课题的针对性和实效性，保证教育科学规划研究围绕辽宁省教育改革和发展实践亟待破解的问题，组织力量，开展工作。辽宁省教育科学规划办将定期组织检查，对于未履行课题申请时承诺的、未按要求给予经费支持或匹配经费的单位，将在新的立项上实行从严控制。

（二）继续整合教育科研资源，加强辽宁省教育科研团队、辽宁省教育科学规划重点研究基地建设工作，提升辽宁省教育科学规划组织机构网络体系的影响力，促进教育科研基础能力建设

提升教育科学规划质量和影响力的根本途径之一，是建设高水平的教育科研团队。加强科研团队、科研骨干队伍和辽宁省教育科学规划重点研究基地建设，决定着教育科研服务于教育的科学决策和科学发展的质量与效率，是教育科学规划的基础性工作之一。“十二五”期间，辽宁省将继续大力整合教育科研资源，通过遴选和建设辽宁省教育科学规划重点研究基地，来凝练方向、汇聚队伍，集中优势资源打造学术团队和学术品牌。要通过特色教育科研团队培育、优秀教育科研专家骨干选拔培养、教育科研立项课题招投标制度改革、加强教育科研培训等措施创造条件和环境，建设一批特色明显、脚踏实地、富有创新精神的科研团队，培养一批术有专长、立足本岗、富有进取精神的科研专家骨干，为提高教育科研服务质量与水平创造必要条件。同时，根据教育科研工作、特别是教育科学规划工作的需要，在加强规范管理的基础上，继续建设好、培育好一批辽宁省教育科学规划重点研究基地，使之能够代表或涵盖高普职成民各类教育、各级各类办学单位、各类别教育科研领域，并将其纳入到辽宁省教育科学规划和教育决策支撑平台体系的组织构架中，凝聚到教育科研、特别是教育科学决策所急需要的领域并充分发挥其作用，为提高科研质量与水平创造条件。发挥基地的作用，重在突出特色，突出影响力（可推广性，号召力），注重比较优势、科学定位。基地将通过省教育科学规划办给予政策与机制支持、申报单位给予人财物支持来共同建设，并且要通过定期考核，实行淘汰制的方式进行动态管理。

经过改革开放三十年来的建设，辽宁省教育科学规划组织机构网络建设取得很大成绩，其实力明显增强、投入显著增加、影响力和受重视程度不断提高、管理制度与机制日益完善，但随着经济社会与教育的发展，就总体看，在机构编制、人员素质、职能定位、功能发挥、业务指导关系等方面，远不能满足教育科研事业、教育科学规划业务的发展需要。为此，首先要从制度与机制创新角度出发，通过进一步理顺省、市、县（区）教育科学规划组织机构的行政管理与业务指导关系，通过完善省、市、县、校四级教育科学规划管理机构业务管理与指导的体制机制，促进整体工作效率与效益的提高。其次要进一步加强各层次教育科学规划组织机构基础能力建设工作，明确其职能定位，破解机构设置、人员编制、经费保障、管理体制等方面因素的制约，改进教育科学规划管理工作方式方法与条件，提高人员素质，进一步提高其影响力与权威性，使之在教育科研统筹与规划、组织与管理、指导与服务等方面发挥更大的作用。妥善处理省、市、县（区）三级的权力和利益分配。对于管理规范、运行质量高、信誉好的县（区），可以按计划单列管理，直接对省教育科学规划办；对于市级机构不健全或体制不顺、管理薄弱的，将由省直接对县（区）负责管理。同时，在

省教育厅领导下，充分发挥辽宁省教育科学规划领导小组统筹教育科研的规划与管理职能，组织开展对各级教育科研机构评估工作，借此督促各级主管部门重视教育科研机构的建设工作，促进各级各类教育科研机构的基础能力建设，为促进教育科研事业的发展创造条件。

（三）继续完善分层次的教育科研培训制度与体制，切实提高科研培训工作的针对性与实效性，打造一支高素质的辽宁省教育科研专兼职队伍，促进教育工作者能力与素质的提升，促进科研兴师

动员更多的教育工作者承担或参与教育科研工作，打造一支高素质的辽宁省教育科研专兼职队伍，是保障辽宁省教育科研工作发挥应有作用的前提条件，也是提高教育教学效率与质量的基础，是辽宁省教育科学规划工作中一项长期的任务。注重科研培训实效性，继续开展教育科研培训仍然是辽宁省教育科学规划工作的一项重要的任务，也是提高教育科学规划课题运行质量的重要手段，针对不同层次需求，确定分层次培训的重点，实现培训方式的多样化。要以人为本，采取多种措施加强教育科研专兼职队伍、优秀教育科研团队和教育科研骨干队伍的建设。教育科学规划，要发挥应有的作用，通过多种形式吸收、动员、鼓励和组织广大教育工作者、特别是教育一线的教师们，参与到教育科研工作中来，促进成功的教育实践经验总结并上升到理论高度，促进教育理论成果在教育实践中应用，促进教育工作者队伍素质的提高。

（四）继续强化教育科学规划公共服务平台建设工作，畅通信息交流渠道，完善基础数据库，提高教育科研管理工作效率并发挥其效益

现代信息技术与网络平台，具有速度快、容量大、影响广、使用方便等特点，能够极大提高工作效率与效益。教育科学规划应充分利用现代化信息技术与网络平台的作用，使教育科学规划工作的机构网络体系、管理规章制度、工作计划安排、通知公告、工作内容与进度、工作成绩、研究成果与研究典型经验、研究案例等一目了然，快速地传输到各个地方，以提升科研工作水平与效率，并扩大教育科研成果推广应用管道与途径。“十二五”期间，除继续加强“辽宁教育科研网”的教育科学规划栏目建设外，还要充分利用这一平台，努力实现网上申报、网上评审、网上公布、网上存储、网上查阅等功能，并加强辽宁省教育科学规划课题库、成果库、案例库、专家库等基础数据库建设，逐步实现对会员单位开放。在提高教育科学规划管理工作效率的同时，为广大教育工作者提供一个高效的教育科研信息交流平台，也为传播教育科研理论知识、宣传教育科研工作成绩、扩大教育科研及其成果影响力，创造条件。加大省与市、县的信息互动，鼓励各单位与科研网合作建设个性化界面，利用科研网宣传科研兴教、科研兴校的经验。

（五）继续加强辽宁省教育科研规章制度建设，促进辽宁省教育科学规划体制与机制、管理制度的创新

提高质量、完善制度、规范管理是教育科学规划管理工作必须坚持的原则。根据"十二五"教育科学规划工作的需要，结合实际，通过机制与体制改革创新、规划管理机构基础能力提升等工作，进一步促进教育科学规划工作的科学化、制度化、规范化，促进教育科学规划工作效率与质量的提高。根据教育改革和发展形势、广大教育工作者需求的变化，"十二五"期间要继续完善各种教育科研管理制度，使之更符合教育科研实践发展需要；进一步完善辽宁省教育科学规划课题管理办法，对课题的立项、组织、验收、评审等作出更明确的要求，以确保课题研究及其成果质量与效益，为提高教育科学规划的贡献度创造条件；进一步完善教育科研的激励机制和评价机制，对教育科研工作者、教育科研成果宣传、推广和表彰等作出更明确的要求，为有组织有计划地推广教育科研成果，使科研成果产生更大的效益创造条件；进一步建立健全教育科研机构的管理与评估制度，促进教育科研机构的基础能力建设和职能的充分发挥；进一步加强各级教育科学规划领导小组及其办公室建设，并进一步明确其职能，为教育科研管理工作更趋规范、科学和完善创造条件。

教育科学规划工作，必须以科学发展观为指导，解放思想、实事求是、与时俱进，提高认识，以研究和解决教育实践中存在的突出问题为中心，紧紧围绕和服务于教育改革和发展实践需要，进一步动员和凝聚广大教育工作者、包括教育科研人员，积极投身和参与到科学发展的伟大实践中来，发挥广大教育工作者的积极性与创造性，为研究和解决教育改革与发展中所面临的诸多问题积极开展研究，为教育科学发展、教育科学决策，积极建言献策。

四、"十二五"期间省教育科学规划的重点研究领域和方向

面对辽宁省教育改革和发展的趋势，教育科研、特别是教育科学规划工作将一如既往地坚持"三为服务"的宗旨，充分发挥教育科学规划的功能和作用，将教育科研资源、教育科研关注点聚焦到辽宁省教育改革和发展的重大理论与实践问题的研究和解决上，关注到教育的前沿问题和热点问题的探讨上来，同时重视宏观问题与基础理论的研究，为教育改革和发展提供智力支持、为教育行政部门决策提供理论依据、为基层的教育教学改革提供有力指导，更好更自觉地担负起并高质量高效率地完成统筹规划和组织教育科研的使命。

"十二五"期间，辽宁省教育科学规划将继续重点鼓励和支持针对"中长期发展规划纲要"贯彻落实，对具有代表性问题破解的实用有效对策研究；着眼于区域或院校、专业改革发展的特色化、创新性研究；运用新方法、新技术的实验研究与实证

研究，特别提倡在各级教育行政部门的组织下开展区域性实验研究；提倡有关院校或课题组选定方向进行持续性的深入实验或研究；提倡广大教育工作者结合自身工作需要，结合各级各类教育和学校的改革实际，选择具有小、精、实、新等特点的研究题目开展有针对性的研究。

“十二五”期间，辽宁省教育科学规划的重点研究领域与方向包括：

（一）教育发展战略与规划研究

进一步促进教育公平的战略、阶段性目标及重大举措研究；落实优先发展、公共教育资源合理配置的政策与制度研究等。

地方与区域特色现代化教育体系及其完善的政策和措施研究；地方与区域教育的地位与竞争力及其保障政策措施研究等。

素质教育现状、经验分析及进一步推进的对策与制度研究，政府在素质教育实施中的责任及其绩效考核等。

政府和市场在提供教育服务中的作用与办学体制改革研究；转变政府职能，加强教育中介体系建设与教育管理体制改革研究等。

人口迁移（农民工）及其子女教育问题的战略选择与政策对策研究；社会变迁（工业化、城市化、就业、人口等）对教育战略选择及教育制度改革影响与对策研究；社会变迁（工业化、城市化、就业、人口等）对国民个人教育选择及其对教育改革的影响与对策研究等。

校园安全、学校与师生权益保护的对策与制度建设研究；教育督导与评估机制改革及效率效果提高对策建议研究；现有教育法律法规实施效果及其修订建议研究等。

（二）高等教育发展研究

高教强国背景下省域高等教育发展战略研究；区域经济、产业结构调整与高等教育结构布局优化研究；高等学校服务区域经济社会发展途径与方式研究；特色高等教育区域中心建设研究；高等教育层次、科类、布局结构现状分析与优化的战略与对策研究；高校专业群建设与典型产业集群发展对接研究；地方本科院校发展模式与办学特色研究等。

现代大学制度建设与高等教育管理体制改革研究；高校内部治理结构改革与自我约束自我规范机制建设研究；高水平大学和各类型“强校”建设、大学特色化发展战略与实施策略研究；产学研联合培养创新人才的体制与机制研究等。

高校合理规模与办学效益研究；高等教育及高等学校绩效评价研究；高等学校教学质量监控与保障体系建设研究；新时期高校债务风险防范与化解问题研究等。

（三）基础教育发展研究

公办幼儿园扩大优质资源、集团式办园模式研究；乡镇中心幼儿园建设与发展研究；人口流动家庭、低收入家庭幼儿接受学前教育资助政策研究；义务教育质量标准及义务教育均衡发展研究；义务教育质量评价和监测体系研究；促进普通高中多样化发展的政策、制度与机制研究；普通高中教育区域发展战略及有关政策与对策建议研究；普通高中特色化发展途径和发展机制研究等。

（四）职业教育发展研究

基于产业集群的省域统筹的职业教育专业集群建设研究；对接产业集群的职业教育集团建设研究；跨企业职业教育培训中心建设研究；创新职业教育实训基地建设模式与运行机制研究；推进职业学校专业课程内容和职业标准相衔接研究；城乡一体化背景下的县级职教中心发展模式研究；新时期面向农村的职业教育发展模式研究；现有政策效果及完善中等职业学校学生资助政策与制度体系研究；促进职业教育教师专业化发展途径与机制研究；社会职业培训机构网络规范建设与强化监管的政策与对策研究；行业企业参与职业院校治理的理论与实践研究；职业院校特色化发展及其促进研究等。

（五）继续教育（终身教育）发展研究

推进继续教育改革发展的重大项目和政策举措，包括完善体系与构建“立交桥”、加强制度和法制建设、创新管理体制、改革继续教育模式、建立继续教育质量保障、评价和激励机制、构建继续教育资源平台与促进资源整合、社区教育质量提高与质量保障机制等。

（六）民办教育发展研究

民办教育在地方或区域教育发展中的战略地位与作用；促进民办教育与公办教育共同发展的政策建议；民办教育的规范与自我约束机制；民办教育与民办院校财务风险防范机制与制度建设研究等。

（七）教育发展保障条件研究

1. 教育科研发展研究

教育科研与决策支撑体系建设的战略与对策建议研究；进一步完善与发挥“教育科学规划”作用的政策、对策与制度建设研究；“教育科学规划”质量提升的对策与制度创新研究；教育科研质量提升的政策、对策与制度建设研究；教育科研机构基础能力建设的政策、对策与制度研究；教育科研队伍素质提高的政策、机制与制度建设研究；区域（或高校高等教育）教育科研机构与科研队伍建设案例研究；优秀教育科研人才成长与作用发挥的案例研究；科研兴区、科研兴教、科研兴校、科研兴师的案例研究等。

2. 教育理论、教育信息化建设与教育国际比较研究

各方面教育教学基本理论创新研究；教育信息化建设与应用效率提高对策研究；教育信息化建设可持续发展策略研究；教育技术手段改进与创新研究等。

国外教育发展趋势及可资借鉴的成功经验研究；发达国家和新兴国家教育发展道路与模式分析研究；各国优先发展教育的战略措施与案例研究；有关国家教育立法及其施行效果的评估研究等。

3. 师资队伍建设研究

继续提高教师的社会地位和经济待遇的政策、措施研究；教师培养培训、终身学习与教师资格制度改革与创新研究；教师编制管理制度、人事管理制度、聘任和职务制度改革的政策、对策建议研究；教师工作效绩评估研究；师德提高与监督保障机制与制度建设研究；校级领导管理考核及其监督保障机制与制度建设研究；优秀教育工作者的成长与作用发挥的案例研究等。

4. 教育系统党的建设和思想政治工作研究

适应辽宁省改革和发展新形势，加强学校党的建设研究；发挥思想政治理论课和德育课主渠道作用的对策研究；少先队、学生会、共青团等社团组织功能创新与发挥研究；繁荣校园文化，加强校园网络文化建设和管理的机制与制度研究；学生心理咨询辅导（包括就业指导）机构建设与作用发挥的政策、对策与制度研究等。

5. 教育投入研究

保证和增加教育投入的机制建设与对策研究；教育投入绩效评估系统及其促进提高对策研究；扶困助学体系与机制建设及其效率效益提高研究等。

（辽宁省教育科学规划领导小组办公室）

四川省教育学科发展报告

四川省“中小学教育科研”的蓬勃开展始于20世纪80年代初。时至今日，经过三十年发展，具有中小学特色的“学校教育改革与发展研究”工作体系已较为成熟。其成熟性表现在：理论与实践相结合的研究范式特点鲜明；科研管理达到较高的制度化水平；有利于促进学校教育科研普及和提高的“专业指导”力量基本形成；一批优秀成果很好反映了教育改革的前沿经验。

实践业已表明，中国中小学教育科研正在成为教育改革发展的重要组成部分。放到三十年改革开放的进程中看，中小学教育科研活动的实质是在教育改革的道路上追求科学理性和实践检验。它促进了教师教育思想的活跃，激发了学校发展的活力。这种活跃、活力表现为改革开放进程中的思想解放和教育工作能力的解放。

一、省中小学教育改革和发展研究课题的基本情况

（一）省教育科学规划领导小组批准立项课题的项数

“十一五”期间，在省教育厅、省教育科学规划领导小组的领导下，四川省教育科学规划办开展了三次教育科研课题立项申报审批工作。采取的是每两年一次的办法。三次立项的基本情况是：

2006年，批准立项课题143项。

2008年，批准立项课题149项。除常规领域外，另加设“‘5·12’大地震灾后教育重建专项”。

2010年，批准立项课题215项。新增加两个领域的专项：“‘9+3’藏区免费中等职业教育研究专项”和“高中课程改革研究专项”。

以上，“十一五”期间，获省教育厅、省教育科学规划领导小组批准，由省教育科学规划办下达的课题共507项。

（二）四川省教育厅划拨经费情况

2006—2009年，四川省教育厅每年划拨给省教育科学规划办，用于资助获批准立项的中小学教育科研课题启动研究活动的专项经费为每年30万元。

2010年，这一经费增加到90万元。

此外，省教育厅为2009年评出的“四川省人民政府第四届普教教学成果奖”划

拨专项奖金48万元。

以上，“十一五”期间，省教育厅划拨给省教育科学规划办，用于中小学教育科研活动的专项经费共计258万元。

（三）中小学课题研究的主要范围

1. 以“教育改革与发展的实践性研究”为主

四川省教育科学规划办的课题立项工作历来主要面向普通中小学、幼儿园、中等职业教育学校、地方教育科研机构和地方教育行政部门等教育实际工作单位，重视“教育改革和发展的实践性研究”，特别强调“以研究促进教育改革，以改革促进教育发展”。

2. 涉及教育改革和发展的十五个一般领域

省教育科学规划办在“‘十一五’教育科研选题指南”里，将教育改革实践研究划分为十五个研究领域，分别为：综合研究；素质教育研究；教育管理、学校管理研究；德育研究；农村教育研究；职业教育研究；信息技术教育研究；心理健康教育研究；教师教育研究；课程与学科教学改革研究；幼儿教育研究；特殊教育研究；民族教育研究；艺体教育研究；民办教育研究。

“十一五”期间立项的507项课题涵盖了上述十五个领域，其中以农村教育研究、幼儿教育研究、课程与学科教学改革研究、教师教育研究、心理健康教育研究、职业教育研究和民族教育研究7个类别的立项课题居多。

3. 特设三个专项领域

“十一五”期间，在一般性地发布课题研究范围的基础上，省教育科学规划办还根据四川省教育事业发展的具体需要，新增设了三个专项课题研究领域。

（1）灾后教育重建研究专项

2008年5月12日14时28分，四川汶川特大地震袭来，地裂山崩，家园毁灭。灾区教育系统遭受重创，全省共有5 335名学生遇难失踪，13 768所学校受损，直接经济损失300多亿元。在重灾区和极重灾区，几十年教育发展成果几乎毁于一旦。灾后教育重建的历史任务十分艰巨。

四川省教育厅同意省教育科学规划办设立“灾后教育重建研究专项”研究计划，以期更加科学地研究解决灾后教育重建中“软要素”问题。省内各有关市州教育科学规划办积极响应，组织、筛选了54个课题上报省规划办。经省教育科学规划办组织专家评审，共有26个课题获准立项。这些课题所研究的问题涉及五个方面：灾害应急机制的建立；学校安全教育研究；灾后师生心理援助的研究；教育教学重建；抗震救灾中的德育资源挖掘等。

（2）“9+3”研究专项

2009年秋季，四川省开始在藏区实施“9+3”免费中等职业教育计划。“9+3”的“9”指九年义务教育，“3”指三年中等职业教育。所谓“‘9+3’免费中等职业教育计划”即：每年组织1万名藏区学生到内地免费接受中职教育。至2010年，接受“9+3”免费中等职业教育计划任务的学校为90所，全部为国家级重点中职学校或省级重点中职学校。目前，这一计划已列入未来10年四川省中长期教育改革发展规划纲要，成为一项重大的民生工程和民族团结工程。

为了做好藏区免费中等职业教育工作，促进汉藏民族大团结，四川省教育厅批准省教育科学规划办于2010年增设“‘9+3’藏区免费中等职业教育研究专项”。省内各有关市州教育科学规划办深入组织“9+3”任务申报课题。经省教育科学规划办组织专家评审，各地上报的232个项目中有32个项目获准立项。这些课题主要对以下几个方面的问题进行研究：藏区“9+3”学生职业技能培训的有效性研究；适合藏区学生文化心理特点的教育对策研究；“9+3”学生文化补习有效策略研究；以德育活动为载体实施民族团结教育的研究；“9+3”教育管理研究等。

（3）高中新课改研究专项

从2010年9月起，四川省普通高中的起始年级开始进入高中新课程改革实验。为保证高中新课改的有效实施，省教育科学规划办获四川省教育厅批准，新增设“高中新课改专项研究计划”。经省教育科学规划办组织专家评审，共有39个项目获准立项。这些课题主要涉及以下几个方面：普通高中综合实践活动课程实施策略研究；普通高中有效教学策略实践研究；教师网络培训下的校本跟进式培训研究；普通高中新课程改革教学评价研究；推进普通高中的教育管理研究等。

（四）其他渠道批准立项的中小学教育科研课题

1. 来自全国教育科学规划办的课题

2006—2010年，每年都有5—10项由基础教育、中等职业教育工作者设计的中小学教育科研课题研究方案，获全国教育科学规划办批准为“全国教育科学规划课题”。其中，有三项由地方教育科研机构及教育行政部门设计的研究方案被批准为“国家哲学社会科学规划课题”。其研究主题分别是：“‘5·12’四川汶川大地震灾后师生心理援助应急机制研究”、“政府主导型农村社区教育共同体构建研究”、“促进大面积有效教学的问题资源开发研究”。

2. 获四川省教育厅科技处批准的课题

在四川省教育厅科技处负责规划的社会科学研究计划内，也有部分项目投向中小学教育工作者设计的教育改革和发展研究方案。

3. 各市州都设立有相应的中小学教育科研规划

每年，获各市州教育行政部门批准立项的中小学教育科研课题在400—600项。

二、省“教学成果”评奖活动所展现的“发展性研究范式”

2009年，四川省教育厅组织开展了“第四届教学成果奖”活动。“教学成果奖”

是四川省人民政府1997年专门设立的教育奖项［1997年，四川省人民政府《四川省教学成果奖励办法》（第92号令）］。2009年之前，四川省基础教育和中等职业教育战线举行过三届教学成果评奖活动，有724项教学研究成果获省人民政府颁发的“教学成果奖”。经过十多年的评奖实践，该奖项已经表现出它在促进教学水平和教育质量提高，以及促进教师专业素养发展两个方面的双重作用。

在整个评奖工作中，下述工作环节特别具有促进中小学教改研究水平提高的意义。

1．全面开展“成果总结指导”工作，提高申奖成果质量

四川省教育科学规划办把教学成果的评奖过程作为提高我省教改研究水平的重要契机来抓。按“面向所有申请教学成果奖的单位”的原则全面开展了成果总结指导，以帮助成果申奖单位了解评奖标准，提高成果总结质量。自2008年10月至2009年5月底近8个月的时间里，省教科所与各市州教科所齐心协力，通过大会大面积培训、片区展示交流、同类项目集中指导等多种方式，为近600项成果提供了成果总结指导服务。

按照全省教育科研管理工作者的共同设定，在成果总结指导中，指导者坚持从“问题”、“主张与措施”、“教育改革效果”、“价值意义”、“活动形态”等几个方面，开展苏格拉底“产婆术”式的追问和讨论。这样的培训式指导得到中小学教师的广泛欢迎。

2．坚持按中小学教改研究的科学规律来设定评奖标准

中小学教改研究活动属于“发展性研究”，有其自身的研究范式、实践样式。反映的是一定时代的学校文化背景下的学校发展经验。正是基于这样的认知，四川省第四届“教学成果奖”的评奖标准如下。

（1）基本标准

一等奖：在大面积或长时期的试验及方案发展中得到充分验证肯定，达到国内先进水平，实践效果显著，对提高教育教学质量有较大的推广价值或很强的指导意义，已在国内产生了一定影响。

二等奖：在较大面积和较长期的试验及方案发展中得到验证肯定，实践效果明显，有一定的推广价值或指导意义，在省内产生了一定影响。

老少边穷地区的单位或个人取得的、针对本地教育教学特殊问题而产生的、适合本地教育实际的成果，在研究水平相同时可优先获奖。在“5·12”汶川地震赈灾及灾后教育重建中显现出特别价值的教育教学成果，在研究水平相同时可优先获奖。

（2）具体标准

A. 改革针对、解决的问题［25分］

所研究解决的问题既符合本区域、本校教育实践的需要，又是当前我国、我省教育改革和发展实践中的普遍性问题；所研究解决的问题是我国、我省教育改革和发展中的热点、难点、重点问题；对所研究解决的问题的分析、分解，反映了教育实践、教育理论的先进主张。

B. 改革主张及措施［35 分］

核心主张和理念是否真实反映在教改措施之中；教改措施是否有相应的案例、活动等事实来支撑；措施、策略和方法是否能够有效地解决核心问题；研究成果的推广价值，理论认识是否深刻、科学；改革的思路是否清晰、措施是否系统。

C. 改革效果［30 分］

基于改革的思路、理念、措施，教改实验范围内的教育活动发生了深刻变化；教改实验范围广，受益单位，受益者面积大；成果在一定范围内获得推广。

D. 成果表达水平［10 分］

归纳、概括得当；成果表述结构合理；文字表达清晰、准确。

为了使参与"教学成果奖"的评审专家理解和执行上述评审标准，评审委员会办公室对专家组进行培训，强调教学成果的价值在于"利用教育科学的力量来促进教育的进步和改革发展"。是否产生了教育改革效益，包含、体现了什么样的发展观，是判断成果主要贡献、主要价值的依据。教学成果的创造性集中表现为教育改革经验方案的新颖性。审读成果材料，应该评价其主要贡献是否达到获奖标准的要求，不应拘泥于成果表述的理论演绎水平。

3. 使每项申奖材料得到尽可能充分的审读

众所周知，在当下的教育科研管理实践中，申请立项的论证材料、申请评奖的成果材料常常不能得到评审专家的认真审读，已成为影响"公正"、"公平"的重要原因之一。针对此，四川省在多年的实践中形成了一套做法。在"教学成果奖"评审工作中，这套做法就是：保证每一位评审专家审读一份申奖材料不少于半小时；每一项材料至少得到 2—3 位专家的独立审读、评判；一项成果材料获奖等级越高，就越要经过更多专家的审读评判。

按照四川省教育厅《关于开展四川省第四届普教"教学成果"评奖工作的安排》，第四届教学成果评奖工作总的来说分为三个阶段：

第一阶段，由各市州教育局及有关机构组织的推荐性评审，上报省评审委员。在这一阶段，每份材料得到 1—2 位专家审读。

第二阶段，由省教育厅"教学成果评审委员会"组织专家书面评审。从市州推荐上报的成果中，评出获奖成果 250 项左右，包括三等奖、二等奖项目和一等奖备选项目。在这一阶段，每份材料得到 2—3 位专家的独立审读和 3—5 位专家的合议。每位专家的审读工作量严格控制在每天 16 项，平均每项的审读时间为半小时。在被专家小组推荐为一等奖备选项目的材料，还要经过近二十位专家联组合议。

第三阶段，由省教育厅"教学成果评审委员会"再次组织专家组，对第二阶段评选出的一等奖备选项目开展"答辩评审"。在这一阶段，每个项目又要经过五位专家的集体咨询评审。

4. 四川教学成果评价标准的进一步解读

四川省教育科研管理工作者在长期的“中小学教改研究”实践中，初步归纳出了在课题设计、立项评审、成果总结、成果评价等科研环节中应该遵循的若干标准。“十五”期间，这些标准集中表述为三点。

（1）研究方案或者成果究竟解决什么样的现实问题

追问、表述研究者在教育实践中产生教育改革研究意欲的“原始冲动”，是区分“现实·实践问题”和“逻辑·演绎问题”的重要策略。

（2）研究方案或者成果的教育改革主张和措施是什么

为解决教育现实问题，拟采取，或者究竟在教育实践发展起来了怎样的“操作”。所谓“操作”即具体的教育改革主张、途径、办法等。

（3）研究方案拟产生或者研究成果已经产生了什么样的教育改革效果、效益

教育改革和发展的效益常常表现为学生、教师以及教育活动体制发生的与改革主张和措施相应的变化。“效果”是检验、说明改革是否成功的“证据”，也是启迪教育改革路径的“效标”。

在“十一五”期间，上述“三点”有了深化性认识，被归纳为补充性的新“两点”。

（1）研究方案或者成果的“价值取向”究竟是什么

强调对研究方案或者成果的根本价值的追问，不仅关注其直接意义。包括对“问题”、“主张及措施”、“效果”的根本价值的关注。

（2）研究方案或者成果是否能够或者已经落实到了教育活动中

“问题”、“主张及措施”、“效果”都应该结合一定的“活动”表述，或者说，都应该通过对“教育活动”的表述来陈述。对“教育活动”的陈述，应该涉及“活动的对象性内容”、“活动的强度”、“活动中的人”三个方面。

以上的这些认识，在实践中被简称为“老三点+新两点”，被认为具有“深入浅出”、“入格门槛低，深入无止境”、“现实针对性强”等特点，对有效提高四川省中小学教育科研的水平发挥了积极的作用。

三、中小学科研成果特点举隅

（一）与社区社会发展任务相结合，是深化学校教育科研的重要途径

在四川的学校教育科研活动中，一批研究项目及其成果明显表现出“学校发展直接与社区发展任务相结合”的特色，从而深化了学校教育改革，促进了学校发展。

例如“里泼彝族民俗文化开发与校本课程建设的双向促进研究”。

地处川滇接壤部的四川省攀枝花市仁和区平地校区，由1所中心校和16所村小组成。从2005年起，该校区以课程资源开发和弘扬民族文化为切入点，开展“里泼

彝族民俗文化开发与校本课程建设的双向促进研究”。学校组织师生到村寨社区采风，整理出反映民歌、民乐、舞蹈、建筑、服饰、手工等民间艺术，节庆、婚俗、饮食等民间习俗的《采风资料集》。然后编辑形成与音乐、美术、体育、语文四个学科相结合的里泼民俗文化校本教材。再以校园艺术节、兴趣小组、学校大课间、综合性社会实践等丰富多彩的课程活动为载体，引导学生体验、学习里泼彝族民俗文化。

由于该项研究设计强调“双向促进”，民俗文化从民间走进学校课程，再经过学校课程活动走向社区，带来校本课程建设与乡村民俗文化建设的双赢局面。

教育突破了校墙。孩子们不仅在学科课程中学习，也在生活中学习。孩子们重又围在大人身旁学唱山歌、学跳笛脚、学习刺绣。火把节街头广场上的斗鸡、角力、跑火把、对山歌，过年时寨子里的歌舞打跳，婚礼上的祝酒歌，都有孩子们快乐的、不可或缺的身影。特色服饰艺术、建筑艺术中的民族智慧，民风民俗中彝人乐观豁达的生活态度，民族历史中所表现出的社会进步观，也在潜移默化中滋润学生的个性。

地方民俗文化获得学校教育的支持。学校的各种大型民俗艺术活动，总能吸引众多的民间艺人和普通民众参加。常常是校园里的“金沙彝笛”笛声一响，附近的村民便纷纷聚拢，投入到欢乐的“笛脚”中。在孩子们的带动下，许多一度沉寂的民俗文化活动在村寨里健康复苏。

在上述双赢的过程中，一方面，校本课程找到了贴近学生生活的教育资源，校园文化吸纳了社区文化要素、并因而融入其中。另一方面，学校成为地方文化建设的重要基地和推手，地方民俗文化遗产得到鲜活的保存。

怎样看待该项以及该类研究的“研究价值”？

首先，该研究属于“开发性研究”。第一，其作为“研究”的科学理性表现在对“新课程改革理念”和“民俗文化及其教育价值”的理解、选择以及应用性理论框架构建。第二，其作为“研究”的创造性表现在有效利用民俗文化，实现“校本课程”、“综合实践活动”、“校园文化建设”、“教师专业发展”等教育样态的操作性开发。第三，作为“开发性研究”，上述“双赢”结果的出现，即是“开发性”的实现。

其次，该项以及该类研究以当代学校教育改革的样态，实证性地强调了教育学的一条基本原理：教育发展必须与社会发展相结合。不仅止于此，该项研究对如何在实际工作中去实现学校教育发展与社会发展的结合，还具有“路径启示”的具体价值。

四川省在教育科学研究规划中，特别强调并坚持引导中小学将学校教育改革研究与社会发展相结合。一批研究成果探索了教育发展与社会发展相结合的不同样态、操作路径。有大量的案例。

自贡市蜀光中学在“地方文化元素在高中美术欣赏课中的运用”课题研究中，指导学生成立“中学生文物保护志愿者协会”，依托协会，美术教师和同学们一起，从美术鉴赏的视角，利用相关知识去共同考察、发现具有文化价值的事物。在全校学生普遍参与的活动过程中，有7处新的文物点被师生独立发现，在全市引起了轰动，副市长亲自为文保协会授旗。文化部门很是看重这支地方文化建设的生力军。自贡市文化局邀请师生参加了全国第三次文物普查启动仪式和“我与文化遗产”主题征文、演讲比赛，自贡市自流井区文化局举办了“文物普查走进蜀光中学”活动。美术学科的“学科性鉴赏”不同，该研究不是为鉴赏而鉴赏，而是在尝试着像文物工作者一样在展开文物普查任务的过程中去运用美术鉴赏知识、体验美术鉴赏。在这样的活动中，学生兴趣盎然，自主参与水平高，而教师则给予学生活动支持性指导。根据该校的研究报告，一些学生到高三年级时，仍然不愿放弃这样的活动，积极安排时间参与。该研究也带动了家长和社会参与地方文化的保护。

德阳市绵竹玉泉学校，是一所成人教育学校，开展了“农村成校培训转移农村剩余劳动力的策略研究”。课题组调查了我省西部地区部分乡镇的农村剩余劳动力，尤其是农村女性剩余劳动力资源现状和市场需求后认为：农村成人教育应该重视提高农村妇女的素质，既顺应非农化就业的要求，也提高农村家庭的稳定性。根据对当地企业用工需求和妇女就业特点的分析，该所成人学校与企业沟通，将培训地点先后定在绵竹市楚峰制衣有限公司和绵竹市诚兴制衣有限公司。经过几年的实践与理论相结合的研究，学校和制衣公司既已经融为一体，又获得了作为学校和作为企业的各自发展。其中经验归纳为农村成人学校开展实用技术培训有效转移农村剩余劳动力尤其是女性剩余劳动力的模式、策略以及相关措施。研究促进了本地及区域内农村的稳定与发展。一大批农村妇女在知识文化、维权意识、劳动技能等方面都“面貌一新”，家庭增收。玉泉镇及邻近地区300余名“留守儿童”以及200余名“空巢老人”重又拥有与亲人在一起的日子。该所成人学校与企业联合培训的“绵竹牌”缝纫工被中国就业促进会推荐为“全国劳务品牌展示交流大会优秀劳务品牌”，社会反响强烈。学校获得远近乡村居民的认可，入校参加培训的积极性空前高涨。学校的内部机构及其职能，和学校与外部的联结方式都发生了实质性的改进，结果是学校教育能力的提升和生存空间的拓展。

巴中市教科所在“农村劳动力转移培训课程开发的实践研究”中认识到：按照学校教育思维，职业中学开展农民工培训的任务主要是传授有关劳动岗位的技能；而按照“成功实施农村剩余劳动力转移”这一社会发展目标，就必须关注农民工进入城市后的综合生存能力。在科学发展观指导下，以提升农民工在城市环境中的生存能力和可持续发展能力为目标，遵循基础性、实用性、多样性和发展性原则，列出不同的培训工种菜单和基本生存技能和发展能力课程菜单，并考虑农民工在学习时间安排上的特点，经过在反复的培训实践中探索，初步完成了《以“综合生存能力”为导向的农民工培训课程体系》。学校也开设专为春节回乡探亲的农民工服务的培训项目。通过对接受了公共基础和通用技能模块课程教育培训的学员就业情况跟踪调查，结果表明，接受了该模式培训的农民工在择业、维权等城市生存能力方面明显高于未接受培训的农民工。整个培训体系受到广大农民工的欢迎。同时，也激活了职业学校自我发展的能力。

德阳市旌阳区教育局开展“农村中小学现代远程教育适用于新农村建设信息服务体系研究”，拓展教育的社会功能。该项研究以提高远程教育资源利用率、主动适应新农村建设对各种信息的迫切需求为任务，利用现代远程教育资源为社会主义新农村建设提供生产、就业信息。经过四年的研究，旌阳区各学校的远程教育成了农民致富的“助推器”，促进了新农村建设。在信息技术教育的教师资源、设备资源主动为农村信息需求服务的同时，反过来促进了学校信息技术教育能力的提升。

广安市教育局开展“留守学生德育与新农村精神文明建设双向促进研究”。全市各学校和所在村（社区）联合成立了“留守学生教育和新农村精神文明建设双促互进办公室”，建立“共商教育”联席制度，出台《构建学校、社区、家庭三结合教育网络工作实施意见》等文件。以家庭精神文明建设为抓手，把学生的教育与村民的教育结合起来。通过三年的研究，全市在学校、村（社区）共建留守学生“假日乐园”、“乡村图书室”、“乡村文艺团”活动中，总共投入资金达500多万元，基本形成了基础设施较为完善、活动开展统筹协调、管理评价较为科学的工作运行机制。随着课题研究的不断深化，留守学生的辍学率逐年降低，被评为“三好”学生、“五星”少年、“优秀干部”的人数逐年增加。农村的精神文化生活更加丰富，社区环境“脏、乱、差”的现象得到彻底改变，赌博、打架斗殴等不文明行为得到了有效遏制。2008年，课题研究基地所在村（社区）均被评为华蓥市“新农村建设示范村”，56户评为“文明家庭”，568位家长被评为“星级家长”。在家庭教育水平提高的同时，也出现了“小手拉大手”的可喜现象。

以上这些研究一再验证了：教育改革的深化，必须而且完全能够实现与当代社会发展进程中的经济建设、社会建设、文化建设、民主政治建设相结合。

（二）幼儿教育类研究成果不断克服“小学化”倾向

近十多年来，四川幼儿教育类研究非常关注幼儿在生活中学习，关注幼儿基本素质的发展，包括认识世界的基本能力和构建和谐的社会关系的能力的发展。

成都市第五幼儿园、省直机关玉泉幼儿园、省直机关西马棚幼儿园等三个幼儿园合作的研究项目“幼儿园儿童哲学教育活动实践研究”，以儿童日常生活中所熟悉的并富有哲理性的问题为内容，通过师生间的相互合作、交流与互动，在对话、体验和探索过程中，感受事物间的相互联系、发展与变化，形成属于哲学层面的生活认识。

通过开展活动，幼儿成为了善提问、会倾听、乐思考、爱生活的个体，幼儿在以下四个方面发生了明显的变化：

1. 幼儿能从事物间的相互联系中多角度进行思考

儿童哲学活动让幼儿尝试多角度进行思考，看待问题更加全面，使幼儿思维的深度得到发展。“筷子好，还是勺子好”的活动让幼儿从中感受事物都具有两面性，也明白了工具是否适合与自己使用工具熟练程度也有关系；“乌龟和石头”让孩子尝试换位思考，发现自己的行为会带给别人不同的感受；“一个也不能少”让幼儿感受自己和集体的关系。

2. 幼儿对事对物建构了自己独特的“小理论”

随着活动的开展，幼儿在自己的经验基础上积极主动地表达自己的小“理论”，也学会了从多种渠道去收集无数“旁证”来证明自己观点。同时对于别人的意见和不同观点也能尝试着综合性地作出比较合理的评断。同时也能尝试着在生活中把事情做得更好。

3. 幼儿乐于提问，善于提问，学会了倾听和接纳

开展此项研究以来，孩子们的问题意识逐渐树立。他们经常会对一个问题“一竿子到底”，不断提出质疑和反诘。在活动中，幼儿从自述到交锋，从争论到接纳甚至合作。逐渐在活动中学会了倾听，并在此基础上，解释自己的道理，接纳他人的观点。

4. 幼儿更加自信乐观，形成了积极向上的生活态度

儿童哲学活动帮助儿童养成了思考的态度，更加自信、乐观。有时候，也能帮别人着想。在有竞争性的体育活动结束后，取得名次的小组成员，会主动去安慰没有取得名次的小组成员，这些变化以前是鲜见的。

再如，资阳市简阳机关幼儿园的“培养幼儿责任感实践研究”。该项研究旨在培养幼儿初步的责任感，为其一生可持续发展打下坚实的基础。着力于以下四点：(1) 培养幼儿努力做好力所能及的事，不怕困难，有初步的责任感；(2) 建立幼儿责任感培养的年段序列目标；(3) 探索培养幼儿责任感的途径，形成活动方案汇编和各年龄段有针对性的幼儿读物；(4) 探索引导家庭培养幼儿责任感的方法和途径。该项研究立足于幼儿生活实际，让幼儿在游戏中、在亲身体验中、在活动中学习。将抽象的责任感具体化为一个个可触摸的游戏、故事、儿歌、区角活动、生活小事件，让幼儿在具体可感的情景化训练中，逐渐习得责任感。经过六年半的实践探索，一套基本符合幼儿认知特点的，培养幼儿责任感的一般教育模式和操作方法初步形成。

上述一类成果，对我们进一步思考如何克服学前教育的小学化倾向，具有积极的启迪意义。

(三) 关注农村留守儿童生存状态

近年来，四川省农村青壮年外出务工已成为当地农民增收的主要来源，近 80% 的未成年孩子被留在家中。隔代教育、留守学生群体现象逐渐增多，由此引发的留守学生教育管理问题也日益凸显，学校教育面临着因留守学生问题带来的困扰和矛盾，面临着亟待解决的诸多问题。因此农村学校对留守儿童教育的研究也日益增多，很多学校对留守儿童的现状进行分析，提出有针对性的对策。“十一五”期间我省的成果主要是对留守儿童教育环境的县域治理进行研究，形成“家庭、学校、社会、儿童”四位一体、互动参与的农村留守儿童教育环境县域治理网络。

如眉山市教育科技局的成果“农村留守儿童教育环境县域治理研究”，主要强调

三点认识：留守儿童教育环境治理的从属性，留守儿童教育环境治理的目的、内容和方式依附于教育目的和教育内容；留守儿童教育环境治理的合法性，我们在教育活动的范围内，依据教育法律法规，积极履行教育的非法定职责，使留守儿童教育阵地成为安全的学习场所，并使留守儿童学会自我保护；留守儿童教育工作的有限性，学校对留守儿童的教育工作只能是符合教育目的有限度合理保护，不是无限保护。该成果对留守儿童同伴交流教育环境治理和家庭教育环境治理提出了很多具体、可操作的措施：创建“自助互助”小队、开展“五个一”活动、对非常态留守儿童的结对帮扶、建立留守儿童心理咨询室、发放监护人宣传册、创建留守儿童家长学校、建立家庭教育辅导站及开展监护人培训小组巡讲活动等。

该成果效果显著。全国妇联副主席洪天慧充分肯定和称赞青神县的做法，国务院《两纲通讯》刊发了留守儿童教育环境治理工作的经验。

四川省委政策研究室“调查与决策”倡议推广留守儿童教育工作青神模式，2006年9月26日，四川省留守学生教育管理经验交流现场会在青神县召开。

2007年1月3日中央电视台《新闻联播》对青神县留守儿童教育工作进行了报道。3月3日，中央电视台《小崔会客》在“两会”期间对青神县留守儿童及留守儿童工作者进行了专访，国务院妇儿工委、公安部、教育部等13个部门给予了充分肯定，时任全国人大常务委员会副委员长顾秀莲亲切接见了青神县留守儿童和留守儿童教育实践基地校长。

此外，广元苍溪县元坝镇初级中学的成果“农村初中留守学生现状分析及教育对策的实践研究”通过学校、社会、家庭“三联动”留守学生教育管理体制的建立、学校亲情教育的实施、自律教育序列的构建、自律实践活动的开展、留守学生校外活动空间的拓展和村级家长学校的开办，全面促进留守学生的健康成长。为了有利于学校组织开展有针对性的教育活动，在镇政府的统一协调下，开辟了留守学生“四大”教育活动阵地（1. 旋子山文经书院教育基地。2. 社区留守学生教育活动中心。3. 将军村新农村教育基地。4. 学校留守学生活动之家），并多方筹资近10多万元，添置了相应的配套设备，为留守学生教育活动的开展创造良好的外部环境。

留守儿童类研究成果为农村留守儿童学校提供了很多可供借鉴、可操作的宝贵经验。教育环境资源的有效整合，使留守儿童的教育环境得到有效改善。

四、中小学教改研究的理论的导入水平

中小学教育科研属于“发展性研究”。发展性研究也可称为“开发性研究”。发展性研究并不以产生理论成果为任务，却又对理论有着深层依赖。这种依赖表现为教育理论对教育改革实践的启迪。也就是说，理论的导入水平制约着学校教改研究的研究水平。

教育改革研究的大量实践如四川中小学“主体教育研究”（四川省教育科学研究

所的研究人员组织成都市双流实验小学以及成华区、温江区、锦江区的近二十余所中小学，自 1996 年起加入以北师大裴娣娜教授为核心的“少年儿童主体性发展实验”总课题组，坚持走理论与实践相结合的研究道路。时至“十一五”期间，仍然伴随“主体教育”在四川中小学课堂教学改革中持续深化。）活动说明：深层的理论对教育改革实践有着深刻的启迪作用；深层理论只有通过“层级性理论体系”才能发挥良好作用；只要在教育改革实践中尝试运用教育理论，深刻的理论就一定能被教师所理解。

首先，深层的理论对教育改革实践有着深刻的启迪作用。“主体教育”理论从哲学层面出发来阐述人的“主体性”这一“人的本质特性”，因而对学校教育改革研究中的许多主题都具有解释力、启发性。伴随着中国社会思想观念的时代演进，“主体教育思想”与“以人为本”的要求相结合，更加凸显对学生个体“独立性”的尊重和“创造性”的培育；与“和谐社会建设”的要求相结合，更加强调学生间的“主体际性”及其交往互动中的“合作”。同时，关涉“主体教育思想”的改革话题，也从最初重点关注课堂上的“小组合作学习”，拓展到学校教育改革研究的各个方面。例如，学生在学科学习活动中的独立性与自主参与；农村寄宿制学校学生的自主管理；班集体建设、社团活动、综合实践等活动中的群体主体性；儿童生活中的自我意识培育及其幼儿交互活动中自我中心的克服；教师专业发展的自主性等。“主体教育思想”与各种教育改革思想主张相融合，促进了教育改革主题在思想观念上的深化，同时也带来了对教育活动认识的深化。例如，成都市草堂小学结合“教师专业发展”和“学校民主管理改革”的主张，以“年级校长”、“项目执行校长”为改革事项，引入“尊重教师主体性”的理念，形成了“从科层制到反转型组织”的管理改革经验。再如，近年来，四川省教科所有关研究人员与二十余所中小学一道，坚持从“对象性活动”的主体教育视角分析课堂学习活动，形成了综合性的课堂改革主张与操作性成果：学习活动是学生在学科教材所蕴含的人类社会文化上的活动，备课时的教材分析遵循一系列的学科文化分析程序；学习活动是学生在学科文化上的独立学习与个体间交互作用的活动。

主题的深化是深化教改研究活动的重要方面。从大量的教改研究的案例看，一定的改革主题、改革理念有一定的教改效益上升空间，叩及重大教育改革问题、指向深刻教育理念的选题，具有更大的教育改革效益。

其次，深层理论只有通过“层级性理论体系”才能发挥良好作用。

哲学层面的主体教育理论能够从根本上说明教育改革的价值取向，却并不能具体给出改革措施。在四川“主体合作学习”的研究的有效推进过程中，始终伴随着对“哲学说明”、“一般学科理论”和“操作性理论”三个层面构成的“层级性理论体系”的需求。简单来说，四川“主体合作学习”所反映出的理论选择包括：（1）哲学层级。主要为马克思人学思想中关于主体性的有关规定性，和“对象性活动”等。（2）教学论层级。关于学生学习活动，在教材所承载的人类文化上的活动，人类文化向学生个体文化修养的转化，课堂教学条件等。(3) 课堂主体合作学习的操作经验措施。

总的来说，四川课题组在"十一五"持续推进"主体合作学习"的过程中从马克思人学以及哲学中的"人的主体性"理论出发来理解课堂学习活动的积极状态，努力坚持辩证唯物主义的实践观，从多重视角聚焦于学习活动的分析与设计。认为：有什么样的活动就有什么样的发展。进而强调学习活动的重要特征：学习活动是学习主体积极作用于学习活动对象的对象性活动；学习者以教材为活动对象，获得"学科修养"；学习者个体以同伴为活动对象，形成主体间的相互影响。在这样的设计框架下，理论工作者与教研人员、一线教师共同发展出了一系列具有操作性理论：学生学习状态考察要点；教材学科修养分析及其"一课一得"设计；合作学习小组的构建与培育；合作学习任务的设定与投放条件；学习活动的自主参与方式；合作学习中教师的主导作用等。2007 年，裴娣娜教授在成都主持召开了全国主体教育语文学科教学研讨会，反映上述成果的四川论文集，受到全体与会者一致好评。

最后，只要在教育改革实践中尝试运用教育理论，深刻的理论就一定能被教师所理解。

十余年前，参研教师艰难地理解着关于主体性的种种规定性，自主性、自觉性、创造性、主体间性等哲学词语的含义。同时，很难将这些"理论"运用到自己的实践中。从近几年的情况看，这一状况正在发生良好转变。无需赘言，"实践出真知"，投身教改实践活动是促进有效地理解主体教育理念的基本条件。

五、问题与思考

(一) 加强课题研究的制度化管理

"十一五"期间我省在课题管理、教学成果奖励方面沿袭了以前的制度，随着教育科研发展的需要，新的形势下很多制度需要进一步完善。"十二五"期间我省需要完善的管理制度主要如下：申请教育科研资助金项目制度（包括申请书填报要求、盖章要求、立项评审的工作程序等）；资助金项目中期管理制度（包括对开题报告文本及开题仪式的要求、对课题中期研究汇报的管理要求）；项目结题管理制度（包括鉴定工作制度、结题证书的发放、所内签字程序等）；成果评奖制度（包括省政府教学成果评奖制度、教科所评奖制度等）等，我省将以"指南"的形式将相关制度固定下来，使课题管理更加科学化和制度化。

此外，还要进一步理顺全国规划课题的管理程序、明确管理任务，加强与全国规划办的沟通与交流，做好对全国规划课题的管理工作。

（二）进一步推广优秀成果，使优秀成果真正解决实际教育问题

督促各市州教科所做好优秀成果的推广工作。我省通过省政府教学成果评奖活动，“十一五”期间评出优秀成果264项。这些优秀成果只有在更大范围内推广，才能让成果的社会效益最大化，也才能充分体现教育理论转化为教育实践的巨大作用，使优秀成果真正解决实际的教育问题。

（三）加强教育科研为我省教育决策服务的能力

教育发展决策必须建立在科学研究的基础之上，教育科研为教育发展和决策服务是教育科研的重要功能之一。“十二五”期间我省必须保持对教育发展热点、难点问题的敏感性，始终坚持把教育发展放在社会、经济发展的大背景中去研究和实践，把握时代发展的脉搏，从而为教育科学研究、决策提供高质量的、科学的参考和依据。

六、“十二五”时期的重点研究领域和方向

“十二五”时期我省的重点研究领域和方向主要如下：在新形势下教研部门职能的充分发挥（地方教育科研部门的队伍建设、教研部门引领教育改革、职能定位）；教研部门在促进学校教育改革和发展中的地位作用；地方教育科研部门管理体制及基础能力建设；省市教育科研规划能力研究；提高教育科研规划科学水平和评价管理研究；学校减灾防灾的实践理论体系研究；民族地区学生异地接受职业教育的政策研究（政策设计及保障机制研究）；抗击巨大自然灾害的实践中“中国精神”的传承研究；汶川特大地震赈灾遗产研究；民族地区学前教育发展研究；学校教育均衡发展背景下的特色学校建设；绩效工资实施背景下的教师激励机制研究；城乡统筹背景下教师合理流动的机制研究；城镇化进程中学校布局规划研究；高中新课改地方课程和校本课程建设研究；高中新课改教师培训的绩效监测评价；学校心理健康教育体系及长效机制研究；乡村学校对社区的文化辐射功能研究及集团化办学对学校优质教育资源传承的作用研究等。

（四川省教育科学规划领导小组办公室）

湖南省教育学科发展报告

2006—2010年是湖南教育科学规划稳步健康发展的五年，在建设教育强省战略推动下，全省教育科学规划以课题研究为平台，立足服务教育宏观决策，推动教育改革发展实践，积极开展科学研究，为进一步繁荣发展教育科学，创新教育理论，解决实际问题，培养教育科研队伍，促进教师专业发展取得了可喜的新进展。与“十五”相比较，总体规划更加科学合理，课题立项规模有新的扩充，经费投入有新的增长，管理更加规范有序，研究成效更加显著，初步形成了自己的研究和管理特色，在全国教育科学研究体系中产生了较大影响。

一、全省教育科学“十一五”规划所取得的主要成就

（一）完善科研体制、加强宏观规划、增加科研投入取得新进展

1. 进一步健全完善了省、市教育科研管理体制

“十一五”期间，全省自上而下建立了较为完善的教育科学规划管理体系。全省14个市州中有衡阳市、株洲市、湘潭市、邵阳市、岳阳市、常德市、永州市、娄底市、怀化市、湘西自治州等10个市州成立了市级教育科学规划领导小组及办公室，较“十五”期间又增加了5个市，切实加强了区域性教育科学规划与管理，形成了与省教育科学规划相对应的管理运行机制。全省普通高校（含高职高专）根据学校的实际情况均明确了专门业务机构归口管理教育科学研究，中南大学、湖南大学、湖南师范大学、中南林业科技大学、湖南科技大学等成立了社科处，并将教育科学规划纳入社科处统一管理，其他院校一般都归口教务处或科研处负责，有少数院校如湘潭大学、湖南人文科技学院、湖南城市学院、湖南工业大学则设立高教研究所负责管理。厅直单位如湖南省教育考试院成立了科研处，湖南省教育科学研究院在院办设立了科研科，湖南省中小学教师继续教育指导中心成立了科研部。

2. 省级教育科学规划课题立项规模与数量有所扩大

“十一五”期间，在省教育厅和省教育科学规划领导小组及省教育科学研究院的领导下，按照《湖南省教育科学“十一五”规划要点》确定的目标与任务，省教育厅先后下发了湘教通〔2005〕299号、湘教通〔2008〕201号文件，编制和发布了2006年度、2008年度课题指南，组织开展了湖南省教育科学“十一五”规划2006

年度和2008年度课题申报工作，两次共评审立项课题达1 344项，立项规模较“十五”有较大增加。

（1）规划课题申报数和立项数比较分析

“十一五”期间，湖南省教育科学规划课题申报数和立项数创历史新高，显示出教育科研蓬勃发展的局面。

表4-12 湖南省教育科学“十五”、“十一五”规划课题申报和立项情况

规划期限	“十五”		“十一五”		合计
评审年份	2001	2003	2006	2008	
课题申报数（项）	837	533	2 747	1 486	5 603
课题立项数（项）	300	210	800	544	1 854

（2）规划课题学科分布结构比较分析

从研究领域来看，“十五”期间，我省学科规划只粗线条地划分为四大类，其中基础教育研究163项、职成教育研究73项、高等教育研究158项、综合理论研究116项；“十一五”期间，学科规划则趋于细化，增至十大类，其中基础教育研究291项，占规划课题总数的21.65%；高等教育研究324项，占24.11%；职成教育研究267项，占19.87%；德育研究112项，占8.33%；教育基本理论与教育史比较教育研究26项，占1.93%；教育发展战略（含民族教育）研究55项，占4.09%；教育经济与管理研究60项，占4.46%；教育心理研究56项，占4.17%；教育信息技术研究69项，占5.13%；体育卫生美术教育研究84项，占6.25%。

（3）规划课题立项单位分布结构比较分析

“十一五”期间，课题申报单位多，课题立项单位分布广泛。从研究机构所属系统来看，本科院校604项，占总数的44.94%，有较大的优势；高职高专365项，占总数的27.16%；市、县科研机构和中小学校284项，占总数的21.13%；省直单位91项，占总数的6.77%。

表4-13 湖南省教育科学“十五”、“十一五”规划课题立项单位统计表

立项单位	“十五”	“十一五”	合计	立项比例（%）
本科高校	219	604	823	44.39
高职高专	75	365	440	23.73
市州、中小学	171	284	455	24.54
省直单位	45	91	136	7.34
合计	510	1 344	1 854	100

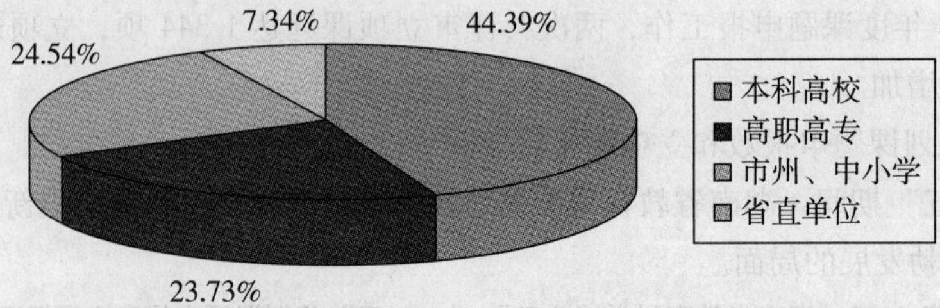

图4-8　湖南省教育科学“十五”、“十一五”规划课题立项单位分布图

（4）规划课题类型结构分析

在前述1 344项规划课题中，资助课题和无资助课题的比例大体是1∶1，成人项目与青年项目的比例大体是11∶1。

3. 省级教育科学规划专项经费投入稳中有升

“十一五”期间，我省财政对教育科学规划专项经费投入达1 080万元，前三年继续稳定在每年200万元，2009—2010年有所增加，每年达240万元，经费投入总额比“十五”增加280万元。其中省重点资助课题2万—2.5万元，一般资助课题1万—1.5万元，青年专项课题1万元。

（二）推进教育科研管理创新取得新成效

创新是教育科学研究的灵魂。“十一五”期间，我省在教育科研管理上，致力于开拓创新，形成了鲜明的工作特色，成效显著，得到了领导的高度肯定，赢得了学界的普遍认同，受到了社会的一致好评。

1. 改革有新举措，“三大创新”彰显湖南特色

（1）创新科研管理制度。省规划办一直重视课题管理的规范化、制度化和科学化建设，力求达到行政管理与学术管理的完美结合。

——健全完善了八项科研管理制度。省规划办“十一五”在过去制定的《湖南省教育科学规划课题管理暂行办法》、《湖南省教育科学规划课题分级管理实施办法》、《湖南省教育科学规划课题立项评审标准》、《湖南省教育科学规划课题成果鉴定、结题实施细则》等的基础上，又重新制定了《湖南省教育科学规划课题成果鉴定评估标准》、《湖南省教育科学规划课题管理先进单位评比考核标准细则》、《湖南省教育科学研究基地建设和管理办法》、《湖南省教育科学专项课题管理办法》等。2009年在坚持不断规范和改进课题成果鉴定与结题工作的基础上，又对《湖南省教育科学规划课题成果鉴定与结题实施细则》进行了较大的修订，下发了新的实施细则，由过去的以定性评价为主转化为定性评价与定量评价相结合，增加了量化标准与内容，对不同类型的课题研究发表的论文作了相应的规定。并从2010年开始实行成果鉴定等级制，分优秀、良好、合格、不合格四个等级评价课题完成情况，进一步加强质量导向，促进成果上水平、上档次。

——有效实施了三项科研激励机制。一是以成果评奖进行激励。2007年，在认

真回顾总结全省教育科学“十五”规划实施情况的基础上，组织开展了省教育科学“十五”规划课题研究优秀成果评选活动，共评选出167项（其中一等奖48项、二等奖54项、三等奖65项）优秀课题研究成果，并以省教育厅、省教育科学规划领导小组的名义进行了表彰。省教育厅先后下发了《关于开展省教育科学“十五”规划课题研究优秀成果评选奖励活动的通知》和《关于表彰湖南省教育科学“十五”规划课题研究优秀成果奖的通报》，这两个文件对于全省的教育科研工作意义重大，影响深远。文件正式明确把“获奖成果等级与省级教学成果奖同等对待”，一、二、三等奖奖金分别为1万元、0.6万元、0.3万元，奖励经费达100万元，极大地提高了省教育科学规划课题的权威，提高了教育科研工作的地位，对调动广大教师的教育科研积极性产生了重大的影响。二是通过中期检查进行激励。每隔一年半，省规划办即组织专家对所有的在研课题进行一次全面的中期检查，对阶段性研究成效显著的课题，进行通报表扬，同时安排35万元专项经费进行奖励性资助，以鼓励后续研究取得更好的成果。三是通过考核评比管理对先进单位和先进个人进行激励。分别建立了市州和高校教育科学规划课题管理考核实施细则，从“组织领导（15%）、机构人员（15%）、规章制度（15%）、管理工作（20%）、管理成效（35%）”等五个方面进行考核，两年一评比。在各市州和高校及个人自我总结申报的基础上，经省规划办组织评比，以省教育厅、省教育科学规划领导小组的名义发通报、授奖牌、颁证书，“十一五”期间共有48个先进单位和76个先进个人受到表彰和奖励。

（2）创新科研管理技术。“十一五”以来，省规划办把教育科研管理的信息化和现代化作为重要工作来抓，致力于提高教育科研信息化水平，实现资源共享，进一步扩大教育科学规划工作的覆盖面和影响力。

——着力建设完善了湖南教育科学规划网。开辟了“国家课题信息”、“课题研究动态”、“课题研究指导”、“课题文献检索”、“课题成果公报”、“课题成果推广”等栏目；同时还链接了“全国哲学社会科学网”、“全国教育科学规划网”、“上海教育信息港”、“湖南教育网”等网站，湖南教科规划网自建立以来共刊载教育政策法规文件3 000多个，发布教育科研信息500多条、400多万字，点击总数突破17万人次，成为国内颇具影响力的教育科研专业网站之一，得到了省内广大课题研究人员和外省同行的一致认可。

——研制开发了“教育科学规划课题网上申报评审系统”。自2007年以来，在省教育科学规划领导小组副组长、省教育信息化工作领导小组副组长、省教育厅副厅长王键的重视和支持下，省规划办联合长沙理工大学，对传统的课题申报与评审进行了大胆改革与创新，着手课题网上申报评审的相关软件研发工作。2008年我省教育科学规划课题申报评审首次使用并获得成功，得到广大课题申报者和评审专家的普遍好评。这个申报评审系统集申报、评审、信息查询与处理、资料保存与归档为一体，大大提高了课题申报评审的效率，方便了广大课题申报者，减少了申报评审的工作环节，降低了评审的成本，增强了评审的客观公正公平，同时促进了教育科研管理的信息化水平以及教师、专家运用现代教育信息技术能力的提升，在省内外产生了良好反响。2008 年和 2009 年，我省教育科学规划办受广东省教育厅规划办的信任和委托，组织专家分别对广东省 2008 年度和 2009 年度教育科学规划课题进行了立项评审，通过研制开发的网上评审系统如期圆满地完成了评审任务。2009 年 11 月在北京召开的全国教育科学规划课题网上申报评审系统开发与应用工作会议上，我省作了网上申报评审专题经验介绍。目前全国有近 20 个省、市、区教育科学规划办和全国教育科学规划办与我省签订了推广使用协议。

（3）创新科研管理工作方式

——优化课题立项评审“进口”环节。把好课题立项评审“进口”关，是课题管理首要的关键环节。以往课题评审是把活页匿名评审和申报书实名评审分两个阶段进行打分的，分值各占一半，结果出现活页匿名评审分数较低的课题到申报书实名评审时反而分数高出很多的情况，说明专家评审还没有完全体现客观、公正、公平。从 2006 年开始，省规划办把课题立项评审的两个阶段的分值进行了调整，第一轮活页匿名评审分数占总分的 60%，第二轮申报书实名评审分数占 40%，同时对专家的两轮评审进行客观度评价，发现打人情分、关系分的，下次评审时不再让其参加，一定程度上减少了人为因素，较好地维护了课题评审的声誉。在评审标准上主要从选题（20%）、课题设计论证（30%）、完成的可行性（20%）、理论与实践价值（30%）四项指标进行评价。分 A（100—81 分）、B（80—61 分）、C（60—41 分）、D（40 分以下）四个等级打分，专家所有打分全部采用计算机合成，由高分到低分自动排序，确定重点和一般课题。最后还要召开有专家参加的领导小组会议对重点课题进行表决和审定，整个评审过程较好地体现了客观、公正、公平。

——优化课题开题论证环节。在组织课题开题工作时，省规划办客观面对以前存在的各种问题与不足，有针对性地加强了对课题开题工作的指导，先后通过现场点评、集中讲课辅导、网上个案举例分析等形式，进一步规范了课题开题过程，提高了开题质量与水平。省规划办在不断总结工作经验的基础上，概括提炼出了课题开题要努力实现“四化”的要求，即“优化课题设计方案，深化研究问题认识，细化研究过程方法，量化研究预期成果”，得到了全国教育科学规划办领导的高度肯定和课题主持人的广泛认同，对不断改进开题工作产生了积极的推动作用。为更好地落实“四化”工作要求，“十一五”期间，省规划办先后组织举办了高职高专和中小学课题主持人业务培训，邀请省内知名专家分别就《教育科研方法的运用》、《教育科学规划课题管理及研究中几个关系的处理》、《课题主持人应具备的科研素养与能力》、《当前课题开题论证情况浅析与思考》等问题作了专题学术报告和讲座，参加培训的有近 2 000 人次，会议的内容与安排受到与会人员的高度评价，有力地促进了课题主持人的科研能力建设，收到了良好的社会反响。

——优化课题研究中期检查方式。2009 年 11 月，省规划办创新工作方式，对全省 2006—2008 年 75 项全国立项课题组织召开了集中中期检查报告会，全国教育规划办常务副主任曾天山研究员亲临指导参加检查，对我省集中进行中期检查评估，行政与学术管理相结合推动课题研究实施的做法给予充分肯定，全国教育科学规划网专门作了推介，评价说这是教育科研管理体制的一次革新，降低了课题管理的成本，增进了课题相互之间的比较与交流，提高了科研管理的效率和质量。

——优化课题研究成果鉴定方式。“十一五”期间，省教育科学规划办在课题研究成果鉴定的形式上，对一般课题和一般资助课题采取集中评审与通讯评审相结合的形式进行，每月集中一次邀请专家对申请结题的课题进行背靠背的集中鉴定。这样，既提高了课题结题率，又节省了结题经费，减轻了课题经济负担，同时还方便了课题主持人，保证了成果鉴定的质量。

——拓宽课题研究成果推广应用渠道。“十一五”期间，省规划办非常注重教育科研成果的推广应用，采取多种形式和途径，加大成果推广力度。一是举办成果报告会。“十一五”期间，分中小学、高职高专和本科院校共组织举办了四场全省成果发布及推广会议。如2007年结合课题结题和成果鉴定，在永州职业技术学院举办了湖南省教育科学规划重点课题“示范性职业院校建设与实践”成果发布及学术研讨会。邀请全省各高职院校有关负责同志现场观摩了永州职院开展工学结合、顶岗实习，服务当地经济建设的理论探索与实践推动所取得的新成果，重点推介了该院创建国家示范性职业院校的宝贵经验，《中国教育报》以很大的篇幅对该研究成果进行了宣传报道，反响很大。二是编辑出版了《湖南省教育科学“十五”规划课题优秀成果公报(职业教育与成人教育专辑)》，促进了教育科研成果的推广转化。三是与《当代教育论坛》杂志社开展合作，从2010年第1期开始，联合开辟了“湖南省教育科学‘十一五’规划立项课题研究成果公报”专栏，增强了课题研究成果的辐射力和影响力。四是积极利用“湖南教育科学规划网”这一有力平台，及时发布优秀教育科研成果，介绍最新科研动态，增强与科研工作者的互动交流，深受广大教育科研工作者和学校及科研机构的欢迎。

——充分发挥专家的引领作用。“十一五”期间，省规划办组织全省各科研机构和各级各类学校，通过层层申报、遴选，在“十五”基础上又重新完善了有800名专家参加的湖南省教育科学规划各个学科专家库，形成了一支涵盖14个学科、专业能力较强和素质较高的课题评审立项、咨询指导、成果鉴定的专家队伍，为有效地实施教育科学规划课题研究与管理提供了有力的学术支撑。

2. 工作有新思路，“五个率先”领跑全国

(1) 率先推行课题全面质量管理。“十一五”期间，省规划办坚持研究探索国家和省级教育科学规划课题全面质量管理规律，初步构建了实行全面质量管理的理论框架与“三级双层三全一持续”的管理模式，即省、市、高校三级管理体制，行政与学术相结合的管理方式，“全过程、全员、全因素”的管理内容，持续改进的管理保障，在指导和推动全省教育科学规划课题管理中发挥了重要的作用，得到了全国教育科学规划办的肯定和推介。此外，负责全省教育科学规划工作的同志还先后撰写出版了科研管理专著《教育科学省级规划课题规范管理》（易志勇著，团结出版社出版）、《教育科学规划课题全面质量管理研究》（黄宜锋著，湖南教育出版社出版）、《教育科研的理论与实践》（李倡平著，上海交通大学出版社出版）。

（2）率先实施课题网上申报与评审。2008 年，我省规划办敢为人先，成功研制开发了“湖南省教育科学规划课题网上申报评审系统”，在全国率先创新课题网上申报评审方式与方法，大大提高了教育科学规划与管理的信息化与现代化水平和能力。

（3）率先成立旨在以研究促管理、以管理带研究的省级教育科学规划与管理研究专业委员会。在开展全面质量管理研究的同时，为加强科研管理的群众性学术研究，2006 年 12 月，依托省教育学会成立了“湖南省教育科学规划与管理研究专业委员会”，挂靠省教育科学规划办，实行“两块牌子，一套人马，合署办公”。通过评选优秀论文、举办学术年会、组织对外学习考察交流，开展科研管理方面的学术研究。目前，省教育科学规划与管理研究专业委员会拥有团体会员单位 212 个，个人会员 534 人，已成为省教育学会下属专业学会中规模较大、跨领域、跨学科同时具有较大影响的优秀二级学术团体。专业委员会的成立是加强全省教育科学规划与管理研究的一个新举措，对促进行政管理与学术管理有机结合，推动全省教育科研管理创新，促进教育科研管理理论普及，提升科研管理水平发挥了重要的作用。2009 年 5 月，我省教育科学规划与管理专业委员会作为全国各省市区唯一代表应邀到北京在中国教育发展战略学会教育科学研究管理专业委员会（简称全国教育科研管理专业委员会）成立大会上致辞并作经验介绍。

（4）率先建立教育科学学科研究基地。为把课题研究、学科建设、人才培养、成果推广有机结合起来，从 2007 年开始，省规划办在全国率先启动了湖南省教育科学学科研究基地建设，根据教育科学规划现行设立的 14 个学科，先行在全省各市州中小学和职业院校遴选认定了 3 个市州科研院所、16 所中小学、18 所高职院校为湖南省首批教育科学学科研究基地，其中基础教育学科研究基地 18 个，体育卫生学科研究基地 1 个、德育学科研究基地 1 个、高等教育学科研究基地 1 个，职业教育学科研究基地 13 个，学前教育研究基地 1 个、教育信息技术学科研究基地 1 个、民族教育学科研究基地 1 个。同时，评审立项了 37 项学科研究基地课题，安排专项经费 37 万元，支持和扶持基地建设，努力实现面上与点上、一般与重点、普及与提高三个结合，形成学科研究团队，打造学科研究品牌。“十一五”期间，这项工作正在市州中小学和职业院校试行，取得经验后拟将逐步扩大到本科院校。

（5）率先启动省级高校党建研究、中小学教师继续教育研究和教育考试研究三个专项课题工作。“十一五”期间，为进一步拓展教育科研资源，努力把规划课题这个蛋糕做大，省规划办先后于 2007 年和 2008 年在全国率先启动了“三个专项课题”工作：与省委教育工委合作，设立了全省高校党建工作研究专项课题，立项课题 130 项；与省教育厅教师工作处合作，设立了全省中小学教师继续教育研究专项课题，立项课题 86 项；与省考试院合作，设立了全省教育考试研究专项课题，立项课题 61

项。三个专项课题共计投入专项研究经费121万元。

——领导评价：省领导和省教育厅领导对这几年来省教育科学规划管理工作给予了高度评价和充分肯定，多次表扬，认为这几年来省规划办做了大量卓有开创性的工作，课题实行全面质量管理，评审实行网上评审，中期检查抓得认真扎实，结题鉴定工作把关严格，取得了显著的成效，积累了许多成功经验。我省教育科学规划办两次被评为全国教育科学规划管理工作先进单位，得到全国教育科学规划办领导的充分肯定和高度评价。

——学界评价：湖南的教育科研工作，通过规划课题引领和带动，上了很大的台阶和档次。行政管理和学术管理双管齐下，学术引领和实践推动成效明显，在规范中发展，在发展中创新，已成为湖南省哲学社会科学单列学科的重要品牌。

——社会评价：湖南省教育科学规划课题管理相当规范，管理严格，公平公正。省内各高校和市州对省教育科学规划工作高度认同，高校把规划课题视为省级课题对待，并作为教师评职晋级、评先的重要条件和依据，成果奖也与省级教学成果奖同等对待。

（三）产生了一大批有影响、有创新、能应用的研究成果

“十一五”期间，我省教育科学研究保持蓬勃发展的势头，基础理论研究有所拓展，应用性研究重点突出，各学科研究日益成熟，较好地体现了教育科研服务决策、应用实践、繁荣学术和影响社会的宗旨和功能。2010年上半年，省规划办组织力量对全省30所普通本科院校、58所承担有省规划课题研究任务的高职高专、14个市州教育科研机构及有关中小学校五年来实施省教育科学规划课题的情况作了一次全面的调查。据这次调查结果统计，五年里各级各类学校和科研机构承担的省级教育科学规划课题研究，共发表论文11 323篇，出版各类专（编）著676部，研制开发教材、撰写课题研究报告和课堂教学案例、开发课件教具等1 062项。其中有173项具有重要决策价值的成果为各级教育行政部门和学校管理层所采纳吸收，有550项成果为各类教育改革实践所应用。课题研究成果获国家级奖111项、省部级奖520项、市级奖1 035项。这些成果的取得有力地促进了我省各级各类教育教学改革与发展，促进了教师的专业成长，为繁荣发展教育科学研究、建设教育强省发挥了积极的作用。同时为提高我省在全国教育科研的竞争力奠定了坚实的基础。“十一五”期间我省在全国共获得国家级和教育部级课题234项，课题立项总数居全国各省市区第四位，步入全国教育科研大省行列。

1. 一批由省重点支持的国家、教育部规划课题研究取得重大突破

如省教育厅厅长张放平教授主持的国家重点招标课题“区域内义务教育均衡发展的实证研究”，第一次把省域作为义务教育均衡发展研究的基本单元，以湖南为个案，运用实证研究方法，进行跨区域联合攻关，科学建立了义务教育均衡发展投入、保障、监督、评价“四位一体”的长效机制，研究编制了义务教育均衡发展的省级

标准，成功建构了湖南义务教育均衡发展由乡镇—县市区—市州—省四级梯式推进模式，为新时期湖南义务教育均衡发展探索了路径，为中部省份义务教育均衡发展提供了借鉴，为全国义务教育均衡发展的决策和实践贡献了范例。又如湖南师范大学汤长发教授主持的国家一般课题“学生体质检测若干指标的质疑与重构”研究，通过对城乡不同年龄和性别的学生进行各种指标直接测定与间接测定，并进行统计学处理，对现行学生体质健康标准若干指标进行质疑与重构，为研究适合城乡不同年龄和性别的最佳体质检测指标与方法，提供了实验依据和科学指导。湖南省教科院欧阳河研究员继主持国家一般课题“职业教育基本问题的研究”，为构建我国职业教育基本问题的理论框架作出重大贡献之后，又主持了教育部重点课题“学生评价高等职业教育服务质量研究”，以专科学校2008届毕业生为研究对象，通过“学生评价高等职业教育服务质量评量表”翔实数据的统计分析，针对我国高等职业教育质量保障的弊端，借鉴国际改善评价的经验，形成相关理论，一些重要的学术观点受到学术界的高度认同和好评，2009年欧阳河研究员作为专家应邀参加了教育部组织的《国家中长期教育改革和发展规划纲要》的调研和起草工作。此外，“面向新型工业化的高级工程技术人才培养体系改革研究”（高文兵）、“义务教育两免一补财政政策实施效果的跟踪评价研究”（伍中信）、“地方高校教师工作绩效评价研究”（王晓萍）、“地方院校学科建设与服务区域经济的互动研究”（朱东礼）、“高等教育与普通高中教育成本效益比较研究”（李兰兰）、“高职院校内部绩效预算管理系统的研究”（曹金华）、“高等职业教育市场型课程项目化、模块化改革研究”（屈孝初）、“中学卫星远程教育理论与实践的研究”（卢鸿鸣）、“以校本课程为突破口整体推进普通高中特色学校建设研究”（刘维朝）、“城乡结合部普通高中艺术教育可持续发展实践研究”（姜野军）、“中小学生社会志愿精神的培育与弘扬研究”（罗堂武）、“整体构建三维一体区域性创造教育的研究”（陈玉英）等一大批国家和教育部规划课题也都取得了一系列喜人的阶段性研究成果。

2. 一批省规划课题的重要成果进入政府和教育行政部门决策取得重要成果

“十一五”期间，我省教育科研工作者围绕社会发展和教育改革，依托相关课题研究，积极有效服务决策，认真参加了教育部组织的国家中长期教育改革和发展规划纲要的调研、起草和意见座谈会，参加了教育部基础教育课程改革文件及部分学科课程标准的制定和修订，参加了职业教育法的修订调研；在研究起草《湖南省建设教育强省中长期规划纲要》和市州建设教育强市规划纲要等有关省、市教育改革和发展重要纲领性文件中，付出了宝贵心血和智慧，做了大量卓有成效的工作。

湖南工业大学胡立和教授主持的“基于新型农民培养的农村职业教育改革研究”、湖南省教科院陈拥贤研究员主持的“农村职业教育为三农服务的实践与研究”、长沙航空职业技术学院雷世平教授主持的“新型农民的培育与农村职业教育创新研究”、湖南农业大学喻建中主持的“农村专业经济协会与农民教育问题研究”、安化县第二职业中专夏天平主持的“特色中等职业学校的学校文化建设研究”等为省政府制定《关于大力发展农村职业教育的决定》提供了重要决策参考。

中南大学刘鸿教授主持的省重点课题“国外创新型大学及其治理结构研究”、庞青山教授主持的省重点课题“世界一流学科成长机理研究”、湖南大学章兢主持的“湖南文化强省建设中的大学文化研究”、湖南师范大学石鸥教授主持的省重点课题“中部崛起与湖南高层次人才培养研究”、邵阳学院李杰玲主持的“教育强省背景下地方高校师资队伍建设的实证研究”、湖南财专林慧主持的“湖南高校品牌传播创新战略研究”等课题，有的放矢地针对我省建设省属高水平大学的发展新趋势，研究具体问题，提出具体策略，为省政府和省教育厅提供了重要决策依据。

2008 年省规划办与省考试院合作设立省教育考试专项规划课题，首批立项 61 项，如省考试院钱开炯主持的“湖南省普通高等学校招生考试自主命题管理体系研究”、湖南师大附中樊希国主持的“新课程背景下湖南省高考语文、英语试卷结构及其题型研究”、湖南师范大学沈文选主持的“新课标实施后高考数学命题方案的研究”、中南大学付刚华主持的“综合评价录取模式的理论研究与实践探索”、省考试院吴波兵主持的“课改先行省份以及中外高考数学命题的比较研究”、岳阳一中陈浩主持的“新课程背景下外省市高考语文命题研究”等课题，其研究成果为省教育厅出台 2010 年新高考改革方案作出了积极有益的贡献。

此外，常德师范学校顾国荣带领的“湖南农村中小学师资状况调查及对策研究”课题组，为教育部制定国家中长期教育改革和发展规划纲要提交的专题报告，得到肯定，其建议被部分采纳；湖南农业大学黄正泉带领的“高等农业教育与农村文化生存抵抗关系研究”课题组，出版的著作《从现实走向理想——湖南社会主义新农村建设重大问题调查研究》被湖南社会学网誉为“一本研究湖南社会主义新农村建设的新著”，全书十三章以 13 个调查报告的形式挂在网上，在学术界引起了较大反响；调查报告《中国村官的现在与未来》还被作为湖南社会主义新农村省级示范村村官培训的主题报告。湖南教育科学规划办研究团队和湖南省教科院人力资源研究所研究团队，分别成功研发了教育科学规划课题网上申报评审系统和义务教育阶段教师绩效工资考核系统，被全国同行认可，已在部分省市区推广使用。

3. 学科研究和学科发展产生广泛影响

在高等教育领域，湖南省教科院黄宜锋研究员主持的省重点课题“湖南省 2006—2020 年高等教育发展战略研究”，以科学发展观为指导，以教育经济学人力资本等基本原理及教育学、社会学、经济学、管理学等相关理论为基础，运用时间序列预测法等新型预测方法，分层次（研究生教育、本科教育、高职高专教育）、分类型（普通高等教育、成人高等教育）、分形式（公办、民办、独立学院）对高等教育的规模、速度、质量、结构、制度方面的内容进行了系统研究，构建了湖南高等教育中长期发展目标体系的 5 个战略目标以及 20 个行动目标，提出的打造湖南高等教育先导区的建议得到省领导的认可，郭开朗副省长对相关的研究报告做了重要批复。该课题研究的学术性强，在最高等级教育研究杂志《教育研究》上发文 1 篇，高等教育最权威的杂志《高等教育研究》1 篇，全国中文核心期刊及 CSSCI 来源期刊《现代大学教育》4 篇，其中有 4 篇文章被人大复印资料全文复印。长沙理工大学余小波教授主持“高等教育质量保障中的社会调节及其实现研究”，认为政府、社会和高校分别代表着高等教育运行过程中的三种基本力量，也是高等教育质量保障的三大基本主体。首次提出相对于政府的宏观质量调控和高校的直接质量管理，社会在高等教育质量保障中主要发挥质量调节的作用，作用实现的机制有三：市场经济引导、社会舆论监督、社会中介组织评价；要充分发挥社会力量在高等教育质量保障中的作用，政府的放权与高校的自治是前提，市场的完善与文化的先进是关键，社会力量的整合与引导是手段。该项成果在学术界产生良好反响，2008 年省教育科学规划办举办了专题成果报告会向全省推介。重视高校人才培养、提高高等教育质量是“十一五”的重点选题，这方面的重要研究还有“提高湖南高等教育质量若干重要问题的研究”（欧阳河）、“地方院校提高课堂教学质量的理论与实践研究”（王晓萍）、“地方高校医学人才培养‘四段四基’模式研究与实践”（文格波）、“‘重基础、多方向、强实践、有能力’的工程应用型本科人才培养模式研究与实践”（胡波年）、“建筑环境与设备工程特色专业建设与应用型人才培养”等。

在职业教育领域，郴州职业技术学院曾良骥副教授主持的“六位一体课程教学模式及评价标准研究”，以全新的教育教学观念为指导，以职业能力培养为中心，突破传统课程教学观念的束缚，摒弃学科型课程教学模式和评价标准的窠臼，历时 4 年，研究建立了全新的、适应高职教育规律、突出职业教育特点的课程教学模式和评价标准：确定六个核心要素，即职业能力需求分析，职业能力目标（职业操作技能和相关素质目标），职业能力训练项目，职业活动素材，“教、学、做”结合，形成性考核；明确以职业岗位活动调研为前提进行职业能力需求分析；以职业能力需求分析为导向确定课程职业能力目标；根据职业能力目标的需求确定知识目标；根据岗位工作过程和认识规律构建教学模块；以职业能力训练项目作为课程目标和教学内容的载体；以真实的职业活动实例作训练素材；通过项目教学真正实现“教、学、做”三者的融合；建立以形成性考核为主的课程考核体系。2009 年 11 月，省教育科学规划办联合郴州职业技术学院和天津大学出版社在长沙共同举办了“六位一体”创新型系列教材发布会和成果推广会。“六位一体”课程教学改革，在高职课程教学改革中极具创新意义，且具有较强的可操作性，对职业教育课程教学具有普遍的指导意义，得到省教育厅领导和职成教处的高度肯定，多次在全省高职教育工作会议上推介，成为省内高职教育课程改革的一个亮点。长沙市教育局王建林副局长主持的“职业院校学分制的构建与实施研究”，成果富有原创价值，可操作性强，得到全国职业教育学分制研究专家杨黎明教授的好评，直接进入长沙市教育局决策，长沙市教育局先后制定了《长沙市中等职业学校学分制管理指导方案》，出台了《长沙市教育局关于进一步加强和改进职业教育学分制试点工作的若干意见》，印发了《长沙市教育局关于在我市职业学校全面推行学分制的意见》，首开在中等职业学校实施学分制先河。2009 年 6 月，省教育科学规划办与长沙市教育局、长沙市教科院联合举办了“职业院校学分制的构建与实施研究”成果发布暨学术研讨会，省内各职业院校负责人和科研工作者近 200 人参加了研讨，对推动全省职业院校学分制的实施与改革产生了积极的作用。此外，还有“职院专业建设水平的评价理论和指标体系研究”（余克泉）、“基于岗位需求的高职软件专业模块式课程体系的构建”（陈承欢）、“高校技能型紧缺人才培养模式研究”（张建）、“高职校外实训与企业季节性用工对接研究”（吴敏良）、“高职院校教师弹性管理研究”（崔德明）等重要成果。

在基础教育领域，新课程教学研究仍是热点，研究者为我省新课程改革提供了可资借鉴的经验。“湖南省基础教育教学评价与质量监控研究”（王玉清）、“农村基础教育新课程实施障碍与保障机制研究”（李崇爱）、“湖南农村幼儿园课程资源的开发与利用研究”（杨莉君）、“幼儿家庭体育活动资源开发与利用的研究”（刘娟）、“新课程背景下中小学理科实验教学与实验室建设研究”（李建新）、“课程改革环境下的教学常规动态优化研究”（张大庆）、“高中新课程政治、历史与地理跨学科的合作教学研究”（张杨军）等研究成果较有影响。又如湘南学院何基生教授主持的“中小学自主课堂的构建与学生高效率学习的研究”，通过深入中小学教学场景和活动进行扎根性的研究，探寻中小学自主课堂的结构，探寻构建中小学自主课堂促进学生高效率学习的策略，探寻中小学自主课堂的教学模式，产生扎根性的理论，为中小学培养学生的自主学习能力，促进学生高效率学习，减轻师生负担，提高教学质量提供了理论和实践指导，并取得了实质性的效果，成果已推广辐射到郴州市 9 个县市。此外，教师教育和培训研究受到重视，省教育科学规划办设立了“中小学教师继续教育研究专项课题”86 项，举办了专项课题主持人培训会和研讨会，两年多的研究表明全省中小学教师的专业发展得到加强。“新课程实施与教师专业化成长研究”（刘建琼）、“教师专业发展的途径与方法研究”（莫良斌）、“教师阅读与专业化成长研究”（罗慧）、“新课程背景下小学教师专业发展研究”（丁文平）、“网络环境校本教研引领教师专业成长的研究”（张林）等也取得了较丰富的成果。这里值得重点一提的是衡阳师范学院皮修平教授主持的“基础教育新课程背景下高师院校教师教育改革和创新的理论研究与实践探索”，立足基础教育新课程改革与教师教育改革的互动与对接，从基础教育新课程背景下中学教师素质问题、教师教育体制转变中的地方高师院校发展理论、地方高师院校教师教育改革如何与中学教师素质拓展对接、地方高师院校人才培养模式改革、地方高师院校教师教育课程体系模块化结构的建构等五个方面进行了重点研究，而且及时地将理论研究成果应用于本校教育教学实践，成功开展师范生顶岗实习，从 2007 年起，衡阳师院已累计向衡阳的常宁、耒阳、衡阳市城区及常德澧县的 41 所学校派出顶岗实习学生 293 人，反响良好，受到省教育厅领导和基层领导的充分肯定，《中国教育报》以“改革人才培养模式，加强学生实践能力，破解农村师资矛盾，衡阳师院顶岗实习三赢”作了长篇报道，盛赞此举有力地促进了高师教育人才培养模式的改革创新，为基础教育新课程改革背景下的地方高师院校教师教育改革作出了有益探索。

在教育基本理论领域，重要成果有湖南商务职院院长张新民教授主持的“高等职业教育理论构建”，专著由湖南人民出版社于2010年3月出版发行，该项课题关于高职教育的本质特征研究填补了我国高等教育和职业教育的理论空白；关于我国高职教育的起源与发展历程研究，对高职教育理论体系形成提供了一定的实践背景与史料支撑；关于高职教育人才培养所形成的理论和实践操作原则，一定程度上解决了当前高职教育理论滞后的问题，其本身也是高职教育理论体系中不可或缺的一部分，对指导当前的高职教育实践具有较强的现实意义。此外“终身教育理论体系的建构研究——基于可持续发展视角的分析”（向志强）、“当代交往教学理论的研究与实践”（李轶芳）、“中学和谐德育的理论与实践研究”（鲁礼坤）、“Web 3D 新技术环境下现代远程教育理论与实践研究”（阳西述）等研究成果都体现了较高的学术价值。

在教育史领域，“中国教育第四周期研究”（姜国钧）、“湖南文化与湖南教育研究”（张作功）、“湖南近代私立教育研究”（陈文联）、“女子高校发展研究”（罗婷）、“湖湘教育名人及其教育思想研究”、“徐特立与长沙师范学校发展的研究”等课题都取得了丰富的研究成果。时任省委书记张春贤同志亲自出席《湖湘文化与湖南教育》课题研究成果座谈会，并对该书出版给予了高度评价。

在教育发展战略领域，区域教育发展研究不断深入，“湖南省民族地区‘十一五’教育发展规划与实施研究”（朱俊杰）、“城乡教育统筹发展的政策研究”（黄龙威）、“城乡教师资源统筹配置的制度研究”（雷桂平）、“区域性推进新子教育研究”（杨小平）等为地方政府对教育宏观决策提供了重要咨询参考。推进“两型”社会建设发展战略研究成果集中，如“两型社会的知识谱系及村落学习型组织研究”（唐松林）、“基于科学发展观的长株潭城市群教育资源整合及发展研究”（王又花）、“两型社会建设背景下湖南现代服务业的人才培养战略研究”（尹筑嘉）、“长株潭两型社会综合改革实验区环境法制教育发展研究”（王彬辉）等。

在德育领域，省规划办特设了高校党建专项课题，重视和加强了高校党建工作；中南林业科技大学廖小平教授主持的“未成年人道德教育的代际机制研究”，其专著《伦理的代际之维——代际伦理研究》和论文《未成年人道德建设研究及其路径的批判性审视》（《新华文摘》2008年第21期转载）等，学术影响较大；长沙市岳麓区教育局邓晖局长主持的“青少年健康生活教育实践研究”，其研究成果在全区推广，打造了岳麓区的德育品牌，得到省委常委、长沙市委书记陈润儿的高度肯定。此外还有“高中学生思想道德发展状况调查研究”（唐会荣）、“普通高中德育体系特色构建的创新研究”（曾科成）、“民办中小学德育创新研究”（黎杰明）、“营建校园亲情磁场激活中学生自主责任心的实践研究”（杨红科）、“抗震救灾精神与当代青少年感恩教育研究”（罗成翼）等重要成果。

在教育信息技术领域，湖南第一师范学院李勇帆教授主持的“基于自主创新学习能力培养的大学高等师范信息技术精品课程建设的理论与实践研究”，其研究成果在省内外产生了广泛影响，获得了省教育厅的支持，立项为省信息化建设专项开发项目。湘南学院邓斌主持的“基于网络资源利用的‘现代化学实验与技术’课程教学改革试验研究与实践”，其领衔的应用化学专业2009年被教育部正式批准为特色专业建设点，获专项资助20万元。

在比较教育领域，拓宽了研究视野，促进了国际教育项目合作。如“中美高等教育课程比较研究”（许云昭）、“英国高等教育招生、投资及质量保障研究”（易红郡）、“美国高校社会捐赠制度研究”（高晓清）、“差距与超越——中外职业教育比较研究”（许云昭）、“中国与美国中小学学校卫生管理模式的比较研究”（谢日华）等，课题研究内容涉及基础教育、职业教育和高等教育的比较，借鉴国外教育的先进经验和做法，提出我国特别是湖南同类教育存在的困惑和问题，从国际比较、国际合作的角度探讨了湖南教育改革发展的新思路。

在国防教育领域，这是教育研究的特殊领域，同样取得了全新成果。重要研究有中南大学廖济忠教授主持的“高校国防教育的综合素质培养功能及其实现途径的研究与实践”、湖南人文科技学院石潇纯教授主持的“构建大学生国防教育的创新体系研究”等。特别是国防科技大学李德才副教授主持的“建设和谐社会与创新大学生国防教育研究”，向军队总部机关提供了战略咨询报告，课题研究成果进入了高层决策，开发的《军事理论与技能教程》被列为普通高校军事课“十一五”核心教材。

（四）教育科学研究实力与水平继续保持全国领先地位

在努力提高申报全国教育科学规划课题质量和水平方面，省规划办注重抓了三个“字”。一是部署动员“早”。每年年初第一时间把有关全国教育科学规划课题评审的信息和相关的要求通过网络提早发给学校，及时掌握全国课题立项导向，从时间上有充足的准备。结合全年工作进行重点部署，要求各学校及早抓紧。二是讲求策略“巧”。全面发动、重点培育、择优申报，在选题内容与策略上，有针对性地提出打好“地方牌”、“经济牌”、“西部牌”、“民族牌”、“特色牌”等几张牌，依托学科，紧贴实际，注重应用，扬长避短。三是具体指导“实”。及时召开全国课题申报工作会议，请权威专家解读课题指南，作如何申报课题讲座。指导课题选题和论证，进一步论证和修改后再上报。由于工作抓得积极主动扎实，成效非常明显。

“十一五”期间，我省获准立项全国教育科学规划课题一年一个台阶：2006年立项19项，2007年34项，2008年40项，2009年70项，2010年71项。5年里，我省（含在湘的部属高校）在国家和教育部获准立项的全国教育科学规划课题共有234项（较“十五”期间增加97项），其中国家哲学社会科学（教育类）重点招标课题1项、重点委托课题1项，国家哲学社会科学（教育类）一般课题24项，国家哲学社会科学（教育类）青年专项课题10项；教育部重点课题72项，教育部青年专项课题30项，教育部规划课题55项，教育部特色普通高中研究专项课题16项，教育部中小学德育研究专项课题3项，教育部职业成人教育专项课题5项，教育部大学英语专项2项，教育部体卫艺国防教育研究专项课题15项。立项课题总数从“十五”全国各省市区第7位跃居“十一五”全国各省市区第4位，这是湖南教育科研史上前所未有的成绩。特别是2009年省教育厅张放平厅长主持的“区域内义务教育均衡发展实证研究”获准立项全国重点招标课题，实现了我省重点招标课题零的突破，也充分体现了我省规划办有能力积极协助省教育厅领导站在国家层面想大事、办大事；全国首批特色普通高中研究专项教育部重点课题立项100项，湖南省有7项；全国首批中小学德育研究专项教育部重点课题立项29项，湖南有3项，一改过去我省中小学很难拿到教育部重点课题的状况，充分展示了我省基础教育的实力和优势。2006年和2009年，我省教育科学规划领导小组办公室连续两届荣获全国教育科学规划课题管理先进单位，受到国家教育部和全国教育科学规划领导小组办公室的表彰鼓励，全国教育科学规划工作广州会议推介了湖南教育科学规划办的经验。近年来，湖南省教科规划办受到全国同行的广泛关注，先后有北京、河北、湖北、江西、云南、黑龙江等兄弟省市教育科研考察团前来考察了解湖南教育科学规划工作的做法和经验。

表4-14　湖南省“十一五”在国家和教育科学规划课题立项数统计表

年度	2006	2007	2008	2009	2010
国家和教育部立项总数	444	524	550	860	900
湖南获准立项数	19	34	40	70	71
所占比例	4.3%	6.5%	7.3%	8.1%	7.9%

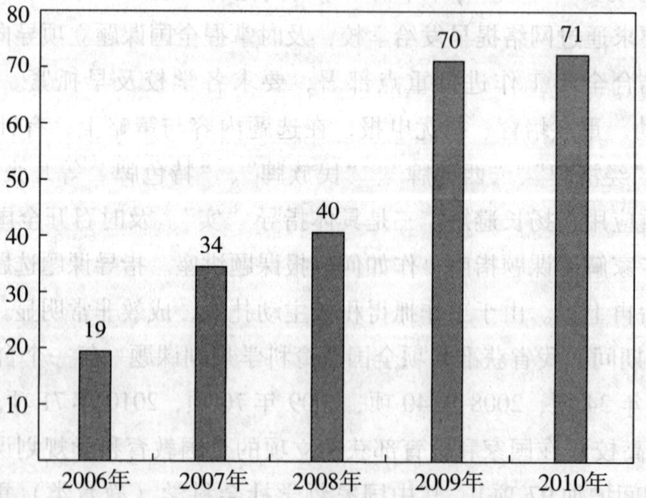

图4-9　湖南省“十一五”获准立项数柱状图

二、全省“十一五”教育科学研究积累和形成的主要经验

1. 以领导重视并身体力行为先导，上行下效，整体带动教育科研

我省的教育科研工作始终得到了各级领导的重视和支持。历任省教育厅厅长和厅领导对教育科研工作是高看一等、厚爱一层。特别是2006年9月省委、省政府确定建设教育强省战略目标后，2006年12月，省教育厅即组织召开了有史以来规格最高、规模最大的全省教育科研工作大会，省人大常委会副主任唐之享、省人民政府副省长郭开朗、省教育厅厅长张放平都到会作重要讲话，王键副厅长作主旨报告，申纪云副厅长主持会议，朱俊杰副厅长作总结讲话。会上省教育厅出台了《关于进一步加强教育科学研究工作的决定》。在历次的省教育科学规划课题评审会、省教育科学规划课题成果报告会、成果表彰会和省教育科学规划课题主持人培训会上，省教育厅领导也都到会作指导讲话。“十一五”期间，省财政厅和省教育厅较“十五”期间增加教育科研投入280万元，为鼓励和宣传教育科研工作者取得的优秀科研成果以及在教育科研工作中涌现出的先进集体、先进个人，“十一五”期间举行了三次隆重的表彰奖励活动，均以省教育厅的名义下发文件，极大地鼓舞了全省教育科研工作者的积极性。

“十一五”期间，各级行政领导还带头进行教育规划课题研究。如时任省人民政府副省长（现任省委常委、省纪委书记）许云昭关注高等教育课程改革，主持了省重点课题“中美高等教育课程比较”；现任省教育厅厅长张放平力求破解教育均衡发展难点，主持了国家重点招标课题“区域内义务教育均衡发展实证研究”；副厅长王键担任全国教科规划课题的评审专家并主持了教育部职业教育专项课题“科学发展观指导下的职业教育评价研究”；副厅长杨定忠主持了教育部重点课题“民办学校财务管理与监控研究”等。市、县教育行政部门的领导也纷纷带头投身科研，如邵阳市教育局莫良斌局长主持省重点课题“教师专业发展的途径与方法研究”，湘西自治州教育局秦平局长主持省重点课题“中小学农村贫困家庭学生救助保障体系研究”，岳阳市教育局陈峰副局长主持省一般资助课题“九年义务教育教学质量监控与评价实践研究”，此外长沙市芙蓉区教育局周见阳局长、岳麓区教育局邓晖局长、浏阳市教育局肖长礼局长等还主持了教育部规划课题的研究。正因为省领导、厅领导及市、县的局领导是教育科研的专家，所以在实际工作中就能真正领导教育科研、支持教育科研、依靠教育科研、指导教育科研，上行下效，从而从整体上有力地带动了全省教育科研工作，强力架构了省、市、县、校四级教育科研网络，促使全省广大一线教师的科研意识明显增强，处处充溢着教育科学探索研究的鲜活气息。

2. 以服务经济社会为目标，知行并举，科学引领教育科研

随着湖南经济的增长、社会的进步、民众素质的提高和综合实力的增强，加快

“三化”建设，实现富民强省，迫切需要把教育纳入经济社会总体发展战略之中，对各类教育进行战略思考和发展预测。“十一五”期间，一方面我们鼓励教育科研人员发挥我省教育科学基础理论研究的传统优势，推出一批高水平、原创性的成果；另一方面又特别注意引导教育科研人员由“经院式”的“求道论证”向解决实际问题的实证研究转变，鼓励广大研究人员面向高等教育、职业教育、基础教育改革的主战场，积极开展对于教育改革和社会发展中重大问题的理论和应用研究，提高教育科学研究的社会应用价值。重点组织开展了“湖南农村义务教育质量保障研究”、“湖南中等职业教育发展预测及对策研究”、“湖南2006—2020年高等教育发展战略研究”、“两型社会建设与高职教育发展的对策研究”、“两型社会建设背景下湖南现代服务业的人才培养战略研究”等，这些课题以较开阔的研究视野对湖南教育进行宏观审视和解析，从教育学、社会学、经济学、政策学等多学科理论运用多种研究方法进行论证，取得了一批有重要价值的成果。这些成果有的直接进入了省教育厅某一方面的宏观决策文件，有的则形成了具体工作方案，受到省委、省政府、省教育厅领导的肯定，受到社会有关方面关注和好评。又如教育经济学是经济增长和发展中孕育出来的一个新兴交叉学科。它致力于探索经济增长和经济发展中的教育发展问题，阐释经济建设与教育的发展关系，提示两者之间的运行规律，提供经济增长中的人力资源配置和教育发展中的经济决策。随着教育与经济相互依存、相互促进，从教育经济学的角度来研究教育消费需求与能力问题、学校教育成本与教育收费问题、五年义务教育投入与经费保障机制的问题、贫困学生资助问题、公共教育经费分配与使用效益问题等，已成为不可回避的热点问题。“十一五”期间，我省组织开展了“成本差异与政府教育供给能力均等化政策研究”、“中西部地区各级政府间义务教育经费分担机制研究”、“师范生免费教育的生均培养成本研究”、“两型社会背景下构建高校节约型校园的长效机制研究”等，都是针对新情况下出现的新问题的研究，取得了比较好的研究成效。

3. 以人才队伍建设为支撑，抓住关键，着力提升教育科研的核心竞争力

人才队伍建设是教育科研事业发展的关键。“十一五”以来，我省把组建一支结构合理、学风良好、具有创新能力和开拓精神的教育科研队伍特别是中青年科研骨干作为一项重要工作来抓。在实施“十一五”教育科学规划项目中，采取了一系列切实有效的措施。如课题立项后及时举办了两期课题主持人高级研修班，培训科研骨干1 500多人，进行教育科研理论、教育科研方法、教育科研发展趋势、教育科研管理的基本要求等方面的培训，这种带着课题和问题来学习培训的做法，针对性和实用性都很强，对普及推广教育理论、提高科研能力和水平、加强课题的管理产生了良好的效果。尤其是对那些非师范院校毕业，缺乏教育专业背景，从事教育科学研究的理工科院校的教师是一个很大的提高。通过加大我省青年基金课题比重，在课题立项、经费支持方面为青年教育科研人员提供更多更好的机会，大批青年教育科研人员脱颖而出，成为我省教育科研的生力军。2006—2010年我省40岁以下的青年研究人员共获准立项40项全国教育科学规划课题，其中2010年获准立项国家青年基金课题7项，占到全国立项总数的1/10。省教育厅在特级教师、国家和省优秀教师等评选中，加大了教育科研在评选条件中的权重，这一举措在广大教师中引起很大反响和促动。“十一五”期间，省级教育科研先进集体和先进个人共计达到200多个，在全省教育改革和发展的重点、难点问题研究中，展现了旺盛的生命力和创造力。此外，我省还注重引导、培训和壮大科研先导型学校，鼓励支持其发挥先进模范作用，“十一五”以来，我省真正依靠教育科研生存、发展和创新的学校与日俱增。

4. 以转变研究范式为手段，重心下移，培植教育科研的新增长点

教育科学是一门理论性和实践性很强的学科，重在理论创新，贵在实践的管用。“十一五”期间的五年里，我省教育科研应用研究重心已逐步下移，并推进范式转型，倡导科学主义和人文主义的融合，倡导校本研究。2010年9月，省教育科学规划办以常德市澧县为现场，召开了全省市县教科规划课题研究经验交流及成果观摩大会，全省14个市州教科院所长和124个县市区教研室主任首次全部参加，省教育厅党组成员、省教科院院长姜正国亲自出席并发表重要讲话。省、市、县、校教育科研管理部门切实把读书学习、自主反思、同伴互助和叙事研究作为校本研究的主要方式，号召并组织广大第一线的教育教学工作者，投身教育教学实践的“田野研究”中来，把课题研究的立足点放在解决教育教学工作的实际问题上，把增长点放在理论与实践的结合上，把着眼点放在改革创新的精品意识上，做到课题研究与课堂教学密切结合、课题研究与学校工作密切结合。广大教育科研工作者，十分重视调查研究，注意实证分析与研究，很多课题把进行广泛深入的调查作为研究的起点，撰写出一大批内容丰富、分析透彻深入、对策建议鲜明的研究报告。这不仅有效地推进了区域内的校本行动研究，而且使之发展成为区域推进教育科研的新增长点。校本研究的开展克服了以往教育理论与教育实践脱节的弊端，有利于促进教师的自我反思，促进了教师理念的升华，教育行为更加自觉，专业能力得到有效发展。我省各级教育科研部门和教育行政部门对教育科研成果的推广与转化工作给予了应有的重视，如“岳阳许市教学”、“交流式习作教学”、“生态式课堂教学”、“经典诵读教学”、“创意家庭作业”等研究成果都在省内广大中小学扎根开花，结出了丰硕的果实，带来了良好的社会效益，为推进新课程改革作出了积极贡献！

5. 以一流管理为抓手，创新有为，赢取教育科研的影响和地位

管理出质量，管理出效益。“十五”、“十一五”以来，我省教育科学规划课题实施之所以势头好，发展快，领导重视，支持力度大，在省委、省政府和省教育厅及全国教育科学规划办领导心目中有较高的位置，得到全省乃至全国教育科研机构和高校及地方中小学的普遍认同和肯定，一条很重要的经验就是：在积极实施教育科学规划课题中，不是被动地去要求领导如何重视支持，而是以一流的管理和卓有的成效来赢得领导的重视、社会的认可。“十一五”期间，一方面，省规划办坚持以科学发展观为指导，统筹兼顾，对普通本科院校、职业院校、中小学幼儿园和其他教育科研机构等不同层次的学校与科研单位的课题实施管理，注意区分共性和差异性，在成果的形成与评价、追求的目标与价值取向、过程与方法的要求等方面，因校、因人、因题，区别对待，分类指导，科学管理，深受好评。一方面，省规划办坚持运用全面质量管理理念，推进管理制度、管理技术和管理方式"三大创新"，对省级教育科学规划课题实施规范化动态管理，实施了教育科研工作年会制、课题单位负责制、课题层级管理制、课题立项滚动管理、研究过程档案管理、课题结题集中管理、课题变更备案管理等管理办法，充分发挥各市州规划办和各院校教育科研管理部门的作用，通过抓课题开题论证，督促按时启动课题研究；抓中期检查，促进阶段性成果的形成；抓成果鉴定结题，保证科研的质量和水平；抓成果的推广应用，扩大科研的效益和影响，对讲诚信、有成效、影响大的课题采取追加科研经费、予以通报表扬、下轮课题申报优先立项等措施进行激励，对少部分研究进展缓慢、成效低劣的课题及时予以督办甚至撤项、中止，事实证明，越是严格要求、规范管理，越能维护科研的声誉和权威，越能引起领导的重视和关注，也越能产生科研精品力作。相反，如果拿课题轻而易举，过程管理随意松散，结题时又容易过关，科研就越没人看重，工作更没有权威，更谈不上领导的重视与支持。有为才有位，只有以出色的工作才能真正得到领导、学界和社会的认可！

三、全省"十一五"教育科学研究存在的主要问题及分析

"十一五"期间，我省教育科学研究工作取得了重大进展和突出成绩，也积累了不少成功的经验，但仍然有一些困难和问题值得关注和重视，有待在今后的工作中认真加以解决。

1. 教育科研工作发展不够平衡

一是对教育科研重视的程度存在差距，主要表现在：一些市、县教育行政部门和学校的领导对教育科研还缺乏必要的认识，重视不够，"决策在前，研究在后"的现象仍然存在，科研往往沦为给决策作解读、作脚注的地步；有的地方和学校的领导经过"十五"、"十一五"两个五年规划的宣传发动，仍然"起得晚、醒得晚"，仍然没有形成"教育科学是所有学校共同的学科、共同的专业"和"教师既是教育者又是研究者"的共识，仍然没有认识到教育科研对促进学校的办学定位、特色的形成、学校的管理、学科的发展、人才的培养、教师的专业成长、教育教学质量的提升产生的巨大作用，对教育科研的"神秘感"和"无用论"也仍然存在。一些普通高中学校的校长担心影响高考不愿搞教育科研，一些中等职业学校的校长认为教师没有能力，也不敢搞教育科研，一些高校的领导则认为教育科研是师范院校的事，尤其是一些学科专业性很强的理、工、农、林、医等综合性院校，甚至把教育科研简单地作为文科类院校的任务对待，认为教育科研课题经费少，费时费精力多，出成果又难，不

如搞别的研究见效快，因此把申报社科基金和自然基金课题看得重，要钱给钱，要人给人，不惜代价，而申报教育科研课题则领导不力、支持不足，即使拿下教育科研课题项目，也只注重挂牌子、要名分，把教育科研视为装饰品，作为学校装点门面的砝码。这种急功近利心理极大地影响了学校教育科研的有效开展。

二是地区教育科研发展存在差距。从机构设置和工作开展看，10 个市州先后建立了规划管理机构，还有 4 个市尚未组建地市级教育科学规划领导小组及办公室，对本区域教育科学研究缺乏整体规划与管理。从制度建设看，市州层面，长沙市、株洲市、常德市、邵阳市、湘西自治州等市州课题管理制度健全完善；高校层面，本科院校比高职高专立项课题多，但管理重视程度没有高职高专好，结题率也比高职高专低。从影响面看，大多数市州属于宽口径，覆盖各类教育领域，而湘潭市、邵阳市、张家界市、娄底市、怀化市等尚属于小规划，只涉及基础教育领域。从参加全省教育科学规划课题的竞争力分析，长沙、株洲、常德、岳阳、湘西、衡阳等市州较强，张家界、湘潭、益阳、怀化等市需要进一步扶持，此外还有少部分省级规划课题“零立项”的空白县市区和省级规划课题“零立项”的空白高职院校需要重点指导和重点支持。

三是学科发展存在差距。从课题申报和立项情况看，基础教育、高等教育、职业教育、德育、教育管理研究参与面广泛，申报课题数和立项课题数占明显优势；教育心理学、教育信息技术、体卫艺教育和比较教育、教育基本理论研究等要求研究人员专业化程度高，课题申报数和立项数均有限，在少数高职院校甚至存在明显的学科研究空白；而民族教育和国防军事教育研究属于特殊类型的教育，尚处于起步发展阶段。从成果产出分析，教育发展战略、教育经济与管理、课程教学和德育等学科体系的成果比较突出，特殊领域和体卫艺、教育心理学等研究水平相对较低，成果较弱。

2. 教育科研队伍专业化整体水平有待提高

从总体来讲，我省教育科研队伍的基本素质是比较强的，“十一五”期间，在全国教育科学规划课题申报竞争非常激烈的情况下有 234 项国家和教育部规划课题成功立项便是一个有力的证明。但从发展的眼光来看，从高标准的要求来考量，我省科研队伍整体的专业水平还不高。据调查，主要表现在：

一是科研队伍结构不够合理。存在年龄结构、职称结构、学历结构、专业结构方面的弱点，各级教研部门人员大都是学科教师背景，没有经过教育科研方法的系统训练，真正能够独立开展课题研究的人员很少，更谈不上指导学校和教师开展课题研究，特别是严重缺乏教育政策学和教育规划等专业的专门人才，开展宏观的、综合性、政策性的研究比较困难，在一定程度上削弱了教育科研为决策服务的影响力。

二是科研队伍专业能力不足。主要表现在：一些中小学教师的教育科研往往停留在一般工作性、经验性研究上，丰富的教育实践缺乏强有力的理论支撑，对课题的整体把握和建构能力比较欠缺，理性思考、综合分析和概括能力比较弱，有的确定选题后不做扎实的文献研究工作，不认真梳理现有的理论和实践成果，不针对本地本校存在的实际问题确定恰切的研究目标和相应的研究内容，在一种“混沌”状态下重复他人的观点和做法，有低水平重复之嫌。一些高职院校的教师缺乏教育专业背景和科研经历，对教育科研的基本理论、基本方法掌握不够，在教育科研的定向能力、理论思维能力、创新能力、动手实践能力及综合判断评价能力等方面处于劣势，研究视野比较狭窄，抓不到研究的热点和难点，抓不到研究的真问题。如职业教育与经济的关系是十分紧密的，跳出教育学从经济学的角度来思考和研究职业教育应该是大有可为的；又如教育信息技术，作为一门重要的新兴学科，对促进教育信息化、现代化，提高教育教学质量和水平也应该说是有许多研究点的，但我们的老师却不能很好地关注和研究。而一些本科高校的教师则仍没有从学院式、书斋式的研究中解脱出来，热衷于关起门来，著书立项，空谈理论，教育科研与实践脱节的问题有待进一步解决。此外，从“十一五”期间课题研究情况来看，多种研究方法的综合运用成为许多课题的研究策略，这是好现象，但是在实际的方法运用中，仍存在方法运用粗糙、不适切、不规范、不精致的情况，影响了研究成果的学术品质与实践价值，研究成果常常主要集中在现状的描述和数据的统计上，对如何促进教育教学进一步改革发展前瞻的比较少，科学、具体、可操作性的措施比较少。

三是高水平的科研创新团队不多。现代教育科学的发展已经进入学科交叉、融合的阶段，客观上要求科研人员必须放弃单干式的科研方式，积极开展团队式的合作攻关研究。但从我省“十一五”科研团队的打造来看，存在以下不足：真正有能力、有德行的一流的学术带头人较少，严重制约了科研团队的“生成”和队伍的“凝聚”；一些科研团队即使建立了，但其研究梯队大多由本学科、本部门人员组成，团队成员在知识结构、经历背景、经验水平等方面相关不大，团队很难申请或完成重大的跨学科科研项目，更难以做出有创新性的科研成果；此外，我省大部分科研团队是基于申报项目等目的暂时结成的，因此科研团队成员间的相互信任、统一承诺、良好的沟通等做得不到位，一些学科甚至出现一个学科带头人退休或调离，就不得不面临一个研究方向的衰落，导致科研梯队断层，研究工作难以推进，原创性成果难以产生。

3. 教育科研政策性投入有待进一步增加

总的来看，湖南从“十五”开始每年投入200万元专项经费用于支持教育科学规划课题研究，在全国31个省市区是不多见的，充分体现了省政府和省教育厅对教育科研的重视和支持，但与我省教育的规模及发展的速度，特别是建设教育强省的要求仍不相适应。由于受经费的限制，我省“十一五”规划课题只于2006年和2008年评审立项了两次，周期太长，对教育改革发展中出现的新情况新问题缺乏及时反应机制，严重影响了教育科研服务行政决策实践短、平、快的时效性；由于受经费的限制，我省“十一五”规划课题有50%为经费自筹课题，致使一些有价值的实证研究工作和需要长期投入较多经费的基础理论研究工作无法展开，一些选题很好，有重要研究价值的课题虽然立了项，但实质上也无法保证全面实现预期的目标；由于受经费的限制，即使一些有价值的研究成果，也不能得到及时有效推广。这些状况很大程度上妨碍了教育科学研究的繁荣与发展。

4. 教育科研质量保障体系有待进一步完善

一是有待营造教育科研学术争鸣的健康氛围；二是有待加强教育科研信用数据管理；三是有待强化教育科研成果打假机制；四是有待健全教育科研成果推广应用机制。

四、对推进“十二五”教育科学规划的思考和建议

省委、省政府已作出部署，“十二五”是我省统筹推进教育强省、文化强省、经济强省建设的重要时期。机遇与挑战并存，我省教育科学规划工作使命光荣，责任重大。如何更好地推进实施教育科学规划，为建设教育强省、实现富民强省提供更有力的理论支撑和智力支持，特提出以下思考和建议。

（一）几点思考

1. 坚持与时俱进，科学制定我省教育科学“十二五”规划要点

教育科学研究是整个教育事业的重要组成部分，是推动各级各类教育全面、协调和可持续发展，促进教育决策科学化、民主化的强大动力，是衡量教育强省、建设“软实力”的重要刚性指标。“十二五”期间我省教育科学规划工作要以引领科研方向、促进学术规范、培养研究队伍、建设精品课题、扩大社会影响力为发展目标，坚持扩大规模、优化结构、提高质量、加强推广的发展方针，实施统筹规划、重点突破的发展战略。要不断适应新形势，联系新情况，瞄准新目标，担负新使命，集中精力，集思广益，首先把研究制定我省教育科学“十二五”规划要点作为开局工作的重中之重切实抓紧抓好。省教育科学规划办要深入到高校、市县和厅委直属有关单位开展制定“十二五”规划大调研，组织专家提出“十二五”期间各学科的研究方向和重点，起草“十二五”规划要点，召开省教育科学规划工作领导小组会议进行研究讨论，力求使“规划要点”与《湖南省建设教育强省规划纲要》相适应，与《湖南省教育事业发展“十二五”规划》相协调，努力使“规划要点”做到“八个明确”：明确指导方针，明确发展目标，明确研究重点，明确特色布局，明确工作机制，明确人才支撑，明确经费保障，明确组织领导，以确保“规划要点”的准确性、针对性和可操作性。

2. 注重质量导向，进一步完善教育科研质量保障体系

教育科研的质量至关重要。有质量的教育科研，是求真务实、对教育改革发展有用的科研，是基础研究、政策研究和实践研究协调发展的科研，是立足中国与面向世界相结合的科研。“十二五”要着力提高课题研究的质量，推出一批有重大影响的研究成果，形成与数量优势相适应的质量优势。一要加强组织领导。充分依靠省教育厅

和省教育科学规划领导小组的领导；充分依靠省教育科学规划领导小组办公室的指导；完善学科规划组建设，充分发挥专家的学术咨询作用；进一步加强与市州教育科学规划领导小组办公室和高校社科处（教务处、科研处、高教所）及其他科研管理部门的合作。二要加大科研投入。多渠道筹措资金，促进教育科研可持续发展；形成以省教育厅财政性投入为主、行业部门专项经费为辅的多渠道教育科研投入体制；调动社会参与和支持教育科研的积极性，切实保障教育科研人员经费、办公经费、科研课题经费和教改实验经费等基本经费的需求。三要强化制度约束和政策激励机制。建立健全教育科研工作的督导评估机制，把教育科研作为学校办学水平评估的重要内容，作为教育教学工作进行表彰奖励的重要依据；加大教育科研工作表彰奖励，对在教育科研工作中有突出贡献的单位和个人给予表彰奖励；坚持把教师的科研能力及其成果作为职务晋升的重要条件，并在评定特级教师、学科带头人和骨干教师时确定权重，优先考虑。

3. 加大管理力度，不断提高教育科研管理的效益和水平

课题研究是一项理论性和技术性都很强的工作，必须精心组织实施，严格规范管理，确保研究的质量和效益。省规划办先后制定下发了一套完整的管理制度，对省级教科规划课题的管理提出了具体明确的要求。省规划办要进一步切实担负起管理、指导和牵头的责任，充分履行协调、组织、评价、监督的职能，各课题所在学校及研究单位要积极配合，大力支持，切实加强对课题的管理和指导。一是要进一步健全课题检查评估制度，不仅要认真组织专家对立项的省级资助课题进行跟踪指导和检查，同时对立项的自筹经费课题也要进行必要的抽查。二是要进一步提高教育科研管理人员的专业能力。省、市规划办和高校社科处（教务处、科研处、高教所）是加强教育科研管理的两支重要队伍，必须努力提高自身的素质和能力。科研管理者不仅要成为管理的行家，而且要成为研究的学者，这样才能与专家对话，把握科研动态和前沿；科研管理者要把管理当做研究对象，认真研究管理系统的布局和合作机制，充分考虑各方面的权益，寻求管理工作的规律，制订科学的发展战略和实施措施。同时还要认真研究科研经费的合理分配，提高经费的使用效率。三是要进一步加强教育科研管理人员的学术道德和学风建设。要着力构建教育、制度、监督相结合的惩防学术不端行为的工作体系：加强教育引导，提高道德自律水平，借助道德力量，使之不愿违背学术道德；加强制度约束，规范学术管理，借助制度力量，使之不能违背学术道德；加强社会监督，形成良好社会氛围，借助社会力量，使之不敢违背学术道德。全国教科规划办向全国教育科研工作者发出了“做正确方向的引导者，做科研人员的服务者，做提高质量的推动者，做规范管理的维护者，做良好学风的促进者，做社会公益的实践者”等六条自律宣言，我们要认真学习、切实践行。

4. 遵循学术规律，切实做好改革课题项目导向、课题评审方式和研究方式的新文章

第一，改革课题项目导向。一是要提倡做大项目，做领导满意、社会关注、学界认可的大项目。二是要提倡做连续支持的项目。引入绩效评价，严把课题鉴定关，既要控制优秀率，同时又要鼓励做出精品力作的优秀科研人员，可以考虑科研成果鉴定为优秀者下轮免评直接获得项目的支持，把研究者的注意力和工作重点引导到认真做好项目上来，实现申请项目和做好项目之间的良性循环。三是要提倡做整体互动的项目。如“十一五”期间我们按照全国教科规划办的部署首批启动了特色普通高中建设项目，各地学校、教育行政部门都非常欢迎，对这个项目的申报非常重视，将来也可以在普通高校、职业院校、初中、小学乃至幼儿园推动这个项目，让各级各类学校和方方面面的人员都同时参与特色办学这样一个大课题的研究中来，形成湖湘特色、中国特色的教育研究和发展模式。四是要提倡做区域推进的项目。我国教育的发展目前已进入到区域推进的阶段，为教育科研发挥作用提供了更大的舞台。教育科研项目最好的抓手是市州和县区，能够做到人、财、物、事统一。做区域推进项目，投入少，产出大，重要的是要有统一标准，有统一的服务系统、科研队伍、研究计划，能帮助当地做好教育改革实验和推广应用。

第二，改革课题评审方式。从我省“十一五”教科规划 2008 年度课题评审结果看，高校取得的项目比例越来越大，这是好事，也是问题。中小学校拿不到多少科研课题，会影响全省 17 000 多所中小学校科研兴校的积极性。因此，我省启动“十二五”教科规划课题评审，应当分类进行，高校按高校系统的标准进行评审，中小学校按中小学系统的标准评审。在立项数量和经费资助上给中小学适当倾斜，将教育科研重心往县级教研室下移，通过市、县教育科研规划系统层层选拔，长期培养，逐步壮大我省教育科研队伍的力量，不断提升全省教育科研的整体水平。

第三，改革课题研究方式。一是要从单枪匹马、单打独斗的方式向团队作战方式转变。每个课题组最好能够保持自己的核心团队成员相对稳定，现有课题结题后再申请课题时只补充外围研究人员，这样做，不仅有利于快出成果，而且有利于出好成果。二是要从注重思辨向注重实证转变。教育科学研究应更多地借鉴自然科学研究的方法，要真正产生有说服力的结论，必须通过实证，得出数据。大课题要有大数据，小课题要有小数据。要特别重视量化研究，通过实证把量化的东西变成科学。三是要打破学科壁垒，向学科融合转变。如搞教育学的要懂政治学、经济学、社会学、历史学，搞课程的要能研究制度，搞基础教育的要知晓高等教育状况等。学业有专攻，视野要开阔，至少对相邻学科要比较熟悉，这样才能融会贯通，增强研究的科学性、系统性和可操作性，提高研究成果的学术含量和社会价值。

（二）几点具体建议

1. 健全完善省、市教育科学规划领导小组管理机构

一是根据人员异动，重新发文调整我省教育科学规划领导小组组成成员，明确我省教育科学规划领导小组办公室主任（“十五”、“十一五”一直空缺）由省教科院院长兼任。二是省教育科学规划领导小组督促 4 个尚未组建市级教育科学规划领导小

组及办公室的地市于2011年12月以前落实到位，以进一步加强本区域教育科学规划工作的统筹管理。

2. 适度扩大课题立项规模、增加课题研究省级财政性投入

围绕我省教育改革和发展的中心工作，围绕各级各类教学实践，在“十一五”课题总立项数1 344项、平均每年约300项的基础上，“十二五”每年立项400项左右，五年共计立项2 000项左右，总投入达到1 500万—2 000万元。

3. 缩短省级立项评审周期、增强立项研究频率

我省“十五”、“十一五”教育科学规划课题是“五年一规划，两年一评审”，周期过长，频率偏低，难以很好体现“短、平、快”研究适时服务教育决策的功能，也在某种程度上影响了部分研究人员的研究热情，同时没有与全国教育科学规划领导小组办公室和省社科规划领导小组办公室一年一评审立项保持同步，影响工作衔接。建议“十二五”期间采取一年一立项评审的方式进行。

4. 组织开展教育科学规划课题研究优秀成果表彰奖励

继“九五”、“十五”成果评奖后，2011年下半年启动“十一五”教育科学规划课题研究优秀成果申报评审工作，设立“决策服务奖”、“理论创新奖”、“实践探索奖”，实行三奖并列，拟设一等奖70项、二等奖80项、三等奖100项，按以前一等奖奖励1万元、二等奖奖励0.6万元、三等奖奖励0.3万元的标准，奖励经费总计150万元。

5. 加强省教育科学规划课题分类指导

“十二五”省教育科学规划课题评审，分类进行，高校按高校系统的标准进行评审（适当体现重点大学与地方新设高校有别），中小学校按中小学系统的标准评审。在立项数量和经费资助上给中小学适当倾斜，将教育科研重心往县级教研室和中小学特别是农村中小学下移。

（湖南省教育科学规划领导小组办公室）

后记

反思 前行

在“十一五”规划结束之年，中央颁布了《国家中长期教育改革和发展规划纲要（2010—2020年）》，召开了21世纪第一次全国教育会议，为我国教育改革和发展指明了方向，对教育科学研究寄予了厚望，教育科研事业迎来了又一个春天。面对新形势，迎接新机遇，回顾反思“十一五”教育学科发展，意义非同寻常。

这是一件集体智慧的结晶。本学科发展报告在全国教育科学规划领导小组和全国哲学社会科学规划办公室的领导下，由全国教育科学规划领导小组办公室组织实施。在全国教育科学规划14个学科规划组的共同努力下，在地方教育科学规划办公室的密切配合下，集体攻关，合作完成。从开始到完稿，历时一年多，集合了14个学科组，汇聚了全国教育研究领域最优秀的专家学者，直接参与人员达上千人。以教育科学规划课题研究为中心，兼顾其他课题研究，以课题研究为中心，兼顾自主研究，对教育科研的投入和产出、效能进行系统梳理，通过文献分析、研讨、深入调研，总结了“十一五”期间各学科进展，客观分析反思了各学科研究中存在的问题，提出了“十二五”学科研究的重点领域和选题。各地方教育科学规划办公室根据全国教育科学规划办公室的统一部署，精心组织、深入研究，对各地教育科学发展进行了认真客观的总结，充分体现了团结协作的精神，展现了集体攻关的力量。

这是一份浸透汗水的答卷。“十一五”期间，党和政府更加重视和发展教育科学事业，教育科研经费投入持续增加，广大教育科学工作者责任更大，任务更重。我们必须不断提高研究质量，多出精品力作，全力推动教育事业发展。学科报告是教育科学工作者向国家和人民上交的一份答卷。为了高质量地完成这份答卷，参与者投入了极大的热情，倾注了大量的心血，表现出严谨的治学态度、优秀的专业素养。他们勤奋耕耘、不辞辛苦，很多份报告几易其稿，不断完善，力求对“十一五”教育学科发展进行全面总结。

这是一段永无止境的旅程。在教育科研事业的漫漫征程中，我们只是往前走了一步，未来任重道远。过去的五年，全国教育科学规划在管理上不断创新，以质量为导向，战略谋划，扎实推进，有效调动了广大教育科学工作者的积极性和创造性，有力推动了教育事业快速发展。在全国教育科学工作者的共同努力下，教育科学呈现出前所未有的繁荣局面。但我们也看到，学术不端现象依然存在，平庸之作的难以根治，研究方法有待创新，成果转化的体制机制还不够健全，科研工作者服务决策的意识还需要增强。新的历史机遇对我们提出了更高的要求。我们要不断增强使命感和责任感，在服务决策、创新理论、指导实践上发挥更大的作用；要强化国家意识、大局意识，积极开展决策研究；要不断创新研究方法，为建设创新型国家、加快转变经济发展方式提供有力支撑，为全面实施科教兴国战略、人才强国战略，为促进教育事业科学发展作出新的、更大的贡献。

这是全国教育科研管理者的共同奉献。全国教育科学"十一五"学科发展报告的组织工作是在全国教育科学规划领导小组成员兼办公室主任袁振国的领导和支持下完成的。具体组织工作由全国教育科学规划领导小组办公室常务副主任曾天山研究员负责组织实施，提出了学科发展报告的编写思路，并对全书进行了统稿工作。全国教育科学规划领导小组办公室刘贵华副主任协助工作。张彩云博士具体负责联络和编辑工作。王小明、孙世明、丁杰等学科主管全程参与了此项工作。规划办公室全体同志参与编写统计工作，他们付出了辛勤的劳动。全国各省级教育科学规划办公室和国防军事教育科学规划办公室（由于国防军事教育研究涉及保密问题，此书不再详列）对此项工作给予了大力支持，由于时间紧迫，有些地方学科发展报告还来不及一一呈现。期望这份报告能够帮助读者了解"十一五"期间全国教育科学规划课题研究的全貌以及发展趋势，但我们深知报告中难免会有疏漏和偏颇之处，敬请读者批评和指正。

当前，教育科学发展已站在一个新的历史起点，进入新的发展阶段。继往开来，我们坚信，"十二五"时期，通过深入实施质量提升计划，大力提高科学研究水平，教育科学事业一定会迎来新的辉煌。

最后，代表全国教育科研管理工作者对教育科学出版社的大力支持致以衷心的感谢！

全国教育科学规划领导小组办公室

2011 年 3 月

出 版 人　所广一
责任编辑　叶小峰
版式设计　杨玲玲
责任校对　曲凤玲
责任印制　曲凤玲

图书在版编目（CIP）数据

全国教育科学“十一五”规划学科发展报告/全国教育科学规划领导小组办公室编. —北京：教育科学出版社，2011. 12
ISBN 978-7-5041-6161-1

Ⅰ. ①全…　Ⅱ. ①全…　Ⅲ. ①教育科学-学科发展-研究报告-中国-2006～2010　Ⅳ. ①G40-03

中国版本图书馆 CIP 数据核字(2011)第 245994 号

全国教育科学“十一五”规划学科发展报告
QUANGUO JIAOYU KEXUE “SHIYIWU” GUIHUA XUEKE FAZHAN BAOGAO

出版发行	教育科学出版社		
社　　址	北京·朝阳区安慧北里安园甲 9 号	市场部电话	010-64989009
邮　　编	100101	编辑部电话	010-64981254
传　　真	010-64891796	网　　址	http://www.esph.com.cn
经　　销	各地新华书店		
制　　作	北京鑫华印前科技有限公司		
印　　刷	北京中科印刷有限公司	版　　次	2011 年 12 月第 1 版
开　　本	184 毫米×260 毫米　16 开	印　　次	2011 年 12 月第 1 次印刷
印　　张	57. 5	印　　数	1—1 000 册
字　　数	900 千	定　　价	115. 00 元

如有印装质量问题，请到所购图书销售部门联系调换。